십송율 상
十誦律 上

漢譯 | 弗若多羅·鳩摩羅什

불야다라(弗若多羅)는 중국에서는 공덕화(功德華)라고 번역되며 계빈국(罽賓國) 사람이다. 어려서 출가하여 삼장(三藏)에 통달하였으며, 특히 『십송율(十誦律)』에 정통하였다. 위진(僞秦)의 홍시(弘始) 연간(399~416)에 관중(關中)에 들어왔고, 『십송율』의 번역은 홍시 6년(404) 10월 17일에 장안(長安)의 중사(中寺)에서 불야다라가 범본을 외웠고, 구마라집은 이것을 한문으로 번역하였다. 3분의 2를 마쳤을 때에 병으로 입적하였으나, 남은 부분은 이후에 구마라집이 담마류지(曇摩流支)와 함께 번역하여 마쳤다.

國譯 | 釋 普雲(宋法燁)

대한불교조계종 제2교구 본사 용주사에서 출가하였고, 문학박사이다. 현재 대한불교조계종 교육아사리(계율)이며, 중앙승가대학교 등에도 출강하고 있다.

논저 | 논문으로 「율장을 통해 본 주불전의 장엄과 기능에 대한 재해석」 등 다수. 번역서로 『보살계본소』, 『근본설일체유부비나야약사』, 『근본설일체유부비나야파승사』, 『근본설일체유부비나야잡사』(상·하), 『근본설일체유부비나야』, 『근본설일체유부필추니비나야』, 『근본설일체유부백일갈마 외』, 『안락집』(상·하) 등이 있다.

십송율 상 十誦律 上

弗若多羅·鳩摩羅什 漢譯 | 釋 普雲 國譯

2020년 12월 28일 초판 1쇄 발행

펴낸이 · 오일주
펴낸곳 · 도서출판 혜안
등록번호 · 제22-471호
등록일자 · 1993년 7월 30일

주 소 · ㊄04052 서울시 마포구 와우산로 35길3(서교동) 102호
전 화 · 3141-3711~2 / 팩시밀리 · 3141-3710
E-Mail · hyeanpub@hanmail.net

ISBN 978-89-8494-652-1 93220

값 48,000 원

십송율 상

十誦律 上

弗若多羅·鳩摩羅什 漢譯 | 釋 普雲 國譯

혜안

추천의 글

대한불교조계종 중앙종회 의장 범해

삼세의 모든 부처님들과 육도를 윤회하는 중생들을 구별되는 차별이 생겨나는 것은 수많은 세월에 욕망을 벗어나서 고행하셨고 인욕의 공덕을 쌓은 인연이 현재에 인과로서 나타난 것입니다. 현실의 세계에서 보여주는 우리들의 모습은 업보를 인연하였던 인행(因行)의 결과로서 나타난 것으로서, 우리들의 생각이 머무르는 자리를 쫓아서 현실에서 말을 통하여 표현되고 말은 행동으로 이어지며 행동은 습관으로 정형화되고 습관은 자기의 인격을 형성하고 결국은 지금의 나의 모습을 드러내는 것입니다.

스스로가 쌓아왔던 인격은 신구의 삼업(三業)의 청정함을 따라서 생각이 일으키는 것으로 인욕을 근간으로 불심을 세우자고 노력하는 과정은 우리 몸의 4대요소인 지수화풍의 조화와 균형을 통한 수행을 구체화하는 방편입니다. 수행자는 적정한 상태에서 바라밀을 실천하여 고해(苦海)에서 안락으로 나아가는 것이고 바라밀의 실천을 통하여 정진을 통하여 불도에 이르는 길입니다. 계율은 이러한 바라밀의 지렛대이고 걸림이 없는 청정한 보살도의 모습을 보여주는 표본이며, 중생에 대한 애민과 자비의 마음이 생겨나게 하는 첫걸음입니다.

일상에서 일컬어지는 '초심으로 돌아가자.'라는 말이 많이 강조되고 있으나, 초심을 잃지 않고서 목숨을 마치도록 나아가는 수행은 어려운 문제이며, 항상 자신을 돌아보고 점검하는 때에 비로소 초심을 지켜갈 수 있습니다. 오랫동안 큰 나무가 서 있는 것은 심지의 뿌리가 올곧게 자리잡고 있고 주변에 다른 뿌리들이 유기적으로 도와주는 역할의 분담이 존재하는 까닭입니다. 부처님의 가르침을 실천하는 사부대중에게 신심은 여러 뿌리와 같은 것이고 계율은 심지인 뿌리와 같은 것이며, 곧 발보리심과 서로 상통하고 있습니다.

신심을 통한 계율이 뒷받침되는 초심을 유지하는 것은 출가자에게도 많은 인욕을 요구합니다. 이러한 초심은 우리가 처음으로 사유로 진솔하게 실행하는 것과 본래 가지고 있는 불성을 충실하게 행하는 것이므로, 따라서 초심이라는 것은 가장 순수한 때 품은 마음이라고 생각합니다. 고려의 지눌선사는 「계초심학인문」에서 "부처님의 가르침에 귀의하고자 처음으로 발심한 자는 계율을 지키지 않고 세속적 욕망을 즐기는 자를 멀리해야 하고, 계행이 청정하고 지혜가 밝은이를 가까이해야 하며, 계율을 생명처럼 지키고 잘 따르며, 무엇이 계율을 어기고 범하게 되는지를 잘 알아야 한다."라고 말씀하셨습니다.

요즘은 한국불교를 비롯한 세계의 불교는 여러 문제를 마주하고 있습니다. 과학과 문명의 발달에 따른 새로운 포교의 방편이 제시되어야 하고, 정법을 수호하고 다른 종교와의 화합도 이루어야 합니다. 한국불교의 1700년에 걸친 역사를 수호하고 전해졌던 수행의 전통을 계승하면서 한국불교의 위상을 드높이는 데 필요한 것은 출가수행자로서의 초심과 계율이라고 생각됩니다.

『십송율』은 중국에서 빠른 시기에 번역된 율장으로 역경에 여러 난관이 있었던 율장으로 문장이 난해한 것으로 알려져 있습니다. 몇 년을 걸쳐서 율장을 번역하였던 보운 스님이 금년에 다시 이러한 번역을 마친 것에 찬사를 전하며 추천의 글을 맺습니다.

불기 2564년(2020) 10월

추천의 글

불교신문사 사장 정호

수행자들은 부처님의 가르침을 배우고 이해하고 수행하는 순수한 신심과 정진력에 축복을 받으면서 살아가고 있습니다. 현대의 세상은 급격하게 변화하고 특히 활자나 문자 정보가 영상 정보로 대체되고 있으며 매우 빠르고 쉽게 정보가 공유되고 있습니다. 스마트폰과 유튜브를 통하여 각자 지식과 경험을 전달하고 불교와 관련된 여러 콘텐츠들도 많이 쏟아지고 있으나, 진실성과 신빙성의 문제는 세심하게 관찰되어야 하고 개인의 의견이나 경험, 또는 기존의 관습들을 정확히 구별하여 진실을 판단할 수 있는 지혜를 구족해야 합니다.

현재는 손의 안에서 모든 정보와 강연을 마주하고, 여러 지식을 공유할 수 있는 시대에 부처님의 계율에 의지하면서 수행의 과정에서 일어나는 번민들을 심리학에서 '힘들고 괴로울 때 잠시 도피하고 위안을 삼는 공간이 있다.'라고 말하는 것과 같이 사문들은 율장의 인연사를 통하여 자신을 뒤돌아보아야 합니다. 수행자들에게 위급한 문제를 마주하고 괴롭고 힘들면서 방황하는 때 해답을 찾을 수 있고 위안을 삼을 수 있는 안식처는 삼보의 가운데에서 부처님께 맹목적으로 매달리는 것보다는 곧 부처님의 가르침을 찾아가고 가르침의 가운데에서 계율을 먼저 살펴보아야 합니다.

부처님께서 먼저 도달하셨던 우리들의 궁극적인 목표는 깨달음의 문제이고, 이러한 궁극의 목적지를 향해가는 중도에서 계율은 바르고 빠른 길이며, 올바른 이정표와 같습니다. 계율을 수학하고 실천하는 과정으로도 많은 정진을 통한 계위에 도달할 수 있고 이것이 수행자에게 보살도의 시작이고, 부처님의 가르침을 후세에 이어주는 다리이며, 삼보에 대한 굳건한 신심이 확실하게 업으로 정립된다면 어느 곳에서도 두렵지 않게 되고 어떠한 고통도 당당하게 받아들일 수 있으며 일상의 도반으로서 좋은 의지처가 되며 물러남이 없는 정진을 이루어 갈 것입니다.

『사념처경』에서는 "불자들이여. 이것은 존재의 정화, 슬픔과 비탄의 극복, 고통과 불만의 소멸, 참다운 깨달음의 방법 획득, 열반의 실현으로 가는 직접적인 길이니 이름하여 사념처이니, 그 네 가지가 무엇인가? 한 비구가 몸에 대해 관찰하면서, 느낌에 대해 관찰하면서, 마음에 대해 관찰하면서, 법에 대해 관찰하면서, 부지런히 관찰하고 관찰하면 분명히 알고 바르게 인식하고 이 세상 욕망과 근심에 벗어나서 머무르게 된다."라고 설하셨습니다. 이와 같은 스스로가 관찰하는 과정에서도 계율은 필수적인 요소입니다.

일반적으로 삼학(三學)의 수행을 강조하면서 '계·정·혜'라고 말하고 있는데, 곧 계율이 수행의 첫걸음인 것을 강조하는 말씀입니다. 스스로가 고통에서 벗어나고 괴로움에서 해방되는 방편에 계율이 매우 필요한 이유일 것입니다. 한국에서는 『사분율』이 많이 연구되고 실천되므로 설일체유부의 율장은 매우 미미하게 보급되고 연구되고 있습니다. 이러한 여러 어려움에도 묵묵히 율장의 번역과 연구에 노력하고 있는 보운스님에게 찬사와 격려를 전하며 추천의 글을 맺습니다.

불기 2564년(2020) 10월

역자의 말

보운

번역하는 과정은 시대의 정신과 문화를 화합한 그 당시의 사유와 수행의 과정을 다시 기억하는 노력이고, 성자들의 고뇌와 일상생활에서 부딪히는 수행의 경계를 잠시나마 되짚어보려는 열정이 원력으로 승화되는 때라면 잠시라도 세존의 법과 계율을 망녕된 말로서 어지럽혔다는 번민을 멈추게 할 수 있다. 율장의 번역을 시작하고 흐른 시간도 어느덧 7년이 지났으나 여전히 율장을 마주하는 때에는 세존의 가르침을 나 자신이 소유한 망상이나 작은 지식으로서 어지럽히는 것이 아닌가라는 두려움이 항상 따른다.

계율은 당의 삼장법사인 의정께서 번역하였듯이 학처(學處)라는 의미가 강하다는 사유가 항상 그림자처럼 사유를 맴도는 이유는 무엇인가? 일상적으로 부딪히는 현실의 경계에서 수행자의 행에 따른 허물을 하나하나의 율장의 계목의 잣대로 측정하고 이것을 분류하며 율장의 기준에 따른 참회와 갈마를 통한 청정성의 회복이 우선이라면 시대의 변화와 문화의 차이에 의한 계목의 변화는 어떠한 방편으로 재해석하고 재정립하여야 하는가? 본문에서 언급하고 있듯이 계율에서의 범함의 판결과 현실에서의 적용은 매우 난해하고 일괄적으로 적용하는 것에는 상당한 부담을 내포하고 있다.

그렇지만 세존께서 설하셨듯이 계율은 수행을 돕는 기준점이고, 승가에게 열 가지의 이익을 제공하는 보편적이고 공통적인 규범이다. 작은 계율을 범하고 정당화하는 사유가 증대된다면 승가가 지닌 청정성의 회복을 통한 정진의 힘을 저축하는 과정에서 도태될 것이다. 수행은 몇 겁의 신심과 원력을 통한 정진의 힘이 현실에 나타나서 깨달음의 과위를 성취하는 것이라고 마땅히 받아들이는 까닭으로 수행의 첫걸음인 계율에 관한 연구와 번역의 길을 걷는다. 작년 가을에 낙엽이 뒹구는 것을 보면서 시작한 처음의 문장이 올해의 낙엽이 나부끼는 때에 탈고를 마쳤으므로 지나쳐왔던 그 과정을 뒤돌아보는 시간이다. 세월은 스치듯이 일 년이 지났고, 나를 둘러싼 환경도 여러 가지로 변하였음을 느낀다. 고뇌와 번민의 시간이었고, 불보살님들과 아라한의 존자들께도 죄송할 따름이다.

이번의 번역은 인간들이 마주하는 삼재(三災)의 고통이 소멸될 수 있도록 불보살님들께 발원하며 번역을 시작하여 현재에 이르렀다. 여러 문제가 발생하였고 번역을 마칠 수 없다는 두려움이 여러 날을 괴롭혔으나, 번역의 마지막 과정까지 쓰러지지 않고 나아갈 수 있도록 응원해 주시고 출판에 도움을 주신 여러분들께 깊이 감사를 드리고 부처님의 가피가 충만하시기를 발원드린다.

번역을 마치고 주위를 돌아보니 여러 고마운 분들이 연상처럼 다가오고 있다. 항상 상좌의 수행과 정진을 염려하시는 은사 스님인 세영 큰스님과 학문적으로 많은 도움을 주신 불교학자인 신대현 교수님, 지난 7년의 과정에서 아픈 몸을 이끌고 여기까지 이르도록 항상 치료하여 주신 천병태 원장님과 항상 염려해주시는 토굴인 죽림선원의 신도님들이다. 너무도 감사하지만 다른 방법으로는 전달이 적당하지 않아 글로서 대신하여 깊은 감사를 전한다.

불기 2564년 10월에 화성 서봉산 자락의 토굴에서
사문 보운이 삼가하며 적는다.

출판에 도움을 주신 분들

정 호丘　성 무丘　설 안尼　지 은尼　지 정尼　지 명尼　이의철
김양임　이철희　이성희　조순애　강 운　강태웅　강다윤
고연서　고장환　고재형　곽창순　이성경　박부자　이명희靈駕
권태임　허 민　허 승　김가현　유신길　김문수　김보민
김영조　김성도　김도연　김유나　김재욱　문영숙　박경림
박소현　김민욱　박창립　박솔비　박충한　노영심　박재형
공정숙　손성무　손영덕　손영상　엄해식　오치훈　오치효
왕용호　임한기　홍태의　홍한솔　윤기섭　홍정봉　윤여원
윤민기　윤영기　윤서진　권령아　황미옥　이민태靈駕　이영자
이명기　이연준　이윤승　이정희　권혁준　권지연　이재일
이중호　이효정　전금란　정해관　최선화　정하연　정혜윤
정호윤　정희정　조수민　조종화　채두석　채수학　우하영
함용재　김미경　함민주　허완봉　이명자　허윤정　허남욱
장은지　홍지혜　강동구　박혜경　안윤성　안은정　안종성

차 례

일러두기

1. 이 책의 저본(底本)은 고려대장경(高麗大藏經) 21권 『십송율』이다.
2. 번역의 정밀함을 위하여 여러 시대와 왕조에서 각각 결집되었던 북전대장경과 남전대장경을 대조 비교하며 번역하였다.
3. 원문 속의 주석은 [ ]으로 표시하였다. 또 원문에는 없으나 독자의 이해를 위해 번역자의 주석이 필요한 경우 본문에서 ( ) 안에 삽입하여 번역하였다.
4. 원문의 한자 음(音)과 현재 불교용어로 사용되는 음이 다른 경우 현재 용어의 발음으로 번역하였다.
   예) 파일제(波逸提) → 바일제, 파라제제사니(波羅提提舍尼) → 바라제제사니
5. 원문에서 사용한 용어 중에 현재는 뜻이 통하지 않는 용어가 상당수 있다. 원문의 뜻을 최대한 살려 번역하였으나 현저하게 의미가 달라진 용어의 경우 현재 사용하는 단어 및 용어로 바꾸어 번역하였고, 원문은 괄호 안에 표시하여 두었다.

해 제

1. 개요

율장에는 비구와 비구니 계율을 설하는 5부의 광율이 전하고 있는데, 『오분율』, 『사분율』, 『십송율』, 『마하승기율』, 『근본설일체유부비나야』 등이 있고, 한역본을 제외한 광율에는 『팔리율』 및 『티베트율』이 남아 있다. 모든 광율(廣律)은 세존에 의하여 제정되었던 연기(緣起)는 하나였으나, 여러 부파의 전승의 과정에서 변화가 일어났고, 부파에 따라서 별도로 결집되는 경향이 있었으므로 전체적인 계목의 구성에서 내용은 비슷한 형태이면서 조금씩은 다르게 나타나고 있다.

『십송율』은 카슈미르 지방을 중심으로 활동한 상좌부에서 전하는 율장이고, 내용이 10송(誦)의 10(章)으로 나누어져 있으며 모두 61권으로 구성되었다. 한역(漢譯)은 완본으로 전하고 있으나, 티베트장의 번역본은 전하지 않으나, 산스크리트본의 단편이 다수 발견되고 있다. 『십송율』은 완전한 광율의 하나로서 중국에서 가장 앞서 역출(譯出)되었고, 중국에서 강설되고 연구되었던 율장의 중요한 위치를 점유하고 있다.

그 번역의 과정에 대해서는 율본(律本)의 제1권에는 "후진(後秦) 북인도의 삼장(三藏) 불야다라(弗若多羅)가 나집(羅什)과 함께 번역하였다."라고 밝히고 있으나, 제2권 이후에는 다만 "후진 북인도의 삼장 불야다라역이다."라고 하며, 다시 60권과 61권에는 "동진(東晉) 계빈삼장(罽賓三藏) 비마라차(卑摩羅叉)의 속역(續譯)"이라고 되어 있다. 이와 같이 역자에 대하여 3인의 이름을 들고 있는데, 역경사를 기록한 문헌으로 가장 오래된 양(梁)의 승우(僧祐)가 찬집한 『출삼장기집(出三藏記集)』 권3에서는 "옛날에 대가섭이 법장(法藏)을 지니고 있다가 다음에 아난에게 전하였고, 제5사(弟五師)인 우바굴(優波掘)에게 이르렀다. 본래는 80송(誦)이 있었는데, 우바굴이 후세의 둔한 근기의 사람들이 수지할 수 없기 때문에 산정해서 10송으로 만들었다. 송(誦)이라고 한 것은 법은 마땅히 외워서 수지해야 한다는 말이고, 이 뒤에 스승과 제자가 서로 전수한 것이 50여 명이다. 진(秦)나라 홍시(弘始) 연간에 이르러 계빈국의 사문인 불야다라(弗若多羅)가 이 10송의 호본(胡本)을 지송하고 관우(關右)로 와서 유행하였고, 구마라집 법사가 장안의 소요원(逍遙園)에서 3천 명의 사문과 함께 역출하여 비로소 두 부분을 얻고 나머지가 아직 끝나지 않았는데, 불야다라가 입적하였고 곧바로 외국의 사문인 담마류지(曇摩流支)가 이어서 장안에 이르렀다. 담마류지가 관중(關中)에서 구마라집과 함께 나머지 율(律)을 역출하여 마침내 한 부를 갖추었으므로, 모두 58권이었고, 이후에 계빈국의 율사(律師)인 비마라차(卑摩羅叉)가 장안에 왔는데 구마라집이 앞서서 서역에 있을 때 그에게 율을 수지하였으므로, 뒤에 진(秦)나라에서 진(晋)나라로 가서 수춘(壽春)의 석간사(石澗寺)에 주석하면서 『십송율본(十誦律本)』을 다시 교정하고 이름과 품(名品)을 바로잡아서 61권으로 나누었는데, 지금까지 전해져 오고 있다."라고 번역의 연기를 설명하고 있다.

『출삼장기집』 이후의 문헌도 이러한 학설을 받아들이고 있으나, 『대당내전록(大唐內典錄)』과 『개원석교록(開元釋敎錄)』에는 홍시(弘始) 6년(404) 4월 17일에 의학(義學)의 사문 6백여 명을 모아 장안(長安)의 한 절에서 불야다라(弗若多羅)를 청하여 번역에 착수하여 다음 해 7년의 가을에 담마류지가 와서 나머지를 번역한 것으로 기록하고 있다. 또 권수(卷數)에 대하여 『법경록』과 대주간정(大周刊定)의 『중경목록(衆經目錄)』에는 구마라집과 담마류지가 역출하였고 권수는 59권으로 주장하고 있으나, 현재에 유통되는 율장은 61권이다. 『십송율』은 불야다라와 담마류지가 역주(譯主)

의 중심에 서 있고, 구마라집이 도와서 번역한 것이며, 이것에 비마라차가 번역으로 보충한 것이므로, 현행본에서는 불야다라와 구마라집의 공역으로 표기되었고 담마류지의 번역에 대한 공헌을 빠뜨리고 있는 점은 깊이 연구되어야 할 문제이다.

『십송율』은 설일체유부에 속하는 율장이므로 같은 부파의 유부에 속하는 율전(律典)은 비교적 많은 편이다. 광율로는 축불념이 번역한 『비나야』 10권과 의정이 번역한 『근본설일체유부비나야』 50권을 포함한 165권과 티베트율이 있다. 『비나야』의 율장은 도안(道安)의 서(序)에 의하면 부견(符堅)이 통치하던 전진(前秦)에서 382년 역출되었으므로 중국에서 처음으로 역출된 광율로서 중요한 점이 있다. 이 율장은 계목의 구성과 이것에 따른 인연담의 내용 등으로 살펴보면 『십송율』과 같은 계통의 것임을 살펴볼 수 있으나, 계목에서 차이가 있어서 『십송율』의 이역이라고는 볼 수 없으며, 다른 율장에 비하여 충실하게 정리되어 있지 않은 점에서 여러 율장의 원시적인 모습을 갖추고 있다고 추정할 수 있다. 『근본설일체유부비나야』는 가장 상세한 율장이지만 『십송율』을 근간으로 삼아서 본생담, 비유담, 교의적인 주석의 확대를 통하여 매우 문학적으로 승화시킨 것으로 『티베트율』과 거의 유사한 모습을 보여주고 있다.

산스크리트어의 계본은 페리오 탐험대가 발견한 것이며 구마라집 번역의 『십송비구계본』의 불어(佛語) 역본을 대조하여 1913년 출판하였는데, 이 계본은 십송율의 조문과 잘 일치하고 있다. 특히 『십송율』과 관련된 율전으로는 『대사문백일갈마(大沙門百日羯磨)』 1권, 『십송갈마비구요용(十誦羯磨比丘要用)』 1권, 『십송율』의 주석서 혹은 강요서로서 추정되는 『비니모경(毘尼母經)』 8권, 『살바다부비니마득륵가(薩婆多部毘尼摩得勒伽)』 10권, 『살바다비니비바사(薩婆多毘尼毘婆沙)』 9권 등이다.

중국에 있어 『십송율』은 번역 후에 비교적 많이 유통되었으나, 율장의 구성이 번잡하고 다른 광율과 비교하여 구성면에서도 통일성이 뒤떨어지는 측면이 있었으며 다른 율장의 번역이 이루어진 현실에서 중요한 위치를 『사분율』로 넘겨주었고 결국에는 여러 주석서들도 산실되고 있다.

2. 구성

이 율장은 열 부분의 송(誦)으로 구성되었다는 뜻이고, '송'은 외운다는 말이며, 열 부분의 송으로 나누어지고 있는 까닭으로 『십송율』이라고 이름한 것이다. 이 율장에서는 비구계를 구성하는데 바라이법 4조, 승잔법 13조, 부정법 2조, 사타법 30조, 바일제법 90조, 바라제제사니 4조, 중학법 197조, 멸쟁법 7조 등의 총 347조로 구성되었다. 다음으로 7법, 8법, 잡송 2법의 모두 17법으로 갈마법을 밝히고 있는데, 다른 율장의 건도부에 해당된다. 따라서 십송율에 서술된 비구의 계율은 모두 253조이고 비구니의 계율은 254조이며, 뒤에 증일법(增一法) 우바이문법(優波離問法) 등의 보설(補說)의 부분으로 구성되어 있다.

전체적인 율장의 구성은 제1권~21권에서는 비구들의 바라제목차이고, 제22권~35권에서는 비구들의 건도부이며, 제36권~37권에서는 조달이 일으킨 파승사를 설명하고 있고, 제38권~41권에서는 「잡법」이라는 계목으로 가벼운 죄에 해당하는 여러 가지를 설명하였으며, 제42권~47권에서는 비구니들의 바라제목차이다. 제48권~51권에서는 비니의 증일법을 설명하였고, 제52권~59권에서는 계율에 대한 문답을 통하여 보충적으로 설명하고 있으며, 제60권과 제61권에서는 계율이 전승되고 정리되는 과정을 설명하고 있다. 또한 계목마다 그 계율을 제정한 연기와 계율을 적용하는 것과 계목에 대한 해석이 설명되고 있다.

각 권수에 따른 자세한 내용은 제1권에서는 4바라이의 불음계와 불투도계를 설명하고 있고, 제2권에서는 불살인계와 불망어계를 설명하고 있으며, 제3권에서는 승잔법의 첫 번째부터 여섯 번째의 계목을 설명하고 있고, 제4권에서는 승잔법의 일곱 번째의 계목부터 열세 번째를 설명하고 있으며, 2부정법에 대하여 설명하고 있다. 제5권에서는 30니살기바일제의 첫 번째의 계목부터 세 번째의 계목을 설명하고 있고, 제6권에서는 네 번째의 계목부터 열 번째의 계목을 설명하고 있으며, 제7권에서는 열한 번째의 계목부터 스물한 번째의 계목을 설명하고 있으며, 제8권에서는 스물두 번째의 계목부터 서른 번째의 계목을 설명하고 있다.

제9권에서는 90바일제의 첫 번째의 계목부터 여섯 번째의 계목을 설명하고 있고, 제10권에서는 일곱 번째의 계목부터 열네 번째의 계목을 설명하고 있으며, 제11권에서는 열다섯 번째의 계목부터 스물네 번째의 계목을 설명하고 있으며, 제12권에서는 스물다섯 번째의 계목부터 서른두 번째의 계목을 설명하고 있으며, 제13권에서는 서른세 번째의 계목부터 마흔 번째의 계목을 설명하고 있고, 제14권에서는 마흔한 번째의 계목부터 쉰 번째의 계목을 설명하고 있으며, 제15권에서는 쉰한 번째의 계목부터 쉰아홉 번째의 계목을 설명하고 있으며, 제16권에서는 예순 번째의 계목부터 일흔세 번째의 계목을 설명하고 있으며, 제17권에서는 일흔네 번째의 계목부터 여든한 번째의 계목을 설명하고 있으며, 제18권에서는 여든두 번째의 계목부터 아흔 번째의 계목을 설명하고 있다.

제19권에서는 앞서서 4바라제사니의 첫 번째의 계목부터 네 번째의 계목을 설명하였고 뒤에서 107중학법의 첫 번째의 계목부터 여든네 번째의 계목을 설명하고 있으며, 제20권에서는 앞서서 여든다섯 번째의 계목부터 백일곱 번째의 계목을 설명하였고 뒤에서 7멸쟁법의 첫 번째의 계목부터 일곱 번째의 계목을 설명하였으며, 제21권에서는 건도부의 칠법에서 첫 번째인 구족계의 수계법을 설명하였고, 제22권에서는 두 번째인 포살법을 설명하였으며, 제23권에서는 세 번째인 자자법을 밝히고 있고, 제24권에서는 네 번째인 안거법을 설명하였으며, 제25권에서는 다섯 번째인 피혁법을 설명하였고, 제26권에서는 다섯 번째인 의약법을 설명하였으며, 제27권에서는 일곱 번째인 의법을 설명하였고, 제28권에서도 이어서 칠법의 일곱째인 의법을 설명하고 있다.

제29권에서는 팔법의 첫 번째인 가치나의법을 설명하였고, 제30권에서는 앞서서 두 번째인 구사미법을 설명하였고 뒤에서 세 번째인 첨파법을 설명하였으며, 제31권에서는 네 번째인 반차로가법을 설명하였고, 제32권에서는 다섯 번째인 승잔회법의 두 번째인 고절갈마법을 설명하였으며, 제33권에서는 앞서서 승잔회법의 두 번째인 순행법을 설명하였고 뒤에서 여섯 번째인 차법을 설명하였으며, 제34권에서는 일곱 번째인 와구법을 설명하였고, 제35권에서는 여덟 번째인 쟁사법을 설명하였다.

제36권에서는 조달이 일으킨 파승사를 설명하였고, 제37권에서는 앞서서 36권에는 앞에서 이어서 조달이 일으킨 파승사를 설명하였으며, 뒤에서 우바리가 세존께 파승사를 묻는 부분을 설명과 잡송이 섞여져 있고, 제38권에서는 37권에 이어서 잡송이 설명하였고, 제39권부터 제41권까지 잡송의 설명이 이어지고 있다.

제41권에서는 앞서서 8바라이의 다섯 번째의 계목부터 여덟 번째의 계목을 설명하였고 17승잔의 네 번째의 계목부터 일곱 번째의 계목을 설명하였으며, 제43권에서는 앞서서 네 번째의 계목부터 열일곱 번째의 계목을 설명하였고 뒤에서 30니살기바일제의 계목의 가운데에서 11계목을 간추려서 첫 번째의 계목부터 스물일곱 번째의 목을 설명하였으며, 제44권에서는 앞에서 스물 번째부터 서른 번째의 계목을 설명하고 있고 뒤에서 178바일제의 바일제의 계목의 가운데에서 첫 번째의 계목부터 아흔여섯 번째의 계목을 설명하였고, 제45권에서는 앞에서 아흔일곱 번째의 계목부터 백스물 번째를 설명하였으며, 제46권에서는 백스물한 번째의 계목부터 백쉰두 번째의 계목을 설명하였고, 제47권에서는 앞에서 백쉰세 번째의 계목부터 백칠십팔 번째의 계목을 밝히고 있고 뒤에서 8바라제제사니법과 비구니의 팔경법을 설명하였다.

제48권부터 제51권에서는 비니의 증일법을 밝히고 있으며, 제52권부터 57권에서는 우바리가 세존께 계율에 대하여 보충적으로 질문하고 대답하시는 내용을 설명하고 있으나 제57권의 후반부에는 율장의 1권부터 설명되었던 4바라이에 대한 분분이 불음계의 계목부터 보충하여 설명하였다. 제58권에서는 불투도계와 불살인계를 다시 설명하고 있으며, 제59권에서는 앞에서 불살인계와 불망어계를 다시 설명하였고 뒤에서 승가바시사와 나머지의 계목을 다시 설명하였다. 제60권에서는 세존의 대열반에 관련된 내용과 오백결집 및 칠백결집을 설명하였고, 제61권에서는 칠백결집의 나머지와 비니서의 하권이 설명하고 있다.

십송율(十誦律) 제1권

후진 북인도 삼장 불야다라·구마라집 한역

석보운 번역

1. 초송(初誦) ①

1) 4바라이법(波羅夷法)을 밝히다 ①

세존께서는 비야리국(毘耶離國)에 머무르셨다.

성에서 멀지 않은 곳에 한 취락(聚落)이 있었고 이 가운데에 장자(長者)가 있었는데, 가란타(加蘭陀)의 아들로 수제나(須提那)라고 이름하였다. 부귀하고 재물이 많았으며 여러 종류를 성취하였다. 스스로가 삼보(三寶)에 귀의하여 불제자가 되었고 세상을 싫어하여 출가하였으며 수염과 머리를 깎고 법복(法服)을 입고서 비구가 되었다.

고향을 멀리 떠나서 교살라국(憍薩羅國)의 한 처소에서 안거하였다. 이때에 세상은 기근(飢饉)이었고 걸식을 얻는 것이 어려웠다. 여러 사람들은 처자식의 음식도 오히려 부족하였는데 어떻게 하물며 능히 여러 걸식하는 사람들에게 주었겠는가? 이때 수제나는 이렇게 생각을 지었다.

'이러한 큰 기근에는 걸식하여도 얻는 것이 어렵구나. 내 여러 친족의 취락은 풍요롭고 재물이 부유한 사람들이 많다. 마땅히 나를 인연하는 까닭으로 보시한다면 복을 지을 것이고, 지금이 바로 이때이다.'

이렇게 생각을 지었고 하안거 3개월이 지났으므로 자자(自恣)를 마치고 옷을 지어서 마쳤으며 옷을 입고 발우를 지니고 비야리로 돌아갔다.

여러 나라를 지나고 유행하여 본래의 취락에 이르렀다. 이른 아침의 때에 이르러 그는 옷을 입고 발우를 지니고 취락에 들어가서 걸식하면서 친족 취락의 집에 이르렀으며 여러 비구들을 위하여 각자에게 여러 종류의 음식을 주도록 권유하였다. 스스로가 두타(頭陀)를 행하였고 걸식법을 받았으며 차례로 걸식하였고 자기의 집에 돌아와서 이렇게 말을 지었다.

"이전에 마땅히 내가 돌아오는 것을 허락하였으므로 지금 돌아온 것이다."

이렇게 말을 마치고서 곧 빠르게 떠나갔다. 그 집안의 어린 여노비는 그가 빠르게 떠나가는 것을 보고서 곧 달려가서 수제나의 어머니를 향하여 알렸다.

"수제나께서 문에 들어왔다가 곧 떠났습니다."

그 어머니는 생각하면서 말하였다.

"수제나가 문에 들어왔다가 곧 떠난 것은 혹은 계를 버리고 집으로 돌아오고자 하거나, 범행(梵行)을 즐거워하지 않아서 능히 근심하는 것이구나. 내가 지금 마땅히 가서 가르쳐서 집으로 돌아와서 스스로가 오욕(五欲)[1]을 받고 보시하면서 복을 짓게 해야겠다.'

이렇게 생각을 짓고서 가서 그의 처소에 이르렀으며 수제나에게 말하였다.

"그대가 만약 범행을 즐거워하지 않고 계를 버리고자 근심한다면 곧 집으로 돌아와서 오욕을 받고 보시하면서 복을 짓게나."

곧 어머니에게 대답하여 말하였다.

"저는 근심이 없고 계를 버리고자 하지도 않으며 범행을 싫어하지도 않습니다. 역시 사문(沙門)의 법을 버리고자 하지 않으며 마음으로 범행을 즐거워합니다."

그의 어머니는 스스로가 생각하였다.

'내가 비록 입으로 말하여도 그의 마음을 되돌릴 수 없다. 마땅히 말로

---

1) 다섯 가지의 욕망인 재욕(財欲)·색욕(色欲)·음식욕(飮食欲)·명예욕(名譽欲)·수면욕(睡眠欲)의 즐거움을 가리킨다.

그의 아내에게 말해야겠다. <그대의 몸이 정결한 때에 이르면 곧 와서 나에게 알려라.>'

곧 가서 그녀에게 말하였다. 며느리가 말하였다.

"알겠습니다."

그 어머니의 가르침을 받고 정결한 때에 이르자 어머니에게 알려 말하였다.

"지금 무엇을 지어야 합니까?"

이때 어머니가 가르쳐서 말하였다.

"본래 수제나가 좋아하였던 옷과 장신구를 모두 갖추어 착용하고서 오너라."

가르침을 받고 방으로 돌아와서 그가 좋아하던 옷을 입고 장신구를 착용하였다. 어머니는 곧 데리고 수제나의 처소에 이르러 곧 이와 같이 말을 지었다.

"그대가 만약 범행을 좋아하지 않고 계를 버리고자 근심한다면 마땅히 스스로가 집으로 돌아와서 오욕을 받고 보시하여 복을 짓게나. 불법은 성취하기 어렵고 출가는 매우 고통스러운 것이네."

곧 어머니에게 대답하여 말하였다.

"저는 근심하지 않고, 마음이 흔들리지도 않으며, 스스로가 범행을 닦는 것을 즐기고 오욕락을 즐거워하지 않습니다."

어머니가 말하였다.

"좋네. 수제나여. 그대가 범행을 즐기고 계를 버리고자 하지 않는다면 지금 아내가 때에 이른다면 마땅히 종족을 잇게 남겨주게. 만약 집안에 자손이 없으면 소유한 재물들은 모두 마땅히 관가(官家)로 들어갈 것이네."

그때 세존께서는 아직 이러한 계율을 제정하지 않으셨다. 이 수제나는 곧바로 마음이 흔들려서 어머니에게 대답하였다.

"말을 따르겠습니다."

어머니는 곧 피해서 떠나갔고 곧 그의 아내를 데리고 가려진 곳에서 음행하였다. 이와 같이 두·세 번을 하였고, 오래지 않은 때에 회임하였다.

복덕이 있는 아들이 달을 채우고 태어났으므로 속종(續種)이라고 이름하여 말하였다. 나이가 들어 장대하여 불법을 믿고 즐거워하면서 출가하여 도를 배웠고, 부지런히 정진하여 마침내 누진통(漏盡通)을 얻었으며 아라한과(阿羅漢果)를 성취하였다.

이때 수제나는 이미 음행을 하였고 마음에 의혹과 후회가 생겨나서 근심하였으므로 얼굴빛이 변하고 위덕(威德)이 없어졌으며, 묵연히 고개를 숙이고 어깨를 늘어뜨리고서 번민에 미혹되어 말하는 것도 즐거워하지 않았다. 이때 지식(知識)인 비구들이 와서 서로가 문신(問訊)하였고 한쪽에 앉아서 수제나에게 물었다.

"그대는 이전에 위덕이 있었고 안색은 부드럽고 즐거웠으며 기꺼이 범행을 닦았는데, 지금은 무슨 까닭으로써 안색이 근심스럽고 묵연하며 고개를 숙이고 번민에 미혹되어 즐거워하지 않는가? 그대의 몸에 병이라도 있는가? 개인적으로 가려진 곳에서 악업을 지었는가?"

수제나가 말하였다.

"내 몸에 병은 없네. 개인적으로 가려진 곳에서 악업을 지었던 까닭으로 마음에 근심이 있네."

이때 비구들이 점차 다급하게 물었고, 곧 스스로가 앞에서의 인연과 같이 자세하게 말하였다. 여러 비구들은 듣고 여러 종류의 인연으로 수제나를 꾸짖으며 말하였다.

"그대는 마땅히 근심하고 번민과 후회로 고통스러워야 하네. 나아가 이와 같은 개인적인 악업을 가려진 곳에서 지었는데, 그대가 지은 일은 사문의 법이 아니네. 도(道)를 수순(隨順)[2]하지 않았고 욕락(欲樂)의 마음을 없애지 않았으며 부정(不淨)한 행을 지었는데, 출가인이 마땅히 지을 것이 아니네. 그대는 세존께서 여러 종류의 인연으로서 욕(欲)·욕상(欲想)[3]·욕욕(欲欲)[4]·욕각(欲覺)[5]·욕열(欲熱)[6]을 꾸짖으셨고, 여러 종류의 인연으로

---

2) 다른 사람의 뜻에 맞추거나 순순히 따르는 것을 말한다.

3) 애욕을 생각하는 마음 작용을 가리킨다.

4) 애욕을 좇아가는 마음 작용을 가리킨다.

서 욕을 버리고 욕상·욕욕·욕각·욕열을 버리는 것을 칭찬(稱讚)하신 것을 알지 못하는가? 세존께서는 항상 설법하시어 사람들에게 애욕을 떠나라고 가르치셨고, 그대는 오히려 마땅히 마음이 생겨나서는 아니되는데, 어떻게 하물며 도리어 애욕과 성냄과 어리석음을 일으켜서 지었고, 근본적으로 부정한 악업에 결박(結縛)되었는가?"

이때 여러 비구들은 여러 종류로 꾸짖고서 세존을 향하여 자세히 말하였다. 세존께서는 이러한 일로써 비구승가를 모으셨다. 제불(諸佛)의 상법(常法)은 알면서도 일부러 묻는 것이고, 혹은 아는 것이 있어도 묻지 않는 것이며, 아는 것이 있는 때에 묻는 것이고, 아는 것이 있는 때에 묻지 않는 것이며, 이익되는 일이 있다면 묻는 것이고, 이익되는 일이 없다면 묻지 않는 것이며, 인연이 있다면 물으시는 것이다. 불·세존께서는 그때를 아셨고, 정념(正念)으로서 지혜에 안주하셨으며 수제나에게 물으셨다.

"그대가 진실로 이러한 일을 지었는가?"

대답하여 말하였다.

"진실로 지었습니다. 세존이시여."

세존께서는 여러 종류의 인연으로서 수제나를 꾸짖으시고서 말씀하셨다.

"그대가 지은 일은 사문의 법이 아니니라. 도를 수순(隨順)하지 않았고 욕락의 마음을 없애지 않았으며 부정(不淨)한 행을 지었구나. 출가인으로서 마땅히 지을 것은 아니다. 그대 어리석은 사람이여. 여러 종류의 인연으로서 욕·욕상·욕욕·욕각·욕열을 꾸짖었고, 여러 종류의 인연으로서 욕을 끊고 욕상·욕욕·욕각·욕열을 버리는 것을 칭찬한 것을 알지 못하였는가? 나는 항상 설법하여 사람들에게 애욕을 떠나라고 가르쳤다. 그대는 오히려 마땅히 마음이 생겨나서는 아니되는데, 어찌 하물며 도리어 애욕과 성냄과 어리석음을 일으켜서 지었고, 근본으로 부정한 악업에 결박되었구나."

---

5) 각(覺)은 산스크리트어 vitarka의 번역으로, 포괄적으로 탐내는 마음 작용을 가리킨다.

6) 애욕이 불타오르는 마음 작용을 가리킨다.

여러 비구들에게 말씀하셨다.

"이 어리석은 사람은 모든 번뇌(漏)의 문을 열었느니라. 오히려 몸의 일부로서 독사의 입속에 넣더라도 결국 이것으로서 여인의 몸에 그것으로 접촉하지 말라."

세존께서는 이와 같이 여러 종류의 인연으로 꾸짖으셨으며, 여러 비구들에게 말씀하셨다.

"열 가지의 이익을 까닭으로써 여러 비구들을 위하여 계를 제정하느니라. 승가를 섭수(攝受)[7]하는 까닭이고, 매우 좋게 섭수하는 까닭이며, 승가를 안락하게 머물게 하는 까닭이고, 아만심이 높은 사람을 절복(折伏)[8]하는 까닭이며, 부끄러움이 있는 자는 안락을 얻게 하는 까닭이고, 믿음이 없는 자는 청정한 믿음을 얻게 하는 까닭이며, 이미 믿는 자는 믿음을 증장(增長)하려는 까닭이고, 지금 세상의 번뇌를 막는 까닭이며, 다음 세상의 악을 끊는 까닭이고, 범행에 오래 머물게 하려는 까닭이다. 지금부터 이러한 계는 마땅히 이와 같이 설할지니라.

'만약 비구가 비구들의 학법(學法)에 같이 들어왔는데, 계를 버리지 않고서 음법(婬法)을 행하면 이 비구는 바라이(波羅夷)를 범하였으므로 함께 머물 수 없느니라.'"

세존께서는 사위국(舍衛國)에 머무르셨다.

한 비구가 있어 발기자(跋耆子)라고 이름하였다. 계를 버리지 않고서 계를 더럽혔으며, 벗어나지 못하고 집으로 돌아가서 음행을 지었다. 뒤에 출가하고자 하였으므로 스스로가 이렇게 생각을 지었다.

'나는 마땅히 먼저 가서 여러 비구들에게 물어야겠다. 출가할 수 있는가? 출가할 수 없다면 그만두어야겠다.'

이렇게 생각을 짓고서 비구들에게 물었다. 여러 비구들도 의혹하였으므로, 이것으로서 세존께 아뢰었고, 세존께서는 말씀하셨다.

---

7) 부처가 자비심(慈悲心)으로 일체의 중생을 보호하는 것이다.

8) 불법(佛法)을 설교(說敎)하여 악법(惡法)을 꺾고, 정법(正法)을 따르게 하는 것이다.

"사람이 있어 계를 버리지 않고서 계를 더럽혔으며, 벗어나지 못하여 집으로 돌아가서 음행을 지었다면, 출가하여 다시 비구를 지을 수 없느니라. 지금부터 이러한 계는 마땅히 이와 같이 설할지니라.

'만약 비구가 비구의 계법(戒法)에 같이 들어왔는데, 계를 버리지 않고서 계를 더럽혔으며, 벗어나지 못하여 음법(婬法)을 지었다면, 이 비구는 바라이를 얻었으므로 함께 머물 수 없느니라.'"

세존께서는 사위국에 머무르셨다.

그때 교살라국(憍薩羅國)에 한 비구가 있었고 숲속에 혼자서 머물렀다. 암컷 원숭이가 있었고 항상 이 비구의 처소에 자주 왕래하였다. 이 비구가 곧 음식을 주어 그 원숭이를 유혹하였고, 원숭이는 그만 마음이 부드러워져서 곧 함께 음행하였다. 이 비구는 지식들이 많이 있었으므로 와서 서로가 문신하고 한쪽에 앉았다.

이때 원숭이가 와서 음행하고자 한 명·한 명의 여러 비구들의 얼굴을 바라보았고 다음으로 사랑하는 이 비구의 앞에 서서 그의 얼굴을 자세히 바라보았다. 이때 이 비구는 마음이 부끄러워서 원숭이를 바라보지 못하였고, 원숭이는 크게 성내면서 그의 귀와 코를 움켜잡고 상처를 내고서 곧 떠나갔다. 이때 여러 비구들이 다급하게 그 까닭을 물었고, 곧 스스로가 앞에서의 인연과 같이 자세하게 말하였다. 여러 비구들은 여러 종류의 인연으로서 꾸짖었다.

"그대가 지은 일은 사문의 법이 아니네. 도를 수순하지 않고 욕락의 마음을 없애지 않았으며 부정한 행을 지었는데, 출가인이 마땅히 지을 것이 아니네. 그대는 세존께서 여러 종류의 인연으로서 욕·욕상·욕욕·욕각·욕열을 꾸짖으셨고, 여러 종류의 인연으로서 욕을 버리고 욕상·욕욕·욕각·욕열을 버리는 것을 칭찬하신 것을 알지 못하는가? 세존께서는 항상 설법하시어 사람들에게 애욕을 떠나라고 가르치셨고, 그대는 오히려 마땅히 마음이 생겨나지 않아야 하는데, 어떻게 하물며 도리어 애욕과 성냄과 어리석음을 일으켜서 지었고, 근본적으로 부정한 악업에 결박되었는가?"

이때 여러 비구들은 여러 종류의 인연으로서 꾸짖고서 세존의 처소에 나아가서 세존을 향하여 자세하게 말하였다. 이때 세존께서는 이 인연으로서 비구 승가를 모으셨으며, 아시면서도 일부러 이 비구에게 물으셨다.

"그대가 진실로 이러한 일을 지었는가?"

대답하여 말하였다.

"진실로 지었습니다. 세존이시여."

세존께서는 여러 종류의 인연으로서 꾸짖으셨다.

"그대가 지은 일은 사문의 법이 아니니라. 도를 수순하지 않았고 욕락의 마음을 없애지 않았으며 부정한 행을 지었구나. 출가인으로서 마땅히 지을 것은 아니다. 그대 어리석은 사람이여. 여러 종류의 인연으로서 욕·욕상·욕욕·욕각·욕열을 꾸짖었고, 여러 종류의 인연으로서 욕을 끊고 욕상·욕욕·욕각·욕열을 버리는 것을 칭찬한 것을 알지 못하였는가? 나는 항상 설법하여 사람들에게 애욕을 떠나라고 가르쳤다. 그대는 오히려 마땅히 마음이 생겨나서는 아니되는데, 어찌 하물며 도리어 애욕과 성냄과 어리석음을 일으켜서 지었고, 근본으로 부정한 악업에 결박되었구나."

이와 같은 여러 종류의 인연으로 꾸짖으셨으며 여러 비구들에게 말씀하셨다.

"내가 이전에 이미 이러한 계를 제정하였으나, 지금 다시 따라서 제정하겠노라. 지금부터 이러한 계는 마땅히 이와 같이 설할지니라.

'만약 비구가 비구의 학법(學法)에 같이 들어왔는데, 계를 버리지 않고서 계를 더럽혔으며, 벗어나지 못하여 음법을 행하였고, 나아가 축생과 같이 행하였다면 이 비구는 바라이를 얻었으므로 함께 머물 수 없느니라.'

비구에는 네 종류가 있느니라. 첫째는 명자(名字)비구이고, 둘째는 자언(自言) 비구이며, 셋째는 위걸(爲乞) 비구이고, 넷째는 파번뇌(破煩惱) 비구이다.

'명자비구'는 이름으로 부르는 자이다

'자언 비구'는 백사갈마(白四羯磨)를 이용하여 구족계(具足戒)를 받았더라도, 또한 다시 적주(賊住) 비구이고 수염과 머리를 깎고 가사(袈裟)를 입었으며 스스로가 '나는 비구이다.'라고 말하는 자들인데, 이것을 자언비구라고 이름한다.

'위걸비구'는 다른 사람들을 쫓아서 걸식하는 까닭으로 바라문들이 다른 사람들을 쫓아서 구걸하는 때에 역시 '나는 비구이다.'라고 말하는 자들과 같은데, 이것을 위걸비구라고 이름한다.

'파번뇌비구'는 여러 번뇌(漏)는 중생을 번뇌로 결박하여 능히 다음의 몸을 받아서 태어나게 하고 극심한 고통의 과보를 생겨나게 하며, 생사의 왕래를 상속(相續)하는 인연이다. 만약 능히 지견(知見)으로 능히 이와 같은 번뇌를 끊고서, 그 근본을 남김없이 뽑아버린다면, 다라수(多羅樹[9])의 새싹을 잘라서 결국 자라나지 못하는 것과 같은데, 이것을 파번뇌비구라고 이름한다.

무엇을 비구의 구족계라고 말하는가? 무엇을 구족계 비구라고 말하는가? 만약 승가가 화합하여 백사갈마를 말하면 이 사람이 믿고 받아들여서 따라서 행하고 위반하지 않고 거스르지 않으며 깨뜨리지 않는다면 이것을 비구의 구족계라고 이름한다.

'배우다.'는 3학(學)이 있나니, 선계학(善戒學)·선심학(善心學)·선혜학(善慧學)이다. 다시 3학이 있나니, 위의를 잘 배우는 것·비니(毘尼)를 잘 배우는 것·바라제목차(波羅提木叉)를 잘 배우는 것이다.

'학법에 같이 들어간다.'는 백 세(歲)의 수계(受戒)한 비구가 배우는 것과 같이, 처음 계를 받은 사람도 역시 같이 배울 것이고, 처음 계를

---

9) 야자과에 속하는 상록교목으로, 높이 20m, 둘레 2m에 달하며 줄기는 밋밋하다. 식물체의 여러 부위에서 얻는 섬유로 부채와 모자, 우산, 종이 등을 만들며 인도, 스리랑카, 미얀마, 말레이 반도 등의 열대 지방에 분포한다. 또한 패다라(貝多羅) 또는 패엽(貝葉)이라 불리는 잎사귀는 수분이 적고 두꺼워서, 바짝 말랐을 때 단단해지는 특성이 있는데 이 잎은 종이보다 습기에 강하고 보존성이 더 뛰어나서 오래전부터 철필을 사용하여 경문을 새기는 사경(寫經)에 이용되었는데, 잎을 직사각형으로 잘라서 앞면과 뒷면에 모두 송곳으로 글자를 새기고 기름을 바르면 기름이 스며들면서 글자가 나타나고 이것에 구멍을 뚫어 옆으로 길게 꿰매면 불경이 새겨진 패다라, 즉 패엽경(貝葉經)이 완성된다.

받은 사람이 배우는 것과 같이, 백 세의 비구도 역시 같이 배우는 것이다. 이 가운데에서는 하나의 마음이고, 하나의 계이며, 하나의 말이고, 하나의 바라제목차이다. 같은 마음·같은 계·같은 말·같은 바라제목차인 까닭으로 비구가 학법에 같이 들어간다고 이름한다.

'계를 버리지 않았다.'는 만약 비구가 미친 상태에서 계를 버린 것은 계를 버렸다고 이름하지 않고, 만약 마음이 어지러운 때이거나, 병으로 마음이 무너진 때이거나, 만약 미친 사람을 향하였거나, 마음이 어지러운 사람을 향하였거나, 병으로 마음이 무너진 사람을 향하였거나, 만약 혼자 계를 버렸거나, 만약 혼자이면서 혼자가 아니라고 생각하였거나, 혼자가 아니면서 혼자라고 생각하였거나, 만약 중국(中國)[10]의 말로 변방 사람을 향하였고 서로가 이해하지 못하였거나, 만약 변방의 말로 중국 사람을 향하였고 서로가 이해하지 못하였거나, 만약 벙어리를 향하였거나, 귀머거리를 향하였거나, 벙어리이고 귀머거리인 사람을 향하였거나, 아는 것이 없는 사람을 향하였거나, 비인(非人)을 대하였거나, 잠자고 있는 사람을 향하였거나, 선정에 들어간 사람을 향하였거나, 만약 장애에 가로막혔거나, 만약 스스로 성을 냈거나, 성내는 사람을 향하였거나, 만약 꿈속이었거나, 스스로가 마음이 안정되지 않았거나, 마음이 안정되지 않은 사람을 향하여서 이와 같이 계를 버린 것은 모두 계를 버렸다고 이름하지 않는다.

혹은 계는 버렸으나 계를 더럽히지는 않은 것이 있고, 혹은 계를 더럽혔으나 계를 버리지 않은 것도 있으며, 혹은 계를 더럽히고 역시 계를 버린 것도 있다. '계는 버렸으나 계를 더럽히지는 않았다.'는 만약 이 비구가 '나는 세존을 버렸다.'라고 말한다면 곧 계를 버렸다고 이름한다. 만약 '법을 버렸다.', '승가를 버렸다.', '계를 버렸다.', '화상(和上)을 버렸다.', '아사리(阿闍梨)를 버렸다.', '같은 화상과 같은 아사리를 버렸다.', '비구와 비구니를 버렸다.', '식차마니(式叉摩尼)를 버렸다.', '사미와 사미

10) 여러 언어가 공존했던 고대인도에서 보편적으로 통용되었던 언어를 가리킨다.

니를 버렸다.', '우바새(優婆塞)를 버렸다.', '우바이(優婆夷)를 버렸다.'라고 말한다면 모두 계를 버렸다고 이름한다.

만약 '그대들은 마땅히 아십시오. 나는 백의(白衣)[11]이고 사미이며 비구가 아니고 사문(沙門)도 아니며 석자(釋子)가 아닙니다.'라고 말하거나, 나아가 '다시 그대들과 같이 배우는 것을 짓지 않겠습니다.'라고 말한다면, 이것은 계는 버렸으나 계를 더럽히지는 않았다고 이름한다.

'계를 더럽혔으나 계를 버리지 않았다.'는 만약 비구가 근심하면서 즐거워하지 않았고 계를 버리고자 하면서 비구의 법을 싫어하거나, 성스러운 옷을 벗고 백의의 옷을 취하거나, 백의의 법은 필요하고 비구의 법은 필요하지 않아서 재가의 일을 구하는 것이다. 다시 이렇게 말하는 것이다.

'나는 부모와 형제 및 자매가 생각난다. 나는 아들과 딸이 생각난다. 마땅히 노새(駃)를 가르치고 나는 기술(伎術)을 익히겠으며, 내가 좋아하는 곳에서 편안하고, 나는 선지식(善知識)으로서 귀속되겠다.'라고 말하면서 이와 같이 말한다면, 이것은 계를 더럽혔으나 계를 버리지 않았다고 이름한다.

'계를 더럽히고 역시 계를 버렸다.'는 만약 비구가 근심하면서 즐거워하지 않았고 계를 버리고자 하면서 비구의 법을 싫어하거나, 성스러운 옷을 벗고 백의(白衣)의 옷을 취하거나, 백의의 법은 필요하고 비구의 법은 필요하지 않다고 재가의 일을 구하는 것이다. 다시 이렇게 말을 짓는 것이다.

'나는 부모와 형제 및 자매가 생각난다. 나는 아들과 딸이 생각난다. 마땅히 노새를 가르치고 나는 기술을 익히겠으며, 내가 좋아하는 곳에서 편안하고, 나는 선지식으로서 귀속되겠다.'라고 이와 같이 말하는 것이다.

다시 '나는 세존을 버렸다.', '법을 버렸다.', 나아가 '우바새와 우바이를

---

11) 불교에서는 재가(在家) 신자를 가리킨다. 인도에서 수행승들은 색깔이 있는 옷을 입었고, 세속인들은 흰옷을 입고 있었다. 그리고 세상 사람들의 집을 백의사(白衣舍)라 불렀다. 이러한 관습 탓에 흰옷은 세상의 사람을 가리키는 말로 쓰이게 되었다.

버렸다.'라고 이와 같이 말을 짓는다면, 이것은 계를 더럽혔고 역시 계를 버렸다고 이름한다.

'음법을 행하다.'는 음행은 범행(梵行)이 아니라고 이름한다.

'범행이 아니다.'는 두 사람의 몸이 교회(交會)하는 것이다.

'바라이'는 (뜻과) 같지 않게 떨어지는 것을 이름한다. 이 죄는 매우 악하고 깊고 무거워서 이러한 죄를 짓는 자는 곧 (뜻과) 같지 않게 떨어지므로, 비구라고 이름하지 않고, 사문도 아니며, 석자도 아니고, 비구의 법을 잃는다.

'함께 머물 수 없다.'는 함께 비구법을 지을 수 없는 것으로 이를테면, 백갈마(白羯磨)·백이갈마(白二羯磨)·백사갈마(白四羯磨)·포살(布薩)·자자(自恣) 등이고, 14명의 숫자에 들어갈 수 없다. 이것을 함께 머무를 수 없는 바라이라고 이름한다.

이것을 범하는 가운데에 네 종류가 있나니, 남자와 여자와 황문(黃門)[12]과 이근(二根)[13]이다.

'여자'는 사람의 여인, 비인(非人)[14]의 여인, 축생의 암컷이다.

'남자'는 사람의 남성, 비인의 남성, 축생의 수컷이다.

'황문과 이근'은 역시 사람과 비인 및 축생이다.

비구가 사람의 여인과 세 곳에 음행한다면 바라이를 범하나니, 대변보는 곳·소변보는 곳·입 안이고, 비인의 여인이거나, 축생의 암컷이거나, 이근(二根)도 역시 같다. 사람의 남자와 함께 두 곳에 음행한다면 바라이를 범하나니, 대변보는 곳·입 안이고, 비인의 남자나 축생의 수컷이나 황문과도 역시 같다. 또 축생의 암컷과 두 곳에 음행한다면 바라이를 범하나니, 이를테면, 계약(雞若)과 사계(似雞)이다."

세존께서는 사위국에 머무르셨다.

---

12) 남자로서 남근(男根)을 갖추고 있지 않거나 남근이 불완전한 자를 말한다.
13) 남근(男根)과 여근(女根)을 모두 갖춘 자를 말한다.
14) 인간이 아닌 천(天)인·용·야차 등을 가리킨다.

한 걸식하는 비구가 있어 난제(難提)라고 이름하였다. 이른 아침의 때에 이르러 옷을 입고 발우를 지니고 성에 들어가서 걸식하였다. 걸식을 마치고 니사단(尼師壇)[15]을 왼쪽 어깨에 얹고 안환림(安桓林)으로 들어갔고, 한 나무 아래에 니사단을 펴고서 몸을 단정하게 앉았다. 악마의 천신(天神)이 이 비구의 삼매를 깨뜨리려는 까닭으로 단정(端政)한 여인의 몸으로 변화를 지어서 그의 앞에 섰다. 비구는 삼매에서 일어나서 이 여인의 몸을 보고 곧 세속의 애착심이 생겨났는데, 선정이 능히 견고(堅固)하지 못하였으므로 탐구하던 때에 퇴실(退失)하여 여인의 몸을 만지고자 하였다.

여인은 곧 물러났고 점점 멀리 떠나갔으므로 곧 일어나서 뒤쫓아서 따라갔으며 그녀의 몸을 잡으려고 하였다. 이때에 그 숲속에는 한 마리의 죽은 말이 있었는데, 여인은 말이 있는 곳에 이르러 곧 몸을 감추었다. 이 비구는 음욕이 몸을 태우고자 하였던 까닭으로 곧 죽은 말과 함께 음행하였다. 이미 음행하였으므로 욕망의 불길이 조금 가라앉았는데, 곧 후회가 생겨나서 말하였다.

"나는 이미 퇴실하여 떨어졌으니 비구가 아니고, 석종자(釋種子)도 아니구나. 지금 여러 비구들은 반드시 나를 멀리하고 다시는 함께 머무르지 않을 것이다. 나는 마땅히 청정하지 못한 몸으로서 이러한 법의(法衣)를 입어서는 아니된다."

곧 가사"(袈裟)를 벗었고 접어서 걸망 안에 넣었고 어깨 위에 걸치고 세존의 처소로 나아갔다. 이때 세존께서는 백천만의 대중에게 공경스럽게 위요(圍繞)[16]되어 설법하고 계셨다. 세존께서는 멀리서 오는 것을 보시고 곧 이렇게 생각을 지으셨다.

'내가 만약 부드러운 말로 위로해 묻지 않는다면 그는 마음이 반드시 파괴되어 끓는 피가 마땅히 눈·코·입으로 솟아날 것이다.'

---

15) 산스크리트어 niṣīdana의 음사로서 좌구(坐具)라고 번역된다. 수행자가 앉거나 누울 때에, 땅이나 잠자리에 까는 직사각형의 베를 가리킨다.

16) '주위를 에워싸다.'는 뜻이다.

이 비구가 와서 세존의 처소에 이르렀고, 세존께서는 말씀하셨다.

"옳도다. 난제여. 그대는 다시 비구들이 배우는 것을 배우고자 하는가?"

난제는 "옳도다. 난제여."라는 말을 듣고 마음에서 크게 환희심이 일어나서 곧 이렇게 생각을 지었다.

'나는 마땅히 여러 비구들과 함께 머무를 수 있고, 반드시 나는 쫓겨나지 않을 것이다.'

이와 같이 사유하고 대답하여 말하였다.

"세존이시여. 저는 비구들의 학법을 다시 배우고자 합니다."

이때 세존께서는 여러 비구들에게 말씀하셨다.

"그대들은 난제에게 비구의 학법을 다시 주도록 하라. 만약 난제와 같은 비구가 있다면 역시 학법을 주도록 하라. 마땅히 일심으로 화합승가에게 난제 비구는 오른쪽 어깨를 드러내고 신을 벗고서 호궤(胡跪)하여 합장하고 이렇게 말을 짓도록 하라.

'대덕 승가께서는 허락하십시오. 나 난제 비구는 계를 버리지 않았고 계를 더럽히지 않았으나 음법을 지었습니다. 저는 지금 승가를 쫓아 다시 학법을 애원합니다. 승가께서는 제가 애민(哀愍)한 까닭으로 나에게 다시 학법을 주십시오.'

두 번째·세 번째도 역시 이와 같이 말하라. 이 가운데에서 한 비구는 승가에 가운데에 창언(唱言)[17]하라.

'대덕 승가께서는 허락하십시오. 난제 비구는 계를 버리지 않았고 계를 더럽히지 않았으나 음법을 지었습니다. 이 난제 비구는 승가를 쫓아서 다시 학법을 애원하고 있습니다. 지금 승가께서는 애민한 까닭으로 학법을 다시 주십시오. 만약 승가께서 때에 이르렀다면 승가께서는 인정하고 허락하십시오. 다시 난제 비구에게 학법을 주십시오. 이와 같이 아룁니다.'

이와 같이 백사갈마를 짓도록 하라.

'다시 난제 비구에게 학법을 주어 마쳤습니다. 승가께서 인정하신 것은

---

17) 크고 높은 소리로 말하는 것을 가리킨다.

묵연하였던 까닭입니다. 이 일을 이와 같이 지니겠습니다.'"

여학사미(與學沙彌)[18]가 행할 법은 세존께서 제정하신 일체의 계를 모두 마땅히 받아들여 행하고 비구들의 하좌(下座)에 있도록 하라. 마땅히 대비구들에게 음식과 탕약을 주어야 하며, 자신은 사미와 백의에게 음식을 받아야 한다. 대비구와 함께 같은 방에서 이틀 밤을 묵을 수 없고, 자신도 역시 백의나 사미와 이틀 밤을 함께 묵을 수 없다. 구족계를 지닌 비구들과 포살과 자자의 두 갈마(羯磨)를 지을 수는 있으나, 여학사미는 포살과 자자의 숫자로 채울 수 없으며, 일체의 갈마도 지을 수 없느니라." [음사(婬事)를 마친다.]

세존께서는 왕사성(王舍城)에 머무르셨다.

이때 대중들이 많았고 비구들은 함께 한 처소에서 안거하였으므로 방사(房舍)가 부족하였다. 이때 여러 비구들은 지식들을 따라서 풀과 나무를 구걸하고 찾아서 각각 스스로가 암자(庵寺)를 지어서 머물렀다. 이 여러 비구들은 성에 들어가서 걸식하였는데, 나무꾼들이 있어 암자를 무너뜨리고 재목(材木)을 가지고 떠나갔다. 비구들은 걸식한 뒤 돌아와서 보았고 곧 근심이 생겨나서 이와 같이 말을 지었다.

"우리들은 매우 고생하였고 잠시 걸식하였는데 여러 젊은이들이 곧 우리의 암자를 부수고서 재목을 가지고 떠나갔구나. 마땅히 다시 거듭하여 지식들에게 풀과 나무를 구걸하고 찾아서 암자를 짓고 머물러야겠다."

이때 대중 가운데에 한 비구가 있어 달니가(達尼迦)라고 이름하였는데, 도공(陶家)의 아들이었다. 스스로 공교(工巧)로써 곧바로 진흙으로 방사를 짓고 진흙으로 문과 창을 지었으며, 대들보·서까래·소머리 장식(牛頭)·상아(象牙)·옷걸이 등을 모두 진흙을 사용하여 지었다. 여러 풀과 나무를 모았고 불을 피워서 완성하였는데, 붉은 색깔로 매우 장엄하였다.

---

18) 비구와 비구니가 바라이죄는 지었지만 참회하면 비구와 비구니의 지위는 잃을지라도 사미와 같은 지위를 보장하여 추방하지는 않고 계속 머무를 수 있게 승가에 남겨두는 것이다.

이렇게 집을 짓고서 여러 비구들에게 부촉하고서 2개월을 유행(遊行)하면서 구걸하며 찾았다. 이때 세존께서는 아난과 함께 여러 방사를 안행(按行)[19]하시면서 멀리서 붉은 빛으로 매우 장엄된 그의 집을 보셨다. 세존께서는 아시면서도 일부러 아난에게 물으셨다.

"이것은 무슨 물건이고 붉은 빛으로 매우 장엄되었는가?"

아난이 대답하여 말하였다.

"지금 왕사성에는 대중들이 많고 비구들이 한곳에서 안거하여 그 방사가 부족합니다. 이 여러 비구들은 지식들을 따라서 풀과 나무를 구걸하였고 암자를 짓고 머물고 있습니다. 성에 들어가서 걸식하는 때에 나무꾼이 암자를 부수고 재목을 가지고 떠나갔습니다. 걸식에서 돌아와서 보았고 근심이 생겨나서 말하였습니다.

'우리들은 매우 고생하였고 잠시 걸식하였는데 여러 젊은이들이 곧 우리의 암자를 부수고서 재목을 가지고 떠나갔구나.'

이 가운데에 한 비구가 있어 달니가라고 이름하였는데, 도공의 아들이었습니다. 스스로 공교로써 곧 이러한 진흙집을 지었고 여러 풀과 나무를 모았으며 불로써 구워서 완성하였는데 이와 같이 매우 장엄합니다."

세존께서는 아난에게 알리셨다.

"그대는 이 달니가 비구의 붉은 빛의 진흙집을 무너뜨려서 외도들이 비난하고 싫어하며 꾸짖지 않도록 하게. '세존께서 현재의 세상에 있는데도 이와 같은 번민의 인연법을 맺는구나.'"

아난은 가르침을 받고서 곧 가서 그것을 부수었다. 달니가 비구는 2개월을 유행하고 돌아와서 집이 부서진 것을 보았고 부촉하였던 비구들에게 물었다.

"누가 내 방사를 무너뜨렸습니까?"

비구들이 대답하여 말하였다.

"이것은 세존이신 대사께서 그것을 무너뜨리게 가르치셨습니다."

---

19) 관할 구역 안을 자세히 살피면서 돌아다니는 것이다.

달니가는 마음으로 생각하였다.

'법왕(法王)께서 부수라고 가르치셨으므로 할 말이 없구나. 지금 왕사성의 목재의 목수(木師)는 나의 지식이므로, 나무 집을 지어야겠구나.'

밤이 지나고 때에 이르렀으므로 옷을 입고 발우를 지니고 성에 들어가서 걸식하였다. 걸식을 마치고 목수가 있는 곳에 이르렀다.

"그대는 지금 아십니까? 마갈국(摩竭國)의 왕이시고 위제희(韋提希)의 아들인 아사세왕(阿闍世王)께서 나에게 목재를 주었습니다."

목수가 대답하여 말하였다.

"왕께서 주었다면 뜻에 따라 그것을 취하십시오."

이 가운데에서 크고 무거운 목재들 가운데에 성(城)을 수호(守護)하고 가지고 나가는 것이 어려우며 구걸하는 자에겐 마땅하지 않은 것들을 곧 취하여 잘랐고 한곳에 감추어 놓았다. 이때 성을 통괄하는 관리가 크고 무거운 목재 가운데서 성을 수호하는 재목이 잘려져서 감추어진 것을 보았다. 보고서 매우 놀라서 털이 곤두섰으며 생각이 생겨났다.

'원한을 품은 도둑이 장차 왔던 것은 아닌가? 만약 이미 들어왔는가?'

가서 목수에게 물었다.

"이 큰 재목들은 성을 수호하면서 사용하는 것인데, 누가 취하여 잘라서 한곳에 감추어 두었는가?"

대답하여 말하였다.

"달니가 비구가 있었고 와서 이렇게 말을 지었습니다. '아사세왕께서 나에게 목재를 주었습니다.' 나는 이때 대답하였습니다. '왕께서 주셨다면 뜻에 따라 그것을 취하십시오.' 곧바로 스스로가 큰 목재를 취하고 잘라서 한곳에 감추어 두었습니다."

성의 통괄하는 관리는 마음으로 생각하였다.

'왕께서 지금 어찌하여 큰 목재를 이 비구에게 주었는가?'

곧 왕의 처소에 이르러 말하였다.

"대왕께서는 다시 남은 목재가 있습니까? 어찌하여 성을 수호할 큰 목재를 가지고 비구에게 주셨습니까?"

왕이 말하였다.

"주지 않았소."

성의 통괄하는 관리는 말하였다.

"왕께서는 지금 이미 주셨습니다."

"누가 내가 주었다고 말하였소?"

대답하여 말하였다.

"목수가 주셨다고 말하였습니다."

왕이 말하였다.

"목수를 데려오시오."

곧 가르침을 받고 떠나가서 목수를 데려왔다. 이때 목수는 오는 도중에 달니가 비구를 보고 말하였다.

"그대의 인연을 까닭으로써 나는 지금 일이 있습니다."

비구가 말하였다.

"먼저 가십시오. 나도 뒤따라서 가겠습니다."

이때 성의 통괄하는 관리는 곧 목수를 데리고 왕의 처소에 이르러 말하였다.

"대왕이시여. 이 사람이 그 목수입니다."

이때 달니가 비구가 뒤따라서 오고 있었는데, 왕이 멀리서 그를 보고 곧 말하였다.

"목수를 풀어주고 비구를 데려오시오."

성의 통괄하는 관리는 곧 목수를 풀어주고 달니가 비구를 데리고 왕 앞에 이르렀다. 왕이 말하였다.

"그대들 비구의 법은 어찌하여 주지 않았어도 취하는 것이오?"

대답하여 말하였다.

"대왕이시여. 나는 주지 않은 것을 취하지 않았습니다. 대왕께서 이전에 우리에게 주셨습니다."

왕이 말하였다.

"나는 준 기억이 없소."

비구가 대답하여 말하였다.

"지금 대왕께서 기억하게 하겠습니다."

왕이 말하였다.

"무엇이오?"

대답하여 말하였다.

"대왕께서는 스스로가 마땅히 생각하십시오. 처음 왕위에 오르시던 때에 이와 같이 말을 지었습니다.

'만약 나라 안의 풀과 나무 및 물을 여러 지계(持戒)인 사문과 바라문이라면 따라서 취하고 사용하시오.'"

왕이 말하였다.

"나는 이를테면, 주인 없는 풀과 나무를 까닭으로, 이렇게 말을 지은 것이오."

왕이 말하였다.

"그대는 지금 큰 죄의 가운데에 떨어졌소."

비구가 대답하여 말하였다.

"나는 출가인(出家人)이고 대왕의 나라에 의지하여 머무르는데 어찌하여 나를 죽이고자 하십니까?"

왕이 말하였다.

"비구여. 가시오. 다시 거듭하여 이와 같은 큰 목재를 취하지 마시오."

이때 많은 사람이 외치면서 말하였다.

"희유하구나. 이 비구는 마땅히 죽는 것으로 결정되었는데, 꾸짖고서 곧 풀어주는구나."

이 비구는 큰 죄의 가운데에서 벗어나게 되었다. 승가 대중의 가운데에 이르렀고 음식을 먹고서 뒤에 여러 비구들에게 말하였다.

"나는 오늘에 왕의 처소에서 거의 죽을 수 있었습니다." [앞의 일을 자세히 말하였다.]

여러 비구들은 여러 종류의 인연으로서 꾸짖었다.

"그대가 지은 일은 사문의 법이 아닙니다. 도에 수순하지 않았고 욕락의 마음을 없애지 않았으며 청정하지도 않은 행을 지었습니다. 출가인으로서 마땅히 지을 것이 아닙니다. 그대는 불·세존께서 여러 종류의 인연으로서 훔치는 법을 꾸짖으셨고, 여러 종류의 인연으로서 훔치지 않는 법을 칭찬하신 것을 알지 못합니까? 그대는 오히려 마땅히 마음이 생겨나지 않아야 하고, 역시 마땅히 말해서도 아니되는데, 어찌하여 오히려 능히 취하였습니까?"

여러 종류의 인연으로서 꾸짖고서 세존을 향하여 자세히 말하였다. 세존께서는 이러한 일로써 비구 승가를 모으셨으며, 아시면서도 일부러 물으셨다.

"그대 달니가 비구여. 진실로 이 일을 지었는가?"

대답하여 말하였다.

"진실로 지었습니다. 세존이시여."

세존께서는 여러 종류의 인연으로서 꾸짖으셨다.

"그대가 지은 일은 사문의 법이 아니니라. 도에 수순하지 않았고 욕락의 마음을 없애지 않았으며 청정하지도 않은 행이다. 출가인으로서 마땅히 지을 것이 아니니라."

세존께서는 말씀하셨다.

"그대 어리석은 사람이여. 내가 여러 종류의 인연으로서 훔치는 법을 꾸짖었고, 여러 종류의 인연으로서 훔치지 않는 법을 칭찬한 것을 알지 못하였는가? 그대는 오히려 마땅히 마음이 생겨나지 않아야 하고, 역시 마땅히 말해서도 아니되는데, 어찌하여 오히려 능히 취하였는가?"

세존께서는 여러 종류의 인연으로서 꾸짖으셨고 아난에게 말씀하셨다.

"한 명의 하좌(下座) 비구를 데리고 왕사성으로 들어가서 큰 네거리와 시장과 취락의 사람들이 많은 곳에서 여러 사람에게, 만약 믿음이 있거나, 믿음이 없거나, 만약 현자(賢者)이거나, 현자가 아니거나, 만약 대신이거나, 대관(大官)이거나, 장수이거나, 관리(官屬)라도 마갈국의 왕인 아사세왕이 주는 큰 죄로 훔치는 것이 어디까지 허락되는가를 묻도록 하라."

아난은 가르침을 받고 한 명의 하좌 비구를 데리고 왕사성에 들어가 큰 네거리와 시장과 취락의 사람들이 많은 곳에서 여러 사람들에게 마갈국의 왕인 아사세왕이 주는 큰 죄로 훔치는 것이 어디까지 허락되는가를 물었다. 여러 사람들이 대답하였다.

"대덕이신 아난이여. 훔친 것이 5전(錢)에 이르거나, 만약 5전의 값이라면 곧 큰 죄를 주었습니다."

아난은 듣고 돌아와서 세존의 처소로 나아갔으며 예경하고서 세존을 향하여 갖추어 말하였다.

"훔친 것이 5전(錢)에 이르렀거나, 만약 5전의 값이라면 곧 큰 죄를 주었습니다."

세존께서는 곧 여러 비구들에게 말씀하셨다.

"열 가지의 이익을 까닭으로 여러 비구들에게 계를 제정하여 주겠나니, 지금부터는 이 계는 마땅히 이와 같이 설할지니라. '만약 비구가 만약 취락의 가운데이거나, 만약 비어있는 땅에서 물건을 주지 않았는데 훔쳐서 취하였고, 훔친 물건으로서 만약 왕과 왕의 신하가 만약 붙잡아 결박하였거나, 만약 죽였거나, 만약 내쫓았거나, 만약 금전으로 보상하게 하였거나, 만약 <그대는 어린 아기이고, 그대는 어리석으며, 그대는 도적이다.>라고 이렇게 말을 지었다면, 비구는 이와 같이 주지 않은 것을 취하였으므로 바라이를 얻으며 마땅히 함께 머물 수 없느니라.'"

'주지 않았는데 취하다.'는 다른 사람이 이러한 물건을 주지 않았고, 만약 남자이거나, 만약 여자이거나, 만약 황문이거나, 만약 2근의 사람이 주지 않았는데 훔쳐서 취한다면, 이것을 주지 않았는데 취한 것이라고 이름한다.

'왕'은 찰리(刹利)[20]의 종족이고 몸으로 왕의 직위를 받고서 좋은 물로 관정(灌頂)[21]하면 이것을 왕이라 이름하고, 역시 국주(國主)라고 이름하며,

---

20) 인도의 사성계급의 가운데에서 두 번째의 계급인 왕과 왕족에 속하는 부류(크샤트리아)를 가리킨다.

21) 본래는 『베다』에서 유래된 의식인데, 특히 제왕의 즉위식(卽位式) 또는 태자의 책봉식(冊封式) 때에 시행되었다. 우유·물 또는 사해(四海)의 물을 이마에 뿌리는

또 관정이라고 이름한다. 만약 바라문과 거사이거나, 만약 여인이 몸으로 왕의 직위를 받았다면 역시 왕·국주·관정이라고 이름한다.

'죽이다.'는 목숨을 빼앗는 것을 이름한다.

'결박하다.'는 만약 추계(杻械)[22]를 씌우고 가쇄(枷鎖)[23]를 채우며, 옥에 가두었다면 모두 결박한다고 이름한다.

'내쫓는다.'는 나라 밖으로 몰아내는 것이다.

'금전으로 보상한다.'는 금전 등의 물건으로 속죄하는 것이다.

도둑에는 두 종류가 있으니, 만약 겁탈하거나, 만약 훔치는 것이다.

'그대는 어린아이다.'는 법을 모르는 까닭이다.

'어리석은 자'는 아는 것이 없는 까닭이다.

'바라이'는 (뜻과) 같지 않은 곳에 떨어지는 것을 이름한다. 이 죄는 지극히 악하고 깊고 무거우므로 이러한 죄를 짓는 자는 비구라고 이름할 수 없고, 사문이 아니며, 석자도 아니고, 비구의 법을 잃게 된다.

'함께 머무를 수 없다.'는 이를테면, 백갈마(白羯磨)·백이갈마(白二羯磨)·백사갈마(白四羯磨)·설계(說戒)[24]·자자(自恣) 등의 비구법을 지을 수 없고, 14명의 숫자를 채울 수 없나니, 이것을 함께 머무를 수 없는 바라이라고 이름한다.

이 가운데에서 사람의 소중한 물건을 훔쳐서 범하는 바라이를 범하는 것에 세 종류가 있나니, 첫째는 스스로가 훔치는 것이고, 둘째는 다른 사람을 가르쳐서 훔치는 것이고, 셋째는 사자(使者)를 보내어 훔치는 것이다.

'스스로가 훔치다.'는 손으로 스스로가 취하거나, 스스로가 손으로 들어서 본래 있던 곳에서 옮기는 것으로 바라이이다.

데, 인드라(Indra)·바루나(Varuna) 등의 여러 신들이 직접 관정하여 주는 것으로 간주되었고, 관정을 받은 자는 신의 능력을 지니는 것으로 생각되었다.

22) 고대에 손목에 채우던 수갑의 한 종류를 가리킨다.

23) 나무 칼이나 발과 목에 채우던 쇠사슬을 가리킨다.

24) 보름날에 대중을 모아서 계경(戒經)을 읽어 듣게 하며, 보름 동안에 범한 죄를 돌이켜 생각하여 말하게 하고 참회케 하는 일인 포살을 다르게 부르는 말이다.

'다른 사람을 가르쳐서 훔치다.'는 만약 비구가 가르쳐서 다른 사람의 물건을 훔치게 시켰고, 이 사람이 말을 따라서 곧 훔치고 빼앗아 취하였으며, 본래 있던 곳에서 옮겼다면, 이때 비구는 바라이를 얻는다.

'사자를 보내어 훔치다.'는 만약 비구가 사람에게 말하였다.

"그대는 누구의 소중한 물건이 어디에 있는지 아는가?"

만약 그곳을 안다고 말하면 보내어 훔쳐서 취하게 하였고, 이 사람이 말을 따라서 훔치고 빼앗아서 취하였으며, 본래 있던 곳에서 옮겼다면, 이때에 비구는 바라이를 얻는다.

다른 사람의 소중한 물건을 훔치는 바라이에는 다시 세 종류가 있다. 첫째는 마음을 사용하는 것이고, 둘째는 몸을 사용하는 것이고, 셋째는 본래 있던 곳에서 옮기는 것이다.

'마음을 사용하다.'는 마음을 일으켜서 훔치고 빼앗아서 취하고자 사유(思惟)하는 것이다.

'몸을 사용하다.'는 만약 손이거나, 만약 다리이거나, 만약 머리이거나, 만약 다른 몸의 일부로 다른 사람의 물건을 취하는 것이다.

'본래 있던 곳에서 옮긴다.'는 물건이 있던 곳을 따라서 들었고 다른 곳에 놓아두는 것이다.

다른 사람의 소중한 물건을 취하는 바라이에는 다시 세 종류가 있나니, 첫째는 다른 사람이 주지 않은 것이고, 둘째는 소중한 물건이며, 셋째는 본래 있던 곳에서 옮기는 것이다.

'다른 사람이 주지 않았다.'는 만약 남자이거나, 만약 여자이거나, 만약 황문이거나, 만약 2근의 사람이 주지 않은 것이다.

'소중한 물건'은 물건의 값이 5전이었거나, 만약 5전이 넘는 것이다.

'본래 있던 곳에서 옮기다.'는 것은 물건이 있던 곳을 따라서 들었고 다른 곳에 놓아두는 것이다.

사람의 소중한 물건을 취하는 바라이에는 다시 세 종류가 있나니, 첫째는 훔치려는 마음이고, 둘째는 소중한 물건이며, 셋째는 본래 있던 곳에서 옮기는 것이다.

'훔치려는 마음'은 다른 사람이 주지 않았는데 스스로가 훔치려는 마음으로 취하는 것이다. 소중한 물건과 본래 있던 곳에서 옮기는 것은 앞에서 말한 것과 같다.

사람의 소중한 물건을 취하는 바라이에는 다시 세 종류가 있나니, 첫째는 이 물건이 다른 사람에게 귀속된 것이고, 둘째는 소중한 물건이며, 셋째는 본래 있던 곳에서 옮기는 것이다.

'다른 사람에게 귀속되다.'는 이 물건이 주인이 있으며, 만약 남자이거나, 만약 여자이거나, 만약 황문이거나, 만약 2근의 사람인 것이다. 소중한 물건과 본래 있던 곳에서 옮기는 것은 앞에서 말한 것과 같다.

사람의 소중한 물건을 취하는 바라이에는 다시 세 종류가 있나니, 첫째는 다른 사람에게 귀속되었다고 생각하는 것이고, 둘째는 소중한 물건이며, 셋째는 본래 있던 곳에서 옮기는 것이다.

'다른 사람에게 귀속되었다.'는 이러한 물건에 주인이 있는 것을 아는 것이다. 소중한 물건과 본래 있던 장소에서 옮기는 것은 앞에서 말한 것과 같다. 만약 남자이거나, 만약 여자이거나, 만약 황문이거나, 만약 2근의 소중한 물건을 본래 있던 곳에서 옮기는 것도 앞에서 말한 것과 같다.

사람의 소중한 물건을 취하는 바라이에는 다시 네 종류가 있나니, 첫째는 다른 사람이 주지 않은 것이고, 둘째는 훔치고 빼앗을 마음으로 취하는 것이며, 셋째는 소중한 물건이고, 넷째는 본래 있던 장소에서 옮기는 것이며, 모두 앞에서 말한 것과 같다.

사람의 소중한 물건을 취하는 바라이에는 다시 네 종류가 있나니, 이 물건이 다른 사람에게 귀속되었고, 훔치고 빼앗으려는 마음으로 취하는 것이며, 소중한 물건이고, 본래 있던 곳에서 옮기는 것은 바라이이다. 물건이 다른 사람에게 귀속된 것을 알았고, 훔치고 빼앗으려는 마음으로 취하는 것이며, 소중한 물건이고, 본래 있던 곳에서 옮기는 것도 모두 앞에서 말한 것과 같다.

사람의 소중한 물건을 취하는 바라이에는 다시 네 종류가 있나니,

첫째는 수호가 있는 것이고, 둘째는 주인이 있는 것이며, 셋째는 소중한 물건이고, 넷째는 본래 있던 곳에서 옮기는 것이다.

'수호(守護)가 있다.'는 가령 사람이 코끼리·말·소·양·처자·노비가 있었고, 만약 스스로 나라에 있었거나, 만약 다른 나라에 있었는데, 수호하는 사람이 있으며, 무엇이 나의 소유라는 마음이 있다면, 나의 소유한 마음을 따라서 누구의 물건이 되는 것이다. 다시 밭·감자(甘蔗)[25]밭·논·보리밭·삼(麻)밭·콩밭·포도밭이 있고, 수호하는 사람이 있었는데, 무엇이 나의 소유라는 마음이 있다면, 나의 소유라는 마음을 따라서 누구의 물건이 되는 것이다. 다시 코끼리 우리와 마굿간과 문간(門間)과 주방이 있고, 사람이 물건을 넣어두었다면, 이것을 수호라고 이름한다. 무엇이 나의 소유라는 마음이 있다면, 나의 소유라는 마음을 따라서 누구의 물건이 되는 것이다. 소중한 물건을 본래 있던 곳에서 옮기는 것도 앞에서 말한 것과 같다.

사람의 소중한 물건을 취하는 바라이에는 다시 네 종류가 있나니, 이 물건에 수호하는 사람이 없으나, 나의 소유라는 마음이 있고, 소중한 물건이며, 본래 있던 곳에서 옮기는 것이다.

'수호하는 사람이 없다.'는 가령 사람이 코끼리·말·처자가 있고, 만약 스스로 나라에 있었거나, 만약 다른 나라에 있었는데, 이러한 물건을 수호하는 사람은 없으나, 무엇이 나의 소유라는 마음이 있다면, 나의 소유라는 마음을 따라서 누구의 물건이 되는 것이다. 다시 전답이 있고 마당에 곡식이 있는데, 이러한 물건을 수호하는 사람은 없으나, 무엇이 나의 소유라는 마음이 있다면, 나의 소유라는 마음을 따라서 누구의 물건이 되는 것이다. 만약 다시 다섯 가지의 보배가 있고, 만약 다섯 가지의 보배와 비슷한데, 땅속에 감추어 두었으며, 수호하는 사람은 없으나, 무엇이 나의 소유라는 마음이 있다면, 나의 소유라는 마음을 따라서 누구의 물건이 되는 것이다. 이것을 주인이 있으나 수호하는 사람은 없다고 이름한다. 소중한 물건을 본래 있던 곳에서 옮기는 것도 앞에서

25) 사탕수수로서 볏과의 여러해살이 풀을 가리킨다.

말한 것과 같다.

다른 사람의 소중한 물건을 취하는 바라이에는 다시 네 종류가 있나니, 이 물건을 수호하는 사람이 있고, 나의 소유라는 마음은 없으며, 소중한 물건이고, 본래 있던 곳에서 옮기는 것이다.

'수호하는 사람은 있으나 나의 소유라는 마음이 없다.'는 도둑들이 다른 성읍(城邑)을 파괴하고 많은 물건을 얻은 것과 같은데, 만약 왕의 힘으로서, 만약 취락의 힘으로서 다시 이러한 도둑들을 물리쳤고 도둑들이 재물을 버리고 달아났다면, 이러한 물건은 주인은 수호하지 못하였고, 나의 소유라는 마음이 없는데 이미 잃었던 까닭이다. 도둑들도 역시 수호하지 못하였고, 나의 소유라는 마음이 없는데 이미 빼앗겼던 까닭이다. 수호가 있더라도 나의 소유라는 마음은 없고, 누가 수호하더라도 나의 소유라는 마음은 없는 것이다.

'빼앗아서 얻는다.'는 또한 비구가 여러 옷과 발우를 잃어버린 것과 같은데, 비구의 지식이 있어 다른 곳에 있는 것을 보았으므로 곧바로 빼앗아 취하였다. 이 옷과 발우를 잃어버린 비구는 수호하지 못하여 나의 소유라는 마음이 없는데, 이미 잃어버린 까닭이고, 도둑도 수호하지 못하여서 나의 소유라는 마음이 없는데, 이미 빼앗겼던 까닭이다. 수호하는 사람은 있으나, 나의 소유라는 마음은 없는 것이고, 수호하지만 나의 소유라는 마음은 없으므로 누가 수호하더라도 나의 소유라는 마음은 없는 것이다.

'빼앗아서 얻는다.'는 소중한 물건과 본래 있던 곳에서 옮기는 것은 앞에서 말한 것과 같다.

'곳(處)'은 땅 속·땅 위·허공·타는 것·수레·배·물속·밭·승방의 처소·몸 위·관세(稅官)의 처소·함께 약속한 곳·발이 없는 것·두 발 달린 것·네 발 달린 것·발이 많은 것 등이다.

'땅 속'은 사람에게 다섯 가지의 보배가 있거나 만약 다섯 가지의 보배와 비슷한 것이 땅속에 있는 것과 같은데, 비구가 훔치고 빼앗으려는 마음으로서 취하여 본래 있던 곳에서 옮겼다면 바라이이고, 만약 선택하였던 때라면 투란차(偸蘭遮)[26]이다. 만약 선택하고서 5전의 값을 취하였다면 바라이이고, 만약 나무나 기왓장 및 돌로서 들어 올리고 취하였다면 비록 본래 있던 곳으로 떨어뜨렸어도 바라이이고, 만약 끌어당겨서 취하였으나 밖으로 나오지 않았다면 투란차이다.

또한 철병·구리병·철 항아리·구리 항아리 등에 다섯 가지의 보배나 다섯 가지의 보배와 비슷한 것을 이 그릇의 속에 넣어 두었던 것과 같은데, 비구가 훔칠 마음으로서 취하여 본래 있던 곳에서 옮겼다면 바라이이고, 만약 선택하였던 때라면 투란차이다. 만약 선택하고서 5전의 값을 취하였다면 바라이이고, 병 바닥에 있는 물건을 굴려서 입구 근처까지 꺼냈다면 바라이이며, 입구 근처의 물건을 굴려서 바닥에 떨어트렸더라도 역시 바라이이고, 병을 깨고서 5전의 값을 취하였어도 바라이이다. 만약 비구가 훔치고 빼앗을 마음이 그릇에 있었고 물건에 있지 않았거나, 훔칠 마음이 물건에 있었고 그릇에 있지 않았거나, 혹은 마음이 양쪽에 있었더라도 5전의 값을 취하였다면 바라이이다. 이것을 땅속이라고 이름한다.

'땅 위'는 만약 고운 노끈 평상·거친 노끈 평상·방석(蓐)·침낭 방석(囊蓐)·얇은 방석·두꺼운 방석·방석 요·여러 색깔 요·여러 색깔 테두리 요·얇은 이불·두꺼운 이불·겉을 치장한 이불·겉과 속을 치장한 이불·테두리를 치장한 이불·땅의 부구(敷具)·나무 위·집 위 등이다.

'고운 노끈 평상'은 다리 부분·발 부분·고리 부분·섬돌 부분·노끈 평상에서 발이 놓이는 곳·머리가 닿는 곳 등을 말한다. 만약 노끈의 조직으로서 다른 노끈으로 짰다면 다른 곳이라고 이름한다. 만약 가죽이거나, 만약 옷으로 덮었는데 한 색깔이라면 한 곳이라고 이름하고, 다른 색깔이라면 다른 곳이라고 이름한다. 이러한 여러 곳에서 다섯 가지의 보배나 다섯 가지의 보배와 비슷한 것이 있었고, 비구가 훔치고 빼앗을 마음으로 5전의 값을 취하였다면 바라이이고, 만약 선택하였던 때라면 투란차이다.

---

26) 산스크리트어 sthūlātyaya의 음사로 중죄(重罪)·대죄(大罪)·추악죄(麤惡罪)라고 번역된다. 바라이(波羅夷)나 승잔(僧殘)을 범하고자 하였으나 미수에 그친 무거운 죄를 가리킨다.

만약 선택하고서 5전의 값을 취하였다면 바라이이다.

'거친 노끈 평상'은 만약 판자가 하나라면 한 곳이라고 이름하고, 만약 가죽이거나, 만약 노끈이거나 만약 옷으로 덮었는데 노끈이 다르면 다른 곳이라고 이름한다. 나머지는 앞에서 말한 것과 같다.

'담요'는 한 종류의 털로 되어 있으면 한 곳이라고 이름하고, 겉과 안이 같은 색이면 한 곳이라고 이름하며, 다른 색이면 다른 곳이라고 이름한다. 이러한 여러 곳에서 다섯 가지의 보배나 다섯 가지의 보배와 비슷한 것이 있었고, 비구가 훔칠 마음으로서 5전의 값을 취하였다면 바라이이고, 만약 선택하였던 때라면 투란차이다. 만약 선택하고서 5전의 값을 취하였다면 바라이이다.

'방석·침낭 방석·얇은 방석·두꺼운 방석·방석 요·여러 색깔 요·여러 색깔 테두리 요·얇은 이불·두꺼운 이불·겉을 치장한 이불·겉과 속을 치장한 이불·테두리를 치장한 이불·땅의 부구'는 한 색이라면 한 곳이라고 이름하고, 다른 색이라면 다른 곳이라고 이름한다. 나머지는 앞에서 말한 것과 같다.

'나무'는 뿌리·줄기·가지·잎·꽃·과일, 나아가 잔뿌리에서, 이러한 여러 곳에서 다섯 가지의 보배나 다섯 가지의 보배와 비슷한 것이 있었고, 비구가 훔칠 마음으로서 5전의 값을 취하였다면 바라이이고, 만약 선택하였던 때라면 투란차이다. 만약 선택하고서 5전의 값을 취하였다면 바라이이다.

'집의 위'는 문간·창문·문빗장·처마·소머리 장식·상아 장식·옷걸이·대들보·서까래·이층 누각·계단 등을 말하고, 나무 하나를 한 곳이라고 이름하며, 난간에서는 띠쇠의 하나를 한 곳이라고 이름한다. 만약 진흙을 바르지 않은 집은 한 벽면을 한 곳이라고 이름하고, 만약 풀로 덮은 집은 이엉이 한 번을 겹친 곳을 한 곳이라고 이름하며, 만약 나무로 덮은 집은 나무 하나를 한 곳이라고 이름하고, 만약 진흙을 바른 집은 한 번을 색칠한 곳을 한 곳이라고 이름한다. 이러한 모든 곳에 있는 다섯 가지의 보배나 다섯 가지의 보배와 비슷한 것이 있었고, 비구가 훔칠 마음으로서 5전의 값을 취하였다면 바라이이고, 만약 선택하였던 때라면 투란차이다. 만약 선택하고서 5전의 값을 취하였다면 바라이이다. 이것을 땅 위라고 이름한다.

'허공'은 가령 사람이 사는 방사(房舍)나 전각(殿堂)의 여러 난간 위에 값비싼 옷·파두마(波頭摩)[27] 옷·두구라(頭求羅) 옷·구라사(鳩羅闍) 옷 등이 걸려있는 여러 처소에서 바람에 날려 공중에 날아갔고 아직 땅에 떨어지지 않았는데 비구가 훔치고 빼앗을 마음으로 잡아서 취하였다면 바라이이다. 또한 비구가 화상과 아사리의 옷과 같았는데, 아래에서 위로 올라가거나, 위에서 아래로 떨어지면서 땅에 떨어지지 않았는데, 비구가 훔치고 빼앗을 마음으로 잡아서 취하였다면 바라이이다.

또한 사람이 사는 집의 문간·창문·누각 위·처마 아래·누각·실내·누각 위 등에서 안과 밖의 몸의 장엄구로서 이것이 여러 곳과 같았는데, 주인이 있는 고니·기러기·공작·앵무새·성성이[28] 등이 이러한 물건을 입에 물고서 떠나가는 때에 비구가 훔치고 빼앗을 마음으로서 이 새에게 빼앗아서 취하였다면 바라이이고, 만약 새를 기다렸던 때라면 투란차이다. 새를 따라서 비구가 이르는 곳에 이르고자 하였다면 바라이이고, 만약 다른 곳에 이르렀다면 투란차이다.

만약 야생의 새인 이를테면, 수리나 매 등이 이러한 물건을 물고 떠나가는데, 비구가 빼앗아 훔치고 빼앗을 마음으로서 이 새에게 빼앗아 취하였다면 투란차이고, 만약 새를 기다렸던 때라면 돌길라(突吉羅)[29]이다. 새가 비구의 처소를 따라서 이르고자 하였다면 투란차이고, 다른 곳에 이르렀다면 돌길라이다. 또한 야생의 새가 이러한 물건을 가지고 떠나갔고, 여러 주인이 있는 새가 야생의 새에게 빼앗아 취하였는데, 비구가 훔치고

---

27) padma는 파두마(波頭摩)·발두마(鉢頭摩)·발담마(鉢曇摩)라고 음사되고 홍련화(紅蓮華)라 번역된다.

28) 열대 지방에 사는 큰 원숭이의 한 종류인 오랑우탄을 가리킨다.

29) 산스크리트어 duṣkṛta의 음사로 악작(惡作) 또는 악설(惡說)이라 번역된다. 고의로 이 죄를 저질렀을 때는 한 명의 비구 앞에서 참회하고, 고의가 아닐 때는 마음 속으로 참회하면 죄가 소멸된다.

빼앗을 마음으로서 이 주인이 있는 새에게서 빼앗았으면 바라이이고, 만약 새를 기다렸던 때라면 투란차이다. 새를 따라서 비구가 이르고자 하였다면 바라이이고, 다른 곳에 이르렀다면 투란차이다.

주인 있는 새가 이러한 물건을 가지고 떠나갔고 야생의 새에게 빼앗겼는데, 비구가 훔치고 빼앗을 마음으로서 야생의 새에게서 빼앗아 취하였다면 투란차이고, 만약 새를 기다렸던 때라면 돌길라이다. 새를 따라서 비구가 이르고자 하였다면 투란차이고, 다른 곳에 이르렀다면 돌길라이다. 이것을 허공의 부분이라고 이름한다.

'타는 것'은 코끼리와 말 등이다. 코끼리를 타는 것은 다리·무릎·넓적다리·옆구리·늑골·가슴·목·머리·귀·코·입·어금니·꼬리 등을 말한다. 이와 같은 여러 곳에 다섯 가지의 보배나 다섯 가지의 보배와 비슷한 것이 있었는데, 비구가 훔치고 빼앗을 마음으로서 5전의 값을 취하였다면 바라이이고, 만약 선택하였던 때라면 투란차이다. 만약 선택하고서 5전의 값을 취하였다면 바라이이다.

'말의 타는 것'은 다리·무릎·넓적다리·옆구리·늑골·등·가슴·목·머리·귀·코·입·갈기·꼬리 등을 말한다. 나머지는 앞에서 설명한 것과 같다.

'수레'는 소 수레·사슴 수레·노루 수레·사람이 끄는 수레·사람이 드는 수레 등이다. '소 수레'는 바퀴 살·바퀴 테두리·굴대·바퀴통·본체(車箱)·난간 등이다. 이러한 여러 곳에 다섯 가지의 보배나 다섯 가지의 보배와 비슷한 것이 있었는데, 비구가 훔칠 마음으로서 5전의 값을 취하였다면 바라이이고, 만약 선택하였던 때라면 투란차이다. 만약 선택하고서 5전의 값을 취하였다면 바라이이다. 사슴의 수레·노루의 수레·사람이 끄는 수레도 역시 이와 같다.

'사람이 드는 수레'는 다리·다리의 고리·앉는 곳·등받이·받침대·덮개 등이다. 만약 노끈으로 덮었거나, 만약 옷으로 덮었거나, 같은 색은 한 곳이라고 이름하고 다른 색을 다른 곳이라고 이름한다. 이러한 여러 곳에 다섯 가지의 보배나 다섯 가지의 보배와 비슷한 것이 있었고, 비구가 훔칠 마음으로서 5전의 값을 취하였다면 바라이이고, 만약 선택하였던 때라면 투란차이다. 만약 선택하고서 5전의 값을 취하였다면 바라이이다. 이것을 타는 것이라고 이름한다.

'배'는 단조선(單槽船)·방선(舫船)[30]·사선(舍船)·병선(瓶船)·부낭선(浮囊船)[31]·판선(板船)[32]·뗏목·풀의 뗏목 등을 말한다.

'단조선'은 양쪽 뱃전·양쪽 뱃머리·바닥·양쪽 본체·돛대·조타실 등을 말한다. 이러한 여러 곳에 다섯 가지의 보배나 다섯 가지의 보배와 비슷한 것이 있었는데, 비구가 훔치고 빼앗을 마음으로서 5전의 값을 취하였다면 바라이이고, 만약 선택하였던 때라면 투란차이다. 만약 선택하고서 5전의 값을 취하였다면 바라이이다.

'방선'은 두 개의 몸통을 가로지르는 나무·노끈으로 묶은 곳이며, 나머지는 앞에서 설명한 것과 같다.

'사선'은 판자벽·병·항아리·병과 항아리를 보호하는 덮개·기둥·대들보 등을 말한다. 만약 풀로서 덮었는데 한 겹의 풀이라면 한 곳이라고 이름하며, 만약 나뭇가지로 덮었거나, 판자로 덮었는데, 한 번을 덮었다면 한 곳이라고 이름하고, 색이 다르면 다른 곳이라고 이름한다. 이러한 여러 곳에 다섯 가지의 보배나 다섯 가지의 보배와 비슷한 것이 있었는데, 비구가 훔칠 마음으로서 5전의 값을 취하였다면 바라이이다.

'병선'은 일체의 병·일체의 노끈으로 엮은 것·일체의 가죽으로 싼 것이고, '부낭선'은 일체의 부낭·일체의 엮은 것이며, '판선'은 일체의 판자인 것이고, '뗏목'은 일체의 나무인 것이며, '풀의 뗏목'은 일체의 풀·일체의 엮은 것이다. 이러한 모든 곳에 다섯 가지의 보배나 다섯 가지의 보배와 비슷한 것이 있었는데, 비구가 훔칠 마음으로서 5전의 값을 취하였다면 바라이이고, 만약 선택하였던 때라면 투란차이다. 만약 선택하고서 5전의 값을 취하였다면 바라이이다. 이것을 배라고 이름한다.

'물속'은 가령 사람들이 집을 짓기 위한 까닭으로, 수레를 까닭으로,

---

30) 두 척을 함께 묶어서 나란히 나아가게 하는 배를 가리킨다.

31) 바람을 넣어 물에 뜨게 하는 주머니를 이용하여 만든 배를 가리킨다.

32) 판자를 이용하여 만든 논 등에서 모나 볏단을 싣는 작은 배를 가리킨다.

땔감을 까닭으로, 물속에서 뜬 물건이 아래로 내려왔는데, 비구가 훔치고 빼앗을 마음으로서 취하였다면 바라이이고, 만약 선택하였던 때라면 투란차이다. 만약 선택하고서 5전의 값을 취하였다면 바라이이다. 붙잡아서 멈추게 하였고 뒤의 물이 앞에 이르게 하였다면 바라이이고, 만약 물속에 가라앉혔다면 바라이이며, 만약 물에서 건져 올려도 역시 바라이이다.

다시 주인이 있는 연못의 가운데에 여러 새들이 있었는데, 비구가 훔치고 빼앗을 마음으로서 여러 새들을 취하였다면 바라이이고, 만약 선택하였던 때라면 투란차이다. 만약 선택하고서 5전의 값을 취하였다면 바라이이다. 만약 물속에 가라앉혔다면 바라이이며, 만약 물에서 건져 올려도 역시 바라이이다. 이것을 물이라고 이름한다.

'밭의 부분'은 두 가지의 인연이 있어 다른 사람의 전답을 빼앗는 것이다. 첫째는 말하는 것이고, 둘째는 모습을 짓는 것이다. 비구가 땅을 한 까닭으로 다른 사람과 말하여 이겼다면 바라이이고, 뜻과 같지 않았다면 투란차이며, 만약 지나치게 다른 모습을 지어서 이겼으므로 얻었는데 5전의 값이라면 바라이이다. 승가의 방사도 역시 이와 같다. 이것을 밭이라고 이름한다.

'몸의 위'는 비구가 화상이나 아사리와 함께 옷을 가지고 가는 것과 같은데, 이 비구 몸의 여러 곳인 이를테면, 다리·발등·무릎·넓적다리·사타구니·엉덩이·늑골·등·배·가슴·손·팔꿈치·팔뚝·어깨·목·머리 등이다. 비구가 훔치고 빼앗을 마음으로서 이 걸망을 취하여 이쪽에서 저쪽으로 옮겼다면 바라이이다. 이것을 몸의 위라고 이름한다.

'관세(關稅)의 처소'는 비구가 세관을 지나면서 마땅히 물건에 세금을 내야 하는데, 세금을 내지 않았고 5전의 값이라면 바라이이다. 다시 상인(賈客)이 있어 관세의 처소에 이르러 비구에게 말하였다.

"나와 함께 이 물건으로 지나가 주십시오."

이 비구가 세관을 함께 지나갔는데, 5전의 값이라면 바라이이다. 다시 상인이 있어 관세의 처소에 이르러 비구에게 말하였다.

"나와 함께 이 물건으로 지나간다면 세금의 절반을 그대에게 주겠습니다."

비구가 함께 지나갔는데, 얻은 물건의 세금이 5전의 값이라면 바라이이다. 다시 상인이 있어 관세의 처소에 이르러 비구에게 말하였다.

"나와 함께 이 물건으로 지나간다면 세금을 모두 그대에게 주겠습니다."

비구가 함께 지나갔는데, 물건의 세금이 5전의 값이라면 바라이이다. 다시 상인이 있어 관세의 처소에 와서 이르렀는데, 비구가 다른 길을 보여주어서 지나갔고, 물건의 세금을 잃게 하였는데, 물건이 5전의 값이라면 바라이이다. 다시 상인이 있어 관세의 처소에 이르지 않았는데, 비구가 다른 길을 알려주어 지나갔고, 물건의 세금을 잃게 하였는데, 물건이 5전의 값이라면 투란차이다. 만약 세관의 처소에 도둑이 있거나, 만약 악한 짐승이 있거나, 만약 기근을 까닭으로 비구가 다른 길을 보여주었다면 죄를 범한 것은 없다. 이것을 세관의 처소라고 이름한다.

'함께 약속한 처소'는 비구가 도둑과 함께 약속하고 여러 촌락(村落)을 파괴하고 얻은 물건을 비구와 나누었는데, 5전의 값이라면 바라이이다. 이것을 함께 약속한 처소라고 이름한다.

'발이 없는 중생'은 질충(蛭蟲)·천두라충(千頭羅蟲) 등을 사람이 있었고 그것을 취하여 그릇 속에 넣어두었는데, 비구가 훔치고 빼앗을 마음으로서 취하였다면 바라이이고, 만약 선택하였던 때라면 투란차이다. 만약 선택하고서 5전의 값을 취하였다면 바라이이고, 만약 그릇을 깨뜨리고 벌레를 취하였는데 5전의 값이라면 투란차이다. 만약 비구의 훔칠 마음이 그릇에 있었고 벌레에 있지 않았거나, 만약 마음이 벌레에 있었고 그릇에 있지 않았거나, 만약 마음이 양쪽에 있었는데, 훔치고 빼앗을 마음으로서 취하여 얻었는데, 5전의 값이라면 바라이이다. 이것을 발이 없는 것이라고 이름한다.

'두 발의 처소'는 거위·기러기·공작·앵무새·사리조(舍利鳥)·구기라조(拘耆羅鳥)[33]·성성이(狌狌)[34] 및 사람과 같은 것이다. 사람이 있어서 취하였고 이러한 물건을 들어서 대바구니의 안에 넣어두었는데, 비구가 훔치고 빼앗을 마음으로서 취하였다면 바라이이고, 만약 선택하였던 때라면 투란차이다. 만약 선택하고서 5전의 값을 취하였다면 바라이이고, 만약 대바구니를 뚫고서 새를 취하였는데 5전의 값이라면 투란차이다. 만약 비구의 훔칠 마음이 대바구니에 있었고 새에 있지 않았거나, 만약 훔칠 마음이 새에 있었고 대바구니에 있지 않았거나, 만약 마음이 양쪽에 있었는데, 훔치고 빼앗을 마음으로서 취하여 얻었는데 5전의 값이라면 바라이이다.

사람을 훔치는 것에는 두 종류가 있다. 첫째는 업고서 떠나가는 것이고, 둘째는 함께 약속하는 것이다. 만약 비구가 사람으로서 등 위에 업고서 두 걸음을 옮긴다면 바라이이고, 서로 약속하고 만나 두 걸음을 간다면 바라이이다. 이것을 두 발의 처소라고 이름한다.

'네 발의 처소'는 코끼리·말·소·양·당나귀·노새 등이다. 사람이 있어 끈으로서 한곳에 묶어 두었는데, 비구가 훔치고 빼앗을 마음으로서 끈을 풀고 이끌고 떠나면서 네 걸음을 옮겼다면 바라이이다. 만약 담장이나 울타리 안에 있었는데, 비구가 훔치고 빼앗을 마음으로서 몰고서 지나가서 네 걸음을 옮겼다면 바라이이다. 여러 네 발의 중생들이 한 곳에 함께 누워있는데, 비구가 훔치고 빼앗을 마음으로서 한 마리를 몰아서 일으키고 지나면서 네 걸음을 옮겼다면 바라이다. 만약 밖에 풀어 놓았는데, 비구가 마음으로 생각하였다.

'이것을 방목한 사람이 취락으로 떠나가는 때에 내가 훔쳐야겠다.'

마땅히 훔쳐서 취하면 투란차이고, 만약 죽였다면 바야제(波夜提)이며, 죽이고서 고기를 취하였는데 5전의 값이라면 바라이이다. 이것을 네 발의 처소라고 이름한다.

'발이 많은 처소'는 지네·백족길강(百足蛣蜣) 등을 말한다. 사람이 있어 들어서 그릇에 넣어두었는데 비구가 훔치고 빼앗을 마음으로서 취하였다

33) 산스크리트어 kokila의 음사로서 인도에 있는 검은 색깔의 두견새이다. 소리는 매우 좋지만 모양은 추악하다.

34) 지금의 오랑우탄을 가리킨다.

면 바라이이고, 만약 선택하였던 때라면 투란차이다. 만약 선택하고서 5전의 값을 취하였다면 바라이이고, 만약 그릇에 구멍을 뚫고 벌레를 취하였는데 5전의 값이라면 투란차이다. 만약 비구의 훔칠 마음이 그릇에 있었고 벌레에 있지 않았거나, 만약 훔칠 마음이 벌레에 있었고 그릇에 있지 않았거나, 만약 마음이 양쪽에 있었는데 훔칠 마음으로서 취하여 얻었고 5전의 값이라면 바라이이다. 이것을 발이 많은 처소라고 이름한다.

다시 사람의 소중한 물건을 취한 바라이에 일곱 종류가 있나니, 첫째는 자기 것이 아니라고 생각한 것이고, 둘째는 같은 뜻이 아니며, 셋째는 잠시 사용한 것이 아니고, 넷째는 주인이 있는 것을 아는 것이며, 다섯째는 미치지 않은 것이고, 여섯째는 마음이 어지럽지 않은 것이며, 일곱째는 병으로 마음이 무너지지 않은 것이다.

다시 사람의 소중한 물건을 취했으나 범하지 않은 것에 일곱 종류가 있나니, 첫째는 자기의 것이라고 생각한 것이고, 둘째는 같은 뜻이며, 셋째는 잠시 사용한 것이고, 넷째는 주인이 없다고 생각한 것이며, 다섯째는 미친 것이고, 여섯째는 마음이 어지러운 것이며, 일곱째는 병으로 마음이 무너진 것이다.

다시 비인(非人)의 소중한 물건을 취한 투란차에 일곱 종류가 있나니, 첫째는 자기 것이 아니라고 생각한 것이고, 둘째는 같은 뜻이 아니며, 셋째는 잠시 사용한 것이 아니고, 넷째는 주인이 있는 것을 아는 것이며, 다섯째는 미치지 않은 것이고, 여섯째는 마음이 어지럽지 않은 것이며, 일곱째는 병으로 마음이 무너지지 않은 것이다.

다시 비인의 소중한 물건을 취했으나 범하지 않은 것에 일곱 종류가 있나니, 첫째는 자기의 것이라고 생각한 것이고, 둘째는 같은 뜻이며, 셋째는 잠시 사용한 것이고, 넷째는 주인이 없다고 생각한 것이며, 다섯째는 미친 것이고, 여섯째는 마음이 어지러운 것이며, 일곱째는 병으로 마음이 무너진 것이다.

다시 사람의 가벼운 물건을 취한 투란차에 일곱 종류가 있나니, 자기의 것이 아니라고 생각한 것, 같은 뜻이 아닌 것, 잠시 사용하지 않은 것,

주인이 있는 것을 아는 것, 미치지 않은 것, 마음이 어지럽지 않은 것, 병으로 마음이 무너지지 않은 것 등이다. 다시 사람의 가벼운 물건을 취하였으나 범한 것은 아닌 일곱 종류가 있나니, 자기의 것이라고 생각한 것, 같은 뜻인 것, 잠시 사용한 것, 주인이 없는 것을 알았던 것, 미친 것, 마음이 어지러운 것, 병으로 마음이 무너진 것 등이다.

다시 비인의 가벼운 물건을 훔친 돌길라(突吉羅)에 일곱 종류가 있나니, 자기의 것이 아니라고 생각한 것, 같은 뜻이 아닌 것, 잠시 사용하지 않은 것, 주인이 있는 것을 아는 것, 미치지 않은 것, 마음이 어지럽지 않은 것, 병으로 마음이 무너지지 않은 것 등이다. 다시 비인의 가벼운 물건을 취하였으나 범한 것은 아닌 일곱 종류가 있나니, 자기의 것이라고 생각한 것, 같은 뜻인 것, 잠시 사용한 것, 주인이 없는 것을 알았던 것, 미친 것, 마음이 어지러운 것, 병으로 마음이 무너진 것 등이다."

비구니가 있어 시월(施越)이라고 이름하였다.

지식이 많아서 복덕이 있는 사람이라고 말하였고, 기쁘게 공양으로 유(油)·소(酥)·밀(蜜)·석밀(石蜜)을 주었다. 한 상인(賈客)이 있어 이 비구니를 보고 믿고 공경하는 마음으로 기뻐하면서 이와 같이 말을 지었다.

"선녀(善女)시여. 필요한 소·유·밀·석밀의 필요한 것을 우리집에 이르러 취하십시오."

대답하여 말하였다.

"그렇게 하겠습니다."

이때 다른 비구니가 있어 이러한 말을 듣고 지나갔다. 며칠 뒤에 곧 상인에게 갔고 그의 집에 이르러 말하였다.

"시월 비구니가 호마유(胡麻油)[35] 다섯 되(升)가 필요합니다."

상인이 물어 말하였다.

"무엇을 짓고자 합니까?"

---

35) 검은 참깨를 볶지 않고 짜낸 기름을 말한다.

대답하여 말하였다.

“나는 이것을 가지고 비구니의 사중(寺中)에 이르고자 합니다.”

상인은 곧 주었고, 그 비구니는 가지고 사중에 이르러 곧 자기가 먹었다. 그것이 지나고 며칠 뒤에 상인은 시월 비구니를 보고 말하였다.

“선녀시여. 무슨 까닭으로 다만 호마유를 찾았고 다른 물건은 찾지 않으셨습니까?”

비구니가 말하였다.

“무슨 까닭으로 이렇게 말하세요?”

대답하여 말하였다.

“한 비구니가 있었고 와서 그대께서 호마유가 필요하다고 말하였고, 내가 곧 그것을 주었습니다.”

시월이 말하였다.

“잘했습니다. 만약 다른 물건을 찾았더라도 그대는 역시 마땅히 주었을 것입니다.”

시월 비구니는 곧 가서 그 비구니에게 말하였다.

“그대는 폐악(弊惡)한 비구니이고, 하천(下賤)한 비구니입니다. 그대는 바라이를 얻었습니다.”

그 비구니가 말하였다.

“무슨 까닭으로 그렇습니까?”

시월이 말하였다.

“상인이 주지 않았는데, 거짓으로 다른 사람의 기름을 취하였습니다.”

그 비구니가 말하였다.

“나는 주지 않은 것을 취한 것이 아닙니다. 나는 그대의 이름을 까닭으로써 취하였습니다.”

곧 스스로가 의혹이 생겨났다.

‘내가 장차 바라이를 얻은 것은 없는가?’

이 일로써 세존께 아뢰었고, 세존께서는 아시면서도 일부러 물으셨다.

“그대는 무슨 마음으로서 취하였는가?”

대답하여 말하였다.

"저는 시월의 이름으로서 취했습니다."

세존께서는 말씀하셨다.

"바라이를 얻은 것은 아니고, 다만 고의로 망어하였으므로 바야제(波夜提)를 얻었느니라. 오늘부터 거짓으로 남의 이름을 말하면서 취하지 말라. 만약 취한다면 죄를 범하느니라."

다시 동방(東方) 비구니가 있었고 파리(波利) 비구니와 함께 같은 한 길을 갔다. 이때 파리 비구니는 앞에 가면서 옷을 잃어버리고 떠나갔고, 동방 비구니가 뒤에 가면서 그것을 주웠다. 함께 한 처소에 모여있는 때에 동방 비구니가 창언(唱言)하였다.

"누가 이 옷을 잃어버렸고 내가 지금 땅에서 주웠습니다."

파리 비구니가 말했다.

"그대가 이 옷을 취하였습니까?"

대답하여 말하였다.

"내가 취하였습니다."

파리가 말하였다.

"그대는 바라이죄를 얻었습니다."

물어 말하였다.

"무슨 까닭입니까?"

대답하여 말하였다.

"그대는 훔치려는 마음으로서 취한 까닭입니다."

이 비구니는 마음으로 의혹하였다.

'내가 장차 바라이를 얻은 것은 없는가?'

이 일로써 세존께 아뢰었고, 세존께서는 말씀하셨다.

"범한 것은 없느니라."

한 거사가 기환(祇桓)[36] 근처에서 밭을 갈면서 한쪽에 옷을 놓아두었다.

이때 비구가 있어 분소의(糞掃衣)를 구하면서 이 땅 위의 옷을 보았고, 사방을 둘러보아도 사람이 없었으므로 곧 취하여 가지고 떠나갔다. 밭을 갈던 사람이 멀리서 보고 비구에게 말하였다.

"내 옷을 가져가지 마십시오."

비구는 듣지 못하였고, 밭을 갈던 사람이 곧 달려와서 비구를 붙잡고 말하였다.

"그대의 비구법은 주지 않아도 취합니까?"

비구는 대답하여 말하였다.

"나는 분소의는 주인이 없다고 생각하였던 까닭으로 취하였습니다."

밭을 가는 사람이 말하였다.

"이것은 나의 옷입니다."

비구가 말하였다.

"이것이 그대의 옷이라면 곧 스스로 가져가십시오."

비구는 마음으로 의혹하였다.

'내가 장차 바라이를 얻은 것은 없는가?'

이 일로써 세존께 아뢰었고, 세존께서는 아시면서도 일부러 물으셨다.

"그대는 무슨 마음으로서 취하였는가?"

비구가 말하였다.

"저는 주인이 없다고 생각하였던 까닭으로 취했습니다."

세존께서는 말씀하셨다.

"범한 것이 없느니라. 지금부터 옷을 취하면서 마땅히 잘 헤아리도록 하라. 이것이 다른 사람의 옷과 물건이라면 비록 지키는 사람이 없어도 반드시 주인이 있느니라." [투도를 마친다.]

---

36) 기(祇)는 기타(祇陁)이고, 환(桓)은 숲이므로, 기원정사(祇園精舍)를 가리키는 말이다.

십송율 제2권

요진 북인도 삼장 불야다라 한역

석보운 번역

1. 초송 ②

1) 4바라이법을 밝히다 ②

세존께서는 발기국(跋耆國)의 발구마강(跋求摩江) 언덕에 머무르셨다.

이때 세존께서는 여러 비구들에게 말씀하셨다.

"부정관(不淨觀)을 수습(修習)한다면 큰 과보와 큰 이익을 얻을 것이다."

여러 비구들은 이렇게 생각을 지었다.

'세존께서는 우리들에게 부정관을 수습하여 큰 과위와 큰 이익을 얻으라고 가르쳤으니 우리들은 마땅히 부지런히 수습해야겠다.'

여러 비구들은 이렇게 생각을 짓고서 부지런히 부정관을 수습하여 이 몸을 깊이 염오(厭惡)와 참괴(慚愧)를 품었는데, 비유하면 나이가 젊으면 스스로가 엄숙하게 꾸미는 것을 좋아하여 몸을 깨끗이 씻고, 손톱과 발톱을 깎으며, 수염과 머리칼을 다듬고, 좋은 의복을 입으며, 향으로써 몸에 바르는 것과 같았고, 만약 죽은 뱀으로서, 만약 죽은 개로서, 혹은 죽은 사람으로서 냄새나고, 문드러지며, 시퍼렇게 멍들고, 새나 짐승이 뜯어 먹으며, 피고름과 벌레가 흘러나오는 것을 묶은 것으로서 그의 목에 걸어주었다면 악취나는 시체를 매우 염오하고 참괴를 품는 것과 같았다.

이 여러 비구들도 깊이 부정관을 수습하였던 까닭으로 참괴하고 염오하였는데 역시 이와 같았다. 이때 혹은 발심한 비구가 있어도 죽으려고 하는 것을 찬탄하였고, 칼을 구하여 스스로가 죽었으며, 혹은 독약을 먹었고, 혹은 스스로 목을 매달았으며, 혹은 높은 언덕에서 몸을 던졌고, 혹은 비구가 돌아가면서 서로의 목숨을 해쳤다. 한 비구가 있어 부정관을 부지런히 수습하였으므로 냄새나는 몸을 매우 염오하고 참괴하면서 곧 녹장(鹿杖) 범지(梵志)[1]가 있는 곳으로 가서 찬탄하며 말하였다.

"선인(善人)이여. 그대가 능히 나를 죽인다면 그대에게 옷과 발우를 주겠습니다."

이때 그 녹장 범지는 곧 예리한 칼로써 그의 목숨을 끊었고 피가 묻은 칼이 있었으므로 가지고 발구마강에 이르러 그것을 씻었다. 마왕인 천신이 있었고 물속에서 솟아나와 물 위에 있으면서 범지를 찬탄하며 말하였다.

"선인이여. 그대는 큰 복덕을 얻었노라. 이 사문 석자가 제도되지 못하였는데 제도하였고, 해탈하지 못하였는데 해탈시켰으며, 겸하여 옷과 발우까지 얻었구려."

이때 그 범지는 악한 사견이 생겨나서 스스로 생각하였다.

'매우 그렇구나.'

곧 칼을 가지고 떠나갔고 방사에서 방사로 돌아다녔고 경행처(經行處)에 이르러 크게 창언하였다.

"누가 아직 제도되지 못하였는가? 내가 마땅히 제도하겠소. 누가 아직 해탈하지 못하였는가? 내가 마땅히 해탈시키겠소."

이때 여러 비구들은 부정관을 부지런히 수습하고 있었던 까닭으로 냄새나는 몸을 염오하였다. 주처(住處)에서 나와서 범지가 있는 곳에 이르러 찬탄하며 말하였다.

"선인이여. 나의 목숨을 끊어 주시오."

---

1) 산스크리트어 brāhmaṇa의 음사인 범(梵)은 청정을 뜻하며, 바라문(婆羅門)을 일컫는다. 또한 바라문(婆羅門)의 생활을 4기(期)로 나누었을 때 제1기인 8세부터 16세, 또는 11세부터 22세까지로 스승에게 가서 수학하는 동안을 말한다.

이때 그 범지는 거듭하여 그들의 목숨을 끊었고, 이와 같은 경우가 두·세 명에서 나아가 60명에 이르렀다. 이러한 인연으로서 승가는 마침내 감소하였고, 매월 15일에 계를 설하는 때에 이르자 대중 승가는 감소하였다. 세존께서는 아시면서도 일부러 아난에게 물으셨다.

"지금은 계를 설하는 날이고, 대중 승가는 모두 모여야 하느니라. 무슨 까닭으로 감소하였는가?"

아난이 아뢰어 말하였다.

"세존께서는 한때에 여러 비구들에게 가르치셨습니다. '부정관을 깊이 수습하면 큰 과보와 큰 이익을 얻느니라.' 이 여러 비구들은 곧 부지런히 부정관을 수습하였고 냄새나는 몸을 염오하였습니다. 비유하면 나이가 젊으면 스스로가 엄숙하게 꾸미는 것을 좋아하여 몸을 깨끗이 씻고, 손톱과 발톱을 깎으며, 수염과 머리칼을 다듬고, 좋은 의복을 입으며, 향으로써 몸에 바르는 것과 같았고, 만약 죽은 뱀으로서, 만약 죽은 개로서, 혹은 죽은 사람으로서 냄새나고, 문드러지며, 시퍼렇게 멍들고, 새나 짐승이 뜯어 먹으며, 피고름과 벌레가 흘러나오는 것을 묶은 것으로서 그의 목에 걸어주었다면 악취나는 시체를 매우 염오하고 참괴를 품는 것과 같았습니다.

이 여러 비구들도 부정관을 깊이 수습하여 염오하고 참괴하는 것이 역시 이와 같았습니다. 이때 혹은 발심한 비구가 있었는데 죽으려고 하는 것을 찬탄하였고, 칼을 구하여 자살하였으며, 혹은 독약을 먹었고, 혹은 스스로 목을 매달았으며, 혹은 높은 언덕에서 몸을 던졌고, 혹은 비구들이 돌아가면서 서로의 목숨을 해쳤습니다. 한 비구가 있어 부정관을 부지런히 수습하여 냄새나는 몸을 매우 염오하고 참괴하면서 곧 녹장 범지가 있는 곳에 가서 찬탄하며 말하였습니다.

'선인이여. 그대가 능히 나를 죽인다면 그대에게 옷과 발우를 주겠습니다.'

이때 그 녹장 범지는 곧 예리한 칼로써 그의 목숨을 끊었고, 피가 묻은 칼이 있었으므로 가지고 발구마강에 이르러 그것을 씻었는데, 마왕인 천신이 있어 물속에서 솟아나와 물 위에 있으면서 범지를 찬탄하며 말하였습니다.

'선인이여. 그대는 큰 복덕을 얻었노라. 이 사문 석자는 제도되지 못하였는데 제도하였고, 해탈하지 못하였는데 해탈시켰으며, 겸하여 옷과 발우까지 얻었구려.'

이때 그 범지는 악한 사견이 생겨나서 스스로 생각하였습니다.

'매우 그렇구나.'

곧 칼을 가지고 떠나갔고 방사에서 방사로 돌아다녔고 경행처에 이르러 크게 창언하였습니다.

"누가 아직 제도되지 못하였는가? 내가 마땅히 제도하겠소. 누가 아직 해탈하지 못하였는가? 내가 마땅히 해탈시키겠소."

이때 여러 비구들은 부정관을 부지런히 수습하고 있었던 까닭으로 냄새나는 몸을 염오하였습니다. 주처에서 나와서 범지가 있는 곳에 이르러 찬탄하며 말하였다.

"선인이여. 나의 목숨을 끊어 주시오."

이때 그 범지는 거듭하여 그들의 목숨을 끊었고, 이와 같은 경우가 두·세 명에서 나아가 60명이었던 까닭으로 승가는 감소하였습니다. 오직 원하옵건대 세존이시여. 여러 비구들을 위하여 다른 옳은 길을 설하시어 안락하게 법에 머물고, 염오가 없게 하시며, 여러 악한 법들이 생겨나면 곧 능히 없애고 소멸시켜 주십시오."

세존께서는 아난에게 말씀하셨다.

"다시 옳은 길이 있나니, 안락하게 법을 행하면 염오가 없으며, 악한 법들이 생겨나면 곧 능히 없애고 소멸시킬 수 있느니라."

"세존이시여. 무엇을 옳은 길이라고 말하며, 안락하게 법을 행하면 염오가 없으며, 악한 법들이 생겨나면 곧 능히 없애고 소멸시킬 수 있습니까?"

세존께서는 아난에게 알리셨다.

"아나반나념(阿那般那念)이 있는데, 옳은 길이 되고 안락하게 법에 머무른다고 이름하느니라. 왜 그러한가? 여러 악법들이 생겨나면 없애고 소멸시키므로 몸에 싫어함이 없는 것이다."

"세존이시여. 무엇을 아나반나념을 수습하는 것이고, 옳은 길이 되어 안락하게 법에 머물며, 여러 악한 법들이 생겨나면 곧 없애고 소멸시키므로 몸을 싫어하는 마음이 없다고 말합니까?"

세존께서는 아난에게 말씀하셨다.

"만약 비구라면 그 의지하는 성읍(城邑)과 취락(聚落)을 따라서 머무르면서 이른 아침의 때에 이르면, 옷을 입고 발우를 지니고 몸의 여러 근(根)을 섭수하고 마음을 잡아매고서 일심으로 취락에 들어가서 걸식하며, 음식을 먹고서 만약 빈터에 있거나, 만약 나무 아래에 있거나, 만약 빈 집에 있으면서 니사단(尼師壇)[2]을 펼치고 바르게 앉아 몸을 단정히 하고 생각을 눈앞에서 붙잡아 세속의 탐욕과 질투를 제거하고, 다른 재물에도 탐욕과 집착을 멀리하는 것이니라.

이와 같은 수행자는 곧 능히 성냄(瞋恚)·수면(睡眠)·조희(調戱)[3]·의회(疑悔)[4]를 버리고 벗어날 수 있을 것이다. 이러한 여러 음개(陰蓋)는 마음을 번뇌시키고, 지혜의 힘을 약하게 하여 열반에 이르지 못하게 하나니, 이러한 까닭으로 마땅히 제거해야 한다. 만약 숨이 들어올 때는 마땅히 일심으로 들어오는 것을 알고, 만약 숨이 나가는 때는 일심(一心)으로 나가는 것을 알라. 만약 길거나, 만약 짧거나, 만약 숨이 온몸으로 들어오는 때에는 마땅히 일심으로 일체의 몸을 따라서 들어오는 것을 알고, 만약 숨이 온몸으로 나가는 때에는 마땅히 일심으로 일체의 몸을 따라서 나가는 것을 알라.

몸을 움직이는 때를 제외하고는 마땅히 그 일심으로 숨이 들어오고

---

2) 산스크리트어 nisīdana의 음사로 니사단나(尼師但那)로 음역되고 좌구(坐具)·부구(敷具)·수좌의(隨坐衣)로 번역된다. 비구 6물(物)의 하나로 비구가 앉거나 눕는 때에 땅에 펴서 몸을 보호하거나, 또 와구(臥具) 위에 펴서 와구를 보호하는 네모난 깔개를 가리킨다.

3) 희롱(戱弄)하며 놀리는 것이다.

4) 의심하고 후회하는 것이다.

나가는 것을 생각하고 기쁨을 받는 때, 즐거움을 받는 때, 마음의 움직임을 받는 때에도 마음이 움직일 때를 제외하고는 마땅히 그 일심으로 숨이 들어오고 나가는 것을 생각해야 한다. 마음을 깨달을 때, 마음을 기쁘게 할 때, 마음을 섭수하는 때, 마음을 해탈하게 하는 때에도 마땅히 그 일심으로 숨이 들어오고 나가는 것을 생각해야 하느니라.

무상(無常)을 관(觀)하고, 변하여 무너짐을 관하며, 욕망을 벗어남을 관하고, 멸진(滅盡)[5]을 관하며, 버리고 떠남을 관하고, 마땅히 일심으로 일체의 몸을 따라서 나가는 것을 알라. 아난이여. 이것을 옳은 길이 되어 안락하게 법에 머물며, 여러 악한 법들이 생겨나면 곧 제거할 수 있으므로 몸을 싫어하는 마음이 없다고 이름하느니라."

이때 세존께서는 여러 비구들에게 말씀하셨다.

"마땅히 아나반나념을 부지런히 수습하여 큰 과보와 큰 이익을 얻도록 하라."

이때 여러 비구들은 각자 이렇게 생각을 지었다.

'세존께서는 우리들을 위하여 아나반나념을 수습하면 큰 과위와 큰 이익을 얻는다고 찬탄하셨으므로, 우리는 마땅히 부지런히 수습해야 한다.'

이렇게 생각을 짓고서 곧 부지런히 아나반나념을 수습하여 곧 무량한 여러 종류의 지견(知見)을 지어서 증득하였다. 세존께서는 많은 비구들이 누진의 도를 얻어 아라한과를 이룬 것을 아시고, 이러한 인연으로서 비구들을 모으시고 여러 종류로 꾸짖으셨다.

"어찌하여 비구라고 이름하면서 칼을 구해 스스로를 죽이고, 죽음을 찬탄하며, 죽음을 가르쳤는가?"

여러 종류로 꾸짖으셨으며, 여러 비구들에게 말씀하셨다.

"열 가지의 이익을 까닭으로 여러 비구들에게 계를 제정하겠나니, 지금부터 이 계는 이와 같이 설할지니라.

---

5) 마음속에 일어나는 번뇌를 제지하고 소멸시키는 것을 가리킨다.

'만약 비구이거나, 만약 사람이거나, 만약 사람 부류가 고의로 스스로가 목숨을 빼앗거나, 만약 칼을 가지고 주어서 죽음을 가르치고 죽음을 찬탄하면서 <사람이 악을 이용하여 살아가는 것보다 오히려 죽는 삶이 수승하다.>라고 이와 같이 말하였고, 그가 마음을 따라서 즐겁게 죽었으며, 여러 종류의 인연으로 죽음을 가르치고 죽음을 찬탄하여서 사람이 죽었다면 이 비구는 바라이를 얻었으므로 함께 머물 수 없느니라.'

'목숨을 빼앗다.'는 스스로가 빼앗거나, 만약 다른 사람을 가르쳐서 빼앗는 것이다. 이 가운데에서 무엇을 죄를 범하였다고 말하는가? 비구가 세 종류로 사람의 목숨을 빼앗으면 바라이이다. 첫째는 스스로가 죽이는 것이고, 둘째는 가르쳐서 죽이는 것이며, 셋째는 사람을 보내어 죽이는 것이다.

'스스로가 죽이다.'는 자신이 스스로가 몸으로 지어서 다른 사람의 목숨을 빼앗는 것이다.

'가르치다.'는 말로 가르쳐서 다른 사람에게 말하는 것이다. '이 사람을 붙잡고 얽어매어 목숨을 빼앗아라.'

'사람을 보내어 시키다.'는 다른 사람에게 말하는 것이다. '그대는 누구를 아는가? 그대는 이 사람을 붙잡고 얽어매어 목숨을 빼앗아라.' 이 자가 시켰던 말을 따라서 그의 목숨을 빼앗은 때에는 비구는 바라이를 얻는다.

다시 사람의 목숨을 빼앗는 것에 세 종류가 있나니, 첫째는 몸(內色)을 사용하는 것이고, 둘째는 몸이 아닌 것(非內色)을 사용하는 것이며, 셋째는 몸과 몸이 아닌 것을 함께 사용하는 것이다.

'몸'은 비구가 손을 사용하여 다른 사람을 때리거나, 만약 발이거나, 만약 머리이거나, 만약 몸의 다른 부분으로 때리면서 <그것을 죽이는 인연으로 삼겠다.>라고 이와 같은 생각을 지었고, 그것을 인연하여 죽었다면 이 비구는 바라이를 얻는다. 만약 곧 죽지는 않았으나, 뒤에 인연하여 죽었다면 역시 바라이이고, 만약 죽지도 않았고 뒤에 인연하여 죽지도 않았다면 투란차이다.

'몸이 아닌 것을 사용하다.'는 만약 비구가 나무·기와·돌·칼·삭(槊)[6]·활·화살이거나, 만약 나무토막·백납(白鑞)[7] 덩어리·연석(鉛錫)[8] 덩어리 등을 멀리서 그 사람에게 던지면서 <그것을 죽이는 인연으로 삼겠다.>라고 이와 같은 생각을 지었고, 그것을 인연하여 죽었다면 이 비구는 바라이를 얻는다. 만약 곧 죽지는 않았으나, 뒤에 인연하여 죽었다면 역시 바라이이고, 만약 죽지도 않았고 뒤에 인연하여 죽지도 않았다면 투란차이다.

'몸과 몸이 아닌 것을 사용하다.'는 만약 비구가 나무·기와·돌·칼·삭·활·화살이거나, 만약 나무토막·백납 덩어리·연석 덩어리 등을 멀리서 그 사람에게 던지면서 <그것을 죽이는 인으로 삼겠다.>라고, 이와 같은 생각을 지었고, 그것을 인연하여 죽었다면 이 비구는 바라이를 얻는다. 만약 곧 죽지는 않았으나, 뒤에 인연하여 죽었다면 역시 바라이이고, 만약 죽지도 않았고 뒤에 인연하여 죽지도 않았다면 투란차이다.

다시 비구가 있어 몸으로서도 아니고, 몸이 아닌 것으로서도 아니며, 역시 몸과 몸이 아닌 것을 함께 사용하지도 않았으나, 사람을 죽이려는 까닭으로 여러 독약을 합성하여, 만약 눈 안·귀 안·코 안·입 안에 넣거나, 만약 남녀의 근(根) 안에 넣거나, 만약 몸 위에 바르거나, 만약 상처 안에 바르거나, 만약 떡·고기 속·국·밥·죽 속에 넣거나, 만약 이불·큰 수레·작은 수레·침상·사람이 드는 수레·사람이 끄는 수레 등에 바르면서 <그것을 죽이는 인으로 삼겠다.>라고 이와 같은 생각을 지었고, 그것을 인연하여 죽었다면 이 비구는 바라이를 얻는다. 만약 곧 죽지는 않았으나, 뒤에 인연하여 죽었다면 역시 바라이이고, 만약 죽지도 않았고 뒤에 인연하여 죽지도 않았다면 투란차이다.

다시 비구가 있어 몸으로서도 아니고, 몸이 아닌 것으로서도 아니며, 역시 몸과 몸이 아닌 것을 함께 사용하지도 않았으나, 사람을 죽이려는 까닭으로 우다살(憂多殺)·두다살(頭多殺)을 짓거나, 창애를 짓거나, 그물을

---

6) 고대 병기의 하나로 자루가 긴 창을 가리킨다.

7) 주석과 납의 합금을 가리킨다.

8) 구리를 가리킨다.

짓거나, 덫을 짓거나, 비다라살(毘陀羅殺)·반비다라살(半毘陀羅殺)·단명살(斷命殺)·타태살(墮胎殺)·안복살(按腹殺) 등을 짓거나, 불 속에 밀어 넣거나, 물속에 밀어 넣거나, 구덩이 속에 밀어 넣거나, 만약 보내어 떠나가게 시켜서 나아가는 도중에 죽게 하였거나, 나아가 태 안에서 처음으로 2근(根)인 신근(身根)과 명근(命根)을 받았는데, 가운데에서 방편을 일으켜 죽이는 것이다.

'우다(憂多)'는 비구가 있어 이러한 사람이 이 길을 따라서 오는 것을 알고 가운데에 연기가 없는 불구덩이를 짓고서 모래와 흙으로서 위를 덮고 만약 마음으로 생각하거나, 입으로 <이러한 사람이 이 길을 오는 까닭으로써 내가 이러한 구덩이를 지었다.>라고 말하였다면, 이것을 우다를 성취하였다고 이름한다. 만약 이 사람이 이것을 인연하여 죽었다면 이 비구는 바라이를 얻는다. 만약 곧 죽지는 않았으나, 뒤에 인연하여 죽었다면 역시 바라이이고, 만약 죽지도 않았고 뒤에 인연하여 죽지도 않았다면 투란차이다. 만약 비구가 사람을 위하여 구덩이를 지었는데 사람이 죽으면 바라이이고, 사람이 아닌 것이 죽으면 투란차이며, 축생이 죽어도 역시 투란차이다.

만약 사람이 아닌 것을 위하여 구덩이를 지었는데 사람이 아닌 것이 죽으면 투란차이고, 사람이 죽으면 돌길라이며, 축생이 떨어져서 죽어도 돌길라이다. 만약 비구가 축생을 위하여 구덩이를 지었는데 축생이 떨어져서 죽으면 바야제이고, 사람이 빠져 죽으면 돌길라이며, 사람이 아닌 것이 떨어져서 죽어도 돌길라이다. 만약 비구가 정하지 않고 하나를 위하여 지었으며 여러 유정이 왔고 모두 떨어져서 죽게 하였는데, 사람이 죽으면 바라이이고, 사람이 아닌 것이 죽으면 투란차이며, 축생이 죽으면 바야제이고, 모두 죽지 않았다면 투란차이고 돌길라이다. 이것을 우다라고 이름한다.

'두다(頭多)'는 두 종류가 있나니, 첫째는 땅이고, 둘째는 나무이다.

'지두다(地頭多)'는 만약 비구가 구덩이를 지어서 사람을 종아리와 정강이를 묻거나, 만약 무릎까지 묻거나, 만약 허리까지 묻거나, 만약 배꼽까지 묻거나, 만약 겨드랑까지 묻거나, 만약 목까지 묻거나, 이와 같이 묻고서 코끼리에게 짓밟게 하거나, 말·낙타·소·노새 등에게 짓밟게 하거나, 만약 독사나 지네에게 가서 물게 하고서 <그것을 죽이는 인연으로 삼겠다.>라고 이와 같은 생각을 지었고, 그것을 인연하여 죽었다면 이 비구는 바라이를 얻는다. 만약 곧 죽지는 않았으나, 뒤에 인연하여 죽었다면 역시 바라이이고, 만약 죽지도 않았고 뒤에 인연하여 죽지도 않았다면 투란차이다. 이것을 지두다라고 이름한다.

'목두다(木頭多)'는 비구가 있어 나무를 뚫어 구멍을 짓고 만약 사람의 다리나 손이나 목에 채우고 이와 같이 묶어놓고서 코끼리·말·낙타·소·노새 등에게 짓밟게 하거나, 만약 독사나 지네에게 가서 물게 하고서 <그것을 죽이는 인연으로 삼겠다.>라고 이와 같은 생각을 지었고, 그것을 인연하여 죽었다면 이 비구는 바라이를 얻는다. 만약 곧 죽지는 않았으나, 뒤에 인연하여 죽었다면 역시 바라이이고, 만약 죽지도 않았고 뒤에 인연하여 죽지도 않았다면 투란차이다. 이것을 목두다라고 이름한다.

'창애(弶)'는 비구가 있어 이러한 사람이 이 길을 따라서 오는 것을 알고 도중에 나무를 의지하거나, 기둥을 의지하거나, 바위를 의지하거나, 벽을 의지하거나, 만약 나무토막·백납 덩어리·연석 덩어리 등을 의지하여 이 가운데에 창애를 설치하고서 <이러한 사람이 이 길을 오는 까닭으로써 일부러 창애를 지었다.>라고 만약 마음으로 생각하였거나, 입으로 말하였고, 그것을 인연하여 죽었다면 비구는 바라이를 얻는다. 만약 곧 죽지는 않았으나, 뒤에 인연하여 죽었다면 역시 바라이이고, 만약 죽지도 않았고 뒤에 인연하여 죽지도 않았다면 투란차이다. 만약 사람을 위하여 창애를 지었는데 사람이 죽으면 바라이이고, 사람이 아닌 것과 축생이 죽으면 투란차이다.

만약 사람이 아닌 것을 위하여 창애를 지었는데 사람이 아닌 것이 죽으면 투란차이고, 사람과 축생이 죽으면 돌길라이다. 만약 축생을 위하여 창애를 지었는데 축생이 죽으면 바야제이고, 사람과 사람이 아닌 것이 죽으면 돌길라이다. 만약 정하지 않고 하나를 위하여 지었고, 여러 유정이 왔고 모두 떨어져 죽게 하였는데, 사람이 죽으면 바라이이고, 사람이 아닌 것이 죽으면 투란차이며, 축생이 죽으면 바야제이고, 모두 죽지 않았다면 투란차이고 돌길라이다. 이것을 창애라고 이름한다.

'그물'은 비구가 있어 이러한 사람이 이 길을 따라서 오는 것을 알고 도중에 나무를 의지하거나, 기둥을 의지하거나, 바위를 의지하거나, 말뚝을 의지하거나, 벽을 의지하거나, 만약 나무토막·백납 덩어리·연석 덩어리 등을 의지하여 이 가운데에 그물을 설치하고서 <이러한 사람이 이 길을 오는 까닭으로써 그물을 지었고 이러한 그물의 일이 이루어졌다.>라고 만약 마음으로 생각하였거나, 만약 입으로 말하였고, 그것을 인연하여 죽었다면 비구는 바라이를 얻는다. 만약 곧 죽지는 않았으나, 뒤에 인연하여 죽었다면 역시 바라이이고, 만약 죽지도 않았고 뒤에 인연하여 죽지도 않았다면 투란차이다. 만약 비구가 사람을 위하여 일부러 그물을 지었는데 사람이 죽으면 바라이이고, 사람이 아닌 것이 죽으면 투란차이며, 축생이 죽어도 역시 투란차이다.

만약 사람이 아닌 것을 위하여 그물을 지었는데 사람이 아닌 것이 죽으면 투란차이고, 사람과 축생이 죽으면 돌길라이다. 만약 축생을 위하여 그물을 지었는데 축생이 죽으면 바야제이고, 사람과 사람이 아닌 것이 죽으면 돌길라이다. 만약 비구가 정하지 않고 하나를 위하여 지었고, 여러 유정이 왔고 모두 떨어져 죽게 하였는데, 사람이 죽으면 바라이이고, 사람이 아닌 것이 죽으면 투란차이며, 축생이 죽으면 바야제이고, 모두 죽지 않았다면 투란차이고 돌길라이다. 이것을 그물로 죽이는 것이라고 이름한다.

'덫'은 만약 비구가 이러한 사람이 이 길을 따라서 오는 것을 알고 도중에 나무를 의지하거나, 기둥을 의지하거나, 바위를 의지하거나, 말뚝을 의지하거나, 벽을 의지하거나, 만약 나무토막·백납 덩어리·연석 덩어리 등을 의지하여 이 가운데에 덫을 설치하고서 <이러한 사람이 이 길을 오는 까닭으로써 덫을 지었고 이러한 덫의 일이 이루어졌다.>라고 만약 마음으로 생각하였거나, 입으로 말하였고, 그것을 인연하여 죽었다면 비구는 바라이를 얻는다. 만약 곧 죽지는 않았으나, 뒤에 인연하여 죽었다면 역시 바라이이고, 만약 죽지도 않았고 뒤에 인연하여 죽지도 않았다면 투란차이다. 만약 비구가 사람을 위하여 일부러 덫을 지었는데 사람이 죽으면 바라이이고, 사람이 아닌 것과 축생이 죽으면 모두 투란차이다.

만약 사람이 아닌 것을 위하여 덫을 지었는데 사람이 아닌 것이 죽으면 투란차이고, 사람과 축생이 죽으면 돌길라이다. 만약 축생을 위하여 덫을 지었는데 축생이 죽으면 바야제이고, 사람과 사람이 아닌 것이 죽으면 돌길라이다. 만약 비구가 정하지 않고 하나를 위하여 지었고, 여러 유정이 왔고 모두 떨어져 죽게 하였는데, 사람이 죽으면 바라이이고, 사람이 아닌 것이 죽으면 투란차이며, 축생이 죽으면 바야제이고, 모두 죽지 않았다면 투란차이고 돌길라이다. 이것을 덫으로 죽이는 것이라고 이름한다.

'비다라(毘陀羅)'는 비구가 있어 29일에 온전한 몸의 시체를 구하여 귀신을 부르고 주문으로 시체를 일으켜서 물로 씻기고, 옷을 입히며, 칼을 손에 쥐어주고서 <나는 누구를 위한 까닭으로 비다라를 지었다.>라고 이와 같은 생각을 짓는 것이다. 곧 주술(呪術)을 외우면 이것을 비다라를 성취하였다고 이름한다.

만약 사람을 죽이고자 하였는데, 혹은 선정(禪定)에 들어갔거나, 혹은 멸진정(滅盡定)에 들어갔거나, 혹은 자심삼매(慈心三昧)에 들어갔거나, 만약 큰 힘이 있는 주술사(呪術師)가 호념(護念)하면서 풀어 구해주거나, 만약 큰 힘이 있는 천신이 수호한다면 곧 능히 해칠 수 없다. 이러한 주술을 짓는 비구는 먼저 한 마리의 양을 준비하고, 만약 파초(芭蕉) 나무를 얻을 수 있다면 준비한다. 만약 앞의 사람을 죽이지 못한다면 마땅히 이 양을 죽이거나 파초나무를 죽이더라도 같다. 이와 같이 지으면 좋으나 만약 그렇지 않다면 도리어 이 비구를 죽이게 된다. 이것을 비다라라고 이름한다.

'반비다라(半毘陀羅)'는 비구가 있어 29일에 철로 수레를 짓고, 철수레를 짓고서 철로 사람을 짓고서, 철인(鐵人)이 지어지면 귀신을 불러서 철인을 일으켜서 물로 씻기고, 옷을 입히며, 칼을 철인의 손에 쥐어주고서 <나는 누구를 위한 까닭으로 반비다라를 지었다.>라고 이와 같은 생각을 짓는 것이다. 이러한 주술(呪術)을 외우면 이것을 반비다라를 이루었다고 이름한다.

만약 사람을 죽이고자 하였는데, 혹은 선정에 들어갔거나, 혹은 멸진정에 들어갔거나, 혹은 자심삼매에 들어갔거나, 만약 큰 힘이 있는 주술사가 호념하면서 풀어 구해주거나, 만약 큰 힘이 있는 천신이 수호한다면 곧 능히 해칠 수 없다. 이러한 주술을 짓는 비구는 먼저 한 마리의 양을 준비하고, 만약 파초 나무를 얻을 수 있다면 준비한다. 만약 앞의 사람을 죽이지 못한다면 마땅히 이 양을 죽이거나 파초나무를 죽여도 같다. 이와 같이 지으면 좋으나 만약 그렇지 않다면 도리어 이 비구를 죽이게 된다. 이것을 반비다라라고 이름한다.

'단명(斷命)'은 만약 비구가 그 29일로서 쇠똥을 땅에 바르고 그곳에 술과 음식을 차려놓고, 그리고 불을 붙이고서 거듭하여 물속에 던지면서 <불이 물속에서 사라지듯이 누구의 목숨도 이와 같이 사라져라.>라고 마음으로 생각하거나, 입으로 말하는 것이다. 만약 불이 사라질 때라면 그의 목숨도 따라서 사라지게 된다.

또한 가령 비구가 29일에 쇠똥을 땅에 바르고 그곳에 술과 음식을 차려놓고, 죽이고자 하는 사람의 형상을 그린다. 이렇게 형상을 짓고서 거듭하여 다시 지워 없애면서 마음으로 생각하거나 입으로 말한다. <이 형상이 사라지듯이 그의 목숨도 역시 사라져라.> 만약 형상이 사라질 때라면 그의 목숨도 따라 사라지게 된다.

가령 비구가 있어 29일에 쇠똥을 땅에 바르고 그곳에 술과 음식을 차려놓고, 옷 모서리에 바늘을 찔렀다가 거듭하여 다시 뽑으면서 <이 바늘이 뽑히듯이 그의 목숨도 따라서 나와라.>라고 마음으로 생각하거나, 입으로 말하는 것이다. 이 바늘이 빠져나올 때라면 그의 목숨도 따라 빠져나오게 된다. 이것을 단명이라고 이름한다.

'타태(墮胎)'는 비구가 있어 태(胎)가 있는 여인에게 하혈하는 약·코에 넣는 약·대변과 소변보는 곳의 관장약 등을 주었거나, 만약 혈맥에 침을 놓았거나, 만약 눈물을 흘리게 하였거나, 만약 피를 말리는 약을 먹이면서 <이러한 인연으로서 여인이 죽게 하십시오.>라고 이렇게 생각을 지었는데, 죽었다면 바라이이고, 만약 곧 죽지는 않았으나, 뒤에 인연하여 죽었다면 역시 바라이이고, 만약 죽지도 않았고 뒤에 인연하여 죽지도 않았다면 투란차이다.

만약 이 비구가 그 어미를 죽이기 위한 까닭으로 태가 떨어지게 하였는데, 만약 어미가 죽으면 바라이이고, 만약 태아가 죽으면 투란차이며, 만약 함께 죽으면 바라이이고, 함께 죽지 않으면 투란차이다. 만약 비구가 태아를 죽이고자 일부러 낙태법을 지었는데, 만약 태아가 죽으면 바라이이고, 어미가 죽으면 투란차이며, 함께 죽으면 바라이이고, 함께 죽지 않으면 투란차이다. 이것을 타태라고 이름한다.

'안복(按腹)'은 비구가 있어 회임한 여인에게 힘든 일을 시키거나, 혹은 무거운 물건을 들게 하거나, 가르치고 시켜서 수레 앞에서 달리게 하거나, 만약 높은 언덕 위에 오르게 하고서 <이러한 인연으로서 여인이 죽게 하십시오.>라고 이렇게 생각을 지었는데, 죽었다면 바라이이고, 만약 곧 죽지는 않았으나, 뒤에 인연하여 죽었다면 역시 바라이이고, 만약 죽지도 않았고 뒤에 인연하여 죽지도 않았다면 투란차이다.

만약 이 비구가 어미를 위하여 안복하였는데 어미가 죽으면 바라이이고, 태아가 죽으면 투란차이며, 함께 죽으면 바라이이고, 함께 죽지 않으면 투란차이다. 만약 태아를 위하여 안복하였는데 태아가 죽으면 바라이이고, 어미가 죽으면 투란차이며, 함께 죽으면 바라이이고, 함께 죽지 않으면 투란차이다. 이것을 안복이라고 이름한다.

'불 속에 밀어 넣는다.'는 나무 불의 가운데에·풀 불의 가운데에·쇠똥 불의 가운데에·보릿겨 불의 가운데에 밀어 넣으면서 <그 인연이 죽게 하는 것이다.>라고 이와 같이 마음속으로 생각을 짓는 것이다. 그가 인하여 죽었다면 바라이이고, 만약 곧 죽지는 않았으나, 뒤에 인연하여 죽었다면 역시 바라이이고, 만약 죽지도 않았고 뒤에 인연하여 죽지도 않았다면 투란차이다. 이것을 불 속에 밀어 넣는 것이라고 이름한다.

'물속에 밀어 넣는다.'는 큰 연못의 가운데에·큰 바다의 가운데에·깊은 샘의 가운데에·저수지의 가운데에·크고 깊은 우물의 가운데에·깊은 하천의 가운데에, 나아가 얼굴이 잠기는 물속에 밀어 넣으면서 <그 인연이 죽게 하는 것이다.>라고 이와 같이 마음속으로 생각을 짓는 것이다. 그가 인연하여 죽었다면 바라이이고, 만약 곧 죽지는 않았으나, 뒤에 인연하여 죽었다면 역시 바라이이고, 만약 죽지도 않았고 뒤에 인연하여 죽지도 않았다면 투란차이다. 이것을 물속에 밀어 넣는 것이라고 이름한다.

'높은 곳에서 밀어 떨어뜨린다.'는 높은 산·높은 언덕·큰 집·담장에서 밀거나 깊은 구덩이에서 밀어 떨어뜨리며 <그 인연이 죽게 하는 것이다.>라고 이와 같이 마음속으로 생각을 짓는 것이다. 그가 인하여 죽었다면 바라이이고, 만약 곧 죽지는 않았으나, 뒤에 인연하여 죽었다면 역시 바라이이고, 만약 죽지도 않았고 뒤에 인연하여 죽지도 않았다면 투란차이다.

'보내어 도중에 죽게 하다.'는 비구가 있어 이러한 길의 가운데에 악한 도둑·악한 짐승·기근이 있는 것을 알면서도 보냈고 가서 이 악한 길 도중에 이르면 <그 인연이 죽게 하는 것이다.>라고 이와 같이 마음속으로 생각을 짓는 것이다. 그가 인연하여 죽었다면 바라이이고, 만약 곧 죽지는 않았으나, 뒤에 인연하여 죽었다면 역시 바라이이고, 만약 죽지도 않았고 뒤에 인연하여 죽지도 않았다면 투란차이다. 이것을 보내어 도중에 죽게 하는 것이라고 이름한다.

'나아가 태중(胎中)에서 처음으로 이근(二根)을 얻었다.'는 신근(身根)과 명근(命根)의 가라라(迦羅羅[9])의 때를 뜻한다. 죽일 마음으로서 방편을 일으켜 죽이고자 하였는데 죽었다면 바라이이고, 만약 곧 죽지는 않았으

9) 산스크리트어 kalala의 음사로서 태아(胎兒)가 자라나는 38주의 과정을 다섯 단계로 나눈 것이며, 응활(凝滑)·화합(和合)이라 번역된다. 수태(受胎)부터 7일간을 가리킨다.

나, 뒤에 인연하여 죽었다면 역시 바라이이고, 만약 죽지도 않았고 뒤에 인연하여 죽지도 않았다면 투란차이다."

세존께서는 여러 비구들에게 말씀하셨다.

"칼을 구하는 것에 두 종류가 있느니라. 첫째는 스스로가 구하는 것이고, 둘째는 사람을 가르쳐서 구하는 것이다. 찬탄에는 세 종류가 있느니라. 첫째는 악한 계율의 사람이고, 둘째는 선한 계율의 사람이며, 셋째는 병든 사람이다.

'악한 계율의 사람'은 소를 잡는 사람·양을 잡는 사람·닭을 기르는 사람·돼지를 기르는 사람·매잡이·어부·사냥꾼·토끼 몰이꾼·도둑·괴회(魁膾)[10]·주룡(呪龍)[11]·수옥(守獄)[12] 등이다. 비구가 있어 악한 계율의 사람들의 장소에 이르러 <그대들은 계율에 악한 사람이구려. 어찌 오래 악을 지은 이유인가? 일찍 죽는 것보다 못하오.>라고 이와 같은 말을 지었고, 이 사람이 이것을 인연하여 죽었다면 이 비구는 바라이를 얻고, 만약 곧 죽지 않았어도 투란차이다. 만약 악한 계율의 사람이 <나는 이러한 비구의 말을 수용하지 않겠소.>라고 이와 같은 말을 지었고, 인연하여 죽지 않았다면 비구는 투란차를 얻는다.

만약 비구가 이 사람에게 죽는 것을 찬탄하였으나, 곧 마음으로 후회하여 <내가 어찌 가르침으로서 이 사람을 죽이겠는가?> 이와 같은 말을 지었고, 다시 이르러 <그대들 악한 사람이여. 혹은 선지식으로서 인연을 까닭으로 선한 사람과 친근하고 선한 법을 듣는다면, 능히 바르게 사유하고 악한 죄를 벗어날 것이오. 그대들은 자살하지 마시오.>라고 말하였으며, 만약 이 사람이 비구의 말을 받아들여 죽지 않았어도 비구는 투란차를 얻는다.

'선한 계율의 사람'은 비구·비구니·우바새·우바이이다. 비구가 있어 여러 선한 사람들이 있는 곳에 이르러 <그대들은 선한 계를 지녀서

---

10) 사형을 집행하는 사람을 가리킨다.
11) 용을 부리는 주술사를 가리킨다.
12) 감옥을 지키는 사람을 가리킨다.

복덕이 있는 사람들입니다. 만약 죽으면 곧 천상의 복을 받을 것인데 그대들은 어찌 스스로 목숨을 끊지 않는가?>라고 이와 같은 말을 지었고, 이 사람이 이것을 인연하여 스스로 목숨을 끊었다면 이 비구는 바라이를 얻은 것이고, 스스로 목숨을 끊지 않았다면 투란차이다.

만약 선한 계율의 사람이 <내가 어찌 이 비구의 말을 수용하여 스스로 목숨을 끊어야 하는가?> 이렇게 생각을 지었고, 인연하여 죽지 않았어도 투란차이다. 만약 비구가 다른 사람을 죽으라고 가르쳤으나 마음에 후회가 생겨나서 <나는 옳지 않다. 어찌 이 선한 사람을 죽으라고 가르쳤는가?> 라고 말하였고, 돌아가서 <그대는 선한 계율의 사람입니다. 수명을 따라서 머무르면 복덕이 더욱 많을 것이고 복덕이 많은 까닭으로 받는 복도 역시 많을 것이니, 스스로 목숨을 끊지 마십시오.>라고 말하였으며, 인연하여 죽지 않았어도 투란차이다.

'병든 사람'은 4대(大)가 늘었거나 줄어서 여러 고통을 받는 사람이다. 비구가 이러한 사람에게 <그대는 어찌하여 이러한 고뇌를 능히 오래 견디는가? 어찌 스스로가 목숨을 끊지 않는가?>라고 말하였고, 이것을 인연하여 죽었다면 비구는 바라이를 얻고, 만약 죽지 않았다면 투란차이다. 만약 이러한 병든 사람이 <내가 무슨 연으로 이 비구의 말을 수용하여 스스로 목숨을 끊어야 하는가?>라고 이렇게 생각을 지었고, 인연하여 죽지 않았더라도 투란차이다.

만약 비구가 <나는 옳지 않다. 어찌 이러한 병든 사람을 자살하게 가르쳤는가?>라고 마음으로 후회하였고, 돌아가서 <그대들 병든 사람이여, 혹은 좋은 약과 선한 간병인을 얻고, 병에 따라 음식을 먹는다면 병이 나을 수 있소. 스스로 목숨을 끊지 마시오.>라고 말하였으며, 병든 사람이 인하여 죽지 않았어도 투란차이다. 이것을 죽음을 찬탄하는 세 종류라고 이름한다."

가류타이(迦留陀夷)는 항상 한 거사의 집에 출입하였다.

이른 아침의 때에 이르자 옷을 입고 발우를 지니고 그 집에 이르렀다.

이 집의 부인에게는 젖을 떼지 않은 아이를 평상 위에 올려놓고 담요로서 덮어서 놓아두었다. 가류타이가 문 앞에 이르러 손가락을 튕겼으므로 부인이 나와서 보고 말하였다.

"대덕이시여. 들어오시어 이 평상 위에 앉으십시오."

가류타이는 살펴보지 않고 아기 위에 앉았는데 창자가 튀어나오고 크게 울었으므로 부인이 말하였다.

"이곳에 아기가 있습니다."

이 비구는 몸이 무거워서 아기는 곧 죽었다. 이러한 일을 짓고서 사중(寺中)에 돌아왔고 이르러 여러 비구들에게 말하였다.

"나는 오늘 이와 같은 일을 지었습니다."

여러 비구들은 이러한 일로써 세존께 아뢰었고, 세존께서는 아시면서도 일부러 물으셨다.

"그대는 무슨 마음으로서 지었는가?"

대답하여 말하였다.

"제가 먼저 살펴보지 않고 곧 평상 위에 앉았습니다."

세존께서는 말씀하셨다.

"범하지 않았느니라. 지금부터는 마땅히 먼저 평상이나 침상의 앉을 곳을 살펴보고서 뒤에 앉도록 하라. 만약 먼저 살펴보지 않는다면 돌길라죄를 얻느니라."

또한 부자(父子)인 두 비구가 함께 교살라국(憍薩羅國)을 유행하여 사위성(舍衛城)을 향하면서 험한 도로의 가운데에 이르러 아들이 아버지에게 말하였다.

"빠르게 이곳을 지나갑시다."

아버지는 아들의 말을 따라서 빠르게 달렸고 지쳐서 죽었다. 아들은 곧 의심이 생겨났다.

'내가 장차 바라이를 범하고 오역죄(五逆罪)를 얻은 것은 없는가?'

이 일을 세존께 아뢰었고, 세존께서는 아시면서도 일부러 물으셨다.

"그대는 무슨 마음으로서 말하였는가?"

아들인 비구가 말하였다.

"저는 날이 저무는 것을 보고 험한 길을 지나가지 못하는 것이 두려웠으며, 사랑하고 소중한 마음으로서 빠르게 다니자고 말하였는데 마침내 지쳐서 죽게 하였습니다."

세존께서는 말씀하셨다.

"범한 것이 없느니라."

다시 부자인 두 비구가 있었고 함께 교살라국을 유행하여 사위성을 향하였다. 한 취락에 이르렀으나 승방(僧坊)이 없었으므로 아들이 아버지에게 물어 말하였다.

"오늘은 어느 처소에서 머무시겠습니까?"

아버지가 말하였다.

"취락의 가운데에서 묵어야겠네."

아들이 말하였다.

"취락의 가운데에서 묵는다면 백의(白衣)와 무엇이 다르겠습니까?"

아버지가 곧 아들에게 말하였다.

"마땅히 어디에서 묵겠는가?"

아들이 말하였다.

"공터에서 묵겠습니다."

아버지가 말하였다.

"이곳엔 호랑이와 늑대가 있어 두렵구나. 내가 잘 때 그대는 깨어있게."

아들이 말하였다.

"그렇게 하겠습니다."

곧바로 누웠고 아버지는 코를 골며 잠이 들었고, 호랑이가 코를 고는 소리를 들었다. 곧 와서 깨물었고, 아버지는 머리가 깨지면서 크게 소리쳤다. 아들이 곧 일어나서 보니 아버지는 머리가 깨져서 죽었다. 아들은 곧 의심이 생겨났다.

'내가 장차 바라이를 범하고 오역죄를 얻은 것은 없는가?'

이 일을 세존께 아뢰었고, 세존께서는 말씀하셨다.

"범한 것은 없느니라. 마땅히 크게 소리치고 불을 피워서 그것을 두렵게 하라."

한 비구가 있었고 날이 저물어 험한 도로에 들어갔다가 도둑을 만났다.

도둑이 비구를 잡으려 하자 비구는 뿌리치고 달렸고, 도둑은 언덕 아래의 직의사(織衣師) 위에 떨어졌으므로 직의사는 곧 죽었다. 비구는 마음에 의혹이 생겨났다.

'내가 장차 바라이를 범한 것은 없는가?'

이 일을 세존께 아뢰었고, 세존께서는 말씀하셨다.

"범한 것이 없느니라. 오늘부터는 이와 같은 몸의 행을 짓지 말라."

아라비국(阿羅毘國) 승방(僧坊)의 가운데가 무너졌던 까닭으로 방사(房舍)의 비구가 지붕 위에서 고치면서 손안의 벽돌을 놓쳤는데, 목수의 머리 위에 떨어졌고 목수는 곧 죽었다. 비구는 마음에 의심이 생겨났다.

'내가 장차 바라이를 범한 것은 없는가?'

이 일을 세존께 아뢰었고, 세존께서는 말씀하셨다.

"범한 것이 없느니라. 오늘부터는 마땅히 일심으로 작업에 집중하라."

다시 다음으로 아라비국 비구의 승방이 가운데가 무너졌던 까닭으로 방사의 비구가 작업할 때에 벽돌 가운데에 전갈이 있는 것을 보고 두려워서 아래로 뛰어내렸는데, 목수의 위로 떨어졌고 목수는 곧 죽었다. 비구는 마음에 의심이 생겨났다.

'내가 장차 바라이를 범한 것은 없는가?'

이 일을 세존께 아뢰었고, 세존께서는 말씀하셨다.

"범한 것이 없느니라. 오늘부터 이와 같은 몸의 행을 일으키지 말라."

[살인의 일을 마친다.]

세존께서는 유야리국(維耶離國)[13]에 머무르셨다.

하안거 때에 대비구 대중과 함께 하셨는데, 이때는 세상이 기근이어서 걸식을 얻기가 어려웠다. 여러 사람들은 처자에게도 오히려 음식이 부족하였으므로, 어찌 하물며 걸식하는 사람에게 주었겠는가? 세존께서는 이러한 인연으로서 여러 비구들을 모으셨으며 알려 말씀하셨다.

"그대들은 마땅히 알라. 이 세간은 기아(飢餓)이니 걸식이 어려우니라. 여러 사람들은 처자에게도 오히려 음식이 부족하여 여러 고뇌를 만났는데, 어찌 하물며 다른 사람에게 주겠는가? 그대들 비구들은 지식을 따라서, 여러 친족(親里)를 따라서, 신도(信人)를 따라서, 그곳으로 가서 안거하라. 이 처소에 있으면서 음식으로서 일부러 여러 고뇌를 받지 말라."

이때 여러 비구들은 지식을 따라서 각자 가서 안거하였고, 일부 비구들은 교살라국으로 가서 한 처소에서 안거하였다. 한 무리의 비구들이 있어 바구마(婆求摩) 강변의 취락에 이르러 안거하였다. 이 취락의 가운데에는 여러 귀인(貴人)들이 많았고, 노비와 재화와 곡식과 쌀이 풍요로웠으며 여러 종류를 성취하였다. 이때 강가에서 안거하던 비구들은 이렇게 생각을 지었다.

'지금 세간은 기근이고 걸식은 어렵다. 여러 사람들은 처자에게도 오히려 음식이 부족하여 여러 고뇌를 만났는데, 어찌 하물며 걸인(乞人)에게 주겠는가? 이 취락의 가운데에는 곡식과 쌀이 풍요롭고 여러 종류를 성취한 부귀한 집이 많다. 우리들은 마땅히 이러한 여러 집에 이르러서 서로를 함께 찬탄하며 이와 같이 말을 지어야겠다.

<거사들이여 마땅히 아십시오. 그대들은 크고 좋은 이익을 얻었습니다. 여러 대비구인 승가가 그대들의 취락의 가운데에 의지하여 안거하는 까닭입니다. 지금 이 대중 가운데에서 누구는 아라한(阿羅漢)이고, 누구는

13) 산스크리트어 vaiśāli의 음사로 비사리(毘舍離)·비야리(毘耶離)·비사리(鞞舍離)·폐사리(吠舍釐) 등으로 음역되고, 광엄성(廣嚴城)이라 번역된다. 지금의 파트나(Patna)에서 갠지스강의 북쪽 약 30㎞ 지점에 있던 고대 인도의 도시로서 릿차비족(licchavi族)이 활동하던 중심지역이다.

향아라한(向阿羅漢)이며, 누구는 아나함(阿那含)이고, 누구는 향아나함(向阿那含)이며, 누구는 사다함(斯陀含)이고, 누구는 향사다함(向斯陀含)이며, 누구는 수다원(須陀洹)이고, 누구는 향수다원(向須陀洹)입니다.

누구는 초선(初禪)·이선(二禪)·삼선(三禪)·사선(四禪)을 얻었고, 누구는 무량자심(無量慈心)·무량비심(無量悲心)·무량희심(無量喜心)·무량사심(無量捨心)을 얻었으며, 누구는 무량한 공처(空處)·식처(識處)·무소유처(無所有處)·비유상비무상처(非有想非無想處)를 얻었고, 아무개는 부정관(不淨觀)을 얻었고, 누구는 아나반나념(阿那般那念)을 얻었습니다.>'

여러 비구들은 이렇게 생각을 짓고서 곧 취락에 들어갔으며 부귀한 집에 이르러서 함께 서로를 찬탄하였다.

"그대들은 마땅히 아십시오. 그대들은 크고 좋은 이익을 얻었습니다. 복전(福田)인 대중 승가가 그대들의 취락의 가운데에 의지하여 안거하는 까닭입니다. 지금 이 대중 가운데에서 누구는 아라한이고, 나도 역시 아라한이며, 누구는 향아라한이고, 나도 역시 향아라한이며, 누구는 아나함이고, 나도 역시 아나함이며, 누구는 향아나함이고, 나도 역시 향아나함이며, 누구는 사다함이고, 나도 역시 사다함이며, 누구는 향사다함이고, 나도 역시 향사다함이며, 누구는 수다원이고, 나도 역시 수다원이며, 누구는 향수다원이고, 나도 역시 향수다원입니다.

누구는 초선·이선·삼선·사선을 얻었고, 무량자심·무량비심·무량희심·무량사심을 얻었으며, 무량한 공처·식처·무소유처·비유상비무상처를 얻었고, 누구는 부정관을 얻었고, 아나반나념을 얻었습니다."

그 여러 거사들은 곧 청정한 신심이 생겨나서 이와 같은 생각을 지었다.

'우리들은 크고 좋은 이익을 얻었다. 큰 복전인 대중 승가가 있고 우리들의 취락을 의지하여 안거한다. 누구는 아라한을 증득하였고, 누구는 향아라한을 증득하였으며, 누구는 아나함을 증득하였고, 누구는 향아나함을 증득하였으며, 누구는 사다함을 증득하였고, 누구는 향사다함을 증득하였으며, 누구는 수다원을 증득하였고, 누구는 향수다원을 증득하였다. 누구는 초선·이선·삼선·사선을 증득하였고, 무량한 자심·비심·희심·사심·공

처·식처·무소유처·비유상비무상처·부정관·아나반나념을 증득하였다.'

이러한 거사들은 이렇게 신심을 얻었고, 기근으로 가난한 때에 걸식이 어려웠으나, 나아가 능히 이전에 풍요로워서 음식을 얻기 쉬웠던 때와 같이 대중 승가에게 전식(前食)[14]·후식(後食)[15]과 달발나(怛鉢那)[16]를 주었다. 이때 바구마 강가에서 안거하였던 비구들은 이러한 음식을 먹고 신체가 충만하여 혈색과 기력을 얻고 살이 쪘고 피부가 윤택하였다.

제불께서 세상에 머무시는 때의 법에서는 1년의 두 때에 대회(大會)가 있는데, 봄의 마지막 달과 여름의 마지막 달이다. 봄의 마지막 달은 여러 지방과 국토의 각각 처소에서 여러 비구들이 와서 이렇게 생각을 짓는다.

'세존께서 설하신 법을 우리들은 마땅히 안거하는 때에 수습하여 얻어서 안락하게 머물러야 한다.'

이것을 첫째의 대회라고 이름한다. 여름 마지막 달은 여러 비구들이 각각 처소에서 3개월의 하안거를 마치고 옷을 짓는 것을 마치고서 옷과 발우를 지니고 세존의 처소에 나아가서 이렇게 생각을 짓는 것이다.

'우리들은 오랫동안 불(佛)을 보지 못하였고, 오랫동안 세존(世尊)을 보지 못하였다.'

이것을 둘째의 대회라고 이름한다.

이때 교살라국에서 안거하였던 비구들이 3개월이 지났으므로 옷을 짓는 것을 마치고서 옷과 발우를 지니고 유행(遊行)하면서 유야리국에 이르렀다. 제불의 상법(常法)에는 세존과 함께 안거하는 비구는 객비구가 와서 있는 것을 보면 마땅히 함께 나가서 맞이하고 일심(一心)으로 문신(問訊)하고, 함께 옷과 발우를 들어주며, 방사(房舍)를 열어 와구(臥具)가 있는 곳을 보여주면서 이렇게 말을 짓는 것이다.

"이곳이 그대들의 방사입니다. 거친 노끈의 평상·고운 노끈의 평상·요·베개·자리 등을 상좌(上座)부터 차례에 따라서 머무십시오."

---

14) 아침에 먹는 음식을 가리킨다.

15) 낮에 먹는 음식을 가리킨다.

16) 산스크리트어 tarpaṇa의 음사로서 곡식을 빻아서 가루로 만든 음식물을 가리킨다.

이때 유야리의 비구들은 교살라의 비구들이 오는 것을 멀리서 보았고, 곧 함께 나가서 일심으로 문신(問訊)하였고, 함께 옷과 발우를 들어주었으며, 방사(房舍)를 열어 와구(臥具)가 있는 곳을 보여주면서 이와 같이 말을 지었다.

"이곳이 그대들의 방사입니다. 거친 노끈의 평상·고운 노끈의 평상·요·베개·자리 등을 상좌부터 차례에 따라서 머무십시오."

문신하여 말하였다.

"그대들은 견딜 수 있었고, 만족하였으며, 안락하게 머물렀습니까? 걸식은 부족하지 않았고, 도로에 피로하지 않았습니까?"

교살라의 비구들이 대답하여 말하였다.

"우리들은 견딜 수 있었고, 만족하였으며, 안락하게 머물렀고, 도로에 피로하지도 않습니다. 다만 걸식을 얻는 것이 어려웠습니다."

유야리의 비구들이 말하였다.

"그대들은 견딜 수 있었고, 만족하였으며, 안락하게 머물렀고, 도로에 피로하지도 않았습니다. 걸식을 얻는 것에 어려움이 있었던 까닭으로 그대들은 마르고 수척하며 안색이 초췌합니다."

이때 바구마 강가의 비구들도 안거를 마치고서, 옷을 짓는 것을 마치고 유행하면서 유야리국에 이르렀다. 유야리의 비구들은 멀리서 바구마의 비구들이 오는 것을 보았고, 곧 함께 나가서 일심으로 문신하였고, 함께 옷과 발우를 들어주었으며, 방사를 열어 와구가 있는 곳을 보여주면서 이와 같이 말을 지었다.

"이곳이 그대들의 방사입니다. 거친 노끈의 평상·고운 노끈의 평상·요·베개·자리 등을 상좌부터 차례에 따라서 머무십시오."

문신하여 말하였다.

"그대들은 견딜 수 있었고, 만족하였으며, 안락하게 머물렀습니까? 걸식은 부족하지 않았고, 도로에 피로하지 않았습니까?"

바구마 강가의 비구들이 대답했다.

"우리들은 견딜 수 있었고, 만족하였으며, 안락하게 머물렀으며, 걸식에 어려움도 없었습니다. 다만 도로에 몹시 피로합니다.”

유야리의 비구들이 말하였다.

“그대들은 진실로 견딜 수 있었고, 만족하였으며, 안락하게 머물렀으며, 걸식에 어려움도 없었습니다. 왜 그러한가? 그대들은 몸이 충만하고 안색이 화락(和悅)합니다.”

이때 유야리의 비구들이 점차 급하게 물었다.

“그대 장로들이여. 지금 세상은 기근으로 걸식을 얻는 것이 어렵습니다. 여러 사람들은 처자에게도 오히려 음식이 부족한데 하물며 능히 다른 사람에게 주겠습니까? 그대들은 무슨 인연을 까닭으로 안거의 시절에 기력이 충만하고 안색이 화락하며 걸식에 어렵지 않았습니까?”

이때 바구마 강가의 비구들은 앞의 인연과 같이 자세히 설명하였다. 유야리의 비구들이 물었다.

“여러 장로들이여. 그대들은 찬탄을 받을 수 있습니까? 진실로 이러한 공덕이 있습니까?”

대답하여 말하였다.

“사실은 없습니다.”

유야리의 비구들은 여러 종류의 인연으로서 바구마의 비구들을 꾸짖었다.

“그대들이 지은 일은 사문의 법이 아니고, 도(道)에 수순하지도 않으며, 욕락의 마음을 없애야 하는데 부정행(不淨行)을 지었습니다. 출가인이 마땅히 지을 것은 아닙니다. 그대들은 불·세존께서는 여러 종류의 인연으로서 망어(妄語)를 꾸짖으셨고, 여러 종류의 인연으로서 불망어(不妄語)를 찬탄한 것을 알지 못하였습니까? 세존께서는 항상 설법하여 사람들에게 망어를 벗어나라고 가르쳤습니다. 그대들은 오히려 마땅히 마음을 지으려는 생각이 생겨나서는 아니되는데, 어찌하여 오히려 음식을 위한 까닭으로 사람을 뛰어넘은 성인의 법이 전혀 없으면서 스스로 얻었다고 말하였습니까?”

이와 같이 여러 종류의 인연으로서 꾸짖고서 세존께 자세히 말하였다.

세존께서는 이러한 일로써 비구 승가를 모으셨고 아시면서도 일부러 바구마 강가의 비구들에게 물으셨다.

"그대들이 진실로 이러한 일을 지었는가?"

대답하여 말하였다.

"진실로 지었습니다. 세존이시여."

세존께서는 여러 종류의 인연으로서 바구마 강가의 비구들을 꾸짖으셨다.

"그대들이 지은 일은 사문의 법이 아니고, 도에 수순하지도 않으며, 욕락의 마음을 없애야 하는데 부정행을 지었구나. 출가인이 마땅히 지을 것이 아니니라. 그대들 어리석은 사람들이여. 내가 여러 종류의 인연으로서 망어를 꾸짖고 여러 종류의 인연으로서 불망어를 찬탄한 것을 알지 못하였는가? 나는 항상 설법하여 사람들에게 망어를 떠나라고 가르쳤느니라. 그대들은 오히려 마땅히 마음을 지으려는 생각이 생겨나서는 아니되는데, 어찌 오히려 음식을 위한 까닭으로 사람을 뛰어넘은 성인의 법이 전혀 없으면서 스스로 얻었다고 말하였는가?"

세존께서는 이와 같은 여러 종류의 인연으로서 꾸짖으셨고, 여러 비구들에게 말씀하셨다.

"세간에는 세 종류의 큰 도적이 있느니라. 첫째는 100명의 주인이 되어 일부러 100명의 앞에 있으면서 100명의 공경을 받고 둘러싸이거나, 2백·3백·4백·5백 사람의 주인이 되어 일부러 5백 사람의 앞에 있으면서 5백 사람의 공경을 받고 둘러싸여 성과 취락에 들어가서 담과 벽을 뚫고 넘으며 길을 끊고서 훔치고 빼앗으며 성을 부수고 사람을 죽이는 것이다. 이것을 세간에서 첫째의 큰 도둑이라고 이름한다.

둘째는 비구가 있는데 사방승가(四方僧伽) 대중의 원림(園林) 가운데에 있는 대나무·나무의 뿌리·줄기·가지·잎·꽃·열매·재물과 음식 등을 팔아서 스스로가 생활하거나, 지식인 백의에게 주는 것이다. 이것을 세간의 둘째의 큰 도둑이라고 이름한다.

셋째는 비구가 있는데 음식의 공양을 위한 까닭으로 공허하게 사람을 뛰어넘은 성인의 법이 전혀 없으면서 고의로 망어를 지어서 스스로 얻었다고 말하고서 만약 100명의 공경을 받고 둘러싸이거나, 나아가 5백 명의 공경을 받고 둘러싸여 성과 취락에 들어가서 다른 사람이 공양하는 전식·후식·달발나를 받는 것이다. 이것을 세간에서 셋째의 큰 도둑이라고 이름한다.

이 가운데서도 백 명의 도둑의 주인이 되어 100명 앞에 있으면서 공경을 받고 둘러싸이거나, 2백·3백·4백·5백 명의 도둑의 주인이 되어 5백 사람의 공경을 받고 둘러싸여 성과 취락에 들어가서 담과 벽을 뚫고 넘으며 길을 끊고서 훔치고 빼앗으며, 성을 부수고 사람을 죽이는 자들은 작은 도적이다. 비구가 사방승가(四方僧伽) 대중의 원림(園林) 가운데에 있는 대나무·나무의 뿌리·줄기·가지·잎·꽃·열매·재물과 음식 등을 팔아서 스스로가 생활하거나, 지식인 백의에게 주는 것은 역시 작은 도둑이다."

세존께서는 말씀하셨다.

"이 셋째의 도둑은 천상과 인간의 세간·마계(魔界)·범천의 세계·사문·바라문·천인(天人)의 대중 가운데에서도 가장 큰 도둑이니라. 음식을 위한 까닭으로 사람을 뛰어넘은 성인의 법이 전혀 없으면서 고의로 망어를 지어서 스스로 얻었다고 말하고서 만약 백 사람의 공경을 받고 둘러싸이거나, 나아가 5백 명의 공경을 받고 둘러싸여 성과 취락에 들어가서 다른 사람이 공양하는 전식·후식·달발나를 받는다면 이러한 자를 큰 도둑이라고 이름하느니라."

세존께서는 계송을 말씀하셨다.

비구가 도를 얻지 못하고서
스스로가 도를 얻었다고 말한다면
천상과 인간의 가운데에서 큰 도둑이고
지극히 악하고 파계한 사람이니
이러한 어리석은 사람은 몸이 무너지면
마땅히 지옥의 가운데에 떨어진다네.

세존께서는 여러 종류의 인연으로서 꾸짖으셨고 여러 비구들에게 말씀하셨다.

"열 가지의 이익을 까닭으로 여러 비구들에게 계를 제정하여 주겠나니, 지금부터 이 계는 마땅히 이와 같이 설할지니라. '만약 비구가 알지도 못하고 보지도 못하였으며 사람을 뛰어넘는 법이 전혀 없으면서 스스로가 <나는 이와 같이 얻었고, 이와 같이 보았다.>고 말하였고, 이 비구가 뒤의 때에 다른 사람이 만약 묻거나, 만약 묻지 않았는데, 이양(利養)을 탐착하는 까닭으로 <알지 못하는 것을 안다.>고 말하였으며, <보지 못한 것을 보았다.>고 말하며 헛된 망어로 속인다면, 이 비구는 바라이이므로 함께 머무를 수 없느니라.'"

세존께서는 사위국에 머무셨다.

이때 교살라국에 비어있고 한적한 처소가 있어서 여러 비구들이 그 가운데에 머물렀다. 여러 비구들은 별상관(別相觀)[17]을 인연하여 정(定)을 얻은 까닭으로 탐욕(貪欲)과 성냄(瞋恚)이 일어나지 않았으므로 곧 이렇게 생각을 지었다.

'우리는 이미 도를 얻었고, 지을 것을 이미 마쳤다.'

이 여러 비구들은 세존의 처소에 이르러 스스로가 말하였다.

"저희는 아라한입니다. 태어남(生分)을 이미 마쳤으므로, 다시는 몸을 받지 않습니다."

이렇게 말을 지었으나 뒤에 취락의 근처인 승방(僧坊) 가운데에 머물렀는데, 자주 여인을 보았던 까닭으로 탐욕과 성냄이 곧 일어났다. 여러 비구들은 이렇게 말을 지었다.

"우리들 도반은 심한 고통으로 번뇌하고 있습니다. 본래 비어있고 한적한 처소에 있던 때에는 별상관을 인연하여 정을 얻었던 까닭으로 탐욕과 성냄이 일어나지 않아서 곧 이렇게 생각을 지었습니다. '우리는

---

17) 사념처관(四念處觀)을 순서에 따라 하나하나 관(觀)하는 것을 가리킨다.

이미 도를 얻었고, 지을 것을 이미 마쳤다.' 곧 세존의 처소에 이르러 스스로가 말하였습니다. '저희는 아라한입니다. 태어남을 이미 마쳤으므로, 다시는 몸을 받지 않습니다.' 지금 취락 근처에 머물면서 자주 여인을 보았던 까닭으로 탐욕과 성냄이 곧 생겨났습니다. 우리들 도반은 비구의 법을 잃고 비구의 법을 불태웠습니다. 우리들 도반은 사람을 뛰어넘는 법이 전혀 없으면서 스스로 얻었다고 말하였습니다."

이 여러 비구들은 다른 비구들에게 말하였고, 다른 비구들은 듣고서 세존께 가서 자세히 말하였다. 세존께서는 이러한 일의 인연을 까닭으로써 비구 승가를 모으셨으며, 여러 종류의 인연으로서 계(戒)를 찬탄하셨고, 지계(持戒)를 찬탄하셨다. 계를 찬탄하셨고 지계를 찬탄하셨으며, 여러 비구들에게 말씀하셨다.

"지금부터 이 계는 마땅히 이와 같이 설할지니라. '만약 비구가 알지도 못하고 보지도 못하였으며 사람을 뛰어넘는 법이 전혀 없으면서 스스로가 <나는 이와 같은 지혜와 이와 같은 견해를 얻었다.>고 말하였으며, 뒤의 때에 혹은 물었거나, 혹은 묻지 않았어도, 죄에서 벗어나려는 까닭으로 <나는 알지 못하면서 안다고 말하였고, 보지 못하였으나 보았다고 말하여 헛된 망어로 속였다.>라고 말하면서 증상만(增上慢)을 없애고자 하였다면, 이 비구는 바라이이므로 함께 머무를 수 없느니라.'"

'알지 못하다.'는 사람을 뛰어넘는 법을 알지도 못하였고, 얻지도 못하였으며, 보지도 못하였고, 느끼지도 못하였으며, 깨닫지도 못한 것이다.

'보지 못하다.'는 고제(苦諦)를 보지 못하였고, 집제(集諦)·멸제(滅諦)·도제(道諦)를 보지 못한 것이다.

이 가운데서 범한 것은 만약 비구가 "나는 아라한이다."고 말하였는데, 사실이 아니라면 바라이를 범한 것이고, 향아라한이라고 말하였는데, 사실이 아니라면 바라이를 범한 것이다. 만약 아나함이라고 말하였는데 사실이 아니라면 바라이를 범한 것이고, 향아나함이라고 말하였는데, 사실이 아니라면 바라이를 범한 것이다. 만약 사다함이라고 말하였는데, 사실이 아니라면 바라이를 범한 것이고, 향사다함이라고 말하였는데 사실이 아니라면 바라이를 범한 것이다. 만약 수다원이라고 말하였는데, 사실이 아니라면 바라이를 범한 것이고, 향수다원이라고 말하였는데, 사실이 아니라면 바라이를 범한 것이다.

만약 비구가 "나는 초선·2선·3선·4선을 얻었고, 무량한 자심·비심·희심·사심·공처·식처·무소유처·비유상비무상처·부정관을 얻었으며, 아나반나념을 얻었다."라고 말하였는데, 사실이 아니라면 바라이를 범한 것이다. 나아가 "나는 잘 지계하는 사람이므로 음욕이 일어나지 않는다."라고 말하였는데, 사실이 아니라면 투란차를 범한 것이다. 만약 비구가 "여러 천인들이 나의 처소에 왔고, 용·야차·비다라귀(毘陀羅鬼)[18]·아귀·구반다귀(鳩槃茶鬼)[19]·비사차귀(毘舍遮鬼)[20]·나찰귀(羅刹鬼)[21] 등이 나의 처소에 왔으며 그들이 물으면 내가 대답하고, 내가 물으면 그들이 대답하였다."라고 이렇게 말을 지었는데, 만약 이 일이 사실이 아니라면 비구는 바라이를 범한다. 나아가 "선풍(旋風)[22]과 토귀(土鬼)가 나의 처소에 왔다."고 말하였는데, 사실이 아니라면 투란차를 범한 것이다."

한때에 장로인 대목건련(大目揵連)은 기사굴산(耆闍崛山)에 있으면서 무소유공정(無所有空定)에 들어갔다. 입정(入定)의 상(相)은 좋은 것을 취하

18) 산스크리트어 vetāla의 음사로 귀(鬼) 또는 기시귀(起屍鬼)라 번역된다. 시체를 일으켜 원한이 있는 사람을 죽이게 한다는 귀신을 가리킨다.

19) 산스크리트 kumbhanda의 음사로서 말의 머리에 사람의 몸을 한 귀신이다. 본래는 사람의 정기를 빼앗는 악신이었으나 불법에 귀의하였고, 사천왕 가운데 남방을 수호하는 증장천왕의 권속으로 편입되었다.

20) 산스크리트어 piśāca의 음사로 식혈육귀(食血肉鬼) 또는 전광귀(顚狂鬼)라고 번역된다. 수미산 동쪽을 지키는 지국천왕(持國天王)의 권속이고 사람의 정기나 피를 먹는다는 귀신이다.

21) 남성은 나찰사(羅刹娑)이고, 여성은 나차사(羅刹斯)이다. 식인귀(食人鬼) 또는 속질귀(速疾鬼), 가외(可畏) 등으로 번역된다. 본래 악귀로서, 통력(通力)에 의해 사람을 매료시켜 잡아먹었는데, 불교의 수호신이 되어 십이천(十二天)의 하나로 꼽혀 남서방(南西方)을 지킨다고 하며, 갑옷을 걸치고 백사자(白獅子)에 올라탄 모습으로 표현된다.

22) 갑자기 일어나는 돌풍을 가리킨다.

였으나, 정에서 나오는 상에서 나쁜 것을 취하여, 삼매에서 일어나면서 아수라성(阿修羅城)의 기악(伎樂)의 음성을 들었다. 다시 빠르게 정에 들어가서 '나는 정의 가운데에 있으면서 들어 아수라성의 음악소리를 들었다.'라고 이와 같이 생각을 지었고, 삼매에서 일어나서 여러 비구들에게 말하였다.

"나는 기사굴산에 있으면서 무소유처무색정(無所有處無色定)에 들어가서 아수라성의 기악의 음성을 들었습니다."

여러 비구들이 목련에게 말하였다.

"어찌 무색정(無色定)에 들어가서 마땅히 색을 보고 소리를 듣는 이러한 것이 있겠습니까? 왜 그러한가? 무색정에 들어가면 색상(色相)을 파괴하고 성상(聲相)을 버리고 떠나는 것입니다. 그대는 사람을 뛰어넘는 법이 전혀 없는 까닭으로 망어를 지었습니다. 그대 목련을 마땅히 승가에서 쫓아내고, 구견(驅遣)[23]으로 다스리겠습니다."

이러한 일로써 세존께 아뢰었다. 세존께서는 여러 비구들에게 말씀하셨다.

"그대들은 목련이 죄를 범하였다고 말하지 말라. 왜 그러한가? 목련은 다만 앞의 일은 보았고, 뒤의 일은 보지 못하였느니라. 여래(如來)는 역시 앞의 일도 보고 역시 뒤의 일도 보느니라. 이 목련은 기사굴산에 있으면서 무소유처무색정에 들어갔는데, 입정의 상은 좋은 것을 취하였으나, 정에서 나오는 상에서 악한 것을 취하여, 삼매에서 일어나면서 아수라성의 기악의 음성을 들었느니라. 듣고서 반대로 빠르게 정에 들어갔고 '나는 선정에 들어가서 소리를 들었다.'라고 곧 스스로가 말한 것이다.

만약 무색정에 들어갔는데 만약 색을 보았거나, 만약 소리를 들었다면 이것은 옳지 않다. 왜 그러한가? 이 사람은 색상(色相)을 파괴하고 성상(聲相)을 떠난 것이다. 만약 목련이 사람을 뛰어넘는 법이 전혀 없으면서 일부러 망어하였다는 것은 역시 옳지 않다. 이 목련은 마음속 생각을

23) 무거운 죄를 저지른 수행승을 일시적 또는 영원히 승단에서 추방하는 것이다.

따라서 말하였으므로 무죄이니라."

한때에 여러 비구들이 있어 장로 목련에게 물었다.

"다부타(多浮陀) 강물은 어디에서 흘러옵니까?"

목련이 대답하여 말하였다.

"이 물은 아녹달지(阿耨達池)[24]에서 흘러옵니다."

여러 비구들이 말하였다.

"아녹달지는 그 물이 감미(甘美)롭고 여덟의 공덕이 있는데 이 물은 부글부글 끓고, 뜨거우며, 짜고 쓴데 어찌 이러한 일이 있겠습니까? 그대 목련은 사람을 뛰어넘는 법이 전혀 없으나 고의로 망어를 지었습니다. 그대 목련을 마땅히 승가에서 쫓아내고, 구견으로 다스리겠습니다."

이러한 일로써 세존께 아뢰었다. 세존께서는 여러 비구들에게 말씀하셨다.

"그대들은 이러한 일로 목련이 죄를 범하였다고 말하지 말라. 왜 그러한가? 아녹달지는 여기서 매우 멀리 떨어져 있느니라. 이 물은 본래 여덟의 공덕이 있어 감미로웠으나, 5백의 작은 지옥을 지나왔고 이러한 까닭으로 짜고 뜨거워진 것이다. 그대들이 만약 목련에게 이 물이 무슨 까닭으로 짜고 뜨겁냐고 물었다면 능히 생각을 따라서 대답하였을 것이다. 목련은 진실을 말했으므로 무죄이니라."

한때에 대목건련(大目揵連)이 정에 들어가 있었는데, 발기(跋耆)의 여러 야차들이 마갈타(摩竭陀)의 야차와 함께 싸웠고 마갈타 야차를 쳐부수는 것을 보았으며, 정에서 일어나서 여러 비구들에게 말하였다.

"발기인(跋耆人)이 마땅히 마갈타인(摩竭陀人)을 물리칠 것입니다."

뒤에 아사세왕(阿闍世王)이 병사들을 잘 거느려서 발기인을 물리쳤다.

---

24) 산스크리트어 anavatapta의 음사로 무열(無熱) 또는 무열뇌(無熱惱)라고 번역된다. 향취산(香醉山)의 남쪽이고 대설산(大雪山)의 북쪽에 있다는 연못을 가리킨다. 둘레는 8백리이고, 맑은 물이 흘러내려 섬부주(贍部州)를 비옥하게 한다고 전한다.

여러 비구들이 대목건련에게 말하였다.

"그대는 이전에 발기인이 마땅히 마갈타인을 물리친다고 말하였는데, 지금 마갈타인이 발기인을 물리쳤습니다. 그대는 사람을 뛰어넘는 법이 전혀 없으나 고의로 망어를 지었습니다. 그대 목련을 마땅히 승가에서 쫓아내고, 구견으로 다스려야 합니다."

이 일을 세존께 아뢰었고, 세존께서는 말씀하셨다.

"이러한 일로 목련이 죄를 범하였다고 말하지 말라. 왜 그러한가? 목련은 앞의 일은 보았으나, 뒤의 일은 보지 못하였느니라. 여래는 역시 앞의 일도 보고 역시 뒤의 일도 보느니라. 이 발기 야차가 마갈타 야차와 함께 싸워서 이겼을 때는 발기인 역시 마갈타인을 물리쳤다. 뒤에 아사세왕이 다시 병사를 모았고 함께 싸워서 이긴 것이다. 이 목련은 마음의 생각을 따라서 말하였으므로 무죄이니라."

목련이 또한 뒤에 선정에 들었다가 마갈타 야차가 발기 야차와 싸워 이기는 것을 보았다. 목련은 삼매에서 깨어나 비구들에게 말하였다.

"마갈타인이 마땅히 발기인을 이길 것입니다."

뒤에 함께 싸웠던 때에 발기인이 마갈타인을 이겼다. 여러 비구들이 목련에게 말하였다.

"그대는 이전에 마갈타인이 마땅히 발기인을 물리칠 것이라고 말하였는데, 지금 발기인이 마갈타인을 물리쳤습니다. 그대는 사람을 뛰어넘는 법이 전혀 없으나 고의로 망어를 지었습니다. 그대 목련을 마땅히 승가에서 쫓아내고, 구견으로 다스리겠습니다."

이러한 일로써 세존께 아뢰었고, 세존께서는 여러 비구들에게 말씀하셨다.

"이러한 일로 목련이 죄를 범하였다고 말하지 말라. 왜 그러한가? 목련은 앞의 일은 보았으나, 뒤의 일은 보지 못하였느니라. 여래는 역시 앞의 일도 보고 역시 뒤의 일도 보느니라. 이 마갈타 야차가 발기 야차와 함께 싸워서 이겼을 때는 마갈타인 역시 발기인을 쳐부수었다. 뒤에 발기인이 다시 병사를 모았고 함께 싸워서 이긴 것이다. 이 목련은 마음의 생각을 따라서 말하였으므로 무죄이니라."

어느 때에 목련이 이른 아침에 이르러 옷을 입고 발우를 들고 거사의 집에 들어갔으며, 함께 자리를 펼치고 서로에게 문신하였다. 거사가 말하였다.

"대덕이신 목련이시여. 제 임신한 아내가 아들을 낳겠습니까? 딸을 낳겠습니까?"

대답하여 말하였다.

"아들을 낳을 것입니다."

말을 마치고 곧 떠났다. 다시 한 범지(梵志)가 있어 집으로 들어왔는데, 거사가 물어 말하였다.

"제 임신한 아내가 아들을 낳겠습니까? 딸을 낳겠습니까?"

"딸을 낳을 것입니다."

뒤에 실제로 딸을 낳았다. 여러 비구들이 목련에게 말하였다.

"그대는 이전에 거사의 부인이 아들을 낳는다고 말했는데, 지금 딸을 낳았습니다. 그대는 사람을 뛰어넘는 법이 전혀 없으나 고의로 망어를 지었습니다. 그대 목련을 마땅히 승가에서 쫓아내고, 구견으로 다스리겠습니다."

이러한 일로써 세존께 아뢰었고, 세존께서는 여러 비구들에게 말씀하셨다.

"이러한 일로 목련이 죄를 범하였다고 말하지 말라. 왜 그러한가? 목련은 앞의 일은 보았으나, 뒤의 일은 보지 못하였느니라. 여래는 역시 앞의 일도 보고 역시 뒤의 일도 보느니라. 이때는 그 딸이 아들이었는데 뒤에 변하여 딸이 되었느니라. 목련은 마음의 생각을 따라서 말하였으므로 무죄이니라."

뒤에 다시 서로가 다른 사람이 딸을 낳았는데, 역시 이와 같았다.

그때는 크게 가뭄이었다.

목련이 정에 들어가서 곧 7일 뒤에 하늘에서 마땅히 큰 비가 내려서 도랑과 웅덩이가 가득하게 넘치는 것을 보았다. 여러 성읍 사람들은 모두가 이러한 말을 듣고 함께 크게 기뻐하였으며, 나라 가운데의 사람들은 모두 여러 업무를 버려두고 지붕과 창고를 덮고서 각자가 손가락을 꼽으며 날짜를 세고 있었다. 7일에 이르렀으나 오히려 비의 기운도 없었는데, 어찌 하물며 큰비가 오겠는가? 여러 비구들이 목련에게 말하였다.

"그대는 7일 뒤에 큰 비가 내려서 도랑과 웅덩이에 가득하게 넘칠 것이라 말하였으나, 지금 비의 기운도 없는데 어찌 하물며 큰비가 오겠습니까? 그대는 사람을 뛰어넘는 법이 전혀 없으나 고의로 망어를 지었습니다. 그대 목련을 마땅히 승가에서 쫓아내고, 구견으로 다스리겠습니다."

이러한 일로써 세존께 아뢰었고, 세존께서는 여러 비구들에게 말씀하셨다.

"이러한 일로 목련이 죄를 범하였다고 말하지 말라. 왜 그러한가? 목련은 앞의 일은 보았으나, 뒤의 일은 보지 못하였느니라. 여래는 역시 앞의 일도 보고 역시 뒤의 일도 보느니라. 이 7일의 때에 실제로 큰비가 내렸으나, 라후아수라왕(羅睺阿修羅王)이 손으로 비를 거두어서 큰 바다에 뿌렸느니라. 목련은 마음의 생각을 따라서 말하였으므로 무죄이니라."

또한 한때에 장로 사가타(娑伽陀)가 여러 비구들에게 말하였다.

"내가 선정에 들어가면 아비지옥에서부터 위로 아가니타천(阿迦膩咤天)[25]에 이르기까지 자재(自在)하게 능히 가운데를 불로 채울 수 있습니다."

여러 비구들이 말하였다.

"어찌 성문제자(聲聞弟子)가 아비지옥에서부터 범천까지 능히 큰 불을 짓는 이러한 것이 있겠습니까? 그대는 사람을 뛰어넘는 법이 전혀 없으나

25) 산스크리트어 Akanistha의 음사로 아가니사타천(阿迦尼師吒天)·아가니타천(阿迦尼吒天)·아가니타천(阿迦膩吒天)이라고 음역되고, 무결애천(無結愛天)·무소천(無小天)·애구경천(礙究竟天)·일구경천(一究竟天) 등으로 의역된다. 색계(色界) 18천(天) 가운데에서 가장 위에 있으며, 색구경천(色究竟天)의 다른 이름이다.

고의로 망어를 지었습니다. 그대 사가타를 마땅히 승가에서 쫓아내고, 구견으로 다스리겠습니다."

이러한 일로써 세존께 아뢰었고, 세존께서는 여러 비구들에게 말씀하셨다.

"이러한 일로 사가타가 죄를 범하였다고 말하지 말라. 왜 그러한가? 만약 비구가 초선(初禪)에 의지하고 여의족(如意足)을 닦아서 신통력을 얻는다면, 아비지옥에서부터 아가니타천에까지 자재하게 능히 가운데를 불길에 채울 수 있느니라. 초선(初禪)에 의지하는 것과 같아서 이선(二禪)·삼선(三禪)·사선(四禪)의 역시 이와 같으니라. 이 사가타는 사선(四禪)에 의지하여 여의족을 잘 닦아서 대신통을 얻었으므로, 만약 생각을 따른다면 아비지옥부터 아가니타천까지 뜻에 따라서 능히 가운데를 불길로 채울 수 있느니라. 이 사가타는 사실을 말하였으므로 범한 것은 없느니라."

또한 한때 장로 수비타(輸毘陀)가 여러 비구들에게 말하였다.

"나는 일념(一念)의 가운데에서 능히 500겁 일의 숙명을 알 수 있습니다."

여러 비구들이 말하였다.

"어찌 성문제자가 능히 일념의 가운데에 있으면서 이러한 것이 있겠습니까? 지극히 많아도 능히 하나의 세상을 아는 것입니다. 그대는 사람을 뛰어넘는 법이 전혀 없으나 고의로 망어를 지었습니다. 그대 수비타를 마땅히 승가에서 쫓아내고, 구견으로 다스리겠습니다."

이러한 일로써 세존께 아뢰었다. 세존께서는 여러 비구들에게 말씀하셨다.

"이러한 일로 수비타가 죄를 범하였다고 말하지 말라. 왜 그러한가? 이 사람의 전생의 몸은 무상천(無想天)에서 목숨을 마쳤고 이 세상에 태어난 것이다. 무상천상(無想天上)에서 500겁을 받았고 이러한 까닭으로 스스로가 '나는 일념에 500겁의 일을 알 수 있다.'라고 말한 것이다. 이 수비타는 마음의 생각을 따라서 말하였으므로 죄를 범한 것은 없느니라." [4바라이를 마친다.]

십송율 제3권

후진 북인도 삼장 불야다라 한역

석보운 번역

1. 초송 ③

2) 13승잔법(僧殘法)을 밝히다 ①

세존께서는 사위국(舍衛國)에 머무르셨다.

이때 장로 가류타이(迦留陀夷)는 별도의 방사가 있었다. 별도 방사의 가운데에는 좋은 평상과 베개, 이부자리와 좋은 독좌상(獨坐床)[1])이 있었다. 안팎을 물을 뿌려서 쓸었으므로 모두가 정결하였고, 깨끗한 물병(水甁)에 시원한 물을 가득히 채웠으며, 일상으로 사용하는 물병에도 시원한 물을 가득히 채웠다.

이 가류타이는 음욕이 일어났던 때에 곧 스스로가 출정(出精)[2])하여 급한 애욕의 불길을 벗어났던 까닭으로 안은하고 쾌락하게 머물렀다. 뒤의 다른 때에 가류타이의 지식인 비구가 왔고 함께 서로가 문신하고 한쪽에 앉았다. 가류타이에게 말했다.

"그대는 견딜 수 있고 부족(不足)하지 않으며 안락하게 머무는가? 궁핍하지는 않는가?"

대답하여 말하였다.

1) 혼자서 앉을 수 있는 평상을 가리킨다.

2) 사정(射精)하는 행위를 다르게 부르는 말이다.

"견딜 수 있고 만족스러우며 안락하게 머물고 궁핍하지 않네."

물어 말하였다.

"어찌 견딜 수 있고 만족스러우며 안락하게 머물고 궁핍하지 않다고 말하는가?"

대답하여 말하였다.

"여러 장로여. 나는 별도의 방에 좋은 평상과 이부자리가 있고, 깨끗한 물병과 일상에서 사용하는 물병에도 모두 시원한 물을 채웠으며, 안팎을 물을 뿌려서 쓸어서 모두가 정결하며 좋은 독좌상도 펼쳐져 있고 음욕이 일어나는 때에는 곧 스스로가 출정하여 급한 애욕의 불길을 벗어났던 까닭으로 안락을 얻고 쾌락하게 머물고 있네. 여러 장로여. 이러한 인연을 까닭으로 견딜 수 있고 만족스러우며 안락하게 머물고 궁핍하지 않네."

여러 비구들이 말하였다.

"그대는 견디는 것도 아니고 만족하는 것도 아닙니다. 진실로 안락을 위한 까닭으로써 고뇌를 행하고 있습니다. 그대가 지은 일은 사문의 법이 아니고 도에 수순하는 것도 아니며 청정행도 아니고 출가인이 마땅히 지을 것도 아닙니다. 그대는 불·세존께서 여러 종류의 인연으로서 애욕과 애욕의 생각을 꾸짖고, 여러 종류의 인연으로서 애욕을 벗어나고 애욕의 열기를 없애는 것을 찬탄하신 것을 알지 못하였습니까? 세존께서는 항상 설법하시어 사람들에게 애욕을 벗어나라고 가르치셨습니다. 그대는 오히려 마땅히 마음을 생겨나지 않아야 하는데, 어찌하여 하물며 나아가 애욕과 분노와 어리석음을 일으켜서 결박(結縛)하는 근본인 부정(不淨)한 악업을 지었습니까?"

여러 비구들은 여러 종류의 인연으로서 꾸짖고서 세존을 향하여 자세히 말하였다. 세존께서는 이러한 일로써 비구 승가를 모으셨으며, 아시면서도 일부러 가류타이에게 물으셨다.

"그대가 진실로 이러한 일을 지었는가?"

대답하여 말하였다.

"진실입니다. 세존이시여."

세존께서는 여러 종류의 인연으로서 꾸짖으셨다.

"그대가 지은 일은 사문의 법이 아니고, 도에 수순하는 것도 아니며 청정행도 아니고, 출가인이 마땅히 지을 일이 아니니라. 그대 어리석은 사람이여. 그대는 내가 여러 종류의 인연으로서 애욕과 애욕의 생각을 꾸짖고, 여러 종류의 인연으로서 애욕을 벗어나고 애욕의 열기를 없애고 소멸시키는 것을 찬탄한 것을 알지 못하였는가? 나는 항상 설법하여 사람들에게 애욕을 벗어나라고 가르쳤느니라. 그대는 오히려 마땅히 마음을 생겨나지 않아야 하는데, 어찌하여 하물며 나아가 애욕과 분노와 어리석음을 일으켜서 결박(結縛)하는 근본인 부정(不淨)한 악업을 지었는가? 그대 어리석은 사람이여. 이러한 손으로서 다른 사람들이 신심으로 베푸는 공양을 받았는데, 어찌하여 다시 이러한 손으로서 부정행을 지었는가?"

세존께서는 이와 같이 여러 종류의 인연으로서 꾸짖으셨으며, 여러 비구들에게 말씀하셨다.

"열 가지의 이익을 까닭으로 여러 비구들에게 계를 제정하여 주겠노라. 지금부터 이러한 계는 이와 같이 설할지니라. '만약 비구가 고의로 출정한다면 승가바시사(僧伽婆尸沙)[3]이니라.'"

세존께서는 이렇게 계를 제정하셨다.

여러 비구들은 꿈속에서 출정하고서 마음에 의혹과 후회가 생겨났으므로 아난의 처소로 가서 머리숙여 발에 예배하고 한쪽에 앉아서 아난에게 말하였다.

"세존께서는 계를 제정하시어 '출정하였다면 승가바시사이다.'라고 말씀하셨습니다. 지금 여러 비구들은 꿈속에서 출정하였고 마음에 의혹과 후회가 생겨났습니다. 원하건대 우리들을 위하여 세존께 이러한 일을 물어 주십시오."

---

3) 산스크리트어 saṃghāvaśeṣa의 음사로 승잔(僧殘)을 다르게 부르는 말이다.

아난은 묵연(默然)히 비구들의 말을 받아들였다. 여러 비구들은 아난이 묵연히 받아들인 것을 알았고 자리에서 일어나서 머리숙여 예배하고 돌아갔다. 오래지 않아서 아난은 세존의 처소에 나아가서 머리숙여 발에 예경하고 한쪽에 서 있으면서 세존께 아뢰어 말하였다.

"세존이시여. 세존께서는 비구들을 위하여 계를 제정하시어 '출정하는 자는 승가바시사이다.'라고 말씀하셨습니다. 세존께서는 비록 이와 같이 계를 제정하셨으나, 지금 여러 비구들은 꿈속에서 출정하고 마음에 의혹과 후회가 생겨났습니다. 아난이 세존께 묻겠습니다. '꿈속에도 심상(心想)이 있습니까?'"

세존께서는 말씀하였다.

"심상은 있으나 짓지 않느니라."

세존께서는 이 일로써 비구 승가를 모으셨으며, 여러 종류의 인연으로서 계를 찬탄하셨고, 지계를 찬탄하셨다. 계를 찬탄하셨고 지계를 찬탄하시고서, 여러 비구들에게 말씀하셨다.

"지금부터 이 계는 마땅히 이와 같이 설할지니라. '만약 비구가 꿈속을 제외하고, 고의로 출정한다면 승가바시사이니라. 승가바시사는 이 죄는 승가에 귀속되어 승가의 가운데에 남아있을 수 있고, 대중 승가를 인연하여 앞에서 허물을 참회하면 없앨 수 있으므로, 이것을 승가바시사라고 이름하느니라.

이 가운데에서 범하는 것에는 세 종류가 있나니, 첫째는 마음을 일으켜서 출정하려는 것이고, 둘째는 몸을 움직이는 것이며, 셋째는 출정하는 것이다. 다시 세 종류가 있나니, 첫째는 즐거움을 받기 위한 것이고, 둘째는 병을 치료하는 것이며, 셋째는 스스로가 시험하는 것이다.

비구가 내면에서 색(色)을 받아들여서 즐거움을 받기 위한 까닭으로 몸과 마음을 움직여서 출정하였다면 승가바시사이다. 병을 치료하기 위한 까닭으로, 시험하기 위한 까닭으로, 내면에서 색을 받아들여서 마음을 일으키고 몸을 움직이면서 출정하였다면 승가바시사이다. 비구가 외부로서 색을 받아들이지 않고 즐거움을 받기 위한 까닭으로, 병을 치료하기 위한 까닭으로, 시험하기 위한 까닭으로, 마음을 일으키고 몸을 움직이면서 출정하였다면 승가바시사이다.

다시 네 종류가 있나니, 첫째는 허공의 가운데에서 움직이는 것이고, 둘째는 마음을 일으키는 것이며, 셋째는 몸을 움직이는 것이고, 넷째는 출정하는 것이다. 비구가 내면에서 색을 받아들여서 즐거움을 받기 위한 까닭으로 허공 가운데에서 움직이면서 몸과 마음을 움직여서 출정하였다면 승가바시사이다. 병을 치료하기 위한 까닭으로, 시험하기 위한 까닭으로, 허공 가운데에서 움직이면서 마음을 일으키고 몸을 움직이면서 출정하였다면 승가바시사이다.

다시 다섯 종류가 있나니, 만약 비구가 소변처(小便處)를 긁거나, 소변처를 문지르면서 마음을 일으키고 몸을 움직이면서 출정하였다면 승가바시사이다. 비구가 내면에서 색을 받아들여서 즐거움을 받기 위한 까닭으로, 병을 치료하기 위한 까닭으로, 시험하기 위한 까닭으로, 소변보는 곳을 긁거나, 소변보는 곳을 문지르면서 마음을 일으키고 몸을 움직이면서 출정하였다면 승가바시사이다. 비구가 외부로서 즐거움을 받기 위한 까닭으로, 소변보는 곳을 긁거나, 소변보는 곳을 문지르면서 병을 치료하기 위한 까닭으로, 시험하기 위한 까닭으로, 마음을 일으키고 몸을 움직이면서 출정하였다면 승가바시사이다.

이 가운데에서 정(精)에는 다섯 종류가 있나니, 첫째는 푸른 정이고, 둘째는 노란 정이며, 셋째는 붉은 정이고, 넷째는 흰 정이며, 다섯째는 묽은 정이다. 푸른 정은 전륜성왕(轉輪聖王)과 전륜성왕 태자의 것이고, 노란 정은 전륜성왕의 그 나머지 왕자들의 것이며, 붉은 정은 전륜성왕의 최상인 신하의 것이고, 하야 정은 나이가 된 성인의 것이며, 묽은 정은 미성년(未成年)의 것이다.

만약 푸른 정을 출정하는 사람은 노랗고 붉으며 희고 묽은 것을 출정하지 않고 다만 푸른 정을 출정할 수 있다. 노란 정을 출정하는 사람은 붉으며 희고 묽으며 푸른 것을 출정하지 않고 다만 노란 정을 출정할 수 있다. 붉은 정을 출정하는 사람은 하얗고 묽으며 푸르며 노란 것을 출정하지 않고 붉은 정을 출정할 수 있다. 하얀 정을 출정하는 사람은 묽고 푸르며 노랗고 붉은 정을 출정하지 않고 다만 하얀 정을 출정할 수 있다. 묽은 정을 출정하는 사람은 푸르며 노랗고 붉은 정을 출정하지 않고 다만 묽은 정을 출정할 수 있다.

만약 비구가 푸른 정을 출정하고자 고의로 소변보는 곳을 긁거나, 소변보는 곳을 문지르면서 마음을 일으키고 몸을 움직이면서 출정하였다면 승가바시사이다. 만약 비구가 노랗고 붉으며 희고 묽은 정을 출정하고자 고의로 소변보는 곳을 긁거나, 소변보는 곳을 문지르면서 마음을 일으키고 몸을 움직이면서 출정하였다면 승가바시사이다. 만약 한 사람이 일시에 다섯 종류이라면 이러한 일은 없는 것이다.

혹은 사람이 있어 음행이 많은 까닭으로 여러 종류의 출정이 있는데, 혹은 무거운 짐을 까닭으로, 멀리 말이나 수레를 탔던 까닭으로, 근육과 마디가 끊어지거나 풀어진 까닭으로 여러 종류의 출정이 있다. 만약 비구가 애욕의 생각·애욕의 욕망·애욕의 느낌·애욕의 열기는 일으켰으나, 마음을 일으키지 않았고 몸을 움직이지 않았으나 정이 스스로 나왔다면 범한 것은 없다. 만약 비구가 소변보는 곳의 위에 창포(瘡皰)[4]와 선개(癬疥)[5]로 가려워서 이것을 치료하기 위한 까닭으로 긁거나 문지르다가 출정하였다면 범한 것이 아니다. 만약 비구가 남근이 불에 데었고 가려워서 만지면서 출정하였다면 범한 것은 없다.

만약 비구가 걸어가는 때에 양 허벅지에 스쳤거나, 혹은 옷에 닿았거나, 혹은 말을 탔거나, 혹은 수레를 타면서 몸이 움직여서 출정하였다면 범한 것은 없다. 만약 비구가 좋아하는 여인을 보았던 까닭으로 출정하였다면 범한 것은 아니다. 만약 보지 않고 모습을 기억하여 생각하였는데 출정하였다면 범한 것이 아니다." [첫 번째 일을 마친다.]

---

4) 부스럼과 여드름을 아울러 가리키는 말이다.

5) 풍독(風毒)의 기운이 피부 깊은 곳에 있는 것을 선(癬)이라고 하고, 풍독(風毒)의 사기가 피부 얕은 데에 있는 것을 개(疥)라고 하는데, 현대의 아토피와 비슷한 증상을 말한다.

세존께서는 사위국에 머무르셨다.

이때 장로 가류타이는 이른 아침에 때에 이르자 옷을 입고 발우를 들고 성에 들어가서 걸식하였다. 걸식을 마치고 자기 방으로 돌아왔으며 문고리를 잡고 문간(門間)에 서서 이렇게 생각을 지었다.

'만약 여인이 있어 승방(僧坊) 가운데에 들어와 방사의 처소를 보고자 한다면 나는 마땅히 여러 방사를 보여주어야겠다.'

이때 가류타이는 멀리 여인들을 보았고 곧 말하였다.

"자매들이여. 오십시오. 내가 마땅히 그대들에게 여러 방사의 처소를 보여주겠소."

간략하게 방사를 보여주었고 데리고 자기 방에 이르러 그녀들의 몸을 어루만지고 접촉하였다. 이 여인들 가운데에서 즐거워하는 여인은 묵연하였고, 즐거워하지 않는 여인은 곧 방 밖으로 나와서 여러 비구들에게 말하였다.

"대덕(大德)들의 법은 마땅히 이렇습니까? 안은(安隱)한 처소인데도 다시 두려움이 있습니다."

여러 비구들이 말하였다.

"어찌 안은한 처소인데 다시 두려움이 있다고 말합니까?"

여러 여인들은 앞의 일을 자세히 말하였다. 여러 비구들은 말하였다.

"그대들이 말한 것과 같이 안은한 처소인데 다시 두려움이 있습니다."

이때 비구들은 여러 종류의 인연으로서 여러 여인들을 위하여 설법하여 보여주었고 가르쳤으며 이익되고 기쁘게 하였으므로, 머리숙여 발에 예배하고 돌아갔다. 오래지 않아서 여러 비구들은 세존의 처소에 나아가서 머리숙여 세존의 발에 예경하고서 한쪽에 앉았으며 세존을 향하여 자세히 말하였다. 세존께서는 이러한 일로써 비구 승가를 모으셨으며, 아시면서도 일부러 가류타이에게 물으셨다.

"그대가 진실로 이러한 일을 지었는가?"

대답하여 말하였다.

"진실로 지었습니다. 세존이시여."

세존께서는 여러 종류의 인연으로서 가류타이를 꾸짖으셨다.

"그대가 지은 일은 사문의 법이 아니고, 도를 수순하는 것도 아니며 청정행도 아니고 출가인이 마땅히 지을 일이 아니니라. 그대 어리석은 사람이여. 그대는 내가 여러 종류의 인연으로서 애욕과 애욕의 생각을 꾸짖고, 여러 종류의 인연으로서 애욕을 벗어나고 열기를 없애고 소멸시키는 것을 찬탄하였던 것을 알지 못하는가? 나는 항상 설법하여 사람들에게 애욕을 벗어나라고 가르쳤느니라. 그대는 오히려 마땅히 마음을 생겨나지 않아야 하는데, 어찌하여 오히려 나아가 애욕과 분노와 어리석음을 일으켜서 결박하는 근본인 부정한 악업을 지었는가?"

세존께서는 이와 같이 여러 종류의 인연으로서 꾸짖으셨으며, 여러 비구들에게 말씀하셨다.

"열 가지의 이익을 까닭으로 여러 비구들에게 계를 제정하여 주겠노라. 지금부터 이러한 계는 이와 같이 설할지니라. '만약 비구가 애욕이 치성하고 마음이 변하였던 까닭으로 여인의 몸을 접촉하거나, 만약 손·팔·머리카락 등을 잡았거나, 하나하나의 위·아래 부분들을 어루만지고 접촉한다면 승가바시사이니라.'

'애욕이 치성하다.'는 곧 마음이 변한 것을 이름하고, 역시 탐욕스러운 마음·물든 마음·얽매인 마음을 이름한다. 혹은 변한 마음이 있으나 애욕이 치성한 마음이 아니거나, 역시 탐욕스러움 마음이 아니거나, 물든 마음이 아니거나, 얽매인 마음이 아닌 것도 있다. 전광(癲狂)[6]한 사람과 같거나, 마음이 어지러운 사람과 같거나, 병들어 마음이 무너진 사람과 같은 것을 마음은 변하였으나, 애욕이 치성하거나, 마음이 물들거나, 마음이 얽매인 것은 아니라고 이름한다.

'여인'은 대·중·소가 있나니, 동녀(童女)이거나, 동녀가 아니거나, 음욕을 지으면 감당할 수 있는 자이다.

'몸에 접촉한다.'는 함께 한곳에 있는 것이다.

6) 정신(精神) 이상(異常)으로 실없이 잘 웃는 병을 가리킨다.

'손'은 손목에서 손가락까지이다.

'팔'은 손목에서 어깨까지이다.

'머리카락'은 두발(頭髮)이거나, 혹은 겁패(劫貝)[7]·취납(毳納)[8]·두소(頭髾)[9] 등이다.

'하나하나의 신체 부분'은 눈·코·귀 등이다.

이 가운데에서 죄를 범하는 것에 아홉 종류가 있나니, 위로 어루만지거나, 아래로 어루만지거나, 만약 껴안거나, 만약 잡거나, 만약 당기거나, 만약 밀치거나, 만약 들어 올리거나, 만약 내려놓거나, 만약 대소변 보는 곳을 만지는 것이다.

만약 비구가 음욕이 치성하고 마음이 변하여 옷을 벗은 여인의 머리를 위·아래로 어루만지거나 접촉하였다면 승가바시사이다. 만약 얼굴·목·가슴·배·늑골·등·배꼽·허리·대소변을 보는 곳·허벅지·무릎·발 등을 어루만졌다면 승가바시사이다. 이와 같이 껴안거나, 잡거나, 끌어당기거나, 밀치거나, 들었거나, 내려놓거나, 대소변을 보는 곳을 만지면서 접촉하여도 역시 이와 같다.

만약 비구가 땅바닥에서 옷을 벗은 여인을 들어서 언덕에 올려놓거나, 언덕에서 들어서 거상(踞床)[10] 위에 올려놓거나, 거상 위에서 들어서 독좌상(獨座床) 위에 올려놓거나, 독좌상 위에서 들어서 큰 평상 위에 올려놓거나, 큰 평상 위에 들어서 가마(輿)에 올려놓거나, 가마 위에서 들어서 수레 위에 올려놓거나, 수레 위에서 들어서 말 위에 올려놓거나, 말 위에서 들어서 코끼리 위에 올려놓거나, 코끼리 위에서 들어 마루 위에 올려놓거나, 마루 위와 나아가 낮은 곳에서 높은 곳으로 올려놓는다면 승가바시사이다.

---

7) 산스크리트어 karpāsa의 음사로서 목화를 가리킨다. 이 문장에서는 목화와 같은 머리 장식을 가리킨다.

8) 몸에 있는 부드럽고 가느다란 솜털을 가리킨다.

9) 머리에 매다는 가느다란 장식을 가리킨다.

10) 가로로 길게 생겨 여러 사람이 늘어앉을 수 있는 걸상을 말한다.

만약 비구가 음욕이 치성하고 마음이 변하여 옷을 벗은 여인을 마루 위에서 들어서 코끼리 위에 내려놓거나, 코끼리 위에서 들어서 말 위에 내려놓거나, 말 위에서 들어서 수레 위에 내려놓거나, 수레 위에서 들어 가마에 내려놓거나, 가마 위에서 들어서 큰 평상 위에 내려놓거나, 큰 평상 위에서 들어서 독좌상 위에 내려놓거나, 독좌상 위에서 들어서 거상 위에 내려놓거나, 거상 위에서 들어서 언덕 위에 내려놓거나, 언덕 위에서 들어서 땅바닥 위에 내려놓거나, 나아가 높은 곳에서 들어서 낮은 곳에 내려놓는다면 승가바시사이다.

비구가 음욕이 치성하고 마음이 변하여 옷을 입은 여인의 머리를 위·아래로 어루만지면서 접촉하였다면 투란차이고, 얼굴·목·가슴·배·늑골·등·배꼽·허리·대소변을 보는 곳·허벅지·무릎·발 등을 어루만졌어도 투란차이다. 이와 같이 껴안거나, 잡거나, 끌어당기거나, 밀치거나, 들었거나, 내려놓거나, 대소변을 보는 곳을 어루만지고 접촉하여도 투란차이다. 비구가 음욕이 치성하고 마음이 변하여 옷을 입은 여인을 땅바닥에서 들어서 언덕 위에 올려놓거나, 나아가 높은 곳에서 들어 낮은 곳에 내려놓았다면 투란차이다.

만약 여인이 음욕이 치성하고 마음이 변하여 옷이 없는 비구의 머리를 위·아래로 어루만졌는데, 비구가 음욕이 있어 몸을 움직이고 세활(細滑)[11]을 받았다면 승가바시사이다. 만약 얼굴·목·가슴·배·늑골·등·배꼽·허리·대소변을 보는 곳·허벅지·무릎·발 등을 어루만졌는데, 비구가 음욕이 있어 몸을 움직이고 세활을 받았다면 승가바시사이다. 이와 같이 껴안거나, 잡거나, 끌어당기거나, 밀치거나, 들었거나, 내려놓거나, 대소변 보는 곳을 어루만졌는데, 비구가 음욕이 있어 몸을 움직이고 세활을 받았다면 승가바시사이다.

만약 여인이 음욕이 치성하고 마음이 변하여 옷을 벗은 비구를 땅바닥에서 들어서 언덕 위에 올려놓거나, 나아가 높은 곳에서 들어 낮은 곳에

11) 육근(六根)과 육경(六境)과 육식(六識)의 화합으로 일어나는 마음 작용으로 촉(觸)과 같다.

내려놓았는데, 비구가 음욕이 있어 몸을 움직이고 세활을 받았다면 승가바시사이다. 만약 여인이 음욕이 치성하고 마음이 변하여 옷을 벗은 비구를 마루 위에서 들어서 코끼리 위에 내려놓거나, 나아가 높은 곳에서 들어서 낮은 곳에 내려놓았는데, 비구가 음욕이 있어 몸을 움직이고 세활을 받았다면 승가바시사이다.

만약 여인이 음욕이 치성하고 마음이 변하여 옷을 입은 비구의 머리를 위·아래로 어루만졌는데, 비구가 음욕이 있어 몸을 움직이고 세활을 받았다면 투란차이다. 여인이 얼굴·목·가슴·배·늑골·등·배꼽·허리·대소변을 보는 곳·허벅지·무릎·발 등을 어루만졌는데, 비구가 음욕이 있어 몸을 움직이고 세활을 받았다면 투란차이다. 이와 같이 껴안거나, 잡거나, 끌어당기거나, 밀치거나, 들었거나, 내려놓거나, 대소변 보는 곳을 어루만졌는데, 비구가 음욕이 있어 몸을 움직이고 세활을 받았다면 투란차이다.

만약 여인이 음욕이 치성하고 마음이 변하여 옷을 입은 비구를 땅바닥에서 들어서 언덕 위에 올려놓거나, 나아가 높은 곳에서 들어 낮은 곳에 내려놓았는데, 비구가 음욕이 있어 몸을 움직이고 세활을 받았다면 투란차이다. 만약 여인이 음욕이 치성하고 마음이 변하여 옷을 벗은 비구를 마루 위에서 들어서 코끼리 위에 내려놓거나, 나아가 높은 곳에서 들어서 낮은 곳에 내려놓았는데, 비구가 음욕이 있어 몸을 움직이고 세활을 받았다면 투란차이다.

한 비구가 한 여인을 어루만져도 승가바시사이고, 한 비구가 두 여인·세 여인·네 여인을 어루만져도 승가바시사이다. 두 비구가 두 여인·세 여인·네 여인·한 여인을 어루만져도 승가바시사이고, 세 비구가 세 여인·네 여인·한 여인·두 여인을 어루만져도 승가바시사이며, 네 비구가 네 여인·한 여인·두 여인·세 여인을 어루만져도 승가바시사이다.

여인의 몸을 여인이라고 생각하면서 만졌다면 승가바시사이고, 여인의 몸을 남자이거나, 황문(黃門)이거나, 이근(二根)이라고 생각하면서 만졌다면 승가바시사이다. 남자의 몸을 남자이거나, 황문이거나, 이근이거나, 여인이라고 생각하고서 만졌다면 투란차이고, 황문의 몸을 황문이거나,

이근이거나, 여인이거나, 남자라고 생각하고 만졌다면 투란차이며, 이근의 몸을 이근이거나, 여인이거나, 남자이거나, 황문이라고 생각하고서 만졌다면 투란차이다.

만약 이러한 일이 사람인 여인의 주변이라면 승가바시사이고, 곧 이러한 일이 비인녀(非人女)의 주변이라면 투란차이며, 만약 이러한 일이 사람인 여인의 주변이라면 투란차이고, 곧 이러한 일이 비인녀의 주변이라면 돌길라이다.

만약 어머니라고 생각하였거나, 자매나 딸이라고 생각하면서 여인의 몸을 만졌다면 범한 것은 아니다. 만약 불의 난리이거나, 물의 난리이거나, 칼의 난리이거나, 만약 높은 곳에서 떨어졌거나, 악한 벌레이거나, 악한 귀신 등의 난리에서 구하고자 하였다면 범한 것은 없다. 만약 염심(染心)이 없이 접촉하였다면 범한 것은 없다." [두 번째 일을 마친다.]

세존께서는 사위국에 머무르셨다.

이때 장로 가류타이는 이른 아침에 때에 이르자 옷을 입고 발우를 들고 성에 들어가서 걸식하였다. 걸식을 마치고 자기 방으로 돌아왔으며 문고리를 잡고 문간에 서 있으면서 이렇게 생각했다.

'만약 여인이 있어 승방 가운데에 들어와 방사의 처소를 보고자 한다면 나는 마땅히 여러 방사들을 보여주어야겠다.'

이때 가류타이는 멀리서 여인들을 보았고 곧 말하였다.

"자매들이여. 오십시오. 내가 마땅히 그대들에게 여러 방사의 처소를 보여주겠소."

간략하게 방사를 보여주었고 데리고 자기 방에 이르러 부정한 악어(惡語)를 지었다. 그 여인들 가운데에서는 즐거워하는 여인은 묵연하였고, 즐거워하지 않는 여인은 곧 방 밖으로 나와서 여러 비구들에게 말하였다.

"대덕들의 법은 마땅히 이렇습니까? 안은한 처소인데도 다시 두려움이 있습니다."

여러 비구들이 말하였다.

"어찌 안은한 처소인데 다시 두려움이 있다고 말합니까?"

여러 여인들은 앞의 일을 자세히 말하였다. 여러 비구들은 말하였다.

"그대들이 말한 것과 같이 안은한 처소인데 다시 두려움이 있습니다."

이때 비구들은 여러 종류의 인연으로서 여러 여인들을 위하여 설법하여 보여주었고 가르쳤으며 이익되고 기쁘게 하였으므로, 머리숙여 발에 예배하고 돌아갔다. 오래지 않아서 여러 비구들은 세존의 처소에 나아가서 머리숙여 세존의 발에 예경하고서 한쪽에 앉았으며 세존을 향하여 자세히 말하였다. 세존께서는 이러한 일로써 비구 승가를 모으셨으며, 아시면서도 일부러 가류타이에게 물으셨다.

"그대가 진실로 이러한 일을 지었는가?"

대답하여 말하였다.

"진실로 지었습니다. 세존이시여."

세존께서는 여러 종류의 인연으로서 가류타이를 꾸짖으셨다.

"그대가 지은 일은 사문의 법이 아니고, 도를 수순하는 것도 아니며 청정행도 아니고 출가인이 마땅히 지을 일이 아니니라. 그대 어리석은 사람이여. 그대는 내가 여러 종류의 인연으로서 애욕과 애욕의 생각을 꾸짖고, 여러 종류의 인연으로서 애욕을 벗어나고 열기를 없애고 소멸시키는 것을 찬탄하였던 것을 알지 못하는가? 나는 항상 설법하여 사람들에게 애욕을 벗어나라고 가르쳤느니라. 그대는 오히려 마땅히 마음을 생겨나지 않아야 하는데, 어찌하여 오히려 나아가 애욕과 분노와 어리석음을 일으켜서 결박하는 근본인 부정한 악업을 지었는가?"

세존께서는 이와 같이 여러 종류의 인연으로서 꾸짖으셨으며, 여러 비구들에게 말씀하셨다.

"열 가지의 이익을 까닭으로 여러 비구들에게 계를 제정하여 주겠노라. 지금부터 이러한 계는 이와 같이 설할지니라. '만약 비구가 음욕이 치성하고 마음이 변하여 여인의 앞에 있으면서 부정한 악한 말을 지었거나, 음욕법(婬欲法)을 따라서 말한다면 승가바시사이니라.'

'부정한 악한 말'은 바라이거나, 승가바시사의 일을 따르는 것이다.

비록 일체의 죄를 모두 악하다고 이름하는데, 다만 이것은 무거운 죄의 인연의 까닭이므로 악어(惡語)라고 이름한다.

'음욕법을 따르다.'는 함께 두 몸을 합치는 것이다.

'말한다.'는 나이가 젊은 남녀가 음욕이 치성한 까닭으로 함께 악어를 말하는 것이다.

이 가운데에서 범하는 것에는 아홉 종류가 있나니, 칭찬하였거나, 비방하였거나, 애원하였거나, 바랐거나, 물었거나, 반대로 물었거나, 준비하였거나, 가르쳤거나, 욕하는 것이다.

'칭찬하다.'는 비구가 여인이 앞에 있으면서 삼창문(三瘡門)[12]을 모양과 색깔이 단정하다거나, 크지도 않고 작지도 않다거나, 굵지도 않고 가늘지도 않다고 찬탄하는 것이고, 나아가 온갖 말을 하였다면 한 마디·한 마디의 가운데에서 승가바시사이다.

'비방하다.'는 비구가 여인의 앞에 있는데 삼창문을 모양과 빛깔이 단정하다거나, 크지도 않고 작지도 않다거나, 굵지도 않고 가늘지도 않다는 등으로 훼손하는 것으로, 나아가 온갖 말을 하였다면 한 마디·한 마디의 가운데에서 승가바시사이다.

'애원하다.'는 비구가 여인의 앞에 있으면서 '그대의 삼창문을 뜻에 따라서 나에게 준다면 나는 삼창문에서 당신이 뜻을 따라서 짓겠소.'라고 애원하며 말하였고, 나아가 온갖 말을 하였다면 한 마디·한 마디의 가운데에서 승가바시사이다.

'바라다.'는 비구가 여인의 앞에 있으면서 '만약 사람들이 그대의 삼창문을 얻는다면 이것은 복덕이고 즐거운 사람이오. 그대는 능히 삼창문의 가운데에서 그대의 뜻을 따라서 지을 것이오.'라고 바라면서 말하였고, 나아가 온갖 말을 하였다면 한 마디·한 마디의 가운데에서 승가바시사이다.

'묻는다.'는 비구가 여인에게 '그대의 남편은 삼창문의 가운데에서

12) 입과 대·소변을 보는 곳을 가리킨다.

몇 종류를 짓고, 몇 번을 짓는가?'라고 물어 말하였고, 나아가 온갖 말을 하였다면 한 마디·한 마디의 가운데에서 승가바시사이다.

'반대로 묻는다.'는 비구가 여인에게 '그대의 남편은 삼창문의 가운데에서 이와 같이 짓지 않았는가?'라고 물어 말하였고, 나아가 온갖 말을 하였다면 한 마디·한 마디의 가운데에서 승가바시사이다.

'준비하다.'는 비구가 여인의 앞에 있으면서 '나는 술과 음식·소반과 쟁반·꽃과 향·영락·말향(末香)·도향(塗香)·좋은 평상과 요를 준비하였소. 그대가 만약 온다면 내가 삼창문의 가운데에서 그대의 뜻을 따라서 짓겠소.'라고 말하였고, 나아가 온갖 말을 하였다면 한 마디·한 마디의 가운데에서 승가바시사이다.

'가르치다.'는 비구가 여인에게 '그대가 뜻을 따라서 삼창문을 남자에게 준다면 곧 남자에게 사랑받을 것이오.'라고 가르쳐서 말하였고, 나아가 온갖 말을 하였다면 한 마디·한 마디의 가운데에서 승가바시사이다.

'욕하다.'는 비구가 여인에게 욕하는 것에는 두 가지가 있나니, 거친 욕과 미세한 욕이고, 나아가 온갖 말을 하였다면 한 마디·한 마디의 가운데에서 승가바시사이다.

만약 여인이 비구 앞에서 삼창문을 모양과 빛깔이 단정하다고 찬탄하였고, 나아가 온갖 말을 하였는데, 이 가운데에서 비구가 그 마음이 수순하여 간략하게 말을 하였다면 한 마디·한 마디의 가운데에서 승가바시사이다. 만약 여인이 비구 앞에서 삼창문을 모양과 빛깔이 단정하지 않다고 헐뜯었고, 나아가 온갖 말을 하였는데, 이 가운데에서 비구가 그 마음이 수순하여 간략하게 말을 하였다면 한 마디·한 마디의 가운데에서 승가바시사이다.

만약 여인이 비구 앞에 있으면서 '삼창문의 가운데에서 나의 뜻을 따라서 짓는다면 나는 그대의 뜻을 따라서 주겠습니다.'라고 애원하였고, 나아가 온갖 말을 하는데, 이 가운데에서 비구가 그 마음이 수순하여 간략하게 말을 하였다면 한 마디·한 마디의 가운데에서 승가바시사이다. 만약 여인이 비구의 앞에 있으면서 '만약 사람이 나의 삼창문을 얻는다면 이것은 복덕이고 즐거운 사람입니다. 나는 능히 뜻에 따라서 주겠습니다.'

라고 바라면서 말하였고, 나아가 온갖 말을 하였는데, 이 가운데에서 비구가 그 마음이 수순하여 간략하게 말을 하였다면 한 마디·한 마디의 가운데에서 승가바시사이다.

만약 여인이 비구가 앞에 있으면서 '그대는 삼창문의 가운데에서 몇 종류로 짓고 몇 번을 짓습니까?'라고 물어 말하였고, 나아가 온갖 말을 하였는데, 이 가운데에서 비구가 그 마음이 수순하여 간략하게 말을 하였다면 한 마디·한 마디의 가운데에서 승가바시사이다. 만약 여인이 비구가 앞에 있으면서 '그대는 삼창문의 가운데에서 이와 같이 짓지 않습니까?'라고 반대로 물어 말하였고, 나아가 온갖 말을 하였는데, 이 가운데에서 비구가 그 마음이 수순하여 간략하게 말을 하였다면 한 마디·한 마디의 가운데에서 승가바시사이다.

만약 여인이 비구 앞에 있으면서 '나는 술과 음식·소반과 쟁반·꽃과 향·영락·말향·도향·좋은 평상과 요를 준비하였습니다. 그대가 능히 온다면 내가 삼창문의 가운데에서 그대의 뜻을 따라서 짓겠습니다.'라고 말하였고, 나아가 온갖 말을 하였는데, 이 가운데에서 비구가 그 마음이 수순하여 간략하게 말을 하였다면 한 마디·한 마디의 가운데에서 승가바시사이다.

만약 여인이 비구 앞에 있으면서 '그대가 능히 삼창문의 가운데에서 뜻에 따라서 짓는다면 곧 여인에게 사랑받을 것입니다.'라고 가르쳐서 말하였고, 나아가 온갖 말을 하였는데, 이 가운데에서 비구가 그 마음이 수순하여 간략하게 말을 하였다면 한 마디·한 마디의 가운데에서 승가바시사이다. 만약 여인이 비구 앞에 있으면서 이 비구에게 거친 욕과 미세한 욕을 하였고, 나아가 온갖 말을 하였는데, 이 가운데에서 비구가 그 마음이 수순하여 간략하게 말을 하였다면 한 마디·한 마디의 가운데에서 승가바시사이다.

한 비구가 한 여인에게 부정하게 악어를 하였다면 한번이라도 승가바시사이고, 한 비구가 두 여인·세 여인·네 여인에게 부정하게 악어를 하였어도 승가바시사이다. 두 비구가 두 여인·세 여인·네 여인·한 여인에게 부정하게 악어를 하였다면 승가바시사이고, 세 비구가 세 여인·네 여인·한 여인·두 여인에게 부정하게 악어를 하였어도 승가바시사이며, 네 비구가 네 여인·한 여인·두 여인·세 여인에게 부정하게 악어를 하였더라도 승가바시사이다.

만약 비구가 여인의 몸을 여인이라고 생각하면서 부정하게 악어를 하였다면 승가바시사이고, 여인의 몸을 남자이거나, 황문이거나, 이근이라고 생각하면서 부정하게 악어를 하였다면 승가바시사이다. 남자의 몸을 남자이거나, 황문이거나, 이근이거나, 여인이라고 생각하고서 부정하게 악어를 하였다면 투란차이고, 황문의 몸을 황문이거나, 이근이거나, 여인이거나, 남자라고 생각하고 부정하게 악어를 하였다면 투란차이며, 이근의 몸을 이근이거나, 여인이거나, 남자이거나, 황문이라고 생각하고 부정하게 악어를 하였다면 투란차이다.

만약 이러한 일이 사람인 여인의 주변이라면 승가바시사이고, 곧 이러한 일이 비인녀의 주변이라면 투란차이며, 만약 이러한 일이 사람인 여인의 주변이라면 투란차이고, 곧 이러한 일이 비인녀의 주변이라면 돌길라이니라." [세 번째 일을 마친다.]

세존께서는 사위국에 머무르셨다.

이때 장로 가류타이는 이른 아침의 때에 이르자 옷을 입고 발우를 지니고 성에 들어가서 걸식하였다. 걸식을 마치고 자기 방으로 돌아왔고 문고리를 잡고 문간에 서 있으면서 이렇게 생각을 지었다.

'만약 여인이 있어 승방의 가운데에 들어와서 방사의 처소를 보고자 한다면 나는 마땅히 여러 방사들을 보여주어야겠다.'

이때 가류타이는 멀리서 여인들을 보았고 곧 말하였다.

"자매들이여. 내가 마땅히 그대들에게 여러 방사의 처소를 보여주겠소."

간략하게 방사를 보여주었고 데리고 자기 방에 이르러 여인을 향하여 몸으로서 음욕을 공양하는 것을 찬탄하였다. 그 여인들 가운데에서 즐거워하는 여인은 묵연하였고, 즐거워하지 않는 여인은 곧 방 밖으로 나와서 여러 비구들에게 말하였다.

"대덕들의 법은 마땅히 이렇습니까? 안은한 처소인데도 다시 두려움이 있습니다."

여러 비구들이 말하였다.

"어찌 안은한 처소인데 다시 두려움이 있다고 말합니까?"

여러 여인들은 앞의 일을 자세히 말하였다. 여러 비구들은 말하였다.

"그대들이 말한 것과 같이 안은한 처소인데 다시 두려움이 있습니다."

이때 비구들은 여러 종류의 인연으로서 여러 여인들을 위하여 설법하여 보여주었고 가르쳤으며 이익되고 기쁘게 하였으므로, 머리숙여 발에 예배하고 돌아갔다. 오래지 않아서 여러 비구들은 세존의 처소에 나아가서 머리숙여 세존의 발에 예경하고서 한쪽에 앉았으며 세존을 향하여 자세히 말하였다. 세존께서는 이러한 일로써 비구 승가를 모으셨으며, 아시면서도 일부러 가류타이에게 물으셨다.

"그대가 진실로 이러한 일을 지었는가?"

대답하여 말하였다.

"진실로 지었습니다. 세존이시여."

세존께서는 여러 종류의 인연으로서 가류타이를 꾸짖으셨다.

"그대가 지은 일은 사문의 법이 아니고, 도를 수순하는 것도 아니며 청정행도 아니고 출가인이 마땅히 지을 일이 아니니라. 그대 어리석은 사람이여. 그대는 내가 여러 종류의 인연으로서 애욕과 애욕의 생각을 꾸짖고, 여러 종류의 인연으로서 애욕을 벗어나고 애욕의 열기를 없애고 소멸시키는 것을 찬탄하였던 것을 알지 못하는가? 나는 항상 설법하여 사람들에게 애욕을 벗어나라고 가르쳤느니라. 그대는 오히려 마땅히 마음을 생겨나지 않아야 하는데, 어찌하여 오히려 나아가 애욕과 분노와 어리석음을 일으켜서 결박하는 근본인 부정한 악업을 지었는가?"

세존께서는 이와 같이 여러 종류의 인연으로서 꾸짖으셨으며, 여러 비구들에게 말씀하셨다.

"열 가지의 이익을 까닭으로 여러 비구들에게 계를 제정하여 주겠노라.

지금부터 이러한 계는 이와 같이 설할지니라. '만약 비구가 음욕이 치성하고 마음이 변하여 여인 앞에서 몸으로 공양하는 것을 찬탄하면서 <그대가 지계하고 선을 행하며 범행(梵行)하는 자에게 여러 공양의 가운데에서 제일의 공양이다.>라고 이렇게 말을 지었다면 승가바시사이니라.'

'몸으로 공양하다.'는 비구가 여인에게 '그대가 몸으로서 음욕의 공양을 짓는다면 여러 공양의 가운데에서 제일의 공양이다.'라고 말하는 것이다.

'지계'는 대계(大戒)와 율법(律法)을 모두 능히 수지(受持)하는 것이다.

'선을 행하다.'는 정견(正見)과 인욕(忍辱)인 까닭이다.

'범행자'는 함께 두 몸을 합치지 않는 까닭이다.

이 가운데에서 범하는 것에 아홉 종류가 있나니, 높고(上), 크며(大), 수승하고(勝), 공교하며(巧), 선하고(善), 미묘하며(妙), 복되고(福), 좋으며(好), 유쾌한(快) 것이다.

'높다.'는 만약 비구가 여인에게 말로 '그대가 능히 몸으로서 우리들의 지계인에게 음욕의 공양을 짓는다면, 여러 공양의 가운데에서 이것은 상품(上品)의 공양이다.'라고 말하였다면 승가바시사이다. 만약 여인에게 말로 '그대가 능히 몸으로서 우리들의 선을 행하는 사람에게 음욕의 공양을 짓는다면, 이것이 상품의 공양이다.'라고 말하였다면 승가바시사이다.

만약 여인에게 말로 '그대가 능히 몸으로서 범행인에게 음욕의 공양을 짓는다면, 이것은 상품의 공양이다.'라고 말하였다면 승가바시사이다. 만약 여인에게 말로 '그대가 능히 몸으로서 지계하고 선을 행하는 사람, 지계하는 범행인, 선을 행하는 범행인에게 음욕의 공양을 짓는다면, 이것은 상품의 공양이다.'라고 말하였다면 승가바시사이다.

만약 비구가 여인에게 말로 '그대가 능히 몸으로서 크게 지계하지 않는 사람에게 음욕의 공양을 짓더라도, 이것은 상품의 공양이다.'라고 말하였다면 승가바시사이다. 만약 여인에게 말로 '그대가 능히 몸으로서 크게 선을 행하지 않는 사람에게 음욕의 공양을 짓더라도, 이것은 상품의 공양이다.'라고 말하였다면 승가바시사이다.

만약 여인에게 말로 '그대가 능히 몸으로서 크게 범행을 닦지 않는 사람에게 음욕의 공양을 짓더라도, 이것은 상품의 공양이다.'라고 말하였다면 승가바시사이다. 만약 비구가 여인에게 말로 '그대가 능히 몸으로서 크게 지계하지 않고 선을 행하지 않는 사람, 크게 지계하지 않는 범행인, 크게 선을 행하지 않는 범행인에게 음욕의 공양을 짓더라도, 이것은 상품의 공양이다.'라고 말하였다면 승가바시사이다.

만약 비구가 여인에게 말로 '스스로가 몸으로서 짓지 않더라도 우리들의 지계인에게 음욕을 공양한다면, 이것은 상품의 공양이다.'라고 말한다면 투란차이다. 만약 여인에게 말로 '스스로가 몸으로서 짓지 않더라도 선행하는 사람에게 음욕을 공양한다면, 이것은 상품의 공양이다.'라고 말한다면 투란차이다.

만약 여인에게 말로 '스스로가 몸으로서 짓지 않더라도 범행인에게 음욕을 공양한다면, 이것은 상품의 공양이다.'라고 말한다면 투란차이다. 만약 여인에게 말로 '스스로가 몸으로서 짓지 않더라도 지계하고 선을 행하는 사람, 지계하는 범행인, 선을 행하는 범행인에게 음욕을 공양한다면, 이것은 상품의 공양이다.'라고 말한다면 투란차이다.

만약 비구가 여인에게 '스스로가 몸으로서 짓지 않더라도 크게 지계하지 않는 사람에게 음욕의 공양을 짓더라도, 이것은 상품의 공양이다.'라고 말하였다면 투란차이다. 만약 여인에게 '스스로가 몸으로서 짓지 않더라도 크게 선을 행하지 않는 사람에게 음욕의 공양을 짓더라도, 이것은 상품의 공양이다.'라고 말하였다면 투란차이다.

만약 여인에게 '스스로가 몸으로서 짓지 않더라도 더 크게 범행을 닦지 않는 사람에게 음욕의 공양을 짓더라도, 이것은 상품의 공양이다.'라고 말하였다면 투란차이다. 만약 여인에게 '스스로가 몸으로서 짓지 않더라도 크게 지계하지 않고 선을 행하지 않는 사람, 크게 지계하지 않는 범행인, 크게 선을 행하지 않는 범행인에게 음욕의 공양을 짓더라도, 이것은 상품의 공양이다.'라고 말하였다면 투란차이다.

이와 같이 크며, 수승하고, 공교하며, 선하고, 미묘하며, 복되고, 좋으며,

유쾌한 것도 이와 같다.

만약 비구가 여인에게 말로 '그대가 능히 몸으로서 음행을 지어서 지계인에게 공양한다면 이것은 높고 큰 공양이다.'라고 말하였어도 승가바시사이다. 만약 '높고 수승하며, 높고 공교하며, 높고 선하며, 높고 미묘하며, 높고 복되며, 높고 좋으며, 높고 유쾌한 공양이다.'라고 말하여도 승가바시사이다.

만약 '크고 수승하며, 크고 공교하며, 크고 선하며, 크고 미묘하며, 크고 복되며, 크고 좋으며, 크고 유쾌한 공양이다.'라고 말하여도 승가바시사이다. 만약 '수승하고 공교하며, 수승하고 선하며, 수승하고 미묘하며, 수승하고 복되며, 수승하고 좋으며, 수승하고 유쾌한 공양이다.'라고 말하여도 승가바시사이다.

만약 '공교하고 선하며, 공교하고 미묘하며, 공교하고 복되며, 공교하고 좋으며, 공교하고 유쾌한 공양이다.'라고 말하여도 승가바시사이다. 만약 '선하고 미묘하며, 선하고 복되며, 선하고 좋으며, 선하고 유쾌한 공양이다.'라고 말하여도 승가바시사이다.

만약 '미묘하고 복되며, 미묘하고 좋으며, 미묘하고 유쾌한 공양이다.' 라고 말하여도 승가바시사이다. 만약 '복되고 좋으며, 복되고 유쾌한 공양이다.'라고 말하여도 승가바시사이다. 만약 '좋고 유쾌한 공양이다.' 라고 말하여도 승가바시사이다.

만약 '높고 크며 수승하고, 높고 크며 공교하고, 높고 크며 선하고, 높고 크며 미묘하고, 높고 크며 복되고, 높고 크며 좋고, 높고 크며 유쾌한 공양이다.'라고 말하여도 승가바시사이다. 만약 '크고 수승하며 공교하고, 크고 수승하며 선하고, 크고 수승하며 미묘하고, 크고 수승하며 복되고, 크고 수승하며 좋고, 크고 수승하며 유쾌한 공양이다.'라고 말하여도 승가바시사이다.

만약 '수승하고 공교하며 선하고, 수승하고 공교하며 미묘하고, 수승하고 공교하며 복되고, 수승하고 공교하며 좋고, 수승하고 공교하며 유쾌한 공양이다.'라고 말하여도 승가바시사이다. 만약 '공교하고 선하며 미묘하고, 공교하고 선하며 복되고, 공교하고 선착하며 좋고, 공교하고 선하며 유쾌한 공양이다.'라고 말하여도 승가바시사이다.

만약 '선하고 미묘하며 복되고, 선하고 미묘하며 좋고, 선하고 미묘하며 유쾌한 공양이다.'라고 말하여도 승가바시사이다. 만약 '미묘하고 복되며 좋고, 미묘하고 복되며 유쾌한 공양이다.'라고 말하여도 승가바시사이다. 만약 '복되고 좋으며 유쾌한 공양이다.'라고 말하여도 승가바시사이다.

만약 '높고 크며 수승하고 공교하며, 높고 크며 수승하고 선하며, 높고 크며 수승하고 미묘하며, 높고 크며 수승하고 복되며, 높고 크며 수승하고 좋고, 높고 크며 수승하고 유쾌한 공양이다.'라고 말하여도 승가바시사이다. 만약 '높고 크며 수승하고 공교하며 선하고, 높고 크며 수승하고 공교하며 미묘하고, 높고 크며 수승하고 공교하며 복되고, 높고 크며 수승하고 공교하며 좋고, 높고 크며 수승하고 공교하며 유쾌한 공양이다.' 라고 말하여도 승가바시사이다.

만약 '높고 크며 수승하고 공교하며 착하고 미묘하며, 높고 크며 수승하고 공교하며 착하고 복되며, 높고 크며 수승하고 공교하며 선하고 좋으며, 높고 크며 수승하고 공교하며 선하고 유쾌한 공양이다.'라고 말하여도 승가바시사이다. 만약 '높고 크며 수승하고 공교하며 선하고 미묘하며 복되고, 높고 크며 수승하고 공교하며 선하고 미묘하며 좋고, 높고 크며 수승하고 공교하며 착하고 미묘하며 유쾌한 공양이다.'라고 말하여도 승가바시사이다.

만약 '높고 크며 수승하고 공교하며 선하고 미묘하며 복되고 좋고, 높고 크며 수승하고 공교하며 선하고 미묘하며 복되고 유쾌한 공양이다.' 라고 말하여도 승가바시사이다.

만약 비구가 여인에게 말로 '음식·의복·와구·꽃과 향·영락 등을 가지고 공양하면 이것도 상품의 공양이지만, 능히 몸으로서 공양한다면 이것보다 높은 상품의 공양이다.'라고 말하였다면 승가바시사이다.

이와 같이 크고, 수승하며, 공교하고, 선하며, 미묘하고, 복되며, 좋고, 유쾌한 것 등도 이와 같다.

만약 여인에게 말로 '음식·의복·와구·꽃과 향·영락 등을 가지고 공양하면 이것도 상품의 가운데에서 상품의 공양이지만, 능히 몸으로서 공양한다면 이것보다 높은 상품의 가운데에서 상품의 공양이다.'라고 말하였다면 승가바시사이다.

이와 같이 크고, 수승하며, 공교하고, 선하며, 미묘하고, 복되며, 좋고, 유쾌한 것 등도 이와 같다.

만약 한 비구가 한 여인에게 몸으로서 한 비구에게 공양하는 것을 찬탄하여도 승가바시사이다. 한 비구가 두 여인·세 여인·네 여인에게 몸으로서 공양하는 것을 찬탄하여도 승가바시사이다. 두 비구가 두 여인·세 여인·네 여인·한 여인에게 몸으로서 공양하는 것을 찬탄하여도 승가바시사이다. 세 비구가 세 여인·네 여인·한 여인·두 여인에게 몸으로서 공양하는 것을 찬탄하여도 승가바시사이다. 네 비구가 네 여인·한 여인·두 여인·세 여인에게 몸으로서 공양하는 것을 찬탄하여도 승가바시사이다.

만약 비구가 여인의 몸을 여인이라고 생각하면서 몸으로서 공양하는 것을 찬탄하였다면 승가바시사이고. 여인의 몸을 남자이거나, 황문이거나, 이근이라고 생각하면서 몸으로서 공양하는 것을 찬탄하였다면 승가바시사이다. 남자의 몸을 남자이거나, 황문이거나, 이근이거나, 여인이라고 생각하고서 몸으로서 공양하는 것을 찬탄하였다면 투란차이고, 황문의 몸을 황문이거나, 이근이거나, 여인이거나, 남자라고 생각하고 몸으로서 공양하는 것을 찬탄하였다면 투란차이며, 이근의 몸을 이근이거나, 여인이거나, 남자이거나, 황문이라고 생각하고 몸으로서 공양하는 것을 찬탄하였다면 투란차이다.

만약 이러한 일이 사람인 여인의 주변이라면 승가바시사이고, 곧 이러한 일이 비인녀의 주변이라면 투란차이며, 만약 이러한 일이 사람인 여인의 주변이라면 투란차이고, 곧 이러한 일이 비인녀의 주변이라면 돌길라이니라." [네 번째 일을 마친다.]

세존께서는 사위국에 머무르셨다.

이때 녹자 장자(鹿子長者)의 아들이 있어 가라(迦羅)라고 이름하였다. 총명하고 지혜로우며 근(根)이 날카로워 여러 사람들의 물음에 항상 의심을 끊어주었다. 다른 일의 소임에 열중하였으므로 만약 딸이나 자매가 있는 사람들은 와서 구하는 자가 있으면 가라에게 가서 물었다.

누구는 나의 딸을 구하였고, 누구는 자매를 구하였는데 이 사람이 좋습니까? 좋지 않습니까? 마땅히 주어야 합니까? 주지 않아야 합니까? 능히 아내와 자식에게 옷과 음식을 주겠습니까?"

만약 가라가 "좋지 않고 능히 아내와 자식에게 옷과 음식을 줄 수 없으니, 그대는 딸을 주지 마십시오."라고 말한다면 주지 않았고, 만약 가라가 "좋고 아내와 자식에게 옷과 음식을 줄 수 있으니, 그대는 마땅히 딸을 주십시오."라고 말한다면 곧 말을 따라서 주었다.

만약 사람들은 스스로가 아내를 구하거나, 만약 며느리를 구하더라도 가라에게 가서 물었다.

"내가 누구 여인에게 구하고자 합니다. 이 여인이 좋습니까? 능히 집안일을 성취겠습니까? 내가 취하여야 합니까?"

만약 가라가 "좋지 않고 능히 집안일을 성취하지 못하겠으니, 그대는 그녀를 취하지 마십시오."라고 말한다면 곧 말을 따라서 취하지 않았고, 만약 가라가 "좋고 능히 집안일을 성취하겠으니, 그대는 그녀를 취하십시오."라고 말한다면 곧 말을 따라 취하였다. 만약 여러 사람들은 딸이거나, 자매가 빈궁하고 고생하며 힘든 일을 짓는 악한 곳에 떨어져서 의식을 충족하지 못하면 곧 이렇게 말하였다.

"나의 딸이나 자매가 고뇌를 받는 것과 같이, 여러 사람이 가라에게 물었고 믿고 말을 믿고 받아들였던 사람이 받는 고뇌는 마땅히 다시 이것보다 심할 것이다. 우리들은 가라의 말을 믿고 받아들던 까닭으로 딸이나 자매가 이러한 나쁜 곳에 떨어져서 빈궁하고 고생하며 의식도 충족하지 못한다."

만약 여러 사람들은 딸이나 자매가 좋은 곳에 떨어져 부귀하고 즐거우며 의식을 충족하면 곧 이렇게 생각하였다.

'나의 딸이나 자매가 부귀하고 즐거운 것과 같이, 여러 사람이 가라에게 물었고 말을 믿고 받아들였던 사람은 받는 부귀가 마땅히 다시 이것보다 나을 것이다. 우리들은 가라의 말을 믿고 받아들던 까닭으로 딸이나 자매에게 이러한 좋은 곳을 얻게 하여 의식이 충족된 것이다.'

이때 가라는 혹은 칭찬(稱譽)을 얻었고, 혹은 비방을 얻었다. 이 사람은 뒤에 믿음으로서 출가하여 수염과 머리털을 깎고, 가사를 입고서 비구가 되었으나, 오히려 본래의 법과 같아서 다른 일에는 소홀하였다. 만약 딸이나 자매가 있는 사람들은 와서 구하는 자가 있다면 가라 비구에게 가서 물었다.

"누가 나의 딸이나 자매를 구하는데 이 사람이 좋습니까? 좋지 않겠습니까? 마땅히 딸을 주어야 합니까? 마땅히 주지 않아야 합니까?"

만약 가라가 "이 사람은 좋지 않습니다."라고 말한다면 곧바로 주지 않았고, 만약 가라가 "좋습니다."라고 말한다면 곧 말을 따라서 주었다. 만약 사람들은 혹은 자기가 자신의 아내나 며느리를 구하더라도 가라에게 가서 "나는 누구의 딸을 구하는데 만약 자매여도 좋습니까? 좋지 않습니까? 능히 집안일을 힘쓰겠습니까?"라고 물었고, 만약 가라가 "좋습니다."라고 말한다면 곧 말을 따라서 취하였고, 만약 "좋지 않습니다."라고 말한다면 곧바로 취하지 않았다.

"나의 딸이나 자매가 고뇌를 받는 것과 같이, 여러 사람이 가라에게 물었고 믿고 말을 믿고 받아들였던 사람이 받는 고뇌는 마땅히 다시 이것보다 심할 것이다. 우리들은 가라의 말을 믿고 받아들던 까닭으로 딸이나 자매가 이러한 나쁜 곳에 떨어져서 빈궁하고 고생하며 의식도 충족하지 못한다."

만약 여러 사람들은 딸이나 자매가 좋은 곳에 떨어져 부귀하고 즐거우며 의식을 충족하면 곧 이렇게 생각하였다.

'나의 딸이나 자매가 부귀하고 즐거운 것과 같이, 여러 사람이 가라에게 물었고 말을 믿고 받아들였던 사람은 받는 부귀가 마땅히 다시 이것보다 나을 것이다. 우리들은 가라의 말을 믿고 받아들였던 까닭으로 딸이나

자매에게 이러한 좋은 곳을 얻게 하여 의식이 충족된 것이다.'

이때 가라는 혹은 칭찬을 얻었고, 혹은 비방을 얻었다. 이 가라 비구는 자주 단월들의 집을 출입하였는데, 사람이 있어 가라에게 물어 말하였다.

"대덕이여. 그대는 누구의 집에도 갑니까? 그대는 능히 누구에게 '나의 아들에게 딸을 주시거나, 만약 자매를 주십시오.'라고 말할 수 있습니까?"

가라가 말하였다.

"할 수 있습니다."

이와 같이 중매인(媒人)이 되어 왕래하였다. 비구가 있어 욕심을 적고 만족을 알며 두타(頭陀)를 행하였는데, 이러한 일을 듣고 마음이 즐겁지 않고 부끄러워서 여러 종류의 인연으로 가라를 꾸짖었다.

"어찌하여 비구라고 이름하면서 중매인의 행을 짓는가?"

이와 같이 꾸짖고서 세존을 향하여 자세히 말하였다. 세존께서는 이러한 일로써 비구 승가를 모으셨으며, 아시면서도 일부러 가라에게 물으셨다.

"그대가 진실로 이러한 일을 지었는가?"

대답하여 말하였다.

세존께서는 여러 종류의 인연으로서 가라를 꾸짖으셨다.

"그대가 지은 일은 사문의 법이 아니고, 도에 수순함도 아니며 청정행도 아니고, 출가인이 마땅히 지을 일이 아니니라. 그대 어리석은 사람이여. 그대는 내가 여러 종류의 인연으로서 애욕과 애욕의 생각을 꾸짖고, 여러 종류의 인연으로서 애욕을 벗어나고 애욕의 열기를 없애는 것을 찬탄한 것을 알지 못하였는가? 나는 항상 설법하여 사람들에게 애욕을 벗어나라고 가르쳤느니라. 그대는 오히려 마땅히 마음을 생겨나지 않아야 하는데, 어찌하여 나아가 애욕과 분노와 어리석음을 일으켜서 결박하는 근본인 부정한 악업을 지었는가?"

세존께서는 이와 같이 여러 종류의 인연으로서 꾸짖으셨으며, 여러 비구들에게 말씀하셨다.

"열 가지의 이익을 까닭으로 여러 비구들에게 계를 제정하여 주겠노라. 지금부터 이러한 계는 이와 같이 설할지니라. '만약 비구가 중매법(媒嫁法)

을 행하여 여자의 뜻을 가지고 남자에게 말하거나, 남자의 뜻을 가지고 여자에게 말하거나, 만약 결혼을 맺어주었거나, 만약 사통(私通)의 일을 하였거나, 나아가 한 번이라도 만나게 하였다면 승가바시사이니라.'

'중매하는 법'은 다른 사람의 말을 받고 왕래하는 것이다.

'여인'은 14종류의 보호(保護)가 있나니, 아버지의 보호가 있고, 어머니의 보호가 있으며, 부모의 보호가 있고, 형제의 보호가 있으며, 자매의 보호가 있고, 시아버지의 보호가 있으며, 시어머니의 보호가 있고, 시부모의 보호가 있으며, 친족(親里)의 보호가 있고, 족성(姓)의 보호가 있으며, 자신의 보호가 있고, 법의 보호가 있으며, 남편의 보호가 있다.

'여자의 뜻을 가지고 남자에게 말한다.'는 여자가 있어 비구에게 '그대가 이러한 말을 가지고 남자에게 말해줄 수 있겠습니까?'라고 말하는 것이다. '나는 그대의 아내가 되겠다면, 만약 함께 사통하겠습니까?', '그대가 나의 남편이 되겠다면, 만약 함께 사통하겠습니까?', '내가 그대에게 딸을 주겠습니다. 자매를 주겠습니다.', '그대가 내 딸의 남편이 되어 주겠습니까? 내 자매의 남편이 되어 주겠습니까?' 이것을 여자의 뜻을 가지고 남자에게 말하는 것이라고 이름한다.

'남자의 뜻을 가지고 여자에게 말한다.'는 남자가 있어 '비구에게 그대가 이러한 말을 가지고 여자에게 말해줄 수 있겠습니까?'라고 말하는 것이다.

'그대는 나의 아내가 되겠다면, 함께 사통하겠습니까?', '나는 그대의 남편이 되겠으니, 함께 사통하겠습니까?', '나에게 딸을 주시겠습니까? 나에게 자매를 주시겠습니까?', '내가 그대 딸의 남편이 되겠습니다. 자매의 남편이 되겠습니다.' 이것을 남자의 뜻을 가지고 여자에게 말하는 것이라고 이름한다.

'나아가 한 번이라도 만나는 때'는 한 때이라도 모두 교회(交會)하는 까닭이다.

장부(丈夫)에게는 일곱 종류의 아내가 있나니, 찾아서 얻는 것, 물(水)로 얻는 것, 쳐부수어 얻는 것, 스스로 와서 얻는 것, 옷과 음식으로서 얻는 것, 합쳐서 생활하며 얻는 것, 잠깐 사이에 얻는 것이다.

'찾아서 얻는 것'은 간략하게 재물로서 여인을 찾아서 아내를 얻는 것이다. 이것을 찾아서 얻는 것이라고 이름한다.

'물로 얻은 것'은 만약 사람이 손을 잡고서 물로써 손바닥에 부어서 아내로 얻는 것이다. 이것을 물로 얻는 것이라고 이름한다.

'쳐부수어 얻은 것'은 만약 다른 나라를 쳐부수어 아내를 얻거나, 다시 자기 나라에 모반(反叛)이 있다면 토벌(誅罰)하여 얻는 것이다. 이것을 쳐부수어 얻는 것이라고 이름한다.

'스스로 찾아와서 얻는 것'은 만약 여인이 스스로가 일심으로 탐착(貪着)하고 애락하는 까닭으로 와서 공급한다면 아내가 되는 것이다. 이것을 스스로 와서 얻는 것이라고 이름한다.

'옷과 음식을 주고 얻는 것'은 만약 여인이 능히 스스로 생활할 수 없어 옷과 음식을 위한 까닭으로 찾아와서 공급하면 아내가 되는 것이다. 이것을 옷과 음식으로 얻는 것이라고 이름한다.

'합쳐서 생활하며 얻는 것'은 만약 여인이 남자에게 '그대도 재물이 있고 나도 재물이 있습니다. 만약 아들이나 딸을 낳는다면 마땅히 우리들을 공양할 것입니다.'라고 말하였다면, 이것을 합쳐서 생활하며 얻는 것이라고 이름한다.

'잠깐 사이에 얻은 것'은 함께 한번을 교회하였던 까닭으로 잠깐 사이에 얻었다고 이름한다.

이 가운데에서 범하는 것은 만약 비구가 스스로 주인의 말을 받아서 스스로가 그에게 말하였고, 스스로가 주인에게 알려주었다면 승가바시사이다. 만약 스스로가 주인의 말을 받아서 그에게 말하였고, 사자(使者)가 주인에게 알려주었어도 승가바시사이다. 만약 비구가 스스로 주인의 말을 받아서 사자가 말하였고, 사자가 주인에게 알려주었어도 승가바시사이다.

만약 비구가 스스로 주인의 말을 받았고 사자가 그에게 말하였으며, 사자를 시켜서 주인에게 알려주었다면 승가바시사이다. 만약 스스로가 주인의 말을 받았고 사자가 말하였으며, 사자를 시켜서 알려주었다면 승가바시사이다. 만약 스스로가 주인의 말을 받았고 사자가 말하였으며, 스스로가 알려주었다면 승가바시사이다.

만약 스스로가 주인의 말을 받았고 사자를 시켜서 그에게 말하였으며, 사자를 시켜서 주인에게 알려주었다면 승가바시사이다. 만약 스스로가 주인의 말을 받았고 사자를 시켜서 그에게 말하였으며, 사자를 시켜서 주인에게 알려주었다면 승가바시사이다. 만약 스스로가 주인의 말을 받았고 사자를 시켜서 그에게 말하였으며, 사자가 주인에게 알려주었다면 승가바시사이다.

만약 비구가 사자를 따랐고 주인의 말을 받았고 사자가 그에게 말하였으며, 사자가 주인에게 알려주었다면 승가바시사이다. 만약 사자를 따랐고 주인의 말을 받았으며 사자가 그에게 말하였고, 사자를 시켜서 주인에게 알려주었다면 승가바시사이다. 만약 사자를 따랐고 주인의 말을 받았으며 사자가 그에게 말하였고, 스스로가 주인에게 알려주었다면 승가바시사이다.

만약 비구가 사자를 따랐고 주인의 말을 받았으며 사자를 시켜서 그에게 말하였고, 사자를 시켜서 주인에게 알려주었다면 승가바시사이다. 만약 비구가 사자를 따랐고 주인의 말을 받았으며 사자를 시켜서 그에게 말하였고, 스스로가 주인에게 알려주었다면 승가바시사이다. 만약 비구가 사자를 따랐고 주인의 말을 받았으며 스스로가 그에게 말하였고, 사자를 시켜서 주인에게 알려준다면 승가바시사이다.

만약 비구가 사자를 따랐으나 주인의 말을 받게 시켰고 사자를 시켜서 그에게 말하였으며, 사자를 시켜서 주인에게 알려주었다면 승가바시사이다. 만약 사자를 따랐으나 주인의 말을 받게 시켰고 사자를 시켜서 그에게 말하였으며, 스스로가 주인에게 알려주었다면 승가바시사이다. 만약 사자를 따랐으나 주인의 말을 받게 시켰고 사자를 시켜서 그에게 말하였으며, 사자가 주인에게 알려주었다면 승가바시사이다.

만약 비구가 사자를 따랐으나 주인의 말을 받게 시켰고 스스로가 그에게 말하였으며, 스스로가 주인에게 알려주었다면 승가바시사이다. 만약 사자를 따랐으나 주인의 말을 받게 시켰고 스스로가 그에게 말하였으며, 사자가 주인에게 알려주었다면 승가바시사이다. 만약 사자를 따랐으나 주인의 말을 받게 시켰고 스스로가 그에게 말하였으며, 사자를 시켜서 주인에게 알려주었다면 승가바시사이다.

만약 비구가 사자를 따랐으나 주인의 말을 받게 시켰고 사자가 그에게 말하였으며, 사자가 주인에게 알려주었다면 승가바시사이다. 만약 사자를 따랐으나 주인의 말을 받게 시켰고 사자가 그에게 말하였으며, 사자를 시켜서 주인에게 알려주었다면 승가바시사이다. 만약 비구가 사자를 따랐으나 주인의 말을 받게 시켰고 사자가 그에게 말하였으며, 스스로가 주인에게 알려주었다면 승가바시사이다.

두 비구가 있어 주인의 말을 받고 밖으로 나와서 '그대는 아울러 나의 뜻도 말해 주십시오.'라고 한 비구가 말하였고, 만약 그에게 말하고 돌아와서 주인에게 알려주었다면 함께 승가바시사이다. 만약 알려주지 않았다면 함께 투란차이다.

두 비구가 있어 주인의 말을 받고 밖으로 나와서 한 비구가 '나의 뜻은 말하지 마십시오.'라고 한 비구에게 말하였고, 만약 그에게 말하고 돌아와서 주인에게 알려주었다면 한 비구는 승가바시사이다. 만약 알려주지 않았다면 투란차이다.

여러 비구들이 다른 사람의 집에 들어갔는데, 주인이 앞에 다니던 비구에게 '그대들은 누구의 집에 출입하십니까? 능히 누구에게 나의 아들에게 딸이나 자매를 주겠습니까?'라고 물었고, 앞에 다니던 비구가 '우리는 중매를 할 수 없습니다.'라고 말하였으나, 뒤에 다니던 비구가 이러한 말을 듣고 곧 그 거사에게 가서 '그대는 누구의 아들에게 딸이나 자매를 주겠습니까?'라고 말하였고, 돌아와서 주인에게 알려주었다면 한 비구는 승가바시사이다. 만약 알려주지 않았다면 투란차이다.

주인이 뒤에 다니던 비구에게 '그대들은 누구의 집에 출입하십니까? 능히 누구에게 나의 아들에게 딸이나 자매를 주겠습니까?'라고 물었고, 뒤에 다니던 비구가 '우리는 중매를 할 수 없습니다.'라고 말하였으나,

앞에 다니던 비구가 이러한 말을 듣고서 곧 그 거사에게 가서 '그대는 누구의 아들에게 딸이나 자매를 주겠습니까?'라고 말하였고, 돌아와서 주인에게 알려주었다면 한 비구는 승가바시사이다. 만약 알려주지 않았다면 투란차이다.

또한 한 비구가 길을 가는 도중에 한 여인이 비구에게 '그대는 누구에게 나의 아들에게 딸이나 자매를 주겠냐고 말해 줄 수 있습니까?'라고 말하였고, 비구가 말을 받고서 그에게 말하고 돌아와서 알려주었다면 승가바시사이고, 알려주지 않았다면 투란차이다. 두 명·세 명·네 명의 여인도 역시 이와 같고, 두 명·세 명·네 명의 비구도 역시 이와 같다.

또한 한 비구가 길을 가는 도중에 한 남자가 비구에게 '그대는 누구에게 나의 아들에게 딸이나 자매를 주겠냐고 말해 줄 수 있습니까?'라고 말하였고, 비구가 말을 받고서 그에게 말하고 돌아와서 알려주었다면 승가바시사이고, 알려주지 않았다면 투란차이다. 두 명·세 명·네 명의 남자도 역시 이와 같고, 두 명·세 명·네 명의 비구도 역시 이와 같으며, 황문과 이근도 역시 이와 같다.

한 비구가 길을 가는 도중에 한 여인과 한 남자가 비구에게 '그대는 누구에게 나의 아들에게 딸이나 자매를 주겠냐고 말해 줄 수 있습니까?'라고 말하였고, 비구가 말을 받고서 그에게 말하고 돌아와서 알려주었다면 승가바시사이고, 알려주지 않았다면 투란차이다. 두 명·세 명·네 명의 여인과 남자도 역시 이와 같고, 두 명·세 명·네 명의 비구도 역시 이와 같다.

한 비구가 길을 가는 도중에 한 여인과 한 황문이 비구에게 '그대는 누구에게 나의 아들에게 딸이나 자매를 주겠냐고 말해 줄 수 있습니까?'라고 말하였고, 비구가 말을 받고서 그에게 말하고 돌아와서 알려주었다면 승가바시사이고, 알려주지 않았다면 투란차이다. 두 명·세 명·네 명의 여인과 황문도 역시 이와 같고, 두 명·세 명·네 명의 비구도 역시 이와 같다.

한 비구가 길을 가는 도중에 한 여인과 한 이근이 비구에게 '그대는 누구에게 나의 아들에게 딸이나 자매를 주겠냐고 말해 줄 수 있습니까?'라고 말하였고, 비구가 말을 받고서 그에게 말하고 돌아와서 알려주었다면 승가바시사이고, 알려주지 않았다면 투란차이다. 두 명·세 명·네 명의 여인과 이근도 역시 이와 같고, 두 명·세 명·네 명의 비구도 역시 이와 같다.

한 비구가 길을 가는 도중에 한 남자와 한 황문이 비구에게 '그대는 누구에게 나의 아들에게 딸이나 자매를 주겠냐고 말해 줄 수 있습니까?'라고 말하였고, 비구가 말을 받고서 그에게 말하고 돌아와서 알려주었다면 승가바시사이고, 알려주지 않았다면 투란차이다. 두 명·세 명·네 명의 남자와 황문도 역시 이와 같고, 두 명·세 명·네 명의 비구도 역시 이와 같다.

한 비구가 길을 가는 도중에 한 남자와 한 이근이 비구에게 '그대는 누구에게 나의 아들에게 딸이나 자매를 주겠냐고 말해 줄 수 있습니까?'라고 말하였고, 비구가 말을 받고서 그에게 말하고 돌아와서 알려주었다면 승가바시사이고, 알려주지 않았다면 투란차이다. 두 명·세 명·네 명의 남자와 이근도 역시 이와 같고, 두 명·세 명·네 명의 비구도 역시 이와 같다.

한 비구가 길을 가는 도중에 한 황문과 한 이근이 비구에게 '그대는 누구에게 나의 아들에게 딸이나 자매를 주겠냐고 말해 줄 수 있습니까?'라고 말하였고, 비구가 말을 받고서 그에게 말하고 돌아와서 알려주었다면 승가바시사이고, 알려주지 않았다면 투란차이다. 두 명·세 명·네 명의 황문 이근도 역시 이와 같고, 두 명·세 명·네 명의 비구도 역시 이와 같다.

한 비구가 길을 가는 도중에 한 여자와 한 남자와 한 황문과 한 이근이 비구에게 '그대는 누구에게 나의 아들에게 딸이나 자매를 주겠냐고 말해 줄 수 있습니까?'라고 말하였고, 비구가 말을 받고서 그에게 말하고 돌아와서 알려주었다면 승가바시사이고, 알려주지 않았다면 투란차이다. 두 명·세 명·네 명의 여자와 남자와 황문과 이근도 역시 이와 같고, 두 명·세 명·네 명의 비구도 역시 이와 같다.

거사 부부가 있었는데, 서로가 화내면서 불화(不和)하였다.

이때 한 비구가 항상 이 집을 출입하였다. 이른 아침의 때에 이르자 옷을 입고 발우를 지니고 거사 집에 들어가서 앉았고, 모두가 서로 문신하고서 두 사람을 가르쳐서 화합시켰다. 비구는 '내가 장차 승가바시사를 범한 것이 없는가?'라고 의혹이 생겨났다. 이러한 일을 세존께 아뢰었고, 세존께서는 말씀하셨다.

"세 종류의 아내가 있나니, 첫째는 재물로 찾아서 얻는 것이고, 둘째는 물로 얻는 것이며, 셋째는 도둑을 물리치고 얻는 것이다. 이 세 종류의 아내를 만약 나의 아내가 아니라고 말하면서 문서로 지었으나, 예법(禮法)이 끊어지지 않았으므로 오히려 일부러 출입하였고, 나의 아내가 아니라고 창언(唱言)하지 않았는데 이들을 가르쳐서 화합시켰다면 투란차이다.

만약 나의 아내가 아니라고 말하면서 문서로 지었고, 예법도 이미 끊어져서 출입하지 않았으나, 나의 아내가 아니라고 창언하지 않았는데 이들을 가르쳐서 화합시켰다면 투란차이다.

만약 나의 아내가 아니라고 말하면서 문서로 지었고, 예법도 이미 끊어져서 출입하지 않으며, 나의 아내가 아니라고 창언하였는데 이들을 가르쳐서 화합시켰다면 승가바시사이다.

다른 사람의 말을 받는 것에 세 종류가 있고, 돌아가서 알려주는 것에 여섯 종류가 있다.

'세 종류'는 첫째는 위의(威儀)이고, 둘째는 모습(相)이며, 셋째는 약속(期)이다.

'위의'는 비구가 주인에게 말하는 것이다. '내가 오고 가고 앉고 서는 것을 보았다면 마땅히 얻고 얻지 못한 것을 아십시오.'

'모습'은 비구가 주인에게 말하는 것이다. '주인은 내가 새롭게 머리를 깎았거나, 비단의 승가리(僧伽梨)를 입었거나, 와발(瓦鉢)을 잡았다면 마땅히 얻고 얻지 못한 것을 아십시오.'

'약속'은 비구가 주인에게 말하는 것이다. '내가 대중 가운데에 있으면서 크게 말하거나, 만약 옷을 흔드는 때라면 마땅히 얻고 얻지 못한 것을 아십시오.'

이것을 세 종류의 말을 받는 것이라고 이름한다.

'여섯 종류로 알려주다.'는 첫째는 입이고, 둘째는 글자(書札)이며, 셋째는 수인(手印)이고, 넷째는 위의이며, 다섯째는 모습이고, 여섯째는 약속이다.

만약 비구가 사자의 말을 입으로 받고 입으로 그에게 말하며 입으로 다시 알려주었다면 승가바시사이다. 만약 글자·수인·위의·모습·약속 등으로 다시 알려주었다면 승가바시사이다. 비구가 사자의 말을 입으로 받고 글로 그에게 말하며 글로 다시 알려주었다면 승가바시사이다. 만약 글자·수인·위의·모습·약속 등으로 다시 알려주었다면 승가바시사이다.

비구가 사자의 말을 입으로 받고 수인으로 그에게 말하며 수인으로 다시 알려주었다면 승가바시사이다. 수인·위의·모습·약속·말·글자 등으로 다시 알려주었다면 승가바시사이다. 비구가 사자의 말을 글자로 받고 글자로 그에게 말하며 글자로 다시 알려주었다면 승가바시사이다. 글자·수인·위의·모습·약속·말 등으로 다시 알려주었다면 승가바시사이다.

비구가 사자의 말을 글자로 받고 수인으로 그에게 말하며 수인으로 다시 알려주었다면 승가바시사이다. 수인·위의·모습·약속·말·글자 등으로 다시 알려주었다면 승가바시사이다. 비구가 사자의 말을 글자로 받고 말로 그에게 말하며 말로 다시 알려주었다면 승가바시사이다. 글자·수인·위의·모습·약속 등으로 다시 알려주었다면 승가바시사이다.

비구가 사자의 수인으로 받고 수인으로 그에게 말하며 수인으로 다시 알려주었다면 승가바시사이다. 수인·위의·모습·약속·말·글자 등으로 다시 알려주었다면 승가바시사이다. 비구가 사자의 수인으로 말을 받고 말로 그에게 말하며 말로 다시 알려주었다면 승가바시사이다. 글자·수인·위의·모습·약속 등으로 다시 알려주었다면 승가바시사이다.

비구가 사자의 수인으로 말을 받고 글자로 그에게 말하며 글자로 다시 알려주었다면 승가바시사이다. 수인·위의·모습·약속·말 등으로 다시 알려주었다면 승가바시사이다. 만약 부귀한 사람의 말을 받고 부귀한 사람에게 말하고 부귀한 사람에게 다시 알려주었다면 승가바시사이다. 빈천한 사람의 말을 받고 부귀한 사람에게 말하고 빈천한 사람에게 다시 알려주었다면 승가바시사이다.

만약 비구가 다른 사람의 말을 받고 뜻과 종지를 이해하였다면 승가바시사이고, 만약 뜻과 종지를 받고 말은 받지 않았다면 투란차이며, 만약 다만 말은 받고 뜻과 종지를 이해하지 못했다면 범한 것은 아니다."

[다섯 번째 일을 마친다.]

세존께서는 아라비국(阿羅毘國)에 머무르셨다.

그때 여러 아라비국의 비구들은 스스로가 구걸하여 넓고 길고 높고 큰 집(舍)을 지었다. 오래지 않아서 공사가 어려웠으므로 여러 비구들은 자주 거사에게 구걸하여 말하였다.

"우리는 굽지 않은 벽돌이 필요하고, 벽돌·무쇠 그릇·큰 솥·도끼·끌·가마솥·항아리·쟁반·그릇·병·옹기·삼(麻)의 노끈·여러 초목의 껍질인 노끈·흙주머니·손수레·사슴이 끄는 수레 등이 필요합니다."

여러 비구들은 이러한 인연으로서 마음이 항상 바빠서 일을 짓는 것에 집착하고 즐거워하여 방해되었으므로 독경(讀經)과 좌선(坐禪)과 행도(行道)[13]를 그만두었다. 이때 장로 대가섭(大迦葉)이 이른 아침에 때에 이르자 옷을 입고 발우를 들고 성에 들어가서 걸식하였다. 여러 거사들은 멀리서 대가섭이 오는 것을 보고 곧 꾸짖으면서 말하였다.

"여러 사문 석자들은 선한 공덕을 닦는다고 스스로가 말하면서 지금은 스스로가 물건을 구걸하여 넓고 길고 높고 큰 집을 짓고 있는데, 오래 걸렸던 까닭으로 공사가 어려워지자 자주 찾아와서 여러 종류의 필요한 것을 찾고 있습니다. 이러한 인연으로서 방해되었으므로 독경과 좌선과

13) 사문이 사유하면서 경행하는 것을 가리킨다.

행도를 그만두었습니다. 우리들은 이익을 잃었고, 이와 같이 공양하여도 만족시키기 어렵고 공양도 어려운데 염치가 없고 만족을 모르는 사람들입니다.”

대가섭은 이러한 말을 듣고 마음이 즐겁지 않아서 음식을 먹고서 세존의 처소에 나아가서 머리숙여 발에 예경하였고 한쪽에 앉아서 세존께 아뢰어 말하였다.

“세존이시여. 저는 이른 아침에 때에 이르자 옷을 입고 발우를 지니고 아라비성에 들어가 걸식하였습니다. 여러 거사들이 멀리서 제가 오는 것을 보고는 꾸짖으면서 말하였습니다.

‘여러 사문 석자들은 선한 공덕을 닦는다고 스스로가 말하면서 지금은 스스로가 물건을 구걸하여 넓고 길고 높고 큰 집을 짓고 있는데, 오래 걸렸던 까닭으로 공사가 어려워지자 자주 찾아와서 여러 종류의 필요한 것을 찾고 있습니다. 이러한 인연으로서 방해되었으므로 독경과 좌선과 행도를 그만두었습니다. 우리들은 이익을 잃었고, 이와 같이 공양하여도 만족시키기 어렵고 공양도 어려운데 염치가 없고 만족을 모르는 사람들입니다.’

오직 바라옵건대 세존이시여. 여러 비구들에게 집을 짓는 한계(限量)를 지어서 주십시오.”

세존께서는 묵연히 받아들이셨다. 대가섭은 세존께서 묵연히 말을 받아들이신 것을 알고서 장차 오래된 비구들을 보호하려는 까닭으로 예경하고 떠나갔다. 세존께서는 이 일로써 비구 승가를 모으셨으며 아시면서도 일부러 여러 비구들에게 물으셨다.

“그대들이 진실로 이러한 일을 지었는가?”

대답하여 말하였다.

“진실로 지었습니다. 세존이시여.”

세존께서는 여러 종류의 인연으로서 여러 비구들을 꾸짖으셨다.

“어찌 비구라고 이름하면서 스스로가 구걸하여 넓고 길고 높고 큰 방사를 지었는가? 오래 지었던 까닭으로 공사가 어려워졌고 자주 거사들을 찾아가 여러 종류를 요구하고 찾으면서 일을 짓는 것에 집착하고 즐거워하였으며, 이러한 인연으로서 독경과 좌선과 행도(行道)를 방해하고 그만두었는가?"

세존께서는 이와 같이 여러 종류의 인연으로서 꾸짖으셨으며, 여러 비구들에게 말씀하셨다.

"열 가지의 이익을 까닭으로 여러 비구들에게 계를 제정하여 주겠노라. 지금부터 이러한 계는 이와 같이 설할지니라. '만약 비구가 스스로 구걸하여 집을 짓는데, 시주가 없이 자기를 위하였다면 마땅히 양에 알맞게 지어야 하느니라. 이 가운데에서 양은 길이는 12수가타(修伽陀)[14] 뼘이고, 내부 넓이는 일곱 뼘이다. 이 비구는 마땅히 여러 비구들에게 물어야 하고 여러 비구들은 마땅히 어려움과 방해가 없는 곳을 살펴야 한다. 만약 비구가 스스로 구걸하여 집을 짓는데, 시주가 없이 자기를 위하여 지으면서 여러 비구들에게 묻지 않고 양을 넘어서 짓는다면 승가바시사이니라.'"

'스스로 구걸한다.'는 비구가 사람들을 따라서 구걸하여 100전·50전 나아가 1전이라도 얻는 것이다.

'집'은 따뜻한 집·시원한 집·전당(殿堂)·누각·한 기둥의 집·겹친 기둥의 집이다.

'시주가 없다.'는 만약 남자·여자·황문·이근 등이 이러한 집에 단월(檀越)이 없는 것이다.

'자신을 위하다.'는 대중 승가를 위한 까닭이 아니고, 오로지 자신만을 위한 것이므로 자기를 위하였다고 이름한다.

'양(量)'은 세존께서는 말씀하셨다.

"나의 손으로 사용하는 양이다. 길이는 열두 뼘이고, 내부 넓이는 일곱 뼘이다."

'묻는다.'는 마땅히 승가에게 묻는 것이다.

---

14) 산스크리트어 sugata의 음사로서 선서(善逝)라고 번역된다.

'장소를 살피다.'는 승가가 마땅히 지을 곳을 살피는 것이다.

'어려운 곳'은 이 가운데에 뱀굴·지네·백족충(百足蟲)·독충, 나아가 쥐굴이 있는 곳이다.

'어려움이 없는 곳'은 이 가운데에 뱀굴·지네·백족충·독충, 나아가 쥐굴이 없는 곳이다.

'방해가 있는 곳'은 이 집의 네 주변의 1심(尋)의 땅 안에 탑지(塔地)가 있거나, 관가의 땅이 있거나, 거사의 땅이 있거나, 외도의 땅이 있거나, 비구니의 땅이 있거나, 만약 큰 돌이 있거나, 흐르는 물이 있거나, 연못·큰 나무·깊은 구덩이 등이 있는 곳이다. 이와 같이 방해가 있는 곳을 승가가 마땅히 살펴주면 아니된다.

'방해가 없는 곳'은 이 집의 네 주변의 1심의 땅 안에 탑지가 없거나, 관가의 땅이 없거나, 거사의 땅이 없거나, 외도의 땅이 없거나, 비구니의 땅이 없거나, 만약 큰 돌이 없거나, 흐르는 물이 없거나, 연못·큰 나무·깊은 구덩이 등이 없는 곳이다. 이와 같이 방해가 없는 곳을 승가는 마땅히 살펴주도록 하라.

이 비구는 마땅히 승가를 좇아서 지을 곳을 살펴주는 것을 애원해야 한다. '지을 곳을 살펴주는 것을 애원하는 법'은 승가가 일심(一心)으로 화합하였을 때에 이 비구는 자리에서 일어나서 오른쪽 어깨를 드러내고 신을 벗으며 호궤(胡跪)[15] 합장하고서 마땅히 이와 같이 말하도록 하라.

'여러 장로들이여. 일심으로 생각하십시오. 나 누구 비구는 스스로가 구걸하여 시주가 없이 자신을 위해 집을 짓고자 합니다. 어려움도 없고 방해도 없는 곳에 지으려는 까닭으로 승가를 좇아서 지을 곳을 살펴주시기를 애원합니다. 승가께서는 애민하게 생각하시는 까닭으로 내가 짓는 곳을 살펴주십시오.'

---

15) 양쪽 발을 구부리고 양 무릎은 나란히 땅에 닿게 하며, 경(敬)과 예(禮)의 뜻을 나타내는 꿇어앉는 좌법으로 불상의 좌법에서 볼 수 있다. 또한 한쪽 무릎을 땅에 대고 또 한쪽 무릎은 세우는 호궤라는 좌법도 있는데, 이 경우에는 왼쪽 무릎을 세우는 것이 정식으로 되어 있다.

두 번째·세 번째도 이와 같이 애원하라. 이 가운데에서 승가는 마땅히 살펴볼 것인가? 살펴보지 않을 것인가를 주량(籌量)[16]해야 한다. 만약 이 비구가 어려움이 없다고 말하였으나, 실제로 어려움이 있다면 역시 살펴주면 아니된다. 만약 방해가 없다고 말하였으나, 실제로 방해가 있다면 역시 살펴주면 아니된다. 만약 어려움도 없고 방해도 없다고 말하였으나 실제로 어려움과 방해가 있다면 살펴주면 아니된다. 만약 어려움이 없다고 말하였고 실제로 어려움이 없다면 살펴주도록 하라. 만약 방해가 없다고 말하였고 실제로 방해가 없다면 살펴주도록 하라. 만약 어려움도 없고 방해도 없다고 말하였고 실제로 어려움과 방해가 없다면 살펴주도록 하라.

'살펴주는 법'은 승가가 일심으로 화합한 때라면 한 비구가 승가의 가운데서 창언하라.

'대덕 승가께서는 허락하십시오. 이 누구 비구는 스스로가 구걸하여 시주가 없어도 자신을 위하여 집을 짓고자 합니다. 어려움도 없고 방해도 없는 곳에 지으려는 까닭으로 승가를 쫓아서 지을 곳을 살펴주는 것을 애원하고 있습니다. 만약 승가께서 때에 이르렀다면 승가께서는 허락하십시오. 승가께서는 마땅히 누구 비구가 집을 지을 곳을 살펴주십시오. 이와 같이 아룁니다.

대덕 승가께서는 허락하십시오. 이 누구 비구는 스스로가 구걸하여 시주가 없어도 자신을 위하여 집을 짓고자 합니다. 어려움도 없고 방해도 없는 곳에 지으려는 까닭으로 승가를 쫓아서 지을 곳을 살펴주는 것을 애원하고 있습니다. 승가께서는 애민하게 생각하는 까닭으로 마땅히 지을 곳을 살펴주십시오.

누구라도 여러 장로께서는 누구가 스스로 구걸하여 시주가 없어도 자신을 위하여 어려움도 없고 방해도 없는 곳에 집을 짓는 것을 살펴주십시오. 승가께서 허락하신다면 묵연하시고, 만약 인정하지 않는다면 말씀하

16) 헤아리고 생각하는 것을 말한다.

십시오. 승가시여. 누구 비구가 스스로 구걸하여 시주가 없어도 자신을 위하여 어려움도 없고 방해도 없는 곳에 집을 짓는 것을 살펴주는 것을 지어서 마쳤습니다. 승가께서 허락하신 것은 묵연하신 까닭입니다. 이러한 일을 이와 같이 지니겠습니다.'

이 가운데에서 범하는 것은 만약 비구가 스스로 구걸하여 시주도 없이 자신을 위하여 집을 짓는데, 여법(如法)하지 않게 짓는다면 범하고, 양을 넘어서 지으면 범한다. 처소를 묻지 않으면 범하고, 어려움이 있다면 범하며, 방해가 있다면 범하고, 양을 넘고 묻지 않는다면 범하며, 양을 넘고 어려움이 있다면 범한다.

만약 양을 넘고 방해가 있다면 범하고, 만약 묻지 않고 어려움이 있다면 범한다. 묻지 않고 방해가 있다면 범한다. 만약 어려움이 있고 방해가 있다면 범한다. 만약 양을 넘고 묻지 않았으며 어려움이 있고 방해가 있다면 범한다.

만약 한 비구가 다른 비구에게 말하였다.

'나를 위하여 집을 지어서 주십시오.'

말하고서 곧 떠나갔고 뒤에 지어서 마쳤는데, 이 집을 여법하게 짓지 않았다면 지은 자는 범한다. 만약 양을 넘어서 지었으면 범한 것이고, 처소를 묻지 않았다면 범한 것이며, 어려움이 있다면 범한 것이고, 방해가 있다면 범한 것이다.

양을 넘고 묻지 않았다면 범한 것이고, 양을 넘고 어려움이 있다면 범한 것이며, 양을 넘고 방해가 있다면 범한 것이다. 묻지 않고 어려움이 있다면 범한 것이고, 묻지 않고 방해가 있다면 범한 것이다. 어려움이 있고 방해가 있다면 범한 것이다.

양을 넘고 묻지 않았으며 어려움이 있다면 범한 것이고, 양을 넘고 묻지 않았으며 방해가 있다면 범한 것이며, 양을 넘고 묻지 않았으며 어려움이 있고 방해가 있다면 범한 것이다.

만약 한 비구가 다른 비구에게 말하였다.

'나를 위하여 집을 지어서 주십시오.'

말하고서 곧 떠나갔고 뒤에 지어서 완성하지 못하였는데, 갔다가 돌아와서 이 집을 여법하게 짓지 않았다면 범한다. 양을 넘어서 지었으면 범한 것이고, 처소를 묻지 않았다면 범한 것이며, 어려움이 있는 곳이라면 범한 것이고, 방해가 있는 곳도 범한 것이다.

양을 넘고 묻지 않았다면 범한 것이고, 양을 넘고 어려움이 있다면 범한 것이며, 양을 넘고 방해가 있다면 범한 것이다. 묻지 않고 어려움이 있다면 범한 것이고, 묻지 않고 방해가 있다면 범한 것이다. 어려움이 있고 방해가 있다면 범한 것이다.

양을 넘고 묻지 않았으며 어려움이 있다면 범한 것이고, 양을 넘고 묻지 않았으며 방해가 있다면 범한 것이며, 양을 넘고 묻지 않았으며 어려움이 있고 방해가 있다면 범한 것이다.

만약 세존과 승가를 위하여 지었다면 범한 것은 없다. 만약 이 계를 제정하기 이전에 지었다면 범한 것도 없다." [여섯 번째의 일을 마친다.]

십송율 제4권

후진 북인도 삼장 불야다라 한역

석보운 번역

1. 초송 ④

2) 13승잔법을 밝히다 ②[아울러 2부정법(不定法)도 있다]

세존께서는 구섬미국(拘睒彌國)에 머무르셨다.

이때 장로 천나(闡那)는 국왕·부인·왕자·대신·장수·관리(官屬) 등의 지식이 많이 있었다. 지식이 많은 까닭으로써 다른 사람의 신성한 나무(神樹)를 베어서 큰 방사를 지었는데, 이 나무는 많은 사람이 알고 있었고, 많은 사람들이 이용하였다. 여러 거사들은 미워하고 원망하면서 꾸짖었다.

"사문 석자들은 선한 공덕을 닦는다고 스스로가 말하면서 국왕·부인·왕자·대신·장수·관리 등의 지식을 까닭으로 이렇게 많은 사람이 알고 있고, 많은 사람들이 이용하는 신성한 나무를 베어 큰 방사를 지었는가? 우리들은 이익을 잃었고, 이와 같이 공양하여도 만족시키기 어렵고 공양도 어려운데 염치가 없고 만족을 모르는 사람들이다."

욕심이 적어 만족하며 두타를 행하는 비구가 있어 이러한 일을 듣고 마음이 즐겁지 않아서 세존께 자세히 말하였다. 세존께서는 이러한 일로써 비구 승가를 모으셨으며, 아시면서도 일부러 천나 비구에게 물으셨다.

"그대가 진실로 이러한 일을 지었는가?"

대답하여 말하였다.

"진실로 지었습니다. 세존이시여."

세존께서는 여러 종류의 인연으로서 천나 비구를 꾸짖으셨다.

"어찌 비구라고 이름하면서 국왕·부인·왕자·대신·장수·관리 등의 지식을 까닭으로 이렇게 많은 사람들이 알고 있고, 이용하는 신성한 나무를 베고서 큰 방사를 지었는가?"

세존께서는 이와 같이 여러 종류의 인연으로서 꾸짖고서 여러 비구들에게 말씀하셨다.

"열 가지의 이익을 까닭으로 여러 비구들에게 계를 제정하여 주겠노라. 지금부터 이러한 계는 이와 같이 설할지니라. '만약 비구가 큰 방사를 짓는데 시주가 있고 자신을 위하여 짓는다면, 이 비구는 여러 비구들에게 물어야 하고 여러 비구들은 어려움도 없고 방해도 없는 곳을 살펴주도록 하라. 만약 비구가 큰 방사를 지으면서 시주가 있고 자신을 위하여 집을 짓는데, 여러 비구들에게 어려움이 있는 곳과 방해가 있는 곳을 묻지 않고서 짓는 자는 승가바시사이니라.'"

'집'은 따뜻한 집·시원한 집·전당(殿堂)·누각·한 기둥의 집·겹친 기둥, 나아가 4위의(威儀)가 허용되어 행·주·좌·와를 하는 곳이다.

'시주가 없다.'는 만약 남자·여자·황문·이근 등이 이러한 집에 단월이 없는 것이다.

'자신을 위하다.'는 대중 승가를 위한 까닭이 아니고, 오로지 자신만을 위한 것이므로 자기를 위하였다고 이름한다.

'묻는다.'는 마땅히 승가에게 묻는 것이다.

'장소를 살피다.'는 마땅히 승가가 지을 곳을 살피는 것이다.

'어려운 곳'과 '방해되는 곳'과 '방해가 없는 곳'은 앞에서 설명한 것과 같다.

이 비구는 마땅히 승가를 쫓아서 지을 곳을 살펴주는 것을 애원하라.

'애원하는 법'은 승가가 일심으로 화합한 때라면 이 비구는 자리에서 일어나서 오른쪽 어깨를 드러내고 신을 벗으며 호궤 합장하고서 마땅히 이와 같이 말하라.

'여러 장로들이여. 일심으로 생각하십시오. 나 누구 비구는 시주가 있으며 자신을 위해 큰 집을 짓고자 합니다. 어려움도 없고 방해도 없는 곳에 지으려는 까닭으로 승가를 쫓아서 지을 곳을 살펴주기를 애원합니다. 승가께서는 애민하게 생각하는 까닭으로 내가 지을 곳을 살펴주십시오.'

두 번째·세 번째도 이와 같이 애원하라. 이 가운데에서 승가는 마땅히 살펴볼 것인가? 살펴보지 않을 것인가를 주량해야 한다. 만약 어려움이 없다고 말하였는데 실제로 어려움이 있거나, 만약 방해가 없다고 말하였는데 실제로 방해가 있거나, 만약 어려움이 없고 방해도 없다고 말하였는데 실제로 어려움과 방해가 있다면 모두 살펴주면 아니된다.

만약 어려움이 없다고 말하였는데 실제로 어려움이 없거나, 만약 방해가 없다고 말하였는데 실제로 방해가 없거나, 만약 어려움도 없고 방해도 없다고 말하였는데 실제로 어려움과 방해가 없다면 마땅히 살펴주도록 하라.

'살펴주는 법'은 승가가 일심으로 화합한 때라면 한 비구가 승가의 가운데서 창언하라.

'대덕 승가께서는 허락하십시오. 이 누구 비구는 시주가 있고 어려움도 없으며 방해도 없는 곳에 큰 집을 짓고자 합니다. 이 비구는 큰 방사를 짓기 위한 까닭으로 승가를 쫓아서 지을 곳을 살펴주는 것을 애원하고 있습니다. 만약 승가께서 때에 이르렀다면 승가께서는 허락하십시오. 승가께서는 마땅히 누구 비구가 처소를 지을 곳을 살펴주십시오. 이와 같이 아룁니다.

대덕 승가께서는 허락하십시오. 이 누구 비구는 시주가 있고 어려움도 없으며 방해도 없는 곳에 큰 집을 지으려는 까닭으로 승가를 쫓아서 지을 곳을 살펴주는 것을 애원하고 있습니다. 승가께서는 애민하게 생각하는 까닭으로 마땅히 지을 곳을 살펴주십시오.

누구 여러 장로께서 이 누구 비구가 시주가 있고 어려움도 없고 방해도 없는 곳에 큰 집을 지으려는 것을 허락하신다면 묵연하시고, 만약 인정하지 않는다면 말씀하십시오. 이와 같이 백사갈마로 승가께서 누구 비구가 큰 집을 짓는 것을 살펴주는 것을 지어서 마쳤습니다. 승가께서 허락하신 것은 묵연하신 까닭입니다. 이러한 일을 이와 같이 지니겠습니다.'

이 가운데에서 범하는 것은 만약 비구가 시주가 있고 자신을 위하여 짓는데, 양을 넘어서 큰 집을 짓는다면 범한다. 처소를 묻지 않으면 범하고, 어려움이 있다면 범하며, 방해가 있어도 범한다. 묻지 않고 어려움이 있다면 범하고, 묻지 않고 방해가 있다면 범한다. 어려움이 있고 방해가 있다면 범한다. 묻지 않았고 어려움이 있으며 방해가 있다면 범한다.

만약 한 비구가 다른 비구에게 말하였다.

'나를 위하여 집을 지어서 주십시오.'

말하고서 곧 떠나갔고 뒤에 지어서 마쳤는데, 이 집이 양을 넘겨서 지었다면 범한 것이고, 처소를 묻지 않았다면 범한 것이며, 어려움이 있는 곳이라면 범한 것이고, 방해가 있는 곳도 범한 것이다.

묻지 않고 어려움이 있다면 범한 것이고, 묻지 않고 방해가 있다면 범한 것이다. 어려움이 있고 방해가 있다면 범한 것이다. 묻지 않고 어려움이 있으며 방해가 있다면 범한 것이다.

만약 한 비구가 다른 비구에게 말하였다.

'나를 위하여 집을 지어서 주십시오.'

말하고서 곧 떠나갔고 뒤에 지어서 완성하지 못하였는데, 갔다가 돌아와서 이 집을 지어서 마쳤는데, 이 집이 양을 넘어 지었으면 범한 것이고, 처소를 묻지 않았다면 범한 것이며, 어려움이 있는 곳이라면 범한 것이고, 방해가 있는 곳도 범한 것이다. 묻지 않고 어려움이 있다면 범한 것이고, 묻지 않고 방해가 있다면 범한다. 어려움이 있고 방해가 있다면 범한 것이다. 묻지 않고 어려움이 있으며 방해가 있다면 범한 것이다.

만약 이 계를 제정하기 이전에 지었다면 범한 것이 없다." [일곱 번째의 일을 마친다.]

세존께서는 왕사성에 머무르셨다.

이때 장로 타표역사(陀驃力士)의 아들은 5법을 성취한 까닭으로 대중 승가가 갈마로 와구의 지사인(知事人)으로 지었다. 애정을 따르지 않았고, 성냄을 따르지 않았으며, 두려움을 따르지 않았고, 어리석음을 따르지 않았으며, 얻을 것과 얻지 않을 것을 알았다. 이 사람은 마땅함을 따라서 주었고 만약 아련아(阿練兒)라면 아련아에서 함께 하였고, 계율을 지키는 곳이라면 계율을 함께 지켰으며, 설법하는 곳이라면 함께 설법하였고, 수투로(須妬路)[1]를 읽는 곳이라면 함께 수투로를 읽었으며, 이와 같이 함께 일을 하였다. 이 사람은 이렇게 생각을 지었다.

'내가 이와 같이 나누어준다면 만약 말하거나, 만약 침묵하여도 안락하게 머무를 것이다.'

이 타표는 와구를 나누어 펼치는 때에 등촉(燈燭)이 필요하지 않았는데, 왼손에서 빛이 나왔으므로 오른손으로 집어서 주었다. 비구가 있어 일부러 날이 저물어 왔으며 타표의 신통력을 보고자 하였다.

이때 세존께서는 일부러 왕사성에 머무셨고, 이 역사(力士)의 아들 타표는 5법을 성취하였던 까닭으로 대중 승가는 차회인(差會人)으로 지어서 뽑았다. 이 사람은 재회(齋會)의 차례로 뽑는 때에도 애정·성냄·두려움·어리석음에 따르지 않았고, 차례를 알았으며 차례를 뛰어넘지 않았다. 이때 미다라부마(彌多羅浮摩) 비구가 다음의 재회였는데, 거친 음식을 만나서 얻게 되었다. 이와 같이 두·세 번을 거친 나쁜 음식을 얻었고, 이때 이와 같은 생각을 지었다.

'나는 매우 괴롭구나. 이 타표역사의 아들은 고의로 이러한 거친 음식으로서 나를 괴롭히는구나. 마땅히 무슨 과보로서 그에게 고뇌를 얻게 할 것인가?'

다시 이렇게 생각을 지었다.

'나는 마땅히 근거가 없는 바라이법으로서 비방해야겠다.'

이때 비구에게는 비구니 누이가 있어 미다라(彌多羅)라고 이름하였다. 이때 비구니가 미다라부마 비구의 처소에 이르러 머리숙여 발에 예배하고

---

1) 산스크리트어 수트라(sūtra)의 음사로서 수다라(修多羅)·소다라(蘇多羅)·소달라(蘇怛羅)·소달람(素怛纜) 등으로 음역된다.

한쪽에 서 있었다. 이때 미다라부마 비구는 함께 말도 하지 않았고, 역시 바라보지도 않았으며 앉으라고 말하지도 않았다. 이 비구니는 이렇게 생각을 지었다.

'내가 무슨 악을 지었고 무엇을 범하여 이 오빠가 나와 함께 말하지 않고 앉으라고 말하지도 않는가?'

이렇게 생각을 짓고서 곧 말하였다.

"제가 오빠에게 무슨 허물이 있는 까닭으로 함께 말하지 않고 앉으라고 말하지도 않습니까?"

이 비구가 말하였다.

"타표 비구는 고의적으로 두·세 번을 거친 음식으로서 나를 괴롭혔다. 그대가 나를 도와주지 않겠는가?"

이 비구니가 말하였다.

"나에게 무슨 일로써 서로를 돕게 하려는 것이에요?"

이 비구가 말하였다.

"누이여. 그대는 세존의 처소에 이르러 이와 같이 말을 짓도록 하라. '세존이시여. 어찌 이러한 법이 있습니까? 타표 비구는 저와 함께 음행을 지어서 바라이의 일에 떨어졌습니다.'"

비구니가 말하였다.

"이 비구는 죄가 없고 청정합니다. 어찌하여 근거가 없는 바라이법으로서 비방하세요?"

이 비구가 말하였다.

"누이여. 그대가 이러한 비방을 짓지 않는다면 나는 그대와 함께 말하지도 않고 그대를 부르거나 앉으라고 말하지도 않겠다."

이 비구니는 오빠를 존경하고 사랑했던 까닭으로 곧 이렇게 생각을 지었다.

"만약 내가 말을 따르지 않는다면 오빠는 나와 함께 말하지도 않고 앉으라고 말하지도 않을 것이다."

이와 같이 생각을 짓고서 곧 오빠에게 말하였다.

"마땅히 그대의 말을 따르겠습니다."

이 비구가 말하였다.

"누이여. 기다려라. 내가 마땅히 먼저 세존의 처소에 가겠다. 그대가 뒤를 따라서 오너라. 내가 마땅히 그것을 증명하겠다."

곧 세존의 처소에 나아가서 머리숙여 발에 예경하고서 한쪽에 서 있었다. 이 비구니도 곧 뒤를 따라서 왔고 머리숙여 발에 예경하고서 한쪽에 서 있으면서 세존께 아뢰어 말하였다.

"세존이시여. 어찌 이러한 법이 있습니까? 타표 비구는 저와 음행을 저질러서 바라이의 일에 떨어졌습니다."

이때 미다라부마 비구가 곧 이렇게 말을 지었다.

"세존이시여. 이 일은 진실입니다. 저도 역시 먼저 알았습니다. 이 비구니가 말하는 것과 같습니다."

이때 타표는 세존의 뒤에 있으면서 세존께 부채질하고 있었다. 세존께서는 타표를 돌아보시고 말씀하셨다.

"그대는 지금 어떠한가? 이 미다라 비구니가 내 앞에서 말하였네. '세존이시여. 어찌 이러한 법이 있습니까? 타표 비구는 저와 음행을 저질러서 바라이의 일에 떨어졌습니다.' 미다라부마 비구 또한 역시 이와 같이 말하였네. '세존이시여. 이 일은 진실입니다. 저도 역시 먼저 알았습니다. 이 비구니가 말하는 것과 같습니다.'"

타표 비구가 세존께 아뢰었다.

"세존이시여. 세존께서는 저를 알고 계시고, 수가타(修伽陀)[2]께서도 저를 알고 계십니다."

세존께서는 타표에게 말씀하셨다.

"그대는 지금 이와 같은 말을 짓지 말게. '세존께서는 저를 알고 계시고, 수가타께서도 저를 알고 계십니다.' 그대가 기억한다면 곧 기억한다고 말하고, 만약 기억하지 못하면 기억하지 못한다고 말하게."

---

2) 여래 십호(十號)의 하나인 선서(善逝)를 가리킨다.

"저는 기억나지 않습니다. 세존이시여. 기억나지 않습니다. 수가타시여."

이때 장로 라후라(羅睺羅)도 역시 모임의 가운데에 있었다. 오른쪽 어깨를 드러내고 합장하고서 세존께 아뢰었다.

"세존이시여. 이 타표 비구가 무슨 말을 하는 것입니까? 이 미다라 비구니는 지금 세존의 앞에서 이와 같은 말을 지었습니다. '세존이시여. 어찌 이러한 법이 있습니까? 타표 비구는 저와 음행을 저질러서 바라이의 일에 떨어졌습니다.' 미다라부마 비구 역시 이와 같이 말하였습니다. '세존이시여. 이 일은 진실입니다. 저도 역시 먼저 알았습니다. 이 비구니가 말하는 것과 같습니다.'"

세존께서는 라후라에게 말씀하셨다.

"내가 지금 그대에게 묻겠나니, 그대의 뜻을 따라서 대답하라. 만약 이 비구니가 나에게 찾아와서 말하였다면 그대의 생각은 어떠한가? '세존이시여. 어찌 이러한 법이 있습니까? 라후라 비구는 저와 음행을 저질러서 바라이의 일에 떨어졌습니다.' 미다라부마 비구 또한 역시 이와 같이 말하였네. '세존이시여. 이 일은 진실입니다. 저도 역시 먼저 알았습니다. 이 비구니가 말하는 것과 같습니다.'"

이때 라후라가 말하였다.

"세존께서는 저를 알고 계시고, 수가타께서도 저를 알고 계십니다."

세존께서는 말씀하셨다.

"어리석은 사람이여. 그대도 오히려 능히 말하였네. '세존께서는 저를 알고 계시고, 수가타께서도 저를 알고 계십니다.' 어찌 하물며 타표 비구는 지계가 청정하고 범행을 잘 닦는데 어찌 '세존께서는 저를 알고 계시고, 수가타께서도 저를 알고 계십니다.'라고 말하지 않겠는가?"

이때 세존께서는 여러 비구들에게 말씀하셨다.

"그대들은 마땅히 기억하라. 타표 비구는 억념(憶念)할 수 없는데, 이 미다라 비구니는 스스로가 죄를 지었다고 말하는 까닭으로, 마땅히 멸갈마(滅羯磨)를 주도록 하라."

세존께서는 이와 같이 가르치시고 일어나서 선실(禪室)로 들어가셨다. 이때 여러 비구들은 미다라부마 비구에게 자세하고 다급하게 물어 말하였다.

"그대는 무엇을 보았고, 어느 곳에서 보았으며, 무슨 일을 범하는 것을 보았는가? 그대는 무슨 일의 까닭으로써 가서 보았는가?"

이 여러 비구들이 자세하고 다급하게 물었으므로 대답하여 말하였다.

"타표 비구께선 진실로 범행이 청정합니다. 내가 욕망으로써, 성냄의 까닭으로써, 두려움의 까닭으로써, 어리석음의 까닭으로써, 이렇게 비방의 말을 지었습니다."

여러 비구들이 말하였다.

"어찌하여 타표 비구는 범행이 청정한데, 탐욕으로써, 분노의 까닭으로써, 공포의 까닭으로써, 어리석음의 까닭으로써, 이렇게 비방의 말을 지었는가?"

대답하여 말하였다.

"타표 비구는 5법을 성취한 까닭으로 왕사성의 대중 승가가 차회인(差會人)으로 뽑았고, 욕망·성냄·두려움·어리석음을 따르지 않았으며 차례를 뛰어넘지 않았습니다. 나는 재회의 차례의 때에 거칠고 악한 음식을 만났습니다. 이와 같이 두·세 번을 음식을 먹는 때에 마음속에서 고뇌하였고, 곧 이렇게 생각을 지었습니다.

'타표 비구가 고의적으로 거친 음식으로써 나를 괴롭히는구나. 마땅히 무엇으로서 갚아야 하는가?'

다시 이렇게 생각을 지었습니다.

'나는 마땅히 근거가 없는 바라이법으로서 비방해야겠다.'

이러한 인연의 까닭으로써 나는 욕망·성냄·두려움·어리석음을 까닭으로써 이러한 말을 지어서 비방하였습니다."

이 가운데에 비구가 있어 욕망이 적고 만족함을 알며 두타를 행하였는데, 이러한 일을 듣고 마음이 기쁘지 않아서 꾸짖어 말하였다.

"어찌 비구라고 이름하면서 근거가 없는 바라이법으로서 범행이 청정한 비구를 비방하는가?"

여러 비구들은 여러 종류의 인연으로 꾸짖고서 세존을 향하여 자세히 말하였다. 세존께서는 이때 곧 선실에서 나오셨고 비구 승가를 모으셨으며, 아시면서도 일부러 미다라부마 비구에게 물으셨다.

"그대가 진실로 이러한 일을 지었는가?"

대답하여 말하였다.

"진실로 지었습니다. 세존이시여."

세존께서는 여러 종류의 인연으로서 꾸짖으셨다.

"어찌 비구라고 이름하면서 근거가 없는 바라이법으로서 범행이 청정한 비구를 비방하였는가?."

세존께서는 여러 종류로 꾸짖으셨으며, 여러 비구들에게 말씀하셨다.

"세 종류의 사람은 반드시 지옥에 떨어지느니라. 무엇이 세 종류인가? 만약 사람이 근거가 없는 바라이법으로서 범행이 청정한 비구를 비방한다면 이 자는 첫째로 지옥에 떨어질 것이다. 다시 사람이 있어 이와 같은 삿된 소견으로 '음욕의 가운데에서 죄가 없다.'라고 곧 이렇게 말을 지었고, 이것을 까닭으로써 이 사람이 스스로가 방일하여 멋대로 오욕을 짓는다면, 이 자는 둘째로 지옥에 떨어질 것이다. 다시 사람이 있어 악법과 취란(臭爛)[3]으로 계를 범하여 사문이 아닌데 스스로 사문이라고 말하고, 범행을 아닌 것을 스스로 범행이라고 말한다면, 이 자는 셋째로 지옥에 떨어질 것이다."

이때 세존께서는 이러한 일을 명료하게 하시고자 게송을 설하여 말씀하셨다.

망어(妄語)는 지옥에 떨어지고
그것을 지어서 말하거나 짓지 않아도
이 두 가지는 함께 서로가 비슷하여

3) 문드러져 썩은 냄새가 나는 것을 말한다.

뒤에 모두 죄의 과보를 받는다네.

일반적으로 사람의 처소인 세간에서는
도끼가 입속에 있어 생겨나므로
이것으로서 스스로가 몸을 찍고
이것을 이유로 악한 말을 짓는다네.

마땅히 꾸짖을 것을 찬탄하고
마땅히 찬탄할 것을 꾸짖고 욕하므로
입의 허물을 까닭으로 손실은 얻고
손실의 까닭으로써 즐거움을 받지 못하네.

갑자기 재물과 이익을 잃는 것과 같아도
이러한 손실은 작은 것이 되나니
악한 마음으로 선한 사람을 향하면
이러한 손실은 그것보다 무겁다네.

니라부(尼羅浮) 지옥은
그 숫자가 십만이 있고
아부타(阿浮陀) 지옥은
삼천 육십 다섯이라네.

악한 마음으로 악한 말을 짓고
성인을 업신여기며 훼방한다면
목숨을 마치고 반드시 이와 같은
지옥의 가운데에 떨어진다네.

세존께서는 여러 종류의 인연으로 꾸짖고서 여러 비구들에게 말씀하셨다.

"열 가지의 이익을 까닭으로 여러 비구들에게 계를 제정하여 주겠노라. 지금부터 이러한 계는 이와 같이 설할지니라. '만약 비구가 악하고 성내는 마음에 머무는 까닭으로 근거가 없는 바라이법으로서 바라이가 없는 비구를 비방하였고, 그의 범행을 깨뜨리고자 하였으나, 이 비구가 뒤에 혹은 물었거나, 혹은 묻지 않았어도, <이것이 근거가 없는 일인 것을 알고서, 비구가 악하고 성내는 마음에 머물렀던 까닭이다.>라고 이렇게 말을 짓는다면 승가바시사이니라.'

'악하고 성내다.'는 탐욕에 집착하는 까닭으로써 일어나는 것이다. 악하고 성냄이 더욱 왕성하면 이러한 사람의 공덕은 보지 못하고, 다만 허물과 악을 구하게 된다.

'바라이가 없는 비구'는 이 비구가 4바라이의 가운데에서 일체를 범하지 않은 것이다.

'근거가 없다.'는 세 종류에 근본이 있나니, 만약 보았거나, 만약 들었거나, 만약 의심스러운 것이다.

'비방한다.'는 그 비구가 범하지 않았으나, 억지의 죄로서 헐뜯는 것이다.

'범행을 깨뜨리다.'는 그의 비구법(比丘法)을 깨뜨려서 물러나게 하고 떨어뜨리려는 것이다.

'근거가 없는 일인 것을 안다.'는 일에 네 종류가 있나니, 쟁송(爭訟)의 일, 서로 돕는 일, 죄를 범하는 일, 항상 행하는 일이다. 이 가운데에서 범하는 것은 만약 비구가 근거가 없는 바라이법으로서 청정하지 못한 비구를 비방하였다면 11종류를 범하고, 5종류는 범한 것이 아니다.

11종류는 이러한 일을 보지 못하였거나, 듣지 못하였거나, 의심하지 않았거나, 만약 잘못 보았거나, 만약 잘못 들었거나, 만약 잘못 의심하였거나, 만약 듣고서 들은 것을 믿었거나, 만약 듣고서 들은 것을 믿지 않았거나, 듣고서 의심스럽다고 말하거나, 의심하고서 보았다고 말하거나, 의심하고서 들었다고 말한 것으로, 이것을 11종류의 범한 것이라고 이름한다.

5종류는 범한 것이 아닌 것은 이러한 일을 만약 보았거나, 만약 들었거나, 만약 의심하였거나, 보았던 것이 거짓이 아니었거나, 들었던 것이 거짓이 아닌 것으로, 이것을 5종류의 범하지 않은 것이라고 이름한다. 청정하지 않은 비구와 같이 청정한 비구와 비슷하여도 역시 이와 같다.

만약 비구가 근거가 없는 바라이법으로서 청정한 비구를 비방하였다면 10종류를 범하고, 4종류는 범한 것이 아니다.

10종류는 이러한 일을 보지 못하였거나, 듣지 못하였거나, 의심하지 않았거나, 만약 잘못 들었거나, 만약 잘못 의심하였거나, 만약 듣고서 들은 것을 믿었거나, 만약 듣고서 들은 것을 믿지 않았거나, 듣고서 의심스럽다고 말하거나, 의심하고서 보았다고 말하거나, 의심하고서 들었다고 말한 것으로 이것을 10종류의 범한 것이라고 이름한다.

4종류는 범한 것이 아닌 것은 이러한 일을 만약 의심하였거나, 만약 들었거나, 들었던 것이 거짓이 아니었거나, 의심한 것이 거짓이 아닌 것으로 이것을 4종류의 범하지 않은 것이라고 이름한다. 청정하지 않은 비구와 같이 청정한 비구와 비슷하여도 역시 이와 같다." [여덟 번째의 일을 마친다.]

세존께서는 왕사성에 머무르셨다.

이때 역사(力士)의 아들인 타표 비구는 혼자 산 아래에 있으면서 두 비구니와 함께 한곳에 서 있었다. 이때 미다라부마 비구도 역시 그 산에 있으면서 돌 위에 앉아서 옷을 손질하고 있었는데, 멀리서 타표 비구가 혼자서 두 비구니와 함께 한 곳에 서 있는 것을 보고서 이렇게 생각을 지었다.

'내가 이전에는 근거가 없는 바라이법으로서 비방하여 이루지 못하였으나, 지금 작은 일이 있으므로 마땅히 바라이법으로서 그를 비방해야겠다.'

이렇게 생각을 짓고서 곧 비구들에게 말하였다.

"지금 타표 비구는 음행을 범한 사람입니다. 내가 이러한 일을 보았고 다른 사람 말을 따른 것이 아닙니다."

이때 비구들은 자세하고 다급하게 물었다.

"그대는 어찌하여 보았고, 어느 곳에서 보았으며, 무슨 범하는 일을 보았습니까? 그대는 무슨 일로써 가서 보았습니까?"

이와 같이 비구들이 자세하고 다급하게 물었고, 곧 말하였다.

"내가 욕망을 따르고, 성냄을 따랐으며, 두려움을 따르고, 어리석음을 따랐던 까닭으로 말하였습니다. 이 타표 비구는 진실로 범행이 청정합니다."

여러 비구들이 물었다.

"어찌하여 '내가 욕망을 따르고, 성냄을 따랐으며, 두려움을 따르고, 어리석음을 따랐던 까닭으로 말하였으나, 이 타표 비구는 진실로 범행이 청정합니다.'라고 말하는가?"

대답하여 말하였다.

"내가 그 산에 있으면서 돌 위에 앉아서 옷을 손질하다가 멀리서 타표 비구가 혼자서 두 비구니와 함께 한곳에 서 있는 것을 보고서 이렇게 생각을 지었습니다.

'내가 이전에는 근거가 없는 바라이법으로서 비방하여 이루지 못하였으나, 지금 작은 일이 있으므로 마땅히 바라이법으로서 그를 비방해야겠다.'

이것의 까닭으로써 말하였습니다. 내가 욕망을 따랐고, 성냄을 따랐으며, 두려움을 따랐고, 어리석음을 따랐던 까닭으로 말하였습니다. 타표 비구는 진실로 범행이 청정합니다."

이 가운데에 비구가 있어 욕망이 적고 만족함을 알며 두타를 행하였는데, 이러한 일을 듣고 마음이 기쁘지 않아서 꾸짖어 말하였다.

"어찌 비구라고 이름하면서 작고 단편적인 일을 가지고 바라이법으로서 범행이 청정한 비구를 비방하는가?"

여러 비구들은 여러 종류의 인연으로 꾸짖고서 세존을 향하여 자세히 말하였다. 세존께서는 이 일로써 비구 승가를 모으셨으며, 아시면서도 일부러 미다라부마 비구에게 물으셨다.

"그대가 진실로 이러한 일을 지었는가?"

대답하여 말하였다.

"진실로 지었습니다. 세존이시여."

세존께서는 여러 종류의 인연으로서 가책하셨다.

"어찌 비구라고 이름하면서 작고 단편적인 일을 가지고 바라이법으로서 범행이 청정한 비구를 비방하였는가?"

세존께서는 여러 종류로 가책하셨으며, 여러 비구들에게 말씀하셨다.

"열 가지의 이익을 까닭으로 여러 비구들에게 계를 제정하여 주겠노라. 지금부터 이러한 계는 이와 같이 설할지니라. '만약 비구가 악하고 성냈던 까닭으로 이분(異分)의 가운데에서 단편을 취하거나, 만약 단편적인 비슷한 일을 바라이법으로서 바라이가 없는 비구를 비방하였고, 그의 범행을 깨뜨리고자 하였으나, 이 비구가 뒤의 때에 혹은 물었거나, 혹은 묻지 않았어도, <이것이 단편적인 일이거나, 단편과 비슷하다고 알았으나, 비구가 악하고 성내는 마음에 머물렀던 까닭이었다.>라고 이렇게 말을 짓는다면 승가바시사이다.'

'이분'은 4바라이이다. 왜 그러한가? 이러한 4바라이의 가운데에서 만약 하나·하나를 범한다면 사문도 아니고, 석자가 아니며, 비구법을 잃으므로 다른 부분이라고 이름한다.

'불이분(不異分)'은 13사(事)·2부정법(不定法)·30사타법(捨墮法)·90타법(墮法)·4바라제제사니법(波羅提提舍尼法)·중다학법(衆多學法)·7지쟁법(止諍法) 등의 이것을 불이분이라고 이름한다. 왜 그러한가? 만약 이러한 일을 범하더라도 비구라고 이름하는 까닭이고, 석자라고 이름하는 까닭이며, 비구법을 잃지 않으므로 이것을 불이분이라고 이름한다.

'단편과 잠깐의 단편'은 여러 위의의 가운데에서의 일이니, 이것을 단편이라고 이름하고 역시 잠깐의 단편이라고 이름한다.

'다툼(諍)'은 다툼에는 네 종류가 있다. 싸우면서 소송하고 다투는(鬪訟諍) 것이고, 서로가 도우며 다투는(相助諍) 것이며, 범죄로 다투는(犯罪諍) 것이고, 항상 행할 일을 다투는(常所行事諍) 것이다.

이 가운데에서 범하는 것은 만약 땅이 명료한 때에 다른 비구가 승가바시사를 범하는 것을 보았고, 이 비구는 승가바시사의 가운데이었다. 승가바시라는 생각이 분명히 생겨났으나, 다른 사람이 바라이를 범하는 것은 보지 못했으면서 '나는 범하는 것을 보았다.'라고 말한다면. 하나·하나의 말의 가운데에서 승가바시사이다. 해가 솟을 때·해가 솟아나고서·오전·정오·오후·포시(晡時)[4]·해가 질 때·해가 지고서·초야(初夜)의 초분(初分)·초야의 중분(中分)·초야의 후분(後分)·중야(中夜)의 초분·중야의 중분·중야의 후분·후야(後夜)의 초분·후야의 중분·후야의 후분 등도 역시 같다.

비구가 있어 땅이 명료한 때에 다른 비구가 다른 죄를 범하는 것을 보았고, 만약 바일제(波逸提)이거나, 만약 바라제제사니(波羅提提舍尼)이거나, 만약 돌길라(突吉羅) 등이었는데, 이 비구는 돌길라의 가운데이었다. 분명히 돌길라는 생각이 분명히 생겨났고, 다른 사람이 바라이를 범하는 것은 보지 못했으면서 '나는 범하는 것을 보았다.'라고 말한다면. 하나·하나의 말의 가운데에서 승가바시사이다. 나아가 후야의 후분 등도 역시 같다.

비구가 있어 땅이 명료한 때에 다른 비구가 승가바시사를 범하는 것을 보았고 승가바시사라고 말하거나, 바일제라고 말하거나, 바라제제사니라고 말하거나, 돌길라라고 말하였는데, 이 비구는 승가바시사의 가운데이었다. 분명히 돌길라는 생각이 생겨났고, 다른 사람이 바라이를 범하는 것은 보지 못했으면서 '나는 범하는 것을 보았다.'고 말한다면. 하나·하나의 말의 가운데에서 승가바시사이다. 나아가 후야의 후분 등도 역시 같다.

다시 비구가 있어 땅이 명료한 때에 다른 비구가 다른 죄를 범하는 것을 보았는데, 만약 바야제이거나, 만약 바라제제사니이거나, 만약 돌길라고 말하였는데, 이 사람은 돌길라의 가운데이었다. 분명히 바라제제사니라는 생각이 생겨났고, 다른 사람이 바라이를 범하는 것은 보지 못했으면서 '나는 범하는 것을 보았다.'라고 말한다면. 하나하나의 말의 가운데에서

---

4) 오후 3시부터 5시까지의 사이인 신시(申時)이다. 곧 해지는 무렵을 가리키는 말이다.

승가바시사이다. 나아가 후야의 후분 등도 역시 같다.

다시 비구가 있어 땅이 명료한 때에 다른 비구가 승가바시사를 범하는 것을 보았고, 이 가운데에서 이 죄는 승가바시사이거나, 승가바시사가 아니라는 의심이 생겨났다. 뒤에 의심을 없앴으나, 분명히 승가바시사라는 생각이 생겨났고, 다른 사람이 바라이를 범하는 것은 보지 못했으나 '나는 범하는 것을 보았다.'고 말한다면. 하나·하나의 말의 가운데에서 승가바시사이다. 나아가 후야의 후분 등도 역시 같다.

다시 비구가 있어 땅이 명료한 때에 다른 비구가 죄를 범하는 것을 보았는데, 만약 바야제이거나, 만약 바라제제사니이거나, 만약 돌길라 등이었다. 이 가운데에서 이것은 돌길라이거나, 돌길라가 아니라는 의심이 생겨났고, 뒤에 의심을 없앴으나 돌길라의 가운데이었다. 분명히 돌길라라는 생각이 생겨났고, 다른 사람이 바라이를 범하는 것은 보지 못했으면서 '나는 범하는 것을 보았다.'고 말한다면. 하나하나의 말의 가운데에서 승가바시사이다. 나아가 후야의 후분 등도 역시 같다.

다시 비구가 있어 땅이 명료한 때에 다른 비구가 승가바시사를 범하는 것을 보았고, 이 가운데에서 이 죄는 승가바시사이거나, 바야제이거나, 승가바시사이거나, 바라제제사니이거나, 승가바시사이거나, 돌길라라는 의심이 생겨났고, 뒤에 의심을 없앴으나 승가바시사의 가운데이었다. 분명히 승가바시사라는 생각이 생겨났고, 다른 사람이 바라이를 범하는 것은 보지 못했으면서 '나는 범하는 것을 보았다.'라고 말한다면. 하나하나의 말의 가운데에서 승가바시사이다. 나아가 후야의 후분 등도 역시 같다.

다시 비구가 있어 땅이 명료한 때에 다른 비구가 죄를 범하는 것을 보았는데, 만약 바야제이거나, 만약 바라제제사니이거나, 만약 돌길라 등이었다. 이 가운데에서 이것은 돌길라이거나, 승가바시사이거나, 돌길라이거나, 바야제이거나, 돌길라이거나, 바라제제사니라는 의심이 생겨났다. 뒤에 의심을 없앴으나 돌길라의 가운데이었다. 분명히 돌길라라는 생각이 생겨났고, 다른 사람이 바라이를 범하는 것은 보지 못했으면서

'나는 범하는 것을 보았다.'라고 말한다면. 하나·하나의 말의 가운데에서 승가바시사이다. 나아가 후야의 후분 등도 역시 같다.

다시 비구가 있어 땅이 명료한 때에 다른 비구가 승가바시사를 범하는 것을 보았고, 이 가운데에서 이것은 승가바시사이거나, 바야제이거나, 바라제제사니이거나, 돌길라이다는 의심이 생겨났다. 뒤에 의심을 없앴으나 승가바시사의 가운데이었다. 분명히 돌길라라는 생각이 생겨났고, 다른 사람이 바라이를 범하는 것은 보지 못했으면서 '나는 범하는 것을 보았다.'라고 말한다면. 하나·하나의 말의 가운데에서 승가바시사이다. 나아가 후야의 후분 등도 역시 같다.

다시 비구가 있어 땅이 명료한 때에 다른 비구가 죄를 범하는 것을 보았는데, 만약 바야제이거나, 만약 바라제제사니이거나, 만약 돌길라 등이었다. 이 가운데에서 이 죄는 돌길라이었거나, 승가바시사이거나, 바야제이거나, 바라제제사니이다는 의심이 생겨났다. 뒤에 의심을 없앴으나 돌길라의 가운데이었다. 분명히 바라제제사니라는 생각이 생겨났고, 다른 사람이 바라이를 범하는 것은 보지 못했으면서 '나는 범하는 것을 보았다.'라고 말한다면. 하나하나의 말의 가운데에서 승가바시사이다. 나아가 후야의 후분 등도 역시 같다." [아홉 번째의 일을 마친다.]

세존께서는 왕사성에 머무르셨다.

당시 제바달다(提婆達多)는 승가의 화합을 깨뜨리고자 파승사(破僧事)를 구하였고 받아서 지녔다. 이 사람은 질투심이 있었으므로 방편으로 이렇게 생각을 지었다.

'나는 혼자서 능히 사문 구담(瞿曇)의 화합승가 전법륜(轉法輪)을 파괴할 수 없다.'

이 제바달다에게는 네 명의 동당(同黨)[5]이 있었다. 첫째는 구가리(俱伽梨)라고 이름하였고, 둘째는 건타타표(騫陀陀驃)라고 이름하였으며, 셋째

5) '같은 당파' 또는 '한 동아리'라는 뜻으로 같은 견해를 가진 자들을 가리킨다.

는 가류타제사(迦留陀提舍)라고 이름하였고, 넷째는 삼문달다(三文達多)라고 이름하였다. 제바달다는 이 네 사람의 주변에서 이렇게 말을 지었다.

"그대들은 마땅히 함께 사문 구담의 화합승가 전법륜을 파괴해야 하오."

이때 네 사람은 제바달다에게 말하였다.

"사문 구담의 여러 제자들은 큰 지혜와 큰 신통이 있고 천안지(天眼知)와 타심념(他心念)을 얻었으므로, 이 사람들이 우리들을 보면 화합승가의 전법륜을 파괴하고자 하려는 것을 알 것입니다. 우리가 어떻게 능히 사문 구담의 화합승가의 전법륜을 파괴하겠습니까?"

제바달다가 네 사람에게 말하였다.

"사문 구담의 법랍이 적은 제자들은 그 법에 새롭게 들어왔고 출가도 오래되지 않았소. 우리들이 주변에 이르러 5법(法)을 이용하여 유혹을 취하면서 여러 비구들에게 말합시다.

'그대들이 몸과 목숨을 마치도록 납의(納衣)[6]를 입는 것을 수지할 것이고, 몸과 목숨을 마치도록 걸식법을 수지할 것이며, 몸과 목숨을 마치도록 일식법(一食法)[7]을 수지할 것이고, 몸과 목숨을 마치도록 노지(露地)의 좌법(坐法)을 수지할 것이며, 몸과 목숨을 마치도록 단육법(斷肉法)을 수지하십시오. 만약 비구가 이러한 5법을 받는다면 빠르게 열반을 얻을 것입니다.'

만약 지식이 많고 범행을 오래 익혀서 불법의 맛을 얻은 장로(長老)와 상좌(上座) 비구가 있다면 마땅히 그들에게 말합시다.

'세존께서는 이미 늙으신 모년(耄年)[8]이 있고 노쇠한 말년에 있으니, 스스로가 한적하고 적정을 즐거워하면서 현재에서 법락(法樂)을 받으십니다. 그대들에게 필요한 일을 우리들이 마땅히 서로를 돕겠습니다.'

---

6) 법의(法衣)의 일종으로 분소의(糞掃衣)라고도 말한다. 납(納)은 '꿰맸다.'는 뜻으로, 세상 사람들이 내어버린 여러 가지의 낡은 헝겊을 모으고 꿰매서 만든 옷을 가리킨다.

7) 하루에 한 끼를 먹는 것을 가리킨다.

8) 모(耄)는 70세, 혹은 8, 90세를 이르는 말이므로 나이가 많아 정신이 혼몽해짐을 가리킨다.

우리들은 이러한 방편으로서 능히 사문 구담의 화합 승가의 전법륜을 파괴할 수 있습니다."

네 비구가 말했다.

"그렇습니다. 제바달다여. 제바달다의 많은 말을 받아들이겠습니다."

제바달다는 뒤의 때에 법납이 적은 비구들의 처소에 이르러 5법으로서 그들을 유혹하면서 여러 비구들에게 말하였다.

"그대들은 몸과 목숨을 마치도록 납의를 입는 것을 수지할 것이고, 몸과 목숨을 마치도록 걸식법을 수지할 것이며, 몸과 목숨을 마치도록 일식법을 수지할 것이고, 몸과 목숨을 마치도록 노지의 좌법을 수지할 것이며, 몸과 목숨을 마치도록 단육법을 수지하십시오. 만약 비구가 이러한 5법을 지킨다면 빠르게 열반을 얻을 것입니다.

다시 여러 장로와 상좌 비구들에게 말했다.

"세존께서는 이미 늙으신 모년이시고 노쇠한 말년에 있나니, 한적하고 적정을 즐거워하면서 현재에서 법락(法樂)을 받으십니다. 그대들에게 필요한 일을 우리들이 마땅히 서로를 돕겠습니다."

이때 제바달다는 비법(非法)을 법이라 말하였고, 법을 비법이라고 말하였으며, 비율(非律)을 율이라 말하였고, 율을 비율이라고 말하였으며, 범하지 않았으나 범했다고 말하였고, 범하였으나 범하지 않았다고 말하였으며, 가벼운데 무겁다고 말하였고, 무거운데 가볍다고 말하였으며, 유잔(有殘)을 무잔(無殘)이라고 말하였고, 무잔을 유잔이라고 말하였으며, 항상 행할 법을 항상 행할 법이 아니라고 말하였고, 항상 행할 법이 아닌 것을 항상 행할 법이라고 말하였으며, 가르침이 아닌 것을 가르침이라고 말하였고, 가르침을 가르침이 아니라고 말하였다.

이때 여러 비구들은 제바달다가 화합승가의 전법륜을 파괴하려는 것을 보고 세존의 처소에 나아가서 머리숙여 발에 예경하고서 한쪽에 앉았다. 앉아서 세존께 아뢰어 말하였다.

"세존이시여. 이 제바달다는 화합승가를 깨뜨리고자 파승가의 인연을 수지하고 있습니다. 이 사람은 비법을 법이라 말하였고, 법을 비법이라고 말하였으며, 비율을 율이라 말하였고, 율을 비율이라고 말하였으며, 범하지 않았으나 범했다고 말하였고, 범하였으나 범하지 않았다고 말하였으며, 가벼운데 무겁다고 말하였고, 무거운데 가볍다고 말하였으며, 유잔을 무잔이라고 말하였고, 무잔을 유잔이라고 말하였으며, 항상 행할 법을 항상 행할 법이 아니라고 말하였고, 항상 행할 법이 아닌 것을 항상 행할 법이라고 말하였으며, 가르침이 아닌 것을 가르침이라고 말하였고, 가르침을 가르침이 아니라고 말하고 있습니다."

세존께서는 여러 비구들에게 말씀하셨다.

"그대들은 마땅히 제바달다를 꾸짖어서 이러한 파승의 인연사(因緣事)를 버리게 하라."

이 비구들은 세존의 말씀을 받고서 제바달다의 처소에 이르러 말하였다.

"그대는 화합승가를 파괴하려는 것을 구하지 말고, 파승사의 일을 수지(受持)하지 말며, 마땅히 승가와 함께 화합하십시오. 승가의 화합은 환희하고 다툼이 없으며 하나의 마음과 하나의 배움으로 물과 우유와 같이 안락하게 머무는 것입니다. 그대는 마땅히 이러한 파승의 인연사를 버리십시오."

이때 제바달다는 이러한 일을 버리지 않았다. 이때 제바달다의 네 명의 동당(同黨)이 여러 비구들을 꾸짖어 말하였다.

"그대들은 제바달다에게 이러한 일을 말하지 마시오. 왜 그러한가? 이 사람은 법을 말하였고 율을 말하였습니다. 이 사람이 말한 것은 우리들이 모두 하고자 하였던 것입니다. 이 사람은 아는 것을 말하였고, 알지 못하는 것은 말하지 않았습니다. 이 사람이 말하는 것은 우리들이 모두 좋아하고 인정하는 것입니다."

이와 같이 비구들은 두·세 번을 제바달다에게 충고하였으나 능히 악하고 삿된 것을 버리지 않았다. 곧 자리에서 일어났고 세존의 처소에 나아가서 머리숙여 발에 예경하고서 한쪽에 앉았다. 앉아서 세존께 아뢰어 말하였다.

"세존이시여. 저희들이 제바달다를 이미 개략적으로 충고하였으나,

악하고 삿된 것을 버리지 않았으며, 네 명의 동당이 있어 다시 이렇게 말을 지었습니다.

'그대들은 제바달다에게 이러한 일을 말하지 마십시오. 왜 그러한가? 이 사람은 법을 말하였고 율을 말하였습니다. 이 사람이 말한 것은 우리들이 모두 하고자 하였던 것입니다. 이 사람은 아는 것을 말하였고 알지 못하는 것은 말하지 않았습니다. 이 사람이 말하는 것은 우리들이 모두 좋아하고 인정하는 것입니다.'

여러 비구들이 두·세 번을 의거하여 충고하였으나 능히 악하고 삿된 것을 버리지 않았습니다."

이때 세존께서는 이렇게 생각을 지으셨다.

'제바달다와 같은 어리석은 사람과 네 명의 동당이 혹은 능히 화합승가의 전법륜을 능히 파괴할 것이다. 내가 마땅히 스스로가 제바달다에게 간략하게 충고하여 이러한 일을 버리게 해야겠다.'

세존께서는 이렇게 생각을 지으셨고, 곧 스스로가 제바달다에게 개략적으로 충고하셨다.

"그대는 화합승가를 깨뜨리려는 것을 구하지 말고, 승가를 파괴하는 인연사를 수지하지 말라. 그대는 마땅히 승가와 함께 화합하라. 승가의 화합은 환희하고 다툼이 없으며 하나의 마음과 하나의 배움으로 물과 우유와 같이 안락하게 머무는 것이니라. 그대는 비법을 법이라 말하지 않을 것이고, 법을 비법이라고 말하지 않을 것이며, 비율을 율이라고 말하지 않을 것이고, 율을 비율이라고 말하지 않을 것이며, 범하지 않았으나 범했다고 말하지 않을 것이고, 범하였으나 범하지 않았다고 말하지 않을 것이며, 가벼운데 무겁다고 말하지 않을 것이고, 무거운데 가볍다고 말하지 않을 것이며, 유잔을 무잔이라고 말하지 않을 것이고, 무잔을 유잔이라고 말하지 않을 것이며, 항상 행할 법을 항상 행할 법이 아니라고 말하지 않을 것이고, 항상 행할 법이 아닌 것을 항상 행할 법이라고 말하지 않을 것이며, 가르침이 아닌 것을 가르침이라고 말하지 않을 것이고, 가르침을 가르침이 아니라고 말하지 않을 것이다. 그대는 마땅히 이러한 파승의 인연사를 버리도록 하라."

그때 제바달다는 세존께서 입으로 가르치시는 것을 듣고서 잠시 이러한 일을 버렸다. 세존께서는 이 일로써 비구 승가를 모으셨으며, 여러 종류의 인연으로서 꾸짖으셨다.

"어찌 비구라고 이름하면서 화합승가를 파괴하려는 것을 구하고 파승사(破僧事)를 수지하는가?"

세존께서는 이와 같이 여러 종류의 인연으로서 꾸짖으셨으며, 여러 비구들에게 말씀하셨다.

"열 가지의 이익을 까닭으로 여러 비구들에게 계를 제정하여 주겠노라. 지금부터 이러한 계는 이와 같이 설할지니라. '만약 비구가 화합승가를 깨뜨리고자 부지런히 방편을 구하며 파승사를 수지한다면 여러 비구들은 마땅히 이와 같이 꾸짖어 말하라.

'그대는 화합승가를 파괴하지 말고, 방편을 구하여 파승사를 수지하지 마십시오. 마땅히 승가와 함께 화합하십시오. 승가의 화합은 환희하고 다툼이 없으며 하나의 마음과 하나의 배움으로 물과 우유와 같이 안락하게 머무는 것입니다. 그대는 마땅히 이러한 파승사를 구하는 것을 버리십시오.'

여러 비구들이 이와 같이 충고하는 때에 이러한 일을 버리지 않는다면 마땅히 두·세 번을 이러한 일을 버리게 충고하라. 두·세 번을 충고하여 버린다면 좋으나, 버리지 않는다면 승가바시사이니라.

이 가운데에서 범하는 것은 14종류가 있나니, 비법을 범하고 법이라고 말하면 투란차이고, 법을 비법이라고 말하면 투란차이다. 비율을 율이라고 말하면 투란차이고, 율을 비율이라고 말하면 투란차이다. 범하지 않은 것을 범하였다고 말하면 투란차이고, 범한 것을 범하지 않았다고 말하면 투란차이다. 가벼운데 무겁다고 말하면 투란차이고, 무거운데 가볍다고 말하면 투란차이다. 유잔을 무잔이라고 말하면 투란차이고, 무잔을 유잔이라고 말하면 투란차이다. 항상 행할 법을 항상 행할 법이 아니라고 말하면 투란차이고, 항상 행할 법이 아닌 것을 항상 행할 법이라고 말하면 투란차이다. 가르침이 아닌 것을 가르침이라고 말하면 투란차이고, 가르침을 가르침이 아니라고 말하면 투란차이다.

먼저 마땅히 부드러운 말로 간략하게 충고하고 이미 버렸다면 14종류의 투란차를 허물을 참회시켜서 죄에서 벗어나게 하고, 만약 버리지 않았다면 마땅히 백사갈마를 짓고 간략하게 충고하라. 간략하게 충고하는 법은 대중 승가가 일심으로 화합하였다면 한 비구가 승가의 가운데에서 창언하라.

'대덕 승가께서는 허락하십시오. 이 누구 비구는 화합승가를 깨뜨리려는 것을 구하였고 파승사를 수지하였으므로 이미 부드러운 말로 간략하게 충고하였으나, 이러한 일을 버리지 않았습니다. 만약 승가께서 때에 이르렀다면 승가께서는 허락하십시오. 승가시여. 마땅히 누구 비구에게 간략하게 충고하고자 합니다. <그대는 화합승가를 파괴하지 마십시오. 파승사를 수지하지 마십시오. 마땅히 승가와 함께 화합하십시오. 승가의 화합은 환희하고 다툼이 없으며 하나의 마음과 하나의 배움으로 물과 우유와 같이 안락하게 머무는 것입니다. 그대는 마땅히 이렇게 파승사를 구하는 것을 버리십시오.> 이와 같이 아뢰니다.'

이와 같이 백사갈마를 짓는다.

'승가시여. 누구 비구에게 <그대는 화합승가를 파괴하지 말고, 파승사를 수지하지 마십시오.>라고 간략하게 충고하는 것을 마쳤습니다. 승가께서 허락하신 것은 묵연하셨던 까닭입니다. 이러한 일은 이와 같이 지니겠습니다.'

세존께서 말한 것과 같이 이러한 비구에게 마땅히 간략하게 충고할 것이고, 나아가 두·세 번을 가르쳐서 이러한 파승사를 버리게 하라. 이것을 간략하게 충고하는 것이라고 이름하고, 이것을 가르치는 것이라고 이름하며, 이것을 간략하게 충고하고 가르치는 것이라고 이름한다.

만약 부드러운 말로 간략하게 충고하는데 버리지 않았더라도 범한 것은 아니다. 처음으로 말하는데 말이 끝나지 않았거나 말이 끝났거나, 둘째로 말하는데 말이 끝나지 않았거나 말이 끝났거나, 셋째로 말하는데 말이 끝나지 않았거나 말이 끝났거나, 비법(非法)의 별도 대중이거나, 비법의 화합한 대중이거나, 법과 비슷한 별도의 대중이거나, 법과 비슷한 화합한 대중이거나, 여법(如法)한 별도의 대중이거나, 다른 법·다른 율·다른 세존의 가르침으로 만약 세 번을 간략하게 충고하였으나 버리지 않았어도 범한 것은 아니다.

만약 여법하고 율과 같고 세존의 가르침과 같은데 만약 세 번을 의거하여 충고하여도 버리지 않는다면 승가바시사를 범한다. 이 비구에게 만약 14종류의 일로써 간략하게 충고하면 모두 간략하게 충고한 것이 성립된다. 만약 이것으로서 간략하게 충고하였거나, 만약 다른 것으로서 간략하게 충고하였거나, 이러한 14종류의 일에 하나를 향하고 간략하게 충고하였는데 버리지 않는다면 하나를 향하여도 승가바시사가 성립되고, 뒤에 다시 간략하게 충고하였는데 버리지 않는다면 다시 승가바시사가 성립되며, 처소를 따라서 간략하게 충고하였는데 버리지 않는다면 이러한 것을 따라서 승가바시사를 얻는다.

이 비구는 즉시 마땅히 곧 때에 승가의 가운데에 들어가서 스스로가 창언해야 한다.

'여러 장로여. 나 누구 비구는 승가바시사죄를 얻었습니다.'

만약 곧 말한다면 좋으나, 만약 곧 말하지 않는다면 이때를 따라서 복장일수(覆藏日數)[9]라고 이름하느니라." [열 번째의 일을 마친다.]

세존께서는 왕사성에 머무르셨다.

세존께서는 이러한 파승사를 도왔던 비구의 인연을 까닭으로써 비구승가를 모으셨으며, 여러 종류 인연으로 파승사를 도왔던 비구를 꾸짖으셨다.

"어찌하여 비구라고 이름하면서 이 비구가 화합승가를 파괴하고자 구하는 것을 알고서도 만약 한 명이거나, 만약 두 명이거나, 만약 대중이

---

9) 자신이 저지른 죄를 고백하지 않고 숨기는 날짜를 가리킨다.

많았어도 별도의 붕당(朋黨)을 지어서 함께 서로를 도왔는가?"

세존께서는 이와 같은 여러 종류의 인연으로서 꾸짖으셨으며, 여러 비구들에게 말씀하셨다.

"열 가지의 이익을 까닭으로 여러 비구들에게 계를 제정하여 주겠노라. 지금부터 이러한 계는 이와 같이 설할지니라. '만약 비구가 화합승가를 파괴하는 것을 구하였고, 나머지의 같은 뜻으로 서로를 돕는 비구가 만약 한 사람이거나, 만약 두 사람이거나, 만약 대중이 많았더라도 여러 비구들에게 '그대들은 이러한 일의 가운데에서 이 비구에게 말하지 마십시오. 왜 그러한가? 비구는 법을 말하였고 율을 말하였으며, 법이 아닌 것을 말하지 않았고 율이 아닌 것을 말하지 않았습니다. 이 비구가 말한 것은 모두 이것을 우리들이 원하였던 것입니다. 이것은 알고 말하는 것이고 알지 못하고 말하는 것이 아닙니다. 이 비구가 말하는 것은 모두 우리들이 즐거워하고 인정하는 것입니다.'라고 말하였다면, 여러 비구들은 마땅히 이와 같이 서로를 돕는 비구들에게 '그대들은 이렇게 말하지 마십시오. <이 비구는 법을 말하였고 율을 말하였으며, 법이 아닌 것을 말하지 않았고 율이 아닌 것을 말하지 않았습니다. 이 비구가 말한 것은 우리 모두 이것을 우리가 원하였던 것입니다. 이것은 알고 말하는 것이고 알지 못하고 말하는 것이 아닙니다. 이 비구가 말하는 것은 모두 우리 등이 즐거워하고 인정하는 것입니다.> 그대들은 파승사를 구하는 것을 서로가 돕지 말고, 마땅히 승가의 화합을 돕는 것을 즐거워해야 합니다. 승가의 화합은 환희하고 다툼이 없으며 하나의 마음과 하나의 배움으로 물과 우유와 같이 안락하게 머무는 것입니다.'라고 가르쳐야 한다.

여러 비구들이 이렇게 가르치는 때에 이러한 일을 굳게 수지하며 버리지 않는다면 여러 비구들은 마땅히 두·세 번을 가르쳐서 버리게 해야 한다. 두·세 번을 가르쳐서 버리면 좋으나, 버리지 않는다면 승가바시사이다.

이 가운데에서 범하는 것은 만약 파승사를 돕는 비구가 여러 비구들에게 '그대들은 이러한 일의 가운데에서 이 비구에게 말하지 말라.'고 말한다면 돌길라를 얻고, 만약 '이 비구는 법을 설하는 자이다.'라고 말한다면 투란차를 얻으며, '이 비구는 율을 설하는 자이다.'라고 말한다면 투란차를 얻고, '이 비구가 말한 것은 모두 우리가 원하던 것이다.'라고 말한다면 돌길라를 얻으며, 만약 '알고 말하는 것이고 알지 못하고 말하는 것이 아니다.'라고 말한다면 투란차를 얻고, 만약 '이 비구가 말하는 것은 모두 우리가 즐거워하고 인정하는 것이다.'라고 말한다면 투란차이다.

먼저 마땅히 부드러운 말로 간략하게 충고하며 이미 버렸다면 네 가지의 투란차와 두 가지의 돌길라를 허물을 참회시켜서 죄에서 벗어나게 하고, 만약 버리지 않았다면 마땅히 백사갈마를 짓고서 간략하게 충고하라. 간략하게 충고하는 법은 대중 승가가 일심으로 화합하였다면 한 비구가 승가의 가운데에서 창언하라.

'대덕 승가께서는 허락하십시오. 이 누구 비구는 화합승가를 파괴하는 것을 구하였고, 만약 한 사람이거나, 만약 두 사람이거나, 만약 대중이 많이 별도의 붕당을 지었습니다. 이미 부드러운 말로 간략하게 충고하였으나 이러한 일을 버리지 않았습니다. 만약 승가께서 때에 이르렀다면 승가께서는 허락하십시오. 승가시여. 마땅히 누구 비구에게 간략하게 충고하고자 합니다. <그대들 누구 비구는 파승사를 구하는 것을 돕지 마십시오. 별도의 붕당을 짓지 마십시오. 이렇게 말을 짓지 마십시오. 이 비구는 법을 말하였고 율을 말하였으며, 법이 아닌 것을 말하지 않았고 율이 아닌 것을 말하지 않았습니다. 이 비구가 말한 것은 우리들이 모두 이것을 원하였던 것입니다. 이것은 알고 말하는 것이고 알지 못하고 말하는 것이 아닙니다. 이 비구가 말하는 것은 모두 우리들이 즐거워하고 인정하는 것입니다.> 이와 같이 아룁니다.'

이와 같이 백사갈마를 짓도록 하라.

'누구 비구에게 <그대는 화합승가를 파괴하지 마십시오.>라고 간략하게 충고하는 것을 마쳤습니다. 승가께서 허락하신 것은 묵연하셨던 까닭입니다. 이 일은 이와 같이 지니겠습니다.'

세존이 말한 것과 같이 이러한 비구를 마땅히 간략하게 충고할 것이고, 나아가 두·세 번을 가르쳐서 이러한 파승사를 버리게 하라. 이것을 간략하게 충고하는 것이라고 이름하고, 이것을 가르치는 것이라고 이름하며, 이것을 간략하게 충고하고 가르치는 것이라고 이름한다.

만약 부드러운 말로 간략하게 충고하는데 버리지 않았더라도 범한 것은 아니다. 처음으로 말하면서 말이 끝나지 않았거나 말이 끝났거나, 둘째로 말하면서 말이 끝나지 않았거나 말이 끝났거나, 셋째로 말하면서 말이 끝나지 않았거나 끝났거나, 비법의 별도 대중이거나, 비법의 화합한 대중이거나, 법과 비슷한 별도의 대중이거나, 법과 비슷한 화합한 대중이거나, 여법한 별도의 대중이거나, 다른 법·다른 율·다른 세존의 가르침으로 만약 세 번을 간략하게 충고하였으나 버리지 않았어도 범한 것은 아니다.

만약 여법하고 율과 같고 세존의 가르침과 같은데 만약 세 번을 간략하게 충고하여도 버리지 않는다면 승가바시사를 범한다. 이 비구에게 만약 네 종류의 일로써 간략하게 충고하면 모두 간략하게 충고한 것이 성립된다. 만약 이것으로서 간략하게 충고하였거나, 만약 다른 것으로서 간략하게 충고하였거나, 이러한 네 종류의 일에 하나를 향하고 간략하게 충고하였는데 버리지 않는다면 하나를 향하여도 승가바시사가 성립되고, 뒤에 다시 간략하게 충고하였는데 버리지 않는다면 다시 승가바시사가 성립되고, 처소를 따라서 간략하게 충고하였는데 버리지 않는다면 이러한 처소를 따라서 승가바시사를 얻는다.

이 비구는 즉시 마땅히 곧 때에 승가의 가운데에 들어가서 스스로가 창언해야 한다.

'여러 장로여. 나 누구 비구는 승가바시사죄를 얻었습니다.'

만약 곧 말한다면 좋으나, 만약 곧 말하지 않는다면 이때를 따라서 복장일수라고 이름하느니라." [열한 번째의 일을 마친다.]

세존께서는 사위국에 머무르셨다.

이때 흑산(黑山) 토지에 두 비구가 있어 마숙(馬宿)과 만숙(滿宿)이라고 이름하였다. 이 주처(住處)에 있으면서 악행을 지어서 다른 집을 더럽혔는데, 모두가 보았고, 모두가 들었으며, 모두가 알게 되었다.

이 비구들은 여인과 함께 하나의 평상에 앉아서 함께 한 그릇에 음식을 먹었고, 함께 한 그릇에 술을 마셨으며, 오후에도 먹었다. 함께 먹고 잤으며 숙식(宿食)[10]을 먹었고, 받지 않았어도 먹었으며, 잔식법(殘食法)을 받지 않았어도 먹었고, 거문고를 연주하고, 북을 두드렸으며, 피리를 불었고, 입술을 비틀어 음악소리를 지었고, 이빨로 기악(伎樂)을 지었으며, 구리그릇을 두드렸고, 다라수(多羅樹) 잎을 두드리면서, 다른 여러 종류의 기악과 가무를 지었다.

꽃다발과 영락을 몸에 걸쳤고, 향으로써 몸에 발랐으며, 향기의 옷(香薰衣)을 입었고, 물로써 서로에게 뿌려주기도 하였다. 스스로가 손으로 꽃을 꺾었고, 역시 다른 사람을 시켜서 꺾었으며, 스스로 꽃다발을 묶었고, 역시 다른 사람을 시켜서 묶었으며, 머리에 꽃을 꽂았고, 다른 사람을 시켜서 꽂았으며, 스스로가 귀걸이를 걸쳤고, 역시 다른 사람을 시켜서 걸쳤으며, 스스로가 다른 사람의 부녀(婦女)를 데리고 떠나갔고, 다른 사람을 시켜서 데리고 떠나게 하였다.

코끼리싸움·말싸움·마차 경주·달리기·양싸움·물소싸움·개싸움·닭싸움·남자 경주·여자 경주 등을 시키거나, 역시 스스로가 함께 싸우면서 손으로 때리고 발로 차며 사방으로 뛰어다녔고, 쉽게 옷을 바꾸어 입고서 달리고 도약(跳躑)하였거나, 물속에서 물장구를 쳤거나, 나무를 쪼개고 잘랐으며, 팔을 두드리고 무릎을 두드리면서 큰 소리로 울부짖었고, 혹은 어긋나게 읊조렸으며, 여러 다른 말을 하기도 하였다.

펄쩍 뛰었다가 되돌아왔고, 물고기와 같이 유연하게 맴돌았으며, 물건을 공중에 던져서 돌아오면 스스로가 잡아서 취하였고, 여인과 함께 큰 배의 위에서 기악을 짓게 하였으며, 혹은 코끼리·말·마차·가마를 탔고, 여러 사람과 함께 고동(唄)을 불면서 길을 인도하여 원림(園林)의 가운데에 들어가기도 하였다. 이와 같은 여러 종류의 악한 부정한 일을 지었다.

10) 먹고서 밤이 지나도 변하지 않는 음식물을 가리킨다.

이때 아난(阿難)이 가시국(迦尸國)을 따라서 사위성(舍衛城)을 향하여 왔으며 흑산(黑山) 읍에 이르러 묵게 되었다. 이른 아침의 때에 이르자 옷을 입고 발우를 지니고 성에 들어가서 걸식하였다. 아난은 빈 발우를 가지고 성에 들어갔으나, 오히려 빈 발우로 나왔다. 성에서 멀지 않은 곳에 많은 사람들이 모여있었는데, 작은 인연이 있어 아난은 그곳에 이르렀고 사람들에게 물어 말하였다.

"그대들의 이 토지는 풍요롭고 즐거우며 여러 사람도 많이 있는데, 지금 나는 걸식하면서 빈 발우를 가지고 성에 들어갔고 도리어 빈 발우로 나왔습니다. 사문 석자가 이곳에 있어 대충(多少)의 악한 일을 지은 것은 없습니까?"

이때 현자(賢者)가 있어 우루가(憂樓伽)라고 이름하였고, 그는 사람들 가운데에 있었으므로, 자리에서 일어나 오른쪽 어깨를 드러내고 합장하고서 아난에게 말하였다.

"대덕께서는 알지 못합니까? 이곳에 마숙과 만숙이라는 비구가 있어 여러 악행을 지었으며, [자세한 설명은 앞에서와 같다.] 대덕 아난이여. 이 두 비구가 이곳에 머물면서 악행을 지어서 여러 집을 모두 더럽힌 것을 모두가 보았고 들었으며 알고 있습니다."

이때 우루가 현자는 곧 두 손으로 아난을 잡고서 자기 집으로 데리고 들어가서 자리를 펼쳐서 앉게 하였으며, 스스로의 손으로 물과 여러 종류의 좋은 음식을 주었다. 스스로가 마음대로 배부르게 먹고서 손을 씻고 발우를 거두었으므로, 법을 들으려는 까닭으로 현자는 작은 자리를 취하여 앉았다. 아난은 여러 종류의 인연으로서 법을 설하여 보여주고 가르쳤으며 이익되고 기쁘게 하고서 자리에서 일어나서 떠나갔으며 자기의 방사(房舍)로 향하였다. 수용하였던 와구(臥具)를 다시 구주비구에게 맡기고서 옷과 발우를 지니고 유행하여 사위국으로 향하여 점차 세존의 처소에 이르렀으며, 머리숙여 발에 예경하고서 한쪽에 서 있었다. 모든 제불의 상법(常法)은 객비구가 찾아왔다면 이와 같은 말로서 문신하는 것이다.

"견딜 수 있었는가? 부족하지 않았는가? 안락하게 머물렀는가? 도로에 피로하지는 않았는가? 걸식은 부족하지 않았는가?"

세존께서는 이와 같은 말로서 아난에게 문신하셨다.

"견딜 수 있었는가? 부족하지 않았는가? 안락하게 머물렀는가? 도로에 피로하지는 않았는가? 걸식은 부족하지 않았는가?"

아난이 대답하여 말하였다.

"세존이시여. 견딜 수 있었고, 만족하였으며, 안락하게 머물렀고, 도로에 피곤하지 않았으며, 걸식에 어려움도 없었습니다."

이러한 인연으로서 세존을 향하여 자세히 말하였다. 세존께서는 이 일로써 비구 승가를 모으셨으며, 여러 종류의 인연으로서 마숙과 만숙 두 비구를 꾸짖으셨다.

"어찌 비구라고 이름하면서 악행을 지어서 다른 사람의 집을 더럽히고 모두가 보고 들으며 알게 하였는가?"

세존께서는 이와 같은 여러 종류의 인연으로서 꾸짖으셨으며, 아난에게 말씀하셨다.

"그대는 흑산으로 가서 마숙과 만숙의 비구에게 구출갈마(驅出羯磨)를 주도록 하라. 만약 다시 이와 같은 비구가 있다면 역시 마땅히 이와 같이 구출갈마를 주도록 하라. 갈마법은 일심으로 승가가 화합하였다면 이 마숙과 만숙의 비구가 볼 수는 있으나 들을 수 없는 곳에서, 한 비구가 승가의 가운데에서 이와 같이 말하라.

'누가 능히 마숙과 만숙 두 비구에게 이와 같은 죄의 일을 말할 것이고, 스스로가 훼자(毁呰)[11]하여도 바야제를 범하지 않겠습니까? 왜 그러한가? 승가는 뽑아서 지으려는 까닭입니다.'

만약 이 비구 승가의 가운데에서 '제가 할 수 있습니다.'라고 말한다면 곧 마숙과 만숙 두 비구를 불러오고, 이 비구는 마땅히 묻도록 하라.

'그대들은 여인과 함께 하나의 평상에 앉았고, 함께 한 그릇에 먹었으며,

---

11) 본래의 뜻은 '비방하다.', '헐뜯다.'의 뜻이나, 이 문장에서는 '잘못을 들추어내다.'는 의미이다.

함께 한 그릇에 술을 마셨고, 오후에도 먹었으며, 함께 먹고 잤으며, 숙식과 받지 않은 음식을 먹었고 잔식법을 받지 않은 것을 기억합니까?'

앞에서의 여러 종류의 부정한 일도 '그대들은 지은 것을 기억합니까?'라고 자세히 묻도록 하라. 만약 마숙과 만숙 두 비구가 이러한 여러 죄의 가운데에서 하나의 일이라도 나아가서 말한다면 곧 마땅히 말하라.

'그대들은 묵연하십시오. 지금 승가께서 그대들에게 구출갈마를 지어서 주고자 합니다.'

이때 한 비구가 승가의 가운데서 창언하라.

'대덕 승가께서는 허락하십시오. 이 마숙과 만숙의 비구가 악행을 지어서 다른 사람의 집을 더럽혔는데 모두가 보았고 들었으며 알고 있습니다. 여인과 함께 하나의 평상에 앉았고, 함께 한 그릇에 먹었으며, 함께 한 그릇에 술을 마셨고, 오후에도 먹었으며, 함께 먹고 잤으며, 숙식과 받지 않은 음식을 먹었고 잔식법을 받지 않았으며, 나아가 여러 다른 말을 하였습니다. 만약 승가께서 때에 이르렀다면 승가께서는 허락하십시오. 승가시여. 마숙과 만숙의 비구에게 구출갈마를 주고자 합니다. 만약 마숙과 만숙의 비구가 여인과 함께 하나의 평상에 앉았고, 함께 한 그릇에 먹었으며, 함께 한 그릇에 술을 마셨고, 오후에도 먹었으며, 함께 먹고 잤으며, 숙식과 받지 않은 음식을 먹었고 잔식법을 받지 않았으며, 나아가 여러 다른 말을 하였다면 승가는 구출갈마를 지어서 주십시오. 이와 같이 아룁니다.'

이와 같이 아뢰고서 갈마를 짓도록 하라.

'승가시여. 마숙과 만숙 비구에게 구출갈마를 지어서 주는 것을 마쳤습니다. 승가께서 허락하신 것은 묵연하였던 까닭입니다. 이 일은 이와 같이 지니겠습니다.'"

이 비구는 여법하게 승가가 구출갈마를 지어서 주었는데, 이렇게 말을 지었다.

"사문 아난은 욕망의 행·성냄의 행·두려움과 어리석음의 행에 따랐다."

이 가운데에 비구가 있어 욕망이 적고 만족함을 알며 두타를 행하였는데,

이러한 일을 듣고 마음이 기쁘지 않아서 여러 종류의 인연으로 꾸짖었다.

"어찌하여 비구라고 이름하면서 대중 승가께서 화합하여 여법하게 구출갈마를 지었는데, 나아가 다시 '사문 아난은 욕망의 행·성냄의 행·두려움과 어리석음의 행에 따랐다.'라고 말하는가?"

여러 비구들은 여러 종류의 인연으로서 꾸짖고서 세존을 향하여 자세히 말하였다. 세존께서는 여러 종류의 인연으로서 마숙과 만숙 비구를 꾸짖으셨다.

"어찌하여 비구라고 이름하면서 대중승가가 화합하여 여법하게 구출갈마를 지었는데, 나아가 다시 '사문 아난이 욕망의 행·성냄의 행·두려움과 어리석음의 행에 따랐다.'라고 말을 하는가?"

세존께서는 여러 종류의 인연으로서 꾸짖으셨으며, 여러 비구들에게 말씀하셨다.

"열 가지의 이익을 까닭으로 여러 비구들에게 계를 제정하여 주겠노라. 지금부터 이러한 계는 이와 같이 설할지니라. '만약 비구가 의지하는 취락을 따라서 악행을 지었고 다른 사람의 집을 더럽혔는데 모두가 보았고 들었으며 알고 있다면, 여러 비구들은 '그대들이 악행을 지었고 다른 사람의 집을 더럽혔는데 모두가 보았고 들었으며 알고 있습니다. 그대들은 마땅히 이곳에 머물지 말고 떠나도록 하시오.'라고 마땅히 이와 같이 말하도록 하라. 그 비구들이 여러 비구들에게 '여러 비구들은 욕망의 행·성냄의 행·두려움과 어리석음의 행에 따르고 있습니다. 왜 그러한가? 이와 같이 같은 죄를 지은 비구들도 있는데 쫓겨난 자가 있고 쫓겨나지 않은 자가 있습니다.'라고 말하였다면 여러 비구들은 '그대들은 여러 비구들이 욕망의 행·성냄의 행·두려움과 어리석음의 행에 따르고 있다고 말해서는 안 됩니다. 왜 그러한가? 여러 비구들은 욕망의 행·성냄의 행·두려움과 어리석음의 행에 따르고 있지 않습니다. 악행을 지었고 다른 사람의 집을 더럽혔는데, 모두가 보았고 들었으며 알고 있습니다. 그대들은 마땅히 욕망·성냄·두려움·어리석음을 따랐다는 말을 버리십시오. 그대들은 마땅히 이곳에 머물지 말고 떠나도록 하시오.'라고 이 비구들에게 말하라.

이와 같이 가르치는 때에 이러한 일을 버리지 않는다면 마땅히 두·세 번을 가르쳐서 이러한 일을 버리게 하라. 두·세 번을 가르치는 때에 버리면 좋으나, 버리지 않는다면 승가바시사이다.

이 가운데에서 범하는 것은 비구가 여러 비구들을 '욕망의 행에 따랐다.'고 말한다면 투란차이고, '성냄에 따랐다.'고 말한다면 투란차이며, '두려움에 따랐다.'고 말한다면 투란차이고, '어리석음에 따랐다.'라고 말한다면 투란차이다. 만약 '같이 범한 비구가 쫓겨난 자가 있고 쫓겨나지 않은 자가 있다.'고 말한다면 승가를 꾸짖고 욕하였던 까닭으로 바야제를 얻는다.

먼저 마땅히 부드러운 말에 간략하게 충고하고 이미 버렸다면 네 가지의 투란차와 한 가지의 바야제를 허물을 참회시켜서 죄에서 벗어나게 하고, 만약 버리지 않았다면 마땅히 백사갈마를 짓고 간략하게 충고하라. 간략하게 충고하는 법은 대중 승가가 일심으로 화합하였다면 한 비구가 승가의 가운데에서 창언하라.

'대덕 승가께서는 허락하십시오. 이 마숙과 만숙의 비구는 대중승가께서 여법하게 구출갈마를 지어서 주었으나, 사문 아난이 욕망의 행·성냄의 행·두려움과 어리석음의 행에 따랐다고 말하였습니다. 만약 승가께서 때에 이르렀다면 승가께서는 허락하십시오. 승가시여. 마땅히 갈마로 누구 비구에게 간략하게 충고하고자 합니다. <대중 승가께서는 여법하게 구출갈마를 지었습니다. 그대들은 사문 아난이 욕망의 행에 따랐다고 말하지 마십시오. 성냄의 행에 따랐다고 말하지 마십시오. 두려움의 행에 따랐다고 말하지 마십시오. 어리석음의 행에 따랐다고 말하지 마십시오. 그대들은 마땅히 욕망과 성냄과 두려움과 어리석음을 따랐다는 말을 버리십시오.> 이와 같이 아룁니다.'

이와 같이 백사갈마를 짓도록 하라.

'승가시여. 마숙과 만숙의 비구에게 간략하게 충고하는 것을 마쳤습니다. 승가께서 허락하신 것은 묵연하셨던 까닭입니다. 이 일은 이와 같이

지니겠습니다.'

세존께서 말한 것과 같이 이러한 비구를 마땅히 간략하게 충고할 것이고, 나아가 두·세 번을 가르쳐라. 이것을 간략하게 충고하는 것이라고 이름하고, 이것을 가르치는 것이라고 이름하며, 이것을 간략하게 충고하고 가르치는 것이라고 이름한다.

만약 부드러운 말로 간략하게 충고하는데 버리지 않았더라도 범한 것은 아니다. 처음으로 말하면서 말이 끝나지 않았거나 말이 끝났거나, 둘째로 말하면서 말이 끝나지 않았거나 말이 끝났거나, 셋째로 말하면서 말이 끝나지 않았거나 말이 끝났거나, 비법의 별도 대중이거나, 비법의 화합한 대중이거나, 법과 비슷한 별도의 대중이거나, 법과 비슷한 화합한 대중이거나, 여법한 별도의 대중이거나, 다른 법·다른 율·다른 세존의 가르침으로 만약 세 번을 간략하게 충고하였으나 버리지 않았어도 범한 것은 아니다.

만약 여법하고 율과 같고 세존의 가르침과 같은데 만약 세 번을 간략하게 충고하여도 버리지 않는다면 승가바시사를 범한다. 이 비구에게 만약 네 종류의 일로써 간략하게 충고하면 모두 간략하게 충고한 것이 성립된다. 만약 이것으로서 간략하게 충고하였거나, 만약 다름으로서 간략하게 충고하였거나, 이러한 네 종류의 일에 하나를 향하고 간략하게 충고하였는데 버리지 않는다면 하나를 향하여도 승가바시사가 성립되고, 뒤에 다시 간략하게 충고하였는데 버리지 않는다면 다시 승가바시사가 성립되고, 처소를 따라서 간략하게 충고하였는데 버리지 않는다면 이 처소를 따라서 승가바시사를 얻는다.

이 비구는 즉시 마땅히 곧 때에 승가의 가운데에 들어가서 스스로가 창언해야 한다.

'여러 장로여. 나 누구 비구는 승가바시사죄를 얻었습니다.'

만약 곧 말한다면 좋으나, 만약 곧 말하지 않는다면 이때를 따라서 복장일수라고 이름하느니라." [열두 번째의 일을 마친다.]

세존께서는 구섬미국(拘睒彌國)에 머무르셨다.

이때 장로 천나(闡那)는 작은 허물을 참회할 죄를 범하였다. 여러 비구들은 연민하여 이익되고 안은하게 하려는 까닭으로 이 죄를 가르쳐서 기억하게 하면서 천나에게 말하였다.

"그대는 허물을 참회할 죄를 범했습니다. 그대는 마땅히 드러내어 허물을 참회하고 덮어서 숨기지 마십시오."

천나가 대답하여 말하였다.

"그대들은 나의 좋고 나쁨을 말하지 마시오. 나도 역시 그대들의 좋고 나쁨을 말하지 않겠소. 왜 그러한가? 나는 대인(大人)의 아들이고 불법을 얻은 까닭이오. 그대들은 여러 종류의 여러 족성(姓), 여러 종류의 국토, 여러 종류의 가문에서 불법을 믿었던 까닭으로, 수염과 머리를 깎고 법복(法服)을 입었으며 세존을 따라서 출가하였습니다. 가을의 바람이 불면 낙엽이 떨어져서 한곳에 모인 것과 같이, 그대들도 역시 그렇습니다. 여러 종류의 여러 족성, 여러 종류의 국토, 여러 종류의 가문에서 불법을 믿었던 까닭으로, 수염과 머리를 깎고 법복을 입었으며 세존을 따라서 출가하였습니다. 이러한 까닭으로써 그대들은 마땅히 나의 좋고 나쁨을 말해서는 아니되고, 나도 역시 마땅히 그대들의 좋고 나쁨을 말해서는 아니됩니다. 나는 대인의 아들이고 불법을 얻은 까닭입니다."

이 가운데에 비구가 있어 욕망이 적고 만족함을 알며 두타를 행하였는데, 이러한 일을 듣고 마음이 기쁘지 않아서 여러 종류의 인연으로 꾸짖었다.

"어찌하여 비구라고 이름하면서 계경(戒經)의 가운데에서 말씀하신 일과 같이 여러 비구들이 여법하고 율과 같게 이익으로서 연민하는 까닭으로 말하였는데, 자신이 거스르는 말의 일을 짓는가?"

여러 비구들은 여러 종류의 인연으로 꾸짖고서 세존을 향하여 자세히 말하였다. 이때 세존께서는 이 일로써 비구 승가를 모으셨으며, 아시면서도 일부러 천나에게 물으셨다.

"그대가 진실로 이러한 일을 지었는가?"

대답하여 말하였다.

"진실로 지었습니다. 세존이시여."

세존께서는 여러 종류의 인연으로서 천나를 꾸짖으셨다.

"어찌하여 비구라고 이름하면서 자신이 거스르는 말을 지었는가?"

세존께서는 이와 같이 여러 종류의 인연으로서 꾸짖으셨으며, 여러 비구들에게 말씀하셨다.

"열 가지의 이익을 까닭으로써 여러 비구들에게 계를 제정하여 주겠노라. 지금부터 이러한 계는 이와 같이 설할지니라. '만약 비구가 악한 성품으로 거슬러서 말하였고, 여러 비구들이 여법하고 율과 같으며 계경의 가운데의 일과 같이 말하였는데, 이 비구가 거스르는 말로 받아들이지 않고서 여러 비구들에게 <그대들은 나의 좋고 나쁨을 말하지 마시오. 나도 역시 그대들의 좋고 나쁨을 말하지 않겠소.>라고 말하였다면 여러 비구들은 마땅히 말하라.

<여러 비구들이 여법하고 율과 같으며 계경의 가운데에서 일과 같이 말하였으므로, 그대는 거슬러서 말하지 말고 그대는 마땅히 수순(隨順)하여 말하십시오. 여러 비구들은 마땅히 그대를 위하여 여법하고 율과 같게 말한 것이니, 그대도 비구들에게 여법하고 율과 같게 말하십시오. 왜 그러한가? 이와 같다면 모든 여래의 대중은 이익을 증장할 수 있고, 함께 말로 서로를 가르치면서 함께 죄를 벗어나는 까닭입니다. 그대는 마땅히 이렇게 거스르는 말의 일을 버리십시오.'

여러 비구들이 가르치는 때에 이러한 일을 버리지 않는다면 마땅히 두·세 번을 가르쳐서 이러한 일을 버리게 해야 한다. 두·세 번을 가르쳐서 버리면 좋으나, 버리지 않는다면 승가바시사이다.

이 가운데에서 범하는 것은 만약 비구가 '그대들은 나에게 말하지 마시오.'라고 말하였다면 돌길라이고, '좋은 것을 말하지 마시오.'라고 말하였다면 투란차이며, '나쁜 것을 말하지 마시오.'라고 말하였다면 투란차이고, '나도 역시 그대들에게 말하지 않겠소.'라고 말하였다면 돌길라이고, '그대들의 좋은 것을 말하지 않겠소.'라고 말하였다면 투란차이며, '그대들의 나쁜 것을 말하지 않겠소.'라고 말하였다면 투란차이고, 만약

'나에게 가르치려는 이것을 버리시오.'라고 말하였다면 법을 싫어하고 대중을 욕하였던 까닭으로 바야제를 얻는다.

먼저 마땅히 부드러운 말에 의거하여 충고하고 이미 버렸다면 네 가지의 투란차와 두 가지의 돌길라와 한 가지의 바야제를 허물을 참회시켜서 죄에서 벗어나게 하고, 만약 버리지 않았다면 마땅히 백사갈마를 짓고서 개략적으로 충고하라. 개략적으로 충고하는 법은 대중 승가가 일심으로 화합하였다면 한 비구가 승가의 가운데에서 창언하라.

'대덕 승가께서는 허락하십시오. 이 천나 비구는 자신이 거스르는 말의 일을 지었습니다. 이미 부드러운 말로 개략적으로 충고하였으나 이러한 일을 버리지 않았습니다. 만약 승가께서 때에 이르렀다면 승가께서는 허락하십시오. 승가시여. 마땅히 갈마로 천나 비구에게 개략적으로 충고하고자 합니다. <거스르는 말의 일을 짓지 마십시오. 그대들은 나의 좋고 나쁨을 말하지 마시오. 나도 역시 그대들의 좋고 나쁨을 말하지 않겠다고 말하지 마십시오. 여러 비구들이 여법하고 율과 같으며 계경의 가운데에서 일과 같이 말하는데, 그대는 거슬러서 말하지 마십시오. 마땅히 수순하게 말하십시오. 여러 비구들은 마땅히 그대를 위하여 여법하고 율과 같게 말할 것이니, 그대도 비구들에게 여법하고 율과 같게 말하십시오. 이와 같다면 모든 여래의 대중은 이익을 증장할 수 있고, 함께 말하고 서로를 가르치면서 함께 죄를 벗어나는 까닭입니다. 그대는 마땅히 이렇게 거스르는 이러한 말을 버리십시오.> 이와 같이 아뢥니다.'

이와 같이 백사갈마를 짓도록 하라.

'갈마로 천나 비구에게 간략하게 충고하는 것을 마쳤습니다. 승가께서 허락하신 것은 묵연하셨던 까닭입니다. 이 일은 이와 같이 지니겠습니다.'

세존께서 말한 것과 같이 이러한 비구를 마땅히 간략하게 충고할 것이고, 나아가 두·세 번을 가르쳐라. 이것을 간략하게 충고하는 것이라고 이름하고, 이것을 가르치는 것이라고 이름하며, 이것을 간략하게 충고하고 가르치는 것이라고 이름한다.

만약 부드러운 말로 간략하게 충고하는데 버리지 않았더라도 범한 것은 아니다. 처음으로 말하면서 말이 끝나지 않았거나 말이 끝났거나, 둘째로 말하면서 말이 끝나지 않았거나 말이 끝났거나, 셋째로 말하면서 말이 끝나지 않았거나 말이 끝났거나, 비법의 별도 대중이거나, 비법의 화합한 대중이거나, 법과 비슷한 별도의 대중이거나, 법과 비슷한 화합한 대중이거나, 여법한 별도의 대중이거나, 다른 법·다른 율·다른 세존의 가르침으로 만약 세 번을 간략하게 충고하였으나 버리지 않았어도 범한 것은 아니다.

만약 여법하고 율과 같고 세존의 가르침과 같은데 만약 세 번을 충고하여도 버리지 않는다면 승가바시사를 범한다. 이 비구에게 만약 네 종류의 일로써 간략하게 충고하면 모두 간략하게 충고한 것이 성립된다. 만약 이것으로서 간략하게 충고하였거나, 만약 다름으로서 간략하게 충고하였거나, 이러한 네 종류의 일에 하나를 향하고 간략하게 충고하였는데 버리지 않는다면 하나를 향하여도 승가바시사가 성립되고, 뒤에 다시 간략하게 충고하였는데 버리지 않는다면 다시 승가바시사가 성립되고, 처소를 따라서 의거하여 충고하였는데 버리지 않는다면 이 처소를 따라서 승가바시사를 얻는다.

이 비구는 즉시 마땅히 곧 때에 승가의 가운데에 들어가서 스스로가 창언해야 한다.

'여러 장로여. 나 누구 비구는 승가바시사죄를 얻었습니다.'

만약 곧 말한다면 좋으나, 만약 곧 말하지 않는다면 이때를 따라서 복장일수라고 이름하느니라." [열세 번째 일을 마친다.]

3) 2부정법(不定法)을 밝히다

세존께서는 사위국에 머무르셨다.

이때 가류타이(迦留陀夷) 비구는 굴다(掘多) 우바이와 옛날부터 서로가 지식이었으므로 함께 일하고 함께 말하였다. 이때 가류타이는 굴다의 집에 이르러 혼자 가려진 곳에 앉아서 설법하였다. 이때 비사거녹자모(毘舍佉鹿子母)가 있었고 작은 인연을 까닭으로 굴다의 이 집에 이르렀으며, 멀리서 가류타이 설법의 소리를 듣고 이렇게 생각을 지었다.

'분명히 이 가류타이께서 굴다의 집에 있으면서 설법하는구나. 나도 마땅히 가서 들어야겠다.'

이때 비사거녹자모는 곧 굴다의 집에 이르렀고, 가류타이가 혼자 굴다와 함께 가려진 곳에 앉아 있는 것을 보았다. 보고서 이렇게 생각을 지었다.

'이러한 곳에 앉아 있으면 악하다. 비구는 마땅히 이러한 가운데에 앉아서는 아니된다. 만약 장자가 있어 이러한 곳에 앉아있는 것을 보았다면 분명히 이 비구가 악한 일을 지어서 마쳤거나, 악한 일을 짓고자 하였다고 알 것이다. 내가 지금 마땅히 가서 세존께 아뢰어야겠다.'

이때 비사거녹자모는 곧 세존의 처소에 이르러 머리숙여 발에 예경하고 한쪽에 앉았으며 이러한 인연으로서 세존을 향하여 자세히 말하였다. 세존께서는 비사거녹자모에게 여러 종류로 설법하시어 보여주셨고 가르치셨으며 이익되고 기쁘게 하시고서 묵연히 머무르셨다. 비사거녹자모는 세존께서 묵연하신 것을 보고는 자리에서 일어나서 예경하고 떠나갔다. 떠나고 오래지 않아서 세존께서는 이 일로써 비구 승가를 모으셨으며, 아시면서도 일부러 가류타이에게 물으셨다.

"그대가 진실로 이러한 일을 지었는가?"

대답하여 말하였다.

"진실로 지었습니다. 세존이시여."

세존께서는 여러 종류의 인연으로서 가류타이를 꾸짖으셨다.

"그대가 지은 일은 사문의 법이 아니고, 도를 수순하지 않으며, 욕락의 마음을 없애지 않았고, 부정한 행을 지었는데, 출가인이 마땅히 지을 것이 아니니라. 그대 어리석은 사람이여. 내가 여러 종류의 인연으로서 욕·욕상·욕욕·욕각·욕열을 꾸짖었고, 여러 종류의 인연으로서 욕을 버리고 욕상·욕욕·욕각·욕열을 버리는 것을 칭찬한 것을 알지 못하는가? 세존께서는 항상 설법하시어 사람들에게 애욕을 떠나라고 가르치셨고,

그대는 오히려 마땅히 마음이 생겨나지 않아야 하는데, 어떻게 하물며 도리어 애욕과 성냄과 어리석음을 일으켜서 지었고, 근본적으로 부정한 악업에 결박되었는가?"

세존께서는 이와 같은 여러 종류의 인연으로서 꾸짖으셨으며, 여러 비구들에게 말씀하셨다.

"열 가지의 이익을 까닭으로 여러 비구들에게 계를 제정하여 주겠노라. 지금부터 이러한 계는 이와 같이 설할지니라. '만약 비구가 혼자서 여인과 함께 음행할 수 있는 가려진 곳의 안에 앉아 있었는데, 만약 믿을 수 있는 우바이가 말하였다면, 그 비구는 3법의 가운데인 하나·하나의 법에서, 만약 바라이이거나, 만약 승가바시사이거나, 만약 바야제이다. 만약 이 비구가 '나는 이러한 곳에 앉아 있었다고 스스로가 말한다면 마땅히 3법의 가운데에서 말하는 것을 따라서 다스리는데, 만약 바라이이거나, 만약 승가바시사이거나, 만약 바야제이다. 만약 믿을 수 있는 우바이의 말을 따라서 다스린다면 이것이 첫째의 부정법(不定法)이다.'

'여인'은 나이가 많거나, 적은 가운데에서 음행을 짓는데 목숨이 있는 사람이라면 여인이라고 말한다.

'혼자'는 한 비구와 한 여인이고 다시 제3자가 없는 것이다.

'가려진 곳'은 이곳에 벽이 있거나, 울타리가 있거나, 발로 가려져 있거나, 옷이나 휘장으로 가려져 있거나, 이와 같은 여러 종류로 가려진 이것을 가려진 곳이라고 이름한다.

'음행하는 곳'은 이 가운데에서 부끄러움이 없어서 음욕을 짓는 것이다.

'믿을 수 있는 우바이'는 세존께 귀의하고 법에 귀의하며 비구 승가에 귀의하여 도(道)를 얻었고 과(果)를 얻어서 이 사람은 자신을 위하였거나, 다른 사람을 위하였거나, 만약 작은 인연으로서, 만약 이익을 위한 까닭으로, 일부러 망어를 짓지 않는 사람이다.

'3법의 가운데에서 바라이'는 4바라이의 가운데에 나아가 하나의 일을 말한다.

'승가바시사'는 13승가바시사 가운데에 나아가 하나의 일을 말한다.

'바야제'는 90바야제 가운데에 나아가 하나의 일을 말한다.

'부정(不定)'은 어찌 부정이라고 말하는가? 믿을 수 있는 우바이가 범한 것을 알지 못하고, 어느 곳에서 일어났는가를 알지 못하며, 범한 명자(名字)를 알지 못하는데, 다만 '나는 여인이 이곳에서 왔고, 갔으며, 앉고, 서 있는 것을 보았고, 역시 비구가 왔고, 갔으며, 앉고, 서 있는 것을 보았으나, 만약 음행을 지었거나, 만약 투도를 지었거나, 만약 사람의 목숨을 빼앗았거나, 만약 여인의 몸을 접촉하였거나, 만약 초목을 죽였거나, 만약 오후에 먹었거나, 만약 술을 마시는 것들을 보지 못하였습니다.'라고 말하는 것이다. 이와 같은 일의 가운데에서 결정할 수 없는 까닭으로 이것을 부정(不定)이라고 이름한다.

우바이가 말하는 것에 따라서 마땅히 잘 다급하게 이 비구에게 묻도록 하라. 만약 이 비구가 '나는 이러한 죄는 있으나, 머무르지 않았다.'고 스스로가 말한다면 비구의 말에 따라서 마땅히 다스린다. 만약 '나는 갔으나 이러한 죄를 범하지는 않았다.'고 말한다면 비구의 말과 같이 마땅히 다스려야 한다.

만약 '나는 가지 않았고 이러한 죄도 없다.'고 말한다면 믿을 수 있는 우바이의 말에 따르는 까닭으로 마땅히 그 비구에게 실멱법(實覓法)을 짓도록 하라. 실멱법은 대중 승가가 일심으로 화합하였다면 한 비구가 승가의 가운데에서 창언하라.

'대덕 승가께서는 허락하십시오. 이 누구 비구는 믿을 수 있는 우바이의 말로서 잘 다급하게 물었으나, 스스로가 그곳에 이르지 않았다고 말하였고, 스스로가 <이러한 죄가 없다.>고 말합니다. 만약 승가께서 때에 이르렀다면 승가께서는 허락하십시오. 승가시여. 믿을 수 있는 우바이의 말을 따라서 누구 비구에게 실멱법을 짓고자 합니다. 이와 같이 아룁니다.'

이와 같이 백사갈마를 짓도록 하라.

'승가시여. 누구 비구에게 믿을 수 있는 우바이의 말을 따라서 실멱법을 지어서 마쳤습니다. 승가께서 허락하신 것은 묵연하셨던 까닭입니다. 이 일은 이와 같이 지니겠습니다.'

'실멱법을 얻은 비구가 행할 법'은 이 사람은 마땅히 다른 사람과 함께 대계(大戒)를 받을 수 없고, 마땅히 다른 사람의 의지를 받을 수 없으며, 마땅히 사미를 양육할 수 없고, 마땅히 비구니를 교화할 수 없으며, 만약 승가에서 뽑았더라도 마땅히 받아들일 수 없고, 마땅히 거듭 실멱법을 지어서는 아니되며, 마땅히 비슷한 모습의 죄를 지어서도 아니되고, 마땅히 이전보다 무거운 죄를 지어서도 아니되며, 마땅히 갈마를 꾸짖을 수 없고, 마땅히 갈마를 짓는 사람을 꾸짖을 수 없으며, 마땅히 청정한 비구의 죄를 드러낼 수 없고, 다른 사람의 죄를 드러내어 듣는 것을 구하여도 아니되며, 마땅히 계를 설하는 것을 막을 수 없고, 마땅히 자자(自恣)를 막을 수 없으며, 마땅히 승가가 갈마로 비구니인 사람을 교계(教誡)하는 것을 막을 수 없고, 마땅히 청정한 비구의 죄를 거론할 수 없으며, 마땅히 억념(憶念)하게 가르칠 수 없고, 마땅히 서로에게 말할 수 없다.

항상 자신이 겸손하고 절복(折伏)하는 마음과 뜻으로 청정한 비구의 마음을 수순하고 항상 공경스럽게 예배해야 한다. 만약 이러한 법과 같지 않다면 몸과 목숨을 마치도록 이 갈마에서 벗어날 수 없느니라."

[첫 번째의 부정법을 마친다.]

세존께서는 사위국에 머무르셨다.

이때 시리(尸利) 비구는 수사다(修闍多) 거사의 아내와 옛날부터 서로가 지식이었으므로 함께 일하고 함께 말하였다. 이때 시리 비구는 이른 아침에 옷을 입고 발우를 지니고 수사다의 집에 이르러 혼자 두 사람이 드러난 곳에 앉아 설법하였다. 이때 포살타(布薩陀) 거사의 아내가 있었고, 작은 인연의 까닭으로 수사다의 집에 이르러 시리 비구가 설법하는 소리는 듣고서 이렇게 생각을 지었다.

'분명히 시리 비구께서 수사다를 위하여 설법하는구나. 나도 마땅히 가서 들어야겠다.'

곧 가서 집에 이르렀고, 시리 비구가 혼자 수사다 아내와 함께 드러난 곳에 앉아있는 것을 보았다. 보고서 이렇게 생각을 지었다.

'이러한 곳에 앉아 있으면 나쁘다. 비구는 마땅히 이러한 가운데에 앉아서는 아니된다. 만약 그녀의 남편이거나, 만약 그녀의 아들이거나, 만약 노비이거나, 만약 자제(子弟)이거나, 만약 전계인(典計人)[12] 등이 이러한 곳에 앉아있는 것을 보았다면 분명히 이 비구가 악한 일을 지어서 마쳤거나, 악한 일을 짓고자 하였다고 알 것이다. 내가 지금 마땅히 가서 세존께 아뢰어야겠다.'

이때 포살타는 곧 세존의 처소에 이르러 머리숙여 발에 예경하고 한쪽에 앉았으며, 이러한 인연으로서 세존을 향하여 자세히 말하였다. 세존께서는 포살타에게 여러 종류로 설법하시어 보여주셨고 가르치셨으며 이익되고 기쁘게 하시고서 묵연하셨다. 포살타는 세존께서 묵연하신 것을 보고 자리에서 일어나서 예경하고 떠나갔다. 떠나고 오래지 않아서 세존께서는 이 일로써 비구 승가를 모으셨으며, 아시면서도 일부러 시리 비구에게 물으셨다.

"그대가 진실로 이러한 일을 지었는가?"

대답하여 말하였다.

"진실로 지었습니다. 세존이시여."

세존께서는 여러 종류의 인연으로서 시리 비구를 꾸짖으셨다.

"그대가 지은 일은 사문의 법이 아니고, 도를 수순하지 않으며, 욕락의 마음을 없애지 않았고, 부정한 행을 지었는데, 출가인이 마땅히 지을 것이 아니니라. 그대 어리석은 사람이여. 내가 여러 종류의 인연으로서 욕·욕상·욕욕·욕각·욕열을 꾸짖었고, 여러 종류의 인연으로서 욕을 버리고 욕상·욕욕·욕각·욕열을 버리는 것을 칭찬한 것을 알지 못하는가? 세존께서는 항상 설법하시어 사람들에게 애욕을 떠나라고 가르치셨고, 그대는 오히려 마땅히 마음이 생겨나지 않아야 하는데, 어떻게 하물며 도리어 애욕과 성냄과 어리석음을 일으켜서 지었고, 근본적으로 부정한 악업에 결박되었는가?"

---

12) 집안일을 맡아보던 집사를 가리키는 말이다.

세존께서는 이와 같은 여러 종류의 인연으로서 꾸짖으셨으며, 여러 비구들에게 말씀하셨다.

"열 가지의 이익을 까닭으로 여러 비구들에게 계를 제정하여 주겠노라. 지금부터 이러한 계는 이와 같이 설할지니라. '만약 비구가 혼자서 여인과 함께 음행할 수 없는 드러난 곳에 앉아 있었는데, 만약 믿을 수 있는 우바이가 말하였다면, 그 비구는 2법의 가운데인 하나·하나의 법에서, 만약 승가바시사이거나, 만약 바야제이다. 만약 이 비구가 '나는 이러한 곳에 앉아 있었다고 스스로가 말한다면 마땅히 2법의 가운데에서 말하는 것을 따라서 다스리는데, 만약 승가바시사이거나, 만약 바야제이다. 만약 믿을 수 있는 우바이의 말을 따라서 다스린다면 이것이 두 번째의 부정법(不定法)이다.'"

'드러난 곳'은 벽이 없거나, 울타리가 없거나, 발로 가려지지 않았거나, 옷이나 휘장으로 가려지지 않았거나, 이와 같은 종류로 가려지지 않은 곳을 보이는 곳이라고 이름한다.

'음행할 수 없는 곳'은 이 가운데에서 부끄러움이 있어 음욕을 지을 수 없는 것이다.

'믿을 수 있는 우바이'는 세존께 귀의하고 법에 귀의하며 비구 승가에 귀의하여 도를 얻었고 과를 얻어서 이 사람은 자신을 위하였거나, 다른 사람을 위하였거나, 만약 작은 인연으로서, 만약 이익을 위한 까닭으로, 일부러 망어를 짓지 않는 사람이다.

'2법의 가운데에서 말하는 하나·하나의 법'은 승가바시사이다.

'승가바시사'는 13승가바시사 가운데에서 나아가 하나의 일을 말한다.

'바야제'는 90바야제 가운데에 나아가 하나의 일을 말한다.

'부정'은 어찌 부정이라고 말하는가? 믿을 수 있는 우바이가 범한 것을 알지 못하고, 어느 곳에서 일어났는가를 알지 못하며, 범한 명자를 알지 못하는데, 다만 '나는 여인이 이곳에서 왔고, 갔으며, 앉고, 서 있는 것을 보았고, 역시비구가 왔고, 갔으며, 앉고, 서 있는 것을 보았으나, 만약 음행을 지었거나, 만약 투도를 지었거나, 만약 사람의 목숨을 빼앗았거나, 만약 여인의 몸을 접촉하였거나, 만약 초목을 죽였거나, 만약 오후에 먹었거나, 만약 술을 마시는 것 등은 보지 못하였습니다.'라고 말하기 것이다. 이와 같은 일의 가운데에서 결정할 수 없는 까닭으로 이것을 부정이라고 이름한다.

우바이가 말하는 것에 따라서 마땅히 잘 다그쳐서 이 비구에게 묻도록 하라. 만약 이 비구가 '나는 이러한 죄는 있으나, 머무르지 않았다.'고 스스로가 말한다면 비구의 말에 따라서 마땅히 다스린다. 만약 '나는 갔으나 이러한 죄를 범하지는 않았다.'고 말한다면 비구의 말과 같이 마땅히 다스려야 한다.

만약 '나는 가지 않았고 이러한 죄도 없다.'고 말한다면 믿을 수 있는 우바이의 말에 따르는 까닭으로 마땅히 그 비구에게 실멱법을 짓도록 하라. 실멱법은 대중 승가가 일심으로 화합하였다면 한 비구가 승가의 가운데에서 창언하라.

'대덕 승가께서는 허락하십시오. 이 누구 비구는 믿을 수 있는 우바이의 말로서 잘 다그쳐서 물었으나, 스스로가 그곳에 이르지 않았다고 말하고, 스스로가 <이러한 죄가 없다.>고 말합니다. 만약 승가께서 때에 이르렀다면 승가께서는 허락하십시오. 승가시여. 믿을 수 있는 우바이의 말을 따라서 누구 비구에게 실멱법을 짓고자 합니다. 이와 같이 아룁니다.'

이와 같이 백사갈마를 짓도록 하라.

'승가시여. 누구 비구에게 믿을 수 있는 우바이의 말을 따라서 실멱법을 지어서 마쳤습니다. 승가께서 허락하신 것은 묵연하셨던 까닭입니다. 이 일은 이와 같이 지니겠습니다.'

'실멱법을 얻은 비구가 행할 법'은 이 사람은 마땅히 다른 사람과 함께 대계를 받을 수 없고, 마땅히 다른 사람의 의지를 받을 수 없으며, 마땅히 사미를 양육할 수 없고, 마땅히 비구니를 교화할 수 없으며, 만약 승가에서 뽑았더라도 마땅히 받아들일 수 없고, 마땅히 거듭 실멱법을 지어서는 아니되며, 마땅히 비슷한 모습의 죄를 지어서도 아니되고, 마땅히 이전보다 무거운 죄를 지어서도 아니되며, 마땅히 갈마를 꾸짖을 수 없고, 마땅히 갈마를 짓는 사람을 꾸짖을 수 없으며, 마땅히 청정한 비구의 죄를 드러낼 수 없고, 다른 사람의 죄를 드러내어 듣는 것을 구하여도 아니되며, 마땅히 계를 설하는 것을 막을 수 없고, 마땅히 자자를 막을 수 없으며, 마땅히 승가가 갈마로 비구니인 사람을 교계하는 것을 막을 수 없고, 마땅히 청정한 비구의 죄를 거론할 수 없으며, 마땅히 억념하게 가르칠 수 없고, 마땅히 서로에게 말할 수 없다.

항상 자신이 겸손하고 절복하는 마음과 뜻으로 청정한 비구의 마음을 수순하고 항상 공경스럽게 예배해야 한다. 만약 이러한 법과 같지 않다면 몸과 목숨을 마치도록 이 갈마에서 벗어날 수 없느니라." [두 번째의 부정법을 마친다.]

십송율 제5권

후진 북인도 삼장 불야다라 한역
석보운 번역

1. 초송 ⑤

3) 30니살기법(尼薩耆法)을 밝히다 ①

세존께서는 왕사성에 머무르셨다.

이때 육군비구(六群比丘)는 많은 의복을 저축하고 취락에 들어가면서 다른 옷을 입었고, 취락을 나오면서 다른 옷을 입었으며, 음식을 먹으면서 다른 옷을 입었고, 음식을 먹고서 다른 옷을 입었으며, 달발나(怛鉢那)[1]를 먹으면서 다른 옷을 입었고, 달발나를 먹고서 다른 옷을 입었으며, 식전(食前)에 다른 옷을 입었고, 식후(食後)에 다른 옷을 입었으며, 초야(初夜)에 다른 옷을 입었고, 중야(中夜)에 다른 옷을 입었으며, 후야(後夜)에 다른 옷을 입었고, 측간(廁間)에 들어가면서 다른 옷을 입었으며, 측간에서 나와서 다른 옷을 입었고, 대변을 씻는 때에 다른 옷을 입었고, 대변을 씻고서 다른 옷을 입었으며, 소변을 보는 때에 다른 옷을 입었고, 소변을 보고서 다른 옷을 입었으며, 욕실에 들어가서 다른 옷을 입었고, 욕실에서 나와서 다른 옷을 입었다.

이와 같이 여러 종류의 나머지의 옷을 저축(畜積)하였으므로 낡고 썩었

1) 산스크리트어 tarpaṇa의 음사로서 곡식의 가루로 만든 음식물인 가루 등을 가리킨다.

으며 벌레가 씹어서 입을 수 없었다. 이 가운데에 비구가 있어 욕망이 적고 만족함을 알며 두타를 행하였는데, 이러한 일을 듣고 마음이 기쁘지 않아서 여러 종류의 인연으로 육군비구를 꾸짖었다.

"어찌 비구라고 이름하면서 많은 의복을 저축하고 취락에 들어가면서 다른 옷을 입고, 취락을 나오면서 다른 옷을 입으며, 음식을 먹으면서 다른 옷을 입고, 음식을 먹고서 다른 옷을 입으며, 달발나를 먹으면서 다른 옷을 입고, 달발나를 먹고서 다른 옷을 입으며, 식전에 다른 옷을 입고, 식후에 다른 옷을 입으며, 초야에 다른 옷을 입고, 중야에 다른 옷을 입으며, 후야에 다른 옷을 입고, 측간에 들어가면서 다른 옷을 입으며, 측간에서 나와서 다른 옷을 입고, 대변을 씻는 때에 다른 옷을 입고, 대변을 씻고서 다른 옷을 입으며, 소변을 보는 때에 다른 옷을 입고, 소변을 보고서 다른 옷을 입으며, 욕실에 들어가서 다른 옷을 입고, 욕실에서 나와서 다른 옷을 입으면서 이와 같이 여러 종류의 나머지의 옷을 축적하였으므로 낡고 썩었으며 벌레가 씹어서 입을 수 없게 하는가?"

여러 종류의 인연으로 꾸짖고서 세존께 자세히 말하였다. 세존께서는 이 일로써 비구 승가를 모으셨으며 아시면서도 일부러 육군비구에게 물으셨다.

"그대들이 진실로 이러한 일을 지었는가?"

대답하여 말하였다.

"진실로 지었습니다. 세존이시여."

세존께서는 여러 종류의 인연으로서 육군비구를 꾸짖으셨다.

"어찌 비구라고 이름하면서 많은 의복을 저축하고서 취락에 들어가면서 다른 옷을 입고, 취락을 나오면서 다른 옷을 입으며, 음식을 먹으면서 다른 옷을 입고, 음식을 먹고서 다른 옷을 입으며, 달발나를 먹으면서 다른 옷을 입고, 달발나를 먹고서 다른 옷을 입으며, 식전에 다른 옷을 입고, 식후에 다른 옷을 입으며, 초야에 다른 옷을 입고, 중야에 다른 옷을 입으며, 후야에 다른 옷을 입고, 측간에 들어가면서 다른 옷을 입으며, 측간에서 나와서 다른 옷을 입고, 대변을 씻는 때에 다른 옷을 입고,

대변을 씻고서 다른 옷을 입으며, 소변을 보는 때에 다른 옷을 입고, 소변을 보고서 다른 옷을 입으며, 욕실에 들어가서 다른 옷을 입고, 욕실에서 나와서 다른 옷을 입으면서 이와 같이 여러 종류의 나머지의 옷을 축적하였으므로 낡고 썩었으며 벌레가 찢어서 사용할 수 없게 하는가?"

세존께서는 이와 같이 여러 종류의 인연으로서 꾸짖으셨으며, 여러 비구들에게 말씀하셨다.

"열 가지의 이익을 까닭으로 여러 비구들에게 계를 제정하여 주겠노라. 지금부터 이러한 계는 이와 같이 설할지니라. '만약 비구가 옷을 지어서 마쳤고, 가치나의(迦絺那衣)[2]를 이미 버렸으며, 장의(長衣)[3]를 얻었다면 10일까지 저축할 수 있다. 만약 이것을 10일을 넘겨서 저축한다면 니살기바야제(尼薩耆波夜提)이니라.'

이 가운데에서 혹은 옷을 지어서 마쳤는데 가치나의를 버리지 않았거나, 혹은 가치나의는 버렸는데 옷을 짓지 않았거나, 혹은 옷을 지어서 마쳤고 역시 가치나의도 버렸거나, 혹은 옷도 짓지 않았고 역시 가치나의도 버리지 않았거나, 옷은 지었으나 가치나의를 버리지 않은 것은 만약 비구가 옷을 지었으나 가치나의는 버리지 않은 것이니, 이것은 옷은 지었으나 가치나의를 버리지 않았다고 이름한다.

'가치나의는 버렸으나 옷은 짓지 않았다.'는 만약 비구가 가치나의를 버렸으나 옷은 짓지 않은 것이니, 이것을 가치나의는 버렸으나 옷은 짓지 않았다고 이름한다.

'옷도 지었고 역시 가치나의도 버렸다.'는 만약 비구가 옷을 지었고 가치나의도 버린 것이니, 이것을 옷을 지었고 가치나의도 버렸다고 이름한다.

'옷도 짓지 않았고 가치나의도 버리지 않았다.'는 만약 비구가 옷을

---

2) 산스크리트어 kaṭhina의 음사로서 공덕(功德) 또는 견고(堅固)라고 번역된다. 안거(安居)를 마친 수행자가 공양을 받은 옷으로 하루 만에 만들어 입는 간편한 옷을 가리킨다.

3) 일상적으로 입는 삼의 이외의 여분의 옷을 가리킨다.

짓지 않았고 가치나의도 버리지 않은 것이니, 이것을 옷을 짓지 않았고 가치나의도 버리지 않았다고 이름한다.

'장의(長衣)'는 승가리(僧伽梨)·울다라승(鬱多羅僧)·안타위(安陀衛)를 제외한 나머지의 옷을 장의라고 이름한다.

'니살기바야제'는 이러한 옷을 마땅히 버려야 하고 바야제죄를 마땅히 참회해야 한다.

이 가운데에서 범하는 것은 만약 비구가 처음의 첫째 날에 옷을 얻어 저축하고서 둘째 날에 버리고, 둘째 날에 얻어 셋째 날에 버리며, 셋째 날에 얻어 넷째 날에 버리고, 넷째 날에 얻어 다섯째 날에 버리며, 다섯째 날에 얻어 여섯째 날에 버리고, 여섯째 날에 얻어 일곱째 날에 버리며, 일곱째 날에 얻어 여덟째 날에 버리고, 여덟째 날에 얻어 아홉째 날에 버리며, 아홉째 날에 얻어 열째 날에 버리고, 열째 날에 얻었다면, 열째 날의 때에 비구는 이 옷을 마땅히 다른 사람에게 주거나, 만약 작정(作淨)하거나, 만약 수지해야 한다. 만약 다른 사람에게 주지 않거나, 만약 작정하지 않거나, 만약 수지하지 않고서 열 하루째에 땅이 명료한 때에 이르렀다면 니살기바야제이다.

만약 비구가 첫째 날에 옷을 얻고서 둘째 날에 다시 얻어 하나는 저축하고 하나는 버렸으며, 둘째 날에 얻고서 셋째 날에 다시 얻어 하나는 저축하고 하나는 버렸으며, 셋째 날에 얻고서 넷째 날에 다시 얻어 하나는 저축하고 하나는 버렸으며, 넷째 날에 얻고서 다섯째 날에 다시 얻어 하나는 저축하고 하나는 버렸으며, 다섯째 날에 얻고서 여섯째 날에 다시 얻어 저축하고 하나는 버렸으며, 여섯째 날에 얻고서 일곱째 날에 다시 얻어 하나는 저축하고 하나는 버렸으며, 일곱째 날에 얻고서 여덟째 날에 다시 얻어 하나는 저축하고 하나는 버렸으며, 여덟째 날에 얻고서 아홉째 날에 다시 얻어 하나는 저축하고 하나는 버렸으며, 아홉째 날에 얻고서 열째 날에 다시 얻어 하나는 저축하고 하나는 버렸다면, 열째 날의 때에 비구는 이 옷을 마땅히 다른 사람에게 주거나, 만약 작정하거나, 만약 수지해야 한다. 만약 다른 사람에게 주지 않거나, 만약 작정하지 않거나, 만약 수지하지 않고서 열하루째에 땅이 명료한 때에 이르렀다면 니살기바야제이다.

만약 비구가 첫째 날에 옷을 얻고서 둘째 날에 다시 얻어 앞의 것은 버리고 뒤의 것은 저축하며, 둘째 날에 얻고서 셋째 날에 다시 얻어 앞의 것은 버리고 뒤의 것은 저축하며, 셋째 날에 얻고서 넷째 날에 다시 얻어 앞의 것은 버리고 뒤의 것은 저축하며, 넷째 날에 얻고서 다섯째 날에 다시 얻어 앞의 것은 버리고 뒤의 것은 저축하며, 다섯째 날에 얻고서 여섯째 날에 다시 얻어 앞의 것은 버리고 뒤의 것은 저축하며, 여섯째 날에 얻고서 일곱째 날에 다시 얻어 앞의 것은 버리고 뒤의 것은 저축하며, 일곱째 날에 얻고서 여덟째 날에 다시 얻어 앞의 것은 버리고 뒤의 것은 저축하며, 여덟째 날에 얻고서 아홉째 날에 다시 얻어 앞의 것은 버리고 뒤의 것은 저축하며, 아홉째 날에 얻고서 열째 날에 다시 얻어 앞의 것은 버리고 뒤의 것은 저축하였다면, 열째 날의 때에 비구는 이 옷을 마땅히 다른 사람에게 주거나, 만약 작정하거나, 만약 수지해야 한다. 만약 다른 사람에게 주지 않거나, 만약 작정하지 않거나, 만약 수지하지 않고서 열 하루째에 땅이 명료한 때에 이르렀다면 니살기바야제이다.

만약 비구가 첫째 날에 옷을 얻고서 둘째 날에 다시 얻어 앞의 것은 저축하고 뒤의 것은 버리며, 둘째 날에 얻고서 셋째 날에 다시 얻어 앞의 것은 저축하고 뒤의 것은 버리며, 셋째 날에 얻고서 넷째 날에 다시 얻어 앞의 것은 저축하고 뒤의 것은 버리며, 넷째 날에 얻고서 다섯째 날에 다시 얻어 앞의 것은 저축하고 뒤의 것은 버리며, 다섯째 날에 얻고서 여섯째 날에 다시 얻어 앞의 것은 저축하고 뒤의 것은 버리며, 여섯째 날에 얻고서 일곱째 날에 다시 얻어 앞의 것은 저축하고 뒤의 것은 버리며, 일곱째 날에 얻고서 여덟째 날에 다시 얻어 앞의 것은 저축하고 뒤의 것은 버리며, 여덟째 날에 얻고서 아홉째 날에 다시 얻어 앞의 것은 저축하고 뒤의 것은 버리며, 아홉째 날에 얻고서 열째 날에 다시 얻어 앞의 것은 저축하고 뒤의 것은 버렸다면, 열째 날의 때에 비구는 이 옷을 마땅히 다른 사람에게 주거나, 만약 작정하거나, 만약 수지해야 한다. 만약 다른 사람에게 주지 않거나, 만약 작정하지 않거나, 만약 수지하지 않고서 열 하루째에 땅이 명료한 때에 이르렀다면 니살기바야제이다.

만약 비구가 첫째 날에 옷을 얻었으나 둘째 날에는 얻지 못하였고, 셋째 날·넷째 날·다섯째 날·여섯째 날·일곱째 날·여덟째 날·아홉째 날·열째 날에도 얻지 못하였어도, 열째 날의 때에 비구는 이 옷을 마땅히 다른 사람에게 주거나, 만약 작정하거나, 만약 수지해야 한다. 만약 다른 사람에게 주지 않거나, 만약 작정하지 않거나, 만약 수지하지 않고서 열 하루째에 땅이 명료한 때에 이르렀다면 니살기바야제이다.

비구가 첫째 날에 옷을 얻고서 둘째 날에도 얻었으며, 셋째 날·넷째 날·다섯째 날·여섯째 날·일곱째 날·여덟째 날·아홉째 날·열째 날에도 옷을 얻었다면, 열째 날의 때에 비구는 이 옷을 마땅히 다른 사람에게 주거나, 만약 작정하거나, 만약 수지해야 한다. 만약 다른 사람에게 주지 않거나, 만약 작정하지 않거나, 만약 수지하지 않고서 열 하루째에 땅이 명료한 때에 이르렀다면 니살기바야제이다.

만약 비구가 첫째 날에 옷을 얻고서 사용하여 최하(最下)인 9조(條)의 승가리를 지었는데, 분별하여 약간 길고 약간 짧은 것을 이루면 모두 9조라고 말한다. 옷을 지어서 마쳤던 날에는 곧 마땅히 수지하면서 이렇게 짓도록 하라.

"나는 이것이 최하의 9조인 승가리를 지어서 수지합니다."

나머지의 남은 물건과 이전의 승가리는 마땅히 사람에게 주거나, 만약 작정하거나, 만약 수지해야 한다.

만약 비구가 첫째 날에 옷을 얻어 사용하여 7조의 울다라승을 지었는데, 분별하여 약간 길고 약간 짧은 것을 이루면 모두 7조라고 말한다. 옷을 지어서 마쳤던 날에는 곧 마땅히 수지하면서 이렇게 짓도록 하라.

"나는 이것이 7조인 울다라승을 지어서 수지합니다."

나머지의 남은 물건과 이전의 승가리는 마땅히 다른 사람에게 주거나,

만약 작정하거나, 만약 수지해야 한다.

만약 비구가 첫째 날에 옷을 얻어 사용하여 5조의 안타위를 지었는데, 분별하여 약간 길고 약간 짧은 것을 이루면 모두 5조라고 말한다. 옷을 지어서 마쳤던 날에는 곧 마땅히 수지하면서 이렇게 짓도록 하라.

"나는 이것이 5조인 안타위를 지어서 수지합니다."

나머지의 남은 물건과 이전의 승가리는 마땅히 사람에게 주거나, 만약 작정하거나, 만약 수지해야 한다.

만약 비구가 새로운 옷을 얻어 두 겹으로 승가리를 짓거나, 한 겹으로 울다라승을 짓거나, 한 겹으로 안타위를 짓거나, 두 겹으로 니사단(尼師壇)[4]을 짓거나, 세 겹으로 승가리를 짓거나, 세 겹으로 니사단을 지으면서, 만약 다시 새로운 옷으로 겹쳐서 꿰매었다면, 이 비구는 옷을 겹쳐서 꿰매었던 까닭으로 돌길라이고, 만약 10일이 지났다면 니살기바야제이다.

만약 비구가 낡은 옷을 얻어 네 겹으로 승가리를 짓거나, 두 겹으로 울다라승을 짓거나, 두 겹으로 안타위를 짓거나, 네 겹으로 니사단을 지으면서, 만약 새로운 옷으로 겹쳐서 꿰매었다면, 이 비구는 옷을 겹쳐서 꿰매었던 까닭으로 돌길라이고, 만약 10일이 지났다면 니살기바야제이다.

비구가 새로운 옷을 얻어 두 겹으로 승가리를 짓거나, 두 겹으로 니사단을 짓거나, 세 겹으로 승가리를 짓거나, 세 겹으로 니사단을 지었으나, 만약 다시 뜯어내면서 곧 이렇게 생각을 지었다. '이 옷을 다른 사람에게 주거나, 작정하거나, 수지해야겠다.' 옷을 뜯었던 까닭으로 돌길라이고, 만약 10일이 지났다면 니살기바야제이다.

비구가 낡은 옷을 얻어 네 겹으로 승가리를 짓거나, 두 겹으로 울다라승을 짓거나, 두 겹으로 안타위를 짓거나, 네 겹으로 니사단을 지었으나, 만약 다시 뜯어내면서 곧 이렇게 생각을 지었다. '이 옷을 다른 사람에게 주거나, 작정하거나, 수지해야겠다.' 옷을 뜯었던 까닭으로 돌길라이고, 만약 10일이 지났다면 니살기바야제이다.

---

4) 산스크리트어 niṣīdana 음사로 니사단나(尼師但那)로 음역되고, 좌구(坐具)·부구(敷具)·수좌의(隨坐衣)로 번역된다.

비구가 새로운 옷을 얻어 두 겹으로 승가리를 짓거나, 두 겹으로 니사단을 짓거나, 세 겹으로 승가리를 짓거나, 세 겹으로 니사단을 지었으나, 만약 다시 뜯어내면서 곧 이렇게 생각을 지었다. '세탁하거나, 물들이거나, 안과 밖을 바꿔야겠다.' 옷을 뜯었던 까닭으로 돌길라이고, 만약 10일이 지났다면 범함은 없다.

비구가 낡은 옷을 얻어 두 겹으로 승가리를 짓거나, 두 겹으로 니사단을 짓거나, 세 겹으로 승가리를 짓거나, 세 겹으로 니사단을 지었으나, 만약 다시 뜯어내면서 곧 이렇게 생각을 지었다. '세탁하거나, 물들이거나, 안과 밖을 바꿔야겠다.' 옷을 뜯었던 까닭으로 돌길라이고, 만약 10일이 지났다면 범함은 없다.

만약 비구가 사타(捨墮)[5]의 옷이 있었으나 버리지 않았고 죄를 참회하지 않았으며, 다음에 계속하여 끊지 못하였고, 만약 다시 옷을 얻었다면, 이 뒤의 옷은 본래 옷의 인연으로 니살기바야제를 얻는다. 다시 다음으로 비구가 사타의 옷이 있어 버렸으나 죄를 참회하지 않았으며, 다음에 계속하여 끊지 못하였고, 만약 다시 옷을 얻었다면, 이 뒤의 옷은 본래 옷의 인연으로 니살기바야제를 얻는다.

다시 다음으로 비구가 사타의 옷이 있어 버렸고 죄를 참회하였으나, 다음에 계속하여 끊지 못하였고, 만약 다시 옷을 얻었다면, 이 뒤의 옷은 본래 옷의 인연으로 니살기바야제를 얻는다.

다시 다음으로 비구가 사타의 옷이 있어 버렸고 죄를 참회하였으며, 다음에 계속하여 끊었고, 만약 다시 옷을 얻었다면, 범한 것이 없다."
[첫 번째의 일을 마친다.]

세존께서는 왕사성에 머무르셨다.

---

5) 산스크리트어 naiḥsargika-prāyaścittika의 계목으로 가사나 발우 등의 물건을 규정 이상으로 소유한 가벼운 죄. 이 죄를 저지른 비구·비구니는 그 물건을 버리고, 네 명 이상의 비구 앞에서 참회하면 죄가 소멸되지만 참회하지 않으면 죽어서 지옥에 떨어진다고 한다.

이때 육군비구들은 여러 곳에 옷을 남겨두었고 상·하의(上下衣)를 입고서 여러 나라를 유행(遊行)하였는데 나아가 낡은 옷을 입어서 위의가 없었다. 여러 옷을 부탁받은 구주비구들은 육군비구와 함께 시렁 위의 옷을 취하여 펼쳐서 말리고 털어서 접고 옷을 걸망에 넣고서 걸어 두었는데, 이러한 인연으로서 독경(讀經)과 좌선(坐禪)과 행도(行道)가 방해되어 그만두었다. 이 가운데에 비구가 있어 욕망이 적고 만족함을 알며 두타를 행하였는데, 이러한 일을 듣고 마음이 기쁘지 않아서 꾸짖어 말하였다.

"어찌 비구라고 이름하면서 여러 곳에 옷을 남겨두고서 상·하의를 입고서 여러 나라를 유행하며, 나아가 낡은 옷을 입고서 위의를 갖추지 않는가? 여러 옷을 부탁받은 구주비구들은 그대들과 함께 함께 시렁 위의 옷을 취하여 펼쳐서 말리고 털어서 접고 옷을 걸망에 넣고서 걸어 두었는데, 이러한 인연으로서 독경과 좌선과 행도가 방해되어 그만두게 하는가?"

여러 비구들은 이와 같이 꾸짖고서 세존을 향하여 자세히 말하였다. 세존께서는 이 일로써 비구 승가를 모으셨으며, 아시면서도 일부러 육군비구에게 물으셨다.

"그대들이 진실로 이러한 일을 지었는가?"

대답하여 말하였다.

"진실로 지었습니다. 세존이시여."

세존께서는 여러 종류의 인연으로서 육군비구를 꾸짖으셨다.

"어찌 비구라고 이름하면서 여러 곳에 옷을 남겨두고서 상·하의를 입고서 여러 나라를 유행하고, 나아가 낡은 옷을 입고서 위의를 갖추지 않았는가? 여러 옷을 부탁받은 구주들은 그대들과 함께 함께 시렁 위의 옷을 취하여 펼쳐서 말리고 털어서 접고 옷을 걸망에 넣고서 걸어 두었는데, 이러한 인연으로서 독경과 좌선과 행도가 방해되어 그만두게 하였는가?"

세존께서는 이와 같이 여러 종류의 인연으로서 꾸짖으셨으며, 여러 비구들에게 말씀하셨다.

"열 가지의 이익을 까닭으로 여러 비구들에게 계를 제정하여 주겠노라. 지금부터 이러한 계는 이와 같이 설할지니라. '만약 비구가 옷을 지어서 마쳤고 가치나의를 버렸는데, 3의(衣)의 가운데에서 만약 한 가지의 옷이라도 떠났고, 나아가 하룻밤을 묵는다면 니살기바일제이니라. 다만 승가의 갈마는 제외하느니라.'"

'하룻밤'은 날이 저물고서 밝은 모습이 나타나기 이전까지이다.

'3의 가운데에서 한 가지의 옷을 떠나다.'는 만약 승가리를 떠났거나, 만약 울다라승을 떠났거나, 만약 안타위를 떠난 것이다.

'승가의 갈마를 제외한다.'는 승가의 갈마가 대가섭(大迦葉)과 같은 것을 이름한다. 인연의 까닭으로써 기사굴산(耆闍崛山)의 가운데에 승가리를 남겨두고 상·하의를 입고서 죽림원(竹林園)에 들어왔는데, 이때 하늘의 비를 만났고 다시 기사굴산에 돌아갈 수 없어서 승가리를 떠나서 묵게 되었다. 이때 대가섭은 여러 비구들에게 말하였다.

"인연의 까닭으로써 기사굴산의 가운데에 승가리를 남겨두었고, 지금 하늘의 비를 만나서 다시 산으로 돌아갈 수 없어서 승가리를 떠나서 묵었습니다. 지금 마땅히 어찌해야 합니까?"

여러 비구들은 이 일로써 세존께 아뢰었다. 세존께서는 이 일로써 비구 승가를 모으셨으며, 아시면서도 일부러 대가섭에게 물으셨다.

"그대가 진실로 기사굴산의 가운데에 승가리를 남겨두고 상·하의를 입고서 죽림원에 와서 들어왔는데, 이때 하늘의 비를 만나서 다시 산으로 돌아갈 수 없어서 이 일을 여러 비구들에게 물었는가? '제가 기사굴산의 가운데에 승가리를 남겨두고 상·하의를 입고서 죽림원에 와서 들어왔는데, 이때 하늘의 비를 만나서 다시 산으로 돌아갈 수 없으니, 지금 마땅히 어찌해야 합니까?'"

대답하여 말하였다.

"진실입니다. 세존이시여."

세존께서는 여러 종류의 인연으로서 계를 찬탄하셨고, 지계를 찬탄하셨다. 계를 찬탄하셨고, 지계를 찬탄하시고서 여러 비구들에게 말씀하셨다.

"오늘부터 하나의 포살(布薩)을 공주처(共住處)로 결계하여 옷을 떠나지 않는 갈마를 허락하겠노라. 옷을 떠나지 않은 갈마법은 대중 승가가 일심으로 화합하였다면 한 비구가 승가의 가운데에서 창언하라.

'대덕 승가께서는 허락하십시오. 이러한 하나의 포살의 공주처는 승가께서 먼저 함께 포살을 결계하는 처소인데, 이 가운데에서 취락이나 취락의 경계는 제외하면, 공지(空地)나 주처를 취합니다. 만약 승가께서 때에 이르렀다면 승가께서는 인정하고 허락하십시오. 승가시여. 하나인 포살의 공주처로 옷을 떠나지 않는 갈마를 짓고자 합니다. 이와 같이 아룁니다.'

'대덕 승가께서는 허락하십시오. 이러한 하나인 포살의 공주처는 승가께서 먼저 함께 포살의 결계하는 처소인데, 이 가운데에서 취락이나 취락의 경계는 제외하면, 공지나 주처를 취하므로, 옷을 떠나지 않는 갈마를 짓고자 합니다. 누구 여러 장로께서 이러한 하나인 포살의 공주처로 옷을 떠나지 않는 갈마를 짓는 것을 허락하신다면 묵연하시고, 누가 인정하지 않는다면 이 장로께서는 말씀하십시오. 승가시여. 이미 하나의 포살의 공주처로 옷을 떠나지 않는 갈마를 지어서 마쳤습니다. 승가께서 허락하신 것은 묵연하셨던 까닭입니다. 이 일은 이와 같이 지니겠습니다.'"

이것을 승가의 갈마를 제외한 것이라고 이름한다.

다시 승가의 갈마가 있느니라.

장로 사리불(舍利弗)의 병과 같은데, 1개월을 여러 나라를 유행하고자 하였으나 승가리가 무거웠다. 이때 사리불이 여러 비구들에게 말하였다.

"나는 1개월을 유행하고자 합니다. 나는 지금 병이 있어 승가리가 무겁습니다. 지금 마땅히 어찌해야 합니까?"

여러 비구들은 이 일로써 세존께 아뢰었다. 세존께서는 이 일로써 비구 승가를 모으셨으며, 아시면서도 일부러 사리불에게 물으셨다.

"그대가 진실로 비구들에게 말하였는가? '나는 1개월을 유행하고자 합니다. 나는 지금 병이 있어 승가리가 무겁습니다. 지금 마땅히 어찌해야 합니까?'"

대답하여 말하였다.

“진실로 그렇습니다. 세존이시여.”

세존께서는 여러 종류의 인연으로서 계를 찬탄하셨고, 지계를 찬탄하셨다. 계를 찬탄하셨고, 지계를 찬탄하시고서 여러 비구들에게 말씀하셨다.

“지금부터 늙은 비구나 병든 비구에게 1개월을 승가리를 떠나지 않고 묵는 갈마를 짓는 것을 허락하겠노라. 갈마를 애원하는 법은 이 늙고 병든 비구는 대중 승가가 일심으로 화합한 때에 오른쪽 어깨를 드러내고 신발을 벗고 호궤(胡跪) 합장하고서 말하라.

‘여러 장로께서는 억념(憶念)[6]하십시오. 나 누구 비구는 늙고 병이 있습니다. 1개월을 유행하고자 하는데 승가리가 무겁습니다. 지금 승가께 1개월을 승가리를 떠나지 않고 묵는 갈마를 애원합니다. 승가께서는 애민하게 생각하시는 까닭으로 나에게 1개월을 승가리를 떠나지 않고 묵는 갈마를 주십시오.’

이와 같이 세 번을 말하라. 이 가운데에서 승가는 마땅히 헤아려서 만약 이 비구가 자기는 늙고 병들었다고 말하였으나, 실제로 늙지도 않았고 병들지도 않았다면 마땅히 주지 않아야 한다. 만약 실제로 늙고 실제로 병들었으면 마땅히 주도록 하라. 만약 승가리가 무겁다고 말하였으나, 실제로 무겁지 않다면 마땅히 주지 않아야 하고, 만약 실제로 무겁다면 마땅히 주도록 하라.

주는 법은 대중 승가가 일심으로 화합하였다면 한 비구가 대중의 가운데에서 창언하라.

‘대덕 승가께서는 허락하십시오. 이 누구 비구는 늙고 병이 있습니다. 1개월을 유행하고자 하는데 승가리가 무겁습니다. 만약 승가께서 때에 이르렀다면 승가께서는 허락하십시오. 승가시여. 이 누구 비구에게 1개월을 승가리를 떠나지 않고 묵는 갈마를 주고자 합니다. 이와 같이 아룁니다.’

아뢰고 백이갈마(白二羯磨)를 짓는다.

---

6) 마음 속에 항상 간직하여 잊지 않는 것을 가리킨다.

'승가시여. 이 누구 비구에게 1개월을 승가리를 떠나지 않고 묵는 갈마를 지어서 마쳤습니다. 승가께서 허락하신 것은 묵연하셨던 까닭입니다. 이 일은 이와 같이 지니겠습니다.'"

나아가 9개월도 역시 이와 같고, 승가리와 같이 울다라승과 안타위도 역시 이와 같다. 이 가운데에서 만약 옷을 떠나지 않은 법으로 아직 결계하지 않았는데, 비구가 취락에 있고 옷도 역시 취락에 있다면 비구는 마땅히 옷이 있는 곳으로 떠나가야 한다. 만약 비구는 취락에 있고 옷은 아란야(阿練若)의 처소에 있다면 비구는 마땅히 옷이 있는 곳으로 떠나가야 하고, 만약 비구가 아란야의 처소에 있고 옷은 취락에 있어도 비구는 마땅히 옷이 있는 곳으로 떠나가야 하며, 만약 비구가 아란야에 있고 옷도 역시 아란야의 처소에 있어도 비구는 옷이 있는 곳으로 떠나가야 한다.

이미 옷을 떠나지 않은 법으로 결계하였는데, 만약 비구가 취락에 있고 옷도 역시 취락에 있다면 비구는 마땅히 옷이 있는 곳으로 떠나가야 하고, 만약 비구는 취락에 있고 옷은 아란야의 처소에 있다면 비구는 마땅히 취락의 경계를 벗어나야 한다. 만약 비구는 아란야의 처소에 있고 옷은 취락에 있다면 비구는 역시 마땅히 옷이 있는 곳으로 떠나가야 하고, 비구도 아란야의 처소에 있고 옷도 역시 아란야의 처소에 있다면 죄를 범한 것이 아니다.

'취락(聚落)'은 한 집·두 집·많은 집에 거사가 있어 처자와 노비 등과 다른 사람들과 함께 머무는 곳이다. 이것을 취락이라고 이름한다. 취락에도 한 경계가 있고 역시 다른 경계가 있으며, 한 집의 가운데에도 역시 한 경계가 있고 다른 경계가 있다.

'서로 맞닿지 않은 취락의 경계'는 만약 닭이 날아가서 이르는 곳이거나, 만약 대·소변을 버리는 곳이거나, 만약 사람들이 대·소변을 보는 곳으로 부끄러움이 있는 곳이거나, 만약 화살을 쏘아서 이르는 곳이다. 만약 비구가 한 취락에 있고, 옷은 다른 취락에 있다면 비구는 마땅히 옷을 취하여 가져오거나, 만약 옷이 있는 곳으로 가거나, 만약 다른 옷을 받아야 한다. 만약 옷을 취하여 가져오지도 않고, 옷이 있는 곳에 가지도 않으며, 다른 옷을 받지도 않고 땅이 명료한 때에 이른다면 니살기바야제이다.

'서로 맞닿은 취락의 경계'는 만약 열 칸의 사다리가 허용되거나, 만약 열두 칸의 사다리가 허용되거나, 만약 대들보를 실은 수레가 회전(迴轉)이 허용되는 것이다. 만약 취락에 담장이나 울타리가 둘러쳐져 있다면 바깥까지 허용되는 정도를 경계라고 이름한다. 이 가운데에서 경계는 담장 밖의 일을 짓는 곳이 허용되는 곳을 말한다. 만약 취락에 도랑(塹)이 둘러쳐져 있다면 바깥까지 허용되는 정도를 경계라고 이름한다. 이 가운데에서 경계는 대·소변을 버리면서 이르는 곳을 말한다.

만약 비구가 이러한 한 취락에 있고, 옷은 다른 취락에 있다면 비구는 마땅히 옷을 취하여 가져오거나, 만약 옷이 있는 곳으로 가거나, 만약 다른 옷을 받아야 한다. 만약 옷을 취하여 가져오지도 않고, 옷이 있는 곳에 가지도 않으며, 다른 옷을 받지도 않고 땅이 명료한 때에 이른다면 니살기바야제이다.

동족(同族)에도 한 경계가 있고 역시 다른 경계가 있다. 이 가운데에서 동족의 다른 경계는 대문·방·식당·중정(中庭)[7]·측간·우물 등을 말한다. 만약 비구가 한 동족의 가운데에 있고, 옷은 다른 동족에게 있다면 비구는 마땅히 취하여 옷을 가져오거나, 만약 옷이 있는 곳으로 가거나, 만약 다른 옷을 받아야 한다. 만약 옷을 취하여 가져오지도 않고, 옷이 있는 곳에 가지도 않으며, 다른 옷을 받지도 않고 땅이 명료한 때에 이른다면 니살기바야제이다.

집에도 한 경계가 있고 역시 다른 경계가 있다. 이 가운데에서 다른 경계는 문·방·식당·중정·측간·우물 등을 말한다. 만약 비구가 한 집의 가운데에 있고, 옷은 다른 집에 있다면 비구는 마땅히 취하여 옷을 가져오거나, 만약 옷이 있는 곳으로 가거나, 만약 다른 옷을 받아야 한다. 만약 옷을 취하여 가져오지도 않고, 옷이 있는 곳에 가지도 않으며, 다른 옷을

7) 중정은 건물 안이나 안채와 바깥채 사이에 마련된 작은 뜰을 말한다.

받지도 않고 땅이 명료한 때에 이르렀다면 니살기바야제이다.

다층의 집에도 한 경계가 있고 역시 다른 경계가 있다. 이 가운데에서 경계는 가운데의 층(中重)과 아래층(下重)을 말하는데 이것은 위층의 경계(上重界)이며, 하나의 문으로 들어가는 까닭이다. 가운데의 층과 위층을 말하는데 이것은 위층의 경계이며, 한 문으로 들어가는 까닭이다.

만약 비구가 다른 층에 있고 옷이 다른 층에 있다면 비구는 마땅히 옷을 취하여 가져오거나, 만약 옷이 있는 곳으로 가거나, 만약 다른 옷을 받아야 한다. 만약 옷을 취하여 가져오지도 않고, 옷이 있는 곳에 가지도 않으며, 다른 옷을 받지도 않고 땅이 명료한 때에 이른다면 니살기바야제이다. 만약 이 다층의 집이 한사람에게 귀속되었다면 범한 것은 없다.

외도(外道)의 집에도 한 경계가 있고 역시 다른 경계가 있다. 외도는 아시비(阿視毘)[8]·니건자노제자(尼揵子老弟子)[9]·범지(梵志) 등을 말하고, 세존의 5중(衆)을 제외한 나머지의 출가한 사람들을 모두 외도라고 이름한다. 이러한 외도 집의 경계는 문·방·식당·중정·측간·우물 등을 말한다.

만약 비구가 한 외도의 집에 있고 옷은 다른 외도의 집에 있다면 비구는 마땅히 옷을 취하여 가져오거나, 만약 옷이 있는 곳으로 가거나, 만약 다른 옷을 받아야 한다. 만약 옷을 취하여 가져오지도 않고, 옷이 있는 곳에 가지도 않으며, 다른 옷을 받지도 않고 땅이 명료한 때에 이르렀다면 니살기바야제이다. 만약 외도들이 서로 같은 견해이고 같은 주장이라면 범한 것은 아니다.

수레를 몰고 돌아다니는 사람들이 있는 곳에도 한 경계가 있고 다른

---

8) 산스크리트어 Ajita Kesakambali의 음사로서 아기다시사흠파라(阿耆多翅舍欽婆羅)로 음역된다. 인도 고대의 유물론자이고 쾌락론자이다. 지(地)·수(水)·화(火)·풍(風)의 4원소만이 절대적 실재이며, 그 이외의 것은 모두 허망한 것이라고 하였다. 죽으면 이 4원소는 흩어지고, 인간의 사후에 영혼은 불멸한 것이 아니라고도 하였다.

9) 산스크리트어 Nirgrantha의 음사로서 니건자(尼揵子)라고 음역된다. 무소유(無所有)를 철저히 실천하면서 나체의 몸으로 고행하였으므로 나형외도(裸形外道)라고도 불렀다.

경계가 있다. '수레를 몰고 다니는 사람'은 만약 기예를 부리는 사람이거나, 노래하고 춤추는 사람이거나, 곡예사이거나, 격투기를 하는 사람이거나, 씨름하는 사람이거나, 희극을 하는 사람들로 거친 수레로서 재물을 싣고 세밀한 수레에는 아내와 자식들을 태우고서 여러 나라를 돌아다니면서 수레에서 머무르고 묵는 사람들이다. 이 가운데에서 경계는 문·식당·중간·측간·우물 등을 말한다. 만약 비구가 한 집의 가운데에 있고, 옷은 다른 집에 있다면 비구는 마땅히 옷을 취하여 가져오거나, 만약 옷이 있는 곳으로 가거나, 만약 다른 옷을 받아야 한다. 만약 옷을 취하여 가져오지도 않고, 옷이 있는 곳에 가지도 않으며, 다른 옷을 받지도 않고 땅이 명료한 때에 이르렀다면 니살기바야제이다. 만약 수레를 타고 돌아다니는 사람들이 한 사람에게 귀속된 자들이라면 범함은 없다.

마당(場)에도 한 경계가 있고 다른 경계가 있다. 이 가운데에서 경계는 문·식당·중정·측간·우물 등을 말한다. 만약 비구가 한 마당에 있는데 옷은 다른 마당에 있다면 비구는 마땅히 취하여 옷을 가져오거나, 만약 옷이 있는 곳으로 가거나, 만약 다른 옷을 받아야 한다. 만약 취하여 옷을 가져오지도 않고, 옷이 있는 곳에 가지도 않으며, 다른 옷을 받지도 않고 땅이 명료한 때에 이른다면 니살기바야제이다.

마당에 있는 집(場舍)에도 한 경계가 있고 다른 경계가 있다. 이 가운데에서 경계는 문·식당·중정·측간·우물 등을 말한다. 만약 비구가 한 마당에 있고, 옷은 다른 마당에 있다면 비구는 마땅히 취하여 옷을 가져오거나, 만약 옷이 있는 곳으로 가거나, 만약 다른 옷을 받아야 한다. 만약 취하여 가져오지도 않고, 옷이 있는 곳에 가지도 않으며, 다른 옷을 받지도 않고 땅이 명료한 때에 이른다면 니살기바야제이다.

동산(園)에도 한 경계가 있고 다른 경계가 있다. 이 가운데에서 경계는 문·식당·중정·측간·우물 등을 말한다. 만약 비구가 한 동산에 있고, 옷은 다른 동산에 있다면 비구는 마땅히 취하여 옷을 가져오거나, 만약 옷이 있는 곳으로 가거나, 만약 다른 옷을 받아야 한다. 만약 취하여 옷을 가져오지도 않고, 옷이 있는 곳에 가지도 않으며, 다른 옷을 받지도 않고 땅이 명료한 때에 이른다면 니살기바야제이다.

동산의 집(園舍)에도 한 경계가 있고 다른 경계가 있다. 이 가운데에서 경계는 문·식당·중정·측간·우물 등을 말한다. 만약 비구가 한 동산의 집에 있고, 옷은 다른 동산의 집에 있다면 비구는 마땅히 취하여 옷을 가져오거나, 만약 옷이 있는 곳으로 가거나, 만약 다른 옷을 받아야 한다. 만약 취하여 옷을 가져오지도 않고, 옷이 있는 곳에 가지도 않으며, 다른 옷을 받지도 않고 땅이 명료한 때에 이른다면 니살기바야제이다.

타고 가는 수레에도 한 경계가 있고 다른 경계가 있다. 이 가운데에서 앞 수레의 경계는 앞 수레의 가운데를 향하여 지팡이를 뻗어서 미치는 거리를 말하고, 가운데 수레의 경계는 앞 수레를 향하여 뒤 수레에서 지팡이를 뻗어서 미치는 거리를 말하며, 뒤 수레의 경계는 가운데에서 수레를 향해 지팡이를 뻗어 미치는 거리를 말한다. 만약 비구가 한 수레의 경계에 있고 옷은 다른 수레의 경계에 있다면 비구는 마땅히 취하여 옷을 가져오거나, 만약 옷이 있는 곳으로 가거나, 만약 다른 옷을 받아야 한다. 만약 취하여 옷을 가져오지도 않고, 옷이 있는 곳에 가지도 않으며, 다른 옷을 받지도 않고 땅이 명료한 때에 이른다면 니살기바야제이다.

단선(單船)에도 같은 경계가 있고 다른 경계가 있다. 이 가운데에서 단선의 경계는 배를 묶는 곳이거나, 만약 기둥이거나, 만약 말뚝이거나, 만약 갑판 등이다. 만약 비구는 한 배에 있고 옷은 다른 배에 있다면 비구는 마땅히 취하여 옷을 가져오거나, 만약 옷이 있는 곳으로 가거나, 만약 다른 옷을 받아야 한다. 만약 취하여 옷을 가져오지도 않고, 옷이 있는 곳에 가지도 않으며, 다른 옷을 받지도 않고 땅이 명료한 때에 이른다면 니살기바일제이다. 방선(舫船)의 경계 역시 이와 같다.

나무에도 한 경계가 있고 다른 경계가 있다. 이 가운데에서 서로 맞닿지 않은 나무의 경계는 만약 해가 비치는 때에 그늘지는 곳과 만약 비가 내리는 때에 빗물이 닿지 않는 가지와 잎이다. 만약 비구가 한 나무 아래 있는데 옷은 다른 나무 아래 있다면 비구는 마땅히 옷을 취하여 가져오거나, 만약 옷이 있는 곳으로 가거나, 만약 다른 옷을 받아야 한다.

만약 옷을 취하여 가져오지도 않고, 옷이 있는 곳에 가지도 않으며, 다른 옷을 받지도 않고 땅이 명료한 때에 이른다면 니살기바일제이다.

서로 맞닿은 나무의 경계는 만약 이러한 여러 나무의 가지와 잎이 서로 맞닿아 있으며, 나아가 1구로사(拘盧舍)[10]이다. 이 가운데에서 장소를 따라서 옷을 놓아두고서 땅이 명료한 때에 이르더라도 범한 것이 없다.

옷의 길이는 49심(尋)[11]이다. 비구가 화상(和上)이나 아사리(阿闍梨)를 모시고 옷을 어깨에 메고서 도로를 다니는 가운데에서 만약 앞에서 갔거나, 만약 뒤에 갔다면 49심의 안을 떠나서는 안 된다. 만약 49심을 벗어나서 땅이 명료한 때에 이른다면 니살기바일제이다.

여러 비구들이 지닌 옷과 발우를 한곳에 놓아두고 옷의 네 주위에서 누웠는데, 이 가운데에서 한 비구가 만약 일어나서 도리어 옷을 취할 수 있는 곳을 떠나서 땅이 명료한 때에 이른다면 니살기바일제이다. 비구가 있어 두 경계에 누웠는데 옷이 몸을 떠나거나 나아가 절반의 촌(寸)[12]이라도 다른 경계로 들어간다면 돌길라죄를 얻는다. 만약 옷이 한 자락이라도 몸에 있다면 범한 것은 없다." [두 번째 일을 마친다.]

세존께서는 사위국에 머무르셨다.

이때 육군비구는 때가 아니었는데 옷을 저축하고서 이렇게 생각을 지었다.

'이것은 모양이 비슷하지 않으므로 남겨두어야겠다. 만약 비슷한 것을 얻는다면 마땅히 옷을 지어야겠다.'

이 육군비구는 만약 이전에 푸른 옷을 먼저 얻고 뒤에 노란 옷을 얻었어도

---

10) 산스크리트어 krośa의 음사로 고대 인도의 거리의 단위이다. 소의 울음소리나 북소리를 들을 수 있는 최대 거리로 대략 1㎞로 생각된다.

11) 길이의 단위로 1심(尋)은 여덟 자를 가리킨다. 자(尺)는 손을 폈을 때의 엄지손가락 끝에서 가운뎃손가락 끝까지의 길이에서 비롯되었다. 한(漢)나라 때는 23㎝ 정도이고, 당(唐)나라 때는 24.5㎝ 정도로 되었으며, 이보다 5㎝가 긴 것도 사용되었다. 따라서 이곳에서 1심은 약 196㎝를 가리킨다.

12) 길이의 단위로 촌[尺]을 가리키며, 3.0303㎝이다.

이렇게 생각을 지었다.

'이것은 모양이 비슷하지 않으므로 남겨두어야겠다. 만약 비슷한 것을 얻는다면 마땅히 옷을 지어야겠다.'

만약 먼저 노란 옷을 얻고서 뒤에 붉은 옷·흰 옷·삼베옷·야생의 삼베옷·모시옷·교사야의(憍奢耶衣)[13]·시이라의(翅夷羅衣)[14]·흠바라의(欽婆羅衣)[15]·겁패의(劫貝衣)[16] 등의 옷을 얻었어도 이렇게 생각을 지었다.

'이것은 모양이 비슷하지 않으므로 남겨두고서, 만약 비슷한 것을 얻는다면 마땅히 옷을 지어야겠다.'

이 가운데에 비구가 있어 욕망이 적고 만족함을 알며 두타를 행하였는데, 이러한 일을 듣고 마음이 기쁘지 않아서 꾸짖어 말하였다.

"어찌 비구라고 이름하면서 때가 아닌 옷을 저축하면서 모양이 비슷하지 않다는 까닭으로 남겨두고서, 만약 비슷한 것을 얻는다면 마땅히 옷을 짓겠다고 하는가? 먼저 푸른 옷을 얻고서 뒤에 노란 옷을 얻었어도 '이것은 모양이 비슷하지 않으므로 남겨두고, 만약 비슷한 것을 얻는다면 마땅히 옷을 지어야겠다.'라고 이렇게 생각을 짓고, 만약 먼저 노란 옷을 얻고서 뒤에 붉은 옷·흰 옷·삼베옷·야생의 삼베옷·모시옷·교사야의·시이라의·흠바라의·겁패의 등의 옷을 얻었어도 '이것은 모양이 비슷하지 않으므로 남겨두고, 만약 비슷한 것을 얻는다면 마땅히 옷을 지어야겠다.'라고 이렇게 생각을 짓는가?"

이와 같이 비구들은 여러 종류의 인연으로 꾸짖고서 이 일로써 세존께 아뢰었다. 세존께서는 이 일로써 비구 승가를 모으셨으며, 아시면서도 일부러 여러 비구들에게 물으셨다.

---

13) 교사야(憍奢耶)는 산스크리트어 kauśeya의 음사로서 비단을 말한다. 즉 비단으로 만든 옷을 가리킨다.

14) 새의 깃털로 짠 옷을 가리킨다.

15) 흠바라(欽婆羅)는 산스크리트어 kambala의 음사로서 털실로 만든 옷을 말한다. 즉 모직(毛織)으로 만든 옷을 가리킨다.

16) 겁패(劫貝)는 산스크리트어 karpāsa의 음사로서 씨가 솜털로 덮여 있는 목화나무를 말한다. 즉 면직물로 만든 옷을 가리킨다.

"그대들이 진실로 이러한 일을 지었는가?"

대답하여 말하였다.

"진실로 지었습니다. 세존이시여."

세존께서는 여러 종류의 인연으로서 육군비구들을 꾸짖으셨다.

"어찌 비구라고 이름하면서 때가 아닌데도 옷을 저축하면서 모양이 비슷하지 않다는 까닭으로 남겨두고, 만약 비슷한 것을 얻는다면 마땅히 옷을 짓겠다고 하였는가? 먼저 푸른 옷을 먼저 얻고서 뒤에 노란 옷을 얻었어도 '이것은 모양이 비슷하지 않으므로 남겨두고, 만약 비슷한 것을 얻는다면 마땅히 옷을 지어야겠다.'라고 이렇게 생각을 짓고, 만약 먼저 노란 옷을 얻고서 뒤에 붉은 옷·흰 옷·삼베옷·야생의 삼베옷·모시옷·교사야의·시이라의·흠바라의·겁패의 등의 옷을 얻었어도 '이것은 모양이 비슷하지 않으므로 남겨두고, 만약 비슷한 것을 얻는다면 마땅히 옷을 지어야겠다.'라고 이렇게 생각을 지었는가?"

세존께서는 이와 같이 여러 종류의 인연으로서 꾸짖으셨으며, 여러 비구들에게 말씀하셨다.

"열 가지의 이익을 까닭으로 여러 비구들에게 계를 제정하여 주겠노라. 지금부터 이러한 계는 이와 같이 설할지니라. '만약 비구가 옷을 지어서 마쳤고 가치나의도 버렸으며, 만약 때가 아닌 옷을 얻었는데, 비구가 필요하다면 마땅히 스스로의 손으로 취하여 빠르게 옷을 지어서 수지하라. 만약 만족한다면 좋으나, 만약 부족하다면 다시 옷을 얻는 것을 바라는데, 구족시키려는 까닭이다. 이 옷은 기다리는 것이 나아가 1개월이며, 이것을 넘긴다면 니살기바야제이니라.'"

'때 아닌 옷(非時衣)'은 이를테면, 다른 방의 옷, 신도 집에서 시주한 옷을 제외하고, 안거할 때 입은 옷을 제외하며, 나머지의 옷을 때가 아닌 옷이라고 이름한다.

'스스로의 손으로 취하여 빠르게 옷을 지어서 수지하다.'는 이 옷으로 만약 승가리를 지었거나, 만약 울다라승을 지었거나, 만약 안타위를 지은 것이다.

'다시 옷을 얻기를 바라다.'는 이 비구가 '만약 어머니가 나에게 주거나, 만약 아버지이거나, 만약 형제·자매·자녀·과거 아내가 나에게 주거나, 만약 반사바슬회(般闍婆瑟會)가 있거나[5년회(會)이다.], 만약 사바바슬회(沙婆婆瑟會)가 있거나[6년회이다.], 만약 이월회(二月會)가 있거나, 만약 입사회(入舍會)가 있으므로, 나는 1개월의 가운데의 재회(齋會)에서 마땅히 능히 모은다면 이러한 옷을 지을 수 있다.'라고 이렇게 생각을 짓는 것이다.

'부족한 옷을 구족시키다.'는 만약 승가리가 적거나, 만약 울다라승이 적거나, 만약 안타위가 적어서 구족되게 짓는 것이다.

이 가운데에서 범하는 것은 만약 비구가 구족되지 않은 옷을 얻고 기다리면서 다시 옷을 얻는 것을 바랐던 까닭으로, 이 비구가 옷을 얻을 날을 따라서 '나는 앞으로 10일에 바라는 옷을 반드시 얻지 않겠는가!'라고 곧 이렇게 생각을 지었고, 이 옷이 10일째라면 마땅히 옷을 짓거나, 만약 다른 사람에게 주거나, 만약 작정하거나, 만약 수지해야 한다. 만약 옷을 짓지도 않고, 다른 사람에게 주지도 않으며, 작정하지도 않고, 수지하지도 않으면서 11일에 땅이 명료한 때에 이르렀다면 니살기바야제이다.

또한 비구가 구족되지 않은 옷을 얻고 기다리면서 다시 옷을 얻는 것을 바랐던 까닭으로, 2일에 이르러 '나는 앞으로 9일에 바라는 옷을 반드시 얻지 않겠는가!'라고 이렇게 생각을 지었고, 이 옷이 9일째라면 마땅히 옷을 짓거나, 만약 다른 사람에게 주거나, 만약 작정하거나, 만약 수지해야 한다. 만약 옷을 짓지도 않고, 다른 사람에게 주지도 않으며, 작정하지도 않고, 수지하지도 않으면서 11일에 땅이 명료한 때에 이르렀다면 니살기바야제이다.

또한 비구가 구족되지 않은 옷을 얻고 기다리면서 다시 옷을 얻는 것을 바랐던 까닭으로, 3일에 이르러 '나는 앞으로 8일에 바라는 옷을 반드시 얻지 않겠는가!'라고 이렇게 생각을 지었고, 이 옷이 8일째이라면 마땅히 옷을 짓거나, 만약 다른 사람에게 주거나, 만약 작정하거나, 만약 수지해야 한다. 만약 옷을 짓지도 않고, 다른 사람에게 주지도 않으며, 작정하지도 않고, 수지하지도 않으면서 11일에 땅이 명료한 때에 이르렀다면 니살기바야제이다.

또한 비구가 구족되지 않은 옷을 얻고 기다리면서 다시 옷을 얻는 것을 바랐던 까닭으로, 4일에 이르러 '나는 앞으로 7일에 바라는 옷을 반드시 얻지 않겠는가!'라고 이렇게 생각을 지었고, 이 옷이 7일째라면 마땅히 옷을 짓거나, 만약 다른 사람에게 주거나, 만약 작정하거나, 만약 수지해야 한다. 만약 옷을 짓지도 않고, 다른 사람에게 주지도 않으며, 작정하지도 않고, 수지하지도 않으면서 11일에 땅이 명료한 때에 이르렀다면 니살기바야제이다.

또한 비구가 구족되지 않은 옷을 얻고 기다리면서 다시 옷을 얻는 것을 바랐던 까닭으로, 5일에 이르러 '나는 앞으로 6일에 바라는 옷을 반드시 얻지 않겠는가!'라고 이렇게 생각을 지었고, 이 옷이 6일째이라면 마땅히 옷을 짓거나, 만약 다른 사람에게 주거나, 만약 작정하거나, 만약 수지해야 한다. 만약 옷을 짓지도 않고, 다른 사람에게 주지도 않으며, 작정하지도 않고, 수지하지도 않으면서 11일에 땅이 명료한 때에 이르렀다면 니살기바야제이다.

또한 비구가 구족되지 않은 옷을 얻고 기다리면서 다시 옷을 얻는 것을 바랐던 까닭으로, 6일에 이르러 '나는 앞으로 5일에 바라는 옷을 반드시 얻지 않겠는가!'라고 이렇게 생각을 지었고, 이 옷이 5일째라면 마땅히 옷을 짓거나, 만약 다른 사람에게 주거나, 만약 작정하거나, 만약 수지해야 한다. 만약 옷을 짓지도 않고, 다른 사람에게 주지도 않으며, 작정하지도 않고, 수지하지도 않으면서 11일에 땅이 명료한 때에 이르렀다면 니살기바야제이다.

또한 비구가 구족되지 않은 옷을 얻고 기다리면서 다시 옷을 얻는 것을 바랐던 까닭으로, 7일에 이르러 '나는 앞으로 4일에 바라는 옷을 반드시 얻지 않겠는가!'라고 이렇게 생각을 지었고, 이 옷이 4일째라면 마땅히 옷을 짓거나, 만약 다른 사람에게 주거나, 만약 작정하거나, 만약 수지해야 한다. 만약 옷을 짓지도 않고, 다른 사람에게 주지도 않으며, 작정하지도 않고, 수지하지도 않으면서 11일에 땅이 명료한 때에 이르렀다

면 니살기바야제이다.

또한 비구가 구족되지 않은 옷을 얻고 기다리면서 다시 옷을 얻는 것을 바랐던 까닭으로, 8일에 이르러 '나는 앞으로 3일에 바라는 옷을 반드시 얻지 않겠는가!'라고 이렇게 생각을 지었고, 이 옷이 3일째이라면 마땅히 옷을 짓거나, 만약 다른 사람에게 주거나, 만약 작정하거나, 만약 수지해야 한다. 만약 옷을 짓지도 않고, 다른 사람에게 주지도 않으며, 작정하지도 않고, 수지하지도 않으면서 11일에 땅이 명료한 때에 이르렀다면 니살기바야제이다.

또한 비구가 구족되지 않은 옷을 얻고 기다리면서 다시 옷을 얻는 것을 바랐던 까닭으로, 9일에 이르러 '나는 앞으로 2일에 바라는 옷을 반드시 얻지 않겠는가!'라고 이렇게 생각을 지었고, 이 옷이 2일째라면 마땅히 옷을 짓거나, 만약 다른 사람에게 주거나, 만약 작정하거나, 만약 수지해야 한다. 만약 옷을 짓지도 않고, 다른 사람에게 주지도 않으며, 작정하지도 않고, 수지하지도 않으면서 11일에 땅이 명료한 때에 이르렀다면 니살기바야제이다.

또한 비구가 구족되지 않은 옷을 얻고 기다리면서 다시 옷을 얻는 것을 바랐던 까닭으로, 10일에 이르러 '나는 앞으로 1일에 바라는 옷을 반드시 얻지 않겠는가!'라고 이렇게 생각을 지었고, 이 옷이 1일째라면 마땅히 옷을 짓거나, 만약 다른 사람에게 주거나, 만약 작정하거나, 만약 수지해야 한다. 만약 옷을 짓지도 않고, 다른 사람에게 주지도 않으며, 작정하지도 않고, 수지하지도 않으면서 11일에 땅이 명료한 때에 이르렀다면 니살기바야제이다.

또한 비구가 구족되지 않은 옷을 얻고 기다리면서 다시 옷을 얻는 것을 바랐던 까닭으로, 11일에 이르러 '나는 앞으로 11일에 바라는 옷을 반드시 얻지 않겠는가!'라고 이렇게 생각을 지었고, 이 옷이 11일째라면 마땅히 옷을 짓거나, 만약 다른 사람에게 주거나, 만약 작정하거나, 만약 수지해야 한다. 만약 옷을 짓지도 않고, 다른 사람에게 주지도 않으며, 작정하지도 않고, 수지하지도 않으면서 12일에 땅이 명료한 때에 이르렀다

면 니살기바야제이다.

또한 비구가 구족되지 않은 옷을 얻고 기다리면서 다시 옷을 얻는 것을 바랐던 까닭으로, 12일에 이르러 '나는 앞으로 12일에 바라는 옷을 반드시 얻지 않겠는가!'라고 이렇게 생각을 지었고, 이 옷이 12일째라면 마땅히 옷을 짓거나, 만약 다른 사람에게 주거나, 만약 작정하거나, 만약 수지해야 한다. 만약 옷을 짓지도 않고, 다른 사람에게 주지도 않으며, 작정하지도 않고, 수지하지도 않으면서 13일에 땅이 명료한 때에 이르렀다면 니살기바야제이다.

또한 비구가 구족되지 않은 옷을 얻고 기다리면서 다시 옷을 얻는 것을 바랐던 까닭으로, 13일에 이르러 '나는 앞으로 13일에 바라는 옷을 반드시 얻지 않겠는가!'라고 이렇게 생각을 지었고, 이 옷이 13일째라면 마땅히 옷을 짓거나, 만약 다른 사람에게 주거나, 만약 작정하거나, 만약 수지해야 한다. 만약 옷을 짓지도 않고, 다른 사람에게 주지도 않으며, 작정하지도 않고, 수지하지도 않으면서 14일에 땅이 명료한 때에 이르렀다면 니살기바야제이다.

또한 비구가 구족되지 않은 옷을 얻고 기다리면서 다시 옷을 얻는 것을 바랐던 까닭으로, 14일에 이르러 '나는 앞으로 14일에 바라는 옷을 반드시 얻지 않겠는가!'라고 이렇게 생각을 지었고, 이 옷이 14일째라면 마땅히 옷을 짓거나, 만약 다른 사람에게 주거나, 만약 작정하거나, 만약 수지해야 한다. 만약 옷을 짓지도 않고, 다른 사람에게 주지도 않으며, 작정하지도 않고, 수지하지도 않으면서 15일에 땅이 명료한 때에 이르렀다면 니살기바야제이다.

또한 비구가 구족되지 않은 옷을 얻고 기다리면서 다시 옷을 얻는 것을 바랐던 까닭으로, 15일에 이르러 '나는 앞으로 15일에 바라는 옷을 반드시 얻지 않겠는가!'라고 이렇게 생각을 지었고, 이 옷이 15일째라면 마땅히 옷을 짓거나, 만약 다른 사람에게 주거나, 만약 작정하거나, 만약 수지해야 한다. 만약 옷을 짓지도 않고, 다른 사람에게 주지도 않으며, 작정하지도 않고, 수지하지도 않으면서 16일에 땅이 명료한 때에 이르렀다

면 니살기바야제이다.

또한 비구가 구족되지 않은 옷을 얻고 기다리면서 다시 옷을 얻는 것을 바랐던 까닭으로, 16일에 이르러 '나는 앞으로 16일에 바라는 옷을 반드시 얻지 않겠는가!'라고 이렇게 생각을 지었고, 이 옷이 16일째라면 마땅히 옷을 짓거나, 만약 다른 사람에게 주거나, 만약 작정하거나, 만약 수지해야 한다. 만약 옷을 짓지도 않고, 다른 사람에게 주지도 않으며, 작정하지도 않고, 수지하지도 않으면서 17일에 땅이 명료한 때에 이르렀다면 니살기바야제이다.

또한 비구가 구족되지 않은 옷을 얻고 기다리면서 다시 옷을 얻는 것을 바랐던 까닭으로, 17일에 이르러 '나는 앞으로 17일에 바라는 옷을 반드시 얻지 않겠는가!'라고 이렇게 생각을 지었고, 이 옷이 17일째라면 마땅히 옷을 짓거나, 만약 다른 사람에게 주거나, 만약 작정하거나, 만약 수지해야 한다. 만약 옷을 짓지도 않고, 다른 사람에게 주지도 않으며, 작정하지도 않고, 수지하지도 않으면서 18일에 땅이 명료한 때에 이르렀다면 니살기바야제이다.

또한 비구가 구족되지 않은 옷을 얻고 기다리면서 다시 옷을 얻는 것을 바랐던 까닭으로, 18일에 이르러 '나는 앞으로 18일에 바라는 옷을 반드시 얻지 않겠는가!'라고 이렇게 생각을 지었고, 이 옷이 18일째라면 마땅히 옷을 짓거나, 만약 다른 사람에게 주거나, 만약 작정하거나, 만약 수지해야 한다. 만약 옷을 짓지도 않고, 다른 사람에게 주지도 않으며, 작정하지도 않고, 수지하지도 않으면서 19일에 땅이 명료한 때에 이르렀다면 니살기바야제이다.

또한 비구가 구족되지 않은 옷을 얻고 기다리면서 다시 옷을 얻는 것을 바랐던 까닭으로, 19일에 이르러 '나는 앞으로 19일에 바라는 옷을 반드시 얻지 않겠는가!'라고 이렇게 생각을 지었고, 이 옷이 19일째라면 마땅히 옷을 짓거나, 만약 다른 사람에게 주거나, 만약 작정하거나, 만약 수지해야 한다. 만약 옷을 짓지도 않고, 다른 사람에게 주지도 않으며, 작정하지도 않고, 수지하지도 않으면서 20일에 땅이 명료한 때에 이르렀다

면 니살기바야제이다.

또한 비구가 구족되지 않은 옷을 얻고 기다리면서 다시 옷을 얻는 것을 바랐던 까닭으로, 20일에 이르러 '나는 앞으로 20일에 바라는 옷을 반드시 얻지 않겠는가!'라고 이렇게 생각을 지었고, 이 옷이 20일째라면 마땅히 옷을 짓거나, 만약 다른 사람에게 주거나, 만약 작정하거나, 만약 수지해야 한다. 만약 옷을 짓지도 않고, 다른 사람에게 주지도 않으며, 작정하지도 않고, 수지하지도 않으면서 21일에 땅이 명료한 때에 이르렀다면 니살기바야제이다.

또한 비구가 구족되지 않은 옷을 얻고 기다리면서 다시 옷을 얻는 것을 바랐던 까닭으로, 21일에 이르러 '나는 앞으로 21일에 바라는 옷을 반드시 얻지 않겠는가!'라고 이렇게 생각을 지었고, 이 옷이 21일째라면 마땅히 옷을 짓거나, 만약 다른 사람에게 주거나, 만약 작정하거나, 만약 수지해야 한다. 만약 옷을 짓지도 않고, 다른 사람에게 주지도 않으며, 작정하지도 않고, 수지하지도 않으면서 22일에 땅이 명료한 때에 이르렀다면 니살기바야제이다.

또한 비구가 구족되지 않은 옷을 얻고 기다리면서 다시 옷을 얻는 것을 바랐던 까닭으로, 22일에 이르러 '나는 앞으로 22일에 바라는 옷을 반드시 얻지 않겠는가!'라고 이렇게 생각을 지었고, 이 옷이 22일째라면 마땅히 옷을 짓거나, 만약 다른 사람에게 주거나, 만약 작정하거나, 만약 수지해야 한다. 만약 옷을 짓지도 않고, 다른 사람에게 주지도 않으며, 작정하지도 않고, 수지하지도 않으면서 23일에 땅이 명료한 때에 이르렀다면 니살기바야제이다.

또한 비구가 구족되지 않은 옷을 얻고 기다리면서 다시 옷을 얻는 것을 바랐던 까닭으로, 23일에 이르러 '나는 앞으로 23일에 바라는 옷을 반드시 얻지 않겠는가!'라고 이렇게 생각을 지었고, 이 옷이 23일째라면 마땅히 옷을 짓거나, 만약 다른 사람에게 주거나, 만약 작정하거나, 만약 수지해야 한다. 만약 옷을 짓지도 않고, 다른 사람에게 주지도 않으며, 작정하지도 않고, 수지하지도 않으면서 24일에 땅이 명료한 때에 이르렀다

면 니살기바야제이다.

또한 비구가 구족되지 않은 옷을 얻고 기다리면서 다시 옷을 얻는 것을 바랐던 까닭으로, 24일에 '나는 앞으로 24일에 바라는 옷을 반드시 얻지 않겠는가!'라고 이렇게 생각을 지었고, 이 옷이 24일째라면 마땅히 옷을 짓거나, 만약 다른 사람에게 주거나, 만약 작정하거나, 만약 수지해야 한다. 만약 옷을 짓지도 않고, 다른 사람에게 주지도 않으며, 작정하지도 않고, 수지하지도 않으면서 25일에 땅이 명료한 때에 이르렀다면 니살기바야제이다.

또한 비구가 구족되지 않은 옷을 얻고 기다리면서 다시 옷을 얻는 것을 바랐던 까닭으로, 25일에 '나는 앞으로 25일에 바라는 옷을 반드시 얻지 않겠는가!'라고 이렇게 생각을 지었고, 이 옷이 25일째라면 마땅히 옷을 짓거나, 만약 다른 사람에게 주거나, 만약 작정하거나, 만약 수지해야 한다. 만약 옷을 짓지도 않고, 다른 사람에게 주지도 않으며, 작정하지도 않고, 수지하지도 않으면서 26일에 땅이 명료한 때에 이르렀다면 니살기바야제이다.

또한 비구가 구족되지 않은 옷을 얻고 기다리면서 다시 옷을 얻는 것을 바랐던 까닭으로, 26일에 '나는 앞으로 26일에 바라는 옷을 반드시 얻지 않겠는가!'라고 이렇게 생각을 지었고, 이 옷이 26일째라면 마땅히 옷을 짓거나, 만약 다른 사람에게 주거나, 만약 작정하거나, 만약 수지해야 한다. 만약 옷을 짓지도 않고, 다른 사람에게 주지도 않으며, 작정하지도 않고, 수지하지도 않으면서 27일에 땅이 명료한 때에 이르렀다면 니살기바야제이다.

또한 비구가 구족되지 않은 옷을 얻고 기다리면서 다시 옷을 얻는 것을 바랐던 까닭으로, 27일에 이르러 '나는 앞으로 27일에 바라는 옷을 반드시 얻지 않겠는가!'라고 이렇게 생각을 지었고, 이 옷이 27일째라면 마땅히 옷을 짓거나, 만약 다른 사람에게 주거나, 만약 작정하거나, 만약 수지해야 한다. 만약 옷을 짓지도 않고, 다른 사람에게 주지도 않으며, 작정하지도 않고, 수지하지도 않으면서 28일에 땅이 명료한 때에 이르렀다

면 니살기바야제이다.

또한 비구가 구족되지 않은 옷을 얻고 기다리면서 다시 옷을 얻는 것을 바랐던 까닭으로, 28일에 이르러 '나는 앞으로 28일에 바라는 옷을 반드시 얻지 않겠는가!'라고 이렇게 생각을 지었고, 이 옷이 28일째라면 마땅히 옷을 짓거나, 만약 다른 사람에게 주거나, 만약 작정하거나, 만약 수지해야 한다. 만약 옷을 짓지도 않고, 다른 사람에게 주지도 않으며, 작정하지도 않고, 수지하지도 않으면서 29일에 땅이 명료한 때에 이르렀다면 니살기바야제이다.

또한 비구가 구족되지 않은 옷을 얻고 기다리면서 다시 옷을 얻는 것을 바랐던 까닭으로, 29일에 '나는 앞으로 29일에 바라는 옷을 반드시 얻지 않겠는가!'라고 이렇게 생각을 지었고, 이 옷이 29일째라면 마땅히 옷을 짓거나, 만약 다른 사람에게 주거나, 만약 작정하거나, 만약 수지해야 한다. 만약 옷을 짓지도 않고, 다른 사람에게 주지도 않으며, 작정하지도 않고, 수지하지도 않으면서 30일에 땅이 명료한 때에 이르렀다면 니살기바야제이다.

또한 비구가 구족되지 않은 옷을 얻고 기다리면서 다시 옷을 얻는 것을 바랐던 까닭으로, 30일에 이르러 '나는 앞으로 30일에 바라는 옷을 반드시 얻지 않겠는가!'라고 이렇게 생각을 지었고, 이 옷이 30일째라면 마땅히 옷을 짓거나, 만약 다른 사람에게 주거나, 만약 작정하거나, 만약 수지해야 한다. 만약 옷을 짓지도 않고, 다른 사람에게 주지도 않으며, 작정하지도 않고, 수지하지도 않으면서 31일에 땅이 명료한 때에 이르렀다면 니살기바야제이다.

또한 비구가 구족되지 않은 옷을 얻고서 다시 옷을 얻는 것을 바랐던 까닭으로 기다렸는데, 곧 옷을 기다리던 날에 바랐던 것은 얻지 못하였고 바라지 않았던 것을 얻었다면 이 옷으로 10일째에 마땅히 옷을 짓거나, 만약 다른 사람에게 주거나, 만약 작정하거나, 만약 수지해야 한다. 만약 옷을 짓지도 않고, 다른 사람에게 주지도 않으며, 작정하지도 않고, 수지하지도 않으면서 11일에 땅이 명료한 때에 이르렀다면 니살기바야제이다.

또한 비구가 구족되지 않은 옷을 얻고 기다리면서 다시 옷을 얻는 것을 바랐던 까닭으로, 곧 옷을 기다렸는데 2일에 바랐던 것은 얻지 못하였고 바라지 않았던 것을 얻었다면 이 옷으로 9일째에 마땅히 옷을 짓거나, 만약 다른 사람에게 주거나, 만약 작정하거나, 만약 수지해야 한다. 만약 옷을 짓지도 않고, 다른 사람에게 주지도 않으며, 작정하지도 않고, 수지하지도 않으면서 11일에 땅이 명료한 때에 이르렀다면 니살기바야제이다.

또한 비구가 구족되지 않은 옷을 얻고 기다리면서 다시 옷을 얻는 것을 바랐던 까닭으로, 곧 옷을 기다렸는데, 나아가 9일에 바랐던 것은 얻지 못하였고 바라지 않았던 것을 얻었다면 이 옷으로 2일째에 마땅히 옷을 짓거나, 만약 다른 사람에게 주거나, 만약 작정하거나, 만약 수지해야 한다. 만약 옷을 짓지도 않고, 다른 사람에게 주지도 않으며, 작정하지도 않고, 수지하지도 않으면서 11일에 땅이 명료한 때에 이르렀다면 니살기바야제이다.

또한 비구가 구족되지 않은 옷을 얻고 기다리면서 다시 옷을 얻는 것을 바랐던 까닭으로, 곧 옷을 기다렸는데, 나아가 10일에 바랐던 것은 얻지 못하였고 바라지 않았던 것을 얻었다면 이 옷으로 1일에 마땅히 옷을 짓거나, 만약 다른 사람에게 주거나, 만약 작정하거나, 만약 수지해야 한다. 만약 옷을 짓지도 않고, 다른 사람에게 주지도 않으며, 작정하지도 않고, 수지하지도 않으면서 11일에 땅이 명료한 때에 이르렀다면 니살기바야제이다.

또한 비구가 구족되지 않은 옷을 얻고서 다시 옷을 얻는 것을 바랐던 까닭으로 기다렸는데, 곧 옷을 기다렸는데 11일에 바랐던 것은 얻지 못하였고 바라지 않았던 것을 얻었다면 이 옷으로 11일째에 마땅히 옷을 짓거나, 만약 다른 사람에게 주거나, 만약 작정하거나, 만약 수지해야 한다. 만약 옷을 짓지도 않고, 다른 사람에게 주지도 않으며, 작정하지도 않고, 수지하지도 않으면서 12일에 땅이 명료한 때에 이르렀다면 니살기바야제이다.

또한 비구가 구족되지 않은 옷을 얻고서 다시 옷을 얻는 것을 바랐던 까닭으로 기다렸는데, 12일에 이르러 바랐던 것은 얻지 못하였고 바라지 않았던 것을 얻었다면 이 옷으로 12일째에 마땅히 옷을 짓거나, 만약 다른 사람에게 주거나, 만약 작정하거나, 만약 수지해야 한다. 만약 옷을 짓지도 않고, 다른 사람에게 주지도 않으며, 작정하지도 않고, 수지하지도 않으면서 13일에 땅이 명료한 때에 이르렀다면 니살기바야제이다.

또한 비구가 구족되지 않은 옷을 얻고서 다시 옷을 얻는 것을 바랐던 까닭으로 기다렸는데, 13일에 이르러 바랐던 것은 얻지 못하였고 바라지 않았던 것을 얻었다면 이 옷으로 13일째에 마땅히 옷을 짓거나, 만약 다른 사람에게 주거나, 만약 작정하거나, 만약 수지해야 한다. 만약 옷을 짓지도 않고, 다른 사람에게 주지도 않으며, 작정하지도 않고, 수지하지도 않으면서 14일에 땅이 명료한 때에 이르렀다면 니살기바야제이다.

또한 비구가 구족되지 않은 옷을 얻고 기다리면서 다시 옷을 얻는 것을 바랐던 까닭으로, 14일에 이르러 바랐던 것은 얻지 못하였고 바라지 않았던 것을 얻었다면 이 옷으로 14일째에 마땅히 옷을 짓거나, 만약 다른 사람에게 주거나, 만약 작정하거나, 만약 수지해야 한다. 만약 옷을 짓지도 않고, 다른 사람에게 주지도 않으며, 작정하지도 않고, 수지하지도 않으면서 15일에 땅이 명료한 때에 이르렀다면 니살기바야제이다.

또한 비구가 구족되지 않은 옷을 얻고서 다시 옷을 얻는 것을 바랐던 까닭으로 기다렸는데, 15일에 이르러 바랐던 것은 얻지 못하였고 바라지 않았던 것을 얻었다면 이 옷으로 15일째에 마땅히 옷을 짓거나, 만약 다른 사람에게 주거나, 만약 작정하거나, 만약 수지해야 한다. 만약 옷을 짓지도 않고, 다른 사람에게 주지도 않으며, 작정하지도 않고, 수지하지도 않으면서 16일에 땅이 명료한 때에 이르렀다면 니살기바야제이다.

또한 비구가 구족되지 않은 옷을 얻고서 다시 옷을 얻는 것을 바랐던 까닭으로 기다렸는데, 16일에 이르러 바랐던 것은 얻지 못하였고 바라지 않았던 것을 얻었다면 이 옷으로 16일째에 마땅히 옷을 짓거나, 만약 다른 사람에게 주거나, 만약 작정하거나, 만약 수지해야 한다. 만약 옷을 짓지도 않고, 다른 사람에게 주지도 않으며, 작정하지도 않고, 수지하지도 않으면서 17일에 땅이 명료한 때에 이르렀다면 니살기바야제이다.

또한 비구가 구족되지 않은 옷을 얻고서 다시 옷을 얻는 것을 바랐던 까닭으로 기다렸는데, 17일에 이르러 바랐던 것은 얻지 못하였고 바라지 않았던 것을 얻었다면 이 옷으로 17일째에 마땅히 옷을 짓거나, 만약 다른 사람에게 주거나, 만약 작정하거나, 만약 수지해야 한다. 만약 옷을 짓지도 않고, 다른 사람에게 주지도 않으며, 작정하지도 않고, 수지하지도 않으면서 18일에 땅이 명료한 때에 이르렀다면 니살기바야제이다.

또한 비구가 구족되지 않은 옷을 얻고서 다시 옷을 얻는 것을 바랐던 까닭으로 기다렸는데, 18일에 이르러 바랐던 것은 얻지 못하였고 바라지 않았던 것을 얻었다면 이 옷으로 18일째에 마땅히 옷을 짓거나, 만약 다른 사람에게 주거나, 만약 작정하거나, 만약 수지해야 한다. 만약 옷을 짓지도 않고, 다른 사람에게 주지도 않으며, 작정하지도 않고, 수지하지도 않으면서 19일에 땅이 명료한 때에 이르렀다면 니살기바야제이다.

또한 비구가 구족되지 않은 옷을 얻고서 다시 옷을 얻는 것을 바랐던 까닭으로 기다렸는데, 19일에 이르러 바랐던 것은 얻지 못하였고 바라지 않았던 것을 얻었다면 이 옷으로 19일째에 마땅히 옷을 짓거나, 만약 다른 사람에게 주거나, 만약 작정하거나, 만약 수지해야 한다. 만약 옷을 짓지도 않고, 다른 사람에게 주지도 않으며, 작정하지도 않고, 수지하지도 않으면서 20일에 땅이 명료한 때에 이르렀다면 니살기바야제이다.

또한 비구가 구족되지 않은 옷을 얻고서 다시 옷을 얻는 것을 바랐던 까닭으로 기다렸는데, 20일에 이르러 바랐던 것은 얻지 못하였고 바라지 않았던 것을 얻었다면 이 옷으로 20일째에 마땅히 옷을 짓거나, 만약 다른 사람에게 주거나, 만약 작정하거나, 만약 수지해야 한다. 만약 옷을 짓지도 않고, 다른 사람에게 주지도 않으며, 작정하지도 않고, 수지하지도 않으면서 21일에 땅이 명료한 때에 이르렀다면 니살기바야제이다.

또한 비구가 구족되지 않은 옷을 얻고서 다시 옷을 얻는 것을 바랐던 까닭으로 기다렸는데, 21일에 이르러 바랐던 것은 얻지 못하였고 바라지 않았던 것을 얻었다면 이 옷으로 21일째에 마땅히 옷을 짓거나, 만약 다른 사람에게 주거나, 만약 작정하거나, 만약 수지해야 한다. 만약 옷을 짓지도 않고, 다른 사람에게 주지도 않으며, 작정하지도 않고, 수지하지도 않으면서 22일에 땅이 명료한 때에 이르렀다면 니살기바야제이다.

또한 비구가 구족되지 않은 옷을 얻고서 다시 옷을 얻는 것을 바랐던 까닭으로 기다렸는데, 22일에 이르러 바랐던 것은 얻지 못하였고 바라지 않았던 것을 얻었다면 이 옷으로 22일째에 마땅히 옷을 짓거나, 만약 다른 사람에게 주거나, 만약 작정하거나, 만약 수지해야 한다. 만약 옷을 짓지도 않고, 다른 사람에게 주지도 않으며, 작정하지도 않고, 수지하지도 않으면서 23일에 땅이 명료한 때에 이르렀다면 니살기바야제이다.

또한 비구가 구족되지 않은 옷을 얻고서 다시 옷을 얻는 것을 바랐던 까닭으로 기다렸는데, 23일에 이르러 바랐던 것은 얻지 못하였고 바라지 않았던 것을 얻었다면 이 옷으로 23일째에 마땅히 옷을 짓거나, 만약 다른 사람에게 주거나, 만약 작정하거나, 만약 수지해야 한다. 만약 옷을 짓지도 않고, 다른 사람에게 주지도 않으며, 작정하지도 않고, 수지하지도 않으면서 24일에 땅이 명료한 때에 이르렀다면 니살기바야제이다.

또한 비구가 구족되지 않은 옷을 얻고서 다시 옷을 얻는 것을 바랐던 까닭으로 기다렸는데, 24일에 이르러 바랐던 것은 얻지 못하였고 바라지 않았던 것을 얻었다면 이 옷으로 24일째에 마땅히 옷을 짓거나, 만약 다른 사람에게 주거나, 만약 작정하거나, 만약 수지해야 한다. 만약 옷을 짓지도 않고, 다른 사람에게 주지도 않으며, 작정하지도 않고, 수지하지도 않으면서 25일에 땅이 명료한 때에 이르렀다면 니살기바야제이다.

또한 비구가 구족되지 않은 옷을 얻고서 다시 옷을 얻는 것을 바랐던 까닭으로 기다렸는데, 25일에 이르러 바랐던 것은 얻지 못하였고 바라지 않았던 것을 얻었다면 이 옷으로 25일째에 마땅히 옷을 짓거나, 만약 다른 사람에게 주거나, 만약 작정하거나, 만약 수지해야 한다. 만약 옷을 짓지도 않고, 다른 사람에게 주지도 않으며, 작정하지도 않고, 수지하지도 않으면서 26일에 땅이 명료한 때에 이르렀다면 니살기바야제이다.

또한 비구가 구족되지 않은 옷을 얻고서 다시 옷을 얻는 것을 바랐던 까닭으로 기다렸는데, 26일에 이르러 바랐던 것은 얻지 못하였고 바라지 않았던 것을 얻었다면 이 옷으로 26일째에 마땅히 옷을 짓거나, 만약 다른 사람에게 주거나, 만약 작정하거나, 만약 수지해야 한다. 만약 옷을 짓지도 않고, 다른 사람에게 주지도 않으며, 작정하지도 않고, 수지하지도 않으면서 27일에 땅이 명료한 때에 이르렀다면 니살기바야제이다.

또한 비구가 구족되지 않은 옷을 얻고서 다시 옷을 얻는 것을 바랐던 까닭으로 기다렸는데, 27일에 이르러 바랐던 것은 얻지 못하였고 바라지 않았던 것을 얻었다면 이 옷으로 27일째에 마땅히 옷을 짓거나, 만약 다른 사람에게 주거나, 만약 작정하거나, 만약 수지해야 한다. 만약 옷을 짓지도 않고, 다른 사람에게 주지도 않으며, 작정하지도 않고, 수지하지도 않으면서 28일에 땅이 명료한 때에 이르렀다면 니살기바야제이다.

또한 비구가 구족되지 않은 옷을 얻고서 다시 옷을 얻는 것을 바랐던 까닭으로 기다렸는데, 28일에 이르러 바랐던 것은 얻지 못하였고 바라지 않았던 것을 얻었다면 이 옷으로 28일째에 마땅히 옷을 짓거나, 만약 다른 사람에게 주거나, 만약 작정하거나, 만약 수지해야 한다. 만약 옷을 짓지도 않고, 다른 사람에게 주지도 않으며, 작정하지도 않고, 수지하지도 않으면서 29일에 땅이 명료한 때에 이르렀다면 니살기바야제이다.

또한 비구가 구족되지 않은 옷을 얻고서 다시 옷을 얻는 것을 바랐던 까닭으로 기다렸는데, 29일에 이르러 바랐던 것은 얻지 못하였고 바라지 않았던 것을 얻었다면 이 옷으로 29일째에 마땅히 옷을 짓거나, 만약 다른 사람에게 주거나, 만약 작정하거나, 만약 수지해야 한다. 만약 옷을 짓지도 않고, 다른 사람에게 주지도 않으며, 작정하지도 않고, 수지하지도 않으면서 30일에 땅이 명료한 때에 이르렀다면 니살기바야제이다.

또한 비구가 구족되지 않은 옷을 얻고서 다시 옷을 얻는 것을 바랐던 까닭으로 기다렸는데, 30일에 이르러 바랐던 것은 얻지 못하였고 바라지 않았던 것을 얻었다면 이 옷으로 30일째에 마땅히 옷을 짓거나, 만약 다른 사람에게 주거나, 만약 작정하거나, 만약 수지해야 한다. 만약 옷을 짓지도 않고, 다른 사람에게 주지도 않으며, 작정하지도 않고, 수지하지도 않으면서 31일에 땅이 명료한 때에 이르렀다면 니살기바야제이다.

또한 비구가 구족되지 않은 옷을 얻고서 다시 옷을 얻는 것을 바랐던 까닭으로 기다렸고, 곧 옷을 얻은 날에 옷을 얻기를 바라는 것을 포기하였으나 바라지 않았던 것을 얻었다면 이 옷으로 10일 안에 마땅히 옷을 짓거나, 만약 다른 사람에게 주거나, 만약 작정하거나, 만약 수지해야 한다. 만약 옷을 짓지도 않고, 다른 사람에게 주지도 않으며, 작정하지도 않고, 수지하지도 않으면서 11일에 땅이 명료한 때에 이르렀다면 니살기바야제이다.

또한 비구가 구족되지 않은 옷을 얻고서 다시 옷을 얻는 것을 바랐던 까닭으로 기다렸고, 옷을 얻고서 2일에 옷을 얻는 것을 포기하였으나 바라지 않았던 것을 얻었다면 이 옷으로 9일 안에 마땅히 옷을 짓거나, 만약 다른 사람에게 주거나, 만약 작정하거나, 만약 수지해야 한다. 만약 옷을 짓지도 않고, 다른 사람에게 주지도 않으며, 작정하지도 않고, 수지하지도 않으면서 11일에 땅이 명료한 때에 이르렀다면 니살기바야제이다.

또한 비구가 구족되지 않은 옷을 얻고서 다시 옷을 얻는 것을 바랐던 까닭으로 기다렸고, 옷을 얻고서 3일에 옷을 얻는 것을 포기하였으나 바라지 않았던 것을 얻었다면 이 옷으로 8일 안에 마땅히 옷을 짓거나, 만약 다른 사람에게 주거나, 만약 작정하거나, 만약 수지해야 한다. 만약 옷을 짓지도 않고, 다른 사람에게 주지도 않으며, 작정하지도 않고, 수지하지도 않으면서 11일에 땅이 명료한 때에 이르렀다면 니살기바야제이다.

또한 비구가 구족되지 않은 옷을 얻고서 다시 옷을 얻는 것을 바랐던 까닭으로 기다렸고, 나아가 9일에 옷을 얻는 것을 포기하였으나 바라지 않았던 것을 얻었다면 이 옷으로 2일 안에 마땅히 옷을 짓거나, 만약 다른 사람에게 주거나, 만약 작정하거나, 만약 수지해야 한다. 만약 옷을 짓지도 않고, 다른 사람에게 주지도 않으며, 작정하지도 않고, 수지하지도 않으면서 11일에 땅이 명료한 때에 이르렀다면 니살기바야제이다.

또한 비구가 구족되지 않은 옷을 얻고서 다시 옷을 얻는 것을 바랐던

까닭으로 기다렸고, 10일에 이르러 옷을 얻는 것을 포기하였으나 바라지 않았던 것을 얻었다면 이 옷으로 10일째에 마땅히 옷을 짓거나, 만약 다른 사람에게 주거나, 만약 작정하거나, 만약 수지해야 한다. 만약 옷을 짓지도 않고, 다른 사람에게 주지도 않으며, 작정하지도 않고, 수지하지도 않으면서 11일에 땅이 명료한 때에 이르렀다면 니살기바야제이다.

또한 비구가 구족되지 않은 옷을 얻고서 다시 옷을 얻는 것을 바랐던 까닭으로 기다렸고, 11일에 이르러 옷을 얻는 것을 포기하였으나 바라지 않았던 것을 얻었다면 이 옷으로 11일째에 마땅히 옷을 짓거나, 만약 다른 사람에게 주거나, 만약 작정하거나, 만약 수지해야 한다. 만약 옷을 짓지도 않고, 다른 사람에게 주지도 않으며, 작정하지도 않고, 수지하지도 않으면서 12일에 땅이 명료한 때에 이르렀다면 니살기바야제이다.

또한 비구가 구족되지 않은 옷을 얻고서 다시 옷을 얻는 것을 바랐던 까닭으로 기다렸고, 12일에 이르러 옷을 얻는 것을 포기하였으나 바라지 않았던 것을 얻었다면 이 옷으로 12일째에 마땅히 옷을 짓거나, 만약 다른 사람에게 주거나, 만약 작정하거나, 만약 수지해야 한다. 만약 옷을 짓지도 않고, 다른 사람에게 주지도 않으며, 작정하지도 않고, 수지하지도 않으면서 13일에 땅이 명료한 때에 이르렀다면 니살기바야제이다.

또한 비구가 구족되지 않은 옷을 얻고서 다시 옷을 얻는 것을 바랐던 까닭으로 기다렸고, 13일에 이르러 옷을 얻는 것을 포기하였으나 바라지 않았던 것을 얻었다면 이 옷으로 13일째에 마땅히 옷을 짓거나, 만약 다른 사람에게 주거나, 만약 작정하거나, 만약 수지해야 한다. 만약 옷을 짓지도 않고, 다른 사람에게 주지도 않으며, 작정하지도 않고, 수지하지도 않으면서 14일에 땅이 명료한 때에 이르렀다면 니살기바야제이다.

또한 비구가 구족되지 않은 옷을 얻고서 다시 옷을 얻는 것을 바랐던 까닭으로 기다렸고, 14일에 이르러 옷을 얻는 것을 포기하였으나 바라지 않았던 것을 얻었다면 이 옷으로 14일째에 마땅히 옷을 짓거나, 만약 다른 사람에게 주거나, 만약 작정하거나, 만약 수지해야 한다. 만약 옷을 짓지도 않고, 다른 사람에게 주지도 않으며, 작정하지도 않고, 수지하지도 않으면서 15일에 땅이 명료한 때에 이르렀다면 니살기바야제이다.

또한 비구가 구족되지 않은 옷을 얻고서 다시 옷을 얻는 것을 바랐던 까닭으로 기다렸고, 15일에 이르러 옷을 얻는 것을 포기하였으나 바라지 않았던 것을 얻었다면 이 옷으로 15일째에 마땅히 옷을 짓거나, 만약 다른 사람에게 주거나, 만약 작정하거나, 만약 수지해야 한다. 만약 옷을 짓지도 않고, 다른 사람에게 주지도 않으며, 작정하지도 않고, 수지하지도 않으면서 16일에 땅이 명료한 때에 이르렀다면 니살기바야제이다.

또한 비구가 구족되지 않은 옷을 얻고서 다시 옷을 얻는 것을 바랐던 까닭으로 기다렸고, 16일에 이르러 옷을 얻는 것을 포기하였으나 바라지 않았던 것을 얻었다면 이 옷으로 16일째에 마땅히 옷을 짓거나, 만약 다른 사람에게 주거나, 만약 작정하거나, 만약 수지해야 한다. 만약 옷을 짓지도 않고, 다른 사람에게 주지도 않으며, 작정하지도 않고, 수지하지도 않으면서 17일에 땅이 명료한 때에 이르렀다면 니살기바야제이다.

또한 비구가 구족되지 않은 옷을 얻고서 다시 옷을 얻는 것을 바랐던 까닭으로 기다렸고, 17일에 이르러 옷을 얻는 것을 포기하였으나 바라지 않았던 것을 얻었다면 이 옷으로 17일째에 마땅히 옷을 짓거나, 만약 다른 사람에게 주거나, 만약 작정하거나, 만약 수지해야 한다. 만약 옷을 짓지도 않고, 다른 사람에게 주지도 않으며, 작정하지도 않고, 수지하지도 않으면서 18일에 땅이 명료한 때에 이르렀다면 니살기바야제이다.

또한 비구가 구족되지 않은 옷을 얻고서 다시 옷을 얻는 것을 바랐던 까닭으로 기다렸고, 18일에 이르러 옷을 얻는 것을 포기하였으나 바라지 않았던 것을 얻었다면 이 옷으로 18일째에 마땅히 옷을 짓거나, 만약 다른 사람에게 주거나, 만약 작정하거나, 만약 수지해야 한다. 만약 옷을 짓지도 않고, 다른 사람에게 주지도 않으며, 작정하지도 않고, 수지하지도 않으면서 19일에 땅이 명료한 때에 이르렀다면 니살기바야제이다.

또한 비구가 구족되지 않은 옷을 얻고서 다시 옷을 얻는 것을 바랐던 까닭으로 기다렸고, 19일에 이르러 옷을 얻는 것을 포기하였으나 바라지 않았던 것을 얻었다면 이 옷으로 19일째에 마땅히 옷을 짓거나, 만약 다른 사람에게 주거나, 만약 작정하거나, 만약 수지해야 한다. 만약 옷을 짓지도 않고, 다른 사람에게 주지도 않으며, 작정하지도 않고, 수지하지도 않으면서 20일에 땅이 명료한 때에 이르렀다면 니살기바야제이다.

또한 비구가 구족되지 않은 옷을 얻고서 다시 옷을 얻는 것을 바랐던 까닭으로 기다렸고, 20일에 이르러 옷을 얻는 것을 포기하였으나 바라지 않았던 것을 얻었다면 이 옷으로 20일째에 마땅히 옷을 짓거나, 만약 다른 사람에게 주거나, 만약 작정하거나, 만약 수지해야 한다. 만약 옷을 짓지도 않고, 다른 사람에게 주지도 않으며, 작정하지도 않고, 수지하지도 않으면서 21일에 땅이 명료한 때에 이르렀다면 니살기바야제이다.

또한 비구가 구족되지 않은 옷을 얻고서 다시 옷을 얻는 것을 바랐던 까닭으로 기다렸고, 21일에 이르러 옷을 얻는 것을 포기하였으나 바라지 않았던 것을 얻었다면 이 옷으로 21일째에 마땅히 옷을 짓거나, 만약 다른 사람에게 주거나, 만약 작정하거나, 만약 수지해야 한다. 만약 옷을 짓지도 않고, 다른 사람에게 주지도 않으며, 작정하지도 않고, 수지하지도 않으면서 22일에 땅이 명료한 때에 이르렀다면 니살기바야제이다.

또한 비구가 구족되지 않은 옷을 얻고서 다시 옷을 얻는 것을 바랐던 까닭으로 기다렸고, 22일에 이르러 옷을 얻는 것을 포기하였으나 바라지 않았던 것을 얻었다면 이 옷으로 22일째에 마땅히 옷을 짓거나, 만약 다른 사람에게 주거나, 만약 작정하거나, 만약 수지해야 한다. 만약 옷을 짓지도 않고, 다른 사람에게 주지도 않으며, 작정하지도 않고, 수지하지도 않으면서 23일에 땅이 명료한 때에 이르렀다면 니살기바야제이다.

또한 비구가 구족되지 않은 옷을 얻고서 다시 옷을 얻는 것을 바랐던 까닭으로 기다렸고, 23일에 이르러 옷을 얻는 것을 포기하였으나 바라지 않았던 것을 얻었다면 이 옷으로 23일째에 마땅히 옷을 짓거나, 만약 다른 사람에게 주거나, 만약 작정하거나, 만약 수지해야 한다. 만약 옷을 짓지도 않고, 다른 사람에게 주지도 않으며, 작정하지도 않고, 수지하지도 않으면서 24일에 땅이 명료한 때에 이르렀다면 니살기바야제이다.

또한 비구가 구족되지 않은 옷을 얻고서 다시 옷을 얻는 것을 바랐던

까닭으로 기다렸고, 24일에 이르러 옷을 얻는 것을 포기하였으나 바라지 않았던 것을 얻었다면 이 옷으로 24일째에 마땅히 옷을 짓거나, 만약 다른 사람에게 주거나, 만약 작정하거나, 만약 수지해야 한다. 만약 옷을 짓지도 않고, 다른 사람에게 주지도 않으며, 작정하지도 않고, 수지하지도 않으면서 25일에 땅이 명료한 때에 이르렀다면 니살기바야제이다.

또한 비구가 구족되지 않은 옷을 얻고서 다시 옷을 얻는 것을 바랐던 까닭으로 기다렸고, 25일에 이르러 옷을 얻는 것을 포기하였으나 바라지 않았던 것을 얻었다면 이 옷으로 25일째에 마땅히 옷을 짓거나, 만약 다른 사람에게 주거나, 만약 작정하거나, 만약 수지해야 한다. 만약 옷을 짓지도 않고, 다른 사람에게 주지도 않으며, 작정하지도 않고, 수지하지도 않으면서 26일에 땅이 명료한 때에 이르렀다면 니살기바야제이다.

또한 비구가 구족되지 않은 옷을 얻고서 다시 옷을 얻는 것을 바랐던 까닭으로 기다렸고, 26일에 이르러 옷을 얻는 것을 포기하였으나 바라지 않았던 것을 얻었다면 이 옷으로 26일째에 마땅히 옷을 짓거나, 만약 다른 사람에게 주거나, 만약 작정하거나, 만약 수지해야 한다. 만약 옷을 짓지도 않고, 다른 사람에게 주지도 않으며, 작정하지도 않고, 수지하지도 않으면서 27일에 땅이 명료한 때에 이르렀다면 니살기바야제이다.

또한 비구가 구족되지 않은 옷을 얻고서 다시 옷을 얻는 것을 바랐던 까닭으로 기다렸고, 27일에 이르러 옷을 얻는 것을 포기하였으나 바라지 않았던 것을 얻었다면 이 옷으로 27일째에 마땅히 옷을 짓거나, 만약 다른 사람에게 주거나, 만약 작정하거나, 만약 수지해야 한다. 만약 옷을 짓지도 않고, 다른 사람에게 주지도 않으며, 작정하지도 않고, 수지하지도 않으면서 28일에 땅이 명료한 때에 이르렀다면 니살기바야제이다.

또한 비구가 구족되지 않은 옷을 얻고서 다시 옷을 얻는 것을 바랐던 까닭으로 기다렸고, 28일에 이르러 옷을 얻는 것을 포기하였으나 바라지 않았던 것을 얻었다면 이 옷으로 28일째에 마땅히 옷을 짓거나, 만약 다른 사람에게 주거나, 만약 작정하거나, 만약 수지해야 한다. 만약 옷을 짓지도 않고, 다른 사람에게 주지도 않으며, 작정하지도 않고, 수지하지도 않으면서 29일에 땅이 명료한 때에 이르렀다면 니살기바야제이다.

또한 비구가 구족되지 않은 옷을 얻고서 다시 옷을 얻는 것을 바랐던 까닭으로 기다렸고, 29일에 이르러 옷을 얻는 것을 포기하였으나 바라지 않았던 것을 얻었다면 이 옷으로 29일째에 마땅히 옷을 짓거나, 만약 다른 사람에게 주거나, 만약 작정하거나, 만약 수지해야 한다. 만약 옷을 짓지도 않고, 다른 사람에게 주지도 않으며, 작정하지도 않고, 수지하지도 않으면서 30일에 땅이 명료한 때에 이르렀다면 니살기바야제이다.

또한 비구가 구족되지 않은 옷을 얻고서 다시 옷을 얻는 것을 바랐던 까닭으로 기다렸고, 30일에 이르러 옷을 얻는 것을 포기하였으나 바라지 않았던 것을 얻었다면 이 옷으로 30일째에 마땅히 옷을 짓거나, 만약 다른 사람에게 주거나, 만약 작정하거나, 만약 수지해야 한다. 만약 옷을 짓지도 않고, 다른 사람에게 주지도 않으며, 작정하지도 않고, 수지하지도 않으면서 31일에 땅이 명료한 때에 이르렀다면 니살기바야제이다.

또한 비구가 구족되지 않은 옷을 얻고서 다시 옷을 얻는 것을 바랐던 까닭으로 기다렸고, 곧 옷을 얻은 날에 바랐던 것을 얻지 못하였으나 옷을 얻기를 바라는 것을 포기하지 않았는데, 바라지 않았던 것을 얻었다면 이 옷으로 10일 안에 마땅히 옷을 짓거나, 만약 다른 사람에게 주거나, 만약 작정하거나, 만약 수지해야 한다. 만약 옷을 짓지도 않고, 다른 사람에게 주지도 않으며, 작정하지도 않고, 수지하지도 않으면서 11일에 땅이 명료한 때에 이르렀다면 니살기바야제이다.

또한 비구가 구족되지 않은 옷을 얻고서 다시 옷을 얻는 것을 바랐던 까닭으로 기다렸고, 옷을 얻고서 2일에 바랐던 것을 얻지 못하였으나 옷을 얻는 것을 포기하지 않았는데, 바라지 않았던 것을 얻었다면 이 옷으로 9일 안에 마땅히 옷을 짓거나, 만약 다른 사람에게 주거나, 만약 작정하거나, 만약 수지해야 한다. 만약 옷을 짓지도 않고, 다른 사람에게 주지도 않으며, 작정하지도 않고, 수지하지도 않으면서 11일에 땅이 명료한 때에 이르렀다면 니살기바야제이다.

또한 비구가 구족되지 않은 옷을 얻고서 다시 옷을 얻는 것을 바랐던

까닭으로 기다렸고, 옷을 얻고서 3일에 바랐던 것을 얻지 못하였으나 옷을 얻는 것을 포기하지 않았는데, 바라지 않았던 것을 얻었다면 이 옷으로 8일 안에 마땅히 옷을 짓거나, 만약 다른 사람에게 주거나, 만약 작정하거나, 만약 수지해야 한다. 만약 옷을 짓지도 않고, 다른 사람에게 주지도 않으며, 작정하지도 않고, 수지하지도 않으면서 11일에 땅이 명료한 때에 이르렀다면 니살기바야제이다.

또한 비구가 구족되지 않은 옷을 얻고서 다시 옷을 얻는 것을 바랐던 까닭으로 기다렸고, 나아가 9일에 바랐던 것을 얻지 못하였으나 옷을 얻는 것을 포기하지 않았는데, 바라지 않았던 것을 얻었다면 이 옷으로 2일 안에 마땅히 옷을 짓거나, 만약 다른 사람에게 주거나, 만약 작정하거나, 만약 수지해야 한다. 만약 옷을 짓지도 않고, 다른 사람에게 주지도 않으며, 작정하지도 않고, 수지하지도 않으면서 11일에 땅이 명료한 때에 이르렀다면 니살기바야제이다.

또한 비구가 구족되지 않은 옷을 얻고서 다시 옷을 얻는 것을 바랐던 까닭으로 기다렸고, 옷을 얻고서 10일에 이르러 바랐던 것을 얻지 못하였으나 옷을 얻는 것을 포기하지 않았는데, 바라지 않았던 것을 얻었다면 이 옷으로 1일 안에 마땅히 옷을 짓거나, 만약 다른 사람에게 주거나, 만약 작정하거나, 만약 수지해야 한다. 만약 옷을 짓지도 않고, 다른 사람에게 주지도 않으며, 작정하지도 않고, 수지하지도 않으면서 11일에 땅이 명료한 때에 이르렀다면 니살기바야제이다.

또한 비구가 구족되지 않은 옷을 얻고서 다시 옷을 얻는 것을 바랐던 까닭으로 기다렸고, 옷을 얻고서 11일에 이르러 바랐던 것을 얻지 못하였으나 옷을 얻는 것을 포기하지 않았는데, 바라지 않았던 것을 얻었다면 이 옷으로 11일 안에 마땅히 옷을 짓거나, 만약 다른 사람에게 주거나, 만약 작정하거나, 만약 수지해야 한다. 만약 옷을 짓지도 않고, 다른 사람에게 주지도 않으며, 작정하지도 않고, 수지하지도 않으면서 12일에 땅이 명료한 때에 이르렀다면 니살기바야제이다.

또한 비구가 구족되지 않은 옷을 얻고서 다시 옷을 얻는 것을 바랐던

까닭으로 기다렸고, 옷을 얻고서 11일에 이르러 바랐던 것을 얻지 못하였으나 옷을 얻는 것을 포기하지 않았는데, 바라지 않았던 것을 얻었다면 이 옷으로 11일 안에 마땅히 옷을 짓거나, 만약 다른 사람에게 주거나, 만약 작정하거나, 만약 수지해야 한다. 만약 옷을 짓지도 않고, 다른 사람에게 주지도 않으며, 작정하지도 않고, 수지하지도 않으면서 12일에 땅이 명료한 때에 이르렀다면 니살기바야제이다.

또한 비구가 구족되지 않은 옷을 얻고서 다시 옷을 얻는 것을 바랐던 까닭으로 기다렸고, 옷을 얻고서 12일에 이르러 바랐던 것을 얻지 못하였으나 옷을 얻는 것을 포기하지 않았는데, 바라지 않았던 것을 얻었다면 이 옷으로 12일 안에 마땅히 옷을 짓거나, 만약 다른 사람에게 주거나, 만약 작정하거나, 만약 수지해야 한다. 만약 옷을 짓지도 않고, 다른 사람에게 주지도 않으며, 작정하지도 않고, 수지하지도 않으면서 13일에 땅이 명료한 때에 이르렀다면 니살기바야제이다.

또한 비구가 구족되지 않은 옷을 얻고서 다시 옷을 얻는 것을 바랐던 까닭으로 기다렸고, 옷을 얻고서 13일에 이르러 바랐던 것을 얻지 못하였으나 옷을 얻는 것을 포기하지 않았는데, 바라지 않았던 것을 얻었다면 이 옷으로 13일 안에 마땅히 옷을 짓거나, 만약 다른 사람에게 주거나, 만약 작정하거나, 만약 수지해야 한다. 만약 옷을 짓지도 않고, 다른 사람에게 주지도 않으며, 작정하지도 않고, 수지하지도 않으면서 14일에 땅이 명료한 때에 이르렀다면 니살기바야제이다.

또한 비구가 구족되지 않은 옷을 얻고서 다시 옷을 얻는 것을 바랐던 까닭으로 기다렸고, 옷을 얻고서 14일에 이르러 바랐던 것을 얻지 못하였으나 옷을 얻는 것을 포기하지 않았는데, 바라지 않았던 것을 얻었다면 이 옷으로 14일 안에 마땅히 옷을 짓거나, 만약 다른 사람에게 주거나, 만약 작정하거나, 만약 수지해야 한다. 만약 옷을 짓지도 않고, 다른 사람에게 주지도 않으며, 작정하지도 않고, 수지하지도 않으면서 15일에 땅이 명료한 때에 이르렀다면 니살기바야제이다.

또한 비구가 구족되지 않은 옷을 얻고서 다시 옷을 얻는 것을 바랐던

까닭으로 기다렸고, 옷을 얻고서 15일에 이르러 바랐던 것을 얻지 못하였으나 옷을 얻는 것을 포기하지 않았는데, 바라지 않았던 것을 얻었다면 이 옷으로 15일 안에 마땅히 옷을 짓거나, 만약 다른 사람에게 주거나, 만약 작정하거나, 만약 수지해야 한다. 만약 옷을 짓지도 않고, 다른 사람에게 주지도 않으며, 작정하지도 않고, 수지하지도 않으면서 16일에 땅이 명료한 때에 이르렀다면 니살기바야제이다.

또한 비구가 구족되지 않은 옷을 얻고서 다시 옷을 얻는 것을 바랐던 까닭으로 기다렸고, 옷을 얻고서 16일에 이르러 바랐던 것을 얻지 못하였으나 옷을 얻는 것을 포기하지 않았는데, 바라지 않았던 것을 얻었다면 이 옷으로 16일 안에 마땅히 옷을 짓거나, 만약 다른 사람에게 주거나, 만약 작정하거나, 만약 수지해야 한다. 만약 옷을 짓지도 않고, 다른 사람에게 주지도 않으며, 작정하지도 않고, 수지하지도 않으면서 17일에 땅이 명료한 때에 이르렀다면 니살기바야제이다.

또한 비구가 구족되지 않은 옷을 얻고서 다시 옷을 얻는 것을 바랐던 까닭으로 기다렸고, 옷을 얻고서 17일에 이르러 바랐던 것을 얻지 못하였으나 옷을 얻는 것을 포기하지 않았는데, 바라지 않았던 것을 얻었다면 이 옷으로 17일 안에 마땅히 옷을 짓거나, 만약 다른 사람에게 주거나, 만약 작정하거나, 만약 수지해야 한다. 만약 옷을 짓지도 않고, 다른 사람에게 주지도 않으며, 작정하지도 않고, 수지하지도 않으면서 18일에 땅이 명료한 때에 이르렀다면 니살기바야제이다.

또한 비구가 구족되지 않은 옷을 얻고서 다시 옷을 얻는 것을 바랐던 까닭으로 기다렸고, 옷을 얻고서 18일에 이르러 바랐던 것을 얻지 못하였으나 옷을 얻는 것을 포기하지 않았는데, 바라지 않았던 것을 얻었다면 이 옷으로 18일 안에 마땅히 옷을 짓거나, 만약 다른 사람에게 주거나, 만약 작정하거나, 만약 수지해야 한다. 만약 옷을 짓지도 않고, 다른 사람에게 주지도 않으며, 작정하지도 않고, 수지하지도 않으면서 19일에 땅이 명료한 때에 이르렀다면 니살기바야제이다.

또한 비구가 구족되지 않은 옷을 얻고서 다시 옷을 얻는 것을 바랐던

까닭으로 기다렸고, 옷을 얻고서 19일에 이르러 바랐던 것을 얻지 못하였으나 옷을 얻는 것을 포기하지 않았는데, 바라지 않았던 것을 얻었다면 이 옷으로 19일 안에 마땅히 옷을 짓거나, 만약 다른 사람에게 주거나, 만약 작정하거나, 만약 수지해야 한다. 만약 옷을 짓지도 않고, 다른 사람에게 주지도 않으며, 작정하지도 않고, 수지하지도 않으면서 20일에 땅이 명료한 때에 이르렀다면 니살기바야제이다.

또한 비구가 구족되지 않은 옷을 얻고서 다시 옷을 얻는 것을 바랐던 까닭으로 기다렸고, 옷을 얻고서 20일에 이르러 바랐던 것을 얻지 못하였으나 옷을 얻는 것을 포기하지 않았는데, 바라지 않았던 것을 얻었다면 이 옷으로 20일 안에 마땅히 옷을 짓거나, 만약 다른 사람에게 주거나, 만약 작정하거나, 만약 수지해야 한다. 만약 옷을 짓지도 않고, 다른 사람에게 주지도 않으며, 작정하지도 않고, 수지하지도 않으면서 21일에 땅이 명료한 때에 이르렀다면 니살기바야제이다.

또한 비구가 구족되지 않은 옷을 얻고서 다시 옷을 얻는 것을 바랐던 까닭으로 기다렸고, 옷을 얻고서 21일에 이르러 바랐던 것을 얻지 못하였으나 옷을 얻는 것을 포기하지 않았는데, 바라지 않았던 것을 얻었다면 이 옷으로 21일 안에 마땅히 옷을 짓거나, 만약 다른 사람에게 주거나, 만약 작정하거나, 만약 수지해야 한다. 만약 옷을 짓지도 않고, 다른 사람에게 주지도 않으며, 작정하지도 않고, 수지하지도 않으면서 22일에 땅이 명료한 때에 이르렀다면 니살기바야제이다.

또한 비구가 구족되지 않은 옷을 얻고서 다시 옷을 얻는 것을 바랐던 까닭으로 기다렸고, 옷을 얻고서 22일에 이르러 바랐던 것을 얻지 못하였으나 옷을 얻는 것을 포기하지 않았는데, 바라지 않았던 것을 얻었다면 이 옷으로 22일 안에 마땅히 옷을 짓거나, 만약 다른 사람에게 주거나, 만약 작정하거나, 만약 수지해야 한다. 만약 옷을 짓지도 않고, 다른 사람에게 주지도 않으며, 작정하지도 않고, 수지하지도 않으면서 23일에 땅이 명료한 때에 이르렀다면 니살기바야제이다.

또한 비구가 구족되지 않은 옷을 얻고서 다시 옷을 얻는 것을 바랐던

까닭으로 기다렸고, 옷을 얻고서 23일에 이르러 바랐던 것을 얻지 못하였으나 옷을 얻는 것을 포기하지 않았는데, 바라지 않았던 것을 얻었다면 이 옷으로 23일 안에 마땅히 옷을 짓거나, 만약 다른 사람에게 주거나, 만약 작정하거나, 만약 수지해야 한다. 만약 옷을 짓지도 않고, 다른 사람에게 주지도 않으며, 작정하지도 않고, 수지하지도 않으면서 24일에 땅이 명료한 때에 이르렀다면 니살기바야제이다.

또한 비구가 구족되지 않은 옷을 얻고서 다시 옷을 얻는 것을 바랐던 까닭으로 기다렸고, 옷을 얻고서 24일에 이르러 바랐던 것을 얻지 못하였으나 옷을 얻는 것을 포기하지 않았는데, 바라지 않았던 것을 얻었다면 이 옷으로 24일 안에 마땅히 옷을 짓거나, 만약 다른 사람에게 주거나, 만약 작정하거나, 만약 수지해야 한다. 만약 옷을 짓지도 않고, 다른 사람에게 주지도 않으며, 작정하지도 않고, 수지하지도 않으면서 25일에 땅이 명료한 때에 이르렀다면 니살기바야제이다.

또한 비구가 구족되지 않은 옷을 얻고서 다시 옷을 얻는 것을 바랐던 까닭으로 기다렸고, 옷을 얻고서 25일에 이르러 바랐던 것을 얻지 못하였으나 옷을 얻는 것을 포기하지 않았는데, 바라지 않았던 것을 얻었다면 이 옷으로 25일 안에 마땅히 옷을 짓거나, 만약 다른 사람에게 주거나, 만약 작정하거나, 만약 수지해야 한다. 만약 옷을 짓지도 않고, 다른 사람에게 주지도 않으며, 작정하지도 않고, 수지하지도 않으면서 26일에 땅이 명료한 때에 이르렀다면 니살기바야제이다.

또한 비구가 구족되지 않은 옷을 얻고서 다시 옷을 얻는 것을 바랐던 까닭으로 기다렸고, 옷을 얻고서 26일에 이르러 바랐던 것을 얻지 못하였으나 옷을 얻는 것을 포기하지 않았는데, 바라지 않았던 것을 얻었다면 이 옷으로 26일 안에 마땅히 옷을 짓거나, 만약 다른 사람에게 주거나, 만약 작정하거나, 만약 수지해야 한다. 만약 옷을 짓지도 않고, 다른 사람에게 주지도 않으며, 작정하지도 않고, 수지하지도 않으면서 27일에 땅이 명료한 때에 이르렀다면 니살기바야제이다.

또한 비구가 구족되지 않은 옷을 얻고서 다시 옷을 얻는 것을 바랐던

까닭으로 기다렸고, 옷을 얻고서 27일에 이르러 바랐던 것을 얻지 못하였으나 옷을 얻는 것을 포기하지 않았는데, 바라지 않았던 것을 얻었다면 이 옷으로 27일 안에 마땅히 옷을 짓거나, 만약 다른 사람에게 주거나, 만약 작정하거나, 만약 수지해야 한다. 만약 옷을 짓지도 않고, 다른 사람에게 주지도 않으며, 작정하지도 않고, 수지하지도 않으면서 28일에 땅이 명료한 때에 이르렀다면 니살기바야제이다.

또한 비구가 구족되지 않은 옷을 얻고서 다시 옷을 얻는 것을 바랐던 까닭으로 기다렸고, 옷을 얻고서 28일에 이르러 바랐던 것을 얻지 못하였으나 옷을 얻는 것을 포기하지 않았는데, 바라지 않았던 것을 얻었다면 이 옷으로 28일 안에 마땅히 옷을 짓거나, 만약 다른 사람에게 주거나, 만약 작정하거나, 만약 수지해야 한다. 만약 옷을 짓지도 않고, 다른 사람에게 주지도 않으며, 작정하지도 않고, 수지하지도 않으면서 29일에 땅이 명료한 때에 이르렀다면 니살기바야제이다.

또한 비구가 구족되지 않은 옷을 얻고서 다시 옷을 얻는 것을 바랐던 까닭으로 기다렸고, 옷을 얻고서 29일에 이르러 바랐던 것을 얻지 못하였으나 옷을 얻는 것을 포기하지 않았는데, 바라지 않았던 것을 얻었다면 이 옷으로 29일 안에 마땅히 옷을 짓거나, 만약 다른 사람에게 주거나, 만약 작정하거나, 만약 수지해야 한다. 만약 옷을 짓지도 않고, 다른 사람에게 주지도 않으며, 작정하지도 않고, 수지하지도 않으면서 30일에 땅이 명료한 때에 이르렀다면 니살기바야제이다.

또한 비구가 구족되지 않은 옷을 얻고서 다시 옷을 얻는 것을 바랐던 까닭으로 기다렸고, 옷을 얻고서 30일에 이르러 바랐던 것을 얻지 못하였으나 옷을 얻는 것을 포기하지 않았는데, 바라지 않았던 것을 얻었다면 이 옷으로 30일 안에 마땅히 옷을 짓거나, 만약 다른 사람에게 주거나, 만약 작정하거나, 만약 수지해야 한다. 만약 옷을 짓지도 않고, 다른 사람에게 주지도 않으며, 작정하지도 않고, 수지하지도 않으면서 31일에 땅이 명료한 때에 이르렀다면 니살기바야제이다.

또한 비구가 구족되지 않은 옷을 얻고서 다시 옷을 얻는 것을 바랐던

까닭으로 기다렸고, 곧 옷을 얻은 날에 이렇게 생각을 지었다. '나는 30일 안에 원하는 것을 반드시 얻지 못할 것이다.' 이 옷으로 10일 안에 마땅히 옷을 짓거나, 만약 다른 사람에게 주거나, 만약 작정하거나, 만약 수지해야 한다. 만약 옷을 짓지도 않고, 다른 사람에게 주지도 않으며, 작정하지도 않고, 수지하지도 않으면서 11일에 땅이 명료한 때에 이르렀다면 니살기바야제이다.

또한 비구가 구족되지 않은 옷을 얻고서 다시 옷을 얻는 것을 바랐던 까닭으로 기다렸고, 곧 옷을 얻은 2일에 이르러 '나는 29일 안에 원하는 것을 반드시 얻지 못할 것이다.'라고 이렇게 생각을 지었다면, 이 옷으로 9일 안에 마땅히 옷을 짓거나, 만약 다른 사람에게 주거나, 만약 작정하거나, 만약 수지해야 한다. 만약 옷을 짓지도 않고, 다른 사람에게 주지도 않으며, 작정하지도 않고, 수지하지도 않으면서 11일에 땅이 명료한 때에 이르렀다면 니살기바야제이다.

또한 비구가 구족되지 않은 옷을 얻고서 다시 옷을 얻는 것을 바랐던 까닭으로 기다렸고, 곧 옷을 얻은 3일에 이르러 '나는 28일 안에 원하는 것을 반드시 얻지 못할 것이다.'라고 이렇게 생각을 지었다면, 이 옷으로 9일 안에 마땅히 옷을 짓거나, 만약 다른 사람에게 주거나, 만약 작정하거나, 만약 수지해야 한다. 만약 옷을 짓지도 않고, 다른 사람에게 주지도 않으며, 작정하지도 않고, 수지하지도 않으면서 11일에 땅이 명료한 때에 이르렀다면 니살기바야제이다.

또한 비구가 구족되지 않은 옷을 얻고서 다시 옷을 얻는 것을 바랐던 까닭으로 기다렸고, 나아가 9일에 '나는 22일 안에 원하는 것을 반드시 얻지 못할 것이다.'라고 이렇게 생각을 지었다면, 이 옷으로 2일 안에 마땅히 옷을 짓거나, 만약 다른 사람에게 주거나, 만약 작정하거나, 만약 수지해야 한다. 만약 옷을 짓지도 않고, 다른 사람에게 주지도 않으며, 작정하지도 않고, 수지하지도 않으면서 11일에 땅이 명료한 때에 이르렀다면 니살기바야제이다.

또한 비구가 구족되지 않은 옷을 얻고서 다시 옷을 얻는 것을 바랐던

까닭으로 기다렸고, 나아가 10일에 '나는 21일 안에 원하는 것을 반드시 얻지 못할 것이다.'라고 이렇게 생각을 지었다면, 이 옷으로 1일 안에 마땅히 옷을 짓거나, 만약 다른 사람에게 주거나, 만약 작정하거나, 만약 수지해야 한다. 만약 옷을 짓지도 않고, 다른 사람에게 주지도 않으며, 작정하지도 않고, 수지하지도 않으면서 11일에 땅이 명료한 때에 이르렀다면 니살기바야제이다.

또한 비구가 구족되지 않은 옷을 얻고서 다시 옷을 얻는 것을 바랐던 까닭으로 기다렸고, 나아가 11일에 '나는 20일 안에 원하는 것을 반드시 얻지 못할 것이다.'라고 이렇게 생각을 지었다면, 이 옷으로 11일에 마땅히 옷을 짓거나, 만약 다른 사람에게 주거나, 만약 작정하거나, 만약 수지해야 한다. 만약 옷을 짓지도 않고, 다른 사람에게 주지도 않으며, 작정하지도 않고, 수지하지도 않으면서 12일에 땅이 명료한 때에 이르렀다면 니살기바야제이다.

또한 비구가 구족되지 않은 옷을 얻고서 다시 옷을 얻는 것을 바랐던 까닭으로 기다렸고, 나아가 12일에 '나는 19일 안에 원하는 것을 반드시 얻지 못할 것이다.'라고 이렇게 생각을 지었다면, 이 옷으로 12일에 마땅히 옷을 짓거나, 만약 다른 사람에게 주거나, 만약 작정하거나, 만약 수지해야 한다. 만약 옷을 짓지도 않고, 다른 사람에게 주지도 않으며, 작정하지도 않고, 수지하지도 않으면서 13일에 땅이 명료한 때에 이르렀다면 니살기바야제이다.

또한 비구가 구족되지 않은 옷을 얻고서 다시 옷을 얻는 것을 바랐던 까닭으로 기다렸고, 나아가 13일에 '나는 18일 안에 원하는 것을 반드시 얻지 못할 것이다.'라고 이렇게 생각을 지었다면, 이 옷으로 13일에 마땅히 옷을 짓거나, 만약 다른 사람에게 주거나, 만약 작정하거나, 만약 수지해야 한다. 만약 옷을 짓지도 않고, 다른 사람에게 주지도 않으며, 작정하지도 않고, 수지하지도 않으면서 14일에 땅이 명료한 때에 이르렀다면 니살기바야제이다.

또한 비구가 구족되지 않은 옷을 얻고서 다시 옷을 얻는 것을 바랐던

까닭으로 기다렸고, 나아가 14일에 '나는 17일 안에 원하는 것을 반드시 얻지 못할 것이다.'라고 이렇게 생각을 지었다면, 이 옷으로 14일에 마땅히 옷을 짓거나, 만약 다른 사람에게 주거나, 만약 작정하거나, 만약 수지해야 한다. 만약 옷을 짓지도 않고, 다른 사람에게 주지도 않으며, 작정하지도 않고, 수지하지도 않으면서 15일에 땅이 명료한 때에 이르렀다면 니살기바야제이다.

또한 비구가 구족되지 않은 옷을 얻고서 다시 옷을 얻는 것을 바랐던 까닭으로 기다렸고, 나아가 15일에 '나는 16일 안에 원하는 것을 반드시 얻지 못할 것이다.'라고 이렇게 생각을 지었다면, 이 옷으로 15일에 마땅히 옷을 짓거나, 만약 다른 사람에게 주거나, 만약 작정하거나, 만약 수지해야 한다. 만약 옷을 짓지도 않고, 다른 사람에게 주지도 않으며, 작정하지도 않고, 수지하지도 않으면서 16일에 땅이 명료한 때에 이르렀다면 니살기바야제이다.

또한 비구가 구족되지 않은 옷을 얻고서 다시 옷을 얻는 것을 바랐던 까닭으로 기다렸고, 나아가 16일에 '나는 15일 안에 원하는 것을 반드시 얻지 못할 것이다.'라고 이렇게 생각을 지었다면, 이 옷으로 16일에 마땅히 옷을 짓거나, 만약 다른 사람에게 주거나, 만약 작정하거나, 만약 수지해야 한다. 만약 옷을 짓지도 않고, 다른 사람에게 주지도 않으며, 작정하지도 않고, 수지하지도 않으면서 17일에 땅이 명료한 때에 이르렀다면 니살기바야제이다.

또한 비구가 구족되지 않은 옷을 얻고서 다시 옷을 얻는 것을 바랐던 까닭으로 기다렸고, 나아가 17일에 '나는 14일 안에 원하는 것을 반드시 얻지 못할 것이다.'라고 이렇게 생각을 지었다면, 이 옷으로 17일에 마땅히 옷을 짓거나, 만약 다른 사람에게 주거나, 만약 작정하거나, 만약 수지해야 한다. 만약 옷을 짓지도 않고, 다른 사람에게 주지도 않으며, 작정하지도 않고, 수지하지도 않으면서 18일에 땅이 명료한 때에 이르렀다면 니살기바야제이다.

또한 비구가 구족되지 않은 옷을 얻고서 다시 옷을 얻는 것을 바랐던

까닭으로 기다렸고, 나아가 18일에 '나는 13일 안에 원하는 것을 반드시 얻지 못할 것이다.'라고 이렇게 생각을 지었다면, 이 옷으로 18일에 마땅히 옷을 짓거나, 만약 다른 사람에게 주거나, 만약 작정하거나, 만약 수지해야 한다. 만약 옷을 짓지도 않고, 다른 사람에게 주지도 않으며, 작정하지도 않고, 수지하지도 않으면서 19일에 땅이 명료한 때에 이르렀다면 니살기바야제이다.

또한 비구가 구족되지 않은 옷을 얻고서 다시 옷을 얻는 것을 바랐던 까닭으로 기다렸고, 나아가 19일에 '나는 12일 안에 원하는 것을 반드시 얻지 못할 것이다.'라고 이렇게 생각을 지었다면, 이 옷으로 19일에 마땅히 옷을 짓거나, 만약 다른 사람에게 주거나, 만약 작정하거나, 만약 수지해야 한다. 만약 옷을 짓지도 않고, 다른 사람에게 주지도 않으며, 작정하지도 않고, 수지하지도 않으면서 20일에 땅이 명료한 때에 이르렀다면 니살기바야제이다.

또한 비구가 구족되지 않은 옷을 얻고서 다시 옷을 얻는 것을 바랐던 까닭으로 기다렸고, 나아가 20일에 '나는 11일 안에 원하는 것을 반드시 얻지 못할 것이다.'라고 이렇게 생각을 지었다면, 이 옷으로 20일에 마땅히 옷을 짓거나, 만약 다른 사람에게 주거나, 만약 작정하거나, 만약 수지해야 한다. 만약 옷을 짓지도 않고, 다른 사람에게 주지도 않으며, 작정하지도 않고, 수지하지도 않으면서 21일에 땅이 명료한 때에 이르렀다면 니살기바야제이다.

또한 비구가 구족되지 않은 옷을 얻고서 다시 옷을 얻는 것을 바랐던 까닭으로 기다렸고, 나아가 21일에 '나는 10일 안에 원하는 것을 반드시 얻지 못할 것이다.'라고 이렇게 생각을 지었다면, 이 옷으로 21일에 마땅히 옷을 짓거나, 만약 다른 사람에게 주거나, 만약 작정하거나, 만약 수지해야 한다. 만약 옷을 짓지도 않고, 다른 사람에게 주지도 않으며, 작정하지도 않고, 수지하지도 않으면서 22일에 땅이 명료한 때에 이르렀다면 니살기바야제이다.

또한 비구가 구족되지 않은 옷을 얻고서 다시 옷을 얻는 것을 바랐던

까닭으로 기다렸고, 나아가 22일에 '나는 9일 안에 원하는 것을 반드시 얻지 못할 것이다.'라고 이렇게 생각을 지었다면, 이 옷으로 22일에 마땅히 옷을 짓거나, 만약 다른 사람에게 주거나, 만약 작정하거나, 만약 수지해야 한다. 만약 옷을 짓지도 않고, 다른 사람에게 주지도 않으며, 작정하지도 않고, 수지하지도 않으면서 23일에 땅이 명료한 때에 이르렀다면 니살기바야제이다.

또한 비구가 구족되지 않은 옷을 얻고서 다시 옷을 얻는 것을 바랐던 까닭으로 기다렸고, 나아가 23일에 '나는 8일 안에 원하는 것을 반드시 얻지 못할 것이다.'라고 이렇게 생각을 지었다면, 이 옷으로 23일에 마땅히 옷을 짓거나, 만약 다른 사람에게 주거나, 만약 작정하거나, 만약 수지해야 한다. 만약 옷을 짓지도 않고, 다른 사람에게 주지도 않으며, 작정하지도 않고, 수지하지도 않으면서 24일에 땅이 명료한 때에 이르렀다면 니살기바야제이다.

또한 비구가 구족되지 않은 옷을 얻고서 다시 옷을 얻는 것을 바랐던 까닭으로 기다렸고, 나아가 24일에 '나는 7일 안에 원하는 것을 반드시 얻지 못할 것이다.'라고 이렇게 생각을 지었다면, 이 옷으로 24일에 마땅히 옷을 짓거나, 만약 다른 사람에게 주거나, 만약 작정하거나, 만약 수지해야 한다. 만약 옷을 짓지도 않고, 다른 사람에게 주지도 않으며, 작정하지도 않고, 수지하지도 않으면서 25일에 땅이 명료한 때에 이르렀다면 니살기바야제이다.

또한 비구가 구족되지 않은 옷을 얻고서 다시 옷을 얻는 것을 바랐던 까닭으로 기다렸고, 나아가 25일에 '나는 6일 안에 원하는 것을 반드시 얻지 못할 것이다.'라고 이렇게 생각을 지었다면, 이 옷으로 25일에 마땅히 옷을 짓거나, 만약 다른 사람에게 주거나, 만약 작정하거나, 만약 수지해야 한다. 만약 옷을 짓지도 않고, 다른 사람에게 주지도 않으며, 작정하지도 않고, 수지하지도 않으면서 26일에 땅이 명료한 때에 이르렀다면 니살기바야제이다.

또한 비구가 구족되지 않은 옷을 얻고서 다시 옷을 얻는 것을 바랐던

까닭으로 기다렸고, 나아가 26일에 '나는 5일 안에 원하는 것을 반드시 얻지 못할 것이다.'라고 이렇게 생각을 지었다면, 이 옷으로 26일에 마땅히 옷을 짓거나, 만약 다른 사람에게 주거나, 만약 작정하거나, 만약 수지해야 한다. 만약 옷을 짓지도 않고, 다른 사람에게 주지도 않으며, 작정하지도 않고, 수지하지도 않으면서 27일에 땅이 명료한 때에 이르렀다면 니살기바야제이다.

또한 비구가 구족되지 않은 옷을 얻고서 다시 옷을 얻는 것을 바랐던 까닭으로 기다렸고, 나아가 27일에 '나는 4일 안에 원하는 것을 반드시 얻지 못할 것이다.'라고 이렇게 생각을 지었다면, 이 옷으로 27일에 마땅히 옷을 짓거나, 만약 다른 사람에게 주거나, 만약 작정하거나, 만약 수지해야 한다. 만약 옷을 짓지도 않고, 다른 사람에게 주지도 않으며, 작정하지도 않고, 수지하지도 않으면서 28일에 땅이 명료한 때에 이르렀다면 니살기바야제이다.

또한 비구가 구족되지 않은 옷을 얻고서 다시 옷을 얻는 것을 바랐던 까닭으로 기다렸고, 나아가 28일에 '나는 3일 안에 원하는 것을 반드시 얻지 못할 것이다.'라고 이렇게 생각을 지었다면, 이 옷으로 28일에 마땅히 옷을 짓거나, 만약 다른 사람에게 주거나, 만약 작정하거나, 만약 수지해야 한다. 만약 옷을 짓지도 않고, 다른 사람에게 주지도 않으며, 작정하지도 않고, 수지하지도 않으면서 29일에 땅이 명료한 때에 이르렀다면 니살기바야제이다.

또한 비구가 구족되지 않은 옷을 얻고서 다시 옷을 얻는 것을 바랐던 까닭으로 기다렸고, 나아가 29일에 '나는 2일 안에 원하는 것을 반드시 얻지 못할 것이다.'라고 이렇게 생각을 지었다면, 이 옷으로 29일에 마땅히 옷을 짓거나, 만약 다른 사람에게 주거나, 만약 작정하거나, 만약 수지해야 한다. 만약 옷을 짓지도 않고, 다른 사람에게 주지도 않으며, 작정하지도 않고, 수지하지도 않으면서 30일에 땅이 명료한 때에 이르렀다면 니살기바야제이다.

또한 비구가 구족되지 않은 옷을 얻고서 다시 옷을 얻는 것을 바랐던

까닭으로 기다렸고, 나아가 30일에 '나는 하루 안에 원하는 것을 반드시 얻지 못할 것이다.' 라고 이렇게 생각을 지었다면,이 옷으로 그 날에 마땅히 옷을 짓거나, 만약 다른 사람에게 주거나, 만약 작정하거나, 만약 수지해야 한다. 만약 옷을 짓지도 않고, 다른 사람에게 주지도 않으며, 작정하지도 않고, 수지하지도 않으면서 31일에 땅이 명료한 때에 이르렀다면 니살기바야제이다.

또한 비구가 구족되지 않은 옷을 얻고서 다시 많은 옷을 바랐던 까닭으로 기다렸고, 옷감을 얻은 날에 바랐던 옷을 얻지 못하였으나 역시 바랐던 옷을 포기하지도 않았다. 바라지 않았던 옷도 허락하며 다시 바랐던 옷을 부지런히 구하였으나 바랐던 옷을 역시 포기하였고 바라지 않던 옷을 다시 얻었다면, 이 옷으로 10일 안에 마땅히 옷을 짓도록 하라. 만약 만족하면 좋으나, 만약 부족하다면 남겨두어야 한다.

또한 비구가 구족되지 않은 옷을 얻고서 다시 많은 옷을 바랐던 까닭으로 기다렸고, 옷감을 얻고서 2일에 이르러 바랐던 옷을 얻지 못하였으나 역시 바랐던 옷을 포기하지도 않았다. 바라지 않았던 옷도 허락하며 다시 바랐던 옷을 부지런히 구하였으나 바랐던 옷을 역시 포기하였고 바라지 않던 옷을 다시 얻었다면, 이 옷으로 9일 안에 마땅히 옷을 짓도록 하라. 만약 만족하면 좋으나, 만약 부족하다면 남겨두어야 한다.

또한 비구가 구족되지 않은 옷을 얻고서 다시 많은 옷을 바랐던 까닭으로 기다렸고, 나아가 9일에 이르러 바랐던 옷을 얻지 못하였으나 역시 바랐던 옷을 포기하지도 않았다. 바라지 않았던 옷도 허락하며 다시 바랐던 옷을 부지런히 구하였으나 바랐던 옷을 역시 포기하였고 바라지 않던 옷을 다시 얻었다면, 이 옷으로 2일 안에 마땅히 옷을 짓도록 하라. 만약 만족하면 좋으나, 만약 부족하다면 남겨두어야 한다.

또한 비구가 구족되지 않은 옷을 얻고서 다시 많은 옷을 바랐던 까닭으로 기다렸고, 옷감을 얻고서 10일에 이르러 바랐던 옷을 얻지 못하였으나 역시 바랐던 옷을 포기하지도 않았다. 바라지 않았던 옷도 허락하며 다시 바랐던 옷을 부지런히 구하였으나 바랐던 옷을 역시 포기하였고 바라지 않던 옷을 다시 얻었다면, 이 옷으로 하루 안에 마땅히 옷을 짓도록 하라. 만약 만족하면 좋으나, 만약 부족하다면 남겨두어야 한다.

또한 비구가 구족되지 않은 옷을 얻고서 다시 많은 옷을 바랐던 까닭으로 기다렸고, 옷감을 얻고서 11일에 이르러 바랐던 옷을 얻지 못하였으나 역시 바랐던 옷을 포기하지도 않았다. 바라지 않았던 옷도 허락하며 다시 바랐던 옷을 부지런히 구하였으나 바랐던 옷을 역시 포기하였고 바라지 않던 옷을 다시 얻었다면, 이 옷으로 11일에 마땅히 옷을 짓도록 하라. 만약 만족하면 좋으나, 만약 부족하다면 남겨두어야 한다.

또한 비구가 구족되지 않은 옷을 얻고서 다시 많은 옷을 바랐던 까닭으로 기다렸고, 옷감을 얻고서 12일에 이르러 바랐던 옷을 얻지 못하였으나 역시 바랐던 옷을 포기하지도 않았다. 바라지 않았던 옷도 허락하며 다시 바랐던 옷을 부지런히 구하였으나 바랐던 옷을 역시 포기하였고 바라지 않던 옷을 다시 얻었다면, 이 옷으로 12일에 마땅히 옷을 짓도록 하라. 만약 만족하면 좋으나, 만약 부족하다면 남겨두어야 한다.

또한 비구가 구족되지 않은 옷을 얻고서 다시 많은 옷을 바랐던 까닭으로 기다렸고, 옷감을 얻고서 13일에 이르러 바랐던 옷을 얻지 못하였으나 역시 바랐던 옷을 포기하지도 않았다. 바라지 않았던 옷도 허락하며 다시 바랐던 옷을 부지런히 구하였으나 바랐던 옷을 역시 포기하였고 바라지 않던 옷을 다시 얻었다면, 이 옷으로 13일에 마땅히 옷을 짓도록 하라. 만약 만족하면 좋으나, 만약 부족하다면 남겨두어야 한다.

또한 비구가 구족되지 않은 옷을 얻고서 다시 많은 옷을 바랐던 까닭으로 기다렸고, 옷감을 얻고서 14일에 이르러 바랐던 옷을 얻지 못하였으나 역시 바랐던 옷을 포기하지도 않았다. 바라지 않았던 옷도 허락하며 다시 바랐던 옷을 부지런히 구하였으나 바랐던 옷을 역시 포기하였고 바라지 않던 옷을 다시 얻었다면, 이 옷으로 14일에 마땅히 옷을 짓도록 하라. 만약 만족하면 좋으나, 만약 부족하다면 남겨두어야 한다.

또한 비구가 구족되지 않은 옷을 얻고서 다시 많은 옷을 바랐던 까닭으로 기다렸고, 옷감을 얻고서 15일에 이르러 바랐던 옷을 얻지 못하였으나 역시 바랐던 옷을 포기하지도 않았다. 바라지 않았던 옷도 허락하며 다시 바랐던 옷을 부지런히 구하였으나 바랐던 옷을 역시 포기하였고 바라지 않던 옷을 다시 얻었다면, 이 옷으로 15일에 마땅히 옷을 짓도록 하라. 만약 만족하면 좋으나, 만약 부족하다면 남겨두어야 한다.

또한 비구가 구족되지 않은 옷을 얻고서 다시 많은 옷을 바랐던 까닭으로 기다렸고, 옷감을 얻고서 16일에 이르러 바랐던 옷을 얻지 못하였으나 역시 바랐던 옷을 포기하지도 않았다. 바라지 않았던 옷도 허락하며 다시 바랐던 옷을 부지런히 구하였으나 바랐던 옷을 역시 포기하였고 바라지 않던 옷을 다시 얻었다면, 이 옷으로 16일에 마땅히 옷을 짓도록 하라. 만약 만족하면 좋으나, 만약 부족하다면 남겨두어야 한다.

또한 비구가 구족되지 않은 옷을 얻고서 다시 많은 옷을 바랐던 까닭으로 기다렸고, 옷감을 얻고서 17일에 이르러 바랐던 옷을 얻지 못하였으나 역시 바랐던 옷을 포기하지도 않았다. 바라지 않았던 옷도 허락하며 다시 바랐던 옷을 부지런히 구하였으나 바랐던 옷을 역시 포기하였고 바라지 않던 옷을 다시 얻었다면, 이 옷으로 17일에 마땅히 옷을 짓도록 하라. 만약 만족하면 좋으나, 만약 부족하다면 남겨두어야 한다.

또한 비구가 구족되지 않은 옷을 얻고서 다시 많은 옷을 바랐던 까닭으로 기다렸고, 옷감을 얻고서 18일에 이르러 바랐던 옷을 얻지 못하였으나 역시 바랐던 옷을 포기하지도 않았다. 바라지 않았던 옷도 허락하며 다시 바랐던 옷을 부지런히 구하였으나 바랐던 옷을 역시 포기하였고 바라지 않던 옷을 다시 얻었다면, 이 옷으로 18일에 마땅히 옷을 짓도록 하라. 만약 만족하면 좋으나, 만약 부족하다면 남겨두어야 한다.

또한 비구가 구족되지 않은 옷을 얻고서 다시 많은 옷을 바랐던 까닭으로 기다렸고, 옷감을 얻고서 19일에 이르러 바랐던 옷을 얻지 못하였으나 역시 바랐던 옷을 포기하지도 않았다. 바라지 않았던 옷도 허락하며 다시 바랐던 옷을 부지런히 구하였으나 바랐던 옷을 역시 포기하였고 바라지 않던 옷을 다시 얻었다면, 이 옷으로 19일에 마땅히 옷을 짓도록 하라. 만약 만족하면 좋으나, 만약 부족하다면 남겨두어야 한다.

또한 비구가 구족되지 않은 옷을 얻고서 다시 많은 옷을 바랐던 까닭으로 기다렸고, 옷감을 얻고서 20일에 이르러 바랐던 옷을 얻지 못하였으나 역시 바랐던 옷을 포기하지도 않았다. 바라지 않았던 옷도 허락하며 다시 바랐던 옷을 부지런히 구하였으나 바랐던 옷을 역시 포기하였고 바라지 않던 옷을 다시 얻었다면, 이 옷으로 20일에 마땅히 옷을 짓도록 하라. 만약 만족하면 좋으나, 만약 부족하다면 남겨두어야 한다.

또한 비구가 구족되지 않은 옷을 얻고서 다시 많은 옷을 바랐던 까닭으로 기다렸고, 옷감을 얻고서 21일에 이르러 바랐던 옷을 얻지 못하였으나 역시 바랐던 옷을 포기하지도 않았다. 바라지 않았던 옷도 허락하며 다시 바랐던 옷을 부지런히 구하였으나 바랐던 옷을 역시 포기하였고 바라지 않던 옷을 다시 얻었다면, 이 옷으로 21일에 마땅히 옷을 짓도록 하라. 만약 만족하면 좋으나, 만약 부족하다면 남겨두어야 한다.

또한 비구가 구족되지 않은 옷을 얻고서 다시 많은 옷을 바랐던 까닭으로 기다렸고, 옷감을 얻고서 22일에 이르러 바랐던 옷을 얻지 못하였으나 역시 바랐던 옷을 포기하지도 않았다. 바라지 않았던 옷도 허락하며 다시 바랐던 옷을 부지런히 구하였으나 바랐던 옷을 역시 포기하였고 바라지 않던 옷을 다시 얻었다면, 이 옷으로 22일에 마땅히 옷을 짓도록 하라. 만약 만족하면 좋으나, 만약 부족하다면 남겨두어야 한다.

또한 비구가 구족되지 않은 옷을 얻고서 다시 많은 옷을 바랐던 까닭으로 기다렸고, 옷감을 얻고서 23일에 이르러 바랐던 옷을 얻지 못하였으나 역시 바랐던 옷을 포기하지도 않았다. 바라지 않았던 옷도 허락하며 다시 바랐던 옷을 부지런히 구하였으나 바랐던 옷을 역시 포기하였고 바라지 않던 옷을 다시 얻었다면, 이 옷으로 23일에 마땅히 옷을 짓도록 하라. 만약 만족하면 좋으나, 만약 부족하다면 남겨두어야 한다.

또한 비구가 구족되지 않은 옷을 얻고서 다시 많은 옷을 바랐던 까닭으로 기다렸고, 옷감을 얻고서 24일에 이르러 바랐던 옷을 얻지 못하였으나 역시 바랐던 옷을 포기하지도 않았다. 바라지 않았던 옷도 허락하며 다시 바랐던 옷을 부지런히 구하였으나 바랐던 옷을 역시 포기하였고 바라지 않던 옷을 다시 얻었다면, 이 옷으로 24일에 마땅히 옷을 짓도록 하라. 만약 만족하면 좋으나, 만약 부족하다면 남겨두어야 한다.

또한 비구가 구족되지 않은 옷을 얻고서 다시 많은 옷을 바랐던 까닭으로 기다렸고, 옷감을 얻고서 25일에 이르러 바랐던 옷을 얻지 못하였으나 역시 바랐던 옷을 포기하지도 않았다. 바라지 않았던 옷도 허락하며 다시 바랐던 옷을 부지런히 구하였으나 바랐던 옷을 역시 포기하였고 바라지 않던 옷을 다시 얻었다면, 이 옷으로 25일에 마땅히 옷을 짓도록 하라. 만약 만족하면 좋으나, 만약 부족하다면 남겨두어야 한다.

또한 비구가 구족되지 않은 옷을 얻고서 다시 많은 옷을 바랐던 까닭으로 기다렸고, 옷감을 얻고서 26일에 이르러 바랐던 옷을 얻지 못하였으나 역시 바랐던 옷을 포기하지도 않았다. 바라지 않았던 옷도 허락하며 다시 바랐던 옷을 부지런히 구하였으나 바랐던 옷을 역시 포기하였고 바라지 않던 옷을 다시 얻었다면, 이 옷으로 26일에 마땅히 옷을 짓도록 하라. 만약 만족하면 좋으나, 만약 부족하다면 남겨두어야 한다.

또한 비구가 구족되지 않은 옷을 얻고서 다시 많은 옷을 바랐던 까닭으로 기다렸고, 옷감을 얻고서 27일에 이르러 바랐던 옷을 얻지 못하였으나 역시 바랐던 옷을 포기하지도 않았다. 바라지 않았던 옷도 허락하며 다시 바랐던 옷을 부지런히 구하였으나 바랐던 옷을 역시 포기하였고 바라지 않던 옷을 다시 얻었다면, 이 옷으로 27일에 마땅히 옷을 짓도록 하라. 만약 만족하면 좋으나, 만약 부족하다면 남겨두어야 한다.

또한 비구가 구족되지 않은 옷을 얻고서 다시 많은 옷을 바랐던 까닭으로 기다렸고, 옷감을 얻고서 28일에 이르러 바랐던 옷을 얻지 못하였으나 역시 바랐던 옷을 포기하지도 않았다. 바라지 않았던 옷도 허락하며 다시 바랐던 옷을 부지런히 구하였으나 바랐던 옷을 역시 포기하였고 바라지 않던 옷을 다시 얻었다면, 이 옷으로 28일에 마땅히 옷을 짓도록 하라. 만약 만족하면 좋으나, 만약 부족하다면 남겨두어야 한다.

또한 비구가 구족되지 않은 옷을 얻고서 다시 많은 옷을 바랐던 까닭으로 기다렸고, 옷감을 얻고서 29일에 이르러 바랐던 옷을 얻지 못하였으나 역시 바랐던 옷을 포기하지도 않았다. 바라지 않았던 옷도 허락하며 다시 바랐던 옷을 부지런히 구하였으나 바랐던 옷을 역시 포기하였고 바라지 않던 옷을 다시 얻었다면, 이 옷으로 29일에 마땅히 옷을 짓도록 하라. 만약 만족하면 좋으나, 만약 부족하다면 남겨두어야 한다.

또한 비구가 구족되지 않은 옷을 얻고서 다시 많은 옷을 바랐던 까닭으로 기다렸고, 옷감을 얻고서 30일에 이르러 바랐던 옷을 얻지 못하였으나 역시 바랐던 옷을 포기하지도 않았다. 바라지 않았던 옷도 허락하며 다시 바랐던 옷을 부지런히 구하였으나 바랐던 옷을 역시 포기하였고 바라지 않던 옷을 다시 얻었다면, 이 옷으로 그날에 마땅히 옷을 짓도록 하라. 만약 만족하면 좋으나, 만약 부족하다면 남겨두어야 한다.

만약 비구가 사타(捨墮)의 옷이 있었는데, 버리지 않았다면 죄이고, 허물을 참회하지도 않았으며, 다음으로 계속하여 끝나지도 않았으나, 다시 옷을 얻었다면 니살기바야제이니, 본래 옷의 인연인 까닭이다. 또한 비구가 사타의 옷이 있어서 이미 버렸더라도 죄이고, 허물을 참회하지도 않았으며, 다음으로 계속하여 끝나지도 않았으나, 다시 옷을 얻었다면 니살기바야제이니, 본래 옷의 인연인 까닭이다. 또한 비구가 사타의 옷이 있어서 이미 버렸더라도 죄이고, 이미 허물을 참회하였으며, 다음으로 계속하여 끝나지도 않았으나, 다시 옷을 얻었다면 니살기바야제이니, 본래 옷의 인연인 까닭이다. 또한 비구가 사타의 옷이 있어서 이미 버렸더라도 죄이고, 이미 허물을 참회하였으며, 다음으로 계속하여 끝났으므로, 다시 옷을 얻었다면 범한 것이 없느니라."

세존께서는 사위국에서 대비구들과 함께 안거하셨다.

이때 여러 비구들은 보시한 옷을 많이 얻어서 저축하였다. 세존께서는 여러 비구들이 옷을 많이 저축하였던 까닭으로 이것을 막고자 안거하던 비구들에게 말씀하셨다.

"나는 비구들이 옷을 많이 저축하는 것을 막고자 하느니라."

안거하고 있는 비구들에게 말씀하셨다.

"나는 4개월을 연좌(燕坐)[17]하고자 한다. 하루에 음식을 보내는 비구와 포살을 제외하고는 여러 비구들이 와서 나의 처소에 이르지 않도록 하라."

여러 안거하던 비구들은 세존의 가르침을 받고서 다시 대중의 가운데에서 이와 같은 규칙(制)을 세웠다.

"만약 비구가 하루의 음식을 보내는 것과 포살이 아닌데 세존의 처소에 이른다면 바야제죄(波夜提罪)를 얻는다."

이러한 규칙을 세우고 세존께 아뢰었으며, 세존께서는 묵연히 그것을 인가하셨다. 이때 장로 우파사나(優波斯那)는 많은 비구 대중인 500명과 함께 있었는데, 모두가 아련아(阿練兒)에서 있었고, 납의를 입었으며, 한 번을 걸식하였고, 공터에서 좌선하였으며, 오고 가고 앉고 누우며 바라보고 나아가며 멈추는 위의가 청정하였다. 승가리를 입고 발우를 지니고 안상(安庠)[18]하게 교살라국에서 유행하여 사위국에 이르렀다. 이때 많은 비구들이 기환(祇桓)의 대문 사이에서 경행(經行)하고 있었고, 장로 우파사나는 여러 비구들에게 세존의 처소를 물었다. 여러 비구들이 말하였다.

"세존께서는 그 동쪽을 향하는 대방(大房)에 계십니다. 하나의 판자로 창문의 안쪽으로 삼고 있으니 만약 가고자 한다면 뜻을 따르십시오."

이때 장로 우파사나는 대방의 처소로 갔고 이르러 헛기침을 하고서 손가락으로 문을 두드렸다. 세존께서는 문을 열어주셨고 장로 우파사나는 곧 대방 안 세존의 처소에 이르러 머리숙여 발에 예경하고서 한쪽에 앉았다. 세존께서는 아시시면서도 일부러 물으셨다.

"그대들의 대중은 청정하고 매우 좋구려. 그대들의 대중은 무슨 인연을 까닭으로 위의가 청정한가?"

대답하여 말하였다.

"세존이시여. 만약 비구가 저의 처소에 이르러 경전의 독송을 구하고 의지를 구한다면 저는 이 비구에게 '그대가 능히 목숨을 마치도록 아련아에서 지내고 분소의(糞掃衣)를 입으며 걸식하여 한 번을 먹고 공터에서

---

17) 마음을 고요히 가라앉히고 좌선하는 것을 말한다.

18) 안정되고 침착한 모습을 가리킨다.

좌선하겠다면 나는 마땅히 그대에게 경전의 독송을 가르쳐 주고 그대와 함께 의지하겠네.'라고 말합니다. 만약 비구가 능히 이러한 두타를 행한다면 저는 경전 독송을 가르쳐주고 함께 의지합니다. 이러한 까닭으로써 세존이시여. 저의 도중(徒衆)은 위의가 청정합니다."

세존께서는 우파사나에게 물으셨다.

"구주비구들이 세웠던 규칙을 그대는 아는가?"

대답하여 말하였다.

"알지 못합니다. 세존이시여. 구주비구들이 무슨 규칙을 세웠습니까?"

세존께서는 우파사나에게 말씀하셨다.

"나는 4개월을 연좌하고자 여러 비구들에게 말하였네. '하루에 음식을 보내는 비구와 포살을 제외하고는 여러 비구들은 와서 나의 처소에 이르지 않도록 하라.' 여러 비구들이 나의 말을 따라서 대중 가운데에서 규칙을 세웠네. '만약 비구가 하루의 음식을 보내는 것과 포살이 아닌데 세존의 처소에 이른다면 바야제죄를 얻는다.' 여러 비구들이 규칙을 세우고 와서 나에게 말하였고 나는 곧 묵연히 그것을 인가하였네."

우파사나가 말하였다.

"세존이시여. 구주비구들이 이러한 뜻을 알고 있습니까?"

세존께서는 말씀하셨다.

"어찌 알지 못하겠는가?'

세존께서는 말씀하셨다.

"나는 지금부터 아련아에서 머물고 분소의를 입으며 두타를 행하는 비구들은 만약 음식을 보내거나, 음식을 보내지 않거나, 만약 포살하거나, 포살하지 않더라도 뜻에 따라서 나의 처소에 이르는 것을 허락하겠노라."

구주비구들은 '장로 우파사나가 음식을 보내는 것이 아니고 포살이 아닌데도 세존을 보고자 하였던 까닭으로 곧 세존의 처소에 이르렀다.'는 것을 듣고서 비구 승가를 모았고, 모였으므로 우파사나를 불렀으며 왔다. 대중 승가가 모였으므로 그때 장로 우파사나는 곧 승가의 가운데에 이르러 상좌(上坐)의 발에 머리숙여 예배하고 차례를 따라서 앉았다. 구주비구들이 우파사나에게 물었다.

"그대는 구주비구들이 세운 규칙을 아십니까?"

대답하여 말하였다.

"알지 못합니다."

상좌에게 물어 말하였다.

"구주비구들께서 규칙을 세웠습니까?"

대답하여 말하였다.

"우파사나여. 세존께서는 안거하고 있는 비구들에게 말씀하셨습니다. '나는 4개월을 연좌하고자 한다. 하루에 음식을 보내는 비구와 포살을 제외하고는 여러 비구들은 와서 나의 처소에 이르지 않도록 하라.' 우리들은 세존의 가르침을 받고 규칙을 세웠습니다. '만약 비구가 하루의 음식을 보내는 것과 포살이 아닌데 세존의 처소로 이른다면 바야제죄를 얻는다.' 세존께서도 곧 묵연히 그것을 인가하셨습니다. 그대 우파사나여. 하루의 음식을 보내는 것도 아니고 포살도 아닌데 세존의 처소로 이르렀으니 바야제죄를 얻었습니다. 그대는 마땅히 여법하게 허물을 참회하십시오. 그대는 마땅히 죄를 드러내십시오. 이러한 죄를 감추지 마십시오."

우파사나가 말하였다.

"상좌께서는 아십니까? 제가 세존의 처소에 이르러 머리숙여 발에 예경하고서 한쪽에 앉았습니다. 세존께서는 아시시면서도 일부러 저에게 물으셨습니다.

'그대들의 대중은 청정하고 매우 좋구려. 그대들의 대중은 무슨 인연을 까닭으로 위의가 청정한가?'

저는 말하였습니다.

'세존이시여. 만약 비구가 저의 처소에 이르러 경전의 독송을 구하고 의지를 구하면 저는 이 비구에게 '그대가 능히 목숨을 마치도록 아련아에서 지내고 분소의를 입으며 걸식하여 한 번을 먹고 공터에서 좌선하겠다면 나는 마땅히 그대에게 경전의 독송을 가르쳐 주고 그대와 함께 의지하겠네.'라고 말합니다. 만약 비구가 능히 이러한 두타를 행한다면 저는 경전의

독송을 가르쳐 주고 함께 의지합니다. 이러한 까닭으로써 세존이시여. 저의 도중은 위의가 청정합니다.'

세존께서는 저에게 물어 말씀하셨습니다.

'구주비구들이 세웠던 규칙을 그대는 아는가?'

대답하여 말하였습니다.

'알지 못합니다. 세존이시여. 옛 비구들이 무슨 규칙을 세웠습니까?'

세존께서는 말씀하셨습니다.

'나는 4개월을 연좌하고자 여러 비구들에게 말하였네. <하루에 음식을 보내는 비구와 포살을 제외하고는 여러 비구들은 와서 나의 처소에 이르지 않도록 하라.> 여러 비구들이 나의 말을 따라서 대중 가운데에서 규칙을 세웠네. <만약 비구가 하루의 음식을 보내는 것과 포살이 아닌데 세존의 처소로 이르다면 바야제죄를 얻는다.> 여러 비구들이 규칙을 세우고 와서 나에게 말하였고 나는 곧 묵연히 그것을 인가하였네.'

나는 말하였습니다.

'세존이시여. 구주비구들이 이러한 뜻을 알고 있습니까?'

세존께서는 말씀하셨습니다.

'어찌 알겠는가?'

세존께서는 말씀하셨습니다.

'나는 지금부터 아련아에서 머물고 분소의를 입으며 두타를 행하는 비구들은 만약 음식을 보내거나, 음식을 보내지 않거나, 만약 포살하거나, 포살하지 않더라도 뜻에 따라서 나의 처소에 이르는 것을 허락하겠노라.'"

이때 여러 비구들은 이렇게 생각을 지었다.

'우리들이 어찌 거사의 옷을 버리고 납의를 입지 않겠는가?'

이때 여러 비구들은 거사의 옷을 버리고 모두 분소의를 입었다. [세 번째 일을 마친다.]

[이 권의 제26장(張) 제2행(行)의 "야제(夜提)"의 이하부터, 나아가 "삼십

일개여상설(三十日皆如上說)"까지는 단본(丹本)에는 이 가운데에서 9자(字)가 없다. 그리고 또한 "우비구득불구족의(又比丘得不具足衣)"부터, 나아가 "지삼십일지료시니살기바야제(至三十日地了時尼薩耆波夜提)"까지의 등에 91행의 문장이 있다. 국본(國本)과 송본(宋本)에 모두 없는 것을 지금 단본(丹本)[19]에 의거해 교감하고 보충하였다.

같은 권 제27장 제13행의 즉, 지금의 정본(正本) 제31장 제13행의 "니살기바야제(尼薩耆波夜提)"의 이하부터 "십이일내지삼십일역여상설(十二日乃至三十日亦如上說)"까지에서 단본에는 이 가운데에서 12자가 없다. 그리고 또한 "우비구득불구족의정갱망득(又比丘得不具足衣停更望得)"부터, 나아가 "지삼십일지료시니살기바야제(至三十日地了時尼薩耆波夜提)"까지의 등에 92행의 문장이 있다. 국본과 송본에 모두 없는 것을 지금 단본에 의거해 교감하고 보충하였다.

같은 권 제29장 제4행의 즉, 지금의 정본 제37장 제4행 "니살기바야제(尼薩耆波夜提)"의 이하부터, "십이일 나아가 삼십일개여상설(十二日乃至三十日皆如上說)"까지에서 단본에는 이 가운데 12자가 없다. 그리고 또한 "우비구득불구족의(又比丘得不具足衣)"부터 나아가 "니살기바야제(尼薩耆波夜提)"까지의 등에 97행의 문장이 있다. 국본과 송본에 없는 것을 지금 단본에 의거해 교감하고 보충하였다.]

19) 요나라가 조성한 거란본(契丹本) 대장경을 가리킨다.

십송율 제6권

후진 북인도 삼장 불야다라 한역

석보운 번역

1. 초송 ⑥

3) 30니살기법을 밝히다 ②

세존께서는 사위국(舍衛國)에 머무르셨다.

이때 화색(華色) 비구니는 이른 아침의 때에 이르자 옷을 입고 발우를 들고 성안에 들어가서 걸식하였다. 걸식을 마치고 안화(安和) 숲의 가운데에 들어갔고 나무 아래에서 단정한 몸으로 바르게 앉았는데 위의가 청정하였다. 이때 500명의 도둑들이 있었고, 먼저 그 숲의 가운데에 들어왔는데, 이 도둑의 우두머리는 불법(佛法)을 믿었다. 화색 비구니가 단정한 몸으로 바르게 앉아 있고 위의가 청정한 것을 보았으므로 청정한 신심(信心)이 생겨났다.

"이 비구니에게 내가 어찌 한 꼬치의 고기를 주어서 먹게 하지 않겠는가?"

이 도둑들 가운데에서 법을 조금 아는 자가 있어서 말하였다.

"이 비구니는 먹는 때에 먹는 사람이고 때가 아니면 먹지 않습니다."

도둑의 우두머리는 듣고서 신심이 더욱 깊어졌다.

"이 비구니는 단정한 몸으로 바르게 앉아 있고 위의가 청정하며, 때이면 먹고 때가 아니면 먹지 않는구나. 내가 어찌 한 꼬치의 고기로서 주어서 내일 먹게 하지 않겠는가?"

법을 조금 아는 자가 말하였다.

"이 비구니는 얻은 것을 따라서 먹고 남겨두었고 묵힌 음식은 먹지 않습니다."

이때 도적의 우두머리는 이 비구니에게 신심이 두 배로 생겨났다.

"이 비구니는 단정한 몸으로 바르게 앉아 있고 위의가 청정하며, 때이면 먹고 때가 아니면 먹지 않으며, 얻은 것을 따라서 먹고 남겨두었고 묵힌 음식은 먹지 않는구나. 내가 어찌 하나의 값비싼 면직물(氎)에 한 꼬치의 고기를 싸서 나무 위에 매달아 두었다가 이 비구니가 먹도록 하지 않겠는가?"

이렇게 생각을 지었다.

'만약 사문이나 바라문이 있어 취(取)하는 자가 있다면 곧 베풀어 주겠다.'

이렇게 생각을 짓고서 곧 값비싼 면직물에 고기를 싸서 나무 위에 매달아 놓고 이렇게 생각을 지었다.

'여러 사문이나 바라문이 필요한 자가 있다면 곧 베풀어 주겠다.'

시간은 밤이 지나갔고 화색 비구니가 이렇게 말을 지었다.

"도둑이 나를 인연한 까닭으로 면직물로 고기를 싸서 나무 위에 매달아 놓고는 이렇게 말을 지었다. '여러 사문이나 바라문이 필요한 자가 있다면 곧 베풀어 주겠다.' 나는 마땅히 이러한 고기를 먹을 수 없으니 가져다가 승가에게 주고 면직물은 마땅히 스스로가 취해야겠다."

곧 이 고기를 가지고 기환의 가운데에 들어가서 음식을 짓는 사람이 있는 곳을 물었고 고기를 주었다. 기환을 나와서 떠나가는데, 이때 육군비구들이 화색 비구니가 좋은 면직물을 가지고 나오는 것을 보았다. 보고서 탐욕의 마음이 생겨났으므로 말하였다.

"그대의 면직물은 얇고 좋습니다."

비구니는 대답하여 말하였다.

"얇고 좋습니다."

비구니가 얇고 좋다고 대답하여 말하였으므로 육군비구들이 말하였다.

"좋은 것인데 어찌 좋은 사람에게 주지 않는가?"

비구니는 이렇게 생각을 지었다.

'이렇게 결정적으로 요구하는데 어찌 주지 않겠는가?'

곧 면직물을 육군비구에게 주었고, 이 비구니는 간곡히 말하였다.

"세존을 존경하세요."

이렇게 생각을 지었다.

'내가 마땅히 세존을 보지 않을 수 없으므로 곧 돌아가서 성으로 들어가야겠다.'

이렇게 생각을 짓고서 곧 세존의 처소로 향하였다. 이때 세존께서는 여러 대중들에게 위요(圍遶)되어[1] 설법하고 계셨다. 세존께서는 화색 비구니가 멀리서 오는 것을 보셨는데 옷이 낡아서 찢어져 있었다. 세존께서는 아시면서도 일부러 아난에게 물으셨다.

"이 화색 비구니는 무슨 까닭으로 옷이 낡고 찢어졌는가? 능히 옷을 보시받지 못하였는가?"

아난이 말하였다.

"마침 값비싼 면직물을 얻었습니다."

세존께서는 말씀하셨다.

"지금 어느 곳에 있는가?"

아난이 말하였다.

"육군비구가 구하여서 떠났습니다."

세존께서는 아시면서도 일부러 아난에게 물으셨다.

"비구가 진실로 친족이 아닌 비구니에게 옷을 취하였는가?"

대답하여 말하였다.

"진실로 취하였습니다. 세존이시여."

세존께서는 곧 아난에게 말씀하셨다.

---

1) 주위를 둘러싸는 것을 가리킨다.

"길이가 충분한 옷의 가운데에서 다섯 벌을 취하여 이 비구니에게 주도록 하게."

아난이 말하였다.

"그렇게 하겠습니다."

곧 길이가 충분한 옷 가운데에서 다섯 벌을 취하여 그녀에게 주었다. 비구니는 곧 이 옷을 입고서 세존의 처소로 나아가서 머리를 발에 대고 예경하고서 한쪽에 섰다. 세존께서는 설법하시어 보여주었고 가르치셨으며 이익되고 기쁘게 하시고서 묵연하셨다. 화색 비구니는 세존께서 설법하시어 보여주었고 가르치셨으며 이익되고 기쁘게 하신 것을 듣고서 머리숙여 발에 예경하고서 세존을 돌면서 떠나갔다. 떠나고 오래지 않아서 세존께서는 이 일로써 비구 승가를 모으셨으며, 아시면서도 일부러 육군비구들에게 물으셨다.

"그대들이 진실로 이러한 일을 지었는가?"

대답하여 말하였다.

"진실로 지었습니다. 세존이시여."

세존께서는 여러 종류의 인연으로서 육군비구들을 꾸짖으셨다.

"어찌 비구라고 이름하면서 친족도 아닌 비구니에게 옷을 취하였는가? 친족이 아니면 옷이 적당한가? 부족한가? 긴가? 짧은가를 능히 물을 수 없는데, 나아가서 곧 취하여 얻었는가? 만약 친족이라면 적당한가? 부족한가? 긴가? 짧은가를 마땅히 물어야 하고, 친족인 사람은 오히려 스스로가 옷을 가지고 주어야 하느니라. 어찌 하물며 부족한데 취하였는가?"

세존께서는 이와 같이 여러 종류의 인연으로서 꾸짖으셨으며, 여러 비구들에게 말씀하셨다.

"열 가지의 이익을 까닭으로 여러 비구들에게 계를 제정하여 주겠노라. 지금부터 이러한 계는 마땅히 이와 같이 설할지니라. '만약 비구가 친족이 아닌 비구니에게 옷을 취한다면 니살기바일제이니라.'"

'친족이 아니다.'는 친족은 어머니·자매·딸, 나아가 7세(世)의 인연을 말한다.

'옷'은 삼베옷·붉은 삼베옷·흰 베옷·모시옷·시이라의(翅夷羅衣)·흠바라의(欽婆羅衣)·겁패의(劫貝衣) 등이다.

이 가운데에서 범하는 것은 만약 한 명의 비구가 한 명의 친족이 아닌 비구니에게 옷을 취한다면 하나의 니살기바일제이고, 한 명의 비구가 친족이 아닌 두 명·세 명·네 명의 비구니에게 옷을 취한다면 얻는 그것을 따라서 니살기바일제이다. 만약 두 명의 비구가 친족이 아닌 두 명·세 명·네 명·한 명의 비구니에게 옷을 취한다면 얻는 그것을 따라서 니살기바일제이다.

만약 세 명의 비구가 친족이 아닌 세 명·네 명·한 명·두 명의 비구니에게 옷을 취한다면 얻는 그것을 따라서 니살기바일제이다. 만약 네 명의 비구가 친족이 아닌 네 명의 비구니에게서 옷을 취한다면 그 네 사람은 니살기바일제를 얻는다. 만약 네 명의 비구가 친족이 아닌 한 명·두 명·세 명의 비구니에게 옷을 취한다면 얻는 그것을 따라서 니살기바일제이다."

세존께서는 사위국에 머무르셨다.

그때 교살라국에서 2부(部)의 승가가 있어 많은 옷을 얻었고, 두 몫으로 나누었는데 비구들은 비구니의 처소에서 마땅한 옷을 얻었으며, 비구니들은 비구의 처소에서 마땅한 옷을 얻었다. 비구들이 옷을 얻는 때에 여러 비구니들이 비구들에게 말하였다.

"여러 대덕들의 옷을 우리에게 주신다면 우리들도 얻은 옷을 여러 대덕들께 드리겠습니다."

비구들이 대답하여 말하였다.

"세존께서는 계율로 친족이 아닌 비구니에게 옷을 취하지 못하게 제정하셨습니다."

여러 비구들은 어떻게 해야 하는가를 알지 못하였으므로, 이 일을 세존께 아뢰었다. 세존께서는 이 일로써 비구 승가를 모으셨으며, 여러 종류의 인연으로 계를 찬탄하셨고 지계를 찬탄하셨다. 계를 찬탄하고 지계를 찬탄하시고서 여러 비구들에게 말씀하셨다.

"지금부터 이러한 계는 마땅히 이와 같이 설할지니라. '만약 비구가 친족이 아닌 비구니에게 옷을 취하면서 바꾸는 것을 제외하고는 니살기바일제이니라.'

이 가운데에서 범하는 것은 만약 비구가 친족이 아닌 비구니에게서 이들이 친족이라고 말하면서 그녀에게서 옷을 취한다면 니살기바일제이다. 만약 이들이 비구·식차마니(式叉摩尼)·사미(沙彌)·사미니(沙彌尼)·출가인(出家人)·출가니(出家尼)라고 말하면서 그들에게서 옷을 취한다면 니살기바일제이다.

만약 친족이 아닌 비구니에게 비구가 친족인가 아닌가의 의심이 생겨났으나 그녀에게서 옷을 취한다면 니살기바일제이다. 만약 이들이 비구니인가? 비구니가 아닌가? 이들이 식차마니인가? 식차마니가 아닌가? 이들이 사미인가? 사미가 아닌가? 이들이 사미니인가? 사미니가 아닌가? 이들이 출가인인가? 출가인이 아닌가? 이들이 출가니인가? 출가니가 아닌가를 의심하면서 그들에게서 옷을 취한다면 니살기바일제이다.

만약 비구가 있어 친족인 비구니를 친족이 아니라고 말하면서 그에게서 옷을 취한다면 돌길라(突吉羅)이다. 만약 이들이 비구·식차마니·사미·사미니·출가인·출가니라고 말하면서 그들에게서 옷을 취한다면 돌길라이다.

만약 비구가 친족인 비구니를 친족인가? 아닌가의 의심이 생겨났으나 그녀에게서 옷을 취한다면 돌길라이다. 만약 이들이 비구인가? 비구가 아닌가? 이들이 식차마니인가? 식차마니가 아닌가? 이들이 사미인가? 사미가 아닌가? 이들이 사미니인가? 사미니가 아닌가? 이들이 출가인인가? 출가인이 아닌가? 이들이 출가니인가? 출가니가 아닌가를 의심하면서 그들에게서 옷을 취한다면 돌길라이다.

친족이거나, 친족이 아닌데 취하였거나, 만약 말하였거나, 만약 의심하였는데 부정한 옷으로써 이를테면, 낙타의 털·소의 털·양의 털·여러 실로 짠 것 등을 취하였다면 돌길라이다. 범하지 않는 것은 만약 친족이거나, 만약 먼저 청하였거나, 만약 별도의 방의 가운데에 머물렀으므로 주었거나, 만약 설하였던 까닭으로 주었다면 범한 것이 없느니라." [네 번째 일을 마친다.]

세존께서는 사위국에 머무르셨다.

이때 장로 가류타이(迦留陀夷)는 굴다(掘多) 비구니와 옛날부터 서로가 지식이었고 함께 말하였고 왕래하였다. 어느 때 가류타이는 2개월을 다른 나라를 유행하였다. 굴다 비구니는 장로 가류타이가 2개월을 유행한다는 것을 들었고, 굴다 비구니는 가류타이가 2개월의 유행을 마치고 사위국으로 돌아와서 이르렀다는 것도 들었다.

굴다 비구니는 가류타이가 2개월을 유행하고 사위국으로 돌아왔다는 것을 듣고서, 몸을 씻고 얼굴을 꾸몄으며 머리에 향유(香油)를 바르고 가벼운 염의(染衣)을 입고서 가류타이의 처소에 이르렀다. 머리숙여 발에 예배하고 그의 앞에 앉았다. 이때 가류타이는 염착(染着)하는 마음이 생겨나서 비구니의 얼굴을 자세하게 바라보았고, 비구니도 역시 염심(染心)이 생겨나서 비구의 얼굴을 바라보았다. 비구니는 이렇게 생각을 지었다.

'이 사람이 내 얼굴을 보고 반드시 염심이 생겨났구나. 내가 어찌 앞에 일어나서 걷지 않겠는가!'

이때 가류타이는 다만 니원승(泥洹僧[2])을 입고 함께 다니면서 욕심이 발동하였다. 계율을 범하는 것이 두려웠던 까닭으로 감히 서로 접촉하지 못하였으나 자세히 얼굴을 바라보았는데, 곧 부정(不淨)을 실정(失精)하였다. 다급한 열기에서 벗어났고 곧 본래 자리로 돌아와서 앉았는데 굴다 비구니는 이렇게 생각을 지었다.

'장로 가류타이가 본래 자리에 돌아가서 앉은 것을 보니 반드시 부정을 실정하였구나.'

---

2) 산스크리트어 nivāsana의 음사로서 군의(裙衣) 또는 하의(下衣)라고 번역된다. 수행승이 허리에 둘러 입는 치마와 같은 옷을 가리킨다.

굴다 비구니는 돌아와서 상의(上衣)를 입고 가류타이에게 가까이 왔으며 가류타이에게 말하였다.

"이 옷을 가지고 오십시오. 제가 마땅히 세탁하여 주겠습니다."

가류타이는 다시 다른 옷을 입었고 이 옷을 벗어서 비구니에게 주었다. 비구니는 그 옷을 가지고 잠시 곧 한쪽에서 옷을 비틀었고 정액을 취하여 소변보는 곳에 붙였다. 곧 이때 복덕자(福德子)가 와서 어머니의 태를 받았다. 배가 점차 장대(長大)하였으므로, 여러 비구니들이 사찰에서 쫓아 내면서 말하였다.

"이 폐악(弊惡)한 비구니여. 도둑의 비구니여. 그대는 밖에서 새로이 들어왔는가? 옛날에 출가한 사람이 어떻게 임신하였는가?"

이 비구니가 말하였다.

"나는 음욕을 짓지 않았습니다."

이와 같은 인연을 여러 비구니들을 향하여 말하였다. 여러 비구니들은 어떻게 해야 하는가를 알지 못하였으므로, 이 일을 세존께 아뢰었다. 세존께서는 말씀하셨다.

"그대들은 이 비구니를 꾸짖지 말라. 이 사람은 범행(梵行)을 깨뜨리지 않았고, 음욕을 범하지 않았느니라. 이와 같은 인연을 까닭으로 임신한 것이다."

세존께서는 이 일로써 비구 승가를 모으셨으며, 아시면서도 일부러 가류타이에게 물으셨다.

"그대가 진실로 이러한 일을 지었는가?"

대답하여 말하였다.

"진실로 지었습니다. 세존이시여."

세존께서는 여러 종류의 인연으로서 가류타이를 꾸짖으셨다.

"어찌 비구라고 이름하면서 친족도 아닌 비구니에게 입었던 옷을 세탁하게 하였는가?"

세존께서는 이와 같이 여러 종류의 인연으로서 꾸짖으셨으며, 여러 비구들에게 말씀하셨다.

"열 가지의 이익을 까닭으로 여러 비구들에게 계를 제정하여 주겠노라. 지금부터 이러한 계는 이와 같이 설할지니라. '만약 비구가 친족이 아닌 비구니에게 입었던 옷을 세탁하게 하거나, 물들이게 하거나, 두드리게 한다면 니살기바일제이니라.'

'친족이 아니다.'에서 친족은 어머니·자매·딸, 나아가 7세(世)의 인연을 말한다.

'입던 옷'은 나아가 한 번이라도 몸에 입었다면 모두 입던 옷이라 이름한다.

이 가운데에서 범하는 것은 만약 비구가 친족이 아닌 비구니에게 '나를 위하여 이러한 입었던 옷을 세탁하거나, 만약 물들이거나, 만약 두드려 주십시오.'라고 말하였고, 만약 비구니가 이러한 옷을 세탁하여 주었다면, 비구는 니살기바일제를 얻는다. 만약 물들였다면 니살기바야제이고, 만약 두드렸어도 니살기바야제이며, 만약 세탁하여서 물들였거나, 만약 세탁하여서 두드렸거나, 만약 물들여서 두드렸거나, 만약 세탁하여서 물들이고 두드렸다면 모두 니살기바일제이다.

또한 만약 비구가 친족이 아닌 비구니에게 '나를 위하여 이 옷을 세탁하여서 두드리고 물들이지는 마십시오.'라고 말하였고, 만약 비구니가 세탁하였다면 비구는 니살기바일제를 얻는다. 만약 두드리거나, 만약 물들이거나, 만약 세탁하여서 물들였거나, 만약 세탁하여서 두드렸거나, 만약 물들여서 두드렸거나, 만약 세탁하여서 물들이고 두드렸다면 모두 니살기바일제이다.

또한 만약 비구가 친족이 아닌 비구니에게 '나를 위하여 이 옷을 세탁하여서 물들이고 두드리지는 마십시오.'라고 말하였고, 만약 비구니가 세탁하였다면 비구는 니살기바일제를 얻는다. 만약 물들였거나, 만약 두드렸거나, 만약 세탁하여서 물들였거나, 만약 세탁하여서 두드렸거나, 만약 물들여서 두드렸거나, 만약 세탁하여서 물들이고 두드렸다면 모두 니살기바일제이다.

또한 만약 비구가 친족이 아닌 비구니에게 '나를 위하여 이 옷을 물들이고 두드리며 세탁하지는 마십시오.'라고 말하였고, 만약 비구니가 물들였다면 비구는 니살기바일제를 얻는다. 만약 두드렸다면 니살기바일제이다. 만약 세탁하였거나, 만약 세탁하여서 물들였거나, 만약 세탁하여서 두드렸거나, 만약 물들여서 두드렸거나, 만약 세탁하여서 물들이고 두드렸다면 모두 니살기바일제이다.

만약 비구가 있어 친족이 아닌 비구니에게 '나를 위하여 이 옷을 세탁하여서 두드리고 물들이는 것은 뜻대로 하십시오.'라고 말하였고, 만약 세탁하였다면 니살기바일제이고, 만약 두드렸다면 니살기바일제이다. 만약 세탁하여서 두드렸거나, 만약 물들여서 두드렸거나, 만약 세탁하여서 물들이고 두드렸다면 모두 니살기바일제이다.

만약 비구가 있어 친족이 아닌 비구니에게 '나를 위하여 이 옷을 세탁하여서 물들이고 두드리는 것은 뜻대로 하십시오.'라고 말하였고, 만약 세탁하였다면 니살기바일제이다. 만약 물들였거나, 만약 두드렸다면 니살기바일제이다. 만약 세탁하여서 물들였거나, 만약 세탁하여서 두드렸거나, 만약 물들이고 두드렸거나, 만약 세탁하여서 물들이고 두드렸다면 모두 니살기바일제이다.

만약 비구가 있어 친족이 아닌 비구니에게 '나를 위하여 이 옷을 물들이고 두드리며 세탁하는 것은 뜻대로 하십시오.'라고 말하였고, 만약 세탁하였거나, 만약 물들였다면 니살기바일제이다. 만약 두드렸다면 니살기바일제이다. 만약 세탁하였거나, 만약 세탁하여서 물들였거나, 만약 세탁하여서 두드렸거나, 만약 물들여서 두드렸거나, 만약 세탁하여서 물들이고 두드렸다면 모두 니살기바일제이다.

또한 비구가 친족이 아닌 비구니에게 '나를 위하여 이 옷을 세탁하고 물들이지 말고 두드리지 마십시오.'라고 말하였고, 만약 세탁하였다면 니살기바일제이다. 만약 물들였다면 니살기바일제이다. 만약 두드렸거나, 만약 세탁하여서 물들였거나, 만약 세탁하여서 두드렸거나, 만약 물들여서 두드렸거나, 만약 세탁하여서 물들이고 두드렸다면 모두 니살기바일제이다.

또한 비구가 친족이 아닌 비구니에게 '나를 위하여 이 옷을 물들이고 세탁하지 말고 두드리지 마십시오.'라고 말하였고, 만약 세탁하였다면 니살기바일제이다. 만약 물들였다면 니살기바일제이다. 만약 두드렸거나, 만약 세탁하여서 물들였거나, 만약 세탁하여서 두드렸거나, 만약 물들여서 두드렸거나, 만약 세탁하여서 물들이고 두드렸다면 모두 니살기바일제이다.

또한 비구가 친족이 아닌 비구니에게 '나를 위하여 이 옷을 두드리고 세탁하지 말고 물들이지 마십시오.'라고 말하였고, 만약 두드렸다면 니살기바일제이다. 만약 세탁하였거나, 만약 물들였거나, 만약 세탁하여서 물들였거나, 만약 세탁하여서 두드렸거나, 만약 물들여서 두드렸거나, 만약 세탁하여서 물들이고 두드렸다면 모두 니살기바일제이다.

만약 비구가 친족이 아닌 비구니에게 친족이라고 말하면서 이렇게 말을 지었다. '나를 위하여 이 옷을 세탁하고 물들이며 두드리십시오.' 만약 세탁하였거나, 물들였거나 두드렸다면 비구는 니살기바일제를 얻는다.

만약 이 비구가 이들이 식차마니·사미·사미니·출가인·출가니에게 '나를 위하여 이 옷을 세탁하고 물들이며 두드리십시오.'라고 이렇게 말을 지었는데, 만약 세탁하였거나, 물들였거나 두드렸다면 비구는 니살기바일제를 얻는다.

만약 이 비구가 이들이 비구인가? 비구가 아닌가? 식차마니인가? 식차마니가 아닌가? 사미인가? 사미가 아닌가? 사미니인가? 사미니가 아닌가?, 출가인인가? 출가인이 아닌가? 출가니인가? 출가니가 아닌가를 의심하면서 '나를 위하여 이 옷을 세탁하고 물들이며 두드리십시오.'라고 말하였는데, 만약 세탁하였거나, 물들였거나 두드렸다면 비구는 니살기바일제를 얻는다.

만약 비구가 친족인 비구니를 친족이 아니라고 말하면서 말하였다. '나를 위하여 이 옷을 세탁하고 물들이며 두드리십시오.' 만약 세탁하거나, 물들였거나 두드렸다면 비구는 돌길라이다. 만약 비구가 친족인 비구니를 친족인가? 아닌가를 의심하면서 '나를 위하여 이 옷을 세탁하고 물들이며 두드리십시오.'라고 말하였는데, 만약 세탁하였거나, 물들였거나 두드렸다면 비구는 돌길라이다.

만약 이들이 비구인가? 비구가 아닌가? 식차마니인가? 식차마니가 아닌가? 사미인가? 사미가 아닌가? 사미니인가? 사미니가 아닌가?, 출가인인가? 출가인이 아닌가? 출가니인가? 출가니가 아닌가를 의심하면서 '나를 위하여 이 옷을 세탁하고 물들이며 두드리십시오.'라고 말하였는데, 만약 세탁하였거나, 물들였거나 두드렸다면 비구는 돌길라이다.

만약 비구가 있어 친족이거나, 친족이 아닌데, 만약 말하였거나, 만약 의심하면서 부정한 옷으로써 이를테면, 낙타의 털·소의 털·양의 털·여러 실로 짠 것 등을 세탁하게 하였다면 이 비구는 돌길라를 얻는다. 범하지 않는 것은 만약 친족이라면 범한 것이 없느니라." [다섯 번째 일을 마친다.]

세존께서는 사위국에 머무르셨다.

그때 한 거사가 있어 상·하의(上下衣)를 입고 기환(祇桓)에 와서 이르렀는데, 이 사람은 발난타(跋難陀)와 예부터 지식이었으므로, 함께 이야기하고 함께 일하였다. 발난타는 거사가 오는 것을 멀리서 보았고 입은 상·하의에 탐착(貪着)하는 마음이 생겨났다. 거사는 점차 발난타가 있는 곳에 이르러 머리숙여 발에 예배하고 앞에 앉았다. 발난타는 그를 위하여 여러 종류로 설법하여 가르치고 보여주었으며 이익되고 기쁘게 하고서 이렇게 말을 지었다.

"거사여. 그대의 이 상·하의 가운데에서 비구의 승가리나 울다라승이나 안타위를 짓는다면 좋겠습니다. 만약 그대가 나에게 주겠다면 내가 능히 취하여 저축하겠습니다."

이 거사는 듣지 못하였거나, 혹은 들었으나 주려고 하지 않았다. 이때 발난타는 다시 여러 종류로 다르게 설법하여 가르치고 보여주었으며 이익되고 기쁘게 하고서 다시 말하였다.

"그대가 입은 이 상·하의 가운데에서 비구의 승가리나 울다라승이나 안타위를 지으면 좋겠습니다. 만약 그대가 나에게 주겠다면 내가 능히 취하여 저축하겠습니다."

이 거사는 듣지 못하였거나, 혹은 들었으나 주고자 하지 않았다. 이때 발난타는 다시 여러 종류로 다르게 설법하여 가르치고 보여주었으며 이익되고 기쁘게 하고서 다시 거사에게 말하였다.

"그대는 나에게 한 벌의 옷을 가지고 주시오. 우리들의 법은 거사에게 옷을 얻을 수 있소."

거사는 이렇게 생각을 지었다.

'이 비구가 이렇게 결정적으로 요구하며 짓는데 어찌 주지 않겠는가?'

곧 하나의 옷을 벗었고 접어서 주었다. 이 거사는 옷을 주고서 마음으로 후회하고 분노와 원한을 참을 수 없었으므로 이렇게 생각을 짓고 말하였다.

"나는 마땅히 사문 석자의 승가람(僧伽藍)[3]의 가운데에는 오지 않겠다. 만약 거사가 가운데에 이른다면 곧 의복을 강제로 빼앗아서 취하므로 험한 길과 같고 다르지 않다. 이러한 까닭으로써 마땅히 사문 석자들이 있는 곳에는 오지 않겠다."

이 거사가 사위성으로 들어가는 때에 수문자(守門者)가 보고 물어 말하였다.

"그대는 나갈 때에 상·하의를 입고 갔는데 지금 하나의 옷은 어디에 있습니까?"

거사는 곧 이러한 인연으로서 향하여 말하였다. 이렇게 말을 하는 때에 후회하는 마음이 두 배나 생겨나서 분노와 원한을 참지 못하고 이렇게 말을 지었다.

"마땅히 사문 석자의 승가람의 가운데에는 가지 마십시오. 만약 간다면 사람의 옷을 강제로 빼앗는 것이 험한 길과 같고 다르지 않습니다."

---

3) 산스크리트어 saṃgha-ārāma의 음사로 승가람마(僧伽藍摩)라고 음역하였고 줄여서 승가람(僧伽藍)이라고도 한다. 중원(衆園), 사원(寺院) 등으로도 한역되는데, 원래 출가자들이 공동으로 생활할 수 있는 장소 등의 공간을 의미하는 말이었으나 뜻이 변하여 사찰의 토지와 건축물 모두를 포함하는 총칭이 되었다.

이와 같이 한 사람이 두 사람에게 말하였고, 두 사람이 세 사람에게 말하였으며 전전(展轉)하여 서로가 말하였다.

"사문 석자들은 사람들의 옷을 강제로 빼앗았다."

악한 소문이 사위성에 가득하게 유포되었다. 이 가운데에 비구가 있어 욕망이 적고 만족함을 알며 두타를 행하였는데, 이러한 일을 듣고 마음이 기쁘지 않아서 이 일을 세존께 아뢰었다. 세존께서는 이 일로써 비구 승가를 모으셨으며, 아시면서도 일부러 발난타 석자에게 물으셨다.

"그대가 진실로 이러한 일을 지었는가?"

대답하여 말하였다.

"진실로 지었습니다. 세존이시여."

세존께서는 여러 종류의 인연으로서 여러 비구들을 꾸짖으셨다.

"어찌하여 비구라고 이름하면서 친족이 아닌 사람의 처소에서 같은 뜻을 짓고서 요구하였는가?"

세존께서는 이와 같이 여러 종류의 인연으로서 꾸짖으셨으며, 여러 비구들에게 말씀하셨다.

"열 가지의 이익을 까닭으로 여러 비구들에게 계를 제정하여 주겠노라. 지금부터 이러한 계는 마땅히 이와 같이 설할지니라. '만약 비구가 친족이 아닌 거사와 거사의 부인에게서 옷을 구걸한다면 니살기바일제이니라.'

'친족이 아니다.'에서 친족은 어머니·자매·딸, 나아가 7세의 인연이니, 이들을 제외하고는 친족이 아니라고 이름한다.

'거사'는 남자를 이름한다.

'거사의 부인'은 여인을 이름한다.

'옷'은 삼베옷·붉은 삼베옷·흰 베옷·모시옷·시이라의·흠바라의·겁패의 등이다.

이 가운데에서 범하는 것에는 세 종류가 있는데, 값(價)과 색깔(色)과 양(量)이다. '값'은 만약 비구가 거사에게 '나에게 값비싼 옷을 주십시오.'라고 말하였고, 만약 옷을 얻었다면 니살기바일제이고, 만약 옷을 얻지 못하였다면 돌길라이다. 나아가 '값이 2·3백 전(錢)의 옷을 나에게 주십시오.'고 말하였고, 만약 옷을 얻었다면 니살기바일제이고, 옷을 얻지 못하였다면 돌길라이다. 이것을 값이라고 이름한다.

'색깔'은 만약 비구가 거사에게 '나에게 푸른 옷을 주십시오.'라고 말하였고 만약 옷을 얻었다면 니살기바일제이고, 만약 옷을 얻지 못하였다면 돌길라이다. 황색·적색·백색·흑색 옷·흰 삼베옷·붉은 삼베옷·시이라의·흠바라의·모시옷·겁패의 등도 역시 이와 같다. 이것을 색깔이라고 이름한다.

'양'은 만약 비구가 거사에게 '나에게 4주(肘)[4]의 옷을 주십시오.'라고 말하였고, 만약 옷을 얻었다면 니살기바일제이고, 만약 옷을 얻지 못하였다면 돌길라이다. 만약 5주·6주, 나아가 18주의 옷 등도 역시 이와 같다. 이것을 양이라고 이름한다.

이것을 구하면서 저것을 얻었다면 돌길라이다. 만약 청색의 옷을 구하면서 황색의 옷을 얻었다면 돌길라이고, 청색의 옷을 구하면서 적색·백색·흑색의 옷을 얻었다면 역시 이와 같다. 만약 비구가 흰 삼베옷을 구하면서 적색의 베옷을 얻었다면 돌길라이고, 나아가 흠바라의를 구하면서 겁패의를 얻었더라도 돌길라이다.

범하지 않은 것은 친족에게 구하였거나, 만약 먼저 청하였거나, 만약 구하지 않았는데 스스로 주는 것은 범한 것이 없다."

세존께서는 사위국에 머무르셨다.

이때 바라(波羅) 비구는 교살라국을 유행하여 사위국으로 향하면서 도중(道中)에 도둑을 만나서 옷을 빼앗겼으므로 나형(裸形)으로 다녔다. 이때 그는 이렇게 생각을 지었다.

'세존께서는 계율을 제정하시어 친족이 아니면 옷을 구걸하여 얻지 못하게 하셨다. 나의 친족은 멀리 있으므로 지금 마땅히 나형으로 사위국으

---

4) 산스크리트어 hasta의 음사로서 길이의 단위이다. 1주(肘)는 팔꿈치에서 가운데 손가락 끝까지의 길이인데. 인체의 크기는 시대별로 달랐으므로 절대적인 단위는 아니다.

로 떠나가야겠다.'

곧바로 기환으로 들어왔고 구주비구들에게 예배하였다. 구주비구가 물었다.

"그대는 무슨 사람인가?"

대답하여 말하였다.

"나는 사문입니다."

"무슨 사문인가?"

대답하여 말하였다.

"석자(釋子) 사문입니다."

"무슨 까닭으로 나형인가?"

대답하여 말하였다.

"나는 도중에 도적을 만나서 옷을 빼앗겼으므로 나형으로 오게 되었습니다. 그때 이렇게 생각을 지었습니다. '세존께서는 계율을 제정하시어 친족이 아니면 옷을 구걸하는 것을 허락하지 않으셨다. 나의 친족은 멀리 있으므로 지금 마땅히 나형으로 사위국으로 떠나가야겠다.' 이러한 까닭으로 나는 지금 나형입니다."

다음으로 육군비구의 처소로 이르러 예배하였고, 육군비구가 물어 말하였다.

"그대는 무슨 사람인가?"

대답하여 말하였다.

"나는 사문입니다."

"무슨 사문인가?"

대답하여 말하였다.

"석자 사문입니다."

"무슨 까닭으로 나형인가?"

대답하여 말하였다.

"나는 도중에 도적을 만나서 옷을 빼앗겼으므로 나형으로 오게 되었습니다. 그때 이렇게 생각을 지었습니다. '세존께서는 계율을 제정하시어 친족이 아니면 옷을 구걸하는 것을 허락하지 않으셨다. 나의 친족은 멀리 있으므로 지금 마땅히 나형으로 사위국으로 떠나가야겠다.' 이러한 까닭으로 나는 지금 나형입니다."

육군비구는 이렇게 생각을 지었다.

'이 인연으로서 세존께서는 반드시 친족이 아니더라도 구걸하는 것을 마땅히 허락하실 것이다. 우리들은 마땅히 이 사람과 친근해야겠다.'

육군비구가 말하였다.

"그대는 어떻게 나형으로 세존의 처소에 가겠는가? 우리들은 마땅히 그대에게 세존의 처소에 이르도록 그대에게 옷을 빌려주겠으니, 그대가 옷을 얻는다면 마땅히 우리에게 돌려주게."

대답하여 말하였다.

"그렇게 하겠습니다."

육군비구는 곧 옷을 빌려주어 입게 하였다. 세존의 처소로 나아갔고 머리숙여 발에 예경하고서 한쪽에 앉았다. 제불의 상법은 객비구가 오면 이와 같이 여러 비구들에게 위로하여 묻는 것이다.

"견딜 수 있었는가? 만족하였는가? 안락하게 머물렀는가? 걸식은 부족하지 않았는가? 도로에 매우 피로하지는 않았는가?"

곧 이때 세존께서는 이러한 말로서 바라 비구를 위로하며 물으셨다.

"견딜 수 있었는가? 만족스러웠는가? 안락하게 머물렀는가? 걸식은 부족하지 않았는가? 도로에 피곤하지는 않았는가?"

이 비구가 대답하였다.

"세존이시여. 견딜 수 있었고, 만족스러웠으며 안락하였고 걸식도 어렵지도 않았습니다. 다만 도중에 매우 피로하였습니다."

이러한 일로써 세존을 향하여 자세히 말하였다. 세존께서는 이 일로써 비구 승가를 모으셨으며, 여러 종류의 인연으로 계를 찬탄하셨고 지계를 찬탄하셨다. 계를 찬탄하고 지계를 찬탄하고서 여러 비구들에게 말씀하셨다.

"지금부터 이 계는 마땅히 이와 같이 설할지니라. '만약 비구가 친족이

아닌 거사와 거사의 부인에게 옷을 구걸한다면 다른 때(餘時)를 제외하고는 니살기바일제이니라.'

'다른 때'는 옷을 빼앗겼거나, 옷을 잃었거나, 옷이 불탔거나, 옷이 떠내려갔거나, 이것이 다른 때이다.

'옷을 빼앗기다.'는 관리에게 빼앗겼거나, 만약 도둑·원수의 집안·원수의 붕당 등에게 빼앗기는 것이다.

'잃는다.'는 만약 잃어서 어디에 있는가를 알지 못하거나, 만약 낡아서 찢어졌거나, 만약 벌레가 씹은 것이다.

'불탔다.'는 만약 불에 탔거나, 만약 햇볕에 그을린 것이다.

'옷이 떠내려갔다.'는 만약 물에 떠내려갔거나, 바람에 날아간 것이다. 이것을 다른 때라고 이름한다." [여섯 번째의 일을 마친다.]

그때 육군비구는 세존께서 이러한 인연으로서 비구가 친족이 아닌 거사에게 구걸하는 것을 허락하였다는 것을 들었다. 말을 듣고서 바라 비구에게 말하였다.

"그대들은 지식이 적은 까닭으로 옷이 없고, 우리들은 지식이 많은데도 역시 옷이 적은 것이오. 우리는 지금 그대를 위한 까닭으로 구걸하겠으니 만약 그대가 3의(衣)에 만족한다면 나머지 옷은 모두 우리에게 주시오."

바라 비구는 말하였다.

"그렇게 하겠습니다."

이때 육군비구는 곧 사위국으로 들어가서 부귀한 사람의 집에 이르러 바라 비구의 선하고 좋은 것을 찬탄하였다.

"이 사람은 세존의 친족인데 험한 도중에 도둑을 만나서 옷을 빼앗겼습니다. 그대들은 마땅히 주십시오."

곧 신자들이 여러 종류의 옷을 주었는데 면직물·구집(俱執)·흠바라 등이었다. 이와 같이 한 집에서 다른 한 집을 전전하며 많은 의복을 얻었고 이것을 감싸서 어깨 위에 메고 돌아왔다. 육군비구는 스스로가 좋은 옷을 취하였고 좋지 않은 것을 가지고 바라 비구에게 주었다. 이 가운데에 비구가 있어 욕망이 적고 만족함을 알며 두타를 행하였는데, 이러한 일을 듣고 마음이 기쁘지 않아서 여러 종류의 인연으로 육군비구를 꾸짖었다.

"어찌 비구라고 이름하면서 고의로 바라 비구의 옷을 빼앗는가?"

여러 비구들을 여러 종류의 인연으로 꾸짖었으며, 세존을 향하여 자세히 말하였다. 세존께서는 이 일로써 비구 승가를 모으셨으며, 아시면서도 일부러 여러 비구들에게 물으셨다.

"그대들이 진실로 이러한 일을 지었는가?"

대답하여 말하였다.

"진실로 지었습니다. 세존이시여."

세존께서는 여러 종류의 인연으로서 여러 비구들을 꾸짖으셨다.

"어찌 비구라고 이름하면서 고의로 바라 비구의 옷을 빼앗는가?"

세존께서는 이와 같이 여러 종류의 인연으로서 꾸짖으셨으며, 여러 비구들에게 말씀하셨다.

"열 가지의 이익을 까닭으로 여러 비구들에게 계를 제정하여 주겠노라. 지금부터 이러한 계는 마땅히 이와 같이 설할지니라. '만약 비구가 옷을 빼앗겼거나, 옷을 잃었거나, 옷이 불탔거나, 옷이 떠내려갔을 때이라면 친족이 아닌 거사와 거사의 부인에게 구걸하는데, 스스로가 마음대로 많은 옷을 주더라도 비구는 마땅히 상·하의(上下衣)만 취해야 한다. 만약 지나쳐서 이것을 취한다면 니살기바일제이니라.'

'상하의'는 두 종류가 있나니, 백의(白衣)의 옷은 상·하의가 있고 비구의 옷도 상하의가 있다.

'백의의 상하의'는 하나의 상의와 하나의 하의이다.

'비구의 상하의'는 수용에 따라서 세 가지의 옷이 있다. 만약 백의의 상하의를 얻었는데, 만약 적다면 다시 구걸해야 하고, 만약 많다면 마땅히 주인에게 돌려주도록 하라. 만약 비구의 상하의를 얻었다면 만약 적더라도 마땅히 다시 구걸할 수 없고, 만약 많더라도 주인에게 되돌려 주어서는 아니된다.

이 가운데에서 범하는 것은 만약 비구가 3의(衣)를 구족하였다면 마땅히 구걸하여서는 아니된다. 만약 구걸하여 얻었다면 니살기바일제이고, 만약 구걸하여 얻지 못하였다면 돌길라이다. 만약 비구가 한 가지의 옷을 잃었는데 이 비구의 승가리를 잘라서 옷을 지을 수 있다면 잘라서 옷을 지을 것이고 마땅히 구걸하여서는 아니된다. 만약 구걸하여 얻었다면 니살기바일제이고, 만약 구걸하여 얻지 못하였다면 돌길라이다. 만약 비구가 두 가지의 옷을 잃었는데 이 승가리를 잘라서 옷을 지을 수 있다면 마땅히 한 가지의 옷을 구걸하여야 하고, 마땅히 두 가지의 옷을 구걸하여서는 아니된다. 만약 두 가지의 옷을 구걸하여 얻었다면 니살기바일제이고, 만약 구걸하여 얻지 못하였다면 돌길라이다.

만약 비구가 세 가지의 옷을 잃었다면 마땅히 5중(衆)의 처소를 따라서 잠시 옷을 빌려 입고 취락에 들어가서 옷을 구걸해야 한다. 만약 이러한 일이 없거나, 이 가운데에 만약 사방승물(四方僧物)이 있다면, 만약 담요이거나, 만약 구집(拘執)[5]이거나, 만약 요이거나, 만약 반방(班綍)이거나, 만약 베개 등을 잘라서 옷을 지을 것이고, 옷을 입고서, 옷을 구걸하라.

만약 옷을 구걸하여 얻었다면 마땅히 새로운 옷을 입고서, 이전의 옷은 세탁하여서 말리고 두드려서 본래 처소에 놓아두어라. 만약 이 사찰이 비어있고 머무는 사람이 없다면 마땅히 근처의 승가가 있는 주처를 따라서 놓아둘 것이고, 만약 이전의 사찰에 다시 사람이 머문다면 마땅히 이 물건을 본래의 처소에 되돌려서 놓도록 하라." [일곱 번째의 일을 마친다.]

세존께서는 사위국에 머무르셨다.

그때 한 거사가 있어 발난타(跋難陀) 석자를 위하여 옷값을 준비하였고, 이렇게 생각하면서 말하였다.

'내가 이 옷값으로서 이와 같은 옷을 사서 발난타 석자에게 주겠다.'

---

5) 어원은 '얽어매다.'는 뜻이고, 문장에서는 좌복으로 해석할 수 있다.

이때 발난타 석자가 듣고 거사가 있는 곳에 이르러 물어 말하였다.

"그대가 진실로 나를 위하여 옷값을 준비하고 이렇게 생각을 짓고 말하였습니까? '내가 이 옷값으로서 이와 같은 옷을 사서 발난타 석자에게 주겠다.'"

거사가 대답하여 말하였다.

"진실로 그렇습니다."

"나를 위하여 무슨 옷을 짓겠습니까?"

대답하여 말하였다.

"이와 같은 옷을 짓겠습니다."

발난타 석자가 말하였다.

"좋습니다. 우리들 비구인 출가인은 의복이 적고 구걸해도 얻기 어렵습니다. 그대들 거사들은 능히 항상 보시할 수 있는 인연이 있지 않습니다. 만약 나를 위하여 옷을 짓고자 하였다면 마땅히 나를 위하여 이와 같고 이와 같게 하십시오."

거사가 말하였다.

"그렇게 하겠습니다."

이 거사는 곧 이전의 옷값을 치렀고, 다시 두·세 배의 옷값을 준비하여 발난타 석자에게 주었다. 뒤에 마음에 후회가 생겨나서 욕하고 꾸짖으며 말하였다.

"사문 석자는 때를 알지 못하고 만족을 알지 못하며 헤아리는 양을 알지 못한다. 만약 보시하는 자가 양을 알지 못한다면 받는 자라도 마땅히 양을 알아야 한다. 나는 본래 준비하였던 옷값에서 다시 두·세 배를 더하였다. 이들은 우리에게 허물과 죄이고 손해이며 번뇌이고 이익이 없다. 무슨 까닭으로 이와 같이 만족시키기 어렵고 공양하기 어려우며 만족을 모르는 사람들에게 보시하고 공양하겠는가?"

이 가운데에 비구가 있어 욕망이 적고 만족함을 알며 두타를 행하였는데 이러한 일을 듣고 마음이 기쁘지 않았다. 여러 비구들이 이 일로써 세존께 아뢰었고, 세존께서는 이 일로써 비구 승가를 모으셨으며, 아시면서도 일부러 발난타 석자에게 물으셨다.

"그대가 진실로 이러한 일을 지었는가?"

대답하여 말하였다.

"진실로 지었습니다. 세존이시여."

세존께서는 여러 종류의 인연으로서 발난타 석자를 꾸짖으셨다.

"어찌 비구라고 이름하면서 친족이 아닌 사람의 처소에서 같은 뜻을 짓고서 요구하였는가?"

세존께서는 이와 같이 여러 종류의 인연으로서 꾸짖으셨으며, 여러 비구들에게 말씀하셨다.

"열 가지의 이익을 까닭으로 여러 비구들에게 계를 제정하여 주겠노라. 지금부터 이러한 계는 마땅히 이와 같이 설할지니라. '비구를 위한 까닭으로 친족이 아닌 거사나 거사의 부인이 옷값을 준비하고서 이렇게 생각을 짓고 <내가 이 옷값으로서 이와 같은 옷을 사서 누구 비구에게 주겠다.>라고 말하였는데, 이 가운데에서 비구가 먼저 스스로가 청하지도 않았는데 곧 거사나 거사의 부인이 있는 곳에 가서 같은 뜻이라고 생각하면서 <그대가 나를 위하여 이와 같은 옷값을 준비하였다면 이와 같고 이와 같이 옷을 사서 나에게 주십시오.>라고 말하였고, 좋게 되었던 까닭으로 만약 옷을 얻었다면 니살기바일제이니라.'

'비구를 위하다.'는 발난타 석자를 위한 까닭이다.

'옷'은 흰 삼베옷·붉은 삼베옷·시이라의·흠바라의·모시옷·교사야의(憍奢耶衣)·겁패의 등이다.

'옷값'은 금·은·차거(硨磲)[6]·마노(瑪瑙)[7]·금전(錢), 나아가 곡식 등이다.

'준비하다.'는 이와 같은 값의 물건을 한곳에 모아두는 것이다.

---

6) 산스크리트어 musāra-galva의 음사로서 백산호(白珊瑚) 또는 대합(大蛤)으로 껍데기는 부채를 펼쳐놓은 모양이다. 겉은 회백색이고 속은 광택 있는 우유빛을 띠고 있다.

7) 말의 뇌수를 닮았다고 하여 붙여진 이름이다. 수정류와 같은 석영광물로서 수정과는 다르게 내부에 미세한 구멍이 많은 특징이 있다.

'이와 같은 옷'은 이와 같은 값, 이와 같은 색깔, 이와 같은 양 등이다.

'누구 비구에게 주다.'는 발난타 석자에게 주었던 까닭이다.

'먼저 스스로가 청하지 않다.'는 거사가 먼저 말하지 않았는데 비구가 필요한 것을 와서 취한 것이다.

'같은 뜻을 짓다.'는 이 거사가 나를 따르므로 대충을 요구하여도 성내지 않는다고 믿는 것이다.

'좋게 되다.'는 만족시키기 어렵고 공양하기 어려우며 만족함이 없는 까닭이다.

이 가운데에서 범하는 것에는 세 종류가 있으니, 값과 색깔과 양이다. '값'은 만약 비구가 거사에게 '나에게 좋은 옷을 주십시오.'라고 말하였고, 만약 옷을 얻었다면 니살기바일제이고, 만약 옷을 얻지 못하였다면 돌길라이다. 나아가 '나에게 2·3백전(錢) 값의 옷을 주십시오.'고 말하여 만약 옷을 얻었다면 니살기바일제이고, 만약 옷을 얻지 못하였다면 돌길라이다. 이것을 값이라고 이름한다.

'색깔'은 비구가 거사에게 '나에게 푸른 옷을 주십시오.'라고 말하였고, 만약 옷을 얻었다면 니살기바일제이고, 만약 옷을 얻지 못하였다면 돌길라이다. 만약 '나에게 황색·적색·백색·흑색의 옷이나 흰 삼베옷·붉은 삼베옷·시이라의·흠바라의·모시옷·교사야의·겁패의를 주십시오.'라고 말하여 옷을 얻었다면 니살기바일제이고, 옷을 얻지 못하였다면 돌길라이다. 이것을 색깔이라고 이름한다.

'양'은 만약 비구가 거사에게 '나에게 4주(肘)의 옷을 주십시오. 5주·6주, 나아가 18주짜리 옷을 주십시오.'라고 말하였고, 만약 옷을 얻었다면 니살기바일제이고, 만약 옷을 얻지 못하였다면 돌길라이다. 이것을 양이라고 이름한다.

또한 이것을 구하면서 저것을 얻었다면 돌길라이다. 청색을 구하면서 황색을 얻었다면 돌길라이고, 청색을 구하면서 적색·백색·흑색의 옷을 얻었다면 역시 이와 같다. 만약 흰 삼베옷을 구하면서 붉은 삼베옷을 얻었거나, 나아가 흠바라의를 구하면서 겁패의를 얻었다면 역시 이와 같다.

범하지 않은 것은 친족에게 구하였거나, 만약 먼저 청하였거나, 만약 구하지 않았는데 스스로 주는 것은 범한 것이 없다." [여덟 번째의 일을 마친다.]

세존께서는 사위국에 머무르셨다.

그때 발난타 석자에게 두 명의 친족이 아닌 거사와 거사의 부인이 있어 발난타 석자를 위하여 옷값을 준비하고서 이렇게 생각하면서 말하였다.

'우리는 이러한 옷값으로서 각자 이와 같고 이와 같은 옷을 사서 발난타 석자에게 주겠다.'

발난타 석자는 듣고서 곧 거사와 거사의 부인이 있는 곳에 가서 말하였다.

"그대들이 진실로 나를 위한 까닭으로 옷값을 준비하고 이렇게 생각을 짓고 말하였습니까? '우리들이 이 옷값으로서 이와 같은 옷을 사서 발난타 석자에게 주겠다.'"

대답하여 말하였다.

"진실로 그렇습니다."

"나를 위하여 무슨 옷을 짓겠습니까?"

거사가 대답하여 말하였다.

"이와 같은 옷을 짓겠습니다."

발난타 석자가 말하였다.

"좋습니다. 우리들 비구인 출가인은 의복이 적고 구걸해도 얻기 어렵습니다. 그대들 거사들은 능히 항상 보시할 수 있는 인연이 있지 않습니다. 그대들이 지금 좋은 마음이 있다면 나를 위해 위하여 이와 같고 이와 같은 옷을 지으십시오. 만약 능히 각자 지을 수 없다면 두 분이 함께 한 벌의 옷을 지어서 나에게 주십시오."

대답하여 말하였다.

"그렇게 하겠습니다."

여러 거사와 거사의 부인은 그의 말을 따라서 옷값을 준비하였고, 다시 두·세 배의 옷값을 준비하여 발난타 석자에게 주었다. 뒤에 마음에 후회가 생겨나서 욕하고 꾸짖으며 말하였다.

"사문 석자는 때를 알지 못하고 만족을 알지 못하며 헤아리는 양을 알지 못한다. 우리에게 허물과 죄이고 손해이며 번뇌이고 이익이 없다. 무슨 까닭으로 이러한 사람들에게 보시하고 공양하겠는가?"

이 가운데에 비구가 있어 욕망이 적고 만족함을 알며 두타를 행하였는데 이러한 일을 듣고 마음이 기쁘지 않았다. 여러 비구들이 이 일로써 세존께 아뢰었고, 세존께서는 이 일로써 비구 승가를 모으셨으며, 아시면서도 일부러 발난타 석자에게 물으셨다.

"그대가 진실로 이러한 일을 지었는가?"

대답하여 말하였다.

"진실로 지었습니다. 세존이시여."

세존께서는 여러 종류의 인연으로서 발난타 석자를 꾸짖으셨다.

"어찌 비구라고 이름하면서 친족이 아닌 사람의 처소에서 같은 뜻을 짓고서 요구하였는가?"

세존께서는 이와 같이 여러 종류의 인연으로서 꾸짖으셨으며, 여러 비구들에게 말씀하셨다.

"열 가지의 이익을 까닭으로 여러 비구들에게 계를 제정하여 주겠노라. 지금부터 이러한 계는 마땅히 이와 같이 설할지니라. '만약 비구가 친족이 아닌 거사와 거사의 부인이 옷값을 준비하고서 <우리는 이러한 옷값으로서 각자 이와 같고 이와 같은 옷을 사서 누구 비구에게 주겠다.>라고 이렇게 생각하면서 말하였다. 이 가운데에서 비구가 먼저 청하지도 않았는데 곧 거사나 거사의 부인이 있는 곳에 가서 같은 뜻이라고 생각하면서 <그대들이 나를 위하여 이와 같은 옷값을 준비하였다면 합하여 한 벌의 옷을 지어서 나에게 주십시오.>라고 말하였고, 좋게 되었던 까닭으로 만약 옷을 얻었다면 니살기바일제이다.'

'비구를 위하다.'는 발난타 석자를 위한 까닭이다.

'옷값, 위하여 준비하다. 먼저 청하지 않았다.'는 앞의 설명과 같다.

이 가운데에서 범하는 것에는 세 종류가 있나니, 값과 색깔과 양이다. '값'은 만약 비구가 거사에게 '나에게 좋은 옷을 주려면 두 사람이 함께 한 벌의 옷을 지어서 주십시오.'라고 말하였고, 만약 옷을 얻었다면 니살기바일제이다. 만약 '나에게 좋은 옷을 주십시오.'라고 말하거나, '두 사람이 돈을 합치십시오.'라고 말하거나, '두 사람이 한 벌의 옷을 만드십시오.'라고 말하거나, 옷을 얻지 못하였다면 돌길라이다. 나아가 '나에게 2·3백 전 값의 옷을 주십시오.'라고 말하여 옷을 얻었다면 니살기바일제이고, 옷을 얻지 못하였다면 돌길라이다. 이것을 값이라고 이름한다.

'색깔'은 비구가 거사에게 '나에게 푸른 옷을 주거나, 황색·적색·백색·흑색의 옷·흰 삼베옷·붉은 삼베옷·시이라의·흠바라의·모시옷·겁패의를 주십시오.'라고 말하였고, 만약 옷을 얻었다면 니살기바일제이고, 만약 '나에게 좋은 옷을 주십시오.'라고 말하거나, '두 사람이 돈을 합치십시오.'라고 말하거나, '두 사람이 한 벌의 옷을 만드십시오.'라고 말하거나, 옷을 얻지 못하였다면 돌길라이다. 이것을 색깔이라고 이름한다.

'양'은 만약 비구가 거사에게 '나에게 4주(肘)의 옷을 주십시오. 5주·6주, 나아가 18주짜리 옷을 주십시오.'라고 말하였고, 만약 옷을 얻었다면 니살기바일제이고, 만약 '나에게 좋은 옷을 주십시오.'라고 말하거나, '두 사람이 돈을 합치십시오.'라고 말하거나, '두 사람이 한 벌의 옷을 만드십시오.'라고 말하거나, 옷을 얻지 못하였다면 돌길라이다. 이것을 양이라고 이름한다.

또한 이것을 구하면서 저것을 얻었다면 돌길라이다. 청색을 구하면서 황색을 얻었다면 돌길라이고, 청색을 구하면서 적색·백색·흑색의 옷을 얻었다면 역시 이와 같다. 만약 흰 삼베옷을 구하면서 붉은 삼베옷을 얻었거나, 나아가 흠바라의를 구하면서 겁패의를 얻었다면 역시 이와 같다.

범하지 않은 것은 친족에게 구하였거나, 만약 먼저 청하였거나, 만약

구하지 않았는데 스스로 주는 것은 범한 것이 없다." [아홉 번째의 일을 마친다.]

세존께서는 사위국에 머무르셨다.

이때 한 거사가 있어 사자(使者)를 보내어 옷값을 발난타 석자에게 주었다. 사자는 그 옷값을 가지고 오면서 발난타 석자가 시장 가운데에서 상인(估客)과 함께 평상에 앉아있는 것을 보았다. 사자가 이르러 말하였다.

"대덕이시여. 누구 거사가 나를 보내어 이 옷값을 보냈습니다. 대덕께서는 받아주십시오."

이때 발난타 석자는 듣고서 상인에게 말하였다.

"그대가 이 옷값을 받아 값을 헤아려서 보관하여 주시오. 내가 만약 정인(淨人)[8]을 얻는다면 마땅히 와서 취하여 떠나가겠소."

상인은 곧 값을 헤아려서 보관하였다. 그때 사위국에서 여러 사람들이 모두 한곳에 모였고, 만약 참석하지 않는 자에게는 50전(錢)으로 벌하였다. 이 상인도 마땅히 모임에 가고자 하였다. 이때 상인은 물건을 모아 한곳에 묶어두고 가게의 문을 닫고 걸어 잠그고서 떠나고자 하였다. 이때 발난타 석자가 정인을 데리고 와서 상인에게 말하였다.

"내 옷값을 주시오."

대답하여 말하였다.

"이 사위성 여러 사람들이 모이는 일이 생겼습니다. 저도 반드시 떠나가야 합니다. 만약 참석하지 않으면 벌금이 50전입니다. 조금만 기다리시면 제가 돌아와서 마땅히 드리겠습니다."

발난타가 말하였다.

"그럴 수 없소. 그대는 백의로서 집에 머무르면서 항상 스스로가 이익을 구하고 있소. 먼저 나에게 주고 곧 떠나시오. 조금도 기다릴 수 없소."

이 상인은 가게의 문을 열고 옷값을 꺼내어 부탁한 수량을 주고 돌려보냈

---

8) 사찰에 머물면서, 사찰의 일을 돌보는 재가인을 일컫는다.

다. 모였던 사람들은 듣고서 이미 흩어졌으며, 곧 50전으로 벌하였고 여러 사람들이 와서 받아갔다. 상인은 마음에 근심과 번뇌가 생겨나서 꾸짖고 욕하였다.

"사문 석자는 때를 알지 못하고 양을 헤아리지도 못한다. 만약 조금만 기다렸다면 그대의 일도 잘못되지 않았고 나도 벌을 당하지 않았을 것이다. 나는 앉아서 이러한 사문 석자를 까닭으로 이러한 재물을 잃었다."

한 사람이 두 사람에게 말하였고, 두 사람은 세 사람에게 말하였으며, 이와 같이 전전하여 사문 석자들의 악한 소문이 사위성에 두루 유포되었다. 이 가운데에 비구가 있어 욕망이 적고 만족함을 알며 두타를 행하였는데, 이러한 일을 듣고 마음이 기쁘지 않았다. 여러 비구들은 이 일로써 세존께 아뢰었고, 세존께서는 이 일로써 비구 승가를 모으셨으며, 아시면서도 일부러 발난타 석자에게 물으셨다.

"그대가 진실로 이러한 일을 지었는가?"

대답하여 말하였다.

"진실로 지었습니다. 세존이시여."

세존께서는 여러 종류의 인연으로서 발난타 석자를 꾸짖으셨다.

"그대는 때도 알지 못하고 양도 알지 못하는가? 어찌 잠시 기다리지 않았는가? 그대의 일도 잘못되지 않았고 거사도 잃은 것이 없었을 것이다."

세존께서는 이와 같이 여러 종류의 인연으로서 꾸짖으셨으며, 여러 비구들에게 말씀하셨다.

"열 가지의 이익을 까닭으로 여러 비구들에게 계를 제정하여 주겠노라. 지금부터 이러한 계는 이와 같이 설할지니라. '만약 비구를 위하는 까닭으로, 만약 왕과 왕의 신하이거나, 만약 바라문과 거사들이 사자를 시켜서 옷값을 보냈고, 이 사자가 비구의 처소에 이르러 <대덕이시여. 만약 누구 왕과 신하이거나, 만약 바라문과 거사가 이 옷값을 보냈으니 그대는 마땅히 받아서 취하십시오.>라고 말하였다면, 비구는 마땅히 <우리 비구법은 마땅히 옷값을 받을 수 없습니다. 만약 옷이 필요할 때라면 청정한 옷을 얻어 스스로의 손으로 받아서 빠르게 옷을 지어서 지닐

수 있습니다.>라고 말해야 한다.

이 사자가 비구에게 <대덕이시여, 비구들을 위하여 일을 맡아주는 집사인(執事人)이 있습니까?>라고 말한다면 그 비구는 마땅히 만약 승원(僧園)의 백성이거나, 만약 우바새를 보여주면서 <이 사람이 비구를 위하여 일을 맡아줄 것입니다.>라고 말하라. 이 사자는 집사인에게 가서 <옳으십니다. 집사(執事)여. 그대가 이 옷값을 취하여 이와 같고 이와 같은 옷을 지어서 누구 비구에게 주십시오. 누구 비구와 이 비구가 옷이 필요하여 함께 오더라도 그대는 마땅히 옷을 주십시오.>라고 말하게 하고, 이 사자는 말을 마치고서 비구에게 돌아가서 <내가 이미 말을 마쳤으니 대덕께서 옷이 필요할 때에 곧 가서 취하십시오. 마땅히 그대에게 옷을 줄 것입니다.>라고 알리게 하라.

이 비구는 집사가 있는 곳에 이르러 지은 옷을 요구하면서 <나는 옷이 필요합니다.>라고 이렇게 말하고, 두·세 번을 이르러 되풀이하는데 역시 이와 같다. 옷을 얻으면 좋으나, 얻지 못한다면 네·다섯 번을 되풀이하고, 나아가 여섯 번을 되풀이하면서 집사 앞에 묵연히 서 있으라. 만약 네·다섯 번을 되풀이하고, 나아가 여섯 번을 되풀이하면서 집사 앞에 묵연히 서 있으면서 옷을 얻으면 좋으나, 옷을 얻지 못하였으므로 이것을 지나쳐서 구하였고 옷을 얻었다면 니살기바일제니라.'

만약 옷을 얻지 못하였다면 옷값을 보내준 곳을 따라서 스스로가 가거나, 만약 사자를 보내어 '그대가 보낸 옷값을 나는 얻지 못하였습니다. 그대 스스로 아는 물건이니 잃어버리지 않게 하십시오.'라고 말해야 한다. 이 일은 마땅히 이렇게 하라.

'비구를 위하다.'는 발난타 석자를 위한 까닭이다.

'왕'은 만약 찰리종족으로 왕의 직위를 받았다면 역시 왕(王)이라고 이름하고, 역시 국주(國主)라고 이름하며, 역시 수요정(水澆頂)이라고 이름한다. 만약 바라문이거나, 만약 거사이거나, 나아가 여인도 왕의 직위를 받았다면 역시 왕이라고 이름하고, 역시 국주라고 이름하며, 역시 수요정이라고 이름한다.

'왕의 신하'는 관리로서 봉록(俸祿)을 받는 자이다.

'바라문'은 바라문 종족이다.

'거사'는 왕과 왕의 신하 및 바라문을 제외하고 나머지의 종족으로 집에 있으면서 백의(白衣)이므로 거사라고 이름한다.

'사자(使者)'는 만약 남자이거나, 여자이거나, 황문이거나 이근 등이다.

'옷'은 흰 삼베옷·붉은 삼베옷·시이라의·모시옷·교사야의·흠바라의·겁패의 등이다.

'값'은 금·은·차거·마노·전, 나아가 곡식을 말한다.

'사자가 와서 비구에게 말하다.'는 이 사자가 발난타 석자에게 '대덕이시여. 만약 누구 왕과 신하이거나, 만약 바라문과 거사가 이 옷값을 보냈으니 그대는 마땅히 받아서 취하십시오.'라고 말한 것이다.

'비구가 사자에게 <우리 비구법은 마땅히 옷값을 받을 수 없습니다. 만약 옷이 필요할 때라면 청정한 옷을 얻어 스스로의 손으로 받아서 빠르게 옷을 지어서 지닐 수 있습니다.>라고 말하다.'는 만약 승가리이거나, 울다라승이거나, 안타위를 짓는 것이다.

'이 사자가 집사에게 <이와 같고 이와 같은 옷을 지어서 누구 비구에게 주십시오.>라고 말하다.'는 이와 같은 값, 이와 같은 색깔, 이와 같은 양을 말한다.

'내가 이미 집사에게 말하였다.'는 만약 스스로가 입으로 말하거나, 만약 사람을 보내어 말한 것이다.

'비구는 옷이 필요할 때에 가서 옷을 요구하며 이렇게 말해야 한다.'는 두 번·세 번을 되풀이하고 가서 '나는 옷이 필요합니다.'라고 마땅히 말하는 것이다.

'만약 세 번을 되풀이하고 가서 말하여 옷을 얻으면 좋으나, 만약 옷을 얻지 못한다면, 나아가 여섯 번을 되풀이하고 가서 집사 앞에서 묵연히 서 있다.'는 마땅히 얼굴 앞에 서 있는 것이다. 물건을 만드는 곳, 스스로가 머무르는 곳, 일하는 곳, 시장의 가게 등을 말한다.

'물건을 만드는 곳'은 대장간이거나, 목공소이거나, 도자기 굽는 곳

등이다. 만약 집사가 이런 곳에 있으면 비구는 마땅히 그의 얼굴 앞에 묵연히 서 있으라.

'스스로가 머무는 곳'은 스스로가 있는 집이나 방인 곳이다.

'일하는 곳'은 농사짓는 곳이거나, 판매하는 곳이거나, 물건을 들여오고 내보내는 곳이거나, 계산하는 곳 등이다.

'시장의 가게'는 금 가게이거나, 은 가게이거나, 여관이거나, 구슬 가게 등이다.

'만약 집사가 이러한 곳에 있다면 비구는 네·다섯 번을 되풀이하고, 나아가 여섯 번을 되풀이하면서 집사 앞에 묵연히 서 있으라. 옷을 얻지 못한다면 마땅히 주인에게 말해야 한다.'는 만약 스스로가 가거나, 사자를 보내어 '그대가 보낸 옷값을 나는 얻지 못하였습니다. 그대 스스로 물건을 아십시오.'라고 말하는 것이다.

이 비구가 옷의 주인에게 말하고서 다른 인연으로 이러한 곳에 이르렀는데, 만약 집사가 비구에게 '그대는 무슨 까닭으로 왔소?'라고 물었다면, 비구는 '나는 다른 일이 있는 까닭으로 왔습니다.'라고 대답하여 말하고, 만약 집사가 '그대는 이 옷값을 가지고 떠나시오.'라고 말하였다면, 이 비구는 '나는 이미 옷의 주인에게 말했으니 그대 스스로가 가서 함께 분명히 나누시오.'라고 말해야 하며, 만약 집사가 '그대는 다만 이 옷값을 가지고 떠나시오. 내가 스스로 마땅히 가서 옷의 주인에게 말하여 이해시키겠소.'라고 말하였으므로, 만약 비구가 이때에 옷값을 받아서 떠난다면 범한 것이 없다." [열 번째 일을 마친다.]

십송율 제7권

후진 북인도 삼장 불야다라 한역
석보운 번역

2. 이송(二誦) ①

3) 30니살기법을 밝히다 ③

세존께서는 구섬미국(拘睒彌國)에 머무르셨다.

그때 구섬미의 비구들은 새로운 교시야(憍施耶)로 부구(敷具)를 지었다. 이 나라는 솜이 귀하였고 실이 귀하였으며 옷이 귀하였고 비단이 귀하였는데, 누에를 많이 죽였던 까닭이었다. 비구들은 자주 구걸하면서 거사들에게 말하였다.

"비구들에게 솜이 필요하고, 실이 필요하며, 옷감이 필요하고, 비단이 필요합니다."

나누어 손질하고 늘려서 저축하였는데, 일도 많고 소임도 많아서 방해되었으므로 독경(讀經)과 좌선(坐禪)과 행도(行道)를 그만두었다. 여러 거사들이 싫어하고 걱정하면서 꾸짖어 말하였다.

"여러 사문 석자들은 선량(善好)하고 덕이 있다고 스스로가 말하면서 교시야로 새로운 부구를 짓는다. 이 나라는 솜이 귀하고 실이 귀하며 옷이 귀하고 비단이 귀한데, 누에를 많이 죽이는 까닭이다. 여러 비구들은 솜을 구걸하고 실을 구걸하며 옷감을 구걸하고 비단을 구걸하여 나누어 손질하고 늘려서 저축하였는데, 일도 많고 소임도 많아서 방해되었으므로 독경과 좌선과 행도를 그만두었다. 이 가운데에서 우리들은 공양의 이익을 잃었구나. 이들은 만족시키기 어렵고, 공양하기 어려우며, 만족함이 없는 사람들이구나."

이 가운데에 비구가 있어 욕망이 적고 만족함을 알며 두타를 행하였는데, 이러한 일을 듣고 마음이 기쁘지 않아서 세존을 향하여 자세히 말하였다. 세존께서는 이 일로써 비구 승가를 모으셨으며, 아시면서도 일부러 구섬미의 비구에게 물으셨다.

"그대들이 진실로 이러한 일을 지었는가?"

대답하여 말하였다.

"진실로 지었습니다. 세존이시여."

세존께서는 여러 종류의 인연으로서 구섬미의 비구들을 꾸짖으셨다.

"어찌 비구라고 이름하면서 새로운 교시야로 부구를 지었는가? 이 나라는 솜이 귀하고 실이 귀하며 옷이 귀하고 비단이 귀한데, 누에를 많이 죽이는 까닭이다."

세존께서는 이와 같이 여러 종류의 인연으로서 꾸짖으셨으며, 여러 비구들에게 말씀하셨다.

"열 가지의 이익을 까닭으로 여러 비구들에게 계를 제정하여 주겠노라. 지금부터 이러한 계는 마땅히 이와 같이 설할지니라. '만약 비구가 새로운 교시야로서 부구를 짓는다면 니살기바야제(泥薩耆波夜提)이니라.'

이 부구는 마땅히 버려야 하고 바야제죄는 허물을 마땅히 참회해야 하느니라. 이 가운데에서 범하는 것은 만약 비구가 솜을 취하여 나누어 손질하고 새로운 부구를 짓는다면 니살기바야제이다. 만약 실로서, 만약 옷으로써, 만약 비단으로서 나누어 손질하고 부구를 짓는다면 니살기바야제이다. 범하지 않는 것은 만약 이미 만들어진 부구를 얻었다면 범하지 않느니라." [열한 번째의 일을 마친다.]

세존께서는 왕사성에 머무르셨다.

이때 육군비구가 순수한 검은 양털로서 부구를 지었다. 이 나라는 검은 양털이 귀하였고, 검은 양털실이 귀하였으며, 검은 양털 담요가 귀하였다. 여러 비구들은 자주자주 구걸하며 거사들에게 말하였다.

"비구들은 검은 양털이 필요하고, 검은 양털실과 검은 양털 담요가 필요합니다."

여러 거사들이 싫어하고 걱정하면서 꾸짖어 말하였다.

"여러 사문 석자들은 스스로가 선량하고 덕이 있다고 말하면서 순수한 검은 양털로서 부구를 짓는다. 이 나라는 검은 양털이 귀하고, 검은 양털실이 귀하며, 검은 양털 담요가 귀하다. 여러 비구들은 이러한 검은 양털을 취하여 선택하여 나누고 손질하며 늘려서 저축하면서 일도 많고 소임도 많아서 방해되었으므로 독경과 좌선과 행도를 그만두는구나."

이 가운데에 비구가 있어 욕망이 적고 만족함을 알며 두타를 행하였는데, 이러한 일을 듣고 마음이 기쁘지 않아서 세존을 향하여 자세히 말하였다. 세존께서는 이 일로써 비구 승가를 모으셨으며, 아시면서도 일부러 육군비구에게 물으셨다.

"그대들이 진실로 이러한 일을 지었는가?"

대답하여 말하였다.

"진실로 지었습니다. 세존이시여."

세존께서는 여러 종류의 인연으로서 육군비구를 꾸짖으셨다.

"어찌 비구라고 이름하면서 순수한 검은 양털로서 새로운 부구를 지었는가? 이 나라는 검은 양털이 귀하고, 검은 양털실이 귀하며, 검은 양털 담요가 귀한데 이러한 검은 양털을 취하여 선택하여 나누고 손질하며 늘려서 저축하면서 방해되어 독경과 좌선과 행도를 그만두었는가?"

세존께서는 이와 같이 여러 종류의 인연으로서 꾸짖으셨으며, 여러 비구들에게 말씀하셨다.

"열 가지의 이익을 까닭으로 여러 비구들에게 계를 제정하여 주겠노라. 지금부터 이러한 계는 마땅히 이와 같이 설할지니라. '만약 비구가 새롭게 순수한 검은 양털로서 새로운 부구를 짓는다면 니살기바야제이니라.'

'검은 양털'은 네 종류가 있나니, 본래 검은 것이거나, 쪽(藍)으로 검게 물들였거나, 진흙으로 검게 물들였거나, 나무껍질로 검게 물들인 것으로, 이것을 네 종류라고 이름한다. 니살기바야제인 이 부구는 마땅히 버려야 하고, 마땅히 바야제죄는 허물을 참회해야 하느니라.

이 가운데에서 범하는 것은 만약 비구가 본래 검은 양털을 선택하여 나누고 손질하며 늘려서 저축하여 부구를 짓는다면 니살기바야제이다. 만약 쪽으로 물들였거나, 진흙으로 물들였거나, 나무껍질로 물들인 검은 양털을 선택하여 나누고 손질하며 늘려서 저축하여 부구를 짓는다면 니살기바야제이다. 만약 비구가 검은 양털이나 흑색 양털실이나 검은 양털 담요를 선택하여 나누고 손질하며 늘리고 저축하여 부구를 짓는다면 니살기바야제이다.

만약 범하지 않은 것은 만약 탑을 위하여 지었거나, 승가를 위하여 지었거나, 이미 지어진 것을 얻었다면 범한 것은 아니다." [열두 번째의 일을 마친다.]

세존께서는 왕사성에 머무르셨다.

이때 육군비구들이 이렇게 생각을 지었다.

'세존께서 계율을 제정하시어 순수한 검은 양털로 부구를 짓는 것을 허락하지 않으셨다. 지금 우리는 마땅히 적은 흰색 양털과 검은색 양털을 섞어 부구를 지어야겠다.'

이 가운데에 비구가 있어 욕망이 적고 만족함을 알며 두타를 행하였는데, 이러한 일을 듣고 마음이 기쁘지 않아서 여러 종류로 꾸짖었다.

"어찌 비구라고 이름하면서 세존께서 순수하게 검은 양털로 부구를 짓는 것을 허락하시지 않는다고 곧 적은 흰 양털을 섞어서 부구를 짓는가?"

여러 종류의 인연으로 꾸짖고서 세존을 향하여 자세히 말하였다. 세존께서는 이 일로써 비구 승가를 모으셨으며, 아시면서도 일부러 육군비구에게 물으셨다.

"그대들이 진실로 이러한 일을 지었는가?"

대답하여 말하였다.

"진실로 지었습니다. 세존이시여."

세존께서는 여러 종류의 인연으로서 육군비구를 꾸짖으셨다.

"어찌 비구라고 이름하면서 이렇게 생각을 지었는가? '세존께서 순수하게 검은 양털로 부구를 짓는 것을 허락하시지 않는다고 곧 적은 흰 양털을 섞어서 부구를 지어야겠다.'"

세존께서는 이와 같이 여러 종류의 인연으로서 꾸짖으셨으며, 여러 비구들에게 말씀하셨다.

"열 가지의 이익을 까닭으로 여러 비구들에게 계를 제정하여 주겠노라. 지금부터 이러한 계는 마땅히 이와 같이 설할지니라. '만약 비구가 부구를 짓는다면 마땅히 두 부분은 검은 털을 사용하고, 셋째의 부분은 흰색 털을 사용하며, 넷째의 부분은 하급의 털을 사용하라. 만약 비구가 두 부분은 검은 털을 사용하고, 셋째의 부분은 흰색 털을 사용하며, 넷째 부분은 하급의 털을 사용하지 않고서 부구를 짓는다면 니살기바야제이니라.'

'검은 털'은 네 종류가 있나니, 본래 검은 것이거나, 쪽으로 검게 물들였거나, 진흙으로 검게 물들였거나, 나무껍질로 검게 물들인 것이다.

'흰 털'은 척추의 털·가슴의 털·목의 털을 말한다.

'하급'은 머리털·배의 털·다리털을 말한다. 만약 40바라(波羅)의 부구를 짓는다면 마땅히 20바라의 순수한 검은 양털과 10바라의 흰 양털과 10바라의 하급의 양털을 사용하라. 니살기바야제인 이 부구는 마땅히 버려야 하고, 마땅히 바야제죄는 허물을 참회해야 하느니라.

이 가운데에서 범하는 것은 만약 비구가 검은 양털을 취할 때 20바라를 넘기거나, 나아가 1냥(兩)[1]을 취하여 부구를 짓는다면 니살기바야제이다. 흰색 양털을 취할 때 10바라를 넘기거나, 나아가 1냥을 취하여 부구를 짓는다면 돌길라(突吉羅)이다. 하급 양털을 취하면서 10바라의 이하이거나, 나아가 1냥을 취하여 부구를 짓는다면 니살기바야제이다.

---

1) 중국에서의 화폐단위 냥은 한(漢)나라 때부터 사용한 것으로 5수전(五銖錢)이 사용되었는데, 1수(銖)는 0.65g으로 정하였다. 24수전을 1냥이라 한다.

범하지 않는 것은 만약 하급 양털을 많이 취하였거나, 만약 순수한 하급의 양털을 사용하였다면 범하는 것은 없다." [1바라의 이것은 중국의 4냥에 해당한다. 열세 번째의 일을 마친다.]

세존께서는 왕사성에 머무르셨다.

이때 육군비구들이 많은 부구를 지어서 저축하고 말하였다.

"이 부구는 너무 두텁고, 이 부구는 너무 얇다. 이것은 너무 가볍고, 이것은 너무 무겁다. 이것은 너무 크고, 이것은 너무 작다. 이것은 구멍이 뚫렸고, 이것은 찢어졌다. 이러한 부구는 들어서 저축하여도 낡고 찢어져서 사용할 수 없다."

이 가운데에 비구가 있어 욕망이 적고 만족함을 알며 두타를 행하였는데, 이러한 일을 듣고 마음이 기쁘지 않아서 여러 종류로 꾸짖었다.

"어찌 비구라고 이름하면서 많은 부구를 지어서 저축하고 말하는가? '이것은 너무 두텁고, 이 부구는 너무 얇다. 이것은 너무 가볍고, 이것은 너무 무겁다. 이것은 너무 크고, 이것은 너무 작다. 이것은 구멍이 뚫렸고, 이것은 찢어졌다. 이러한 부구는 저축하여도 낡고 찢어져서 사용할 수 없다.'"

여러 종류의 인연으로 꾸짖고서 세존을 향하여 자세히 말하였다. 세존께서는 이 일로써 비구 승가를 모으셨으며, 아시면서도 일부러 육군비구에게 물으셨다.

"그대들이 진실로 이러한 일을 지었는가?"

대답하여 말하였다.

"진실로 지었습니다. 세존이시여."

세존께서는 여러 종류의 인연으로서 육군비구를 꾸짖으셨다.

"어찌 비구라고 이름하면서 많은 부구를 지어서 저축하고 말하였는가? '이것은 너무 두텁고, 이 부구는 너무 얇다. 이것은 너무 가볍고, 이것은 너무 무겁다. 이것은 너무 크고, 이것은 너무 작다. 이것은 구멍이 뚫렸고, 이것은 찢어졌다. 이러한 부구는 들어서 저축하여도 낡고 찢어져서 사용할 수 없다.'"

세존께서는 이와 같이 여러 종류의 인연으로서 꾸짖으셨으며, 여러 비구들에게 말씀하셨다.

"열 가지의 이익을 까닭으로 여러 비구들에게 계를 제정하여 주겠노라. 지금부터 이러한 계는 마땅히 이와 같이 설할지니라. '만약 비구가 새로운 부구를 짓고자 한다면 낡은 부구를 반드시 6년 이상을 사용하라. 만약 비구가 6년이 안되었는데, 만약 낡은 부구를 버렸거나, 만약은 버리지도 않고서 다시 부구를 지었다면 승가의 갈마를 제외하고는 니살기바야제이니라.'

승가의 갈마는 만약 비구가 낡은 부구가 만약 너무 두껍거나, 만약 너무 얇거나, 만약 너무 가볍거나, 만약 너무 무겁거나, 만약 너무 크거나, 만약 너무 작거나, 만약 구멍이 뚫렸거나, 만약 찢어져서 새로운 부구를 짓고자 한다면 이러한 비구는 일심으로 승가가 화합하였다면 자리에서 일어나서 오른쪽 어깨를 드러내고 가죽신을 벗고서 호궤 합장하고서 이렇게 말을 짓도록 하라.

'나 누구 비구는 낡은 부구가 만약 너무 두껍거나, 만약 너무 얇거나, 만약 너무 가볍거나, 만약 너무 무겁거나, 만약 너무 크거나, 만약 너무 작거나, 만약 구멍이 뚫렸거나, 만약 찢어져서 새로운 부구를 짓고자 합니다. 나는 승가를 좇아서 새로운 부구를 짓는 것을 애원합니다.'

두·세 번을 이와 같이 애원하라. 이때 승가는 마땅히 헤아려서 만약 너무 두껍다고 말하였으나 실제로 두껍지 않으면 마땅히 갈마를 짓지 않을 것이고, 만약 너무 얇다고 말하였으나 실제로 얇지 않거나, 만약 너무 무겁다고 말하였으나 실제로 무겁지 않거나, 만약 너무 가볍다고 말하였으나 실제로 가볍지 않거나, 만약 너무 크다고 말하였으나 실제로 크지 않거나, 만약 너무 작다고 말하였으나 실제로 작지 않거나, 만약 구멍이 뚫렸다고 말하였으나 실제로 구멍이 뚫리지 않았거나, 만약 찢어졌다고 말하였으나 실제로 찢어지지 않았다면 갈마를 짓지 말라.

만약 구멍이 뚫렸으나 다시 잘라내 수선할 수 있다면 마땅히 갈마를 짓지 않을 것이고, 찢어졌으나 다시 꿰맬 수 있다면 역시 마땅히 갈마를 짓지 말라. 만약 너무 두껍다고 말하였고 실제로 두껍다면 마땅히 갈마를 지어야 하고, 만약 너무 얇다고 말하였고 실제로 얇으며, 만약 너무 무겁다고 말하였고 실제로 무거우며, 만약 너무 가볍다고 말하였고 실제로 가벼우며, 만약 너무 크다고 말하였고 실제로 크며, 만약 너무 작다고 말하였고 실제로 작으며, 구멍이 뚫렸다고 말하였고 사실 구멍이 뚫렸으며, 만약 잘라서 수선할 수 없다고 말하였고 실제로 잘라서 수선할 수 없으며, 만약 찢어졌다고 말하였고 실제로 찢어져서 꿰맬 수 없다면 갈마를 짓도록 하라.

이 가운데에서 한 비구가 마땅히 승가의 가운데에서 창언하라.

'대덕 승가께서는 허락하십시오. 이 누구 비구의 부구는 만약 너무 두껍거나, 만약 너무 얇거나, 만약 너무 가볍거나, 만약 너무 무겁거나, 만약 너무 크거나, 만약 너무 작거나, 만약 구멍이 뚫려서 수선할 수 없거나, 만약 찢어져서 꿰맬 수 없으므로 지금 승가를 쫓아서 새로운 부구를 짓는 갈마를 애원하고 있습니다. 만약 승가께서 때에 이르렀다면 승가께서는 허락하십시오. 승가시여. 누구 비구에게 새로운 부구의 갈마를 짓고자 합니다. 이와 같이 아룁니다.'

아뢰고 백이갈마를 짓는다.

'승가시여. 누구 비구에게 새로운 부구의 갈마를 지어서 마쳤습니다. 승가께서 허락하신 것은 묵연하셨던 까닭입니다. 이 일은 이와 같이 지니겠습니다.'

이것을 승가의 갈마라고 이름한다.

이 가운데에서 범하는 것은 만약 비구가 어느 해(年)를 따라서 부구를 지었고, 곧 이 해에 다시 새로운 부구를 짓는 것에서, 만약 짓는다면 돌길라이고, 지어서 마쳤다면 니살기바야제이다. 만약 비구가 어느 해를 따라서 부구를 지었고, 만약 2년·3년·4년·5년·6년에 이르러 다시 새로운 부구를 짓는 것에서, 만약 짓는다면 돌길라이고, 지어서 마쳤다면 니살기바야제이다.

만약 비구가 어느 해를 따라서 부구를 지었고, 곧 이 해에 낡은 부구를 버리고서 다시 새로운 부구를 짓는 것에서, 만약 짓는다면 돌길라이고, 지어서 마쳤다면 니살기바야제이다. 만약 비구가 어느 해를 따라서 부구를 지었고, 2년·3년·4년·5년·6년에 이르러 낡은 부구를 버리고서 다시 새로운 부구를 짓는 것에서, 만약 짓는다면 돌길라이고, 지어서 마쳤다면 니살기바야제이다.

만약 비구가 어느 해를 따라서 부구를 지었고, 곧 이 해에 낡은 부구를 버리지 않고서 다시 새로운 부구를 짓는 것에서, 만약 짓는다면 돌길라이고, 지어서 마쳤다면 니살기바야제이다. 만약 비구가 어느 해를 따라서 부구를 지었고, 2년·3년·4년·5년·6년에 이르러 낡은 부구를 버리지 않고서 다시 새로운 부구를 짓는 것에서, 만약 짓는다면 돌길라이고, 지어서 마쳤다면 니살기바야제이다.

만약 비구가 어느 해를 따라서 부구를 지었고, 곧 이 해에 만약 옛 부구를 버렸거나, 만약 버리지 않고서 다시 새로운 부구를 짓는 것에서, 만약 짓는다면 돌길라이고, 지어서 마쳤다면 니살기바야제이다. 만약 비구가 어느 해를 따라서 부구를 지었고, 2년·3년·4년·5년·6년에 이르러 만약 낡은 부구를 버렸거나, 만약 버리지 않고서 다시 새로운 부구를 짓는 것에서, 만약 짓는다면 돌길라이고, 지어서 마쳤다면 니살기바야제이다.

만약 비구가 어느 해를 따라서 부구를 지었고, 곧 이 해에 다시 새로운 부구를 짓고자 하였다면 새롭게 짓는 때에 돌길라이고, 지어서 마쳤다면 니살기바야제이다. 만약 비구가 어느 해를 따라서 부구를 지었고, 2년·3년·4년·5년·6년에 이르러 다시 새로운 부구를 짓고자 하였다면 새롭게 짓는 때에 돌길라이고, 지어서 마쳤다면 니살기바야제이다.

만약 비구가 어느 해를 따라서 부구를 지었고, 곧 이 해에 다시 새로운 부구를 지었으나 완성하지 못하고 놓아두었으나, 2년에 이르러 지어서 마쳤다면 이 비구는 처음으로 부구를 짓는 때는 돌길라를 얻고, 지어서 마쳤다면 니살기바야제이다.

만약 비구가 어느 해를 따라서 부구를 지었고, 2년·3년·4년·5년·6년에 이르러 다시 새로운 부구를 지었으나 완성하지 못하고 놓아두었으나, 7년에 이르러 지어서 마쳤다면 이 비구는 처음으로 부구를 짓는 때는 돌길라를 얻고, 지어서 마쳤다면 범한 것은 없다.

만약 비구라면 앞에서 지었던 부구와 같다면 마땅히 다른 사람에게 주어서 작정하라. 만약 비구가 6년 안에 낡은 부구를 만약 버리거나, 만약 버리지 않고서 다시 새로운 부구를 짓는다면 니살기바야제이니라."

[열네 번째의 일을 마친다.]

세존께서는 사위국(舍衛國)에 머무르셨다.

이때 한 거사가 있어 세존과 승가께 내일의 음식을 청하였고 세존께서는 묵연히 청을 받아들이셨다. 거사는 세존께서 받아들이신 것을 알고서 자리에서 일어나서 머리숙여 발에 예경하고서 오른쪽으로 돌면서 떠나갔다. 돌아와서 밤새워 여러 정결(淨潔)하고 많은 맛있는 음식을 준비하였고, 준비를 마쳤으므로 이른 아침에 자리를 펼쳐놓고 사자를 보내어 세존께 아뢰었다.

"음식은 이미 준비되었습니다. 오직 세존께서는 때에 이르렀음을 아십시오."

여러 비구 승가는 거사의 집으로 갔고, 세존께서는 스스로가 방에 머물면서 음식의 몫을 맞이하셨다. 제불(諸佛)의 상법은 만약 대중 승가가 청을 받고서 떠났다면 세존께서는 열쇠를 가지고 방에서 방으로 다니시며 여러 방사를 살피시는 것이다. 이때 여러 비구들은 거사의 집으로 들어갔고, 세존께서는 열쇠를 가지고 방에서 방으로 다니시며 여러 방사를 두루 살펴보셨다. 한 방의 문을 열었는데 버려진 부구가 이 방의 가운데에 가득하게 있었고, 옷의 시렁이 휘어진 것을 보셨다. 보시고서 이렇게 생각을 지으셨다.

'이렇게 많은 부구가 버려져 있고 다시 사용되지 않겠구나. 여러 바라문과 거사들이 피를 말리고 살을 깎으면서 복을 짓고자 보시한 것이다.

만약 비구들이 조금이라도 취한다면 좋겠구나. 무슨 인연으로서 여러 비구들에게 이 오래된 부구를 사용하게 하여서 여러 시주들의 보시의 복을 얻게 할 수 있겠는가?'

다시 이렇게 생각을 지으셨다.

'나는 지금 비구들이 새로운 좌구와 부구를 짓는 것을 허락한다면 이러한 오래된 부구를 사용하여 수가타(修伽陀) 손의 한 뼘만큼 테두리를 두르는데, 괴색(壞色)인 까닭이다. 이러한 인연으로서 오래된 부구를 사용한다면 여러 시주들이 복을 얻을 것이다.'

세존께서는 이렇게 생각하고서 문을 닫고 빗장을 걸었으며 스스로의 방으로 돌아와서 본래의 자리에 앉으셨다. 그때 거사는 대중 승가가 앉은 것을 보고서 스스로가 손으로 물을 돌렸고 정결하며 맛있는 음식으로서 스스로가 마음대로 배부르게 먹도록 하였다. 거사는 승가가 손을 씻고 발우를 거두는 것을 알고서 작은 걸상을 하나를 취하여 승가 앞에 앉아 있으면서 설법을 듣고자 하였다. 상좌(上座)는 설법을 마치고 일어나서 떠나갔고, 나머지의 비구들도 차례로 떠나갔다. 돌아와서 세존의 처소로 나아갔으며 머리숙여 발에 예경하고서 한쪽에 앉았다. 제불의 상법은 비구들이 음식을 먹고서 돌아오면 이와 같이 위로하여 묻는 것이다.

"여러 비구들이여. 음식은 많았고 맛이 있었으며 승가는 만족하였는가?"

곧 이와 같이 문신(問訊)하셨다.

"여러 비구들이여. 만족스러웠는가?"

"세존이시여. 음식이 많았고 맛이 있었으며 대중 승가는 만족하였습니다."

세존께서는 여러 비구들에게 말씀하셨다.

"그대들 승가가 거사의 집으로 들어가고서 나는 열쇠를 가지고 두루 여러 방을 살폈느니라. 한 방문을 열었는데 버려진 부구가 이 방의 가운데에 가득하였고, 옷 시렁이 휘어진 것을 보았으며, 보고서 이렇게 생각을 지었느니라. '이렇게 많은 부구가 버려져 있고 다시 사용되지 않겠구나.

여러 바라문과 거사들이 피를 말리고 살을 깎으면서 복을 짓고자 보시한 것이다. 만약 비구들이 조금이라도 취한다면 좋겠구나. 무슨 인연으로서 여러 비구들에게 이 오래된 부구를 사용하게 하여서 여러 시주들이 보시한 복을 얻게 할 수 있겠는가?'

다시 이렇게 생각을 지었느니라. '나는 지금 비구들이 새로운 좌구와 부구를 짓는 것을 허락한다면 이러한 오래된 부구를 사용하여 수가타(修伽陀) 손의 한 뼘만큼 테두리를 덧대는데, 괴색(壞色)인 까닭이다. 이러한 인연으로서 오래된 부구를 사용한다면 여러 시주들이 복을 얻을 것이다.'"

세존께서는 이 일로써 비구 승가를 모으셨으며, 여러 비구들에게 말씀하셨다.

"열 가지의 이익을 까닭으로 여러 비구들에게 계를 제정하여 주겠노라. 지금부터 이러한 계는 이와 같이 설할지니라. '만약 비구가 새로운 부구와 좌구를 짓는다면 마땅히 낡은 부구를 이용하여 수가타 손의 한 뼘만큼 괴색으로 테두리를 덧대야 하나니, 괴색인 까닭이니라. 만약 새로운 부구와 좌구를 지으면서 좋게 하려는 까닭으로 낡은 부구를 수가타 손의 한 뼘만큼 괴색으로 테두리로 덧대는 것을 이용하지 않는다면 니살기바야제이니라.'

니살기바야제의 이러한 부구와 좌구는 마땅히 버려야 하고, 바야제죄의 허물을 마땅히 참회해야 한다. 이 가운데에서 범하는 것은 만약 비구가 새로운 부구와 좌구를 짓는다면 마땅히 낡은 부구를 취하여 주위의 테두리를 수가타 손으로 한 뼘만큼 덧대는데, 괴색인 까닭이다. 만약 취한다면 좋으나, 만약 취하지 않고 짓는다면 니살기바야제이다.

만약 줄여서 취하거나, 나아가 반 촌(寸)[2]에 이른다면 돌길라이다. 만약 수가타 손의 한 뼘을 넘겨서 취하여 짓는다면 범하지 않는다. 만약 낡은 부구로서 새로운 부구와 좌구를 두루 덧대는 것은 범하지 않느니라."
[열다섯 번째의 일을 마친다.]

---

2) 길이의 단위인 1척(尺)의 1/10로서 약 3.33㎝를 가리킨다.

세존께서는 사위국에 머무르셨다.

이때 여러 비구들은 상인들과 함께 교살라국을 유행하여 사위국으로 향하였다. 여러 상인들은 수레에 양털을 가득하게 싣고 있었는데, 험한 길의 가운데에 이르렀고, 한 상인의 수레 축이 부러졌으므로 소는 발에 상처를 입고 다쳤다. 그 상인은 여러 반려들에게 말하였다.

"그대들이 각자 나를 위하여 조금씩 이 양털을 실어 주어서 모두 잃지 않게 하십시오."

여러 상인들이 말하였다.

"우리 수레에도 각자 가득하여 무겁습니다. 만약 그대를 위하여 싣는다면 역시 마땅히 함께 잃을 것입니다."

여러 상인들은 모두가 버리고 떠나갔다. 그 상인은 한쪽에 서서 있으면서 걱정하였고 수레와 물건을 지키고 있었다. 여러 비구들은 뒤따라서 오고 있었는데, 두 가지 인연의 까닭이었다. 첫째는 몸에 먼지가 묻는 것이고, 둘째는 수레의 소리를 싫어한 것이다. 그 상인은 여러 비구들이 오는 것을 멀리서 바라보고 마음으로 기뻐하면서 이렇게 생각을 지었다.

'이 양털을 마땅히 잃지 않게 되었구나, 마땅히 이 비구 승가에게 보시해야겠다.'

이렇게 생각을 짓고서 여러 비구들에게 말하였다.

"모두 한곳에 모이십시오. 제가 이 양털로서 대중 승가께 보시하겠습니다."

승가는 곧 때에 모였고 거사는 보시하고 떠나갔다. 여러 비구들은 각자 나누었는데, 누구 비구는 어깨에 메고서 갔고, 누구 비구는 등에 짊어지고 갔으며, 누구 비구는 손에 들고 갔다. 큰 취락을 지나가고 중간에 여러 앞서서 갔던 상인들은 여러 비구들이 양털을 가지고 오는 것을 보고 마음에 질투가 생겨나서 이렇게 꾸짖어 말하였다.

"그대들은 어느 곳에서 이러한 양털을 사서 왔으며, 어느 곳에 판매하고자 가져가고, 이것으로 이익을 얻고자 어느 곳에 앉아서 팔고자 하는 것이오? 이익을 위한 것입니까?"

이 가운데에 비구가 있어 욕망이 적고 만족함을 알며 두타를 행하였는데, 이렇게 상인이 꾸짖는 것을 듣고서 마음이 기쁘지 않아서 세존을 향하여 자세히 말하였다. 세존께서는 이 일로써 비구 승가를 모으셨으며 아시면서도 일부러 여러 비구들에게 물으셨다.

"그대들이 진실로 이러한 일을 지었는가?"

대답하여 말하였다.

"진실로 지었습니다. 세존이시여."

세존께서는 여러 종류의 인연으로서 여러 비구들을 꾸짖으셨다.

"어찌 비구라고 이름하면서 스스로가 양털을 메고서 3유연(由延)[3]을 지나갔는가?"

세존께서는 이와 같이 여러 종류의 인연으로서 꾸짖으셨으며, 여러 비구들에게 말씀하셨다.

"열 가지의 이익을 까닭으로 여러 비구들에게 계를 제정하여 주겠노라. 지금부터 이러한 계는 이와 같이 설할지니라. '만약 비구가 다니는 도중에 보시로 양털을 얻고서 비구가 필요한 것을 스스로가 취하여서 가지고 떠나갔고, 나아가 3유연에 이르렀으며, 만약 대신하는 사람이 없었으므로 이것을 짊어지고 지나갔다면 니살기바야제이니라.'

만약 2명의 비구가 양털을 얻어서 가지고 떠난다면 6유연에 이를 수 있고, 만약 3명의 비구라면 9유연에 이를 수 있으며, 4명의 비구라면 12유연에 이를 수 있고, 5명의 비구라면 15유연에 이를 수 있느니라. 이와 같이 사람의 많고 적음에 따라서 한 사람이 3유연까지 갈 수 있느니라. 니살기바야제인 자는 이러한 양털을 마땅히 버려야 하고, 마땅히 바야제죄의 허물을 참회해야 하느니라.

이 가운데에서 범하는 것은 만약 비구가 스스로 양털을 가지고 떠나면서 3유연을 넘는다면 니살기바야제이다. 만약 비구·비구니·식차마니·사미·사미니에게 가지고 떠나게 하였는데 3유연을 넘었다면 돌길라이다. 만약

---

3) 유순(由旬)이라고도 말하며, 산스크리트어 yojana의 음사이다. 고대 인도의 거리의 단위로서 명확하지 않지만 보통 약 8㎞로 간주한다.

비구가 양털을 가지고 가면서 귀에 걸고 가거나, 만약 귓속에 넣고 가거나, 만약 목에 걸고 가거나, 만약 담요를 지거나, 만약 바느질한 걸망에 넣어 가져갔다면 범한 것은 아니다." [열여섯 번째의 일을 마친다.]

세존께서는 사위국에 머무르셨다.

이때 가류타이는 먼저 얻었던 양털을 나누어 가지고 왕원(王園)의 비구니 정사(精舍)에 나아갔다. 이르러 여러 비구니들을 한곳에 모았으며, 이렇게 말을 지었다.

"능히 나와 함께 이 양털을 두드리고 세탁하여서 물들일 수 있겠는가?"

가류타이는 큰 명성과 위덕(威德)과 세력이 있었으므로 여러 비구니들이 경외(敬畏)하였고, 능히 거역하지 못하였으므로 이렇게 말을 지었다.

"대덕이시여. 다만 땅에 놓아두고 떠나십시오."

가류타이는 곧 남겨두고 떠나갔다. 여러 비구니들이 양털을 취하여 두드리고 세탁하여서 물들였으므로 손도 물들었다. 이때 마하파사파제구담미(摩訶波闍波提瞿曇彌) 비구니는 여러 많은 500의 비구니들과 함께 왕원의 정사를 나와서 세존의 처소로 이르러 머리숙여 발에 예경하고서 한쪽에 서 있었다. 이때 5백 명의 비구니도 머리숙여 발에 예경하고서 한쪽에 서 있었다. 세존께서는 여러 비구니들의 손이 물든 것을 보고 아시면서도 일부러 구담미 비구니에게 말씀하셨다.

"무슨 까닭으로 여러 비구니들의 손이 물들었습니까?"

구담미가 대답하여 말하였다.

"세존이시여. 저희들은 구하는 것이 다르고 짓는 일도 다릅니다."

세존께서는 말씀하셨다.

"구담미여. 어찌하여 구하는 것이 다르고 짓는 일이 다르다고 말하십니까?"

구담미가 이 일로써 세존을 향하여 자세히 말하였고, 세존께서는 말씀하셨다.

"그대들은 정말 구하는 것이 다르고 짓는 일이 다르십니다."

이때 세존께서는 구담미와 비구니 대중에게 여러 종류로 설법하시어 보여주었고 가르치셨으며 이익되고 기쁘게 하시고서 묵연하셨다. 이때 구담미와 비구니 대중은 세존께서 설법을 마치신 것을 알고서 머리숙여 발에 예경하고서 오른쪽으로 돌면서 떠나갔다. 여러 비구니들이 떠나가고 오래지 않아서 세존께서는 이 일로써 비구 승가를 모으셨으며, 아시면서도 일부러 가류타이에게 물으셨다.

"그대가 진실로 이러한 일을 지었는가?"

대답하여 말하였다.

"진실로 지었습니다. 세존이시여."

세존께서는 여러 종류의 인연으로서 여러 비구들을 꾸짖으셨다.

"어찌 비구라고 이름하면서 친족이 아닌 비구니에게 양털을 세탁하고 물들이며 두드리게 하였는가?"

세존께서는 이와 같이 여러 종류의 인연으로서 꾸짖으셨으며, 여러 비구들에게 말씀하셨다.

"열 가지의 이익을 까닭으로 여러 비구들에게 계를 제정하여 주겠노라. 지금부터 이러한 계는 마땅히 이와 같이 설할지니라. '만약 비구가 친족이 아닌 비구니에게 양털을 세탁하고 물들이며 나누고 다듬게 하였다면 니살기바야제니라.'

'친족이 아니다.'는 친족은 어머니·자매·딸, 나아가 7세(世)의 인연이 있는 자들을 제외하면 이들을 친족이 아니라고 이름한다. 니살기바야제인 자는 이러한 양털을 마땅히 버려야 하고, 마땅히 바야제죄의 허물을 참회해야 하느니라.

이 가운데에서 범하는 것은 만약 비구가 친족이 아닌 비구니에게 가서 '나를 위하여 양털을 세탁하고, 물들이며, 나누고 다듬어 주십시오.'라고 말하였고, 만약 그 비구니가 세탁하였다면, 그 비구는 니살기바야제이고, 만약 물들였다면 니살기바야제이며, 나누고 다듬었어도 니살기바야제이다. 만약 세탁하여서 물들였거나, 세탁하여서 나누고 다듬었거나, 만약 세탁하고 물들이며 나누고 다듬었다면 모두 니살기바야제이다.

만약 비구가 친족이 아닌 비구니에게 가서 나를 위하여 세탁하고, 물들이며, 나누고 다듬는 것은 뜻대로 하십시오.'라고 말하였고, '만약 그 비구니가 세탁하였다면, 니살기바야제이고, 만약 세탁하여서 물들였다면 니살기바야제이며, 만약 세탁하여서 나누고 다듬었어도 니살기바야제이다. 만약 물들이고 나누고 다듬었거나, 만약 세탁하여서 물들이고 나누고 다듬었다면 모두 니살기바야제이다.

만약 비구가 친족이 아닌 비구니에게 가서 '나를 위하여 세탁하고, 나누고 다듬으며, 물들이는 것은 뜻대로 하십시오.'라고 말하였고, 만약 비구니가 세탁하였다면, 니살기바야제이고, 만약 나누고 다듬었다면 니살기바야제이다. 만약 세탁하여서 물들였거나, 만약 세탁하여서 나누고 다듬었거나, 만약 물들여서 나누고 다듬었거나, 만약 세탁하여서 물들이고 나누고 다듬었다면 모두 니살기바야제이다.

만약 비구가 친족이 아닌 비구니에게 가서 '나를 위하여 나누고 다듬으며, 물들이고, 세탁하는 것은 뜻대로 하십시오.'라고 말하였고, 만약 비구니가 세탁하였다면, 니살기바야제이고, 만약 나누고 다듬었다면 니살기바야제이며, 만약 물들였다면 니살기바야제이다. 만약 세탁하여서 나누고 다듬었거나, 만약 세탁하여서 물들였거나, 만약 물들여서 나누고 다듬었거나, 만약 세탁하여서 물들이고 나누고 다듬었다면 모두 니살기바야제이다.

만약 비구가 친족이 아닌 비구니에게 가서 '나를 위하여 세탁하고, 물들이며, 나누고 다듬지 마십시오.'라고 말하였고, 만약 비구니가 세탁하였다면, 니살기바야제이고, 만약 물들였다면 니살기바야제이며, 만약 나누고 다듬었다면 니살기바야제이다. 만약 세탁하여서 물들였거나, 만약 세탁하여서 나누고 다듬었거나, 만약 물들여서 나누고 다듬었거나, 만약 세탁하여서 물들이고 나누고 다듬었다면 모두 니살기바야제이다.

만약 비구가 친족이 아닌 비구니에게 가서 '나를 위하여 세탁하고, 나누고 다듬으며, 물들이지 마십시오.'라고 말하였고, 만약 비구니가 세탁하였다면, 니살기바야제이고, 만약 나누고 다듬었다면 니살기바야제이며, 만약 물들였다면 니살기바야제이다. 만약 세탁하여서 물들였거나, 만약 세탁하여서 나누고 다듬었거나, 만약 물들여서 나누고 다듬었거나, 만약 세탁하여서 물들이고 나누고 다듬었다면 모두 니살기바야제이다.

만약 비구가 친족이 아닌 비구니에게 가서 '나를 위하여 물들이고, 나누고 다듬으며, 세탁하지는 마십시오.'라고 말하였고, 만약 물들였다면 니살기바야제이고, 만약 나누고 다듬었다면 니살기바야제이며, 만약 비구니가 세탁하였다면 니살기바야제이다. 만약 세탁하여서 물들였거나, 만약 세탁하여서 나누고 다듬었거나, 만약 물들여서 나누고 다듬었거나, 만약 세탁하여서 물들이고 나누고 다듬었다면 모두 니살기바야제이다.

만약 비구가 친족이 아닌 비구니에게 가서 '나를 위하여 세탁하고, 나누고 다듬지 말고, 물들이지 마십시오.'라고 말하였고, 만약 세탁하였다면 니살기바야제이고, 만약 물들였거나, 만약 나누고 다듬었거나, 만약 세탁하여서 물들였거나, 만약 세탁하여서 나누고 다듬었거나, 만약 물들여서 나누고 다듬었거나, 만약 세탁하여서 물들이고 나누고 다듬었다면 모두 니살기바야제이다.

만약 비구가 친족이 아닌 비구니에게 가서 '나를 위하여 물들이고, 세탁하지 말고 나누고 다듬지 마십시오.'라고, 말하였고, 만약 물들였다면 니살기바야제이고, 만약 세탁하거나, 만약 나누고 다듬었거나, 만약 세탁하여서 물들였거나, 만약 세탁하여서 나누고 다듬었거나, 만약 물들여서 나누고 다듬었거나, 만약 세탁하여서 물들이고 나누고 다듬었다면 모두 니살기바야제이다.

만약 비구가 친족이 아닌 비구니에게 가서 '나를 위하여 나누고 다듬고, 세탁하지 말고 물들이지 마십시오.'라고 말하였고, 만약 나누고 다듬었다면 니살기바야제이고, 만약 세탁하거나, 만약 물들였거나, 만약 세탁하여서 물들였거나, 만약 물들여서 나누고 다듬었거나, 만약 세탁하여서 물들이고 나누고 다듬었다면 모두 니살기바야제이다.

만약 비구가 친족이 아닌 비구니가 있는데, 친족이라고 생각하면서 '세탁하고 물들이며 나누고 다듬으십시오.'라고 말하였고, 만약 비구니가 그를 위해 세탁하거나, 만약 물들였거나, 만약 나누고 다듬었다면 니살기바야제라고 말한다. 만약 친족이 아닌 비구니가 있는데, 이 비구가 식차마니·사미·사미니·출가인·출가니라고 생각하면서 '세탁하고 물들이며 나누고 다듬으십시오.'라고 말하였고, 만약 물들였거나, 만약 나누고 다듬었다면 니살기바야제이다.

만약 비구가 친족이 아닌 비구니가 있는데, 친족이 아니라고 생각하면서 '세탁하고 물들이며 나누고 다듬으십시오.'라고 말하였고, 만약 물들였거나, 만약 나누고 다듬었다면 니살기바야제이다. 만약 이 비구가 만약 비구인가? 비구가 아닌가? 식차마니인가? 식차마니가 아닌가? 사미인가? 사미가 아닌가? 사미니인가? 사미니가 아닌가? 출가인가? 출가가 아닌가? 출가니인가? 출가니가 아닌가를 생각하면서 '세탁하고 물들이며 나누고 다듬으십시오.'라고 말하였고, 만약 물들였거나, 만약 나누고 다듬었다면 니살기바야제이다.

만약 비구가 친족인 비구니가 있는데 친족이 아니라고 생각하면서 말하였다. '세탁하고 물들이며 나누고 다듬으십시오.' 만약 물들였거나, 만약 나누고 다듬었다면 돌길라이다. 만약 이 비구가 식차마니·사미·사미니·출가인·출가니라고 생각하면서 '세탁하고 물들이며 나누고 다듬으십시오.'라고 말하였고, 만약 물들였거나, 만약 나누고 다듬었다면 돌길라이다.

만약 비구가 친족인 비구니가 있는데, 친족인가? 친족이 아닌가를 의심하면서 말하였다. '세탁하고 물들이며 나누고 다듬으십시오.' 만약 물들였거나, 만약 나누고 다듬었다면 돌길라이다. 만약 이 비구가 만약 비구인가? 비구가 아닌가? 식차마니인가? 식차마니가 아닌가? 사미인가? 사미가 아닌가? 사미니인가? 사미니가 아닌가? 출가인가? 출가가 아닌가? 출가니인가? 출가니가 아닌가를 생각하면서 '세탁하고 물들이며 나누고 다듬으십시오.'라고 말하였고, 만약 물들였거나, 만약 나누고 다듬었다면 돌길라이다.

만약 비구가 친족이거나, 친족이 아닌 비구니가 있는데, 만약 생각하거나, 만약 의심하면서, 깨끗하지 못한 털인 이를테면, 낙타의 털·염소의 털·여러 털 등을 세탁하고 물들이며 나누고 다듬게 시켰다면 돌길라이다. 친족이라면 범한 것은 아니다." [열일곱 번째의 일을 마친다.]

세존께서는 왕사성에 머무르셨다.

이때 육군비구들은 스스로가 손으로 보물을 취하였으므로 여러 거사들이 꾸짖었다.

"사문 석자들은 선량하고 덕이 있다고 스스로가 말하면서, 어찌하여 왕과 같고 대신과 같이 스스로의 손으로 보물을 취하는가?."

이 가운데에 비구가 있어 욕망이 적고 만족함을 알며 두타를 행하였는데, 이러한 일을 듣고서 마음이 기쁘지 않아서 세존을 향하여 자세히 말하였다. 세존께서는 이 일로써 비구 승가를 모으셨으며 아시면서도 일부러 육군비구에게 물으셨다.

"그대들이 진실로 이러한 일을 지었는가?"

대답하여 말하였다.

"진실로 지었습니다. 세존이시여."

세존께서는 여러 종류의 인연으로서 여러 비구들을 꾸짖으셨다.

"어찌 비구라고 이름하면서 스스로의 손으로 보물을 취하였는가?"

세존께서는 이와 같이 여러 종류의 인연으로서 꾸짖으셨으며, 여러 비구들에게 말씀하셨다.

"열 가지의 이익을 까닭으로 여러 비구들에게 계를 제정하여 주겠노라. 지금부터 이러한 계는 마땅히 이와 같이 설할지니라. '만약 비구가 스스로의 손으로 보물을 취하거나, 다른 사람을 시켜 취한다면 니살기바야제이니라.'

'보물'은 금과 은을 이름한다. 이것에는 두 종류가 있나니, 만약 지었거나, 만약 짓지 않았거나, 만약 모양이 있거나, 만약 모양이 없는 것이다.

'취하다.'는 다섯 종류가 있나니, 손으로서 다른 사람의 손에서 취하거나, 만약 옷깃으로서 다른 사람의 옷깃에서 취하거나, 만약 그릇으로서 다른 사람의 그릇에서 취하거나, 만약 '이 가운데에 놓아두라.'고 말하거나, 만약 '이 정인(淨人)에게 주어라.'고 말한다면 모두 니살기바야제이다. 니살기바야제인 자는 이러한 물건을 마땅히 버려야 하고, 마땅히 바야제죄의 허물을 참회해야 하느니라.'

이 가운데에서 범하는 것은 만약 비구가 손에서 손으로 취하거나, 옷에서 옷으로 취하거나, 그릇에서 그릇으로 취하거나, 만약 '이 가운데에 놓아두라.'고 말하거나, 만약 '이 정인에게 주어라.'고 말한다면 모두 니살기바야제이다. 만약 지었거나, 만약 짓지 않았거나, 만약 모양이 있거나, 만약 모양이 없는 것을 다른 사람에게 취한다면 모두 니살기바야제이다.

만약 비구가 스스로의 손으로 철전(鐵錢)을 취한다면 돌길라이고, 동전(銅錢)·백납전(白鑞錢)·연석전(鉛錫錢)·수교전(樹膠錢)·피전(皮錢)·목전(木錢)을 취한다면 모두 돌길라이다."

세존께서는 말씀하셨다.

"만약 비구가 스스로의 손으로 보물을 취하였는데 만약 적으면 마땅히 버려라. 만약 많고 설령 마음이 같은 정인을 얻었다면 마땅히 이 사람에게 '나는 부정한 까닭으로써 마땅히 이 보물을 취할 수 없습니다. 그대가 마땅히 취하십시오.'하고 말해야 하고, 정인이 이 보물을 취하고서 비구에게 '이 보물을 비구께 드리겠습니다.'라고 말하였다면, 비구는 '이것은 부정한 물건입니다. 만약 청정하다면 마땅히 받겠습니다.'라고 말하라. 만약 마음이 같은 정인을 얻지 못하였다면 마땅히 이용하여 사방승가(四方僧伽)의 와구를 짓도록 하라. 이 비구는 마땅히 승가의 가운데에 들어가서 말하라.

'여러 대덕이여. 나는 스스로의 손으로 보물을 취하여 바야제죄를 얻었습니다. 나는 지금 드러내고 숨기지 않으며 참회합니다.' 승가는 마땅히 이 비구에게 '그대는 이러한 보물을 버렸습니까?'라고 물어야 하고, '이미 버렸습니다.'라고 대답하여 말하며, 승가는 '그대는 죄를 보았는가?'라고 마땅히 물어야 하고, '죄를 보았습니다.'라고 대답하여 말하며, 승가는

'그대는 이러한 죄를 드러내고 참회하였으므로 뒤에 다시는 짓지 마십시오.'라고 마땅히 말하도록 하라.

만약 비구가 버리지 않았다고 말하면 승가는 마땅히 버리게 충고해야 한다. 만약 승가가 충고하지 않는다면 일체의 승가는 돌길라를 얻는다. 만약 승가가 충고하였으나, 버리지 않는다면 이 비구는 돌길라를 얻는다. 만약 헤아리면서 결정하지 못하였다면 범한 것은 아니다." [열여덟 번째의 일을 마친다.]

세존께서는 왕사성에 머무르셨다.

이때 육군비구들은 이전에 버렸던 보물들을 여러 종류로 사용하였다. 방사(房舍)를 일으켰고, 금방(金肆)을 열었으며, 여관(客肆)을 열었고, 구리가게(鍛銅肆)를 열었고, 구슬을 세공하는 가게(治珠肆) 등을 열었으며, 많은 코끼리 무리·말 무리·낙타 무리·소 무리·나귀 무리·양 무리 등을 길렀고, 노비와 자제(子弟) 및 백성들을 거느렸다. 이 가운데에 사람이 있어 여러 백성들의 토지와 직업을 강제로 빼앗아서 비구에게 주어서 팔았다. 여러 거처와 직업을 잃은 자들이 성내면서 꾸짖으면서 이렇게 말을 지었다.

"사문 석자들은 선량하고 덕이 있다고 스스로가 말하면서 여러 종류의 보물을 이용하여 가게를 열고 매매하므로 왕과 같고 대신과 같아서 다른 것이 없구나."

이 가운데에 비구가 있어 욕망이 적고 만족함을 알며 두타를 행하였는데, 이러한 일을 듣고서 마음이 기쁘지 않아서 세존을 향하여 자세히 말하였다. 세존께서는 이 일로써 비구 승가를 모으셨으며, 아시면서도 일부러 육군비구에게 물으셨다.

"그대들이 진실로 이러한 일을 지었는가?"

대답하여 말하였다.

"진실로 지었습니다. 세존이시여."

세존께서는 여러 종류의 인연으로서 여러 비구들을 꾸짖으셨다.

"어찌 비구라고 이름하면서 여러 종류의 보물을 사용하였는가?"

세존께서는 이와 같이 여러 종류의 인연으로서 꾸짖으셨으며, 여러 비구들에게 말씀하셨다.

"열 가지의 이익을 까닭으로 여러 비구들에게 계를 제정하여 주겠노라. 지금부터 이러한 계는 마땅히 이와 같이 설할지니라. '만약 비구가 여러 종류의 보물을 사용한다면 니살기바야제이니라.'

'여러 종류'는 만약 사용하여 짓고 바꾸어서 짓거나, 만약 사용하여 짓고 바꾸어서 짓지 않았거나, 만약 사용하여 짓고 바꾸어서 지으면서 짓지 않았거나, 만약 사용하여 짓지 않고 바꾸어서 짓지 않았거나, 만약 사용하여 짓지 않고 바꾸어서 지었거나, 만약 사용하여 짓지 않고 바꾸어서 짓지 않았거나, 만약 모양을 사용하고 모양이 바뀌었거나, 만약 모양을 사용하고 모양이 바뀌지 않았거나, 만약 모양을 사용하고 모양이 바뀌었는데 모양이 아니거나, 만약 사용하였으나 모양이 아니고 바뀌었으나 모양이 아니거나, 만약 사용하였으나 모양이 아니고 모양이 바뀌었거나, 만약 사용하였으나 모양이 아니고 모양이 바뀌었으나 모양이 아니라면 이것을 여러 종류라고 이름한다.

'사용하다.'는 다섯 종류가 있나니, 만약 '이 물건을 취하라.'고 말하거나, '이 가운데에서 취하라.'고 말하거나, '이만큼을 취하라.'고 말하거나, '이 사람에게서 취하라.'고 말하는 것이고, 가져오고 가져가며 매매하는 것도 역시 이와 같다.

다시 다섯 종류가 있나니, '저 물건을 취하라.', '저 가운데에서 취하라.', '저만큼을 취하라.', '저 사람에게서 취하라.'고 말하거나, 가져오고 가져가며 매매하는 것 역시 이와 같다.

'이 물건'은 만약 금이거나, 만약 은인 것이다.

'이 가운데에서 취하다.'는 만약 모시(芻摩)를 취하거나, 만약 교시야(憍施耶)를 취하는 것이다.

'이 만큼을 취하다.'는 50을 취하거나, 100을 취하는 것이다.

'이 사람에게서 취하다.'는 만약 남자·여자·황문·이근에게서 취하는 것이다. '가져오고 가져가며 매매하다.'는 역시 이와 같다.

'저 물건을 취하라.'는 만약 금이거나, 만약 은인 것이다.

'저 가운데에서 취한다.'는 만약 모시를 취하거나, 만약 교시야를 취하는 것이다.

'저만큼을 취하다.'는 50을 취하거나, 100을 취하는 것이다.

'저 사람에게서 취하다.'는 만약 남자·여자·황문·이근에게서 취하는 것이다. '가져오고 가져가며 매매하다.'는 역시 이와 같다.

니살기바야제인 자는 이러한 물건을 마땅히 버려야 하고, 마땅히 바야제죄의 허물을 참회해야 하느니라.'

이 가운데에서 범하는 것은 만약 비구가 만약 사용하여 짓고 바꾸어서 짓는다면 니살기바야제이다. 만약 사용하여 짓고 바꾸어서 짓지 않았거나, 만약 사용하여 짓고 바꾸어서 지으면서 짓지 않았거나, 만약 사용하여 짓지 않고 바꾸어서 짓지 않았거나, 만약 사용하여 짓지 않고 바꾸어서 지었거나, 만약 사용하여 짓지 않고 바꾸어서 짓지 않았거나, 만약 모양을 사용하고 모양이 바뀌었거나, 만약 모양을 사용하고 모양이 바뀌지 않았거나, 만약 모양을 사용하고 모양이 바뀌었는데 모양이 아니거나, 만약 사용하였으나 모양이 아니고 바뀌었으나 모양이 아니거나, 만약 사용하였으나 모양이 아니고 모양이 바뀌었거나, 만약 사용하였으나 모양이 아니고 모양이 바뀌었으나 모양이 아니라면 모두 니살기바야제이다.

만약 '이것을 취하라.'고 말한다면 니살기바야제이고, '이 가운데에서 취하라.'고 말한다면 니살기바야제이며, '이만큼 취하라.'고 말한다면 니살기바야제이고, '이 사람에게 취하라.'고 말한다면 니살기바야제이며, 만약 가져오고 가져가며 매매하는 것도 역시 이와 같다.

만약 '저것을 취하라.'고 말한다면 니살기바야제이고, 만약 '저 가운데에서 취하라.'고 말하거나, '저 사람에게서 취하라.'고 말한다면 모두 니살기바야제이며, 가져오고 가져가며 매매하는 것도 역시 이와 같다. 만약 비구가 스스로의 손으로 철전을 사용한다면 돌길라이고, 동전·백납전·연석전·수교전·피전·목전을 사용한다면 모두 돌길라이다.

만약 비구가 여러 종류의 보물을 사용하였는데 만약 적으면 마땅히 버려라. 만약 많고 설령 마음이 같은 정인을 얻었다면 마땅히 이 사람에게 '나는 부정한 까닭으로써 마땅히 이 보물을 취할 수 없습니다. 그대가 마땅히 취하십시오.'라고 말해야 하고, 정인이 이 보물을 취하고서 비구에게 '이 보물을 비구께 드리겠습니다.'라고 말하였다면, 비구는 '이것은 부정한 물건입니다. 만약 청정하다면 마땅히 받겠습니다.'라고 말하라. 만약 마음이 같은 정인을 얻지 못하였다면 마땅히 이용하여 사방승가의 와구를 짓도록 하라. 이 비구는 마땅히 승가의 가운데에 들어가서 말하라.

'여러 대덕이여. 나는 스스로의 손으로 보물을 취하여 바야제죄를 얻었습니다. 나는 지금 드러내고 숨기지 않으며 참회합니다.' 승가는 마땅히 이 비구에게 '그대는 이러한 보물을 버렸습니까?'라고 물어야 하고, '이미 버렸습니다.'라고 대답하여 말하며, 승가는 '그대는 죄를 보았는가?'라고 마땅히 물어야 하고, '죄를 보았습니다.'라고 대답하여 말하며, 승가는 '그대는 이러한 죄를 드러내고 참회하였으므로 뒤에 다시는 짓지 마십시오.'라고 마땅히 말하도록 하라.

만약 비구가 버리지 않았다고 말하면 승가는 마땅히 버리게 충고해야 한다. 만약 승가가 충고하지 않는다면 일체의 승가는 돌길라를 얻는다. 만약 승가가 충고하였으나, 버리지 않는다면 이 비구는 돌길라를 얻는다. 만약 헤아리면서 결정하지 못하였다면 범한 것은 아니다." [열아홉 번째의 일을 마친다.]

세존께서는 사위국에 머무르셨다.

이때 한 범지(梵志)가 있어 시미루(翅彌樓)로 물들인 흠바라(欽婆羅)를 입고 있었다. 이 사람은 발난타 석자와 옛 지식이었으므로 함께 일하였다. 이때 발난타는 범지가 시미루로 물들인 흠바라를 입고서 오는 것을 멀리서 보았고, 이 옷을 보고서 탐착하는 마음이 생겨났다. 범지는 발난타가 있는 곳에 이르렀고 함께 서로가 즐거운가를 문신하고서 한쪽에 앉았다. 발난타가 범지에게 말하였다.

"그대의 흠바라는 좋아서 사랑스럽소."

대답하여 말하였다.

"진실로 좋습니다."

발난타가 말하였다.

"나에게 주겠는가? 내가 지닌 이 일상의 흠바라를 그대에게 주겠소."

범지가 말하였다.

"나 자신에도 반드시 필요합니다."

발난타가 다시 말하였다.

"그대들 범지의 법은 나형(裸形)이고 덕도 없는데, 어찌 좋은 옷을 사용하는 것이오?"

범지가 말하였다.

"나도 누우면서 사용하므로 필요합니다."

발난타가 또한 말하였다.

"그대는 본래 나와 함께 재가 때부터 선지식(善知識)이었고 서로가 깊이 사랑하고 생각하였소. 나는 과거의 때에 좋은 물건을 그대에게 주지 않은 것이 없었고, 그대도 역시 좋은 물건을 나에게 주지 않은 것이 없었소. 그대는 지금 출가하였으나 뜻에 간탐(慳貪)하는 마음이 생겨나서 품고 있으므로 과거보다도 못하구려."

이때 발난타는 심하게 자주 꾸짖었고 범지는 곧 시미루로 물들인 흠바라를 벗어서 발난타에게 주었다. 발난타는 반대로 일상의 흠바라를 주었고 범지는 일상의 흠바라를 입고 범지들의 정사(精舍)에 이르렀다. 여러 범지들이 보고 말하였다.

"그대는 시미루로 물들인 흠바라가 없습니다."

대답하여 말하였다.

"다른 사람과 바꾸었습니다."

"누구와 서로 바꾸었습니까?"

대답하여 말하였다.

"발난타에게 주었고 발난타가 이것을 주었습니다."

"그대는 무슨 인연이 있는 까닭으로 서로 바꾸었습니까?"

대답하여 말하였다.

"나는 본래 재가인이었던 때부터 선지식이었고 깊이 서로를 사랑하고 생각하였던 까닭으로 서로 바꾸었습니다."

여러 범지들이 말하였다.

"발난타 석자가 그대를 조롱하고 속였습니다."

이 범지가 말하였다.

"만약 속였고 만약 조롱하였어도 나는 이미 서로 바꿨습니다."

여러 범지들이 다시 말하였다.

"이 시미루로 물들인 그 흠바라는 크게 비싼 것으로서 이러한 일상의 흠바라와는 비교가 안됩니다."

이 범지가 말하였다.

"비록 귀하고 값비싸더라도 나는 이미 서로 바꿨습니다."

여러 범지들이 다시 말하였다.

"그대는 빠르게 가서 이 시미루로 물들인 흠바라를 취하여 오시오. 우리들이 나무 방망이를 세워서 그대를 다스리지 않게 하시오."

이 범지는 곧 때에 두려워서 이렇게 생각을 지었다.

'동학(同學)들이 혹은 능히 나무 방망이를 세워서 나를 다스릴 수도 있겠구나.'

곧 발난타 석자의 처소에 이르러 이렇게 말을 지었다.

"발난타여. 시미루로 물들인 나의 흠바라를 돌려주십시오. 이 흠바라를 그대에게 돌려주겠습니다."

발난타가 말하였다.

"이미 서로 바꾸었습니다."

범지가 말하였다.

"그대가 나를 속이고 나를 조롱하였습니다."

발난타가 말하였다.

"설사(設使) 속이고 조롱하였어도 이미 바꾼 것으로 결정되었습니다."

범지가 또한 말하였다.

"시미루로 물들인 흠바라는 크게 값비싼 것이고 그대의 일상의 흠바라와 비교가 안됩니다."

대답하여 말하였다.

"값이 비싸거나, 비싸지 않거나, 바꾸는 것으로 이미 결정되었습니다."

또한 말하였다.

"나의 여러 동학들이 말하였습니다. '만약 시미루로 물들인 흠바라를 되찾아오지 않는다면 마땅히 나무 방망이를 세워서 그대를 다스릴 것이오. 그대는 마땅히 되찾아서 우리에게 오시오.' 동학들이 마땅히 나무 방망이를 세워서 나를 다스리게 하지 마십시오."

발난타가 말하였다.

"만약 나무 방망이를 세워서 그대를 다스리거나, 만약 다르게 다스리더라도 어찌 내 일이겠소? 이미 바꾼 것으로 결정되었으니 그대에게 줄 수 없소."

이 범지는 급하게 찾았으나 얻지 못하였다. 여러 불법을 믿지 않는 사람들이 있어 이러한 일을 듣고 질투심을 까닭으로 꾸짖으면서 이렇게 말을 지었다.

"사문 석자들은 선량하고 덕이 있다고 스스로가 말하였고, 어찌 출가인이라고 이름하면서 고의로 다른 출가인을 속이고 조롱하는가?"

여러 믿는 사람들이 있어 역시 다시 꾸짖었다.

"어찌 비구라고 이름하면서 여러 종류의 매매의 일을 짓는가?"

이 가운데에 비구가 있어 욕망이 적고 만족함을 알며 두타를 행하였는데, 이러한 일을 듣고서 마음이 기쁘지 않아서 세존을 향하여 자세히 말하였다. 세존께서는 이 일로써 비구 승가를 모으셨으며, 아시면서도 일부러 발난타에게 물으셨다.

"그대가 진실로 이러한 일을 지었는가?"

대답하여 말하였다.

"진실로 지었습니다. 세존이시여."

세존께서는 여러 종류의 인연으로서 발난타를 꾸짖으셨다.

"어찌 비구라고 이름하면서 여러 종류의 매매의 일을 지었는가?"

세존께서는 이와 같이 꾸짖으셨으며, 여러 비구들에게 말씀하셨다.

"열 가지의 이익을 까닭으로 여러 비구들에게 계를 제정하여 주겠노라. 지금부터 이러한 계는 마땅히 이와 같이 설할지니라. '만약 비구가 여러 종류로 매매한다면 니살기바야제이다.'

'여러 종류'는 비슷한 모양으로서 비슷한 모양을 사거나, 만약 비슷하지 않은 모양으로서 비슷하지 않은 모양을 사는 것이다.

'비슷하다.'는 발우는 발우와 서로가 비슷하고, 옷은 옷과 서로가 비슷하며, 조관(澡盥)[4]은 조관과 서로가 비슷하고, 호구(戶鉤)[5]는 호구와 서로가 비슷하며, 시약(時藥)[6]은 시약과 서로가 비슷하고, 야분약(夜分藥)[7]은 야분약과 서로가 비슷하며, 칠일약(七日藥)[8]은 칠일약과 서로가 비슷하고, 종신약(終身藥)[9]은 종신약과 서로가 비슷한 것이다. 이것을 비슷한 모양으로써 비슷한 모양을 산다고 이름한다.

'비슷하지 않다.'는 발우는 옷과 서로가 비슷하지 않고, 발우는 조관·호구·시약·야분약·칠일약·종신약과 서로가 비슷하지 않으며, 옷은 조관과 비슷하지 않고 호구·시약·야분약·칠일약·종신약 및 발우와 서로가 비슷하지 않고, 조관은 호구와 비슷하지 않으며, 시약·야분약·칠일약·종신약·발우·옷과 서로가 비슷하지 않고, 호구는 시약과 비슷하지 않으며, 야분약·칠일약·종신약·발우·옷·조관과 서로가 비슷하지 않다. 시약은 야분약, 나아가 호구와 비슷하지 않고, 야분약은 칠일약과 비슷하지 않으며, 나아

---

4) 대야를 가리키는 말이다.

5) 자물쇠를 가리키는 말이다.

6) 사약(四藥)의 하나로 수행자들이 오전 중에 끼니나 간식으로 먹는 음식으로, 밥·죽·보릿가루·뿌리·가지·잎·꽃·열매 등을 말한다.

7) 씹는 음식이 허락되지 않는 오후부터 밤사이에 마시는 14종류의 과즙 등을 말한다.

8) 사약(四藥)의 하나로 병든 수행자에게 7일에 한하여 먹도록 허락한 음식으로, 우유·버터·꿀 등을 말한다.

9) 병의 치료용으로 일생 동안 보관해 두고 먹을 수 있는 뿌리·줄기·꽃·과일 등을 말한다.

가 시약과 서로가 비슷하지 않다. 칠일약은 종신약과 서로가 비슷하지 않고, 나아가 야분약과 서로가 비슷하지 않다. 종신약은 발우와 비슷하지 않고, 나아가 칠일약과 서로가 비슷하지 않다. 이러한 까닭으로 비슷하지 않은 모양을 사용하여 비슷하지 않은 모양을 사면 니살기바야제라고 말한다. 니살기바야제인 자는 이러한 물건을 마땅히 버려야 하고, 마땅히 바야제죄의 허물을 참회해야 한다.

이 가운데에서 범하는 것은 만약 비구가 이익을 위하여 고의로 사면서 팔지 않았다면 돌길라이고, 만약 이익을 위하여 고의로 팔고서 사지 않았다면 역시 돌길라이다. 만약 이익을 위하여 고의로 사고서 다시 팔았다면 니살기바야제이다. 만약 비구가 이러한 버려야 할 물건으로 만약 금을 사용하여 사거나, 은을 사용하여 사거나, 금전으로 사거나, 금전으로 곡식을 사거나, 곡식으로 물건을 샀는데, 이 물건을 만약 입에서 씹을 수 있다면 그 입은 돌길라를 얻는다. 이 물건이 만약 옷을 지어서 입을 수 있다면 입는 것을 따라서 곧 바야제를 얻는다."

세존께서는 말씀하셨다.

"오늘부터 만약 함께 물건을 바꾸었는데, 앞의 사람이 마음으로 후회한다면 마땅히 돌려주어야 하고 스스로는 본래의 물건을 취해야 하느니라."

이때 육군비구들은 "함께 물건을 바꾸었는데 앞의 사람이 마음으로 후회한다면 마땅히 돌려주어야 하고 스스로는 본래의 물건을 취해야 한다."라고 허락하신 것을 들었다. 듣고서 고의로 보름이나 한 달을 다른 사람의 옷을 입고서 색깔이 변하면 뒤에 후회하며 요구하였다. 후회하고 요구하는 때에 다른 사람은 주지 않았으므로, 이것을 인연하여 다투었고 서로 말다툼하였으며 서로 욕하였고 서로 때리는 등의 여러 종류의 일이 일어났다. 여러 비구들이 이 일로써 세존께 아뢰었고, 세존께서는 말씀하셨다.

"7일 안에 후회하면 마땅히 돌려줄 것이나, 만약 7일이 넘었다면 마땅히 돌려주지 말라."

옷을 파는 사람이 있어 옷을 가지고 다니면서 팔고 있었는데 육군비구가 적은 값으로 다른 사람의 귀한 옷을 구하였다. 옷을 파는 사람이 말하였다.

"그대는 무엇을 위한 까닭으로 적은 값으로서 나의 귀한 값의 옷을 요구하는 것이오? 만약 옷값을 모르는 사람이라면 곧 나의 옷을 가볍게 천시하는 것이오."

세존께서는 말씀하셨다.

"마땅히 값을 줄여서 다른 사람의 귀한 옷을 요구하지 말라. 만약 값을 줄여 다른 사람의 귀한 옷을 요구한다면 돌길라이니라. 만약 진실로 이 물건이 필요하다면 깊이 사량(思量)하고 말해야 한다. '나는 이만큼으로 물건을 사겠습니다.' 만약 그가 주지 않는다면 거듭하여 마땅히 다시 말하고, 만약 다시 주지 않는다면 또한 마땅히 세 번째로 말하라. 세 번을 구하여도 주지 않았고, 비구가 이 물건이 급하게 필요하다면 마땅히 정인(淨人)을 구하여 이 물건을 사게 시켜라. 만약 정인이 시장의 값을 알지 못하면 비구가 먼저 이만큼의 물건으로서 그 물건을 살 수 있다는 것을 가르치고, 마땅히 이 물건으로 얼마만큼을 구할 수 있다고 가르쳐라. '그대가 잘 사량하고 살피십시오.'"

세존께서는 말씀하셨다.

"오늘부터는 대중 승가의 가운데에서 옷을 팔면서 세 번을 외치지 않았다면 마땅히 값을 올리는 것을 허락하겠노라. 값을 올린 때라면 비구는 마음으로 참회해야 하느니라. '나는 장차 그의 옷을 빼앗은 것은 없는가?'"

세존께서는 말씀하셨다.

"세 번을 외치지 않고서 값을 올렸다면 범한 것은 아니다. 만약 비구가 이익을 위하는 까닭으로 철전(鐵錢)으로서 여러 종류를 매매한다면 니살기바야제이니라. 만약 비구가 이익을 위하여 동전·백납전·연석전·수교전·피전·목전 등으로 여러 종류를 매매한다면 니살기바야제이니라. 이 비구가 여러 종류를 매매하면서 만약 적으면 마땅히 버려라. 만약 많고 설사 마음이 같은 정인을 얻었다면 마땅히 사람에게 '나는 이와 같고 이와 같은 인연으로서 마땅히 취할 수 없습니다. 그대가 마땅히 취하십시오.'라고 말하라. 정인이 이 보물을 취하고서 비구에게 '이 보물을 비구께 드리겠습니다.'라고 말하였다면, 비구는 '이것은 부정한 물건입니다. 만약 청정하다면 마땅히 받겠습니다.'라고 말하라. 만약 마음이 같은 정인을 얻지 못하였다면 마땅히 이용하여 사방승가의 와구를 짓도록 하라. 이 비구는 마땅히 승가의 가운데에 들어가서 말하라.

'여러 대덕이여. 나는 여러 종류를 매매하여 바야제죄를 얻었습니다. 나는 지금 드러내고 숨기지 않으며 참회합니다.' 승가는 마땅히 이 비구에게 '그대는 이러한 물건을 버렸습니까?'라고 물어야 하고, '이미 버렸습니다.'라고 대답하여 말하며, 승가는 '그대는 죄를 보았는가?'라고 마땅히 물어야 하고, '죄를 보았습니다.'라고 대답하여 말하며, 승가는 '그대는 이러한 죄를 드러내고 참회하였으므로 뒤에 다시는 짓지 마십시오.'라고 마땅히 말하도록 하라.

만약 비구가 버리지 않았다고 말하면 승가는 마땅히 버리게 충고해야 한다. 만약 승가가 충고하지 않는다면 일체의 승가는 돌길라를 얻는다. 만약 승가가 충고하였으나, 버리지 않는다면 이 비구는 돌길라를 얻는다. 만약 헤아리면서 결정하지 못하였다면 범한 것은 아니다." [스무 번째의 일을 마친다.]

세존께서는 왕사성에 머무르셨다.

이때 육군비구들이 많은 발우를 쌓아두었으므로 때가 생겨났고 파괴(破壞)되어 사용할 수 없었다. 이 가운데에 비구가 있어 욕망이 적고 만족함을 알며 두타를 행하였는데, 이러한 일을 듣고서 마음이 기쁘지 않아서 육군비구를 꾸짖었다.

"어찌 비구라고 이름하면서 많은 발우를 쌓아두어서 때가 생겨나고 파괴되어 사용하지 못하게 하는가?"

이와 같이 꾸짖고서 세존을 향하여 자세히 말하였다. 세존께서는 이 일로써 비구 승가를 모으셨으며, 아시면서도 일부러 육군비구에게 물으셨다.

"진실로 이러한 일을 지었는가?"

대답하여 말하였다.

"진실로 지었습니다. 세존이시여."

세존께서는 여러 종류의 인연으로서 육군비구를 꾸짖으셨다.

"어찌 비구라고 이름하면서 많은 발우를 쌓아두어서 때가 생겨나고 파괴되어 사용하지 못하게 하였던 까닭인가?"

여러 종류로 꾸짖으셨으며, 여러 비구들에게 말씀하셨다.

"열 가지의 이익을 까닭으로 여러 비구들에게 계를 제정하여 주겠노라. 지금부터 이러한 계는 마땅히 이와 같이 설할지니라. '만약 비구가 장발(長鉢)[10]를 얻었다면 10일까지 저축할 수 있으나, 이것을 지나서 저축한다면 니살기바야제이니라.'

발우에는 세 종류가 있나니, 상·중·하이다.

'상발우(上鉢)'는 다른 사람들에게 밥을 세 그릇, 다른 사람들에게 국을 한 그릇, 나머지의 음식물과 죽을 받을 수 있다면 이것을 상발우라고 이름한다.

'하발우(下鉢)'는 다른 사람들에게 밥을 한 그릇, 다른 사람들에게 국을 반 그릇, 나머지의 음식물과 죽을 받을 수 있다면 이것을 하발우라고 이름한다.

만약 나머지라면 중발우라고 이름한다. 만약 큰 것보다 크거나, 작은 것보다 작은 발우는 발우라고 이름할 수 없다. 니살기바야제인 자는 이러한 발우를 마땅히 버려야 하고, 바야제죄의 허물을 마땅히 참회해야 하느니라.

이 가운데에서 범하는 것은 만약 비구가 1일에 발우를 얻어서 저축하였다면 2일에 버려야 하고, 2일에 얻어서 저축하였다면 3일에 버려야 하며, 3일에 얻어서 저축하였다면 4일에 버려야 하고, 4일에 얻어서 저축하였다면 5일에 버려야 하며, 5일에 얻어서 저축하였다면 6일에 버려야 하고,

10) 여유분의 발우를 가리킨다.

6일에 얻어서 저축하였다면 7일에 버려야 하며, 7일에 얻어서 저축하였다면 8일에 버려야 하고, 8일에 얻어서 저축하였다면 9일에 버려야 하며, 9일에 얻어서 저축하였다면 10일에 버려야 하고, 10일에 얻어서 저축하였다면 10일의 때에 이 발우를 마땅히 다른 사람에게 주거나, 만약 작정하거나, 만약 수지해야 한다. 만약 다른 사람에게 주지도 않고, 작정하지도 않으며, 수지하지도 않고서 11일의 땅이 명료한 때에 이르렀다면 니살기바야제이다.

또한 비구가 1일에 발우를 얻고서 2일에 다시 얻어서 하나는 저축하고서 하나는 버렸거나, 2일에 얻고서 3일에 다시 얻어서 하나는 저축하고서 하나는 버렸거나, 3일에 얻고서 4일에 다시 얻어서 하나는 저축하고서 하나는 버렸거나, 4일에 얻고서 5일에 다시 얻어서 하나는 저축하고서 하나는 버렸거나, 5일에 얻고서 6일에 다시 얻어서 하나는 저축하고서 하나는 버렸거나, 6일에 얻고서 7일에 다시 얻어서 하나는 저축하고서 하나는 버렸거나, 7일에 얻고서 8일에 다시 얻어서 하나는 저축하고서 하나는 버렸거나, 8일에 얻고서 9일에 다시 얻어서 하나는 저축하고서 하나는 버렸거나, 9일에 얻고서 10일에 다시 얻었다면 이 발우는 10일의 때에 이 발우를 마땅히 다른 사람에게 주거나, 만약 작정하거나, 만약 수지해야 한다. 만약 다른 사람에게 주지도 않고, 작정하지도 않으며, 수지하지도 않고서 11일의 땅이 명료한 때에 이르렀다면 니살기바야제이다.

또한 비구가 1일에 발우를 얻고서 2일에 다시 얻었는데 뒤의 것을 저축하고서 앞의 것을 버렸거나, 2일에 얻고서 3일에 다시 얻었는데 뒤의 것을 저축하고서 앞의 것을 버렸거나, 3일에 얻고서 4일에 다시 얻었는데 뒤의 것을 저축하고 앞의 것을 버렸거나, 4일에 얻고서 5일에 다시 얻었는데 뒤의 것을 저축하고서 앞의 것을 버렸거나, 5일에 얻고서 6일에 다시 얻었는데 뒤의 것을 저축하고서 앞의 것을 버렸거나, 6일에 얻고서 7일에 다시 얻었는데 뒤의 것을 저축하고서 앞의 것을 버렸거나, 7일에 얻고서 8일에 다시 얻었는데 뒤의 것을 저축하고서 앞의 것을 버렸거나, 8일에 얻고서 9일에 다시 얻었는데 뒤의 것을 저축하고서 앞의 것을 버렸거나, 9일에 얻고서 10일에 다시 얻었다면 이 발우는 10일의 때에 이 발우를 마땅히 다른 사람에게 주거나, 만약 작정하거나, 만약 수지해야 한다. 만약 다른 사람에게 주지도 않고, 작정하지도 않으며, 수지하지도 않고서 11일의 땅이 명료한 때에 이르렀다면 니살기바야제이다.

또한 비구가 1일에 발우를 얻고서 2일에 다시 얻었는데 앞의 것을 저축하고서 뒤의 것을 버렸거나, 2일에 얻고서 3일에 다시 얻었는데 앞의 것을 저축하고서 뒤의 것을 버렸거나, 3일에 얻고서 4일에 다시 얻었는데 앞의 것을 저축하고서 뒤의 것을 버렸거나, 4일에 얻고서 5일에 다시 얻었는데 앞의 것을 저축하고서 뒤의 것을 버렸거나, 5일에 얻고서 6일에 다시 얻었는데 앞의 것을 저축하고서 뒤의 것을 버렸거나, 6일에 얻고서 7일에 다시 얻었는데 앞의 것을 저축하고서 뒤의 것을 버렸거나, 7일에 얻고서 8일에 다시 얻었는데 앞의 것을 저축하고서 뒤의 것을 버렸거나, 8일에 얻고서 9일에 다시 얻었는데 앞의 것을 저축하고서 뒤의 것을 버렸거나, 9일에 얻고서 10일에 다시 얻었다면 이 발우는 10일의 때에 이 발우를 마땅히 다른 사람에게 주거나, 만약 작정하거나, 만약 수지해야 한다. 만약 다른 사람에게 주지도 않고, 작정하지도 않으며, 수지하지도 않고서 11일의 땅이 명료한 때에 이르렀다면 니살기바야제이다.

또한 비구가 1일에 발우를 얻고 저축하였고, 2일에 얻지 못하였으며, 3일·4일·5일·6일·7일·8일·9일·10일에도 얻지 못하였다면 이 발우를 마땅히 다른 사람에게 주거나, 만약 작정하거나, 만약 수지해야 한다. 만약 다른 사람에게 주지도 않고, 작정하지도 않으며, 수지하지도 않고서 11일의 땅이 명료한 때에 이르렀다면 니살기바야제이다.

또한 비구가 1일에 발우를 얻고 저축하였고, 2일에도 얻었으며, 3일·4일·5일·6일·7일·8일·9일·10일에도 다시 얻어서 저축하였다면 이 발우를 마땅히 다른 사람에게 주거나, 만약 작정하거나, 만약 수지해야 한다.

만약 다른 사람에게 주지도 않고, 작정하지도 않으며, 수지하지도 않고서 11일의 땅이 명료한 때에 이르렀다면 니살기바야제이다.

만약 비구가 발우가 있어서 마땅히 버려야 하는데 버리지 않았고, 죄를 참회하지 않았으며, 다음으로 계속하여 끊지 못하고 다시 발우를 얻었다면, 이 뒤에 얻은 발우는 본래 발우의 인연을 까닭으로 니살기바야제를 얻는다. 또한 비구가 마땅히 버려야 할 발우는 이미 버렸으나, 죄를 참회하지 않았으며, 다음으로 계속하여 끊지 못하고 다시 발우를 얻었다면, 이 뒤에 얻은 발우는 본래 발우의 인연을 까닭으로 니살기바야제를 얻는다.

또한 비구가 마땅히 버려야 할 발우는 이미 버렸고, 죄도 참회하였으며, 다음으로 계속하여 끊지 못하고 다시 발우를 얻었다면, 이 뒤에 얻은 발우는 본래 발우의 인연을 까닭으로 니살기바야제를 얻는다. 또한 비구가 마땅히 버려야 할 발우는 이미 버렸고, 죄도 참회하였으며, 다음으로 계속하여 끊었고 다시 발우를 얻었다면, 범한 것은 없다." [스물한 번째의 일을 마친다.]

십송율 제8권

후진 북인도 삼장 불야다라 한역
석보운 번역

2. 이송 ②

3) 30니살기법을 밝히다 ④

세존께서는 사바제(舍波提)에 머무르셨다.

이때 발난타(跋難陀) 석자는 한 상인과 함께 시장의 가운데를 다니면서 한 가게에 좋은 와발(瓦鉢)이 있는 것을 보았는데 둥글고 매끄러워 사랑스러웠다. 보고서 탐착하였으므로 상인에게 말하였다.

"그대도 이 와발을 보십시오. 둥글고 매끄러워 사랑스럽습니다."

대답하여 말하였다.

"진실로 그렇습니다."

상인이 말하였다.

"그대는 이것이 필요합니까?"

대답하여 말하였다.

"얻고 싶소."

곧바로 사서 주었고, 발난타 석자는 이 발우를 얻고서 사위성을 나와서 기원(祇洹)의 가운데에 들어갔다. 여러 비구들에게 보여주며 말하였다.

"여러 장로들이여. 그대들은 이 발우를 보십시오. 둥글고 매끄러워 사랑스럽습니다."

여러 비구들이 말하였다.

"진실로 좋습니다. 그대는 어디서 얻었습니까?"

발난타는 여러 비구들을 향하여 이러한 일을 자세히 말하였다. 여러 비구들이 물어 말하였다.

"그대는 이전에 사용한 발우가 있지 않습니까?"

대답하여 말하였다.

"이전의 것도 있습니다."

또한 말하였다.

"이 발우도 사용할 것입니까?"

또한 말하였다.

"이전에 것도 있고 지금의 것도 있다고 무슨 걱정이 있겠습니까?"

이 가운데에 비구가 있어 욕망이 적고 만족함을 알며 두타를 행하였는데, 이러한 일을 듣고서 마음이 기쁘지 않아서 여러 종류의 인연으로 꾸짖었다.

"어찌 비구라고 이름하면서 이전에 사용하던 발우가 있는데, 다시 새로운 발우를 구걸하는가?"

여러 종류로 꾸짖고서 세존을 향하여 자세히 말하였다. 세존께서는 이 일로써 비구 승가를 모으셨으며, 아시면서도 일부러 발난타 석자에게 물으셨다.

"그대가 진실로 이러한 일을 지었는가?"

대답하여 말하였다.

"진실로 지었습니다. 세존이시여."

세존께서는 여러 종류의 인연으로서 꾸짖으셨다.

"어찌 비구라고 이름하면서 이전에 사용하던 발우가 있는데, 다시 새로운 발우를 구걸하였는가?"

여러 종류로 꾸짖으셨으며, 여러 비구들에게 말씀하셨다.

"열 가지의 이익을 까닭으로 여러 비구들에게 계를 제정하여 주겠노라. 지금부터 이러한 계는 마땅히 이와 같이 설할지니라. '만약 비구가 사용하는 발우가 부서져서 꿰맨 곳이 다섯 이하인데, 다시 새로운 발우가 좋았던 까닭으로 다시 구걸하였다면 니살기바야제이니라. 이러한 발우는 비구승가의 가운데에서 버리게 하고, 이 대중 가운데에서 가장 하급의 발우를 이 비구에게 주면서 이와 같이 가르쳐서 말하라. <그대 비구여. 이 발우를 나아가 부서질 때까지 저축하십시오.> 이러한 일은 마땅히 이렇게 해야 하느니라.'

'사용하였던 발우'는 이전에 음식을 수용(受容)하였던 발우이다.

'발우'는 세 종류가 있나니, 상·중·하이다.

'상발우'는 다른 사람들에게 밥을 세 그릇, 다른 사람들에게 국을 한 그릇, 나머지의 음식물과 죽을 받을 수 있다면 이것을 상발우라고 이름한다.

'하발우'는 다른 사람들에게 밥을 한 그릇, 다른 사람들에게 국을 반 그릇, 나머지의 음식물과 죽을 받을 수 있다면 이것을 하발우라고 이름한다.

만약 나머지라면 중발우라고 이름한다. 만약 큰 것보다 크거나, 작은 것보다 작은 발우는 발우라고 이름할 수 없다.

'꿰맨 곳이 다섯 이하이다.'는 네 군데를 꿰맸거나, 세 군데를 꿰맸거나, 두 군데를 꿰맸거나, 한 군데를 꿰맨 것이다.

'좋아하다.'는 이러한 비구는 만족시키기 어렵고 공양하기 어려우며 만족함을 알지 못하고 욕심이 적지 않은 까닭이다.

'이러한 발우는 마땅히 비구 대중의 가운데에서 버려야 한다.'는 이 발우에 마땅히 물을 가득 채우고서 승가의 가운데에 다니면서 마땅히 이렇게 창언을 짓도록 하라. <여러 장로께선 모이십시오. 지금 만수발(滿水鉢)을 짓고자 합니다.> 여러 비구들은 마땅히 곧 때에 각자 스스로가 이전에 수용하였던 발우를 가지고 한곳에 모여야 한다. 이때 여러 비구들은 다시 다른 발우를 받을 수 없나니, 만약 여러 비구들이 이때에 다시 다른 발우를 받는다면 돌길라죄를 얻는다.

승가가 화합하였다면 먼저 마땅히 만수발의 사람인 갈마를 짓도록 하라. 한 비구가 승가의 가운데에서 창언하라. '여러 장로들이여, 누가 능히 이 만수발을 행하겠습니까?'라고 말하였고, '제가 하겠습니다.'라고 만약 비구가 말하였는데, 이 비구가 만약 5악법(惡法)을 성취하였다면 마땅히 발우를 행하는 사람으로 짓지 말라. 무엇이 5악(惡)인가? 욕심의 행을 따르고, 성냄의 행을 따르며, 어리석음의 행을 따르고, 행할 것과 행하지 않을 것을 알지 못하는 것이다. 만약 5선법(善法)을 성취하였다면 마땅히 발우를 행하는 사람으로 짓도록 하라. 욕심과 성냄과 어리석음을 따르지 않고 행할 것과 행하지 않을 것을 아는 것이다. 이러한 비구를 마땅히 발우를 행하는 사람으로 지을지니라.

이 가운데서 한 비구가 곧 때에 창언하라.

'대덕 승가께서는 허락하십시오. 누구 비구는 능히 만수발을 행하는 사람으로 지을 수 있습니다. 만약 승가께서 때에 이르렀다면 승가께서는 허락하십시오. 누구 비구를 만수발을 행하는 사람으로 짓겠습니다. 이와 같이 아룁니다.'

아뢰고 백이갈마를 짓는다.

'승가께서 지금 허락하셨으므로 지금 누구 비구를 만수발을 행하는 사람으로 지어서 마쳤습니다. 승가께서 허락하신 것은 묵연하신 까닭입니다. 이 일은 이와 같이 지니겠습니다.'

만약 이 비구가 만수발을 행하며 짓는다면 마땅히 발우에 물을 가득 채우고 처음으로 마땅히 먼저 제1상좌(上座) 비구가 있는 곳에 이르러 물어 말하라. '상좌께선 이 발우가 필요하십니까?' 만약 상좌가 필요하다고 말한다면 마땅히 상좌에게 주도록 하라. 이 사람은 상좌의 발우를 취하여 그것을 행하면서 차례로 제2상좌가 있는 곳에 이르러 물어 말하라. '이 발우가 필요하십니까?' 만약 필요하다고 말한다면 주도록 하라. 또한 제2상좌의 발우를 취하여 그것을 행하면서 차례로 제3상좌에게 묻도록 하라. 제3상좌에게 물을 때 만약 제1상좌가 마음으로 후회하여 다시 스스로의 발우를 요구하더라도 세존께서는 주지 말라고 말하느니라. 만약 제1상좌가 강제로 취하고 마땅히 다시 빼앗고자 한다면 상좌를 돌길라로 짓고 가르쳐서 허물을 참회하게 하라.

만약 이 발우를 제1상좌가 취하지 않는다면 마땅히 차례로 두루 다녀야 하고, 만약 이 만수발을 모두 취하는 사람이 없다면, 비로소 마땅히 다시 그 비구에게 돌려주어야 하며, 만약 이 발우를 취하려는 사람이 있다면 이 사람의 발우를 취하여 차례로 두루 다녀야 한다. 만약 이것을 취하려는 자가 없으므로 비로소 그 비구에게 돌려준다면 이와 같이 가르쳐서 말하라.

'그대는 이 발우를 저축하면서, 나아가 이 발우가 부서지더라도 땅에 놓지도 말고, 돌 위에 놓지도 말며, 높은 곳에 놓지도 말고, 비가 새는 집에 놓지도 말며, 흙더미 위에 놓지 마십시오. 마땅히 지니고 대·소변을 보는 곳에 가지 않을 것이고, 마땅히 욕실에 들어가지 않을 것이며, 마땅히 잡스러운 모래와 소의 오줌을 섞어서 씻지 마십시오. 만약 발우가 젖었다면 마땅히 곧 들어올리지 않을 것이고, 마땅히 너무 마르게 하지 않을 것이며, 마땅히 고의로 두드려서 깨뜨려서도 아니되고, 마땅히 손을 씻는 그릇으로 사용하지 아니하며, 잘 수호하여 이것이 파손된 인연으로서 구하고 찾으면서 좌선과 독경과 행도를 방해되지 않게 하십시오.'

니살기바야제인 자는 이러한 발우를 마땅히 버려야 하고, 바야제죄의 허물을 마땅히 참회해야 하느니라. 이 가운데에서 범하는 것은 비구는 발우가 깨어지지 않았다면 마땅히 다시 새로운 발우를 구걸하여서는 아니된다. 만약 구걸하여 얻었다면 니살기바야제이고, 구걸하였으나 얻지 못하였다면 돌길라이다.

비구는 발우가 한 번을 꿰맬 수 있게 깨어졌다면 꿰매었거나, 꿰매지 않았어도 마땅히 다시 구걸하여서는 아니된다. 만약 구걸하여 얻었다면 니살기바야제이고, 얻지 못하였다면 돌길라이다. 비구는 발우가 두 번·세 번·네 번을 꿰맬 수 있게 깨어졌다면 꿰매었거나, 꿰매지 않았어도 마땅히 다시 구걸하여서는 아니된다. 만약 구걸하여 얻었다면 니살기바야제이고, 얻지 못하였다면 돌길라이다. 만약 비구가 다섯 번을 꿰맬 수 있게 깨어졌고 꿰매었거나, 꿰매지 않았어도 마땅히 다시 새로운 발우를 구걸했다면, 발우를 얻었거나 얻지 못하였어도 범한 것은 없느니라." [스물두 번째의 일을 마친다.]

세존께서는 왕사성에 머무르셨다.

이때 육군비구들이 스스로가 실을 구걸하였고 지니고서 부귀한 사람의 집에 이르러 이렇게 말을 지었다.

"여러 취락의 주인이여. 직사(織師)를 시켜서 우리에게 옷을 짜주십시오."

이 귀인은 곧 직사에게 말하였다.

"이 비구들의 옷을 짜 주게. 내가 그대에게 값을 주겠네."

이 직사는 그 귀인의 집에 살고 의지하였고 공경하고 두려워하였으므로 능히 거역할 수 없었다. 다만 옷을 짜는 때에 성내면서 꾸짖어 말하였다.

"사문 석자들은 선량하고 덕이 있다고 스스로가 말하면서 귀인을 믿고 우리에게 헛된 일을 시키는구나. 식량도 주지 않고 값도 주지 않으며 역시 복덕이나 은혜도 없다. 이들은 우리에게 손해이고 번뇌이며 이익을 잃게 한다. 이렇게 만족시키기 어렵고 공양하기 어려우며 욕심을 적지 않고 만족함을 알지 못하는 사람을 만나게 되었는가?"

이 가운데에 비구가 있어 욕망이 적고 만족함을 알며 두타를 행하였는데, 이러한 일을 듣고서 마음이 기쁘지 않아서 세존을 향하여 자세히 말하였다. 세존께서는 이 일로써 비구 승가를 모으셨으며, 아시면서도 일부러 육군비구에게 물으셨다.

"그대들이 진실로 이러한 일을 지었는가?"

대답하여 말하였다.

"진실로 지었습니다. 세존이시여."

세존께서는 여러 종류의 인연으로서 육군비구를 꾸짖으셨다.

"어찌 비구라고 이름하면서 스스로가 실을 구걸하여 친족이 아닌 직사에게 옷을 짜게 하였는가?"

여러 종류의 인연으로 꾸짖으셨으며, 여러 비구들에게 말씀하셨다.

"열 가지의 이익을 까닭으로 여러 비구들에게 계를 제정하여 주겠노라. 지금부터 이러한 계는 마땅히 이와 같이 설할지니라. '만약 비구가 스스로 실을 구걸하여 친족이 아닌 직사에게 옷을 짜게 하였다면 니살기바야제이

니라.'

'스스로가 구걸하다.'는 혹은 50바라(波羅)를 얻었거나, 혹은 100바라를 얻었거나, 나아가 1냥을 얻은 것이다.

'실'은 삼베실·털실·모시실·무명실 등이다.

'친족이 아니다.'에서 친족은 부모·형제·자매·자녀, 나아가 7세(世)의 인연이 있는 사람을 이름하고, 이와 다르면 친족이 아니라고 이름한다.

'직사'는 만약 남자이거나, 여자이거나, 황문이거나, 이근 등이다.

니살기바야제인 자는 이러한 발우를 마땅히 버려야 하고, 바야제죄의 허물을 마땅히 참회해야 하느니라. 이 가운데에서 범하는 것은 만약 비구가 친족에게 실을 구걸하여 친족에게 짜게 하였거나, 스스로 짰거나, 만약 비구·비구니·식차마니·사미·사미니에게 짜게 하였는데, 이 가운데에서 친족에게 구걸하였다면 범한 것은 아니고, 친족에게 짜게 하였다면 범한 것은 아니다. 스스로 짰다면 돌길라를 얻고, 비구·비구니·식차마니·사미·사미니에게 짜게 하였다면 모두 돌길라이다.

만약 비구가 친족에게 실을 구걸하여 친족이 아닌 자에게 짜게 하였거나, 스스로 짰거나, 만약 비구·비구니·식차마니·사미·사미니에게 짜게 하였는데, 이 가운데에서 친족에게 구걸하였다면 범한 것은 아니고, 친족이 아닌 자에게 짜게 하였다면 니살기바야제이며, 스스로 짰거나, 비구·비구니·식차마니·사미·사미니에게 짜게 하였다면 모두 돌길라이다.

만약 비구가 친족에게 실을 구걸하여 친족과 친족이 아닌 자에게 짜게 하였거나, 스스로 짰거나, 만약 비구·비구니·식차마니·사미·사미니에게 짜게 하였는데, 이 가운데에서 친족에게 구걸하였다면 범한 것은 아니고, 친족에게 짜게 하였다면 범한 것이 아니다. 친족이 아닌 자에게 짜게 하였다면 니살기바야제이며, 스스로 짰거나, 비구·비구니·식차마니·사미·사미니에게 짜게 하였다면 모두 돌길라이다.

만약 비구가 친족이 아닌 자에게 실을 구걸하여 친족이 아닌 자에게 짜게 하였거나, 스스로 짰거나, 만약 비구·비구니·식차마니·사미·사미니에게 짜게 하였는데, 이 가운데에서 친족이 아닌 자에게 구걸하였다면 돌길라이고, 친족에게 짜게 하였다면 니살기바야제이며, 스스로 짰거나, 비구·비구니·식차마니·사미·사미니에게 짜게 하였다면 모두 돌길라이다.

만약 비구가 친족이 아닌 자에게 실을 구걸하여 친족에게 짜게 하였거나, 스스로 짰거나, 만약 비구·비구니·식차마니·사미·사미니에게 짜게 하였는데, 이 가운데에서 친족이 아닌 자에게 구걸하였다면 돌길라이고, 친족에게 짜게 하였다면 범한 것은 아니며, 스스로 짰거나, 비구·비구니·식차마니·사미·사미니에게 짜게 하였다면 모두 돌길라이다.

만약 비구가 친족이 아닌 자에게 실을 구걸하여 친족과 친족이 아닌 자에게 짜게 하였거나, 스스로 짰거나, 만약 비구·비구니·식차마니·사미·사미니에게 짜게 하였는데, 이 가운데에서 친족이 아닌 자에게 구걸하였다면 돌길라이고, 친족이 아닌 자에게 짜게 하였다면 니살기바야제이며, 친족에게 짜게 하였다면 범한 것이 아니다. 스스로 짰거나, 비구·비구니·식차마니·사미·사미니에게 짜게 하였다면 모두 돌길라이다.

만약 비구가 친족과 친족이 아닌 자에게 실을 구걸하여 친족과 친족이 아닌 자에게 짜게 하였거나, 스스로 짰거나, 만약 비구·비구니·식차마니·사미·사미니에게 짜게 하였는데, 이 가운데에서 친족에게 구걸하였다면 범한 것이 아니고, 친족이 아닌 자에게 구걸하였다면 돌길라이며, 친족에게 짜게 하였다면 범한 것이 아니고, 친족이 아닌 자에게 짜게 하였다면 니살기바야제이다. 스스로 짰거나, 비구·비구니·식차마니·사미·사미니에게 짜게 하였다면 모두 돌길라이다.

만약 비구가 친족과 친족이 아닌 자에게 실을 구걸하여 친족에게 짜게 하였거나, 스스로 짰거나, 만약 비구·비구니·식차마니·사미·사미니에게 짜게 하였는데, 이 가운데에서 친족에게 구걸하였다면 범한 것이 아니고, 친족이 아닌 자에게 구걸하였다면 돌길라이며, 친족에게 짜게 하였다면 범한 것이 아니고, 스스로 짰거나, 비구·비구니·식차마니·사미·사미니에게 짜게 하였다면 모두 돌길라이다.

만약 비구가 친족과 친족이 아닌 자에게 실을 구걸하여 친족이 아닌 자에게 짜게 하였거나, 스스로 짰거나, 만약 비구·비구니·식차마니·사미·사미니에게 짜게 하였는데, 이 가운데에서 친족에게 구걸하였다면 범한 것이 아니고, 친족이 아닌 자에게 구걸하였다면 돌길라이며, 친족이 아닌 자에게 짜게 하였다면 니살기바야제이고, 스스로 짰거나, 비구·비구니·식차마니·사미·사미니에게 짜게 하였다면 모두 돌길라이다.

범하지 않은 것은 하나의 파리(波梨)를 짰거나, 만약 선대(禪帶)[1]이거나, 요대(腰帶)[2]를 짰거나, 만약 한 북(杼)[3]이거나, 두 북을 짰다면 범한 것은 없다." [스물세 번째 일을 마친다.]

세존께서는 사위국에 머무르셨다.

이때 한 거사가 있어 발난타 석자를 위하였던 까닭으로 직사를 시켜 옷을 짜게 하였다. 발난타가 이러한 일을 듣고 직사에게 가서 말하였다.

"그대는 이 옷이 나를 위하여 짜는 것을 아시오? 그대는 좋게 짜고, 넓게 짜며, 매우 좋게 짜고, 정결하게 짜시오. 내가 마땅히 만약 음식이거나, 만약 음식과 비슷하거나, 만약 음식 값 등을 내가 마땅히 그대에게 대충의 이익이 되게 하겠소."

직사가 말하였다.

"대덕이여. 우리들이 이 일을 배운 것은 이익을 얻으려는 까닭입니다. 만약 우리에게 대충의 이익을 주신다면 마땅히 그대를 위하여 잘 짜고 넓게 짜며 아주 좋게 짜고 정결하게 짤 것입니다."

발난타가 말하였다.

"좋소."

이때 직사는 곧 잘 짜고, 넓게 짜며, 아주 좋게 짜고, 정결하게 짜면서 많은 날줄과 씨줄을 소비하였다. 거사가 깨닫고서 직사에게 말하였다.

---

1) 좌선할 때, 배가 차지 아니하도록 허리를 감거나 두 무릎을 묶어서 기운을 돕는 띠를 가리킨다.

2) 바지 등이 흘러내리지 않도록 옷의 허리 부분에 둘러서 묶는 띠를 가리킨다.

3) 베틀에서, 날실의 틈으로 왔다갔다 하면서 씨실을 푸는 기구를 말한다.

"무슨 까닭으로 씨줄과 날줄의 실을 많이 쓰는가?"

직사가 대답하였다.

"내가 줄이지도 않고 훔치지도 않았으니 짠다면 스스로가 함께 보고 칭찬할 것입니다. 지금 이 옷은 잘 짜고 넓게 짜며 아주 좋게 짜고 정결하게 짜는 까닭으로 씨줄과 날줄을 많이 사용하였습니다."

거사가 말하였다.

"누가 그대에게 이렇게 짜게 간략하게 충고하였는가?"

직사가 대답하였다.

"발난타 석자입니다."

거사는 말하였다.

"다만 이것을 잘 짜게."

거사는 앞서 준비했던 실에서 다시 두·세 배(倍)를 사용하고서 비로소 옷을 완성하였다. 발난타 석자에게 주고서 성내면서 꾸짖었다.

"여러 사문 석자들은 선량하고 덕이 있다고 스스로가 말하면서 무슨 까닭으로 때도 알지 못하고 양도 알지 못하는가? 만약 보시하는 자가 양을 모른다면 받는 자는 마땅히 양을 알아야 한다. 나는 앞서 준비했던 실에 두·세 배를 사용하고서 비로소 옷을 완성하였다. 이들은 우리에게 손해이고 번뇌이며 이익을 잃게 한다. 이렇게 만족시키기 어렵고 공양하기 어려우며 욕심이 적지 않고 만족함을 알지 못하는 사람에게 공양하겠는가?"

이 가운데에 비구가 있어 욕망이 적고 만족함을 알며 두타를 행하였는데, 이러한 일을 듣고서 마음이 기쁘지 않아서 세존을 향하여 자세히 말하였다. 세존께서는 이 일로써 비구 승가를 모으셨으며 아시면서도 일부러 발난타 석자에게 물으셨다.

"그대가 진실로 이러한 일을 지었는가?"

대답하여 말하였다.

"진실로 지었습니다. 세존이시여."

세존께서는 여러 종류의 인연으로서 발난타를 꾸짖으셨다.

"어찌 비구라고 이름하면서 친족이 아닌 사람에게 같은 뜻을 지었는가?"

여러 종류의 인연으로 꾸짖으셨으며, 여러 비구들에게 말씀하셨다.

"열 가지의 이익을 까닭으로 여러 비구들에게 계를 제정하여 주겠노라. 지금부터 이러한 계는 마땅히 이와 같이 설할지니라. '만약 비구를 위한 까닭으로 친족이 아닌 거사와 거사의 부인이 직사를 시켜서 옷을 짜게 하였고, 이 비구를 먼저 청하지도 않았는데 곧 가서 직사에게 <그대는 이 옷이 나를 위하여 짜는 것을 아십니까? 그대는 좋게 짜고, 넓게 짜며, 매우 좋게 짜고, 정결하게 짜시오. 내가 마땅히 만약 음식이거나, 만약 음식과 비슷하거나, 만약 음식값 등의 대충의 이익을 그대에게 주겠습니다.>라고 말하였고, 좋게 하려는 까닭으로 이 비구가 만약 스스로가 말하거나, 사람을 시켜서 말하거나, 뒤의 때에 만약 음식을 주거나, 만약 음식 값을 주었다면 니살기바야제이니라.'

'비구를 위하다.'는 발난타 석자를 위한 것이다.

'친족이 아니다.'에서 친족은 부모·형제·자매·자녀, 나아가 7세(世)의 인연이 있는 사람을 이름하고. 이와 다르면 친족이 아니라고 이름한다.

'거사와 거사의 부인'은 백의의 남자를 거사라고 이름하고 백의의 여자를 거사의 부인이라고 이름한다.

'직사'는 만약 남자이거나, 여자이거나, 황문이거나, 이근 등이다.

'옷'은 흰 삼베옷·붉은 삼베옷·시이라의·모시옷·교사야의·흠바라의·겁패의 등이다.

'먼저 청하지 않았다.'는 이 거사가 먼저 말하지 않았는데 필요한 것을 와서 취하는 것이다.

'같은 뜻이라고 짓다.'는 이 거사는 내가 필요한 것을 따르고 성내지 않는다고 믿는 것이다.

'직사에게 좋게 짜라고 말하다.'는 세밀하게 짜게 시키는 것이다.

'넓게 짜다.'는 아주 넓게 짜게 시킨 것이다.

'아주 좋게 짜다.'는 좋고 세밀하게 짜게 시킨 것이다.

'정결하게 짜다.'는 것은 좋고 정결하게 짜게 시킨 것이다.

'음식이나 음식과 비슷한 것을 주겠다.'는 음식에는 다섯 종류가 있나니, 이를테면, 밥·보릿가루·전병·생선·고기 등이다. 음식과 비슷한 것도 역시 다섯 종류가 있나니, 이를테면, 미밥(糜食)[4]·조밥(粟食)[5]·광맥밥(穬麥食)[6]·유자밥(莠子食)[7]·가사밥(迦師食)[8] 등이다.

'음식값'은 음식을 살 수 있는 물건이다.

니살기바야제인 자는 이러한 발우를 마땅히 버려야 하고, 바야제죄의 허물을 참회해야 하느니라. 이 가운데에서 범하는 것은 만약 비구가 직사에게 가서 '이 옷은 나를 위하는 까닭으로 짜는 것입니다. 당신이 잘 짜면 내가 마땅히 적당한 이익을 그대에게 주겠습니다.'라고 말하였다면 니살기바야제이고, '만약 넓게 짜면 적당한 이익을 그대에게 주겠습니다.'라고 말하였다면 니살기바야제이며, '만약 매우 좋게 짜면 적당한 이익을 그대에게 주겠습니다.'라고 말하였다면 니살기바야제이고, '만약 정결하게 짜면 적당한 이익을 그대에게 주겠습니다.'라고 말하였다면 니살기바야제이며, '잘 짜고 넓게 짜면 적당한 이익을 그대에게 주겠습니다.'라고 말하였다면 니살기바야제이다.

만약 '잘 짜고 매우 좋게 짜십시오.'라고 말하거나, '잘 짜고 정결하게 짜십시오.'라고 말하거나, '넓게 짜고 매우 좋게 짜십시오.'라고 말하거나, '넓게 짜고 정결하게 짜십시오.'라고 말하거나, '매우 좋게 짜고 정결하게 짜면 적당한 이익을 그대에게 주겠습니다.'라고 말한다면 모두 니살기바야제이다.

---

4) 부스러진 쌀알을 가리킨다.

5) 양(梁)자에 해당하는 차조(큰조, Italian millet)와 속(粟)자에 해당하는 메조(작은 조, small fox millet)로 구별된다. 벼과 강아지풀 속에 속하는 식물로서 동부아시아가 원산이며 유럽 및 아시아 각지에서 재배하고, 많은 품종이 있으며 우리나라에서도 오곡의 하나로 오래전부터 재배하였다.

6) 껍질이 두꺼운 보리를 가리킨다.

7) 볏과의 한해살이의 풀인 강아지풀을 가리킨다.

8) 완전히 익지 않은 밀을 가리킨다.

'잘 짜고 넓게 짜며 매우 좋게 짜십시오.'라고 말하거나, '잘 짜고 넓게 짜고 정결하게 짜십시오.'라고 말하거나, '넓게 짜고 매우 좋게 짜고 정결하게 짜면 적당한 이익을 그대에게 주겠습니다.'라고 말한다면 모두 니살기바야제이다. '잘 짜고 넓게 짜며 매우 좋게 짜고 정결하게 짜면 내가 마땅히 그대에게 적당한 이익을 주겠습니다.'라고 말한다면 모두 니살기바야제이다.

또한 비구가 직사에게 가서 '그대는 이 옷이 나를 위하여 짜는 것을 아십니까? 당신은 잘 짜지 마십시오. 내가 혹은 적당한 이익을 그대에게 주겠습니다.'라고 말한다면 이 비구는 니살기바야제를 얻는다. 만약 비구가 직사에게 가서 '그대는 이 옷이 나를 위하여 짜는 것을 아십니까? 당신은 넓게 짜지 마십시오. 혹은 적당한 이익을 그대에게 주겠습니다.'라고 말하였다면 니살기바야제이다. 만약 '너무 좋게 짜지 마십시오. 혹은 적당한 이익을 그대에게 주겠습니다.'라고 말한다면 니살기바야제이다. 만약 '정결하게 짜지 마십시오. 혹은 적당한 이익을 그대에게 주겠습니다.' 라고 말한다면 니살기바야제이다.

만약 '잘 짜지 말고 넓게 짜지 마십시오.'라고 말하거나, 만약 '잘 짜지 말고 너무 좋게 짜지 마십시오.'라고 말하거나, 만약 '잘 짜지 말고 정결하게 짜지 마십시오.'라고 말하거나, 만약 '넓게 짜지 말고 너무 좋게 짜지 마십시오.'라고 말하거나, 만약 '넓게 짜지 말고 정결하게 짜지 마십시오.' 라고 말하거나, 만약 '너무 좋게 짜지 말고 정결하게 짜지 마십시오. 혹은 적당한 이익을 그대에게 주겠습니다.'라고 말한다면 모두 니살기바야제이다.

만약 '잘 짜지 말고 넓게 짜지 말며 너무 좋게 짜지 마십시오.'라고 말,하거나 만약 '잘 짜지 말고 넓게 짜지 말며 정결하게 짜지 마십시오.' 만약 '넓게 짜지 말고 너무 좋게 짜지 말며 정결하게 짜지 마십시오. 혹은 적당한 이익을 그대에게 주겠습니다.'라고 말한다면 모두 니살기바야제이다. 만약 '잘 짜지 말고 넓게 짜지 말며 너무 좋게 짜지 말고 정결하게 짜지 마십시오. 혹은 적당한 이익을 그대에게 주겠습니다.'라고 말한다면 모두 니살기바야제이다.

또한 비구가 직사에게 가서 '그대는 이 옷이 나를 위하여 짜는 것을 아십니까? 그대는 잘 짜십시오. 나는 이익을 그대에게 주지 않겠습니다.' 라고 말하였다면 이 비구는 돌길라를 얻는다. 만약 '넓게 짜십시오.'라고 말하거나, 만약 '아주 좋게 짜십시오.'라고 말하거나, 만약 '정결하게 짜십시오. 그대에게 이익을 주지는 않겠습니다.'라고 말한다면 모두 돌길라이다.

만약 '잘 짜고 넓게 짜십시오.'라고 말하거나, 만약 '잘 짜고 매우 좋게 짜십시오.'라고 말하거나, 만약 '잘 짜고 정결하게 짜십시오.'라고 말하거나, 만약 '넓게 짜고 매우 좋게 짜십시오.'라고 말하거나, 만약 '넓게 짜고 정결하게 짜십시오.'라고 말하거나, 만약 '매우 좋게 짜고 정결하게 짜십시오. 그대에게 이익을 주지는 않겠습니다.'라고 말한다면 모두 돌길라이다.

만약 '잘 짜고 넓게 짜며 매우 좋게 짜십시오.'라고 말하거나, 만약 '잘 짜고 넓게 짜고 정결하게 짜십시오.'라고 말하거나, 만약 '넓게 짜고 아주 좋게 짜고 정결하게 짜십시오. 그대에게 이익을 주지는 않겠습니다.' 라고 말한다면 모두 돌길라이다. 만약 '잘 짜고 넓게 짜며 매우 좋게 짜고 정결하게 짜십시오. 그대에게 이익을 주지는 않겠습니다.'라고 말한다면 모두 돌길라이다.

또한 비구가 직사에게 가서 '그대는 이 옷이 나를 위하여 짜는 것을 아십니까? 그대는 잘 짜지 마십시오. 나는 이익을 그대에게 주지 않겠습니다.'라고 말한다면 이 비구는 돌길라를 얻는다. 만약 '넓게 짜지 마십시오.' 라고 말하거나, 만약 '아주 좋게 짜지 마십시오.'라고 말하거나, 만약 '정결하게 짜지 마십시오. 그대에게 이익을 주지는 않겠습니다.'라고 말한다면 모두 돌길라이다.

만약 '잘 짜지 말고 넓게 짜지 마십시오.'라고 말하거나, 만약 '잘 짜지 말고 너무 좋게 짜지 마십시오.'라고 말하거나, 만약 '잘 짜지 말고 정결하게 짜지 마십시오.'라고 말하거나, 만약 '넓게 짜지 말고 너무 좋게 짜지 마십시오.'라고 말하거나, 만약 '넓게 짜지 말고 정결하게 짜지 마십시오.' 라고 말하거나, 만약 '너무 좋게 짜지 말고 정결하게 짜지 마십시오.'라고 말하거나, 만약 '잘 짜지 말고 넓게 짜지 말며 너무 좋게 짜지 마십시오.'라고 말하거나, 만약 '잘 짜지 말고 넓게 짜지 말며 정결하게 짜지 마십시오.' 라고 말하거나, 만약 '넓게 짜지 말고 너무 좋게 짜지 말며 정결하게 짜지 마십시오.'라고 말하거나, 만약 '잘 짜지 말고 넓게 짜지 말며 너무 좋게 짜지 말고 정결하게 짜지 마십시오. 그대에게 이익을 주지는 않겠습니다.'라고 말한다면 모두 돌길라이다.

만약 비구가 스스로가 물건이 있었고 직사에게 짜게 하였다면 범한 것은 없다." [스물네 번째의 일을 마친다.]

세존께서는 사위국에 머무르셨다.

그때 발난타 석자에게 공행제자(共行弟子)가 있었고, 달마(達摩)라고 이름하였는데, 선량하며 덕이 있었다. 이때 발난타는 잠시 할절의(割截衣)[9]를 주었으며 입게 하였다. 그때 세존께서는 자자(自恣)를 마치시고 여름의 마지막 달에 2개월을 다른 나라로 유행하시고자 하셨다. 발난타 석자는 세존께서 여름 마지막 달에 2개월을 다른 나라를 유행하시고자 한다는 것을 듣고서 제자인 달마에게 말하였다.

"세존께서는 여름의 마지막 달에 2개월을 다른 나라를 유행하시고자 하네. 지금 나는 그대와 함께 세존의 앞에 있으면서 다른 나라를 유행할 것이므로 우리들은 마땅히 옷과 음식을 많이 얻고 여러 와구가 부족하지 않을 것이네."

달마가 말하였다.

"능히 갈 수 없습니다. 왜 그러한가? 저는 세존을 따라서 다른 나라를 유행하고자 합니다. 세존을 자주 볼 수 있고 대덕 비구를 자주 볼 수 있으며 다른 인연을 까닭으로 법을 들을 수 있습니다."

---

9) 옷조각들을 꿰매어 만든 옷이라는 뜻으로 가사(袈裟)를 가리킨다.

발난타가 말하였다.

"그대는 나와 함께 떠나가지 않겠는가?"

대답하여 말하였다.

"떠나갈 수 없습니다."

발난타가 말하였다.

"가지 않겠다면 내 옷을 다시 가져와라."

제자가 말하였다.

"화상께서는 옷을 이미 저에게 주었습니다."

발난타가 말하였다.

"나는 다른 일을 까닭으로 그대에게 주었던 것이 아니다. 그대에게 주었던 것은 나를 섬기라는 까닭이다. 그대는 진실로 떠나가지 않겠는가?"

대답하여 말하였다.

"진실로 떠나가고 싶지 않습니다."

발난타는 곧 다시 옷을 빼앗아 취하였다. 이 제자는 기타반나(祇陀槃那)[10]의 문앞에 서 있으면서 울고 있었다. 세존께서는 기타반나로 들어오시면서 달마를 보셨다. 세존께서는 아시면서도 일부러 물으셨다.

"달마여. 그대는 무슨 까닭으로 울고 있는가?"

곧 세존을 향하여 앞의 일을 자세히 말하였다. 세존께서는 이 일로써 비구 승가를 모으셨으며 아시면서도, 일부러 발난타 석자에게 물으셨다.

"그대가 진실로 이러한 일을 지었는가?"

대답하여 말하였다.

"진실로 지었습니다. 세존이시여."

세존께서는 여러 종류의 인연으로서 발난타 석자를 꾸짖으셨다.

"어찌 비구라고 이름하면서 다른 비구에게 옷을 주고서 뒤에 성내고 싫어하며 한탄하면서 곧 다시 빼앗아 취하는가?"

---

10) 산스크리트어 jetavana의 음사로서 기수급고독원(祇樹給孤獨園)을 가리킨다. jeta는 기타(祇陀)·서다(誓多)라고 음사되고 승(勝)이라 번역되며, vana은 반나(槃那)라고 음사되고 수(樹)·임(林)·원(園)이라 번역된다.

여러 종류의 인연으로 꾸짖으셨으며, 여러 비구들에게 말씀하셨다.

"열 가지의 이익을 까닭으로 여러 비구들에게 계를 제정하여 주겠노라. 지금부터 이러한 계는 마땅히 이와 같이 설할지니라. '만약 비구가 다른 비구에게 옷을 주고서 뒤에 성내고 싫어하며 한탄하면서 만약 스스로가 빼앗거나, 다른 사람을 시켜서 빼앗으며, <내 옷을 다시 가져와라. 그대에게 주지 않겠다.>라고 말하면서 그 옷을 얻는다면 니살기바야제이니라.'"

'스스로가 빼앗는다.'는 자신이 빼앗는 것이다.

'사람을 시켜서 빼앗는다.'는 다른 사람을 시켜 빼앗는다는 것이다.

니살기바야제인 자는 이러한 옷을 마땅히 버려야 하고, 바야제죄의 허물을 마땅히 참회해야 하느니라. 이 가운데에서 범하는 것은 만약 비구가 다른 비구에게 옷을 주고서 뒤에 성내고 싫어하며 한탄하면서 곧 빼앗았는데, 만약 능히 빼앗아서 얻었다면 니살기바야제이고, 만약 능히 얻지 못하였다면 돌길라이다. 사람을 시켜서 빼앗았고 얻었다면 니살기바야제이고, 얻지 못하였다면 돌길라이다. 스스로가 힘으로서 투쟁(鬥爭)하여 빼앗아 얻었다면 니살기바야제이고, 빼앗지 못했다면 돌길라이다. 다른 사람을 시켜서 투쟁하였고 빼앗았다면 니살기바야제이고, 얻지 못하였다면 돌길라이다. 만약 그를 절복(折伏)시키려는 까닭으로 잠시 빼앗았다면 범한 것은 아니다." [스물다섯 번째의 일을 마친다.]

세존께서는 사위국에 머무르셨다.

이때 장로인 비하(毘訶) 비구가 승가리(僧伽梨)를 안타(安陀) 숲에 남겨두고 상·하의를 입고서 성에 들어가서 걸식하였다. 뒤에 승가리를 잃었고 돌아와 찾았으나 얻지 못하였으므로 여러 비구들에게 말하였다.

"내가 승가리를 안타 숲속에 남겨두고 성에 들어가 걸식하였는데 뒤에 잃었고 돌아와서 찾았으나 얻지 못하였습니다. 나는 마땅히 어찌해야 합니까?"

여러 비구들은 이 일을 세존께 아뢰었고, 세존께서는 이 일로써 비구 승가를 모으셨으며, 아시면서도 일부러 비하 비구에게 물으셨다.

"그대는 승가리를 안타 숲속에 남겨두고 상·하의를 입고서 성에 들어가서 걸식하였으며, 뒤에 승가리를 잃었고 돌아와서 찾았으나 얻지 못하였으므로 여러 비구들에게 말하였는가? '여러 장로들이여. 제가 승가리를 안타 숲속에 놓아두고 성에 들어가 걸식하였는데 뒤에 잃었고 돌아와서 찾았으나 얻지 못하였습니다. 저는 마땅히 어찌해야 합니까?'"

대답하여 말하였다.

"진실입니다. 세존이시여."

세존께서는 여러 종류의 인연으로 주처(住處)를 따라서 옷과 발우를 함께 갖추는 것을 찬탄하시고서 이와 같이 말씀을 지으셨다.

"만약 비구라면 욕심이 적고 만족을 알며 옷으로 피폐한 모습을 덮고 음식으로 목숨을 취하며, 주처를 따라서 옷과 발우를 함께 갖추고 항상 안락하게 머물러야 하느니라. 비유하면 날아가는 새가 가는 곳을 따라서 털과 날개를 함께 갖추는 것과 같으니라. 비구도 역시 이와 같아서 주처를 따라서 옷과 발우를 함께 갖추고 항상 안락하게 머물러야 하느니라."

세존께서는 여러 종류의 인연으로 주처를 따라서 옷과 발우를 함께 갖추는 것을 찬탄하시고서 여러 비구들에게 말씀하셨다.

"열 가지의 이익을 까닭으로 여러 비구들에게 계를 제정하여 주겠노라. 지금부터 이러한 계는 마땅히 이와 같이 설할지니라. '만약 비구가 3개월의 안거(安居)가 지났고 8월에 이르지 않아서 한 해를 채우지 못하였으나, 만약 아련아(阿練兒) 비구가 아련아 주처에 있으면서 의심과 두려움이 있다면, 이 비구는 3의(衣) 가운데에서 하나·하나의 옷을 입고 경계 밖에 있는 집안을 따르고자 할 것이다. 이러한 비구가 인연이 있어 경계 밖으로 나갈 때는 옷을 떠나서 6일 밤까지 묵을 수 있으나, 이것을 넘겨서 묵는 자는 니살기바야제이니라.'

'한 해를 채우지 않았다.'는 후안거(後安居)를 한 것이다.

'아련아의 처소'는 취락에서 500궁(弓)이 떨어진 곳이다. 마가다국(摩伽陀國)에서는 1구로사(拘盧舍)[11]이고, 북방국(北方國)에서는 곧 절반의 구로사이다.

'의심이 있는 곳'은 이 가운데에서 물건을 잃는 것을 의심하고, 나아가 하나의 물그릇이라도 잃어버린 것이다.

'두려움이 있다.'는 이 가운데에 두려움이 있고, 나아가 두렵고 악한 비구가 있는 것이다. 만약 이러한 비구는 3의의 가운데에서 하나·하나의 옷을 입고서 경계 밖에 있는 집을 따르고자 할 것이다.

'옷'은 곧 3의를 말하나니, 만약 승가리(僧伽梨)이거나, 만약 울다라승(鬱多羅僧)이거나, 만약 안타회(安陀會)를 말한다.

'6일 밤을 옷을 떠났어도 범하는 것이 아니다.'는 만약 승가리를 떠났거나, 만약 울다라승을 떠났거나, 만약 안타회를 떠난 것이다.

니살기바야제인 자는 이러한 옷을 마땅히 버려야 하고, 바야제죄의 허물을 마땅히 참회해야 하느니라. 이 가운데에서 범하는 것은 비구는 6일 밤에는 마땅히 돌아와서 옷을 취하거나, 만약 옷이 있는 곳에 이르거나, 만약 나머지의 옷을 받아야 한다. 만약 비구가 옷을 취하지도 않고, 옷이 있는 곳에 오지도 않았으며, 나머지의 옷을 받지도 않고서 7일 밤에 땅이 명료한 때에 이르렀다면 니살기바야제이다.

'3개월이 지났다.'는 이를테면, 여름 4개월에서 3개월은 지났으므로, 뒤에 안거한 사람은 오히려 날짜를 채우지 못한 까닭이다. 한 해를 채우지 못한 8월이라고 말한다." [스물여섯 번째의 일을 마친다.]

세존께서는 사위국에 머무르셨다.

그때 사위국의 상인들이 시장의 이익을 위하였던 까닭으로 여러 취락을 유행하면서, 도중에 한 승방(僧坊)을 보았는데 한적하고 멀리 떨어져 있었다. 상인들은 들어가서 비구 승가가 적은 것을 보았고 비구들에게 물어 말하였다.

"이 가운데에는 비구들이 무슨 까닭으로 적습니까?"

비구들이 대답하여 말하였다.

---

11) 산스크리트어 krośa의 음사로서 소의 울음소리나 북소리를 들을 수 있는 최대 거리이다. 대략 1㎞의 거리를 말한다.

"그대들은 알지 못하십니까?"

상인들이 말하였다.

"어째서 그렇습니까?"

비구가 말하였다.

"이곳엔 옷과 음식과 탕약을 공급해 주는 단월(檀越)이 없습니다. 이러한 까닭으로 비구들이 적습니다."

상인들이 말하였다.

"우리들이 이곳을 수리하고 옷과 음식과 탕약을 공급하겠습니다."

이 상인들은 곧 때에 옷과 음식과 탕약의 값을 남겨두고 곧 떠나갔고, 여러 곳을 유행하였다. 여러 비구들은 여름의 첫 달에 이 물건을 나누어서 떠나갔고 다른 곳에서 안거하였다. 그 상인들은 이익을 얻고 돌아오면서 이 승방을 보고 이렇게 생각을 지었다.

'이곳은 우리들이 공양했던 처소이다. 마땅히 들어가서 몇 사람이 안거하는가를 살펴보고 혹시 옷과 음식과 탕약이 부족하다면 마땅히 다시 공급해야겠다.'

곧 들어가서 보았는데 비구들이 더 적었으므로 물어 말하였다.

"이곳 비구들은 무슨 까닭으로 더 적어졌습니까?"

비구가 말하였다.

"그대들은 모르십니까? 이곳엔 옷과 음식과 탕약을 공급해 주는 단월이 없습니다. 이러한 까닭으로 비구들이 적어졌습니다."

상인들이 말하였다.

"우리들이 이전에 공급하였던 옷과 음식과 탕약의 값인 이러한 물건은 어디로 갔습니까?"

비구가 대답하여 말하였다.

"이번 여름의 첫 달에 여러 비구들이 이 물건을 나누어서 다른 곳에서 안거하고 있습니다."

상인들이 말하였다.

"우리들은 나누어 다른 곳에서 안거하라고 일부러 주지 않았습니다.

우리들은 이곳에 머무는 까닭으로 일부러 주었고 공양을 받게 하였습니다."

이 가운데에 비구가 있어 욕망이 적고 만족함을 알며 두타를 행하였는데, 이러한 일을 듣고서 마음이 기쁘지 않아서 세존을 향하여 자세히 말하였다. 세존께서는 이 일로써 비구 승가를 모으셨으며, 여러 종류의 인연으로서 꾸짖으셨다

"어찌 비구라고 이름하면서 여름의 첫 달에 안거의 물건을 나누었는가?"

세존께서는 이때 다만 꾸짖으셨고, 계율을 제정하진 않으셨다.

세존께서는 사위국에 머무르셨다.

이때 파사닉왕(波斯匿王)에게 투장(鬪將)이 1천 명이 있었는데 5백 명이 각자 하나의 진영(營)을 짓고 있었다. 모두 낡고 찢어졌으며 때가 묻은 옷을 입었고 안색도 없으며 덕도 없고, 스스로의 방사 가운데에는 좋은 상탑(床榻)과 와구(臥具)도 없었다. 여러 투장의 부인들도 역시 좋은 의복·환천(環釧)·영락(瓔珞)·화만(華鬘) 등 장신구도 없었다. 모두 정사(正使)[12]로 관청에서 녹봉을 공급받았으나 또한 부족하였고, 이 사람들은 음식과 손님을 좋아하여 술을 즐기고 싸웠으며, 혹은 때에 울부짖고, 혹은 때에 웃고 날뛰면서 크게 떠들었다.

달마제나(達摩提那) 비구니가 있어 그 근처에 머물렀는데 이렇게 큰소리로서 싸우고 혼란스러웠던 까닭으로 이 비구니의 좌선과 독경에 방해하였다. 이때 달마제나 비구니가 투장의 부인들이 있는 곳에 가서 물었다.

"그대들의 남편은 무슨 까닭으로써 피폐하고 찢어졌으며 낡고 찢어졌으며 때가 묻은 옷을 입었고 안색도 없으며 덕도 없었고, 스스로 방사의 가운데에는 좋은 상탑과 와구도 없으며, 여러 투장의 부인들도 역시 좋은 의복과 환천·영락·화만 등 몸의 장신구도 없습니까? 설령 관청의

---

12) 사신의 가운데서 주요한 사람이나 그 지위를 이르던 말이다.

녹봉을 받더라도 또한 부족하고, 그대들의 남편은 음식과 손님을 좋아하여 술을 즐기고 싸움을 좋아하며, 혹은 울기도 하고 웃기도 하며, 혹은 날뛰고 떠들어 나의 좌선과 독경을 방해하고 있습니다. 그대들은 어찌 막지 않습니까?"

대답하여 말하였다.

"어찌 능히 그들을 막겠습니까. 설사 막더라도 이전에 얻었던 나머지의 음식도 다시는 얻을 수 없습니다. 선인(善人)께서 만약 능히 꾸짖으신다면 혹은 능히 수용할 것입니다."

달마제나 비구니는 말을 듣고서 떠나갔다. 음식을 구걸하고 구하여 때때로 여러 투장들의 가운데에서 큰 세력이 있는 자들을 청하여 음식을 주면서 달래었고, 능히 말을 받아들일 수 있는 신심(信心)이 생겼다는 것을 알고서 곧바로 말하였다.

"여러 취락의 주인들이여. 그대들은 세존께 귀의하고 법에 귀의하고 승가께 귀의하십시오."

이들은 믿고 말을 받아들였으므로 곧 불·법·승께 귀의하였고, 불·법·승께 귀의한 까닭으로 다시는 음주를 좋아하지 않았으며, 역시 술꾼과의 연회를 즐기지 않았고, 싸움을 좋아하지 않았으며, 다시 울고 웃으며 날뛰고 떠들지 않았다. 자기 방사의 가운데에 좋은 상탑과 의복 및 와구가 있었고, 여러 부인들도 모두 좋은 의복과 환천·영락·화만 등 몸의 장신구도 가지게 되었으며, 관청에서 주는 녹봉도 충족되었다.

이러한 인연의 까닭으로써 여러 투장들은 점차 크게 부유하였고 금·은과 재물과 보물이 많고 풍족하며 노비와 백성 등의 여러 종류를 성취하였다. 파사닉왕도 이러한 부유한 사람들에게 둘러싸였으므로 왕의 위덕(威德)이 있어 대중들이 공경하고 추앙하였다. 이때 파사닉왕은 작은 나라에 반란이 생겨났으므로 여러 투장들에게 말하였다.

"그대들이 가서 절복시키고 곧 돌아오시오."

이 여러 투장들 가운데에서 세존을 깊이 공경하던 자들은 활 끝에 녹수낭(漉水囊)[13]을 매달고서 이렇게 생각을 지었다.

'만약 벌레 있는 물을 만나면 마땅히 걸러서 마셔야겠다.'

이 가운데에 불법을 믿지 않는 자가 질투심이 생겨났고 가서 이르렀으나, 파사닉왕의 처소에서 말하였다.

"이 가운데 누구 투장은 활 끝에 녹수낭을 매달고 이렇게 생각을 지었습니다. '만약 벌레 있는 물을 만나면 마땅히 걸러서 마셔야겠다.' 이들은 왕을 속이고 있습니다."

왕이 말하였다.

"어찌하여 이들은 작은 벌레에게도 이와 같은 연민의 마음이 있는데, 어찌 하물며 사람이겠는가!"

왕이 말하였다.

"불러오시오."

곧 그들을 불렀고 왔다. 왕이 말하였다.

"그대들은 진실로 녹수낭을 활 끝에 매달고 이렇게 생각을 지었는가? '만약 벌레 있는 물을 만나면 마땅히 걸러서 마셔야겠다.'"

대답하여 말하였다.

"사실입니다."

왕이 말하였다.

"그대들은 나를 속이는구려."

투장이 말하였다.

"어찌 왕을 속이겠습니까?"

왕이 말하였다.

"그대들은 작은 벌레에게도 연민의 마음이 있는데, 어찌 하물며 사람이겠는가?"

투장이 말하였다.

"벌레가 왕에게 무슨 허물이 있습니까? 만약 허물이 있다면 마땅히 우리들이 왕을 위해 다스릴 것을 아십시오."

---

13) 산스크리트어 pariśrāvaṇa의 한역으로 물을 마실 때에 물속에 있는 작은 벌레 등을 거르는 주머니를 가리킨다.

왕은 이렇게 생각을 지었다.

'혹은 사람들이 청결한 것을 좋아하는 까닭이다. 어찌 반드시 벌레를 죽이는 것을 두려워하겠는가?'

왕이 말하였다.

"투장들은 진중으로 가시오."

투장들은 곧 진중 앞에 이르렀다. 이 여러 투장들은 혹은 자심삼매(慈心三昧)를 얻은 자가 있었고 자심력(慈心力)에 들어갔던 까닭으로 이 도둑의 진영을 깨뜨렸고 곧 때에 절복시켰다. 왕은 도둑을 깨뜨렸다는 것을 듣고서 크게 환희하였다. 그때 여러 투장들은 도둑을 깨뜨리고 돌아와 왕의 처소에 이르러 장궤(長跪)하고 말하였다.

"대왕께서는 항상 승리하실 것입니다."

이렇게 말을 짓고서 왕의 앞에 섰다. 왕은 곧 때에 상으로 재물을 주었고 취락의 밭과 집과 백성을 다시 두 배로 공급하였다. 이때 여러 투장들은 부귀가 다시 늘어났고 금·은과 재물·노비·백성 등이 많이 풍족하여 여러 종류가 더욱 늘어났다. 왕은 이러한 사람들에게 둘러싸였던 까닭으로 위덕이 더욱 수승하였고 대중들은 두 배로 공경하고 추앙하였다. 여러 투장들은 이렇게 생각을 지었다.

'우리들이 부귀하고 풍족한 것은 모두 달마제나 비구니의 인연의 까닭이다. 우리들은 어찌 이 비구니를 청하여 오게 하여 이 사위국에서 3개월의 하안거를 하게 하지 않겠는가?'

이 여러 투장들은 비구니의 처소에 이르러 말하였다.

"대덕이시여. 우리 사위국에 이르러 하안거를 하십시오."

비구니가 대답하여 말하였다.

"능히 할 수 없습니다."

"무슨 까닭입니까?"

대답하여 말하였다.

"세존께서 안거하는 처소를 따라서 우리들도 마땅히 가서 안거해야 합니다. 이러한 가운데에서 세존을 자주 볼 수 있고, 대덕 비구들을 자주 볼 수 있으며, 다른 사람을 인연한 까닭으로 법을 들을 수 있습니다. 그대들이 만약 나에게 이 가운데에서 안거하게 하고자 한다면 먼저 세존께 이 사위국에서 하안거를 청하십시오."

이 투장들은 곧 세존의 처소로 나아가 머리숙여 발에 예경하고서 한쪽에 앉았다. 세존께서는 앉은 것을 보시고 여러 종류 인연으로 설법하시어 보여주셨고 가르치셨으며 이익되고 기쁘게 하셨다. 보여주셨고 가르치셨으며 이익되고 기쁘게 하시고서 묵연하셨다. 이 투장들은 세존께서는 여러 종류의 인연으로 설법하여 보여주셨고 가르치셨으며 이익되고 기쁘게 하였던 것을 듣고서 아뢰어 말하였다.

"세존이시여. 저희들의 청을 받아들여 사위국에서 하안거를 하십시오."

연민한 까닭으로 세존께서는 묵연히 그것을 받아들였다. 여러 투장들은 세존께서 묵연히 청을 받아들이신 것을 알고 머리숙여 발에 예경하고서 오른쪽으로 돌면서 떠나갔다. 자신들의 집으로 돌아와서 각자 서로가 힘을 따라서 만약 하루의 음식이거나, 이틀의 음식이거나, 사흘의 음식을 준비하기로 약속하였다. 이와 같이 차례로 3개월의 음식을 준비하였고, 대중 승가를 위하여 별도의 방과 옷을 지었으며, 집안의 옷을 지었고 하안거의 옷을 지었다. 이때 자자(自恣)가 10일 정도가 남았는데, 파사닉왕에게 다시 작은 나라에서 반란이 있었고 곧 다시 이전의 투장들을 보냈다.

"이전에 도둑을 깨뜨렸고 이것을 까닭으로 지금 다시 그대들을 보내는 것이오."

이 투장들은 듣고서 근심하였다.

'어찌 이와 같이 괴로운가? 이전의 싸움에서는 인연으로 위태함을 벗어날 수 있었으나, 지금 다시 간다면 혹은 능히 목숨을 잃을 것이다. 우리들은 이미 세존을 청하였고 3개월의 옷과 음식과 탕약을 준비하였다. 우리들이 만약 보시하지 않는다면 대중 승가는 보시를 잃게 되고, 우리들은 복덕을 잃게 된다. 우리들이 앞서 보시하려던 물품을 지금 보시하게 되었으니, 어찌 괴롭지 않겠는가? 우리들은 항상 보시가 끊어지지 않게 하였고, 승가의 복전에게 항상 복덕을 지어왔다. 승가가 보시하는 물품을

얻는다면 우리들은 복을 얻을 것이다.'

곧 앞서 준비하였던 보시할 물품을 내놓고 많은 옷 꾸러미를 가지고서 기타(祇陀) 숲에 이르러 건치(揵椎)를 두드렸다.

여러 비구들이 말하였다.

"무슨 까닭으로 건치를 두드리십니까?"

투장들이 대답하여 말하였다.

"여러 대덕께서는 모이십시오. 저희가 이 옷으로써 대중 승가께 보시하겠습니다."

여러 비구들이 말하였다.

"세존께서는 우리들이 자자(自恣)에 이르기 이전의 여름 안에는 안거의(安居衣)를 나누는 것을 허락하지 않으셨습니다."

여러 투장들이 말하였다.

"저희들은 관리로서 다른 사람에게 귀속되어 자재하지 않습니다. 이전의 전투에서는 인연으로 위태함을 벗어날 수 있었으나, 지금에 간다면 어찌 되는가를 알지 못하고 혹은 능히 목숨을 잃을 수 있습니다. 대중 승가께서는 모여서 마땅히 이 옷을 받아주십시오."

비구들은 어찌해야 하는가를 알지 못하였으므로, 이 일을 세존께 아뢰었다. 세존께서는 아시면서 아난에게 물으셨다.

"자자가 며칠이나 남아 있는가?"

아난이 대답하여 말하였다.

"세존이시여. 10일이 남았습니다."

세존께서 아난에게 말씀하셨다.

"비록 자자일이 10일이 남아있으나, 보시를 잃을까 두려우므로 옷을 받도록 하게."

세존과 승가는 모여서 한곳에 앉았고, 여러 투장들은 여러 옷을 나누어서 대중 승가에게 주었으며, 세존의 앞에 앉았는데 설법을 들으려는 까닭이었다. 세존께서는 앉은 것을 보시고서 여러 종류의 인연으로 설법하시어 보여주셨고 가르치셨으며 이익되고 기쁘게 하셨다. 보여주었고 가르치셨으며 이익되고 기쁘게 하시고서 묵연하셨다. 이 여러 투장들은 세존의 설법을 듣고서 머리숙여 발에 예경하고서 오른쪽으로 돌면서 떠나갔다. 떠나고 오래지 않아서 세존께서는 이전의 인연과 이 일을 까닭으로 비구들을 모으셨다. 세존께서는 여러 종류의 인연으로서 계를 찬탄하셨고 지계를 찬탄하셨으며, 계를 찬탄하시고 지계를 찬탄하고서 여러 비구들에게 말씀하셨다.

"열 가지의 이익을 까닭으로 여러 비구들에게 계를 제정하여 주겠노라. 지금부터 이러한 계는 마땅히 이와 같이 설할지니라. '만약 비구가 자자에 10일 남았는데 급한 보시가 있다면 마땅히 옷을 받도록 하라. 비구가 이러한 옷이 필요하다면 마땅히 스스로의 손으로 취하고, 나아가 의시(衣時)도 저축하라. 이것을 지나서 저축한다면 니살기바야제이니라.'"

'자자에 10일 남았다.'는 만약 자자가 10일이 남은 것을 아는 것이다.

'급하게 옷을 보시한다.'는 만약 왕이 보시하거나, 만약 왕의 부인이 보시하거나, 만약 왕자가 보시하거나, 만약 대신·대관(大官)·투장·내관(內官)이 보시하거나, 만약 여인이 시집가고자 할 때이거나, 만약 병자가 보시하거나, 만약 도둑이 죽이고자 할 때이거나, 이와 같은 등의 사람들이 보시하는 옷은 만약 자자가 10일 남은 것을 알았더라도 마땅히 받도록 하라.

'의시'는 만약 주처가 있고 가치나의(迦絺那衣)를 받지 않았다면 여름 마지막의 1개월이고, 만약 가치나의를 받은 주처라면 여름 마지막의 1개월에서 겨울의 4개월까지이다.

니살기바야제인 자는 이러한 옷을 마땅히 버려야 하고, 바야제죄의 허물을 마땅히 참회해야 하느니라. 이 가운데에서 범하는 것은 만약 이 처소에서 가치나의를 받지 않았다면, 여름 비구들은 여름 마지막 달의 마지막 날에는 이 옷을 마땅히 버리거나, 만약 작정하거나, 만약 수지해야 한다. 만약 옷을 버리지도 않고, 만약 작정하지도 않으며, 만약 수지하지도 않고서 겨울 첫 달의 첫날에 땅이 명료한 때에 이르렀다면 니살기바야제이다. 만약 그곳에서 가치나의를 받았다면, 이러한 여러 비구들은 겨울 마지막 달의 마지막 날에는 이 옷을 마땅히 버리거나, 만약 작정하거나, 만약 수지해야 한다. 만약 옷을 버리지도 않고, 만약 작정하지도 않으며, 만약 수지하지도 않고서 봄의 첫 달의 첫날에 땅이 명료한 때에 이르렀다면 니살기바야제이다." [스물일곱 번째의 일을 마친다.]

세존께서는 왕사성에 머무르셨다.

이때 육군비구들은 이렇게 말을 지었다.

"세존께서는 우리들이 우욕의(雨浴衣)[14]를 저축하는 것을 허락하셨다."

곧 봄옷과 겨울옷 등의 일체 시절의 옷을 저축하였다. 이 가운데에 비구가 있어 욕망이 적고 만족함을 알며 두타를 행하였는데, 이러한 일을 듣고 마음이 기쁘지 않아서 여러 종류의 인연으로 꾸짖었다.

"어찌 비구라고 이름하면서 세존께서 우욕의를 저축하는 것을 허락하셨다고 곧 겨울과 봄의 일체 때의 옷을 저축하는가? 세존께서는 3의(衣)를 저축하는 것을 허락하셨으나, 우욕의는 곧 네 번째의 옷입니다."

이 여러 비구들은 여러 종류로 꾸짖고서 이 일을 세존께 아뢰었다. 세존께서는 이 일로써 비구 승가를 모으셨으며, 아시면서도 일부러 육군비구에게 물으셨다.

"그대들이 진실로 이러한 일을 지었는가?"

대답하여 말하였다.

"진실로 지었습니다. 세존이시여."

세존께서는 여러 종류의 인연으로서 육군비구를 꾸짖으셨다.

"어찌 비구라고 이름하면서 내가 우욕의를 저축하도록 허락하였다고 곧 겨울옷과 봄옷의 일체 때의 옷을 저축하였는가?"

세존께서는 이와 같이 여러 종류의 인연으로서 꾸짖으셨으며, 여러 비구들에게 말씀하셨다.

---

14) 우기에 비가 내리면 입고 목욕하는 옷을 가리킨다.

“열 가지의 이익을 까닭으로 여러 비구들에게 계를 제정하여 주겠노라. 지금부터 이러한 계는 이와 같이 설할지니라. ‘만약 비구라면 봄의 남은 한 달에 마땅히 우욕의를 구하여 짓고서 보름 안에 마땅히 수지하라. 만약 비구가 봄의 남은 한 달의 이전에 구하고 짓거나, 보름을 넘겨서 수지한다면 니살기바야제이니라.’

이 가운데에서 무엇을 구한다고 말하고, 무엇을 짓는다고 말하며, 무엇을 수지한다고 말하는가?

‘구하다.’는 다른 사람에게 구걸하는 것이다.

‘짓는다.’는 만약 세탁하고 물들이며 자르고 두드리며 꿰매는 것이다.

‘수지하다.’는 만약 이 옷을 수용하는 것이다.

니살기바야제인 자는 이러한 옷을 마땅히 버려야 하고, 바야제죄의 허물을 마땅히 참회해야 하느니라. 이 가운데에서 범하는 것은 만약 비구가 윤달의 처소에서 우욕의를 구하였고 윤달이 없는 처소로 가서 안거하였는데, 이 가운데에서 외부에서 구하여 왔거나, 지어서 왔다면 모두 돌길라이고, 수지하고 왔다면 니살기바야제이다. 만약 윤달에 있는 처소의 비구가 사자를 보내어 가서 윤달이 없는 처소의 비구들에게 ‘여러 대덕이여. 조금 기다렸다가 함께 자자합시다.’라고 말하였고, 만약 윤달이 없는 처소의 비구들이 이 말을 받아들여 기다렸는데, 이 윤달이 없는 처소의 비구들이 구하여 왔거나, 지어서 왔다면 모두 돌길라이고, 수지하고 왔다면 니살기바야제이다.

만약 비구가 윤달이 있는 처소에서 우욕의를 구하였고 윤달이 있는 처소에서 안거하였다면 범한 것이 없으나, 여름의 앞의 3개월 안에 지니고서 마쳤다면 곧 그것을 버려야 한다. 윤달이 없는 처소에서는 이미 8월에 들어섰다면 더운 때가 이미 지나간 까닭으로 범한다.

‘윤달이 있다.’는 이 나라에 늦더위가 있는 것을 말하고, 봄의 마지막 달의 윤달을 말하나니, 곧 윤달 안에 그것을 구해야 한다. 만약 구하여 얻었다면 3월 말까지 곧 수지해야 하고, 능히 얻지 못하였어도 4월 16일까지는 마땅히 수지해야 하며, 곧 얻었다면 15일을 넘기지 말라.” [스물여덟

번째의 일을 마친다.]

세존께서는 사위국에 머무르셨다.

그때 한 거사가 있어 발심하였으므로 세존과 승가께 음식을 주었고 다시 승가에게 옷을 주었다. 이때 세상은 기근(飢儉)이어서 걸식을 얻는 것이 어려웠으며, 이 거사는 재물도 많지 않았다. 여름의 때는 이미 지나갔으므로 마음의 가운데에서 걱정하며 이렇게 말을 지었다.

"지금 무슨 고통과 번민이 이것보다 심할까? 내 본래의 마음은 세존과 승가께 음식을 주고 승가에게 옷도 주는 것이었다. 이때의 세상은 기근이어서 구걸하기도 어렵고 나의 재물은 적구나. 여름철은 이미 지나갔고 마음의 가운데에 근심이 가득하고 나의 발원은 채워지지 못하여 괴롭구나. 나는 지금 마땅히 승가의 가운데에서 대충의 비구를 청하여 음식을 주고 승가에게 옷을 주어서 나의 복덕이 헛되지 않게 해야겠다."

이렇게 생각을 짓고서 곧바로 기원(祇洹)에 들어가 건치를 두드렸다. 비구가 있어 거사에게 물었다.

"무슨 까닭으로 건치를 두드립니까?"

거사가 대답하여 말하였다.

"제가 승가를 쫓아서 그 정도를 청하고자 합니다. 비구께서는 우리 집에 이르러 공양하십시오."

이때 지회인(知會人)[15]은 곧 그 정도의 비구들을 뽑아서 가도록 하였다. 다음으로 육군비구에게 이르렀다. 육군비구는 이전의 때에도 청이 있으면 곧 옷과 발우를 지니고 먼저 청한 집에 이르러 음식을 준비하는 때에 이와 같고 이와 같이 지으라고 가르쳤다. 이때 육군비구는 이른 아침에 옷과 발우를 지니고 이 거사의 집에 이르렀고, 함께 서로가 문신하고서 한쪽에 앉았다. 거사는 예를 짓고 그 앞에 앉아서 스스로가 육군비구를 향하여 부드럽게 말하였다.

15) 대중을 보살피는 사문을 가리킨다.

"저는 본래의 마음에서 세존과 승가께 음식을 주고 다시 승가의 옷을 주고자 하였습니다. 지금 세상은 기근으로 구걸하기도 어렵고 저는 재물이 적습니다. 여름철은 이미 지나갔고 마음의 가운데에 근심만 가득하고 괴로워서 이렇게 생각을 지었습니다. '나는 지금 마땅히 승가 가운데에서 적당히 비구를 청하여 음식을 주고 승가에게 옷을 보시하여 나의 복덕이 잃지 않게 해야겠다.' 이러한 인연을 까닭으로 그대들에게 음식을 드리고, 옷을 마땅히 승가에게 주고자 합니다."

이때 육군비구는 옷이라는 말을 듣고 마음이 움직였고, 거사에게 말하였다.

"그 옷이 무엇과 비슷하오? 가져와서 우리에게 보여주시오."

거사는 말하였다.

"좋습니다."

곧 꺼내어서 보여주었다. 육군비구는 옷을 보고 탐심이 두 배로 생겨나서 거사에게 말하였다.

"그대의 이 옷을 수용하게 하려는 뜻이 있습니까? 맡겨두려는 것입니까?"

거사가 말하였다.

"보시하는 것은 수용하게 하려는 것입니다."

"그대가 만약 수용하게 하고자 한다면 마땅히 승가에게 주지 마십시오. 왜 그러한가? 승가에 옷을 많이 있으면 한곳에 쌓아두어서 썩고 벌레가 씹게 됩니다. 만약 수용하게 하려면 마땅히 우리에게 주십시오. 우리들은 옷이 부족하여 보시를 얻으면 마땅히 수용합니다."

거사가 말하였다.

"그대들이 승가에게 주면 수용하지 않을 것이라고 알려주었고, 만약 그대들은 능히 수용할 수 있으므로 곧 마땅히 그대들에게 주겠습니다."

거사는 음식을 주고 나서 그 옷을 가져다가 육군비구에게 주었다. 육군비구는 음식을 먹고서 이 옷을 가지고 기원에 돌아와서 여러 비구들에게 보여주었다.

"이 옷이 어떻습니까? 세밀하여 좋지 않습니까?"

여러 비구들이 말하였다.

"진실로 좋습니다. 그대들은 어디에서 얻었습니까?"

육군비구는 그 일을 자세히 말하였다. 이 가운데에 비구가 있어 욕망이 적고 만족함을 알며 두타를 행하였는데, 이러한 일을 듣고서 마음이 기쁘지 않아서 여러 종류의 인연으로서 꾸짖었다.

"어찌 비구라고 이름하면서 승가를 향하는 물건인 것을 알면서도 스스로가 구하면서 자기에게 향하게 하는가?"

여러 종류로 꾸짖고서 세존을 향하여 자세히 말하였다. 세존께서는 이 일로써 비구 승가를 모으셨으며, 아시면서도 일부러 육군비구에게 물으셨다.

"그대들이 진실로 이러한 일을 지었는가?"

대답하여 말하였다.

"진실로 지었습니다. 세존이시여."

세존께서는 여러 종류의 인연으로서 육군비구를 꾸짖으셨다.

"어찌 비구라고 이름하면서 승가를 향하는 물건인 것을 알면서도 스스로가 구하면서 자기에게 향하게 하였는가?"

여러 종류의 인연으로 꾸짖으셨으며, 여러 비구들에게 말씀하셨다.

"열 가지의 이익을 까닭으로 여러 비구들에게 계를 제정하여 주겠노라. 지금부터 이러한 계는 마땅히 이와 같이 설할지니라. '만약 비구가 물건이 대중에게 향하는 것을 알면서도 스스로가 구하면서 자기에게 향하게 하였다면 니살기바야제이니라.'

'알다.'는 만약 스스로 알았거나, 만약 다른 사람에게 들어서 알았거나, 만약 단월(檀越)에게 들어서 안 것이다.

'물건'은 이를테면, 승가에 보시하는 물건으로서 만약 옷(衣)·발우(鉢)·호구(戶鉤)[16]·조관(澡灌)[17]·시약(時藥)·야분약(夜分藥)·칠일약(七日藥)·종

16) 자물쇠를 가리킨다.

17) 씻는 물그릇을 가리킨다.

신약(終身藥) 등이다.

'승가를 향하다.'는 발심하여 승가에게 보시하고자 하였으나 아직 주지는 않은 것이다.

니살기바야제인 자는 이러한 옷을 마땅히 버려야 하고, 바야제죄의 허물을 마땅히 참회해야 하느니라. 이 가운데에서 범하는 것은 만약 비구가 이 물건이 승가들에게 향하는 것을 알면서도 스스로가 구하면서 자기에게 향하게 하였다면 니살기바야제이며, 만약 세 비구·두 비구·한 비구에게 향하게 하였다면 돌길라이다. 만약 니살기바야제와 비교하여 세 비구·두 비구·한 비구에게 향하게 하였다면 돌길라이다.

만약 비구가 그 물건이 이 세 비구에게 향하는 것을 알면서도 구하면서 다른 세 비구에게 향하게 하였다면 돌길라이다. 만약 비구가 그 물건이 세 비구에게 향하는 것을 알면서도 두 비구·한 비구에게 향하게 하였거나, 비구니 승가·세 비구니·두 비구니·한 비구니·세 식차마니·두 식차마니·한 식차마니·세 사미·두 사미·한 사미·세 사미니·두 사미니·한 사미니·비구 승가·세 비구·두 비구·한 비구에게 향하게 하였다면 모두 돌길라이다.

만약 비구가 그 물건이 이 두 비구에게 향하는 것을 알면서도 구하여 다른 두 비구에게 향하게 하였다면 돌길라이다. 만약 비구가 그 물건이 두 비구에게 향하는 것임을 알면서도 한 비구·비구니 승가·세 비구니·두 비구니·한 비구니·세 식차마니·두 식차마니·한 식차마니·세 사미·두 사미·한 사미·세 사미니·두 사미니·한 사미니·비구 승가·세 비구·두 비구·한 비구에게 향하게 하였다면 모두 돌길라이다.

만약 비구가 그 물건이 이 한 비구에게 향하는 것을 알면서도 구하면서 다른 한 비구에게 향하게 하였다면 돌길라이다. 만약 비구가 그 물건이 두 비구에게 향하는 것을 알면서도 비구니 승가·세 비구니·두 비구니·한 비구니·세 식차마니·두 식차마니·한 식차마니·세 사미·두 사미·한 사미·세 사미니·두 사미니·한 사미니·비구 승가·세 비구·두 비구·한 비구에게 향하게 하였다면 모두 돌길라이다.

만약 비구가 그 물건이 이 세 비구니에게 향하는 것을 알면서도 구하여 다른 세 비구니에게 향하게 하였다면 돌길라이다. 만약 비구가 그 물건이 세 비구니에게 향하는 것을 알면서도 두 비구니·한 비구니·세 식차마니·두 식차마니·한 식차마니·세 사미·두 사미·한 사미·세 사미니·두 사미니·한 사미니·비구 승가·세 비구·두 비구·한 비구에게·비구니 승가에게 향하게 하였다면 모두 돌길라이다.

만약 비구가 그 물건이 이 두 비구니에게 향하는 것을 알면서도 구하여 다른 두 비구니에게 향하게 하였다면 돌길라이다. 만약 비구가 그 물건이 두 비구니에게 향하는 것을 알면서도 한 비구니·세 식차마니·두 식차마니·한 식차마니·세 사미·두 사미·한 사미·세 사미니·두 사미니·한 사미니·비구 승가·세 비구·두 비구·한 비구에게·비구니 승가·세 비구니·두 비구니·한 비구니에게 향하게 하였다면 모두 돌길라이다.

만약 비구가 그 물건이 이 한 비구니에게 향하는 것을 알면서도 구하여 다른 한 비구니에게 향하게 하였다면 돌길라이다. 만약 비구가 그 물건이 한 비구니에게 향하는 것을 알면서도 세 식차마니·두 식차마니·한 식차마니·세 사미·두 사미·한 사미·세 사미니·두 사미니·한 사미니·비구 승가·세 비구·두 비구·한 비구에게·비구니 승가·세 비구니·두 비구니·한 비구니에게 향하게 하였다면 모두 돌길라이다.

만약 비구가 그 물건이 이 세 식차마니에게 향하는 것을 알면서도 구하여 다른 세 식차마니에게 향하게 하였다면 돌길라이다. 만약 비구가 그 물건이 세 식차마니에게 향하는 것임을 알면서도 두 식차마니·한 식차마니·세 사미·두 사미·한 사미·세 사미니·두 사미니·한 사미니·비구 승가·세 비구·두 비구·한 비구에게·비구니 승가·세 비구니·두 비구니·한 비구니에게 향하게 하였다면 모두 돌길라이다.

만약 비구가 그 물건이 이 두 식차마니에게 향하는 것을 알면서도 구하여 다른 두 식차마니에게 향하게 하였다면 돌길라이다. 만약 비구가 그 물건이 두 식차마니에게 향하는 것을 알면서도 한 식차마니·세 사미·두 사미·한 사미·세 사미니·두 사미니·한 사미니·비구 승가·세 비구·두 비구·한 비구에게·비구니 승가·세 비구니·두 비구니·한 비구니·세 식차마니에게 향하게 하였다면 모두 돌길라이다.

만약 비구가 그 물건이 이 한 식차마니에게 향하는 것을 알면서도 구하여 다른 한 식차마니에게 향하게 하였다면 돌길라이다. 만약 비구가 그 물건이 한 식차마니에게 향하는 것을 알면서도 세 사미·두 사미·한 사미·세 사미니·두 사미니·한 사미니·비구 승가·세 비구·두 비구·한 비구에게·비구니 승가·세 비구니·두 비구니·한 비구니·세 식차마니·두 식차마니·한 식차마니에게 향하게 하였다면 모두 돌길라이다.

만약 비구가 그 물건이 이 세 사미에게 향하는 것을 알면서도 구하여 다른 세 사미에게 향하게 하였다면 돌길라이다. 만약 비구가 그 물건이 세 사미에게 향하는 것을 알면서도 두 사미·한 사미·세 사미니·두 사미니·한 사미니·비구 승가·세 비구·두 비구·한 비구에게·비구니 승가·세 비구니·두 비구니·한 비구니·세 식차마니·두 식차마니·한 식차마니에게 향하게 하였다면 모두 돌길라이다.

만약 비구가 그 물건이 이 두 사미에게 향하는 것을 알면서도 구하여 다른 두 사미에게 향하게 하였다면 돌길라이다. 만약 비구가 그 물건이 두 사미에게 향하는 것을 알면서도 한 사미·세 사미니·두 사미니·한 사미니·비구 승가·세 비구·두 비구·한 비구에게·비구니 승가·세 비구니·두 비구니·한 비구니·세 식차마니·두 식차마니·한 식차마니·세 사미·두 사미·한 사미·세 사미니·두 사미니·한 사미니에게 향하게 하였다면 모두 돌길라이다.

만약 비구가 그 물건이 이 한 사미에게 향하는 것을 알면서도 구하여 다른 한 사미에게 향하게 하였다면 돌길라이다. 만약 비구가 그 물건이 한 사미에게 향하는 것을 알면서도 세 사미니·두 사미니·한 사미니·비구 승가·세 비구·두 비구·한 비구에게·비구니 승가·세 비구니·두 비구니·한 비구니·세 식차마니·두 식차마니·한 식차마니·세 사미·두 사미·한 사미·세 사미니·두 사미니·한 사미니에게 향하게 하였다면 모두 돌길라이다.

만약 비구가 그 물건이 이 세 사미니에게 향하는 것을 알면서도 구하여 다른 세 사미니에게 향하게 하였다면 돌길라이다. 만약 비구가 그 물건이 세 사미니에게 향하는 것을 알면서도 두 사미니·한 사미니·비구 승가·세 비구·두 비구·한 비구에게·비구니 승가·세 비구니·두 비구니·한 비구니·세 식차마니·두 식차마니·한 식차마니·세 사미·두 사미·한 사미에게 향하게 하였다면 모두 돌길라이다.

만약 비구가 그 물건이 이 두 사미니에게 향하는 것을 알면서도 구하여 다른 두 사미니에게 향하게 하였다면 돌길라이다. 만약 비구가 그 물건이 두 사미니에게 향하는 것을 알면서도 한 사미니·비구 승가·세 비구·두 비구·한 비구에게·비구니 승가·세 비구니·두 비구니·한 비구니·세 식차마니·두 식차마니·한 식차마니·세 사미·두 사미·한 사미·세 사미니·두 사미니·한 사미니에게 향하게 하였다면 모두 돌길라이다.

만약 비구가 그 물건이 이 한 사미니에게 향하는 것을 알면서도 구하여 다른 한 사미니에게 향하게 하였다면 돌길라이다. 만약 비구가 그 물건이 한 사미니에게 향하는 것을 알면서도 한 사미니·비구 승가·세 비구·두 비구·한 비구에게·비구니 승가·세 비구니·두 비구니·한 비구니·세 식차마니·두 식차마니·한 식차마니·세 사미·두 사미·한 사미·세 사미니·두 사미니·한 사미니에게 향하게 하였다면 모두 돌길라이다.

만약 비구가 이 물건이 이러한 여러 축생들에게 향하는 것을 알면서도 구하여 다른 여러 축생들에게 향하게 하였다면 돌길라이다. 만약 비구가 이 물건이 이러한 여러 축생들에게 향하는 것을 알면서도 구하여 두 축생이나 한 축생에게 향하게 하였다면 돌길라이다.

만약 비구가 이 물건이 이러한 두 축생에게 향하는 것을 알면서도 구하여 다른 두 축생에게 향하게 하였다면 돌길라이다. 만약 비구가 이 물건이 두 축생에게 향하는 것을 알면서도 구하여 한 축생이나 많은 축생에게 향하게 하였다면 돌길라이다.

만약 비구가 이 물건이 이러한 한 축생에게 향하는 것을 알면서도 구하여 다른 한 축생에게 향하게 하였다면 돌길라이다. 만약 비구가 이 물건이 한 축생에게 향하는 것을 알면서도 구하여 많은 축생이나 두 축생에게 향하게 하였다면 돌길라이다.

만약 비구가 이 물건이 비구 승가에게 향하는 것을 알면서도 구하여 비구니 승가에게 향하게 하였다면 돌길라이다. 만약 비구가 이 물건이 비구니 승가에게 향하는 것임을 알면서도 구하여 비구 승가에게 향하게 하였다면 돌길라이다.

만약 비구 승가가 파괴되어 2부의 비구가 승가가 되었는데, 이 물건이 한 부중(部衆)에게 향하는 것을 알면서도 구하여 다른 부중에게 향하게 하였다면 돌길라이다. 만약 향하는 가운데에서 자신을 향한다는 생각이 생겨났다면 니살기바야제이고, 만약 향하는 가운데에서 자신을 향한다는 생각이 생겨나지 않았어도 니살기바야제이며, 만약 향하는 가운데에서 의심이 생겨났어도 니살기바야제이다.

만약 향하지 않는 가운데에서 자신을 향한다는 생각이 생겨났다면 돌길라이고, 만약 향하지 않는 가운데에서 자신을 향한다는 생각이 생겨나지 않았어도 돌길라이며, 만약 향하지 않는 가운데에서 의심이 생겨났다면 범한 것이 없다." [스물아홉 번째의 일을 마친다.]

세존께서는 사위국에 머무시면서 대비구 승가와 함께 안거하셨다.

그때 장로인 필릉가바차(畢陵伽婆蹉)는 왕사성에서 안거하였는데, 지식이 많이 있는 대덕은 소(酥)·유(油)·밀(蜜)·석밀(石蜜)을 이 장로가 많이 얻었던 까닭으로 한 발우이거나 반 발우이었고, 한 구발다라(拘鉢多羅)[18]이거나 반 구발다라이었으며, 대건자(大揵鎡)[19]이거나 소건자(小揵鎡)이었고, 혹은 낙낭(絡囊)[20]에 가득하였으므로 상아(象牙) 말뚝에 매달아 두었다. 가운데에서 취하는 때에 뒤집히고 버려져서 벽과 와구가 썩었고 파괴되었으며 방사에 쏟아져서 더럽혔다. 이 장로 필릉가바차의 제자들은 거숙(擧宿)[21]을 먹었고 받지 않을 내숙(內宿)[22]을 악하게 손으로 붙잡았다.

18) 산스크리트어 kupātra의 음사로서 발우(鉢盂) 안에 넣는 작은 발우를 가리킨다.
19) 발우(鉢盂) 안에 넣는 작은 발우로서 구발다라(拘鉢多羅)보다 작은 발우를 가리킨다.
20) 수행자가 휴대품을 넣고서 목에 걸고 다니는 자루를 가리킨다.

제불께서 세상에 머무시는 법은 일 년에 두 번의 때에 대회가 있는데, 봄의 마지막 달과 여름 마지막 달이었다. 봄의 마지막 달에는 여러 지방과 나라·여러 처소의 여러 비구들이 세존의 처소로 나아가서 이렇게 생각을 지었다.

'세존께서 설하시는 법을 우리들은 마땅히 안거하는 때에 수습하여 안락을 얻고서 머물러야 한다.'

이것이 첫째의 대회이다. 여름 마지막 달에는 여러 비구들이 여름 3개월의 안거를 마치고 옷을 짓고서 옷과 발우를 지니고 세존의 처소로 나아가서 이렇게 생각을 짓는 것이다.

'우리는 오랫동안 불(佛)을 보지 못하였고, 오랫동안 세존을 보지 못하였다.'

이것이 둘째의 대회이다. 이때 한 비구가 있어 왕사성에서 안거를 마치고 옷을 짓고서 옷과 발우를 지니고 유행하여 사위국에 이르렀다. 세존의 처소로 나아가서 머리숙여 발에 예경하고서 한쪽에 서 있었다. 제불의 상법은 만약 객비구가 왔다면 이와 같은 말로서 위로하며 묻는 것이다.

"여러 비구여. 견딜 수 있었는가? 만족스러웠는가? 안락하게 머물렀는가? 걸식은 부족하지 않았는가? 도로에 피곤하지 않았는가?"

이때 세존께서도 이와 같은 말로서 이 비구를 위로하며 말씀하셨다.

"견딜 수 있었는가? 만족스러웠는가? 안락하게 머물렀는가? 걸식은 부족하지 않았는가? 도로에 피곤하지 않았는가?"

비구가 대답하여 말하였다.

"세존이시여. 견딜 수 있었고 만족스러웠으며 안락하게 머물렀습니다. 걸식도 부족하지 않았고 도로에 피곤하지도 않았습니다."

앞의 일로써 세존을 향하여 자세히 말하였다. 세존께서는 이 일로써 비구 승가를 모으셨으며, 여러 종류의 인연으로 꾸짖으셨다.

---

21) 때가 지난 묵힌 음식을 가리킨다.

22) 음식물을 승가 안에 저장하는 것을 말한다.

"내가 병든 비구들을 연민하게 생각하고 이익되게 하려는 까닭으로 네 종류의 함소약(含消藥)인 소·유·밀·석밀을 복용하도록 허락하였노라. 어찌하여 이 비구는 때가 지숙을 먹었고, 받지 않을 내숙을 악하게 손으로 잡았는가?"

여러 종류의 인연으로 꾸짖으셨으며, 여러 비구들에게 말씀하셨다.

"열 가지의 이익을 까닭으로 여러 비구들에게 계를 제정하여 주겠노라. 지금부터 이러한 계는 마땅히 이와 같이 설할지니라. '만약 비구가 병이 있다면 네 종류의 함소약인 소·유·밀·석밀을 복용하는 것을 허락하겠노라. 모두 7일에 이르기까지 복용할 것이고, 이를 넘겨서 복용한다면 니살기바야제이니라.'

'병'은 풍(風)으로 생겨났거나, 열(熱)로 생겨났거나, 냉(冷)으로 생겨난 것이다. 이 네 종류의 약을 복용하여 나을 수 있다면 병이라고 이름한다.

'병이 아니다.'는 이와 다른 인연이라면 병이 아니라고 이름한다.

니살기바야제인 자는 이러한 약을 마땅히 버려야 하고, 바야제죄의 허물을 마땅히 참회해야 하느니라.

이 가운데에서 범하는 것은 만약 비구가 1일에 소를 얻었다면 2일에는 버려야 하고, 2일에 얻었다면 3일에는 버려야 하며, 3일에 얻었다면 4일에는 버려야 하고, 4일에 얻었다면 5일에는 버려야 하며, 5일에 얻었다면 6일에는 버려야 하고, 6일에 얻었다면 7일에는 버려야 한다. 7일에 얻었다면 7일에 비구는 이 소를 마땅히 다른 사람에게 주거나, 만약 작정하거나, 만약 복용해야 한다. 만약 비구가 다른 사람에게 주지도 않고, 작정하지도 않으며, 복용하지도 않고서 8일에 이르러 땅이 명료한 때에 이르렀다면 니살기바야제이다.

만약 비구가 1일에 소를 얻고 2일에 다시 얻고서 하나는 저축하고 하나는 버렸거나, 2일에 소를 얻고 3일에 다시 얻고서 하나는 저축하고 하나는 버렸거나, 3일에 소를 얻고 4일에 다시 얻고서 하나는 저축하고 하나는 버렸거나, 4일에 소를 얻고 5일에 다시 얻고서 하나는 저축하고 하나는 버렸거나, 5일에 소를 얻고 6일에 다시 얻고서 하나는 저축하고 하나는 버렸거나, 6일에 소를 얻고 7일에 다시 얻었다면 7일의 때에 비구는 이 소를 마땅히 다른 사람에게 주거나, 만약 작정하거나, 만약 복용해야 한다. 만약 비구가 남에게 주지도 않고, 작정하지도 않으며, 복용하지도 않고서 8일에 이르러 땅이 명료한 때에 이르렀다면 니살기바야제이다.

만약 비구가 1일에 소를 얻고 2일에 다시 얻고서 뒤의 것은 저축하고 앞의 것은 버렸거나, 2일에 소를 얻고 3일에 다시 얻고서 뒤의 것은 저축하고 앞의 것은 버렸거나, 3일에 소를 얻고 4일에 다시 얻고서 뒤의 것은 저축하고 앞의 것은 버렸거나, 4일에 소를 얻고 5일에 다시 얻고서 뒤의 것은 저축하고 앞의 것은 버렸거나, 5일에 소를 얻고 6일에 다시 얻고서 뒤의 것은 저축하고 앞의 것은 버렸거나, 6일에 소를 얻고 7일에 다시 얻었다면 7일의 때에 비구는 이 소를 마땅히 다른 사람에게 주거나, 만약 작정하거나, 만약 복용해야 한다. 만약 비구가 남에게 주지도 않고, 작정하지도 않으며, 복용하지도 않고서 8일에 이르러 땅이 명료한 때에 이르렀다면 니살기바야제이다.

만약 비구가 1일에 소를 얻고 2일에 다시 얻고서 앞의 것은 저축하고 뒤의 것은 버렸거나, 2일에 소를 얻고 3일에 다시 얻고서 앞의 것은 저축하고 뒤의 것은 버렸거나, 3일에 소를 얻고 4일에 다시 얻고서 앞의 것은 저축하고 뒤의 것은 버렸거나, 4일에 소를 얻고 5일에 다시 얻고서 앞의 것은 저축하고 뒤의 것은 버렸거나, 5일에 소를 얻고 6일에 다시 얻고서 앞의 것은 저축하고 뒤의 것은 버렸거나, 6일에 소를 얻고 7일에 다시 얻었다면 7일의 때에 비구는 이 소를 마땅히 다른 사람에게 주거나, 만약 작정하거나, 만약 복용해야 한다. 만약 비구가 남에게 주지도 않고, 작정하지도 않으며, 복용하지도 않고서 8일에 이르러 땅이 명료한 때에 이르렀다면 니살기바야제이다.

만약 비구가 1일에 소를 얻어 저축하고 2일에는 얻지 못하였으며, 3일·4일·5일·6일·7일에도 얻지 못하였다면 일의 때에 비구는 이 소를 마땅히 다른 사람에게 주거나, 만약 작정하거나, 만약 복용해야 한다.

만약 비구가 남에게 주지도 않고, 작정하지도 않으며, 복용하지도 않고서 8일에 이르러 땅이 명료한 때에 이르렀다면 니살기바야제이다.

1일에 소를 얻어 저축하고 2일에는 얻었으며, 3일·4일·5일·6일·7일에도 다시 얻었다면 일의 때에 비구는 이 소를 마땅히 다른 사람에게 주거나, 만약 작정하거나, 만약 복용해야 한다. 만약 비구가 남에게 주지도 않고, 작정하지도 않으며, 복용하지도 않고서 8일에 이르러 땅이 명료한 때에 이르렀다면 니살기바야제이다.

만약 비구가 소가 있어서 마땅히 버려야 하는데, 버리지 않았고 죄도 참회하지 않았으며 다음으로 끊지 않고서 다시 소를 얻었다면, 이러한 뒤의 소는 본래 소의 인연을 까닭으로 니살기바야제를 얻는다. 또한 비구가 마땅히 버려야 하는 소는 버렸으나, 죄도 참회하지 않았으며 다음으로 끊지 않고서 다시 소를 얻었다면, 이러한 뒤의 소는 본래 소의 인연을 까닭으로 니살기바야제를 얻는다.

또한 비구가 마땅히 버려야 하는 소는 버렸고, 죄도 참회하였으나, 다음으로 끊지 않고서 다시 소를 얻었다면, 이러한 뒤의 소는 본래 소의 인연을 까닭으로 니살기바야제를 얻는다. 또한 비구가 마땅히 버려야 하는 소는 버렸고, 죄도 참회하였으며, 다음으로 끊고서 다시 소를 얻었다면 범한 것은 없다. 유·밀·석밀도 역시 이와 같다. 만약 심한 병이라면 범한 것은 없다." [서른 번째의 일을 마친다.]

십송율 제9권

후진 북인도 삼장 불야다라 한역

석보운 번역

2. 2송 ③

4) 90바야제법(波夜提法)을 밝히다 ①

세존께서는 사위국(舍衛國)에 머무르셨다.

그때 남천축(南天竺)의 논의사(論議師)가 있었는데 구리판을 배에 둘렀고 머리에는 불을 얹고서 사위국으로 들어왔다. 이때 사람들이 물어 말하였다.

"그대는 무슨 인연으로 그렇습니까?"

대답하여 말하였다.

"나는 지혜가 많아 배가 터지는 것이 두려운 까닭입니다."

"그러면 그대 머리에는 어째서 불을 얹고 있습니까?"

"어두움을 밝히려는 까닭입니다."

말하였다.

"어리석은 바라문이여. 해가 천하를 비추는데 어찌 어둡다고 말하는가?"

대답하여 말하였다.

"그대들은 알지 못합니다. 어둠에는 두 가지 종류가 있으니, 첫째는 해와 달과 불빛이 없는 것이고, 둘째는 어리석어 지혜의 밝음이 없는 것입니다."

여러 사람들이 말하였다.

"그대는 하치(訶哆) 석자인 비구를 보지 못한 까닭으로 감히 이러한 말을 하는 것이오. 만약 보고 함께 말한다면 해가 뜬 것이 곧 어둡이고 밤이 곧 해가 뜬 것이오."

이때 성안의 사람들이 곧 하치 석자 비구를 불러 함께 논의하게 하고자 하였다. 이때 하치는 그것을 듣고 마음이 걱정스러웠으나 어쩔 수 없어 성으로 들어오게 되었다. 도중에 두 마리 숫양이 싸우는 것을 보았고, 곧 인연으로 이러한 생각의 모습을 취하였다.

'한 마리의 양은 그 바라문이고 한 마리의 양은 나이다.'

나라는 숫양이 싸움에서 졌으므로 보고서 점차 다시 근심하였다. 앞으로 가면서 또한 두 마리의 소가 싸우는 것을 보았고 다시 생각을 지었다.

'한 마리의 소는 그 바라문이고 한 마리의 소는 나이다.'

나라는 소가 곧 다시 싸움에서 졌으므로 보고서 점차 다시 근심하였다. 또한 앞으로 가면서 다시 두 사람이 서로 싸우는 것을 보았고, 다시 이렇게 생각을 지었다.

'한 사람은 바라문이고. 한 사람은 나이다.'

나라는 자가 곧 다시 싸움에서 졌다. 논의할 곳으로 들어가고자 하면서 한 여인이 물병에 가득 채워서 지닌 것을 보았는데 물병이 곧 깨어졌다. 다시 이렇게 생각을 지었다.

'내가 보았던 여럿이 불길한 모습이니 장차 지는 것은 없는가?'

어쩔 수 없이 곧 앞의 집으로 들어갔고 이 논사(論師) 바라문의 눈과 입의 생김새를 보았으며 스스로가 같지 않은 것을 알고 근심이 다시 깊어졌다. 자리에 앉았고 잠깐 사이에 여러 사람들은 곧 말하였다.

"함께 논의하십시오."

대답하여 말하였다.

"내가 지금 조금 안은하지 않습니다. 내일까지 기다려 주십시오."

이렇게 말을 짓고서 곧 묵는 처소로 돌아왔으며 후야(後夜)[1]의 때에 곧 왕사성(王舍城)으로 향하였다. 날이 밝아서 성안의 사람들이 모여서 오래 기다렸으나 오지 않았다. 때가 이미 지난 것을 알고서 스스로가 기환(祇桓)에 이르러 그를 구하면서 찾았으므로 다른 비구가 말하였다.

"하치 석자는 곧 후야의 때에 옷과 발우를 가지고 떠났습니다."

여러 성안의 사람들은 듣고서 여러 종류로 꾸짖었다.

"어찌 비구라고 이름하면서 고의로 망어하는가?"

한 사람이 두 사람에게 말하였고, 두 사람이 세 사람에게 말하였으며, 이와 같이 전전(展轉)하여 악한 소문이 사위성에 유포되었다. 이 가운데에 비구가 있어 욕망이 적고 만족함을 알며 두타를 행하였는데, 옷을 입고 발우를 지니고 성안에 들어가서 걸식하면서 이러한 일을 듣고서 마음이 기쁘지 않아서 걸식을 마치고 세존을 향하여 자세하게 말하였다. 세존께서는 이 일로써 비구 승가를 모으셨으며, 여러 종류의 인연으로서 꾸짖으셨다.

"어찌 비구라고 이름하면서 고의로 망어하였는가?"

여러 종류의 인연으로 꾸짖으셨으며, 여러 비구들에게 말씀하셨다.

"열 가지의 이익을 까닭으로 여러 비구들에게 계를 제정하여 주겠노라. 지금부터 이러한 계는 마땅히 이와 같이 설할지니라. '만약 비구가 고의로 망어하였다면 바야제(波夜提)이니라.'

'고의로 망어하다.'는 이 일이 그렇지 않은 것을 알면서도 다른 사람을 속이려는 까닭으로 다르게 말하는 것이다.

'바야제'는 이 죄는 소자(燒煮)[2]와 복장(覆障)[3]으로 이름하는데, 만약 참회하지 않는다면 능히 도를 장애한다.

이 가운데에서 범하는 것에 다섯 종류가 있나니, 망어를 한다면 돌길라(突吉羅)에 들어갈 수 있고, 바야제(波夜提)에 들어갈 수 있으며, 투란차(偸蘭遮)에 들어갈 수 있고, 승가바시사(僧伽波尸沙)에 들어갈 수 있으며, 바라이

---

1) 한밤중에서 아침까지의 동안을 말한다.

2) 번뇌에 불태워진다는 뜻이다.

3) 번뇌에 덮여서 가려진다는 뜻이다.

(波羅夷)에 들어갈 수 있다.

'바라이에 들어갈 수 있다.'는 스스로가 성법(聖法)이 없는 것을 알면서도 사람들에게 '나에게는 성법이 있습니다.'라고 말한다면, 이것을 바라이에 들어갈 수 있다고 이름한다.

'승가바시사에 들어가다.'는 근거가 없는 4바라이법으로서 다른 비구를 비방하는 까닭이다.

'투란차에 들어가다.'는 구족되지 않은 바라이로 망어하고, 역시 구족되지 않은 승가바시사로 망어하는 까닭이다.

'바야제에 들어가다.'는 만약 비구가 근거가 없는 승가바시사로서 다른 비구를 비방하는 까닭이다.

'돌길라에 들어가다.'는 네 종류의 망어를 제외하고 다른 망어를 한다면 돌길라를 범한다.

만약 비구가 보지 못한 일을 보았다고 말한다면 바야제이고, 만약 보았던 것을 보지 못하였다고 말한다면 바야제이다. 만약 보았지만 보지 못하였다고 생각하면서 다른 사람에게 보았다고 말한다면 바야제이고, 만약 보지 못하였으나 보았다고 생각하면서 다른 사람에게 보지 못하였다고 말한다면 바야제이다.

만약 보고서 본 것인가? 보지 못한 것인가를 의심하면서 다른 사람에게 보지 못하였다고 말한다면 바야제이고, 만약 보지 못하고서 본 것인가? 보지 못한 것인가를 의심하면서 다른 사람에게 보았다고 말한다면 바야제이다. 듣고 느끼며(覺) 아는(知) 것도 역시 이와 같다. 만약 마음의 생각을 따라서 말하였다면 범한 것은 없다." [첫 번째의 일을 마친다.]

세존께서는 왕사성에 머무르셨다.

그때 육군비구들은 투쟁(鬪爭)하고 서로에게 욕하기를 좋아하였다. 이 육군비구들은 여러 비구들과 함께 다투고서 곧 다른 사람의 허물과 형상(形象)을 드러내면서 하천(下賤)한 종성(種姓)이거나, 하천한 명자(名字)이거나, 기술이거나, 직업(作業)으로 업신여기면서 불렀다. 이때 다툼이 없었던 자들도 곧 다투었고, 이미 다투던 자들은 멈추려고 하지 않았으며, 나타나지 않았던 일은 곧 나타났고, 이미 나타난 일은 소멸시킬 수 없었다. 이 가운데에 비구가 있어 욕망이 적고 만족함을 알며 두타를 행하였는데, 이러한 일을 듣고서 마음이 기쁘지 않아서 여러 종류의 인연으로서 꾸짖었다.

"어찌 비구라고 이름하면서 투쟁하고 서로에게 욕하기를 좋아하며, 함께 다른 사람과 다투고서 곧 그 사람의 허물과 형상을 드러내며 하천한 종성이거나, 하천한 명자이거나, 기술이거나, 작업으로 업신여기면서 부르는가? 이때 다투지 않던 자들은 다투게 되었고, 이미 다투던 자들은 멈추고자 하지 않았으며, 나타나지 않았던 일은 곧 나타났고, 이미 나타난 일은 없애려 하지 않으며, 이미 다투던 자들은 멈추려고 하지 않으며, 생겨나지 않던 일들이 생겨나게 하고 생겨난 일은 소멸시킬 수 없게 하는가?"

여러 종류의 인연으로서 꾸짖었으며, 세존을 향하여 자세히 말하였다. 세존께서는 이 일로써 비구 승가를 모으셨으며 아시면서도 일부러 육군비구에게 물으셨다.

"그대들이 진실로 이러한 일을 지었는가?"

대답하여 말하였다.

"진실로 지었습니다. 세존이시여."

세존께서는 여러 종류의 인연으로서 육군비구를 꾸짖으셨다.

"어찌 비구라고 이름하면서 투쟁하고 서로에게 욕하기를 좋아하며, 함께 다른 사람과 다투고서 곧 그 사람의 허물과 형상을 드러내며 하천한 종성이거나, 하천한 명자이거나, 기술이거나, 직업으로 업신여기면서 부르는가? 이때 다투지 않던 자들은 다투게 되었고, 이미 다투던 자들은 멈추려고 하지 않았으며, 나타나지 않았던 일은 곧 나타났고, 이미 나타난 일은 없애려 하지 않으며, 이미 다투던 자들은 멈추려고 하지 않으며, 생겨나지 않던 일들이 생겨나게 하고 생겨난 일은 소멸시킬 수 없게 하였는가?"

세존께서는 여러 종류의 인연으로 꾸짖고서 본생(本生)의 인연을 말씀하셨다. 세존께서는 여러 비구들에게 말씀하셨다.

"과거에 사람이 있었고 한 마리의 검은 소가 있었으며, 다시 한 사람이 있었고 역시 소를 한 마리 가지고 있었는데, 재물을 만들려는 까닭으로 큰소리로 말하였느니라.

"누구의 소의 힘이 나의 소를 이긴다면 내가 이만큼의 재물을 주겠소. 만약 진다면 나에게 이만큼의 재물을 주어야 하오."

이때 검은 소의 주인은 이렇게 외치는 소리를 듣고 대답하여 말하였다.

"그렇게 합시다."

이때 무거운 짐을 실은 수레를 소에 묶고서 왼쪽에서 겉모습을 경멸하는 말투로 '흑곡각(黑曲角)이여.'라고 부르고 막대기로 때리면서 이 수레를 끌게 하였다. 이때 소는 이러한 형상을 욕하는 것을 들었던 까닭으로 곧 힘을 잃었고 능히 무거운 짐을 언덕 위에 끌어올릴 수 없었다. 이때 검은 소의 주인은 많은 재물을 보상하였고, 이러한 재물을 얻은 사람은 뒤에 다시 외쳤다.

"누가 소의 힘이 있어 이긴다면 내가 이만큼의 재물을 주겠소."

이때 검은 소가 이렇게 외치는 소리를 듣고 곧 주인에게 말하였다.

"이 사람은 무슨 까닭으로 다시 이렇게 외치는 것입니까?"

이때 주인이 대답하여 말하였다.

"재물에 욕심이 있는 까닭으로 다시 이렇게 외치는 것이다."

검은 소가 주인에게 말하였다.

"말대로 하겠다고 말하십시오"

주인이 말하였다.

"할 수 없다. 무슨 까닭으로 그러한가? 그대는 폐악한 소인 까닭으로 내가 큰 재물을 보상하였다. 지금 다시 짓는다면 나는 재물을 모두 보상해야 한다."

검은 소가 주인에게 말하였다.

"이전에는 많은 사람들이 있는 앞에서 형상으로 나를 업신여겼고 하천한 이름인 '흑곡각'이라고 불렀습니다. 악한 소리를 들었던 까닭으로 곧 힘을 잃었고 이러한 까닭으로 능히 언덕에 무거운 짐을 끌어올리지 못하였습니다. 지금 주인께서 말을 주시면서 악하게 말하지 말고 다른 사람들 앞에 있는 때에 곧 나에게 이렇게 말하십시오.

<그대가 송아지였던 때에 가시가 다리에 박혔었고 스스로가 이 가시를 보고 뽑고자 하였던 까닭에 뿔이 땅의 가운데에 박혔던 까닭으로 굽었구나. 그는 이렇게 좋고 검은 큰 소이니, 굵고 곧은 멋진 뿔이 또한 곧 생겨날 것이다.>

주인은 소의 말을 받아들여서 곧바로 씻기고 털을 다듬었으며 마유(麻油)를 뿔에 바르고 좋은 화만(華鬘)[4]을 씌우고서 수레의 오른쪽에서 부드럽고 사랑스럽게 말하였다.

'크고 멋진 검은 소여. 굵은 뿔에 큰 힘으로 이 수레를 끌고 떠나가라.'

이 소는 부드럽고 사랑스러운 말을 들었던 까닭으로 곧 힘을 얻었고 무거운 짐을 언덕에 끌어올렸다. 이때 검은 소의 주인은 이전에 잃었던 재물에서 다시 두·세 배를 얻었다. 이 소의 주인은 큰 이익을 얻었고 마음에서 크게 환희하면서 곧 게송을 설하여 말하였다.

무겁게 실어서 바퀴가 깊이 빠져도
나의 말에 따라서 능히 끌고 가나니
이러한 까닭으로 마땅히 부드럽게 말하고
마땅히 악하게 말하지 말라.

부드러운 말에 힘이 있어서
이 소는 무거운 짐을 끌었고
나는 큰 재물을 얻어서
몸과 마음의 즐거움을 얻었네."

---

4) 꽃다발을 가리킨다. 많은 꽃을 실로 꿰거나, 또는 묶어서 목이나 몸을 장식(裝飾)하는데, 주로 향기(香氣)가 많은 꽃을 사용한다.

세존께서는 여러 비구들에게 말씀하셨다.

"축생도 형상을 말하는 것을 들으면 오히려 힘을 잃는데 하물며 사람이겠는가!"

여러 종류의 인연으로 꾸짖으셨으며, 여러 비구들에게 말씀하셨다.

"열 가지의 이익을 까닭으로 여러 비구들에게 계를 제정하여 주겠노라. 지금부터 이러한 계는 마땅히 이와 같이 설할지니라. '만약 비구가 다른 사람의 형상을 말한다면 바야제이니라.'

'바야제'는 이 죄는 소자와 복장으로 이름하는데, 만약 참회하지 않는다면 능히 도를 장애한다.

이 가운데에서 범하는 것에는 여덟 종류가 있나니, 이를테면 종족(種)·기예(技)·직업(作)·범함(犯)·질병(病)·모습(相)·번뇌(煩惱)·욕설(罵) 등이다.

'종족'은 만약 비구가 찰리(刹利)의 자손인 비구에게 가서 '그대는 찰리 종족인데 어찌 출가하여 계를 받았는가?'라고 말하였다면, 경훼(輕毁[5])하는 마음인 까닭이므로 한마디·한마디의 말이 돌길라이다. 또 비구가 바라문(婆羅門) 자손인 비구에게 가서 '그대는 바라문 종족인데 어찌 출가하여 계를 받았는가?'라고 말하였다면, 경훼하는 마음인 까닭이므로 한마디·한마디의 말이 돌길라이다.

또한 비구가 상인(估客)의 자손에게 가서 '그대는 상인 종족인데 어찌 출가하여 계를 받았는가?'라고 말하였다면 경훼하는 마음인 까닭이므로 한마디 한마디의 말이 돌길라이다. 또한 비구가 대장장이(鍛師)의 자손인 비구에게 가서 '그대는 대장장이 종족인데 어찌 출가하여 계를 받았는가?'라고 말하였다면, 경훼하는 마음인 까닭이므로 한마디·한마디의 말이 바야제이다.

또한 비구가 목수(木師)의 자손인 비구에게 가서 '그대는 목수 종족인데 어찌 출가하여 계를 받았는가?'라고 말하였다면 경훼하는 마음인 까닭이므로 한마디·한마디의 말이 바야제이다. 또한 비구가 도공(陶師)의 자손인

5) '경멸하고 비난하다.'는 뜻이다.

비구에게 가서 그대는 도공 종족인데 어찌 출가하여 계를 받았는가?'라고 말하였다면 경훼하는 마음인 까닭이므로 한마디·한마디의 말이 바야제이다.

만약 비구가 가죽장인(皮師)의 자손인 비구에게 가서 '그대는 가죽장인 종족인데 어찌 출가하여 계를 받았는가?'라고 말하였다면 경훼하는 마음인 까닭이므로 한마디·한마디의 말이 바야제이다. 또 비구가 죽세공인(竹師)의 자손인 비구에게 가서 '그대는 죽세공인 종족인데 어찌 출가하여 계를 받았는가?'라고 말하였다면, 경훼하는 마음인 까닭이므로 한마디·한마디의 말이 바야제이다.

또한 비구가 이발사(毛髮師)의 자손인 비구에게 가서 '그대는 이발사 종족인데 어찌 출가하여 계를 받았는가?'라고 말하였다면 경훼하는 마음인 까닭이므로 한마디·한마디의 말이 바야제이다. 또한 비구가 전다라(旃陀羅)의 자손인 비구에게 가서 '그대는 전다라 종족인데 어찌 출가하여 계를 받았는가?'라고 말하였다면 경훼하는 마음인 까닭이므로 한마디·한마디의 말이 바야제이다. 이것을 종족이라고 이름한다.

'기술'은 만약 비구가 찰리의 자손인 비구에게 가서 '그대는 찰리의 종족인데 어찌 출가하여 계를 받았는가? 그대는 마땅히 코끼리와 말을 타고 수레와 가마를 타는 법을 배워야 하고, 칼과 방패, 활과 화살을 잡는 것을 배워야 하며, 철구(鐵鉤)[6] 잡는 법을 배워야 하고, 그물을 던지는 것을 배워야 하며, 군진(軍陣)을 출입하는 것을 배워야 합니다. 이와 같은 여러 종류의 찰리 기술이 그대가 배울 것입니다.'라고 말하였다면, 경훼하는 마음인 까닭이므로 한마디·한마디의 말이 돌길라이다.

또한 비구가 바라문 자손인 비구에게 가서 '그대는 바라문의 종족인데 어찌 출가하여 계를 받았는가? 그대는 마땅히 위타경(圍陀經)[7]을 배워야 하고 역시 다른 사람도 가르쳐야 하며, 스스로가 천사(天祠)를 지어야 하고, 역시 다른 사람을 가르쳐서 짓게 하며, 음식주(飮食呪)·사주(蛇呪)·질

---

6) 철제 갈고리를 가리키는 말이다.

7) 산스크리트어 veda의 음사로서 베다를 가리킨다.

행주(疾行呪)·구라주(劬羅呪)·건다라주(揵陀羅呪)를 배워야 합니다. 이와 같은 여러 종류의 바라문 기술이 그대가 배울 것입니다.'라고 말하였다면, 경훼하는 마음인 까닭이므로 한마디·한마디의 말이 돌길라이다.

또 비구가 상인의 자손에게 가서 '그대는 상인의 종족인데 어찌 출가하여 계를 받았는가? 그대는 마땅히 문서와 산수와 인상(印相)을 배우고, 금·은의 가치를 아는 것을 배워야 하고, 실과 면과 비단을 아는 것을 배워야 하며, 금 가게(金肆)·은 가게(銀肆)·여관(客作肆)·구리 가게(銅肆)·구슬 가게(珠肆) 등의 여는 것을 배워야 합니다. 이와 같은 여러 종류의 상인 기술이 그대가 배울 것입니다.'라고 말하였다면, 경훼하는 마음인 까닭이므로 한마디·한마디의 말이 돌길라이다.

또 비구가 대장장이 자손인 비구에게 가서 '그대는 대장장이의 종족인데 어찌 출가하여 계를 받았는가? 그대는 마땅히 팔찌·삽·쇠사슬·솥·냄비·양날 가래·가래·괭이·도끼·삭(槊)·큰 칼·작은 칼·발우·구발다라(拘鉢多羅)·반구발다라(半拘鉢多羅)·대건자(大揵鎡)[8]·소건자(小揵鎡)·면도칼·침·구쇄(鉤鎖)[9]·자물쇠 등을 짓는 것을 배워야 합니다. 이와 같은 여러 종류의 대장장이 기술이 그대가 배울 것입니다.'라고 말하였다면, 경훼하는 마음인 까닭이므로 한마디·한마디의 말이 바야제이다.

또 비구가 목수의 자손인 비구에게 가서 '그대는 목수의 종족인데 어찌 출가하여 계를 받았는가? 그대는 마땅히 목인(木人)의 기관(機關)을 짓는 것을 배워야 하고, 만약 남자이거나, 여자이거나, 화분·발우·누리(耬犁)[10]·수레·가마 등을 짓는 것을 배워야 합니다. 이와 같은 여러 종류의 목수 기술이 그대가 배울 것입니다.'라고 말하였다면, 경훼하는 마음인 까닭이므로 한마디·한마디의 말이 바야제이다.

또 비구가 도공의 자손인 비구에게 가서 '그대는 도공의 종족인데

---

8) 어시발우 속에 세 개의 작은 발우를 넣는데 모두 분자라고 부르며, 둘째는 대건자, 셋째는 소건자라고 부른다.

9) 쇠고랑과 자물통을 가리킨다.

10) 씨앗을 뿌리면서 사용하는 농기구를 가리킨다.

어찌 출가하여 계를 받았는가? 그대는 마땅히 토질을 알아보고 흙을 취하여 진흙으로 반죽하면서 물을 얼마나 넣는가를 배워야 하고, 물레를 돌려서 화분·병·솥·뚜껑·큰 발우·구발다라·반구발다라·대건자·소건자 등을 짓는 것을 배워야 합니다. 이와 같은 여러 종류의 도공 기술이 그대가 배울 것입니다.'라고 말하였다면, 경훼하는 마음인 까닭이므로 한마디·한마디의 말이 바야제이다.

또 비구가 가죽장인의 자손인 비구에게 가서 '그대는 가죽장인의 종족인데 어찌 출가하여 계를 받았는가? 그대는 마땅히 가죽의 성질을 알아보고 물에 담가서 질기고 부드럽게 하며 자르고 꿰매어서 부라(富羅)[11]와 가죽신을 짓는 것을 배워야 하고, 가죽을 물에 불려서 두드리거나 기름을 긁어내며 그 안과 밖을 아는 것을 배워야 하며, 안장과 채찍 짓는 것을 배워야 합니다. 이와 같은 여러 종류의 가죽장인 기술이 그대가 배울 것입니다.'라고 말하였다면 경훼하는 마음인 까닭이므로 한마디·한마디의 말이 바야제이다.

또 비구가 죽세공인의 자손인 비구에게 가서 '그대는 죽세공인의 종족인데 어찌 출가하여 계를 받았는가? 그대는 마땅히 대나무와 갈대의 상태를 알아보고 물에 담가서 굳세고 부드럽게 하는 것을 배워야 하고, 쪼개고 굽히는 법을 배워야 하며, 삭·화살·부채·덮개·상자·소쿠리 등을 짓는 것을 배워야 합니다. 이와 같은 여러 종류의 죽세공인 기술이 그대가 배울 것입니다.'라고 말하였다면, 경훼하는 마음인 까닭이므로 한마디·한마디의 말이 바야제이다.

또 비구가 이발사의 자손인 비구에게 가서 '그대는 이발사의 종족인데 어찌 출가하여 계를 받았는가? 그대는 마땅히 정수리 위의 주변에서 나발(羅髮)[12]을 남겨두는 법을 배워야 하고, 수염을 깎고 겨드랑이 아래의 털을 깎으며 손톱을 자르고 코털을 다듬는 것을 배워야 합니다. 이와 같은 여러 종류의 이발사 기술이 그대가 배울 것입니다.'라고 말하였다면,

11) 산스크리트어 pūlā의 음사로서 목이 짧은 가죽신을 가리킨다.

12) 소용돌이 모양으로 빙빙 틀어서 돌아간 모습의 머리카락을 가리킨다.

경훼하는 마음인 까닭이므로 한마디·한마디의 말이 바야제이다.

또 비구가 전다라의 자손인 비구에게 가서 '그대는 전다라 종족인데 어찌 출가하여 계를 받았는가? 그대는 마땅히 사람의 손·발·귀·코·머리를 잘라서 나무에 매다는 것을 배워야 하고, 시체를 매고서 태우는 것을 배워야 합니다. 이와 같은 여러 종류의 전다라 기술이 그대가 배울 것입니다.'라고 말하였다면, 경훼하는 마음인 까닭이므로 한마디·한마디의 말이 바야제이다. 이것을 기술이라고 이름한다.

'직업'은 만약 비구가 찰리의 자손인 비구에게 가서 '그대는 찰리의 종족인데 어찌 출가하여 계를 받았는가? 그대는 마땅히 코끼리·말·수레·가마를 타고, 칼·방패·활·화살을 잡고, 철구와 그물을 던지며, 군진을 출입해야 합니다. 이와 같은 여러 종류의 찰리 일이 그대가 마땅히 지을 것입니다.'라고 말하였다면 경훼하는 마음인 까닭이므로 한마디·한마디의 말이 돌길라이다.

또한 비구가 바라문 자손인 비구에게 가서 '그대는 바라문의 종족인데 어찌 출가하여 계를 받았는가? 그대는 마땅히 위타경을 독송하고 역시 다른 사람을 가르쳐서 독송하게 하며, 스스로가 천사를 짓고 역시 다른 사람을 가르쳐서 짓게 하며, 음식주·사주·질행주·구라주·건다라주를 독송해야 합니다. 이와 같은 여러 종류의 바라문 일이 그대가 마땅히 지을 것입니다.'라고 말하였다면, 경훼하는 마음인 까닭이므로 한마디·한마디의 말이 돌길라이다.

또 비구가 상인의 자손에게 가서 '그대는 상인의 종족인데 어찌 출가하여 계를 받았는가? 그대는 마땅히 금 가게·은 가게·여관·구리 가게·구슬 가게 등을 열어야 합니다. 이와 같은 여러 종류의 상인 일이 그대가 마땅히 지을 것입니다.'라고 말하였다면, 경훼하는 마음인 까닭이므로 한마디·한마디의 말이 돌길라이다.

또 비구가 대장장이 자손인 비구에게 가서 '그대는 대장장이의 종족인데 어찌 출가하여 계를 받았는가? 그대는 마땅히 팔찌·삽·쇠사슬·솥·냄비·양날 가래·가래·괭이·도끼·삭·큰 칼·작은 칼·발우·구발다라·반구발다라·대건자·소건자·면도칼·침·구쇄·자물쇠 등을 지어야 합니다. 이와 같은 여러 종류의 대장장이 일이 그대가 마땅히 지을 것입니다.'라고 말하였다면, 경훼하는 마음인 까닭이므로 한마디·한마디의 말이 바야제이다.

또 비구가 목수의 자손인 비구에게 가서 '그대는 목수의 종족인데 어찌 출가하여 계를 받았는가? 그대는 마땅히 목의 기관·화분·발우·누리·수레·가마 등을 지어야 합니다. 이와 같은 여러 종류의 목수 일이 그대가 마땅히 것입니다.'라고 말하였다면, 경훼하는 마음인 까닭이므로 한마디·한마디의 말이 바야제이다.

또 비구가 도공의 자손인 비구에게 가서 '그대는 도공의 종족인데 어찌 출가하여 계를 받았는가? 그대는 흙을 취하여 진흙으로 반죽하며 물레를 돌려서 화분·병·솥·뚜껑·큰 발우·구발다라·반구발다라·대건자·소건자 등을 지어야 합니다. 이와 같은 여러 종류의 도공 일이 그대가 마땅히 지을 것입니다.'라고 말하였다면, 경훼하는 마음인 까닭이므로 한마디·한마디의 말이 바야제이다.

또 비구가 가죽장인의 자손인 비구에게 가서 '그대는 가죽장인의 종족인데 어찌 출가하여 계를 받았는가? 그대는 마땅히 가죽을 취하여 물에 담가서 질기고 부드럽게 하며 자르고 꿰매어서 부라·가죽신·안장·채찍 등을 지어야 합니다. 이와 같은 여러 종류의 가죽장인 일이 그대가 마땅히 지을 것입니다.'라고 말하였다면, 경훼하는 마음인 까닭이므로 한마디·한마디의 말이 바야제이다.

또 비구가 죽세공인의 자손인 비구에게 가서 '그대는 죽세공인의 종족인데 어찌 출가하여 계를 받았는가? 그대는 마땅히 대나무와 갈대를 쪼개어 삭·화살·부채·덮개·상자·소쿠리 등을 지어야 합니다. 이와 같은 여러 종류의 죽세공인 일이 그대가 마땅히 지을 것입니다.'라고 말하였다면, 경훼하는 마음인 까닭이므로 한마디·한마디의 말이 바야제이다.

또 비구가 이발사의 자손인 비구에게 가서 '그대는 이발사의 종족인데 어찌 출가하여 계를 받았는가? 그대는 마땅히 털·수염·머리카락을 깎고 겨드랑이 아래의 털을 깎으며 손톱을 자르고 코털을 다듬어야 합니다.

이와 같은 여러 종류의 이발사 일이 그대가 마땅히 지을 것입니다.'라고 말하였다면, 경훼하는 마음인 까닭이므로 한마디·한마디의 말이 바야제이다.

또 비구가 전다라의 자손인 비구에게 가서 '그대는 전다라 종족인데 어찌 출가하여 계를 받았는가? 그대는 마땅히 사람의 손·발·귀·코·머리를 잘라서 나무에 매달고, 시체를 매고서 태워야 합니다. 이와 같은 여러 종류의 전다라 일이 그대가 마땅히 지을 것입니다.'라고 말하였다면, 경훼하는 마음인 까닭이므로 한마디·한마디의 말이 바야제이다. 이것을 직업이라고 이름한다.

'범함'은 만약 비구가 다른 비구에게 가서 '그대는 범죄인인데 어찌 출가하여 계를 받았는가? 그대는 승가바시사를 범하였고, 바야제를 범하였고, 바라제제사니(波羅提提舍尼)[13]를 범하였고, 돌길라를 범하였다.'고 말하였다면, 경훼하는 마음인 까닭이므로 한마디·한마디의 말이 바야제이다. 이것을 범하였다고 이름한다.

'질병'은 만약 비구가 다른 비구에게 가서 '그대는 악한 질병인인데 어찌 출가하여 계를 받았는가? 그대는 나병(癩病)·옹병(癰病)[14]·백나병(白癩病)[15]·건병(乾病)[16]·소병(痟病)·귀병(鬼病)에 걸렸다.'고 말하였다면, 경훼하는 마음인 까닭이므로 한마디·한마디의 말이 바야제이다. 이것을 질병이라고 이름한다.

'모습'은 만약 비구가 다른 비구에게 가서 '그는 악한 상의 사람인데 어찌 출가하여 계를 받았는가? 그대는 권수(捲手)[17]·올수(兀手)[18]·영벽(瘿癖)[19]·좌작(左作)[20]·비사조시(臂似鳥翅)[21]이다.'라고 말하였다면, 경훼하

---

13) 산스크리트어 pratideśanīya의 음사로서 향피회(向彼悔)라고 번역된다. 걸식 때와 공양 때의 계율을 어긴 가벼운 죄로, 청정한 비구에게 참회하면 죄가 소멸된다.
14) 악성 종기를 가리킨다.
15) 문둥병을 가리키는 말이다.
16) 꾀병 또는 거짓으로 병을 앓는 것을 말한다.
17) 주먹처럼 생겼다는 뜻이다.
18) 민둥민둥한 손처럼 생겼다는 뜻이다.

는 마음인 까닭이므로 한마디·한마디의 말이 바야제이다. 이것을 모습이라고 이름한다.

'번뇌'는 만약 비구가 다른 비구에게 가서 '너는 번뇌가 심한 사람인데 어찌 출가하여 계를 받았는가? 그대는 욕심이 많고 분노가 많으며 어리석음이 많고 걱정하기를 좋아한다.'라고 말하였다면, 경훼하는 마음인 까닭이므로 한마디·한마디의 말이 바야제이다. 이것을 번뇌라고 이름한다.

'욕'은 만약 비구가 다른 비구에게 가서 '그대는 욕하기를 좋아하는 사람인데 어찌 출가하여 계를 받았는가? 그대는 두 종류의 욕으로 다른 사람을 욕하였다. 첫째는 재가인을 욕하였고, 둘째는 출가인을 욕하여 마음을 고뇌하게 하였다.'라고 말하였다면, 경훼하는 마음인 까닭이므로 한마디·한마디의 말이 바야제이다. 이것을 욕이라고 이름한다.

만약 비구가 이 여덟 종류의 말을 다른 비구에게 말하였다면 경훼하는 마음인 까닭이므로 바야제이다. 이러한 여덟 종류를 제외하고 다른 일로 비구를 경훼하였다면 돌길라이다. 만약 비구를 제외하고 다른 사람을 이 여덟 종류로 경훼하였다면 돌길라이다." [두 번째의 일을 마친다.]

세존께서는 왕사성에 머무르셨다.

그때 육군비구들은 서로 투쟁하고 비방하는 것을 좋아하였다. 육군비구들이 나머지 비구들과 함께 투쟁하고 비방하는 것을 좋아하였던 까닭으로 여러 비구 승가는 2부(部)로 나누어졌다. 이 육군비구들이 한 부에 가서 말하였다.

"그대들은 아십니까? 그 부에서는 '그대들이 출가하여 계를 받아도 효용이 있겠는가? 그대들은 무슨 이름이고, 무슨 성씨이며, 무슨 종족이고, 무슨 직업이고, 무슨 모습이다.'라고 말합니다."

다시 다른 한 부에 가서 말하였다.

---

19) 혹덩어리처럼 생겼다는 뜻이다

20) 앉은뱅이처럼 생겼다는 뜻이다.

21) 어깨가 새와 비슷하다는 뜻이다.

“그대들은 아십니까? 그 부에서는 ‘그대들이 출가하여 계를 받아도 효용이 있겠는가? 그대들은 무슨 이름이고, 무슨 성씨이며, 무슨 종족이고, 무슨 직업이고, 무슨 모습이다.’라고 말합니다.”

이때 나누어지지 않았던 자들도 곧 나누어졌고 이미 나누어진 자는 화합하지 못하였으며, 생겨나지 않았던 일은 곧 생겨났고 이미 생겨난 일은 소멸되지 않았다. 이 가운데에 비구가 있어 욕망이 적고 만족함을 알며 두타를 행하였는데, 이러한 일을 듣고서 마음이 기쁘지 않아서 여러 종류의 인연으로서 꾸짖었다.

“어찌 비구라고 이름하면서 투쟁을 좋아하여 비구 승가를 두 부로 깨뜨리고자 다시 한 부에게 ‘그 여러 비구들이 <그대들이 출가하여 계를 받아도 효용이 있겠는가? 그대들은 무슨 이름이고, 무슨 성씨이며, 무슨 종족이고, 무슨 직업이고, 무슨 모습이다.>라고 말합니다.’라고 말하고서, 다시 도리어 다른 한 부에게 ‘그대들은 아십니까? 그 여러 비구들이 <그대들이 출가하여 계를 받아도 효용이 있겠는가? 그대들은 무슨 이름이고, 무슨 성씨이며, 무슨 종족이고, 무슨 직업이고, 무슨 모습이다.>라고 말합니다.’라고 말하는가? 이때 나누어지지 않았던 자들도 곧 나누어졌고 이미 갈라진 자는 화합하지 못하였으며, 생겨나지 않았던 일은 곧 생겨났고 이미 생겨난 일은 소멸되지 않게 하는가?”

여러 종류의 인연으로서 꾸짖고서 세존을 향하여 자세히 말하였다. 세존께서는 이 일로써 비구 승가를 모으셨으며, 아시면서도 일부러 육군비구에게 물으셨다.

“그대들이 진실로 이러한 일을 지었는가?”

대답하여 말하였다.

“진실로 지었습니다. 세존이시여.”

세존께서는 여러 종류의 인연으로서 육군비구를 꾸짖으셨다.

“어찌 비구라고 이름하면서 다투기를 좋아하여 비구 승가를 두 부로 깨뜨리고자 곧 가서 한 부에게 ‘그 여러 비구들이 <그대들이 출가하여 계를 받아도 효용이 있겠는가? 그대들은 무슨 이름이고, 무슨 성씨이며,

무슨 종족이고, 무슨 직업이고, 무슨 모습이다.>라고 말합니다.'라고 말하고서, 다시 도리어 다른 한 부에게 '그대들은 아십니까? 그 여러 비구들이 <그대들이 출가하여 계를 받아도 효용이 있겠는가? 그대들은 무슨 이름이고, 무슨 성씨이며, 무슨 종족이고, 무슨 직업이고, 무슨 모습이다.>라고 말합니다.'라고 말하는가? 이때 나누어지지 않았던 자들도 곧 나누어졌고 이미 갈라진 자는 화합하지 못하였으며, 생겨나지 않았던 일은 곧 생겨났고 이미 생겨난 일은 소멸되지 않게 하였는가?"

세존께서는 여러 종류의 인연으로서 꾸짖으셨으며, 곧 본생(本生)의 인연을 여러 비구들에게 말씀하셨다.

"과거의 세상에서 설산(雪山) 아래에 두 짐승이 있었는데, 첫째는 호모사자(好毛師子)라고 이름하였고, 둘째는 호아호(好牙虎)라고 이름하였느니라. 함께 선지식이 되었고 서로가 친애(親愛)하였고 서로를 생각하며 문신하였고, 때로는 눈을 감고서 서로의 털을 핥아주었느니라. 그 두 짐승은 항상 연하고 좋은 고기를 얻어서 먹었는데, 이곳에서 멀지 않은 곳에 혓바닥이 2개인 야간(野干)이 있었고, 야간은 이렇게 생각을 지었느니라.

'이 호모사자와 호아호는 함께 선지식을 지었고, 서로 친애하고 서로를 생각하며 문신하고, 때로는 눈을 감고 서로의 털을 핥아주며 항상 연하고 좋은 고기를 얻어먹는다. 나도 마땅히 이 두 짐승의 주변에서 제3의 반려를 지어야겠다.'

이렇게 생각을 짓고서 호랑이와 사자가 있는 곳에 이르러 이렇게 말을 지었다.

"나도 그대들과 함께 제3의 반려를 지어서 주겠는데, 그대들은 내가 들어오는 것을 허락하겠는가?"

사자와 호랑이가 말하였다.

"뜻을 따르겠네."

두 혓바닥의 야간은 두 짐승이 남긴 고기를 먹었던 까닭으로 신체가 비대해졌다. 비대해지고서 이렇게 생각을 지었다.

'이 호모사자와 호아호는 함께 선지식이 되었고 서로 친애하고 서로를 생각하며 문신하고, 때로는 눈을 감고 서로의 털을 핥아주며 항상 연하고 좋은 고기를 얻어먹는다. 혹은 때에 얻지 못한다면 반드시 나를 마땅히 잡아먹을 것이다. 내가 어찌 먼저 방편을 지어서 마음을 떠나게 하지 않겠는가! 마음을 떠난다면 모두 나에게 은혜를 받는 것이다.'

이렇게 생각을 짓고서 사자에게 가서 말하였다.

"그대는 아는가? 호아호가 그대에게 악심이 있어 이렇게 말을 지었네. '호모사자가 먹었던 음식은 모두 나의 힘이었다.'"

이렇게 계송을 설하여 말하였네.

비록 좋은 털의 빛깔이 있고
빠르게 달려서 사람이 두려워하여도
호모사자는 나를 이길 수 없다네.
호아호가 이렇게 말을 지었네.

호모사자가 말하였다.

"어떻게 알 수 있는가?"

두 혓바닥의 야간이 대답하여 말하였다.

"호아호가 내일에 그대를 보는 때에 눈을 감고 그대의 털을 핥는다면 마땅히 악한 모습이라고 알게."

이렇게 말을 짓고서 호랑이에게 찾아가 말하였다.

"그대는 아는가? 호모사자가 그대에게 악심이 있어 이렇게 말을 지었네. '호아호가 먹었던 음식은 모두 나의 힘이었다.'"

이렇게 계송을 설하여 말하였네.

비록 좋은 이빨의 색깔이 있고
빠르게 달려서 사람이 두려워하여도
호아호는 나를 이길 수 없다네.
호모사자가 이렇게 말을 지었네.

호아호가 말하였다.

"어떻게 알 수 있는가?"

두 혓바닥의 야간이 대답하여 말하였다.

"호아호가 내일에 그대를 보는 때에 눈을 감고 그대의 털을 핥는다면 마땅히 악한 모습이라고 알게."

이 두 지식의 가운데에서 호랑이는 두려운 마음이 생겨났다. 이러한 까닭으로 먼저 사자가 있는 곳에 가서 말하였다.

"그대가 나에게 악한 마음이 생겨나서 이렇게 말을 지었는가? '호아호가 먹는 음식은 모두 나의 힘이라고 말하였는가?'"

다시 게송으로 설하여 말하였다.

비록 좋은 털의 빛깔이 있고
빠르게 달려서 사람이 두려워하여도
호아호는 나를 이길 수 없다네.
그대가 이런 말을 지었는가?

사자가 말하였다.

"누가 이러한 말을 지었는가?"

대답하여 말하였다.

"두 혓바닥의 야간이 말하였네."

호모사자가 다시 물어 말하였다.

"그대가 나에게 악심이 있어 이렇게 말을 지었는가? '호모사자가 먹었던 음식은 모두 나의 힘이었다.'"

다시 게송으로 설하여 말하였다.

비록 아름다운 털빛을 가졌고
빠르게 달려서 사람들이 두려워하지만
호모사자는 나를 이길 수 없다네.

그대가 이런 말을 지었는가?

호랑이가 말하였다.

"아니네."

호랑이가 사자에게 말했다.

"그대가 만약 이러한 악한 말이 있었다면 함께 선지식을 지을 수 없네."

호모사자가 말하였다.

"이것은 두 혓바닥의 야간이 이러한 말을 꾸며낸 것이네. 뜻은 어떠한가? 나와 함께 머무는 것이 즐겁지 않은가?'

곧 게송으로 설하여 말하였다.

만약 이러한 자를 믿는다면
곧 빠르게 이별하고 떠날 것이니
항상 그러한 걱정을 품으면
성냄과 원한이 마음을 떠나지 않으리.

일반적으로 선지식이 된다면
다른 사람의 말로서 이별하지 않나니
믿지 않고 없애고자 하는 자는
항상 그러한 방편을 찾는다네.

만약 다른 사람을 믿고서 이별한다면
곧 그의 먹이가 되는 것이므로
두 혓바닥의 자를 믿지 않고서
도리어 함께 화합을 지으세.

품은 생각을 서로에게 말하고
맑은 마음과 부드러운 말로

마땅히 선지식을 지어서
물과 우유같이 화합하세.

지금 이러한 피폐한 벌레는
태어나면서 성품이 스스로가 악하여
머리는 하나에 혓바닥은 두 개이므로
그것을 죽이면 곧 화합하리라.

이때 호랑이와 사자는 사실을 밝히고서 함께 야간을 붙잡아 두 분으로 나누었느니라."

세존께서는 말씀하셨다.

"축생들도 오히려 두 혓바닥인 인연의 까닭으로써 안락을 얻지 못했는데 하물며 사람이겠는가!"

세존께서는 이러한 인연으로서 꾸짖으셨으며, 여러 비구들에게 말씀하셨다.

"열 가지의 이익을 까닭으로 여러 비구들에게 계를 제정하여 주겠노라. 지금부터 이러한 계는 마땅히 이와 같이 설할지니라. '만약 비구가 양설(兩舌)한다면 바야제이니라.'

'바야제'는 이 죄는 소자와 복장으로 이름하는데, 만약 참회하지 않는다면 능히 도를 장애한다.

이 가운데에서 범하는 것은 여덟 종류가 있나니, 종족(種)·기술(技)·직업(作)·범함(犯)·질병(病)·모습(相)·번뇌(煩惱)·욕설(罵) 등을 말한다. 이 여덟 일의 가운데에서 모두 다섯 일을 수용한다면 이와 같은 이름(名)이고, 이와 같은 성씨(姓)이며, 이와 같은 종족(種)이고, 이와 같은 직업이며, 이와 같은 모습 등이다.

'이와 같은 이름'은 누구·누구의 비구를 이름한다.

'성씨'는 바차성(婆蹉姓)·구차성(俱磋姓)·상제라성(傷提羅姓)·바라타성(婆羅墮姓)·아지라성(阿支羅姓) 등이니, 이것을 성씨라고 이름한다.

'종족'은 찰리종(刹利種)·바라문종(婆羅門種)·비사종(毘舍種)·수다라종(首陀羅種) 등이다.

'직업'은 금 가게·은 가게·여관·구슬 가게 등에서 판매하는 것이다.

'모습'은 권수(捲手)·올수(兀手)·영벽(瘻癖)·좌작(左作)·비사조시(臂似鳥翅)이니, 이것을 외형이라고 이름한다.

'종족'은 만약 비구가 찰리(刹利)의 아들인 비구에게 가서 '그에게 <그대는 찰리 종족인데 출가하고 수계하더라도 효용이 있겠는가?>'라고 말하였고, 그는 '이 자는 누구인가?'라고 말하였으며, '누구라고 이름한다.'라고 대답하여 말하였으며, '이 자는 누구라고 이름하는가?'고 말하였고, '무슨 성씨이다.'라고 대답하여 말하였으며, '이 자는 무슨 성씨인가?'고 말하였고. '무슨 종족이다.'라고 대답하여 말하였으며, '이 자는 무슨 종족인가?'라고 말하였고, '무슨 직업이다.'라고 대답하여 말하였으며, '이 자는 무슨 직업인가?'라고 말하였고, '어떠한 모습이다.'라고 대답하여 말하였는데, 만약 그 사람이 이해하였다면 돌길라이다. 이해하지 못하였어도 역시 돌길라이고, 이해하였는데 다시 말하였어도 역시 돌길라이다.

만약 비구가 바라문(婆羅門)의 아들인 비구에게 가서 '그에게 <그대는 바라문 종족인데 출가하고 수계하더라도 효용이 있겠는가?>'라고 말하였고, 그는 '이 자는 누구인가?'라고 말하였으며, '누구라고 이름한다.'라고 대답하여 말하였고, '이 자는 누구라고 이름하는가?'라고 말하였으며, '무슨 성씨이다.'라고 대답하여 말하였고, '이 자는 무슨 성씨인가?'고 말하였으며. '무슨 종족이다.'라고 대답하여 말하였고, '이 자는 무슨 종족인가?'라고 말하였으며, '무슨 직업이다.'라고 대답하여 말하였고, '이 자는 무슨 직업인가?'라고 말하였으며, '무슨 모습이다.'라고 대답하여 말하였는데, 만약 그 사람이 이해하였다면 돌길라이다. 이해하지 못하였어도 역시 돌길라이고, 이해하였는데 다시 말하였어도 역시 돌길라이다.

만약 비구가 상인(估客)의 아들인 비구에게 가서 '그에게 <그대는 상인 종족인데 출가하고 수계하더라도 효용이 있겠는가?>'라고 말하였고, 그는 '이 자는 누구인가?'라고 말하였으며, '누구라고 이름한다.'라고 대답하여 말하였고, '이 자는 누구라고 이름하는가?'고 말하였으며, '무슨 성씨이다.'라고 대답하여 말하였고, '이 자는 무슨 성씨인가?'고 말하였으며. '무슨 종족이다.'라고 대답하여 말하였고, '이 자는 무슨 종족인가?'라고 말하였으며, '무슨 직업이다.'라고 대답하여 말하였고, '이 자는 무슨 직업인가?'라고 말하였으며, '무슨 모습이다.'라고 대답하여 말하였는데, 만약 그 사람이 이해하였다면 돌길라이다. 이해하지 못하였어도 역시 돌길라이고, 이해하였는데 다시 말하였어도 역시 돌길라이다.

또한 비구가 대장장이(鍛師)의 아들인 비구에게 가서 '그에게 <그대는 대장장이 종족인데 출가하고 수계하더라도 효용이 있겠는가?>'라고 말하였고, 그는 '이 자는 누구인가?'라고 말하였으며, '누구라고 이름한다.'라고 대답하여 말하였고, '이 자는 누구라고 이름하는가?'고 말하였으며, '무슨 성씨이다.'라고 대답하여 말하였고, '이 자는 무슨 성씨인가?'고 말하였으며. '무슨 종족이다.'라고 대답하여 말하였고, '이 자는 무슨 종족인가?'라고 말하였으며, '무슨 직업이다.'라고 대답하여 말하였고, '이 자는 무슨 직업인가?'라고 말하였으며, '무슨 모습이다.'라고 대답하여 말하였는데, 만약 그 사람이 이해하였다면 바야제이다. 이해하지 못하였다면 역시 돌길라이고, 이해하였는데 다시 말하였다면 바야제이고 돌길라를 얻는다.

또한 비구가 목수(木師)의 아들인 비구에게 가서 '그에게 <그대는 목수 종족인데 출가하고 수계하더라도 효용이 있겠는가?>'라고 말하였고, 그는 '이 자는 누구인가?'라고 말하였으며, '누구라고 이름한다.'라고 대답하여 말하였고, '이 자는 누구라고 이름하는가?'고 말하였으며, '무슨 성씨이다.'라고 대답하여 말하였고, '이 자는 무슨 성씨인가?'고 말하였으며. '무슨 종족이다.'라고 대답하여 말하였고, '이 자는 무슨 종족인가?'라고 말하였으며, '무슨 직업이다.'라고 대답하여 말하였고, '이 자는 무슨 직업인가?'라고 말하였으며, '무슨 모습이다.'라고 대답하여 말하였는데, 만약 그 사람이 이해하였다면 바야제이다. 이해하지 못하였다면 역시 돌길라이고, 이해하였는데 다시 말하였다면 바야제이고 돌길라를 얻는다.

또한 비구가 도공(陶師)의 아들인 비구에게 가서 '그에게 <그대는 도공 종족인데 출가하고 수계하더라도 효용이 있겠는가?>'라고 말하였고, 그는 '이 자는 누구인가?'라고 말하였으며, '누구라고 이름한다.'라고 대답하여 말하였고, '이 자는 누구라고 이름하는가?'고 말하였으며, '무슨 성씨이다.'라고 대답하여 말하였고, '이 자는 무슨 성씨인가?'고 말하였으며. '무슨 종족이다.'라고 대답하여 말하였고, '이 자는 무슨 종족인가?'라고 말하였으며, '무슨 직업이다.'라고 대답하여 말하였고, '이 자는 무슨 직업인가?'라고 말하였으며, '무슨 모습이다.'라고 대답하여 말하였는데, 만약 그 사람이 이해하였다면 바야제이다. 이해하지 못하였다면 역시 돌길라이고, 이해하였는데 다시 말하였다면 바야제이고 돌길라이다.

또한 비구가 가죽장인(皮師) 아들인 비구에게 가서 '그에게 <그대는 가죽장인 종족인데 출가하고 수계하더라도 효용이 있겠는가?>'라고 말하였고, 그는 '이 자는 누구인가?'라고 말하였으며, '누구라고 이름한다.'라고 대답하여 말하였고, '이 자는 누구라고 이름하는가?'고 말하였으며, '무슨 성씨이다.'라고 대답하여 말하였고, '이 자는 무슨 성씨인가?'고 말하였으며. '무슨 종족이다.'라고 대답하여 말하였고, '이 자는 무슨 종족인가?'라고 말하였으며, '무슨 직업이다.'라고 대답하여 말하였고, '이 자는 무슨 직업인가?'라고 말하였으며, '무슨 모습이다.'라고 대답하여 말하였는데, 만약 그 사람이 이해하였다면 바야제이다. 이해하지 못하였다면 역시 돌길라이고, 이해하였는데 다시 말하였다면 바야제이고 돌길라이다.

또한 비구가 죽세공인(竹師) 아들인 비구에게 가서 '그에게 <그대는 죽세공인 종족인데 출가하고 수계하더라도 효용이 있겠는가?>'라고 말하였고, 그는 '이 자는 누구인가?'라고 말하였으며, '누구라고 이름한다.'라고 대답하여 말하였고, '이 자는 누구라고 이름하는가?'고 말하였으며, '무슨 성씨이다.'라고 대답하여 말하였고, '이 자는 무슨 성씨인가?'고 말하였으며. '무슨 종족이다.'라고 대답하여 말하였고, '이 자는 무슨 종족인가?'라고 말하였으며, '무슨 직업이다.'라고 대답하여 말하였고,

'이 자는 무슨 직업인가?'라고 말하였으며, '무슨 모습이다.'라고 대답하여 말하였는데, 만약 그 사람이 이해하였다면 바야제이다. 이해하지 못하였다면 역시 돌길라이고, 이해하였는데 다시 말하였다면 바야제이고 돌길라이다.

또한 비구가 이발사(剃毛髮師) 아들인 비구에게 가서 '그에게 <그대는 이발사 종족인데, 출가하고 수계하더라도 효용이 있겠는가?>'라고 말하였고, 그는 '이 자는 누구인가?'라고 말하였으며, '누구라고 이름한다.'라고 대답하여 말하였고, '이 자는 누구라고 이름하는가?'고 말하였으며, '무슨 성씨이다.'라고 대답하여 말하였고, '이 자는 무슨 성씨인가?'고 말하였으며, '무슨 종족이다.'라고 대답하여 말하였고, '이 자는 무슨 종족인가?'라고 말하였으며, '무슨 직업이다.'라고 대답하여 말하였고, '이 자는 무슨 직업인가?'라고 말하였으며, '무슨 모습이다.'라고 대답하여 말하였는데, 만약 그 사람이 이해하였다면 바야제이다. 이해하지 못하였다면 역시 돌길라이고, 이해하였는데 다시 말하였다면 바야제이고 돌길라이다.

또한 비구가 전다라(旃陀羅)의 아들인 비구에게 가서 '그에게 <그대는 전다리 종족인데, 출가하고 수계하더라도 효용이 있겠는가?>'라고 말하였고, 그는 '이 자는 누구인가?'라고 말하였으며, '누구라고 이름한다.'라고 대답하여 말하였고, '이 자는 누구라고 이름하는가?'고 말하였으며, '무슨 성씨이다.'라고 대답하여 말하였고, '이 자는 무슨 성씨인가?'고 말하였으며. '무슨 종족이다.'라고 대답하여 말하였고, '이 자는 무슨 종족인가?'라고 말하였으며, '무슨 직업이다.'라고 대답하여 말하였고, '이 자는 무슨 직업인가?'라고 말하였으며, '무슨 모습이다.'라고 대답하여 말하였는데, 만약 그 사람이 이해하였다면 바야제이다. 이해하지 못하였다면 역시 돌길라이고, 이해하였는데 다시 말하였다면 바야제이고 돌길라이다.

'기술(伎)'은 만약 비구가 찰리의 아들인 비구에게 가서 '그에게 <그대는 찰리 종족이므로 마땅히 코끼리·말·수레·가마 등을 타는 것, 칼·방패·

활·화살을 잡는 것, 갈고리를 던지고 그물을 던지며 군진에 출입하는 것을 배워야 한다. 이와 같은 여러 종류의 찰리 기술이 그대가 배워야 할 것인데, 출가하고 수계하더라도 효용이 있겠는가?>'라고 말하였고, 그는 '이 자는 누구인가?'라고 말하였으며, '누구라고 이름한다.'라고 대답하여 말하였고, '이 자는 누구라고 이름하는가?'고 말하였으며, '무슨 성씨이다.'라고 대답하여 말하였고, '이 자는 무슨 성씨인가?'고 말하였으며. '무슨 종족이다.'라고 대답하여 말하였고, '이 자는 무슨 종족인가?'라고 말하였으며, '무슨 직업이다.'라고 대답하여 말하였고, '이 자는 무슨 직업인가?'라고 말하였으며, '무슨 모습이다.'라고 대답하여 말하였는데, 만약 그 사람이 이해하였다면 돌길라이다. 이해하지 못하였어도 역시 돌길라이고, 이해하였는데 다시 말하였어도 역시 돌길라이다.

또한 비구가 바라문 아들인 비구에게 가서 '그에게 <그대는 바라문 종족이므로 마땅히 위타경을 배워야 하고 다른 사람도 배우게 하며, 스스로 천사를 짓고 다른 사람도 짓게 하며, 음식주·사주·질행주·구라주·건다라주를 독송해야 한다. 이와 같은 여러 종류의 바라문의 기술이 그대가 배워야 할 것인데, 출가하고 수계하더라도 효용이 있겠는가?>'라고 말하였고, 그는 '이 자는 누구인가?'라고 말하였으며, '누구라고 이름한다.'라고 대답하여 말하였고, '이 자는 누구라고 이름하는가?'고 말하였으며, '무슨 성씨이다.'라고 대답하여 말하였고, '이 자는 무슨 성씨인가?'고 말하였으며. '무슨 종족이다.'라고 대답하여 말하였고, '이 자는 무슨 종족인가?'라고 말하였으며, '무슨 직업이다.'라고 대답하여 말하였고, '이 자는 무슨 직업인가?'라고 말하였으며, '무슨 모습이다.'라고 대답하여 말하였는데, 만약 그 사람이 이해하였다면 돌길라이다. 이해하지 못하였어도 역시 돌길라이고, 이해하였는데 다시 말하였어도 역시 돌길라이다.

또한 비구가 상인 아들인 비구에게 가서 '그에게 <그대는 상인 종족이므로 마땅히 문서와 산수와 인상을 배우고, 금은의 상태를 알며 무명과 비단을 알아, 금 가게·은 가게·여관·구리 가게·구슬 가게 등을 여는 것을 배워야 한다. 이와 같은 여러 종류의 상인의 기술이 그대가 배워야 할

것인데, 출가하고 수계하더라도 효용이 있겠는가?>'라고 말하였고, 그는 '이 자는 누구인가?'라고 말하였으며, '누구라고 이름한다.'라고 대답하여 말하였고, '이 자는 누구라고 이름하는가?'고 말하였으며, '무슨 성씨이다.'라고 대답하여 말하였고, '이 자는 무슨 성씨인가?'고 말하였으며. '무슨 종족이다.'라고 대답하여 말하였고, '이 자는 무슨 종족인가?'라고 말하였으며, '무슨 직업이다.'라고 대답하여 말하였고, '이 자는 무슨 직업인가?'라고 말하였으며, '무슨 모습이다.'라고 대답하여 말하였는데, 만약 그 사람이 이해하였다면 돌길라이다. 이해하지 못하였어도 역시 돌길라이고, 이해하였는데 다시 말하였어도 역시 돌길라이다.

또한 비구가 대장장이 아들인 비구에게 가서 '그에게 <그대는 대장장이 종족이므로 마땅히 팔찌·삽·쇠사슬·솥·냄비·양날 가래·가래·괭이·도끼·삭·큰 칼·작은 칼·발우·구발다라·반구발다라·대건자·소건자·면도칼·침·구쇄·자물쇠 등을 짓는 것을 배워야 한다. 이와 같은 여러 종류의 대장장이의 기술이 그대가 배워야 할 것인데, 출가하고 수계하더라도 효용이 있겠는가?>'라고 말하였고, 그는 '이 자는 누구인가?'라고 말하였으며, '누구라고 이름한다.'라고 대답하여 말하였고, '이 자는 누구라고 이름하는가?'고 말하였으며, '무슨 성씨이다.'라고 대답하여 말하였고, '이 자는 무슨 성씨인가?'고 말하였으며. '무슨 종족이다.'라고 대답하여 말하였고, '이 자는 무슨 종족인가?'라고 말하였으며, '무슨 직업이다.'라고 대답하여 말하였고, '이 자는 무슨 직업인가?'라고 말하였으며, '무슨 모습이다.'라고 대답하여 말하였는데, 만약 그 사람이 이해하였다면 바야제이다. 이해하지 못하였다면 역시 돌길라이고, 이해하였는데 다시 말하였다면 바야제이고 돌길라이다.

또 비구가 목수 아들인 비구에게 가서 '그에게 <그대는 목수 종족이므로 마땅히 목의 기관·화분·발우·누리·수레·가마 등을 짓는 것을 배워야 한다. 이와 같은 여러 종류의 목수의 기술이 그대가 배워야 할 것인데, 출가하고 수계하더라도 효용이 있겠는가?>'라고 말하였고, 그는 '이 자는 누구인가?'라고 말하였으며, '누구라고 이름한다.'라고 대답하여 말하였고, '이 자는 누구라고 이름하는가?'고 말하였으며, '무슨 성씨이다.'라고 대답하여 말하였고, '이 자는 무슨 성씨인가?'고 말하였으며. '무슨 종족이다.'라고 대답하여 말하였고, '이 자는 무슨 종족인가?'라고 말하였으며, '무슨 직업이다.'라고 대답하여 말하였고, '이 자는 무슨 직업인가?'라고 말하였으며, '무슨 모습이다.'라고 대답하여 말하였는데, 만약 그 사람이 이해하였다면 바야제이다. 이해하지 못하였다면 역시 돌길라이고, 이해하였는데 다시 말하였다면 바야제이고 돌길라이다.

또 비구가 도공 아들인 비구에게 가서 '그에게 <그대는 도공 종족이므로 마땅히 토질을 알아보고 흙을 취하여 진흙으로 반죽하며 물레를 돌려서 화분·병·솥·뚜껑·큰 발우·구발다라·반구발다라·대건자·소건자 등을 지어야 합니다. 이와 같은 여러 종류의 도공 기술이 그대가 배워야 할 것인데, 출가하고 수계하더라도 효용이 있겠는가?>'라고 말하였고, 그는 '이 자는 누구인가?'라고 말하였으며, '누구라고 이름한다.'라고 대답하여 말하였고, '이 자는 누구라고 이름하는가?'고 말하였으며, '무슨 성씨이다.'라고 대답하여 말하였고, '이 자는 무슨 성씨인가?'고 말하였으며. '무슨 종족이다.'라고 대답하여 말하였고, '이 자는 무슨 종족인가?'라고 말하였으며, '무슨 직업이다.'라고 대답하여 말하였고, '이 자는 무슨 직업인가?'라고 말하였으며, '무슨 모습이다.'라고 대답하여 말하였는데, 만약 그 사람이 이해하였다면 바야제이다. 이해하지 못하였다면 역시 돌길라이고, 이해하였는데 다시 말하였다면 바야제이고 돌길라이다.

또 비구가 가죽장인 아들인 비구에게 가서 '그에게 <그대는 가죽장인 종족이므로 마땅히 가죽의 상태를 알아보고 물에 담가서 질기고 부드럽게 하며 자르고 꿰매어 부라와 가죽신을 짓는 것을 배워야 하고, 사슴 가죽을 손질하고 기름을 긁어내며 안장과 채찍 짓는 것을 배워야 한다. 이와 같은 여러 종류의 가죽장인 기술이 그대가 배워야 할 것인데, 출가하고 수계하더라도 효용이 있겠는가?>'라고 말하였고, 그는 '이 자는 누구인가?'라고 말하였으며, '누구라고 이름한다.'라고 대답하여 말하였고, '이 자는 누구라고 이름하는가?'고 말하였으며, '무슨 성씨이다.'라고 대답하여 말하였고, ‘이 자는 무슨 성씨인가?’고 말하였으며. ‘무슨 종족이다.’라고 대답하여 말하였고, ‘이 자는 무슨 종족인가?’라고 말하였으며, ‘무슨 직업이다.’라고 대답하여 말하였고, ‘이 자는 무슨 직업인가?’라고 말하였으며, ‘무슨 모습이다.’라고 대답하여 말하였는데, 만약 그 사람이 이해하였다면 바야제이다. 이해하지 못하였다면 역시 돌길라이고, 이해하였는데 다시 말하였다면 바야제이고 돌길라이다.

또 비구가 죽세공인 아들인 비구에게 가서 ‘그에게 <그대는 죽세공인 종족이므로 마땅히 대나무와 갈대의 상태를 알아보고 물에 담가서 질기고 부드럽게 하는 것을 배워야 하고, 쪼개고 굽히는 법을 배워야 하며, 부채·덮개·상자·소쿠리 등을 짓는 것을 배워야 한다. 이와 같은 여러 종류의 죽세공인 기술이 그대가 배워야 할 것인데, 출가하고 수계하더라도 효용이 있겠는가?>’라고 말하였고, 그는 ‘이 자는 누구인가?’라고 말하였으며, ‘누구라고 이름한다.’라고 대답하여 말하였고, ‘이 자는 누구라고 이름하는가?’고 말하였으며, ‘무슨 성씨이다.’라고 대답하여 말하였고, ‘이 자는 무슨 성씨인가?’고 말하였으며. ‘무슨 종족이다.’라고 대답하여 말하였고, ‘이 자는 무슨 종족인가?’라고 말하였으며, ‘무슨 직업이다.’라고 대답하여 말하였고, ‘이 자는 무슨 직업인가?’라고 말하였으며, ‘무슨 모습이다.’라고 대답하여 말하였는데, 만약 그 사람이 이해하였다면 바야제이다. 이해하지 못하였다면 역시 돌길라이고, 이해하였는데 다시 말하였다면 바야제이고 돌길라이다.

또 비구가 이발사의 아들인 비구에게 가서 ‘그들이 <그대는 이발사 종족이므로 마땅히 정수리 위의 주변에서 나발을 남겨두는 법을 배워야 하고, 수염을 깎고 겨드랑이 아래의 털을 깎으며 손톱을 자르고 코털을 다듬는 것을 배워야 한다. 이와 같은 여러 종류의 이발사 기술이 그대가 배워야 할 것인데, 출가하고 수계하더라도 효용이 있겠는가?>’라고 말하였고, 그는 ‘이 자는 누구인가?’라고 말하였으며, ‘누구라고 이름한다.’라고 대답하여 말하였고, ‘이 자는 누구라고 이름하는가?’고 말하였으며, ‘무슨 성씨이다.’라고 대답하여 말하였고, ‘이 자는 무슨 성씨인가?’고 말하였으며. '무슨 종족이다.'라고 대답하여 말하였고, '이 자는 무슨 종족인가?'라고 말하였으며, '무슨 직업이다.'라고 대답하여 말하였고, '이 자는 무슨 직업인가?'라고 말하였으며, '무슨 모습이다.'라고 대답하여 말하였는데, 만약 그 사람이 이해하였다면 바야제이다. 이해하지 못하였다면 역시 돌길라이고, 이해하였는데 다시 말하였다면 바야제이고 돌길라이다.

또 비구가 전다라 아들인 비구에게 가서 '그에게 <그대는 전다라 종족이므로 마땅히 사람의 손·발·귀·코·머리를 잘라서 나무에 매다는 것을 배워야 하고, 시체를 매고서 태우는 것을 배워야 한다. 이와 같은 여러 종류의 전다라 기술이 그대가 배워야 할 것인데, 출가하고 수계하더라도 효용이 있겠는가?>'라고 말하였고, 그는 '이 자는 누구인가?'라고 말하였으며, '누구라고 이름한다.'라고 대답하여 말하였고, '이 자는 누구라고 이름하는가?'고 말하였으며, '무슨 성씨이다.'라고 대답하여 말하였고, '이 자는 무슨 성씨인가?'고 말하였으며. '무슨 종족이다.'라고 대답하여 말하였고, '이 자는 무슨 종족인가?'라고 말하였으며, '무슨 직업이다.'라고 대답하여 말하였고, '이 자는 무슨 직업인가?'라고 말하였으며, '무슨 모습이다.'라고 대답하여 말하였는데, 만약 그 사람이 이해하였다면 바야제이다. 이해하지 못하였다면 역시 돌길라이고, 이해하였는데 다시 말하였다면 바야제이고 돌길라이다.

'직업'은 만약 비구가 찰리의 아들인 비구에게 가서 '그에게 <그대는 찰리 종족이므로 마땅히 코끼리·말·수레·가마를 탈 것이고, 칼·방패·활·화살을 잡으며, 갈고리와 그물을 던지며, 군진에 출입해야 한다. 이와 같은 여러 종류의 찰리의 일이 그대가 마땅히 지을 일인데, 출가하고 수계하더라도 효용이 있겠는가?>'라고 말하였고, 그는 '이 자는 누구인가?'라고 말하였으며, '누구라고 이름한다.'라고 대답하여 말하였고, '이 자는 누구라고 이름하는가?'고 말하였으며, '무슨 성씨이다.'라고 대답하여 말하였고, '이 자는 무슨 성씨인가?'고 말하였으며. '무슨 종족이다.'라고 대답하여 말하였고, '이 자는 무슨 종족인가?'라고 말하였으며, '무슨 직업이다.'라고 대답하여 말하였고, '이 자는 무슨 직업인가?'라고 말하였으며, '무슨 모습이다.'라고 대답하여 말하였는데, 만약 그 사람이 이해하였다면 돌길라이다. 이해하지 못하였어도 역시 돌길라이고, 이해하였는데 다시 말하였어도 역시 돌길라이다.

또 비구가 바라문 아들인 비구에게 가서 '그에게 <그대는 바라문 종족이므로 마땅히 위타경을 독송할 것이고, 다른 사람도 독송하게 하며, 스스로 천사를 짓고 다른 사람도 짓게 하며, 음식주·사주·질행주·구라주·건다라주를 독송해야 한다. 이와 같은 여러 종류의 바라문의 일이 그대가 마땅히 지을 일인데, 출가하고 수계하더라도 효용이 있겠는가?>'라고 말하였고, 그는 '이 자는 누구인가?'라고 말하였으며, '누구라고 이름한다.'라고 대답하여 말하였고, '이 자는 누구라고 이름하는가?'고 말하였으며, '무슨 성씨이다.'라고 대답하여 말하였고, '이 자는 무슨 성씨인가?'고 말하였으며. '무슨 종족이다.'라고 대답하여 말하였고, '이 자는 무슨 종족인가?'라고 말하였으며, '무슨 직업이다.'라고 대답하여 말하였고, '이 자는 무슨 직업인가?'라고 말하였으며, '무슨 모습이다.'라고 대답하여 말하였는데, 만약 그 사람이 이해하였다면 돌길라이다. 이해하지 못하였어도 역시 돌길라이고, 이해하였는데 다시 말하였어도 역시 돌길라이다.

또한 비구가 상인의 아들인 비구에게 가서 '그에게 <그대는 상인 종족이므로 마땅히 금 가게·은 가게·여관·구리 가게·구슬 가게 등을 열어야 한다. 이와 같은 여러 종류의 장사가 그대가 마땅히 배울 일인데, 출가하고 수계하더라도 효용이 있겠는가?>'라고 말하였고, 그는 '이 자는 누구인가?'라고 말하였으며, '누구라고 이름한다.'라고 대답하여 말하였고, '이 자는 누구라고 이름하는가?'고 말하였으며, '무슨 성씨이다.'라고 대답하여 말하였고, '이 자는 무슨 성씨인가?'고 말하였으며. '무슨 종족이다.'라고 대답하여 말하였고, '이 자는 무슨 종족인가?'라고 말하였으며, '무슨 직업이다.'라고 대답하여 말하였고, '이 자는 무슨 직업인가?'라고 말하였으며, '무슨 모습이다.'라고 대답하여 말하였는데, 만약 그 사람이 이해하였다면 바야제이다. 이해하지 못하였다면 돌길라이고, 이해하였는데 다시 말하였다면 바야제이고 돌길라이다.

또한 비구가 대장장이 아들인 비구에게 가서 '그에게 <그대는 대장장이 종족이니 마땅히 팔찌·삽·쇠사슬·솥·냄비·양날 가래·가래·괭이·도끼·삭·큰 칼·작은 칼·발우·구발다라·반구발다라·대건자·소건자·면도칼·침·구쇄·자물쇠 등을 지어야 한다. 이와 같은 여러 종류의 대장장이의 일이 그대가 마땅히 지을 일인데, 출가하고 수계하더라도 효용이 있겠는가?>'라고 말하였고, 그는 '이 자는 누구인가?'라고 말하였으며, '누구라고 이름한다.'라고 대답하여 말하였고, '이 자는 누구라고 이름하는가?'고 말하였으며, '무슨 성씨이다.'라고 대답하여 말하였고, '이 자는 무슨 성씨인가?'고 말하였으며. '무슨 종족이다.'라고 대답하여 말하였고, '이 자는 무슨 종족인가?'라고 말하였으며, '무슨 직업이다.'라고 대답하여 말하였고, '이 자는 무슨 직업인가?'라고 말하였으며, '무슨 모습이다.'라고 대답하여 말하였는데, 만약 그 사람이 이해하였다면 바야제이다. 이해하지 못하였다면 돌길라이고, 이해하였는데 다시 말하였다면 바야제이고 돌길라이다.

또한 비구가 목수의 아들인 비구에게 가서 '그에게 <그대는 목수 종족이므로 마땅히 나무의 기관·화분·발우·누리·수레·가마 등을 지어야 한다. 이와 같은 여러 종류의 목수 일이 그대가 마땅히 일인데, 출가하고 수계하더라도 효용이 있겠는가?>'라고 말하였고, 그는 '이 자는 누구인가?'라고 말하였으며, '누구라고 이름한다.'라고 대답하여 말하였고, '이 자는 누구라고 이름하는가?'고 말하였으며, '무슨 성씨이다.'라고 대답하여 말하였고, '이 자는 무슨 성씨인가?'고 말하였으며. '무슨 종족이다.'라고 대답하여 말하였고, '이 자는 무슨 종족인가?'라고 말하였으며, '무슨 직업이다.'라고 대답하여 말하였고, '이 자는 무슨 직업인가?'라고 말하였으며, '무슨 모습이다.'라고 대답하여 말하였는데, 만약 그 사람이 이해하였다면 바야제이다. 이해하지 못하였다면 돌길라이고, 이해하였는데 다시 말하였다면 바야제이고 돌길라이다.

또 비구가 도공의 아들인 비구에게 가서 '그에게 <그대는 도공 종족이

므로 마땅히 흙을 취하여 반죽하며 물레를 돌려서 화분·병·솥·뚜껑·큰 발우·구발다라·반구발다라·대건자·소건자 등을 지어야 한다. 이와 같은 여러 종류의 도공의 일이 그대가 마땅히 지을 일인데, 출가하고 수계하더라도 효용이 있겠는가?>'라고 말하였고, 그는 '이 자는 누구인가?'라고 말하였으며, '누구라고 이름한다.'라고 대답하여 말하였고, '이 자는 누구라고 이름하는가?'고 말하였으며, '무슨 성씨이다.'라고 대답하여 말하였고, '이 자는 무슨 성씨인가?'고 말하였으며. '무슨 종족이다.'라고 대답하여 말하였고, '이 자는 무슨 종족인가?'라고 말하였으며, '무슨 직업이다.'라고 대답하여 말하였고, '이 자는 무슨 직업인가?'라고 말하였으며, '무슨 모습이다.'라고 대답하여 말하였는데, 만약 그 사람이 이해하였다면 바야제이다. 이해하지 못하였다면 돌길라이고, 이해하였는데 다시 말하였다면 바야제이고 돌길라이다.

또 비구가 가죽장인의 아들인 비구에게 가서 '그에게 <그대는 가죽장인 종족이므로 마땅히 가죽을 취하여 물에 담가서 손질하고 자르고 꿰매어서 부라·가죽신·안장·채찍 등을 지어야 한다. 이와 같은 여러 종류의 가죽장인의 일이 그대가 마땅히 지을 일인데, 출가하고 수계하더라도 효용이 있겠는가?>'라고 말하였고, 그는 '이 자는 누구인가?'라고 말하였으며, '누구라고 이름한다.'라고 대답하여 말하였고, '이 자는 누구라고 이름하는가?'고 말하였으며, '무슨 성씨이다.'라고 대답하여 말하였고, '이 자는 무슨 성씨인가?'고 말하였으며. '무슨 종족이다.'라고 대답하여 말하였고, '이 자는 무슨 종족인가?'라고 말하였으며, '무슨 직업이다.'라고 대답하여 말하였고, '이 자는 무슨 직업인가?'라고 말하였으며, '무슨 모습이다.'라고 대답하여 말하였는데, 만약 그 사람이 이해하였다면 바야제이다. 이해하지 못하였다면 돌길라이고, 이해하였는데 다시 말하였다면 바야제이고 돌길라이다.

또 비구가 죽세공인의 아들인인 비구에게 가서 '그에게 <그대는 죽세공인 종족이므로 마땅히 대나무와 갈대를 쪼개는 것을 배워서 삭·화살·부채·덮개·상자·소쿠리 등을 지어야 한다. 이와 같은 여러 종류 죽세공인의

일이 그대가 마땅히 할 일인데, 출가하고 수계하더라도 효용이 있겠는가?>'라고 말하였고, 그는 '이 자는 누구인가?'라고 말하였으며, '누구라고 이름한다.'라고 대답하여 말하였고, '이 자는 누구라고 이름하는가?'고 말하였으며, '무슨 성씨이다.'라고 대답하여 말하였고, '이 자는 무슨 성씨인가?'고 말하였으며. '무슨 종족이다.'라고 대답하여 말하였고, '이 자는 무슨 종족인가?'라고 말하였으며, '무슨 직업이다.'라고 대답하여 말하였고, '이 자는 무슨 직업인가?'라고 말하였으며, '무슨 모습이다.'라고 대답하여 말하였는데, 만약 그 사람이 이해하였다면 바야제이다. 이해하지 못하였다면 돌길라이고, 이해하였는데 다시 말하였다면 바야제이고 돌길라이다.

또 비구가 이발사의 아들인 비구에게 가서 '그에게 <그대는 이발사 종족이므로 마땅히 정수리 위의 주변에서 나발을 남겨두는 법을 배워야 하고, 수염을 깎고 겨드랑이 아래의 털을 깎으며 손톱을 자르고 코털을 다듬는 것을 배워야 한다. 이와 같은 여러 종류의 이발사의 일이 그대가 마땅히 지을 일인데, 출가하고 수계하더라도 효용이 있겠는가?>'라고 말하였고, 그는 '이 자는 누구인가?'라고 말하였으며, '누구라고 이름한다.'라고 대답하여 말하였고, '이 자는 누구라고 이름하는가?'고 말하였으며, '무슨 성씨이다.'라고 대답하여 말하였고, '이 자는 무슨 성씨인가?'고 말하였으며. '무슨 종족이다.'라고 대답하여 말하였고, '이 자는 무슨 종족인가?'라고 말하였으며, '무슨 직업이다.'라고 대답하여 말하였고, '이 자는 무슨 직업인가?'라고 말하였으며, '무슨 모습이다.'라고 대답하여 말하였는데, 만약 그 사람이 이해하였다면 바야제이다. 이해하지 못하였다면 돌길라이고, 이해하였는데 다시 말하였다면 바야제이고 돌길라이다.

또 비구가 전다라의 아들인 비구에게 가서 '그에게 <그대는 전다라 종족이므로 마땅히 사람의 손·발·귀·코·머리를 잘라서 나무에 매달고, 시체를 매고서 태우는 것을 배워야 한다. 이와 같은 여러 종류의 전다라의 일이 그대가 마땅히 지을 일인데, 출가하고 수계하더라도 효용이 있겠는가?>'라고 말하였고, 그는 '이 자는 누구인가?'라고 말하였으며, '누구라고 이름한다.'라고 대답하여 말하였고, '이 자는 누구라고 이름하는가?'고 말하였으며, '무슨 성씨이다.'라고 대답하여 말하였고, '이 자는 무슨 성씨인가?'고 말하였으며. '무슨 종족이다.'라고 대답하여 말하였고, '이 자는 무슨 종족인가?'라고 말하였으며, '무슨 직업이다.'라고 대답하여 말하였고, '이 자는 무슨 직업인가?'라고 말하였으며, '무슨 모습이다.'라고 대답하여 말하였는데, 만약 그 사람이 이해하였다면 바야제이다. 이해하지 못하였다면 돌길라이고, 이해하였는데 다시 말하였다면 바야제이고 돌길라이다.

'범하다.'는 만약 비구가 다른 비구에게 가서 '그에게 <그대는 범죄인인데, 출가하고 수계하더라도 효용이 있겠는가? 그대는 승가바시사를 범하였고, 그대는 바야제를 범하였으며, 그대는 바라제제사니를 범하였고, 그대는 돌길라를 범하였습니다.>'라고 말하였고, 그는 '이 자는 누구인가?'라고 말하였으며, '누구라고 이름한다.'라고 대답하여 말하였고, '이 자는 누구라고 이름하는가?'고 말하였으며, '무슨 성씨이다.'라고 대답하여 말하였고, '이 자는 무슨 성씨인가?'고 말하였으며. '무슨 종족이다.'라고 대답하여 말하였고, '이 자는 무슨 종족인가?'라고 말하였으며, '무슨 직업이다.'라고 대답하여 말하였고, '이 자는 무슨 직업인가?'라고 말하였으며, '무슨 모습이다.'라고 대답하여 말하였는데, 만약 그 사람이 이해하였다면 바야제이다. 이해하지 못하였다면 돌길라이고, 이해하였는데 다시 말하였다면 바야제이고 돌길라이다. 이것을 범하는 것이라고 이름한다.

'질병'은 만약 비구가 다른 비구에게 가서 '그들이 <그대는 악한 병에 걸린 사람인데, 출가하고 수계하더라도 효용이 있겠는가? 그는 나병·옹병·건병·소병·귀병에 걸렸다.>'라고 말하였고, 그는 '이 자는 누구인가?'라고 말하였으며, '누구라고 이름한다.'라고 대답하여 말하였고, '이 자는 누구라고 이름하는가?'고 말하였으며, '무슨 성씨이다.'라고 대답하여 말하였고, '이 자는 무슨 성씨인가?'고 말하였으며. '무슨 종족이다.'라고 대답하여 말하였고, '이 자는 무슨 종족인가?'라고 말하였으며, '무슨 직업이다.'라고 대답하여 말하였고, '이 자는 무슨 직업인가?'라고 말하였으며, '무슨 모습이다.'라고 대답하여 말하였는데, 만약 그 사람이 이해하였다면 바야제이다. 이해하지 못하였다면 돌길라이고, 이해하였는데 다시 말하였다면 바야제이고 돌길라이다. 이것을 질병이라고 이름한다.

'모습'은 만약 비구가 다른 비구에게 가서 '그에게 <그대는 악한 상의 사람인데, 출가하고 수계하더라도 효용이 있겠는가? 그대는 권수·올수·영벽·좌작·비사조시 등이다.>'라고 말하였고, 그는 '이 자는 누구인가?'라고 말하였으며, '누구라고 이름한다.'라고 대답하여 말하였고, '이 자는 누구라고 이름하는가?'고 말하였으며, '무슨 성씨이다.'라고 대답하여 말하였고, '이 자는 무슨 성씨인가?'고 말하였으며. '무슨 종족이다.'라고 대답하여 말하였고, '이 자는 무슨 종족인가?'라고 말하였으며, '무슨 직업이다.'라고 대답하여 말하였고, '이 자는 무슨 직업인가?'라고 말하였으며, '무슨 모습이다.'라고 대답하여 말하였는데, 만약 그 사람이 이해하였다면 바야제이다. 이해하지 못하였다면 돌길라이고, 이해하였는데 다시 말하였다면 바야제이고 돌길라이다. 이것을 모습이라고 이름한다.

'번뇌'는 만약 비구가 다른 비구에게 가서 '그에게 <그대는 번뇌가 심한 사람인데, 출가하고 수계하더라도 효용이 있겠는가? 그대는 욕심이 많고 분노가 많으며 어리석음이 많고 걱정하는 것을 좋아한다.>'라고 말하였고, 그는 '이 자는 누구인가?'라고 말하였으며, '누구라고 이름한다.'라고 대답하여 말하였고, '이 자는 누구라고 이름하는가?'고 말하였으며, '무슨 성씨이다.'라고 대답하여 말하였고, '이 자는 무슨 성씨인가?'고 말하였으며. '무슨 종족이다.'라고 대답하여 말하였고, '이 자는 무슨 종족인가?'라고 말하였으며, '무슨 직업이다.'라고 대답하여 말하였고, '이 자는 무슨 직업인가?'라고 말하였으며, '무슨 모습이다.'라고 대답하여 말하였는데, 만약 그 사람이 이해하였다면 바야제이다. 이해하지 못하였다면 돌길라이고, 이해하였는데 다시 말하였다면 바야제이고 돌길라이다. 이것을 번뇌라고 이름한다.

'욕설'은 만약 비구가 다른 비구에게 가서 '그에게 <그대는 꾸짖기를 좋아하는 사람인데, 출가하고 수계하더라도 효용이 있겠는가? 그대는

두 종류의 욕설로 다른 사람을 꾸짖는데 첫째는 일반인을 꾸짖고, 둘째는 출가한 자를 꾸짖는다.>'라고 말하였고, 그는 '이 자는 누구인가?'라고 말하였으며, '누구라고 이름한다.'라고 대답하여 말하였고, '이 자는 누구라고 이름하는가?'고 말하였으며, '무슨 성씨이다.'라고 대답하여 말하였고, '이 자는 무슨 성씨인가?'고 말하였으며. '무슨 종족이다.'라고 대답하여 말하였고, '이 자는 무슨 종족인가?'라고 말하였으며, '무슨 직업이다.'라고 대답하여 말하였고, '이 자는 무슨 직업인가?'라고 말하였으며, '무슨 모습이다.'라고 대답하여 말하였는데, 만약 그 사람이 이해하였다면 바야제이다. 이해하지 못하였다면 돌길라이고, 이해하였는데 다시 말하였다면 바야제이고 돌길라이다. 이것을 욕설이라고 이름한다.

만약 비구가 이 여덟 종류로 나머지의 비구들에게 말하였다면 별리(別離)하려는 마음이었던 까닭으로 바야제이고 돌길라이다. 이러한 여덟 종류를 다르게 만약 나머지의 일로 비구를 별리하였다면 돌길라이다. 만약 비구를 제외하고 만약 여덟 종류로 별리하였다면 돌길라이다."

[세 번째의 일을 마친다.]

세존께서는 왕사성에 머무르셨다.

이때 육군비구들이 투쟁을 좋아하여 서로를 비방하고 서로에게 욕하였다. 이러한 육군비구들이 다른 비구들과 함께 투쟁하고 서로를 비방하며 서로에게 욕하였으므로 승가는 여법하게 분쟁을 결단하여 마쳤다. 육군비구들은 여법하게 결단한 것을 알고서 도리어 다시 일으키며 이렇게 말을 지었다.

"여러 장로여. 이 일은 지어진 것이 아니고 악하게 지어졌으니 마땅히 다시 지으십시오. 결단한 것이 아니고 악하게 결단하였으니 다시 결단하십시오. 멈춘 것이 아니고 악하게 멈추었으니 다시 멈추십시오. 소멸시킨 것이 아니고 악하게 소멸시켰으니 다시 없애십시오."

이러한 가운데에서 아직 무너지지 않았던 비구들도 곧 무너졌고, 이미 무너졌던 비구들은 화합하지 못하였으며, 투쟁하지 않았던 자들이 곧 투쟁하였고, 이미 투쟁하던 자들은 멈추지 않았다. 이 가운데에 비구가 있어 욕망이 적고 만족함을 알며 두타를 행하였는데, 이러한 일을 듣고서 마음이 기쁘지 않아서 여러 종류의 인연으로서 육군비구를 꾸짖으면서 말하였다.

"어찌 비구라고 이름하면서 승가가 여법하게 결단하여 마쳤는데, 도리어 다시 일으키며 '여러 장로여. 이 일은 지어진 것이 아니고 악하게 지어졌으니 마땅히 다시 지으십시오. 결단한 것이 아니고 악하게 결단하였으니 다시 결단하십시오. 멈춘 것이 아니고 악하게 멈추었으니 다시 멈추십시오. 없앤 것이 아니고 악하게 소멸시켰으니 다시 소멸시키십시오.'라고 이렇게 말을 짓는가? 이러한 가운데에서 아직 무너지지 않았던 비구들도 곧 무너졌고, 이미 무너졌던 비구들은 화합하지 못하였으며, 투쟁하지 않았던 자들이 곧 투쟁하였고, 이미 투쟁하던 자들은 멈추지 않게 하는가?"

여러 종류로 꾸짖고서 세존을 향하여 자세히 말하였다. 세존께서는 이 일로써 비구 승가를 모으셨으며, 아시면서도 일부러 육군비구에게 물으셨다.

"그대들이 진실로 이러한 일을 지었는가?"

대답하여 말하였다.

"진실로 지었습니다. 세존이시여."

세존께서는 여러 종류의 인연으로서 육군비구를 꾸짖으셨다.

"어찌 비구라고 이름하면서 승가가 여법하게 결단하여 마쳤는데, 도리어 다시 일으키며 '여러 장로여. 이 일은 지어진 것이 아니고 악하게 지어졌으니 마땅히 다시 지으십시오. 결단한 것이 아니고 악하게 결단하였으니 다시 결단하십시오. 멈춘 것이 아니고 악하게 멈추었으니 다시 멈추십시오. 없앤 것이 아니고 악하게 소멸시켰으니 다시 소멸시키십시오.'라고 이렇게 말을 짓는가? 이러한 가운데에서 아직 무너지지 않았던 비구들도 곧 무너졌고, 이미 무너졌던 비구들은 화합하지 못하였으며, 투쟁하지 않았던 자들이 곧 투쟁하였고, 이미 투쟁하던 자들은 멈추지 않게 하였는가?"

세존께서는 여러 종류로 꾸짖고서 여러 비구들에게 말씀하셨다.

"열 가지의 이익을 까닭으로 여러 비구들에게 계를 제정하여 주겠노라. 지금부터 이러한 계는 마땅히 이와 같이 설할지니라. '만약 비구가 승가가 여법하게 결단하였는데 도리어 다시 일으킨다면 바야제이니라.' 여법하게 결단한 것은 여법(如法)하고, 율과 같으며, 비니와 같고, 세존의 교설(教說)과 같은 것이다.

'투쟁(諍)'은 네 종류가 있나니, 서로가 말로 다투는 것(相言諍)· 일이 없이 다투는 것(無事諍)· 범죄로 다투는 것(犯罪諍)· 항상 행하며 다투는 것(常所行諍)이다.

'도리어 다시 일으키다.'는 이와 같이 말을 짓는 것이다. '여러 장로여. 이 일은 지어진 것이 아니고 악하게 지어졌으니 마땅히 다시 지으십시오. 결단한 것이 아니고 악하게 결단하였으니 다시 결단하십시오. 멈춘 것이 아니고 악하게 멈추었으니 다시 멈추십시오. 소멸시킨 것이 아니고 악하게 소멸시켰으니 다시 소멸시키십시오.'

'이러한 사람'은 다섯 종류가 있나니, 첫째는 머물고 있던 사람(舊人)이고, 둘째는 나그네(客人)이며, 셋째는 욕을 받은 사람(受欲人)이고, 넷째는 갈마를 설하는 사람(說羯磨人)이며, 다섯째는 갈마를 당하는 사람(見羯磨人)이다.

'바야제'는 소자와 복장으로 이름하는데, 만약 참회하지 않는다면 능히 도를 장애한다.

이 가운데에서 범하는 것은 만약 머물고 있던 비구가 서로가 말로 다투는 것의 가운데에서 서로가 말로 다투는 것으로 생각하면서 여법하게 소멸시켰고, 여법하게 소멸시켰다고 생각하였는데, 도리어 다시 일으켜서 '여러 장로여. 이 일은 지어진 것이 아니고 악하게 지어졌으니 마땅히 다시 지으십시오. 결단한 것이 아니고 악하게 결단하였으니 다시 결단하십시오. 멈춘 것이 아니고 악하게 멈추었으니 다시 멈추십시오. 소멸시킨 것이 아니고 악하게 소멸시켰으니 다시 소멸시키십시오.'라고 이와 같은 말을 지었다면 바야제이다.

서로가 말로 다투는 것의 가운데에서 근거가 없이 다투는 것으로 생각하거나, 범죄로 다투는 것으로 생각하거나, 항상 행하며 다투는 것으로 생각하여서 여법하게 소멸시켰고, 여법하게 소멸시켰다고 생각하였는데, 도리어 다시 일으켜서 '여러 장로여. 이 일은 지어진 것이 아니고 악하게 지어졌으니 마땅히 다시 지으십시오. 결단한 것이 아니고 악하게 결단하였으니 다시 결단하십시오. 멈춘 것이 아니고 악하게 멈추었으니 다시 멈추십시오. 없앤 것이 아니고 악하게 소멸시켰으니 다시 소멸시키십시오.'라고 말한다면 바야제이다.

만약 머물고 있던 비구가 일이 없이 다투는 가운데에서 일이 없이 다투는 것으로 생각하여서 여법하게 소멸시켰고, 여법하게 소멸시켰다고 생각하였는데, 도리어 다시 일으켜서 '여러 장로여. 이 일은 지어진 것이 아니고 악하게 지어졌으니 마땅히 다시 지으십시오. 결단한 것이 아니고 악하게 결단하였으니 다시 결단하십시오. 멈춘 것이 아니고 악하게 멈추었으니 다시 멈추십시오. 소멸시킨 것이 아니고 악하게 소멸시켰으니 다시 소멸시키십시오.'라고 말한다면 바야제이다.

일이 없이 다투는 가운데에서 범죄로 다투는 것이라고 생각하거나, 항상 행하며 다투는 것으로 생각하거나, 서로가 말로 다투는 것으로 생각하여서 여법하게 소멸시켰고, 여법하게 소멸시켰다고 생각하였는데, 도리어 다시 일으켜서 '여러 장로여. 이 일은 지어진 것이 아니고 악하게 지어졌으니 마땅히 다시 지으십시오. 결단한 것이 아니고 악하게 결단하였으니 다시 결단하십시오. 멈춘 것이 아니고 악하게 멈추었으니 다시 멈추십시오. 소멸시킨 것이 아니고 악하게 소멸시켰으니 다시 소멸시키십시오.'라고 말한다면 바야제이다.

만약 머물고 있던 비구가 범죄로 다투는 가운데에서 범죄로 다투는 것으로 생각하여서 여법하게 소멸시켰고, 여법하게 소멸시켰다고 생각하였는데, 도리어 다시 일으켜서 '여러 장로여. 이 일은 지어진 것이 아니고 악하게 지어졌으니 마땅히 다시 지으십시오. 결단한 것이 아니고 악하게 결단하였으니 다시 결단하십시오. 멈춘 것이 아니고 악하게 멈추었으니 다시 멈추십시오. 소멸시킨 것이 아니고 악하게 소멸시켰으니 다시 소멸시키십시오.'라고 말한다면 바야제이다.

범죄로 다투는 가운데에서 항상 행하며 다투는 것으로 생각하거나, 서로가 말로 다투는 것으로 생각하거나, 일이 없이 다투는 것으로 생각하여서 여법하게 소멸시켰고, 여법하게 소멸시켰다고 생각하였는데, 도리어 다시 일으켜서 '여러 장로여. 이 일은 지어진 것이 아니고 악하게 지어졌으니 마땅히 다시 지으십시오. 결단한 것이 아니고 악하게 결단하였으니 다시 결단하십시오. 멈춘 것이 아니고 악하게 멈추었으니 다시 멈추십시오. 소멸시킨 것이 아니고 악하게 소멸시켰으니 다시 소멸시키십시오.'라고 말한다면 바야제이다.

만약 머물고 있던 비구가 항상 행하며 다투는 가운데에서 항상 행하며 다투는 것으로 생각하여서 여법하게 소멸시켰고, 여법하게 소멸시켰다고 생각하였는데, 도리어 다시 일으켜서 '여러 장로여. 이 일은 지어진 것이 아니고 악하게 지어졌으니 마땅히 다시 지으십시오. 결단한 것이 아니고 악하게 결단하였으니 다시 결단하십시오. 멈춘 것이 아니고 악하게 멈추었으니 다시 멈추십시오. 소멸시킨 것이 아니고 악하게 소멸시켰으니 다시 소멸시키십시오.'라고 이렇게 말한다면 바야제이다.

항상 행하며 다투는 가운데에서 서로가 말로 다투는 것으로 생각하거나, 일이 없이 다투는 것으로 생각하거나, 범죄로 다투는 것으로 생각하여서 여법하게 소멸시켰고, 여법하게 소멸시켰다고 생각하였는데, 도리어 다시 일으켜서 '여러 장로여. 이 일은 지어진 것이 아니고, 악하게 지어졌으니 마땅히 다시 지으십시오. 결단한 것이 아니고 악하게 결단하였으니 다시 결단하십시오. 멈춘 것이 아니고 악하게 멈추었으니 다시 멈추십시오. 소멸시킨 것이 아니고 악하게 소멸시켰으니 다시 소멸시키십시오.'라고 이렇게 말한다면 바야제이다.

객비구·욕을 받은 비구·갈마를 설하는 비구·갈마를 당하는 비구도 역시 이와 같다. 만약 비구가 여법하게 다툼을 소멸시키는 가운데에서 여법하게 소멸시켰다고 생각하였는데, 도리어 다시 일으킨다면 바야제이고, 여법하게 다툼을 소멸시키는 가운데에서 여법하게 소멸시키지 않았다고 생각하면서 도리어 다시 일으키더라도 바야제이며, 여법하게 다툼을 없애는 가운데에서 의심하면서 도리어 다시 일으킨다면 바야제이다.

여법하게 다툼을 소멸시키지 않는 가운데에서 여법하게 소멸시켰다고 생각하였는데, 도리어 다시 일으킨다면 돌길라이고, 여법하게 다툼을 소멸시키지 않는 가운데에서 의심하면서 도리어 다시 일으킨다면 돌길라이다. 여법하게 다툼을 소멸시키지 않는 가운데에서 여법하게 소멸시키지 않았다고 생각하면서 도리어 다시 일으킨다면 범한 것이 없다." [네 번째의 일을 마친다.]

세존께서는 사위국에 머무르셨다.

이때 가류타이는 한낮이 되기 전에 옷을 입고 발우를 들고 사위성에 들어가 걸식하였고, 걸식을 마치고 돌아와 자기 방에 이르렀다. 옷과 발우를 거두고서 열쇠를 가지고 문간(門間)에 서서 이렇게 생각을 지었다.

'만약 여인들이 와서 이곳을 보려고 한다면 내가 마땅히 여러 방사를 보여주어야겠다.'

그때 많은 여인들이 사찰에 들어와서 구경하였다. 가류타이는 멀리서 여인들이 오는 것을 보았고 이렇게 말을 지었다.

"여러 자매들이여. 오십시오. 내가 마땅히 여러 방사와 처소를 보여주겠습니다."

이러한 인연을 까닭으로 여러 여인들이 모였는데 양쪽의 부끄러운 일들을 말하였고, 다른 어머니의 일로써 딸을 향하여 말하였다.

"그대 어머니의 은밀한 곳에는 이와 같고 이와 같은 모습이 있습니다."

그때 딸은 이렇게 생각을 지었다.

'이 비구가 말하는 것과 같다면 반드시 나의 어머니와 마땅히 사통한 것이다.'

또한 딸의 일로써 어머니를 향하여 말하였다.

"그대 딸의 은밀한 곳에는 이와 같고 이와 같은 모습이 있습니다."

이때 어머니는 이렇게 생각을 지었다.

'이 비구가 말하는 것과 같다면 반드시 나의 딸과 마땅히 사통한 것이다.'

또한 며느리의 일로써 시어머니를 향하여 말하였다.

"그대 며느리의 은밀한 곳에는 이와 같고 이와 같은 모습이 있습니다."

이때 시어머니는 이렇게 생각을 지었다.

'이 비구가 말하는 것과 같다면 반드시 나의 며느리와 마땅히 사통한 것이다.'

또한 시어머니의 일로써 며느리를 향하여 말하였다.

"그대 시어머니의 은밀한 곳에는 이와 같고 이와 같은 모습이 있습니다."

이때 며느리는 이렇게 생각을 지었다.

'이 비구가 말하는 것과 같다면 반드시 나의 시어머니와 마땅히 사통한 것이다.'

가류타이가 이렇게 말하는 때에 다른 사람이 하였는가? 자신이 지었는가를 의심하였고, 이 여러 부녀(婦女)들은 전전하여 서로를 의심하였다. 이 가운데에 비구가 있어 욕망이 적고 만족함을 알며 두타를 행하였는데, 이러한 일을 듣고서 마음이 기쁘지 않아서 여러 종류의 인연으로서 꾸짖었다.

"어찌 비구라고 이름하면서 여인들 앞에서 양쪽의 부끄러운 일을 말하는가?"

여러 종류로 꾸짖었으며, 세존을 향하여 자세히 말하였다. 세존께서는 이 일로써 비구 승가를 모으셨으며, 아시면서도 일부러 가류타이에게 물으셨다.

"그대들이 진실로 이러한 일을 지었는가?"

대답하여 말하였다.

"진실로 지었습니다. 세존이시여."

세존께서는 여러 종류의 인연으로서 가류타이를 꾸짖으셨다.

"어찌 비구라고 이름하면서 여인들 앞에서 양쪽이 부끄러운 일을 말하였는가?"

세존께서는 여러 종류의 인연으로 꾸짖으셨으며, 여러 비구들에게 말씀하셨다.

"열 가지의 이익을 까닭으로 여러 비구들에게 계를 제정하여 주겠노라. 지금부터 이러한 계는 마땅히 이와 같이 설할지니라. '만약 비구가 여인들에게 법을 설하는 때에 지혜로운 남자가 있는 것을 제외하고 다섯·여섯 마디의 말을 넘어선다면 바야제이니라.'

'여인'은 능히 음욕을 받아들일 수 있는 여인이다.

'다섯·여섯 마디의 말을 넘어서다.'는 다섯 마디의 말은 '색음(色陰)은 무상하고, 수음(受陰)·상음(想陰)·행음(行陰)·식음(識陰)은 무상하다.'는 것이다. 여섯 마디의 말은 '눈은 무상하다고 이름하고, 귀·코·혀·몸·뜻은 무상하다.'는 것이다.

'법'은 세존께서 설하신 것을 이름하고, 제자가 설한 것이며, 천인(天人)이 말한 것이고, 선인(仙人)이 말한 것이며, 화인(化人)이 말한 것으로, 보시하고 계율을 지키면 천상에 태어나고 열반하는 것을 나타내고 보여주는 것이다.

'지혜로운 남자'는 이름을 알고 능히 말의 좋고 나쁨을 분별하는 자이다.

'바야제'는 소자와 복장으로 이름하는데, 만약 참회하지 않는다면 능히 도를 장애한다.

이 가운데에서 범하는 것은 만약 비구가 말을 이해하는 남자가 없는데, 여인을 위하여 법을 설하여 다섯·여섯 마디의 말을 넘겼거나, 만약 게송(偈)을 설했다면 게송·게송에 바야제이다. 만약 경을 설하였다면 일·일에 바야제이며, 만약 별도의 구절을 설하였다면 구절·구절에 바야제이다.

만약 비구가 곧 이전의 자리가 있는 곳에 앉았고 말을 이해하는 남자는 없는데, 다시 다른 여인이 있어서 왔으며, 다시 법을 설하며 다섯·여섯 마디의 말을 넘겼거나, 먼저 있던 여인도 역시 그 가운데에 있어서 두 사람이 함께 법을 들었는데, 만약 게송을 설하였다면 게송·게송에 바야제이고, 만약 경을 설하였다면 일·일에 바야제이며, 만약 별도의 구절을 설하였다면 구절·구절에 바야제이다.

만약 비구가 여인들을 위하여 법을 설하면서 말을 이해하는 남자도 없는데, 다섯·여섯 마디의 말을 넘겼거나, 이미 자리에서 일어나서 떠났으나 다시 도중에 반대편에서 오는 여인이 있었으므로 다시 법을 설하였으며, 말을 이해하는 남자도 없는데 다섯·여섯 마디의 말을 넘어섰고, 앞의 여인이 다시 따라와서 두 사람이 함께 법을 들었는데, 만약 게송을 설하였다면 게송·게송에 바야제이고, 만약 경을 설하였다면 일·일에 바야제이며, 만약 별도의 구절을 설하였다면 구절·구절에 바야제이다.

만약 비구가 여인들을 위하여 법을 설하면서 말을 이해하는 남자도 없는데, 다섯·여섯 마디의 말을 넘어섰거나, 다음으로 다른 집에 들어가서 다시 다른 여인들을 위하여 법을 설하며 다섯·여섯 마디의 말을 넘어섰고 말을 이해하는 남자가 없었으며, 이전의 여인 역시 와서 벽의 주변에서 있거나, 만약 가려진 곳의 주변이거나, 만약 울타리 주변에 있었거나, 만약 구덩이 주변에 있으면서 역시 다시 법을 들었는데, 만약 게송을 설하였다면 게송·게송에 바야제이고, 만약 경을 설하였다면 일·일에 바야제이며, 만약 별도의 구절을 설하였다면 구절·구절에 바야제이다.

범하지 않은 것은 만약 비구가 창패(唱唄)를 하였거나, 친족을 위하였거나, 만약 보시의 공덕으로 설하였거나, 만약 계를 주었거나, 만약 여인이 물어서 대답하였다면 범한 것은 아니다." [다섯 번째의 일을 마친다.]

세존께서는 아라비국(阿羅毘國)에 머무르셨다.

이때 아라비국의 비구들이 사찰 안에서 구족계(具足戒)를 받지 못한 사람들에게 구법(句法)으로서 가르쳤는데, 혹은 구족되었거나 구족되지 않았거나, 의미가 구족되었거나 구족되지 않았거나, 글자가 구족되었거나 구족되지 않았다. 이러한 인연을 까닭으로 사찰 안에서 큰 음성과 높은 음성이 흘러나와서 여러 사람들의 여러 소리가 계산을 배우는 소리와 같았고, 바라문이 위타경을 읽을 때의 소리와 같았으며, 어부들이 고기를 놓쳤던 때에 지르는 소리와 같았다. 이 사찰 안에서 구족계를 받지 못한 사람들에게 구법을 가르치는 소리가 이와 같았다. 세존께서는 이러한 크고 높은 음성들을 듣고서 아시면서도 일부러 아난에게 물으셨다.

"이 사찰에서 무슨 까닭으로 이렇게 많은 사람들의 음성이 있는가?"

아난이 대답하여 말하였다.

"세존이시여. 이것은 아라비국의 비구들이 사찰 안에서 구족계를 받지 못한 사람들에게 구법을 가르치는 소리입니다. 혹은 구족되었고 구족되지 않았으며, 의미가 구족되었고 구족되지 않았으며, 문자가 구족되었고 구족되지 않았습니다. 이러한 인연을 까닭으로 사찰 안에서 큰 음성과 높은 음성이 있습니다."

세존께서는 이 일로써 비구 승가를 모으셨으며 아시면서도 일부러 아라비의 비구들에게 물으셨다.

"그대들이 진실로 이러한 일을 지었는가?"

대답하여 말하였다.

"진실로 지었습니다. 세존이시여."

세존께서는 여러 종류의 인연으로서 아리비국의 비구를 꾸짖으셨다.

"어찌 비구라고 이름하면서 구족계를 받지 못한 사람들에게 구법을 가르쳤단 말인가?"

세존께서는 여러 종류로 꾸짖고서 여러 비구들에게 말씀하셨다.

"열 가지의 이익을 까닭으로 여러 비구들에게 계를 제정하여 주겠노라. 지금부터 이러한 계는 마땅히 이와 같이 설할지니라. '만약 비구가 구족계를 받지 못한 사람들에게 구법을 가르친다면 바야제이니라.'

'구족계를 받지 못한 사람'은 비구와 비구니를 제외한 나머지의 일체의 사람들이다.

'구법(句法)'은 구족한 구절과 구족하지 못한 구절, 구족한 문자와 구족하지 못한 문자, 구족한 의미와 구족하지 못한 의미 등이다.

'구족한 구절'은 구족되고 설해진 구절이다.

'구족하지 못한 구절'은 부족(不足)하게 설해진 구절이다.

'구족한 의미'는 구족되고 설해진 의미이다.

‘구족하지 못한 의미’는 부족하게 설해진 의미이다.

‘구족한 문자’는 구족되고 설해진 문자이다.

‘구족하지 못한 문자’는 부족하게 설해진 문자이다.

만약 구족한 구절이라면 곧 의미를 구족하였고 문자를 구족한 것이며, 부족한 구절·부족한 의미·부족한 글자가 아닌 것이다. 만약 부족한 구절이라면 곧 의미가 부족하고 글자가 부족한 것이며, 구족한 구절·구족한 의미·구족한 글자가 아닌 것이다.

‘법’은 세존께서 설하신 것을 이름하고, 제자가 설한 것이며, 천인이 말한 것이고, 선인이 말한 것이며, 화인의 말한 것으로, 보시하고 계율을 지키면 전상에 태어나고 열반하는 것을 나타내고 보여주는 것이다.

‘바야제’는 소자와 복장으로 이름하는데, 만약 참회하지 않는다면 능히 도를 장애한다.

이 가운데에서 범하는 것은 만약 비구가 구족한 구법으로 구족계를 받지 못한 사람들을 가르치면서 만약 게송을 설하였다면 게송·게송에 바야제이고, 만약 경을 설하였다면 일·일에 바야제이며, 만약 별도의 구절을 설하였다면 구절·구절에 바야제이다. 구족한 의미와 구족한 문자로 가르쳤어도 역시 이와 같다.

만약 비구가 부족한 구법으로 구족계를 받지 못한 사람들을 가르치면서 만약 게송을 설하였다면 게송·게송에 바야제이고, 만약 경을 설하였다면 일·일에 바야제이며, 만약 별도의 구절을 설하였다면 구절·구절마다 바야제이다. 구족한 의미와 부족한 문자로 가르쳤어도 역시 이와 같다.

범하지 않은 것은 설법을 마치고 말하는 것이다. 범하지 않은 것은 울제사(鬱提舍)의 일을 묻고 답하며 함께 독송하는 것이다. 그 가운데에서 스스로가 울제사를 마치고서 경을 가르치며, 나머지 암송하는 자가 암송을 마치는 것이다.” [여섯 번째의 일을 마친다.]

십송율 제10권

후진 북인도 삼장 불야다라 한역

석보운 번역

2. 이송 ④

4) 90 바일제법(婆逸提法)을 밝히다 ②

세존께서는 유야리국(維耶離國)에서 하안거의 때에 대비구 승가와 함께 머무르셨다.

이때의 세상은 기근이어서 걸식을 얻는 것이 어려웠고, 여러 사람들은 처자와 스스로의 음식이 모자라는데 하물며 걸인이겠는가! 세존께서는 이러한 인연을 까닭으로 비구 승가를 모으셨으며, 여러 비구들에게 말씀하셨다.

"그대들은 아는가? 이 세간은 기근으로 걸식을 얻는 것이 어렵고, 여러 사람들은 처자와 스스로의 음식이 모자라는데 하물며 걸인이겠는가! 그대들 비구들은 지식을 따라서, 친족을 따라서, 믿는 사람을 따라서, 그곳으로 가서 안거하라. 음식의 인연을 까닭으로써 여러 고뇌를 받지 말라."

여러 비구들은 가르침을 받고서 머리숙여 발에 예경하고서 지식을 따라서 떠나갔다. 교살라국(憍薩羅國)에 가서 안거하는 자도 있었고, 바구마(婆求摩) 강가로 가서 있었던 비구들은 한 취락을 의지하여 안거하였다. 이 취락의 가운데에는 부귀한 집안이 있었는데, 재물이 많았고 미곡(米穀)

이 풍족하며 여러 산업(産業)·토지·백성·노비·일꾼 등이 많아서 여러 종류를 성취하였다. 이때 바구마의 비구들은 이렇게 생각을 지었다.

'지금 세상은 기근으로 걸식을 얻는 것이 어렵다. 여러 사람들은 처자와 스스로의 음식이 모자라는데 하물며 걸인에게 주겠는가? 이 취락의 가운데에는 부귀한 집안이 있어 재물이 많고 미곡이 풍족하며 여러 산업·토지·백성·노비·일꾼 등이 많아서 여러 종류를 성취하였다. 우리들이 어찌 그 집에 가서 모두가 서로를 찬탄하여 말하지 않겠는가?

<이 취락의 주인들께선 아십니까? 그대들은 크고 좋은 이익을 얻었습니다. 큰 복전(福田)인 대중 승가가 있고, 그대들의 취락에 의지하여 안거하는 까닭입니다. 지금 이 대중 가운데에서 누구는 아라한이고, 누구는 향아라한이며, 누구는 아나함이고, 누구는 향아나함이며, 누구는 사다함이고, 누구는 향사다함이며, 누구는 수다원이고, 누구는 향수다원입니다. 누구는 초선·이선·삼선·사선을 얻었고, 누구는 무량자심·무량비심·무량희심·무량사심을 얻었으며, 누구는 공처·식처·무소유처·비유상비무상처를 얻었고, 누구는 부정관을 얻었고, 누구는 아나반나념을 얻었습니다.>'

비구들은 이렇게 생각을 짓고서 곧 취락에 들어갔으며 부귀한 집에 이르러 함께 서로를 찬탄하여 말하였다.

"거사(居士)께서는 아십니까? 그대들은 크고 좋은 이익을 얻었습니다. 큰 복전(福田)인 대중 승가가 있는데, 그대들의 취락에 의지하여 안거하는 까닭입니다. 지금 이 대중 가운데에서 누구는 아라한이고, 누구는 향아라한이며, 누구는 아나함이고, 누구는 향아나함이며, 누구는 사다함이고, 누구는 향사다함이며, 누구는 수다원이고, 누구는 향수다원입니다. 누구는 초선·이선·삼선·사선을 얻었고, 누구는 무량자심·무량비심·무량희심·무량사심을 얻었으며, 누구는 공처·식처·무소유처·비유상비무상처를 얻었고, 누구는 부정관을 얻었고, 누구는 아나반나념을 얻었습니다."

여러 거사들은 이 말을 듣고서 믿음으로 심인(心忍)을 얻었으며 이렇게 생각을 지었다.

'우리들은 진실로 좋은 이익을 얻었다. 큰 복전인 승가 대중이 있어 우리의 취락을 의지하여 안거한다. 누구는 아라한이시고, 누구는 향아라한이시며, 나아가 누구는 아나반나념을 증득하였다.'

나아가 풍요롭던 때와 같이 승가에게 소식(小食)·중식(中食)·달발나(怛鉢那)를 주었던 것과 같이 기근인 때에도 역시 이와 같았다. 여러 바구마강가에서 안거하였던 비구들은 이러한 음식을 먹고서 크게 힘을 얻었고 몸은 살찌고 윤택하였다. 세존께서 세상에 머무시는 때의 법에서는 일년의 두 때에 대회(大會)가 있는데, 봄의 마지막 달과 여름의 마지막 달이다. 봄의 마지막 달은 여러 지방과 국토와 여러 처소에서 여러 비구들이 와서 이렇게 생각을 짓는 것이다.

'세존께서 설하신 법을 우리들은 마땅히 안거할 때에 수습하여 얻고서 안락하게 머물러야 한다.'

이것을 첫째의 대회라고 이름한다. 여름 마지막 달은 여러 비구들이 처소와 처소에서 3개월의 하안거를 마치고 옷을 지어서 마치고서 옷과 발우를 지니고 세존의 처소에 나아가서 이렇게 생각을 짓는 것이다.

'우리들은 오랫동안 불을 보지 못했고, 오랫동안 세존을 보지 못하였다.'

이것을 둘째의 대회라고 이름한다.

이때 교살라국에서 안거하였던 비구들은 3개월이 지나자 옷을 짓는 것을 마치고 옷과 발우를 지니고 유행하면서 유야리국에 이르렀다. 제불의 상법(常法)은 세존과 함께 안거하는 비구가 있어 객비구가 오고 있다면 마땅히 함께 나가서 맞이하고 일심으로 문신하고, 방사를 열어 와구가 있는 곳을 보여주면서 이렇게 말을 짓는 것이다.

"이곳이 그대들의 방사입니다. 상탑(床榻)[1]·거상(踞床)[2]·독좌상(獨坐床)[3]·피욕(被褥)[4]·베개·자리 등을 상좌(上座)부터 차례에 따라서 머무십시

---

1) 좁고 긴 평상을 가리킨다.

2) 가로로 길게 생겨 여러 사람이 늘어앉을 수 있는 걸상을 가리킨다.

3) 한 사람의 음식을 차리기 위하여 만든 상을 가리킨다.

4) 이불과 요의 침구를 가리킨다.

오."

그때 유야리의 비구들은 교살라의 비구들이 오는 것을 멀리서 보았고, 곧 함께 나가서 일심으로 문신하였고, 함께 옷과 발우를 들어주었으며, 방사를 열어 와구가 있는 곳을 보여주면서 이와 같이 말을 지었다.

"이곳이 그대들의 방사입니다. 와구와 상탑 등을 상좌부터 차례에 따라서 머무십시오."

문신하여 말하였다.

"그대들은 도로에 피곤하지 않았습니까? 기력은 가볍고 건강하며 걸식은 어렵지 않았습니까?"

대답하여 말하였다.

"우리들은 도로에 피곤하지 않았고, 기력도 가볍고 건강하였으나, 걸식은 어려웠습니다."

유야리의 비구들이 말하였다.

"그대들은 진실로 도로에 피곤하지도 않았고, 기력도 가볍고 건강하나, 걸식을 얻는 것이 어려웠겠습니다. 그대들은 마르고 수척하며 안색이 초췌(憔悴)합니다."

이때 바구마의 강가의 주변에서 안거하였던 비구들도 3개월을 마치고 옷을 지어서 마치고서 옷과 발우를 지니고 유행하여 유야리에 이르렀다. 세존과 함께 안거한 비구들은 멀리서 바구마 강가의 비구들이 오는 것을 보고 모두 함께 나가서 일심으로 문신하고 옷과 발우를 들어 주었고 방사를 열어서 와구가 있는 곳을 보여주며 이렇게 이와 같이 말을 지었다.

"이곳이 그대들의 방사입니다. 와구와 상탑에 차례대로 머무십시오."

문신하여 말하였다.

"그대들은 도로에 피곤하지 않았습니까? 기력은 가볍고 건강하며 걸식은 어렵지 않았습니까?"

대답하여 말하였다.

"우리들은 기력이 가볍고 건강하였으며, 걸식은 어렵지 않았으나, 다만 도로에서 피곤하였습니다."

유야리에 머물렀던 비구들이 말하였다.

"그대들은 진실로 도로에서 피곤하였으나, 걸식이 어렵지는 않았겠습니다. 왜 그러한가? 그대들은 살이 찌고 안색이 편안합니다."

이때 유야리의 비구들은 점차 재촉하여 물었다.

"여러 장로들이여. 지금 세상은 기근으로 걸식을 얻는 것이 어렵습니다. 여러 사람들은 처자와 스스로의 음식도 모자라는데 하물며 걸인에게 주겠습니까? 그대들은 무슨 인연을 까닭으로 안거하는 때에 기력이 왕성하고 안색이 편안하였으며 걸식이 어렵지 않았습니까?"

이때 바구마 강가의 비구들은 곧 향하여 앞에서의 인연과 같이 자세히 말하였다. 여러 비구들이 물어 말하였다.

"그대들은 찬탄을 받을 수 있습니까? 진실로 이러한 공덕이 있습니까?"

대답하여 말하였다.

"진실로 있습니다."

이 가운데에 비구가 있어 욕망이 적고 만족함을 알며 두타를 행하였는데, 이러한 일을 듣고서 마음이 기쁘지 않아서 여러 종류의 인연으로서 꾸짖었다.

"어찌 비구라고 이름하면서 다만 음식을 위한 까닭으로 진실로 사람을 뛰어넘는 법이 있더라도 구족계를 받지 않은 사람들을 향하여 말하였는가?"

여러 종류의 인연으로 꾸짖고서 세존을 향하여 자세히 말하였다. 세존께서는 이 일로써 비구 승가를 모으셨으며, 아시면서도 일부러 바구마 비구들에게 물으셨다.

"그대들이 진실로 이러한 일을 지었는가?"

대답하여 말하였다.

"진실로 지었습니다. 세존이시여."

세존께서는 여러 종류의 인연으로서 바구마 비구들을 꾸짖으셨다.

"어찌 비구라고 이름하면서 다만 음식을 위한 까닭으로 진실로 사람을 뛰어넘는 법이 있더라도 구족계를 받지 않은 사람을 향하여 말하였는가?"

세존께서는 여러 종류로 꾸짖고서 여러 비구들에게 말씀하셨다.

"열 가지의 이익을 까닭으로 여러 비구들에게 계를 제정하여 주겠노라. 지금부터 이러한 계는 마땅히 이와 같이 설할지니라. '만약 비구가 진실로 사람을 뛰어넘는 법이 있더라도 대계(大戒)를 받지 않은 사람들에게 말한다면 바야제니라.'

'대계를 받지 않은 사람'은 비구와 비구니를 제외한 나머지의 일체 사람들이다.

'진실로 있다.'는 이것은 성스러운 법을 얻은 것이다.

바야제'는 소자와 복장으로 이름하는데, 만약 참회하지 않는다면 능히 도를 장애한다.

이 가운데에서 범하는 것은 만약 진실로 아라한이더라도 다른 사람을 향하여 말한다면 바야제이고, 진실로 향아라한이더라도 다른 사람을 향하여 말한다면 바야제이며, 진실로 아나함이거나 향아나함이고, 진실로 사다함이거나 향사다함이고, 진실로 수다원이거나 향수다원이더라도 다른 사람을 향하여 말한다면 바야제이다.

만약 비구가 진실로 초선을 증득하였더라도 다른 사람을 향하여 말한다면 바야제이고, 실제로 이선·삼선·사선·자·비·희·사·공처·식처·무소유처·비유상비무상처·부정관·아나반나념을 증득하였더라도 다른 사람에게 말한다면 바야제이다. 나아가 '나는 지계를 좋아합니다.'라고 증득하였더라도 다른 사람을 향하여 말한다면 돌길라이다.

만약 비구가 실제로 보았더라도 '여러 천인이 나의 처소로 왔고, 용·야차·부다귀(浮茶鬼)·비사차귀(毘舍遮鬼)·나찰귀(羅刹鬼)가 나의 처소로 왔다.'라고 다른 사람을 향하여 말한다면 바야제이다. 나아가 실제로 보았더라도 '토귀(土鬼)가 나의 처소로 왔다.'라고 다른 사람을 향하여 말한다면 돌길라이다." [일곱 번째의 일을 마친다.]

세존께서는 왕사성에 머무르셨다.

이때 육군비구들은 투쟁하고 서로를 비방하며 서로에게 욕하기를 즐거워하였다. 이때 육군비구들은 다른 비구들과 투쟁하고 서로를 비방하며 서로에게 욕하고서 대계를 받지 않은 사람들에게 향하여 그들의 죄악을 말하였다.

"누구 비구는 바라이를 범하였고, 승가바시사·바야제·바라제제사니·돌길라를 범하였다."

이러는 가운데에서 무너지지 않았던 자들도 곧 무너졌고 이미 무너진 자는 화합하지 못하였으며, 생겨나지 않았던 일은 곧 생겨났고, 이미 생겨난 일은 소멸되지 않았다. 이 가운데에 비구가 있어 욕망이 적고 만족함을 알며 두타를 행하였는데, 이러한 일을 듣고서 마음이 기쁘지 않아서 여러 종류의 인연으로서 육군비구를 꾸짖었다.

"어찌 비구라고 이름하면서 투쟁하고 서로를 비방하며 서로에게 욕하는 것을 즐거워하고, 다른 사람과 다투고서 대계를 받지 않은 사람들을 향하여 그들의 죄악을 드러내면서 '누구 비구는 바라이·승가바시사·바야제·바라제제사니·돌길라를 범하였다.'라고 말하는가?"

여러 종류의 인연으로 꾸짖고서 세존을 향하여 자세히 말하였다. 세존께서는 이 일로써 비구 승가를 모으셨으며 아시면서도 일부러 육군비구에게 물으셨다.

"그대들이 진실로 이러한 일을 지었는가?"

대답하여 말하였다.

"진실로 지었습니다. 세존이시여."

세존께서는 여러 종류의 인연으로서 육군비구를 꾸짖으셨다.

"어찌 비구라고 이름하면서 투쟁하고 서로를 비방하며 서로에게 욕하는 것을 즐거워하고, 다른 사람과 다투고서 대계를 받지 않은 사람들을 향하여 그들의 죄악을 드러내면서 '누구 비구는 바라이·승가바시사·바야제·바라제제사니·돌길라를 범하였다.'라고 말하였는가?"

세존께서는 여러 종류로 꾸짖으셨으며, 여러 비구들에게 말씀하셨다.

"열 가지의 이익을 까닭으로 여러 비구들에게 계를 제정하여 주겠노라. 지금부터 이러한 계는 마땅히 이와 같이 설할지니라. '만약 비구가 다른 사람이 악한 죄가 있는 것을 알고서 대계를 받지 않은 사람들에게 말하였다면, 승가의 갈마를 제외하고는 바야제이니라.'

'알다.'는 만약 스스로가 알았거나, 만약 다른 사람에게 들어서 알았거나, 만약 그가 스스로 말한 것이다.

'악한 죄'는 만약 바라이와 승가바시사의 일체 범한 죄를 모두 악하다고 이름한다.

'구족계를 받지 않은 사람'은 비구와 비구니를 제외한 나머지의 일체 사람이다.

'승가의 갈마를 제외하다.'는 승가의 갈마라고 이름하는 것은 만약 비구가 백의의 집에서 악을 지었거나, 만약 다른 사람에게 짓게 하였다면, 이러한 사람에게 현전승가(現前僧伽)[5]는 마땅히 설죄갈마(說罪羯磨)를 지어서 주도록 하라.

'설죄갈마를 짓는 법'은 먼저 능히 죄를 설할 사람을 구하면서 이와 같이 마땅히 짓도록 하라. 일심으로 화합한 승가의 가운데에서 한 비구가 창언하라.

'누구께서 능히 누구 비구의 죄를 말씀하시겠습니까? 누구께서 능히 누구 거사의 앞에서 누구 비구의 죄를 말씀하실 수 있겠습니까?'

이 가운데에서 만약 비구가 있어 '능히 하겠습니다.'라고 말하면 이 비구를 승가는 마땅히 주량(籌量)하라. 만약 5법이 있으면 승가는 죄를 말하는 사람으로 마땅히 지어서는 아니된다. 무엇이 5법인가? 애욕에 따라서 말하고, 성냄을 따라서 말하며, 두려움을 따라서 말하고, 어리석음을 따라서 말하며, 말할 것과 말하지 않을 것을 알지 못하는 것이다. 만약 비구가 5법을 성취하였다면 죄를 말하는 사람으로 지어야 한다. 무엇이 5법인가? 애욕을 따라서 말하지 않고, 성냄을 따라서 말하지 않으며, 두려움을 따라서 말하지 않고, 어리석음을 따라서 말하지 않으며, 말할 것과 말하지 않을 것을 아는 것이다. 이 가운데서 한 비구가 승가의

---

5) 한 지역이나 갈마를 행하는 처소에서 현재에 모여있는 승가를 가리킨다.

가운데에서 창언하라.

'대덕 승가께서는 허락하십시오. 누구 비구는 능히 죄를 말할 수 있는 사람으로 지을 수 있고, 능히 누구 거사의 앞에서 누구 비구의 죄를 말할 수 있습니다. 만약 승가께서 때에 이르렀다면 승가께서는 허락하십시오. 누구 비구는 능히 죄를 말할 수 있는 사람으로 지을 수 있고, 능히 누구 거사의 앞에서 누구 비구의 죄를 말할 수 있습니다. 이와 같이 아룁니다.'

아뢰고 백이갈마를 짓는다.

'승가시여. 설죄갈마를 지어서 마쳤습니다. 승가께서 허락하신 것은 묵연하셨던 까닭입니다. 이러한 일은 이와 같이 지니겠습니다.'

만약 비구가 죄를 말하는 것을 짓는다면 마땅히 그 비구의 죄를 말하고, 나머지의 비구는 마땅히 말하지 말라. 만약 나머지 비구의 죄를 말한다면 돌길라를 얻는다. 만약 비구가 죄를 말하는 것을 짓는다면 마땅히 이 거사를 향하여 말하고, 마땅히 다른 사람을 향하여 말하지 말라. 만약 다른 사람에게 말한다면 돌길라이다. 집안을 따라서 말한다면 만약 하나의 집안이거나, 만약 많은 집안이거나, 다니는 곳을 따라서 말한다면 만약 하나의 길이거나, 만약 많은 길이거나, 취락을 따라서 말한다면 만약 하나의 취락이거나, 만약 많은 취락이거나, 거리나 시장을 따라서 말한다면 만약 한 곳이거나, 만약 많은 곳이더라도, 이 가운데에서 마땅히 이와 같이 설하라. 만약 나머지의 곳에서 말한다면 돌길라이다.

만약 이 죄를 지은 비구에게 승가가 설죄갈마를 지어서 마쳤는데, 만약 다시 승가를 부지런히 괴롭힌다면, 이때에 일체의 승가는 마땅히 이 사람의 죄를 말해야 하나니, 이와 같이 마땅히 짓도록 하라. 일심으로 화합한 승가의 가운데에서 한 비구가 창언하라.

'대덕 승가께서는 허락하십시오. 이 누구 비구는 승가가 설죄갈마를 지어서 마쳤는데, 다시 승가를 부지런히 괴롭히고 있습니다. 만약 승가께서 때에 이르렀다면 승가께서는 허락하십시오. 일체 승가의 뜻을 따르고, 처소를 따라서 누구 비구의 죄를 말하겠습니다. 이와 같이 아룁니다.'

아뢰고 백사갈마를 짓는다.

'승가시여. 승가의 뜻을 따라서 설죄갈마를 지어서 마쳤습니다. 승가께서 허락하신 것은 묵연하셨던 까닭입니다. 이 일은 이와 같이 지니겠습니다.'

이것을 승가의 갈마는 제외한다고 이름한다.

'바야제'는 소자와 복장으로 이름하는데, 만약 참회하지 않는다면 능히 도를 장애한다.

이 가운데에서 범하는 것은 비구가 다른 비구가 바라이를 범하는 것을 보고서 바라이라는 생각이 생겨났거나, 보는 가운데에서 보았다고 생각하였거나, 보는 가운데에서 보지 않았다고 생각하였거나, 보는 가운데에서 의심하였거나, 듣는 가운데에서 들었다고 생각하였거나, 듣고 가운데에서 듣지 못하였다고 생각하였거나, 듣는 가운데에서 의심하면서, 만약 이름을 말한다면 바야제이고, 일을 말한다면 돌길라이다. 이름을 따라서 말하고 그 일을 따라서 말하는 하나·하나의 말이 바야제이거나, 돌길라이다.

또한 비구가 다른 비구가 승가바시사를 범하는 것을 보고서 승가바시사라는 생각이 생겨났거나, 보는 가운데에서 보았다고 생각하였거나, 보는 가운데에서 보지 않았다고 생각하였거나, 보는 가운데에서 의심하였거나, 듣는 가운데에서 들었다고 생각하였거나, 듣는 가운데에서 듣지 못하였다고 생각하였거나, 듣는 가운데에서 의심하면서, 만약 이름을 말한다면 바야제이고, 일을 말한다면 돌길라이다. 이름을 따라서 말하고 그 일을 따라서 말하는 하나·하나의 말이 바야제이거나, 돌길라이다.

또한 비구가 다른 비구가 바야제이거나, 바라제제사니이거나, 돌길라를 범하는 것을 보고서 돌길라의 가운데에서 돌길라라는 생각이 생겨났거나, 보는 가운데에서 보았다고 생각하였거나, 보는 가운데에서 보지 않았다고 생각하였거나, 보는 가운데에서 의심하였거나, 듣는 가운데에서 들었다고 생각하였거나, 듣는 가운데에서 듣지 못하였다고 생각하였거나, 듣는 가운데에서 의심하면서, 만약 이름을 말한다면 바야제이고, 일을 말한다면 돌길라이다. 이름을 따라서 말하고 그 일을 따라서 말하는 하나·하나의 말이 돌길라이다.

또한 비구가 다른 비구가 바라이를 범한 것을 보고서 바라이라고 생각하였거나, 승가바시사라고 생각하였거나, 바야제라고 생각하였거나, 바라제제사니라고 생각하였거나, 돌길라라고 생각하면서, 그 비구가 바라이의 가운데에서 돌길라라는 생각이 생겨났거나, 보는 가운데에서 보았다고 생각하였거나, 보는 가운데에서 보지 않았다고 생각하였거나, 보는 가운데에서 의심하였거나, 듣는 가운데에서 들었다고 생각하였거나, 듣는 가운데에서 듣지 못하였다고 생각하였거나, 듣는 가운데에서 의심하면서, 만약 이름을 말한다면 바야제이고, 일을 말한다면 돌길라이다. 이름을 따라서 말하고 그 일을 따라서 말하는 하나·하나의 말이 바야제이거나, 돌길라이다.

또한 비구가 다른 비구가 승가바시사를 범한 것을 보고서 승가바사사라고 생각하였거나, 바야제라고 생각하였거나, 바라제제사니라고 생각하였거나, 돌길라라고 생각하였거나, 바라이라고 생각하면서, 그 비구가 승가바시사의 가운데에서 돌길라라는 생각이 생겨났거나, 보는 가운데에서 보았다고 생각하였거나, 보는 가운데에서 보지 않았다고 생각하였거나, 보는 가운데에서 의심하였거나, 듣는 가운데에서 들었다고 생각하였거나, 듣는 가운데에서 듣지 못하였다고 생각하였거나, 듣는 가운데에서 의심하면서, 만약 이름을 말한다면 바야제이고, 일을 말한다면 돌길라이다. 이름을 따라서 말하고 그 일을 따라서 말하는 하나하나의 말이 바야제이거나, 돌길라이다.

또한 비구가 다른 비구가 바야제이거나, 바라제제사니이거나, 돌길라를 범한 것을 보고서 돌길라의 가운데에서 돌길라라고 생각하였거나, 바라이라고 생각하였거나, 승가바시사라고 생각하였거나, 바야제라고 생각하였거나, 바라제제사니라고 생각하면서, 그 비구가 돌길라의 가운데에서 돌길라라는 생각이 생겨났거나, 보는 가운데에서 보았다고 생각하였거나, 보는 가운데에서 보지 않았다고 생각하였거나, 보는 가운데에서 의심하였거나, 듣는 가운데에서 들었다고 생각하였거나, 듣는 가운데에서 듣지 못하였다고 생각하였거나, 듣는 가운데에서 의심하면서, 만약 이름을 말한다면 바야제이고, 일을 말한다면 돌길라이다. 이름을 따라서 말하고 그 일을 따라서 말하는 하나·하나의 말이 돌길라이다.

만약 비구가 다른 비구가 바라이를 범한 것을 보고 '바라이인가? 바라이가 아닌가?'라는 의심이 생겨났는데, 이 비구가 뒤에 곧 의심을 끊고 바라이의 가운데에서 바라이라는 생각이 생겨났거나, 보는 가운데에서 보았다고 생각하였거나, 보는 가운데에서 보지 않았다고 생각하였거나, 보는 가운데에서 의심했거나, 듣는 가운데에서 들었다고 생각하였거나, 듣는 가운데에서 듣지 못하였다고 생각하였거나, 듣는 가운데에서 의심하면서, 만약 이름을 말한다면 바야제이고, 일을 말한다면 돌길라이다. 이름을 따라서 말하고 그 일을 따라서 말하는 하나하나의 말이 바야제이거나, 돌길라이다.

또한 비구가 다른 비구가 승가바시사를 범한 것을 보고 '승가바시사인가? 승가바시사가 아닌가?'라는 의심이 생겨났는데, 이 비구가 뒤에 곧 의심을 끊고 승가바시사의 가운데에서 승가바시사라는 생각이 생겨났거나, 보는 가운데에서 보았다고 생각하였거나, 보는 가운데에서 보지 않았다고 생각하였거나, 보는 가운데에서 의심하였거나, 듣는 가운데에서 들었다고 생각하였거나, 듣는 가운데에서 듣지 못하였다고 생각하였거나, 듣는 가운데에서 의심하면서, 만약 이름을 말한다면 바야제이고, 일을 말한다면 돌길라이다. 이름을 따라서 말하고 그 일을 따라서 말하는 하나하나의 말이 바야제이거나, 돌길라이다.

또한 비구가 다른 비구가 바야제이거나, 바라제제사니이거나, 돌길라를 범한 것을 보고 이 비구가 돌길라의 가운데에서 '돌길라인가? 돌길라가 아닌가?'라는 의심이 생겨났는데 이 비구가 뒤에 곧 의심을 끊고 돌길라의 가운데에서 돌길라라는 생각이 생겨났거나, 보는 가운데에서 보았다고 생각했거나, 보는 가운데에서 보지 않았다고 생각하였거나, 보는 가운데에서 의심하였거나, 듣는 가운데에서 들었다고 생각하였거나, 듣는 가운데에서 듣지 못하였다고 생각하였거나, 듣는 가운데에서 의심하면서,

만약 이름을 말한다면 바야제이고, 일을 말한다면 돌길라이다. 이름을 따라서 말하고 그 일을 따라서 말하는 하나·하나의 말이 돌길라이다.

만약 비구가 다른 비구가 바라이를 범한 것을 보고 바라이의 가운데에서 '바라이인가? 승가바시사인가? 바라이인가? 바야제인가? 바라이인가? 바라제제사니인가? 바라이인가? 돌길라인가?'라는 의심이 생겨났는데 이 비구가 의심을 끊고 바라이의 가운데에서 바라이라는 생각이 생겨났거나, 보는 가운데에서 보았다고 생각하였거나, 보는 가운데에서 보지 않았다고 생각하였거나, 보는 가운데에서 의심했거나, 듣는 가운데에서 들었다고 생각하였거나, 듣는 가운데에서 듣지 못하였다고 생각하였거나, 듣는 가운데에서 의심하면서, 만약 이름을 말한다면 바야제이고, 일을 말한다면 돌길라이다. 이름을 따라서 말하고 그 일을 따라서 말하는 하나·하나의 말이 바야제이거나, 돌길라이다.

만약 비구가 다른 비구가 승가바시사를 범한 것을 보고서 이 죄가 '승가바시사인가? 바야제인가? 승가바시사인가? 바라제제사니인가? 승가바시사인가? 돌길라인가? 승가바시사인가? 바라이인가?'라는 의심이 생겨났는데 이 비구가 의심을 끊고 승가바시사의 가운데에서 승가바시사라는 생각이 생겨났거나, 보는 가운데에서 보았다고 생각하였거나, 보는 가운데에서 보지 않았다고 생각하였거나, 보는 가운데에서 의심하였거나, 듣는 가운데에서 들었다고 생각하였거나, 듣는 가운데에서 듣지 못하였다고 생각하였거나, 듣는 가운데에서 의심하면서, 만약 이름을 말한다면 바야제이고, 일을 말한다면 돌길라이다. 이름을 따라서 말하고 그 일을 따라서 말하는 하나·하나의 말이 바야제이거나, 돌길라이다.

만약 비구가 다른 비구가 바야제나 바라제제사니나 돌길라를 범한 것을 보고서 돌길라의 가운데에서 '돌길라인가? 바라이인가? 돌길라인가? 승가바시사인가? 돌길라인가? 바야제인가? 돌길라인가? 바라제제사니인가?'라는 의심이 생겨났는데 이 비구가 의심을 끊고 돌길라의 가운데에서 돌길라라는 생각이 생겨났거나, 보는 가운데에서 보았다고 생각하였거나, 보는 가운데에서 보지 않았다고 생각하였거나, 보는 가운데에서 의심하였거나, 듣는 가운데에서 들었다고 생각하였거나, 듣는 가운데에서 듣지 못하였다고 생각하였거나, 듣는 가운데에서 의심하면서, 만약 이름을 말한다면 바야제이고, 일을 말한다면 돌길라이다. 이름을 따라서 말하고 그 일을 따라서 말하는 하나·하나의 말이 돌길라이다.

만약 비구가 다른 비구가 바라이를 범한 것을 보고서 이 죄가 '바라이인가? 승가바시사인가? 바야제인가? 바라제제사니인가? 돌길라인가?'라는 의심이 생겨났는데 이 비구가 바라이의 가운데에서 분명히 돌길라라는 생각이 생겨났거나, 보는 가운데에서 보았다고 생각하였거나, 보는 가운데에서 보지 않았다고 생각했거나, 보는 가운데에서 의심하였거나, 듣는 가운데에서 들었다고 생각하였거나, 듣는 가운데에서 듣지 못하였다고 생각하였거나, 듣는 가운데에서 의심하면서, 만약 이름을 말한다면 바야제이고, 일을 말한다면 돌길라이다. 이름을 따라서 말하고 그 일을 따라서 말하는 하나하나의 말이 바야제이거나, 돌길라이다.

만약 비구가 다른 비구가 승가바시사를 범한 것을 보고서 이 죄가 '승가바시사인가? 바야제인가? 바라제제사니인가? 돌길라인가? 바라이인가?'라는 의심이 생겨났는데 이 비구가 승가바시사의 가운데에서 분명히 돌길라라는 생각이 생겨났거나, 보는 가운데에서 보았다고 생각하였거나, 보는 가운데에서 보지 않았다고 생각했거나, 보는 가운데에서 의심하였거나, 듣는 가운데에서 들었다고 생각하였거나, 듣는 가운데에서 듣지 못하였다고 생각하였거나, 듣는 가운데에서 의심하면서, 만약 이름을 말한다면 바야제이고, 일을 말한다면 돌길라이다. 이름을 따라서 말하고 그 일을 따라서 말하는 하나·하나의 말이 바야제이거나, 돌길라이다.

만약 비구가 다른 비구가 바야제이거나, 바라제제사니이거나, 돌길라를 범한 것을 보고서 이 죄가 '돌길라인가? 바라이인가? 승가바시사인가? 바야제인가? 바라제제사니인가?'라는 의심이 생겨났는데 이 비구가 돌길라의 가운데에서 분명히 돌길라라는 생각이 생겨났거나, 보는 가운데에서 보았다고 생각했거나, 보는 가운데에서 보지 않았다고 생각하였거나, 보는 가운데에서 의심했거나, 듣는 가운데에서 들었다고 생각하였거나,

듣는 가운데에서 듣지 못하였다고 생각하였거나, 듣는 가운데에서 의심하면서, 만약 이름을 말한다면 바야제이고, 일을 말한다면 돌길라이다. 이름을 따라서 말하고 그 일을 따라서 말하는 하나·하나의 말이 돌길라이다." [여덟 번째의 일을 마친다.]

세존께서는 왕사성에 머무르셨다.

이때 장로인 타표역사(陀驃力士)의 아들은 지혜가 많고 지식이 많아서 능히 음식·의복·와구·의약품 등 생활용품을 공양받았다. 이때 타표비구의 옷이 낡고 찢어졌으므로 여러 거사들이 타표 비구를 인연한 까닭으로 대중 승가에게 많은 음식과 의복 등 현전승가가 마땅히 나누는 물건을 많이 주었다. 이때 미다라부마(彌多羅浮摩) 비구는 이렇게 생각을 지었다.

'이 타표 비구를 인연한 까닭으로 대중 승가는 음식·의복·와구·의약품 등의 많은 공양을 얻은 것이다. 이 타표비구의 옷이 낡고 찢어졌던 까닭이다. 지금 대중 승가가 얻은 현전승물(現前僧物)을 마땅히 나누더라도 대중 앞에서 갈마를 짓고 타표 비구에게 주어야 한다.'

이렇게 생각을 짓고서 곧 대중 승가의 가운데에서 갈마를 지어서 타표비구에게 주었다. 이 미다라부마 비구는 이전에는 스스로가 주도록 권유하였으나 뒤에는 이렇게 말을 지었다.

"여러 비구들은 친근(親厚)함을 따라서 승물(僧物)을 되돌려 주십시오."

이 가운데에 비구가 있어 욕망이 적고 만족함을 알며 두타를 행하였는데, 이러한 일을 듣고서 마음이 기쁘지 않아서 여러 종류의 인연으로 꾸짖었다.

"어찌 비구라고 이름하면서 이전에는 스스로 주도록 권유하고서 뒤에 '여러 비구들은 친함을 따라서 승물을 되돌려 주십시오.'라고 말하는가?"

여러 종류의 인연으로 꾸짖고서 세존을 향하여 자세히 말하였다. 세존께서는 이 일로써 비구 승가를 모으셨으며, 아시면서도 일부러 미다라부마 비구에게 물으셨다.

"그대가 진실로 이러한 일을 지었는가?"

대답하여 말하였다.

"진실로 지었습니다. 세존이시여."

세존께서는 여러 종류의 인연으로서 꾸짖으셨다.

"어찌 비구라고 이름하면서 이전에는 스스로 주도록 권유하고서 뒤에 '여러 비구들은 친함을 따라서 승물을 되돌려 주십시오.'라고 말하였는가?"

세존께서는 여러 종류로 꾸짖으셨으며, 여러 비구들에게 말씀하셨다.

"열 가지의 이익을 까닭으로 여러 비구들에게 계를 제정하여 주겠노라. 지금부터 이러한 계는 마땅히 이와 같이 설할지니라. '만약 비구가 이전에 스스로 주도록 권유하고서 뒤에 <여러 비구들은 친한 것을 따라서 승물을 되돌려 주십시오.>라고 말하였다면 바야제이니라.'

'이전에 주도록 권유하다.'는 이전에는 승가에 주고자 하였으나 뒤에 이렇게 말을 짓는 것이다.

'친근함을 따르다.'는 화상과 아사리를 따르고, 동류의 화상과 아사리를 따르며, 선지식을 따르고, 애념(愛念)하는 것을 따르며, 같은 일을 따르고, 국토를 따르며, 취락을 따르고, 집안을 따르며, 반려를 따르는 것이다.

'승물'은 만약 보시로 얻은 물품이라면 옷·발우·호구·시약·야분약·칠일약·종신약 등이다.

'바야제'는 소자와 복장으로 이름하는데, 만약 허물을 참회하지 않는다면 능히 도를 장애한다.

이 가운데에서 범하는 것은 만약 비구가 이전에는 주도록 권유하고서 뒤에 '여러 비구들은 친한 것을 따라서 승물을 되돌려 주십시오.'라고 말하였다면 바야제를 얻는다. 만약 '화상을 따르십시오. 아사리를 따르십시오. 동류의 화상을 따르십시오. 동류의 아사리를 따르십시오. 선지식을 따르십시오. 애념을 따르십시오. 같은 일을 따르십시오. 국토를 따르십시오. 취락을 따르십시오. 집안을 따르십시오. 반려 따르십시오.'라고 이렇게 말을 지었다면 모두 바야제이다." [아홉 번째의 일을 마친다.]

세존께서는 구섬미국(拘睒彌國)에 머무르셨다.

이때 장로인 천나(闡那)가 허물을 참회할 죄를 범하였다. 이때 여러 비구들은 자비심으로 연민하였고 이롭게 하려는 까닭으로 가르쳐서 참회하게 하면서 말하였다.

"천나여. 그대는 허물을 참회할 죄를 범하였습니다. 그대는 마땅히 드러내고 덮고 숨기지 마십시오."

천나가 말하였다.

"이러한 잡스럽고 부스러기인 계율을 이용하여 보름에 계를 설하는 때에 여러 비구들에게 의심하고 후회하며 번민스럽게 하고, 근심하게 하므로 즐겁지 않아서, 계를 버릴 마음이 생겨납니다."

이 가운데에 비구가 있어 욕망이 적고 만족함을 알며 두타를 행하였는데, 이러한 일을 듣고서 마음이 기쁘지 않아서 여러 종류의 인연으로서 꾸짖었다.

"어찌 비구라고 이름하면서 '이러한 잡스럽고 부스러기인 계율을 이용하여 보름에 계를 설하는 때에 여러 비구들에게 의심하고 후회하며 번민스럽게 하고, 근심하게 하므로 즐겁지 않아서, 계를 버릴 마음이 생겨납니다.'라고 이렇게 말을 짓는가?"

여러 종류의 인연으로 꾸짖고서 세존을 향하여 자세히 말하였다. 세존께서는 이 일로써 비구 승가를 모으셨으며, 아시면서도 일부러 천나에게 물으셨다.

"그대가 진실로 이러한 일을 지었는가?"

대답하여 말하였다.

"진실로 지었습니다. 세존이시여."

세존께서는 여러 종류의 인연으로서 꾸짖으셨다.

"어찌 비구라고 이름하면서 이미 학처(學處)를 훼방하고 헐뜯었는가?"

세존께서는 여러 종류로 꾸짖고서 여러 비구들에게 말씀하셨다.

"열 가지의 이익을 까닭으로 여러 비구들에게 계를 제정하여 주겠노라. 지금부터 이러한 계는 마땅히 이와 같이 설할지니라. '만약 비구가 계를 설하는 때에 <이러한 잡스럽고 부스러기인 계율을 이용하여 보름에

계를 설하는 때에 여러 비구들에게 의심하고 후회하며 번민스럽게 하고, 근심하게 하므로 즐겁지 않아서, 계를 버릴 마음이 생겨납니다.>라고 이렇게 계율을 업신여기고 헐뜯는 자는 바야제이니라.'

'바야제'는 죄를 소자와 복장으로 이름하는데, 만약 허물을 참회하지 않는다면 능히 도를 장애한다.

이 가운데에서 범하는 것은 만약 비구가 4바라이를 설하는 때에 '이러한 4바라이를 이용하여 보름의 계를 설하는 때에 여러 비구들에게 의심하고 후회하며 번민스럽게 하고, 근심하게 하므로 즐겁지 않아서, 계를 버릴 마음이 생겨납니다.'라고 이렇게 말을 짓는 자는 바야제이다. 만약 비구가 13승가바시사를 설하는 때에, 2부정법을 설하는 때에, 30니살기바야제법을 설하는 때에, 90바야제를 설하는 때에, 4바라제제사니를 설하는 때에, 중다학법(衆多學法)을 설하는 때에, 7지쟁법(止諍法)을 설하는 때와 율경(律經)에 따라서 설하는 때에 만약 '이러한 율경을 이용하여 보름의 계를 설하는 때에 여러 비구들에게 의심하고 후회하며 번민스럽게 하고, 근심하게 하므로 즐겁지 않아서, 계를 버릴 마음이 생겨납니다.'라고 이렇게 말을 짓는 자는 모두 바야제이다.

율경에 따르는 것을 제외하고 다른 경을 설하는 때에 '이러한 경을 이용하여 보름의 계를 설하는 때에 여러 비구들에게 의심하고 후회하며 번민스럽게 하고, 근심하게 하므로 즐겁지 않아서, 계를 버릴 마음이 생겨납니다.'라고 이렇게 말을 짓는 자는 돌길라이고, 설해지는 처소를 따라서 하나·하나의 말에 바야제와 돌길라를 얻는다." [열 번째의 일을 마친다.]

세존께서는 아라비국에 머무르셨다.

그때 아라비의 여러 비구들이 스스로가 손으로 사찰 안의 풀을 뽑았고, 경행하는 처소의 풀과 경행하는 양쪽 앞 처소의 풀을 뽑았으며, 스스로가 손으로 꽃을 채취하였다. 이때 거사가 있었는데, 초목의 가운데에도 생명이 있다고 생각하였으므로 보고서 질투심으로 말하였다.

"사문 석자는 사람의 목숨을 빼앗고 일체의 중생을 죽이는구나."

이 가운데에 비구가 있어 욕망이 적고 만족함을 알며 두타를 행하였는데 이러한 일을 듣고서 마음이 기쁘지 않아서 세존을 향하여 자세히 말하였다. 세존께서는 이 일로써 비구 승가를 모으셨으며, 아시면서도 일부러 아라비의 비구들에게 물으셨다.

"그대들이 진실로 이러한 일을 지었는가?"

대답하여 말하였다.

"진실로 지었습니다. 세존이시여."

세존께서는 여러 종류의 인연으로서 꾸짖으셨다.

"어찌 비구라고 이름하면서 스스로가 손으로 사찰 안의 풀을 뽑았고, 경행하는 처소와 경행하는 양쪽 앞 처소의 풀을 뽑았으며, 스스로가 손으로 꽃을 채취하였는가?"

세존께서는 다만 꾸짖으셨으며 계를 제정하지 않으셨다.

세존께서는 사위국에 머무르셨다.

이때 한 마하로(摩訶盧)[6] 비구가 있었고 목수의 종족이었는데, 큰 필발수(畢撥樹)를 베어서 큰 방사를 일으켰다. 이 수신(樹神)은 후야의 때에 어린아이를 업고 다시 손에는 다시 아들·딸을 잡아 이끌고서 세존의 처소로 나아가서 둘러섰으며, 머리숙여 발에 예경하고서 한쪽에 서 있으면서 세존께 아뢰었다.

"세존이시여. 어찌 이러한 법이 있습니까? 우리가 머무는 곳이고 쉬는 곳이며 의지하는 곳이고 돌아가는 곳이며 나아가는 방사입니다. 한 마하로 비구가 우리의 나무를 베어서 큰 방사를 지었습니다. 저의 아이들은 아직 어리고 많습니다. 겨울의 팔야(八夜)의 찬바람이 부서진 대나무처럼 불고 있고 얼음이 얼어서 몹시 추운 때에 저는 마땅히 어떻게 아이들을 안은하게 합니까?"

---

6) 산스크리트어 mahallaka의 음사로서 노(老)·구(舊)·무지(無知)라고 번역된다. 늙거나 어리석은 자를 일컫는 말이다.

세존께서는 그때 다른 귀신에게 칙명하여 말씀하셨다.

"그대들은 마땅히 편안히 머물도록 이러한 주처를 주도록 하라."

여러 귀신들은 세존의 말씀을 까닭으로 곧 주처를 주었다. 이 밤이 지나고서 세존께서는 이 일로써 비구 승가를 모으셨으며, 여러 비구들에게 말씀하셨다.

"어젯밤(昨夜)에 한 귀신이 어린아이를 업고 다시 손에는 다시 아들·딸을 잡아 이끌고서 와서 둘러쌌으며 나의 처소에 이르러 머리숙여 발에 예경하고 한쪽에 서서 말하였느니라. '어찌 이러한 법이 있습니까? 우리가 머무는 곳이고 쉬는 곳이며 의지하는 곳이고 돌아가는 곳이며 나아가는 방사입니다. 한 마하로 비구가 우리의 나무를 베어서 큰 방사를 지었습니다. 저의 아이들은 아직 어리고 많습니다. 겨울의 팔야의 찬바람이 부서진 대나무처럼 불고 있고 얼음이 얼어서 몹시 추운 때에 저는 마땅히 어떻게 아이들을 안은하게 합니까?'"

세존께서는 여러 비구들에게 말씀하셨다.

"이러한 일은 비법(非法)이고, 옳지도 않으며, 마땅하지 않은 일이다. 거사와 천신(天神)이 모두 싫어하고 꾸짖는 것이다. 어찌 비구라고 이름하면서 스스로가 손으로 사찰 안의 풀을 뽑았고, 경행하는 처소의 풀과 경행하는 양쪽 앞 처소의 풀을 뽑았으며, 스스로가 손으로 꽃을 채취하였는가?"

세존께서는 여러 종류로 꾸짖고서 여러 비구들에게 말씀하셨다.

"열 가지의 이익을 까닭으로 여러 비구들에게 계를 제정하여 주겠노라. 지금부터 이러한 계는 마땅히 이와 같이 설할지니라. '만약 비구가 귀촌(鬼村)의 종자(種子)를 베거나, 뽑는다면 바야제이니라.'

'귀촌(鬼村)'은 중생이 의지하여 머무는 살아 있는 초목을 말한다.

'중생'은 수신(樹神)·천신(泉神)·하신(河神)·사신(舍神)·교도신(交道神)·시신(市神)·도도신(都道神)·모기·말똥구리·나비·담마충(噉麻蟲)·전갈·개미 등이다. 이러한 중생들은 초목으로서 집으로 삼고, 취락과 성읍(城邑)을 취락으로 삼는다.

'살아있다.'는 이를테면, 뿌리가 물을 머금은 것이다. 만약 스스로가 자르거나, 만약 다른 사람을 시켜서 자르며, 스스로가 부러뜨리거나, 다른 사람을 시켜서 부러뜨리며, 스스로가 태우거나, 다른 사람을 시켜서 태운다면 이것을 베는 것이라고 이름한다.

초목에는 다섯 종류의 종자가 있나니, 뿌리 종자·줄기 종자·마디 종자·스스로 떨어지는 종자·열매 종자이다. '뿌리 종자'는 이를테면, 우(藕)[7]·나복(羅蔔)[8]·무청(蕪菁)[9]·사루루(舍樓樓)·투루루(偸樓樓)이니, 이와 같이 비슷한 종류는 뿌리에서 생겨나는 식물이다.

'줄기 종자'는 이를테면, 석류(石榴)·포도(葡萄)·양류(楊柳)[10]·사륵(沙勒)이니, 이와 같이 비슷한 종류는 줄기에서 생겨나는 식물이다.

'마디 종자'는 이를테면, 감자(甘蔗)·추죽(麤竹)·세죽(細竹)이니, 이와 같이 비슷한 종류는 마디에서 생겨나는 식물이다.

'스스로 떨어지는 종자'는 이를테면, 요(蓼)[11]·아수로(阿修盧)·파수로(波修盧)·수가라(修伽羅)·보리나(菩提那) 등이니, 이와 같이 비슷한 종류는 스스로 떨어져서 생겨나는 식물이다.

'열매 종자'는 이를테면, 벼(稻)·삼(麻)·보리(麥)·대두(大豆)·소두(小豆)·편두(褊豆) 등이니, 이와 같이 비슷한 종류는 씨앗에서 생겨나는 식물이다.

'바야제'는 소자와 복장으로 이름하는데, 만약 허물을 참회하지 않는다면 능히 도를 장애한다.

이 가운데에서 범하는 것은 만약 비구가 뿌리 종자 가운데에서 뿌리 종자로 생각하였고, 살아있는 가운데에서 살아있다고 생각하면서 스스로가 자르거나 만약 다른 사람을 시켜서 자르며, 스스로가 부러뜨리거나 다른 사람을 시켜서 부러뜨리며, 스스로가 태우거나 다른 사람을 시켜서

7) 연뿌리를 가리킨다.

8) 무우를 가리킨다.

9) 십자화과의 한해살이풀 또는 두해살이풀인 순무를 가리킨다.

10) 버드나무과에 딸린 갈잎큰키나무로서 갯버들과 수양버들을 가리킨다.

11) 소채(蔬菜)의 하나로 여뀌라고 부르며 눈을 밝게 하고 속을 따뜻하게 하며 수기(水氣)를 내리고 통증을 완화하는 효능이 있는 약재이다.

태운다면 바야제이다. 또한 비구가 뿌리 종자 가운데에서 줄기 종자로 생각하거나, 마디 종자로 생각하거나, 저절로 떨어지는 종자로 생각하거나, 열매 종자로 생각하거나, 살아있는 가운데에서 살아있다고 생각하면서 스스로가 자르거나 만약 다른 사람을 시켜서 자르며, 스스로가 부러뜨리거나 다른 사람을 시켜서 부러뜨리며, 스스로가 태우거나 다른 사람을 시켜서 태운다면 바야제이다.

만약 비구가 줄기 종자 가운데에서 줄기 종자로 생각하였고, 살아있는 가운데에서 살아있다고 생각하면서 스스로가 자르거나 만약 다른 사람을 시켜서 자르며, 스스로가 부러뜨리거나 다른 사람을 시켜서 부러뜨리며, 스스로가 태우거나 다른 사람을 시켜서 태웠다면 바야제이다. 또한 비구가 줄기 종자 가운데에서 마디 종자로 생각하거나, 저절로 떨어지는 종자로 생각하거나, 열매 종자로 생각하거나, 뿌리 종자로 생각하거나, 살아있는 가운데에서 살아있다고 생각하면서 스스로가 자르거나 만약 다른 사람을 시켜서 자르며, 스스로가 부러뜨리거나 다른 사람을 시켜서 부러뜨리며, 스스로가 태우거나 다른 사람을 시켜서 태웠다면 바야제이다.

만약 비구가 마디 종자 가운데에서 마디 종자로 생각하였고, 살아있는 가운데에서 살아있다고 생각하면서 스스로가 자르거나 만약 다른 사람을 시켜서 자르며, 스스로가 부러뜨리거나 다른 사람을 시켜서 부러뜨리며, 스스로가 태우거나 다른 사람을 시켜서 태웠다면 바야제이다. 또한 비구가 마디 종자 가운데에서 저절로 떨어지는 종자로 생각하거나, 열매 종자로 생각하거나, 뿌리 종자로 생각하거나, 줄기 종자로 생각하거나,, 살아있는 중에서 살아있다고 생각하면서 스스로가 자르거나 만약 다른 사람을 시켜서 자르며, 스스로가 부러뜨리거나 다른 사람을 시켜서 부러뜨리며, 스스로가 태우거나 다른 사람을 시켜서 태운다면 바야제이다.

만약 비구가 저절로 떨어지는 종자 가운데에서 저절로 떨어지는 종자로 생각하였고, 살아있는 중에서 살아있다고 생각하면서 스스로가 자르거나 만약 다른 사람을 시켜서 자르며, 스스로가 부러뜨리거나 다른 사람을 시켜서 부러뜨리며, 스스로가 태우거나 다른 사람을 시켜서 태웠다면 바야제이다. 또한 비구가 저절로 떨어지는 종자 가운데에서 열매 종자로 생각하거나, 뿌리 종자로 생각하거나, 줄기 종자로 생각하거나, 마디 종자로 생각하거나, 살아 있는 중에서 살아 있다고 생각하면서 스스로가 자르거나 만약 다른 사람을 시켜서 자르며, 스스로가 부러뜨리거나 다른 사람을 시켜서 부러뜨리며, 스스로가 태우거나 다른 사람을 시켜서 태웠다면 바야제이다.

만약 비구가 저절로 열매 종자 가운데에서 열매 종자로 생각하였고, 살아있는 가운데에서 살아있다고 생각하면서 스스로가 자르거나 만약 다른 사람을 시켜서 자르며, 스스로가 부러뜨리거나 다른 사람을 시켜서 부러뜨리며, 스스로가 태우거나 다른 사람을 시켜서 태웠다면 바야제이다. 또한 비구가 열매 종자 가운데에서 뿌리 종자로 생각하였거나, 줄기 종자로 생각하거나, 마디 종자로 생각하거나, 저절로 떨어지는 종자로 생각하거나, 살아 있는 중에서 살아 있다고 생각하면서 스스로가 자르거나 만약 다른 사람을 시켜서 자르며, 스스로가 부러뜨리거나 다른 사람을 시켜서 부러뜨리며, 스스로가 태우거나 다른 사람을 시켜서 태운다면 바야제이다.

만약 비구가 일시(一時)에 다섯 종자를 태운다면 일시에 다섯 가지의 바야제를 범하는 것이고, 하나·하나를 태운다면 하나·하나가 바야제이다. 태우는 것을 따라서 그와 같은 바야제를 얻는다.

만약 비구가 스스로가 나무를 잘랐거나, 다른 사람을 가르쳐서 잘랐다면 바야제이고, 자른 나무에 따라서 그와 같은 바야제를 얻는다. 만약 비구가 스스로가 풀을 잘랐거나 다른 사람을 가르쳐서 잘랐다면 바야제이고, 자른 풀에 따라서 그와 같은 바야제를 얻는다.

살아있는 것을 살아있다고 생각하면서 스스로가 잘랐거나 다른 사람을 가르쳐서 잘랐어도 바야제이고, 살아 있는 것을 마른 것이라고 생각하면서 스스로가 잘랐거나 다른 사람을 가르쳐서 잘랐어도 바야제이며, 살아있는 것을 마른 것인가를 의심하면서 스스로가 잘랐거나 다른 사람을 가르쳐서 잘랐어도 바야제이다.

만약 마른 것을 살아있다고 생각하면서 스스로가 잘랐거나 다른 사람을 가르쳐서 잘랐다면 돌길라이다. 마른 것의 가운데에서 살아있는가를 의심하면서 스스로가 잘랐거나 다른 사람을 가르쳐서 잘랐다면 돌길라이다. 마른 것을 마른 것이라고 생각하면서 스스로가 잘랐거나 다른 사람을 가르쳐서 잘랐다면 범한 것은 없다." [열한 번째의 일을 마친다.]

세존께서는 왕사성에 머무르셨다.

이때 역사(力士)의 아들인 타표(陀驃) 비구는 5법을 성취하였으므로 승가는 갈마를 지어서 회인(會人)으로 뽑았다. 여러 비구들을 회인으로 뽑는 때에 애욕을 따르지 않았고, 성냄을 따르지 않았으며, 두려움을 따르지 않았고, 어리석음을 따르지 않았으며, 차례를 알아서 상좌와 하좌를 따랐으며 차례를 뛰어넘지 않았다.

그때 미다라부마(彌多羅浮摩) 비구는 추악하고 맛없는 음식이 있는 곳으로 갔고, 맛없는 음식을 먹는 때에 이렇게 생각을 지으며 말하였다.

'이 타표 비구는 애욕을 따라서 회인으로 뽑혔고, 성냄·두려움·어리석음을 따르며, 차례를 알지 못하고 차례를 뛰어넘으며 상좌와 하좌를 따르지 않는다. 우리들은 마땅히 함께 이 사람을 멸빈(滅擯)시키고 다시 회인을 뽑아서 세워야 한다.'

이 가운데에 비구가 있어 욕망이 적고 만족함을 알며 두타를 행하였는데, 이러한 일을 듣고서 마음이 기쁘지 않아서 여러 종류의 인연으로 꾸짖었다.

"어찌 비구라고 이름하면서 승가에서 여법하게 갈마하여 회인으로 뽑았는데 곧 '이 사람은 애욕·성냄·두려움·어리석음을 따르며, 차례를 알지 못하고 차례를 뛰어넘으며 상좌와 하좌를 따르지 않는다.'라고 성내면서 비난하여 말하는가?"

여러 종류의 인연으로 꾸짖고서 세존을 향하여 자세히 말하였다. 세존께서는 이 일로써 비구 승가를 모으셨으며 아시면서도 일부러 미다라부마 비구에게 물으셨다.

"그대가 진실로 이러한 일을 지었는가?"

대답하여 말하였다.

“진실로 지었습니다. 세존이시여.”

세존께서는 여러 종류의 인연으로서 꾸짖으셨다.

“어찌 비구라고 이름하면서 승가에서 여법하게 회인을 뽑았는데, 곧 비난하고 성내었는가?”

세존께서는 여러 종류로 꾸짖고서 여러 비구들에게 말씀하셨다.

“열 가지의 이익을 까닭으로 여러 비구들에게 계를 제정하여 주겠노라. 지금부터 이러한 계는 마땅히 이와 같이 설할지니라. ‘만약 비구가 회인을 뽑았는데, 곧 비난하고 성낸다면 바야제이니라.’

‘바야제’는 소자와 복장으로 이름하는데, 만약 허물을 참회하지 않는다면 능히 도를 장애한다.

이 가운데에서 범하는 것은 승가에서 여법하게 갈마하여 회인을 뽑았는데, 성내면서 비난하는 자는 바야제이다. 만약 승가에서 여법하게 갈마하여 14명을 뽑았는데, 성내면서 비난하는 자는 바야제이다. 12명이 갈마를 버리지 않았는데, 성내면서 비난하는 자는 바야제이다. 만약 갈마를 버리고서 성내면서 비난하였다면 돌길라이다. 14명 가운데에서 만약 두 사람은 갈마를 버렸어도, 갈마를 버리지 않았는데 이 두 사람에게 성내면서 비난하였다면 바야제이고 돌길라이다. 나아가 별도의 방사(別房)와 같은 일(同事)의 회인을 뽑았는데 이 사람을 성내면서 비난한다면 돌길라이다.”

세존께서는 계율을 제정하여 마치셨다.

여러 비구들은 다시 눈앞에서 성내면서 비난하지는 않았으나 곧 멀리서 타표 비구를 성내면서 비난하였다

“욕망을 따르는데 회인으로 뽑혔고, 성냄·두려움·어리석음을 따르며, 차례를 알지 못하고, 차례를 뛰어넘으며, 상좌와 하좌를 따르지 않는다.”

이 가운데에 비구가 있어 욕망이 적고 만족함을 알며 두타를 행하였는데, 이러한 일을 듣고서 마음이 기쁘지 않아서 여러 종류의 인연으로 꾸짖었다.

“어찌 비구라고 이름하면서 세존께서 계율로 제정하신 까닭으로 눈앞에서 성내면서 비난하지 않고 곧 멀리서 성내면서 비난하는가?”

여러 종류의 인연으로 꾸짖고서 세존을 향하여 자세히 말하였다. 세존께서는 이 일로써 비구 승가를 모으셨으며, 아시면서도 일부러 미다라부마 비구에게 물으셨다.

"그대가 진실로 이러한 일을 지었는가?"

대답하여 말하였다.

"진실로 지었습니다. 세존이시여."

세존께서는 여러 종류의 인연으로서 꾸짖으셨다.

"어찌 비구라고 이름하면서 승가에서 여법하게 갈마를 지어서 회인으로 뽑았는데, 곧 멀리서 성내면서 비난하였는가?"

세존께서는 여러 종류로 꾸짖으셨으며, 여러 비구들에게 말씀하셨다.

"지금부터 이러한 계는 마땅히 이와 같이 설할지니라. '승가가 회인을 뽑았는데, 만약 비구가 눈앞에서 성내면서 비난하거나, 만약 멀리서 비난하는 자는 바야제이니라.'

이 가운데에서 범하는 것은 비구가 승가에서 여법하게 회인을 뽑았고, 만약 성내면서 비난하였는데, 이 사람이 들었다면 바야제이고 듣지 못하였다면 돌길라이다. 승가에서 여법하게 갈마를 지어서 14명을 뽑았고, 만약 멀리서 성내면서 비난하였는데, 이 사람들이 들었다면 바야제이고, 듣지 못하였다면 돌길라이다. 만약 비구가 12명이 갈마를 버리지 않았는데, 만약 멀리서 성내면서 비난하였는데, 이 사람들이 들었다면 바야제이고, 듣지 못했다면 돌길라이다. 만약 갈마를 버렸고, 만약 멀리서 성내면서 비난하였는데, 이 사람들이 들었다면 돌길라이고 듣지 못했다면 돌길라이다. 14명 중에서 2명이 만약 갈마를 버렸거나, 버리지 않았고, 만약 멀리서 성내면서 비난하였는데, 이 사람들이 들었다면 바야제이고, 듣지 못했다면 돌길라이다. 나아가 별도의 방사와 같은 일의 회인을 뽑았고, 만약 멀리서 성내면서 비난하였는데, 이 사람이 들었다면 돌길라이고, 듣지 못하였다면 돌길라이다.

'두 명'은 비구니들을 교계(教誡)하는 사람과 네 가지의 참회(四悔) 가운데에서 네 번째의 갈마에 뽑혀서 영식(迎食)[12]을 관리하는 사람이다."

[열두 번째의 일을 마친다.]

세존께서는 구섬미국에 머무르셨다.

그때 장로인 천나(闡那)가 참회할 죄를 범하였다. 이때 여러 비구들은 자비심으로 연민하였고 이익되게 하려는 까닭으로 천나에게 말하였다.

"천나여. 그대는 허물을 참회할 죄를 범하였습니다. 그대는 마땅히 드러내고 덮어서 숨기지 마십시오."

천나가 여러 비구들에게 말하였다.

"그대들은 능히 내가 이러한 일을 지었다고 생각합니까? 나는 그대들이 나에게 이러한 일을 범하였다고 말할 수 있다고 생각하지 않습니다."

여러 비구들이 천나에게 말하였다.

"그대는 만약 죄가 있으면 곧 있다고 말하고, 없으면 곧 없다고 말하십시오. 무슨 까닭으로 다른 일을 이용하고 다른 일에 의지합니까?"

천나가 말하였다.

"내가 어찌 그대들의 일을 예상하겠습니까? 내가 그대들을 두려워하겠습니까?"

다시 다른 일을 이용하였고 다른 일을 의지하였다. 이 가운데에 비구가 있어 욕망이 적고 만족함을 알며 두타를 행하였는데, 이러한 일을 듣고서 마음이 기쁘지 않아서 여러 종류의 인연으로 꾸짖었다.

"어찌 비구라고 이름하면서 죄를 범하고서 다른 일을 이용하고 다른 일을 의지하는가?"

여러 종류의 인연으로 꾸짖고서 세존을 향하여 자세히 말하였다. 세존께서는 이 일로써 비구 승가를 모으셨으며 아시면서도 일부러 천나에게 물으셨다.

"그대가 진실로 이러한 일을 지었는가?"

대답하여 말하였다.

---

12) 인연이 있어 공양청에 참석하지 못하고 사찰에 남은 자들에게 단월이 보내는 음식과 이러한 음식을 받는 행위를 가리킨다.

"진실로 지었습니다. 세존이시여."

세존께서는 여러 종류의 인연으로서 꾸짖으셨다.

"어찌 비구라고 이름하면서 죄를 범하고서 다른 일을 이용하고 다른 일을 의지하였는가?"

세존께서는 여러 종류로 꾸짖고서 여러 비구들에게 말씀하셨다.

"그대들은 마땅히 천나 비구가 다른 일을 이용한 것을 기억시켜 알게 하라. 만약 다시 천나 비구와 같은 자가 있다면 역시 마땅히 다른 일을 이용한 것을 기억시켜 알게 하라.

'기억시켜 알게 하는 것'은 일심으로 화합한 승가의 가운데에서 한 비구가 창언하라.

'대덕 승가께서는 허락하십시오. 이 천나 비구는 죄를 범하고 다른 일을 이용하였습니다. 만약 승가께서 때에 이르렀다면 승가께서는 허락하십시오. 이 천나 비구가 죄를 범하고 이용한 것을 기억시켜 알게 하십시오. <그대 천나여. 다른 일을 이용하여 따른다면 대중 승가를 따라서 기억시켜 알게 하겠습니다.> 이와 같이 아룁니다.'

아뢰고 백이갈마를 짓는다.

'승가시여. 기억시켜 알게 하는 것을 지어서 마쳤습니다. 승가께서 허락하신 것은 묵연하셨던 까닭입니다. 이 일은 이와 같이 지니겠습니다.'"

세존께서는 여러 종류로 꾸짖고서 여러 비구들에게 말씀하셨다.

"열 가지의 이익을 까닭으로 여러 비구들에게 계를 제정하여 주겠노라. 지금부터 이러한 계는 마땅히 이와 같이 설할지니라. '만약 비구가 다른 일을 이용하여 다른 사람을 괴롭힌다면 바야제이니라.'

'바야제'는 소자와 복장으로 이름하는데, 만약 허물을 참회하지 않는다면 능히 도를 장애한다.

이 가운데에서 범하는 것은 만약 비구에게 승가가 기억시켜 알게 하지 않았으므로, 다른 일을 이용하고 다른 일을 의지하면서 그때에 다른 일을 이용한다면 돌길라이다. 만약 승가가 기억시켜 알게 하였는데, 그때에 다른 일을 이용하고 다른 일을 의지한다면 바야제이다.

세존께서는 구섬미에 머무르셨다.

곧 천나(闡那) 비구는 참회할 죄를 범하였다. 이때 여러 비구들은 자비심으로 연민하였으므로 이익되게 하려는 까닭으로 천나에게 말하였다.

"그대는 허물을 참회할 죄를 범하였습니다. 그대는 마땅히 드러내고 덮어서 숨기지 마십시오."

천나는 이렇게 생각을 지었다.

'내가 만약 다른 일을 이용한다면 대중 승가는 억치갈마(憶識羯磨)[13]를 지을 것이다. 나는 마땅히 묵연해야겠다.'

천나가 곧 때에 묵연하였으므로 여러 비구들이 천나에게 말하였다.

"그대는 만약 죄가 있으면 곧 있다고 말하고, 없으면 곧 없다고 말하십시오. 무슨 까닭으로 묵연하여 우리들을 괴롭힙니까?"

천나가 말하였다.

"나는 옳습니다. 그대들이 어떻게 헤아립니까? 나는 그대들을 두려워하지 않습니다."

이렇게 말을 짓고서 다시 오히려 묵연하였다. 이 가운데에 비구가 있어 욕망이 적고 만족함을 알며 두타를 행하였는데, 이러한 일을 듣고서 마음이 기쁘지 않아서 여러 종류의 인연으로 꾸짖었다.

"어찌 비구라고 이름하면서 죄를 범하고 묵연하여 다른 사람을 괴롭히는가?"

여러 종류의 인연으로 꾸짖고서 세존을 향하여 자세히 말하였다. 세존께서는 이 일로써 비구 승가를 모으셨으며, 아시면서도 일부러 천나에게 물으셨다.

"그대가 진실로 이러한 일을 지었는가?"

대답하여 말하였다.

"진실로 지었습니다. 세존이시여."

세존께서는 여러 종류의 인연으로서 꾸짖으셨다.

---

13) 억념갈마(憶念羯磨)와 같다.

"어찌 비구라고 이름하면서 죄를 범하고 묵연하여 다른 사람을 괴롭혔는가?"

세존께서는 여러 종류로 꾸짖고서 여러 비구들에게 말씀하셨다.

"그대들은 천나 비구가 묵연하여 다른 사람들을 괴롭혔던 일을 기억시켜 알게 하라.

'기억시켜 알게 하는 법'은 일심으로 화합한 승가의 가운데에서 한 비구가 창언하라.

'대덕 승가께서는 허락하십시오. 이 천나 비구는 죄를 범하고 묵연하여 다른 사람을 괴롭혔습니다. 만약 승가께서 때에 이르렀다면 승가께서는 허락하십시오. 이 천나 비구가 죄를 범하고 죄를 범하고 묵연하여 다른 사람을 괴롭힌 것을 기억시켜 알게 하십시오. <그대 천나여. 묵연하여 다른 일로 괴롭힌다면 대중 승가를 따라서 기억시켜 알게 하겠습니다.> 이와 같이 아룁니다.'

아뢰고 백이갈마를 짓는다.

'승가시여. 기억시켜 알게 하는 것을 지어서 마쳤습니다. 승가께서 허락하신 것은 묵연하셨던 까닭입니다. 이 일은 이와 같이 지니겠습니다.'"

세존께서는 여러 종류로 꾸짖고서 여러 비구들에게 말씀하셨다.

"열 가지의 이익을 까닭으로 여러 비구들에게 계를 제정하여 주겠노라. 지금부터 이러한 계는 마땅히 이와 같이 설할지니라. '만약 비구가 다른 일을 이용하고 묵연하여 다른 사람을 괴롭힌다면 바야제이니라.'

이 가운데에서 범하는 것은 만약 승가가 기억시켜 알게 하는 때가 아니었는데, 묵연하여 다른 사람들을 괴롭혔다면 돌길라이다. 만약 승가가 기억시켜 알게 하였는데, 묵연하여 다른 사람들을 괴롭혔다면 바야제이다. 만약 비구가 입에 병이 있거나, 입술에 병이 있거나, 이빨에 병이 있거나, 혀에 병이 있거나, 목구멍에 병이 있거나, 마음에 병이 있거나, 얼굴이 붓고 만약 피가 흘러나왔거나, 이와 같아서 말하지 않았다면 범한 것은 아니다.

또한 세존을 공경하였던 까닭으로 말하지 않았거나, 화상과 아사리를 공경하였고, 상좌(上座)를 공경하며 존중하였던 까닭으로 말하지 않았다면 범한 것은 아니다. 만약 말을 할 수가 없어서 말하지 않았다면 범한 것은 아니다." [열세 번째의 일을 마친다.]

세존께서는 사위국에 머무르셨다.

이때 한 거사가 있어 세존과 승가에게 내일에 음식을 청하였고 세존께서는 묵연히 받아들이셨다. 이 거사는 세존께서 묵연히 받아들이신 것을 알고서 머리숙여 발에 예경하고서 오른쪽으로 돌면서 떠나갔다. 자기 집에 돌아와서 이 밤에 여러 종류의 맛있는 음식을 준비하였다. 이때 여러 비구들은 노지(露地)에서 승가의 와구(臥具)를 펴고서 옷과 발우를 지니고 중간에 있으면서 음식에 때에 이르기를 기다렸다. 경행하는 비구도 있었고 앉아있는 비구도 있었다. 이때 거사는 일찍 일어나서 앉을 자리를 펼쳐놓고 사자를 보내어 세존께 아뢰어 말하였다.

"세존이시여. 음식이 이미 준비되었습니다. 오직 성자께서는 때를 아십시오."

곧 때에 여러 비구들은 승가의 와구를 버려두고 스스로가 옷과 발우를 지니고 거사의 집으로 갔고, 세존께서는 스스로가 머무시는 방에서 몫의 음식을 맞이하셨다. 여러 비구들은 거사의 집으로 갔는데 하늘에서 비가 내렸고 승가의 와구가 젖었다. 제불의 상법은 여러 비구들이 거사의 집으로 가던 때에 세존께서는 스스로가 호구(戶鉤)를 가지고 방에서 방으로 여러 방사를 살피시는 것이다.

하나의 방문을 열어서 승가의 와구가 노지에서 비에 젖어 썩고 찢어진 것을 보셨고 곧 취하여 말리고 접어서 덮여진 곳에 놓아두셨다. 곧 방문(房門)을 닫고 빗장을 잠그셨으며 스스로 방으로 돌아와서 독좌상(獨坐床) 위에서 가부좌(跏趺坐)를 맺으셨다. 이때 거사는 승가가 앉은 것을 알고서 자신의 손으로 물을 돌렸고, 스스로가 맛있는 음식을 많이 주어서 스스로 마음껏 배부르게 먹게 하였다. 이때 거사는 승가가 만족한 것을 알았고, 발우를 거두어 마쳤으므로 스스로가 손으로 물을 주었다. 소상(小床)을 취하여 승가 앞에 앉아서 설법을 듣고자 하였다. 상좌(上座)는 설법을 마치고 자리에서 일어나 떠나갔고, 여러 비구들도 차례로 따라서 떠나갔으며, 돌아와서 세존의 처소로 나아갔다. 제불의 상법은 여러 비구들이 음식을 먹고서 돌아오는 때에 이와 같은 말로서 여러 비구들을 위문하는 것이다.

"음식은 많고 맛있었는가? 대중 승가는 배부르고 만족하였는가?"

여러 비구들이 말하였다.

"세존이시여. 음식은 많고 맛있었으며 대중 승가는 배부르고 만족하였습니다."

세존께서는 말씀하셨다.

"오늘 그대들이 거사의 집으로 들어가고서 나는 뒤에 자물쇠(戶鉤)를 가지고 방에서 방을 따라서 여러 방사를 살펴보았느니라. 하나의 방문을 열어서 보았는데 승가의 와구가 노지에서 비를 맞아 썩고 찢어져 있었느니라."

여러 비구들에게 말씀하셨다.

"이러한 일은 옳지 않고, 법이 아니며, 마땅하지 않느니라. 일체 승가는 어찌 와구를 사용하면서 짓밟으며 보호하고 아끼는 것을 알지 못하는가? 여러 거사들이 피를 말리고 살을 깎으면서 복덕을 위한 까닭으로 보시하고 공양하는 것이다. 그대들이 마땅히 적게 사용하고 수호한다면 좋은 것이다."

세존께서는 이와 같은 여러 종류의 인연으로 꾸짖으셨으며, 여러 비구들에게 말씀하셨다.

"열 가지의 이익을 까닭으로 여러 비구들에게 계를 제정하여 주겠노라. 지금부터 이러한 계는 마땅히 이와 같이 설할지니라. '만약 비구가 노지에 승가의 와구·세밀한 노끈 평상·거친 노끈 평상·이부자리를 펼쳤거나, 만약 다른 사람을 시켜서 펼치고서 이 가운데에서 앉고 누웠으나, 떠나는 때에 스스로가 들어서 올리지도 않거나, 다른 사람을 시켜서 들어서 올리지도 않는다면 바야제이니라.'

'세밀한 노끈 평상'은 다섯 가지가 있나니, 아산제각(阿珊諦脚)·파랑구각(籔郎劬脚)·고양각각(羖羊角脚)·첨각(尖脚)·곡각(曲脚) 등이다.

'거친 노끈 평상'은 다섯 가지가 있나니, 아산제각·파랑구각·고양각각·첨각·곡각 등이다.

'이부자리와 요'는 감자재저욕(甘蔗滓貯褥)·포경저욕(匏莖貯褥)·장과경저욕(長瓜莖貯褥)·취저욕(毳貯褥)·추마저욕(芻摩貯褥)·겁패저욕(劫貝貯褥)·문사초저욕(文闍草貯褥)·마저욕(麻貯褥)·수의저욕(水衣貯褥) 등이다.

'이불'은 구집피(俱執被)·추마피(芻麻被)·취피(毳被)·겁패피(劫貝被) 등이다.

'노지'는 흙벽이 없고, 초목의 벽이 없으며, 돗자리 벽이 없고, 옷이나 휘장으로 가리개가 없으며, 이와 같은 비슷한 물건으로 덮거나 가리지 않은 곳이다.

'스스로 펼치다.'는 스스로가 펴는 것이다.

'시켜서 펼치다.'는 다른 사람을 시켜서 펴는 것이다.

'앉다.'는 몸을 평상에 닿는 것이다.

'눕다.'는 몸이 침상에 닿는 것이다.

'들어서 올리지 않는다.'는 스스로가 손으로 들어올리지 않는 것이다.

'들어서 올리라고 시키지 않는다.'는 다른 사람을 시켜서 들어올리지 않는 것이다.

'바야제'는 소자와 복장으로 이름하는데, 만약 허물을 참회하지 않는다면 능히 도를 장애한다.

이 가운데에서 범하는 것은 만약 비구가 땅이 명료한 때에 노지에 승가의 와구를 펼쳐놓고 곧 방에 들어가서 쉬었으나, 땅이 명료한 때가 지나고 들어서 덮여진 곳에 놓아두었다면 바야제이다. 새벽이 지난 때의 가운데거나, 오전이거나, 정오이거나, 포시이거나, 해질녘에 노지에 승가의 와구를 펼쳐놓고 곧 방에 들어가서 쉬었고, 해가 졌던 때에 들어서 덮여진 곳에 놓아두었다면 바야제이다.

만약 비구가 노지에 승가의 와구를 펼쳐놓고 사찰 밖으로 49걸음을 벗어났다면 바야제이다. 또한 비구가 노지에 승가의 와구를 펼쳐놓고 사찰의 문밖이나 담장 밖으로 조금을 떠나갔고 땅이 명료한 때에 이르렀다면 돌길라이다. 또한 비구가 노지에 승가의 와구를 펼쳐놓고 다른 사람에게 부탁하지도 않고 여러 곳을 유행하였다면 돌길라이다.

만약 두 비구가 있어 노지에 승가의 와구를 펼쳐놓고 함께 자리에서 일어나 떠나간다면 뒤에 떠나가는 자가 들여놓아야 한다. 또 두 비구가 노지에 승가의 와구를 펼쳐놓고 옷과 발우를 지니고 있었던 가운데에서 한 비구가 먼저 옷과 발우를 취하여 떠났다면 뒤에 옷과 발우를 취하여 떠나가는 자는 들여놓아야 한다. 들여놓지 않는 자는 범하게 된다."

한때에 대중 승가는 노지에서 모여서 음식을 먹었다. 여러 비구들은 음식을 먹고서 승가의 와구를 노지에 버려두고서 떠나갔는데, 심한 비바람이 있었고 흙에 더럽혀졌고 젖었다. 이 일로써 세존께 아뢰었고, 세존께서는 말씀하셨다.

"마땅히 들어서 덮여진 곳에 놓아두어라."

세존께서는 이렇게 말씀하시고서 여러 비구들이 음식을 먹었는데 여러 백의가 곧 승가의 와구와 평상에 앉아 있었다. 이 일로써 세존께 아뢰었고, 세존께서는 말씀하셨다.

"마땅히 기다려라."

여러 비구들은 오래 기다리면서 더위에 어지러웠고 토하였다. 세존께서는 말씀하셨다.

"병이 있는 자는 떠나가라. 보았던 자는 마땅히 들도록 하라. 만약 두 비구가 보았으면 한 사람은 대상(大床)과 소상(小床)을 들 것이고, 한 사람은 대욕(大褥)과 소욕(小褥)을 들도록 하라. 만약 취락 주변의 사찰에서 와구를 가지고 공한처(空閑處)로 이르렀거나, 공한처에서 취락 주변의 사찰에 가지고 오는 중에 비를 만났다면 범한 것은 아니다. 만약 자물쇠와 열쇠를 잃어 놓아두는 곳이 없었거나, 만약 8난(難)의 가운데에서 하나·하나의 난이 일어나서 들여놓지 못하였다면 범한 것은 아니다." [열네 번째의 일을 마친다.]

십송율 제11권

후진 북인도 삼장 불야다라 한역
석보운 번역

2. 이송 ⑤

4) 90바일제법을 밝히다 ③

세존께서는 사위국(舍衛國)에 머무르셨다.

이때 두 객비구가 있어 저녁 무렵에 와서 차례로 하나의 방을 얻어 함께 머물렀는데, 한 사람은 침상을 얻었고 다른 한 사람은 풀의 부구를 얻었다. 두 사람은 밤에 머물고서 들어놓지도 않고서 곧 떠나갔다. 이때 풀의 부구에서 벌레가 생겨나서 이러한 풀을 갉아 먹었고, 침상의 다리·목책·널판 등을 엮은 끈을 갉아 먹었으며, 이부자리와 베개를 갉아 먹고서 벽의 가운데에 들어가서 숨었다.

이때 한 거사가 있어 세존과 승가에게 내일 음식을 청하였고 세존께서는 묵연히 받아들이셨다. 이 거사는 세존께서 묵연히 받아들이신 것을 알고서 머리숙여 발에 예경하고 오른쪽으로 돌면서 떠나갔다. 자기 집에 돌아와서 이 밤에 여러 종류의 맛있는 음식을 많이 준비하였다. 일찍 일어나서 자리를 펼쳐놓고 사자를 보내 세존께 아뢰었다.

"음식이 이미 준비되었습니다. 오직 성자께서는 때에 이르렀음을 아십시오."

여러 비구들이 거사의 집에 갔으나, 세존께서는 스스로가 머무시는 방에서 뭇의 음식을 맞이하셨다. 제불의 상법은 여러 비구들이 거사의 집으로 가던 때에 세존께서는 스스로가 자물쇠를 가지고 방에서 방으로 여러 방사를 살피는 것이다. 세존께서는 곧 자물쇠를 가지고 방에서 방으로 여러 방사에 이르셨으며, 하나의 방문을 여셨고 이 풀의 부구에서 벌레가 생겨나서 침상의 다리·목책·널판 등을 엮은 끈을 갉아먹었으며, 이부자리와 베개를 갉아 먹은 것을 보셨다.

세존께서는 보시고서 이 방에 들어가서 천천히 이부자리와 베개를 들어서 놓으셨고, 더욱 천천히 침상을 들으셨으며, 점차 풀의 부구를 들어서 벌레를 쫓으셨고, 물을 뿌려 쓸고서 진흙을 바르셨다. 이부자리와 베개를 털어냈고 침상을 두드려서 곧 벌레를 본래 있던 곳으로 돌려보냈으며 와구를 펼쳐놓고 문을 닫고서 빗장을 잠그셨으며 스스로 방으로 돌아와서 독좌상 위에서 가부좌를 맺으셨다.

이때 거사는 승가가 앉은 것을 알고는 스스로가 손으로 물을 돌렸고, 스스로가 맛있는 음식을 많이 주어서 스스로가 마음대로 배부르게 하였다. 이때 거사는 승가가 마음대로 배부르게 먹은 것을 알았고, 발우를 거두어 마쳤으므로 스스로가 손으로 물을 주었다. 소상(小床)을 취하여 승가 앞에 앉아서 설법을 듣고자 하였다. 상좌는 설법을 마치고 자리에서 일어나 떠나갔고, 여러 비구들도 차례로 따라 나갔으며, 돌아와서 세존의 처소로 나아갔다. 제불의 상법은 여러 비구들이 음식을 먹고서 돌아오는 때라면 이와 같은 말로서 여러 비구들을 위로하는 것이다.

"음식은 많고 맛있었는가? 대중 승가는 배부르고 만족하였는가?"

여러 비구들이 말하였다.

"세존이시여. 음식은 많고 맛있었으며 대중 승가는 배부르고 만족하였습니다."

세존께서는 여러 비구들에게 말씀하셨다.

"오늘 그대들이 거사의 집으로 들어가고서 내가 뒤에 자물쇠를 가지고 방에서 방을 따라서 여러 방사를 살펴보았느니라. 하나의 방문을 열고서 보았는데, 풀의 부구에서 벌레가 생겨났고, 벌레는 이러한 풀을 갉아 먹었으며, 침상의 다리·목책·널판 등을 엮은 끈을 갉아 먹었고, 이부자리와 베개마저 갉아 먹고서 벽으로 들어가서 있으면서 사람을 깨물고자 하였느니라. 이러한 일은 옳지 않고, 법이 아니며, 마땅하지 않느니라. 일체 승가는 와구를 어찌 사용하면서 짓밟으며 보호하고 아끼는 것을 알지 못하는가? 여러 거사들이 피를 말리고 살을 깎으면서 복덕을 한 까닭으로 보시하고 공양하는 것이다. 그대들은 마땅히 적게 사용하고 수호한다면 좋은 것이다."

세존께서는 여러 비구들에게 말씀하셨다.

"누가 이 가운데에서 묵었는가?"

여러 비구들이 말하였다.

"세존이시여. 두 객비구가 있어 차례대로 이 가운데에 함께 머물렀습니다. 한 사람은 침상을 얻었고 한 사람은 풀의 부구를 얻어 밤에 묵고서 땅이 명료하였으므로 곧 떠났습니다."

세존께서는 여러 종류의 인연으로 꾸짖으셨다.

"어찌 비구라고 이름하면서 승가의 와구를 사용하고서 부촉하지도 않고 곧 떠나갔는가?"

세존께서는 이와 같은 여러 종류의 인연으로 꾸짖으셨으며, 여러 비구들에게 말씀하셨다.

"열 가지의 이익을 까닭으로 여러 비구들에게 계를 제정하여 주겠노라. 지금부터 이러한 계는 마땅히 이와 같이 설할지니라. '만약 비구가 비구의 방의 가운데에서 승가의 와구를 펼쳤거나, 만약 스스로가 펼쳤거나, 만약 사람을 시켜서 펼쳐놓고 이 가운데에서 앉고 누웠는데 떠나는 때에 스스로 들어서 올리지도 않고 사람을 시켜서 들어서 올리지도 않았다면 바일제(波逸提)이니라.'

'비구의 방'은 대중 승가에게 귀속되었거나, 혹은 한 사람에게 귀속되었거나, 가장 작은 것과 나아가 4위의(威儀)인 가고 서고 앉고 눕는 것이 허용되는 곳이다.

'스스로가 펼치다.'는 자기의 손으로 펼치는 것이다.

'시켜서 펼치다.'는 다른 사람을 가르쳐서 펼치는 것이다.

'앉다.'는 위에 앉는 것이다.

'눕다.'는 몸을 위에 눕히는 것이다.

'들어서 올리지 않는다.'는 스스로의 손으로 들어올리지 않는 것이다.

'가르쳐서 들어서 올리게 하지 않는다.'는 다른 사람을 가르쳐서 들어올리지 않는 것이다.

'바일제'는 소자와 복장으로 이름하는데, 만약 허물을 참회하지 않는다면 능히 도를 장애한다.

이 가운데에서 범하는 것은 만약 객비구가 비구의 방의 가운데에서 승가의 와구를 펼쳐놓고 경계를 벗어나 떠나간다면 바일제이다. 만약 구주비구가 비구의 방의 가운데에서 승가의 와구를 펼쳐놓고 경계를 벗어나며 '오늘에 돌아오겠다.'라고 이렇게 생각하였는데, 급한 인연이 있어서 바로 돌아오지 못하였고, 경계를 벗어나서 땅이 명료한 때에 이르렀다면 돌길라(突吉羅)이다."

세존께서는 말씀하셨다.

"오늘부터 승가의 와구를 부촉하고서 곧 떠나는 것은 허락하겠노라. 부촉(付囑)에는 세 종류의 말이 있나니, '이것은 방의 자물쇠입니다.', '이것은 방사입니다.', '이것은 와구입니다.'라는 것이다.

만약 '이것은 방의 자물쇠입니다.', '이것은 방사입니다.', '이것은 와구입니다.'라고 말하였다면, 마땅히 누구에게 부촉해야 하는가? 마땅히 와구를 펼치는 자에게 부촉해야 한다. 만약 와구를 펼치는 자가 없다면 방을 관리하는 자에게 부촉해야 하고, 만약 방을 관리하는 자가 없다면 방을 수리하는 자에게 부촉해야 하며, 만약 이러한 자도 없다면 이 가운데에서 구주비구가 선량하고 공덕이 있으며 지계인 자에게 부촉해야 한다. 만약 이러한 자도 없고, 이 승방(僧坊)의 가운데에 만약 선량한 현자가 있거나, 만약 승방을 수호하는 백성이 있다면 마땅히 부촉해야 한다. 마땅히 부끄러움이 없고 파계한 비구에게 부촉하지 않을 것이고, 역시 마땅히 어린 사미에게 부촉하지 말라.

만약 능히 좋은 사람을 얻을 수 없고, 만약 옷의 시렁이나 상아(象牙)가 있다면 내가 마땅히 이부자리와 베개를 가져다가 위에 올려놓고 떠나야 하며, 만약 옷의 시렁이나 상아가 없고 이 가운데 두 개의 침상이 있다면 내가 이부자리와 베개를 가져다가 한 침상 위에 올려놓고 다른 한 침상으로서 위를 덮고 벽에서 4촌(寸)을 띄우고 곧 떠나라. 범하지 않은 것은 이 방의 가운데에 물건을 남겨두고서 떠나갔거나, 나아가 성부라(盛富羅)의[1] 주머니를 남겨두는 것이다." [열다섯 번째의 일을 마친다.]

세존께서는 사위국에 머무르셨다.

이때 장로 야사(耶舍)는 5백의 권속들과 함께 사위국으로 향하여 안거하고자 하였다. 이때 여러 비구들은 모두 안거에 앞서 일을 지었는데 이를테면, 벽의 구멍과 틈새를 막았고, 흙이 무너진 구멍과 틈새를 메웠으며 부서진 곳을 보수하였고, 침상의 끈을 풀어서 단단히 묶었으며, 이불과 베개의 먼지를 터는 것이었다. 이때 육군비구들은 해타(懈惰)[2]하여 짓지 않고 멀리서 다른 사람들이 짓는 것을 보면서 곧 이러한 생각이 생겨났다.

'우리들은 상좌이므로 반드시 그들이 지어서 마치고 와구를 받았다면 마땅히 뒤에 들어가면 상좌를 따라서 일으키고 쫓아내야겠다.'

이렇게 생각을 짓고서 여러 비구들이 지어서 마치고서 와구를 받았으므로 육군비구들이 곧 뒤를 따라서 들어갔다. 여러 비구들이 육군비구에게 물었다.

"그대들은 우리와 함께 왔는데 먼저의 일을 지었습니까?"

대답하여 말하였다.

"짓지 않았소."

여러 비구들이 말하였다.

"그대들은 우리들과 함께 왔으나 먼저의 일들을 짓지 않았습니다. 우리들은 먼저의 일을 지어서 마쳤으므로, 우리는 일어나지 않겠습니다."

---

1) 신발을 넣는 주머니를 가리킨다.

2) 일하기 싫어하여 할 일을 미루거나 바르게 하지 않는 것이다.

육군비구들이 말하였다.

"세존께서 말씀하신 것과 같다면 상좌를 따라서 차례로 방을 받는 것이고, 먼저의 일을 짓지 않은 자에게 주지 말라고 말씀하지 않으셨소. 우리들이 상좌인데 어찌 일어나지 않는가?"

육군비구는 힘이 세고 날쌔며 강건하였고 크게 근신(勤愼)하지 않았으므로 곧 강제로 끌어내었다. 이 비구들은 유연(柔軟)하고 편안한 사람이었으므로 머리와 손을 다쳤고 발우가 깨쳤으며 옷이 찢어졌다. 이 가운데에 비구가 있어 욕망이 적고 만족함을 알며 두타를 행하였는데, 이러한 일을 듣고서 마음이 기쁘지 않아서 여러 종류의 인연으로 꾸짖었다.

"어찌 비구라고 이름하면서 비구 방의 가운데에서 성내고 원한을 품으며 즐거워하지 않으면서 곧 강제로 끌어내는가?"

여러 종류의 인연으로 꾸짖고서 세존을 향하여 자세히 말하였다. 세존께서는 이 일로써 비구 승가를 모으셨으며 아시면서도, 일부러 육군비구에게 물으셨다.

"그대들이 진실로 이러한 일을 지었는가?"

대답하여 말하였다.

"진실로 지었습니다. 세존이시여."

세존께서는 여러 종류의 인연으로서 꾸짖으셨다.

"어찌 비구라고 이름하면서 비구 방의 가운데에서 성내고 원한을 품으며 즐거워하지 않으면서 곧 강제로 끌어내었는가?"

세존께서는 이와 같이 여러 종류의 인연으로 꾸짖으셨으며, 여러 비구들에게 말씀하셨다.

"열 가지의 이익을 까닭으로 여러 비구들에게 계를 제정하여 주겠노라. 지금부터 이러한 계는 마땅히 이와 같이 설할지니라. '만약 비구가 비구의 방의 가운데에서 성내고 원한을 품으며 즐거워하지 않으면서 곧 스스로가 끌어내거나, 만약 사람을 시켜서 끌어냈다면, 어리석은 사람을 멀리 쫓아냈거나, 마땅히 이곳에 머무를 수 없는 그러한 인연을 제외하고는 바일제이니라.'

'비구의 방'은 대중 승가에게 귀속되었거나, 혹은 한 사람에게 귀속되었거나, 가장 작은 것과 나아가 4위의인 가고 서고 앉고 눕는 것을 허용되는 곳이다.

'성내고 원한을 품다.'는 뜻에 따르지 않는 까닭이다.

'즐거워하지 않다.'는 성내고 즐거워하지 않는 견해인 까닭이다.

'스스로 끌어내다.'는 스스로가 손으로 끌어내는 것이다.

'시켜서 끌어내다.'는 다른 사람을 가르쳐서 끌어내는 것이다. 만약 침상 위에서 땅으로 끌어냈거나, 방에서 문으로 끌어냈거나, 문에서 다니는 곳으로 끌어냈거나, 높은 곳에서 낮은 곳으로 끌어냈거나, 흙더미에서 땅으로 끌어냈다면 바일제이다.

'바일제'는 소자와 복장으로 이름하는데, 만약 허물을 참회하지 않는다면 능히 도를 장애한다.

이 가운데에서 범하는 것은 만약 비구가 성내고 원한을 품으며 즐거워하지 않으면서 비구를 끌어냈는데, 능히 끌어냈다면 바일제이고, 능히 끌어내지 못하였다면 돌길라이다. 만약 다른 사람을 시켜서 끌어냈는데, 끌어냈다면 바일제이고, 끌어내지 못하였다면 돌길라이다. 만약 앉는 상에서 끌어냈는데, 끌어냈다면 바일제이고, 끌어내지 못하였다면 돌길라이다. 눕는 상이나, 방 안이나, 문밖이나, 다니는 곳이나, 높은 곳이나, 흙더미나, 위에서 만약 끌어냈다면 바일제이고, 끌어내지 못하였다면 돌길라이다. 스스로 끌어냈거나, 다른 사람을 시켜서 끌어냈거나, 모두 바일제이거나 돌길라이다. 만약 방사를 무너트리고자 하였던 까닭으로 끌어냈다면 범한 것은 아니다." [열여섯 번째 일을 마친다.]

세존께서는 사위국에 머무르셨다.

이때 장로 가류타이(迦留陀夷)는 잠버릇이 나빠서 일심으로 잠자지 않았다. 자면서 코를 골고, 이를 갈았으며, 잠꼬대하였고, 자주 뒤척였으며, 손뼉을 쳤고, 발을 굴렀으며, 큰소리를 질렀다. 여러 비구들은 소리를 듣고 잠을 잘 수 없었던 까닭으로 음식을 소화시키지 못하였고, 음식을 소화시키지 못하였던 까닭으로 몸에 근심과 병이 있어 번민하고 구토하며 즐겁지 않았다. 여러 비구들은 각자 함께 서로 가까이 와구를 펼치며 이렇게 생각을 지었다.

'가류타이가 들어와서 가운데에 눕지 못하게 해야겠다.'

이때 가류타이가 강제로 가운데에 들어와서 와구를 폈다. 여러 비구들은 말하였다.

"가류타이여. 그대는 강제로 가운데에 들어와서 눕지 마십시오. 왜 그러한가? 그대는 잠버릇이 나빠서 일심으로 잠자지 못하고 자면서 코를 골고, 이를 갈며, 잠꼬대를 하고, 자주 뒤척이며, 손뼉을 치고, 발을 구르며, 큰소리를 짓습니다. 여러 비구들이 이 소리를 듣고 잠을 잘 수 없었던 까닭으로 음식을 소화시키지 못하였고, 음식을 소화시키지 못하였던 까닭으로 몸에 근심과 병이 있어 번민하고 구토하며 즐겁지 않습니다."

가류타이가 말하였다.

"나는 스스로가 안락합니다. 그대들이 안락하지 않다면 곧 스스로가 떠나가십시오."

이렇게 말을 짓고서 강제로 와구를 폈다. 이 가운데에 비구가 있어 욕망이 적고 만족함을 알며 두타를 행하였는데, 이러한 일을 듣고서 마음이 기쁘지 않아서 여러 종류의 인연으로 꾸짖었다.

"어찌 비구라고 이름하면서 비구의 방에 먼저 와구가 펼친 것을 알면서도 뒤에 와서 강제로 펼치는가?"

여러 종류의 인연으로 꾸짖고서 세존을 향하여 자세히 말하였다. 세존께서는 이 일로써 비구 승가를 모으셨으며, 아시면서도 일부러 가류타이에게 물으셨다.

"그대가 진실로 이러한 일을 지었는가?"

대답하여 말하였다.

"진실로 지었습니다. 세존이시여."

세존께서는 여러 종류의 인연으로서 가류타이를 꾸짖으셨다.

"어찌 비구라고 이름하면서 비구의 방에 먼저 와구가 펼친 것을 알면서도 뒤에 와서 강제로 펼쳤는가?"

세존께서는 이와 같은 여러 종류의 인연으로 꾸짖으셨으며, 여러 비구들에게 말씀하셨다.

"열 가지의 이익을 까닭으로 여러 비구들에게 계를 제정하여 주겠노라. 지금부터 이러한 계는 마땅히 이와 같이 설할지니라. '만약 비구가 방에 먼저 와구가 펼쳐진 것을 알면서도 뒤에 와서 강제로 펼쳤거나, 사람을 시켜서 펼치면서 <안락하지 않다면 스스로가 따나가라.>고 말하였다면 (어리석은 사람을 멀리 쫓아냈거나, 마땅히 이곳에 머무를 수 없는) 그러한 인연을 제외하고는 바일제이니라.'

'알았다.'는 만약 스스로가 알았거나, 만약 다른 사람에게 들었거나, 만약 그들이 말한 것이다.

'강제로 펼치다.'는 다른 사람의 뜻을 따르지 않고 스스로가 강제로 펼치는 까닭이다.

'시켜서 펼치다.'는 다른 사람에게 가르쳐서 펼치는 것이다.

'만약 앉는 상을 앞에 펼치거나, 침상 앞에 펼치거나, 방 안에 펼치거나, 문밖의 다니는 곳이거나, 높은 곳이거나, 흙더미의 앞에 펼친다면 바일제이다.

'바일제'는 소자와 복장으로 이름하는데, 만약 허물을 참회하지 않는다면 능히 도를 장애한다.

이 가운데에서 범하는 것은 비구가 비구의 방의 가운데에 먼저 와구가 펼쳐진 것을 알고서도 뒤에 와서 앉는 상의 앞에 억지로 와구를 펼쳤는데, 만약 능히 펼쳤다면 바일제이고 펼치지 못하였다면 돌길라이다. 침상 앞이거나, 방 안이거나, 문밖이거나, 다니는 곳이거나, 높은 곳이거나, 흙더미 앞에 스스로 펼치거나, 다른 사람을 시켜서 펼쳤는데, 만약 능히 펼쳤다면 바일제이고 펼치지 못하였다면 돌길라이다. 이와 같은 곳에서 스스로가 펼치거나, 다른 사람을 시켜서 펼치는 것을 따라서 하나·하나가 바일제이고 돌길라이다.

만약 비구가 다른 사람을 괴롭히기 위한 까닭으로 문을 열거나, 문을 닫거나, 창을 닫거나, 창을 열거나, 불을 켜거나, 불을 끄거나, 등불을 켜거나, 등불을 끄거나, 창패를 하거나, 축원하거나, 경을 읽거나, 법을 설하거나, 물으면서 다른 사람들이 기뻐하지도 즐거워하지도 않는 일을 따라서 짓는다면 하나·하나가 바일제이다." [열일곱 번째의 일을 마친다.]

세존께서는 사위국에 머무르셨다.

이때 두 객비구가 있어 저녁 무렵에 왔다. 이 두 객비구는 차례대로 방을 하나를 얻었는데 한 사람은 누각(閣)의 위를 얻었고 다른 한 사람은 누각의 아래를 얻었다. 누각의 아래를 얻은 자는 좌선하는 사람이었으므로 적정하게 일찍 방 안에 들어가서 침상과 요를 펴고 가부좌하고 앉았는데 묵연한 것을 즐기는 까닭이었다. 누각의 위를 얻은 자는 들썩이는 것을 매우 좋아하여 경을 외우고 축원하며 어려움을 묻고 큰 소리로 웃고 떠들면서 여러 종류의 무익(無益)한 말을 지었다.

뒤에 방으로 들어와서 힘을 사용하여 첨각상(尖脚床)에 앉았는데 갈대의 받침대였던 까닭으로 상(床)의 다리와 지지대가 아래로 무너져서 이 비구는 머리를 다쳤고 거의 죽을 수 있었다. 이 비구는 방에서 뛰쳐나와 여러 비구들에게 말하였다.

"그대들은 이 비구를 보십시오. 일심으로 앉거나, 눕지 않았던 까닭으로 상의 다리가 아래로 무너져서 내 머리를 다치게 하였고 거의 죽을 수 있었습니다."

이 가운데에 비구가 있어 욕망이 적고 만족함을 알며 두타를 행하였는데, 이러한 일을 듣고서 마음이 기쁘지 않아서 여러 종류의 인연으로 꾸짖었다.

"어찌 비구라고 이름하면서 일심으로 앉거나, 눕지 않고 힘을 사용하여 앉았던 까닭으로 평상의 다리를 아래로 무너뜨려서 다른 비구가 머리를 다쳐서 거의 죽을 수 있게 하는가?"

여러 종류의 인연으로 꾸짖고서 세존을 향하여 자세히 말하였다. 세존께서는 이 일로써 비구 승가를 모으셨으며, 아시면서도 일부러 이 비구에게 물으셨다.

"그대가 진실로 이러한 일을 지었는가?"

대답하여 말하였다.

"진실로 지었습니다. 세존이시여."

세존께서는 여러 종류의 인연으로서 꾸짖으셨다.

"어찌 비구라고 이름하면서 일심으로 앉거나, 눕지 않고 힘을 사용하여 앉았던 까닭으로 평상의 다리를 아래로 무너뜨려서 다른 비구가 머리를 다쳐서 거의 죽을 수 있게 하였는가?"

여러 종류의 인연으로 꾸짖으셨으며, 여러 비구들에게 말씀하셨다.

"열 가지의 이익을 까닭으로 여러 비구들에게 계를 제정하여 주겠노라. 지금부터 이러한 계는 마땅히 이와 같이 설할지니라. '만약 비구가 비구의 방에서 각(閣)의 첨각상에 힘을 사용하여 앉거나 눕는다면 바일제이니라.'

'비구의 방'은 대중 승가에게 귀속되었거나, 혹은 한 사람에게 귀속되었거나, 가장 작은 것과 나아가 4위의인 가고 서고 앉고 눕는 것을 허용되는 곳이다.

'각'은 1층 이상이 중첩되면 모두 각이라고 이름한다.

'상(床)'은 와상(臥床)으로 와상은 다섯 종류가 있나니, 아산제각(阿珊蹄脚)·파랑구각(波郎劬脚)·저양각각(羝羊角脚)·첨각(尖脚)·곡각(曲脚)이다. 좌선하는 상(坐禪床)도 역시 다섯 종류가 있나니, 아산제각·파랑구각·저양각각·첨각·곡각이다.

'앉는다.'는 몸을 위에 앉히는 것이다.

'눕는다.'는 몸을 위에 눕히는 것이다.

'바일제'는 소자와 복장으로 이름하는데, 만약 허물을 참회하지 않는다면 능히 도를 장애한다.

이 가운데에서 범하는 것은 만약 비구가 침상이 하나의 다리는 첨각이고 세 개의 다리는 아산제각이거나, 만약 두 다리는 첨각이고 두 다리는 아산제각이거나, 만약 세 다리가 첨각이고 하나의 다리만 아산제각이거나, 만약 네 다리가 모두 첨각인데 힘을 사용하여 앉고 눕는다면 하나·하나가 바일제이다.

만약 그 침상이 하나의 다리는 첨각이고 세 개의 다리는 파랑구각이거나, 만약 두 다리는 첨각이고 두 다리는 파랑구각이거나, 만약 세 다리가 첨각이고 하나의 다리만 파랑구각이거나, 만약 네 다리가 모두 첨각인데 힘을 사용하여 앉고 눕는다면 하나·하나가 바일제이다.

만약 그 침상이 하나의 다리는 첨각이고 세 개의 다리는 저양각각이거나, 만약 두 다리는 첨각이고 두 다리는 저양각각이거나, 만약 세 다리가 첨각이고 하나의 다리만 저양각각이거나, 만약 네 다리가 모두 첨각인데 힘을 사용하여 앉고 눕는다면 하나·하나가 바일제이다.

만약 그 침상이 하나의 다리는 첨각이고 세 개의 다리는 곡각이거나, 만약 두 다리는 첨각이고 두 다리는 곡각이거나, 만약 세 다리가 첨각이고 하나의 다리만 곡각이거나, 만약 네 다리가 모두 첨각인데 힘을 사용하여 앉고 눕는다면 하나·하나가 바일제이다.

만약 그 침상이 하나의 다리는 첨각이고 세 개의 다리는 곡각이거나, 만약 두 다리는 첨각이고 두 다리는 곡각이거나, 만약 세 다리가 첨각이고 하나의 다리만 곡각이거나, 만약 네 다리가 모두 첨각인데 힘을 사용하여 앉고 눕는다면 하나·하나가 바일제이다.

좌선하는 상도 역시 이와 같다. 만약 돌로서 첨각상(尖脚床)을 지탱하였다면 바일제이고, 벽돌로 지탱하였거나, 나무로 지탱하였거나, 백납(白鑞)으로 지탱하였거나, 연석(鉛錫)으로 지탱하였다면 그 하나·하나가 바일제이다. 만약 재목·판자·각목으로 지탱하였거나, 두꺼운 진흙이거나, 만약 상의 다리의 버팀목이 썩었거나, 풀더미로 지탱하였거나, 진흙이거나, 옷더미로 지탱하였거나, 누더기 더미로 지탱하였다면 범한 것은 아니다." [나무의 버팀목이 썩어서 부드러우면 능히 사람을 상해하지 않는 까닭으로 범하지 않는다고 말한다. 열여덟 번째의 일을 마친다.]

세존께서는 구사미국에 머무르셨다.

이때 장로 천나는 벌레가 있는 물을 이용하여 풀에 뿌리고 진흙과 섞었다. 여러 비구들이 천나에게 말하였다.

"그대는 벌레가 있는 물을 사용하여 풀에 뿌리고 진흙과 섞어서 여러 작은 벌레를 죽이지 마십시오."

천나가 대답하여 말하였다.

"나는 물을 사용하여 진흙을 섞는 것이고, 벌레를 사용한 것이 아닙니다."

여러 비구들이 말하였다.

"그대는 이 물에 벌레가 있는 것을 알면서도 어찌 사용하여 진흙을 섞는 것입니까? 그대는 축생의 가운데에서 불쌍하게 생각하는 마음도 없습니까?"

이 가운데에 비구가 있어 욕망이 적고 만족함을 알며 두타를 행하였는데, 이러한 일을 듣고서 마음이 기쁘지 않아서 여러 종류의 인연으로 꾸짖었다.

"어찌 비구라고 이름하면서 물에 벌레가 있는 것을 알면서도 사용하여 풀에 뿌리고 진흙과 섞는가?"

여러 종류의 인연으로 꾸짖고서 세존을 향하여 자세히 말하였다. 세존께서는 이 일로써 비구 승가를 모으셨으며 아시면서도 일부러 천나에게 물으셨다.

"그대가 진실로 이러한 일을 지었는가?"

대답하여 말하였다.

"진실로 지었습니다. 세존이시여."

세존께서는 여러 종류의 인연으로서 꾸짖으셨다.

"어찌 비구라고 이름하면서 물에 벌레가 있는 것을 알면서 사용하여 풀에 뿌리고 진흙과 섞었는가?"

여러 종류의 인연으로 꾸짖으셨으며, 여러 비구들에게 말씀하셨다.

"열 가지의 이익을 까닭으로 여러 비구들에게 계를 제정하여 주겠노라. 지금부터 이러한 계는 마땅히 이와 같이 설할지니라. '만약 비구가 물에 벌레가 있는 것을 알면서도 스스로가 사용하여 풀에 뿌리고 진흙과 섞거나, 만약 다른 사람을 시켜서 사용하게 하였다면 바일제이니라.'

'알다.'는 스스로 알았거나, 다른 사람에게 들어서 아는 것이다.

'벌레'는 눈으로 볼 수 있거나, 만약 녹수낭(漉水囊)[3]에 걸러지는 것이다.

'풀에 뿌리다.'는 스스로가 손으로 뿌리는 것이다.

'뿌리게 시키다.'는 다른 사람을 가르쳐서 뿌리게 하는 것이다.

'진흙과 섞는다.'는 스스로가 손으로 섞는 것이다.

'섞게 시키다.'는 다른 사람을 가르쳐서 섞게 하는 것이다.

'바일제'는 소자와 복장으로 이름하는데, 만약 참회하지 않는다면 능히 도를 장애한다.

이 가운데에서 범하는 것은 만약 비구가 물에 벌레가 있는 것을 알면서도 사용하여 풀에 물을 뿌렸고 따라서 벌레가 죽었다면 하나·하나가 바일제이다. 만약 다른 사람을 시켜서 풀에 물을 뿌렸고 따라서 벌레가 죽었다면 하나·하나가 바일제이다. 만약 비구가 물에 벌레가 있는 것을 알면서도 사용하여 진흙과 섞었고 따라서 벌레가 죽었다면 하나·하나가 바일제이다. 만약 다른 사람을 시켜서 진흙과 섞었고 따라서 벌레가 죽었다면 하나·하나가 바일제이다. 쇠똥이나, 마른 흙, 대나무나 갈대의 잎으로서 벌레가 있는 물속에 던졌고 따라서 벌레가 죽었다면 하나하나가 바일제이다.

만약 비구가 벌레가 있는 물의 가운데에서 벌레가 있다고 생각하고 사용하였다면 바일제이고, 벌레가 있는 물의 가운데에서 벌레가 없다고 생각하고 사용하였어도 바일제이며, 벌레가 있는 물을 벌레를 의심하고 사용하였다면 바일제이다. 벌레가 없는 물의 가운데에서 벌레가 있다고 생각하고 사용하였다면 돌길라이고, 벌레가 없는 물에서 벌레를 의심하고 사용하였다면 돌길라이다. 벌레가 없는 물을 벌레가 없다고 생각하고 사용하였다면 범한 것은 아니다." [열아홉 번째의 일을 마친다.]

세존께서는 구사미국에 머무르셨다.

이때 장로 천나가 큰 방각(房閣)을 세우고자 하였다. 이 사람은 성품이

---

3) 산스크리트어 pariśrāvaṇa의 음사로서 물속에 있는 작은 벌레나 티끌을 거르는 주머니를 가리킨다.

게을렀으므로 이렇게 생각을 지었다.

'누가 능히 날마다 자세히 보고 살피겠는가?'

곧 땅을 파서 기초를 세우고 벽까지 쌓았으며 문을 설치하였고, 다시 이층에도 문을 설치하고 벽에 진흙을 발랐으며 서까래를 설치하고 지붕을 덮었다. 곧 하루에 짓고 마쳤으나 곧 그날에 허물어졌다. 이 가운데에 비구가 있어 욕망이 적고 만족함을 알며 두타를 행하였는데, 이러한 일을 듣고서 마음이 기쁘지 않아서 여러 종류의 인연으로 꾸짖었다.

"어찌 비구라고 이름하면서 큰 방각을 일으키고자 많은 초목과 진흙을 사용하여 그날 짓고 완성하여 곧 그날에 무너지게 하는가?"

여러 종류의 인연으로 꾸짖고서 세존께 자세히 말하였다. 세존께서는 이 일로써 비구 승가를 모으셨으며 아시면서도 일부러 천나에게 물으셨다.

"그대가 진실로 이러한 일을 지었는가?"

대답하여 말하였다.

"진실로 지었습니다. 세존이시여."

세존께서는 여러 종류의 인연으로서 꾸짖으셨다.

"어찌 비구라고 이름하면서 큰 방각을 일으키고자 많은 초목과 진흙을 사용하여 그날 짓고 완성하여 곧 그날에 무너지게 하였는가?"

여러 종류의 인연으로 꾸짖으셨으며, 여러 비구들에게 말씀하셨다.

"열 가지의 이익을 까닭으로 여러 비구들에게 계를 제정하여 주겠노라. 지금부터 이러한 계는 마땅히 이와 같이 설할지니라. '만약 비구가 큰 방을 일으키고자 한다면 마땅히 벽을 쌓고, 들보와 문과 향(向)을 설치하며, 땅을 고르고, 마땅히 두·세 번을 덮도록 하라. 이것을 넘겨서 지붕을 덮는다면 바일제이니라.'

'큰 방'은 온실(溫室)·강당·합류당(合霤堂)·고각(高閣)·중각(重閣)·좁고 긴 방 등을 말한다.

'벽'은 네 면의 벽으로 만약 나무이거나, 만약 흙인 것이다.

'들보'는 서까래가 의지하는 곳이다.

'문'은 문짝을 설치하는 곳이다.

'향'은 창문이 향하는 것이고, 빛이 통하는 곳이다.

'땅을 고르다.'는 진흙땅으로 거친 진흙과 부스러기의 진흙에 적색·백색·흑색을 사용하여 흰 흙을 뿌리고 바르고 다듬어서 채색하는데, 흑색으로 그리거나, 청색으로 그리거나, 백색으로 그리거나, 적색으로 그리는 것이다.

'두·세 번을 덮는다.'는 마땅히 만약 두 번을 덮거나, 만약 세 번을 덮는 것이다.

'바일제'는 소자와 복장으로 이름하는데, 만약 허물을 참회하지 않는다면 능히 도를 장애한다.

이 가운데에서 범하는 것은 만약 비구가 스스로가 알고서 덮는다면 마땅히 스스로가 첫 부분을 덮어서 마쳤다면, 둘째 부분은 마땅히 발두(發頭)[4]할 것이며, 셋째 부분은 마땅히 간략하게 충고하여 말하라. '마땅히 이와 같이 덮으십시오.' 간략하게 충고하였다면 곧 떠나라.

이 비구가 만약 있는 가운데에서 곧 셋째 부분을 덮어서 마쳤는데, 이 집에 만약 풀을 사용하여 덮었다면 사용하는 풀을 따라서 하나·하나가 바일제이고, 만약 나무 깔개를 사용하여 덮는다면 사용하는 나무 깔개를 따라서 하나·하나가 바일제이며, 만약 기와로서 덮는다면 사용하는 기와를 따라서 하나·하나가 바일제이다.

범함이 없는 것은 만약 판자를 사용하여 덮었거나, 만약 새의 날개를 사용하여 덮었거나, 만약 우시라(優尸羅) 풀뿌리를 사용하여 덮었다면 범한 것은 아니다." [스무 번째의 일을 마친다.]

세존께서는 사위국에 머무르셨다.

이때 세존께서는 여러 비구들에게 알리셨다.

"내가 사부대중을 교화하면서 매우 피곤하므로 여러 비구들이 마땅히 비구니를 교계(敎誡)하도록 하라."

---

4) 어떤 일을 남몰래 꾀하여 일으키는 것이다.

이때 여러 비구들은 세존의 가르침을 받고 차례로 비구니를 교계하였다. 상좌 비구부터 차례로 교계를 마쳤고 다음으로 차례가 장로 반특(般特)에게 이르렀다. 이때 아난이 반특에게 가서 말하였다.

"그대는 아십니까? 그대는 내일 다음으로 마땅히 비구니들을 교계하십시오."

반특이 아난에게 말하였다.

"나는 근기가 둔하여 많이 듣지 못하였고 아는 것이 없습니다. 나는 여름 4개월에 겨우 '지혜로운 자는 몸과 입과 뜻으로 일체의 악을 짓지 않고, 항상 생각을 현재에 잡아매어 여러 욕망을 벗어나고, 또한 세간에 무익(無益)한 고행을 받아들이지 않는다.'는 구마라게(拘摩羅偈)[5] 하나를 능히 외울 수 있었습니다. 아난이여. 이 차례를 지나가면 좋겠습니다."

아난이 두 번·세 번을 반특에게 말하였다.

"여러 상좌들은 이미 교계를 마쳤습니다. 지금 차례가 그대에게 이르렀습니다."

반특 비구 역시 두·세 번을 아난에게 말하였다.

"나는 근기가 둔하여 많이 듣지 못하였고 아는 것이 없습니다. 나는 여름 4개월에 겨우 구마라게 하나를 능히 외울 수 있었습니다. 아난이여. 이 차례를 지나가면 좋겠습니다."

아난이 다시 말하였다.

"그대는 내일이 차례이니, 비구니들을 교계하십시오."

곧 아난의 말을 받아들였다. 밤이 지나고서 이전과 같이 옷을 입고 발우를 지니고 사위성에 들어가서 차례로 걸식을 하였고, 걸식한 뒤에 자기의 방사로 돌아왔으므로 공터에 앉는 상을 펼치고서 방에 들어가서 좌선하였다. 이때 여러 비구니들은 '오늘은 반특 비구가 비구니를 교계하는 차례이다.'라는 것을 듣고 모두가 업신여기는 마음이 생겨났다.

"이 사람은 많이 듣지 못했고 독송하는 경전도 적다. 여름 4개월이

---

5) 구마라(拘摩羅)는 동자(童子)로 의역한다. 즉 어린 동자들이 외우는 쉬운 게송을 말한다.

지나도록 여름 4개월에 겨우 '지혜로운 자는 몸과 입과 뜻으로 일체의 악을 짓지 않고, 항상 생각을 현재에 잡아매어 여러 욕망을 벗어나고, 또한 세간에 무익한 고행을 받아들이지 않는다.'는 구마라게 하나만 능히 외웠을 뿐이다. 우리들은 듣지 못한 법을 어떻게 듣겠으며, 우리가 알지 못하는 법을 어떻게 알겠는가? 외우고 있는 구마라게는 우리들이 이미 외운 것이다."

여러 비구니들이 있어 이전에는 기타림(祇陀林)에 들어와서 법을 듣지 않았으나, 이때는 모두 함께 왔고, 5백의 비구니들이 있었는데 왕원(王園) 비구니 정사를 나와서 기환(祇桓)으로 가서 법을 듣고자 장로 반특에게 나아갔고 방 앞에 서서 헛기침을 지었고 방문을 두드리며 말하였다.

"대덕 반특이시여. 나오십시오."

장로 반특이 곧 선정에서 일어나서 방을 나왔고 독좌상(獨坐床)에 이르러 몸을 단정히 하였고 대좌(大座)하였다. 여러 비구니들은 머리숙여 예배하고 모두 앞에 앉았다. 이때 장로 반특이 부드럽게 말하였다.

"여러 자매들이여, 나는 근기가 둔하고 독송한 것도 적음을 마땅히 아십시오. 나는 여름 4개월이 지나도록 여름 4개월에 겨우 '지혜로운 자는 몸과 입과 뜻으로 일체의 악을 짓지 않고, 항상 생각을 현재에 잡아매어 여러 욕망을 벗어나고, 또한 세간에 무익한 고행을 받아들이지 않는다.'는 구마라게 하나만 능히 외울 수 있었습니다. 비록 그렇더라도 나는 아는 것을 따라서 말하겠습니다. 그대들은 마땅히 일심으로 방일하지 않는 법을 행해야 합니다. 왜 그러한가? 나아가 제불께서도 모두 일심의 방일하지 않은 행을 따라서 아뇩다라삼먁삼보리를 얻었고, 도를 돕는 선법으로 소유하셨습니다. 모두 방일하지 않음을 근본을 삼습니다."

이렇게 말을 마치고서 신통력을 사용하여 앉은 자리에서 사라졌고 동쪽 허공의 가운데에서 가고 서며 앉고 눕는 네 가지의 위의를 나타냈으며, 화광삼매(火光三昧)에 들어가서 몸에서 청색·황색·적색·백색의 여러 불꽃을 내뿜었다. 몸 아래로는 불꽃을 내뿜고 몸 위로는 물을 뿜기도 하였으며, 몸 아래로는 물을 뿜고 몸 위로는 불꽃을 내뿜기도 하였다.

남쪽·서쪽·북쪽과 4유(維)와 상하(上下)에서도 역시 이와 같이 하였고, 여러 종류의 신통력을 나타내고서 돌아와서 본래 자리에 앉았다.

여러 비구니들은 장로 반특의 이와 같은 신력(神力)을 보고는 업신여기는 마음이 모두 사라졌고 믿고 공경하는 마음이 생겨난 까닭으로 존중하고 청정한 마음으로 교만(憍慢)을 절복하였다. 곧 비구니들이 기뻐하고 즐거워하는 법과 마땅히 이해하는 법을 따라서 연설(演說)하였다. 대중 가운데에서 수다원과(須陀洹果)·사다함과(斯陀含果)·아나함과(阿那含果)·아라한과(阿羅漢果)를 얻은 자가 있었고, 성문도(聲聞道) 인연의 종자를 심었으며, 벽지불도(辟支佛道) 인연의 종자를 심었고, 아뇩다라삼막삼보리의 인연을 일으킨 자도 있었다. 이때 대중들은 이와 같은 여러 종류의 큰 이익을 얻었는데, 이것이 계(戒)의 처음의 인연이다.

세존께서는 왕사성에 머무르셨다.

이때 육군비구가 차례로 비구니들을 교계하였는데, 이때 교계할 일을 방치하였고, 교회(教誨)할 일을 방치하였으며, 설할 법어(法語)를 방치하였고, 두 종류의 악한 말과 추악한 말을 지었다. 이때 하좌에 젊은 비구니가 있었는데 지계를 매우 싫어하였으므로, 육군비구와 희롱하며 경망스럽게 말하고 크게 웃었으며 다시 서로 이름을 부르는 등 여러 종류가 청정하지 못하였다. 이 가운데에 상좌의 장로인 비구니들은 지계를 매우 즐겼으므로 다른 곳에서 경행하거나, 혹은 서 있으며 기다렸고 설법을 듣고자 하였다.

또한 한때에 마하파사파제(摩訶波闍波提) 비구니가 대비구니 대중 500명과 함께 왕원정사(王園精舍)를 나와 세존의 처소로 나아가서 머리숙여 발에 예경하고서 한쪽에 서 있었다. 5백의 비구니들도 역시 머리숙여 발에 예경하고서 한쪽에 서 있었다. 구담미(瞿曇彌) 비구니는 한쪽에 서서 세존께 아뢰어 말하였다.

"세존이시여. 불(佛)께서는 이익을 위한 까닭으로 비구니들을 교계하는 것을 허락하셨으나, 저희들은 이러한 이익을 얻지 못하였습니다."

세존께서는 구담미에게 물으셨다.

"어찌하여 내가 이익을 위한 까닭으로 비구니들을 교계하는 것을 허락하였는데, 이러한 이익을 얻지 못하였습니까?"

구담미 비구니는 세존을 향하여 이러한 일을 자세히 말하였다. 세존께서는 말씀하셨다.

"진실로 그렇습니다. 내가 이익을 위한 까닭으로 비구니들을 교계하는 것을 허락하였는데, 그대들은 진실로 이러한 이익을 얻지 못하였습니다."

이때 세존께서는 구담미와 500의 비구니들을 여러 종류로 설법하시어 보여주셨고 가르치셨으며 이익되고 기쁘게 하시고서 묵연하셨다. 이때 구담미와 500의 비구니들은 세존께서 보여주셨고 가르치셨으며 이익되고 기쁘게 하신 것을 알고서 머리숙여 세존의 발에 예경하고서 오른쪽으로 돌면서 떠나갔다. 이때 구담미와 500의 비구니가 떠나고 오래지 않아서 세존께서는 이 일로써 비구 승가를 모으셨으며, 아시면서도 일부러 육군비구에게 물으셨다.

"그대들이 진실로 이러한 일을 지었는가?"

대답하여 말하였다.

"진실로 지었습니다. 세존이시여."

세존께서는 여러 종류의 인연으로서 육군비구를 꾸짖으셨다.

"어찌 비구라고 이름하면서 승가가 뽑지도 않았는데 곧 비구니들을 교계하였는가?"

여러 종류의 인연으로 꾸짖으셨으며, 여러 비구들에게 말씀하셨다.

"열 가지의 이익을 까닭으로 여러 비구들에게 계를 제정하여 주겠노라. 지금부터 이러한 계는 마땅히 이와 같이 설할지니라. '만약 비구가 비구니를 교계할 사람으로 승가가 뽑지도 않았는데, 비구니를 교계하였다면 바일제이니라.'

'승가가 뽑지 않았다.'는 대중 승가가 일심으로 화합하고서 교계하라고 뽑지 않은 것이다.

'바일제'는 소자와 복장으로 이름하는데, 만약 참회하지 않는다면 능히 도를 장애한다.

이 가운데에서 범하는 것은 승가가 뽑지 않았는데, 만약 한 비구가 한 비구니를 교계하였다면 하나의 바일제이고, 만약 한 비구가 두·세 명을 교계하고, 나아가 네 명의 비구니를 교계하였다면 네 가지의 바일제이다. 만약 두 명의 비구가 두 명의 비구니를 교계하였다면 둘의 바일제이고, 만약 세 명·네 명을 교계하고, 나아가 한 명의 비구니를 교계하였다면 하나의 바일제이다.

만약 세 명의 비구가 세 명의 비구니를 교계하였다면 셋의 바일제이고, 만약 네 명·한 명을 교계하고, 나아가 두 명의 비구니를 교계하였다면 둘의 바일제이다. 만약 네 명의 비구가 네 명의 비구니를 교계하였다면 네 가지의 바일제이고, 만약 한 명·두 명을 교계하고, 나아가 세 명의 비구니를 교계하였다면 셋의 바일제이다."

세존께서는 왕사성에 머무르셨다.

이때 육군비구는 승가가 비구니들을 교계하라고 뽑아주지 않는 것을 알고서 곧 경계 밖으로 나갔으며, 서로가 비구니들을 교계하라고 차례를 뽑았다. 뒤에 경계 안으로 들어왔으며 여러 비구니들이 왔을 때에 곧 여러 비구니들에게 말하였다.

"승가에서 비구니들을 교계할 사람으로 나를 뽑았소. 그대들이 온다면 내가 마땅히 교법을 설하겠소."

이러한 인연으로서 비구니 대중을 모았으나, 교계할 일을 방치하였고, 교회할 일을 방치하였으며, 설할 법어를 방치하였고, 두 종류의 악한 말과 추악한 말을 지었다. 이때 하좌에 젊은 비구니가 있었는데 지계를 매우 싫어하였으므로, 육군비구와 희롱하며 경망스럽게 말하고 크게 웃었으며 다시 서로 이름을 부르는 등 여러 종류가 청정하지 못하였다. 이 가운데에 상좌의 장로인 비구니들은 지계를 매우 즐겼으므로 다른 곳에서 경행하거나, 혹은 서 있으며 기다렸고 설법을 듣고자 하였다. 이때 비구니 승가와 함께 화합하여 서로가 친근하였다. 세존께서는 비구니 승가와 함께 화합하여 서로 친근한 것을 멀리서 보시고 아시면서도 일부러 아난에게 물으셨다.

"무슨 까닭으로써 비구니 승가와 함께 화합하여 서로가 친근한가?"

아난이 대답하였다.

"세존이시여. 이 육군비구들은 승가가 비구니들을 교계하도록 갈마하지 않을 것을 알고서 곧 경계 밖으로 나가서 스스로가 비구니를 교계할 사람으로 서로 갈마를 지었습니다. 그리고 뒤에 경계로 들어와서 여러 비구니들이 오는 것을 보고서 곧 이렇게 말을 지었습니다.

'승가가 일심으로 우리들이 비구니들을 교계하도록 갈마하였습니다. 그대들이 온다면 내가 마땅히 교법을 설하겠소.'

이러한 인연으로 비구니들을 모았으나, 교계할 일을 방치하였고, 교회할 일을 방치하였으며, 설할 법어를 방치하였고, 두 종류의 악한 말과 추악한 말을 지었습니다. 이때 하좌에 젊은 비구니가 있었는데 지계를 매우 싫어하였으므로, 육군비구와 희롱하며 경망스럽게 말하고 크게 웃었으며 다시 서로 이름을 부르는 등 여러 종류가 청정하지 못하였습니다. 이 가운데에 상좌의 장로인 비구니들은 지계를 매우 즐겼으므로 다른 곳에서 경행하거나, 혹은 서 있으며 기다렸고 설법을 듣고자 하였습니다. 세존이시여. 이러한 인연을 까닭으로 비구니 승가와 함께 화합하고 서로 친근한 것입니다."

세존께서는 이 일로 비구들을 모으셨으며, 여러 비구들에게 말씀하셨다.

"오늘부터 비구가 5법이 있으면 마땅히 비구니들을 교계할 사람으로 뽑아서는 아니된다. 무엇이 다섯 가지인가? 첫째는 20년 미만이거나, 20년이 지나지 않은 것이고, 둘째는 능히 계율을 지키지 못하는 것이며, 셋째는 능히 많이 듣지 못한 것이고, 넷째는 바른 말로 설법하지 못하는 것이며, 다섯째는 13사(事)[6]를 범하여 여러 곳에서 3중(衆)을 더럽힌 것이다.

6) 13승잔을 가리킨다.

'20년 미만'은 구족계를 받고서 20년을 채우지 못한 것이다.

'계율을 지키지 못한다.'는 세존이 제정한 계율을 깨뜨리거나, 구족계의 가르침 가운데에서 따르지 않거나, 위의를 알지 못하거나, 마땅히 행할 것과 마땅히 행하지 않을 것을 알지 못하거나, 나아가 작은 계율을 깨뜨렸어도 두려워하는 마음이 없거나, 능히 계율 지키는 차례를 배우지 못한 것이다.

'많이 듣지 못하였다.'는 2부(部)의 구족계를 뜻에 합당하게 독송하지 않은 것이다.

'바른 말로 설법하지 못한다.'는 세상의 바른 말과 좋은 언사(言辭)를 잘 알지 못하는 것이다.

'13사를 범했다.'는 만약 13사의 가운데에서 여러 곳에서 식차마나·사미·사미니를 더럽히고, 이러한 3중(衆)의 주변에서 죄를 범하였다면 비록 참회하였어도 역시 비구니를 교계할 수 없다. 만약 비구가 이러한 5법을 어긴다면 비구니들을 교계할 사람으로 뽑힐 수 없다.

만약 비구가 5법을 성취하였다면 마땅히 비구니를 교계할 사람으로 뽑아야 한다. 무엇이 다섯 가지인가? 20년을 채웠거나, 20년을 넘었거나, 능히 계율을 지켰거나, 능히 많이 들었거나, 능히 바른 말로 설법하거나, 13사를 범하지 않았고 3중을 더럽히지 않은 것이다.

'20년을 채웠다.'는 구족계를 받고서 20년을 채웠거나, 만약 넘은 것이다.

'계율을 지켰다.'는 세존이 제정한 계율을 범하지 않았고, 대계의 가르침을 따랐으며, 위의를 알고, 마땅히 행할 것과 행하지 않을 것을 알았으며, 나아가 작은 계율을 깨뜨리는 것을 크게 두려워하고, 계율을 지키는 차례를 배워서 아는 것이다.

'많이 들었다.'는 2부의 구족계를 뜻에 합당하게 독송하는 것이다.

'바른 말로 설법할 수 있다.'는 세상의 바른 말과 좋은 언사를 잘 아는 것이다.

'13사를 범하지 않았다.'는 13사의 가운데에서 여러 곳에서 더럽히지 않은 것이다.

'3중'은 식차마니·사미·사미니이다. 만약 비구가 이러한 5법을 성취했다면 승가는 그를 비구니를 교계할 사람으로 뽑아야 한다.

만약 비구가 20년을 채우지 못하였고, 능히 계율을 지키지 못하며, 능히 많이 듣지 못하였고, 능히 바른 말로 설법하지 못하며, 13사를 범하여 여러 곳에서 3중을 더럽혔는데, 만약 승가가 이 사람을 비구니를 교계할 사람으로 뽑았다면 뽑은 것이 성립되지 않고, 만약 그 사람이 비구니들을 교계하였다면 바일제이다.

만약 비구가 20년을 채웠고 만약 지났어도, 능히 계율을 지키지 못하며, 능히 많이 듣지 못하였고, 능히 바른 말로 설법하지 못하며, 13사를 범하여 여러 곳에서 3중을 더럽혔는데, 만약 승가가 이 사람을 비구니를 교계할 사람으로 뽑았다면 뽑은 것이 성립되지 않고, 만약 그 사람이 비구니들을 교계하였다면 바일제이다.

만약 비구가 20년을 채웠고 만약 지났으며, 능히 계율을 지켰으나, 능히 많이 듣지 못하였고, 능히 바른 말로 설법하지 못하며, 13사를 범하여 여러 곳에서 3중을 더럽혔는데, 만약 승가가 이 사람을 비구니를 교계할 사람으로 뽑았다면 뽑은 것이 성립되지 않고, 만약 그 사람이 비구니들을 교계하였다면 바일제이다.

만약 비구가 20년을 채웠고 만약 지났으며, 능히 계율을 지키고, 능히 많이 들었으나, 능히 바른 말로 설법하지 못하며, 13사를 범하여 여러 곳에서 3중을 더럽혔는데, 만약 승가가 이 사람을 비구니를 교계할 사람으로 뽑았다면 뽑은 것이 성립되지 않고, 만약 그 사람이 비구니들을 교계하였다면 바일제이다.

만약 비구가 20년을 채웠고 만약 지났으며, 능히 계율을 지키고, 능히 많이 들었으며, 능히 바른 말로 설법하였으나, 13사를 범하여 여러 곳에서 3중을 더럽혔는데, 만약 승가가 이 사람을 비구니를 교계할 사람으로 뽑았다면 뽑은 것이 성립되지 않고, 만약 그 사람이 비구니들을 교계하였다면 바일제이다.

만약 비구가 20년을 채웠고 만약 지났으며, 능히 계율을 지키고, 능히 많이 들었으며, 능히 바른 말로 설법하였고, 13사를 범하지 않았으나, 만약 승가가 이 사람을 비구니를 교계할 사람으로 뽑지 않았는데, 만약 그 사람이 비구니들을 교계하였다면 바일제이다.

5법을 성취하여 이미 뽑혔더라도 승가 가운데에서 뽑지 않았으나 곧 교계하였다면 바일제이다. 5법을 성취하여 이미 뽑혔고, 이미 승가에서 뽑혔더라도 말하지 않았는데, 곧 교계하였다면 돌길라이다. 5법을 성취하여 이미 뽑혔고, 이미 승가에서 뽑았으며, 이미 말하였더라도 승가의 가운데에서 말하지 않았는데, 곧 교계하였다면 돌길라이다.

5법을 성취하여 이미 뽑혔고, 이미 승가에서 뽑았으며, 이미 말하였고, 이미 승가의 가운데에서 말하였더라도 왔던 사람들에게 '자매들이여. 모두 와서 모이시겠습니까?'라고 묻지 않고서 곧 교계하였다면 돌길라이다. 법을 성취하여 이미 뽑혔고, 이미 승가에서 뽑았으며, 이미 말하였고, 이미 승가의 가운데에서 말하였더라도 왔던 사람들에게 '자매들이여. 모두 와서 모이셨습니까?'라고 이미 물었으나, 8경법(敬法)을 설하지 않고서 곧 뒤를 말하는 비구는 돌길라이다.

5법을 성취하여 이미 뽑혔고, 이미 승가에서 뽑았으며, 이미 말하였고, 이미 승가의 가운데에서 말하였더라도 왔던 사람들에게 '자매들이여. 모두 와서 모이시겠습니까?'라고 묻지 않고서 곧 교계하였다면 돌길라이다. 법을 성취하여 이미 뽑혔고, 이미 승가에서 뽑았으며, 이미 말하였고, 이미 승가의 가운데에서 말하였더라도 왔던 사람들에게 '자매들이여. 모두 와서 모이셨습니까?'라고 이미 물었으며, 8경법을 설하고서 다음으로 뒤를 말하는 비구는 범한 것은 없다." [스물한 번째의 일을 마친다.]

세존께서는 사위국에 머무르셨다.

이때 세존께서는 난타(難陀)에게 말씀하셨다.

"그대는 마땅히 비구니들을 교계하고, 마땅히 비구니를 교회하며, 마땅히 비구니를 위하여 설법하라. 왜 그러한가? 그대가 비구니를 교계한다면 나와 다르지 않느니라."

곧 때에 장로 난타는 묵연히 가르침을 받아들였고, 세존께서는 곧 때에 여러 비구들에게 알리셨다.

"그대들은 비구니를 교계할 사람으로 난타를 뽑도록 하라. 만약 다시 이와 같은 비구가 있더라도 역시 마땅히 뽑아서 비구니를 교계하게 해야 하느니라. 마땅히 다음과 같이 짓도록 하라. 일심으로 화합한 승가에서 한 비구가 창언하라.

'대덕 승가께서는 허락하십시오. 이 난타 비구를 승가는 비구니들을 교계하도록 뽑겠습니다. 만약 승가께서 때에 이르렀다면 승가께서는 허락하십시오. 승가시여. 난타를 비구니를 교계할 사람으로 뽑겠습니다. 이와 같이 아룁니다.'

아뢰고, 백이갈마를 짓는다.

'승가시여. 난타를 비구니를 교계할 사람으로 뽑아서 마쳤습니다. 승가께서 허락하신 것은 묵연하셨던 까닭입니다. 이러한 일은 이와 같이 지니겠습니다.'"

이 밤이 지나고 난타 비구는 오전에 옷을 입고 발우를 지니고 성에 들어가서 걸식하였고 걸식을 마치고 방사로 돌아왔으며 공터의 독좌상을 펼치고 방에 들어가서 좌선하였다. 이때 여러 비구니들은 난타가 비구니들을 교계한다는 것을 듣고서 이전에 법을 듣지 않던 자들도 모두 와서 모여서 들었다. 500의 비구니들은 함께 왕원정사를 나와서 기타림으로 들어갔으며 난타의 방 앞에 서서 헛기침을 지었고 방문을 두드리며 말하였다.

"대덕이신 난타시여. 우리들을 위하여 설법하고 교계하십시오."

이때 난타는 선정에서 일어나서 방문을 열고 나왔으며 독좌상에 몸을 단정히 하고 대좌하고 앉았다. 이때 여러 비구니들은 머리숙여 난타의 발에 예배하고 모두 앞에 앉았다. 난타는 곧 때에 여러 종류로 설법하여 보여주었고 가르쳤으며 이익되고 기쁘게 하였으며, 보여주고 가르쳤으며 이익되고 기쁘게 하고서 묵연하였다. 이때 여러 비구니들은 선법(善法)의 맛을 얻고서 깊이 애락(愛樂)하였던 까닭으로 일어나서 가려고 하지 않았다. 난타는 곧 이렇게 생각을 지었다.

'이 여러 비구니들이 법미(法味)를 얻은 까닭으로 오히려 법을 듣고자 하는구나.'

곧 다시 여러 종류를 설법하여 보여주었고 가르쳤으며 이익되고 기쁘게 하였으나, 나아가 해질녘에 이르렀다. 여러 비구니들에게 말하였다.

"해질녘이니 돌아가십시오."

여러 비구니들은 곧 일어났고 머리숙여 발에 예배하고 오른쪽으로 돌면서 떠나갔다. 기타림을 나와서 성으로 들어가고자 하였는데 성문은 이미 닫혀 있었다. 곧 성 아래의 해자의 주변에 묵었거나, 혹은 나무 아래에 있었거나, 혹은 우물가에 있었거나, 혹은 막힌 곳과 가려진 곳에서 묵었다. 이른 아침 문이 열렸고 여러 비구니들은 곧바로 먼저 들어갔다. 이때 수문인(守門人)이 비구니들에게 물었다.

"여러 선여인들이여. 지금 어디에서 오십니까?"

대답하여 말하였다.

"우리는 기타림에서 법을 들었고 해가 진 뒤에 돌아왔는데 성문이 이미 닫혀 있어 들어올 수 없었습니다."

물어 말하였다.

"어느 곳에서 묵으셨습니까?"

각자 묵은 곳에 따라서 대답하였다. 성 아래에서 묵은 자는 성의 아래라고 말하였고, 나무의 아래에서 묵은 자는 나무 아래라고 말하였으며, 우물가에서 묵은 자는 우물가라고 말하였고, 막힌 곳이나 가려진 곳에서 묵은 자는 으슥한 곳과 막힌 곳이라고 말하였다. 수문인이 말하였다.

"무슨 이러한 법이 있는가? 여러 사문 석자들은 범행을 깨뜨리는구나. 밤에 이르도록 함께 악을 짓고 일찍 일어나서는 방자하게 오는구나. 도둑이 음녀를 얻어 함께 묵고 일찍 일어나서 방자하게 성문의 아래에 오는 것과 같이 여러 석자 비구들도 역시 이와 같아서 함께 저녁에 묵었고 아침에 일어나서 방자하게 왔구나!"

이와 같이 한 사람이 두 사람에게 말하였고, 두 사람이 세 사람에게 말하였으며, 이와 같이 전전하여 악명이 유포되어 사위성에 가득하였다. 이 가운데에 비구가 있어 욕망이 적고 만족함을 알며 두타를 행하였는데, 이러한 일을 듣고서 마음이 기쁘지 않아서 세존을 향하여 자세히 말하였다. 세존께서는 이 일로써 비구 승가를 모으셨으며, 아시면서도 일부러 난타에게 물으셨다.

"그대가 진실로 이러한 일을 지었는가?"

대답하여 말하였다.

"진실로 지었습니다. 세존이시여."

세존께서는 여러 종류의 인연으로서 난타를 꾸짖으셨다.

"그대는 때를 알지 못하였고, 양을 알지 못하였구나. 설법이 즐겼으므로 나아가 해질녘까지 하였는가?"

여러 비구들에게 말씀하셨다.

"열 가지의 이익을 까닭으로 여러 비구들에게 계를 제정하여 주겠노라. 지금부터 이러한 계는 마땅히 이와 같이 설할지니라. '만약 비구가 비구니를 교계할 사람으로 뽑혀서 비구니를 교계하면서 해질녘에 이른다면 바일제이니라.'

'바일제'는 소자와 복장으로 이름하는데, 만약 허물을 참회하지 않는다면 능히 도를 장애한다.

이 가운데에서 범하는 것은 만약 비구가 땅이 명료한 때에 비구니를 교계하였고, 나아가 해질녘에 이르렀다면 바일제이다. 만약 비구가 땅이 명료한 때이거나, 오전이거나, 정오이거나, 포시(晡時)이거나, 하포시(下晡時)[7]이거나, 해질녘에 비구니를 교계하여 해질녘의 때에 이르렀다면 바일제이다. 만약 해질녘의 때에 해질녘이라는 생각이 생겨났고 교계하였다면 바일제이고, 만약 해질녘의 때에 해질녘이 아니라는 생각이 생겨났고 교계하였어도 바일제이며, 만약 해질녘의 때에 의심이 생겨났는데 교계하

7) 해질 무렵, 또는 초저녁을 가리킨다.

였다면 바일제이다. 만약 해가 저물지 않았는데 저물었다는 생각이 생겨났고 교계하였다면 돌길라이고, 만약 해가 저물지 않은 때에 의심이 생겨났는데 교계하였어도 돌길라이다. 만약 해가 저물지 않았을 때 저물지 않았다는 생각이 생겨났고 교계했다면 범한 것은 없다." [스물두 번째의 일을 마친다.]

세존께서는 왕사성에 머무르셨다.

이때 육군비구는 스스로가 다시 비구니들을 교계할 수 없는 것을 알고서 질투하고 성내면서 이렇게 말을 지었다.

"여러 비구들은 이양을 위한 까닭으로 비구니를 교계하는데 이를테면, 옷·발우·호구·시약·야분약·칠일약·종신약 등이다. 이러한 이익을 까닭으로써 여러 비구들이 비구니를 교계하는 것이고, 선량(善好)한 법을 위한 것이 아니다."

이 가운데에 비구가 있어 욕망이 적고 만족함을 알며 두타를 행하였는데, 이러한 일을 듣고서 마음이 기쁘지 않아서 여러 종류의 인연으로 꾸짖었다.

"어찌 비구라고 이름하면서 '여러 비구들은 재물과 이익을 위한 까닭으로 비구니들을 교계한다.'라고 이렇게 말을 짓는가?"

여러 종류의 인연으로 꾸짖고서 세존을 향하여 자세히 말하였다. 세존께서는 이 일로써 비구 승가를 모으셨으며, 아시면서도 일부러 육군비구에게 물으셨다.

"그대들이 진실로 이러한 일을 지었는가?"

대답하여 말하였다.

"진실로 지었습니다. 세존이시여."

세존께서는 여러 종류의 인연으로서 꾸짖으셨다.

"어찌 비구라고 이름하면서 '여러 비구들은 재물과 이익을 위한 까닭으로 비구니들을 교계한다.'라고 이렇게 말을 지었는가?"

여러 종류의 인연으로 꾸짖으셨으며, 여러 비구들에게 말씀하셨다.

"열 가지의 이익을 까닭으로 여러 비구들에게 계를 제정하여 주겠노라.

지금부터 이러한 계는 마땅히 이와 같이 설할지니라. '만약 비구가 <여러 비구들은 재물과 이익을 위한 까닭으로 비구니를 교계한다.>라고 이렇게 말을 짓는다면 바일제이니라.'

'바야제'는 소자와 복장으로 이름하는데, 만약 허물을 참회하지 않는다면 능히 도를 장애한다.

이 가운데에서 범하는 것은 만약 비구가 '여러 비구들은 발우를 위한 까닭으로 비구니를 교계한다.'라고 이렇게 말을 짓는다면 바일제이다. 만약 옷·발우·호구·시약·야분약·칠일약·종신약 등을 위한 까닭으로 비구니를 교계한다고 말한다면 모두 바일제이다. 말한 것을 따라서, 그것과 같은 것을 따라서 바일제를 얻는다." [스물세 번째의 일을 마친다.]

세존께서는 왕사성에 머무르셨다.

그때 육군비구는 제바달다(提婆達多)를 돕는 여러 비구니와 함께 약속하고서 같이 길을 다니면서 희롱하고, 큰소리로 웃었으며, 추악한 말을 짓고, 여러 종류의 부정한 업을 지었다. 이 가운데에 길을 마주오던 거사가 있었는데, 그 뒤를 따라오던 자들이 보았으므로 함께 서로가 의논하여 말하였다.

"그대들은 이것을 보십시오. 이것은 아내입니까? 이것은 사통한 것입니까? 반드시 함께 함께 음욕의 일을 지었습니다."

이 가운데에 비구가 있어 욕망이 적고 만족함을 알며 두타를 행하였는데, 이러한 일을 듣고서 마음이 기쁘지 않아서 세존께 자세히 말하였다. 세존께서는 이 일로써 비구 승가를 모으셨으며, 아시면서도 일부러 육군비구에게 물으셨다.

"그대들이 진실로 이러한 일을 지었는가?"

대답하여 말하였다.

"진실로 지었습니다. 세존이시여."

세존께서는 여러 종류의 인연으로서 꾸짖으셨다.

"어찌 비구라고 이름하면서 비구니와 함께 약속하고 같이 길을 다니면서 한 취락에서 다른 취락에 이르렀는가?"

여러 종류의 인연으로 꾸짖으셨으며, 여러 비구들에게 말씀하셨다.

"열 가지의 이익을 까닭으로 여러 비구들에게 계를 제정하여 주겠노라. 지금부터 이러한 계는 마땅히 이와 같이 설할지니라. '만약 비구가 비구니와 함께 약속하고 같이 길을 다니면서 한 취락에서 다른 취락에 이르렀다면 바일제이니라.'

'약속하다.'는 만약 비구가 약속을 지었거나, 만약 비구니가 약속을 지은 것이다.

'길'은 두 종류가 있는데 육로(陸道)와 수로(水道)이다.

'바일제'는 소자와 복장으로 이름하는데, 만약 참회하지 않는다면 능히 도를 장애한다.

이 가운데에서 범하는 것은 만약 비구가 비구니와 함께 약속하고서 육로를 다니면서 한 취락에서 다른 취락에 이르렀다면 바일제이고, 만약 도중에 돌아왔다면 돌길라이다. 만약 취락이 없는 공터를 향해 1구로사(拘盧舍)를 [500궁(弓)[8]의 거리이다.] 갔다면 바일제이고, 도중에 돌아왔다면 돌길라이다. 수로도 역시 이와 같다."

세존께서는 사위국에 머무르셨다.

여러 비구니들은 교살라국에서 유행하여 사위국을 향하면서 험한 길에 이르렀고 많은 반려를 기다렸다. 그때 여러 비구들도 교살라국에서 유행하여 사위국을 향하였다. 비구니들은 비구들을 멀리서 보고 이렇게 생각을 지었다.

"우리는 비구들과 함께 떠나간다면 안은하게 지나갈 것이다."

여러 비구들이 점차 가까이 다가왔고 비구니들이 물어 말하였다.

"여러 대덕이여. 어느 곳으로 가고자 하십니까?"

여러 비구들이 대답하였다.

---

8) 길이의 단위로 여덟 자를 가리킨다. 자는 척(尺)으로 이해되는데, 1척은 약 33㎝이다.

"사위국으로 향합니다."

비구니들이 말하였다.

"우리들도 마땅히 여러 대덕들과 함께 가겠습니다."

여러 비구들이 대답하여 말하였다.

"세존께서는 계를 제정하시어 여러 비구는 비구니와 함께 약속하고서 같은 길을 다닐 수 없습니다. 어떻게 함께 가겠습니까."

여러 비구니들이 말하였다.

"만약 그러시다면 대덕들께서 앞에 가십시오."

이때 여러 비구들은 대중이 많아 안은하게 험한 길을 지날 수 있었고, 도둑이 감히 일어나지 못하였다. 여러 비구니들은 뒤를 따라 천천히 왔으나, 도둑들이 여인의 대중이 적은 것을 보고는 갑자기 뛰쳐나와 옷을 빼앗고 모두 나형(裸形)으로 내쫓았다. 여러 비구들은 유행하여 점차 사위국에 이르렀고 세존의 처소에 나아가 머리숙여 발에 예경하고서 한쪽에 앉았다. 제불의 상법은 만약 객비구가 왔다면 이와 같은 말로서 위로하며 묻는 것이다.

"여러 비구여. 견딜 수 있었는가? 만족스러웠는가? 안락하게 머물렀는가? 걸식하기 부족하지 않았는가? 도로에 피곤하지 않았는가?"

비구들이 대답하여 말하였다.

"세존이시여. 견딜 수 있었고 만족스러웠으며 안락하게 머물렀습니다. 걸식에 부족하지 않았고 도로에 피곤하지도 않았습니다."

곧 이러한 일로써 세존께 자세히 말하였다. 세존께서는 이 일로 비구 승가를 모으셨으며, 여러 종류의 인연으로 계를 찬탄하셨고 지계를 찬탄하셨으며, 계를 찬탄하시고 지계를 찬탄하시고서 여러 비구들에게 말씀하셨다.

"열 가지의 이익을 까닭으로 여러 비구들에게 계를 제정하여 주겠노라. 지금부터 이러한 계는 마땅히 이와 같이 설할지니라. '만약 비구가 비구니와 함께 약속하고 같이 길을 다니면서 한 취락에서 다른 취락에 이르렀다면 인연(因緣)을 제외하고는 바일제이니라.'

'인연'은 만약 길의 가운데에 반드시 많은 동반자가 필요하거나, 가는 길이 두려운 것으로 의심이 있다면, 이것을 인연이라고 이름한다.

'의심'에는 두 가지가 있나니, 첫째는 옷과 발우를 잃는 것이 의심스러운 것이고, 둘째는 양식(糧食)을 잃는 것이 의심스러운 것이다. 만약 양식을 잃는 것이 의심스러우면 비구니의 음식을 비구가 취하여 가지고서 떠나가며, 옷과 발우를 잃는 것이 의심스럽다면 비구니의 옷과 발우를 비구가 취하여 가지고서 떠나갈지니라. 만약 안은하고 풍성하며 즐거운 곳에 이르면 그때에 마땅히 비구니에게 옷과 발우와 음식을 돌려주면서 마땅히 이와 같이 말하라.

'자매여. 그대들의 뜻을 따라서 함께 갈 수는 없습니다.'

만약 그때에 곧 함께 길을 다니면서 한 취락에 이르렀다면 바일제이고, 도중에 돌아왔다면 돌길라이다. 만약 취락에서 공터를 향하였고, 나아가 1구로사에 이르렀다면 바일제이고, 도중에 돌아왔다면 돌길라이다. 수로도 역시 이와 같다.

범함이 없는 것은 약속하지 않고 갔거나, 만약 왕의 부인(夫人)이 있어 함께 갔다면 범한 것은 아니다." [스물네 번째의 일을 마친다.]

십송율 제12권

후진 북인도 삼장 불야다라 한역

석보운 번역

2. 이송 ⑥

4) 90바일제법을 밝히다 ④

세존께서는 왕사성에 머무르셨다.

이때 육군비구는 제바달다를 돕는 여러 비구니와 함께 배를 타고서 희롱하고, 큰소리로 웃었으며, 추악한 말을 짓고, 여러 종류의 부정한 업을 지었다. 이 가운데에서 백의들이 언덕의 양쪽에 있었는데 보고서 함께 서로가 의논하여 말하였다.

"그대들은 이것을 보십시오. 이것은 아내입니까? 이것은 사통한 것입니까? 반드시 함께 함께 음욕의 일을 지었습니다."

이 가운데에 비구가 있어 욕망이 적고 만족함을 알며 두타를 행하였는데, 이러한 일을 듣고서 마음이 기쁘지 않아서 세존을 향하여 자세히 말하였다. 세존께서는 이 일로써 비구 승가를 모으셨으며, 아시면서도 일부러 육군비구에게 물으셨다.

"그대들이 진실로 이러한 일을 지었는가?"

대답하여 말하였다.

"진실로 지었습니다. 세존이시여."

세존께서는 여러 종류의 인연으로서 꾸짖으셨다.

"어찌 비구라고 이름하면서 비구니와 함께 하나의 배를 탔었는가?"

여러 종류의 인연으로 꾸짖으셨으며, 여러 비구들에게 말씀하셨다.

"열 가지의 이익을 까닭으로 여러 비구들에게 계를 제정하여 주겠노라. 지금부터 이러한 계는 마땅히 이와 같이 설할지니라. '만약 비구가 비구니와 함께 약속하고서 하나의 배에 탔다면 바일제이니라.'

'약속하다.'는 만약 비구가 약속을 지었거나, 만약 비구니가 약속을 지은 것이다.

'바일제'는 소자와 복장으로 이름하는데, 만약 참회하지 않는다면 능히 도를 장애한다.

이 가운데에서 범하는 것은 만약 한 비구가 한 비구니와 함께 약속하고서 같은 배를 탔다면 하나의 바일제이다. 만약 한 명의 비구가 두 명·세 명과 약속하고 나아가 네 명의 비구니와 함께 약속하고서 같은 배에 탔다면 네 가지의 바일제이다. 만약 두 명의 비구가 두 명의 비구니와 함께 약속하고서 같은 배에 탔다면 둘의 바일제이다. 만약 세 명·네 명과 약속하고 나아가 한 명의 비구니와 함께 약속하고서 같은 배에 탔다면 하나의 바일제이다.

만약 세 명의 비구가 세 명의 비구니와 함께 약속하고서 같은 배에 탔다면 셋의 바일제이다. 만약 네 명·한 명과 약속하고 나아가 두 명의 비구니와 함께 약속하고서 같은 배에 탔다면 둘의 바일제이다. 만약 네 명의 비구가 네 명의 비구니와 함께 약속하고서 같은 배에 탔다면 네 가지의 바일제이다. 만약 한 명·두 명과 약속하고 나아가 세 명의 비구니와 함께 약속하고서 같은 배에 탔다면 셋의 바일제가 된다."

세존께서는 사위국에 머무르셨다.

이때 여러 비구니들이 교살라국에서 유행하여 사위성을 향하면서 강의 언덕에 이르러 머무르면서 배를 기다렸다. 이때 여러 비구들도 교살라국을 유행하여 사위성을 향하면서 강의 언덕에 이르러 배를 기다렸다. 배가 이르자 여러 비구들은 곧 빠르게 배에 올랐고, 여러 비구니들도 다시 와서 배에 오르고자 하였는데 여러 비구들이 말하였다.

"그대들은 오르지 마십시오. 왜 그러한가? 세존께서는 계를 제정하시어 비구는 비구니와 함께 하나의 배에 탈 수 없게 하셨습니다."

여러 비구니들이 말하였다.

"만약 이와 같다면 대덕들께서 먼저 건너십시오."

이 배는 곧 떠나갔고 다시 돌아오지 않았다. 여러 비구니들은 그 언덕에서 묵었는데 밤이 도적이 있었고 옷을 모두 빼앗고서 나형으로 내쫓았다. 여러 비구들은 유행하여 사위국에 이르렀고, 세존의 처소에 나아가서 머리숙여 발에 예경하고서 한쪽에 서 있었다. 제불의 상법은 만약 객비구가 왔다면 이와 같은 말로서 위로하며 묻는 것이다.

"견딜 수 있었는가? 만족스러웠는가? 안락하게 머물렀는가? 걸식하기 부족하지 않았는가? 도로에 피곤하지 않았는가?"

세존께서는 곧 때에 이러한 말로서 문신하셨다. 여러 비구들이 대답하여 말하였다.

"세존이시여. 견딜 수 있었고 만족스러웠으며 안락하게 머물렀습니다. 걸식에 부족하지 않았고 도로에 피곤하지도 않았습니다."

곧 이러한 일로써 세존께 자세히 말하였다. 세존께서는 이 일로 비구 승가를 모으셨으며, 여러 종류의 인연으로 계를 찬탄하셨고 지계를 찬탄하셨으며, 계를 찬탄하시고 지계를 찬탄하시고서 여러 비구들에게 말씀하셨다.

"열 가지의 이익을 까닭으로 여러 비구들에게 계를 제정하여 주겠노라. 지금부터 이러한 계는 마땅히 이와 같이 설할지니라. '만약 비구가 비구니와 함께 약속하고서 하나의 배에 타고서 바로 건너는 것은 제외하고, 물길을 올라가거나, 내려간다면 바일제이니라.'

'물길을 올라가다.'는 흐름을 거스르는 것이다.

'물길을 내려가다.'는 흐름을 따르는 것이다.

'바로 건너다.'는 곧장 저 언덕에 이르는 것이다.

이 가운데에서 범하는 것은 만약 비구가 한 명의 비구니와 함께 약속하고서 하나의 배에 타고서 물길을 거슬러 올라가서 한 취락에서 다른 취락에 이르렀다면 바일제이고, 도중(中道)에 돌아왔다면 돌길라이다. 만약 취락이 없는 공터로 1구로사까지 갔다면 바일제이고, 도중에 돌아왔다면 돌길라이다. 물을 따라 내려가는 것 역시 이와 같다.

범한 없는 것은 만약 함께 약속하지 않았거나, 만약 곧 건너갔거나, 만약 곧 건너고자 하였으나 만약 물에 떠내려갔거나, 만약 곧 건너고자 하였으나 앞쪽 언덕이 무너졌거나, 만약 젓는 노를 잃어버려서 배가 아래와 위로 갔다면 범한 것은 없다." [스물다섯 번째의 일을 마친다.]

세존께서는 사위국에 머무르셨다.

이때 여러 비구들이 가려진 곳에서 옷을 나누었다. 한 비구가 있었는데, 이 자는 투란난타(偸蘭難陀) 비구니와 옛부터 서로가 지식이었으며, 자주자주 함께 말하고 친하였는데 압습(狎習)[1]이었다. 그 비구가 옷을 나누는 곳에서 나왔으므로 투란난타 비구니가 그를 보고 물어 말하였다.

"대덕이시여. 어느 곳에서 오는 길입니까?"

대답하여 말하였다.

"어느 곳에서 옷을 나누고 왔습니다."

"그대가 나누어 얻은 옷은 어떻습니까?"

대답하여 말하였다.

"좋습니다."

비구니가 살펴보고 말하였다.

"진실로 좋습니다."

물어 말하였다.

"그대는 이 옷이 필요합니까?"

이 비구니가 말하였다.

"정말 필요한 것입니다. 나는 박복한 여인인데 마땅히 어느 곳에서

---

1) 익숙한 습관을 가리키는 말이다.

얻겠습니까.”

이때 그 비구는 이렇게 생각을 지었다.

‘이 비구니가 이와 같이 결정적으로 요구하는데 어찌 주지 않겠는가?’

곧 옷으로써 투란난타 비구니에게 주었다. 이때 세존께서는 여름의 마지막 달에 여러 나라로 유행을 떠나셨다. 여러 비구들은 모두 새로운 옷을 입고 있었는데 그 비구는 혼자서 낡은 옷을 입고 있었다. 세존께서는 보시고 아시면서도 일부러 물으셨다.

“그대는 어찌 혼자서 낡은 옷을 입고 있는가?”

비구는 일로써 세존을 향하여 자세히 말하였다. 세존께서는 아시면서도 일부러 아난에게 물으셨다.

“이 비구가 지금 친족이 아닌 비구니에게 옷을 주었는가?”

대답하여 말하였다.

“진실로 주었습니다. 세존이시여.”

세존께서는 이 일로써 비구 승가를 모으셨으며, 여러 종류의 인연으로서 꾸짖으셨다.

“어찌 비구라고 이름하면서 친족도 아닌 비구니에게 옷을 주었는가? 왜 그러한가? 친족이 아니라면 옷이 충분한가? 부족한가를 물을 수 없고 다시 있는가? 없는가를 물을 수 없으며, 얻을 수 있다면 곧바로 취하는 것이다. 만약 친족이라면 충분한가? 부족한가를 물을 수 있고 다시 있는가? 없는가를 물을 수 있으며, 만약 없다면 스스로가 줄 수 있는데 어찌 하물며 따라서 요구하겠는가?”

세존께서는 여러 종류의 인연으로 꾸짖으셨으며, 여러 비구들에게 말씀하셨다.

“열 가지의 이익을 까닭으로 여러 비구들에게 계를 제정하여 주겠노라. 지금부터 이러한 계는 마땅히 이와 같이 설할지니라. ‘만약 비구가 친족이 아닌 비구니에게 옷을 주었다면 바일제이니라.’

‘친족이 아니다.’는 친족은 어머니·자매·딸, 나아가 7세(世)의 인연을 말한다.

'옷'은 삼베옷·붉은 삼베옷·흰 베옷·모시옷·시이라의·흠바라의·겁패의 등이다.

'바일제'는 소자와 복장으로 이름하는데, 만약 참회하지 않는다면 능히 도를 장애한다.

이 가운데에서 범하는 것은 만약 비구가 있어 친족이 아닌 비구니에게 친족이라고 생각하고 옷을 주었다면 바일제이다. 만약 친족이 아닌 비구니를 비구·식차마니·사미·사미니·출가·출가니라고 생각하고 옷을 주었다면 바일제이다. 만약 비구가 친족이 아닌 비구니에게 '이 사람은 친족인가? 친족이 아닌가?'라는 의심이 생겨났는데 옷을 주었다면 바일제이다. 만약 비구가 친족이 아닌 비구니에게 '이 사람은 비구인가? 비구가 아닌가? 이 사람은 식차마니인가? 식차마니가 아닌가? 이 사람은 사미인가? 사미가 아닌가? 이 사람은 사미니인가? 사미니가 아닌가? 이 사람은 출가인인가? 출가인이 아닌가? 이 사람은 출가니인가? 출가니가 아닌가?'라는 의심이 생겨났는데 옷을 주었다면 바일제이다.

만약 비구가 있어 친족인 비구니에게 친족이 아니라고 생각하고 옷을 주었다면 돌길라이다. 만약 친족인 비구니를 비구·식차마니·사미·사미니·출가·출가니라고 생각하고 옷을 주었다면 돌길라이다. 만약 비구가 친족인 비구니에게 '이 사람은 친족인가? 친족이 아닌가?'라는 의심이 생겨났는데 옷을 주었다면 돌길라이다. 만약 비구가 친족인 비구니에게 '이 사람은 비구인가? 비구가 아닌가? 이 사람은 식차마니인가? 식차마니가 아닌가? 이 사람은 사미인가? 사미가 아닌가? 이 사람은 사미니인가? 사미니가 아닌가? 이 사람은 출가인인가? 출가인이 아닌가? 이 사람은 출가니인가? 출가니가 아닌가?'라는 의심이 생겨났는데 옷을 주었다면 돌길이다.

만약 비구가 친족인 비구니가 있었는데, 만약 (친족이라고) 생각하였거나 혹은 의심하였거나, 친족이 아닌 비구니를 만약 (친족이라고) 생각하였거나, (친족이라고) 생각하지 않았거나, 만약 혹은 의심하였거나, 만약 의심하지 않으면서 부정한 옷인 이를테면, 낙타의 털옷(駝毛衣)·소털의 옷(牛毛衣)·양털의 옷(羖羊毛衣)·여러 털의 옷(雜毛織衣) 등을 주었다면 돌길라이다." [스물여섯 번째의 일을 마친다.]

세존께서는 사위국에 머무르셨다.

그때 가류타이는 굴다(掘多) 비구니와 옛날부터 서로가 지식이었고 자주자주 함께 말하고 친하였는데 압습이었다. 이 굴다 비구니는 옷을 마땅히 할절(割截)하고 지어야 하였으므로, 이 비구니는 가류타이에게 말하였다.

"대덕이시여. 능히 나를 위하여 이 옷을 할절하고 지어서 주시겠습니까?"

대답하여 말하였다.

"남겨두시오."

곧 남겨놓고 곧 떠나갔다. 가류타이는 곧 취하여 펼쳐놓고서 할절하여 빠르게 꿰맸는데, 마땅히 옷의 허리의 가운데에 남녀가 화합하는 형상을 지어서 바느질하였다. 바느질을 마치고 접고 포개어 본래의 자리에 놓아두었다. 굴다 비구니가 와서 물었다.

"내가 주었던 것을 할절하여 옷을 지었습니까?"

대답하여 말하였다.

"이미 지었습니다. 이것이 그대의 옷이니 가지고 떠나시오. 이곳에서는 펼치지 말고 비구니 사찰의 가운데에 돌아가서 펼쳐보시오."

곧 취하여 가지고서 떠나갔고, 여러 비구니 앞에서 말하였다.

"나의 스승이 나에게 지어서 주신 이 옷을 보십시오. 좋습니까?"

여러 비구니들이 말하였다.

"좋습니다. 누가 그대에게 지어서 주었습니까?"

대답하여 말하였다.

"대덕 가류타이입니다."

"펼쳐보십시오."

곧 펼쳐서 보았는데 마땅히 조(條)의 가운데에 남녀가 화합하는 형상이 있었다. 이 가운데에서 젊은 비구니가 있어 희롱하며 웃기를 좋아하였는데, 보고서 말하였다.

"이 옷은 참 좋습니다. 가류타이가 아니면 누가 그대를 위하여 이와 같은 옷을 짓겠습니까?"

이때 장로 비구니는 지계를 즐거워하였는데, 이렇게 말을 지었다.

"어찌 비구라고 이름하면서 고의로 비구니의 옷을 더럽히는가?"

이 가운데에 비구가 있어 욕망이 적고 만족함을 알며 두타를 행하였는데, 이러한 일을 듣고서 마음이 기쁘지 않아서 세존께 자세히 말하였다. 세존께서는 이 일로써 비구 승가를 모으셨으며 아시면서도 일부러 가류타이에게 물으셨다.

"그대가 진실로 이러한 일을 지었는가?"

대답하여 말하였다.

"진실로 지었습니다. 세존이시여."

세존께서는 여러 종류의 인연으로서 꾸짖으셨다.

"어찌 비구라고 이름하면서 고의로 비구니의 옷을 더럽혔는가?"

여러 종류의 인연으로 꾸짖으셨으며, 여러 비구들에게 말씀하셨다.

"열 가지의 이익을 까닭으로 여러 비구들에게 계를 제정하여 주겠노라. 지금부터 이러한 계는 마땅히 이와 같이 설할지니라. '만약 비구가 친족이 아닌 비구니에게 옷을 지어서 주었다면 바일제이니라.'

'친족이 아니다.'에서 친족은 어머니·자매·딸, 나아가 7세(世)의 인연을 말한다.

'옷'은 삼베옷·붉은 삼베옷·흰 베옷·모시옷·시이라의·흠바라의·겁패의 등이다.

'바일제'는 소자와 복장으로 이름하는데, 만약 참회하지 않는다면 능히 도를 장애한다.

이 가운데에서 범하는 것은 만약 비구가 친족이 아닌 비구니를 위하여 옷을 지었다면 하나·하나의 일의 가운데에서 바일제이다. 만약 세탁하였어도 하나하나의 일에서 바일제이고, 만약 물들여서 말렸다면 하나하나의 일에 바일제이며, 할절하여 바늘로 꿰맸다면 바일제이다. 만약 바느질했다면 바늘·바늘에 돌길라이고, 실을 꼬거나 잇는 때였다면 돌길라이며, 가장자리를 바느질했다면 돌길라이다. 만약 친족인 비구니에게 주려고 옷을 지었다면 범한 것은 아니다." [스물일곱 번째의 일을 마친다.]

세존께서는 사위국에 머무르셨다.

그때 가류타이는 굴다 비구니와 옛날부터 서로가 지식이었고 자주자주 함께 말하고 친하였는데 압습이었다. 가류타이는 굴다 비구니의 방의 처소로 갔고 가려지고 덮여진 곳에서 혼자서 굴다 비구니와 함께 앉아 있었다. 이 가운데에 비구가 있어 욕망이 적고 만족함을 알며 두타를 행하였는데, 이러한 일을 듣고서 꾸짖어 말하였다.

"어찌 비구라고 이름하면서 어찌 한 비구니와 가려지고 덮여진 곳에서 함께 앉아 있는가?"

여러 종류의 인연으로 꾸짖었으며, 세존을 향하여 자세히 말하였다.

세존께서는 이 일로써 비구 승가를 모으셨으며, 아시면서도 일부러 가류타이에게 물으셨다.

"그대가 진실로 이러한 일을 지었는가?"

대답하여 말하였다.

"진실로 지었습니다. 세존이시여."

세존께서는 여러 종류의 인연으로서 꾸짖으셨다.

"어찌 비구라고 이름하면서 어찌 한 비구니와 가려지고 덮여진 곳에서 함께 앉아 있었는가?"

여러 종류의 인연으로 꾸짖으셨으며, 여러 비구들에게 말씀하셨다.

"열 가지의 이익을 까닭으로 여러 비구들에게 계를 제정하여 주겠노라. 지금부터 이러한 계는 마땅히 이와 같이 설할지니라. '만약 비구가 혼자 한 비구니와 가려지고 덮여진 곳에 함께 앉아 있다면 바일제이니라.'

'혼자서 한 비구니와 함께 있다.'는 분명히 두 사람만 있고 다시 제3자가 없는 것이다.

'가려진 곳'은 만약 벽으로 가려졌거나, 옷이나 휘장으로 가려졌거나, 돗자리로 가려진 곳이니, 이와 같은 물건들로 덮이고 가려졌다면 이곳을 가려진 곳이라고 이름한다.

'바일제'는 소자와 복장으로 이름하는데, 만약 참회하지 않는다면 능히 도를 장애한다.

이 가운데에서 범하는 것은 만약 비구가 혼자 한 비구니와 가려진 곳에 앉았다면 바일제이고, 일어섰다가 다시 앉아도 바일제이며, 일어나고 다시 앉은 것을 따라서 그것과 같은 바일제를 얻는다." [스물여덟 번째의 일을 마친다.]

세존께서는 사위국에 머무르셨다.

이때 가류타이는 굴다(掘多) 거사 부인과 옛날부터 서로가 지식이었고 자주자주 함께 말하고 친하였는데 압습이었다. 이때 가류타이는 거사 부인의 집으로 왔고 혼자서 이 부인과 노지(露地)에 함께 앉아 있었다. 여러 백의들이 보고서 이렇게 말을 지었다.

"그대들은 보십시오. 이 사람은 비구의 아내이고, 사통한 것입니까? 이 비구는 반드시 함께 음행의 일을 지었습니다."

이 가운데에 비구가 있어 욕망이 적고 만족함을 알며 두타를 행하였는데, 이러한 일을 듣고서 꾸짖어 말하였다.

"어찌 비구라고 이름하면서 혼자 한 여인과 함께 노지에 앉아 있는가?"

여러 종류의 인연으로 꾸짖었으며, 세존을 향하여 자세히 말하였다.

세존께서는 이 일로써 비구 승가를 모으셨으며, 아시면서도 일부러 가류타이에게 물으셨다.

"그대가 진실로 이러한 일을 지었는가?"

대답하여 말하였다.

"진실로 지었습니다. 세존이시여."

세존께서는 여러 종류의 인연으로서 꾸짖으셨다.

"어찌 비구라고 이름하면서 혼자서 한 여인과 함께 노지에 앉아 있었는가?"

여러 종류의 인연으로 꾸짖으셨으며, 여러 비구들에게 말씀하셨다. "열 가지의 이익을 까닭으로 여러 비구들에게 계를 제정하여 주겠노라. 지금부터 이러한 계는 마땅히 이와 같이 설할지니라. '만약 비구가 혼자서 한 여인과 노지에 함께 앉아 있다면 바일제이니라.'

'여인'은 생명이 있는데, 만약 늙었거나, 만약 젊었거나, 만약 시집을 갔거나, 만약 가지 않았어도 음행의 일을 감당할 수 있다고 이름한다.

'혼자 한 여인과 함께 있다.'는 분명히 두 사람만 있고 다시 제3자는 없는 것이다.

'노지'는 만약 벽으로 가려지지 않았거나, 옷이나 휘장으로 가려지지 않았거나, 자리로 가려지지 않은 곳이다.

'바일제'는 소자와 복장으로 이름하는데, 만약 참회하지 않는다면 능히 도를 장애한다.

이 가운데에서 범하는 것은 만약 비구가 혼자 한 여인과 노지에서 함께 앉았다면 바일제이고, 일어섰다가 다시 앉아도 바일제이며, 일어나고 다시 앉은 것을 따라서 그것과 같은 바일제를 얻는다. 서로 절반의 심(尋)을 떨어져 앉았다면 바일제이고, 서로 1심을 떨어져 앉았어도 바일제이다. 만약 서로가 1심 반을 떨어져서 앉았다면 돌길라이다. 범함이 없는 것은 만약 서로 2심을 넘게 떨어져 앉았다면 범한 것은 아니다." [스물아홉 번째의 일을 마친다.]

세존께서는 사위국에 머무르셨다.

이때 한 거사가 있어 세존의 4대제자(四大弟子)인 대가섭·사리불·목건련·아나율에게 내일의 음식을 청하였고, 모두 묵연히 받아들였다. 거사는 여러 비구들이 묵연히 받아들인 것을 알고서 자리에서 일어나 머리숙여 발에 예배하고 오른쪽으로 돌면서 떠나갔다. 곧 자기 집으로 돌아가서 밤새워 여러 종류의 음식을 많이 준비하였다. 이 밤에 맛있는 음식을 많이 준비하고서 이른 아침에 여러 색깔의 좌구를 펼치고 스스로가 네 명의 대비구에게 가서 때에 이르렀음을 말하였다.

투란난타 비구니는 이전부터 그 집을 출입하였는데, 이 비구니는 일찍 일어나서 옷을 입고 그 거사의 집으로 들어갔다. 여러 맛있는 음식이 준비되고 여러 색깔의 좌구(坐具)가 펼쳐진 것을 보았다. 이때 비구니는 거사의 부인에게 물었다.

"여러 맛있는 음식을 준비하고 여러 색깔의 좌구를 펼치셨네요. 비구를 청하셨습니까?"

대답하여 말하였다.

"청하였습니다."

"누구를 청하셨습니까?"

대답하여 말하였다.

"대가섭·사리불·목건련·아나율을 청하였습니다."

이 비구니가 거사의 부인에게 말하였다.

"이렇게 소소(小小)한 비구들을 청하셨네요. 만약 나에게 물었다면 마땅히 큰 용과 같은 비구들을 청하셨을 거예요."

거사의 부인이 말하였다.

"누가 큰 용입니까?"

대답하여 말하였다.

"대덕 제바달다(提婆達多)·구가리(俱伽離)·건타달다(騫陀達多)·삼문달다(三文達多)·가류로제사(迦留盧提捨) 등입니다."

비구니와 거사의 부인이 함께 말하는 때에 대가섭이 앞에서 다니면서 이 말을 듣고 이렇게 생각을 지었다.

'내가 만약 곧 들어가지 않는다면 이 비구니가 마땅히 큰 죄를 짓겠구나.'

곧 소리를 지었고 비구니는 그 소리를 듣고서 곧 묵연하였다. 얼굴을 돌려 곧 바라보았고 곧 거사 부인에게 말하였다.

"그대는 이러한 큰 용들을 청하셨군요."

거사의 부인이 말하였다.

"누가 큰 용입니까?"

대답하여 말하였다.

"대가섭·사리불·목건련·아나율 등입니다."

이때 거사가 뒤따라서 왔고 비구니가 두 종류의 말을 짓는 것을 들었으므로 투란난타 비구니에게 말하였다.

"그대는 폐악(弊惡)한 도둑 비구니입니다. 머리가 하나이고 혓바닥은 두 개입니다. 바로 소소한 비구라고 말하였으나 다시 큰 용이라고 말합니다. 만약 다시 내 집에 들어온다면 마땅히 도둑의 법과 같이 그대를 다스리겠소."

다시 그의 아내에게 말하였다.

"그대가 만약 다시 이 비구니 앞에 있다면 나는 마땅히 외치면서 말하겠소. '그대는 나의 아내가 아니오. 마땅히 버릴 것이니 그대는 떠나가시오.'"

이때 거사는 여러 비구들을 여러 색깔의 좌구에 앉게 하였고 스스로가 물을 돌렸고 스스로가 맛있는 음식을 많이 주었다. 맛있는 음식을 많이 주어 스스로가 마음대로 배부르게 먹게 하였다. 이미 먹었으므로 거사는 물을 주었고 여러 비구들은 발우를 거두었으므로 작고 낮은 상을 취하여 여러 비구 앞에 앉아서 설법을 듣고자 하였다. 대가섭은 설법을 마치고 여러 비구들과 함께 자리에서 일어나서 떠나갔다. 세존의 처소에 나아가서 머리를 발에 숙여 예경하고 한쪽에 서 있으면서 웃었다. 세존께서는 아시면서도 일부러 대가섭에게 물으셨다.

"그대는 무슨 인연으로 웃는가?"

대답하여 말하였다.

"세존이시여. 우리들에게 오늘 투란난타 비구니가 보았던 곳에서 소소한 비구라고 말하였다가 다시 큰 용이라고 말하면서 이름을 지어서 주었습니다."

세존께서는 말씀하셨다.

"무슨 인연의 까닭인가?"

대가섭은 세존을 향하여 앞의 인연을 자세히 말하였다. 세존께서는 아시면서도 일부러 아난에게 물으셨다.

"여러 비구들이 비구니가 인연을 지은 음식을 먹은 것이 있는가?"

대답하여 말하였다.

"진실로 있습니다."

세존께서는 이 일로써 비구 승가를 모으셨으며, 여러 종류의 인연으로 꾸짖으셨다.

"어찌 비구라고 이름하면서 이러한 비구니가 인연을 지어서 얻은 음식인 것을 알면서도 다시 먹었는가?"

여러 종류의 인연으로 꾸짖으셨으며, 여러 비구들에게 말씀하셨다.

"열 가지의 이익을 까닭으로 여러 비구들에게 계를 제정하여 주겠노라. 지금부터 이러한 계는 마땅히 이와 같이 설할지니라. '만약 비구가 비구니가 찬탄한 인연으로 얻은 음식인 것을 알면서도 먹었다면 바일제이니라.'

'알다.'는 만약 스스로가 알았거나, 만약 다른 사람으로부터 알았거나, 비구니가 스스로 말한 것이다.

'찬탄하다.'는 비구니가 찬탄한 것이다.

'바일제'는 소자와 복장으로 이름하는데, 만약 허물을 참회하지 않는다면 능히 도를 장애한다.

이 가운데에서 범하는 것은 만약 비구니가 거사 부인에게 갔는데 '마땅히 비구를 청한다면 누구를 청해야 합니까?'라고 말하였고, '누구를 청하십시오.'라고 대답하여 말하였으며, 거사의 부인이 '그렇게 하겠습니다.'라고 말하였고, 비구니가 '쌀밥을 준비하십시오.'라고 말하였으며, 이 음식을 비구가 먹었다면 바일제이다.

만약 비구니가 거사 부인에게 갔는데 '마땅히 비구를 청한다면 누구를 청해야 합니까?'라고 말하였고, '누구를 청하십시오.'라고 대답하여 말하였으며, 거사의 부인이 '그렇게 하겠습니다.'라고 말하였고, 비구니가 '소(酥)의 콩국(豆羹)을 준비하십시오.'라고 말하였으며, 이 음식을 비구가 먹었다면 바일제이다.

만약 비구니가 거사 부인에게 갔는데 '마땅히 비구를 청한다면 누구를 청해야 합니까?'라고 말하였고, '누구를 청하십시오.'라고 대답하여 말하였으며, 거사의 부인이 '그렇게 하겠습니다.'라고 말하였고, 비구니가 '꿩고기·사막새 고기·메추리 고기를 준비하십시오.'라고 말하였으며, 이 음식을 비구가 먹었다면 바일제이다. 나아가 약간의 생강을 음식의 가운데에 넣도록 준비시켰고, 비구가 먹었다면 돌길라이다.

만약 비구니가 거사 부인에게 갔는데 '마땅히 비구를 청한다면 누구를 청해야 합니까?'라고 말하였고, '누구를 청하십시오.'라고 대답하여 말하였으며, 거사의 부인이 '내가 이미 청하였습니다.'라고 말하였고, '무슨 밥과 비슷합니까?'라고 물었으며, '거친 밥입니다.'라고 대답하여 말하였고, 비구니가 '쌀밥을 준비하여 주십시오.'라고 말하였으며, 비구가 먹었다면 바일제이다.

만약 비구니가 거사 부인에게 갔는데 '마땅히 비구를 청한다면 누구를 청해야 합니까?'라고 하였고, '누구를 청하십시오.'라고 대답하여 말하였으며, 거사의 부인이 '내가 이미 청하였습니다.'라고 말하였고, '무슨 국과 비슷합니까?'라고 물었으며, '부릉가(浮陵伽) 콩국입니다.'라고 대답하여 말하였고, 비구니가 '소의 콩국을 준비하여 주십시오.'라고 말하였으며, 비구가 먹었다면 바일제이다.

만약 비구니가 거사 부인에게 갔는데 '마땅히 비구를 청한다면 누구를 청해야 합니까?'라고 하였고, '누구를 청하십시오.'라고 대답하여 말하였으며, 거사의 부인이 '내가 이미 청하였습니다.'라고 말하였고, '무슨 음식을 지었습니까?'라고 물었으며, '소고기입니다.'라고 대답하여 말하였고, 비구니가 '소고기를 주지 말고 꿩고기·사막새 고기·메추리 고기를 준비하십시오.'라고 말하였으며, 비구가 먹는다면 바일제이다. 나아가 약간의 생강을 음식의 가운데에 넣도록 준비시켰고, 비구가 먹었다면 돌길라이다.

세존께서는 사위국에 머무르셨다.

그때 거사가 있어 이전부터 세존과 승가를 청하여 모임을 베풀려는 마음이 있었다. 이때 세상은 기근이었고 음식을 얻는 것이 어려웠다.

이 거사는 이미 크게 부유하지도 않았고 적은 밭과 집, 몇 사람을 부리고 있었다. 여름 달도 끝나가려고 하였으므로 이 거사는 근심하며 말하였다.

"어찌 이렇게 괴로운가? 나는 이전부터 세존과 승가를 청하여 모임을 베풀고자 하였으나, 지금 세상은 기근이고 음식을 얻는 것이 어렵구나. 나는 크게 부유하지도 않고 약간의 밭과 집, 몇 사람을 부리고 있다. 여름 달이 끝나고자 하는데, 나는 복덕을 헛되게 지나가게 할 수 없다. 만약 능히 모든 승가를 청할 수 없다면 마땅히 승가의 가운데에서 몇 명의 비구라도 청해야겠다."

이렇게 생각을 짓고서 기환(祇桓)으로 나아가서 건치를 두드렸으므로 여러 비구들이 거사에게 물었다.

"그대는 무슨 인연으로 건치를 두드립니까?"

대답하여 말하였다.

"내가 승가 가운데에서 그와 같은 비구를 청하겠으니, 내일 우리집에 오십시오."

여러 비구들이 말하였다.

"알겠습니다."

이 거사가 승가를 청하였는데, 그때에 다시 다급한 인연의 일이 있어서 반드시 성을 떠나가야 하였다. 곧 아내에게 간략하게 칙명하여 말하였다.

"나는 급한 일이 있어서 반드시 스스로가 떠나야 하오. 그대가 마땅히 그와 같은 비구들을 청하여 이와 같고 이와 같은 음식을 능히 준비할 수 있겠소?"

이때 아내는 복덕을 믿고 즐거워하였던 까닭으로 대답하여 말하였다.

"나는 가르침과 같이 준비할 수 있습니다."

곧 여러 종류의 맛있는 음식을 많이 준비하였고 여러 색깔의 자리를 펼쳐 놓았는데, 비구를 청할 사람이 없었다. 이때 한 비구니가 있어 이전부터 이 집을 출입하였다. 그 비구니는 일찍 일어나 가사를 입고 그 집으로 갔다가 많은 맛있는 음식이 많이 준비되었고 여러 색깔의 좌구가 펼쳐진 것을 보고 물었다.

"비구를 청하셨습니까?"

대답하여 말하였다.

"청하고자 합니다. 남편의 가르침과 같이 내가 빠짐없이 준비하였는데 비구들을 청하러 갈 사람이 없습니다. 그대가 가서 비구들을 청하여 오고 아울러 이곳에서 함께 음식을 드시겠습니까?"

대답하여 말하였다.

"능히 청할 수 있습니다."

이때 여러 비구들은 발우를 내려놓고 공터에서 경행하며 서 있으면서 청에 이르기를 기다렸다. 이때 비구니가 성을 나와서 여러 비구들이 각자 장엄한 것을 보고 여러 비구들에게 말하였다.

"누구 거사의 청을 받으신 분은 음식이 이미 준비되었습니다. 스스로가 때에 이르렀음을 아십시오."

여러 비구들은 이렇게 생각을 지었다.

'세존께서는 계율을 제정하시어 만약 비구니가 음식의 인연을 지었다면 마땅히 먹지 못하게 하셨다. 지금 비구니가 사자로 왔으니 이 비구니가 반드시 음식의 인연을 지은 것이다.'

여러 비구들은 가지 않았고, 이러한 청을 잃었던 까닭으로 이날의 음식은 끊어졌다. 이때 거사가 돌아와서 부인에게 물어 말하였다.

"그대는 여러 비구들을 청하여 잘 공양하였소?"

아내가 말하였다.

"당신의 가르침과 같이 나는 많은 맛있는 음식을 준비하였고 여러 색깔의 좌구를 펼쳐놓고 비구니를 보내어 여러 비구들을 불러오게 하였으나, 오지 않았는데 마땅히 어디에서 공양하였겠습니까?"

거사는 듣고 성내면서 말하였다.

"만약 여러 비구들이 음식을 먹지 않으려면 어찌 나의 청을 받았는가? 여러 비구들은 알지 못하는가? 지금 세상은 기근으로 음식을 얻는 것이 어렵고, 여러 사람들은 처자(妻子)에게 오히려 음식도 부족한데, 하물며 걸인에게 주겠는가?"

이 거사는 능히 분노를 참을 수 없었던 까닭으로 기환으로 들어가서 세존의 처소에 나아갔으며 여러 비구들을 말하고자 하였다. 이때 거사는 기환으로 들어오는 때에 청하였던 비구들을 보고 알려 말하였다.

"그대들은 만약 음식을 먹지 않을 것이었다면 어찌 나의 청을 수락하였습니까? 그대들은 정녕 모르십니까? 지금 세상은 기근으로 음식을 얻기가 어렵고, 여러 사람들은 처자에게 오히려 음식도 부족한데, 하물며 걸인에게 주겠습니까?

여러 비구들이 말하였다.

"거사께서는 근심하지 마십시오. 세존께서 우리들을 위하여 계율을 제정하시어 비구니가 인연을 지은 음식은 먹을 수가 없습니다. 오늘 비구니가 사자를 지어서 왔던 까닭으로 우리들은 '이것은 비구니가 인연을 지은 음식이다.'라고 말하였고 이러한 까닭으로 가지 않았습니다. 아침부터 우리들의 음식은 끊어졌습니다."

거사는 비구들이 음식이 끊어졌다는 것을 들었던 까닭으로 분노가 곧 사라졌으며, 여러 비구들에게 말하였다.

"나는 이전부터 세존과 승가를 청하여 음식을 베풀고자 하였으나, 지금 세상은 기근으로 음식을 얻기 어렵습니다. 나는 큰 부자도 아니고 적은 밭과 집, 몇 사람을 부리고 있습니다. 여름 달이 끝나가려고 하였으므로, 나는 복덕의 가운데에서 헛되게 보내지 않고자 하였습니다. 만약 능히 모두를 청할 수 없다면 마땅히 승가 가운데에서 몇 명의 비구라도 내일에 청해야겠다고 생각하였습니다. 그대들은 마땅히 아십시오. 스스로가 발심한 것이고 비구니가 지은 인연이 아닙니다. 그대들은 내일 오시어 식은 음식이라도 드십시오."

비구들은 어찌해야 하는가를 알지 못하였으므로, 이 일로써 세존께 아뢰었다. 세존께서는 이 일로 비구 승가를 모으셨으며, 여러 종류의 인연으로 계를 찬탄하셨고 지계를 찬탄하셨으며, 계를 찬탄하시고 지계를 찬탄하시고서 여러 비구들에게 말씀하셨다.

"열 가지의 이익을 까닭으로 여러 비구들에게 계를 제정하여 주겠노라.

지금부터 이러한 계는 마땅히 이와 같이 설할지니라. '만약 비구가 비구니가 찬탄하여 얻은 음식임을 알면서도 먹는다면 단월(檀越)이 먼저 청한 것을 제외하고는 바일제이니라.'

'먼저 청하다.'는 단월이 먼저 스스로가 발심하여 비구 승가를 청하고 싶다고 사유한 것이다.

이 가운데에서 범하지 않은 것은 만약 비구니가 거사 부인에게 갔는데 '마땅히 비구를 청한다면 누구를 청해야 합니까?'라고 말하였고, '누구를 청하십시오.'라고 대답하여 말하였으며, 거사의 부인은 '내가 이미 청하였습니다.'라고 말하였고, 비구니가 '쌀밥을 준비하십시오.'라고 말하였더라도, 만약 가족을 위해 지었다면 비구는 그 음식을 먹어도 범한 것은 아니다.

만약 비구니가 거사 부인에게 갔는데 '마땅히 비구를 청한다면 누구를 청해야 합니까?'라고 말하였고, '누구를 청하십시오.'라고 대답하여 말하였으며, 거사의 부인이 '내가 이미 청하였습니다.'라고 말하였고, 비구니가 '소의 콩국을 준비하십시오.'라고 말하였더라도, 만약 가족을 위해 지었다면 비구는 그 음식을 먹어도 범한 것이 없다.

만약 비구니가 거사 부인에게 갔는데 '마땅히 비구를 청한다면 누구를 청해야 합니까?'라고 하였고, '누구를 청하십시오.'라고 대답하여 말하였으며, 거사의 부인이 '내가 이미 청하였습니다.'라고 말하였고, 비구니가 '꿩 고기·사막새 고기·메추리 고기를 준비하십시오.'라고 말하였더라도, 만약 가족을 위해 지었다면 비구는 그 음식을 먹어도 범한 것이 없다. 나아가 약간의 생강을 음식에 넣게 시켰어도 만약 가족을 위해 지었다면 비구는 그 음식을 먹어도 범한 것은 없다.

만약 비구니가 거사 부인에게 갔는데 '마땅히 비구를 청한다면 누구를 청해야 합니까?'라고 말하였고, '누구를 청하십시오.'라고 대답하여 말하였으며, 거사의 부인이 '내가 이미 청하였습니다.'라고 말하였고, 비구니가 '쌀밥을 준비하십시오.'라고 말하였더라도, 만약 먼저 비구를 위하여 지었다면 비구가 먹어도 범하는 것은 없다.

만약 비구니가 거사 부인에게 갔는데 '마땅히 비구를 청한다면 누구를 청해야 합니까?'라고 하였고, '누구를 청하십시오.'라고 대답하여 말하였으며, 거사의 부인이 '내가 이미 청하였습니다.'라고 말하였고, 비구니가 '소의 콩국을 준비하십시오.'라고 말하였더라도, 만약 먼저 비구를 위하여 지었다면 비구가 먹어도 범하는 것은 없다.

만약 비구니가 거사 부인에게 갔는데 '마땅히 비구를 청한다면 누구를 청해야 합니까?'라고 하였고, '누구를 청하십시오.'라고 대답하여 말하였으며, 거사의 부인이 '내가 이미 청하였습니다.'라고 말하였고, 비구니가 '꿩 고기·사막새 고기·메추리 고기를 준비하십시오.'라고 말하였더라도, 만약 먼저 비구를 위하여 지었다면 비구가 먹어도 범하는 것은 없다. 나아가 약간의 생강을 음식에 넣게 시켰어도 먼저 비구를 위하여 지었다면 비구가 먹어도 범하는 것은 없다." [서른 번째의 일을 마친다.]

세존께서는 사위국에 머무르셨다.

이때 한 거사가 있었는데, 무상(無常)한 인연의 까닭으로써 밭과 집을 잃었고 가족들도 모두 죽었다. 다만 한 아이가 이 가운데에서 살아남았는데, "세존과 승가께 공양한 자는 도리천(忉利天)에 태어난다."는 말을 듣고는 곧 이렇게 발원하였다.

'내가 만약 세존과 승가께 공양하면 이 발원이 잘 이루어질 것이다.'

다시 생각하였다.

'나는 지금 소유한 것이 없으니 마땅히 행객(行客)[2]을 지어야겠다.'

이때 사위국에 한 부귀한 거사가 있었고, 밭·집·백성·금·은·재물을 많이 있었으며, 여러 종류의 복덕과 위엄(威相)을 성취하였다. 이때 어린아이는 거사의 집으로 가서 이르렀고 거사에게 말하였다.

"나는 그대를 위하여 객이 되겠습니다."

거사가 물어 말하였다.

---

2) 고향을 떠나 여행(旅行)을 하거나 떠돌아다니는 사람을 말한다.

"그대는 무엇을 할 수 있는가?"

대답하여 말하였다.

"나는 능히 글을 쓰고, 능히 책을 읽으며, 능히 산수(算數)하고, 금·은전(錢)을 구별하며, 털·실·솜·비단 등을 구별하고, 구슬을 구별하며, 금 가게·은 가게·구슬 가게·구리 가게에 앉아서 상점 일을 맡을 수 있습니다."

거사가 말하였다.

"그대는 일 년에 얼마의 가치(價値)를 구하는가?"

대답하여 말하였다.

"천 금전(金錢)입니다."

거사가 말하였다.

"그대는 어려서 알지 못한다. 지금 세상은 기근으로 음식도 오히려 얻기 어려운데 어찌 오히려 가치를 요구하는가?"

이 어린아이가 말하였다.

"나는 기능(技能)이 많아서 능히 이와 같습니다."

위·중간·아랫사람이 서로가 함께 결단(決斷)하여 금전 5백을 정하였다. 어린아이가 말하였다.

"나는 마땅히 많은 가치를 받아야 하지만 내가 급한 까닭으로 지금 그대와 짓는 것입니다. 한 해가 지나면 일시에 나의 가치를 주겠다고 마땅히 약속해 주십시오."

거사는 듣고 이렇게 생각을 지었다.

'스스로가 일꾼이 되었는데 곧 가치를 요구하는구나.'

이 어린아이에게 말하였다.

"그대는 걱정하지 말라. 한 해를 마치면 일시에 그대에게 주겠다."

거사는 아이를 상점에 안착(安着)시켰고, 이때 이 어린아이는 시장의 가게를 잘 보았다. 이 거사는 이전에는 큰 이익을 얻지 못하였으나, 지금 다시 세 배의 이익을 얻었다. 이 거사는 1개월이 지나서 가게의 가운데를 검교(檢校[3])하였는데 세 배의 이익을 얻었다. 거사는 스스로가 생각하였다.

'만약 이 물건을 까닭으로 내가 스스로가 가게에 앉아 있었다면 이러한 이익을 얻지 못하였을 것이다. 이 일꾼은 복덕이 많이 있구나. 지금 얻은 이 이익은 모두 이 어린아이의 까닭이다.'

곧 데리고 떠나가서 밭일에 안착시켰다. 밭의 가운데에서 명료(了了)하고 부지런히 지었고 잘 살폈으며 수호하였다. 이전의 창고는 가득하지 않았으나 지금은 모두 배로 가득하였다. 한 해를 마치고 창고를 살폈는데, 이전에는 가득하지 않았으나 지금은 모두 세 배로 가득하였다. 거사는 다시 생각하였다.

'곧 이렇게 밭을 짓는 곳에 내가 스스로 가운데에 있었다면 이러한 이익을 얻지 못했을 것이다. 이 어린아이는 복덕이 많이 있구나. 나의 창고가 가득한 것은 모두 이 어린아이의 힘이다.'

한 해를 마쳤고 어린아이는 거사가 있는 곳에 이르러 일시에 가치를 요구하였다. 거사는 조금 피하면서 이렇게 생각을 지었다.

'이 아이는 가치를 받는다면 곧 나를 버리고 떠날 것이다.'

이것으로서 조금 피하였으나 주지 않으려는 것은 아니었다. 이 어린아이가 자주 와서 가치를 요구하였으므로 거사가 말하였다.

"그대는 급하게 가치를 요구하여 무엇을 짓고자 하는가?"

대답하여 말하였다.

"거사여. 나는 사람들이 '세존과 승가께 공양하면 도리천에 태어난다.'고 말하는 것을 들었습니다. 이러한 까닭으로 내가 일 년의 객을 지은 것은 세존과 승가께 공양하여 도리천에 태어나려는 것입니다."

거사는 이러한 말을 듣고 곧 신심이 생겨났다.

'이 아이는 다른 사람을 위하였던 까닭으로 능히 일 년을 부지런히 고통을 받았구나.'

거사가 말하였다.

"어느 곳에서 짓고자 하는가?"

대답하여 말하였다.

---

3) '대조하여 확인하다.' 또는 '검사하여 대조하다.'는 뜻이다.

"기환의 가운데에서 짓고자 합니다."

이 거사는 방편으로 좋은 사람들을 자기 집에 들어오게 하고자 하였다. 이렇게 생각을 짓고서 어린아이에게 말하였다.

"기환의 가운데에는 솥·가마솥·그릇·땔감·일꾼이 적으므로, 솥·가마솥·그릇·땔감·일꾼이 많고 여러 종류가 구족된 우리 집과 같지 않다. 정말로 부족한 것은 내가 마땅히 도와주겠으니, 그대는 세존과 승가를 청하여 우리 집으로 오시게 하라."

어린아이는 곧 거사의 집을 나와 기다림으로 향하여 떠나갔다. 이때 세존께서는 포시에 무수한 대중에게 위요되어 설법하고 계셨다. 이때 어린아이는 멀리서 세존께서 나무숲 가운데에 계시는 것을 보았는데, 여러 근(根)을 섭수하시어 제일의 적멸(寂滅)을 성취하셨고, 몸에서는 진금(眞金)과 같은 광염(光焰)이 나오셨으며, 단정(端正)하고 특수(特殊)하여 사람의 마음을 청정하게 하였다. 보았으므로 세존의 처소에 이르러 머리숙여 발에 예경하고서 한쪽에 앉았다. 세존께서는 어린아이를 위하여 여러 종류의 인연으로서 설법하시어 보여주셨고 가르치셨으며 이익되고 기쁘게 하시고서 묵연하셨다. 어린아이는 자리에서 일어나서 합장하고 세존께 아뢰어 말하였다.

"원하옵건대 세존이시여. 내일 승가와 함께 저의 청을 받아주십시오."

세존께서는 묵연히 받아들이셨다. 아이는 세존께서 묵연히 받아들이신 것을 알고서 머리숙여 발에 예경하고서 오른쪽으로 돌면서 떠나갔다. 거사의 집으로 돌아와서 밤새워 여러 종류의 맛있는 음식을 많이 준비하였다. 이때는 사위국의 절일(節日)이었고, 일찍 일어난 백의들은 많은 돼지고기와 말린 밥을 많이 가지고 와서 승가에게 주었다. 여러 비구들이 받고자 취하면서 맛을 보았고 점차 배가 부르게 되었다. 어린아이는 밤새워 풍족하고 맛있는 음식을 많이 준비하고서 일찍 일어나 자리를 펼쳐놓고 세존께 가서 아뢰어 말하였다.

"음식이 이미 준비되었습니다. 세존께서는 스스로가 때인 것을 아십시오."

여러 비구들은 거사의 집으로 갔고 세존께서는 스스로가 방에 머무시며 음식의 몫을 맞이하셨다. 어린아이는 승가가 앉은 것을 보고서 스스로가 물을 돌렸고 음식을 가져다가 상좌(上座)의 발우에 놓고자 하였는데 상좌가 말하였다.

"조금만 주시오."

두 번째 상좌가 말하였다.

"많이 주지는 마시오."

세 번째 상좌가 말하였다.

"반만 주시오."

이와 같이 전전하며 "조금만 주시오.", "많이 주지 마시오.", "반만 주시오."라고 일체의 승가가 모두 이렇게 말을 지었다. 어린아이가 밥이 있는 곳으로 가서 보았는데 크게 줄어들지 않았고, 다음으로 국이 있는 곳으로 가서 보았으나 역시 크게 줄어들지 않았으며, 그릇 속을 살펴봐도 모두 가득하고 줄어들지 않았다. 이때 어린아이가 상좌 앞에 이르러 말하였다.

"나를 자비롭게 연민하는 까닭으로 먹지 않는 것입니까? 세상이 기근인 까닭입니까? 내가 일 년의 객으로서 부지런히 고생한 까닭입니까? 음식이 익지 않았고 향기가 없으며 맛이 없는 까닭입니까?"

상좌는 성품이 곧았으므로 말하였다.

"내가 자비롭게 연민하는 것이 아니고, 세상이 기근이어서도 아니며, 객으로서 부지런히 고생해서도 아니고, 음식이 익지 않고 향기가 없으며 맛이 없어서도 아니네. 오늘이 사위국의 절일이고 일찍 일어나서 돼지고기와 말린 밥을 많이 얻었는데 처음에 조금을 맛보았으나 점차 배가 부르게 되었네. 이러한 까닭으로 조금 먹는 것이다."

어린아이는 듣고서 마음으로 근심하며 후회하였다.

'내가 지은 음식이 구족되지 않아서 혹은 도리천에 태어날 수 없겠구나.'

이 어린아이는 거사의 집을 나왔고 소리내어 울면서 여러 비구들이 조금만 먹은 것을 말하고자 세존의 처소로 나아갔다. 그때 세존께서는 대중에게 공경스럽게 위요되어 설법하고 계셨다. 세존께서는 어린아이가 소리내어 울면서 오는 것을 멀리서 보셨고 세존께서는 어린아이에게 물으셨다.

"무슨 까닭으로 우는가?"

곧 이러한 일로써 세존을 향하여 자세히 말하였다. 세존께서는 어린아이에게 말씀하셨다.

"그대는 빠르게 돌아가서 여러 비구들을 따라서 능히 먹게 주도록 하라. 그대는 반드시 도리천에 태어날 것이다."

어린아이는 이 말을 듣고 크게 환희하면서 이렇게 생각을 지었다.

'세존께서는 다른 수기가 없으시다. 나는 마땅히 도리천에 태어나고 장애는 없을 것이다.'

이때 어린아이는 음식을 가지고 상좌에게 이르러 말하였다.

"이 음식은 향기롭고 맛있습니다. 조금 많이 취하십시오."

다시 한 종류를 주면서 말하였다.

"이것은 다시 더욱 맛있습니다. 조금 많이 취하십시오."

둘째·셋째의 상좌에게도 모두 이와 같이 권하였다. 어린아이는 스스로가 손으로 맛있는 음식을 많이 주었고, 여러 비구들은 스스로가 마음대로 배부르게 먹었다. 승가가 발우를 거둔 것을 알고서 스스로가 손으로 물을 돌렸고, 작은 상을 취하여 승가 앞에 설법을 듣고자 앉았다. 상좌는 설법을 마치고 자리에서 일어나서 떠나갔고, 여러 비구들도 따라서 차례로 일어나서 떠나갔다. 이때 사위성은 포시였는데, 대해(大海)의 여러 상인들이 있었고, 성 밖에 보물을 보관하고서 각자 서로에게 의논하여 말하였다.

"마땅히 성안에 들어가서 음식을 사도록 합시다."

곧 사람을 보내어 구하였으나, 두 가지의 인연을 까닭으로 구하여도 능히 얻지 못하였다. 첫째는 세상이 기근이었고, 둘째는 더웠던 때이어서 음식을 남겨두지 않았다. 이때 음식을 사러 갔던 사람이 돌아와서 상주(估客主)에게 말하였다.

"성안의 가운데에서 이르러 음식을 사고자 하였으나 모두 얻을 수 없었습니다."

상주가 말하였다.

"내가 험난(險難)한 대해(大海)에서도 처음부터 부족하지 않았는데, 지금 이 큰 성에 이르러 능히 얻을 수 없구나. 그대들은 다시 가서 자세히 살펴보고 두루 구할 것이며, 무슨 물건이나 방편을 따라서 구해보시오."

이 어린아이가 먼저 울면서 세존께 향하던 때에 많은 사람들이 보고서 알았으므로 이 사람들은 상인에게 말하였다.

"누구 집에서 오늘 음식을 많이 준비하였으나 적게 사용하였으므로 그대들이 그 집에 가서 음식을 구하면 반드시 얻을 것입니다."

상인은 거사의 집으로 가서 수문자(守門者)에게 말하였다.

"그대의 가주(家主)에게 말하십시오. '대해의 상인이 있어 지금 문 앞에 있습니다.'"

이때 수문자는 곧 들어가서 주인에게 알렸고, 주인은 곧 들어오라고 하였다. 곧 들어가 앉아서 함께 서로가 즐겁고 즐겁지 않은 것을 문신하였다. 거사는 잠시 묵연하고서 곧 물었다.

"그대는 무슨 까닭으로 오셨습니까?"

대답하여 말하였다.

"음식이 필요한 까닭으로 왔습니다."

거사가 말하였다.

"이것은 어린아이의 음식이고, 나의 소유가 아닙니다."

상인이 어린아이에게 말하였다.

"우리는 음식이 필요하구나."

어린아이가 말하였다.

"드릴 수 있으나, 값을 말하지 않겠습니다. 지금 그대들 상인은 몇 사람입니까?"

"5백 명이 있다."

"모두 불러오십시오."

이 사람은 곧 상주에게 가서 말하였다.

"얻을 수 있는 음식이 있는데 값은 요구하지 않습니다."

상주가 말하였다.

"우리는 굶주려서 만약 귀한 값이라도 오히려 취할 것인데, 어찌 오히려 그냥 얻었습니다. 마땅히 함께 갑시다."

물건을 지킬 사람을 남겨두고 나머지 사람들은 모두 거사의 집으로 들어갔다. 어린아이는 앉게 하였고 스스로가 손으로 물을 돌렸고, 맛있는 음식을 많이 주어서 스스로가 마음대로 배부르게 먹게 하였다. 많은 맛있는 음식을 주어서 스스로가 마음대로 배부르게 먹게 하였고, 음식을 먹은 것을 알았으므로 그릇을 거두고서 물을 돌렸으며, 한쪽에 앉았다. 이때 어린아이 주변에 교살라국의 큰 구리그릇이 있었다. 이때 상주가 어린아이에게 말하였다.

"이 그릇을 가져오너라."

어린아이가 말하였다.

"무슨 까닭입니까?"

"다만 취하여 오너라."

곧 가지고 와서 상주 앞에 놓아두었다. 이때 상주가 여러 상인들에게 말하였다.

"누구 집에서 이와 같은 좋은 공양을 얻겠습니까? 마땅히 좋은 물건으로 보상(報償)해야 합니다. 그대들은 만약 능력이 있다면 이 그릇에 넣으십시오."

이때 상주는 옷깃에 구슬이 있었고 가치가 10만 금전이었는데, 풀어서 발우 속에 넣었고, 제2의 상인은 구슬이 있어 가치가 9만 금전이었는데 넣었으며, 이와 같이 가치가 8만·7만·6만·5만·4만·3만·2만·1만 금전인 구슬을 구리 발우에 넣어 한 발우를 가득 채워서는 어린아이에게 주었다.

"이것을 서로가 그대에게 주겠으니, 뜻을 따라서 사용하라."

어린아이가 말하였다.

"나는 그냥 음식을 드린 것이고, 값을 구하고자 팔지 않았습니다."

여러 상인들이 말하였다.

"우리도 역시 그냥 주는 것이고, 우리가 먹은 것이 얼마인가를 음식으로 사는 것이 아니구나."

이 구슬 하나하나는 많이 가치가 있었다. 어린아이는 다시 의혹하였다.

'내가 만약 물건을 취한다면 혹시 도리천에 태어나지 못하는 것은 아닌가?'

다시 상주에게 말하였다.

"잠시 기다리십시오. 내가 세존께 묻고 돌아오겠습니다."

상인이 말하였다.

"뜻을 따르라."

어린아이는 성을 나와서 세존의 처소로 나아가서 머리숙여 발에 예경하고서 한쪽에 서서 이 일을 세존을 향하여 자세히 말하였다. 세존께서는 말씀하셨다.

"다만 취하라. 반드시 도리천에 태어나리라. 지금 이것은 꽃다운 과보이고, 과보는 뒤에도 있으리라."

이러한 말을 듣고 이렇게 생각을 지었다.

'세존께서는 다른 수기가 없으시다. 나는 마땅히 도리천에 태어나고 장애는 없을 것이다.'

곧 상인들이 있는 곳에 이르러 이 보물들을 취하였다. 이 어린아이는 홀연히 크게 부귀하였던 까닭으로 곧 홀연거사(忽然居士)라고 이름하였다. 객이었던 거사의 집은 크게 부귀하여 여러 종류의 복덕과 위상을 성취하고 일·일에 구족되었으나 다만 아들은 없고 오직 딸이 하나이었으며, 단정하고 묘하게 아름다웠다. 이 거사는 이렇게 생각을 지었다.

'이 어린아이의 성(姓)은 나를 감소시키지 않는다. 다만 가난하고 재물이 부족인데, 오늘에 얻은 재물은 우리 집도 미치지 못한다. 지금 마땅이 딸을 주어서 아내로 삼게 해야겠다.'

곧 스스로가 아내에게 말하였고 아내는 말하였다.

"뜻대로 하십시오."

그 거사는 곧 딸을 주었으며 게송과 같이 설하였다.

있는 것은 모두 없어지고
높은 것은 역시 떨어지며
만나서 합하여도 헤어짐이 있고
태어난다면 죽음이 있다네.

이러한 인연을 까닭으로 이 거사는 죽었다. 파사닉왕(波斯匿王)은 듣고 물어 말하였다.

"이 거사에게 아들이 있는가?"

대답하여 말하였다.

"아들은 없습니다."

"형제는 있는가?"

대답하여 말하였다.

"형제도 없습니다."

"누가 그 집안을 요리(料理)하는가?"

대답하여 말하였다.

"사위 한 사람이 있는데 선량하고 공덕이 있습니다. 그가 그 집안을 요리하고 있습니다."

왕이 말하였다.

"그 집의 재물을 곧 이 사람에게 주고, 또 사위성 안의 대거사(大居士) 직위를 주시오."

이렇게 교시를 지었고 곧 대거사의 직위를 수용하였다. 그 여러 비구들은 음식을 먹고서 성을 나와서 세존의 처소에 나아가 머리숙여 발에 예경하고서 한쪽에 앉았다. 제불의 상법은 여러 비구들이 음식을 먹고 돌아오면 이와 같은 말로서 비구를 위문하여 묻는 것이다.

"음식은 많고 맛있었는가? 대중 승가는 배부르게 먹었는가?"

세존께서는 이러한 말씀으로 비구들에게 물으셨다.

"음식은 많고 맛있었는가? 대중 승가는 배부르게 먹었는가?"

대답하여 말하였다.

"음식은 많고 맛있었으며, 대중 승가는 배부르게 먹었습니다."

이러한 일로써 세존을 향하여 자세히 말하였다. 세존께서는 이 일로써 비구 승가를 모으셨으며, 여러 종류의 인연으로 비구들을 꾸짖으셨다.

"어찌 비구라고 이름하면서 자주자주 음식을 먹었는가?"

세존께서는 다만 꾸짖으셨으며 계율은 제정하지는 않으셨다.

세존께서는 유야리(維耶離)에 머무르셨다.

이때 유야리에서 한 명의 큰 힘을 지닌 대신(大臣)이 있었는데, 세존의 처소로 나아가서 머리숙여 발에 예경하고 한쪽에 앉았다. 세존께서는 여러 종류의 인연으로서 설법하시어 보여주셨고 가르치셨으며 이익되고 기쁘게 하셨으며, 보여주셨고 가르치셨으며 이익되고 기쁘게 하시고서 묵연하셨다. 이 큰 힘을 지닌 대신은 세존께서 여러 종류를 보여주셨고 가르치셨으며 이익되고 기쁘게 하신 것을 알고서 자리에서 일어나서 합장하고 세존께 아뢰었다.

"원하건대 세존이시여. 세존과 승가께서는 내일 저의 공양을 받아주십시오."

세존께서는 묵연히 받아들이셨다. 대신은 세존께서 받아들이신 것을 알고서 곧 세존의 발에 예경하고 오른쪽으로 돌면서 떠나갔다. 돌아와서 자기 집에 이르렀고 밤새워 여러 종류의 정결하고 맛있는 음식을 많이 준비하였다. 이때 유야리는 절일이었고 대중 승가는 돼지고기와 말린 밥을 많이 얻었다. 여러 비구들은 받고서 조금씩 맛보고자 하였으나 점차 배부르게 되었다. 이 대신은 여러 종류의 정결하고 맛있는 음식을 많이 준비하였고 일찍 일어나서 자리를 펴고 사자를 보내어 세존께 알렸다.

"음식이 이미 준비되었습니다. 세존께서는 스스로 때인 것을 아십시오."

여러 비구들은 대신의 집으로 갔고, 세존께서는 스스로 방에 머무시면서 음식을 맞이하셨다. 그 대신은 승가가 앉은 것을 보고서 스스로 물을 돌렸다. 스스로가 음식을 들고서 상좌에게 주었는데 상좌가 말하였다.

"많이 주지는 마십시오."

두 번째 상좌가 말하였다.

"조금만 주십시오."

세 번째 상좌가 말하였다.

"반만 주십시오."

이와 같이 전전하며 "조금만 주십시오.", "많이 주지 마십시오.", "반만 주십시오."라고 일체의 승가가 모두 이렇게 말을 지었다.

이때 그 대신이 밥이 있는 곳으로 가서 보았는데 밥이 크게 줄지 않았고, 국이 있는 곳을 가서 보니 역시 크게 줄지 않았으며, 그릇의 가운데를 보아도 모두 가득하고 줄어들지를 않았다. 이때 대신이 상좌에게 와서 말하였다.

"무슨 까닭으로 드시지 않습니까? 나를 사랑하고 애민하게 생각하는 까닭입니까? 세상이 기근인 까닭입니까? 음식이 익지 않고 향기가 없으며 맛이 없는 까닭입니까?"

상좌가 정직하게 사실대로 말하였다.

"우리들이 사랑하고 애민하게 생각하는 것이 아니고, 세상에 기근이 들어서도 아니며, 음식이 익지 않고 향기가 없으며 맛이 없어서도 아닙니다. 오늘이 절일이고 일찍 일어나서 돼지고기와 말린 밥을 많이 얻었는데 처음에는 조금씩 맛보고자 하였으나 점차 배부르게 되었습니다. 이러한 까닭으로 조금 먹는 것입니다."

대신은 이러한 일을 듣고 곧 성내면서 말하였다.

"이러한 좋은 음식을 거두고서 돼지고기와 말린 밥을 가져다가 드려라."

이때 사인(使人)들은 곧 좋은 음식을 거두고서 돼지고기와 말린 밥을 가져다 발우에 가득 채웠다. 대신이 말하였다.

"드시지요. 그대들은 우리 집에는 그런 음식이 없다고 생각하십니까?"

여러 비구들은 곧 부끄러워 먹지도 못하였고 말하지도 못하였다. 대신이 보고 이렇게 생각을 지었다.

'좋은 음식도 오히려 먹을 수 없는데 하물며 거친 밥을 먹겠는가?'

다시 시켜서 거두게 하였다. 이때 대신이 상좌 앞에서 말하였다.

"그대들은 좋은 음식도 오히려 먹을 수 없는데 어떻게 거친 밥을 어떻게 먹겠습니까? 돼지고기와 말린 밥은 세상의 마땅한 법이겠지만, 만약 다른 사람의 청을 받아들였다면 마땅히 그 음식을 기다려야 합니다."

대신은 스스로가 좋은 음식을 들고 말하였다.

"이 음식은 향기롭고 맛있으니 조금씩 드십시오."

다시 다른 음식을 들고 말하였다.

"이 음식은 향기롭고 맛있어 앞의 음식보다 수승하니 드십시오."

이와 같이 권하여 일체의 승가가 배부르게 먹었다. 이때 대신은 정결하고 맛있는 많은 음식을 마음대로 배부르게 먹게 하였고 스스로가 손으로 물을 돌렸다. 승가가 발우를 거둔 것을 알고 작은 상을 취하여 승가 앞에 앉아서 설법을 듣고자 하였다. 상좌는 설법을 마치고 자리에서 일어나서 떠나갔고, 여러 비구들도 따라서 차례로 떠나갔다. 돌아와서 세존의 처소로 나아가 머리를 발에 숙여 예경하였다.

제불의 상법은 여러 비구들이 음식을 먹고 돌아오면 이와 같은 말로서 비구를 위문하여 묻는 것이다.

"음식은 많고 맛있었는가? 대중 승가는 배부르게 먹었는가?"

세존께서는 이러한 말씀으로 비구들에게 물으셨다.

"음식은 많고 맛있었는가? 대중 승가는 배부르게 먹었는가?"

여러 비구들이 말하였다.

"음식은 많고 맛있었으며, 대중 승가는 배부르게 먹었습니다."

이러한 일로써 세존께 자세히 말하였다. 세존께서는 이 일로써 비구 승가를 모으셨으며, 여러 종류의 인연으로 비구들을 꾸짖으셨다.

"어찌 비구라고 이름하면서 자주자주 음식을 먹었는가?"

여러 종류의 인연으로 꾸짖으셨으며, 여러 비구들에게 말씀하셨다.

"열 가지의 이익을 까닭으로 여러 비구들에게 계를 제정하여 주겠노라. 지금부터 이러한 계는 마땅히 이와 같이 설할지니라. '만약 비구가 자주자주 음식을 먹는다면 바일제이니라.'

'안다.'는 만약 스스로가 알았거나, 만약 다른 사람으로부터 알았거나,

비구니가 스스로 말한 것이다.

'자주자주'는 먹고서 다시 먹는 것이다.

'바일제'는 소자와 복장으로 이름하는데, 만약 참회하지 않는다면 능히 도를 장애한다.

이 가운데에서 범하는 것은 만약 비구가 자주자주 먹는다면 바일제이다. 범하지 않는 것은 자주자주 먹지 않는 것이다."

세존께서는 왕사성에 머무르셨다.

그때 한 비구가 있어 가을의 때에 냉열병(冷熱病)이 치성하였고 음식을 먹지 못하여서 여위고 수척하며 안색이 없었다. 세존께서는 비구가 여위고 수척하며 안색이 없는 것을 보시고, 아시면서 일부러 아난에게 물으셨다.

"무슨 까닭으로 비구가 여위고 수척하며 안색이 좋지 않은가?"

아난이 대답하여 말하였다.

"세존이시여. 이 비구는 가을에 냉열병이 치성하여 음식을 먹지 못하였고, 이러한 까닭으로 여위고 수척하며 안색이 좋지 않습니다."

세존께서는 이 인연으로서 비구 승가를 모으셨으며, 여러 비구들에게 말씀하셨다.

"오늘부터 병든 비구를 애민하게 생각하여 이익되게 하려는 까닭으로 세 가지를 구족한 음식을 먹는 것을 허락하겠나니, 좋은 색과 향과 맛을 말하느니라. 병든 비구는 첫째의 청을 받았다면, 마땅히 둘째의 청을 받아서는 아니된다. 만약 첫째의 청에서 배부르지 않다면 마땅히 둘째의 청을 받을 것이나, 마땅히 셋째의 청을 받아서는 아니된다. 둘째의 청에서도 배부르지 않다면 마땅히 셋째의 청을 받을 것이나, 마땅히 넷째의 청을 받아서는 아니된다. 만약 셋째의 청에서도 배부르지 않다면 받고서 점차로 먹으면서 나아가 정오까지 먹도록 하라. 지금부터 이 계는 마땅히 이와 같이 말하라. '만약 비구가 자주자주 음식을 먹는다면 이러한 때를 제외하고는 바일제이니라.'

'때'는 병든 때를 말하고, 이것을 때라고 이름한다.

만약 사람이 냉기가 치성하거나, 열이 치성하거나, 풍(風)이 치성하더라도 음식을 얻을 수 있다면 곧 멈추어야 한다.

이 가운데에서 범하는 것은 만약 비구가 병도 없는데 자주자주 먹는다면 바일제이다. 만약 진실로 병이 있다면 범하는 것은 아니다."

세존께서는 사위국에 머무르셨다.

이때 여러 비구들이 사위성에 들어가서 걸식하였는데, 이때 음식과 옷의 청이 있었고, 청하면서 주인이 말하였다.

"나의 음식을 받는다면 마땅히 옷으로써 보시하겠습니다."

여러 비구들이 말하였다.

"세존께서는 우리들이 옷을 위하여 자주자주 먹는 것을 허락하지 않으셨습니다."

여러 비구들은 어떻게 해야 하는가를 알지 못하였으므로, 이 일로써 세존께 아뢰었다. 세존께서는 이 일로써 비구 승가를 모으셨으며, 여러 종류의 인연으로 계를 찬탄하셨고 지계를 찬탄하셨으며, 계를 찬탄하시고 지계를 찬탄하시고서 여러 비구들에게 말씀하셨다.

"열 가지의 이익을 까닭으로 여러 비구들에게 계를 제정하여 주겠노라. 지금부터 이러한 계는 마땅히 이와 같이 설할지니라. '만약 비구가 자주자주 음식을 먹는다면 이러한 때를 제외하고는 바일제이니라.'

'때'는 병이 있을 때이거나, 옷을 보시할 때이고, 이것을 때라고 이름한다.

이 가운데에서 죄를 범하는 것은, 만약 비구에게 옷이 있어서 음식을 청하였고, 그가 옷이 있으며 음식을 가져왔는데, 청을 받아들였다면 범한 것이 아니고, 음식을 먹더라도 역시 범한 것이 아니다. 또한 만약 비구에게 옷이 있어서 음식을 청하였고, 그가 옷이 없으며 음식을 가져왔는데, 청을 받아들였다면 범한 것은 아니나, 음식을 먹었다면 바일제이다.

또한 만약 비구에게 옷이 있어서 음식을 청하였고, 그가 옷이 있거나, 옷이 없거나 음식을 가져왔는데, 청을 받아들였다면 범한 것이 아니나,

음식을 먹었다면 바일제이다. 만약 비구에게 옷이 없어도 음식을 청하였고, 그가 옷이 없어도 음식을 가져왔는데, 청을 받아들였다면 돌길라이고, 음식을 먹었다면 바일제이다. 또한 비구에게 옷이 없어도 음식을 청하였고, 그가 옷이 있으며 음식을 가져왔는데, 청을 받아들였다면 돌길라이고, 음식을 먹었다면 범한 것은 없다. 또한 비구에게 옷이 없어도 음식을 청하였고, 그가 옷이 없으며 음식을 가져왔는데, 청을 받아들였다면 돌길라이고, 음식을 먹었다면 바일제다.

만약 비구에게 옷이 있거나, 옷이 없어도 음식을 청하였고, 그가 옷이 있거나, 옷이 없으며 음식을 가져왔는데, 청을 받아들였다면 돌길라이고, 음식을 먹었다면 바일제이다. 또한 비구에게 옷이 있거나, 옷이 없어도 음식을 청하였고, 그가 옷이 있으며 음식을 가져왔는데, 청을 받아들였다면 돌길라이고, 음식을 먹었다면 범한 것은 없다. 또한 비구에게 옷이 있거나, 옷이 없어도 음식을 청하였고, 그가 옷이 없으며 음식을 가져왔는데, 청을 받아들였다면 돌길라이고, 음식을 먹었다면 바일제다.

범함이 없는 것은 옷이 많아서 얻을 수 있고 음식의 청을 받았으며 일체의 옷과 음식을 가져왔다면 범한 것은 없다."

세존께서는 사위국에 머무르셨다.

이때는 사위성의 절일이어서 음식이 많이 있었다. 여러 거사들은 여러 종류의 음식을 지었고 가지고 동산으로 나아갔으며 곧 기환에 들어가서 건치를 두드렸다. 여러 비구들이 물었다.

"거사여. 무슨 인연으로 건치를 두드리십니까?"

여러 거사들이 말하였다.

"우리들이 대중들 가운데에서 그와 같은 비구들에게 음식을 청합니다."

여러 비구들이 말하였다.

"세존께서는 절일에 백의들의 회중(會中)에 있으면서 자주자주 먹는 것을 허락하지 않으셨습니다."

거사가 말하였다.

"우리들 백의(白衣)들의 법은 만약 시집가거나, 장가들거나, 절일의 집회(集會)에서는 여러 친족이나 지식들과 음식을 나눕니다. 우리들은 여러 비구들을 귀중하게 생각하며, 다시 천신(天神)이어도 사문 석자보다 수승함이 없습니다. 그대들은 반드시 마땅하게 우리들의 회식(會食)을 받아주십시오."

여러 비구들은 어떻게 해야 하는가를 알지 못하였으므로, 이 일로써 세존께 아뢰었다. 세존께서는 이 일로써 비구 승가를 모으셨으며, 여러 종류의 인연으로 계를 찬탄하셨고 지계를 찬탄하셨으며, 계를 찬탄하시고 지계를 찬탄하시고서 여러 비구들에게 말씀하셨다.

"지금부터 여러 비구들에게 절일에는 자주자주 먹는 것을 허락하겠나니, 그들이 다른 사람에게 주었다면 그들에게서 받도록 하라. 무엇이 다른 사람에게 주었던 것인가? 이를테면, 상식(相食)·고작식(故作食)·재일식(齋日食)·월일일식(月一日食)·십오일식(十五日食)·중승식(衆僧食)·별방식(別房食)을 말한다. 중승청(衆僧請)과 독청(獨請)이라면 모두 마땅히 다른 사람에게 주어야 하고, 만약 오중청식(五衆請食)이면 다른 사람에게 주지 않아야 한다." ['상(相)'은 길흉을 봐주는 것이다. '고작(故作)'은 대덕 비구에게 그것을 공양한 것이다. '5중(衆)'은 비구·비구니·육법니(六法尼)·사미·사미니이다. 서른한 번째의 일을 마친다.]

세존께서는 사위국에 머무르셨다.

이때 교살라국의 여러 거사들이 복덕사(福德舍)를 지었다. 만약 사문이나 바라문이 있었고 와서 이 가운데에서 묵는다면 여러 거사들은 가서 맞이하여 문신하고 예배하였고, 더운물로 다리를 씻어주었으며, 소유(蘇油)[4]를 발에 발라 주었고, 좋은 상탑·와구·이부자리와 베개를 공급하였으며, 다음날에는 향기롭고 맛있는 전식(前食)[5]·후식(後食)[6]·달발나(怛鉢

---

4) 두 종류가 있는데 첫째는 우유를 가공한 액체로, 마시거나 몸에 바르는 것이고, 둘째는 소마나(蘇摩那) 꽃에서 짜낸 향기 나는 즙(汁)을 가리킨다.

5) 아침에 먹는 음식을 가리킨다.

那)[7]를 주면서 공경히 공양하였다.

이때 육군비구는 교살라국에서 유행하여 사위성으로 향하면서 복덕사에 이르렀다. 여러 거사들은 곧 때에 나아가서 맞이하여 문신하고 예배하였으며, 더운물로 다리를 씻어주고, 소유를 발에 발라주었으며, 좋은 상탑·와구·이부자리와 베개를 공급하였고, 다음날에는 향기롭고 맛있는 전식·후식·달발나를 주면서 공경히 공양하였다. 이때 육군비구들은 함께 서로가 의논하여 말하였다.

"지금의 때는 악한 세상이고 음식을 얻는 것도 어려우므로 마땅히 잠시 이곳에 머물면서 즐거움을 받도록 하세."

이렇게 생각을 짓고서 머물면서 곧 떠나가지 않았다. 이러한 가운데에 다시 사문과 바라문이 있었고 와서 묵고자 하였으나 서로 허용하고 받아들이지 않았다. 이 뒤에 왔던 사문과 바라문이 주인에게 말하였다.

"우리들은 이곳에서 묵을 수 있습니까?"

주인이 말하였다.

"좋습니다."

곧 육군비구들이 묵으려는 곳으로 들어가고자 하였는데 육군비구가 말하였다.

"들어갈 수 없소. 왜 그러한가? 우리들이 먼저 머물고 있소."

육군비구들은 본래 강건하고 힘이 세었으므로 왔던 나그네는 능히 함께 말하지 못하였다. 여러 거사들이 성내면서 꾸짖어 말하였다.

"사문 석자들은 선량하고 덕이 있다고 스스로가 말하면서 어찌하여 왕과 같이, 대신들과 같이 강제로 복덕사에 머무르는가?"

이 가운데에 비구가 있어 욕망이 적고 만족함을 알며 두타를 행하였는데, 이러한 일을 듣고서 마음이 기쁘지 않아서 세존을 향하여 자세히 말하였다. 세존께서는 이 일로써 비구 승가를 모으셨으며, 아시면서도 일부러 육군비구들에게 물으셨다.

---

6) 정오에 먹는 음식을 가리킨다.

7) 산스크리트어 tarpaṇa의 음사로서 곡식의 가루로 만든 음식물을 말한다.

"그대들이 진실로 이러한 일을 지었는가?"

대답하여 말하였다.

"진실로 지었습니다. 세존이시여."

세존께서는 여러 종류의 인연으로서 꾸짖으셨다.

"어찌 비구라고 이름하면서 복덕사에서 한 끼니를 넘겼는가?"

세존께서는 여러 종류의 인연으로 꾸짖으셨으며, 여러 비구들에게 말씀하셨다.

"열 가지의 이익을 까닭으로 여러 비구들에게 계를 제정하여 주겠노라. 지금부터 이러한 계는 마땅히 이와 같이 설할지니라. '만약 비구가 복덕사에서 한 끼를 넘긴다면 바일제이니라.'

'복덕사의 법'은 이 가운데에서 마땅히 하룻밤을 묵고 마땅히 한 끼니를 먹는 것이다.

'바일제'는 소자와 복장으로 이름하는데, 만약 참회하지 않는다면 능히 도를 장애한다.

이 가운데에서 범하는 것은 만약 비구가 복덕사에서 한 끼를 넘겼다면 바일제이다. 만약 하룻밤을 넘게 묵었고 음식을 먹지 않았다면 돌길라이다. 만약 다른 곳에서 묵고 이 가운데에서 먹었다면 바일제이다. 만약 하룻밤을 묵고 한 끼니였다면 범한 것은 없다." [복덕사(福德舍)는 마땅히 일숙처(一宿處)라고 말한다.]

세존께서는 사위국에 머무르셨다.

이때 장로 사리불이 교살라국에서 유행하여 사위성으로 향하면서 복덕사에 이르렀다. 이때 풍병(風病)이 생겼으나 이렇게 생각을 지었다.

'내가 만약 이곳에 하루를 넘게 묵는다면 먹지 않더라도 돌길라를 얻는다. 나는 차라리 마땅히 떠나야겠다.'

떠났으나 도중에 병은 다시 더욱 심해졌다. 점차 유행하여 사위국에 이르렀고 세존의 처소에 나아가서 머리숙여 발에 예경하고 한쪽에 앉았다.

모든 제불의 상법은 객비구가 찾아왔다면 이와 같은 말로서 문신하는 것이다.

"견딜 수 있었는가? 부족하지 않았는가? 안락하게 머물렀는가? 도로에 피로하지는 않았는가? 걸식은 부족하지 않았는가?"

세존께서는 이와 같은 말로서 사리불에게 물으셨다.

"견딜 수 있었는가? 부족하지 않았는가? 안락하게 머물렀는가? 걸식은 부족하지 않았는가? 도로에 피로하지는 않았는가?"

사리불이 말하였다.

"세존이시여. 걸식에 어려움도 없었으나 도로에 피곤하였습니다."

이러한 일로써 세존을 향하여 자세히 말하였다. 세존께서는 이 일로 비구 승가를 모으셨으며, 여러 종류의 인연으로 계를 찬탄하셨고 지계를 찬탄하셨으며, 계를 찬탄하시고 지계를 찬탄하시고서 여러 비구들에게 말씀하셨다.

"지금부터 이러한 계는 마땅히 이와 같이 설할지니라. '만약 비구가 병이 없으면서 복덕사에서 한 끼를 넘긴다면 바일제이니라.'

'병'은 나아가 한 취락에서 한 취락에 이르면서 몸이 상하였고 다쳤거나, 나아가 대나무 잎에 상하는 것을 모두 병이라고 이름한다.

이 가운데에서 범하는 것은 만약 비구가 병이 없으면서 복덕사에서 한 끼를 넘겼다면 바일제이다. 만약 하룻밤을 넘게 묵었고 음식을 먹지 않았다면 돌길라이다. 만약 다른 곳에서 묵고 이 가운데에서 먹었다면 바일제이다. 범함이 없는 것은 하룻밤 머물고 한 끼니이었거나, 만약 병이 있거나, 만약 복덕사가 친족이 지었거나, 만약 먼저 청하였거나, 만약 복덕사에 머물면서 험한 길에 들어가고자 반려를 기다렸거나, 만약 복덕사가 많았거나, 만약 복덕사의 사람을 알고서 머물렀다면 모두 범한 것은 없다." [서른두 번째의 일을 마친다.]

십송율 제13권

후진 북인도 삼장 불야다라 한역

석보운 번역

2. 이송(二誦) ⑦

4) 90바일제법을 밝히다 ⑤

세존께서는 사위국(舍衛國)에 머무르셨다.

이때 한 바라문이 있었고 딸이 있어 사팔뜨기였으며, 내안(睞眼)이라고 이름하였다. 남편의 집안에서 사자를 보내어 맞이하려는 때에 여인의 부모인 바라문이 말하였다.

"잠깐만 기다리십시오. 전병(煎餠)을 짓고 마치면 보내드리겠습니다."

이때 세상은 기근이었으므로 이 바라문은 아주 힘들게 전병의 재료를 구하여 전병을 지었다. 발난타(跋難陀) 석자는 항상 그 집에 출입하였으므로 그 대중에게 말하였다.

"나를 따른다면 집에 들어갈 수 있네. 그대들은 모두 나를 따라서 들어오게. 만약 내가 음식을 얻는다면 그대들도 역시 차례대로 얻을 것이네."

이때 발난타 석자는 오전에 옷을 입고 발우를 지니고 바라문의 집에 들어갔고, 함께 앉은 곳에서 서로가 함께 즐겁고 즐겁지 않은 것을 문신하였다. 앉았으므로 이 바라문은 일심으로 공경하며 발난타를 문신하였다. 발난타는 대법사였으므로 즐겁게 말하는 변재가 있어 그를 위하여 여러 종류의 묘법을 설하였다. 주인은 법미(法味)를 얻은 까닭으로 이렇게 말을 지었다.

"대덕이시여. 국과 밥이 없으니, 능히 이 전병이라도 드시겠습니까?"

대답하여 말하였다.

"그대들도 오히려 먹는데 내가 무슨 까닭으로 먹지 못하겠소?"

곧 전병을 가지고 나왔으며, 두 번째·세 번째 비구도 이와 같았다. 이때 전병 그릇은 모두 비워졌다. 신랑의 집에서 다시 사람을 보내어 사팔뜨기의 딸을 부르자 바라문이 사자를 돌려보내며 대답하여 말하였다.

"잠깐만 기다리십시오. 전병을 짓고 마치면 보내드리겠습니다."

다시 전병의 재료를 구하였다. 이때 발난타가 다시 도중(徒衆)과 함께 왔고 여러 종류를 설법하였으며 다시 전병을 가지고 갔다. 신랑의 집에서 세 번째로 다시 사자를 보내어 사팔뜨기 딸을 불렀는데, 이 바라문이 다시 대답하여 말하였다.

"잠깐만 기다리십시오. 전병을 짓고 마치면 보내드리겠습니다."

이때 신랑이 의심하고 성내면서 말하였다.

"이 여자가 혹시 다시 돌아오지 않는 것인가?"

그는 다시 아내를 얻고 사자를 보내어 말하였다.

"내가 이미 아내를 얻었으니, 그대는 다시 오지 마시오."

바라문은 이 말을 듣고 걱정하고 화내면서 말하였다.

"사문 석자는 도리어 이렇게 만족을 알지 못하는가? 보시하는 자가 양을 알지 못하면 받는 자라도 양을 알아야 한다. 나의 딸과 사위가 이전에는 서로 사랑하였으나 이러한 인연으로서 지금은 곧 버려졌구나."

이 사람은 성나고 한스러워 능히 참지 못하였고, 기환(祇桓)에 이르러 세존의 처소에서 발난타의 일을 말하고자 하였다. 이때 세존께서는 백천만의 대중에게 위요되어 설법하고 계셨다. 점차 세존께 다가왔고 세존의 자비로운 마음의 힘을 까닭으로 그의 성냄이 사라졌다. 세존의 처소에 이르러 이와 같이 말을 지었다.

"세존이시여, 이러한 법은 없습니다. 여인에게 제일 소중한 것을 저의 딸은 이미 잃었습니다."

세존께서는 여러 종류의 인연으로 설법하시어 보여주셨고 가르치셨으며 이익되고 기쁘게 하셨다. 보여주고 가르치셨으며 이익되고 기쁘게 하시고서 묵연하셨다. 바라문은 세존께서는 여러 종류의 인연으로 설법하시어 보여주고 가르치셨으며 이익되고 기쁘게 하신 것을 듣고서 머리숙여 세존의 발에 예경하고서 오른쪽으로 돌면서 떠나갔다. 떠나고 오래지 않아서 세존께서는 이 일로써 비구 승가를 모으셨으며, 아시면서도 일부러 발난타에게 물으셨다.

"그대가 진실로 이러한 일을 지었는가?"

대답하여 말하였다.

"진실로 지었습니다. 세존이시여."

세존께서는 여러 종류의 인연으로서 꾸짖으셨다.

"어찌 비구라고 이름하면서 때도 알지 못하고 양도 알지 못하며 법도 알지 못하는가? 만약 보시하는 자가 양을 알지 못하면 받는 자라도 양을 알아야 하느니라."

세존께서는 다만 꾸짖으셨으며, 계를 제정하지는 않으셨다.

이때 세존께서는 사위국에 머무르셨다.

이때 사위성의 가운데에 있던 상인들이 불성(沸星)[1]의 길일(吉日)을 이용하여 다른 나라로 떠나고자 하였다. 한 상인이 있었고 이 발난타 석자와 서로 지식이어서 발난타는 항상 그 집에 출입하였다. 이때 발난타가 오전에 옷을 입고 발우를 지니고 그 집에 이르렀고, 함께 앉은 곳에서 서로가 함께 즐겁고 즐겁지 않은 것을 문신하였다. 앉았으므로 이 상인은 일심으로 공경하며 발난타를 문신하였다. 발난타는 대법사였으므로 즐겁

---

1) 이십팔수의 하나인 귀성(鬼星)을 이르는 말이고, 불사(弗沙)·부사(富沙)·발사(勃沙)·설도(說度) 등으로도 불린다. 여래(如來)께서 성도(成道)와 출가(出家)를 모두 이월(二月) 팔일(八日)의 귀수(鬼宿)가 어우러지는 때에 하였으므로 복덕(福德)이 있는 상서로운 별로 생각하고 있다.

게 말하는 변재가 있어 그를 위하여 여러 종류의 묘법을 설하였다. 이 사람은 법미를 얻은 까닭으로 이렇게 말을 지었다.

"대덕이시여. 국과 밥은 없으나, 다만 도중에 다니는데 양식인 곡물가루가 있습니다. 능히 드시겠습니까?"

대답하여 말하였다.

"그대들도 오히려 먹는데, 내가 무슨 까닭으로 먹지 못하겠소?"

곧 곡물가루를 가지고 나왔으며, 두 번째 세 번째 비구도 이와 같았다. 그 상인은 곡물가루를 담았던 그릇이 비었고 상인은 상주(商主)에게 말했다.

"내가 소유한 길의 양식을 사문 석자들이 모두 가져가 버렸으니, 잠깐만 기다리시오. 내가 다시 양식을 짓겠습니다."

상인 객주가 말하였다.

"여러 상인들이 불성의 길일에 떠나는데 어찌 머무르겠는가? 그대는 다만 식량을 준비하여 천천히 뒤따라오게."

여러 상인들은 앞에 떠나갔고, 무리가 많았던 까닭으로 도둑이 감히 덤비지 못하였다. 이 한 상인은 양식을 준비하여 적은 동반자와 함께 험한 길에 들어섰는데 도적이 덤벼들어 그 재물을 빼앗고 이 상인을 죽였다. 이와 같은 악한 소문이 여러 나라에 퍼졌고, 이와 같이 말하였다.

"석종(釋種) 비구가 다른 사람의 떠날 양식을 먹었으므로 그 상인은 험로에서 도둑에게 살해되었다."

한 사람은 두 사람에게 말하였고, 두 사람은 세 사람에게 말하였으며, 이와 같이 전전하여 서로에게 말하였고, 여러 사문 석자 비구에 대한 악한 소문이 사위성에 두루 유포되었다.

이 가운데에 비구가 있어 욕망이 적고 만족함을 알며 두타를 행하였는데, 이러한 일을 듣고서 마음이 기쁘지 않아서 세존을 향하여 자세히 말하였다. 세존께서는 이 일로써 비구 승가를 모으셨으며, 아시면서도 일부러 발난타에게 물으셨다.

"그대가 진실로 이러한 일을 지었는가?"

대답하여 말하였다.

"진실로 지었습니다. 세존이시여."

세존께서는 여러 종류의 인연으로서 꾸짖으셨다.

"어찌 비구라고 이름하면서 때도 알지 못하고 양도 알지 못하며 법도 알지 못하는가? 만약 보시하는 자가 양을 알지 못하면 받는 자라도 양을 알아야 하느니라. 어찌하여 이 상인을 도중에서 도둑에게 죽게 하였는가?"

여러 종류의 인연으로 꾸짖으셨으며, 여러 비구들에게 말씀하셨다.

"열 가지의 이익을 까닭으로 여러 비구들에게 계를 제정하여 주겠노라. 지금부터 이러한 계는 마땅히 이와 같이 설할지니라. '만약 비구가 백의의 집으로 갔고 스스로가 청하여 전병과 곡물가루를 많이 주었는데, 여러 비구들이 필요하다면 마땅히 두·세 발우를 취해야 한다. 이것을 넘겨서 취한다면 바일제(波逸提)이니라. 두·세 발우를 취하고 밖으로 나와서 다른 비구들에게 말하고 함께 나누어야 하느니라. 이 일은 마땅히 그와 같아야 하느니라.'

'집'은 백의(白衣)이다.

'집에서 청하여 많이 주다.'는 자자자주 주는 것이다.

'전병(餠)'은 밀가루로 지었거나, 보릿가루로 지었거나, 쌀로 지은 것 등이고, 대중화병(大重華餠)과 소중화병(小重華餠)의 이와 같은 것은 여럿이 청정한 병이다.

'곡물가루(糗)'는 쌀가루와 보릿가루이다.

'발우'는 세 종류가 있으니 상·중·하이다. 상발우(上鉢)는 다른 사람들에게 세 그릇의 밥과, 다른 사람들에게 한 그릇의 국과, 나머지의 음식과 반 그릇의 죽을 받을 수 있는 것이다. 하발우(下鉢)는 다른 사람들에게 한 그릇의 밥과, 다른 사람들에게 반 그릇의 국과, 나머지의 음식과 반 그릇의 죽을 받을 수 있는 것이다. 만약 상발우와 하발우의 중간이라면 이것을 중발우(中鉢)라고 이름한다.

'밖으로 나와 다른 비구에게 말하고 함께 나누다.'는 눈에 보이는 비구를 말한다.

'바일제'는 소자와 복장으로 이름하는데, 만약 참회하지 않는다면 능히 도를 장애한다.

이 가운데에서 범하는 것은 만약 비구가 상발우로서 음식을 취하였다면 마땅히 한 발우를 취해야하고 마땅히 두 발우를 취하지 말라. 두 발우를 취한다면 바일제이다. 만약 중발우로 취하였다면 매우 많아도 두 발우를 취해야하고 마땅히 세 발우를 취하지 말라. 세 발우를 취한다면 바일제이다. 만약 하발우로 취한다면 매우 많아도 세 발우를 취해야 하고 마땅히 네 발우를 취하지 말라. 네 발우를 취한다면 바일제이다. 밖으로 나와서 만나는 비구와 그 음식을 함께 나누면 좋으나, 함께 나누지 않는다면 돌길라이다." [서른세 번째의 일을 마친다.]

세존께서는 사위국에 머무르셨다.

이때 장로 가류타이는 밤이 어두웠고 작은 빗방울이 있었으며 벼락과 번개가 내려치는 때에 백의의 집에 들어가서 걸식하였다. 이때 집안에는 한 명의 여인이 그릇을 씻고 있었는데 번갯불의 가운데에서 밖으로 나왔다가 가류타이의 검은 몸을 멀리서 보았다. 보고서 놀라고 두려워서 몸의 털이 곤두섰으므로 곧 크게 외쳐 말하였다.

"귀신이 왔다. 귀신이 왔다."

두려움의 까닭으로써 곧바로 낙태(墮胎)하였다. 가류타이가 말하였다.

"자매여. 나는 비구이고 귀신이 아닙니다. 걸식하려는 까닭으로 왔습니다."

여인은 성내면서 악한 말·거친 말·부정한 말·쓴 말로서 비구에게 말하였다.

"그대의 아버지도 죽고, 어머니도 죽으며, 족성도 모두 죽어라. 이 사문도 배가 터져 버려라. 이 대머리 사문아! 종족을 끊는 놈아! 검은 누더기를 걸친 놈아! 어찌 날카로운 우설도(牛舌刀)로서 스스로 그대의 배를 가르지 않는가? 어찌 이렇게 밤이 어둡고 우레와 번개가 치는 가운데에서 걸식하는가? 그대 사문들 도리어 이러한 악을 짓는 것이 허락되었는가? 내 아이를 낙태시켜 죽이고 내 몸도 파괴하는구나."

가류타이는 이 집에서 이와 같은 허물과 죄를 일으켰던 까닭으로 곧바로 밖으로 나왔다. 이러한 일로써 여러 비구들을 향하여 말하였고, 여러 비구는 이 일로써 세존을 향하여 자세히 말하였다. 세존께서는 이 일로써 비구 승가를 모으셨으며, 아시면서도 일부러 가류타이에게 물으셨다.

"그대가 진실로 이러한 일을 지었는가?"

대답하여 말하였다.

"진실로 지었습니다. 세존이시여."

세존께서는 여러 종류의 인연으로서 꾸짖으셨다.

"어찌 비구라고 이름하면서 때가 아닌데 백의의 집에 들어가서 걸식하였는가?"

세존께서는 말씀하셨다.

"만약 비구가 때가 아닌데 백의의 집에 들어간다면 어찌 다만 이와 같은 죄를 얻겠는가? 마땅히 거듭 다시 이것을 넘어가는 죄를 얻을 것이다. 지금부터 모든 비구는 한 끼(一食)를 먹어야 하느니라."

그때부터 모든 비구가 한 끼를 먹었던 까닭으로 야위고 안색이 없었으며 기력도 없었다. 세존께서는 여러 비구들이 야위고 안색이 없으며 기력도 없는 것을 보시고 아시면서도 일부러 아난에게 물으셨다.

"여러 비구들이 무슨 까닭으로 여위고 안색이 없으며 기력도 없는가?"

아난이 대답하여 말하였다.

"세존께서는 계를 제정하시어 여러 비구들에게 마땅히 한 끼를 먹으라고 하셨고 한 끼니를 먹은 까닭으로 여러 비구들이 야위고 안색이 없으며 기력도 없습니다."

세존께서는 이 일로써 비구 승가를 모으셨으며, 여러 종류의 인연으로 계를 찬탄하셨고 지계를 찬탄하셨으며, 계를 찬탄하시고 지계를 찬탄하시고서 여러 비구들에게 말씀하셨다.

"지금부터 다섯 종류의 가다니(佉陀尼[2])를 스스로가 마음대로 먹는 것을 허락하겠노라. 다섯 종류는 이를테면, 뿌리·줄기·잎·으깬 것(磨)·열매이니라.”

이때 여러 비구들이 왕사성에 들어가서 걸식하였다.

이때 백의가 있어 노복(蘆蔔)[3]의 잎·호수(胡荽)[4]의 잎·나륵(羅勒)[5]의 잎이 섞인 음식으로서 여러 비구들에게 주었다. 여러 비구들은 먹지 않았던 까닭으로 포만(飽滿)을 얻을 수 없었고, 다시 거듭 여위고 안색이 없으며 기력도 없었다. 세존께서는 아시면서도 일부러 아난에게 물으셨다.

“여러 비구들이 무슨 까닭으로 여위고 안색이 없으며 기력도 없는가?”

아난이 대답하여 말하였다.

“세존께서는 여러 비구들에게 다섯 종류의 가다니 음식은 스스로가 마음대로 받도록 허락하셨습니다. 여러 비구들이 왕사성에 들어가서 걸식하는 때 백의가 있어 노복의 잎·호수의 잎·나륵의 잎이 섞인 음식을 얻었습니다. 비구들은 먹지 않았고 포만을 얻지 못한 까닭으로 야위고 안색이 없으며 기력도 없습니다.”

세존께서는 듣고서 여러 비구들에게 말씀하셨다.

“지금부터 다섯 종류의 포사니(蒲闍尼)[6] 음식인 이를테면, 밥·곡물가루·말린 밥·생선·고기 먹는 것을 허락하겠노라. 이 다섯 종류의 음식은 스스로가 마음대로 받도록 하라.”

여러 비구들은 왕사성에 들어가서 걸식하였다.

이때 여러 백의들이 노복의 잎·호수의 잎·나륵의 잎이 섞인 음식으로서

---

2) 산스크리트어 khādanīya의 음사로서 작식(嚼食) 또는 부정식(不正食)이라 번역된다. 비구들이 간식으로 씹어 먹는 음식인 뿌리·가지·잎·꽃·열매 등을 가리킨다.

3) 무우를 가리키며 나복(蘿蔔) 또는 내복 (萊蔔)으로도 불린다.

4) 미나리과에 속하는 일년생 초본식물인 고수나물 가리킨다.

5) 동아시아가 원산지인 쌍떡잎식물이다. 통화식물목 꿀풀과의 한해살이풀로서 바질을 가리킨다.

6) 산스크리트어 bhojanīya의 음사로서 정식(正食)이라 번역된다. 비구들이 일상으로 먹는 부드러운 음식인 밥·죽·보릿가루·생선·고기 등을 가리킨다.

여러 비구들에게 주었다. 여러 비구들은 먹지 않았고 포만을 얻지 못한 까닭으로 야위고 안색이 없으며 기력도 없었다. 세존께서는 야위고 안색이 없으며 기력도 없는 것을 보시고 아시면서도 일부러 아난에게 물으셨다.

"여러 비구들이 무슨 까닭으로 여위고 안색이 없으며 기력도 없는가?"

아난이 대답하여 말하였다.

"세존께서는 다섯 종류의 음식을 먹도록 허락하셨습니다. 여러 비구들이 성에 들어가서 걸식하는 때에 노복의 잎·호수의 잎·나륵의 잎이 섞인 음식을 얻었습니다. 비구들은 먹지 않았고 포만을 얻지 못한 까닭으로 야위고 안색이 없으며 기력도 없습니다."

세존께서는 말씀하셨다.

"지금부터 다섯 종류의 사식(似食)은 스스로가 뜻에 따라서 섞는 것을 허락하겠노라. 이를테면, 싸라기밥(糜食)·조밥(粟食)·광맥밥(穬麥食)·유자밥(莠子食)·가사밥(迦師食)[7]이니라."

세존께서는 유야리(維耶離)에 머무르셨다.

이때 한 거사가 있었고 세존의 처소에 이르러 머리숙여 세존의 발에 예경하고 한쪽에 앉았다. 세존께서는 거사가 한쪽에 앉은 것을 보시고서 여러 종류의 설법을 하시어 보여주셨고 가르치셨으며 이익되고 기쁘게 하셨으며, 보여주셨고 가르치셨으며 이익되고 기쁘게 하시고서 묵연하셨다. 이 거사는 세존께서 여러 종류의 인연으로 보여주시고 가르치셨으며 이익되고 기쁘게 하신 것을 듣고서 자리에서 일어나서 합장하고 말하였다.

"원하옵건대 세존과 승가께서는 내일 저의 공양을 받아주십시오."

세존께서는 묵연히 받아들이셨다. 거사는 세존께서 묵연히 받아들이신 것을 알고서 곧 머리숙여 세존의 발에 예경하고 오른쪽으로 돌면서 떠나갔다. 자기 집으로 돌아와서 밤새워 여러 종류의 많은 맛있는 음식을 많이 준비하였고, 일찍 일어나서 자리를 펴고 사자를 보내어 세존께 아뢰었다.

---

7) 가사는 소맥(小麥)을 가리키는 말이다.

"음식이 준비되었습니다. 세존께서는 스스로가 때인 것을 아십시오."

여러 비구 승가는 거사의 집으로 갔고, 세존께서는 스스로 방에 머무시면서 음식의 몫을 맞이하셨다. 거사는 대중 승가가 앉은 것을 알고 스스로의 손으로 물을 돌렸고 스스로가 여러 종류의 많은 맛있는 음식들을 많이 주어서 스스로가 마음대로 배부르게 먹게 하였다. 그때 유야리의 여러 비구들은 병이 많았고 간병(看病)하는 비구가 있었으므로 승가의 가운데에서 음식을 먹고서 병든 비구를 영접하고자 음식의 몫을 나누어 떠났다.

여러 병든 비구는 먹는 자도 있었고, 먹지 않는 자도 있었으며, 조금 먹은 자도 있었다. 이 간병하는 비구는 먼저 음식을 먹고서 자리에서 일어났으므로 다시 먹을 수 없었다. 여러 병든 비구들의 음식이 많이 남았으므로 승방(僧坊) 안에 버렸다. 이때 많은 까마귀와 새가 있었고 와서 이 음식을 먹으면서 큰 소리를 지었다. 세존께서는 사찰 안에서 많은 까마귀와 새소리를 듣고 아시면서도 일부러 아난에게 물으셨다.

"무슨 까닭으로 승방 안에서 많은 까마귀와 새소리가 있는가?"

아난이 대답하여 말하였다.

"세존이시여. 이 유야리의 여러 비구들은 병이 많습니다. 간병하는 비구가 있어 승가의 가운데에서 먼저 음식을 먹고 병든 비구를 영접하고자 음식을 나누어 왔습니다. 여러 병든 비구들은 먹은 자도 있었고, 먹지 않는 자도 있었으며, 조금만 먹은 자도 있었습니다. 이 간병하는 비구는 먼저 먹고서 자리에서 일어났으므로 다시 먹을 수 없었습니다. 여러 병든 비구들은 음식이 많은 남아 있었고 승방 안에 버렸습니다. 까마귀와 새가 있었고 와서 이 음식들을 먹는 까닭으로 큰 소리를 지었습니다."

세존께서는 이 일로 비구 승가를 모으셨으며, 여러 종류의 인연으로 계를 찬탄하셨고 지계를 찬탄하셨으며, 계를 찬탄하시고 지계를 찬탄하시고서 여러 비구들에게 말씀하셨다.

"지금부터 두 가지 이익을 까닭으로 잔식법(殘食法)을 받는 것을 허락하겠노라. 첫째는 간병하는 비구의 인연인 까닭이고, 둘째는 비구가 인연이 있으면 음식이 부족한 까닭이니라. 열 가지의 이익을 까닭으로 여러 비구들에게 계를 제정하여 주겠노라. 지금부터 이러한 계는 마땅히 이와 같이 설할지니라. '만약 비구가 음식을 먹고서 자리에서 일어나서 떠났다면 잔식법을 받을 수 없느니라. 만약 음식을 씹었다면 바일제이니라.'

'씹는다.'는 다섯 종류의 가다니이다.

'먹는다.'는 다섯 종류의 포사니와 사식이다.

'바일제'는 소자와 복장으로 이름하는데, 만약 참회하지 않는다면 능히 도를 장애한다.

이 가운데에서 범하는 것은 만약 비구가 음식을 먹고서 자리에서 일어나서 떠났다면 잔식법을 받을 수 없다. 만약 뿌리(根)를 씹었거나 먹었다면 바일제이다. 만약 줄기·잎·마·열매를 씹었다면 모두 바일제이다. 만약 비구가 음식을 먹고서 자리에서 일어나서 떠났다면 잔식법을 받을 수 없다. 만약 밥을 먹었다면 바일제이고, 곡물가루·말린 밥·생선·고기를 먹었다면 모두 바일제이다. 만약 비구가 음식을 먹고서 자리에서 일어나서 떠났다면 잔식법을 받을 수 없다. 만약 싸래기밥·조밥·광맥밥·유자밥·가사밥을 먹었다면 모두 바일제이다."

'지금부터 잔식법을 받는 것을 허락한다고 하셨으나 여러 비구들은 어떻게 받는가를 알지 못하였다. 세존께서 여러 비구들에게 말씀하셨다.

"잔식법을 받고자 한다면 능히 대추의 음식을 따라서 모두 발우에 담고서, 나머지의 비구들이 음식을 먹지 않았고 아직 일어나지 않은 것을 알았다면, 이 사람의 주변을 쫓아서 한쪽의 어깨를 드러내고 호궤(胡跪)하고 발우를 잡고서 이렇게 말하라.

"장로여. 억념(憶念)하시고 나에게 잔식법(殘食法)을 지어서 주십시오."

만약 앞에 있던 비구가 대충이라도 이 음식을 취하지 않았다면 이것은 잔식법을 지었다고 이름하지 않는다. 만약 이러한 잔식법을 받고서 이용하여 씹거나 먹었다면 바일제이다. 만약 발우를 바닥에 내려놓고 잔식법을 받았다면 잔식법을 받았다고 이름하지 않는다. 만약 이러한 잔식법을 받고서 이용하여 씹거나 먹었다면 바일제이다. 만약 발우를 무릎 위에 놓고 잔식법을 받는다면 잔식법을 받았다고 이름하지 않는다. 만약 이러한 잔식법을 받고서 이용하여 씹거나 먹었다면 바일제이다. 만약 서로 멀리 떨어져 손이 서로에게 닿지 않으면서 잔식법을 받았다면 잔식법을 받았다고 이름하지 않는다. 만약 이러한 잔식법을 받고서 이용하여 씹거나 먹었다면 바일제이다.

만약 부정(不淨)한 음식으로서 잔식법을 받았다면 잔식법을 받았다고 이름하지 않는다. 만약 이러한 잔식법을 받고서 이용하여 씹거나 먹었다면 바일제이다. 만약 부정한 고기로서 잔식법을 받는다면 잔식법을 받았다고 이름하지 않는다. 만약 이러한 잔식법을 받고서 이용하여 씹거나 먹었다면 바일제이다. 만약 비구가 다섯 종류의 가다니를 먹고자 하였던 때에 다섯 종류의 포사니로 잔식법을 받았다면 잔식법을 받았다고 이름하지 않는다. 만약 이러한 잔식법을 받고서 이용하여 씹거나 먹었다면 바일제이다.

만약 다섯 종류의 포사니를 먹고자 하였던 때에 다섯 종류의 가다니로 잔식법을 받았다면 잔식법을 받았다고 이름하지 않는다. 만약 이러한 잔식법을 받고서 이용하여 씹거나 먹었다면 바일제이다. 만약 다섯 종류의 사식을 먹고자 하였던 때에 다섯 종류의 포사니로 잔식법을 받았다면 잔식법을 받았다고 이름하지 않는다. 만약 이러한 잔식법을 받고서 이용하여 씹거나 먹었다면 바일제이다. 만약 비구가 잔식법을 받고서 앉아서 먹는데 다른 다섯 종류의 음식이 왔고, 만약 씹었다면 하나·하나가 돌길라이다."

장로 우바리(優波離)가 세존께 물어 말하였다.

"세존이시여. 비구는 어느 처소를 다니는 때에 자자(自恣)가 있고, 어느 처소에 머무르는 때에, 어느 처소에 앉아있는 때에, 어느 처소에 누워있을 때 자자가 있습니까?"

세존께서는 우바리에게 알리셨다.

"다섯 처소에서 비구는 다니는 때에 자자해야 하고, 다섯 처소에서

서 있는 때에, 다섯 처소에서 앉아있는 때에, 다섯 처소에서 누워있는 때에 자자해야 한다. 다니는 때에 다섯 처소를 다니는 것을 아는 것이고, 공양하는 것을 아는 것이며, 거절할 음식을 아는 것이고, 여러 종류의 음식을 아는 것이며, 위의를 무너뜨리는 것을 아는 것이다. 서 있을 때의 다섯 처소에서 서 있음을 아는 것이고, 공양하는 것을 아는 것이며, 거절할 음식을 아는 것이고, 여러 종류의 음식을 아는 것이며, 위의를 무너뜨리는 것을 아는 것이다. 앉아 있을 때의 다섯 처소는 앉아 있음을 아는 것이고, 공양하는 것을 아는 것이며, 거절할 음식을 아는 것이고, 여러 종류의 음식을 아는 것이며, 위의를 무너뜨리는 것을 아는 것이다. 누워있을 때의 다섯 처소는 누워있음을 아는 것이고, 공양하는 것을 아는 것이며, 거절할 음식을 아는 것이고, 여러 종류의 음식을 아는 것이며, 위의를 무너뜨리는 것을 아는 것이다."

세존께서는 우바리에게 말씀하셨다.

"만약 비구가 걸어가며 입을 씻는 때에 단월이 있어 다섯 종류의 음식을 주었다면, 비구는 마땅히 씹어야 하고, 마땅히 먹어야 하며, 마땅히 다니면서 잔식을 받아야 하고, 마땅히 서 있으면 아니되고, 마땅히 앉아서도 아니되며, 마땅히 누워서도 아니된다. 만약 서있거나, 앉거나, 누웠다면 마땅히 위의를 무너뜨린 것을 알아야 하고, 마땅히 잔식법을 받아서는 아니된다. 만약 받더라도 받는 것이라고 이름하지 않고, 만약 이러한 잔식법을 받고서 이용하여 씹거나 먹었다면 바일제이다.

만약 비구가 다니면서 입을 씻었는데 단월이 있어 다섯 종류의 음식을 주었다면, 비구는 마땅히 씹어야 하고, 마땅히 먹어야 하며, 마땅히 다니면서 잔식을 받아야 하고, 마땅히 서 있으면 아니되고, 마땅히 앉아서도 아니되며, 마땅히 누워서도 아니된다. 만약 서있거나, 앉거나, 누웠다면 마땅히 위의를 무너뜨린 것을 알아야 하고, 마땅히 잔식법을 받아서는 아니된다. 만약 받더라도 받는 것이라고 이름하지 않고, 만약 이러한 잔식법을 받고서 이용하여 씹거나 먹었다면 바일제이다.

만약 비구가 그곳을 다니면서 먹고 있는 때에 단월이 있어 다섯 종류의 음식을 주었다면, 비구는 마땅히 씹어야 하고, 마땅히 먹어야 하며, 마땅히 다니면서 잔식을 받아야 하고, 마땅히 서 있으면 아니되고, 마땅히 앉아서도 아니되며, 마땅히 누워서도 아니된다. 만약 서있거나, 앉거나, 누웠다면 마땅히 위의를 무너뜨린 것을 알아야 하고, 마땅히 잔식법을 받아서는 아니된다. 만약 받더라도 받는 것이라고 이름하지 않고, 만약 이러한 잔식법을 받고서 이용하여 씹거나 먹었다면 바일제이다.

만약 비구가 그곳을 다니면서 음식을 먹었는데 단월이 있어 다섯 종류의 음식을 주었다면, 비구는 마땅히 씹어야 하고, 마땅히 먹어야 하며, 마땅히 다니면서 잔식을 받아야 하고, 마땅히 서 있으면 아니되고, 마땅히 앉아서도 아니되며, 마땅히 누워서도 아니된다. 만약 서 있거나, 앉거나, 누웠다면 마땅히 위의를 무너뜨린 것을 알아야 하고, 마땅히 잔식법을 받아서는 아니된다. 만약 받더라도 받는 것이라고 이름하지 않고, 만약 이러한 잔식법을 받고서 이용하여 씹거나 먹었다면 바일제이다.

범함이 없는 것은 만약 비구가 '잠깐 멈추십시오.'라고 말하거나, '아직 날의 때가 빠릅니다.'라고 말하거나, 만약 죽(歠)을 마셨거나, 만약 마시는 것이었거나, 만약 일체가 앞서 부탁한 음식이라면 범한 것은 아니다."
[서른네 번째의 일을 마친다.]

세존께서는 사위국에 머무르셨다.

이때 교살라국의 한 주처(住處)에 두 비구가 있었다. 한 비구는 파계하여 잘못을 저질렀어도 부끄러움이 없었고 세밀한 계율도 지키지도 않았다. 다른 한 비구는 청정하게 계율을 지켰고 나아가 작은 죄에도 크게 두려워하였다. 이 청정한 비구는 다른 비구가 죄를 범하는 것을 보고서 항상 그에게 말하였다.

"그대는 오늘 이와 같고 이와 같은 죄를 범하였습니다."

파계한 비구는 이렇게 생각을 지었다.

'나는 마땅히 이 자가 어느 때에 죄를 범하는 것을 본다면 내가 마땅히 그것을 드러내야겠다.'

파계한 비구는 한때 지계(持戒)의 비구가 음식을 먹고서 자자청(自恣請)이 없었던 까닭으로 자리에서 일어나는 것을 보았다. 곧 포사니와 가다니를 가지고 와서 함께 먹자고 불렀다. 지계의 비구는 기억하지 못하였고 음식을 부촉하지도 않고서 곧 함께 그 음식을 씹었다. 파계한 비구가 말하였다.

"장로여. 그대는 바일제죄를 얻었습니다."

물어 말하였다.

"무슨 바일제입니까?"

대답하여 말하였다.

"그대는 음식을 먹고서 자자청이 없었는데 곧 음식을 씹었습니다."

지계의 비구가 말하였다.

"그대는 내가 음식을 먹고서 자자청을 하지 않은 것을 알고서도 무슨 까닭으로 나를 먹으라고 불렀습니까?"

대답하여 말하였다.

"그대는 항상 자주자주 나의 죄를 드러냈고 나는 이때에 이렇게 생각을 지었습니다. '어느 때에 그대가 죄를 범하는 것을 본다면 마땅히 곧 드러내야겠다.' 이러한 까닭으로 그대가 음식을 먹고서 자자청이 없는 것을 보고 서로를 괴롭히려는 까닭으로 그대에게 먹도록 하였습니다."

이 가운데에 비구가 있어 욕망이 적고 만족함을 알며 두타를 행하였는데, 이러한 일을 듣고 마음이 기쁘지 않아서 여러 종류의 인연으로 꾸짖었다.

"어찌 비구라고 이름하면서 다른 사람이 음식을 먹고서 자자청이 없는 것을 알면서도 서로를 괴롭히려는 까닭으로 음식을 먹도록 권유하는가?"

여러 종류의 인연으로 꾸짖고서 세존을 향하여 자세히 말하였다. 세존께서는 이 일로써 비구 승가를 모으셨으며, 아시면서도 일부러 이 비구에게 물으셨다.

"그대가 진실로 이러한 일을 지었는가?"

대답하여 말하였다.

"진실로 지었습니다. 세존이시여."

세존께서는 여러 종류의 인연으로서 꾸짖으셨다.

"어찌 비구라고 이름하면서 다른 사람이 음식을 먹고서 자자청이 없는 것을 알면서도 서로를 괴롭히려는 까닭으로 음식을 먹게 권유하였는가?"

세존께서는 여러 종류의 인연으로 꾸짖고서 여러 비구들에게 말씀하셨다.

"열 가지의 이익을 까닭으로 여러 비구들에게 계를 제정하여 주겠노라. 지금부터 이러한 계는 마땅히 이와 같이 설할지니라. '만약 비구가 다른 비구가 음식을 먹고서 자자청이 없는 것을 알면서도 서로를 괴롭히려는 까닭으로 포사니와 가다니를 먹도록 권유하였다면, 이러한 인연과 다른 것이 없다면 바일제이니라.'

'알다.'는 만약 비구가 스스로 알았거나, 만약 다른 사람에게서 알았거나, 만약 그 비구가 스스로 말한 것이다.

'씹다.'는 다섯 종류의 가다니와 다섯 종류의 포사니와 다섯 종류의 사식이다.

'먹도록 권유하다.'는 은근히 먹게 한 것이다.

'괴롭히다.'는 성내는 마음으로서 그 죄를 드러내는 것이다.

'바일제'는 소자와 복장으로 이름하는데, 만약 참회하지 않는다면 능히 도를 장애한다.

이 가운데에서 범하는 것은 만약 비구가 다른 비구가 음식을 먹고서 자자청이 없었는데, 뿌리 음식·줄기 음식·잎의 음식·갈은(磨) 음식·열매 음식을 가르쳐 씹게 하거나, 만약 가르쳐서 다섯 종류의 포사니 음식인 밥·곡물가루·말린 밥·생선·고기를 먹게 하였거나, 만약 가르쳐서 다섯 종류의 사식인 싸라기밥·조밥·광맥밥·유자밥·가사소맥밥을 먹게 하였다면 모두 바일제이다.

다시 비구가 있어 다른 비구를 가르쳐서 때가 아닌데 음식을 씹게 하였고, 만약 그가 씹었다면 함께 바일제이다. 비구가 있어 다른 비구를 가르쳐서 때가 아닌데 음식을 먹게 하였고, 만약 그가 먹었다면 함께 바일제이다. 비구가 있어 다른 비구를 가르쳐서 다른 사람의 물건을 훔치고 빼앗게 하였고, 만약 그가 훔치고 빼앗았다면 물건을 따라서 함께 죄를 얻는다.

비구가 있어 다른 비구를 가르쳐서 사람의 목숨을 빼앗게 하였고, 만약 그가 목숨을 빼앗았다면 함께 바라이이다. 만약 비구가 다른 비구를 가르쳐서 살아 있는 풀이나 나무를 죽이게 하였고, 만약 죽였다면 함께 바일제이다. 만약 비구가 다른 비구를 가르쳐서 다른 사람을 방에서 끌어내게 하였고, 만약 끌어냈다면 함께 바일제이다. 만약 비구가 다른 비구에게 강제로 와구(臥具)를 깔게 하였고, 만약 깔았다면 함께 바일제이다.

만약 비구가 다른 비구를 가르쳐서 벌레가 있는 물을 사용하여 초목에 뿌리고 진흙에 뿌리게 하였고, 만약 사용했다면 함께 바일제이다. 만약 비구가 다른 비구를 가르쳐서 벌레가 있는 물을 취하여 마시게 하였고, 만약 취하여 마셨다면 함께 바일제이다. 만약 비구가 다른 비구를 가르쳐서 나형외도(裸形外道)인 남녀에게 음식을 주게 하였고, 만약 주었다면 함께 바일제이다.

만약 비구가 다른 비구를 가르쳐서 공터에 불을 지르게 하였고, 만약 불을 질렀다면 함께 바일제이다. 만약 비구가 다른 비구를 가르쳐서 스스로가 손으로 금과 은을 취하게 하였고, 만약 취하였다면 함께 바일제이다. 만약 비구가 다른 비구를 가르쳐서 축생의 생명을 빼앗게 하였고, 만약 빼앗았다면 함께 바일제이다.

만약 비구가 다른 비구를 가르쳐서 이 비구의 옷과 발우를 감추게 하였고, 만약 감추었다면 함께 바일제이다. 만약 비구가 다른 비구를 가르쳐서 스스로가 손으로 땅을 파게 하였고, 만약 땅을 팠다면 함께 바일제이다. 만약 비구가 다른 비구를 가르쳐서 잔숙식(殘宿食)을 먹게 하였고 만약 먹었다면 함께 바일제이다." [대비구는 손으로 받은 음식은 함께 먹지 않는다는 것을 말한다. 그리고 함께 먹고 묵는 것은 내숙(內宿)이라고 이름한다. 이러한 음식을 먹는다면 돌길라이다. 손으로 받은 것을 들었고 함께 묵었다면 잔숙식이라고 이름한다. 이러한 음식을 먹는다면

바일제이다. 서른다섯 번째의 일을 마친다.]

세존께서는 왕사성에 머무르셨다.

그때 아사세왕(阿闍世王)과 여러 대신과 장수(將帥)들이 제바달(提婆達)을 믿었다. 이 여러 백성(人民)들은 제바달 비구를 돕기 위하여 전식(前食)·후식(後食)·달발나(怛鉢那)를 지어서 공양하였다. 여러 젊은 비구와 출가하고 오래되지 않은 자들이 있다면 제바달은 발우·호구(戶鉤)·발다라(鉢多羅)[8]·대건자(大揵瓷)[9]·소건자(小揵瓷)·의구(衣鉤)·선진(禪鎭)[10]·승대(繩帶)[11]·수저·발우 받침대·부채·일산·가죽신 등의 비구가 필요로 하는 물건으로써 모두를 속여서 유혹하였다. 제바달은 스스로가 백 명의 비구이거나, 혹은 2백·3백·4백·5백의 비구들에게 공경하게 둘러싸여 왕사성에 들어갔고 별도로 전식·후식·달발나의 공양을 받았다.

여러 상좌(上座)와 장로 비구들은 세존의 법미를 얻고 오랫동안 범행을 닦았으나, 이 여러 비구들이 성에 들어가서 걸식하면 묵은 찬밥을 얻거나, 혹은 얻지 못하였고, 혹은 상한 곡물가루를 얻거나, 혹은 얻지 못하였으며, 이와 같은 거친 음식으로 배가 부르거나, 부르지 못하였다. 이 가운데에 비구가 있어 욕망이 적고 만족함을 알며 두타를 행하였는데, 이러한 일을 듣고 마음이 기쁘지 않아서 여러 종류의 인연으로 꾸짖었다.

"어찌 비구라고 이름하면서 스스로가 1백 명·2백·3백·4백·5백의 비구에게 공경히 둘러싸여 별도로 전식·후식·달발나를 공양을 받는가? 여러 상좌와 장로 비구들은 세존의 법미를 얻고 오랫동안 범행을 닦았으나, 이 여러 비구들은 성에 들어가서 걸식하면 묵은 찬밥을 얻거나, 혹은

---

8) 산스크리트어 pātra의 음사인 발다라(鉢多羅)의 준말로 식기 또는 그릇을 뜻한다.

9) 발우 속에 세 개의 작은 발우를 넣는데 모두 분자라 말하고, 둘째는 대건자, 셋째는 소건자라고 부른다.

10) 좌선(坐禪)할 때에 졸음을 쫓는 도구이다. 나뭇조각을 홀(笏) 모양으로 만들어 가운데에 구멍을 뚫고 가는 끈으로 꿰어 귀에 걸고 머리에 얹는데, 머리가 숙여지면 이것이 떨어져 잠을 깨우게 되어 있다.

11) 옷 등을 묶는 띠를 가리킨다.

얻지 못하며, 혹은 상한 곡물가루를 얻거나, 혹은 얻지 못하므로, 이와 같은 거친 음식으로 배가 부르거나, 부르지 못하게 하는가?"

여러 종류의 인연으로 꾸짖고서 세존을 향하여 자세히 말하였다. 세존께서는 이 일로써 비구 승가를 모으셨으며, 여러 종류의 인연으로 꾸짖으셨다.

"어찌 비구라고 이름하면서 스스로가 백 명·2백·3백·4백·5백의 비구에게 공경히 둘러싸여 별도로 전식·후식·달발나를 공양을 받았는가? 여러 상좌와 장로 비구들은 세존의 법미를 얻고 오랫동안 범행을 닦았으나, 이 여러 비구들은 성에 들어가서 걸식하면 묵은 찬밥을 얻거나, 혹은 얻지 못하며, 혹은 상한 곡물가루를 얻거나, 혹은 얻지 못하므로, 이와 같은 거친 음식으로 배가 부르거나, 부르지 못하게 하였는가?"

여러 종류의 인연으로 꾸짖고서 여러 비구들에게 말씀하셨다.

"지금부터 두 가지가 이익인 인연의 까닭으로써 별중식(別衆食)을 막겠고, 세 사람이 함께 먹는 것은 허락하겠노라. 첫째의 이익은 단월을 따라서 보호하는 것으로 연민의 까닭이고, 둘째의 이익은 여러 악한 욕망의 비구들의 세력을 무너트리려는 까닭이며, 악한 욕망의 사람들이 별도의 대중을 짓고, 별도로 작법하여 승가와 함께 서로 다투지 못하게 하려는 것이니라. 열 가지의 이익을 까닭으로 여러 비구들에게 계를 제정하여 주겠노라. 지금부터 이러한 계는 마땅히 이와 같이 설할지니라. '만약 비구가 만약 비구가 별중식을 먹었다면 바일제이니라.'

'별중식'은 최소로 나아가 네 명의 비구가 함께 한곳에서 먹는 것이다.

'바일제'는 소자와 복장으로 이름하는데, 만약 참회하지 않는다면 능히 도를 장애한다.

이 가운데에서 범하는 것은 만약 네 명의 비구가 별도로 먹는다면 바일제이다. 만약 세 명의 비구가 별도로 한 곳에서 먹는데 네 번째의 비구가 그 음식의 몫을 취한다면 범한 것은 아니다."

세존께서는 왕사성에 머무르셨다.

그때 여러 병든 비구들이 걸식하는 인연의 까닭으로써 고통스럽고 피로하며 초췌하였다. 성안의 거사가 있어서 보고 물어 말하였다.

"그대들은 고통스럽습니까?"

대답하여 말하였다.

"고통스럽습니다."

"무슨 인연의 까닭입니까?"

대답하여 말하였다.

"우리들은 병이 있고 걸식하는 인연으로서 고통스럽습니다."

여러 거사들이 말하였다.

"그대들 병자들이여. 내가 지금 그대들을 청하겠습니다. 여러 병자들께서는 우리 집에 와서 드십시오."

여러 비구들이 말하였다.

"세존께서는 병의 인연을 까닭으로 별중식을 허락하지 않으셨습니다."

여러 비구들이 어떻게 해야 하는가를 알지 못하였으므로, 이 일로써 세존께 아뢰었다. 세존께서는 이 일로써 비구 승가를 모으셨으며, 여러 종류의 인연으로 계를 찬탄하셨고 지계를 찬탄하셨으며, 계를 찬탄하시고 지계를 찬탄하시고서 여러 비구들에게 말씀하셨다.

"지금부터 여러 병자들에게는 별중식을 허락하겠노라. 지금부터 이러한 계는 마땅히 이와 같이 설할지니라. '만약 비구가 인연을 제외하고 별중식을 하였다면 바일제이니라. 인연은 병든 때이니라.'

'병'은 만약 비구가 풍병이나, 냉병이나, 열병이 치성한 것이니, 이것을 병이라고 이름한다.

이 가운데에서 범하는 것은 만약 비구가 병이 없는데 별중식을 하였다면 바일제이다. 병자는 범한 것은 아니다."

세존께서는 사위국에 머무르셨다.

이때 여러 비구들이 옷을 짓는 때에 이르렀다. 이 여러 비구들은 일찍 일어나서 옷을 물들이는 도구와 땔감을 구하여 삶았고, 염료를 추출하였으며, 말렸고, 물들인 옷을 찬물에 헹구었다. 이와 같은 중간에 걸식 때가 다가왔으나 걸식하지 못하였고 이것의 인연으로 고통스러워 고뇌하였다. 성안에 거사가 있어 보고서 물어 말하였다.

"그대들은 고통스럽습니까?"

대답하여 말하였다.

"고통스럽습니다."

"무슨 인연의 까닭입니까?"

대답하여 말하였다.

"우리들은 옷을 지을 때에 이르렀고 일찍 일어나서 옷을 물들이는 도구와 땔감을 구하여 삶았고, 염료를 추출하였으며, 말렸고, 물들인 옷을 찬물에 헹구었습니다. 이와 같은 중간에 걸식 때가 다가왔으나 걸식하지 못하였고 이것의 인연으로 고뇌하였습니다."

여러 거사들이 말하였다.

"우리가 지금 그대들을 청하겠습니다. 여러 옷을 지은 자들은 우리 집에 와서 드십시오."

여러 비구들이 말하였다.

"세존께서는 우리들에게 옷을 짓는 까닭으로 별중식을 허락하지 않으셨습니다."

여러 비구들이 어떻게 해야 하는가를 알지 못하였으므로, 이 일로써 세존께 아뢰었다. 세존께서는 이 일로써 비구 승가를 모으셨으며, 여러 종류의 인연으로 계를 찬탄하셨고 지계를 찬탄하셨으며, 계를 찬탄하시고 지계를 찬탄하시고서 여러 비구들에게 말씀하셨다.

"지금부터 옷을 짓는 때에 이르렀다면 여러 옷을 짓는 자에게 별중식을 허락하겠노라. 지금부터 이러한 계는 마땅히 이와 같이 설할지니라. '만약 비구가 인연을 제외하고 별중식을 한다면 바일제이니라. 인연은 병든 때이거나, 옷을 짓는 때이니라.'

이 가운데에서 범하는 것은 만약 비구가 옷을 짓는 시기에 이르지 않았는데 별중식을 하였다면 바일제이다. 짓는 때에 별중식은 범한 것은 아니다."

세존께서는 사위국에 머무르셨다.

이때 여러 비구들이 교살라국에서 유행하여 사위성을 향하였다. 그 나라는 토지가 평탄하고 여러 취락이 멀었으나, 멀리서 보면 가까운 것 같았다. 여러 비구들은 눈앞의 취락에서 걸식하고자 하였으나 취락에 이른 때에 이미 정오에 이르렀고, 마땅히 걸식할 때에는 정오가 지나갔으며, 여러 비구들은 음식이 끊어졌던 까닭으로 고통스러워 고뇌하였다. 이 취락의 가운데에서 여러 거사들이 보고 비구들에게 물어 말하였다.

"그대들은 고통스럽습니까?"

대답하여 말하였다.

"고통스럽습니다."

"무슨 인연의 까닭입니까?"

"우리는 교살라국에서 사위성으로 향하고 있습니다. 멀리서 취락을 보고는 가깝다고 생각하여 이르러 걸식하고자 하였으나 때가 곧 정오를 지나갔고 음식을 얻지 못한 까닭으로 고통스럽습니다."

여러 거사들이 말하였다.

"우리들이 지금 그대들을 청하겠습니다. 유행하시고자 하는 자들은 우리 집에 와서 드십시오."

여러 비구들이 말하였다.

"세존께서는 유행하는 인연을 까닭으로 별중식을 허락하지 않으셨습니다."

여러 비구들이 어떻게 해야 하는가를 알지 못하였으므로, 이 일로써 세존께 아뢰었다. 세존께서는 이 일로써 비구 승가를 모으셨으며, 여러 종류의 인연으로 계를 찬탄하셨고 지계를 찬탄하셨으며, 계를 찬탄하시고 지계를 찬탄하시고서 여러 비구들에게 말씀하셨다.

"지금부터 여러 유행하는 비구들에게 별중식을 허락하겠노라. 지금부터 이러한 계는 마땅히 이와 같이 설할지니라. '만약 비구가 인연을 제외하

고 별중식을 한다면 바일제이니라. 인연은 병이 있을 때이거나, 옷을 짓는 때이거나, 유행하는 때이니라.'

'유행(遊行)하다.'는 최소로 반 유연(由延)[12)]에 이르렀고, 만약 갔거나, 만약 오는 것이다.

이 가운데에서 범하는 것은 만약 비구가 어제에 왔는데 오늘에 먹었다면 바일제이고, 내일에 유행하는데 오늘 먹었다면 바일제이다. 곧 그날에 최소 반 유연을 유행하여 만약 갔거나 만약 왔다면 별중식을 하였어도 범한 것은 아니다."

세존께서는 사위국에 머무르셨다.

이때 여러 비구들은 뒤에 교살라국에서 배를 타고 사위국으로 향하였다. 이 배가 취락의 근처를 다녔던 때에 여러 비구들이 뱃사공에게 말했다.

"배를 언덕으로 돌려주십시오. 우리들은 걸식하고자 합니다."

곧 배를 돌려 언덕으로 향하였고 여러 비구들은 배에서 내려서 취락에 들어가서 집집마다 음식을 구하였고 취락을 벗어나서 먹었다. 먹고서 손을 씻고 양치질하고 발우를 씻고서 옷을 접어서 걸망의 가운데에 넣었다. 이 같은 도중에 배는 이미 멀리 떠나갔고, 여러 비구들은 곧 걸어서 배를 쫓아갔다. 사자의 난(難)·호랑이의 난·늑대의 난·곰의 난을 만났고, 길이 아닌 곳을 따라가서 가시에 찔렸으며, 대나무에 찔렸고, 날카로운 풀에 베였으며, 걸어서 배를 쫓는 때에 다리가 고통스러워 고뇌하였다. 이 언덕 위에 거사가 있어 보고 비구들에게 물어 말하였다.

"그대들은 고통스럽습니까?"

대답하여 말하였다.

"고통스럽습니다."

"무슨 인연의 까닭입니까?"

---

12) 산스크리트어 yojana의 음사로서 유순(由旬)이라고도 부른다. 고대 인도의 거리 단위로 보통 약 8㎞로 간주하고 있으나, 조정사원(祖庭事苑) 제4권 에서는 30리(里)인 12㎞로 주석하고 있다.

"우리들은 앞서 배를 타고 사위국을 향하였는데, 배가 취락의 주변을 다녔으므로 우리들은 뱃사공에게 말하였습니다. '배를 언덕으로 돌려주십시오. 우리들은 걸식하고자 합니다.' 곧 때에 언덕을 향하였고, 우리들은 배에서 내려서 취락에 들어갔고 집집마다 음식을 구하였으며 취락을 벗어나서 먹었습니다. 먹고서 손을 씻고 양치질하고 발우를 씻고서 옷을 접어서 걸망의 가운데에 넣었습니다. 이 같은 도중에 배는 이미 멀리 떠나갔고, 우리들은 곧 걸어서 배를 쫓아갔는데, 사자의 난·호랑이의 난·늑대의 난·곰의 난을 만났고, 길이 아닌 곳을 따라가서 가시에 찔렸으며, 대나무에 찔렸고, 날카로운 풀에 베였으며, 걸어서 배를 쫓는 때에 다리가 고통스러워 고뇌하는 것입니다."

여러 거사들이 말하였다.

"우리가 지금 그대들을 청하겠습니다. 여러 배로 유행하는 자들은 우리 집에 와서 드십시오."

여러 비구들이 말하였다.

"세존께서는 배로 유행하는 인연을 까닭으로 별중식을 허락하지 않으셨습니다."

여러 비구들이 어떻게 해야 하는가를 알지 못하였으므로, 이 일로써 세존께 아뢰었다. 세존께서는 이 일로 비구 승가를 모으셨으며, 여러 종류의 인연으로 계를 찬탄하셨고 지계를 찬탄하셨으며, 계를 찬탄하시고 지계를 찬탄하시고서 여러 비구들에게 말씀하셨다.

"지금부터 여러 배로 유행하는 비구들에게 별중식을 허락하겠노라. 지금부터 이러한 계는 마땅히 이와 같이 설할지니라. '만약 비구가 인연을 제외하고 별중식을 한다면 바일제이니라. 인연은 병이 있을 때이거나, 옷을 짓는 때이거나, 도로를 유행하는 때이거나, 배로 유행하는 때이니라.'

'배로 유행하다.'는 최소로 반 유연에 이르렀고, 만약 갔거나, 만약 오는 것이다.

이 가운데에서 범하는 것은 만약 비구가 어제 왔는데 오늘 먹었다면 바일제이고, 내일 유행하는데 오늘 먹었다면 바일제이다. 곧 그날에 최소

반 유연을 유행하여 만약 갔거나 만약 왔다면 별중식을 하였어도 범한 것은 아니다."

세존께서는 왕사성에 머무르셨다.

그때 왕사성 안에 대중의 집회가 있어 세존께서는 1,250비구와 함께 머무르셨다. 이러한 가운데에서 비구들이 성에 들어가서 걸식하였으나, 거사들은 다만 능히 두·세 명의 비구에게 음식을 주었고, 다시 주지 못하였다. 곧 문을 닫고서 말하였다.

"매우 많은데 누가 능히 주겠습니까?"

뒤에 와서 걸식한 비구들은 얻지 못한 까닭으로 고통스러워서 고뇌하였다. 거사가 있어서 보고 비구에게 물어 말하였다.

"그대들은 고통스럽습니까?"

대답하여 말하였다.

"고통스럽습니다."

"무슨 인연의 까닭입니까?"

"이 왕사성에서 대중의 집회가 있는 까닭으로 여러 비구들이 먼저 걸식하였고 두·세 명 음식을 얻었으나, 거사들은 곧 문을 닫고 말하였습니다. '매우 많은데 누가 능히 주겠습니까?' 우리들은 뒤에 왔고 걸식을 얻지 못하였고 이러한 까닭으로 고뇌합니다."

여러 거사들이 말하였다.

"우리가 지금 그대들을 청하겠습니다. 대중 집회의 인연이라면 우리 집에 와서 드십시오."

여러 비구들이 말하였다.

"세존께서는 대중 집회의 인연을 까닭으로 별중식을 허락하지 않으셨습니다."

여러 비구들이 어떻게 해야 하는가를 알지 못하였으므로, 이 일로써 세존께 아뢰었다. 세존께서는 이 일로 비구 승가를 모으셨으며, 여러 종류의 인연으로 계를 찬탄하셨고 지계를 찬탄하셨으며, 계를 찬탄하시고 지계를 찬탄하시고서 여러 비구들에게 말씀하셨다.

"지금부터 여러 비구들에게 대중 집회의 인연이 있다면 별중식을 허락하겠노라. 지금부터 이러한 계는 마땅히 이와 같이 설할지니라. '만약 비구가 인연을 제외하고 별중식을 한다면 바일제이니라. 인연은 병이 있을 때이거나, 옷을 짓는 때이거나, 도로를 유행하는 때이거나, 배로 유행하는 때이거나, 대중 집회의 때이니라.'

'대중이 모이다.'는 최소로 나아가 여덟 사람으로 네 명의 구주(舊住) 비구와 네 명의 객비구가 함께 모이는 것이고, 이러한 인연을 까닭으로 취락의 가운데에서 여러 거사들이 능히 공급하지 못하는 것이다.

이 가운데에서 범하는 것은 만약 비구가 여덟 사람의 이하로 모였던 때에 별중식을 한다면 바일제이다. 만약 여덟 사람이거나, 만약 여덟 사람을 넘겨서 모였을 때라면 범한 것은 아니다."

세존께서는 왕사성에 머무르셨다.

이때 병사왕(甁沙王)[13]의 외숙(舅)인 아기유(阿耆維)[14]는 외도로 출가하였는데, 이 외숙은 이렇게 생각을 지었다.

'나의 외생(外甥)인 병사왕은 세존과 제자들을 매우 공경한다. 나도 이 왕을 위하는 까닭으로 세존과 제자들을 청하여 한 끼를 지어야겠다.'

이 외도는 곧 왕사성에 들어가서 쌀·밀가루·깨·콩을 구하였으므로, 거사들이 물어 말하였다.

---

13) 산스크리트어 bimbisāra의 음사로서 영승(影勝)이라 번역된다. 마가다국(magadha國)의 왕으로 앙가국을 점령하여 영토를 확장하고, 왕사성(王舍城) 근처에 죽림정사(竹林精舍)를 지어서 세존에게 시주하였으나, 말년에 그의 아들 아자타샤트루(ajātaśatru)에 의하여 감옥에 갇혀 죽었다.

14) 산스크리트어 ājīvika의 음사로서 아지비가(阿耆毘伽)로 음역된다. 육사외도(六師外道)의 한 사람인 막칼리 고살라(Makkhali Gosāla)가 창시한 교단이다. 말가리구사리(末伽梨瞿舍利)로 음사하고 불자들은 사명외도(邪命外道)라고 불렀는데, 그의 사상은 사람은 발전하거나 타락하거나, 그것에는 원인도 없고, 조건도 없다는 우연론(偶然論)과 숙명론(宿命論)을 주장하였다.

“무엇을 짓고자 하십니까?”

대답하여 말하였다.

“나의 외생이 세존을 매우 공경하므로 내가 환희하게 하려는 까닭으로 세존과 그 제자들을 청하여 한 끼를 짓고자 합니다.”

거사들은 불법을 믿었던 까닭으로 일부러 많은 쌀과 밀가루를 주었다. 얻고서 성을 나오면서 한 비구를 보고 곧바로 말하였다.

“그대는 능히 나를 위하여 세존과 그 처소의 제자들께 내일 우리 집으로 와서 공양하시라고 청하겠는가?”

비구가 대답하여 말하였다.

“세존께서는 우리들에게 사문의 별중식을 받는 것을 허락하지 않으셨습니다.”

그가 말하였다.

“함께 출가인인데 무슨 까닭으로 허락하지 않는가? 무슨 불가(不可)함이 있는가? 나도 역시 그대들을 공경하지는 않으나, 다만 외생이 세존을 공경하므로 그를 환희하게 하려는 까닭으로 그대들에게 공양을 짓는 것이오.”

이때 외도는 이렇게 생각을 지었다.

‘내가 음식을 준비하고서 만약 세존과 제자들이 온다면 마땅히 주겠고, 만약 오지 않는다면 술을 짓는 것에 사용하고서 스스로가 마셔야겠다.’

여러 비구들이 어떻게 해야 하는가를 알지 못하였으므로, 이 일로써 세존께 아뢰었다. 세존께서는 이 일로 비구 승가를 모으셨으며, 여러 종류의 인연으로 계를 찬탄하셨고 지계를 찬탄하셨으며, 계를 찬탄하시고 지계를 찬탄하시고서 여러 비구들에게 말씀하셨다.

“지금부터 사문의 인연의 까닭이라면 별중식을 허락하겠노라. 지금부터 이러한 계는 마땅히 이와 같이 설할지니라. ‘만약 비구가 인연을 제외하고 별중식을 한다면 바일제이니라. 인연은 병이 있을 때이거나, 옷을 짓는 때이거나, 도로를 유행하는 때이거나, 배로 유행하는 때이거나, 대중 집회의 때이거나, 사문이 청한 때이니라.’

이 가운데에서 범하는 것은 만약 사문이 비구를 청하였고, 백의가 손으로 집어서 음식을 주었다면, 그 비구가 청을 받아들인 것은 범한 것은 아니나, 먹었다면 바일제이다. 만약 백의가 비구를 청하였고, 사문이 손으로 집어서 음식을 주었다면, 그 비구가 청을 받아들인 것은 돌길라이고, 먹었다면 범한 것은 없다. 만약 백의가 비구를 청하였고, 백의가 손으로 집어서 음식을 주었다면, 그 비구가 청을 받아들인 것은 돌길라이고 먹었다면 바일제이다.

범함이 없는 것은 만약 사문이 비구를 청하였고, 손으로 음식을 집어서 주었다면, 만약 청을 받아들였거나, 만약 먹었어도 범한 것은 없다."
[서른여섯 번째의 일을 마친다.]

세존께서는 사위국에 머무르셨다.

이때 절일에 이르렀고, 여러 거사들은 여러 종류의 좋은 음식을 준비하여 성을 나와서 원림(園林)으로 들어갔다. 이때 십칠군비구(十七群比丘)들도 함께 서로에게 의논하여 말하였다.

"모두가 그 원림 가운데에 이르러 보도록 하세."

모두가 말하였다.

"좋네."

곧 스스로가 목욕하였고, 그 얼굴을 장엄하였으며, 향유를 머리에 바르고, 새로운 옷을 입고서 원림 가운데의 한곳에 이르러 서서 바라보았다. 이 십칠군비구는 단정하고 얼굴이 아름다워서 많은 사람들이 공경하고 사랑하였다. 거사들은 서로가 의논하여 말하였다.

"이 여러 출가인들 보십시오. 나이도 젊고 단정하고 매우 잘생겼습니다."

모두가 말하였다.

"진실로 그렇습니다."

여러 거사들은 환희하였던 까닭으로 여러 종류의 좋은 술과 음식을 가지고 비구들에게 주면서 말하였다.

"그대들은 능히 먹을 수 있겠습니까?"

대답하여 말하였다.

"그대들도 오히려 먹는데, 우리라고 무슨 까닭으로 먹지 못하겠습니까?"

이 십칠군비구는 많은 음식을 얻어먹고 취하여 어지럽고 혼란스러웠다. 먹은 뒤에 머리를 흔들고 손을 휘저었으며 기환(祇桓)을 향하면서 이렇게 말을 지었다.

"우리들은 오늘이 매우 좋고 즐겁구나. 복덕이 있으니 그 쇠퇴하는 고뇌가 없구나."

이때 여러 비구들이 기환의 문간(門間)에 있는 공터에서 경행하면서 이러한 음성을 들었다. 여러 비구들이 물어 말하였다.

"그대들은 지금 무슨 까닭으로 말하였는가? '우리들은 오늘 매우 좋고 즐겁구나. 복덕이 있으니 그 쇠퇴하는 고뇌가 없구나.'"

이때 십칠군비구는 곧 앞의 일을 자세히 말하였다. 이 가운데에 비구가 있어 욕망이 적고 만족함을 알며 두타를 행하였는데, 이러한 일을 듣고 마음이 기쁘지 않아서 여러 종류의 인연으로 꾸짖었다.

"어찌 비구라고 이름하면서 때가 아닌데 음식을 먹었는가?"

여러 종류의 인연으로 꾸짖고서 세존을 향하여 자세히 말하였다. 세존께서는 이 일로써 비구 승가를 모으셨으며, 아시면서도 일부러 십칠군비구에게 물으셨다.

"그대들이 진실로 이러한 일을 지었는가?"

대답하여 말하였다.

"진실로 지었습니다. 세존이시여."

세존께서는 여러 종류의 인연으로서 꾸짖으셨다.

"어찌 비구라고 이름하면서 때가 아닌데 음식을 먹었는가?"

세존께서는 여러 종류의 인연으로 꾸짖고서 여러 비구들에게 말씀하셨다.

"열 가지의 이익을 까닭으로 여러 비구들에게 계를 제정하여 주겠노라.

지금부터 이러한 계는 마땅히 이와 같이 설할지니라. '만약 비구가 때가 아닌데 음식을 씹고 먹는다면 바일제이니라.'

'때가 아니다.'는 정오를 지나고 땅이 명료하지 않은 것이니, 이것의 중간을 때가 아니라고 이름한다.

'씹다.'는 다섯 종류의 가다니이다.

'먹는다.'는 다섯 종류의 포사니이거나, 만약 다섯 종류의 사식이다.

'바일제'는 소자와 복장으로 이름하는데, 만약 참회하지 않는다면 능히 도를 장애한다.

이 가운데에서 범하는 것은 만약 비구가 때가 아닌데 뿌리 음식을 씹었다면 바일제이고, 만약 줄기·잎·마·열매 음식을 씹었다면 모두 바일제이다. 만약 비구가 때가 아닌데 밥·곡물가루·말린 밥·생선·고기를 먹었다면 모두 바일제이다. 만약 비구가 때가 아닌데 다섯 종류의 사식인 싸라기밥·조밥·광맥밥·유자밥·가사밥을 먹었다면 모두 바일제이다. 만약 비구가 때가 아닌 가운데에서 때가 아니라고 생각하고 먹었어도 바일제이고, 때가 아닌 가운데에서 때라고 생각하고 먹었어도 바일제이며, 때가 아닌 가운데에서 의심하고 먹었어도 바일제이다. 만약 때인 가운데에서 때가 아니라고 생각하고 먹었다면 돌길라이고, 때인 가운데에서 의심하고 먹었어도 돌길라이다. 때의 가운데에서 때라고 생각하고 먹었다면 범한 것은 아니다." [서른일곱 번째의 일을 마친다.]

세존께서는 사위국에 머무르셨다.

이때 비구가 있어 상승(上勝)이라고 이름하였고, 그는 걸식법(乞食法)을 수지하였다. 이 비구는 날마다 두 부분의 음식을 걸식하였고 한 부분은 곧 먹었고, 한 부분은 가지고 돌아왔으며 자기 방사에 이르러 돌 위에 말렸으며, 다음 날에 세수하고서 정인(淨人)에게 받아서 먹었다.

그때 세존께서는 아난과 함께 여러 비구의 방을 돌아보셨다. 이 상승 비구의 방사에 이르러 돌 위에 말리고 있는 밥을 보셨으며, 세존께서는 아시면서 일부러 아난에게 물으셨다.

"이 돌 위의 모서리에 누가 밥을 말리고 있는가?"

아난이 대답하여 말하였다.

"세존이시여 이 방사의 가운데에는 비구가 있어 상승이라고 이름하며 걸식법을 수지하였습니다. 두 부분을 걸식하여 한 부분은 곧 먹고, 한 부분은 가지고 돌아와서 돌 위에다 말립니다. 다음 날에 세수하고서 정인에게 받아서 먹습니다. 이러한 까닭으로 밥을 말립니다."

세존께서는 아난에게 물으셨다.

"여러 비구들이 거잔숙식(擧殘宿食)을 먹었는가?"

대답하여 말하였다.

"진실로 먹었습니다."

세존께서는 이 일로써 비구 승가를 모으셨으며, 아시면서도 일부러 상승 비구에게 물으셨다.

"그대가 진실로 이러한 일을 지었는가?"

대답하여 말하였다.

"진실로 지었습니다. 세존이시여."

세존께서는 여러 종류의 인연으로서 꾸짖으셨다.

"어찌 비구라고 이름하면서 거잔숙식을 먹었는가?"

세존께서는 여러 종류의 인연으로 꾸짖으셨으며, 여러 비구들에게 말씀하셨다.

"열 가지의 이익을 까닭으로 여러 비구들에게 계를 제정하여 주겠노라. 지금부터 이러한 계는 마땅히 이와 같이 설할지니라. '만약 비구가 잔숙인 가다니와 포사니를 들고서 먹었다면 바일제이니라.'

'거잔숙식'은 만약 대비구(大比丘)[15]가 오늘 손으로 받은 음식을 다음 날까지 남겨두었다면, 거잔숙식이라고 이름한다.

'음식'은 다섯 종류의 가다니와 다섯 종류의 포사니 및 다섯 종류의 사식이다.

---

15) 법랍이 10년 이상이면 대비구라고 말하고, 10년 이하이면 소비구라고 말한다.

'바일제'는 소자와 복장으로 이름하는데, 만약 참회하지 않는다면 능히 도를 장애한다.

이 가운데에서 범하는 것은 만약 비구가 거숙(擧宿)인 뿌리 음식을 씹었다면 바일제이고, 줄기·잎·마·열매 음식을 씹었어도 모두 바일제이다. 만약 비구가 거숙인 밥·곡물가루·말린 밥·생선·고기를 먹는다면 모두 바일제이고, 만약 거숙인 싸라기밥·조밥·광맥밥·유자밥·가사밥을 먹는다면 모두 바일제이다.

만약 나무가 청정한 땅에서 자라났고 가지가 부정한 땅으로 늘어졌는데, 만약 과일이 부정한 땅으로 떨어졌고, 만약 비구가 방 안에서 내숙(內宿)으로 씹었다면 돌길라이다. 만약 나무가 부정한 땅에서 자라났고 그 가지가 청정한 땅으로 늘어졌는데, 만약 과일이 청정한 땅으로 떨어졌고, 만약 비구가 풀잎으로서, 대나무 잎으로서, 기왓장으로서 그 열매를 취하여 거숙으로 다음 날에 씹었다면 바일제이다.

만약 비구가 그 나무가 청정한 땅이거나, 부정한 땅에서 자라났고 만약 열매가 대나무 위에 떨어졌거나, 만약 유다라(維多羅) 가지의 위에 떨어졌거나, 마류다(摩留多) 가지의 위에 떨어졌는데, 그 과일을 취하여 내숙으로 씹었다면 돌길라이다." [정지법(淨地法)은 세존께서 세상에 머무시던 때에 이미 버렸다. 서른여덟 번째의 일을 마친다.]

세존께서는 사위국에 머무르셨다.

장로인 마하가라(摩訶迦羅)는 일체의 분소물법(糞掃物法)을 수지하였다. 이 사람은 분소(糞掃) 승가리(僧伽梨)·분소 울다라승(鬱多羅僧)·분소 안타위(安陀衛)·분소 발우·분소 지팡이·분소 가죽신·분소 음식을 가졌다. 어떻게 분소 승가리를 지녔는가? 만약 거리의 가운데이거나, 만약 사람이 죽은 곳의 분소 가운데에서 버려진 옷의 조각이 있으면 취하여 가져다가 물에 깨끗이 씻고 손질하여 승가리와 울다라승을 지었고, 안타위 역시 이와 같았다.

'분소 발우'는 만약 거리의 가운데이거나, 만약 사람이 죽은 곳의 분소 가운데에서 버려진 낡은 그릇이 있으면 취하여 가져다가 물에 깨끗이 씻고 손질하여 수용하는 것이다. '분소 지팡이'는 만약 거리의 가운데이거나, 만약 사람이 죽은 곳의 분소 가운데에서 버려진 낡은 지팡이가 있으면 취하여 가져다가 물에 깨끗이 씻고 손질하여 저축하며 수용하는 것이다.

'분소 가죽신'은 만약 거리의 가운데이거나, 만약 사람이 죽은 곳의 분소 가운데에서 버려진 낡은 가죽신이 있으면 취하여 가져다가 물에 깨끗이 씻고 손질하여 저축하며 수용하는 것이다. '분소 음식'은 만약 거리의 가운데이거나, 만약 사람이 죽은 곳의 분소 가운데에서 버려진 나복의 잎·호수의 잎·나륵의 잎이거나, 만약 냄새나는 밥이 있으면 스스로가 손으로 취하여 가져다가 물가에 이르러 깨끗이 씻고서 먹는데, 이것을 분소 음식이라고 이름한다.

이 장로는 사람이 죽은 곳에 머무는 법을 받아들여서 사람이 죽은 곳에서 즐겁게 머물렀다. 만약 나라의 가운데에 역병(疫病)으로 죽음이 있는 때에는 곧 성에 들어가서 음식을 구하지 않았고, 다만 죽은 사람에게 버린 음식을 먹었으며, 만약 역병으로 죽음이 없는 때에는 곧 성에 들어가서 음식을 구하였다. 이 비구는 신체가 비대해서 지방이 많고 혈육이 왕성하고 힘이 넘쳤다. 이 비구가 한때에 음식을 구하고자 성에 들어가는데 수문인이 보고 이렇게 생각하며 말하였다.

"이 비구는 역병으로 죽음이 있을 때는 성에 들어와서 음식을 구하지 않고 역병이 없는 때에는 곧 성에 들어온다. 이 비구가 저렇게 신체가 비대하고 혈육이 왕성하며 힘이 넘치는 것을 본다면 이 사람은 반드시 인육(人肉)을 먹은 것이다."

한 사람은 두 사람에게 말하였고, 두 사람은 세 사람에게 말하였다. 이와 같이 전전하여 악한 소문이 유포되어 사위성에 가득하여 말하였다.

"사문 석자가 인육을 먹는다."

이 가운데에 비구가 있어 욕망이 적고 만족함을 알며 두타를 행하였는데, 이러한 일을 듣고 마음이 기쁘지 않아서 세존께 자세히 말하였다. 세존께서는 이 일로써 비구 승가를 모으셨으며 여러 종류의 인연으로서 꾸짖으셨다.

"어찌 비구라고 이름하면서 다른 사람에게서 받지 않은 음식을 입에 넣었는가?"

세존께서는 다만 꾸짖으셨고 계율을 제정하지는 않으셨다.

이 장로인 마하가라는 세속의 선정(禪定)을 얻고 사람이 죽은 곳에 머무는 법을 수지하고서 사람이 죽은 곳에서 즐겁게 머물렀다. 이때 사위성의 한 거사가 있어 친족이 죽었으므로 죽은 사람이 머무는 곳을 향하여 보내게 되었다. 여러 거사들이 이 비구를 보고 말하였다.

"이 자는 인육을 먹는 비구이다. 우리들이 오늘 이 죽은 자를 보내고 친족들이 떠난다면 뒤에 반드시 이 비구가 먹을 것이다."

죽은 사람을 버리고서 여러 거사들은 가려진 곳에 서서 바라보았다. 이 비구는 이렇게 생각을 지었다.

'이 가운데에서 소유한 채소와 나물, 말린 밥을 까마귀가 와서 더럽히지 못하게 해야겠다.'

곧 일어났고 가서 지켰다. 여러 거사들이 말하였다.

"이 비구가 일어났다. 떠나간다. 가까이 왔다. 취하였다. 먹었다."

여러 거사들은 분명히 이 사문 석자가 인육을 먹는다고 생각하였다. 한 사람은 두 사람에게 말하였고, 두 사람은 세 사람에게 말하였다. 이와 같이 전전하여 악한 소문이 유포되어 사위성에 가득하였다.

"사문 석자가 실제로 인육을 먹는다."

이 가운데에 비구가 있어 욕망이 적고 만족함을 알며 두타를 행하였는데 이러한 일을 듣고 마음이 기쁘지 않아서 세존을 향하여 자세히 말하였다. 세존께서는 이 일로써 비구 승가를 모으셨으며, 여러 종류의 인연으로서 꾸짖으셨다.

"어찌 비구라고 이름하면서 받지 않은 음식을 입에 넣었는가?"

세존께서는 여러 종류의 인연으로 꾸짖으셨으며, 여러 비구들에게 말씀하셨다.

"열 가지의 이익을 까닭으로 여러 비구들에게 계를 제정하여 주겠노라.

지금부터 이러한 계는 마땅히 이와 같이 설할지니라. '만약 비구가 받지 않은 음식을 입에 넣는다면 바일제이니라.'

'받지 않은 음식'은 남자이거나, 여자이거나, 황문이거나, 이근인 사람들에게 받지 않은 것이다.

'바일제'는 소자와 복장으로 이름하는데, 만약 참회하지 않는다면 능히 도를 장애한다.

이 가운데에서 범하는 것은 만약 비구가 받지 않은 음식을 입에 넣었다면 바일제이다. 입에 넣은 것을 그것과 같은 것을 따라서 입·입에 바일제이다."

그때 여러 비구들은 세존께서 계를 제정하신 것을 듣고 양치질을 하고자 물과 양지(楊枝)[16]가 필요하였고 정인에게 구하여 받았으나 때에 얻는 것이 매우 괴로웠다. 여러 비구들은 어떻게 해야 하는가를 알지 못하였으므로, 이 일로써 세존께 아뢰었다. 세존께서는 이 일로 비구 승가를 모으셨으며, 여러 종류의 인연으로 계를 찬탄하셨고 지계를 찬탄하셨으며, 계를 찬탄하시고 지계를 찬탄하시고서 여러 비구들에게 말씀하셨다.

"지금부터 이러한 계는 마땅히 이와 같이 설할지니라. '만약 비구가 받지 않은 음식을 입에 넣는다면 물과 양지를 제외하고는 바일제이니라.'

이 가운데에서 범하는 것은 다섯 종류가 있나니, 만약 때가 아니거나, 주지 않았거나, 받지 않았거나, 작정(作淨)하지 않았거나, 부정한 것이다.

'때가 아니다.'는 정오를 지난 뒤부터 땅이 명료하지 않음에 이르는 것이니, 이것을 때가 아니라고 이름한다.

'주지 않은 것'은 남자이거나, 여자이거나, 황문이거나, 이근인 사람이 주지 않은 것이니, 이것을 주지 않았다고 이름한다.

'받지 않은 것'은 다른 사람인 만약 남자이거나, 여자이거나, 황문이거나, 이근인 사람에게 받지 않은 것이니, 이것을 받지 않았다고 이름한다.

---

16) 이쑤시개를 가리키는데, 작은 버들가지의 머리를 씹어 세지(細枝)로 만들고서 이빨을 닦는 것이다.

'작정하지 않았다.'는 화정(火淨)·도정(刀淨)·조정(爪淨)·앵무취정(鸚鵡嘴淨)을 짓지 않은 것이니, 이것을 작정하지 않았다고 이름한다.

'부정한 것'은 그 음식이 부정하거나, 만약 부정한 음식이 섞인 것을 주었다는 것이다.

만약 비구가 때가 아니었는데 주지 않았고, 받지 않았으며, 작정하지 않았고, 부정한 이러한 음식을 씹었다면 다섯 종류의 죄이다. 만약 때이었는데 주지 않았고, 받지 않았으며, 작정하지 않았고, 부정한 이러한 음식을 씹었다면 네 종류의 죄이다. 만약 때이었는데 주었고, 받지 않았으며, 작정하지 않았고, 부정한 이러한 음식을 씹었다면 세 종류의 죄이다. 만약 때이었는데 주었고, 받았으며, 작정하지 않았고, 부정한 이러한 음식을 씹었다면 두 종류의 죄이다. 만약 때이었는데 주었고, 받았으며, 작정하였어도 부정한 이러한 음식을 씹었다면 한 종류의 죄이다. 만약 때이었는데 주었고, 받았으며, 작정하였고, 청정한 이러한 음식을 씹었다면 죄를 범한 것은 없다.

부정한 음식 가운데에서 거잔숙의 부정한 음식을 먹었다면 바일제이고, 인육의 부정한 음식을 먹었다면 투란차이며, 대비구의 손이 닿아서 부정한 것을 먹었다면 돌길라이다." [서른아홉 번째의 일을 마친다.]

세존께서는 가유라위국(迦維羅衛國)에 머무르셨다.

그때 마하남(摩訶男) 석씨(釋氏)는 세존의 처소로 나아가서 머리숙여 세존의 발에 예경하고서 한쪽에 앉았다. 세존께서는 여러 종류의 인연으로서 보여주셨고 가르치셨으며 이익되고 기쁘게 하셨고, 보여주셨고 가르치셨으며 이익되고 기쁘게 하시고서 묵연하셨다. 마하남은 세존께서 여러 종류의 인연으로서 보여주셨고 가르치셨으며 이익되고 기쁘게 하신 것을 듣고서 자리에서 일어나서 합장하고 세존께 아뢰었다.

"원하옵건대 세존과 승가께서는 저의 내일 청을 받아주십시오."

세존께서는 묵연히 받아들이셨다. 세존께서 이미 받아들이신 것을 알고서 세존의 발에 예경하고 오른쪽으로 돌면서 떠나갔다. 자기 집으로 돌아와서 밤새워 여러 종류의 맛있는 음식을 많이 준비하였고, 약초와 유즙(乳汁)을 끓였다. 준비하고서 일찍 일어나서 자리를 펼치고 사자를 보내어 세존께 아뢰었다.

"음식이 준비되었습니다. 오직 성자께서는 때인 것을 아십시오."

세존과 대중 승가는 그 집으로 들어갔고 자리에 나아가서 앉으셨다. 마하남은 세존께서 앉으신 것을 보고 스스로가 손으로 물을 돌렸고 스스로가 손으로 쌀밥과 향기로운 약초와 유즙을 주었다. 이때 육군비구는 향기로운 약초와 유즙을 쌀밥에 덮어서 발우에 가득 채워서 앞에 놓고서 다시 얻는 것을 바랐다. 마하남은 이렇게 생각을 지었다.

'누가 먹었고 누가 먹지 않았는가? 누가 음식이 부족하고 부족하지 않는가?'

이렇게 생각을 짓고서 곧 둘러보았다. 육군비구는 발우에 가득하게 향기로운 약초와 유즙이 덮인 밥을 앞에 두고도 먹지 않는 것을 보고 물어 말하였다.

"무슨 까닭으로 먹지 않습니까?"

대답하여 말하였다.

"생유(生乳)가 있습니까?"

마하남이 말하였다.

"이 약초와 유즙은 향기롭고 맛있으니 함께 드십시오. 생유가 있었다면 마땅히 다시 서로에게 주었을 것입니다."

또한 물었다.

"낙(酪)이 있습니까? 숙소(熟酥)가 있습니까? 생소(生酥)가 있습니까? 기름을 바른 어육의 포(脯)가 있습니까?"

대답하여 말하였다.

"이 유즙은 향기롭고 맛있으며 좋은 약초를 사용하여 끓인 것이니, 드실 수 있습니다. 낙·숙소·생소·기름을 바른 어육의 포가 있으면 마땅히 주었을 것입니다."

육군비구들은 성내면서 마하남에게 말하였다.

"그대는 세존을 속이고 세존과 승가를 속였구려. 그대는 능히 좋은 음식을 준비할 수 없으면서 어찌 세존과 승가를 청하였는가? 만약 다른 사람이 청했다면 마땅히 우리의 뜻을 따라서 많은 맛있는 음식을 주었을 것이오. 이와 같은 숙유(熟乳)를 어디에서 얻지 못하겠는가?"

이 마하남은 성품이 선하여 성내지도 않았고 놀라지도 않았다. 여러 음식을 주었던 여러 사람들은 질투하고 성내면서 말하였다.

"사문 석자들은 선량하고 덕망이 있다고 스스로가 말하면서 이 마하남이 세존과 승가를 깊이 공경하는데 어찌하여 눈앞에서 꾸짖고 욕하는가?"

세존께서는 여러 비구들이 이러한 악한 일을 지어서 여러 백의들이 꾸짖는 것을 보시고도 묵연하셨다. 이때 마하남이 맛있는 음식으로서 많이 대중 승가에게 주어서 스스로가 마음대로 배부르게 먹게 하였다. 발우를 거두는 것을 보고서 스스로가 물을 돌렸고 작은 평상을 취하여 세존의 앞에 앉아서 설법을 듣고자 하였다.

세존께서는 여러 종류의 인연으로서 보여주셨고 가르치셨으며 이익되고 기쁘게 하셨고, 보여주셨고 가르치셨으며 이익되고 기쁘게 하시고서 자리에서 일어나서 떠나가셨다. 이때 세존께서는 공양의 뒤에 이 일로써 비구 승가를 모으셨으며, 여러 종류의 인연으로서 육군비구를 꾸짖으셨다.

"어찌 비구라고 이름하면서 마하남이 세존과 법과 대중 승가를 깊이 공경하는데도 눈앞에서 거친 말로 꾸짖었는가?"

세존께서는 여러 종류의 인연으로 꾸짖으셨으며, 여러 비구들에게 말씀하셨다.

"열 가지의 이익을 까닭으로 여러 비구들에게 계를 제정하여 주겠노라. 지금부터 이러한 계는 마땅히 이와 같이 설할지니라. '만약 비구가 병이 없으면서 백의의 집의 가운데에서 이와 같은 맛있는 음식인 낙·생소·숙소·기름을 바른 어육의 포 등을 스스로를 위하여 이와 같은 음식을 요구한다면 바일제이니라.'

'집'은 백의의 집을 집이라고 이름한다.

'맛있는 음식'은 낙·생소·숙소·기름을 바른 어육의 포이다.

'병'은 풍병이 생겨났거나, 냉병이 생겨났거나, 열병이 생겨난 것이니, 만약 이러한 음식을 먹는다면 병에 차도가 있는 것이다. 이러한 인연을 제외하고는 병이 없다고 이름한다.

'바일제'는 소자와 복장으로 이름하는데, 만약 참회하지 않는다면 능히 도를 장애한다.

이 가운데에서 범하는 것은 만약 비구가 병이 없는데 스스로를 위하여 우유를 구하였고 얻었다면 바일제이고, 얻지 못하였다면 돌길라이다. 병이 없는데 스스로를 위하여 낙·생소·숙소·기름을 바른 어육의 포 등을 구하였고 얻었다면 바일제이고, 얻지 못하였다면 돌길라이다. 병이 없는데 스스로를 위하여 밥·국·나물을 구하였고 얻었다면 돌길라이고, 얻지 못하였어도 돌길라이다. 만약 낙즙(酪汁)·낙장(酪漿)·낙재(酪滓)를 구하였는데, 얻었다면 돌길라이고, 얻지 못하였어도 돌길라이다.

범함이 없는 것은 만약 병이 있거나, 만약 친족이거나, 만약 먼저 청하였거나, 만약 구하지 않았는데 스스로 주었다면 범한 것은 아니다." [마흔 번째의 일을 마친다. 제2송 끝]

십송율 제14권

후진 북인도 삼장 불야다라 한역

석보운 번역

3. 삼송(三誦) ①

4) 90바일제법을 밝히다 ⑥

세존께서는 구섬미국(拘睒彌國)에 머무르셨다.

이때 장로 천나는 벌레가 있는 물을 사용하였다. 여러 비구들이 천나에게 말하였다.

"벌레가 있는 물을 사용하지 마십시오. 대충의 벌레가 죽습니다."

천나가 말하였다.

"나는 물을 사용하는 것이지, 벌레를 사용하는 것이 아닙니다."

여러 비구들이 말하였다.

"그대는 그 물에 벌레가 있는 것을 압니까?"

대답하여 말하였다.

"알고 있습니다."

"만약 알았다면 무슨 까닭으로 사용합니까?"

대답하여 말하였다.

"나는 물을 사용하는 것이지, 벌레를 사용하는 것이 아닙니다."

이 가운데에 비구가 있어 욕망이 적고 만족함을 알며 두타를 행하였는데, 이러한 일을 듣고 마음이 기쁘지 않아서 여러 종류의 인연으로 꾸짖었다.

“어찌 비구라고 이름하면서 중생의 가운데에서 연민하게 생각하는 마음이 없는가?”

여러 종류의 인연으로 꾸짖었으며, 세존을 향하여 자세히 말하였다. 세존께서는 이 일로써 비구 승가를 모으셨으며, 아시면서도 일부러 천나에게 물으셨다.

“그대가 진실로 이러한 일을 지었는가?”

대답하여 말하였다.

“진실로 지었습니다. 세존이시여.”

세존께서는 여러 종류의 인연으로서 천나 비구를 꾸짖으셨다.

“어찌 비구라고 이름하면서 중생의 가운데에서 애민한 마음이 없어서 물속에 벌레가 있는 것을 알면서도 고의로 스스로가 취하여 사용하였는가?”

여러 종류의 인연으로 꾸짖고서 여러 비구들에게 말씀하셨다.

“열 가지의 이익을 까닭으로 여러 비구들에게 계를 제정하여 주겠노라. 지금부터 이러한 계는 마땅히 이와 같이 설할지니라. ‘만약 비구가 물속에 벌레가 있는 것을 알고서도 사용한다면 바일제이니라.’

‘안다.’는 만약 스스로가 알았거나, 만약 다른 사람에게 들은 것이다.

‘벌레’는 만약 눈으로 보이거나, 만약 녹수낭(漉水囊)으로 얻는 것이다.

‘바일제’는 소자와 복장으로 이름하는데, 만약 참회하지 않는다면 능히 도를 장애한다.

이 가운데에서 범하는 것은, 만약 비구가 물속에 벌레가 있는 것을 알고서 사용하였다면 죽은 벌레가 있는 것을 따라서 하나·하나가 바일제이다. 만약 비구가 벌레가 있는 물을 사용하여 밥·국·죽·탕·염료를 끓였다면 죽은 벌레가 있는 것을 따라서 하나·하나가 바일제이다. 만약 벌레가 있는 물을 사용하여 세수하고 발을 씻으며 목욕하였다면 죽은 벌레가 있는 것을 따라서 하나·하나가 바일제이다. 만약 벌레가 있는 물의 가운데에서 벌레가 있다고 생각하고 사용했다면 바일제이고, 벌레가 있는 물의 가운데에서 벌레가 없다고 생각하고 사용했어도 바일제이며, 벌레가 있는 물의 가운데에서 의심하고 사용했어도 바일제이다. 벌레가 없는 물의 가운데에서 벌레가 있다고 생각하고 사용했다면 돌길라이고, 벌레가 없는 물의 가운데에서 의심하고 사용했어도 돌길라이다. 벌레가 없는 물의 가운데에서 벌레가 없다고 생각하고 사용했다면 범한 것은 아니다."
[마흔한 번째의 일을 마친다.]

세존께서는 사위국에 머무르셨다.
이때 발난타 석자는 항상 한 집에 출입하였다. 이때 발난타는 오전에 옷을 입고 발우를 들고 이 집에 이르러 앉고서 즐겁고 즐겁지 않은 것을 문신하였다. 이때 거사는 아내를 얻고서 오래되지 않았으므로 손으로 만지면서 접촉하고자 하였다. 아내가 말하였다.
"이러지 마십시오. 비구께서 이곳에 있습니다."
거사는 스스로가 생각하였다.
'만약 내가 여기에 있다면 이 비구는 결국 때에 떠나지 않을 것이다.'
거사가 아내에게 말하였다.
"비구께 음식을 드리시오."
대답하여 말하였다.
"그러겠습니다."
거사는 곧 밖으로 나갔다.
부인이 비구에게 말했다.
"이 밥과 미숫가루를 받으십시오."
발난타가 말하였다.
"때가 이르니 잠시 기다리십시오. 때에 이르면 마땅히 받겠습니다."
거사는 이 비구가 이미 떠났다고 생각하고 집으로 들어가서 아내의 곁에 가고자 하였으나 비구가 일부러 남아있는 것을 보았다. 거사는 이렇게 생각을 지었다.
'내가 있다면 이 비구는 떠나지 않을 것이다.'
아내에게 말하였다.

"비구에게 음식을 드리시오."

"그러겠습니다."

거사는 곧 밖으로 나갔다.

아내가 다시 밥과 미숫가루를 가져와서 비구에게 주면서 받으라고 말하자 발난타가 말하였다.

"때가 이르니 잠시 기다리십시오. 때에 이르면 마땅히 받겠습니다."

거사는 다시 생각하였다.

'비구는 반드시 떠났을 것이다.'

돌아와서 있는 것을 보고 곧 성내면서 말하였다.

"이 비구가 이용하므로 나는 집안에서 내가 짓고자 하는 것도 자재(自在)를 얻을 수 없구나."

발난타는 이와 같이 거사를 괴롭히고서 곧 떠나갔다. 식후(食後)에 여러 비구들을 향하여 말하였다.

"내가 오늘 고의로 이 거사를 괴롭혔습니다."

이 가운데에 비구가 있어 욕망이 적고 만족함을 알며 두타를 행하였는데, 이러한 일을 듣고 마음이 기쁘지 않아서 여러 종류의 인연으로 꾸짖었다.

"어찌 비구라고 이름하면서 유식가(有食家)의 가운데에 강제로 앉아있는가?"

여러 종류의 인연으로 꾸짖고서 세존을 향하여 자세히 말하였다. 세존께서는 이 일로써 비구 승가를 모으셨으며 아시면서도 일부러 발난타에게 물으셨다.

"그대가 진실로 이러한 일을 지었는가?"

대답하여 말하였다.

"진실로 지었습니다. 세존이시여."

세존께서는 여러 종류의 인연으로서 꾸짖으셨다.

"어찌 비구라고 이름하면서 유식가의 가운데에 강제로 앉아 있었는가?"

세존께서는 여러 종류의 인연으로 꾸짖고서 여러 비구들에게 말씀하셨다.

"열 가지의 이익을 까닭으로 여러 비구들에게 계를 제정하여 주겠노라. 지금부터 이러한 계는 마땅히 이와 같이 설할지니라. '만약 비구가 유식가의 가운데에 강제로 앉아 있었다면 바일제이니라.'

'유식(有食)'은 여인은 남자를 음식이라고 이름한다.

'집'은 백의의 방사(房舍)이다.

'바일제'는 소자와 복장으로 이름하는데, 만약 참회하지 않는다면 능히 도를 장애한다.

이 가운데에서 범하는 것은, 만약 비구가 유식가에 강제로 앉아 있었다면 바일제이다. 만약 일어났다가 다시 앉았다면 그것을 따라서 바일제를 얻는다. 범함이 없는 것은, 만약 음욕을 끊어진 집이거나, 만약 재(齋)를 지내는 집이거나, 만약 존중받는 사람이 자리에 있었거나, 만약 이 집에 많은 사람이 출입하였다면 범한 것은 없다." [마흔두 번째 일을 마친다.]

세존께서는 사위국에 머무르셨다.

이때 발난타 석자는 항상 한 집에 출입하였다. 오전에 옷을 입고 발우를 들고 이 집에 이르러 대문·방문·창문을 모두 닫고 혼자서 한 여인과 방안에서 서로가 가까이 앉아 있었다. 그때 걸식하던 비구가 있어 일찍 일어나서 옷을 입고 발우를 들고 성안에 들어가 걸식하면서 차례로 이 집의 문 앞에 이르렀고 서 있으면서 손가락을 튕겼다. 이때 발난타 석자는 걸식하는 비구를 보았으나 이 걸식하는 비구는 발난타를 보지 못하였다. 발난타가 거사의 부인에게 말했다.

"이 비구에게 음식을 주십시오."

여인은 이렇게 생각을 지었다.

'반드시 이 발난타와 서로가 지식일 것이다.'

곧 발우를 취하여 쌀밥을 가득 담고 좋은 국으로서 위를 덮어 주었다. 걸식하던 비구는 얻고서 가지고 떠나갔다. 여인이 다시 돌아오자 발난타가 물어 말하였다.

"비구에게 음식을 주었습니까?"

대답하여 말하였다.

"이미 주었습니다."

발난타가 말했다.

"잘했습니다. 이 자는 좋은 비구입니다."

발난타가 식후에 기환으로 돌아왔고 걸식하던 비구를 보고 이렇게 생각을 지었다.

'내가 시켜서 지은 은덕(恩分)이 헛되어서는 아니된다.'

그 비구에게 말하였다.

"그대는 오늘 누구 집에 이르러 걸식하였습니까?"

대답하여 말하였다.

"갔었습니다."

"좋은 음식을 얻었습니까?"

대답하여 말하였다.

"얻었습니다."

"그대는 아십니까? 내가 그대에게 주라고 시킨 것이오."

비구가 물어 말하였다.

"당신은 그때 어디에 있었습니까?"

대답하여 말하였다.

"방 안에 있었습니다."

걸식하던 그 비구는 이 일로써 여러 비구들에게 자세히 말하였다. 이 가운데에 비구가 있어 욕망이 적고 만족함을 알며 두타를 행하였는데, 이러한 일을 듣고 마음이 기쁘지 않아서 여러 종류의 인연으로 꾸짖었다.

"어찌 비구라고 이름하면서 유식가에서 혼자 한 여인과 함께 집안에서 강제로 앉아 있는가?"

여러 종류의 인연으로 꾸짖고서 세존을 향하여 자세히 말하였다. 세존께서는 이 일로써 비구 승가를 모으셨으며, 아시면서도 일부러 발난타에게 물으셨다.

"그대가 진실로 이러한 일을 지었는가?"

대답하여 말하였다.

"진실로 지었습니다. 세존이시여."

세존께서는 여러 종류의 인연으로서 꾸짖으셨다.

"어찌 비구라고 이름하면서 유식가에서 혼자 한 여인과 함께 집안에서 강제로 앉아 있었는가?"

이와 같이 꾸짖으셨으며, 본생(本生)의 인연을 말씀하셨다. 세존께서는 비구들에게 말씀하셨다.

"과거의 세상의 때에 개(狗)가 있었느니라. 자기 집을 버리고서 다른 사람의 집을 찾아가 음식을 구걸했는데, 다른 사람의 집에 들어가는 때에 몸은 문 안에 있었고 꼬리는 문 바깥에 있었다. 이때 주인인 거사는 개를 때리고 음식을 주지 않았고 개는 여러 관리에게 나아가서 말하였다.

"이 거사는 내가 그의 집에 이르러 걸식하였는데 나에게 음식을 주지 않고 반대로 다시 나를 때렸습니다. 나는 개의 법도를 깨뜨리지 않았습니다."

여러 관리들이 물어 말하였다.

"개에게 무슨 법도가 있는가?"

대답하여 말하였다.

"나는 우리 집에서는 뜻에 따라서 앉고 누워도 다른 사람의 집에 이르면 몸은 문 안에 있어도 꼬리는 문밖에 있습니다."

여러 관리가 거사를 불러오라고 말하였고 이때 곧 데리고 왔다. 물어 말하였다.

"그대로 진실로 이 개를 때리고 밥을 주지 않았는가?"

대답하여 말하였다.

"사실입니다."

여러 관리들이 말하였다.

"이와 같은 인연의 유래(由來)는 있지 않다."

곧 개에게 물어 말하였다.

"이 사람을 마땅히 어떻게 다스려야 하겠는가?"

개가 말하였다.

"이 사위성 안의 대거사(大居士) 직위(職位)를 주어야 합니다."

"무슨 까닭인가?"

대답하여 말하였다.

"나는 옛날에 이 사위성 안에 있으면서 대거사였으나 몸과 입으로서 악을 지었던 까닭으로 이런 피폐한 개의 몸을 받았습니다. 이 사람의 악은 나보다 심한데, 만약 이 사람에게 세력이 있게 한다면 마땅히 극심한 악행을 지을 것이고, 지옥에 들어가서 극심한 고통을 받을 것입니다. 다시 무슨 일로써 능히 이것보다 극심하게 다스릴 수 있겠습니까?"

세존께서는 말씀하셨다.

"축생도 오히려 다른 사람의 집을 들어가는 법과 한계가 있는 것을 아는데, 어찌 하물며 사람으로서 그 법도를 알지 못하는가?"

세존께서는 여러 종류의 인연으로 꾸짖으셨으며, 여러 비구들에게 말씀하셨다.

"열 가지의 이익을 까닭으로 여러 비구들에게 계를 제정하여 주겠노라. 지금부터 이러한 계는 마땅히 이와 같이 설할지니라. '만약 비구가 유식가의 가운데에서 혼자서 한 여인과 함께 집안에 강제로 앉았다면 바일제이니라.'

'유식가'는 여인에게 남자는 음식이라고 이름한다.

'혼자'는 곧 한 비구와 한 여인이고 다시 제3자가 없는 것이다.

'깊숙한 곳에 앉았다.'는 깊이 들어가서 걸식하는 비구가 볼 수 없는 곳이다.

'바일제'는 소자와 복장으로 이름하는데, 만약 참회하지 않는다면 능히 도를 장애한다.

이 가운데에서 범하는 것은, 만약 비구가 유식가의 가운데에서 혼자서 여인과 함께 앉았다면 세 가지의 일이 하나의 바일제를 일으킨다. 첫째는 유식가이고, 둘째는 혼자서 한 여인과 함께 있는 것이며, 셋째는 깊숙한 곳에 앉는 것이다. 만약 자리에서 일어섰다가 다시 앉았다면 다시 세 가지 일이 일어나서 하나의 바일제를 얻고, 일어섰다가 다시 앉는 것을 따라서 바일제를 얻는다. 만약 방문과 창문을 닫고서 정인(淨人)을 바깥에 있게 하였다면 바일제이고, 만약 방문과 창문을 열고서 정인을 바깥에 있게 지었다면 돌길라이며, 만약 방문과 창문을 열고서 정인을 안에 있게 지었다면 범한 것은 아니다." [마흔세 번째의 일을 마친다.]

세존께서는 사위국에 머무르셨다.

이때 비라연국(毘羅然國)에 한 바라문왕이 있어 아기달(阿耆達)이라고 이름하였다. 인연을 까닭으로 사위국으로 향하였고, 한 거사의 집으로 향하여 묵게 되었으며, 이 거사에게 물어 말하였다.

"이 사위성에 많은 사문이나 바라문이 있는데, 대중이 스승으로 삼아 많은 사람들이 공경하면서 모두가 좋은 분이라고 말하는가? 내가 마땅히 때때로 가서 보고 친근한다면, 혹은 나의 마음이 청정해지고 환희할 것이오."

거사가 말하였다.

"있습니다. 사문 구담(瞿曇)은 석가의 종족으로 신심으로서 출가하여 수염과 머리카락을 깎고 가사를 입고서 수행하여 아뇩다라삼먁삼보리(阿耨多羅三藐三菩提)를 얻었습니다. 그대가 마땅히 때때로 가서 보고 친근한다면 혹은 그대의 마음이 청정해지고 환희할 것입니다."

물어 말하였다.

"구담 사문은 지금 어디에 있는가? 내가 마땅히 가서 보겠소."

대답하여 말하였다.

"구담 사문께서는 사위성의 기환정사(祇桓精舍)에 있습니다."

듣고서 거사의 집을 나와 기환으로 나아갔다. 그때 세존께서는 무량한 백천만억 대중에게 위요되어 설법하고 계셨다. 아기달왕이 세존께서 숲 사이에 계시는 것을 멀리서 보았는데, 단정하고 특수(殊特)하며 여러 근이 적멸하였고 몸에서 무량한 광염(光焰)이 솟아났는데 진금(眞金)의

덩어리와 같았다. 좁은 길의 입구에 이르러 수레에서 내렸고 걸어서 세존의 앞으로 나아갔으며 처소에서 문신을 마치고 한쪽에 앉았다.

세존께서는 앉은 것을 보시고 여러 종류의 인연으로서 보여주셨고 가르치셨으며 이익되고 기쁘게 하셨고, 보여주셨고 가르치셨으며 이익되고 기쁘게 하시고서 묵연하셨다. 이때 아기달왕은 세존께서 설법하여 보여주셨고 가르치셨으며 이익되고 기쁘게 하신 것을 듣고서 세존께 아뢰어 말하였다.

"세존이시여. 원하옵건대 세존과 승가께서는 나의 비라연국으로 오시어 하안거의 한때를 받아주십시오."

세존께서는 이렇게 생각을 지으셨다.

'나의 이전 세상의 과보이므로 반드시 마땅하게 받아야 한다.'

이렇게 생각을 지으셨으며 묵연히 청을 받아들이셨다. 이 바라문왕은 세존께서 묵연히 받아들이신 것을 알고서 곧 자리에서 일어나서 오른쪽으로 돌면서 떠나갔다. 이 바라문왕은 소유하였던 인연의 일을 마치고서 비라연국으로 돌아갔고, 자신의 집에 이르러 세존과 승가를 위하여 여름 4개월의 맛있는 음식을 많이 준비하였다. 이때 아기달왕이 수문자(守門者)에게 말하였다.

"나는 여름 4개월을 외부인과 나그네들을 끊고서 안락하게 스스로가 즐기고자 하네. 외부의 일이 좋고 나쁘더라도 하나도 알려서는 아니되네."

이때 수문자는 칙명을 가르침과 같이 받아들였다. 세존께서는 안거의 때에 이르렀음을 아셨고, 이 인연으로서 비구 승가를 모으셨으며, 여러 비구들에게 알리셨다.

"지금 마땅히 비라연국으로 가서 안거하겠노라."

여러 비구들은 말하였다.

"가르침을 받들겠습니다."

이곳에서 세존께서는 5백 비구와 함께 그 나라로 들어가셨다. 그 나라는 이전부터 사도(邪道)를 믿어서 정사(精舍)가 없었고, 성의 북쪽에 승엽수림(勝葉樹林)이 있었는데, 그곳은 나무가 무성하고 땅이 매우 평평하고 넓었다. 세존과 대중들은 이 숲의 가운데에 머무셨는데, 그곳의 취락은 좁고 백성도 신심이 적어서 걸식이 어려웠다. 세존께서는 밤이 지나시고 승가를 모으셨으며, 승가가 모였으므로 여러 비구들에게 칙명하셨다.

"그대들은 마땅히 알라. 이 취락은 좁고 백성들도 신심이 적어서 걸식이 어려우니라. 만약 이곳에서 안거하고자 한다면 머물 것이고 아닌 자는 뜻을 따르라."

이때 사리불(舍利弗)은 혼자서 불공도산(不空道山)으로 가서 제석천의 부인이고 아수륜(阿須輪) 여인인 사지(舍脂)의 청을 받아서 여름 4개월의 안거를 천식(天食)을 공양받았다. 이때 세존과 499명의 비구는 비라연국에서 안거하였으나, 그 나라의 거사와 바라문들은 신심이 적었던 까닭으로 세존과 승가에 공양은 5·6일에 멈추었다. 여러 비구들이 걸식하는 때에 매우 고통스러웠고 얻기도 어려웠으므로 장로 대목건련(大目揵連)이 세존께 아뢰었다.

"세존이시여. 나무가 있어 염부(閻浮)라고 이름하고, 이 나무를 인연한 까닭으로 지명(地名)이 염부제(閻浮提)입니다. 이 과일을 취하여 대중과 함께 먹고자 합니다. 염부수의 근처에는 하리륵(訶梨勒) 숲이 있고, 아마륵(阿摩勒)의 과일도 있습니다. 울단왈(鬱單曰)에는 자생하는 쌀이 있고, 도리천(忉利天)에는 수타(修陀)라고 이름하는 음식이 있으니, 모두 취하여 와서 대중에게 공양하고자 합니다. 감미로운 지미(地味)가 있으니, 제가 한 손으로 여러 중생을 붙들고 한 손으로 대지를 붙잡아 여러 비구들이 지미를 취하여 먹게 하고자 합니다. 원하옵건대 이 모두를 허락하여 주십시오."

세존께서는 목련(目蓮)에게 말씀하셨다.

"그대가 비록 대신력(大神力)이 있으나 여러 비구들의 악행의 과보가 익은 것은 이전(移轉)할 수 없느니라. 모두 허락하지 않겠노라."

이 나라는 청량하고 물과 풀이 풍성하고 무성하였다. 이때 바라나국(波羅奈國)의 여러 말을 기르는 사람들이 물과 풀을 따라서 왔고 이 나라에 이르렀다. 여러 말을 기르던 사람들은 세존을 믿고 마음이 청정하였는데,

여러 비구들이 걸식하는 때에 매우 고통스러웠고 얻기도 어려운 것을 보고서 여러 장로들에게 말하였다.

"매우 고통스럽습니까?"

대답하여 말하였다.

매우 고통스럽습니다."

모두가 말하였다.

"우리들은 그대들이 극심한 고통을 겪고 있고 걸식이 어려운 것을 알고 있습니다. 지금 양식이 떨어졌고 말의 보리(麥)가 있습니다. 그대들은 능히 먹을 수 있겠습니까?"

여러 비구들이 말하였다.

"세존께서는 우리들에게 말의 보리를 먹는 것을 허락하지 않으셨습니다."

여러 비구들이 어떻게 해야 하는가를 알지 못하였으므로, 이 일로써 세존께 아뢰었다. 세존께서는 말씀하셨다.

"말(馬)은 말을 돌보는 사람들에 귀속되었느니라. 만약 여러 말을 돌보는 사람들이 능히 좋은 풀과 소금과 물로써 말을 먹여서 살찌울 수 있다면 이 보리를 자재하게 마땅히 받을지니라."

이 말은 500필이 있었고, 비구는 499명이었다. 한 마리의 말이 보리를 두 말(斗)을 먹었으므로 한 말은 비구에게 주었고 다른 한 말은 말에게 주었다. 이 가운데에 양마(良馬)가 있어서 보리를 네 말을 먹었으므로 두 말은 세존께 드렸고 두 말은 양마에게 주었다. 아난은 세존과 자신의 몫의 보리를 취하여 취락으로 들어갔고, 가운데에 이르러 한 여인의 앞에서 세존의 공덕을 찬탄하였다.

"세존께서는 이와 같은 염(念)·정(定)·해탈(解脫)·지견(知見)·대자(大慈)·대비(大悲)가 있으시고, 일체지(一切智)·32상(相)·80종호(種好)가 있으십니다. 몸은 진금색이시고, 목에는 원광(圓光)이 있으며, 범음의 소리가 있으시므로, 그분을 본다면 싫증이 없습니다. 만약 출가하지 않았다면 전륜성왕이 되셨을 것이니, 나와 그대 등은 일체가 모두 귀속되었을 것입니다. 지금은 출가하시어 아뇩다라삼먁삼보리를 얻으셨고, 제도되지 못한 자를 제도하시며, 해탈하지 못한 자를 해탈하게 하시고, 멸진하지 못한 자들을 멸진하게 하시며, 생·노·병·사·근심·슬픔·괴로움·번민을 건너지 못한 자들을 건너게 하십시다. 작은 인연으로서 이곳에서 안거하시므로, 그대가 이 보리로 세존을 위해 음식을 지어서 주겠습니까?"

여인이 곧 대답하여 말하였다.

"우리는 집안일이 많아서 능히 지어서 드릴 수 없습니다."

이때 한 여인이 있어 세존의 공덕을 듣고는 곧 공경하는 마음이 생겨났다.

'이와 같은 분은 세상에 일찍이 없었다.'

아난에게 말하였다.

"내가 지어서 드리고 아울러 그대의 몫도 지어서 주겠습니다. 다시 선한 덕이 있고 지계인 비구들도 만약 힘이 있다면 마땅히 지어서 주겠습니다."

여인은 곧 밥을 지어서 아난에게 주었다. 아난은 마음 깊이 세존을 공경하였으므로 이와 같이 사유하였다.

'세존께서는 왕족이셨으므로 항상 왕의 고기 등의 반찬을 받으셨는데, 지금 이렇게 추악하므로 어찌 능히 몸에 이익이 있겠는가?'

이렇게 생각하고서 물을 따르고 음식을 드렸다. 세존께서 음식을 드시는 것을 보았는데 슬픔에 목이 메었고 가슴이 막혔다. 세존께서는 그 마음을 아시고 그 마음을 풀어주시고자 말씀하셨다.

"그대가 능히 이 밥을 먹겠는가?"

대답하여 말하였다.

"능히 먹겠습니다."

받아서 먹었는데 그것은 자미(滋味)[1]이었고 보통의 음식이 아니었다. 이것은 진실로 천신들이 맛으로서 그것을 더한 것이었으므로 기쁨이

---

1) 자양분(滋養分)이 많고 좋은 맛이거나 또는 그러한 음식(飮食)을 가리킨다.

무량하여 비통함이 곧 사라졌다. 세존께서 음식을 드셨고, 아난은 물을 돌렸으며 손을 씻고 옷과 발우를 거두고서 세존께 아뢰어 말하였다.

"세존이시여. 오늘 한 여인에게 밥을 지어서 달라고 청하였으나 수락하지 않았는데, 옆에 있던 한 여인은 청하지 않았는데도 스스로가 지었습니다."

세존께서는 아난에게 말씀하셨다.

"지어서 주지 않은 자는 마땅히 얻을 것을 곧 능히 얻을 수 없으나, 만약 밥을 지었던 자는 마땅히 전륜왕의 첫째 부인이 되리라. 스스로 밥을 지은 자는 이러한 복이 무량하니, 만약 다른 복을 짓지 않더라도 이 덕이 광대하므로 나아가 해탈에 이를 것이다."

이때 세존께서는 숙행(宿行)[2]이 아직 없어지지 않았으므로 한때의 가운데에서 세존과 승가가 비라연국에서 말의 보리를 먹는 것을 아는 자가 없었다. 그때 마왕(魔王)은 여러 비구들을 변화로 지어서 음식을 가득 채워서 가지고 여러 나라를 향하였는데 길에서 만나는 자가 물어 말하였다.

"그대는 어디서 오십니까?"

대답하여 말하였다.

"비라연국에서 왔습니다."

여러 거사들이 말하였다.

"세존께서 그곳에 머무시는데 공양은 있습니까?"

대답하여 말하였다.

"그곳에서는 항상 대회가 있어 좋은 음식이 가득합니다. 제가 지닌 이것도 그것의 나머지입니다."

이때 세존의 숙행은 이미 끝났고 16대국(大國)은 모두가 세존과 5백 비구가 비라연국에서 3개월을 말의 보리를 먹은 것을 들었다. 여러 나라의 귀인·장자·거사·대상인들은 여러 공양구와 여러 종류의 좋은 음식들을 준비하여 수레와 낙타에 가득 싣고서 왔고 세존을 영접하였는데 부모가

2) 전생(前生)에 지은 행위를 가리킨다.

먼 곳에서 왔던 것과 같았다. 이때 자자(自恣)에 이르려면 7일이 남아있었으나 세존께서는 아시면서도 일부러 아난에게 물으셨다.

"자자는 며칠이 남았는가?"

아난이 대답하여 말하였다.

"7일이 남았습니다."

세존께서는 아난에게 알리셨다.

"그대는 성으로 들어가서 아기달에게 말하게. '세존께서는 말씀하셨습니다. <나는 그대의 나라에서 안거를 마쳤으니, 여러 나라를 유행하고자 합니다.>'"

여러 비구들이 말하였다.

"세존이시여. 이 바라문이 세존과 대중 승가에게 무슨 은덕이 있었습니까? 이곳에 안거하고 있으면서 궁핍하고 몹시도 괴로웠는데, 작별을 주십니다."

세존께서는 말씀하셨다.

"이 바라문에게 비록 은덕이 없더라도, 빈주(賓主)[3]의 법은 마땅히 작별을 주는 것이니라."

아난이 가르침을 받아들여 한 비구와 함께 문 앞에 이르러 수문인에게 말하였다.

"그대의 왕께 아뢰십시오. 아난이 밖에 있습니다."

수문자는 사유하고 생각하면서 말하였다.

"'아난의 이름은 길하다. 이른 새벽에 그것을 들었는데 왕에게 아뢰지 않는다면 이것이 상서롭지 못하다."

이때 아기달은 일찍 일어나서 목욕하고 희고 깨끗한 옷을 입고서 중당(中堂)에 혼자 앉아 있었다. 수문자가 아뢰었다.

"아난이 지금 문 밖에 있습니다."

바라문의 상법(相法)은 이름이 길하면 곧 기뻐하는 것이다. 곧 들어오라

3) 손님과 주인(主人)을 가리킨다.

고 말하였으므로 누가 아난을 막겠는가? 곧 들어갔고 함께 앉아서 서로 문신하고서 아난에게 말하였다.

"그대는 무슨 까닭으로 오셨습니까?"

대답하여 말하였다.

"세존께서 나를 보내었으므로 와서 그대에게 말합니다. '나는 여름 3개월 동안 그대 국가의 경계에 머물면서 안거를 이미 마쳤으므로 마땅히 다른 나라로 유행하고자 합니다.'"

아기달이 놀라서 말하였다.

"아난이여. 구담 사문이 비라연국에 있었고 여름에 머물렀습니까?"

아난이 말하였다.

"그렇습니다."

바라문이 말하였다.

"어디에 머무셨고, 누가 공양하였습니까?"

아난이 대답하여 말하였다.

"궁핍하고 매우 힘들었습니다. 세존과 대중 승가는 3개월을 말의 보리를 드셨습니다."

이때 아기달은 처음으로 스스로 깨달았고 이전에 세존과 승가께 여름 4개월을 머무를 것을 청하였으며 공양구(供養具)를 이미 준비하였던 것을 기억하였다.

'어찌하여 세존과 승가에게 3개월을 말의 보리를 먹게 하였는가? 이와 같은 악한 소문이 여러 나라로 유포되면 마땅히 말할 것이다. <아기달은 장야(長夜)에 악하고 삿되어 세존의 법을 미워하고 질투하여 세존과 승가에게 극심한 고통을 받게 하였다.>'

곧 아난에게 말하였다.

"사문 구담께 참회하면 머무시겠습니까?"

아난이 말하였다.

"머물 수 없습니다."

이때 아기달은 부끄러워하고 근심하며 번민하였고 기절하여 바닥에 쓰러졌다. 이때 종친이 물로써 얼굴에 뿌렸고 부축하여 일으키자 겨우 깨어났다. 친족들이 비유하여 말하였다.

"그대는 근심하지 마십시오. 우리들이 마땅히 그대와 함께 구담께 사과드리고 강제로 머무르게 청해 보겠습니다. 만약 기꺼이 머물고자 하지 않는다면 마땅히 음식을 가지고 뒤를 따라가며 전송하고, 만약 부족한 때에 이것으로서 공양합시다."

이때 아기달은 종친과 함께 세존의 처소로 나아가서 참회하고 머무를 것을 청하였다. 세존께서는 스스로가 사유하셨다.

'만약 내가 받아들이지 않는다면 마땅히 뜨거운 피를 토하고 죽을 것이다.'

세존께서는 연민하셨던 까닭으로 7일의 청을 받아들이셨다. 이때 아기달은 이렇게 사유를 지었다.

'이 4개월의 공양을 어떻게 7일에 능히 할 수 있을까?'

세존께서는 자자를 마치고 곧 월지국(月祇國)으로 2개월을 유행하고자 하셨다. 월지국 사람들은 세존께서 마땅히 오신다는 것을 듣고 각자 공양구를 갖추었고 나는 오늘이고 그대는 내일이며, 이와 같이 2개월의 차례를 정하였다. 세존께서는 자자를 마치시고 월지국으로 떠나갔고 아기달은 여러 공양구를 세존께서 떠나가시는 곳을 따라서 보냈으며, 만약 부족한 때에 이것으로서 공양하였다. 여러 월지국 사람들은 이를 전해 듣고 모두가 중요한 규칙을 지었다. 만약 세존께서 오신다면 각자 자기 당번인 날에 소식(小食)·시식(時食)·중후함소(中後含消)·장음(漿飮) 등을 부족하지 않게 준비하여, 다른 사람이 그 틈새를 끼어들지 못하게 하였다. 아기달은 세존께서 머무실 처소를 알고는 먼저 가서 공양구를 설치하고서 말하였다.

"나는 오늘 공양하거나 만약 내일 공양하겠소."

월지국 사람들은 시키는 것을 듣지 않고 아기달에게 말하였다.

"그대는 장야에 악하고 삿되었으며 이 세존의 원수이었고 고의로 세존과 승가를 괴롭혔소. 지금은 다른 사람의 마음을 기쁘게 하려는 까닭으로 이와 같이 말하는 것이오. '나는 오늘 공양하거나, 만약 내일 공양하겠소.' 그대는 무슨 일이 있어서 그때는 세존과 승가가 3개월을 말의 보리를 드시게 하였는데, 지금에 공양할 날을 구하시오?"

아기달이 이러한 말을 듣고서 부끄럽고 근심스러워 한쪽에 서 있었다. 대중 승가가 보고 무슨 공양물이 부족하면 내가 마땅히 그것을 주겠다고 하였다. 마침 그때에 죽이 없었고 곧 여러 종류의 죽인 소죽(酥粥)·깨죽(胡麻粥)·기름죽(油粥)·우유죽(乳粥)·콩죽(小豆粥)·팥죽(摩沙豆粥)·들깨죽(麻子粥)·청죽(淸粥) 등을 준비하여 세존께 받들었다. 세존께서는 말씀하셨다.

"대중에게 주십시오."

승가는 받지 않았다.

"세존께서는 우리들에게 여덟 가지의 죽을 먹으라고 허락하지 않으셨습니다."

이 일로써 세존께 아뢰었고, 세존께서는 말씀하셨다.

"오늘부터 여덟 가지의 죽을 먹는 것을 허락하겠노라. 죽은 몸에 다섯 가지의 이익이 있나니, 첫째는 배고픔을 없애주고, 둘째는 목마름을 없애 주며, 셋째는 기운을 내리고, 넷째는 아랫배의 냉기를 없애 주며, 다섯째는 묵은 음식을 소비할 수 있느니라."

이때 아기달이 스스로가 사유하였다.

'나는 여름 4개월 동안 안락하게 혼자서 즐겼다. 만약 다시 두 달 동안 사문 구담을 쫓아다닌다면 나 한 사람으로서 여러 나랏일을 망칠 것이다. 지금 이러한 공양구가 많아서 모두 쓸 수가 없으므로, 마땅히 땅에 펼쳐놓아 세존과 승가가 발로서 위를 밟게 해야겠다. 곧 이것으로 수용(受容)한 것이다.'

곧바로 세존께 아뢰었다.

"원하옵건대 때에 수용하십시오."

세존께서는 아기달에게 알리셨다.

"그대의 말과 같게 할 수 없습니다. 이러한 음식은 마땅히 입으로 수용하는 것입니다."

세존께서는 아기달을 돌려보내고자 게송을 설하여 축원(呪願)하셨다.

일체의 하늘 제사의 가운에서
불에 공양함이 최고가 되고
바라문의 글의 가운데에서는
살비제(薩毘帝)가 최고이라네.

일체 여러 사람의 가운데에서
제왕의 존귀함이 최고가 되고
일체 여러 강과 하천의 가운데에서
큰 바다의 깊이가 최고이라네.

일체 별들의 가운데에서
달빛이 제일로 최고이고
일체 밝음의 가운데에서
태양빛이 최고로 상수가 되며
시방의 하늘과 사람의 가운데에서
세존의 복전이 최고이라네.

이때 세존께서는 아기달에게 축원을 주어 마치시고 발기(跋耆)를 유행하였으며 사위국으로 향하셨다. 그때 한 나형외도(裸形外道)가 세존의 뒤를 따라다녔는데, 이 외도는 신체가 비대하고 살이 많았다. 다시 한 외도가 있었고 앞에서 거슬러 오면서 나형외도에게 물었다.

"그대는 이들과 다니면서 무엇을 얻었는가?"

대답하여 말하였다.

"이와 같고 이와 같은 음식을 얻었습니다."

물었다.

"무슨 인연으로 얻었습니까?"

대답하여 말하였다.

"이것은 대머리 거사(禿居士) 인연으로 얻었습니다."

그는 곧 욕하면서 말하였다.

"그대는 폐악한 죄인이다. 다른 사람을 인연하여 이와 같은 음식을 얻었으면서 어찌하여 악하고 좋지 못한 말을 짓는가? 만약 사람이 따르면서 좋은 음식과 안은한 처소를 얻었는데 그러나 욕한다면 사람이라고 이름할 수 없다. 만약 구담 사문이 이 말을 들었다면 반드시 계를 제정하여 제자들이 외도들에게 음식을 주는 것을 허락하지 않을 것이다."

이 가운데에 비구가 있어 욕망이 적고 만족함을 알며 두타를 행하였는데, 이러한 일을 듣고 마음이 기쁘지 않아서 세존을 향하여 자세히 말하였다. 세존께서는 이 일로써 비구 승가를 모으셨으며, 비구들에게 말씀하셨다.

"이러한 여러 외도는 장야에 삿된 견해로 이러한 법이 원수(怨賊)이므로 죄와 허물을 구하며 찾고 있느니라. 만약 다른 사람에게 칼이나 몽둥이로 얻어맞거나, 만약 독약을 먹게 되거나, 만약 살해당하는 일이 있게 된다면 반드시 '사문 석자가 죽였다.'고 말할 것이다."

이때 세존께서는 다만 꾸짖으셨고 계를 제정하지는 않으셨다.

세존께서는 차례로 유행하시고 사위국에 이르셨다.

그때 여러 사람들은 세존께서 3개월을 말의 보리를 드셨다는 것을 들었던 까닭으로 오히려 많은 공양을 쉬지 않았다. 병(餅)[4]을 파는 여인이 있어 세존과 승가를 위하여 음식을 준비하였는데, 이때 아난이 음식을 분배하였다. 제불의 상법은 음식을 얻지 못하면 자리에서 일어나지 않는 것이다. 왜 그러한가? 만약 음식이 부족하다면 세존의 힘으로 충족시키는 것이다. 이때 세존께서는 오히려 앉아서 일어나지 않으셨고, 두 명의 외도 출가한 여인이 아난에게 병을 구걸하였으나 아난은 억념하지 못하였다. 세존께서는 말씀하셨다.

---

4) 밀가루나 옥수수 가루 등에 소금·기름·향료 등을 넣어서 튀기거나, 구워서 납작하게 만든 음식을 가리킨다.

"각자에게 병을 하나씩 주게."

이때 병이 두 개가 서로 붙어 있었던 까닭으로 한 사람은 하나를 얻고 한 사람은 두 개를 얻게 되었다. 음식을 얻고서 조금 떨어진 곳에서 함께 서로에게 물었다.

"그대는 몇 개의 병을 얻었습니까?"

대답하여 말하였다.

"한 개를 얻었습니다. 그대는 다시 몇 개를 얻었습니까?"

대답하여 말하였다.

"두 개를 얻었습니다."

이때 한 개를 얻은 여인이 말하였다.

"나에게 반을 주시오. 주지 않는다면 나는 마땅히 서로를 욕보이겠소."

대답하여 말하였다.

"각자 얻은 것인데 무슨 까닭으로 그대에게 줍니까?"

"다시 말하겠는데 나에게 반을 주시오. 주지 않는다면 나는 마땅히 서로를 욕보이겠소."

대답하여 말하였다.

"각자 얻은 것이므로, 나는 그대에게 주지 않겠습니다."

하나를 얻은 여인이 말하였다.

"아난은 반드시 그대의 남편이거나, 만약 함께 사통한 것이다. 만약 남편도 아니고 사통한 것도 아니라면 그대에게 한 개를 주었다면 나에게도 한 개를 주어야 하고, 그대에게 두 개를 주었다면 나에게도 두 개를 주어야 한다."

곧바로 서로가 성을 내며 머리채를 잡고 크게 소리쳤다. 세존께서는 아시면서도 일부러 아난에게 물으셨다.

"누가 고의로 크게 소리치는가?"

대답하여 말하였다.

"외도 출가녀들입니다."

"무슨 까닭으로 크게 소리치는가?"

아난은 세존께 이 일을 자세히 말하였다. 이때 세존께서는 공양하신 뒤에 이러한 인연과 앞의 인연을 까닭으로 비구 승가를 모으셨으며, 여러 비구들에게 말씀하셨다.

"그대들은 마땅히 알지니라. 이러한 여러 외도는 장야에 삿된 견해로 이러한 법이 원수이므로 죄와 허물을 구하며 찾고 있느니라. 만약 다른 사람에게 칼이나 몽둥이로 얻어맞거나, 만약 독약을 먹게 되거나, 만약 살해당하는 일이 있게 된다면 반드시 '사문 석자가 죽였다.'고 말할 것이다."

여러 비구들에게 말씀하셨다.

"열 가지의 이익을 까닭으로 여러 비구들에게 계를 제정하여 주겠노라. 지금부터 이러한 계는 마땅히 이와 같이 설할지니라. '만약 비구가 나형외도나 외도녀에게 스스로의 손으로 음식을 준다면 바일제이니라.'

'나형'은 아기유(阿耆維)[5]의 외도와 니건자(尼揵子)[6]의 외도를 이름한다.

'니건외도(尼揵外道)'는 노자(老子)와 노제자(老弟子)이니라."

세존께서는 말씀하셨다.

"간략히 말한다면 여래의 5중(衆)을 제외하고 나머지의 출가인들은 모두 외도라고 이름한다.

'음식'은 다섯 가지의 가다니이거나, 다섯 가지의 포사니이거나, 다섯 가지의 사식을 말한다.

'바일제'는 소자와 복장이고, 만약 참회하지 않는다면 능히 도를 장애한다.

이 가운데에서 범하는 것은 만약 비구가 뿌리 음식을 스스로의 손으로 나형외도나 외도녀에게 주었다면 바일제이고, 줄기·잎·마·열매·밥·미숫

---

5) 산스크리트어 ājīvika의 음사로서 육사외도(六師外道)의 한 사람인 말가리구사리(末伽梨瞿舍利)의 교단을 말한다.

6) 산스크리트어 nirgraṇṭha jñātiputra의 음사로 육사외도의 한 사람이며 자이나교의 개조이다. 내세의 복락을 얻기 위해서는 현세에 고행해야 한다고 주장하였다.

가루·말린 밥·생선·고기·싸라기·조·광맥·유자·가사 등의 음식을 스스로의 손으로 나형외도나 외도녀에게 주었다면 바일제이다. 만약 나형외도가 과일을 구걸한다면 '우리는 그대에게 과일을 막지 않는다.'라고 마땅히 말하라. 만약 물을 구걸하여도 '그대에게 물을 막지 않는다.'라고 역시 말하라.

범함이 없는 것은 나형외도나 외도녀가 병이 있거나, 만약 친족이거나, 만약 출가를 구하는 때('출가를 구하는 때'는 4개월을 시험하는 때이다.)에는 주었어도 범한 것은 아니다." [마흔네 번째의 일을 마친다.]

세존께서는 사위국에 머무르셨다.

이때 파사닉왕(波斯匿王)은 소국(小國)에 반란이 있어 네 종류의 병사를 일으켰는데, 상병(象兵)·마병(馬兵)·거병(車兵)·보병(步兵)이었다. 네 종류의 병사를 모으고서 왕은 스스로가 가서 무기가 좋은가? 병사들은 활기찬가? 이 군대로 적을 물리칠 수 있는가를 살폈다. 육군비구들이 함께 서로에게 의논하여 말하였다.

"지금 군대를 일으키고자 하네. 함께 가보지 않겠는가?"

모두가 말하였다.

"뜻을 따르겠네."

곧 군진으로 갔고 한쪽에 서 있으면서 구경하였다. 여러 국왕들은 눈으로 항상 멀리 보는 것을 좋아하였다. 멀리 비구들을 보고 사람을 보내어 말하였다.

"무슨 인연으로 왔습니까?"

육군비구는 곧 대답하여 말하였다.

"우리들은 왕을 보고자 왔습니다."

왕은 이렇게 생각을 지었고 대신에게 말하였다.

"나를 다른 때에는 보는 것이 어렵소? 여러 비구들이 지금 도리어 군진의 가운데에서 나를 보는 것인가? 세존께서 이 일을 들으셨다면 반드시 계를 제정하시어 비구들이 군대가 출병을 구경하는 것을 허락하지 않으실 것이오."

왕이 비구들을 불러오게 하였고 곧 왕이 있는 곳으로 나아갔다. 왕이 물었다.

"무슨 인연으로 오셨습니까?"

대답하여 말하였다.

"왕을 보고자 왔습니다."

왕이 말하였다.

"나를 다른 때에는 보는 것이 어렵습니까? 나아가 군진의 가운데에서 나를 보았는데, 세존께서 이 일을 들으셨다면 반드시 계를 제정하시어 비구들이 군대가 출병을 구경하는 것을 허락하지 않으실 것입니다."

이 가운데에 비구가 있어 욕망이 적고 만족함을 알며 두타를 행하였는데, 이러한 일을 듣고 마음이 기쁘지 않아서 여러 종류의 인연으로 꾸짖었다.

"어찌 비구라고 이름하면서 군대의 출병을 구경하는가?"

여러 종류의 인연으로 꾸짖고서 세존을 향하여 자세히 말하였다. 세존께서는 이 일로써 비구 승가를 모으셨으며, 아시면서도 일부러 육군비구에게 물으셨다.

"그대들이 진실로 이러한 일을 지었는가?"

대답하여 말하였다.

"진실로 지었습니다. 세존이시여."

세존께서는 여러 종류의 인연으로서 꾸짖으셨다.

"어찌 비구라고 이름하면서 군대의 출병을 구경하였는가?"

여러 종류의 인연으로 꾸짖으셨으며, 여러 비구들에게 말씀하셨다.

"열 가지의 이익을 까닭으로 여러 비구들에게 계를 제정하여 주겠노라. 지금부터 이러한 계는 마땅히 이와 같이 설할지니라. '만약 비구가 고의로 로 가서 군대의 출병을 구경한다면 바일제이니라.'

'군대의 출병하다.'는 전투하여 도둑을 물리치기 위한 까닭으로 여러 병사를 모으는 것이다.

'군(軍)'은 일병(一兵)·이병(二兵)·삼병(三兵)·사병(四兵)의 군대가 있다.

일병은 다만 상병(象兵)이거나, 다만 마병(馬兵)이거나, 다만 거병(車兵)이거나, 다만 보병(步兵)이면 이것을 일병이라고 이름한다. 이병은 상병과 마병, 상병과 거병, 상병과 보병, 마병과 거병, 마병과 보병, 거병과 보병이니, 이것을 이병이라고 이름한다. 삼병은 상병과 마병과 거병, 상병과 마병과 보병, 마병과 거병과 보병이니, 이것을 삼병이라고 이름한다. 사병은 상병과 마병과 거병과 보병이니, 이것을 사병이라고 이름한다. '바일제'는 소자와 복장이고, 만약 참회하지 않는다면 능히 도를 장애한다.

이 가운데에서 범하는 것은 만약 비구가 군대의 출병을 구경하고자 고의로 갔고, 보았다면 바일제이고 보지 못하였다면 돌길라이다. 아래쪽부터 위쪽을 향하여 보았다면 바일제이고, 보지 못하였다면 돌길라이다. 위쪽부터 아래쪽을 향하여 보았다면 바일제이고, 보지 못하였다면 돌길라이다. 일병군(一兵軍)·이병군·삼병군·사병군도 역시 이와 같다.

범함이 없는 것은 만약 고의로 가지 않았거나, 인연이 있어 도로의 가운데를 지나갔다면 범한 것은 없다."

그때 군대가 떠나가서 그곳에 오래되었으나 도둑을 물리치지는 못하였던 때이었다. 파사닉왕에게 두 명의 대신이 있었는데, 한 사람은 니사달다(尼師達多)라고 이름하였고, 다른 한 사람은 부라나(富羅那)라고 이름하였다. 먼저 그 군진(軍陣)에 있으면서 친족인 비구와 오랫동안 이별하여 걱정하였으므로 그 비구를 보고자 하였다. 이 두 대신은 사자를 보내어 불렀고 군진에서 비구를 보고자 하였다. 비구가 사자를 보내면서 알려 말하였다.

"세존께서는 계율을 제정하시어 군대를 보지 못하게 하셨습니다. 그대는 걱정하지 마십시오. 이러한 인연으로서 나는 떠나갈 수 없습니다."

여러 비구들은 어떻게 해야 하는가를 알지 못하였으므로, 이 일로써 세존께 아뢰었다. 세존께서는 이 일로 비구 승가를 모으셨으며, 여러 종류의 인연으로 계를 찬탄하셨고 지계를 찬탄하셨으며, 계를 찬탄하시고 지계를 찬탄하시고서 여러 비구들에게 말씀하셨다.

“열 가지의 이익을 까닭으로 여러 비구들에게 계를 제정하여 주겠노라. 지금부터 이러한 계는 마땅히 이와 같이 설할지니라. ‘만약 비구가 고의로 군대의 출병을 구경한다면 인연이 있는 경우를 제외하고는 바일제이니라.’

‘인연’은 왕이 사신을 보내어 불렀거나, 만약 왕의 부인·왕자·대신·대관·여러 장군 등 이와 같은 사람들이 사자를 보내어 부른 것이다. 이와 같은 사람이 불러서 갔다면 범한 것은 아니다.” [마흔다섯 번째의 일을 마친다.]

이때 세존께서는 여러 비구들에게 인연이 있다면 군진에 갈 수 있다고 허락하셨다. 여러 비구들은 친족들이 많아서 이 사람이 오늘에 청하였고, 저 사람이 내일에 청하였으며, 이와 같이 전전하여 군진의 가운데에 오래 머물게 되었다. 군진의 가운데에서 불신자(不信者)들은 질투하고 성내면서 말하였다.

“우리는 취락과 관직과 백성과 녹봉을 위한 까닭으로 이곳에 있는 것이다. 이 비구들은 폐악(弊惡)하고 불길한데 무슨 인연으로 다시 와서 이곳에 있는가? 이 비구들이 이곳에 오래 머문다면 혹은 세작(細作)[7]을 지을 것이다. 우리는 혹은 이 비구들을 인연한 까닭으로 무너지고 패배하여 후퇴할 것이다.”

이 가운데에 비구가 있어 욕망이 적고 만족함을 알며 두타를 행하였는데, 이러한 일을 듣고 마음이 기쁘지 않아서 세존을 향하여 자세히 말하였다. 세존께서는 이 일로써 비구 승가를 모으셨으며, 여러 종류의 인연으로 여러 비구들을 꾸짖으셨다.

“어찌 비구라고 이름하면서 군진의 가운데에 가서 이틀 밤을 넘게 묵었는가?”

여러 종류의 인연으로 꾸짖으셨으며, 여러 비구들에게 말씀하셨다.

---

7) 간첩·염탐꾼이라는 뜻으로 비밀의 수단을 사용하여 정보를 탐지하여 다른 부류에게 알리는 사람을 가리킨다.

“열 가지의 이익을 까닭으로 여러 비구들에게 계를 제정하여 주겠노라. 지금부터 이러한 계는 마땅히 이와 같이 설할지니라. ‘만약 비구가 인연이 있어 군진의 가운데에서 이틀 밤을 넘게 묵는다면 바일제이니라.’

‘바일제’는 소자와 복장이고, 만약 참회하지 않는다면 능히 도를 장애한다.

이 가운데에서 범하는 것은 만약 비구가 군진의 가운데에 가서 이틀 밤을 넘게 묵는다면 바일제이고, 만약 군진의 가운데에서 사흘째 땅이 명료한 때에 이른다면 바일제이다.” [마흔여섯 번째의 일을 마친다.]

세존께서는 왕사성에 머무르셨다.

이때 육군비구가 이틀 밤을 군진의 가운데에서 묵었다. 이때 가서 군진을 구경하였고, 무기를 장착한 상아의 깃발과 당번(幢幡)을 구경하였으며, 두 군진이 전쟁하는 것을 구경하였다. 이 가운데에 비구가 있어 욕망이 적고 만족함을 알며 두타를 행하였는데, 이러한 일을 듣고 마음이 기쁘지 않아서 여러 종류의 인연으로 꾸짖었다.

“어찌 비구라고 이름하면서 군진의 가운데에서 이틀 밤을 묵었고, 때에 군진을 구경하러 갔으며, 무기를 장착한 상아의 깃발과 당번을 구경하였고, 두 군진이 전쟁하는 것을 구경하는가?”

여러 종류의 인연으로 꾸짖고서 세존을 향하여 자세히 말하였다. 세존께서는 이 일로써 비구 승가를 모으셨으며, 아시면서도 일부러 육군비구에게 물으셨다.

“그대들이 진실로 이러한 일을 지었는가?”

대답하여 말하였다.

“진실로 지었습니다. 세존이시여.”

세존께서는 여러 종류의 인연으로서 꾸짖으셨다.

“어찌 비구라고 이름하면서 군진의 가운데에서 이틀 밤을 묵었고, 때에 군진을 구경하러 갔으며, 무기를 장착한 상아의 깃발과 당번을 구경하였고, 두 군진이 전쟁하는 것을 구경하였는가?”

여러 종류의 인연으로 꾸짖으셨으며, 여러 비구들에게 말씀하셨다.

“열 가지의 이익을 까닭으로 여러 비구들에게 계를 제정하여 주겠노라. 지금부터 이러한 계는 마땅히 이와 같이 설할지니라. ‘만약 비구가 군진의 가운데에서 이틀 밤을 묵었고, 때에 군진을 구경하러 갔으며, 무기를 장착한 상아의 깃발과 당번을 구경하였고, 두 군진이 전쟁하는 것을 구경하였다면 바일제이니라.’

‘무기를 장착하다.’는 전투하고자 장엄한 것이다.

‘군대’는 상군(象軍)·마군(馬軍)·거군(車軍)·보군(步軍)이다.

‘군진’은 활처럼 진을 짓는 것이고, 반달과 같은 것도 있고, 태양 같은 것도 있으며, 칼끝 같은 것도 있는데, 두 군진이 전쟁하는 것을 구경한다면 바일제이다.

‘바일제’는 소자와 복장이고, 만약 참회하지 않는다면 능히 도를 장애한다.

이 가운데에서 범하는 것은 만약 비구가 군진과 무기를 장착한 것을 구경하고자 갔던 때에, 보았다면 바일제이고 보지 못하였다면 돌길라이다. 아래쪽부터 위쪽을 향하여 보았다면 바일제이고, 보지 못하였다면 돌길라이다. 일군·이군·삼군·사군 모두 역시 이와 같다. 깃발과 당번과 두 군진이 전쟁하는 것을 구경하였을 때에도 역시 이와 같다.

범함이 없는 것은 만약 고의로 가지 않았거나, 인연이 있어 도로의 가운데를 지나갔다면 범한 것은 아니다.” [마흔일곱 번째의 일을 마친다.]

세존께서는 왕사성에 머무르셨다.

이때 육군비구와 십칠군비구가 서로 다투었고 성내면서 기쁘지 않은 마음을 일으켰으며 육군비구가 십칠군비구를 때렸다. 십칠군비구가 흐느껴 울었고 여러 비구들이 물었다.

“무슨 까닭으로 울었는가?”

대답하여 말하였다.

“육군비구가 우리를 때렸습니다.”

이 가운데에 비구가 있어 욕망이 적고 만족함을 알며 두타를 행하였는데 이러한 일을 듣고 마음이 기쁘지 않아서 여러 종류의 인연으로 꾸짖었다.

"어찌 비구라고 이름하면서 다른 비구와 다투고서 성내면서 기쁘지 않은 마음을 일으켜서 다른 비구를 때리는가?"

여러 종류의 인연으로 꾸짖고서 세존을 향하여 자세히 말하였다. 세존께서는 이 일로써 비구 승가를 모으셨으며, 아시면서도 일부러 육군비구에게 물으셨다.

"그대들이 진실로 이러한 일을 지었는가?"

대답하여 말하였다.

"진실로 지었습니다. 세존이시여."

세존께서는 여러 종류의 인연으로서 꾸짖으셨다.

"어찌 비구라고 이름하면서 다른 비구와 다투고서 성내면서 기쁘지 않은 마음을 일으켜서 다른 비구를 때렸는가?"

여러 종류의 인연으로 꾸짖으셨으며, 여러 비구들에게 말씀하셨다.

"열 가지의 이익을 까닭으로 여러 비구들에게 계를 제정하여 주겠노라. 지금부터 이러한 계는 마땅히 이와 같이 설할지니라. '만약 비구가 성내면서 기쁘지 않은 마음을 일으켜서 다른 비구를 때린다면 바일제이니라.'

'때리다.'는 두 종류가 있으니, 만약 손이거나, 만약 발이다.

'바일제'는 소자와 복장이고, 만약 참회하지 않는다면 능히 도를 장애한다.

이 가운데에서 범하는 것은 만약 손으로 때렸다면 바일제이고, 만약 발로 때렸다면 바일제이다. 만약 다른 몸의 부분으로 때렸다면 돌길라이다. 만약 축원을 위한 까닭이거나, 음식이 목에 걸렸던 까닭으로 때렸다면 범한 것은 아니다." [마흔여덟 번째의 일을 마친다.]

세존께서는 왕사성에 머무르셨다.

이때 육군비구와 십칠군비구가 서로 다투었고 성내면서 기쁘지 않은 마음을 일으켜 육군비구가 손바닥을 들어 십칠군비구를 향하였다. 십칠군비구는 이렇게 생각을 지었다.

'육군비구는 건장하며 힘이 강하다. 만약 손바닥으로 우리를 때리면 우리들은 곧 죽을 것이다.'

흐느껴 울었고 여러 비구들이 물었다.

"무슨 까닭으로 흐느끼는가?"

대답하여 말하였다.

"육군비구는 건장하며 힘이 강한데 손바닥을 들어 우리들을 향하였습니다."

이 가운데에 비구가 있어 욕망이 적고 만족함을 알며 두타를 행하였는데, 이러한 일을 듣고 마음이 기쁘지 않아서 여러 종류의 인연으로 꾸짖었다.

"어찌 비구라고 이름하면서 다른 비구와 다투고서 성내면서 기쁘지 않은 마음을 일으켜서 손바닥을 들어서 다른 비구를 향하는가?"

여러 종류의 인연으로 꾸짖고서 세존께 자세히 말하였다. 세존께서는 이 일로써 비구 승가를 모으셨으며, 아시면서도 일부러 육군비구에게 물으셨다.

"그대들이 진실로 이러한 일을 지었는가?"

대답하여 말하였다.

"진실로 지었습니다. 세존이시여."

세존께서는 여러 종류의 인연으로서 꾸짖으셨다.

"어찌 비구라고 이름하면서 다른 비구와 다투고서 성내면서 기쁘지 않은 마음을 일으켜서 손바닥을 들어서 다른 비구를 향하였는가?"

여러 종류의 인연으로 꾸짖으셨으며, 여러 비구들에게 말씀하셨다.

"열 가지의 이익을 까닭으로 여러 비구들에게 계를 제정하여 주겠노라. 지금부터 이러한 계는 마땅히 이와 같이 설할지니라. '만약 비구가 성내면서 기쁘지 않은 마음을 일으켜서 손바닥을 들어서 다른 비구를 향하였다면 바일제이니라.'

'손바닥을 들다.'는 두 종류가 있으니, 손바닥과 발바닥이다.

'바일제'는 소자와 복장이고, 만약 참회하지 않는다면 능히 도를 장애한다.

이 가운데에서 범하는 것은 만약 비구가 손바닥을 들었다면 바일제이고, 발바닥을 들었어도 바일제이다. 손과 발을 제외하고 나머지의 몸의 부분으로 다른 사람을 향하였다면 돌길라이다.

범함이 없는 것은 만약 비구가 손바닥을 들어 악한 짐승을 막았거나, 만약 악한 사람을 막았다면 범한 것은 아니다." [마흔아홉 번째의 일을 마친다.]

세존께서는 사위성에 머무르셨다.

그때 발난타 석자에게 형인 비구가 있었고 난도(難徒)라고 이름하였다. 발난타에게 제자가 있었으며 달마(達磨)라고 이름하였는데, 역시 계를 잘 지켰다. 이 제자가 스승의 행을 따르지 않았으므로 난도가 이렇게 생각을 지었다.

'이 비구는 내 동생의 제자인데, 나의 행을 따르지 않고, 또한 내 동생의 행도 따르지 않는다. 마땅히 그를 다스려서 우리를 따르게 해야겠다.'

그때 난도가 여인에게 하나의 방안에 있게 하였으며, 달마에게 가서 말하였다.

"그대는 어느 곳으로 오게."

달마가 말하였다.

"가서 무엇을 짓습니까?"

대답하여 말하였다.

"다만 오게."

달마는 이렇게 생각을 지었다.

'이 비구는 내 스승의 형인데 어찌하여 말을 따르지 않겠는가?'

곧바로 따라갔다. 난도가 이 자리에 서 있으면 여인을 볼 수 있는 것을 알면서도 곧 가르쳤다.

"이 가운데에 서서 나를 기다리게."

난도는 곧 여인이 있는 곳으로 가서 곧 삼창(三瘡)을 제외하고 몸의 다른 부위를 끌어안고 누르면서 화합하여 서로를 만졌다. 이와 같이 짓고서 달마에게 말하였다.

"그대는 보았는가?"

대답하여 말하였다.

"보았습니다."

"그대는 다른 사람에게 말하지 말게."

대답하여 말하였다.

"나는 능히 덮어서 감출 수 없습니다. 반드시 이 일로써 세존께 아뢰고, 마땅히 비구와 비구니들을 향하여 말하겠습니다."

난도가 말하였다.

"나도 역시 그대의 화상이 이와 같은 일을 짓는 것을 보았네. 다시 이것보다 심한 것을 보았어도 오히려 사람들에게 말하지 않았는데 그대는 무슨 까닭으로 다른 사람들에게 말하는가?"

대답하여 말하였다.

"그대는 스스로가 뜻으로 말하지 않은 것입니다. 나는 능히 덮어서 감출 수 없습니다. 반드시 세존께 아뢰고, 비구를 향하여 말하겠습니다."

이때 달마는 곧 이 일로써 여러 비구들을 향하여 말하였다. 이 가운데에 비구가 있어 욕망이 적고 만족함을 알며 두타를 행하였는데, 이러한 일을 듣고 마음이 기쁘지 않아서 여러 종류의 인연으로 꾸짖었다.

"어찌 비구라고 이름하면서 비구가 중죄가 있는 것을 알고서도 고의로 덮어서 감추고서 말하지 않는가?"

여러 종류의 인연으로 꾸짖고서 세존을 향하여 자세히 말하였다. 세존께서는 이 일로써 비구 승가를 모으셨으며 아시면서도 일부러 난도에게 물으셨다.

"그대가 진실로 이러한 일을 지었는가?"

대답하여 말하였다.

"진실로 지었습니다. 세존이시여."

세존께서는 여러 종류의 인연으로서 꾸짖으셨다.

"어찌 비구라고 이름하면서 비구가 중죄가 있는 것을 알고서도 고의로 덮어서 감추고서 말하지 않았는가?"

여러 종류의 인연으로 꾸짖으셨으며, 여러 비구들에게 말씀하셨다.

"열 가지의 이익을 까닭으로 여러 비구들에게 계를 제정하여 주겠노라. 지금부터 이러한 계는 마땅히 이와 같이 설할지니라. '만약 비구가 다른 비구에게 중죄가 있는 것을 알고서도 덮어서 감추었거나, 나아가 하룻밤을 지낸다면 바일제니라.'

'알다.'는 만약 스스로가 알았거나, 만약 다른 사람에게 들었거나, 만약 그 비구가 스스로 말한 것이다.

'중죄(重罪)'는 바라이(波羅夷)와 승가바시사(僧伽婆尸沙)이다.

'하룻밤'은 해가 지는 때부터 땅이 명료하지 않은 때까지이다.

'바일제'는 소자와 복장이고, 만약 참회하지 않는다면 능히 도를 장애한다.

이 가운데에서 범하는 것은 만약 비구가 땅이 명료한 때에 다른 비구가 바라이를 범하는 것을 보았는데, 그 비구가 바라이의 가운데에서 바라이라는 생각이 생겨났으나, 하루를 마치도록 덮어두었고 땅이 명료한 때에 이르렀다면 바일제이다. 만약 이 비구를 대중 승가가 불견빈(不見擯)·부작빈(不作擯)·악사부제빈(惡邪不除擯)을 지어서 주었거나, 미쳤거나, 마음이 어지럽거나, 마음에 병이 있어 무너졌다면 범한 것은 없다. 만약 승가가 멸빈(滅擯)[8]을 풀었거나, 마음의 고통이 없어졌거나, 이러한 때에 다른 사람의 죄를 덮어두고서 땅이 명료한 때에 이르렀다면 바일제이다. 땅이 명료한 때이거나, 해가 솟은 때이거나, 해가 솟았거나, 오전·정오·오후·포시(晡時)·일몰·일몰 뒤·초야(初夜)의 초분(初分)·초야의 중분(中分)·초야의 후분(後分)·중야(中夜)의 초분·중야의 중분·중야의 후분·후야(後夜)의 초분·후야의 중분·후야의 후분에 다른 사람의 죄를 덮어두고서 땅이 명료한 때에 이르렀다면 바일제이다.

---

8) 무거운 죄를 저지른 수행자를 영원히 승단에서 추방하는 것이다.

비구가 있어 땅이 명료한 때에 다른 비구가 승가바시사를 범하는 것을 보았는데, 승가바시사의 가운데에서 승가바시사라는 생각이 생겨났으나, 하루를 마치도록 덮어두고 땅이 명료한 때에 이르렀다면 바일제이다. 만약 이 비구를 대중 승가가 불견빈·부작빈·악사부제빈을 지어서 주었거나, 미쳤거나, 마음이 어지럽거나, 마음에 병이 있어 무너졌다면 범한 것은 없다. 만약 승가가 멸빈을 풀었거나, 마음의 고통이 없어졌거나, 이러한 때에 다른 사람의 죄를 덮어두고서 땅이 명료한 때에 이르렀다면 바일제이다. 땅이 명료한 때이거나, 해가 솟은 때이거나, 해가 솟았거나, 오전·정오·오후·포시·일몰·일몰 뒤·초야의 초분·초야의 중분·초야의 후분·중야의 초분·중야의 중분·중야의 후분·후야의 초분·후야의 중분·후야의 후분에 다른 사람의 죄를 덮어두고서 땅이 명료한 때에 이르렀다면 바일제이다.

비구가 있어 땅이 명료한 때에 다른 비구가 바일제나 바라제제사니이거나 돌길라를 범하는 것을 보았는데, 이 비구가 돌길라의 가운데에서 돌길라라는 생각이 생겨났으나, 하루를 마치도록 덮어두고서 땅이 명료한 때에 이르렀다면 바일제이다. 만약 이 비구를 대중 승가가 불견빈·부작빈·악사부제빈을 지어서 주었거나, 미쳤거나, 마음이 어지럽거나, 마음에 병이 있어 무너졌다면 범한 것은 없다. 만약 승가가 멸빈을 풀었거나, 마음의 고통이 없어졌거나, 이러한 때에 다른 사람의 죄를 덮어두고서 땅이 명료한 때에 이르렀다면 돌길라이다. 땅이 명료한 때이거나, 해가 솟은 때이거나, 해가 솟았거나, 오전·정오·오후·포시·일몰·일몰 뒤·초야의 초분·초야의 중분·초야의 후분·중야의 초분·중야의 중분·중야의 후분·후야의 초분·후야의 중분·후야의 후분에 다른 사람의 죄를 덮어두고서 땅이 명료한 때에 이르렀다면 돌길라이다.

비구가 있어 땅이 명료한 때에 다른 비구가 바라이를 범하는 것을 보았는데, 승가바시사라고 말하거나, 바일제라고 말하거나, 바일제제사니라고 말하거나, 돌길라라고 말하였는데, 이 비구가 바라이의 가운데에서 돌길라라는 생각이 생겨났으나, 하루를 마치도록 덮어두고 땅이 명료한 때에 이르렀다면 바일제이다. 만약 이 비구를 대중 승가가 불견빈·부작빈·악사부제빈을 지어서 주었거나, 미쳤거나, 마음이 어지럽거나, 마음에 병이 있어 무너졌다면 범한 것은 없다. 만약 승가가 멸빈을 풀었거나, 마음의 고통이 없어졌거나, 이러한 때에 다른 사람의 죄를 덮어두고서 땅이 명료한 때에 이르렀다면 모두 바일제이다. 해가 솟은 때부터 나아가 후야의 후분까지 다른 사람의 죄를 덮어두고서 땅이 명료한 때에 이르렀다면 땅이 명료한 때에 이르렀다면 바일제이다.

또한 비구가 땅이 명료한 때에 다른 비구가 승가바시사를 범하는 것을 보았는데, 이 승가바시사의 가운데에서 바일제·바일제제사니·돌길라·바라이라고 말하였고, 이 비구가 승가바시사의 가운데에서 바라이라는 생각이 생겨났거나, 만약 돌길라라고 생각하면서 하루를 마치도록 덮어두고 땅이 명료한 때에 이르렀다면 모두 바일제이다. 만약 이 비구를 대중 승가가 불견빈·부작빈·악사부제빈을 지어서 주었거나, 미쳤거나, 마음이 어지럽거나, 마음에 병이 있어 무너졌다면 범한 것은 없다. 만약 승가가 멸빈을 풀었거나, 마음의 고통이 없어졌거나, 이러한 때에 다른 사람의 죄를 덮어두고서 땅이 명료한 때에 이르렀다면 모두 바일제이다. 해가 솟은 때부터 나아가 후야의 후분까지 다른 사람의 죄를 덮어두고서 땅이 명료한 때에 이르렀다면 땅이 명료한 때에 이르렀다면 바일제이다.

또한 비구가 땅이 명료한 때에 다른 비구가 바일제이거나. 바라제제사니이거나 돌길라를 범하는 것을 보았는데, 이 비구가 돌길라의 가운데에서 바라이라고 말하거나, 승가바시사·바일제·바라제제사니라고 말하였고, 이 비구가 돌길라의 가운데에서 바라제제사니라는 생각이 생겨났거나, 만약 바라이라고 생각하면서 하루를 마치도록 덮어두고서 땅이 명료한 때에 이르렀다면 모두 돌길라이다. 만약 이 비구를 대중 승가가 불견빈·부작빈·악사부제빈을 지어서 주었거나, 미쳤거나, 마음이 어지럽거나, 마음에 병이 있어 무너졌다면 범한 것은 없다. 만약 승가가 멸빈을 풀었거나, 마음의 고통이 없어졌거나, 이러한 때에 다른 사람의 죄를 덮어두고서 땅이 명료한 때에 이르렀다면 모두 바일제이다. 해가 솟은 때부터 나아가 후야의 후분까지 다른 사람의 죄를 덮어두고서 땅이 명료한 때에 이르렀다면 돌길라이다.

만약 비구가 땅이 명료한 때에 다른 비구가 바라이를 범하는 것을 보았는데, 이 비구가 바라이의 가운데에서 '이것은 바라이인가? 바라이가 아닌가?'라는 의심이 생겨났으나, 뒤의 때에 나중에 의심을 끊고서 바라이의 가운데에서 바라이라는 생각이 생겨났으나, 하루를 마치도록 덮어두고서 땅이 명료한 때에 이르렀다면 모두 돌길라이다. 만약 이 비구를 대중 승가가 불견빈·부작빈·악사부제빈을 지어서 주었거나, 미쳤거나, 마음이 어지럽거나, 마음에 병이 있어 무너졌다면 범한 것은 없다. 만약 승가가 멸빈을 풀었거나, 마음의 고통이 없어졌거나, 이러한 때에 다른 사람의 죄를 덮어두고서 땅이 명료한 때에 이르렀다면 모두 바일제이다. 해가 솟은 때부터 나아가 후야의 후분까지 다른 사람의 죄를 덮어두고서 땅이 명료한 때에 이르렀다면 바일제이다.

만약 비구가 땅이 명료한 때에 다른 비구가 승가바시사를 범하는 것을 보았는데, '이것은 승가바시사인가? 승가바시사가 아닌가?'라는 의심이 생겨났으나, 뒤의 때에 나중에 의심을 끊고서 승가바시사의 가운데에서 승가바시사라는 생각이 생겨났으나, 하루를 마치도록 덮어두고서 땅이 명료한 때에 이르렀다면 모두 바일제이다. 만약 이 비구를 대중 승가가 불견빈·부작빈·악사부제빈을 지어서 주었거나, 미쳤거나, 마음이 어지럽거나, 마음에 병이 있어 무너졌다면 범한 것은 없다. 만약 승가가 멸빈을 풀었거나, 마음의 고통이 없어졌거나, 이러한 때에 다른 사람의 죄를 덮어두고서 땅이 명료한 때에 이르렀다면 모두 바일제이다. 해가 솟은 때부터 나아가 후야의 후분까지 다른 사람의 죄를 덮어두고서 땅이 명료한 때에 이르렀다면 바일제이다.

또한 비구가 땅이 명료한 때에 다른 비구가 바일제·바라제제사니·돌길라를 범하는 것을 보았는데, 이 비구가 돌길라의 가운데에서 '이것은 돌길라인가? 돌길라가 아닌가?'라는 의심이 생겨났으나, 뒤의 때에 나중에 의심을 끊고서 돌길라의 가운데에서 돌길라라는 생각이 생겨났으나,

하루를 마치도록 덮어두고서 땅이 명료한 때에 이르렀다면 모두 돌길라이다. 만약 이 비구를 대중 승가가 불견빈·부작빈·악사부제빈을 지어서 주었거나, 미쳤거나, 마음이 어지럽거나, 마음에 병이 있어 무너졌다면 범한 것은 없다. 만약 승가가 멸빈을 풀었거나, 마음의 고통이 없어졌거나, 이러한 때에 다른 사람의 죄를 덮어두고서 땅이 명료한 때에 이르렀다면 모두 돌길라이다. 해가 솟은 때부터 나아가 후야의 후분까지 다른 사람의 죄를 덮어두고서 땅이 명료한 때에 이르렀다면 돌길라이다.

또한 비구가 땅이 명료한 때에 다른 비구가 바라이를 범하는 것을 보았고, '바라이인가? 승가바시사인가?', '바라이인가? 바일제인가?', '바라이인가? 바라제제사니인가?', '바라이인가? 돌길라인가?'라는 의심이 생겨났으나, 이 비구가 뒤의 때에 나중에 의심을 끊고서 바라이의 가운데에서 돌길라라는 생각이 생겨났으나, 하루를 마치도록 덮어두고서 땅이 명료한 때에 이르렀다면 모두 바일제이다. 만약 이 비구를 대중 승가가 불견빈·부작빈·악사부제빈을 지어서 주었거나, 미쳤거나, 마음이 어지럽거나, 마음에 병이 있어 무너졌다면 범한 것은 없다. 만약 승가가 멸빈을 풀었거나, 마음의 고통이 없어졌거나, 이러한 때에 다른 사람의 죄를 덮어두고서 땅이 명료한 때에 이르렀다면 모두 바일제이다. 해가 솟은 때부터 나아가 후야의 후분까지 다른 사람의 죄를 덮어두고서 땅이 명료한 때에 이르렀다면 바일제이다.

또한 비구가 땅이 명료한 때에 다른 비구가 승가바시사를 범하는 것을 보았고, '승가바시사인가? 바일제인가?', '승가바시사인가? 바라제제사니인가?', '승가바시사인가? 돌길라인가?', '승가바시사인가? 바라이인가?'라는 의심이 생겨났으나, 이 비구가 뒤의 때에 나중에 의심을 끊고서 승가바시사의 가운데에서 바라이라는 생각이 생겨났으나, 하루를 마치도록 덮어두고 땅이 명료한 때에 이르렀다면 모두 바일제이다. 만약 이 비구를 대중 승가가 불견빈·부작빈·악사부제빈을 지어서 주었거나, 미쳤거나, 마음이 어지럽거나, 마음에 병이 있어 무너졌다면 범한 것은 없다. 만약 승가가 멸빈을 풀었거나, 마음의 고통이 없어졌거나, 이러한 때에 다른 사람의 죄를 덮어두고서 땅이 명료한 때에 이르렀다면 모두 바일제이다. 해가 솟은 때부터 나아가 후야의 후분까지 다른 사람의 죄를 덮어두고서 땅이 명료한 때에 이르렀다면 바일제이다.

또한 비구가 땅이 명료한 때에 다른 비구가 바일제·바라제제사니·돌길라를 범하는 것을 보았고, 이 비구가 돌길라의 가운데에서 '돌길라인가? 바라이인가?', '돌길라인가? 승가바시사인가?', '돌길라인가? 바일제인가?', '돌길라인가? 바라제제사니인가?'라는 의심이 생겨났으나, 이 비구가 뒤의 때에 나중에 의심을 끊고서 돌길라의 가운데에서 바라제제사니라는 생각이 생겨났으나, 하루를 마치도록 덮어두고서 땅이 명료한 때에 이르렀다면 모두 바일제이다. 만약 이 비구를 대중 승가가 불견빈·부작빈·악사부제빈을 지어서 주었거나, 미쳤거나, 마음이 어지럽거나, 마음에 병이 있어 무너졌다면 범한 것은 없다. 만약 승가가 멸빈을 풀었거나, 마음의 고통이 없어졌거나, 이러한 때에 다른 사람의 죄를 덮어두고서 땅이 명료한 때에 이르렀다면 모두 돌길라이다. 해가 솟은 때부터 나아가 후야의 후분까지 다른 사람의 죄를 덮어두고서 땅이 명료한 때에 이르렀다면 돌길라이다. [다른 비구의 죄를 보았다면 한 사람에게 말하고 곧 멈춘다. 만약 의심스럽다면 말할 필요가 없다. 쉰 번째의 일을 마친다.]

십송율 제15권

후진 북인도 삼장 불야다라 한역

석보운 번역

3. 삼송 ②

4) 90바일제법을 밝히다 ⑦

세존께서는 사위국에 머무르셨다.

이때 발난타 석자는 이렇게 생각을 지었다.

'이 달마라는 제자가 나의 형을 모욕하였으므로 마땅히 그것을 갚아주어야겠다.'

그때 달마를 불러 말하였다.

"함께 어느 취락으로 가세."

물었다.

"무슨 까닭입니까?"

대답하여 말하였다.

"다만 따라오게."

달마는 생각하며 말하였다.

'이 비구는 나의 화상이시다. 어찌 말을 따르지 않겠는가?'

따라서 기환을 떠나갔다. 이때 기환의 문간에서 여러 비구들이 경행하고 있었다. 여러 비구들이 달마에게 말했다.

"그대는 오늘 반드시 마땅하게 맛있는 음식을 많이 얻을 것이네. 왜 그러한가? 지식이 많은 비구를 따라가는 까닭이네."

달마가 말하였다.

"많은가? 많지 않은가를 오늘에 마땅히 알 것입니다."

이 발난타 석자가 들어가는 집에서 모두가 음식을 주겠다고 청하였으나, 발난타는 이렇게 말하였다.

"잠시만 기다리십시오. 이른 시간이므로 때에 이르면 마땅히 취하겠습니다."

달마는 이렇게 생각을 지었다.

'나의 화상은 오늘 반드시 좋은 청을 받은 곳이 있음이 분명하다. 이러한 까닭으로 여러 곳에서 음식을 받지 않는 것이다.'

두 번째·세 번째 집에서도 역시 음식을 주겠다고 청하였으나 발난타는 말하였다.

"잠시만 기다리십시오. 이른 시간이므로 때에 이르면 마땅히 취하겠습니다."

이때 발난타는 백의의 집을 나왔고 날은 이미 정오이었으므로 설사 취락에 들어가서 걸식하여도 때에 늦었고 만약 기환으로 돌아가더라도 역시 다시 때에 늦을 것을 살피고서 곧 달마에게 말하였다.

"그대는 다시 돌아가게. 나는 그대와 함께 앉아서 말하면 즐겁지가 않네. 나는 혼자 앉아서 혼자 말하면 즐겁네."

달마가 다시 스스로 살펴보았는데, 날은 정오가 지나가서 설사 취락에 들어가 걸식하여도 때에 늦었고 만약 기환으로 돌아가더라도 다시 때가 늦었다. 달마는 또한 생각하였다.

'지금 마땅히 어디로 떠나가야 하는가?'

곧 기환으로 돌아왔다. 여러 비구들이 물어 말하였다.

"그대는 오늘 많은 맛있고 좋은 음식을 얻었는가?"

대답하여 말하였다.

"나에게 말하지 마십시오. 오늘은 음식이 끊어졌습니다."

물었다.

"무슨 까닭인가?"

곧 이러한 일로써 여러 비구들을 향하여 자세히 말하였다. 이 가운데에 비구가 있어 욕망이 적고 만족함을 알며 두타를 행하였는데, 이러한 일을 듣고 마음이 기쁘지 않아서 여러 종류의 인연으로 꾸짖었다.

"어찌 비구라고 이름하면서 고의로 비구의 음식을 끊는가?"

여러 종류의 인연으로 꾸짖고서 세존을 향하여 자세히 말하였다. 세존께서는 이 일로써 비구 승가를 모으셨으며, 아시면서도 일부러 발난타에게 물으셨다.

"그대가 진실로 이러한 일을 지었는가?"

대답하여 말하였다.

"진실로 지었습니다. 세존이시여."

세존께서는 여러 종류의 인연으로서 꾸짖으셨다.

"어찌 비구라고 이름하면서 고의로 비구의 음식을 끊었는가?"

여러 종류의 인연으로 꾸짖으셨으며, 여러 비구들에게 말씀하셨다.

"열 가지의 이익을 까닭으로 여러 비구들에게 계를 제정하여 주겠노라. 지금부터 이러한 계는 마땅히 이와 같이 설할지니라. '만약 비구가 다른 비구에게 <함께 여러 집으로 갑시다.>라고 말하였고 여러 집에 이르렀으나, 이 비구가 음식을 주지 못하도록 가르쳤으며, <그대는 다시 돌아가십시오. 나는 그대와 함께 앉아서 말하면 즐겁지가 않습니다. 나는 혼자 앉아서 혼자 말하면 즐겁습니다.>라고 곧 이렇게 말을 지었다면, 그를 괴롭히려는 까닭이고 이러한 인연으로서 바일제와 다르지 않느니라.'

'집'은 백의의 집이다.

'쫓아내다.(驅出)'는 스스로가 쫓아냈거나, 만약 다른 사람을 시켜서 쫓아내는 것이다.

'바일제'는 소자와 복장이고, 만약 참회하지 않는다면 능히 도를 장애한다.

이 가운데에서 범하는 것은 만약 비구가 다른 비구에게 '그대는 오십시오. 함께 다른 집에 갑시다.'라고 말하였고, 만약 성문에 이르지 않았는데 돌아가게 하였다면 돌길라이고, 성문에 들어가고서 돌아가게 하였어도 돌길라이다. 만약 백의 집의 바깥문에 들어가지 않았는데 돌아가게 하였다면 돌길라이고, 바깥문에 들어가고서 돌아가게 하였어도 역시 돌길라이며, 중간 문에 들어갔어도 역시 이와 같다. 만약 안쪽 문에 들어가지 않았는데 돌아가게 하였다면 돌길라이고, 안쪽 문에 들어갔어도 소리가 들리는 곳에 이르지 않았는데, 돌아가게 하였다면 돌길라이다. 만약 소리가 들리는 곳에 이르러 돌아가게 하였다면 바일제이다." [쉰한 번째 일을 마친다.]

세존께서는 교살라국에서 대비구와 함께 유행하셨다.

이때 500의 상인들이 세존을 뒤따르며 이렇게 생각을 지었다.

'우리들이 세존을 따라서 다닌다면 마땅히 풍요와 즐거움과 안은함을 얻을 것이다.'

세존께서는 유행하시면서 한 숲의 가운데에 이르러 묵고자 하셨다. 이때 상인들은 각자를 따라서 불을 피우고자 나뭇가지나 풀을 주워 함께 태워서 불을 피웠다. 여러 비구들도 역시 지식을 따라서 함께 풀과 나무를 주워 모닥불을 피웠다. 이때 한 명의 다른 마하로(摩訶盧)[1] 비구가 허공에 있는 나무를 끌어당겨 불 속에 집어넣었는데, 나무 속에 있던 독사가 뜨거웠으므로 곧 튀어나왔고, 비구는 보고 두려워서 크게 소리쳤다. 상인들도 놀라고 괴이하여 도둑이 왔다고 생각하여 함께 서로가 의논하여 말하였다.

"각자 삭(槊)·칼·활·화살을 잡고 재물을 모으시오."

상인들은 곧 일어나서 병장기(兵仗器)를 집고서 재물을 모았으며 함께 서로가 물어 말하였다.

"도둑은 어디에 있는가?"

비구가 말하였다.

"도둑은 없고, 독사가 있습니다."

---

1) 산스크리트어 mahallaka의 음사로서 노(老)·구(舊)·무지(無知)라고 번역된다. 늙은이나 어리석은 자를 가리킨다.

여러 상인들이 말하였다.

"만약 이것이 독사라는 것을 알았다면 무슨 까닭으로 크게 소리쳤습니까? 크게 소리쳤던 까닭으로 상인들 가운데에서 혹은 서로를 죽인 자도 있고, 우리도 약간은 서로에게 상해를 입혔습니다."

세존께서는 이 일로 여러 상인들이 마하로 비구를 꾸짖는 것을 들으셨다. 이 밤이 지나고서 세존께서는 이 인연으로서 비구 승가를 모으셨으며, 여러 종류의 인연으로서 마하로 비구를 꾸짖으셨다.

"어찌 비구라고 이름하면서 노지(露地)에서 불을 피웠는가?"

여러 종류의 인연으로 꾸짖으셨으며, 여러 비구들에게 말씀하셨다.

"열 가지의 이익을 까닭으로 여러 비구들에게 계를 제정하여 주겠노라. 지금부터 이러한 계는 마땅히 이와 같이 설할지니라. '만약 비구가 다른 비구가 병이 없는데 노지에서 불을 피워서 만약 풀·나무·쇠똥·나무껍질·분소(糞掃)를 태웠다면 만약 스스로 피웠거나, 만약 사람을 시켜서 피웠어도 바일제이니라.'

'병'은 냉기(冷氣)가 치성하거나, 열기(熱氣)가 치성하거나, 풍기(風氣)가 치성한 것이고, 만약 불을 향하면 차도를 얻으므로 이것을 병이라고 이름한다. 이러한 인연을 제외하면 병이 아니라고 이름한다.

'노지'는 벽으로 막았거나, 가려지지 않았거나, 자리로 가려지지 않았거나, 옷으로 가려지지 않았고, 이와 같이 가려진 것이 없다면 노지라고 이름한다.

'스스로 넣다.'는 스스로의 손으로 넣는 것이다.

'시켜서 넣다.'는 다른 사람을 가르쳐서 넣는 것이다.

'바일제'는 소자와 복장이고, 만약 참회하지 않는다면 능히 도를 장애한다.

이 가운데에서 범하는 것은 만약 비구가 풀로서 풀이 불타는 가운데에 넣었다면 바일제이고, 만약 풀·쇠똥·나무껍질·분소 등으로서 풀이 불타는 가운데에 넣었다면 바일제이다. 만약 비구가 나무로서 나무가 불타는 가운데에 넣었다면 바일제이고, 만약 쇠똥·나무껍질·분소·풀 등을 나무가 불타는 가운데에 넣었다면 바일제이다. 만약 비구가 쇠똥으로서 쇠똥이 불타는 가운데에 넣었다면 바일제이고, 나무껍질·분소·풀·나무 등을 쇠똥이 불타는 가운데에 넣었다면 바일제이다. 만약 비구가 나무껍질로서 나무껍질이 불타는 가운데에 넣었다면 바일제이고, 분소·풀·나무·쇠똥 등을 나무껍질이 불타는 가운데에 넣었다면 바일제이다. 만약 비구가 분소로서 분소가 불타는 가운데에 넣었다면 바일제이고, 풀·나무·쇠똥·나무껍질 등을 분소가 불타는 가운데에 넣었다면 바일제이다. 시켜서 넣게 했어도 역시 이와 같고, 나아가 노지에서 불타는 나무를 불의 가운데에 던졌다면 돌길라이다.

범함이 없는 것은 만약 병이 있거나, 만약 밥을 끓이거나, 만약 국을 끓이거나, 죽을 끓이거나, 고기를 삶거나, 물을 끓이거나, 염료를 끓이거나, 발우를 말리거나, 석장을 고치거나, 자물쇠(戶鉤)를 고치는 것은 범한 것이 아니다." [쉰두 번째 일을 마친다.]

세존께서는 사위국에 머무르셨다.

이때 여러 비구들이 갈마로 발난타를 쫓아내고자 하였다. 이때 육군비구가 대중 가운데서 막았고 갈마가 성립되지 못하였다. 다른 때에 육군비구가 다른 곳으로 떠나갔으므로 여러 비구들이 말하였다.

"우리는 지금 마땅히 발난타에게 빈갈마(擯羯磨)를 지어서 주어야 합니다."

누구 비구가 말하였다.

"육군비구가 마땅히 와서 다시 막을 것입니다."

비구들이 말하였다.

"육군비구는 지금 멀리 떠나가서 다른 취락에 있습니다. 일이 많아서 돌아오지 않을 것입니다."

비구가 있어 육군비구를 도왔는데 그때 머물면서 떠나지 않았다. 모든 육군비구는 해태(懈怠)하고 나태(懶惰)하여 설계(說戒)와 자자(自恣)의 승가갈마 때에는 오지 않았고, 다만 욕(欲)[2]의 청정을 주었다. 여러 비구들은 생각하였다.

'육군비구들이 대중 가운데 와서 갈마를 짓는 것을 막으면서 돕지 못하게 하도록 다만 욕을 취하여 오겠다.'

곧 건치를 두드려서 비구 승가를 모았으며 사람을 보내어 그 비구에게 처소에 이르러 욕을 구하여 오게 하였다. 그가 물어 말하였다.

"무슨 일을 짓고자 합니까?"

대답하여 말하였다.

"승사(僧事)가 있습니다."

그 비구는 곧 욕을 주었다. 그때 승가는 일심으로 화합하여 발난타에게 빈갈마를 지어서 주었다. 다음 날에 크게 창언하였다.

"승가는 이미 발난타를 빈갈마를 지어서 주었습니다."

그 비구가 말하였다.

"그 갈마는 마땅히 이와 같이 지어서는 아니됩니다. 나의 뜻이 옳지 않은 까닭입니다."

여러 비구들이 말하였다.

"그대는 이미 욕을 주었습니다."

그 비구가 말하였다.

"나는 승가가 발난타 석자에게 빈갈마를 지어서 주는 것을 알지 못하였던 까닭입니다. 만약 알았다면 욕을 주지 않았을 것입니다."

스스로가 말하였다.

"나는 이것에 잘못이 있지 않으므로 마땅히 욕을 줄 수 없습니다."

이 가운데에 비구가 있어 욕망이 적고 만족함을 알며 두타를 행하였는데, 이러한 일을 듣고 마음이 기쁘지 않아서 여러 종류의 인연으로 꾸짖었다.

"어찌 비구라고 이름하면서 여법한 승사의 가운데에서 욕을 주고서 뒤에 후회하는가?"

여러 종류의 인연으로 꾸짖고서, 세존을 향하여 자세히 말하였다. 세존

2) 갈마에 참석할 수 없어서 결정에 찬성한다는 뜻을 대중들에게 위임하는 것이다.

께서는 이 일로써 비구 승가를 모으셨으며, 아시면서도 일부러 이 비구에게 물으셨다.

"그대가 진실로 이러한 일을 지었는가?"

대답하여 말하였다.

"진실로 지었습니다. 세존이시여."

세존께서는 여러 종류의 인연으로서 꾸짖으셨다.

"어찌 비구라고 이름하면서 여법한 승사의 가운데에서 욕을 주고서 뒤에 후회하였는가?"

여러 종류의 인연으로 꾸짖으셨으며, 여러 비구들에게 말씀하셨다.

"열 가지의 이익을 까닭으로 여러 비구들에게 계를 제정하여 주겠노라. 지금부터 이러한 계는 마땅히 이와 같이 설할지니라. '만약 비구가 여법한 승사에 욕을 주었고 마쳤는데, 뒤에 후회하여 <나는 마땅히 줄 수 없다.> 라고 말하였다면 바일제이니라.'

'승사'는 승가에 일이 있는 것이니, 만약 백갈마(白羯磨)·백이갈마(白二羯磨)·백사갈마(白四羯磨)이거나, 만약 포살(布薩)·자자(自恣)이거나, 만약 십사인갈마(十四人羯磨) 등이다.

'바일제'는 소자와 복장이고, 만약 참회하지 않는다면 능히 도를 장애한다.

이 가운데에서 범하는 것은 만약 비구가 여법한 승사에 욕을 주어서 마쳤는데, 뒤에 후회하여 '나는 마땅히 욕을 줄 수 없다.'라고 말하였다면 바일제이다. 만약 비구가 승가의 여법한 일인 만약 백갈마·백이갈마·백사갈마·포살·자자·십사인갈마에 욕을 주어서 마쳤는데, 뒤에 후회하여 '나는 마땅히 욕을 줄 수 없다.'고 말하였다면 바일제이다. 마음을 따라서 후회하며 말하였다면 하나·하나가 바일제이다." [쉰세 번째 일을 마친다.]

세존께서는 아라비국(阿羅毘國)에 머무르셨다.

이때 여러 현자(賢者)들이 재일(齋日)을 따라서 사찰에 이르렀고, 재법(齋法)을 받는 가운데에서 밤을 지내면서 등불을 켜고 가부좌하고 앉아 있었는데, 법을 듣기 위한 까닭이었다. 이때 모든 상좌 비구들은 초야(初夜)에 대좌(大坐)하였으나 중야(中夜)에 이르러 각자 방으로 들어갔다. 여러 젊은 비구와 여러 사미(沙彌)들은 설법당(說法堂)에 있었는데, 일심으로 누워있지 못하여 코를 골았고 잠꼬대하였으며 소리를 지르고 몸을 뒤척였다. 여러 현자들이 말하였다.

"이 존중받는 대중들이 일심으로 누워서 잠자지 못하는 것을 보시오."

이 가운데에 비구가 있어 욕망이 적고 만족함을 알며 두타를 행하였는데, 이러한 일을 듣고 마음이 기쁘지 않아서 세존께 자세히 말하였다. 세존께서는 이 일로써 비구 승가를 모으셨으며 아시면서도, 일부러 아라비의 비구들에게 물으셨다.

"그대들이 진실로 이러한 일을 지었는가?"

대답하여 말하였다.

"진실로 지었습니다. 세존이시여."

세존께서는 여러 종류의 인연으로서 꾸짖으셨다.

"어찌 비구라고 이름하면서 구족계를 받지 않은 사람과 함께 잠을 잤는가?"

세존께서는 이때 다만 꾸짖으셨으며, 계를 제정하지는 않으셨다.

세존께서는 사위국에 머무르셨다.

이때 사미 라후라(羅睺羅)를 여러 비구들이 방에서 쫓아내서 함께 머무를 수 없었고, 라후라는 곧 끝자락의 작은 방으로 가서 머물렀다. 이때 객비구가 와서 이렇게 생각을 지었다.

'대방(大房)의 가운데에는 반드시 상좌들로 많을 것이다. 나는 마땅히 끝자락의 작은 방으로 가겠다.'

이렇게 생각을 짓고서 곧 끝자락의 작은 방으로 향하였다. 이르렀고 헛기침을 하고서 문을 두드리며 물어 말하였다.

"이 가운데에 누가 있습니까?"

대답하여 말하였다.

"나는 라후라입니다."

비구가 말하였다.

"나가게."

곧바로 방에서 나왔고, 두 번째의 방에 이르렀으나 다시 거듭 쫓겨났고, 세 번째 방에서도 다시 쫓겨났다. 라후라는 이렇게 생각을 지었다.

'내가 이르는 방마다 모두 쫓아내므로 지금 마땅히 세존의 측실(廁室)[3]의 가운데에 가겠다.'

곧 측실의 가운데에 가서 판자를 베고 누웠다. 그 판자 아래에는 뱀이 있었는데 이전에 나가고 없었으나, 후야에 큰바람이 있고 비가 내리자 뱀은 괴로워하면서 곧 돌아와서 굴로 향하였다. 이때 세존께서는 라후라가 누워있는 것을 기억하셨고, '만약 내가 깨우지 않으면 반드시 마땅하게 뱀에게 해를 입을 것이다.'라고 생각하셨다. 세존께서는 곧 삼매에 들어가서 스스로의 방안에서 사라졌으며 측실의 옆에 머무셨다. 그리고 곧 신통력으로 용의 소리를 지으셨고, 라후라는 곧 깨어났다. 세존께서는 아시면서도 일부러 물으셨다.

"그대는 누구인가?"

대답하여 말하였다.

"저는 라후라입니다."

"무슨 까닭으로 이곳에 있는가?"

대답하여 말하였다.

"잠자고자 합니다."

물으셨다.

"무슨 까닭으로 이곳에서 자는가?"

대답하여 말하였다.

"다른 곳에 묵을 수 없습니다."

세존께서는 말씀하셨다.

---

3) 화장실(化粧室)을 가리키는 말이다. 또한 서각(西閣)·정방(淨房)·측실(廁室)·측청(廁圊)·혼측(溷廁)·회치장(灰治粧) 등이 있다.

"그대는 나오게."

곧 측실에서 나왔다. 세존께서는 오른손으로 라후라의 머리를 어루만지시며 이렇게 게송을 설하여 말씀하셨다.

그대는 가난한 것도 아니고
역시 부귀를 잃은 것도 아니며
다만 도를 구하려는 까닭으로
출가하였으니 마땅히 고통을 참을지니라.

이렇게 게송을 설하시고서 세존께서는 라후라의 팔을 잡고 스스로의 방에 이르셨다. 이때 세존께서는 독좌상에서 대좌하셨다. 세존께서는 밤이 지나도록 선정에 들어가셨고, 성스럽게 묵연(默然)하셨으며 땅이 명료한 때에 이르렀다. 이 인연으로서 비구 승가를 모으셨으며, 비구들에게 말씀하셨다.

"이 사미는 연민하다. 부모가 없는데 만약 자비와 연민이 없다면 무슨 인연으로 살아가겠는가? 만약 악한 짐승을 만나서 큰 고뇌를 얻었다면 이 친족들은 반드시 성내면서 말할 것이다. '여러 사문 석자들은 사미들을 다만 양육하였으나, 능히 수호(守護)하지 않는다.'"

세존께서는 여러 종류의 인연으로 꾸짖고서 여러 비구들에게 말씀하셨다.

"지금부터 두 가지 일의 이익을 위한 까닭으로 대계(大戒)를 받지 못한 사람과 이틀 밤은 함께 묵는 것을 허락하겠노라. 첫째는 사미를 연민하게 생각하는 까닭이고, 두 번째는 백의들이 있어 사찰의 가운데에 이르면 묵을 방을 주어야 하는 까닭이니라. 열 가지의 이익을 까닭으로 여러 비구들에게 계를 제정하여 주겠노라. 지금부터 이러한 계는 마땅히 이와 같이 설할지니라. '만약 비구가 대계를 받지 않은 자와 방에서 함께 묵으면서 이틀 밤을 넘긴다면 바일제이니라.'

'대계를 받지 않은 자'는 비구와 비구니를 제외한 나머지 일체의 사람이다.

'방'은 네 종류가 있다. 첫째는 일체가 덮여지고 일체가 막힌 것이고, 둘째는 일체가 막혔으나 덮여지지 않은 것이며, 셋째는 일체가 덮여지고 절반은 막힌 것이고, 넷째는 일체가 덮여지고 일부만 막힌 것이다.

'바일제'는 소자와 복장이고, 만약 허물을 참회하지 않는다면 능히 도를 장애한다.

이 가운데에서 범하는 것은 만약 비구가 대계를 받지 않은 자와 네 종류의 방에서 묵으며 이틀 밤을 넘긴다면 바일제이다. 일어났다가 다시 누웠다면 일어났다가 다시 누운 것을 따라서 그 하나·하나가 바일제이다. 만약 밤새워 좌정하였다면 범한 것은 아니다."

그때 한 비구가 병이 있어 사미를 시켜서 공급하고 간병토록 하였다. 이 비구는 셋째의 밤에 사미를 내보냈고, 이 병든 비구는 간병인이 없는 까닭으로 거의 죽음에 이르렀다. 여러 비구들은 이 일로써 세존께 아뢰었다. 세존께서는 이 일로써 비구 승가를 모으셨으며, 여러 비구들에게 말씀하셨다.

"마땅히 사미를 불러 병든 비구의 처소에 서 있게 하고, 잠자게 하지는 말라."

병든 비구를 간병하던 사미가 젊었으나 오래 서 있으면서 곧 바닥에 쓰러져서 곧 잠이 들었다. 세존께서는 말씀하셨다.

"병든 비구는 범한 것은 없다. 이 가운데에서 병이 없는 비구는 마땅히 눕지 말라." [쉰네 번째의 일을 마친다.]

세존께서는 사위국에 머무르셨다.

이때 아리타(阿利吒) 비구가 악한 견해가 생겨나서 말하였다.

"나는 이와 같이 불법의 뜻을 알고 있다. '도(道)를 장애하는 법(障道法)을 짓더라도 도를 장애하지 않는다.'"

여러 비구들이 이 일을 듣고서 세존을 향하여 자세히 말하였다. 세존께서는 이 일로써 비구 승가를 모으셨으며, 여러 비구들에게 말씀하셨다.

"그대들은 아리타 비구에게 간략하게 충고하여 말하라. '그대는 <내가 불법의 뜻을 알았는데, 도를 장애하는 법을 행하더라도 도를 장애하지는 않는다.>라고 이러한 말을 짓지 마십시오. 그대는 세존을 비방하지 마십시오. 세존을 비방하는 자는 선하지 않습니다. 세존께서는 이렇게 말을 짓지 않으셨습니다. 세존께서는 여러 종류의 인연으로 도를 장애하는 법이 도를 장애한다고 말씀하셨습니다. 그대는 이러한 악한 삿된 견해를 버리십시오.' 마땅히 세 번을 가르쳐서 이러한 일을 버리게 하라."

여러 비구들은 말하였다.

"알겠습니다. 세존이시여."

곧 아리타 비구에게 갔고 간략하게 충고하여 말하였다.

"그대는 이렇게 말을 짓지 마십시오. '내가 불법의 뜻을 알았는데, 도를 장애하는 법을 행하더라도 도를 장애하지 않는다.' 그대는 세존을 비방하지 마십시오. 세존을 비방하는 자는 선하지 않습니다. 세존께서는 이렇게 말을 짓지 않으셨습니다. 세존께서는 여러 종류의 인연으로 '도를 장애하는 법이 도를 장애한다.'고 말씀하셨습니다. 그대는 이러한 악한 삿된 견해를 버리십시오."

이렇게 가르쳐서 이러한 일을 버리도록 가르쳤고, 두·세 번을 역시 이와 같이 가르쳤다. 여러 비구들은 두·세 번을 가르쳤으나 능히 버리게 할 수 없었다. 곧바로 일어나서 떠나갔고 세존의 처소에 나아가서 세존의 머리숙여 발에 예경하고 한쪽에 앉아서 세존께 아뢰어 말하였다.

"세존이시여. 저희들이 아리타 비구를 가르쳐서 이러한 악한 삿된 견해를 버리도록 하였으나 능히 버리게 할 수 없어서 저희는 곧바로 일어나서 왔습니다."

세존께서는 말씀하셨다.

"그대들은 마땅히 빈갈마를 짓도록 하라. 아리타 비구는 악한 삿된 견해를 버리지 않는 까닭이다. 만약 다른 비구가 있어 악한 삿된 견해를 버리지 않는다면 역시 이와 같이 다스려라. 악하고 삿된 견해를 버리지 않았으므로 빈갈마를 짓는 법은 일심으로 화합한 승가의 가운데에서 한 비구가 창언하라.

'대덕 승가께서는 허락하십시오. 이 아리타 비구는 이와 같은 악한 삿된 견해가 생겨나서 말하였습니다. <내가 불법의 뜻을 알았는데, 도를 장애하는 법을 행하더라도 도를 장애하지 않는다.> 승가는 간략하게 충고하여 악한 삿된 견해를 버리게 하였으나 기꺼이 버리지 않았습니다. 만약 승가께서 때에 이르렀다면 승가께서는 인정하고 허락하십시오. 아리타 비구가 악하고 삿된 견해를 버리지 않는 갈마를 주겠습니다. <그대가 어느 허락된 때를 따라서 악하고 삿된 견해를 버리지 않는다면 승가는 그와 같은 때를 따라서 빈갈마를 지어서 주겠습니다.>'

이것을 백(白)이라고 이름한다. 이와 같이 아뢰고 백사갈마를 짓는다.

'승가시여. 아리타 비구에게 악하고 삿된 견해를 버리지 않았으므로 빈갈마를 지어서 마쳤습니다. 승가께서 허락하신 것은 묵연하셨던 까닭입니다. 이 일은 이와 같이 지니겠습니다.'

여러 비구들에게 말씀하셨다.

열 가지의 이익을 까닭으로 여러 비구들에게 계를 제정하여 주겠노라. 지금부터 이러한 계는 마땅히 이와 같이 설할지니라. '만약 비구가 <나는 이와 같이 불법의 뜻을 알고 있다. 도를 장애하는 법을 짓더라도 도를 장애하지 못한다.>라고 말한다면 여러 비구는 마땅히 그 비구를 이와 같이 가르쳐야 한다. 그대는 <내가 불법의 뜻을 알았는데, 도를 장애하는 법을 행하더라도 도를 장애하지 않는다.>라고 이렇게 말을 짓지 마십시오. 그대는 세존을 비방하지 마십시오. 세존을 비방하는 자는 선하지 않습니다. 세존께서는 이렇게 말을 짓지 않으셨습니다. 세존께서는 여러 종류의 인연으로 <도를 장애하는 법이 도를 장애한다.>라고 말씀하셨습니다. 그대는 이러한 악한 삿된 견해를 버리십시오. 여러 비구들이 이와 같이 가르치는 때에 굳게 지니고서 버리지 않는다면 비구들은 두·세 번을 이러한 일을 버리도록 가르쳐야 한다. 두·세 번을 가르치는 때에 버린다면 좋으나, 버리지 않는다면 바일제이니라.'

'바일제'는 소자와 복장이고, 만약 참회하지 않는다면 능히 도를 장애한다.

이 가운데에서 범하는 것은 그 비구에게 처음에는 마땅히 부드러운 말로 간략하게 충고해야 하며, 만약 부드러운 말로 간략하게 충고하여 악한 견해를 버렸다면 돌길라를 지어서 참회하게 하라. 만약 버리지 않는다면 마땅히 백사갈마를 지어서 충고하라. 충고하는 법은 일심으로 화합한 승가의 가운데에서 한 비구가 승가의 가운데에서 창언하라.

'대덕 승가께서는 허락하십시오. 이 아리타 비구는 이와 같은 악한 삿된 견해가 생겨나서 <내가 불법의 뜻을 알았는데, 도를 장애하는 법을 행하더라도 도를 장애하지 않는다.>라고 말하였습니다. 만약 승가께서 때에 이르렀다면 승가께서는 허락하십시오. 승가께서는 아리타 비구를 간략하게 충고하여 악한 삿된 견해 버리게 하십시오.'

이것을 백이라고 이름한다. 이와 같이 아뢰고서 백사갈마를 짓는다.

'승가시여. 아리타 비구가 악하고 삿된 견해를 버리게 하는 갈마를 지어서 마쳤습니다. 승가께서 허락하신 것은 묵연하셨던 까닭입니다. 이 일은 이와 같이 지니겠습니다.'

이 가운데에서 세존의 말씀처럼 이 비구를 마땅히 두·세 번을 간략하게 충고하여 이러한 일을 버리게 하였다면 이것을 간략하게 충고하였다고 이름하고, 이것을 가르쳤다고 이름하며, 이것을 간략하게 충고하여 가르쳤다고 이름한다. 부드러운 말로 간략하게 충고하였을 때에 버리지 않았더라도 범한 것은 아니다. 만약 처음으로 말하는 말이 끝나지 않았거나, 끝났거나, 두 번째의 말하는 말이 끝나지 않았거나, 끝났거나, 비법의 별중(別衆)이거나, 비법으로 화합중(和合衆)이거나, 비슷한 법의 별중이거나, 비슷한 법의 화합중이거나, 여법한 별중이거나, 다른 법·다른 계율·세존의 가르침과 다른 대중들이 간략하게 충고하여 버리지 않았어도 범한 것이 아니다. 만약 법과 같고 율과 같으며 비니와 같으며 세존의 가르침과 같은데, 세 번을 간략하게 충고하였는데, 버리지 않는다면 바일제이다."

[쉰다섯 번째 일을 마친다.]

세존께서는 왕사성에 머무르셨다.

그때 육군비구는 이 사람이 이와 같은 말을 지었고 여법하게 죄를 없애지도 않았으며 악하고 삿된 견해도 버리지 않아서 여법하게 쫓겨난 것을 알았으나, 곧 함께 일을 행하였고 함께 머물렀으며 함께 같은 방에서 묵었다. 이 가운데에 비구가 있어 욕망이 적고 만족함을 알며 두타를 행하였는데, 이러한 일을 듣고 마음이 기쁘지 않아서 여러 종류의 인연으로 육군비구를 꾸짖었다.

"어찌 비구라고 이름하면서 이 사람이 이와 같은 말을 지었고 여법하게 죄를 없애지 않았으며 악하고 삿된 견해도 버리지 않아서 여법하게 쫓겨난 것을 알았으나, 곧 함께 일을 행하고 함께 머무르며 함께 같은 방에서 묵는가?"

여러 종류의 인연으로 꾸짖고서 세존을 향하여 자세히 말하였다. 세존께서는 이 일로써 비구 승가를 모으셨으며, 아시면서도 일부러 육군비구에게 물으셨다.

"그대들이 진실로 이러한 일을 지었는가?"

대답하여 말하였다.

"진실로 지었습니다. 세존이시여."

세존께서는 여러 종류의 인연으로서 꾸짖으셨다.

"어찌 비구라고 이름하면서 이 사람이 이와 같은 말을 지었고 여법하게 죄를 없애지 않았으며 악하고 삿된 견해도 버리지 않아서 여법하게 쫓겨난 것을 알았으나, 곧 함께 일을 행하고 함께 머무르며 함께 같은 방에서 묵었는가?"

여러 종류의 인연으로 꾸짖으셨으며, 여러 비구들에게 말씀하셨다.

"열 가지의 이익을 까닭으로 여러 비구들에게 계를 제정하여 주겠노라. 지금부터 이러한 계는 마땅히 이와 같이 설할지니라. '만약 비구가 이와 같이 말을 짓고서 여법하게 죄를 없애지 않았으며 악하고 삿된 견해도 버리지 않아서 여법하게 쫓겨난 것을 알았으나, 곧 함께 일을 행하고 함께 머무르며 함께 같은 방에서 묵었다면 바일제이니라.'

'알았다.'는 만약 스스로가 알았거나, 만약 다른 사람에게 들었거나, 만약 그가 스스로가 말한 것이다.

'이와 같은 말'은 견해와 같게 말하는 것이다.

'여법하게 참회하지 않았다.'는 마음을 절복(折伏)하지 않았거나, 교만(憍慢)을 깨뜨리지 않은 것이다.

'악한 견해를 버리지 않았다.'는 이 악하고 삿된 견해가 마음에서 떠나지 않은 까닭이다.

'여법하게 쫓아내다.'는 불·법·승과 같은 가운데에서 쫓아낸 것이다.

'함께 일하다.'는 두 종류의 일이 있나니, 법사(法事)와 재물사(財物事)이다.

'함께 머무르다.'는 이 사람과 함께 머물면서 백갈마·백이갈마·백사갈마·포살·자자를 짓거나, 만약 십사인갈마를 짓는 것이다.

'함께 방에서 묵는다.'에서 방에는 네 종류가 있나니, 첫째는 일체가 덮여지고 일체가 막힌 것이고, 둘째는 일체가 막혔으나 덮여지지 않은 것이며, 셋째는 일체가 덮여지고 절반은 막힌 것이고, 넷째는 일체가 덮여지고 일부만 막힌 것이다.

'바일제'는 소자와 복장이고, 만약 참회하지 않는다면 능히 도를 장애한다.

이 가운데에서 범하는 것은 만약 비구가 쫓겨난 사람과 함께 법사를 짓거나, 만약 경(經)과 법(法)을 가르치거나, 만약 게송을 설한다면 게송·게송에 바일제이고, 만약 경을 설한다면 장(章)·장에 바일제이며, 만약 별구(別句)를 설한다면 그 구절·구절에 바일제이다. 만약 쫓겨난 사람을 쫓아서 암송한 것을 묻거나, 수학하여도 역시 이와 같다. 함께 재사(財事)를 하여도 이와 같다. 만약 비구가 쫓겨난 사람에게 발우를 주었다면 바일제이고, 옷·자물쇠·시약·야분약·칠일약·진형약을 주었다면 모두 바일제이다. 만약 쫓겨난 사람에게 옷과 발우를 취한다면 바일제이고, 나아가 진형약을 취하여도 모두 바일제이다. 만약 네 종류의 방사에 함께 묵거나, 누웠다면 바일제이다. 일어났다가 다시 누웠다면 일어나고 다시 누운 것을 따라서 하나·하나가 바일제이다. 만약 밤이 지나도록 앉아 있고 눕지 않았다면 돌길라이다." [쉰여섯 번째 일을 마친다.]

세존께서는 사위국에 머무르셨다.

이때 사미가 있어 마가(摩伽)라고 이름하였는데, 이와 같은 악한 삿된 견해가 생겨났다.

"나는 불법의 뜻을 알았는데, 음행을 짓더라도 능히 도(道)를 장애하지 않는다."

여러 비구들이 이 일을 듣고서 세존을 향하여 자세히 말하였다. 세존께서는 이 일로써 비구 승가를 모으셨으며, 여러 비구들에게 말씀하셨다.

"그대들은 마땅히 마가 사미에게 마땅히 간략하게 충고하여 말하라. '그대는 <내가 불법의 뜻을 알았는데, 음행을 짓더라도 능히 도를 장애하지 않는다.>라고 이러한 말을 짓지 말라. 그대는 세존을 비방하지 말라. 세존을 비방하는 자는 선하지 않느니라. 세존께서는 이렇게 말을 짓지 않으셨고, 세존께서는 여러 종류의 인연으로 음행이 도를 장애한다고 말씀하셨느니라. 그대는 마땅히 이러한 악하고 삿된 견해를 버리도록 하라.'"

여러 비구들이 말하였다.

"알겠습니다. 세존이시여."

곧 갔고 사미를 꾸짖어 말하였다.

"그대는 '내가 불법의 뜻을 알았는데, 음행을 짓더라도 능히 도를 장애하지 않는다.'라고 이러한 말을 짓지 말라. 그대는 세존을 비방하지 말라. 세존을 비방하는 자는 선하지 않네. 세존께서는 이렇게 말을 짓지 않으셨고, 세존께서는 여러 종류의 인연으로 음행이 도를 장애한다고 말씀하셨네. 그대는 마땅히 이러한 악하고 삿된 견해를 버리도록 하게."

여러 비구들은 두·세 번을 버리도록 가르쳤으나 능히 버리게 할 수 없었다. 곧바로 일어나서 떠나갔고 세존의 처소에 나아가서 머리숙여 세존의 발에 예경하고 한쪽에 앉아서 세존께 아뢰었다.

"세존이시여. 저희들이 마가 사미를 간략하게 충고하여 악한 삿된 견해를 버리게 하였으나 능히 버리게 할 수 없었으므로 자리에서 일어나서 돌아왔습니다."

세존께서는 말씀하셨다.

"그대들은 마땅히 마가 사미에게 멸빈갈마(滅擯羯磨)를 주도록 하라. 악한 삿된 견해를 버리지 않는 까닭이다. 만약 다시 이와 같은 사미가 있다면 역시 이와 같이 다스려라. 멸빈갈마의 법은 일심으로 화합한 승가의 가운데에서 한 비구가 창언하라.

'대덕 승가께서는 허락하십시오. 이 마가 사미는 악하고 삿된 견해가 생겨나서 <내가 불법의 뜻을 알았는데, 음행을 짓더라도 능히 도를 장애하지 않는다.>라고 말하였습니다. 승가가 간략하게 충고하여 악한 삿된 견해를 버리게 하였으나 기꺼이 버리지 않았습니다. 만약 승가께서 때에 이르렀다면 승가께서는 허락하십시오. 마가 사미에게 멸빈갈마를 주겠습니다.'

이것을 백이라고 이름한다. 이와 같이 아뢰고 백사갈마를 짓는다.

'승가시여. 마가 사미에게 멸빈갈마를 주어서 마쳤습니다. 승가께서 허락하신 것은 묵연하셨던 까닭입니다. 이 일은 이와 같이 지니겠습니다.'

세존께서는 왕사성에 머무르셨다.

이때 육군비구는 그 사미가 멸빈되었다는 것을 알면서도 곧 양육하고 지내면서 보살피고 함께 일하고 함께 묵었다. 이 가운데에 비구가 있어 욕망이 적고 만족함을 알며 두타를 행하였는데, 이러한 일을 듣고 마음이 기쁘지 않아서 여러 종류의 인연으로 육군비구를 꾸짖었다.

"어찌 비구라고 이름하면서 멸빈된 사미인 것을 알면서도 곧 양육하고 지내면서 보살피고 함께 일하고 함께 묵는가?"

여러 종류의 인연으로 꾸짖고서 세존을 향하여 자세히 말하였다. 세존께서는 이 일로써 비구 승가를 모으셨으며, 아시면서도 일부러 육군비구에게 물으셨다.

"그대들이 진실로 이러한 일을 지었는가?"

대답하여 말하였다.

"진실로 지었습니다. 세존이시여."

세존께서는 여러 종류의 인연으로서 꾸짖으셨다.

"어찌 비구라고 이름하면서 멸빈된 사미인 것을 알면서도 곧 양육하고 지내면서 보살피고 함께 일하고 함께 묵었는가?"

여러 종류의 인연으로 꾸짖으셨으며, 여러 비구들에게 말씀하셨다.

"열 가지의 이익을 까닭으로 여러 비구들에게 계를 제정하여 주겠노라. 지금부터 이러한 계는 마땅히 이와 같이 설할지니라. '만약 사미가 <내가 불법의 뜻을 알았는데, 음행을 짓더라도 능히 도를 장애하지 않는다.>라고 이렇게 말을 지었다면, 여러 비구들은 마땅히 사미를 이와 같이 가르쳐서 말하도록 하라. 그대는 <내가 불법의 뜻을 알았는데, 음행을 짓더라도 능히 도를 장애하지 않는다.>라고 이러한 말을 짓지 말라. 그대는 세존을 비방하지 말라. 세존을 비방하는 자는 선하지 않느니라. 세존께서는 이렇게 말을 짓지 않으셨나니, 그대는 마땅히 알라. 세존께서는 여러 종류의 인연으로 음행이 도를 장애한다고 꾸짖으셨나니, 그대는 마땅히 이러한 악한 삿된 견해를 버리도록 하라. 만약 이 사미가 여러 비구들이 꾸짖는 때에 굳게 지니고서 버리지 않는다면 여러 비구들은 마땅히 두·세 번을 가르쳐서 이러한 일을 버리게 하라. 두 번·세 번을 가르칠 때 버린다면 좋으나, 버리지 않는다면 비구들은 마땅히 이와 같이 사미에게 말하라.

<그대는 지금부터 세존께서 나의 스승이라고 말하지 말라. 역시 마땅히 여러 비구들의 뒤를 따르지 말라. 여러 다른 사미들은 비구와 같은 방에서 이틀을 잘 수 있으나, 그대는 지금부터 할 수 없다. 어리석은 사람아! 사라져라. 마땅히 이곳에 머물 수 없느니라.>

만약 비구가 멸빈된 사미인 것을 알면서도 곧 양육하고 지내면서 보살피고 함께 일하고 함께 묵는다면 바일제이니라.'

'알았다.'는 만약 스스로가 알았거나, 만약 다른 사람에게 들었거나, 만약 그가 스스로가 말한 것이다.

'만약 사미가 스스로 멸빈자라고 말하다.'는 불법(佛法)과 같이 일심으로 화합한 승가에서 멸빈갈마를 지은 것이다.

'양육하다.'는 지니고서 제자를 짓거나, 스스로가 화상을 짓거나, 만약 아사리를 짓는 것이다.

'지내면서 보살피다.'는 만약 옷·발우·호구·시약·야분약·칠일약·종신약을 주는 것이다.

'함께 일하다.'는 두 종류의 일이 있나니, 법사와 재사이다.

'함께 머무르다.'는 이 사람과 함께 머물면서 백갈마·백이갈마·백사갈마·포살·자자를 짓거나, 만약 십사인갈마를 짓는 것이다.

'함께 묵는다.'에서 네 종류의 집에서 함께 묵는 것이다. 방은 만약 일체가 덮여지고 일체가 막힌 것이거나, 일체가 막혔으나 덮여지지 않은 것이거나, 일체가 덮여지고 절반은 막힌 것이거나, 넷째는 일체가 덮여지고 일부만 막힌 것이다.

'바일제'는 소자와 복장이고, 만약 허물을 참회하지 않는다면 능히 도를 장애한다.

이 가운데에서 범하는 것은 만약 비구가 멸빈된 사미에게 법을 가르치면서 만약 게송을 설한다면 게송·게송에 바일제이고, 경을 설한다면 그 장·장에 바일제이며, 별구를 설한다면 그 구절·구절에 바일제이다. 만약 멸빈된 사미에게 경전의 독송을 수지시켜도 역시 이와 같다. 만약 멸빈된 사미에게 발우를 주었다면 바일제이고, 만약 옷·호구·시약·야분약·칠일약·진형약을 주었다면 모두 바일제이다. 만약 멸빈된 사미에게 옷과 발우를 취한다면 바일제이고, 나아가 진형약을 취하여도 모두 바일제이다. 만약 네 종류 방사의 가운데에서 함께 묵거나, 누웠다면 바일제이다. 일어났다가 다시 누웠다면 일어나고 다시 누운 것을 따라서 하나·하나가 바일제이다. 만약 밤이 지나도록 앉아 있고 눕지 않았더라도 역시 바일제이다." [쉰일곱 번째 일을 마친다.]

세존께서는 왕사성에 머무르셨다.

이때 세존께서는 걸식하려는 까닭으로 일찍 일어나시어 옷을 입으셨고 발우를 지니셨으며, 아난은 뒤를 따라서 왕사성으로 들어갔다. 이때 하늘의 큰비가 내렸고 감추어졌던 많은 보물이 돌출(突出)되어 드러났다. 이때 세존께서는 걸식하셨고 걸식을 마치고 기사굴산(耆闍崛山)으로 돌아가시면서 세존께서는 이렇게 드러난 많은 보물을 보셨다. 세존께서는 앞에서 가셨고 아난은 뒤에 1심(尋)을 따라서 천천히 따라갔는데, 아난은 스스로가 생각하였다.

'내가 만약 세존과 가깝다면 숨소리나 발소리로 혹은 세존을 고뇌시키는 까닭이다.'

세존께서는 이러한 보물들을 보시고 아난에게 말씀하셨다.

"독사이구나. 아난이여."

이렇게 말씀을 지으시고 곧바로 지나가셨고, 보물이 있는 곳으로 가지 않으셨다. 아난도 보고서 아뢰어 말하였다.

"악한 독사입니다. 세존이시여."

이렇게 말을 짓고서 곧바로 지나갔으며, 보물이 있는 곳으로 가지 않았다. 이 산의 아래에 한 가난한 사람이 보리를 베고 있었는데, 이러한 두 종류의 말을 듣고 이렇게 생각을 지었다.

'나는 일찍이 사문 석자의 독사와 악한 독사를 보지 못했으니, 지금 마땅히 가서 보아야겠다.'

곧 가서 물에 돌출된 보물을 보았다. 보고서 기뻐하면서 말하였다.

"사문 석자의 독사는 모두가 이렇게 좋은 물건이구나."

곧 수레·가마·옷·자루로서 그날에 취하여 집안에 놓아두었고, 이 보물로써 부귀한 모습을 나타냈다. 이를테면, 큰 집·금 가게·은 가게·여관을 지었고, 구리 가게·구슬 가게를 지었으며, 코끼리떼·말떼·소와 양떼·수레·가마·백성·노비를 갖추었다. 이 사람에게 이전부터 서로가 좋지 않은 자가 있었는데, 큰 집을 짓는 때에 그들의 생업을 방해하였고, 이 사람들은 질투하여 곧 왕에게 아뢰어 말하였다.

"이 가운데에 이전엔 빈궁하고 하천한 사람이었는데 갑자기 부유한 모습을 보이고 큰 집·금 가게·은 가게·여관을 일으키고, 구리 가게·구슬 가게를 지었으며, 코끼리떼·말떼·소와 양떼·수레·가마·백성·노비를 갖춘 자가 있습니다. 이 사람은 반드시 마땅하게 큰 보물을 얻었으나 왕에게 말하지 않은 것입니다."

왕은 곧 불러서 물었다.

"그대는 보물을 얻었는가?"

대답하여 말하였다.

"얻지 못했습니다."

왕은 생각하였다.

'이 사람은 고문으로 다스리지 않는다면 어찌 진실을 말하겠는가?'

곧 유사(有司)[4]에게 칙명하였다.

"모든 재물을 빼앗고 기둥에 묶어라. 만약 보물을 얻었으나, 왕에게 말하지 않는 자는 모두 이와 같이 다스리겠노라."

곧 재물을 빼앗고 기둥에 묶어 두었으며, 머리에 푯말을 걸어 두었다.

"누구라도 보물을 얻고서 왕께 말하지 않는 자는 모두 이와 같이 다스리겠다."

이 사람이 이렇게 말을 지었다.

"독사였습니다. 아난이여. 악한 독사였습니다. 세존이시여."

여러 사람들이 말하였다.

"그대는 이와 같이 말을 짓지 말라. '독사였습니다. 아난이여. 악한 독사였습니다. 세존이시여.' 그대는 마땅히 이렇게 말을 지어야 한다. '누구라도 보물을 얻고서 왕께 말하지 않는 자는 모두 이러한 부분이 있다.'"

이 사람은 일심으로 세존을 생각하며 이렇게 말을 지었다.

"독사였습니다. 아난이여. 악한 독사였습니다. 세존이시여."

이때 사람들이 왕에게 아뢰었다.

4) 행정 또는 군사적 능력을 갖춘 관리를 가리킨다.

"이 사람이 목에 푯말을 걸고서 이와 같이 말을 지었습니다. '독사였습니다. 아난이여. 지독한 독사였습니다. 세존이시여.'"

왕이 곧 불러서 물었다.

"그가 기둥에 묶여서 진실로 이렇게 말을 지었는가? '독사였습니다. 아난이여. 지독한 독사였습니다. 세존이시여.'"

이 사람이 대답하여 말하였다.

"대왕이시여. 저에게 두려움을 없애 주신다면 제가 마땅히 진실을 말하겠습니다."

대답하여 말하였다.

"그대에게 두려움을 없애 주겠노라."

곧 말하였다.

"이러한 보물이 있었습니다. 저는 이전에 가난하고 하천하였습니다. 산의 아래에서 보리를 베고 있었는데, 두 비구가 있어 함께 산을 오르고 있었습니다. 한 사람은 앞에 가고 한 사람은 뒤에 갔는데, 앞에 가던 비구가 이 보물을 보는 때에 이렇게 말을 지었습니다.

'독사이구나. 아난이여.'

이렇게 말하고 곧바로 갔고 보물이 있는 곳에는 가지도 않았으며, 역시 보물도 취하지도 않았습니다. 뒤에 가던 비구도 역시 보고서 다시 이렇게 말을 지었습니다.

'악한 독사입니다. 세존이시여.'

말하고 곧바로 갔고 보물이 있는 곳에는 가지도 않았으며, 역시 보물도 취하지도 않았습니다. 저는 이 두 사람의 말을 듣고서 이렇게 생각을 지었습니다.

'나는 사문 석자의 독사와 악한 독사를 보지 못하였다.'

찾아서 곧 갔으며 살폈습니다. 이러한 보물이 빗물에 돌출된 것을 보았습니다. 보고서 환희하였고, 곧 수레·가마·옷·자루로서 그날에 취하여 집안에 들여다 놓아두었고, 이 보물로써 부귀한 모습을 나타냈습니다. 이를테면, 큰 집·금 가게·은 가게·여관을 지었고, 구리 가게·구슬 가게를 지었으며, 코끼리떼·말떼·소와 양떼·수레·가마·백성·노비를 갖추었습니다. 지금 제가 죄에 떨어졌으니, 곧 이러한 말을 기억합니다. 이러한 악한 독사가 지금 저의 몸에 있으니 능히 무엇을 짓겠습니까? 반드시 저의 목숨을 삼킬 것입니다. 이러한 보물을 까닭으로 왕께서는 제가 소유한 모든 재물을 빼앗고 마땅히 목숨까지 빼앗을 것입니다."

왕은 이렇게 생각을 지었다.

'반드시 세존과 아난이 마땅하다.'

왕은 말하였다.

"그대는 떠나거라. 목숨은 걱정하지 말라. 그대에게 5백 금전을 상으로 주겠다. 이러한 급한 가운데에서도 세존의 말씀과 아난의 말씀을 말하였던 까닭으로 죽음에서 벗어난 것이다."

이때 이 대중 가운데에서 대신과 대관(大官)들이 큰 소리로 말하였다.

"매우 희유한 일이구나. 세존의 말씀을 기억하였던 까닭으로 죽음에서 벗어났구나!"

여러 비구들이 이 일을 듣고서 세존께 자세히 말하였다. 세존께서는 말씀하셨다.

"귀중한 물건을 취하면 이와 같은 죄를 얻게 되고, 이것을 지나치는 죄도 얻게 되느니라. 그 모두가 보물을 취하였던 까닭이니라."

세존께서는 다만 꾸짖으셨으며, 계율을 제정하지는 않으셨다.

세존께서는 유야리(維耶離)[5]에 머무르셨다.

이때 여러 동자들이 성을 나와 원림(園林)의 가운데에서 활쏘기를 배웠다. 화살을 문선(門扇)의 과녁을 의지하여 공중으로 쏘았고 오늬·오늬[6]가 서로를 떠받쳤다. 그때 발난타 석자는 일찍 일어나서 옷을 입고 발우를 지니고 성에 들어가서 걸식하였다. 여러 동자들이 멀리서 보고서 서로에게

---

5) 바이살리(Vaiśali)의 음사로 비사리(毘舍離)·비야리(毘耶離)·폐사리(吠舍離)등으로 음역되고 광엄(廣嚴)이라고 한역된다.

6) 화살 머릿부분의 홈 또는 활시위를 거는 부분을 지칭하는 말이다.

의논하여 말하였다.

"이 발난타 석자는 악한 죄를 짓는 것을 즐거워하고, 만약 죄가 보여졌거나, 죄가 알려졌거나, 죄를 의심받더라도 부끄러움이 없으며, 만족하는 것도 없다. 우리들이 지금 마땅히 시험해 보자."

곧 1천 값의 보물을 길의 가운데에 놓아두고 멀리서 지켜보았다. 이때 발난타 석자는 이 보물이 있는 곳에 이르러 사방을 둘러보고서 사람이 없었으므로 취하여 겨드랑이의 아래에 넣었다. 여러 동자들은 보고 곧 달려가서 둘러쌌으며 붙잡고 말하였다.

"그대의 비구법(比丘法)은 다른 사람이 물건을 주지 않았는데 곧 훔쳐서 취합니까?"

대답하여 말하였다.

"훔치지 않았다."

"무슨 까닭으로 취하였습니까?"

대답하여 말하였다.

"나는 분소물(糞掃物)로 생각하였던 까닭으로 취한 것이다."

여러 동자들이 말하였다.

"어찌하여 보물을 분소라고 생각하고 취하는가?"

여러 동자들은 생각하였다.

'이러한 악인은 마땅히 관리들에게 데려가야 한다.'

이렇게 생각을 짓고서 곧 관리들에게 데리고 갔다. 관리들이 물었다.

"그대가 진실로 훔쳤습니까?"

대답하여 말하였다.

"훔치지 않았습니다. 분소물이라 생각하고 취하였습니다."

관리들이 또한 말하였다.

"보물이 있었는데 분소물이라 생각하고 취할 수는 없습니다."

관리들은 불제자이었고 세존을 믿고 좋아했던 까닭으로 이렇게 말을 지었다.

"비구가 어찌 도둑질하겠는가? 동자들이 반드시 허망(虛妄)한 것이다."

곧 말하였다.

"그대는 돌아가시오. 뒤에 다시는 이러지 마시오. 여러 노지(露地)이라도 주지 않는 보물은 취하지 마시오."

이때 발난타는 이러한 악한 일을 지었고 돌아와서 여러 비구를 향하여 이러한 일을 자세히 말하였다. 여러 비구들은 이 일로써 세존께 아뢰었다. 세존께서는 이 일로써 비구 승가를 모으셨으며, 여러 비구들에게 말씀하셨다.

"이와 같은 죄악과 나아가 이것을 지나치는 죄는 모두 금·은과 보물을 취하는 까닭이니라."

여러 종류의 인연으로 꾸짖으셨으며, 여러 비구들에게 말씀하셨다.

"열 가지의 이익을 까닭으로 여러 비구들에게 계를 제정하여 주겠노라. 지금부터 이러한 계는 마땅히 이와 같이 설할지니라. '만약 비구가 만약 보물이거나, 만약 보물 비슷한 것을 스스로가 취하거나, 가르쳐서 취한다면 바일제이니라.'

'보물'은 금전·금·은·자거(硨磲)[7]·마노(瑪瑙)[8]·유리(琉璃)[9]·진주(眞珠) 등이다.

'보물과 비슷한 것'은 구리·철·백납(白鑞)·연석(鉛錫)[10]·가짜 진주 등이다.

'스스로가 취하다.'는 스스로가 손으로 취하는 것이다.

'가르쳐서 취하다.'는 다른 사람을 시켜서 취하는 것이다.

'바일제'는 소자와 복장이고, 만약 허물을 참회하지 않는다면 능히

---

7) 산스크리트어 musāra-galva의 음사로서 백산호(白珊瑚) 또는 대합(大蛤)으로 껍데기는 부채를 펼쳐놓은 모양이다. 겉은 회백색이고 속은 광택 있는 우윳빛을 띠고 있다.

8) 말의 뇌수를 닮았다고 하여 붙여진 이름이다. 수정류와 같은 석영광물로서 수정과는 다르게 내부에 미세한 구멍이 많은 특징이 있다.

9) 보통은 석영(石英)·탄산(炭酸)·석회암(石灰巖)을 원료로 하여 고온에서 융해시켜 식힌 물질이다. 단단하고 잘 깨지며 투명하다.

10) 구리를 가리킨다.

도를 장애한다.

이 가운데에서 범하는 것은 만약 비구가 만약 비구가 다른 사람의 금전·금·은을 집었다면 바일제이고, 다른 사람의 차거·마노·유리·진주를 집었어도 바일제이다. 만약 비구가 보물과 비슷한 것으로 지은 남자의 장엄구·여자의 장엄구·무기·투구(鬪具)를 집어서 들었다면 바일제이다. 가짜 진주를 집었다면 돌길라이다."

세존께서는 사위국에 머무르셨다.

이때 사위성은 절일에 이르렀고 여러 백의들이 여러 음식을 준비하여 원림의 가운데에 나왔다. 이때 비사거녹자모(毘舍佉鹿子母)도 5백 금전 값의 장엄신구를 착용하고서 성을 나왔고 유희하다가 성으로 들어가고자 하였다. 이 녹자모는 세존과 대중 승가를 믿고 즐거워하였으므로 이렇게 생각을 지었다.

'내가 지금 성을 나왔는데 마땅히 세존을 보지 않고 다시 성으로 들어갈 수 없구나. 또한 내가 마땅히 이와 같은 장엄구를 착용하고서 세존의 처소로 찾아갈 수 없구나.'

곧 장신구를 벗어서 옷 보따리의 가운데에 넣었고, 한 어린 노비에게 주었다. 주고서 세존의 처소로 나아가서 머리숙여 발에 예경하고 한쪽에 앉았다. 세존께서는 여러 종류의 인연으로서 보여주셨고 가르치셨으며 이익되고 기쁘게 하셨고, 보여주셨고 가르치셨으며 이익되고 기쁘게 하시고서 묵연하셨다. 녹자모는 세존의 설법을 듣고서 자리에서 일어나서 머리숙여 발에 예경하고서 오른쪽으로 돌면서 떠나갔다. 세존이 선하게 설법하셨고 어린 노비는 불법의 맛을 들었던 까닭으로 곧 장엄구를 잊고서 떠나갔다. 세존께서는 이 옷 보따리를 보시고 아난에게 말씀하셨다.

"그대가 이 가운데를 살펴보고 무슨 재물이 있는가를 취하여 살펴보게."

아난은 정인(淨人)에게 말하여 열어서 보았고 다시 보따리를 잡게 하였다. 세존께서는 이 일로써 비구 승가를 모으셨으며, 여러 종류의 인연으로 계를 찬탄하고 지계를 찬탄하셨다. 계를 찬탄하시고 지계를 찬탄하시고서 여러 비구들에게 말씀하셨다.

"지금부터 이러한 계는 마땅히 이와 같이 설할지니라. '만약 비구가 만약 보물이거나, 만약 보물 비슷한 것을 스스로가 잡거나 사람을 가르쳐서 잡게 하였다면 인연을 제외하고는 바일제이니라.'

'인연'은 만약 보물이거나, 만약 보물 비슷한 것이 승방(僧坊) 안에 있거나, 만약 주처 안에 있었고 '주인이 있어 온다면 돌려주겠다.'라고 이러한 마음으로서 잡았다면 이러한 일은 마땅히 그렇게 해야 한다.

'승방 안'은 물건이 승방의 벽 안이거나, 울타리 안이거나, 도량 안이거나, 막힌 안에 있는 것이다.

'주처의 안'은 백의의 청을 따라서 머무는 곳이다.

이 가운데에서 무엇이 범하지 않는 것인가? 만약 물건이 승방 안에 있었고, 정인을 구할 수 있다면 가르쳐서 취하고 집어서 살피게 하며, 정인을 구할 수 없다면 마땅히 스스로가 집어서 살펴보아야 한다. 만약 누가 와서 구한다면 '그대의 물건은 어떠한 모양입니까?'라고 마땅히 물어야 하고, 만약 모양을 말하였고 알맞으면 돌려주어야 하고, 알맞지 않으면 '이와 같은 물건은 없습니다.'라고 마땅히 대답하라. 만약 주인이 아직 오지 않았고, 이 비구가 인연이 있어 가고자 한다면, 이 가운데에 오래 머물고 선량한 비구에게 '내가 다른 사람이 잃어버린 물건을 얻었습니다. 그대가 취하여 집어서 살펴보고 와서 구하는 사람이 있다면 모양을 묻고 알맞으면 돌려주고, 알맞지 않는다면 마땅히 대답하십시오. <이와 같은 물건은 없습니다.>라고 마땅히 말하라. 만약 5·6년이 지났으나 주인이 와서 찾지 않으면 마땅히 사방승물(四方僧物)의 가운데에 사용하게 보시해야 하고, 만약 뒤에 주인이 있어 와서 찾았다면 마땅히 사방승물을 취하여 보상하라.

이 물건이 주처에 있는데 정인을 구하였다면 가르쳐서 취하고 집어서 살펴보고, 정인이 없다면 스스로가 집어서 살펴보아야 하며, 만약 누가 와서 구한다면 '그대의 물건은 어떠한 모양입니까?'라고 마땅히 물어야 하고, 만약 모양을 말하였고 알맞으면 돌려주어야 하고, 알맞지 않으면

'이와 같은 물건은 없습니다.'라고 마땅히 대답하라. 만약 주인이 아직 오지 않았고, 이 비구가 인연이 있어 가고자 한다면, 이 가운데에 집주인이나 선량한 남녀가 있다면 '내가 다른 사람이 잃어버린 물건을 얻었습니다. 그대가 취하여 집어서 살펴보고 와서 구하는 사람이 있다면 모양을 묻고 알맞으면 돌려주고, 알맞지 않는다면 마땅히 대답하십시오. <이와 같은 물건은 없습니다.>라고 마땅히 말하도록 하라. 만약 5·6년이 지났으나 주인이 와서 찾지 않으면 이 주처의 만약 작은 좌상(坐床)·대상(大床)·상판(床板)을 짓는 데 사용해야 하고, 뒤에 와서 찾는다면 마땅히 이 좌상 등을 취하여 돌려주도록 하라. 이러한 일은 마땅히 이러할지니라." [쉰여덟 번째의 일을 마친다.]

세존께서는 왕사성에 머무르셨다.

이때 왕사성 사람들이 용박(龍雹)을 인연을 까닭으로 한 달의 대회를 지었다. 마지막 날에 대회장을 설치하고 광대(伎兒)들이 기예(伎藝)를 지었고, 마땅히 많은 가치(價值)를 주었다. 이때 육군비구가 함께 서로 의논하여 말하였다.

"가서 구경하고 돌아오세."

모두 말하였다.

"뜻을 따르겠네."

곧바로 함께 갔고 한쪽에 서서 구경하였으며, 사람을 보내어 기인(伎人)들에게 말하였다.

"이곳의 얻은 물건 가운데에서 우리 몫을 주시게. 만약 주지 않는다면 마땅히 그대들의 대회를 무너트리겠네."

곧바로 가서 말하였다.

"그대들이 얻은 물건에서 우리 몫을 내놓게. 만약 주지 않겠다면 마땅히 그대들의 대회를 무너트리겠네."

물어 말하였다.

"누가 그렇게 지었는가?"

대답하여 말하였다.

"사문들이오."

물어 말하였다.

"누구 사문인가?"

대답하여 말하였다.

"석자 사문이오."

광대들이 함께 서로에게 의논하여 말하였다.

"우리들은 지금 보는 자의 마음을 이끌었고 기악(伎樂)도 이미 조화롭다. 만약 대악사(大樂師)가 있더라도 오히려 능히 무너트릴 수 없는데, 어찌 하물며 석자 사문이겠는가? 그대들의 몫은 줄 수 없소."

사자가 곧 돌아와서 알렸다.

"기꺼이 그대들의 몫을 주지 않습니다."

주지 않겠다는 말을 듣고서 곧 다른 옷을 펼쳐서 천막을 치고, 다른 옷으로 장막을 두르고, 다른 옷을 바닥에 펼치고서 이 가운데에 흰옷을 입고서 가부좌를 맺고 앉았다. 변재(辯才)로 장엄하게 세존을 찬탄하였고, 법을 찬탄하였으며, 승가의 성계(聖戒)를 찬탄하였다. 이 가운데에 사람이 있어 대중의 가운데에서 일어나서 시험삼아 그것을 구경하러 갔고, 이와 같이 두 사람·세 사람 갔으므로 공연장이 텅비게 되었다. 와서 비구에게 나아갔고 비구에게 법을 듣고 맛을 얻으면 다시는 돌아가지 않았으므로 이 가운데는 곧 텅비게 되었다. 이때 기인들은 마땅히 큰 금전의 값을 얻었어야 하였으나, 곧 다시는 얻지 못하였으므로 서로에게 물어 말하였다.

"저 가운데는 누구인가?"

대답하여 말하였다.

"사문 석자이오."

곧 꾸짖으면서 말하였다.

"이것은 사문법(沙門法)을 잃은 것이고, 사문법을 불태운 것으로 우리들이 얻을 재물을 모두 빼앗는구나."

이 가운데에 비구가 있어 욕망이 적고 만족함을 알며 두타를 행하였는데, 이러한 일을 듣고 마음이 기쁘지 않아서 세존을 향하여 자세히 말하였다. 세존께서는 이 일로써 비구 승가를 모으셨으며, 아시면서도 일부러 육군비구에게 물으셨다.

"그대들이 진실로 이러한 일을 지었는가?"

대답하여 말하였다.

"진실로 지었습니다. 세존이시여."

세존께서는 여러 종류의 인연으로서 육군비구를 꾸짖으셨다.

"어찌 비구라고 이름하면서 청정하게 물들이지 않은 옷을 입었는가?"

세존께서는 다만 꾸짖으셨고 계를 제정하지는 않으셨다.

세존께서는 사위국에 머무르셨다.

이때 여러 비구들이 교살라국에서 유행하여 사위국으로 향하면서 상인들과 함께 험한 길을 건너고자 하였다. 이때 도둑이 있었는데 와서 상인들의 물건을 겁탈하고 벌거벗긴 모습으로 풀어주었다. 이때 여러 비구들 역시 의복을 잃었고, 다시 다른 출가인들 역시 이 가운데에 있으면서 함께 옷을 잃었다. 이때 도둑들은 옷을 거두어서 한곳에 모아 놓았다. 이 도둑들은 불법을 사랑했던 까닭으로 비구들에게 말하였다.

"그대들은 각자 다시 자기 옷을 취하여 가져가시오."

다른 출가인들의 옷도 역시 염의(染衣)가 있었으므로 여러 비구들은 의혹하여 이것은 다른 사람의 옷이라고 생각하면서 결국 감히 취하지 못하였다. 차례로 사위국에 이르렀고 세존의 처소로 나아가서 머리숙여 발에 예경하고 한쪽에 앉았다. 모든 제불의 상법은 객비구가 찾아왔다면 이와 같은 말로서 문신하는 것이다.

"견딜 수 있었는가? 부족하지 않았는가? 안락하게 머물렀는가? 도로에 피로하지는 않았는가? 걸식은 부족하지 않았는가?"

세존께서는 이러한 말씀으로 여러 비구들을 위로하며 물으셨다.

"견딜 수 있었는가? 부족하지 않았는가? 안락하게 머물렀는가? 도로에 피로하지는 않았는가? 걸식은 부족하지 않았는가?"

여러 비구들이 말하였다.

"견딜 수 있었고, 만족하였으며, 걸식도 어렵지 않았고, 도로에 피로하지는 않았습니다."

이러한 일로써 세존을 향하여 자세히 말씀하였다. 세존께서는 이 일로써 비구 승가를 모으셨으며, 여러 종류의 인연으로 계를 찬탄하셨고 지계를 찬탄하셨다. 계를 찬탄하고 지계를 찬탄하고서 여러 비구들에게 말씀하셨다.

"열 가지의 이익을 까닭으로 여러 비구들에게 계를 제정하여 주겠노라. 지금부터 이러한 계는 마땅히 이와 같이 설할지니라. '만약 비구가 새로운 옷을 얻는다면 마땅히 세 종류 색깔의 가운데에서 그 하나·하나의 종류에 따라서 이 옷의 색깔을 무너트려야 하나니, 만약 청색(靑)이거나, 만약 흙색(泥)이거나, 만약 붉은색(茜)이니라. 만약 비구가 이 세 종류의 색으로서 옷의 색깔을 무너트리지 않고 새로운 옷을 입는다면 바일제이니라.'

'새로운 옷'은 만약 비구가 다른 사람이 입었던 옷을 얻었더라도 처음 얻은 까닭으로 역시 새로운 옷이라고 이름한다.

'세 종류의 색깔로 무너트리다.'는 만약 청색이거나, 만약 흙색이거나, 만약 붉은색이다. 만약 비구가 청색의 옷을 얻었다면 두 종류의 색으로 작정해야 하나니, 흙색이나 붉은색이다. 만약 흙색의 옷을 얻었다면 역시 두 종류의 색으로 작정해야 하나니, 청색이나 붉은색이다. 만약 적황색의 옷을 얻었다면 역시 두 종류의 색으로 작정해야 하나니, 청색이나 흙색이다. 만약 노란색 옷을 얻었다면 세 종류의 색으로 작정해야 하나니, 청색·흙색·붉은색이다. 붉은색 옷을 얻었다면 세 종류의 색으로 작정해야 하나니, 청색·흙색·붉은색이다. 흰옷을 얻었다면 역시 세 종류의 색으로 작정해야 하나니, 청색·흙색·붉은색이다.

'바일제'는 소자와 복장이고, 만약 허물을 참회하지 않는다면 능히 도를 장애한다.

이 가운데에서 범하는 것은 만약 비구가 작정하지 않은 옷을 입는다면 바일제이다. 만약 부구를 지었다면 바일제이고, 만약 베개를 지었어도 바일제이며, 나아가 잠깐 시험삼아 입었다면 돌길라이다. 만약 비구가 작정을 마친 옷을 얻었고 작정하지 않은 조각으로 보수하면서 곧 바늘자국이 없게 꿰맸다면 한 점만 작정하고, 만약 바로 꿰맸다면 곧 각각을 작정해야 한다. 만약 비구가 청정하게 물들인 옷을 얻었고 바늘자국이 없게 꿰맸다면 곧 이것은 청정한 것이다. 작정하지 않은 물건으로 보수하였다면 작정하지 않은 물건을 뜯어내어 다시 승가의 물들이는 자에게 주어 여법하게 색깔을 무너트려야 한다.

작정하지 않은 조각의 물건은 여법한 색깔이 아니고 한 척(尺)이거나, 두 척인 까닭으로 작정하지 않은 조각이라고 말한다. 이러한 옷을 무너트리는 까닭으로써 조각으로서 그것을 보수한다면 모두 마땅히 바늘자국이 없게 꿰매야 한다. 만약 바로 꿰맨다면 옷 주인의 생명이 끊어지느니라. 마땅히 바로 꿰맨 것을 뜯어내어 승가에게 주어야 하고, 나아가 이 옷으로써 간병하는 사람에게 주어서 한 점부터 세 점을 작정해야 하나니, 이 옷이 청정하지 못한 색깔인 까닭이다. 작정하고서 바늘자국이 없게 꿰맨 것, 그것이 세존의 처소에서 여법하게 저축하고 사용하도록 허락된 것이다. 바로 꿰매서는 아니되는 까닭은 이것이 세상 사람들이 옷을 짓는 법인 까닭이다. 바늘자국을 없게 하여 세속과 다르게 해야 하느니라."
[쉰아홉 번째의 일을 마친다.]

십송율 제16권

후진 북인도 삼장 불야다라 한역

석보운 번역

3. 삼송 ③

4) 90바일제법을 밝히다 ⑧

세존께서는 왕사성에 머무르셨다.

이때 병사왕(甁沙王)에게는 세 종류의 연못이 있었다. 첫 번째의 연못에서는 왕과 부인이 씻었고, 두 번째의 연못에서는 왕자와 대신들이 씻었으며, 세 번째의 연못에서는 나머지 백성들이 씻었다. 이 왕은 도를 얻고서 마음 깊이 세존을 믿었으므로 여러 대신에게 물었다.

"상인(上人)들도 씻으시는가?"

대답하여 말하였다.

"역시 씻습니다."

왕이 말하였다.

"상인들께선 나의 연못의 가운데에서 씻게 하시오."

이때 여러 비구들은 항상 초야·중야·후야에 자주자주 씻었다. 한때에 병사왕은 씻고자 연못을 관리하는 사람에게 말하였다.

"사람을 보내고 깨끗하게 하시오. 내가 가서 씻고자 하오."

곧 때에 다른 사람들을 내보냈으나 다만 비구는 있게 하였다. 연못을 관리하는 사람은 이렇게 생각을 지었다.

'왕께서 비구들을 공경하므로 만약 내보낸다면 왕이 혹은 마땅히 진노할 것이다.'

곧 왕에게 아뢰어 말하였다.

"이미 다른 사람들은 내보냈으나 비구들은 남겨두었습니다."

왕이 말하였다.

"매우 잘하였소. 상인들께서 먼저 씻게 하시오."

초야·중야·후야에 비구들은 씻고서 곧 떠나갔다. 연못을 관리하던 사람이 알고서 왕에게 아뢰어 말하였다.

"비구들이 떠났습니다."

왕은 곧 가서 씻었다. 왕의 법도에 목욕은 천천히 하는 것이므로, 왕이 씻는 것을 마쳤는데 곧 땅이 명료하였다. 왕은 목욕을 마치고 이렇게 생각을 지었다.

'내가 성을 나왔는데 세존을 보지 않는다면 마땅하지 않다.'

곧 성으로 돌아왔고 곧 세존의 처소로 나아가서 머리숙여 발에 예경하고 곧 한쪽에 앉았다. 세존께서는 아시면서도 일부러 물으셨다.

"대왕께서 새벽에 어찌 오셨습니까?"

이때 왕은 이러한 일로써 세존을 향하여 자세히 말하였다. 세존께서는 그때 왕을 위하여 여러 종류로 설법하시어 보여주셨고 가르치셨으며 이익되고 기쁘게 하셨고, 보여주셨고 가르치셨으며 이익되고 기쁘게 하시고서 묵연하셨다. 왕은 세존의 설법을 듣고서 자리에서 일어나서 머리숙여 세존의 발에 예경하고 오른쪽으로 돌면서 떠나갔다. 왕이 떠나고 오래지 않아서 세존께서는 이 일로써 비구 승가를 모으셨으며, 여러 종류의 인연으로서 비구들을 꾸짖으셨다.

"어찌 비구라고 이름하면서 초야·중야·후야에 자주자주 씻어서 관정찰리(灌頂刹利)의 대왕에게 자신의 연못 가운데에서 목욕하지 못하게 하였는가?"

여러 종류의 인연으로 꾸짖으셨으며, 여러 비구들에게 말씀하셨다.

"열 가지의 이익을 까닭으로 여러 비구들에게 계를 제정하여 주겠노라.

지금부터 이러한 계는 마땅히 이와 같이 설할지니라. '만약 비구가 보름을 채우지 않았는데 목욕한다면 바일제이니라.'

'바일제'는 소자와 복장이고, 만약 허물을 참회하지 않는다면 능히 도를 장애한다.

이 가운데에서 범하는 것은 보름을 채우지 않았는데 목욕한다면 바일제이다. 만약 보름에 목욕하였거나, 보름을 지나고서 목욕하였다면 범한 것은 아니다."

그때 늦봄의 1개월 보름과 초여름의 1개월인 이 2개월 보름은 매우 더웠던 때이었다. 여러 비구들은 목욕하지 못한 까닭으로 몸에 때가 있었고 가려워서 번민하고 구역질을 하였다. 이 일로써 세존께 아뢰었다.

"원하옵건대 세존이시여. 이와 같은 더울 때는 여러 비구들이 목욕하는 것을 허락하십시오."

세존께서는 말씀하셨다.

"목욕을 허락하겠노라. 지금부터 이 계는 마땅히 이와 같이 설할지니라. '만약 비구가 보름의 이전에 목욕한다면 인연을 제외하고는 바일제이니라.'

'인연'은 늦봄의 1개월 보름과 초여름의 1개월인 이러한 2개월 보름의 매우 더운 때를 말한다.

이 가운데에서 범하는 것은 만약 비구가 매우 더운 때에 이르지 않았는데도 목욕하였다면 바일제이다. 만약 매우 더운 때에 목욕하였다면 범한 것은 아니다."

세존께서는 왕사성에 머무르셨다.

이때 여러 비구들이 병이 있어 소유(酥油)로서 몸에 발랐는데 목욕하지 못한 까닭으로 몸에 때가 있었고 가려워서 번민하고 구역질도 하였다. 여러 비구들이 세존께 아뢰었다.

"원하옵건대 병을 인연한 까닭이라면 목욕하는 것을 허락하십시오."

세존께서는 말씀하셨다.

"지금부터 병을 인연한 까닭이라면 병자에 이익되는 음식과 다르지 않은 까닭으로 목욕하는 것을 허락하겠노라. 지금부터 이러한 계는 마땅히 이와 같이 설할지니라. '만약 비구가 보름의 이전에 목욕한다면 인연을 제외하고는 바일제이니라.'

'인연'은 늦봄의 1개월 보름과 초여름의 1개월, 이러한 2개월 보름의 매우 더운 때이고, 병이 있어도 제외한다.

'병'은 냉기가 일어나거나, 열기가 일어나거나, 풍기가 일어나는 것이니, 만약 목욕하여 차도가 있다면 이것을 병이라고 이름한다.

이 가운데에서 범하는 것은 만약 비구가 병이 없으면서 보름의 이전에 목욕한다면 바일제이다. 병이 있다면 범한 것은 아니다."

세존께서는 왕사성에 머무르셨다.

이때 여러 비구들이 오전에 옷을 입고 발우를 지니고 성에 들어가 걸식하였다. 이때 심한 바람이 일어났고 불어서 옷이 몸에서 벗겨졌고 흙먼지를 뒤집어썼다. 목욕하지 못한 까닭으로 몸에 때가 있었고 가려워서 번민하고 구역질도 하였다. 이 일로써 세존께 아뢰었다.

"원하옵건대 세존이시여. 바람의 인연의 까닭이라면 목욕하는 것을 허락하십시오."

세존께서는 말씀하셨다.

"지금부터 바람을 인연한 까닭이라면 목욕하는 것을 허락하겠노라. 지금부터 이러한 계는 마땅히 이와 같이 설할지니라. '만약 비구가 보름에의 이전에 목욕한다면 인연을 제외하고는 바일제이니라.'

'인연'은 늦봄의 1개월 보름과 초여름의 1개월, 이러한 2개월 보름의 매우 더운 때이고, 병의 때이거나, 바람의 때여도 제외한다.

이 가운데에서 범하는 것은 만약 바람의 인연이 없으면서 목욕하였다면 바일제이다. 바람의 인연이 있어서 목욕하였다면 범한 것은 아니다."

세존께서는 왕사성에 머무르셨다.

이때 여러 비구들이 새롭게 물들인 옷을 입고 성에 들어가서 걸식하였다. 비를 만났고 옷이 젖어 물감과 땀이 몸에 붙어서 종기가 생겨났다. 목욕하지 못한 까닭으로 몸에 때가 있었고 가려워서 번민하고 구역질도 하였다. 여러 비구들이 세존께 아뢰었다.

"원하옵건대 세존이시여. 비를 인연한 까닭이라면 목욕을 허락하십시오."

세존께서는 말씀하셨다.

"지금부터 비를 인연한 까닭이라면 목욕하는 것을 허락하겠노라. 지금부터 이러한 계는 마땅히 이와 같이 설할지니라. '만약 비구가 보름의 이전에 목욕하였다면 인연을 제외하고는 바일제이니라.'

'인연'은 늦봄의 1개월 보름과 초여름의 1개월, 이러한 2개월 보름의 매우 더운 때이고, 병의 때이거나, 바람이 때이거나, 비의 때여도 제외한다.

이 가운데에서 범하는 것은 만약 비의 인연이 없으면서 목욕하였다면 바일제이다. 비의 인연이 있어서 목욕하였다면 범한 것은 아니다."

세존께서는 아라비국에 머무르셨다.

이때 비구들이 새로운 불도(佛圖)[1]를 지으면서 흙을 짊어졌고, 진흙 벽돌과 풀 등을 옮겼으며 거친 진흙·고운 진흙·백토·흑토를 손질하였다. 목욕하지 못한 까닭으로 몸에 때가 있었고 가려워서 번민하고 구역질도 하였으며, 극심한 피로도 없애지 못하였다. 이러한 일을 세존께 아뢰었다.

"원하옵건대 세존이시여. 울력이 인연의 까닭이라면 목욕하는 것을 허락하십시오."

세존께서 말씀하셨다.

"지금부터 울력을 인연한 까닭이라면 목욕하는 것을 허락하겠노라. 지금부터 이러한 계는 마땅히 이와 같이 설할지니라. '만약 비구가 보름의

---

1) 승가의 사리를 안치한 곳으로 묘탑(墓塔)·부두(浮頭)·포도(砲圖) 등으로 불린다.

이전에 목욕하였다면 인연을 제외하고는 바일제이니라.'

'인연'은 늦봄의 1개월 보름과 초여름의 1개월, 이러한 2개월 보름의 매우 더운 때이고, 병의 때이거나, 바람의 때이거나, 울력의 때여도 제외한다.

'울력'은 나아가 쓸었거나, 다섯 빗자루로 승방과 땅을 쓸었던 것이다.

이 가운데에서 범하는 것은 만약 울력의 인연이 없으면서 목욕하였다면 바일제이다. 울력의 인연이 있어서 목욕했다면 범한 것은 아니다."

세존께서는 사위국에 머무르셨다.

이때 여러 비구들이 교살라국에서 유행하여 사위국으로 향하였다. 이곳의 토지에는 흙먼지가 많았으므로 다니는 때에 몸에 흙먼지를 뒤집어 썼으나, 목욕하지 못한 까닭으로 몸에 때가 있었고 가려워서 번민하고 구역질도 하였다. 이 일로써 세존께 아뢰었다.

"원하옵건대 세존이시여. 유행이 인연의 까닭이라면 목욕하는 것을 허락하십시오."

세존께서는 말씀하셨다.

"지금부터 유행을 인연한 까닭이라면 목욕하는 것을 허락하겠노라. 지금부터 이러한 계는 마땅히 이와 같이 설할지니라. '만약 비구가 보름의 이전에 목욕하였다면 인연을 제외하고는 바일제이니라.'

'인연'은 늦봄의 1개월 보름과 초여름의 1개월, 이러한 2개월 보름의 매우 더운 때이고, 병의 때이거나, 바람이 때이거나, 울력의 때이거나 유행의 때여도 제외한다.

'유행'은 나아가 반 유순(由旬) 이상을 만약 갔거나, 왔던 것이다.

이 가운데에서 범하는 것은 만약 어제에 이르렀는데 오늘에 목욕하였다면 바일제이다. 내일에 떠나고자 하면서 오늘에 목욕하였어도 바일제이다. 만약 반 유순을 갔거나 와서 목욕하였다면 범한 것은 없다. 만약 비구가 이러한 여섯의 인연이 없이 보름의 이전에 목욕하였다면 바일제이다. 만약 인연이 있었으나 다른 비구에게 말하지 않고서 곧 목욕하였다면

돌길라이다.” [예순 번째 일을 마친다.]

세존께서는 유야리국(維耶利國)에 머무르셨다.

이때 유야리국의 여러 왕자가 원림의 가운데에 나와서 활쏘기를 배웠다. 문선(門扇)의 과녁을 겨냥하고서 공중에 쏘았고, 오늬·오늬가 서로를 따랐다. 그때 가류타이는 오전에 옷을 입고 발우를 지니고 성에 들어가서 걸식하면서 멀리서 여러 왕자가 이와 같이 활을 쏘는 것을 보았다. 보고서 곧 웃었으므로 여러 왕자들이 말하였다.

“무슨 까닭으로 웃었습니까? 우리들의 활솜씨가 좋지 않습니까?”

대답하여 말하였다.

“좋지 않습니다.”

물어 말하였다.

“그대는 할 수 있습니까?”

대답하여 말하였다.

“할 수 있습니다.”

“능히 할 수 있다면 당장 쏘아보십시오.”

가류타이가 말하였다.

“우리들의 법도는 활과 화살을 잡을 수 없습니다.”

여러 왕자들이 말하였다.

“이곳에 목궁(木弓)이 있으니 사용하십시오.”

곧 목궁을 건네주었다. 시위를 당기는 때에 새가 있어 공중을 선회하고 있었다. 가류타이 비구는 시위를 당겼으나 주위를 돌게 하였고 쏘지는 않았다. 왕자들이 말하였다.

“무슨 까닭으로 맞추지 않습니까?”

“쏘아서 맞추는 것이 어찌 어렵겠습니까?”

여러 왕자들이 말했다.

“그렇지 않습니다. 만약 능히 맞출 수 있다면 마땅히 맞추십시오. 다만 거짓말을 하지 마십시오.”

곧 교만하게 말하였다.

"그대들은 어느 곳을 쏘아서 맞추고자 합니까?"

왕자가 말하였다.

"새의 오른쪽 눈을 맞춰보십시오."

곧 새의 오른쪽 눈을 맞추었고 이 새는 곧 죽었다. 이때 왕자들이 모두 창피스러워서 질투하고 성내면서 말하였다.

"사문 석자가 능히 고의로 축생의 목숨을 빼앗습니까?"

이 가운데에 비구가 있어 욕망이 적고 만족함을 알며 두타를 행하였는데, 이러한 일을 듣고 마음이 기쁘지 않아서 여러 종류의 인연으로 꾸짖었다.

"어찌 비구라고 이름하면서 고의로 축생의 목숨을 빼앗는가?"

여러 종류의 인연으로 꾸짖고서 세존을 향하여 자세히 말하였다. 세존께서는 이 일로써 비구 승가를 모으셨으며, 아시면서도 일부러 가류타이에게 물으셨다.

"그대가 진실로 이러한 일을 지었는가?"

대답하여 말하였다.

"진실로 지었습니다. 세존이시여."

세존께서는 여러 종류의 인연으로서 가류타이를 꾸짖으셨다.

"어찌 비구라고 이름하면서 고의로 축생의 목숨을 빼앗았는가?"

여러 종류의 인연으로 꾸짖으셨으며, 여러 비구들에게 말씀하셨다.

"열 가지의 이익을 까닭으로 여러 비구들에게 계를 제정하여 주겠노라. 지금부터 이러한 계는 마땅히 이와 같이 설할지니라. '만약 비구가 고의로 축생의 생명을 빼앗는다면 바일제이니라.'

'목숨을 빼앗다.'는 자기 스스로가 빼앗거나, 다른 사람을 가르쳐서 빼앗는 것이다.

'바일제'는 소자와 복장이고, 만약 허물을 참회하지 않는다면 능히 도를 장애한다.

이 가운데에서 범하는 것은 축생의 목숨을 빼앗으면 바일제를 얻는 것에 세 종류가 있나니, 스스로거나, 가르치거나, 사람을 보내는 것이다.

'스스로'는 비구가 스스로가 지어서 축생의 목숨을 빼앗는 것이다.

'가르치다.'는 다른 사람에게 '이 축생을 붙잡아 묶고 때려서 죽이시오.' 라고 말하는 것이다. 만약 그 사람이 가르침을 받아서 죽였다면 이 비구는 바일제를 얻는다.

'사람을 보내다.'는 만약 비구가 사람에게 '그대는 어떤 축생을 아는가?' 라고 말하였고, '압니다.'라고 대답하여 말하였다면, '그대가 가서 붙잡아 묶고 때려서 죽이시오.'라고 말하는 것이다. 그 사람이 가서 붙잡고 묶고 때려서 죽였다면 비구는 바일제를 얻는다.

또 비구가 축생의 목숨을 빼앗으면 바일제가 얻는 것에 세 종류가 있나니, 첫째는 몸을 사용하는 것이고, 둘째는 몸이 아닌 것을 사용하는 것이며, 셋째는 몸과 몸이 아닌 것을 함께 사용하는 것이다.

'몸(色)'은 만약 비구가 손으로서 축생을 때리거나, 만약 발·머리·다른 몸의 부분으로 죽이고자 생각하였는데, 죽었다면 바일제이고, 만약 죽지 않았으나 뒤에 인연하여 죽었다면 역시 바일제이며, 만약 죽지도 않았고 뒤에도 인연하여 죽지 않았다면 돌길라이다.

'몸이 아닌 것'은 만약 비구가 나무·기왓장·돌·칼·창·활·화살·나무토막·백납(白鑞) 덩어리·연석(鉛錫) 덩어리 등을 멀리서 축생에게 던져서 죽이고자 생각하였는데, 죽었다면 바일제이고, 만약 죽지 않았으나 뒤에 인연하여 죽었다면 역시 바일제이며, 만약 죽지도 않았고 뒤에도 인연하여 죽지 않았다면 돌길라이다.

'몸과 몸이 아닌 것'은 만약 손으로 나무·기왓장·돌·칼·창·활·화살·나무토막·백납 덩어리·연석 덩어리 등을 잡고서 때려서 죽이고자 생각하였는데, 죽었다면 바일제이고, 만약 죽지 않았으나 뒤에 인연하여 죽었다면 역시 바일제이며, 만약 죽지도 않았고 뒤에도 인연하여 죽지 않았다면 돌길라이다.

만약 비구가 몸이거나, 몸이 아니거나, 몸과 몸이 아닌 것을 사용하지 않았으나, 죽이려는 까닭으로 독약으로서 축생의 눈의 가운데·귀의 가운데·코의 가운데·입의 가운데·몸의 상처에 넣거나, 음식·잠자는 곳·다니는 곳에 놓아두고서 죽이고자 생각하였는데, 죽었다면 바일제이고, 만약 죽지 않았으나 뒤에 인연하여 죽었다면 역시 바일제이며, 만약 죽지도 않았고 뒤에도 인하여 죽지 않았다면 돌길라이다.

만약 비구가 몸이거나, 몸이 아니거나, 몸과 몸이 아닌 것을 사용하지 않았고, 독약을 사용하지도 않았으나, 죽이려는 까닭으로 우다살(憂多殺)[2]·두다살(頭多殺)을 짓거나, 창애·그물·덫·비다라살(毘陀羅殺)[3]·사비다라살(似毘陀羅殺)·단명살(斷命殺)·타태살(墮胎殺)·안복살(按腹殺) 등을 짓거나, 물과 불의 가운데에 밀어서 죽이거나, 구덩이 가운데에 밀어서 죽이거나, 멀리 보내어 도중에 죽게 하거나, 나아가 모태 안에서 2근(根)인 신근(身根)과 명근(命根)을 받았던 때에 그 가운데에서 방편을 일으켜서 죽이고자 생각하였는데, 죽었다면 바일제이고, 만약 죽지 않았으나 뒤에 인연하여 죽었다면 역시 바일제이며, 만약 죽지도 않았고 뒤에도 인연하여 죽지 않았다면 돌길라이다." [예순한 번째 일을 마친다.]

세존께서는 왕사성에 머무르셨다.

이때 육군비구와 십칠군비구가 투쟁하고 서로 욕하면서 마음으로 화합하지 못했다. 이때 육군비구와 십칠군비구가 투쟁하고 서로 욕하고서 육군비구가 십칠군비구에게 의심하고 후회하게 하려는 까닭으로 이렇게 말을 지었다.

"그대들은 20세가 안되었는데 구족계(具足戒)를 받았다. 만약 사람이 20세의 이전에 구족계를 받았다면 구족계라고 이름하지 않는다. 만약 구족계를 얻지 못하였다면 비구도 아니고 사문도 아니며 석자도 아니다."

이들은 이러한 말을 듣고서 근심하고 의심하며 후회하면서 소리내어 울었다. 여러 비구들이 물었다.

---

2) 산스크리트어 gūḍha의 음사로 어두운 곳에 구덩이를 파서 죽이는 법을 가리킨다.

3) 산스크리트어 Vetāḍa의 음사로 위타라귀(韋陀羅鬼) 또는 미달라귀(迷怛羅鬼)로 음사되고, 염매(厭魅)·기시귀(起屍鬼)·사시(死屍)로 한역되는데, 죽은 시체를 이용하여 살생하는 것이다.

"무슨 까닭으로 우는가?"

대답하여 말하였다.

"육군비구가 우리들에게 의심하고 후회하게 말하였습니다. '그대들은 20세가 안되었는데 구족계를 받았다. 만약 사람이 20세의 이전에 구족계를 받았다면 구족계라고 이름하지 않는다. 만약 구족계를 받지 못하였다면 비구도 아니고 사문도 아니며 석자도 아니다.' 우리들은 이러한 말을 듣고 의심스럽고 후회스러워서 우는 것입니다."

이 가운데에 비구가 있어 욕망이 적고 만족함을 알며 두타를 행하였는데, 이러한 일을 듣고 마음이 기쁘지 않아서 여러 종류의 인연으로 꾸짖었다.

"어찌 비구라고 이름하면서 고의로 다른 비구를 의심하고 후회하게 하는가?"

여러 종류의 인연으로 꾸짖고서 세존을 향하여 자세히 말하였다. 세존께서는 이 일로써 비구 승가를 모으셨으며, 아시면서도 일부러 육군비구에게 물으셨다.

"그대들이 진실로 이러한 일을 지었는가?"

대답하여 말하였다.

"진실로 지었습니다. 세존이시여."

세존께서는 여러 종류의 인연으로서 육군비구를 꾸짖으셨다.

"어찌 비구라고 이름하면서 고의로 다른 비구를 의심하고 후회하게 하였는가?"

여러 종류의 인연으로 꾸짖으셨으며, 여러 비구들에게 말씀하셨다.

"열 가지의 이익을 까닭으로 여러 비구들에게 계를 제정하여 주겠노라. 지금부터 이러한 계는 마땅히 이와 같이 설할지니라. '만약 비구가 고의로 다른 비구를 의심하고 후회하게 하여 잠깐이라도 그 마음을 안은하지 않게 하였다면 이 인연으로서 바일제와 다르지 않느니라.'

'바일제'는 소자와 복장이고, 만약 허물을 참회하지 않는다면 능히 도를 장애한다.

이 가운데에서 범하는 것은 6사(事)가 있나니, 첫째는 태어난 것이고,

둘째는 구족계를 받은 것이며, 셋째는 범한 것이고, 넷째는 묻는 것이며, 다섯째는 물건이고, 여섯째는 법(法)이다.

'태어난 것'은 만약 비구가 다른 비구에게 '언제 태어났는가?'라고 물었고, 그가 '누구 왕의 때에 태어났고, 누구 대신의 때에 태어났으며, 무슨 풍요(豐樂)에 태어났고, 무슨 기근(飢儉)에 태어났으며, 무슨 안은하던 때에 태어났고, 무슨 질병의 때에 태어났습니다.'라고 대답하여 말하였는데, 곧 다시 말하기를 '만약 사람이 누구 왕의 때에 태어났고, 누구 대신 때에 태어났으며, 무슨 풍요에 태어났고, 무슨 기근에 태어났으며, 무슨 안은하던 때에 태어났고, 무슨 질병의 때에 태어났다면 이 사람은 20세 미만이다. 만약 사람이 20세 미만이라면 구족계를 받을 수 없고, 만약 구족계를 받지 못했다면 비구가 아니고 사문도 아니고 석자도 아니다.'라고 말하였으며, 만약 다른 비구가 의심과 후회를 일으켰거나, 만약 일으키지 않았더라도 모두 바일제이다.

또 비구가 다른 비구에게 '그대는 겨드랑이에 언제 털이 생겨났는가? 입가에 언제 수염이 생겨났는가? 인후(咽喉)[4]는 언제 나타났는가?'라고 말하였고, 만약 '누구 왕의 때이거나, 누구 대신의 때이거나, 만약 무슨 풍요·기근·안은한 때·질병의 때이다.'라고 말하였는데, 곧 다시 '만약 사람이 누구 왕의 때이거나, 누구 대신의 때이거나, 만약 무슨 풍요·기근·안은한 때·질병의 때에 겨드랑이에 털이 생겨나고, 수염이 생겨났으며, 인후가 나타났다면 이 사람은 20세 미만이다. 만약 사람이 20세 미만이라면 구족계를 받을 수 없고, 만약 구족계를 받지 못했다면 비구가 아니고 사문도 아니고 석자도 아니다.'라고 말하였으며, 만약 다른 비구가 의심과 후회를 일으켰거나, 만약 일으키지 않았더라도 모두 바일제이다. 이것을 태어나서 구족계를 받는 것이라고 이름한다.

만약 비구가 다른 비구에게 '그대는 어느 때에 구족계를 받았는가?'라고 물어 말하였고, '누구 왕의 때·누구 대신의 때·만약 무슨 풍요·기근·안은

---

4) 인두(咽頭)와 후두(喉頭)를 가리키며, 목 안과 울대를 통틀어서 일컫는다.

한 때·질병의 때에 구족계를 받았다.'고 대답하여 말하였는데, 곧 다시 '만약 사람이 누구 왕의 때·누구 대신의 때·만약 무슨 풍요·기근·안은한 때·질병의 때에 구족계를 받았다면 이 사람은 구족계를 받지 않은 것이다. 구족계를 받지 못했다면 비구가 아니고 사문도 아니고 석자도 아니다.'라고 말하였으며, 만약 다른 비구가 의심과 후회를 일으켰거나, 만약 일으키지 않았더라도 모두 바일제이다.

또한 비구가 다른 비구에게 '누가 그대의 구족계 화상인가? 누가 아사리(阿闍利)를 지었는가? 누가 교수사(教授師)를 지었는가?'라고 물어 말하였고, '누가 화상을 지었고, 누가 아사리를 지었으며, 누가 교수사를 지었다.'라고 대답하여 말하였는데, 곧 다시 '만약 누가 화상을 지었고, 누가 아사리를 지었고, 누가 교수사를 지었다면 이 사람은 구족계를 받지 않은 것이다. 구족계를 받지 못했다면 비구가 아니고 사문도 아니고 석자도 아니다.'라고 말하였으며, 만약 다른 비구가 의심과 후회를 일으켰거나, 만약 일으키지 않았더라도 모두 바일제이다.

또한 비구가 다른 비구에게 '그대는 10중(衆)의 가운데에서 구족계를 받았는가? 5중(衆)의 가운데에서 구족계를 받았는가?'라고 물어 말하였고, '10중의 가운데이다.'라고 대답하여 말하였는데, 곧 다시 '만약 이와 같이 10중의 가운데에서 구족계를 받았다면 이 사람은 구족계를 받지 않은 것이다. 구족계를 받지 못했다면 비구가 아니고 사문도 아니고 석자도 아니다.'라고 말하였으며, 만약 다른 비구가 의심과 후회를 일으켰거나, 만약 일으키지 않았더라도 모두 바일제이다.

또한 비구가 다른 비구에게 '그대는 경계의 안에서 구족계를 받았는가? 경계 바깥에서 받았는가?'라고 물어 말하였고, '경계 안에서 받았다.'라고 대답하여 말하였는데, 곧 다시 '만약 경계 안에서 구족계를 받았다면 이 사람은 구족계를 받지 않은 것이다. 구족계를 받지 못했다면 비구가 아니고 사문도 아니고 석자도 아니다.'라고 말하였으며, 만약 다른 비구가 의심과 후회를 일으켰거나, 만약 일으키지 않았더라도 모두 바일제이다. 이것을 구족계를 받은 것이라고 이름한다.

범하는 것은 만약 비구가 말로 다른 비구에게 '그대는 승가바시사죄를 범하였다. 바일제·바라제제사니·돌길라를 범하였다. 만약 비구가 승가바시사·바일제·바라제제사니·돌길라를 범했다면 이 사람은 비구도 아니고 사문도 아니고 석자도 아니다.'라고 말하였고, 만약 다른 비구가 의심과 후회를 일으켰거나, 만약 일으키지 않았더라도 모두 바일제이다. 이것을 범한 것이라고 이름한다.

'묻다.'는 만약 비구가 다른 비구에게 '그대는 어느 취락에 들어갔고, 어느 거리를 다녔으며, 누구 집에 이르렀고, 어느 곳에 앉았으며, 누구 여인과 말하였고, 누구 비구니의 방사에 이르렀으며, 누구 비구니와 말하였는가?'라고 물었고, '나는 어느 취락에 들어갔고, 어느 거리를 다녔으며, 누구 집에 이르렀고, 어느 곳에 앉았으며, 누구 여인과 말하였고, 누구 비구니의 방사에 이르렀으며, 누구 비구니와 말하였다.'라고 대답하였는데, 곧 다시 '만약 비구가 어느 취락에 들어갔고, 어느 거리를 다녔으며, 누구 집에 이르렀고, 어느 곳에 앉았으며, 어떤 여인과 말하였고, 누구 비구니의 방사에 이르렀으며, 누구 비구니와 말하였다면 이 사람은 비구도 아니고 사문도 아니고 석자도 아니다.'라고 말하였고, 만약 다른 비구가 의심과 후회를 일으켰거나, 만약 일으키지 않았더라도 모두 바일제이다. 이것을 물은 것이라고 이름한다.

'물건'은 만약 비구가 다른 비구에게 '그대는 누구와 같은 마음으로 발우를 사용하는가? 누구와 같은 마음으로 옷을 사용하고 호구·시약·야분약·칠일약·종신약을 사용하는가?'라고 물었고, '누구와 같은 마음으로 발우·옷·호구·시약·야분약·칠일약·종신약을 사용한다.'라고 대답하였는데, 곧 다시 '만약 비구가 누구와 같은 마음으로 발우·옷·호구·시약·야분약·칠일약·종신약을 사용한다면 이 사람은 비구도 아니고 사문도 아니고 석자도 아니다.'라고 말하였고, 만약 다른 비구가 의심과 후회를 일으켰거나, 만약 일으키지 않았더라도 모두 바일제이다. 이것을 물건이라고 이름한다.

'법'은 만약 비구가 다른 비구에게 '옷을 많이 소지하지 마십시오.

자주 먹지 마십시오. 별중식(別衆食)을 하지 마십시오. 다른 사람이 청하지 않으면 그 집에 들어가지 마십시오. 때가 아닌 때에 취락에 들어가지 마십시오. 승가리(僧伽梨)를 입지 않고 촌읍(村邑)에 들어가지 마십시오.'라고 말하였고, 만약 비구가 '나는 가치나의(迦絺那衣)를 받았습니다.'라고 대답하였는데, 곧 다시 '만약 비구가 뜻에 따라서 옷을 많이 저축하고, 자주 먹으며, 별중식을 하고, 다른 사람이 청하지도 않는데 그 집에 들어가며, 때가 아닌 때에 취락에 들어가고, 승가리를 입지 않고 촌읍에 들어갔다면 이 사람은 비구도 아니고 사문도 아니고 석자도 아니다.'라고 말하였고, 만약 다른 비구가 의심과 후회를 일으켰거나, 만약 일으키지 않았더라도 모두 바일제이다. 이것을 법이라고 이름한다.

만약 비구가 이러한 6사(事)로서 다른 비구를 의심하고 후회하게 하였다면 모두 바일제이다. 이 6사를 제외한 다른 일로 비구를 의심하고 후회하게 하였다면 돌길라이다. 만약 비구가 이러한 6사를 제외하고 다른 사람을 의심하고 후회하게 하였다면 돌길라이다." [예순두 번째 일을 마친다.]

세존께서는 왕사성에 머무르셨다.

이때 십칠군비구 가운데에 한 백의의 아이가 있어 잘 웃었다. 이때 십칠군비구가 많이 웃기려는 까닭으로 손가락을 사용하여 간지럽혔다. 어린아이는 크게 웃었고 나아가 기절하여 손발을 움직이지 못하였으며 곧 죽었다. 이때 십칠군비구는 '우리들이 바라이를 범한 것은 아닌가?'라고 의심하고 이 일로써 세존께 아뢰었다. 세존께서는 아시면서도 일부러 십칠군비구에게 물으셨다.

"그대들은 무슨 마음으로서 지었는가?"

대답하여 말하였다.

"저희는 장난하여 웃기려는 까닭이었습니다."

세존께서는 말씀하셨다.

"만약 그와 같다면 살인을 범한 것은 아니다."

여러 비구들에게 말씀하셨다.

"열 가지의 이익을 까닭으로 여러 비구들에게 계를 제정하여 주겠노라. 지금부터 이러한 계는 마땅히 이와 같이 설할지니라. '만약 비구가 손가락으로 다른 사람을 간지럽혔다면 바일제이니라.'

'바일제'는 소자와 복장이고, 만약 허물을 참회하지 않는다면 능히 도를 장애한다.

이 가운데에서 범하는 것은 만약 비구가 한 손가락으로 다른 사람을 간지렵혔다면 하나의 바일제이다. 둘·셋·넷·다섯·여섯·일곱·여덟·아홉·열 손가락으로 간지럽혔다면 열의 바일제이다. 만약 나무나 돌로 다른 사람을 간지럽혔다면 돌길라이다." [예순세 번째 일을 마친다.]

세존께서는 사위국에 머무르셨다.

이때 파사닉왕에게 목욕하는 연못이 있었는데 곳곳에 제방을 쌓았다. 이때 십칠군비구가 함께 서로에게 말하였다.

"아지라(訶脂羅) 강가에 가서 목욕하고 돌아오세."

십칠군비구 가운데에 한 비구는 선정(禪定)을 얻은 까닭으로 진실로 가는 것이 즐겁지 않았으나, 다른 사람들을 보호하려는 뜻을 까닭으로 떠나갔다. 여러 비구들은 모두 아지라 강의 언덕에 이르러 옷을 벗고 강에서 여러 종류로 장난쳤다. 혹은 손으로 물장구를 쳤고, 혹은 거꾸로 잠수하였으며, 혹은 물고기와 같이 회전하였고, 혹은 팔을 흔들었으며, 혹은 두 손으로 물을 움켜쥐었고, 한 손으로 움켜쥐었으며, 누워서 헤엄쳤다. 이 목욕하는 곳은 왕의 궁전에서 모두 멀리서 볼 수 있었다.

이때 왕과 말리(末利) 부인은 궁전에서 오욕락(五欲樂)을 누리고 있었고, 여기(女妓)들은 스스로가 즐겼다. 이때 왕이 멀리서 십칠군비구가 물의 가운데에서 여러 장난하는 것을 멀리서 보았고 말리 부인에게 말하였다.

"이들은 그대가 존중하는 자들인데 물의 가운데에서 이와 같이 추하게 장난하는구려."

부인이 대답하여 말하였다.

"왕께서는 어찌 허물로서 보십니까? 이들은 소년들입니다. 왕께서는 어찌 마하가섭·사리불·목건련·아나율을 보라고 말씀하지 않습니까?"

이때 이 가운데에서 선정을 얻은 비구가 목욕하지 않고 다른 곳에서 좌선하면서 이 두 사람의 말을 들었다. 왕의 말과 부인의 말을 듣고서 다른 비구들에게 말하였다.

"그대들은 몸을 충분히 씻었으니 거듭 다시 씻지 마시게. 마땅히 언덕으로 올라와 옷을 입고 씻을 물을 가득 담아서 앞에 두고서 가부좌하시오."

이와 같이 시켰고 곧 모두 언덕에 올라 옷을 입고 물을 채운 병을 앞에 놓고서 가부좌하였다. 이때 선정을 얻은 비구가 신통력으로서 물병을 각자의 앞에서 공중에 떠나가게 하였고, 여러 비구들은 대좌(大坐)하고 눈을 감고서 그 뒤를 따라서 떠나갔다. 이때 말리부인이 보고서 왕에게 말하였다.

"이들이 내가 존중하는 분들입니다."

이와 같이 행을 지었고, 왕이 보지 못하는 곳으로 나아갔다. 이때 부인은 곧 사자를 세존의 처소로 보내어 세존께 아뢰어 말하였다.

"왕께서 항상 비구들의 허물과 죄를 들추면서 즐기는 것은 이렇게 물의 가운데에서 씻으며 장난치는 까닭입니다. 원하옵건대 여러 비구들이 다시는 이 가운데에서 씻지 못하게 하십시오."

세존께서는 이 일로써 비구 승가를 모으셨으며, 아시면서도 일부러 십칠군비구에게 물으셨다.

"그대들이 진실로 이러한 일을 지었는가?"

대답하여 말하였다.

"진실로 지었습니다. 세존이시여."

세존께서는 여러 종류의 인연으로서 십칠군비구를 꾸짖으셨다.

"어찌 비구라고 이름하면서 물의 가운데에서 여러 종류의 장난을 지었는가? 손으로 물장구치고, 거꾸로 잠수하며, 혹은 물고기와 같이 회전하고, 혹은 두 손으로 물을 움켜쥐며, 혹은 한 손으로 움켜쥐고, 혹은 누워서 헤엄쳤는가?"

여러 종류로 꾸짖으셨으며, 여러 비구들에게 말씀하셨다.

"열 가지의 이익을 까닭으로 여러 비구들에게 계를 제정하여 주겠노라. 지금부터 이러한 계는 마땅히 이와 같이 설할지니라. '만약 비구가 물의 가운데에서 장난친다면 바일제이니라.'

'바일제'는 소자와 복장이고, 만약 참회하지 않는다면 능히 도를 장애한다.

이 가운데에서 범하는 것은 여덟 종류가 있나니, 첫째는 기쁘게 짓는 것이고, 둘째는 즐겁게 짓는 것이며, 셋째는 웃으면서 짓는 것이고, 넷째는 희롱하면서 짓는 것이며, 다섯째는 물을 희롱하는 것이고, 여섯째는 다른 사람을 기쁘게 하는 것이며, 일곱째는 다른 사람을 즐겁게 하는 것이고, 여덟째는 다른 사람을 웃기는 것이다. 만약 비구가 기쁘게 지으려는 까닭으로 손으로써 물장구를 쳤다면 바일제이고, 만약 물에서 거꾸로 잠수하거나, 혹은 물고기와 같이 회전하거나, 한 팔 또는 두 팔로 헤엄치거나, 혹은 몸을 솟구치거나, 혹은 누워서 헤엄쳤다면 모두 바일제이다.

만약 비구가 즐거움을 짓고자, 웃음을 짓고자, 희롱을 짓고자, 물을 희롱하고자, 다른 사람을 기쁘게 하고자, 다른 사람을 즐겁게 하고자, 다른 사람을 웃기고자 이렇게 여러 종류로 헤엄치고 희롱하였다면 모두 바일제이다. 나아가 쟁반에 있는 물이나 평상(床)에 있는 물에 손가락으로 그었다면 돌길라이다. 범함이 없는 것은 만약 수영을 배웠거나, 만약 곧 건넜다면 죄를 범한 것은 아니다." [예순네 번째 일을 마친다.]

세존께서는 사위국에 머무르셨다.

이때 장로 아나율(阿那律)은 교살라에서 유행하여 사위국으로 향하였고, 한 취락에 이르렀다. 승방이 없는 곳에서 묵고자 하였으나, 이 아나율은 본래 나라의 왕자이었고, 족성이 고귀하였던 까닭으로 소소한 일을 묻는 것을 즐거워하지 않았다. 또한 누구에게 물어야 하고, 묻지 않아야 하는가를 알지 못하였다. 취락의 가운데에 여러 소년들이 서 있는 것을 보고 곧 가서 물어 말하였다.

"이 취락의 가운데에서 누가 능히 출가인에게 묵을 곳을 줄 수 있는가?"

이때 취락의 가운데에 한 음녀(婬女)가 있었고, 이 소녀들은 비구를 희롱하려는 까닭으로 대답하여 말하였다.

"어느 곳에서 묵을 수 있습니다."

곧 갔으며 여인의 집에 이르러 문 앞에 서서 손가락을 튕겼다. 이때 여인이 밖으로 나와서 아나율을 보았는데, 단정하고 위엄과 덕이 있었고 안색이 사랑스러웠다. 보고서 음욕(婬欲)이 마음에서 일어나서 여인이 물어 말하였다.

"그대는 무엇을 찾습니까?"

대답하여 말하였다.

"의지하여 묵고자 합니다."

여인이 말하였다.

"그러십시오."

곧 들어가서 앉을 자리를 주었고 서로가 문신하였고, 뒤에 나아가 앉았다. 여인은 집안사람에게 명하였다.

"여러 종류의 음식을 준비하고 여러 종류로 장엄하여 이 나그네에게 공양하세요."

곧 큰 침상과 좋은 요·이불·베개를 펼쳐놓고, 이 침상 옆에 다시 침상 하나를 놓았는데, 자신을 위한 까닭이었다. 이 여인이 초야(初夜)에 비구에게 부정을 짓고자 청하였다.

"제가 마땅히 그대를 위하여 다리를 주물러 주겠습니다."

비구가 대답하여 말하였다.

"나는 음욕을 끊은 사람입니다. 이러한 일은 말하지 마십시오."

여인은 생각하였다.

'이 사람은 반드시 음욕이 있다. 단지 초야이므로 너무 피곤한 까닭이다.'

중야(中夜)에 이르러 다시 말하였으나 오히려 따르지 않았던 까닭으로 후야(後夜)에 이르러 다시 말하였어도 역시 일부러 따르지 않았다. 날이 명료한 때에 이르러 여인이 비구에게 말하였다.

"국왕과 대신이 1백 금전(金錢)을 가지고 왔어도 나는 기꺼이 따르지 않았고, 2백·3백·4백·5백을 주었어도 나는 역시 따르지 않습니다. 나는 오늘 밤에 세 번을 스스로가 서로에게 청했는데도 그대는 즐거워하지 않았습니다. 그대는 비구가 얻을 마땅할 법을 반드시 마땅히 얻을 것입니다. 만약 이렇게 하지 않으시려면 내가 애민한 까닭으로 내가 베푸는 음식이라도 받아주십시오."

아나율은 생각하면서 말하였다.

'내가 도의 가운데에서 행하더라도 반드시 마땅히 다시 음식을 받으리라.'

이렇게 생각을 짓고 곧 묵연히 받아들였다. 묵연히 받아들인 것을 알고서 곧 때에 음식을 준비하여 스스로의 손으로 물을 주었고, 스스로 맛있는 음식을 많이 주어서 마음대로 배부르게 먹게 하였다. 손을 씻고 발우를 거둔 것을 알고서 작은 상을 취하여 앞에 놓고 앉아서 설법을 들었다. 그때 아나율은 여인 마음의 근본과 지말의 인연을 관찰하고서 그녀를 위하여 차례로 법을 설하였으므로, 곧 앉은 자리에서 멀리 번뇌를 벗어났으며 법안(法眼)의 청정을 얻었다. 이 여인은 법을 보았고 법을 들었으며 법을 알았고 법에 들어가서 의심과 후회를 건넜으므로 다른 것을 따르지 않았고, 불법의 가운데에서 자재한 마음과 무소외(無所畏)를 얻었다. 자리에서 일어나서 아나율의 발에 머리숙여 예배하고 말하였다.

"나는 오늘부터 세존께 귀의하고, 법에 귀의하며, 승가에 귀의합니다. 나는 목숨을 마치도록 세존의 우바이(優婆夷)가 되겠습니다."

이때 아나율은 다시 여러 종류의 법을 설하여 보여주었고 가르셨으며, 이익되고 기쁘게 하였고, 보여주었고 가르쳤으며 이익되고 기쁘게 하고서 자리에서 일어나서 떠나갔다. 이후부터 이 집은 항상 사문 석자들에게 옷과 음식을 공급하였다. 이 음녀는 몇몇 사람들과 함께 아나율을 전송하고 곧 돌아왔다. 이때 아나율은 점차 사위국에 이르렀고 옷과 발우를 한곳에 놓아두고 세존의 처소로 나아가서 세존의 발에 머리숙여 예경하고 한쪽에 앉았다.

모든 제불의 상법은 객비구가 있어서 왔다면 이와 같은 말로서 문신하는 것이다.

"견딜 수 있었는가? 부족하지 않았는가? 안락하게 머물렀는가? 도로에 피로하지는 않았는가?"

세존께서는 이와 같은 말씀으로 아나율에게 위문하며 물으셨다.

"견딜 수 있었는가? 부족하지 않았는가? 안락하게 머물렀는가? 도로에 피로하지는 않았는가?"

아나율이 대답하였다.

"세존이시여. 견딜 수 있었고 만족하였으며, 걸식도 부족하지 않았고, 도로에 피곤하지 않았습니다."

이러한 일로써 세존을 행하여 자세히 말하였다. 세존께서는 이 일로써 비구 승가를 모으셨으며, 여러 비구들에게 말씀하셨다.

"아나율이 비록 음욕을 벗어난 아라한일지라도 마땅히 여인과 함께 묵어서는 아니된다. 잘 익은 음식을 사람들이 원하는 것처럼 여인도 남자에게 있어서는 역시 이와 같다. 열 가지의 이익을 까닭으로 여러 비구들에게 계를 제정하여 주겠노라. 지금부터 이러한 계는 마땅히 이와 같이 설할지니라. '만약 비구가 여인과 같은 방사에서 묵는다면 바일제이니라.'

'여인'은 사람의 여자, 비인(非人)의 여자, 축생의 암컷을 말한다.

'사람인 여인이 눕거나 앉은 것'을 묵는 것이라고 이름한다. 만약 코끼리가 기대었거나, 만약 서 있어도 역시 잠자는 것이라 이름한다. 낙타·말·소·양이 만약 눕거나, 만약 서 있어도 역시 잠자는 것이라고 이름한다. 고니·기러기·공작·닭이 만약 한 다리로 서 있거나, 머리를 목에 파묻는 것도 잠자는 것이라 한다.

'집'은 네 종류가 있나니, 일체가 덮여지고 전체가 가려졌거나, 전체가 가려지고 덮여지지 않았거나, 전체가 덮여지고 절반이 가려졌거나, 전체가 덮여지고 일부만 가려진 곳이다.

이 가운데에서 범하는 것은 만약 비구가 이러한 네 종류의 방사의 가운데에서 여인과 함께 묵는다면 모두 바일제이다. 만약 일어났다가 다시 누웠어도 다시 바일제이다. 일어났다가 다시 누울 때마다 하나·하나가 바일제이다. 범하지 않은 것은 밤새워 앉아서 눕지 않는 것이다. 나아가 다른 방사에 여인이 잠자고 있는데, 고양이가 들어갈 수 있는 구멍이 허용되는 곳에서 묵는다면 바일제이다." [예순다섯 번째 일을 마친다.]

세존께서는 유야리국 마구라산(摩俱羅山)에 머무르셨다.

이때 시자(侍者)인 상수(象守) 비구와 함께 머무셨다. 제불의 시자의 법은 세존께서 방에 들어가지 않으셨다면 먼저 들어가서는 아니되는 것이다. 이때 세존께서 초야에 노지를 경행하셨는데, 이때 이슬비가 내렸으므로 석제환인(釋提桓因)은 이렇게 생각을 지었다.

'세존께서 지금 노지에서 경행하시는데 이슬비가 내리는구나. 내가 어찌 유리굴(琉璃窟)의 변화를 지어서 세존께서 그 안에서 경행하시게 하지 않겠는가!'

곧 변화를 지었고 세존께서는 그 안에서 있으면서 경행하셨고 제석(提釋)은 그 뒤를 따랐다. 세존께서 오래 경행하셨고, 이 상수 비구는 비바람에 괴로워 이렇게 생각을 지었다.

'나도 들어가려면 마땅히 무슨 방편으로써 세존을 방으로 들어가시게 할 수 있을까?'

이때 마구라산의 가운데에 사는 백성들은 어린아이가 우는 때에 곧 바구라야차(婆俱羅夜叉)로써 무섭게 하여 멈추도록 하였다. 이때 상수 비구는 반대로 타고난 집착에 얽매여 경행하는 길목에 서서 두 손으로 두 귀를 막고 세존께 말하였다.

"바구라야차가 왔습니다."

이때 석제환인이 세존께 아뢰어 말하였다.

"세존이시여. 어찌 불법의 가운데에 도리어 이러한 바보가 있습니까?"

세존께서는 말씀하셨다.

"교시가(憍尸迦)여. 나의 집은 광대합니다. 이 사람도 현재의 몸으로 역시 마땅히 누진(漏盡)을 얻고서 지을 것을 마치고 다시 거듭하여 후유(後

有)를 받지 않을 것입니다."

세존께서는 여러 종류의 인연을 보여주셨고 가르치셨으며 이익되고 기쁘게 하셨으며, 보여주셨고 가르치셨으며 이익되고 기쁘게 하시고서 묵연하셨다. 석제환인은 세존께서 보여주셨고 가르치셨으며 이익되고 기쁘게 하였으므로 세존의 발에 머리숙여 예경하고 오른쪽으로 돌면서 떠나갔다. 석제환인이 떠나고 오래지 않아서 세존께서는 방으로 들어가 좌상(坐床)을 펴고 앉으셨다. 그 밤이 지나고서 이 인연으로서 비구 승가를 모으셨으며, 여러 종류의 인연으로 상수 비구를 꾸짖으셨다.

"어리석은 사람이여. 어찌 능히 여래·불·세존을 두렵게 하겠는가? 그대 어리석은 사람이여. 세존은 두려움이 없어서 옷이나 머리카락이 곤두서지 않노라."

이때 세존께서는 게송으로 설하여 말씀하셨다.

세존은 자신의 법 가운데에서
걸림없는 지혜를 통달하였으니
사람이 있어서 이 바구라야차로써
두렵게 할 수 있으랴!

세존은 자신의 법 가운데에서
걸림없는 지혜를 통달하였으니
이런 까닭으로 태어남과 늙음과
병과 죽음의 고통을 능히 건너간다네.

세존은 자신의 법 가운데에서
걸림없는 지혜를 통달하였으니
이런 까닭으로 모든 결박과
번뇌를 능히 없앨 수 있다네.

세존께서는 여러 종류의 인연으로 상수 비구를 꾸짖으셨으며, 여러 비구들에게 말씀하셨다.

"열 가지의 이익을 까닭으로 여러 비구들에게 계를 제정하여 주겠노라. 지금부터 이러한 계는 마땅히 이와 같이 설할지니라. '만약 비구가 스스로 다른 비구를 두렵게 하였거나, 만약 다른 사람을 시켜 두렵게 하였거나, 나아가 희롱(戱笑)하였더라도 바일제이니라.'

'바일제'는 소자와 복장이고, 만약 허물을 참회하지 않는다면 능히 도를 장애한다.

이 가운데에서 범하는 것은 여섯 종류가 있나니, 모습(色)·소리(聲)·냄새(香)·맛(味)·감촉(觸)·법(法)이다. '모습'은 만약 비구가 코끼리 모습을 짓거나, 만약 말의 모습·숫양의 모습·물소의 모습을 짓거나, 이와 같은 등의 무서운 모습으로 다른 비구를 두렵게 하였다면 만약 두렵게 하였거나, 만약 두렵게 하지 못하였어도 모두 바일제이다. 이것을 모습이라고 이름한다.

'소리'는 만약 비구가 코끼리 소리·말의 소리·수레 소리·발자국 소리·숫양 소리·물소의 소리를 짓거나, 이와 같은 무서운 소리를 지어서 다른 비구를 두렵게 하였다면 만약 두렵게 하였거나, 만약 두렵게 하지 못하였어도 모두 바일제이다. 이것을 소리라고 이름한다.

'냄새'는 만약 비구가 좋은 냄새를 짓거나, 만약 고약한 냄새를 짓거나, 만약 평범한 냄새를 짓거나, 만약 희유한 냄새를 짓거나, 이와 같은 냄새를 지으면서 다른 비구를 두렵게 하였다면 만약 두렵게 하였거나, 만약 두렵게 하지 못하였어도 모두 바일제이다. 이것을 냄새라고 이름한다.

'맛'은 만약 비구가 다른 비구에게 '그대는 오늘 어떠한 재료를 사용하여 음식을 먹었는가?'라고 물었고, '낙(酪)과 소(酥)를 사용하였다.'라고 대답하여 말하였는데, 다시 '만약 낙과 소를 사용하여 음식을 먹었다면 이러한 사람은 나선병(癩癬病)을 얻는다.'라고 말하면서, 만약 두렵게 하였거나, 만약 두렵게 하지 못하였어도 모두 바일제이다. 만약 비구가 다른 비구에게 '그대는 오늘 어떠한 재료를 사용하여 음식을 먹었는가?'라고 물었고,

'낙·소·비라장(毘羅漿)을 사용하였다.'고 대답하여 말하였는데, 다시 '만약 낙·소·비라장을 사용하여 음식을 먹었다면 이러한 사람은 나선병을 얻는다.'라고 말하면서, 만약 두렵게 하였거나, 만약 두렵게 하지 못하였어도 모두 바일제이다. 만약 비구가 다른 비구에게 '그대는 오늘 어떠한 재료를 사용하여 음식을 먹었는가?'라고 물었고, '소(酥)와 돼지고기를 사용하였다.'고 대답하여 말하였는데, 다시 '만약 소와 돼지고기를 사용하여 음식을 먹었다면 이러한 사람은 나선병을 얻는다.'라고 말하면서, 만약 두렵게 하였거나, 만약 두렵게 하지 못하였어도 모두 바일제이다. 이것을 맛이라고 이름한다.

'감촉'은 만약 비구가 몸을 굳세게 지니거나, 만약 거칠거나, 만약 부드럽거나, 만약 매끄럽거나, 만약 까칠하게 지니는 등의 몸을 모두 다르게 하여 다른 비구와 접촉함으로서 만약 두렵게 하였거나, 만약 두렵게 하지 못하였어도 모두 바일제이다. 이것을 감촉이라고 이름한다.

'법'은 만약 비구가 다른 비구에게 '그대는 살아 있는 풀에 대소변을 보지 마십시오. 마땅히 지옥·아귀·축생의 세계에 떨어질 것입니다.'라고 말하였고, 이 비구가 '나 스스로 이러한 법을 알고 있다.'고 대답하여 말하였는데, 또한 '만약 비구가 살아 있는 풀에 대소변을 본다면 마땅히 지옥·아귀·축생의 세계에 떨어질 것입니다.'고 말하면서, 만약 두렵게 하였거나, 만약 두렵게 하지 못하였어도 모두 바일제이다. 이것을 법이라고 이름한다.

만약 비구가 이러한 여섯의 일로 비구를 두렵게 하였다면 바일제이고, 이러한 여섯 일을 제외하고 다른 일로 비구를 두렵게 하였다면 돌길라이다. 만약 이 여섯의 일과 다른 일로 다른 사람들을 두렵게 하였다면 돌길라이다." [예순여섯 번째 일을 마친다.]

세존께서는 사위국에 머무르셨다.

한 거사가 있어 세존과 승가를 다음 날의 공양에 청하였고 세존께서는 묵연히 받아들이셨다. 이 거사는 세존께서 묵연히 받아들이신 것을 알고서 자리에서 일어나 세존의 발에 머리숙여 예경하고서 오른쪽으로 돌면서 떠나갔다. 집에 돌아와서는 밤새워 여러 종류의 맛있는 음식을 많이 준비하였고 앉을 자리를 펼쳐놓았다. 이때 여러 비구들은 일찍 일어나서 옷을 입고 발우를 지니고 노지에 앉아서 때에 이르기를 기다렸다.

이때 육군비구는 십칠군비구와 투쟁하였고 서로를 즐거워하지 않았다. 이때 육군비구는 십칠군비구의 옷과 발우를 취하여 다른 곳에 숨겨 놓았다. 이때 십칠군비구가 와서 옷과 발우를 구하였으나 오랫동안 찾았어도 얻지 못하였다. 십칠군비구의 법은 지을 일이 있으면 모두가 서로에게 의논하여 말하는 것이다. 이때 옷을 잃어버린 비구가 다른 비구들에게 말했다.

"나는 옷과 발우가 있는 곳을 알지 못합니다. 서로가 도와서 찾읍시다."

이러한 중간(中間)에 거사는 앉을 자리를 펼쳐놓고 사자를 보내어 세존께 알렸다.

"때에 이르렀습니다. 음식이 준비되었으니 세존께서는 스스로가 때인 것을 아십시오."

여러 비구들은 거사의 집으로 갔으나, 세존께서는 스스로 방에 머무시면서 음식의 몫을 맞이하셨다. 거사는 승가가 앉은 것을 보고서 스스로가 손으로 물을 돌렸고 스스로가 맛있는 음식을 많이 주어서 스스로가 마음대로 배부르게 먹게 하였다. 스스로가 마음대로 배부르게 먹고서 승가가 발우를 거둔 것을 알고서 스스로가 물을 돌려서 마쳤다. 작은 평상을 취하여 승가 앞에 앉아서 설법을 듣고자 하였다. 상좌 비구는 설법을 마치고서 나머지의 비구들과 함께 각자 자리에서 일어나 거사의 집을 나왔다. 십칠군비구는 그때에 옷을 찾았고 처음으로 들어왔다. 대중 승가가 나오는 때에 보고서 물어 말하였다.

"무슨 까닭으로 뒤에 있었는가?"

대답하여 말하였다.

"육군비구가 우리들의 발우를 감추었습니다. 오랫동안 찾았고 가까스로 찾았습니다."

이 가운데에 비구가 있어 욕망이 적고 만족함을 알며 두타를 행하였는데, 이러한 일을 듣고 마음이 기쁘지 않아서 여러 종류의 인연으로 꾸짖었다.

"어찌 비구라고 이름하면서 다른 비구의 옷과 발우를 감추었고 구하면서 찾는 시간에 마땅히 거의 음식이 끊어지게 하는가?"

여러 종류의 인연으로 꾸짖고서 세존을 향하여 자세히 말하였다. 세존께서는 이 일로써 비구 승가를 모으셨으며, 아시면서도 일부러 육군비구에게 물으셨다.

"그대들이 진실로 이러한 일을 지었는가?"

대답하여 말하였다.

"진실로 지었습니다. 세존이시여."

세존께서는 여러 종류의 인연으로서 육군비구를 꾸짖으셨다.

"어찌 비구라고 이름하면서 다른 비구의 옷과 발우를 감추었고 구하면서 찾는 시간에 마땅히 거의 음식이 끊어지게 하였는가?"

세존께서는 여러 종류의 인연으로 꾸짖으셨으며, 여러 비구들에게 말씀하셨다.

"열 가지의 이익을 까닭으로 여러 비구들에게 계를 제정하여 주겠노라. 지금부터 이러한 계는 마땅히 이와 같이 설할지니라. '만약 비구가 다른 비구의 발우나, 만약 옷·자물쇠·가죽신·침통(針筒) 등 이와 같이 법에 따라서 물건을 감추면서 만약 스스로가 감추었거나, 다른 사람을 시켜서 감추었거나, 나아가 희롱하면서 감추었어도 바일제이니라.'

'스스로 감추다.'는 자기 손으로 감추는 것이다.

'시켜서 감추다.'는 다른 사람을 시켜서 감추는 것이다.

'바일제'는 소자와 복장이고, 만약 허물을 참회하지 않는다면 능히 도를 장애한다.

이 가운데에서 범하는 것은 만약 비구가 다른 비구의 발우를 감추었는데, 그 비구가 만약 찾아내지 못했다면 이 비구는 바일제이고, 찾아냈다면 돌길라이다. 만약 옷·호구·가죽신·침통 등을 발우를 감추었는데, 그 비구가 만약 찾아내지 못했다면 이 비구는 바일제이고, 찾아냈다면 돌길라이다. 만약 빈 침통을 발우를 감추었는데, 그 비구가 만약 찾아내지 못했다면 이 비구는 바일제이고, 찾아냈다면 돌길라이다.” [예순일곱 번째 일을 마친다.]

세존께서는 왕사성에 머무르셨다.

이때 육군비구는 성품이 나태하여 스스로가 옷을 세탁하였거나, 물들이거나, 할절하거나, 바느질하는 것을 즐거워하지 않았다. 만약 세탁하거나, 물들이거나, 재단하거나, 바느질할 옷이 있으면 곧 이것을 가지고 다른 비구·비구니·식차마니·사미·사미니에게 주었다. 여러 사람들이 자기 옷이라고 생각하여 세탁하였거나, 물들였거나, 재단하거나, 바느질하여 옷을 지어서 마쳤다면 그때 육군비구는 옷이 이미 지어진 것을 알고 곧 가서 요구하면서 말하였다.

“이 옷을 무슨 까닭으로 오랫동안 나에게 돌려주지 않는가?”

부드러운 말로 얻을 수 없다면 곧 강제로 빼앗아 취하였다. 이때 여러 비구들은 육군비구가 옷을 세탁하거나, 물들이거나, 할절하거나, 바느질하는 것을 보지 못하였던 때에 다만 새로운 옷만 입고 있는 것을 보았으므로 여러 비구들이 육군비구에게 물어 말하였다.

“그대들이 옷을 세탁하거나, 물들이거나, 할절하거나, 바느질하는 것을 보지 못하였는데, 다만 새로운 옷만 입고 있는 것을 보았습니다.”

육군비구가 말하였다.

“우리들은 세탁하거나, 물들이거나, 할절하거나, 바느질해야 하는 옷이 있으면 비구·비구니·식차마니·사미·사미니에게 가져다가 줍니다. 여러 사람들이 이 옷의 가운데에서 자기의 옷이라고 생각하여 세탁하고 물들여 옷을 지어서 마쳤다면 우리들이 곧 가서 요구합니다. ‘이 옷을 무슨 까닭으로 오래도록 나에게 돌려주지 않는가?’ 부드러운 말로 얻을 수 없다면 곧 강제로 빼앗아 취하여서 입습니다. 이러한 인연을 까닭으로 그대들은 옷을 세탁하거나, 물들이거나, 할절하거나, 바느질하는 것을 보지 못하였어도, 다만 새로운 옷만 입고 있는 것을 보는 것입니다.”

이 가운데에 비구가 있어 욕망이 적고 만족함을 알며 두타를 행하였는데, 이러한 일을 듣고 마음이 기쁘지 않아서 여러 종류의 인연으로 꾸짖었다.

"어찌 비구라고 이름하면서 비구·비구니·식차마니·사미·사미니에게 옷을 주었다가 다른 사람이 돌려주지 않았는데, 곧 강제로 빼앗고 취하여서 입는가?"

여러 종류의 인연으로 꾸짖고서 세존을 향하여 자세히 말하였다. 세존께서는 이 일로써 비구 승가를 모으셨으며, 아시면서도 일부러 육군비구에게 물으셨다.

"그대들이 진실로 이러한 일을 지었는가?"

대답하여 말하였다.

"진실로 지었습니다. 세존이시여."

세존께서는 여러 종류의 인연으로서 육군비구를 꾸짖으셨다.

"어찌 비구라고 이름하면서 비구·비구니·식차마니·사미·사미니에게 옷을 주었다가 다른 사람이 돌려주지 않았는데, 곧 강제로 빼앗고 취하여서 입었는가?"

세존께서는 여러 종류의 인연으로 꾸짖으셨으며, 여러 비구들에게 말씀하셨다.

"열 가지의 이익을 까닭으로 여러 비구들에게 계를 제정하여 주겠노라. 지금부터 이러한 계는 마땅히 이와 같이 설할지니라. '만약 비구가 다른 비구·비구니·식차마니·사미·사미니에게 옷을 주었다가 다른 사람이 돌려주지 않았는데, 곧 강제로 빼앗고 취하여서 입는다면 바일제이니라.'

'바일제'는 소자와 복장이고, 만약 허물을 참회하지 않는다면 능히 도를 장애한다.

이 가운데에서 범하는 것은 만약 비구·비구니·식차마니·사미·사미니에게 옷을 주었다가 다른 사람이 돌려주지 않았는데, 곧 강제로 빼앗고 취하여서 입는다면 바일제이니라."

그때 비구들이 장의(長衣)를 마땅히 어떻게 저축해야 하는가를 알지 못하였으므로, 이 일로써 세존께 아뢰었다. 세존께서는 말씀하셨다.

"마땅히 작정하고서 저축하라."

비구가 있어 앞에서 작정하고자 다른 사람에게 옷을 주었으나 다른 사람이 기꺼이 돌려주지 않았으므로 곧 투쟁이 생겨났다. 이 일로써 세존께 아뢰었고, 세존께서는 말씀하셨다.

"마땅히 앞에서 주지 말라."

이때 비구가 있어 두·세 사람에게 옷을 주며 이렇게 말을 지었다.

"내가 소유한 옷과 발우를 모두 누구에게 주겠습니다."

누구였던 두·세 사람은 이와 같이 산란(散亂)하여 마땅한 작정의 법이 아니었다. 이 일로써 세존께 아뢰었고, 세존께서는 말씀하셨다.

"마땅히 두·세 사람에게 주어서는 아니된다. 마땅히 잘 사유하고 주량(籌量)하고서 한 명의 좋은 사람에게 주면서 마땅히 이와 같이 말을 짓도록 하라. '나의 옷과 발우를 모두 누구 한 사람에게 주겠습니다.' 오늘부터 비구는 마땅히 항상 사용하는 옷이 있다면 만약 보내어 주거나, 만약 작정하거나, 만약 수지하더라도 마땅히 다른 사람에게 주어서는 아니된다."

비구가 마땅히 다른 사람에게 주어야 할 옷이 있어서 육군비구의 한 사람에게 주었는데, 이 사람이 옷을 받고서 곧 기꺼이 돌려주지 않았다. 다른 비구들도 역시 오뇌(懊惱)를 얻었는데, 능히 좋은 같은 마음의 비구를 얻지 못한 까닭이었다. 또한 한 때의 여름의 마지막 달에 세존께서는 여러 나라를 유행하셨다. 다른 비구들은 모두 새롭게 물들인 옷을 입고 있었으나 이 비구는 낡고 찢어진 옷을 입고 있었다. 세존께서는 이 비구를 보고서 아시면서도 일부러 물으셨다.

"그대는 무슨 까닭으로 찢어지고 낡은 옷을 입고 있는가?"

비구가 대답하여 말하였다.

"세존이시여. 저에게 옷이 있었고 마땅히 작정해야 하는 까닭으로 육군비구 가운데의 한 사람에게 주었습니다. 저의 옷을 받고서 곧 기꺼이 돌려주지 않았고, 다른 비구들도 역시 오뇌를 얻었는데, 능히 좋은 같은 마음의 비구를 얻지 못한 까닭입니다.”

세존께서는 말씀하셨다.

“이렇게 베푼 것은 진실이라고 이름하지 않는다. 청정한 인연을 까닭으로 주었으므로, 곧 때에 이 비구에게 돌려주도록 하라. 취하고자 찾아서 얻었다면 좋으나, 만약 얻지 못하였다면 마땅히 강제로 빼앗아서 취해야 하고, 마땅히 그를 돌길라죄를 지은 것으로서 가르쳐서 허물을 참회하게 하라. 오늘부터 비구는 소유하고 항상 사용하는 옷을 뜻에 따라서 마땅히 다른 사람에게 주지 말라. 만약 작정하거나, 만약 수지하거나, 만약 사람들에게 보시한다면 범한 것은 아니다.” [예순여덟 번째 일을 마친다.]

세존께서는 유야리국에 머무르셨다.

이때 미다라부마(彌多羅浮摩) 비구가 이렇게 생각을 지었다.

‘나는 근거가 없는 바라이법으로서 역사의 아들인 타표(陀驃) 비구를 비방하였으나 성공하지 못하였는데, 이 일은 근거가 없었던 까닭이다. 또한 작은 인연으로서 바라이를 지었다고 비방하였으나 역시 성공하지 못하였는데, 작은 인연도 없었던 까닭이다. 나는 지금 근거가 없는 승가바시사법(僧伽婆尸沙法)으로서 역사의 아들인 타표 비구를 비방해야겠다.’

이렇게 생각을 짓고서 곧 근거가 없는 승가바시사법으로서 타표 비구를 비방하였다. 이 가운데에 비구가 있어 욕망이 적고 만족함을 알며 두타를 행하였는데, 이러한 일을 듣고 여러 종류의 인연으로 미다라부마 비구를 꾸짖었다.

“어찌 비구라고 이름하면서 근거가 없는 승가바시사법으로서 청정한 범행 비구를 비방하는가?”

여러 비구들은 미다라부마 비구를 여러 종류의 인연으로 꾸짖고서 세존을 향하여 자세히 말하였다. 세존께서는 이 일로써 비구 승가를 모으셨으며, 아시면서도 일부러 미다라부마 비구에게 물으셨다.

“그대가 진실로 이러한 일을 지었는가?”

대답하여 말하였다.

"진실로 지었습니다. 세존이시여."

세존께서는 여러 종류의 인연으로서 미다라부마 비구를 꾸짖으셨다.

"어찌 비구라고 이름하면서 근거가 없는 승가바시사법으로서 청정한 범행 비구를 비방하였는가?"

여러 종류의 인연으로 꾸짖으셨으며, 여러 비구들에게 말씀하셨다.

"열 가지의 이익을 까닭으로 여러 비구들에게 계를 제정하여 주겠노라. 지금부터 이러한 계는 마땅히 이와 같이 설할지니라. '만약 비구가 근거가 없는 승가바시사법으로서 다른 비구를 비방하였다면 바일제이니라.'

'근거가 없다.'는 근거에는 세 가지가 있나니, 만약 보았거나, 만약 들었거나, 만약 의심스러운 승가바시사는 13승가바시사의 가운데에서 그가 말한 것을 따른다.

'비방'은 다른 사람이 짓지 않았는데 억지로 죄를 지었다고 말하는 것이다.

'바일제'는 소자와 복장이고, 만약 허물을 참회하지 않는다면 능히 도를 장애한다.

이 가운데에서 범하는 것은 만약 비구가 근거가 없는 승가바시사법으로서 청정하지 않은 비구를 비방하였다면 열한 종류는 범한 것이고, 다섯 종류는 범한 것이 아니다. '범한 열한 종류'는 만약 보지 못하였거나, 듣지 못하였거나, 의심하지 않았거나, 만약 보았는데 잊었거나, 만약 들었는데 잊었거나, 만약 의심하였는데 잊었거나, 만약 듣고서 들은 것을 믿었거나, 만약 듣고서 들은 것을 믿지 않았거나, 듣고서 '나는 의심스럽다.'고 말하거나, 의심하고서 '나는 보았다.'고 말하거나, 의심하고서 '나는 들었다'고 말하는 것이다. 이것을 범한 열한 종류라고 이름한다. '범함이 없는 다섯 종류'는 이러한 일을 만약 보았거나, 만약 들었거나, 만약 의심하였거나, 보고서 잊지 않았거나, 듣고서 잊지 않은 것이다. 이것을 범하지 않은 다섯 종류라고 이름한다. 청정하지 않은 비구와 비슷하게 청정한 비구도 역시 이와 같다.

만약 비구가 근거가 없는 승가바시사법으로서 청정한 비구를 비방하였다면 열 종류는 범한 것이고, 네 종류는 범한 것이 없다. '범한 열 종류'는 보지 못하였거나, 듣지 못하였거나, 의심하지 않았거나, 만약 들은 것을 잊었거나, 의심한 것을 잊었거나, 만약 듣고서 들은 것을 믿었거나, 듣고서 들은 것을 믿지 않았거나, 듣고서 '의심스럽다.'고 말하거나, 의심하고서 '보았다.'고 말하거나, 의심하고서 '들었다.'고 말하는 것이다. '범함이 없는 네 종류'는 만약 들었거나, 만약 의심하였거나, 만약 들은 것을 잊지 않았거나, 만약 의심한 것을 잊지 않은 것이다. 청정한 비구와 비슷한 청정하지 않은 비구도 역시 이와 같다." [예순아홉 번째 일을 마친다.]

세존께서는 유야리국에 머무르셨다.

유야리성에서 멀지 않은 곳에 직사(織師)의 취락이 있었다. 이 가운데에 한 직사의 부인이 작은 일이 있었는데, 남편의 말을 따르지 않았으므로 그 남편이 손과 발로 아프게 때리고서 집에서 쫓아내게 되었다. 이 여인은 부모의 집이 유야리성의 가운데에 있었으므로 부인은 이렇게 생각을 지었다.

'나는 마땅히 돌아가야겠다.'

이렇게 생각하는 때에 가유라제사(迦留羅提舍) 비구가 있어 발기국(跋耆國)에서 유행하여 유야리를 향하였다. 이 부인은 밖으로 나와서 이 비구를 보고는 물어 말하였다.

"선인(善人)께서는 어디로 가십니까?"

대답하여 말하였다.

"유야리로 갑니다."

부인은 말하였다.

"함께 가시지요."

곧바로 함께 떠났다. 이때 염오의 마음으로서 서로를 쳐다보고 희롱(調戲)하며 크게 말하였고 손과 팔을 흔들면서 걷는 등의 여러 부정한 일을 지었다. 이때 직사는 돌아와서 이렇게 생각을 지었다.

'나의 아내가 혹은 마땅히 도망쳐서 떠나간 것인가?'

곧 집을 나와서 아내를 찾았으나 찾지 못하였다. 모든 직사들의 법도는 일이 있으면 모두가 서로 돕는 것이었다. 곧 다른 직사들에게 말하였다.

"나의 아내가 도망쳐서 떠났습니다."

여러 직사들은 곧 중요한 도로의 가운데에서 찾았고, 이 남편은 곧 이렇게 생각을 지었다.

'나의 아내는 유야리에서 태어났으니 반드시 마땅하게 돌아갔을 것이다.'

곧 스스로가 유야리의 도로를 향하였고 떨어진 도중에서 아내와 비구와 함께 가는 것을 보았다. 곧 달려가서 비구를 잡고는 옷으로 목을 조르며 말하였다.

"너희의 비구법은 마땅히 내 마누라를 데리고 떠나가는 것인가?"

대답하여 말하였다.

"나는 데리고 오지 않았소. 나는 스스로가 유야리로 향하였고, 그대의 부인이 스스로 나를 따라온 것이오."

남편은 말하였다.

"어찌 기꺼이 곧바로 말하지 않는가?"

곧 손과 발로 비구를 때렸다. 아내가 비구 때리는 것을 보았던 까닭으로 남편에게 말하였다.

"무슨 까닭으로 다른 사람을 때리세요? 이 비구가 나를 데리고 왔던 것이 아니고, 내가 스스로 유야리로 향하는 것입니다."

그 남편이 아내에게 말하였다.

"천한 계집아! 너는 반드시 함께 부정한 일을 지었을 것이다."

다시 거듭하여 손과 발로 비구를 때리고서 풀어주었다. 이 가유라제사 비구는 이와 같은 악한 일을 일으키고 곧 떠나갔다. 유야리에 이르러 여러 비구들을 향하여 말하였고, 여러 비구들은 이 일로써 세존을 향하여 자세히 말하였다. 세존께서는 이 일로써 비구 승가를 모으셨으며, 여러 비구들에게 말씀하셨다.

"이와 같은 죄와 나머지의 넘어서는 죄도 모두 여인과 함께 약속하고 길을 떠나는 까닭이니라. 열 가지의 이익을 까닭으로 여러 비구들에게 계를 제정하여 주겠노라. 지금부터 이러한 계는 마땅히 이와 같이 설할지니라. '만약 비구가 여인과 함께 약속하고 길을 갔거나, 나아가 한 취락에 이르렀다면 바일제이니라.'

'여인'은 생명이 있는 여인으로 음욕을 짓고 감당할 수 있는 자이다.

'약속'은 두 가지가 있나니, 만약 비구가 약속을 지었거나, 만약 여인이 약속을 지은 것이다.

'길'은 두 가지가 있나니, 수로(水道)과 육로(陸道)이다.

'바일제'는 소자와 복장이고, 만약 허물을 참회하지 않는다면 능히 도를 장애한다.

이 가운데에서 범하는 것은 만약 비구가 여인이 함께 약속하고 육로를 다니면서 한 취락에서 다른 취락에 이르렀다면 바일제이고, 만약 도중에서 돌아왔다면 돌길라이다. 만약 취락이 없는 공터를 다녔고, 나아가 1구로사(拘盧舍)에 이르렀다면 바일제이고 도중에 돌아왔다면 돌길라이다. 수로도 역시 이와 같다. 범함이 없는 것은 만약 비구가 함께 약속하지 않고 다녔거나, 만약 국왕의 부인과 함께 다녔다면 범한 것은 없다." [일흔 번째 일을 마친다.]

세존께서는 유야리국에 머무르셨다.

이때 비구들이 발기국에서 유행하여 유야리를 향하였는데 이 도로에 초목이 많아서 여러 비구들이 길을 잃고 살라수(薩羅樹) 숲의 가운데에 들어갔다. 그때 도둑들이 있어 악한 일을 짓고서 먼저 그 숲속에 있었다. 도둑들이 비구를 보고 이렇게 말을 지었다.

"비구들이여. 어디로 가십니까?"

여러 비구들이 대답하여 말하였다.

"유야리로 갑니다."

도둑들이 말하였다.

"여기는 유야리로 가는 길이 아닙니다."

여러 비구들이 말하였다.

"우리들도 역시 유야리로 가는 길이 아닌 것을 압니다. 우리들은 길을 잃은 까닭입니다."

여러 비구들이 도둑에게 물었다.

"그대들은 어디로 가십니까?"

대답하여 말하였다.

"유야리로 갑니다."

여러 비구들이 말하였다.

"우리들도 그대들과 함께 가겠습니다."

여러 도둑이 말하였다.

"우리들이 도둑이라는 것을 알지 못합니까? 우리들은 혹은 길을 따라서 가고, 혹은 길을 따라서 가지 않으며, 혹은 나루를 따라서 항하(恒河)를 건너고, 혹은 강나루를 따르지 않고 건너며, 혹은 문을 통해 들어가기도 하고, 혹은 문을 통하지 않고 들어가기도 합니다. 만약 우리와 함께 떠난다면 손해를 얻고 고뇌(衰惱)하는 일을 얻을 것입니다."

여러 비구들이 말하였다.

"우리들은 길을 잃었으므로 일이 있거나, 없어도 마땅히 함께 떠나겠습니다."

대답하여 말하였다.

"뜻을 따르시오."

곧 도적들과 함께 떠나갔고, 강나루를 거치지 않고 항하를 건너던 때에 나인(邏人)에게 붙잡혔다. 나인이 여러 비구들에게 물었다.

"그대들도 역시 도둑인가?"

대답하여 말하였다.

"우리는 도둑이 아닙니다. 길을 잃은 까닭입니다."

나인은 즉시 이상한 재물이 없는지 살펴보았다. 나인은 말하였다.

"그대들은 기꺼이 인정하지 않는구나. 마땅히 관인에게 데려가서 다스리겠다."

여러 관리들이 물어 말하였다.

"그대들도 역시 도둑인가?"

대답하여 말하였다.

"우리는 도적이 아니고 길을 잃었습니다."

여러 관리들이 곧 살폈는데 이상한 재물이 없었다. 이때 재판관(斷事人)은 불법을 믿었던 까닭으로 이렇게 말을 지었다.

"사문 석자는 이러한 악한 일을 짓지 않는다. 반드시 이렇게 길을 잃었을 것이다."

비구들에게 말하였다.

"지금 풀어주겠으니 떠나가시오. 다음에는 악인과 함께 길을 다니지 마십시오."

여러 비구들은 이와 같은 매우 악한 일을 일으키고서 곧 떠나갔다. 이 일로써 여러 비구들을 향하여 말하였고, 여러 비구들은 이 일로써 세존을 향하여 자세히 말하였다. 세존께서는 이 일로써 비구 승가를 모으셨으며, 여러 비구들에게 말씀하셨다.

"이와 같은 죄와 이것을 넘어가는 죄도 도둑들과 함께 길을 떠난 까닭이니라. 열 가지의 이익을 까닭으로 여러 비구들에게 계를 제정하여 주겠노라. 지금부터 이러한 계는 마땅히 이와 같이 설할지니라. '만약 비구가 도둑들과 함께 길을 갔거나, 나아가 한 취락에 이르렀다면 바일제이니라.'

'도둑'은 코끼리·말·소·양을 훔치거나, 작은 취락에 이르러 다른 사람의 물건을 빼앗는 자들이다.

'약속'은 두 가지가 있나니, 만약 비구가 약속을 지었거나, 만약 도둑이 약속을 지은 것이다.

'길'은 두 가지가 있나니, 수로와 육로이다.

'바일제'는 소자와 복장이고, 만약 참회하지 않는다면 능히 도를 장애한다.

이 가운데에서 범하는 것은, 만약 비구가 도둑과 함께 약속하고 육로를 다니면서 한 취락에서 다른 취락에 이르렀다면 바일제이고, 만약 도중에서 돌아왔다면 돌길라이다. 만약 취락이 없는 공터를 다녔고 나아가 1구로사에 이르렀다면 바일제이고 도중에 돌아왔다면 돌길라이다. 수로도 역시 이와 같다. 범함이 없는 것은 만약 비구가 함께 약속하지 않고 다녔거나, 만약 험난한 곳에서 도적이 전송하였거나 건네주었다면 범한 것은 없다."
[일흔한 번째 일을 마친다.]

세존께서는 왕사성에 머무르셨다.

이때 왕사성의 십칠군비구 중에 부귀한 집안의 아들로서 유연하고 낙천적인 사람인 화제(和提)가 있었다. 아직 20세에 이르지 않았는데 장로 목건련이 구족계를 주었다. 이 사람은 포시(晡時)에 너무 배가 고팠던 까닭으로 승방 안에서 크게 소리를 지르며 어린아이처럼 울었다. 세존께서는 승방 안에서 어린아이 울음소리가 들리는 것을 듣고 아시면서도 일부러 아난에게 물으셨다.

"무슨 까닭으로 승방 안에서 아이의 울음소리가 들리는가?"

아난이 대답하여 말하였다.

"세존이시여. 이 왕사성 가운데에 십칠군의 소년이 있어 부귀한 집안 아들로서 유연하고 낙천적이며, 아직 20세에 이르지 않았는데 장로 목건련이 구족계를 주었습니다. 포시에 너무 배가 고팠던 까닭으로 승방 안에서 크게 소리를 지르며 어린아이처럼 우는 것입니다."

세존께서는 이 일로써 비구 승가를 모으셨으며, 아시면서도 일부러 대목건련(大目揵連)에게 물으셨다.

"그대가 진실로 이러한 일을 지었는가?"

대답하여 말하였다.

"진실로 지었습니다. 세존이시여."

세존께서는 여러 종류의 인연으로서 목건련을 꾸짖으셨다.

"그대는 때도 알지 못하고 양도 알지 못하였고, 나아가서 (사미를) 얻었다고 곧 구족계를 주었는가? 그대는 어찌하여 20세 이하인 사람에게 구족계를 주었는가? 왜 그러한가? 20세 이하인 사람은 추위·더위·굶주림·

모기·이·비바람을 견디지 못하고, 독사에게 물리는 것과 다른 사람들의 악구(惡口)와 극심한 고통과 살해의 위협과 심한 질병을 모두 견디지 못하는데, 이것은 20세 이하인 사람은 아직 성취되지 않은 까닭이니라."

세존께서는 말씀하셨다.

"만 20세 이상인 사람은 추위·더위·굶주림·모기·이·비바람을 견딜 수 있고, 독사에게 물리는 것과 다른 사람들의 악구와 극심한 고통과 살해의 위협과 심한 질병을 모두 능히 견딜 수 있나니, 성취한 까닭이니라."

세존께서는 여러 종류의 인연으로서 꾸짖으셨으며, 여러 비구들에게 말씀하셨다.

"열 가지의 이익을 까닭으로 여러 비구들에게 계를 제정하여 주겠노라. 지금부터 이러한 계는 마땅히 이와 같이 설할지니라. '만약 비구가 20세 이하인 자에게 구족계를 주었다면 바일제이니라. 이러한 사람은 구족계를 받을 수 없고, 여러 비구들은 역시 꾸짖도록 하라. 이러한 일은 마땅히 그와 같아야 하느니라.'

'바일제'는 소자와 복장이고, 만약 허물을 참회하지 않는다면 능히 도를 장애한다.

이 가운데에서 범하는 것은, 만약 사람이 20세 이하이고, 스스로가 이하라고 생각하였는데, 승가의 가운데에서 '그대는 만 20세인가?'라고 물었고, '아닙니다.'라고 대답하였는데, 만약 승가에서 구족계를 주었다면 그 사람은 계를 받은 것이 아니고, 여러 비구들은 죄를 얻으며, 함께 일하고 함께 머무는 자도 역시 죄를 얻는다. 또한 사람이 20세 이하이고, 스스로가 이하라고 생각하였는데, 승가의 가운데에서 '그대는 만 20세인가?'라고 물었고, '되었습니다.'라고 대답하였으며, 만약 승가에서 구족계를 주었다면, 그 사람은 계를 받은 것이고, 함께 일하고 함께 머물러도 범함이 없으나, 여러 비구들은 죄를 얻는다.

또한 사람이 20세 이하이고, 스스로가 이하라고 생각하였는데, 승가의 가운데에서 '그대는 만 20세인가?'라고 물었고, '알지도 못하고 기억하지 못하며 의심스럽습니다.'라고 대답하였으나, 만약 승가에서 그 이치를 살펴서 묻지 않고 곧 구족계를 주었다면 그 사람은 계를 받은 것이고, 함께 일하고 함께 머물러도 범함이 없으나, 여러 비구들은 죄를 얻는다. 만약 사람이 20세 이하이고, 잊어버려서 이하인 것을 알지 못하였으며, 승가의 가운데에서 '그대는 만 20세인가?'라고 물었고, '이하입니다.'라고 대답하였는데, 만약 승가에서 구족계를 주었다면 그 사람은 계를 받은 것이 아니고, 여러 비구들은 죄를 얻고, 함께 일하고 함께 머무는 자도 역시 죄를 얻는다.

또한 사람이 20세 이하이고, 잊어버려서 이하인 것을 알지 못하였는데, 승가의 가운데에서 '그대는 만 20세인가?'라고 물었고, '되었습니다.'라고 대답하였는데, 만약 승가에서 구족계를 주었다면 그 사람은 계를 받은 것이고, 함께 일하고 함께 머물러도 범함이 없으나, 여러 비구들은 죄를 얻는다. 또한 사람이 20세 이하이고, 잊어버려서 이하인 것을 알지 못하였는데, 승가의 가운데에서 '그대는 만 20세인가?'라고 물었고, '알지도 못하고 기억하지 못하며 의심스럽습니다.'라고 대답하였는데, 만약 승가에서 그 이치를 살펴서 묻지 않고 곧 구족계를 주었다면 그 사람은 계를 받은 것이고, 함께 일하고 함께 머물러도 범함이 없으나, 여러 비구들은 죄를 얻는다.

만약 사람이 20세 이하이고, 스스로가 이하인 것을 알지 못하였는데, 승가의 가운데에서 '그대는 만 20세인가?'라고 물었고, '이하입니다.'라고 대답하였는데, 만약 승가에서 구족계를 주었다면 그 사람은 계를 받은 것이 아니고, 여러 비구들은 죄를 얻고, 함께 일하고 함께 머무는 자도 역시 죄를 얻는다. 또한 사람이 20세 이하이고, 스스로가 이하인 것을 알지 못하였는데, 승가의 가운데에서 '그대는 만 20세인가?'라고 물었고, '되었습니다.'라고 대답하였는데, 만약 승가에서 구족계를 주었다면 그 사람은 계를 받은 것이고, 함께 일하고 함께 머물러도 범함이 없으나, 여러 비구들은 죄를 얻는다.

또한 사람이 20세 이하이고, 스스로가 이하인 것을 알지 못하였는데, 승가의 가운데에서 '그대는 만 20세인가?'라고 물었고, '알지도 못하고 기억하지 못하며 의심스럽습니다.'라고 대답하였는데, 만약 승가에서 그 이치를 살펴서 묻지 않고 곧 구족계를 주었다면 그 사람은 계를 받은 것이고, 함께 일하고 함께 머물러도 범함이 없으나, 여러 비구들은 죄를 얻는다. 만약 사람이 20세 이하이고, 스스로가 이하인가? 아닌가를 의심하였는데, 승가의 가운데에서 '그대는 만 20세인가?'라고 물었고, '이하입니다.'라고 대답하였는데, 만약 승가에서 구족계를 주었다면 그 사람은 계를 받은 것이 아니고, 여러 비구들은 죄를 얻고, 함께 일하고 함께 머무는 자도 역시 죄를 얻는다.

만약 사람이 20세 이하이고, 스스로가 이하인가? 아닌가를 의심하였는데, 승가의 가운데에서 '그대는 만 20세인가?'라고 물었고, '되었습니다.' 라고 대답하였는데, 만약 승가에서 구족계를 주었다면 그 사람은 계를 받은 것이고, 함께 일하고 함께 머물러도 범함이 없으나, 여러 비구들은 죄를 얻는다. 만약 사람이 20세 이하이고, 스스로가 이하인가? 아닌가를 의심하였는데, 승가의 가운데에서 '그대는 만 20세인가?'라고 물었고, '알지도 못하고 기억하지 못하며 의심스럽습니다.'라고 대답하였는데, 만약 승가에서 그 이치를 살펴서 묻지 않고 곧 구족계를 주었다면 그 사람은 계를 받은 것이고, 함께 일하고 함께 머물러도 범함이 없으나, 여러 비구들은 죄를 얻는다.

만약 사람이 20세 이상이고, 스스로가 이상이라고 생각하였는데, 승가의 가운데에서 '그대는 만 20세인가?'라고 물었고, '이상입니다.'라고 대답하였는데, 만약 승가에서 구족계를 주었다면 그 사람은 계를 받은 것이고, 여러 비구들은 죄가 없고, 함께 일하고 함께 머무는 자도 역시 무죄이다. 만약 사람이 20세 이상이고, 스스로가 이상이라고 생각하였는데, 승가의 가운데에서 '그대는 만 20세인가?'라고 물었고, '이하입니다.' 라고 대답하였는데, 만약 승가에서 구족계를 주었다면 그 사람은 계를 받은 것이 아니고, 여러 비구들은 죄를 얻고, 함께 일하고 함께 머무는 자도 역시 죄를 얻는다.

만약 사람이 20세 이상이고, 스스로가 이상이라고 생각하였는데, 승가의 가운데에서 '그대는 만 20세인가?'라고 물었고, '알지도 못하고 기억하지 못하며 의심스럽습니다.'라고 대답하였는데, 만약 승가에서 그 이치를 살펴서 묻지 않고 곧 구족계를 주었다면 그 사람은 계를 받은 것이고, 함께 일하고 함께 머물러도 범함이 없으나, 여러 비구들은 죄를 얻는다. 만약 사람이 20세 이상이지만 잊어버려서 스스로가 알지 못하였는데, 승가의 가운데에서 '그대는 만 20세인가?'라고 물었고, '이상입니다.'라고 대답하였는데, 만약 승가에서 구족계를 주었다면 그 사람은 계를 받은 것이고, 여러 비구들은 죄가 없고, 함께 일하고 함께 머무는 자도 역시 무죄이다.

또한 사람이 20세 이상이지만 잊어버려서 스스로가 알지 못하였는데, 승가의 가운데에서 '그대는 만 20세인가?'라고 물었고, '이하입니다.'라고 대답하였는데, 만약 승가에서 구족계를 주었다면 그 사람은 계를 받은 것이 아니고, 여러 비구들은 죄를 얻고, 함께 일하고 함께 머무는 자도 역시 죄를 얻는다. 또한 사람이 20세 이상이지만 잊어버려서 스스로가 알지 못하였는데, 승가의 가운데에서 '그대는 만 20세인가?'라고 물었고, '알지도 못하고 기억하지 못하며 의심스럽습니다.'라고 대답하였는데, 만약 승가에서 그 이치를 살펴서 묻지 않고 곧 구족계를 주었다면 그 사람은 계를 받은 것이고, 함께 일하고 함께 머물러도 범함이 없으나, 여러 비구들은 죄를 얻는다.

만약 사람이 20세이고 스스로가 알지 못하였는데, 승가의 가운데에서 '그대는 만 20세인가?'라고 물었고, '이상입니다.'라고 대답하였는데, 만약 승가에서 구족계를 주었다면 그 사람은 계를 받은 것이고, 여러 비구들은 죄가 없고, 함께 일하고 함께 머무는 자도 역시 무죄이다. 또한 사람이 20세이고 스스로가 알지 못하였는데, 승가의 가운데에서 '그대는 만 20세인가?'라고 물었고, '이하입니다.'라고 대답하였는데, 만약 승가에서 구족계를 주었다면 그 사람은 계를 받은 것이 아니고, 여러 비구들은 죄를 얻고, 함께 일하고 함께 머무는 자도 역시 죄를 얻는다.

또한 사람이 20세이고 스스로가 알지 못하였는데, 승가의 가운데에서

'그대는 만 20세인가?'라고 물었고, '알지도 못하고 기억하지 못하며 의심스럽습니다.'라고 대답하였는데, 만약 승가에서 그 이치를 살펴서 묻지 않고 곧 구족계를 주었다면 그 사람은 계를 받은 것이고, 함께 일하고 함께 머물러도 범함이 없으나, 여러 비구들은 죄를 얻는다. 만약 사람이 20세인데 스스로가 이하인가? 아닌가를 의심하였는데, 승가의 가운데에서 '그대는 만 20세인가?'라고 물었고, '이상입니다.'라고 대답하였는데, 만약 승가에서 구족계를 주었다면 그 사람은 계를 받은 것이고, 여러 비구들은 죄가 없고, 함께 일하고 함께 머무는 자도 역시 무죄이다.

또한 사람이 20세인데 스스로가 이하인가? 아닌가를 의심하였는데, 승가의 가운데에서 '그대는 만 20세인가?'라고 물었고, '이하입니다.'라고 대답하였는데, 만약 승가에서 구족계를 주었다면 그 사람은 계를 받은 것이 아니고, 함께 일하고 함께 머무는 자는 죄를 얻고, 여러 비구들도 역시 죄를 얻는다.

또한 사람이 20세인데 스스로가 이하인가? 아닌가를 의심하였는데, 승가의 가운데에서 '그대는 만 20세인가?'라고 물었고, '알지도 못하고 기억하지 못하며 의심스럽습니다.'라고 대답하였는데, 만약 승가에서 그 이치를 살펴서 묻지 않고 곧 구족계를 주었다면 그 사람은 계를 받은 것이고, 함께 일하고 함께 머물러도 범함이 없으나, 여러 비구들은 죄를 얻는다." [일흔두 번째 일을 마친다.]

세존께서는 아라비국(阿羅毘國)에 머무르셨다.

이때 아라비의 한 비구가 스스로 손으로 땅을 파서 담장의 기초를 세우고, 도랑과 연못과 우물을 파고, 질퍽거리는 곳을 파냈다. 거사가 있었는데 외도의 제자였으며 '땅의 가운데에도 생명(命根)이 있다.'고 말하였다. 이 사람이 질투하는 마음을 까닭으로 꾸짖어 말하였다.

"사문 석자들은 스스로가 선량하고 공덕이 있다고 말하였으나, 하나의 근이 있는 중생(一根衆生)의 생명을 빼앗는구나."

이 가운데에 비구가 있어 욕망이 적고 만족함을 알며 두타를 행하였는데,

이러한 일을 듣고 마음이 불쾌하여 세존을 향하여 자세히 말하였다. 세존께서는 이 일로써 비구 승가를 모으셨으며, 아시면서도 일부러 아라비의 비구에게 물으셨다.

"그대가 진실로 이러한 일을 지었는가?"

대답하여 말하였다.

"진실로 지었습니다. 세존이시여."

세존께서는 여러 종류의 인연으로서 아라비의 비구에게 꾸짖으셨다.

"어찌 비구라고 이름하면서 스스로가 손으로 땅을 파서 담장의 기초를 세우고, 도랑과 연못과 우물을 팠으며 질퍽거리는 곳을 파냈는가?"

여러 종류의 인연으로서 꾸짖고서 여러 비구들에게 말씀하셨다.

"열 가지의 이익을 까닭으로 여러 비구들에게 계를 제정하여 주겠노라. 지금부터 이러한 계는 마땅히 이와 같이 설할지니라. '만약 비구가 스스로의 손으로 땅을 파거나, 만약 다른 사람에게 파도록 시키면서 <그대는 이곳을 파십시오.>라고 말하였다면 바일제이니라.'

'땅'은 두 가지가 있나니, 생지(生地)와 불생지(不生地)인데, 무너진 담장의 흙과 돌 밑에는 개미가 땅을 쌓고서 모여 있다.

'생지'는 만약 비가 많은 국토에서는 8월에 땅에 생기가 있고, 만약 비가 적은 국토라면 4월에 땅이 생기가 있게 되는데, 이것을 생지라고 이름한다. 이것을 제외하고 불생지라고 이름한다.

'스스로가 파다.'는 스스로가 손으로 파는 것이다.

'시켜서 파다.'는 것은 다른 사람을 시켜서 파는 것이다.

'바일제'는 소자와 복장이고, 만약 허물을 참회하지 않는다면 능히 도를 장애한다.

이 가운데에서 범하는 것은, 만약 비구가 불생지를 팠다면 하나·하나를 따라서 돌길라이다. 만약 무너진 담장의 흙과 돌 밑에 개미가 땅을 쌓고서 모여있는데, 만약 팠다면 하나·하나를 따라서 돌길라이다. 만약 비구가 생지를 팠다면 하나·하나를 따라서 바일제이다. 만약 담장의 기초를 팠거나, 만약 도랑·연못·우물을 팠다면 하나·하나를 따라서 바일제이다.

만약 질퍽거리는 곳을 파면서 나아가 무릎이 잠기는 곳까지 팠다면 따라서 하나·하나를 따라서 돌길라이다. 손으로 땅에 획을 그었고, 나아가 겨자(芥子)가 잠긴다면 하나·하나의 획에 돌길라이다. 만약 비구가 사장(師匠)이 되어 새롭게 불도(佛圖)나 승방(僧坊)을 일으키고자 땅에 그 처소의 모양을 그렸다면 범한 것은 아니지만, 다른 비구가 그렸다면 죄를 범한다. 만약 금·은·자거·마노·주사가 나오는 광맥(鑛脈)이었고, 만약 이곳을 팠다면 범한 것이 아니다. 만약 철이 생산되는 광맥이거나, 구리·백납·연석의 광맥인 곳이거나, 만약 자황자토(雌黃赭土)·백토(白墡)이거나, 만약 돌이 생산되고 검은 돌이 생산되는 곳이거나, 모래밭과 소금밭을 팠다면 범한 것은 아니다." [일흔세 번째 일을 마친다.]

십송율 제17권

후진 북인도 삼장 불야다라 한역

석보운 번역

3. 삼송 ④

4) 90바일제법을 밝히다 ⑨

세존께서는 석씨국(釋氏國)에 머무르셨다.

그때 마하남석(摩訶男釋)은 4개월에 세존과 승가를 청하여 필요한 약품의 일체를 스스로가 마음대로 모두 스스로 따라서 취하게 하였다. 이때 육군비구는 여름 4개월이 지나고 병이 없었으나, 마하남석의 처소에 이르러 말하였다.

"우리들은 소(酥)가 필요합니다."

대답하여 말하였다.

"이전에 소유하였던 소는 승가의 가운데에서 이것을 사용하셨고, 다만 나머지 약인 하리륵(訶梨勒)·아마륵(阿摩勒)[1]·비혜륵파주라약(毘醯勒波株羅藥)·비목만타약(比牧蔓陀藥)·다야마나약(多耶摩那藥)·가루가로혜니약(迦樓伽盧醯尼藥)이 있습니다. 이와 같은 것들이 있으니, 만약 필요하시면

1) 산스크리트어 āmala의 음사로서 아말라(阿末羅)·아마락가(阿摩洛迦)·암마라(菴摩羅)·아마륵(阿摩勒)·암마륵(菴摩勒)으로 음역되고 무구청정(無垢淸淨)이라 번역된다. 사과와 비슷하며, 높고 큰 낙엽수로 껍질은 벗기기 쉬우며 예전에는 약으로 썼고 근래에는 염료(染料) 또는 유피(柔皮)를 만드는 데 사용한다.

곧 취하십시오."

육군비구가 또한 물었다.

"그대는 유(油)·밀(蜜)·석밀(石蜜)·생강(薑)·호초(胡椒)·필발(蓽茇)[2]·흑염(黑鹽)이 있습니까? 우리들은 그것이 필요합니다."

대답하여 말하였다.

"이전에 있던 것은 승가 가운데에서 모두 사용했습니다. 다만 나머지 약인 하리륵 등이 있으니, 만약 필요하시면 곧 취하십시오."

육군비구가 곧 성내면서 말하였다.

"그대는 세존과 승가를 속였습니다. 힘으로 능히 줄 수 없으면서 무슨 까닭으로 세존과 승가에게 4개월에 스스로가 마음대로 많은 약을 주겠다고 청하였습니까? 만약 다른 사람이 청하였다면 반드시 마땅하게 좋고 약을 스스로가 마음대로 많이 주었을 것입니다. 이러한 맵고 쓴 약초는 어디에도 없겠습니까?"

이때 마하남석은 선량하고 좋은 대인(大人)이었으므로 이와 같이 꾸짖는 때에도 마음이 언짢아하지 않았다. 이때 마하남석을 따르는 다른 거사가 있어 질투하고 성내는 마음으로 꾸짖어 말하였다.

"이 사문 석자들은 선량하고 덕망이 있다고 스스로가 말하면서, 대가(大家)를 섬기듯이 대중 승가에게 선하고 좋게 공급하는 이 마하남석을 어찌하여 눈앞에서 꾸짖고 욕하면서 그 허물과 죄를 들추어내는가?"

이 가운데에 비구가 있어 욕망이 적고 만족함을 알며 두타를 행하였는데, 이러한 일을 듣고 마음이 불쾌하여 세존께 자세히 말하였다. 세존께서는 이 일로써 비구 승가를 모으셨으며, 아시면서도 일부러 육군비구에게 물으셨다.

"그대들이 진실로 이러한 일을 지었는가?"

대답하여 말하였다.

---

2) 후추과에 속하는 풀이다. 높이 1m 가량이고, 봄철에 흰 꽃이 피며 늦은 여름에 열매가 익는데, 뱃속이 차고 소화기능이 약한 경우 뱃속을 따뜻하게 해주는 기능이 있다.

"진실로 지었습니다. 세존이시여."

세존께서는 여러 종류의 인연으로서 육군비구를 꾸짖으셨다.

"어찌 비구라고 이름하면서 마하남석은 대중 승가를 대가를 섬기듯이 선량하게 공급하였는데 눈앞에서 꾸짖고 욕하였는가?"

여러 종류의 인연으로서 꾸짖으셨으며, 여러 비구들에게 말씀하셨다.

"열 가지의 이익을 까닭으로 여러 비구들에게 계를 제정하여 주겠노라. 지금부터 이러한 계는 마땅히 이와 같이 설할지니라. '만약 비구가 4개월의 자자청(自恣請)을 받아들였으나, 상청(常請)을 제외하였고, 삭삭청(數數請)을 제외하였으며, 별청(別請)을 제외하고서, 다시 거듭하여 요구한다면 바일제이니라.'

'4개월의 청'은 누구 집안을 따라서 승가에게 4개월에 일체의 약을 뜻에 따라서 주겠다고 청하는 것이다.

'상청'은 누구 집안을 따라서 승가에게 일체의 약을 주겠다고 항상 청하는 것이다.

'삭삭청'은 누구 집안을 따라서 1개월이 지나고, 다시 4개월을 청하며, 2개월이 지나고 다시 4개월을 청하며, 3개월이 지나고 다시 4개월을 청하며, 4개월이 지나고 다시 4개월을 청하는 것이다.

'별청'은 개인이 청하는 것이다.

'바일제'는 소자와 복장이고, 만약 허물을 참회하지 않는다면 능히 도를 장애한다.

이 가운데에서 범하는 것은, 만약 비구가 누구 집안에서 4개월 일체의 약을 주겠다고 승가를 청하였는데 이 비구가 4개월이 지나고, 만약 다시 소를 찾았으며, 얻었다면 바일제이고 얻지 못하였다면 돌길라이다. 유·밀·석밀·호초·생강·필발·흑염을 찾아서 얻었다면 바일제이고, 얻지 못했다면 돌길라이다. 하리륵·아마륵·비혜륵파주라·비목만타·다야마나·가루가로혜니 등의 쓴 약을 얻었다면 돌길라이고, 얻지 못하였다면 역시 돌길라이다.

'만약 상청이다.'는 누구 집안이 승가에게 일체의 약을 주겠다고 청하였는데, 만약 청한 주인이 죽었으며, 만약 아들이 있었거나, 만약 형제나 부인이 있어서 '본래 가주(家主)께서 계실 때에 청한 것과 같이 우리도 지금 역시 이와 같이 항상 청합니다.'라고 이렇게 말을 지었고, 이 가운데에 비구가 있었다면 마땅히 상청한 처소에서 취하도록 하라.

'만약 삭삭청이다.'는 누구 집안이 일체의 약을 주겠다고 자주자주 청하였는데, 이 가운데에서 1개월이 지나고, 다시 4개월을 다시 청하였다면 이 가운데에서 비구는 여름 중에서 3개월을 받고 겨울 중에서 1개월을 받아야 한다. 만약 2개월이 지나고, 다시 4개월을 청하였다면 여름 중에서 2개월과 겨울 중에서 2개월을 받아야 한다. 만약 3개월이 지나고, 다시 4개월을 청하였다면 여름 중에서 1개월과 겨울 중에서 3개월을 받아야 한다. 만약 4개월이 지나고, 다시 4개월을 청하였다면 겨울 4개월을 받아야 한다. 비구가 겨울의 4개월이 지나고 병이 없는데, 다시 가서 소를 찾았고, 얻었다면 바일제이고, 얻지 못했다면 돌길라이다. 유·밀·석밀·호초·생강·필발·흑염을 찾아서 얻었다면 바일제이고, 얻지 못했다면 돌길라이다. 하리륵·아마륵·비혜륵파주라·비목만타·다야마나·가루가로혜니 등의 쓴 약을 얻었다면 돌길라이고, 얻지 못하였어도 역시 돌길라이다.

범함이 없는 것은 만약 병으로 찾았거나, 만약 친족을 좇아서 찾았거나, 만약 먼저 청하였거나, 만약 구하지 않았는데 스스로 주었다면 범한 것은 아니다." [일흔네 번째 일을 마친다.]

세존께서는 사위국에 머무르셨다.

그때 세존께서는 비구니 승가 앞에서는 계를 같이 제정하지 않으셨다. 이때 세존께서는 비구 승가 앞에서 계를 함께 제정하시고 여러 비구들에게 말씀하셨다.

"그대들이 이 계로서 비구니를 향하여 설할지니라."

이렇게 말을 지으시고 방으로 들어가서 좌선하셨다. 이때 비구들이 이렇게 생각을 지었다.

'세존께서는 지금 우리들을 위하여 계를 같이 제정하시고서 말씀하셨다. <그대들은 비구니들을 향하여 창설(唱說)하라.> 이렇게 말씀하시고 방으로 들어가서 좌선하신다. 이 가운데에서 누가 능히 왕원(王園)의 비구니 정사로 가서 비구니 승가를 향하여 설할 것인가?'

다시 이렇게 생각을 지었다.

'이 장로 발제(拔提) 비구는 큰 공덕과 명성이 있고 많이 알며 지식이 많다. 이 사람은 왕원으로 가서 비구니 승가에게 설하는 것을 감당할 수 있다.'

이렇게 생각을 짓고서 함께 서로가 의논하여 말하였다.

"마땅히 함께 가서 장로 발제 비구에게 말합시다."

곧 때에 여러 비구들은 장로 발제의 처소로 갔고 머리숙여 예배하고 한쪽에 앉았으며, 장로 발제에게 말하였다.

"그대는 아십니까? 세존께서 우리를 위하여 계를 같이 제정하셨고, 우리들에게 말하였습니다. '그대들이 비구니들을 향하여 설하라.' 이렇게 말을 지으시고 방으로 들어가서 좌선하셨습니다. 우리들은 이렇게 생각을 지었습니다. '이 가운데에서 누가 능히 왕원의 비구니 정사로 가서 비구니 승가를 향하여 설할 것인가?' 우리들은 다시 이렇게 생각을 지었습니다. '이 장로 발제 비구는 큰 공덕과 명성이 있고 많이 알며 지식이 많다. 이 사람은 왕원으로 가서 비구니 승가에게 설하는 것을 감당할 수 있다.' 그대가 지금 왕원의 정사로 가서 비구니들을 향하여 창설한다면 좋겠습니다."

장로 발제는 묵연히 여러 비구들의 말을 받아들였다. 이때 여러 비구들은 발제가 묵연히 받아들인 것을 알았고 자리에서 일어나서 머리숙여 발에 예배하고 오른쪽으로 돌면서 떠나갔다. 이 장로 발제는 이 밤이 지났으므로 이른 아침에 옷을 입고 발우를 지니고 뒤따르는 한 비구와 함께 사위성에 들어가 차례로 걸식하였고, 걸식을 마치고 왕원의 비구니 정사로 향하였다. 여러 비구니들은 멀리서 장로 발제를 보았던 까닭으로 상을 펴는 자도 있었고, 어 발을 씻을 물을 준비하는 자도 있었다. 이때 발제 장로는 발을 씻고서 곧 자리에 나아가서 자리에 앉았으며 비구니들에게 말하여 한곳으로 모이게 하였고, 비구니들에게 말하였다.

"세존께서는 우리들을 위하여 계를 같이 제정하셨습니다. 나와 그대들은 마땅히 함께 수지(受持)해야 합니다."

이때 장로 비구니와 선량한 비구니들이 있어 모두 말하였다.

"선량(善好)하게 수지하겠습니다."

이때 투란난타(偸蘭難陀) 비구니가 대중의 가운데에 있었는데, 장로 발제에게 말하였다.

"그대는 어리석고 명료하지 못하며 분명히 알지도 못합니다. 우리들은 그대가 말하는 까닭으로써 수지해야 합니까? 수지하지 않아야 합니까? 우리는 마땅히 수다라(修陀羅)·비니(毘尼)·마다라가(摩多羅迦)를 수지하는 다른 비구에게 물어서 만약 마땅히 수지할 것은 당연히 수지할 것이고, 수지하지 않을 것은 수지하지 않을 것입니다."

이 가운데에 비구니가 있어 욕망이 적고 만족함을 알며 두타를 행하였는데, 이러한 일을 듣고 마음이 불쾌하여 여러 종류의 인연으로 투란난타를 꾸짖었다.

"어찌 비구니라고 이름하면서 세존께서 같이 제정하신 계를 거역(違逆)하고 받아들이지 않고, 다시 발제 장로께 '그대는 어리석고 명료하지 못하며 분명히 알지도 못한다.'고 말하는가?"

이와 같이 여러 종류의 인연으로 꾸짖고서, 세존을 향하여 자세히 말하였다. 세존께서는 이 일로써 비구 승가를 모으셨으며, 여러 종류의 인연으로서 투란난타 비구니를 꾸짖으셨다.

"어찌 비구니라고 이름하면서 내가 같이 제정한 계를 거역하고 받아들이지 않고, 다시 선남자인 발제를 '어리석고 명료하지 못하며 분명히 알지도 못한다.'고 꾸짖었는가?"

여러 종류의 인연으로서 꾸짖으셨으며, 여러 비구들에게 말씀하셨다.

"열 가지의 이익을 까닭으로 여러 비구들에게 계를 제정하여 주겠노라. 지금부터 이러한 계는 마땅히 이와 같이 설할지니라. '만약 비구가 계를 설하는 때에 <나는 이러한 계를 배우는 것을 받아들이지 않겠다. 먼저

마땅히 수다라를 수지하였고, 비니와 마다라가를 수지한 다른 비구에게 물어보겠다.>라고 이렇게 말을 지었다면 바일제이니라.'

만약 비구가 법을 알고자 한다면 마땅히 이러한 계를 따라서 배우면서 마땅히 수다라를 수지하였고, 비니를 수지하였으며, 마다라가를 수지한 다른 비구에게 '이 말은 무엇입니까?'라고 마땅히 이와 같이 묻도록 하라. 이 일은 마땅히 그러하느니라.

'바일제'는 소자와 복장이고, 만약 허물을 참회하지 않는다면 능히 도를 장애한다.

이 가운데에서 범하는 것은 만약 비구가 4바라이를 설하는 때 '나는 이러한 계를 배우지 않겠다. 먼저 마땅히 수다라를 수지하였고, 비니를 수지하였으며, 마다라가를 수지한 다른 비구에게 물어보겠다.'라고 이렇게 말을 지었다면 바일제이다. 만약 비구가 13승가바시사법·2부정법·30니살기바일제법·90바일제법·4바라제제사니법·중다학법·7멸쟁법 및 이러한 비니경에 속하는 다른 경을 설하는 때에 '나는 이러한 계를 배우지 않겠다. 먼저 마땅히 수다라를 수지하였고, 비니를 수지하였으며, 마다라가를 수지한 다른 비구에게 물어보겠다.'고 이렇게 말을 지었다면 바일제이다. 만약 이러한 비니경을 제외하고 다른 경을 설하는 때에 '나는 이러한 계를 배우지 않겠다. 먼저 마땅히 수다라를 수지하였고, 비니를 수지하였으며, 마다라가를 수지한 다른 비구에게 물어보겠다.'고 이렇게 말을 지었다면 돌길라이다." [일흔다섯 번째 일을 마친다.]

세존께서는 왕사성에 머무르셨다.

이때 육군비구는 십칠군비구와 항상 함께 투쟁하고 서로가 욕하였다. 이때 십칠군비구는 육군비구와 투쟁하고 서로가 욕하고서 각자 스스로가 별도로 떠나갔으며, 육군비구가 그 소리를 들을 수 없는 가려진 곳에서 서로가 의논하여 말하였다.

"육군비구가 흉악하고 싸움을 잘하더라도, 우리들이 모두 같은 마음이라면 육군비구도 능히 편안함을 얻을 수 없을 것이네."

이때 육군비구가 몰래 왔으며 서서 엿들었다. 십칠군비구는 듣는 사람이 없다고 말하였고 말하고서 묵연하였다. 이때 육군비구가 말하였다.

"그대들이 우리를 욕할 수가 있는가?"

대답하여 말하였다.

"누가 그대들을 욕한 것이오?"

육군비구가 말하였다.

"그대들이 방금 '육군비구가 흉악하고 싸움을 잘하더라도, 우리들이 모두 같은 마음이라면 육군비구도 능히 편할 수 없을 것이다.'라고 말하지 않았는가?"

십칠군비구가 말하였다.

"누가 이러한 말을 한 것이오? 누구에게서 들은 것이오?"

육군비구가 말하였다.

"우리들이 가려진 곳에서 들었네."

이 가운데에 비구가 있어 욕망이 적고 만족함을 알며 두타를 행하였는데, 이러한 일을 듣고 마음이 불쾌하여 여러 종류의 인연으로 육군비구를 꾸짖었다.

"어찌 비구라고 이름하면서 다른 사람과 함께 투쟁하고 서로 욕하고서 몰래 갔으며 서서 엿듣는가?"

여러 종류의 인연으로서 꾸짖고서 세존을 향하여 자세히 말하였다. 세존께서는 이 일로써 비구 승가를 모으셨으며, 아시면서도 일부러 육군비구에게 물으셨다.

"그대들이 진실로 이러한 일을 지었는가?"

대답하여 말하였다.

"진실로 지었습니다. 세존이시여."

세존께서는 여러 종류의 인연으로서 육군비구를 꾸짖으셨다.

"어찌 비구라고 이름하면서 다른 사람과 함께 투쟁하고 서로 욕하고서 몰래 갔으며 서서 엿들었는가?"

여러 종류의 인연으로서 꾸짖으셨으며, 여러 비구들에게 말씀하셨다.

"열 가지의 이익을 까닭으로 여러 비구들에게 계를 제정하여 주겠노라. 지금부터 이러한 계는 마땅히 이와 같이 설할지니라. '만약 비구가 다른 비구와 함께 투쟁하고서 몰래 갔으며 서서 엿듣고 <저 비구가 하는 말을 내가 기억하겠다.>라고 하였다면 바일제이니라.'

'몰래 가서 엿듣다.'는 만약 고운 노끈의 평상 아래이거나, 만약 거친 노끈 평상 아래이거나, 만약 혼자 앉는 평상 아래이거나, 만약 방문 곁이거나, 만약 길가이거나, 만약 높은 곳이거나, 만약 담장 곁이거나, 만약 다른 방 안이거나, 만약 벽 옆의 장막 너머이거나, 만약 어둠 가운데이거나, 만약 밝은 곳 등에서 엿듣는 것이다.

'바일제'는 소자와 복장이고, 만약 허물을 참회하지 않는다면 능히 도를 장애한다.

이 가운데에서 범하는 것은, 만약 비구가 다른 비구와 함께 투쟁하고 서로 욕하고서 몰래 갔으며 다른 사람의 말을 엿듣고자 고운 노끈 평상의 아래에 있으면서 들었다면 바일제이고, 듣지 못하였다면 돌길라이다. 만약 거친 노끈 평상 아래이거나, 만약 혼자 앉는 평상 아래이거나, 만약 방문 곁이거나, 만약 길가이거나, 만약 높은 곳이거나, 만약 담장 곁이거나, 만약 다른 방 안이거나, 만약 벽 옆의 장막 너머이거나, 만약 어둠 가운데이거나, 만약 밝은 곳 등에서 들었다면 바일제이고, 듣지 못하였다면 돌길라이다. 범함이 없는 것은 만약 화합시키기 위하여 갔으며 들었다면 범한 것은 아니다." [일흔여섯 번째 일을 마친다.]

세존께서는 사위국에 머무르셨다.

이때 여러 비구들은 발난타 석자에게 빈갈마를 지어서 주고자 하였다. 아뢰는 때에 육군비구가 승가의 가운데에서 막았으므로 갈마가 성립되지 못하였다. 한때에 육군비구가 다른 곳에 인연이 있어 떠났는데, 육군비구를 도왔던 한 비구가 있었고 떠나가지 않았다. 여러 비구들은 서로에게 의논하여 말하였다.

"우리들은 지금 육군비구에게 빈갈마를 짓겠습니다."

비구가 있어 말하였다.

"육군비구가 혹은 마땅히 중간에 있으면서 막을 것입니다."

비구가 있어 말하였다.

"육군비구는 이미 다른 곳으로 떠났습니다. 막을 자는 없습니다."

곧 건치를 두드려서 비구 승가를 모았으며 발난타에게 빈갈마를 지어서 주고자 하였다. 발난타의 이름을 말하고 창언하여 아뢰고자 하는 때에 육군비구를 도왔던 자는 묵연히 자리에서 일어나서 떠나가며 이렇게 생각을 지었다.

'지금 여러 비구들이 발난타 석자에게 빈갈마를 지어서 주고자 하는구나.'

떠나간 뒤에 아뢰고서 여러 비구들은 창언하여 마쳤고 발난타에게 빈갈마를 지어서 주었다. 이 육군비구를 도왔던 비구는 말하였다.

"이 갈마는 여법하지 않습니다. 나를 떠나고 지은 까닭입니다."

여러 비구들이 말하였다.

"그대도 이 가운데에 있었습니다."

대답하여 말하였다.

"내가 비록 이 가운데에 있었으나 그대들이 창언하여 아뢰는 때에 나는 자리에서 일어나서 떠나갔습니다. 발난타 석자를 쫓아내고자 하였던 까닭입니다."

이 가운데에 비구가 있어 욕망이 적고 만족함을 알며 두타를 행하였는데, 이러한 일을 듣고 마음이 불쾌하여 여러 종류의 인연으로 육군비구와 도왔던 비구를 꾸짖었다.

"어찌 비구라고 이름하면서 승가가 일을 판결(斷事)하려는 때에 묵연히 일어나서 떠나가는가?"

여러 종류의 인연으로서 꾸짖고서 세존을 향하여 자세히 말하였다. 세존께서는 이 일로써 비구 승가를 모으셨으며, 아시면서도 일부러 육군비구를 도왔던 비구에게 물으셨다.

"그대가 진실로 이러한 일을 지었는가?"

대답하여 말하였다.

"진실로 지었습니다. 세존이시여."

세존께서는 여러 종류의 인연으로서 육군비구와 도왔던 비구를 꾸짖으셨다.

"어찌 비구라고 이름하면서 승가가 일을 판결하려는 때에 묵연히 일어나서 떠나갔는가?"

여러 종류의 인연으로서 꾸짖으셨으며, 여러 비구들에게 말씀하셨다.

"열 가지의 이익을 까닭으로 여러 비구들에게 계를 제정하여 주겠노라. 지금부터 이러한 계는 마땅히 이와 같이 설할지니라. '만약 승가가 일을 판결하는 때에 묵연히 일어나서 떠나갔다면 바일제이니라.'

'승가가 일을 판결하다.(僧斷事)'는 승가의 처소에서 짓는 일로 이를테면, 백일갈마·백이갈마·백사갈마·포살·자자이거나, 만약 14인갈마 등을 짓는 것이다.

'바일제'는 소자와 복장이고, 만약 허물을 참회하지 않는다면 능히 도를 장애한다.

이 가운데에서 범하는 것은, 만약 비구가 승가가 일을 판결하고자 창언하여 아뢰는 때에 묵연히 일어나서 떠나갔다면 바일제이다. 백일갈마·백이갈마·백사갈마·포살·자자·십사인갈마를 짓는 때에 묵연히 일어나서 떠나갔다면 바일제이다. 범함이 없는 것은 만약 대·소변으로 떠나갔거나, 만약 떠나갔더라도 소리가 들리는 곳을 벗어나지 않는다면 범한 것은 아니다." [일흔일곱 번째 일을 마친다.]

세존께서는 구사미국(俱舍彌國)에 머무르셨다.

이때 천나 비구는 여러 상좌들이 "이것은 법이고, 이것은 율이며, 이것이 세존의 가르침이다."라고 설하는데, 그 설법을 마치는 것을 기다리지 않고서 중간에 다른 말을 지어서 대답하여 상좌를 난처하게 하였고 공경하고 두려워하는 마음이 없었다. 여러 비구들이 천나에게 말하였다.

"그대는 그러지 마십시오. 여러 상좌께서 '이것은 법이고, 이것은 율이며, 이것이 세존의 가르침이다.'라고 설하고 있습니다. 그대는 중간에 이상한 말을 짓지 마십시오. 설법을 마치는 것을 기다리지 않고 대답하여 상좌를 난처하게 하는 것은 공경하고 두려워하는 마음이 없는 것입니다."

천나가 말하였다.

"내가 대답하여 상좌가 난처하고, 공경하고 두려워하는 마음이 없어도 그대들의 일과 무슨 관계인가?"

이 가운데에 비구가 있어 욕망이 적고 만족함을 알며 두타를 행하였는데, 이러한 일을 듣고 마음이 불쾌하여 여러 종류의 인연으로 천나를 꾸짖었다.

"어찌 비구라고 이름하면서 여러 상좌들께서 '이것은 법이고, 이것은 율이며, 이것이 세존의 가르침이다.'라고 설하시는데 설법을 마치는 것을 기다리지 않고 중간에 이상한 말을 짓고, 대답하여 상좌를 난처하게 하고 공경하고 두려워하는 마음이 없는가?"

여러 종류의 인연으로서 꾸짖고서 세존을 향하여 자세히 말하였다. 세존께서는 이 일로써 비구 승가를 모으셨으며, 아시면서도 일부러 천나에게 물으셨다.

"그대가 진실로 이러한 일을 지었는가?"

대답하여 말하였다.

"진실로 지었습니다. 세존이시여."

세존께서는 여러 종류의 인연으로서 천나를 꾸짖으셨다.

"어찌 비구라고 이름하면서 여러 상좌들께서 '이것은 법이고, 이것은 율이며, 이것이 세존의 가르침이다.'라고 설하는데 설법을 마치는 것을 기다리지 않고 중간에 이상한 말을 짓고, 대답하여 상좌를 난처하게 하고 공경하고 두려워하는 마음이 없었는가?"

여러 종류의 인연으로서 꾸짖으셨으며, 여러 비구들에게 말씀하셨다.

"그대들은 천나 비구가 공경하지 않았던 일을 기억하도록 하라. 만약 다른 비구가 있어 이러한 일을 지었다면 역시 공경하지 않는 일을 이와 같이 기억하도록 하라. 기억하는 일은 승가가 일심으로 화합하였다면 한 비구가 창언하라.

'대덕 승가께서는 허락하십시오. 이 천나 비구는 상좌께서 <이것은 법이고, 이것은 율이며, 이것이 세존의 가르침이다.>라고 설하였는데, 설법을 마치는 것을 기다리지 않고 중간에 이상한 말을 짓고, 대답하여 상좌를 난처하게 하고 공경하고 두려워하는 마음이 없었습니다. 승가께서는 때에 이르렀다면 승가께서는 허락하십시오. 마땅히 천나 비구가 공경하지 않았던 일을 기억하도록 하겠습니다. 이와 같이 아룁니다.'

이와 같이 아뢰고 백사갈마를 짓도록 하라.

'승가시여. 천나 비구가 공경하지 않았던 일을 기억하여 마쳤습니다. 승가께서 허락하신 것은 묵연하였던 까닭입니다. 이 일은 이와 같이 지니겠습니다."

여러 비구들에게 말씀하셨다.

"열 가지의 이익을 까닭으로 여러 비구들에게 계를 제정하여 주겠노라. 지금부터 이러한 계는 마땅히 이와 같이 설할지니라. '만약 비구가 공경하지 않는다면 바일제이니라.'

'바일제'는 소자와 복장이고, 만약 허물을 참회하지 않는다면 능히 도를 장애한다.

이 가운데에서 범하는 것은, 만약 비구가 승가에서 공경하지 않은 일을 기억하지 않았는데, 만약 여러 비구들이 '그대는 음행을 짓지 말라.'고 말하였으며, '짓지 않겠다.'고 대답하였으나, 실제로 음행을 지었다면 음행을 까닭으로 바라이이고, 공경하지 않은 까닭으로 돌길라이다. '그대는 다른 사람의 물건을 훔치지 말라.', '고의로 사람의 목숨을 빼앗지 말라.', '여인의 몸과 접촉하지 말라.', '초목을 죽이지 말라.', '정오가 지나서 먹지 말라.', '술을 마시지 말라.', '그대는 이 방에서 나가라.', '평상·이부자리·독좌상(獨坐床)에서 일어나라.', '발우·구발다라(鉤鉢多羅)·반구발다라(半鉤鉢多羅)·건자(揵鎡)·반건자(半揵鎡)·면도칼·족집게·작은 칼을 만지지 말라.'고 말하였고, '짓지 않겠다.'라고 대답하였으나, 실제로 만졌다면, 만약 지은 것을 따라서 죄를 얻고, 공경하지 않은 까닭으로 돌길라이다.

만약 비구가 승가에서 공경하지 않은 일을 기억하지 않았는데, 만약 여러 비구들이 '그대는 음행을 짓지 말라.'고 말하였고, '마땅히 짓지 않겠다.'고 대답하였으나, 실제로 음행을 지었다면 음행을 까닭으로 바라이이고, 공경하지 않은 까닭으로 돌길라이다. '그대는 다른 사람의 물건을 훔치지 말라.', '사람의 목숨을 빼앗지 말라.', '여인의 몸과 접촉하지 말라.', '초목을 죽이지 말라.', '정오가 지나서 먹지 말라.', '술을 마시지 말라.', '그대는 이 방에서 나가라.', '평상·이부자리·독좌상에서 일어나라.', '발우·구발다라·반구발다라·건자·반건자·면도칼·족집게·작은 칼을 만지지 말라.'고 말하였고, '마땅히 짓지 않겠다.'라고 대답하였으나, 실제로 지었다면, 만약 지은 것을 따라서 죄를 얻고, 공경하지 않은 까닭으로 돌길라이다.

만약 비구가 승가에서 공경하지 않은 일을 기억하였는데, 만약 여러 비구들이 '그대는 음행을 짓지 말라.'고 말하였고, '짓지 않겠다.'고 대답하였으나, 실제로 음행을 지었다면 음행을 까닭으로 바라이이고, 공경하지 않은 까닭으로 돌길라이다. '그대는 다른 사람의 물건을 훔치지 말라.', '고의로 사람의 목숨을 빼앗지 말라.', '여인의 몸과 접촉하지 말라.', '초목을 죽이지 말라.', '정오가 지나서 먹지 말라.', '술을 마시지 말라.', '그대는 이 방에서 나가라.', '평상·이부자리·독좌상에서 일어나라.', '발우·구발다라·반구발다라·건자·반건자·면도칼·족집게·작은 칼을 만지지 말라.'고 말하였고, '짓지 않겠다.'라고 대답하였으나, 실제로 지었다면, 만약 지은 것을 따라서 죄를 얻고, 공경하지 않은 까닭으로 바일제이다.

만약 비구가 승가에서 공경하지 않은 일을 기억하였는데, 만약 여러 비구들이 '그대는 음행을 짓지 말라.'고 말하였으며, '마땅히 짓지 않겠다.'고 대답하였으나, 실제로 음행을 지었다면 음행을 까닭으로 바라이이고, 공경하지 않은 까닭으로 돌길라이다. '그대는 다른 사람의 물건을 훔치지 말라.', '사람의 목숨을 빼앗지 말라.', '여인의 몸과 접촉하지 말라.', '초목을 죽이지 말라.', '정오가 지나서 먹지 말라.', '술을 마시지 말라.', '그대는 이 방에서 나가라.', '평상·이부자리·독좌상에서 일어나라.', '발우·구발다라·반구발다라·건자·반건자·면도칼·족집게·작은 칼을 만지지 말라.'고 말하였고, '당연히 짓지 않겠다.'라고 대답하였으나, 실제로 지었다면, 만약 지은 것을 따라서 죄를 얻고, 공경하지 않은 까닭으로 바일제이다." [일흔여덟 번째 일을 마친다.]

세존께서는 지제국(支堤國) 발타라바제읍(跋陀羅婆提邑)에 머무르셨다. 이곳에 악한 용(龍)이 있어 암바라제타(菴婆羅堤他)라고 이름하였는데, 흉포하여 악하게 해쳤으므로 능히 그것이 머무는 곳에 이를 수 있는 사람은 없었다. 코끼리·말·소·양·노새·낙타도 능히 가까이 갈 수 없었고, 나아가 여러 새들도 그 위를 지나갈 수 없었으며, 가을철 곡식이 익을 때면 여러 곡식을 파멸(破滅)시켰다. 장로 사가타(莎伽陀)가 지제국을 유행하면서 점차 발타라바제읍에 이르렀다. 이 밤을 보내고 이른 아침에 옷을 입고 발우를 지니고 취락에 들어가서 걸식하였다. 걸식하는 때에 "이 읍에 악한 용이 있어 암바라제타라고 이름하였고, 흉포하고 악하게 해쳤으므로 사람·새·짐승 등이 그가 머무는 곳에는 이를 수가 없었으며, 가을에 곡식이 익을 때에 여러 곡식을 파멸시킨다."라고 들었다.

듣고서 걸식을 마치고 암바라제타용이 머무는 곳으로 찾아가 연못 근처의 나무 아래에 좌구를 펴고 대좌(大坐)하였다. 용은 가사의 기운을 느끼고서 곧 성내면서 몸에서 연기를 내뿜었다. 장로 사가타는 곧 삼매에 들어가서 신통력으로 그의 몸에서도 연기를 내뿜었다. 용이 두 배로 성내면서 몸에서 불을 내뿜었으므로 사가타 비구는 다시 화광삼매(火光三昧)에 들어 그 몸에서 역시 불을 내뿜었다. 용은 다시 우박을 뿌렸고 사가타 비구는 곧 우박을 변화시켜 석구리병(釋俱利餠)·효병(餚餠)·파파라병(波波羅餠)으로 지었다. 용이 다시 큰 벼락을 때렸으므로 장로 사가타는 곧 벼락을 변화시켜 여러 종류의 환희환(歡喜丸)으로 지었다.

용이 다시 화살·칼·삭(槊)을 비처럼 뿌렸고, 사가타는 곧 우발라화(優鉢羅華)[3]·파두마화(波頭摩華)[4]·구모다화(俱牟陀華)[5]·분다리화(分陀利華)[6]로 변화를 지었다. 이때에 용은 다시 독사·지네·도마뱀·그리마를 비처럼 뿌렸고, 사가타는 곧 우발라화 영락·첨복화(瞻蔔華)[7] 영락·파사화(婆師華)[8] 영락·아제목다가화(阿提目多伽華)[9] 영락으로 변화시켰다. 이와 같이 용은 소유한 힘을 사가타 장로에게 향하여 모두 드러내었다. 이와 같은 위덕(威德)을 드러내고도 능히 이길 수 없었던 까닭으로 곧 위력(威力)과 광명(光明)을 잃었다. 사가타는 용이 세력이 끝나서 능히 다시 움직일 수 없음을 알고서 곧 몸을 작게 변화시켜 용의 두 귀로 들어가서 용의 두 눈으로 나왔고, 용의 두 눈으로 나와서 두 코로 들어갔으며, 입으로 나와서 용의 머리에서 오고 가면서 경행하였으나, 용의 몸은 다치지 않았다. 이때에 용은 이와 같은 일을 보고 마음에서 곧 크게 놀랐고 두려워서 털이 곤두섰다. 합장하고서 장로 사가타를 향하여 말하였다.

"제가 그대에게 귀의합니다."

사가타는 대답하여 말하였다.

"그대는 나에게 귀의하지 마시오. 마땅히 내가 귀의한 분께 귀의하시오."

용이 말하였다.

"저는 지금부터 세존께 귀의하고 법에 귀의하며 승가께 귀의합니다. 마땅히 저는 목숨을 마치도록 세존의 우바새가 된 것을 아십시오."

이 용은 3자귀의(自歸依)를 받았고 불제자를 지었으며 다시 거듭하여 이와 같은 흉악한 일을 짓지 않았다. 여러 사람·새·짐승 등이 모두 그가 머무는 곳에 이르렀고, 가을의 곡식이 익는 때에도 다시는 상하거나 파멸되지 않았다. 이와 같은 그 명성이 여러 나라에 유포되어 모두가

---

3) 산스크리트어 utpala의 음사로 청련(靑蓮)을 가리킨다.
4) 산스크리트어 padma의 음사로 홍련(紅蓮)을 가리킨다.
5) 산스크리트어 kumuda의 음사로 황련(黃蓮)을 가리킨다.
6) 산스크리트어 pundarika의 음사로 백련(白蓮)을 가리킨다.
7) 산스크리트어 campaka의 음사로서 노란색이고, 향기가 강한 꽃이다.
8) 여름에 흰 꽃이 피고 향이 좋으며, 일체의 병을 고치는 설산의 영약이다.
9) 산스크리트어 atimuktaka의 음사로 잎은 푸르고 붉은 꽃이 피는 마(麻)와 같은 풀이다.

말하였다.

"장로 사가타는 능히 악한 용을 절복시켜 선하게 만들었고, 여러 사람과 새와 짐승 등은 용이 있는 곳에 이를 수 있으며, 가을의 곡식이 익는 때에도 다시는 파멸하지 않는다."

장로 사가타의 명성이 유포된 인연을 까닭으로 여러 사람들은 승가를 위하여 전식(前食)과 후식(後食)을 지어서 공양하였다. 이 가운데에 한 가난한 여인이 있었는데, 믿고 공경하여 장로 사가타를 혼자 청하였고, 사가타는 묵연히 받아들였다. 받아들였으므로 이 여인은 많은 소유죽(酥乳糜)을 준비하였고, 받아서 그것을 먹었다. 여인은 사유하였다.

'이 사문이 이렇게 많은 소유죽을 먹었으므로 혹은 마땅히 냉기가 일어날 것이다.'

곧 물과 비슷한 색깔, 물과 비슷한 향, 물과 비슷한 맛을 지닌 술을 가져다가 주었고 이 사가타는 살피지도 않고서 마셨다. 마시고서 여인을 설법하고서 떠나갔다. 사중(寺中)을 향하여 돌아왔는데, 그와 같은 시간에 술기운이 곧 일어났고 사찰 문의 근처의 땅에서 넘어졌다. 승가리·울다라승·안타위·녹수낭·발우·석장·유낭(油囊)·가죽신·실·바늘통 등이 각자 흩어졌고, 몸은 한쪽에 있었으며 취하여 감각도 없었다. 이때 세존께서는 아난과 함께 유행하시면서 이곳에 이르셨다. 세존께서는 이 비구를 보시고 아시면서도 일부러 아난에게 물으셨다.

"이 사람은 누구인가?"

대답하여 말하였다.

"세존이시여. 이 사람은 장로 사가타입니다."

세존께서는 곧 아난에게 말씀하셨다.

"이곳에 나를 위하여 좌상(座床)을 펴고, 물을 준비할 것이며, 비구 승가를 모이게 하라."

아난은 가르침을 받고서 곧 좌상을 펴고, 물을 준비하였으며, 비구 승가를 모으고서 세존께 아뢰어 말하였다.

"세존이시여. 제가 물을 준비하였고, 좌상을 깔았으며, 비구들을 모이게 하였습니다."

세존께서는 스스로가 때를 아셨다. 세존께서 곧 발을 씻으셨고 아난이 펼쳐놓은 좌상에 앉아 비구들에게 물으셨다.

"여러 비구들이여. 그대들은 보았고, 들었는가? 암바라제타라고 이름하는 용이 있었고 흉포하고 악하게 해쳤으므로 사람·새·짐승 등이 그가 머무는 곳에는 이를 수가 없었고, 나아가 가을에 곡식이 익을 때에 여러 곡식을 파멸시켰느니라. 선남자인 사가타는 능히 절복시켜 선하게 만들었으므로 여러 사람과 새와 짐승들이 그 샘물에 갈 수 있었느니라."

이때 대중의 가운데에서 보았던 자는 보았다고 말하였고, 들은 자는 들었다고 말하였다. 세존께서는 비구들에게 말씀하셨다.

"그대들의 생각은 어떠한가? 이 선남자인 사가타가 지금 두꺼비를 조복시킬 수 있겠는가?"

대답하여 말하였다.

"할 수 없습니다. 세존이시여."

세존께서는 말씀하셨다.

"이와 같은 허물과 죄이거나, 만약 이것을 넘어서는 죄도 모두 음주의 까닭이니라. 오늘부터 만약 '나는 불제자다.'라고 말한다면 술을 마실 수 없고, 나아가 작은 풀잎 위의 한 방울이라도 역시 마실 수 없느니라."

세존께서는 여러 종류의 인연으로 음주를 꾸짖으셨으며, 여러 비구들에게 말씀하셨다.

"열 가지의 이익을 까닭으로 여러 비구들에게 계를 제정하여 주겠노라. 지금부터 이러한 계는 마땅히 이와 같이 설할지니라. '만약 비구가 술을 마셨다면 바일제이니라.'

'술'은 두 종류가 있나니, 곡주(穀酒)와 목주(木酒)이다.

'곡주'는 음식(食)를 사용하고 누룩을 사용하며 쌀을 사용하고, 혹은 뿌리·줄기·꽃·잎·열매를 사용하거나, 여러 종류의 종자를 사용하거나, 약초를 사용하고 섞어서 술을 짓는 것인데, 술 색깔(酒色)·술 향기(酒香)·술 맛(酒味)이 있어 마시면 능히 사람을 취하게 하므로, 이것을 곡주라고 이름한다.

'목주'는 음식을 사용하지 않고 누룩과 쌀을 사용하지 않으며, 다만 뿌리·줄기·잎·꽃·열매를 사용하거나, 만약 종자를 사용하여 술을 짓는 것인데, 술 색깔·술 향기·술 맛이 있어 마시면 능히 사람을 취하게 하므로, 이것을 목주라고 이름한다. 다시 다른 목주가 있는데, 음식을 사용하지 않고 누룩과 쌀을 사용하지 않으며, 뿌리·줄기·잎·꽃·열매를 사용하지 않고, 다만 여러 종자와 여러 약초를 혼합하여 술을 짓는 것이며, 술 색깔·술 향기·술 맛이 있어 마시면 능히 사람을 취하게 하므로, 이것을 목주라고 이름한다. 아울러 앞의 곡주까지 모두를 술이라고 이름한다. 비구가 취하여 맛보거나, 삼키더라도 역시 마시는 것이라고 이름한다. 이것을 음주(飮酒)이고 바일제라고 말한다.

'바일제'는 소자와 복장이고, 만약 허물을 참회하지 않는다면 능히 도를 장애한다.

이 가운데에서 범하는 것은, 만약 비구가 곡주를 마신다면 한 모금·한 모금을 따라서 바일제이다. 만약 비구가 목주를 마신다면 한 모금·한 모금을 따라서 바일제이다. 만약 비구가 신맛의 술(酢酒)을 마신다면 한 모금·한 모금을 따라서 바일제이다. 만약 단 술(甛潑)을 마신다면 한 모금·한 모금을 따라서 바일제이다. 만약 취하게 할 수 있는 누룩을 맛본다면 한 모금·한 모금을 따라서 바일제이다. 만약 술지게미를 마신다면 한 모금·한 모금을 따라서 바일제이다.

만약 사람을 취하게 할 수 있는 술 색깔·술 향기·술 맛이 비슷한 것을 마신다면 한 모금·한 모금을 따라서 바일제이다. 만약 술 색깔·술 향기·술 맛이 있거나, 술 색깔·술 향기가 있거나, 술 색깔·술 맛이 있거나, 술 향기·술 맛이 있는 것을 마신다면 한 모금·한 모금을 따라서 바일제이다. 범함이 없는 것은 만약 술 색깔은 있고 술 향기와 술 맛이 없어 사람을 취하게 하지 않는다면 마셔도 범한 것은 아니다." [일흔아홉 번째 일을 마친다.]

세존께서는 왕사성에 머무르셨다.

이때 여러 비구들이 오전에 취락에 들어가서 오후에 나왔고, 오후에 취락에 들어가서 오후에 나오는 등의 취락에 출입하는 시절(時節)을 알지 못하였다. 여러 외도의 출가인들이 질투하는 마음으로 꾸짖고 욕하면서 말하였다.

"다른 출가인은 오전에 취락에 들어가서 오전에 나오고, 식후(食後)에는 자기의 주처로 돌아와서 모두 함께 화합하여 묵연히 머무르는 것이 어미새가 한낮에는 스스로가 둥지의 가운데에 웅크리고 머물면서 새끼들을 따뜻하게 하는 것과 같다. 이 사문 석자들은 선량하고 덕이 있다고 스스로가 말하면서 지금 오전에 취락에 들어가서 오후에 나오고, 오후에 취락에 들어가 오후에 나오면서 출입하는 시절을 알지 못하는구나."

이 가운데에 비구가 있어 욕망이 적고 만족함을 알며 두타를 행하였는데, 이러한 일을 듣고 마음이 불쾌하여 세존께 자세히 말하였다. 세존께서는 이 일로써 비구 승가를 모으셨으며, 비구들에게 말씀하셨다.

"어찌 비구라고 이름하면서 오전에 취락에 들어가서 오후에 나오고, 오후에 취락에 들어가서 오후에 나오면서 출입하는 시절을 알지 못하는가?"

세존께서는 다만 꾸짖으셨고 계율을 제정하지는 않으셨다.

세존께서는 사위국에 머무르셨다.

이때 장로 가류타이(迦留陀夷)가 아라한도(阿羅漢道)를 얻고 마음속으로 이렇게 생각을 지었다.

'내가 이전에 육군비구의 가운데에서 사위국의 여러 집안을 더럽히고 욕보였다. 나는 지금 마땅히 돌아가서 이 여러 집을 청정하게 해야겠다.'

이렇게 생각을 짓고 사위국으로 들어가서 모두 999의 집을 제도하였는데, 만약 남편이 도를 얻었고 아내는 얻지 못하였거나, 아내가 도를 얻고 남편은 얻지 못하였거나, 곧 숫자를 말하지 않더라도 다만 부부가 함께 도를 얻은 숫자이었다. 이때 사위성에 한 바라문의 집안이 있었고, 마땅히 성문(聲聞)이 제도할 수 있었다. 가류타이는 이렇게 생각을 지었다.

'내가 다시 능히 이 집을 제도한다면 사위성의 가운데에서 1천의 집을 함께 제도하여 채우는 것이다.'

이렇게 생각을 짓고서 밤이 지나자 이른 아침 옷을 입고 발우를 지니고 사위성에 들어가서 걸식하였다. 유행하면서 이 바라문의 집에 이르렀다. 이때 바라문은 작은 인연이 있어 집에 없었고, 이 바라문의 아내는 문을 닫고 전병(煎餠)을 짓고 있었다. 가류타이는 곧 선정에 들어가서 문밖에서 사라져서 곧 뜰 앞에 그 모습을 나타냈다. 선정에서 일어나 손가락을 튕겼고 아내는 곧 고개를 돌려서 곧 바라보았다. 곧 보고서 문이 오히려 잠겨있었으므로 이렇게 생각하였다.

'이 사문이 어디로 들어왔을까? 이 자는 반드시 전병을 탐낸 까닭으로 왔구나. 나는 절대 주지 않겠다. 만약 눈을 뽑더라도 나는 역시 주지 않겠다.'

곧 신통력으로 두 눈을 뽑아내자 보고서 다시 생각하였다.

'뽑은 눈알이 사발(碗)과 같이 되더라도 나는 역시 주지 않겠다.'

곧 신통력으로 눈을 사발처럼 변화시켰으므로 보고서 다시 생각하였다.

'내 앞에서 거꾸로 서더라도 나는 역시 주지 않겠다.'

곧 신통력으로 여인 앞에서 거꾸로 섰으므로 다시 생각하였다.

'만약 죽더라도 나는 역시 주지 않겠다.'

다시 신통력으로 멸수상정(滅受想定)에 들어갔으므로 심상(心想)이 모두 없어지고 지각(覺知)조차 없었다. 이때 바라문의 아내는 보고 불러서 묻고 끌어당겼으나 움직이지도 않았다. 아내는 놀라서 이렇게 생각을 지었다.

'이 사문이 이렇게도 크게 악한 것인가? 이 자는 항상 파사닉왕의 처소에 출입하고, 말리 부인의 스승이다. 만약 누구 바라문 집에서 죽었다는 것을 듣는다면 우리는 큰 고뇌를 얻을 것이다. 만약 살아난다면 나는 전병 하나를 주겠다.'

가류타이는 곧 멸수상정에서 나왔고 몸을 움직이면서 곧 일어섰다. 부인이 곧 전병을 보았는데 먼저 구워둔 것들은 모두 좋은 것이었다.

뜻에 아까워서 주지 않고 마땅히 다시 구웠는데 곧 앞의 것보다 좋았다. 다시 이것을 주지 않고 곧 그릇 가장자리의 밀가루의 찌꺼기를 긁어서 구웠으나 다시 앞의 것보다 좋았다. 다시 이렇게 생각하였다.

'이것들은 모두 좋으니 마땅히 앞에 구웠던 것을 주어야겠다.'

마침내 전병 하나를 집었는데 다른 것들까지 모두 달라붙었다. 가류타이가 말하였다.

"누이가 뜻을 따라서 나에게 주고자 허락한 것을 곧 취하십시오."

여인은 곧 네 개의 전병을 집어 가류타이에게 주었다. 가류타이는 받지 않고 말하였다.

"저는 이 전병이 필요하지 않습니다. 만약 그대가 베풀고자 한다면 승가에게 주십시오."

이 바라문 아내는 이전의 세상에서 일찍이 세존께 공양하여 여러 선근을 심었었고, 정견(正見)의 예리한 근기에 가까웠으며, 본래의 인연이 강하여 지금의 세상에서 도를 얻는 것을 감당할 수 있었다. 여러 선근(善根)이 이끌었던 까닭에 곧 이렇게 생각을 지었다.

'이 비구는 진실로 전병을 탐한 것이 아니었구나. 다만 나를 애민하게 생각하였던 까닭으로 왔었구나.'

곧 이렇게 생각을 지었다.

'내가 소유한 전병을 모두 마땅히 승가께 주어야겠다.'

말하였다.

"선인(善人)이시여. 나는 바구니의 전병을 모두 승가께 보시하겠습니다."

대답하여 말하였다.

"뜻을 따르겠습니다."

여인은 곧 전병의 바구니를 가지고 기환(祇桓)으로 나아가 건치를 두드려서 비구 승가를 모으고서 승가에게 전병을 주었고, 가류타이의 앞에 앉아서 설법을 들었다. 이때 가류타이는 곧 본래의 인연을 수순하여 관찰하고 묘법을 설하였으므로, 곧 앉은 자리에서 번뇌의 티끌을 멀리 벗어났으며, 여러 법의 가운데서 법안(法眼)의 청정을 얻었다. 이 여인은 법을 들었고 법을 알았으며 법을 보았고 법에 들어가서 의심과 후회를 뛰어넘어 다른 인연을 따르지 않았으며, 세존의 법 가운데에서 자재함을 얻어 마음에 두려움이 없었다. 자리에서 일어나서 가류타이의 발에 머리숙여 예배하고 말하였다.

"나는 오늘부터 세존께 귀의하고 법에 귀의하며 승가께 귀의합니다. 나는 목숨이 마치도록 세존의 우바이가 된 것을 아십시오."

이때 가류타이는 다시 그녀를 위하여 설법하여 보여주었고 가르쳤으며 이익되고 기쁘게 하였고, 보여주고 가르쳤으며 이익되고 기쁘게 하고서 묵연하였다. 이 여인은 법을 보여주었고 가르쳤으며 이익되고 기쁘게 하는 것을 듣고서 장로 가류타이의 발에 머리숙여 예배하고 오른쪽으로 돌면서 떠나갔다. 자기 집으로 돌아와 이르렀고, 이때 남편이 뒤에 돌아왔다. 아내가 남편에게 말하였다.

"그대가 떠난 뒤에 나는 문을 잠그고 전병을 굽고 있었습니다. 이때 아사리(阿闍梨)인 가류타이께서 왔고 여러 종류의 신통력을 보여주었습니다. 나는 이 전병을 가지고 기환의 승가께 보시하였습니다. 아사리인 가류타이께서 나를 위하여 설법하셨고 나는 수다원도(須陀洹道)를 얻었습니다. 그대가 지금 찾아간다면 역시 그대를 위하여 설법하실 것입니다."

이 바라문은 이전의 세상에서 일찍이 세존께 공양하여 여러 선근을 심었고, 정견의 예리한 근기에 가까웠으며, 본래의 인연이 강하여 지금의 세상에서 도를 얻는 것을 감당할 수 있었다. 여러 선근이 이끌었던 까닭으로 곧 가류타이 장로의 처소로 나아가서 발에 머리숙여 예배하고 앞에 앉았다. 이때 가류타이는 본래의 인연을 수순하여 관찰하고 여러 종류로 묘법을 설하였으므로, 곧 앉은 자리에서 번뇌의 티끌을 멀리 벗어났으며, 법안의 청정함을 얻었다. 이 바라문은 법을 들었고 법을 알았으며 법을 보았고 법에 들어가서 의심과 후회를 뛰어넘어 다른 인연을 따르지 않았으며, 세존의 법 가운데에서 자재함을 얻어 마음에 두려움이 없었다. 자리에서 일어나서 가류타이의 발에 머리숙여 예배하고 말하였다.

"나는 오늘부터 세존께 귀의하고 법에 귀의하며 승가께 귀의합니다. 나는 목숨이 마치도록 세존의 우바새가 된 것을 아십시오."

이때 가류타이는 다시 그를 위하여 설법하여 보여주었고 가르쳤으며 이익되고 기쁘게 하였고, 보여주었고 가르쳤으며 이익되고 기쁘게 하고서 묵연하였다. 이 바라문은 법을 보여주었고 가르쳤으며 이익되고 기쁘게 하는 듣고서 장로 가류타이의 발에 머리숙여 예배하고 오른쪽으로 돌면서 떠나갔다. 자기 집으로 돌아와 이르렀고, 아내에게 말하였다.

"우리들에게 아사리 가류타이와 같이 큰 이익이었던 선지식은 우리에게 없었소. 왜 그러한가? 우리는 아시리 가류타이를 인연하였던 까닭으로 20신견(身見)을 깨뜨렸고, 3악도(惡道)를 끊었으며, 무량한 고뇌를 유량(有量)으로 지었고, 정정(正定)에 들어가서 4제(諦)를 보았소. 대덕 가류타이께 필요한 의복·이불·음식·와구·탕약 등 여러 종류의 생활용품은 우리들이 마땅히 주어야 하오."

아내가 말하였다.

"곧 가서 마음대로 가져가라고 청하세요."

바라문은 곧 때에 기환으로 나아갔고 가류타이의 처소에 이르러 머리숙여 발에 예배하고 앞에 앉았다. 앉고서 가류타이에게 말하였다.

"대덕께서는 아십니까? 대덕과 같이 크게 이익이 있었던 선지식이 우리에게는 없었습니다. 왜 그러한가? 우리는 대덕 가류타이를 인연하였던 까닭으로 20신견을 깨뜨렸고, 3악도를 끊었으며, 무량한 고뇌를 유량으로 지었고, 정정에 들어가서 4제를 보았습니다. 대덕이시여. 의복·이불·음식·와구·탕약 등 여러 종류의 생활용품을 마음대로 받으시는 것을 나는 청합니다. 마땅히 뜻에 따라서 취하십시오."

대답하여 말하였다.

"그러겠습니다."

이 가류타이는 필요한 의복·음식·와구·탕약 등이 있으면 가서 그것을 취하였다. 이 바라문에게 하나의 아들이 있었고, 바라문의 법을 배웠으며, 바라문의 여인을 아내로 삼았다. 부모가 아들에게 말하였다.

"그대는 아는가? 우리들에게 다시 대덕 가류타이와 같이 큰 이익이었던 선지식은 우리에게는 없네. 왜 그러한가? 우리는 대덕 가류타이를 인연하였던 까닭으로 20신견을 깨뜨렸고, 3악도를 끊었으며, 무량한 고뇌를 유량으로 지었고, 정정에 들어가서 4제를 보았네. 그대는 우리들을 잘 공양하는 것과 같이 만약 우리가 죽은 다음에도 마땅히 이와 같이 대덕 가류타이께 공양해야 하네."

아들은 대답하여 말하였다.

"그러겠습니다."

세상의 법은 무상(無常)한데 게송에서 설하는 것과 같다.

항상한 것은 모두 사라지고
높은 것은 역시 떨어지며
만난 것은 헤어짐이 있고
태어난 것은 죽음이 있네.

이 아들은 부모가 죽었으므로 효를 짓고자 옷을 벗어서 세탁하였으며, 가류타이의 처소로 나아가서 발에 머리숙여 예배하고 한쪽에 앉아서 알려 말하였다.

"제가 대덕 가류타이를 보니 부모님과 다르지 않습니다. 만약 필요한 의복·이불·음식·와구·탕약 등의 여러 종류의 생활용품을 마땅히 마음을 따라서 저의 부모가 취하는 것과 같이 취하십시오."

대답하여 말하였다.

"그러겠네."

이때 가류타이는 필요한 의복·이불·음식·와구·탕약 등을 그의 집에서 취하였다. 이때 500의 도둑이 있어 악한 일을 짓고서 사위성에 들어왔다. 도둑들의 두목은 나이가 어리고 단정하였다. 바라문의 며느리가 우연히 멀리서 보고 염착이 생겨나서 곧 여노비를 불러서 말을 전하였다.

"그 사람을 들어오게 하라. 함께 서로가 오락(娛樂)하고 싶구나."

그 여노비가 곧 가서 말하였다.

“누구 바라문의 부인께서 그대를 불러오라고 하셨습니다. 들어가서 함께 오락하십시오.”

도둑의 두목은 곧 들어왔다. 한때에 가류타이는 이른 아침 옷을 입고 발우를 들고 이 바라문 집으로 들어갔다. 며느리는 자리를 깔았고, 앉아서 함께 서로 문신하고 한쪽에 앉았다. 바라문의 며느리는 빠르게 음식을 준비하였고, 스스로의 손으로 물을 주었으며, 스스로가 맛있는 음식을 많이 주었다. 스스로가 마음대로 배부르게 먹게 하였고, 물을 주어 손을 씻게 하였으며, 작은 상을 취하여 앉아서 법을 들었다. 이때 가류타이는 여러 종류의 인연으로 음욕을 꾸짖었고, 음욕을 벗어난 것을 찬탄하였으며, 여러 종류의 인연으로 파계(破戒)를 꾸짖었고 지계(持戒)를 찬탄하였다. 이와 같이 설법하고서 자리에서 일어나 떠나갔다. 이때 며느리는 이렇게 생각을 지었다.

‘이 비구가 여러 종류의 인연으로 음욕을 꾸짖고 음욕을 벗어난 것을 찬탄하며, 여러 종류의 인연으로 파계를 꾸짖고 지계를 찬탄하는데, 반드시 우리들 두 사람이 악한 일을 지은 것을 반드시 보았던 이러한 까닭으로 이러한 말을 지은 것이다. 나의 남편은 이 사문과 같이 다시 애념(愛念)의 마음이 없다. 만약 이 일로써 나의 남편에게 말한다면 나는 마땅히 큰 고뇌를 받을 것이다.’

이렇게 생각을 짓고 도둑에게 말하였다.

“그대도 사문이 여러 종류의 인연으로 음욕을 꾸짖고 음욕을 벗어난 것을 찬탄하며, 여러 종류의 인연으로 파계를 꾸짖고 지계를 찬탄하는 것을 들었습니까? 이 비구가 반드시 우리들 두 사람이 악한 일을 짓는 것을 보았던 것이 마땅합니다. 나의 남편은 다시 이 사문과 같은 애념의 마음이 없습니다. 만약 이 일로써 나의 남편에게 말한다면 나는 마땅히 큰 고뇌를 받을 것입니다.”

도둑의 두목이 말하였다.

“그대는 마땅히 어찌하겠소?”

대답하여 말하였다.

"마땅히 없애야 합니다."

도둑의 두목이 말하였다.

"이 사람은 큰 위덕의 힘이 있소. 정반왕(淨飯王)의 스승인 바라문의 아들이고, 항상 파사닉왕(波斯匿王)의 처소에 출입하며, 말리 부인의 스승이시오. 어떻게 죽일 수 있겠소."

대답하여 말하였다.

"내가 능히 인연을 지어서 반드시 죽일 수 있게 하겠습니다."

이 여인은 오후에 거짓의 병으로 자리에 눕고서 사람을 보내어 가류타이를 부르면서 말하였다.

"와서 저의 병을 살펴주십시오."

가류타이는 오후에 옷을 입고 가서 살폈다. 곧 자리를 주었고 함께 서로 문신하였다. 가류타이는 자리에 앉아서 여러 종류의 인연으로 설법하여 보여주었고 가르쳤으며 이익되고 기쁘게 하고서 자리에서 일어나서 떠나고자 하였다. 여인이 말하였다.

"선인이시여. 가지 마십시오. 그와 같은 시간을 따라서 저를 위해 설법하십시오. 제가 점차 나아지고 있으며, 받는 고통이 소멸되고 즐거움을 받는 것이 생겨납니다."

가류타이는 이 말을 듣고서 다시 여러 종류로 설법하여 보여주었고 가르쳤으며 이익되고 기쁘게 하고서 자리에서 일어나서 떠나고자 하였다. 또한 말하였다.

"선인이시여. 가지 마십시오. 그와 같은 시간을 따라서 저를 위해 설법하십시오. 제가 점차 나아지고 있으며, 받는 고통이 소멸되고 즐거움을 받는 것이 생겨납니다."

가류타이는 다시 거듭하여 여러 종류로 설법하여 보여주었고 가르쳤으며 이익되고 기쁘게 하였는데, 나아가 해가 저물었다. 어두운 때에 가류타이가 일어나서 거름더미가 있는 곳에 이르렀는데 도둑의 두목이 예리한 칼로 그의 머리를 자르고 거름더미에 묻어두었다. 이때는 계를 설하는 날이었고 기환의 가운데에서 산가지를 행하였는데 산가지 하나가 남았다. 함께 서로가 의논하여 말하였다.

"누가 오지 않았습니까?"

이 앉은 가운데에서 모두가 말하였다.

"가류타이가 오지 않았습니다."

"누가 욕(欲)을 받았습니까?"

대답하여 말하였다.

"누구도 없습니다."

여러 비구들은 어떻게 해야 하는가를 알지 못하였으므로, 이 일을 세존께 아뢰었다. 세존께서는 여러 비구들에게 말씀하셨다.

"그대들은 포살(布薩)의 설계(說戒)를 지으라. 가류타이는 이미 열반에 들어갔느니라. 내가 선남자인 가류타이와 1생이 적은 500생을 함께 반려(伴侶)하였는데, 지금 곧 이별하였노라."

세존께서는 밤이 지나자 이른 아침 옷을 입고 대중 승가에게 위요(圍繞)되어 공경스럽게 사위성으로 들어가셨다. 거름더미에 이르렀는데 세존의 신력을 까닭으로 죽은 시신이 솟아올라 허공의 가운데에 있었다. 여러 비구들은 취하여 평상 위에 안치하여 성을 나왔고, 여러 비구와 제자들이 대덕의 공양구(供養具)와 태운 몸으로 탑을 일으키고 공양하였다. 파사닉왕은 장로 가류타이가 누구 바라문의 집에서 죽었다는 것을 듣고서, 곧 7세(世)를 멸하였고, 좌우인 열 집의 모든 재물을 빼앗았으며, 5백인의 도적을 잡아들여 모두 손발을 자르고 기환의 구덩이에 묻었다. 여러 비구들은 성에 들어가 걸식하면서 이 일을 듣고 세존께 아뢰었다. 세존께서는 말씀하셨다.

"이와 같은 허물과 죄, 나아가 나머지의 허물과 죄는 모두 때가 아닌 때에 취락에 들어갔던 까닭이니라."

세존께서는 말씀하셨다.

"만약 가류타이가 때가 아닌 때에 취락에 들어가지 않았다면 이 바라문 집에서 사람에게 죽지 않았을 것이다."

세존께서는 여러 종류의 인연으로 때가 아닌 때에 취락에 들어가는 것을 꾸짖으셨으며, 여러 비구들에게 말씀하셨다.

"열 가지의 이익을 까닭으로 여러 비구들에게 계를 제정하여 주겠노라. 지금부터 이러한 계는 마땅히 이와 같이 설할지니라. '만약 비구가 때가 아닌 때에 취락에 들어갔다면 바일제이니라.'

'때가 아닌 때'는 정오가 지나고 땅이 명료하지 않은 것에 이른 것이니, 이 중간을 때가 아닌 때라고 이름한다.

'취락'은 백의의 집이다.

'바일제'는 소자와 복장이고, 만약 허물을 참회하지 않는다면 능히 도를 장애한다.

이 가운데에서 범하는 것은, 만약 비구가 때가 아닌 때에 취락에 들어간다면 바일제이다. 그 들어가는 곳을 따라서 하나하나가 바일제이다."

그때 병든 비구를 위하여 백의의 집에서 국·밥·음식·죽을 얻고자 하였으나, 떠나갈 수 없었던 까닭으로 간병하는 비구는 고뇌하였고, 병자는 증장되었다. 여러 비구들은 어떻게 해야 하는가를 알지 못하였으므로, 이 일을 세존께 아뢰었다. 세존께서는 이 일로써 비구 승가를 모으셨으며, 여러 종류의 인연으로 계를 찬탄하고 지계를 찬탄하셨으며, 계를 찬탄하고 지계를 찬탄하시고서 여러 비구들에게 말씀하셨다.

"열 가지의 이익을 까닭으로 여러 비구들에게 계를 제정하여 주겠노라. 지금부터 이러한 계는 마땅히 이와 같이 설할지니라. '만약 비구가 때가 아닌 때에 취락에 들어가면서 다른 비구에게 아뢰지 않는다면 바일제이니라.'

'다른 비구'는 눈에 보이는 사람들을 말한다.

이 가운데에서 범하는 것은, 만약 비구가 아련아처(阿練兒處)에서 다른 비구들에게 아뢰고 취락에 들어갔고, 취락에서 아련아처로 돌아와 이르렀는데, 곧 이전에 아뢰었던 것으로서 다시 취락으로 갔다면 바일제이다. 또한 비구가 아련아처에서 다른 비구들에게 아뢰고 취락에 들어갔고,

취락에서 그 취락의 승방에 들어갔는데, 곧 이전에 아뢰었던 것으로서 다시 취락으로 갔다면 바일제이다. 또한 비구가 아련아처에서 다른 비구들에게 아뢰고 취락에 들어갔고, 그 취락의 주처(住處)인 곳으로 들어갔는데, 곧 이전에 아뢰었던 것으로서 다시 취락으로 갔다면 바일제이다.

만약 비구가 취락의 승방에서 다른 비구들에게 아뢰고 취락에 들어갔고, 취락에서 취락의 승방으로 돌아왔는데, 곧 이전에 아뢰었던 것으로서 다시 취락으로 갔다면 바일제이다. 또한 비구가 취락의 승방에서 다른 비구들에게 아뢰고 취락에 들어갔고, 그 취락에서 주처인 곳으로 갔는데, 곧 이전에 아뢰었던 것으로서 다시 취락으로 갔다면 바일제이다. 또한 비구가 취락의 승방에서 다른 비구들에게 아뢰고 취락에 들어갔고, 그 취락에서 아련아처로 갔는데, 곧 이전에 아뢰었던 것으로서 다시 취락으로 갔다면 바일제이다.

만약 비구가 주처인 곳에서 다른 비구들에게 아뢰고 취락에 들어갔고, 취락에서 머무는 곳으로 돌아왔는데, 곧 이전에 아뢰었던 것으로서 다시 취락으로 갔다면 바일제이다. 또 비구가 머무는 곳에서 다른 비구들에게 아뢰고 취락에 들어갔고, 그 취락에서 아련아처로 갔는데, 곧 이전에 알렸던 것으로서 다시 취락으로 갔다면 바일제이다. 또 비구가 머무는 곳에서 다른 비구들에게 아뢰고 취락에 들어갔고, 그 취락에서 취락의 승방으로 들어갔는데, 곧 이전에 아뢰었던 것으로서 다시 취락으로 갔다면 바일제이다.

만약 비구가 때가 아닌 때에 취락에 들어가면서 다른 비구들에게 아뢰지 않았다면, 그가 지나간 큰 골목과 작은 골목에 따라 그와 같은 돌길라를 얻게 되고, 들어간 백의의 집을 따라서 하나·하나가 바일제이다."

한 비구가 있어 거사의 집에 옷을 맡겨두었다.

이 비구는 거사의 집에 불이 났다는 것을 들었으나 잊었고, 다른 비구들에게 아뢰지도 않았다. 승방에서 나와 취락으로 향하였는데, 그때 '내가 다른 비구에게 아뢰지 않았다.'고 기억하였다. 기억하고서 도중에 다시 승방으로 돌아가서 다른 비구들에게 아뢰었다. 그때에 거사의 집은 모두 타버렸고 비구의 옷도 역시 함께 타버렸다. 거사가 말하였다.

"그대는 무슨 까닭으로 늦게 오셨습니까? 만약 일찍 와서 나를 도와 불을 껐다면 그대의 옷도 역시 타지 않았을 것입니다."

이 비구는 어떻게 해야 하는가를 알지 못하였으므로, 이 일을 세존께 아뢰었다. 세존께서는 이 일로써 비구 승가를 모으셨으며, 여러 종류의 인연으로 계를 찬탄하고 지계를 찬탄하셨으며, 계를 찬탄하고 지계를 찬탄하시고서 여러 비구들에게 말씀하셨다.

"열 가지의 이익을 까닭으로 여러 비구들에게 계를 제정하여 주겠노라. 지금부터 이러한 계는 마땅히 이와 같이 설할지니라. '만약 비구가 때가 아닌 때에 취락에 들어가면서 다른 비구에게 알리지 않는다면 급한 인연을 제외하고는 바일제이니라.'

'급한 인연'은 만약 취락에 불이 났거나, 8난(難)[10] 가운데 하나·하나의 난이 일어나서 떠났다면 범한 것은 아니다." [여든 번째 일을 마친다.]

세존께서는 사위국에 머무르셨다.

이때 한 거사가 있었고 발난타 석자를 인연하여 세존과 승가를 다음 날의 공양에 청하였다. 세존께서는 묵연히 청을 받아들이셨고, 거사는 세존께서 받아들이신 것을 알고서 자리에서 일어나서 세존의 발에 머리숙여 예경하고 오른쪽으로 돌면서 떠나갔다. 자기 집으로 돌아와서는 밤새워 여러 종류의 맛있는 음식을 많이 준비하였다. 발난타는 항상 많은 집을 출입하였으므로 이른 아침에 옷을 입고 발우를 지니고 여러 집을 들어갔다. 이때 승방의 가운데에서는 시간에 이르렀음을 창언하는 자가 없었고, 역시 건치를 두드리는 자도 없었다. 세존께서는 아난에게 알리셨다.

"때에 이르렀네. 그대는 스스로가 그것을 알게."

---

10) 정법을 듣지 못하는 여덟 가지의 장애나 어려움으로, 왕난(王難), 적난(賊難), 화난(火難), 수난(水難), 병난(病難), 인난(人難), 비인난(非人難), 독충난(毒蟲難) 등이 있다.

아난은 곧 때에 이르렀음을 창언하였고 건치를 두드렸다. 세존과 승가는 이 거사의 집으로 들어갔으나 세존을 맞이하여 예경하고 공경히 자리를 펼치는 자가 없었다. 이때 세존께서는 아난에게 말씀하셨다.

"지금 때에 마땅히 지을 것을 곧 짓게."

아난은 곧 주인을 간략하게 칙명하여 처소에 자리를 펼치게 하였다. 곧 처소에 자리를 펼쳤고 세존과 승가는 자리에 앉았다. 세존께서는 아난에게 말씀하셨다.

"마땅히 차례대로 지을 일을 그대가 스스로 마땅히 알리게."

아난이 곧 때에 거사에게 말하였다.

"세존과 승가께서 앉은 것이 오래되었고 음식 그릇도 이미 준비되었는데 어찌 음식을 주지 않습니까?"

거사가 말하였다.

"발난타 석자께서 오는 것을 잠시 기다려 주십시오."

세존께서는 잠시 묵연하셨으며, 두 번째로 다시 아난에게 말씀하셨다.

"마땅히 차례대로 지을 일을 그대가 스스로 마땅히 알리게."

아난이 두 번째로 다시 거사에게 말하였다.

"음식 그릇이 이미 준비되었으니 세존과 승가께 공양을 주십시오."

거사가 말하였다.

"발난타 석자께서 오는 것을 잠시 기다려 주십시오."

세존께서는 다시 묵연하셨으며, 세 번째로 다시 아난에게 말씀하셨다.

"마땅히 차례대로 지을 일을 그대가 스스로 마땅히 알리게."

아난이 세 번째로 다시 거사에게 말하였다.

"세존과 승가께서 앉은 것이 오래되었고 음식 그릇이 이미 준비되었으니 세존과 승가께 공양을 주십시오."

거사가 다시 말하였다.

"이 공양은 발난타 석자를 인연하였습니다. 발난타 석자께서 오신다면 마땅히 드릴 것이고, 만약 오시지 않는다면 혹은 드릴 수도 있고 혹은 드리지 않을 수도 있습니다. 만약 음식이 필요하시면 마땅히 머무르며 발난타를 기다리십시오."

이때 발난타가 말하였다.

"때가 지나고자 하였으므로 방금 왔습니다."

곧 거사는 스스로가 손으로 물을 돌렸고, 스스로가 많은 맛있는 음식을 주어서 스스로가 마음대로 배부르게 먹게 하였다. 발난타는 먼저 빠르게 음식을 먹고서 곧바로 일어나서 다른 집으로 들어갔다. 그때 거사는 많은 맛있는 음식으로서 세존과 승가께 스스로가 마음대로 배부르게 먹게 하였고, 스스로가 손으로 물을 돌렸다. 세존께서 손을 씻고 발우를 거두신 것을 알고서 작은 평상을 취하여 세존의 앞에 앉아서 설법을 들었다. 세존께서는 여러 종류의 인연으로서 보여주셨고 가르치셨으며 이익되고 기쁘게 하셨으며, 세존과 승가는 자리에서 일어나서 떠나갔다. 세존께서는 공양 뒤에 아난에게 말씀하셨다.

"나를 위해 좌상을 펴고, 물을 준비하며, 비구 승가를 모으고서 나에게 말하게."

아난은 가르침을 받고 곧 좌상을 펼쳤고, 물을 준비하였으며, 비구 승가를 모으고서 가서 세존께 아뢰어 말하였다.

"세존이시여. 제가 이미 좌상을 펴고 물을 준비하였으며, 발난타 석자 한 사람을 제외한 비구 승가를 모았습니다. 세존께서는 스스로가 때인 것을 아십시오."

이때 발난타 석자는 날이 저물자 비로소 돌아왔다. 아난이 두 번째로 다시 세존의 처소로 이르러 아뢰어 말하였다.

"세존이시여. 제가 이미 좌구를 펼쳤고 물을 준비하였으며 비구 승가를 모았습니다. 세존께서는 스스로가 때인 것을 아십시오."

이때 세존께서는 발을 씻으셨으며, 곧 아난이 펼쳐놓은 좌상에 앉으셨고 여러 비구들에게 말씀하셨다.

"발난타의 이 어리석은 사람은 오늘의 두 때에 승가를 괴롭혔느니라. 오전에는 음식으로서 인연이고, 오후에는 승가 집회의 인연이다."

세존께서는 여러 종류의 인연으로서 꾸짖으셨으며, 여러 비구들에게 말씀하셨다.

"열 가지의 이익을 까닭으로 여러 비구들에게 계를 제정하여 주겠노라. 지금부터 이러한 계는 마땅히 이와 같이 설할지니라. '만약 비구가 다른 사람이 승가를 청한 것을 허락하고서는 오전이거나, 오후에 다른 집에 이르렀다면 바일제이니라.'

'승가를 청한 것을 허락하다.'는 단월(檀越)이 대중 승가를 오도록 청하였고 허락한 것이다.

'오전'은 땅이 명료한 것부터 정오까지이다.

'오후'는 정오를 지나서 땅이 명료하지 않은 것이다.

'여러 집을 다니다.'는 백의의 방(舍)을 집(家)이라고 이름한다.

'다니다.'는 백의와 같은 마음으로 함께 출입하는 것이다.

'바일제'는 소자와 복장이고, 만약 허물을 참회하지 않는다면 능히 도를 장애한다.

이 가운데에서 범하는 것은 만약 비구가 아련아처에서 다른 비구들에게 알리고 취락에 들어갔고, 취락에서 아련아처로 돌아와 이르렀는데, 곧 이전에 알렸던 것으로서 다시 취락으로 갔다면 바일제이다. 또한 비구가 아련아처에서 다른 비구들에게 알리고 취락에 들어갔고, 취락에서 그 취락의 승방에 들어갔는데, 곧 이전에 알렸던 것으로서 다시 취락으로 갔다면 바일제이다. 또한 비구가 아련아처에서 다른 비구들에게 알리고 취락에 들어갔고, 그 취락의 주처인 곳으로 들어갔는데, 곧 이전에 알렸던 것으로서 다시 취락으로 갔다면 바일제이다.

만약 비구가 취락의 승방에서 다른 비구들에게 아뢰고 취락에 들어갔고, 취락에서 취락의 승방으로 돌아왔는데, 곧 이전에 아뢰었던 것으로서 다시 취락으로 갔다면 바일제이다. 또한 비구가 취락의 승방에서 다른 비구들에게 아뢰고 취락에 들어갔고, 그 취락에서 주처인 곳으로 갔는데, 곧 이전에 아뢰었던 것으로서 다시 취락으로 갔다면 바일제이다. 또한 비구가 취락의 승방에서 다른 비구들에게 아뢰고 취락에 들어갔고, 그 취락에서 아련아처로 갔는데, 곧 이전에 아뢰었던 것으로서 다시 취락으로 갔다면 바일제이다.

만약 비구가 주처인 곳에서 다른 비구들에게 아뢰고 취락에 들어갔고, 취락에서 머무는 곳으로 돌아왔는데, 곧 이전에 아뢰었던 것으로서 다시 취락으로 갔다면 바일제이다. 또 비구가 머무는 곳에서 다른 비구들에게 아뢰고 취락에 들어갔고, 그 취락에서 아련아처로 갔는데, 곧 이전에 아뢰었던 것으로서 다시 취락으로 갔다면 바일제이다. 또 비구가 머무는 곳에서 다른 비구들에게 아뢰고 취락에 들어갔고, 그 취락에서 취락의 승방으로 들어갔는데, 곧 이전에 아뢰었던 것으로서 다시 취락으로 갔다면 바일제이다.

만약 비구가 단월의 집에서 비구 승가를 묵도록 청하였거나, 이 비구가 여러 비구들에게 아뢰지 않고 단월의 집의 경계에 이르렀다면 지나간 크고 작은 골목을 따라서 그것과 같은 돌길라를 얻고, 다른 집에 이른 것을 따라서 그것과 같은 바일제를 얻는다." [여든한 번째 일을 마친다.]

십송율 제18권

후진 북인도 삼장 불야다라 한역
석보운 번역

3. 삼송 ⑤

4) 90바일제법을 밝히다 ⑩

세존께서는 사위국에 머무르셨다.

그때 파사닉왕이 이렇게 법을 지었다.

"만약 세존께서 기원(祇洹)에 머무신다면 내가 마땅히 날마다 스스로 가서 받들고 보겠노라."

그때 파사닉왕은 세존께서 기원정사에 머무신다는 것을 듣고 곧 백성들에게 기원정사를 청소하도록 칙명하였다.

"모두 정결하게 하라. 내가 세존을 뵙고자 하노라."

칙명을 받고 쓸고 물을 뿌렸으며 곧 사람들을 물리쳤다. 오직 한 사람이 있어 낡은 옷을 입고 세존의 앞에 앉아 법을 듣고 있었는데, 공경하고 어려워하였던 까닭으로 감히 쫓아내지 못하였다. 사자(使者)가 왕에게 아뢰었다.

"저희들이 이미 기원을 정결하게 청소하였으나 오직 한 사람이 있어 낡은 옷을 입고 세존의 앞에 앉아서 법을 듣고 있었습니다. 저희들은 공경하고 어려워하였던 까닭으로 감히 쫓아내지 못하였습니다."

왕이 말하였다.

"한 사람이 낡은 옷을 입고 세존의 앞에 앉아서 법을 듣고 있는데 마땅히 어떻게 하겠는가?"

곧 마부에게 칙명하였다.

"타는 수레를 조율하시오. 내가 세존을 보고자 하오."

마부는 수레를 장엄하고 왕에게 가서 아뢰어 말하였다.

"이미 좋은 수레를 장엄하였습니다. 왕께서는 스스로 때인 것을 아십시오."

왕은 곧 수레에 올랐고 사위성을 나와서 기원으로 나아갔고, 이르러 수레에서 내렸으며 걸어서 기원으로 들어갔다. 이때 대중들은 멀리서 왕이 오는 것을 보고 모두가 일어나서 왕을 맞이하였으나 한 사람인 수달(須達) 거사는 세존의 곁에서 법을 듣고 있었고, 세존을 공경한 까닭으로 일어나 왕을 맞이하지 않았다. 왕은 곧 성내면서 말하였다.

"이 자는 어떤 사람이기에 떨어진 낡은 옷을 입고 세존의 앞에 앉아 있으면서 나를 보고도 일어서지 않는가? 나는 관정대왕(澆頂大王)이고, 나의 경계 가운데에서 자재함을 얻었으므로 죽일 죄가 없어도 능히 죽일 수 있고 죽일 죄가 있어도 풀어줄 수 있느니라."

세존을 공경한 까닭으로 분노를 말하지는 않았다. 곧 세존의 처소로 나아가서 발에 머리숙여 예경하고 한쪽에 물러나서 앉았다. 세존께서는 여러 종류로 설법하여 보여주셨고 가르치셨으며 이롭게 하였고 기쁘게 하셨으나, 왕의 마음에는 들어가지 않았는데 이 사람에 대한 분노가 까닭이었다. 제불의 상법은 일심의 사람이 아니라면 설하지 않는 것이다. 세존께서는 곧 왕에게 물으셨다.

"무슨 까닭으로 두 마음으로 법을 듣습니까?"

왕이 말하였다.

"세존이시여. 이 자는 어떤 소인(小人)이기에 떨어진 낡은 옷을 입고 세존의 앞에 앉아서 제가 온 것을 보고도 일어나서 맞이하지 않습니까? 저는 이 나라의 가운데에서 자재함을 얻었으므로 죽일 죄가 없어도 능히 죽일 수 있고 죽일 죄가 있어도 풀어줄 수 있습니다."

수달 거사가 말하였다.

"대왕께서는 알지 못하십니까? 제가 세존의 앞에 앉아서 법을 들으며 세존을 공경하였던 까닭으로 일어나서 왕을 맞이하지 않았습니다. 교만은 없습니다."

왕은 때에 크게 수치스러워서 한쪽으로 조금 물러나서 여러 대신들에게 물었다.

"이 자는 무슨 사람이기에 떨어진 낡은 옷을 입고 세존의 앞에 앉아 있고 일어나서 나를 맞이하지 않는 것인가?"

여러 대신들이 말하였다.

"대왕이여. 이 사람은 수달 거사라고 이름합니다. 이 불제자는 아나함도(阿那含道)를 얻었고, 세존의 앞에 앉아 법을 들으면서 세존을 공경하는 까닭으로 일어나지 않은 것이며, 교만심은 없습니다."

왕이 이러한 말을 듣고서 성난 마음이 조금 가라앉아서 곧 이렇게 생각을 지었다.

'불법의 큰 힘은 사람에게 마음에 두려움이 없는 큰 힘을 얻게 하는구나. 내가 지금 어찌 여러 부인에게 세존의 법을 배우도록 하여 대심(大心)을 얻게 하지 않겠는가!'

이때 왕은 여러 부인에게 말하여 비구를 쫓아서 경법(經法)을 배우게 하였으나, 여러 비구들은 가르치고자 하지 않았고 이렇게 말을 지었다.

"세존께서는 우리들이 여러 부인들에게 법을 가르치는 것을 허락하지 않았습니다."

이 일을 세존께 아뢰었고, 세존께서는 말씀하셨다.

"지금부터 비구들이 여러 부인들에게 법을 교수하는 것을 허락하겠노라."

이때 여러 부인들이 각각 스스로가 경을 가르칠 스승을 청하였다. 누구 부인은 사리불을 청하였고, 누구 부인은 목련을 청하였으며, 누구 부인은 아나율을 청하였다. 이때 말리(末利) 부인은 가류타이를 스승으로 청하였다. 이때 여러 부인들은 차례로 왕과 잠을 잤다. 이때 말리 부인은 아래에는 주망의(珠網衣)를 입었고 위에는 마패의(磨貝衣)를 입어서 속살이 드러났는데, 왕과 함께 잠을 잤던 때와 같았다. 곧 이러한 옷을 입고 나와서 중정(中庭)[1]의 평상에 앉아 있었다.

이때 가류타이는 땅이 밝은 때에 옷을 입고 발우를 지니고 왕궁에 들어갔고 문 아래에 이르러 손가락을 튕겼다. 말리 부인이 스승이 온 것을 보고 곧 스승을 들어오라고 말하였으나, 곧 부끄러움이 생겨나서 호궤하고 앉아서 일어나지 못하였다. 가류타이도 보고서 역시 부끄러워서 나왔으며 기원(祇洹)으로 돌아왔다. 이 일로써 비구들을 향하여 말하였다. 여러 비구들은 이 일로써 세존을 향하여 자세히 말하였고, 세존께서는 여러 비구들에게 말씀하셨다.

"이와 같은 과실(過失)과 이것을 넘어서는 과실들이 모두 왕가(王家)에 자주 들어가는 까닭이니라."

세존께서는 말씀하셨다.

"만약 비구가 왕가에 들어가면 열 종류의 과실이 있느니라. 무엇이 열 종류인가? 왕과 부인이 함께 앉아 있는데 비구가 와서 들어왔고, 이때 부인이 비구를 보고 혹시 웃거나, 비구가 부인을 보고 혹시 웃는다면 이때 왕은 이렇게 생각을 지을 것이다. '부인이 비구를 보고 웃고 비구가 부인을 보고 웃는 것과 같으니, 이 비구가 반드시 악업을 일으킨 것이다.' 이것을 첫째의 과실이라고 이름한다.

다시 다음으로 왕이 부인과 잠자리를 함께 하였고, 스스로가 기억하지 못하였으며, 이 부인이 혹은 외출하여 밖에서 머물고 돌아왔는데 임신하였는데, 이때 왕이 비구가 출입하는 것을 보게 된다면 왕은 이렇게 생각을 지을 것이다. '이 부인이 바깥에 출입하고 비구가 자주 출입하는 것을 보니, 반드시 함께 악업을 일으킨 것이다.' 이것을 둘째의 과실이라고 이름한다.

다시 다음으로 왕가에서 다섯 가지의 보배나 다섯 가지 보배와 비슷한

---

1) 건물(建物)과 건물(建物)의 사이에 있는 마당을 가리킨다.

것을 잃어버렸는데, 이때 왕이 비구가 출입하는 것을 보면 '이 가운데에서 반드시 악업을 일으킨 것이다.'라고 [이렇게 생각을 지을 것이다.][2] 이것이 셋째의 과실이다.

다시 다음으로 왕이 은밀히 국사를 논의하여 말하는데 혹은 궁안에 귀신이 있어서 가지고 밖에 외쳐서 말하였다면 왕은 이렇게 생각을 지을 것이다. '이와 같은 비밀을 외부의 사람들이 들었구나. 이 비구가 항상 출입하므로, 이 비구가 반드시 전한 것이다.' 이것을 넷째의 과실이라고 이름한다.

다시 다음으로 왕이 왕자를 죽이려고 하였거나, 혹은 때에 왕자가 왕을 죽이고자 하였다면 이 가운데에서 즐거워하지 않는 자들은 '비구가 지은 것이다.'고 말하면서 이렇게 생각을 지을 것이다. '나는 오히려 비구와 함께 일하지 않겠다.' 이것이 다섯째와 여섯째의 과실이다.

다시 다음으로 왕이 작은 일을 크게 키우고자 하거나, 혹은 큰일을 작게 물리치고자 한다면 이 가운데에서 즐거워하지 않는 자들은 '비구가 지은 것이다.'고 말하면서 이렇게 생각을 지을 것이다. '나는 오히려 비구와 함께 일하지 않겠다.' 이것을 일곱째와 여덟째의 과실이라고 이름한다.

다시 다음으로 왕이 수레를 크게 장엄하고 당기와 번기에 북을 울리면서 만약 코끼리나 말이나 가마를 타고 나가면서 사람들을 쫓아내어 길에서 멀리 떨어지게 하였다면 이 가운데에서 비구를 좋아하지 않는 자가 왕의 곁에 비구가 있는 것을 보게 되면 반드시 '비구가 지은 것이다.'고 말하면서 이렇게 생각을 지을 것이다. '나는 오히려 비구와 함께 일하지 않겠다.' 이것을 아홉째의 과실이라고 이름한다.

다시 다음으로 왕이 적국(敵國)을 멸하면서 적국을 조복시켰을 때에 마땅히 죽일 자들을 죽이라고 칙명하였으나, 또한 죽이지 말라고 외쳤다면 이 가운데에서 즐거워하지 않는 자들은 '나는 오히려 비구와 함께 일하지

2) 원문에는 없으나 앞뒤의 문장과 비교하여 보충하여 번역하였다.

않겠다.'라고 말할 것이다. 이것을 열째의 과실이라고 이름한다."

세존께서는 여러 비구들에게 말씀하셨다.

"여러 왕가에는 상병·마병·거병·보병이 많고, 이러한 집의 가운데에서 백의의 옷은 서로에게 마땅하더라도 비구에게는 마땅하지 않느니라."

여러 종류의 인연으로서 왕가에 출입하는 것을 꾸짖으셨으며, 여러 비구들에게 말씀하셨다.

"열 가지의 이익을 까닭으로 여러 비구들에게 계를 제정하여 주겠노라. 지금부터 이러한 계는 마땅히 이와 같이 설할지니라. '만약 비구가 수요정(水澆頂)[3]한 찰리(刹利)의 왕가에서 밤이 아직 지나지 않았고 보물을 감추지 못하였는데, 만약 문지방(門閫) 및 문턱(閫處)을 넘었다면 바일제이니라.'

'왕'은 찰리 종족으로 수요정을 받아 왕의 직위를 받은 것이고, 이것을 관정(灌頂)한 찰리왕(刹利王)이라고 이름한다. 만약 바라문이거나, 만약 거사이거나, 나아가 여인이라도 이렇게 관정한 왕의 직위이라면 역시 관정한 찰리왕이라고 이름한다.

'밤이 아직 지나가지 않았다.'는 왕이 아직 나오지 않은 까닭이거나, 부인이 아직 들어가지 않은 까닭이다.

'보물을 아직 감추지 못하였다.'는 장엄구를 아직 감추지 못하였고, 들고서 숨기지 못한 까닭이다.

'문지방'은 문의 가운데 모양이다.

'문턱'은 이 문의 가운데 땅이니 문지방이 놓여 있는 것이다.

'바일제'는 소자와 복장이고, 만약 허물을 참회하지 않는다면 능히 도를 장애한다.

이 가운데에서 범하는 것은, 왕이 나오지 않았고 부인도 들어가지 않았으며 보물도 감추지 못하였는데, 이때에 비구가 왕궁 문으로 들어갔다면 바일제를 얻는다. 만약 왕이 비록 나왔더라도 부인이 내실로 들어가지 않았으며 보물도 감추지 못하였는데, 이때에 비구가 왕궁 문으로 들어갔다

3) 본래는 인도에서 왕이 즉위할 때이거나, 태자를 세울 때, 바닷물을 정수리에 붓는 의식을 가리킨다.

면 바일제를 얻는다. 만약 왕이 나왔고 부인도 내실로 들어갔으나 보물을 감추지 못하였는데, 비구가 왕궁 문으로 들어갔다면 바일제를 얻는다. 만약 왕이 나왔고 부인도 내실로 들어갔으며 보물도 이미 감추었는데, 비구가 이때에 왕궁의 내문(內門)으로 들어갔다면 범한 것은 아니다."

세존께서는 구사미국(俱舍彌國)에 머무르셨다.

그때 우전왕(優塡王)에게 1천 명의 부인이 있었는데, 5백 명을 한 부류로 나누었고, 사미바제(舍彌婆提)가 한 부류의 상수(首)가 되었으며, 아노발마(阿努跋摩)가 다른 부류의 상수가 되었다. 이 가운데에서 사미바제가 거느리는 5백 명은 선하고 좋은 공덕이 있었으나, 아노발마가 거느린 5백 명은 사악하고 착하지 않았다. 이때 우전왕이 소국(小國)의 반란이 있었으므로 왕은 이렇게 생각을 지었다.

'나는 마땅히 누구를 남겨서 뒤를 맡겨서 악한 일이 없게 하고, 스스로가 가서 도둑들을 파멸시켜야 하는가?'

왕은 이렇게 생각을 지었다.

'마건제(摩揵提) 바라문은 근기가 예리하고 위덕이 있으며 나의 장인이다. 나는 마땅히 남겨서 뒤를 맡기고 스스로가 가서 도둑을 파멸시켜야겠다. 내가 이 사람에게 악한 일이 없었으니 뒤에 근심과 후회가 없을 것이다.'

왕은 이렇게 생각을 짓고 곧 바라문에게 명하여 성을 맡기고 스스로가 도둑을 파멸시키고자 갔다. 이때 여러 성읍과 취락에 명성이 유포되었다.

"왕이 마건제 바라문에게 성을 지키게 하였다."

다음 날에 일찍 일어난 백천 종족의 사람들이 바라문의 문의 아래에 있었고, 서 있으면서 찬탄하는 자도 있었으며, 길(吉)하다고 칭찬하는 자도 있었고, 합장하고 공경하며 예배하는 자도 있었다. 코끼리·말·수레·소·양·낙타·노새를 보내는 자도 있었고, 금·은·유리·자거·마노를 보내는 자도 있었다. 마건제 바라문은 이렇게 생각을 지었다.

'내가 이와 같은 부귀와 세력을 얻은 것은 모두 내 딸의 힘이었던 까닭이다. 나는 마땅히 무엇으로서 이 딸에게 보답해야 하는가? 만약 금·은·유리·자거·마노를 주더라도 궁중에도 적지 않다. 여인이 소유한 원한·질투·근심·독은 다른 부인들에 대한 것보다 더한 것이 없다. 만약 사미바제의 5백 부인을 죽게 한다면 비로소 마땅히 딸의 은혜에 보답하는 것이다. 내가 무슨 까닭으로 죽이지 않겠는가? 지금 곧바로 죽일 수는 없으므로 마땅히 방편을 지어서 불로 그녀들을 태워서 죽여야겠다.'

이렇게 생각을 짓고서 사자를 보내어 사미바제 부인에게 말하였다.

"그대도 나의 딸과 다르지 않으니, 만약 소유(蘇油)·땔감·재목·나무껍질·송명(松明)[4]이 필요하다면 사람을 보내어 와서 취하십시오."

곧 관리에게 칙명하자 사미바제 부인이 사람을 보내었고, 사람이 와서 소유·땔감·재목·나무껍질·송명을 두·세 배를 주도록 요구하였으며, 가르침을 받고서 말하였다.

"그러겠습니다."

여인의 성품은 재물을 모으기를 탐하고 즐거워하는 것이다. 얻기 쉬웠던 까닭으로 많이 취하여 쌓아놓았고, 궁전의 방사·창문·난간·여러 누각 사이와 상탑(床榻) 아래까지 가득 채웠으며, 여러 항아리와 옹기에 모두 가득 채웠다. 마건제 바라문은 불쏘시개가 많이 갖추어진 것을 알고서 칙명하여 궁문(宮門)을 닫았고 그것에 불을 질렀다. 곧 때에 백성들은 왕궁의 가운데에 불이 났다는 것을 듣고 왕의 칼의 힘(刀力)·채찍과 몽둥이의 힘(鞭杖力)·분노의 힘(瞋力)이 두려워서 많은 사람들이 모두 모여 문을 부수고 들어가고자 하였다. 마건제 바라문은 몹시 악한 마음이었던 까닭으로 이렇게 생각을 지었다.

'만약 사람들이 문을 부수고 들어온다면 혹은 능히 불을 꺼서 태워 죽이지 못할 것이다.'

이렇게 생각을 짓고서 여러 백성들에게 말하였다.

"그대들은 왕의 질투심을 알지 못하는가? 만약 사람들이 문을 부수고

4) 관솔이라고 부르며, 송진이 많이 엉겨 있는 소나무의 가지나 옹이를 가리킨다.

들어왔다는 것을 들었다면 '나의 궁인(宮人)들을 간음하였다.'고 반드시 크게 성낼 것이오."

여러 사람들이 물었다.

"지금 마땅히 어떻게 해야 합니까?"

대답하여 말하였다.

"마땅히 나무로 사다리를 엮고서 올라가서 들어가시오."

이와 같이 나무를 모아 사다리를 지었으나, 사미바제와 5백 여인은 모두 타죽은 것을 들었고, 사람을 보내어 왕에게 알렸다.

"궁에서 불이 났으며, 사미바제 부인 등의 5백 명이 불에 타서 죽었습니다."

왕은 이러한 일을 듣고 마음에 근심과 고뇌가 생겨나서 이렇게 말을 지었다.

"이와 같이 좋은 복전(福田)인 사람들과 지금 영원히 이별하였구나."

왕은 슬픔과 근심의 인연으로서 정신이 혼미해져 죽으려고 하였고, 곧 상에서 떨어졌다. 여러 대신들이 물을 얼굴에 뿌려서 곧 깨어나게 되었다. 여러 대신들이 말했다.

"왕이시여. 슬퍼하고 근심하지 마십시오. 다시 마땅히 궁전을 세우고 여러 채녀(婇女)들을 모으겠습니다."

이때 왕은 도둑들을 파멸시켰고 돌아와서 성 밖에 머물렀으며 "나는 성에 들어가지 않겠고, 나아가 새로운 궁전이 지어지고 500의 여인이 채워지면 성에 들어가 머물겠소."라고 말하였다. 왕의 채찍과 몽둥이의 힘·칼의 힘·창의 힘·분노의 힘을 까닭으로 궁전은 빠르게 완성되었고, 귀족의 딸이나 억(億)의 재물의 주인인 거사의 딸들에서 500명을 선택하여 궁중을 채웠다. 한 거사가 있었는데 구사라(瞿師羅)라고 이름하였다. 딸이 있었는데, 이 사미바제 부인의 동생이었고 멸덕(滅德)이라고 이름하였으며, 이 여인은 천 명의 부인 가운데에서 최고로 상수였다. 여러 대신이 왕에게 아뢰었다.

"새로운 궁궐은 이미 완성되었고 여러 부인도 이미 채워졌습니다.

왕께서는 스스로가 때인 것을 아십시오."

곧 새로운 궁궐로 들어갔고 새로운 여인들과 함께 서로가 즐겼다. 왕은 점차 인연을 추문(推問)하였고, 뒤에 마건제 바라문이 스스로 딸을 위하여 고의로 이러한 악한 일을 지은 것을 알았다. 곧 사람을 보내 바라문을 불러왔으며 말하였다.

"그대는 내 나라에서 떠나라. 나는 바라문을 죽이는 것을 즐거워하지 않는다."

왕은 곧 간략하게 칙명하여 아노발마 부인을 죽이게 하였다. 이때 여러 새로운 여인들은 왕이 직접 믿었던 까닭으로 곧 왕에게 아뢰어 말하였다.

"이 사미바제 부인 등은 장야에 세존과 승가에 친근하며 공양하였습니다. 원하건대 저희들이 세존과 승가께 공양하도록 허락하십시오."

왕은 이때 이렇게 말을 지었다.

"세존께서는 여러 비구들이 왕궁에 들어오는 것을 허락하지 않으셨소."

곧 때에 여인들은 왕에게 교만심을 일으키려는 까닭으로 이렇게 말을 지었다.

"왕에게는 큰 위덕과 세력이 있습니다. 여러 대사(大事)도 오히려 능히 준비할 수 있는데 어찌 하물며 이러한 일이겠습니까! 원하건대 왕께서는 마땅히 저희들이 공양하는 일을 이루게 하십시오."

여러 여인들이 다급하게 아뢰었던 까닭으로 왕의 교만심을 일으켰고, 곧바로 허락하였다. 왕이 여인들에게 물었다.

"그대들은 정말 공양을 짓고자 하는가?"

대답하여 말하였다.

"짓고자 합니다."

"그대들은 힘을 따라서 공양구(供養具)를 준비하시오."

여러 여인들은 승가리를 준비하는 여인도 있었고, 울다라승을 준비하는 여인도 있었으며, 안타위를 준비하는 여인도 있었고, 발우를 준비하는 여인도 있었으며, 녹수낭(漉水囊)·유낭(油囊)·석장(杖)·침연낭(針綖囊)을 준비하는 여인도 있었다. 이때 왕이 뛰어난 장인(巧匠)을 불러 말하였다.

"그대는 여러 부인들이 궁중에서 나가지 않고도 세존과 승가께 공양하게 할 수 있겠는가?"

대답하여 말하였다.

"할 수 있습니다."

왕이 말하였다.

"어떻게 가능한가?"

대답하여 말하였다.

"마땅히 행륜궁전(行輪宮殿)을 짓겠습니다."

곧 칙명하여 빠르게 짓게 하였다. 짓고서 왕에게 아뢰어 말하였다.

"윤궁(輪宮)이 완성되었습니다. 왕께서는 스스로가 때인 것을 아십시오."

왕은 곧 세존의 처소로 나아가서 머리숙여 발에 예경하고 물러나서 한쪽에 앉았다. 세존께서는 여러 종류의 인연으로 설법하여 보여주셨고 가르치셨으며 이익되고 기쁘게 하셨고, 보여주셨고 가르치셨으며 이익되고 기쁘게 하시고서 묵연하셨다. 왕은 세존께서는 여러 종류의 인연으로 설법하여 보여주셨고 가르치셨으며 이익되고 기쁘게 하신 것을 알고서 자리에서 일어나서 오른쪽 어깨를 드러내고 합장하고서 세존께 아뢰어 말하였다.

"원하옵건대. 세존과 승가들께서는 내일 나의 청을 받아주십시오."

세존께서는 묵연히 받아들이셨다. 왕은 세존께서 받아들인 것을 알고 세존의 발에 머리숙여 예경하고서 오른쪽으로 돌면서 떠나갔다. 이 밤에 칙명하여 맛있는 여러 종류의 음식을 많이 준비하게 하였고, 이른 아침에 앉을 자리를 펼쳐놓고 사자를 보내어 세존께 때가 되었음을 알리게 하였다.

"음식이 준비되었습니다. 세존께서는 스스로가 때인 것을 아십시오."

여러 비구들은 왕궁으로 나아갔고, 세존께서는 스스로 방에 머무시면서 음식의 몫을 맞이하셨다. 이때 뛰어난 장인은 승가가 와서 이른 것을 알고 곧 윤궁을 나와서 승가를 둘러쌌다. 왕은 승가가 앉은 것을 알고서 스스로의 손으로 물을 돌렸고, 스스로가 맛있는 음식을 많이 주어서 스스로가 마음대로 배부르게 먹게 하였다. 곧 궁문(官門)이 열리고 여인들이 모두 나와서 여러 비구들에게 문신하였다. 부모와 자매·형제를 묻는 여인도 있었고, 나아가 세존의 안부를 묻는 여인도 있었다. 이때 장로 사리불이 상좌가 되어 비구들에게 말하였다.

"우리는 오늘 왕궁에 있는 것이 아닙니까? 마땅히 함께 일심이어야 합니다."

왕은 승가가 음식을 먹은 것을 알고서 스스로의 손으로 씻을 물을 돌렸고 작은 평상을 취하여 승가 앞에 앉아서 설법을 들었으며, 부인들에게 말하였다.

"공양하고자 한다면 지금이 바로 그때이오."

부인들 가운데에는 승가리를 보시하는 여인도 있었고, 울다라승을 보시하는 여인도 있었으며, 안타위를 보시하는 여인도 있었고, 발우를 보시하는 여인도 있었으며, 녹수낭을 보시하는 여인도 있었고, 침연낭을 보시하는 여인도 있었다. 이때 여러 비구들은 모두 손과 발우에 가득히 물건을 얻고 서로 쳐다보며 앉아 있었다. 왕이 방편이 있었으므로 마음속으로 생각하였다.

'마땅히 어떻게 하면 여러 비구들이 궁중(宮中)을 지나가게 할 수 있을까?' 곧 명령하여 윤궁으로 앞서 왔던 길을 막게 하였고 곧 승가에게 아뢰어 말하였다.

"대덕들께서는 가십시오."

여러 비구들이 말하였다.

"세존께서는 우리들이 왕궁에 들어가는 것을 허락하지 않으셨습니다."

왕이 말하였다.

"나는 지금 떠나가라고 시켰고, 들어오라고 시키지 않았습니다."

그때 사리불은 축원을 마치고 승가와 함께 자리에서 일어나 떠나갔으며, 돌아와서 승방에 이르렀으며 이 일로써 세존을 향하여 자세히 말하였다. 세존께서는 이 일로써 비구 승가를 모으셨으며, 여러 종류의 인연으로 계를 찬탄하고 지계를 찬탄하셨으며, 계를 찬탄하고 지계를 찬탄하시고서 여러 비구들에게 말씀하셨다.

"지금부터 이러한 계는 마땅히 이와 같이 설할지니라. '만약 비구가 관정한 찰리왕이 밤이 아직 지나지 않아서 보물을 감추지 못하였는데, 만약 문지방과 문턱을 넘는다면 급한 인연을 제외하고는 바일제이니라.'

'급한 인연'은 왕이 사자를 보내어 비구를 불렀거나, 만약 부인이나 왕자 등의 이와 같은 여러 힘이 있는 관속(官屬)들이 불렀다면 모두 범한 것은 아니다." [여든두 번째 일을 마친다.]

세존께서는 구사미국에 머무르셨다.

그때 장로 천나 비구에게 참회할 죄가 있었다. 여러 비구들이 연민하여 자심(慈心)으로 안은함을 구하게 하려는 까닭으로 가르쳐서 참회하게 하였으나 천나가 말하였다.

"나는 이러한 일이 보름마다 차례로 설하는 계경(戒經)의 가운데에 들어 있는 것을 처음으로 알았소."

이 가운데에 비구가 있어 욕망이 적고 만족함을 알며 두타를 행하였는데, 이러한 일을 듣고 마음이 불쾌하여 여러 종류의 인연으로 천나를 꾸짖었다.

"어찌 비구라고 이름하면서 참회할 죄를 범하고서 여러 비구들이 애민하여 참회하게 가르쳤는데, '나는 이러한 일이 보름마다 차례로 설하는 계경의 가운데에 들어 있는 것을 처음으로 알았소.'라고 곧 이렇게 말을 짓는가?"

여러 종류의 인연으로 꾸짖고서 세존을 향하여 자세히 말하였다. 세존께서는 이 일로써 비구 승가를 모으셨으며, 아시면서도 일부러 천나에게 물으셨다.

"그대가 진실로 이러한 일을 지었는가?"

대답하여 말하였다.

"진실로 지었습니다. 세존이시여."

세존께서는 여러 종류의 인연으로서 천나를 꾸짖으셨다.

"어찌 비구라고 이름하면서 참회할 죄를 범하고서 여러 비구들이 애민하여 참회하게 가르쳤는데, '나는 이러한 일이 보름마다 차례로 설하는 계경의 가운데에 들어 있는 것을 처음으로 알았소.'라고 곧 이렇게 말을 지었는가?"

여러 종류의 인연으로서 꾸짖으셨으며, 여러 비구들에게 말씀하셨다.

"열 가지의 이익을 까닭으로 여러 비구들에게 계를 제정하여 주겠노라. 지금부터 이러한 계는 이와 같이 설할지니라. '만약 비구가 계를 설하는 때에 '나는 이러한 일이 보름마다 차례로 설하는 계경의 가운데에 들어 있는 것을 처음으로 알았다.'라고 이렇게 말을 지었으나, 여러 비구들이 이 비구가 이전에 이 계를 설하는 것을 두·세 번을 들었다는 것을 알고 있었고, 어찌 하물며 다시 많았다면, 이 비구는 알지 못한다는 까닭으로 죄를 벗어날 수 없으며, 그 범한 일을 따라서 마땅히 여법하게 참회시켜야 하느니라. 마땅히 다시 꾸짖어서 '그대는 손해이고 이익이 없으니 이것은 악하고 선하지 못한 것이다. 계를 설할 때 계를 존중하지 않았고 일심으로 듣지도 않았다.'라고 조복시켜야 하나니, 이러한 일을 까닭으로 바일제를 얻느니라.'

'바일제'는 소자와 복장이고, 만약 허물을 참회하지 않는다면 능히 도를 장애한다.

이 가운데에서 범하는 것은, 만약 비구가 4바라이를 설하는 때에 '나는 이러한 일이 보름마다 차례로 설하는 계경의 가운데에 들어 있는 것을 처음으로 알았다.'라고 이렇게 말을 지었다면 바일제를 얻는다. 만약 13승가바시사법을 설하는 때이거나, 만약 2부정법을 설하는 때이거나, 만약 30니살기바일제를 설하는 때이거나, 만약 90바일제를 설하는 때이거나, 만약 4바라제제사니를 설하는 때이거나, 만약 중다학법을 설하는 때이거나, 만약 7지쟁법(止諍法)을 설하는 때이거나, 나아가 율경(律經)에 따라 설하는 때에 '나는 그 일이 보름마다 차례로 설하는 계경에 들어 있다는 것을 지금 처음 알았다.'라고 이렇게 말을 지었다면 바일제를 얻는다. 율경에 따르는 것을 제외하고 나머지의 경을 설하는 때에 '나는 이러한 일이 보름마다 차례로 설하는 계경의 가운데에 들어 있는 것을 처음으로 알았다.'고 이렇게 말을 지었다면 돌길라이다." [여든세 번째 일을 마친다.]

세존께서는 사위국에 머무르셨다.

이때 사위성에 뿔(角)을 다루는 장인(治角師)이 있어 달마제나(達摩提那)라고 이름하였고, 부유하고 재보(財寶)가 풍족하여 여러 종류를 성취하였다. 이 사람은 세존과 승가의 처소를 따라서 필요한 물건을 마음대로 가져가라고 청하였는데 이를테면, 의구(衣鉤)·선진(禪鎭)·의정(衣釘)·발우·수저·침통(針筒) 등이었다. 이와 같이 여러 비구들은 대중이 많았고 자주 자주 가서 취하였으므로 이 사람은 능히 아내와 자식에게 공급하지 못하게 궁핍하였다. 나머지의 거사들이 성내면서 꾸짖어 말하였다.

"사문 석자는 양도 알지 못하고 만족함도 알지 못한다. 만약 보시하는 자가 양을 모르면 받는 자라도 마땅히 양을 알아야 한다. 이 달마제나 거사는 본래 부유하고 재물이 풍족하였으나 보시하며 그 양도 모르고 주었으므로 능히 아내와 자식에게 공급하지 못하게 궁핍하다."

이 가운데에 비구가 있어 욕망이 적고 만족함을 알며 두타를 행하였는데, 이러한 일을 듣고 마음이 불쾌하여 세존을 향하여 자세히 말하였다. 세존께서는 이 일로써 비구 승가를 모으셨으며, 여러 종류의 인연으로 여러 비구들을 꾸짖으셨다.

"어찌 비구라고 이름하면서 때도 알지 못하고 양도 알지 못하는가? 만약 보시하는 자가 양을 알지 못한다면 받는 자라도 마땅히 그 양을 알아야 하느니라. 이 달마제나 거사는 본래 부유하고 재물이 풍족하였으나 보시하며 그 양을 알지 못하고 주었던 까닭으로 아내와 자식에게 공급하지 못하게 궁핍하느니라."

여러 종류의 인연으로서 꾸짖으셨으며, 여러 비구들에게 말씀하셨다.

"열 가지의 이익을 까닭으로 여러 비구들에게 계를 제정하여 주겠노라. 지금부터 이러한 계는 이와 같이 설할지니라. '만약 비구가 뼈(骨)·어금니

(牙)·이빨(齒)·뿔(角)로 침통을 짓는다면 바일제이니라.'

'뼈'는 코끼리 뼈·말 뼈·뱀 뼈 등이다.

'어금니'는 코끼리 어금니·말 어금니·돼지 어금니 등이다.

'이빨'은 코끼리 이빨·말 이빨·돼지 이빨 등이다.

'뿔'은 양 뿔·소 뿔·물소 뿔·사슴 뿔 등이다.

'바일제'는 소자와 복장이고, 만약 허물을 참회하지 않는다면 능히 도를 장애한다.

이 가운데에서 범하는 것은 만약 비구가 뼈로 침통을 짓는다면 바일제이다. 만약 어금니나 이빨이나 뿔로 짓는 것을 따라서 그것에 바일제를 얻는다. 만약 비구가 뼈·어금니·이빨·뿔을 사용하여 침통을 지었다면 이 비구는 마땅히 침통을 깨뜨리고서 승가의 가운데에 들어가서 창언하라.

'나는 뼈·어금니·이빨·뿔을 사용하여 침통을 지어서 바일제의 죄를 얻었습니다. 나는 지금 드러내고서 참회하고 덮어서 감추지 않겠습니다.'

승가는 마땅히 묻도록 하라.

'그대는 침통을 깨뜨렸는가?'

만약 '이미 깨뜨렸다.'고 말한다면 승가는 마땅히 묻도록 하라.

'그대는 죄를 인정하는가?'

만약 '죄를 인정한다.'고 말한다면 마땅히 가르쳐서 말하도록 하라.

'그대가 지금 드러내고서 참회하므로 뒤에 다시는 짓지 말라.'

만약 아직 깨뜨리지 않았다면 승가는 마땅히 깨뜨리도록 가르쳐라. 만약 승가가 간략하게 충고하지 않는다면 일체의 승가는 돌길라를 얻는다. 만약 승가가 간략하게 충고하였으나 받아들이지 않는다면, 이 비구는 돌길라죄를 얻느니라." [여든네 번째 일을 마친다.]

세존께서는 구사미국에 머무르셨다.

그때 장로 천나는 높고 넓으며 좋은 평상을 사용하였다. 세존께서는 아난과 함께 유행하시면서 천나의 방에 이르셨다. 이 천나는 세존께서 오시는 것을 멀리서 보고 자리에서 일어나 오른쪽 어깨를 드러내고 합장하고서 세존께 아뢰었다.

"세존이시여. 제 방에 들어오시어 평상을 보십시오."

세존께서는 곧 들어가서 살피셨다. 이 평상이 높고 좋은 것을 보시고서 아난에게 말씀하셨다.

"염오(染汚)되어 썩었고 무너졌구나. 어찌하여 이 어리석은 사람은 이와 같은 높고 넓으며 좋은 평상을 사용하는가?"

세존께서는 여러 종류의 인연으로 천나를 꾸짖으셨다.

"어찌 비구라고 이름하면서 높고 넓으며 좋은 평상을 사용하였는가?"

세존께서는 여러 종류의 인연으로서 꾸짖으셨다. 비구 승가를 모으셨으며, 여러 비구들에게 말씀하셨다.

"열 가지의 이익을 까닭으로 여러 비구들에게 계를 제정하여 주겠노라. 지금부터 이러한 계는 이와 같이 설할지니라. '만약 비구가 평상을 짓고자 한다면 마땅히 양(量)에 알맞게 짓도록 하라. 양은 다리의 높이가 여덟 손가락인데, 오르는 계단을 없애라. 이것을 넘는다면 바일제이니라.'

평상에는 두 종류가 있나니, 고운 살문의 평상(細梐繩床)과 거친 살문의 엮은 평상(麤梐繩床)이다. 거친 살문의 평상에는 다섯 종류가 있나니, 아산제각(阿珊蹄脚)·파랑구각(波郎劬脚)·저양각각(羝羊角脚)·첨각(尖脚)·곡각(曲脚)이다. 고운 살문으로 엮은 평상에는 다섯 가지가 있으니, 아산제각·파랑구각·저양각각·첨각·곡각이다.

'높이가 여덟 손가락'은 세존께서 말씀하셨다.

"나의 손가락을 사용하여 여덟 번째에는 셋째 마디가 살문(梐)에 들어가야 한다.

'바일제'는 소자와 복장이고, 만약 허물을 참회하지 않는다면 능히 도를 장애한다.

이 가운데에서 범하는 것은, 만약 비구가 여덟 손가락 길이를 초과하여 평상의 다리를 만든다면 바일제이다. 짓는 것을 따라서 그와 같이 바일제이다. 만약 비구가 여덟 손가락을 넘게 평상의 다리를 지었다면 그 다리를 마땅히 잘라내고 승가 가운데에서 아뢰어 말하라.

'나는 여덟 손가락을 넘는 평상의 다리를 지어서 바일제죄를 얻었습니다. 나는 지금 드러내어 참회하고 덮어서 감추지 않겠습니다.'

승가는 마땅히 묻도록 하라.

'그대는 평상을 잘랐는가?'

만약 '이미 잘랐다.'고 말한다면 승가는 마땅히 묻도록 하라.

'그대는 죄를 인정하는가?'

만약 '죄를 인정한다.'고 말한다면 마땅히 가르치도록 하라.

'그대가 지금 드러내고서 참회하므로 뒤에 다시는 짓지 말라.'

만약 아직 자르지 않았다면 승가는 마땅히 자르게 가르쳐라. 만약 승가가 간략하게 충고하지 않는다면 일체의 승가는 돌길라를 얻는다. 만약 승가가 간략하게 충고하였으나 받아들이지 않는다면, 이 비구는 돌길라죄를 얻느니라." [여든다섯 번째 일을 마친다.]

세존께서는 사위국에 머무르셨다.

이때 육군비구가 초목(草木)의 도라면(兜羅綿)으로서 와구를 채웠다. 여러 거사들은 성내고 기뻐하지 않으면서 꾸짖고 욕하였다.

"사문 석자는 선량하고 공덕이 있다고 스스로가 말하면서 왕과 같이, 대신들과 같이 도라면으로서 와구를 채우는구나."

이 가운데에 비구가 있어 욕망이 적고 만족함을 알며 두타를 행하였는데, 이러한 일을 듣고 마음이 기쁘지 않아서 세존을 향하여 자세히 말하였다. 세존께서는 이 일로써 비구 승가를 모으셨으며, 아시면서도 일부러 육군비구에게 물으셨다.

"그대들이 진실로 이러한 일을 지었는가?"

대답하여 말하였다.

"진실로 지었습니다. 세존이시여."

세존께서는 여러 종류의 인연으로서 육군비구를 꾸짖으셨다.

"어찌 비구라고 이름하면서 도라면으로서 와구를 채웠는가?"

여러 종류의 인연으로서 꾸짖으셨으며, 여러 비구들에게 말씀하셨다.

“열 가지의 이익을 까닭으로 여러 비구들에게 계를 제정하여 주겠노라. 지금부터 이러한 계는 이와 같이 설할지니라. ‘만약 비구가 스스로 도라면으로서 와구를 채웠거나, 만약 사람을 시켜서 채웠다면 바일제이니라.’

‘도라면’은 유화(柳華)·백양화(白楊華)[5]·아구라화(阿鳩羅華)·파구라화(波鳩羅華)·구사라화(鳩舍羅華)·간사화(間闍華)·파파자화(波波闍華)·이마화(離摩華)이니, 모두 바일제이다.

‘바일제’는 소자와 복장이고, 만약 허물을 참회하지 않는다면 능히 도를 장애한다.

이 가운데에서 범하는 것은 만약 비구가 초목의 도라면으로 와구를 채웠다면 바일제가 된다. 채우는 것을 따라서 그와 같이 바일제이다. 만약 비구가 도라면으로서 와구를 채웠다면 이 비구는 마땅히 도라면을 끄집어내어 없애야 하며, 승가 가운데에 이르러 아뢰어 말하라.

‘내가 도라면으로서 와구를 채워서 바일제죄를 얻었습니다. 나는 지금 드러내고서 참회하고 덮어서 감추지 않겠습니다.’

승가는 마땅히 묻도록 하라.

‘그대는 끄집어냈는가?’

만약 ‘이미 끄집어냈다.’고 말한다면 승가는 마땅히 묻도록 하라.

‘그대는 죄를 인정하는가?’

만약 ‘죄를 인정한다.’고 말한다면 마땅히 가르쳐서 말하라.

‘그대가 지금 드러내고서 참회하므로 뒤에 다시는 짓지 말라.’

만약 아직 끄집어내지 않았다면 승가는 마땅히 끄집어내도록 가르쳐라. 만약 승가가 간략하게 충고하지 않는다면 일체의 승가는 돌길라를 얻는다. 만약 승가가 간략하게 충고하였으나 받아들이지 않는다면, 이 비구는 돌길라죄를 얻는다.” [여든여섯 번째 일을 마친다.]

---

5) 버드나무과에 딸린 갈잎큰키나무이다. 높이 30m에 이르고, 지름 1m에 이르는 큰 나무로, 껍질은 잿빛이고, 잎은 길둥근데 톱니가 있고 어긋맞게 나며 뒷면은 희다. 잎이 자라기 전에 붉은 갈색(褐色)의 이삭꽃이 핀다.

세존께서는 사위국에 머무르셨다.

이때 비사거녹자모(毘舍佉鹿子母)는 세존의 처소로 나아가서 머리숙여 발에 예경하고 물러나서 한쪽에 앉았다. 세존께서는 여러 종류의 인연으로서 보여주셨고 가르치셨으며 이익되고 기쁘게 하셨고, 보여주셨고 가르치셨으며 이익되고 기쁘게 하시고서 묵연하셨다. 세존께서는 여러 종류의 인연으로서 보여주셨고 가르치셨으며 이익되고 기쁘게 하시고서 묵연한 것을 알고서 자리에서 일어나서 오른쪽 어깨를 드러내어 합장하고 세존께 아뢰었다.

"원하옵건대 세존과 승가께서는 내일 저의 청을 받아주십시오."

세존께서는 묵연히 그것을 받아들이셨고 세존께서 묵연히 받아들이신 것을 알고서 세존의 발에 머리숙여 예경하고서 오른쪽으로 돌면서 떠나갔다. 자기 집으로 돌아와서 밤새워 여러 종류의 맛있는 음식을 많이 준비하였다. 세존께서는 이날의 밤에 아난과 함께 노지를 유행하셨는데, 세존께서는 성수(星宿)의[6] 모습을 보시고 아난에게 말씀하셨다.

"만약 지금 사람이 있어 성수의 모습을 아는 자에게 '어느 때에 비가 오는가?'라고 묻는다면 그는 반드시 7년 뒤에 마땅히 비가 온다고 말할 것이다."

세존께서는 아난에게 말씀하셨다.

"초야가 지나고 중야에 이르면 이 성수의 모습은 없어지고 다시 다른 모습이 나타나 있을 것이다. 만약 그때에 사람이 있어 성수의 모습을 아는 자에게 '어느 때에 비가 오는가?'라고 묻는다면 그는 반드시 7개월 뒤에 마땅히 비가 온다고 말할 것이다."

또한 아난에게 말씀하셨다.

---

6) 고대 중국에서 천구상의 28의 성좌를 의미하는 28수이다. 불교의 존상으로서는 성수보다는 수요(宿曜)라는 말이 있으며, 28축을 비롯해 12궁, 7요(曜) 및 9요(曜) 등도 포함해서 별이나 성좌를 신격화한 제존(諸尊)을 총칭한다. 이들은 단독으로 신앙되어 조상되는 경우는 없지만, 밀교의 수법인 북두칠성법에 이용하는 북두만다라(성 만다라)의 가운데에 표현되고 있다.

“중야가 지나고 후야에 이르면 이 성수의 모습은 없어지고 다시 다른 모습이 나타나 있을 것이다. 만약 그때에 사람이 있어 성수의 모습을 아는 자에게 ‘어느 때에 비가 오는가?’라고 묻는다면 그는 반드시 7일 뒤에 마땅히 비가 온다고 말할 것이다.”

이 밤이 지나고 땅이 명료한 때에 동쪽에 구름이 있어서 나타났는데, 모습이 둥근 그릇과 같이 공중에 두루 가득하였다. 이 구름은 능히 큰 비를 지어서 여러 도랑과 구덩이를 채울 수 있었다. 이때 세존께서는 아난에게 말씀하셨다.

“여러 비구들에게 말하도록 하게. ‘이 그릇과 같은 구름의 비는 공덕이 있어 능히 병을 없앨 수 있습니다. 만약 여러 비구께서 목욕하고자 한다면 마땅히 노지에 서서 씻도록 하십시오.’”

아난은 세존의 가르침을 받들어 여러 비구들에게 말하였다.

“이 그릇과 같은 구름의 비는 공덕이 있어 병을 없앨 수 있습니다. 만약 여러 비구께서 목욕하고자 한다면 마땅히 노지에 서서 씻는 것을 허락하셨습니다.”

그때 여러 비구들은 뜻을 따라서 노지에서 서서 목욕하였다. 이때 비사거녹자모는 음식을 준비하였고 일찍 일어나서 자리를 펼쳤으며 여노비를 보내 세존께 아뢰었다.

“때에 이르렀고, 음식이 이미 준비되었습니다. 세존께서는 스스로가 때인 것을 아십시오.”

여노비가 가르침을 받고 기원에 나아가서 여러 비구들을 찾았지만 보지 못하였고 문의 구멍과 틈새로 보았는데 벌거벗은 모습으로 노지에서 목욕하는 것을 보았다. 보고서 마음이 즐겁지 않아서 이렇게 생각을 지었다.

‘이 가운데에 비구는 전혀 없고, 모두 나형외도(裸形外道)이며, 부끄러움을 모르는 사람들이구나.’

이렇게 생각을 짓고 곧 돌아가서 비사거녹자모에게 말하였다.

“기원의 가운데에 비구는 한 사람도 없고 모두 나형외도입니다.”

이 비사거모(毘舍佉母)는 지혜가 있었고 근기가 예리하였으므로 '오늘에 비가 내렸으므로 여러 비구들이 반드시 노지에서 나형으로 목욕한 것은 마땅하다. 이 여노비는 어리석고 아는 것이 없는 까닭으로 <기원에 비구는 한 사람도 없고 모두 나형외도이다.>라고 이렇게 말하는 것이다.'라고 알았다. 곧바로 다른 여노비를 불렀고 기원으로 나아가서 문을 두드리고 소리를 지어서 말을 아뢰게 하였다.

"때에 이르렀고, 음식이 이미 준비되었습니다."

곧 가르침을 받고 기원으로 나아가서 문을 두드리고 소리를 지어서 말을 아뢰었다.

"때가 이르렀고, 음식이 이미 준비되었습니다. 세존께서는 스스로가 때인 것을 아십시오."

이때 세존과 대중들은 옷을 입고 발우를 지녔으며, 대중 승가는 세존을 위요(圍繞)하여 함께 그 집으로 나아갔다. 세존께서는 승가의 가운데 앉으셨고 비사거모는 스스로가 물을 돌렸고 스스로가 손으로 맛있는 음식을 많이 주었다. 음식을 먹었으므로 스스로가 손으로 물을 주었고, 발우를 거둔 것을 알고서 작은 평상을 가지고 세존의 앞에 앉아서 설법을 들었으며 세존께 아뢰어 말하였다.

"세존이시여. 저의 원을 들어주십시오."

세존께서는 말씀하셨다.

"모든 다타아가도아라하삼먁삼불타(多陀阿伽度阿羅呵三藐三佛陀)[7]라도 그대의 지나친 원은 그대에게 들어줄 수 없습니다."

비사거모가 말하였다.

"저에게 들어주실 수 있는 원입니다."

세존께서는 말씀하셨다.

"그대가 얻을 수 있는 원이라면 들어주겠습니다. 그대는 어느 원을 얻고자 합니까?"

---

7) 여래·응공·정등각을 산스크리트어로 부르는 말이다.

비사거모가 말하였다.

“첫째는 제가 비구 승가께 우욕의(雨浴衣)를 주는 것이고, 둘째는 비구니 승가께 욕의(浴衣)를 주는 것이며, 셋째는 객비구가 오시면 제가 음식을 주는 것이고, 넷째는 먼 길을 떠나는 비구께 제가 음식을 주는 것이며, 다섯째는 병든 비구께 제가 음식을 주는 것이고, 여섯째는 간병하는 비구께 제가 음식을 주는 것이며, 일곱째는 제가 항상 비구 승가께 죽을 주는 것이고, 여덟째는 지식이 많거나, 지식이 적거나, 비구들께 제가 병에 인연하여 탕약 및 필요한 물건을 주는 것입니다.”

세존께서는 말씀하셨다.

“그대는 무슨 인연을 보았던 까닭으로 비구 승가에게 우욕의를 주고자 하는가?”

대답하여 말하였다.

“대덕이시여. 제가 오늘 일찍 일어나서 자리를 펴고서 여노비를 보냈고 기원에 나아가서 세존께 때에 이르렀음을 아뢰게 하였습니다. 여노비가 이르러 문틈으로 여러 비구들이 노지에서 빗속에 나형으로 목욕하는 것을 보았고 여노비가 돌아와서 말하였습니다. ‘기원정사의 가운데에 비구는 한 사람도 없고 다만 부끄러움을 모르는 여러 외도들이 있습니다.’ 대덕이시여. 비구들이 나형으로 세존의 앞이거나, 화상과 아사리와 일체의 상좌들 앞에 있게 된다면 곧 부끄러움이 없을 것입니다. 이러한 까닭으로 비구 승가에게 우욕의를 주겠으며, 입고서 스스로 노지에 있으면서 빗속에 목욕하게 하고자 합니다.”

“비사거여. 그대는 무슨 인연을 보았던 까닭으로 비구니 승가에게 욕의를 주고자 하는가?”

대답하여 말하였다.

“대덕이시여. 제가 한때에 여러 거사의 부인들과 함께 아기라강(阿耆羅江)에 이르러 목욕하였습니다. 이때 여러 비구니들도 역시 강에 들어가 나형으로 목욕하였습니다. 여러 거사 부인들이 보고 마음이 기쁘지 않아서 꾸짖어 말하였습니다. ‘이들은 복덕이 적고 불길하다. 거친 피부에 배는 튀어나오고 유방도 늘어졌는데, 범행을 배워도 무슨 소용이 있겠는가?' 대덕이시여. 여인의 알몸은 추악합니다. 이러한 까닭으로 제가 욕의를 주고자 합니다."

"비사거여. 그대는 무슨 인연을 보았던 까닭으로 객비구가 왔다면 음식을 주고자 하는가?"

대답하여 말하였다.

"대덕이시여. 객비구가 왔다면 어느 곳인가를 알지 못하고, 어디로 가는 것이며, 어디로 가지 않아야 하는가를 알지 못하고, 도로에 매우 피곤하여도 쉴 수 없습니다. 이러한 까닭으로 제가 음식을 주고자 합니다."

"비사거여. 그대는 무슨 인연을 보았던 까닭으로 먼 길을 떠나는 비구에게 음식을 주고자 하는가?"

대답하여 말하였다.

"대덕이시여. 먼 길을 떠나는 비구는 만약 음식을 기다리는 때이거나, 달발나의 때이거나, 만약 걸식을 다닌다면 곧 동반자들을 버리고 떠나면서 혹 밤중에 험한 길로 들어가기도 하고, 혹은 광야를 혼자서 다닙니다. 제가 음식을 준다면 도반도 잃지 않고 험한 길로 들어가지도 않을 것입니다. 이러한 까닭으로 제가 음식을 주고자 합니다."

"비사거여. 그대는 무슨 인연을 보았던 까닭으로 병든 비구에게 음식을 주고자 하는가?"

대답하여 말하였다.

"대덕이시여. 병든 비구는 병을 따라서 음식을 얻지 못하면 곧 병도 낫기 어렵습니다. 이러한 까닭으로 제가 병을 따라서 음식을 준다면 곧 병이 쉽게 나을 것입니다."

"비사거여. 그대는 무슨 인연을 보았던 까닭으로 간병하는 비구에게 음식을 주고자 하는가?"

대답하여 말하였다.

"대덕이시여. 간병하는 비구는 만약 승가의 중식(中食)·후식(後食)을 기다리거나, 만약 걸식하러 떠나간다면, 만약 밥을 짓거나, 죽을 끓이거나,

국을 끓이거나, 고기와 생선을 굽거나, 탕약을 끓이거나, 대소변 등 부정한 것들을 담은 그릇을 방안에서 꺼내거나, 만약 가래침을 뱉은 그릇을 비우는 등의 병든 비구를 돌보는 이러한 병든 비구를 돌보고 봉양하는 일을 소홀하게 됩니다. 이러한 까닭으로 제가 간병하는 비구들께 음식을 주어서 돌보는 일들을 소홀히 하지 않아서 곧 밥을 짓거나, 죽을 끓이거나, 국을 끓이거나, 고기와 생선을 굽거나, 탕약을 끓이거나, 대소변 등 부정한 것 등을 담은 그릇을 방안에서 꺼내오고, 가래침을 뱉은 그릇을 비우게 하고자 합니다."

"비사거여. 그대는 무슨 인연을 보았던 까닭으로 항상 비구에게 죽을 주고자 하는가?"

대답하여 말하였다.

"대덕이시여. 만약 비구가 죽을 먹지 않으면 기갈이 있어 괴롭고, 혹은 때에 배에서 풍기(風氣)가 일어납니다. 제가 항상 죽을 주는 까닭으로 곧 여러 가지의 괴로움이 없어질 것입니다."

"비사거여. 그대는 무슨 인연을 보았던 까닭으로 지식이 많거나, 지식이 적거나, 비구들에게 병을 인연하여 탕약과 필요한 물건들을 주려는 것인가?"

대답하여 말하였다.

"병든 비구는 분명 탕약과 필요한 물건들을 얻고자 할 것입니다. 이러한 까닭으로 제가 주고자 합니다. 또한 다시 대덕이시여. 제가 만약 '누구 비구가 그 주처에서 죽었다.'는 것을 들었고, 세존께서 '그 비구는 3결(結)을 끊었고 수다원을 얻어 악도에 떨어지지 않을 것이고, 반드시 열반을 얻을 것이며, 7생을 천상과 인간의 가운데를 왕래하며 온갖 고통을 모두 없앨 것이다.'라고 수기(授記)하셨다는 것을 들었다면, 대덕이시여. 저는 마땅히 물을 것입니다.

'이 장로께서 일찍이 사위국에 오셨습니까?'

만약 제가 '이 비구께서 일찍이 사위국에 오셨습니다.'라고 들었다면 저는 생각할 것입니다.

<이 장로께서 혹은 나의 우욕의를 받으셨는가? 혹은 객비구의 음식을 받으셨는가? 혹은 먼 길을 떠나면서 음식을 받으셨는가? 혹은 병을 따라서 음식을 받으셨는가? 혹은 간병하면서 음식을 받으셨는가?, 혹시 항상 죽을 받으셨는가? 혹은 병든 비구에게 주었던 탕약과 여러 물품들을 받으셨는가?>

대덕이시여. 저는 이러한 인연을 까닭으로 깨달음의 마음이 원만해질 것입니다.

대덕이시여. 제가 만약 '누구 비구가 그 주처에서 죽었다.'는 것을 들었고, 세존께서 '그 비구는 3결을 끊었고 3독이 엷어져서 사다함을 얻었으며, 이 세간에 한 번만 온다면 고제(苦際)를 모두 없앨 것이다.'라고 수기하셨다는 것을 들었다면, 저는 마땅히 물을 것입니다.

'이 장로께서 일찍이 사위국에 오셨습니까?'

만약 제가 '이 비구께서 일찍이 사위국에 오셨습니다.'라고 들었다면 저는 생각할 것입니다.

<이 장로께서 혹은 나의 우욕의를 받으셨는가? 혹은 객비구의 음식을 받으셨는가? 혹은 먼 길을 떠나면서 음식을 받으셨는가? 혹은 병을 따라서 음식을 받으셨는가? 혹은 간병하면서 음식을 받으셨는가?, 혹시 항상 죽을 받으셨는가? 혹은 병든 비구에게 주었던 탕약과 여러 물품들을 받으셨는가?>

대덕이시여. 저는 이러한 인연을 까닭으로 깨달음의 마음이 원만해질 것입니다.

대덕이시여. 제가 만약 '누구 비구가 그 주처에서 죽었다.'는 것을 들었고, 세존께서 '그 비구는 아나함을 얻어 5하분결(下分結)이 마쳤으니, 곧 천상에서 반열반(般涅槃)하고 이 세간으로 돌아오지 않을 것이다.'라고 수기하셨다는 것을 들었다면, 저는 마땅히 물을 것입니다.

'이 장로께서 일찍이 사위국에 오셨습니까?'

만약 제가 '이 비구께서 일찍이 사위국에 오셨습니다.'라고 들었다면 저는 생각할 것입니다.

<이 장로께서 혹은 나의 우욕의를 받으셨는가? 혹은 객비구의 음식을 받으셨는가? 혹은 먼 길을 떠나면서 음식을 받으셨는가? 혹은 병을 따라서 음식을 받으셨는가? 혹은 간병하면서 음식을 받으셨는가?, 혹시 항상 죽을 받으셨는가? 혹은 병든 비구에게 주었던 탕약과 여러 물품들을 받으셨는가?>

대덕이시여. 저는 이러한 인연을 까닭으로 깨달음의 마음이 원만해질 것입니다.

대덕이시여. 제가 만약 '누구 비구가 그 주처에서 죽었다.'는 것을 들었고, 세존께서 '그 비구는 아라한을 얻어서 나의 생을 이미 끝냈고 범행은 이미 섰으며 지을 일을 모두 마쳤으며 스스로 알았고 스스로 증득하였다.'라고 수기하셨다는 것을 들었다면, 저는 마땅히 물을 것입니다.

'이 장로께서 일찍이 사위국에 오셨습니까?'

만약 제가 '이 비구께서 일찍이 사위국에 오셨습니다.'라고 들었다면 저는 생각할 것입니다.

<이 장로께서 혹은 나의 우욕의를 받으셨는가? 혹은 객비구의 음식을 받으셨는가? 혹은 먼 길을 떠나면서 음식을 받으셨는가? 혹은 병을 따라서 음식을 받으셨는가? 혹은 간병하면서 음식을 받으셨는가?, 혹시 항상 죽을 받으셨는가? 혹은 병든 비구에게 주었던 탕약과 여러 물품들을 받으셨는가?>

대덕이시여. 저는 이러한 인연을 까닭으로 깨달음의 마음이 원만해질 것입니다. 대덕이시여, 이와 같이 제가 재물의 복덕을 성취하여 이러한 인연으로서 법의 복덕을 섭수하게 하십시오."

세존께서는 말씀하셨다.

"옳습니다, 옳습니다. 비사거여. 나는 그대의 이러한 여러 원을 허락하겠습니다. 그대는 비구 승가에게 우욕의를 줄 것이고, 비구니 승가에게 욕의를 줄 것이며, 객비구들에게 음식을 줄 것이고, 먼 길을 떠나는 비구들에게 음식을 줄 것이며, 병든 비구를 따라서 음식을 줄 것이고, 간병하는 비구들에게 음식을 줄 것이며, 비구 승가에게 항상 죽을 줄 것이고, 지식이 많거나, 지식이 적거나 비구들에게 병을 인연하여 탕약과 여러 물품들을 주십시오. 비사거여. 이 재물의 복덕을 성취할 것이고, 이러한 인연으로서 법의 복덕을 섭수할 것입니다."

세존께서는 비사거모를 위하여 여러 종류의 인연으로서 보여주셨고 가르치셨으며 이익되고 기쁘게 하셨으며 자리에서 일어나서 떠나가셨다. 세존께서는 이 일로써 비구 승가를 모으셨으며, 여러 비구들에게 말씀하셨다.

"지금부터 여러 비구들이 우욕의를 저축하고서 뜻을 따라서 노지에서 목욕하는 것을 허락하겠노라."

이 여러 비구들은 세존께서 우욕의를 저축하도록 허락하셨다는 것을 알고서 넓고 길고 크게 지었다. 이 가운데에 비구가 있어 욕망이 적고 만족함을 알며 두타를 행하였는데, 이러한 일을 듣고 마음이 즐겁지 않아서 여러 종류의 인연으로 꾸짖었다.

"어찌 비구라고 이름하면서 세존께서 우욕의를 저축하도록 허락하신 것을 알고서 곧 넓고 길며 크게 짓는가?"

여러 종류의 인연으로 꾸짖고서 세존을 향하여 자세히 말하였다. 세존께서는 이 일로써 비구 승가를 모으셨으며, 아시면서도 일부러 여러 비구들에게 물으셨다.

"그대들이 진실로 이러한 일을 지었는가?"

대답하여 말하였다.

"진실로 지었습니다. 세존이시여."

세존께서는 여러 종류의 인연으로 꾸짖으셨다.

"어찌 비구라고 이름하면서 내가 우욕의를 저축하도록 허락한 것을 알고서 곧 넓고 길고 크게 지었는가?"

여러 종류의 인연으로서 꾸짖으셨으며, 여러 비구들에게 말씀하셨다.

"열 가지의 이익을 까닭으로 여러 비구들에게 계를 제정하여 주겠노라. 지금부터 이러한 계는 이와 같이 설할지니라. '만약 비구가 우욕의를 짓고자 한다면 마땅히 양(量)에 알맞게 지어야 하느니라. 양은 길이는 세존의 손으로 여섯 뼘이고, 너비는 두 뼘 반이다. 이것을 넘겨서 짓는다면 바일제이니라.'

'바일제'는 소자와 복장이고, 만약 허물을 참회하지 않는다면 능히 도를 장애한다.

이 가운데에서 범하는 것은, 만약 비구가 양을 넘겨서 길이로 우욕의를 짓는다면 바일제이고, 양을 넘겨서 너비로 짓는다면 바일제이고, 양을 넘겨서 너비와 길이로 짓더라도 바일제이다. 만약 비구가 양을 넘겨서 너비와 길이로 우욕의를 지었다면 이 옷은 마땅히 잘라내고 대중 승가의 가운데에 들어가 이렇게 말을 짓도록 하라.

'내가 양을 지나친 너비와 길이로 우욕의를 지어서 바일제죄의 죄를 얻었습니다. 지금 드러내고서 참회하고 덮어서 감추지 않겠습니다.'

승가는 마땅히 묻도록 하라.

'그대는 잘라냈는가?'

만약 '이미 잘라냈다.'고 말한다면 승가는 마땅히 묻도록 하라.

'그대는 죄를 인정하는가?'

만약 '죄를 인정한다.'고 말한다면 마땅히 가르쳐서 말하라.

'그대가 지금 드러내고서 참회하므로 뒤에 다시는 짓지 말라.'

만약 아직 잘라내지 않았다면 승가는 마땅히 잘라내도록 가르쳐라. 만약 승가가 간략하게 충고하지 않는다면 일체의 승가는 돌길라를 얻는다. 만약 승가가 간략하게 충고하였으나 받아들이지 않는다면, 이 비구는 돌길라죄를 얻는다." [여든일곱 번째 일을 마친다.]

세존께서는 유야리국(維耶離國)에 머무르셨다.

이때 땅에 소금기가 있었고 습하여 여러 비구들이 옹창(癰瘡)을 앓았다. 한 비구가 있었고 종기의 가운데에서 고름과 피가 흘러나와 안타위(安陀衛)가 물에 젖은 것과 같이 더러워졌다. 세존께서는 멀리서 보시고 아시면서도 일부러 이 비구에게 물으셨다.

"그대는 어찌하여 고름과 피로서 안타위를 더럽혔는가?"

비구가 대답하여 말하였다.

"대덕이시여. 제가 옹창을 앓아서 고름과 피가 흘러나와 안타위를 더럽혔습니다."

세존께서는 이 일로써 비구 승가를 모으셨으며, 여러 종류의 인연으로 계를 찬탄하고 지계를 찬탄하셨으며, 계를 찬탄하고 지계를 찬탄하시고서 여러 비구들에게 말씀하셨다.

"지금부터 비구에게 부창의(覆瘡衣)를 입는 것을 허락하겠나니, 나아가 종기가 낫더라도 열흘까지 저축하는 것을 허락하겠노라. 만약 이것을 넘겨서 저축한다면 바일제이니라."

이 여러 비구들은 세존께서 우욕의를 저축하도록 허락하셨다는 것을 알고서 넓고 길고 크게 지었다. 이 가운데에 비구가 있어 욕망이 적고 만족함을 알며 두타를 행하였는데, 이러한 일을 듣고 마음이 즐겁지 않아서 여러 종류의 인연으로 꾸짖었다.

"어찌 비구라고 이름하면서 세존께서 부창의를 저축하도록 허락하신 것을 알고서 곧 넓고 길며 크게 짓는가?"

여러 종류의 인연으로 꾸짖고서 세존을 향하여 자세히 말하였다. 세존께서는 이 일로써 비구 승가를 모으셨으며, 아시면서도 일부러 여러 비구들에게 물으셨다.

"그대들이 진실로 이러한 일을 지었는가?"

대답하여 말하였다.

"진실로 지었습니다. 세존이시여."

세존께서는 여러 종류의 인연으로 꾸짖으셨다.

"어찌 비구라고 이름하면서 세존께서 부창의를 저축하도록 허락하였다는 것을 알고서 곧 넓고 길고 크게 지었는가?"

여러 종류의 인연으로서 꾸짖으셨으며, 여러 비구들에게 말씀하셨다.

"열 가지의 이익을 까닭으로 여러 비구들에게 계를 제정하여 주겠노라. 지금부터 이러한 계는 이와 같이 말하라. '만약 비구가 부창의를 짓고자 한다면 마땅히 양(量)에 알맞게 지어야 하느니라. 양은 길이는 세존의 손으로 네 뼘이고, 너비는 두 뼘이다. 이를 넘겨서 짓는다면 바일제이니라.'

'바일제'는 소자와 복장이고, 만약 허물을 참회하지 않는다면 능히 도를 장애한다.

이 가운데에서 범하는 것은, 만약 비구가 양을 넘겨서 길이로 부창의를 짓는다면 바일제이고, 양을 넘겨서 너비로 짓는다면 바일제이고, 양을 넘겨서 너비와 길이로 짓더라도 바일제이다. 만약 비구가 양을 넘겨서 너비와 길이로 부창의를 지었다면 이 옷은 마땅히 잘라내고 대중 승가의 가운데에 들어가 이렇게 말을 짓도록 하라.

'내가 양을 지나친 너비와 길이로 부창의를 지어서 바일제죄를 얻었습니다. 지금 드러내고서 참회하고 덮어서 감추지 않겠습니다.'

승가는 마땅히 묻도록 하라.

'그대는 잘라냈는가?'

만약 '이미 잘라냈다.'고 말한다면 승가는 마땅히 묻도록 하라.

'그대는 죄를 인정하는가?'

만약 '죄를 인정한다.'고 말한다면 마땅히 가르쳐서 말하라.

'그대가 지금 드러내고서 참회하므로 뒤에 다시는 짓지 말라.'

만약 아직 잘라내지 않았다면 승가는 마땅히 잘라내도록 가르쳐라. 만약 승가가 간략하게 충고하지 않는다면 일체의 승가는 돌길라를 얻는다. 만약 승가가 간략하게 충고하였으나 받아들이지 않는다면, 이 비구는 돌길라죄를 얻는다." [여든여덟 번째 일을 마친다.]

세존께서는 유야리국(維耶離國)에 머무르셨다.

이때 여러 비구들이 실정(失精)하여 와구를 더럽혔으므로, 일찍 일어나 정액을 씻어내고 정사(精舍)의 문 사이에 말렸다. 오전에 세존께서는 옷을 입고 발우를 지니고 성에 들어가 걸식하시면서 이 부정으로 오염된 와구를 씻어 문간에 말리는 것을 보셨다. 세존께서는 식후에 이 일로써 비구 승가를 모으셨으며, 여러 비구들에게 말씀하셨다.

“내가 오늘 오전에 옷을 입고 발우를 지니고 성에 들어가 걸식하면서 여러 비구들이 일찍 일어나 정액으로 더러워진 와구에서 정액을 씻어내고 정사의 방문 사이에 말리는 것을 보았느니라.”

여러 비구들에게 말씀하셨다.

“이것은 마땅하지 않고, 대중 승가가 와구를 많이 사용하며 양(量)을 알지 못하는 것이다. 이것은 거사들이 피를 말리고 살을 깎아가면서 복을 짓고자 보시하여 수용한 것이다. 이러한 가운데에서 마땅히 헤아려 아껴 쓰는 것이 옳은 것이다. 만약 비구가 그 생각이 어지러워서 일심으로 잠자지 못하는 때에는 다섯 가지의 허물이 있느니라. 무엇이 다섯 가지인가? 첫째는 잠자기 어려운 고통이고, 둘째는 깨어나기 어려운 고통이며, 셋째는 악몽을 보게 되고, 넷째는 잠잘 때 선신(善神)이 옹호하지 않으며, 다섯째는 깨어나는 때에 마음이 좋은 각(覺)·관(觀)의 법에 들어가기 어려운 것이다.

만약 비구가 어지러운 생각을 어지럽지 않고 일심으로 잠잔다면 다섯 가지 좋은 일이 있느니라. 무엇이 다섯 가지인가? 첫째는 잠자기 어려움이 없고, 둘째는 쉽게 깨어나며, 셋째는 악몽이 없고, 넷째는 잠잘 때 선신이 옹호하며, 다섯째는 잠에서 깨어난 마음이 좋은 각관법에 들어가기 쉬운 것이다. 만약 비구가 음욕과 분노와 어리석음이 있어 그 욕심을 벗어나지 못하였어도 산란한 마음이 아닌 일심으로 잠을 잔다면 오히려 실정(失精)이 없는 것인데 하물며 그 욕심을 벗어난 것이겠는가!”

여러 종류의 인연으로서 꾸짖으셨으며, 여러 비구들에게 말씀하셨다.

“지금부터 여러 비구들이 니사단(尼師檀[8])을 저축하도록 허락하겠나니, 승가의 와구를 보호하려는 까닭이니라. 마땅히 니사단을 깔지 않고서 승가의 와구에 앉거나 누워서는 아니된다.”

이 여러 비구들은 세존께서 니사단을 저축하도록 허락하셨다는 것을

8) 산스크리트어 nisidana의 음사로서 니사단나(尼師但那)로 음역되고, 좌구(坐具)·부구(敷具) 등으로 번역된다. 비구가 앉거나 누울 적에 땅에 펴서 몸을 보호하며, 또 와구 위에 펴서 와구를 보호하는 네모진 깔개를 가리킨다.

알고서 넓고 길고 크게 지었다. 이 가운데에 비구가 있어 욕망이 적고 만족함을 알며 두타를 행하였는데, 이러한 일을 듣고 마음이 즐겁지 않아서 여러 종류의 인연으로 꾸짖었다.

"어찌 비구라고 이름하면서 세존께서 니사단을 저축하도록 허락하신 것을 알고서 곧 넓고 길며 크게 지어서 저축하는가?"

여러 종류의 인연으로 꾸짖고서 세존을 향하여 자세히 말하였다. 세존께서는 이 일로써 비구 승가를 모으셨으며 아시면서도 일부러 여러 비구들에게 물으셨다.

"그대들이 진실로 이러한 일을 지었는가?"

대답하여 말하였다.

"진실로 지었습니다. 세존이시여."

세존께서는 여러 종류의 인연으로 꾸짖으셨다.

"어찌 비구라고 이름하면서 세존께서 니사단을 저축하도록 허락하신 것을 알고서 곧 넓고 길며 크게 지어서 저축하였는가?"

여러 종류의 인연으로서 꾸짖으셨으며, 여러 비구들에게 말씀하셨다.

"열 가지의 이익을 까닭으로 여러 비구들에게 계를 제정하여 주겠노라. 지금부터 이러한 계는 이와 같이 설할지니라. '만약 비구가 니사단을 짓고자 한다면 마땅히 양에 알맞게 지어야 하느니라. 양은 길이는 세존의 손으로 두 뼘이고, 너비는 한 뼘의 반이다. 이것을 넘겨서 짓는다면 바일제이니라.'

'바일제'는 소자와 복장이고, 만약 허물을 참회하지 않는다면 능히 도를 장애한다.

이 가운데에서 범하는 것은 만약 비구가 양을 넘겨서 길이로 니사단을 짓는다면 바일제이고, 양을 넘겨서 너비로 짓는다면 바일제이고, 양을 넘겨서 너비와 길이로 짓더라도 바일제이다. 만약 비구가 양을 넘겨서 너비와 길이로 부창의를 지었다면 이 옷은 마땅히 잘라내고 대중 승가의 가운데에 들어가 아뢰어 말하라.

'내가 양을 넘겨서 너비와 길이로 니사단을 지어서 바일제죄를 얻었습

니다. 지금 드러내고서 참회하고 덮어서 숨기지 않겠습니다.'

승가는 마땅히 묻도록 하라.

'그대는 잘라냈는가?'

만약 '이미 잘라냈다.'고 말한다면 승가는 마땅히 묻도록 하라.

'그대는 죄를 인정하는가?'

만약 '죄를 인정한다.'고 말한다면 마땅히 가르쳐서 말하도록 하라.

'그대가 지금 드러내고서 참회하였으므로 뒤에 다시는 짓지 말라.'

만약 아직 잘라내지 않았다면 승가는 마땅히 잘라내도록 가르쳐라. 만약 승가가 간략하게 충고하지 않는다면 일체의 승가는 돌길라를 얻는다. 만약 승가가 간략하게 충고하였으나 받아들이지 않는다면, 이 비구는 돌길라죄를 얻느니라."

세존께서는 사위국에 머무르셨다.

이때 세존께서는 오전에 옷을 입고 발우를 지니고 사위성에 들어가 걸식하셨다. 걸식을 마치고 안타(安陀) 숲의 가운데에 들어가셨으며, 한 나무의 아래에 니사단을 펴고서 앉으셨다. 장로 가류타이도 역시 안타 숲에 들어왔고 세존과 멀지 않은 한 나무 아래에 있으면서 니사단을 펴고서 앉았다. 이 장로는 몸이 장대하여 양 무릎이 땅에 닿았으므로 양손으로 옷을 붙잡았으며, 이러한 발원의 말을 지었다.

"세존께서 어느 때에 우리에게 세존의 손으로 한 뼘을 늘려서 니사단을 짓도록 허락하실까? 이와 같다면 만족할 것이다."

세존께서는 포시(晡時)에 선정에서 일어나셨고 이 일로써 비구 승가를 모으셨으며, 여러 비구들에게 말씀하셨다.

"나는 오늘 식시(食時)에 옷을 입고 발우를 지니고서 성에 들어가 걸식하였고, 걸식을 마치고 안타 숲에 들어가서 한 나무 아래에 니사단을 펴고 앉았느니라. 가류타이도 걸식에서 돌아와서 역시 한 나무 아래에 앉았고 이렇게 사유를 지었느니라.

'세존께서 지금 어느 곳을 거니신다면 나도 역시 그 사이에서 거닐어야

겠다.'

나는 때에 안타 숲으로 들어가서 한 나무의 아래에 니사단을 펴고서 앉았고, 가류타이 역시 그렇게 하였는데, 이 선남자는 몸이 장대하여 양 무릎이 땅에 닿았으므로 이러한 발원의 말을 지었느니라.

'세존께서 어느 때에 우리에게 세존의 손으로 한 뼘을 늘려 니사단을 짓도록 허락하실까? 이와 같다면 만족할 것이다.'"

세존께서는 여러 비구들에게 말씀하셨다.

"지금부터 이러한 계는 이와 같이 설할지니라. '만약 비구가 니사단을 짓고자 한다면 마땅히 양에 알맞게 지어야 하느니라. 양은 길이는 세존의 손으로 두 뼘이고, 너비는 한 뼘의 반이며, 또한 끝부분에 한 뼘을 더한 것이다. 이를 넘겨서 짓는다면 바일제이니라.'" [여든아홉 번째 일을 마친다.]

세존께서는 가유라위국(迦維羅衛國)에 머무르셨다.

이때 장로 난타(難陀)는 세존의 아우였고, 이모(姨母)의 소생으로서 세존과 신상(身相)이 비슷하여 30상(相)이 있었고, 세존보다 네 손가락이 짧았다. 이때 난타가 그 옷을 지었는데 그 양이 세존과 같았다. 여러 비구들이 만약 음식을 먹는 때와 모임의 중간과 모임의 뒤에 멀리서 난타가 오는 것을 보고 세존이라고 말하면서 모두 일어나서 맞이하였다.

"우리들의 대사께서 오신다. 세존께서 오신다."

가까이 왔는데 오히려 아닌 것을 알았으므로 여러 상좌들은 모두 부끄러워서 이렇게 사유를 지었다.

"이 사람은 우리보다 하좌인데 어찌 일어나서 맞이하였는가?"

난타도 역시 부끄러워서 말하였다.

"도리어 여러 상좌들께서 일어나서 저를 맞이하게 하였습니다."

여러 비구들은 이 일로써 세존을 향하여 자세히 말하였다. 세존께서는 이 일로써 비구 승가를 모으셨으며, 아시면서도 일부러 난타에게 물으셨다.

"그대가 진실로 이러한 일을 지었는가?"

대답하여 말하였다.

"진실로 지었습니다. 세존이시여."

세존께서는 여러 종류의 인연으로 꾸짖으셨다.

"어찌 비구라고 이름하면서 세존의 옷과 같은 양으로 옷을 지었는가? 지금부터 그대는 옷을 마땅히 줄여서 짓고 이러한 가사는 펼쳐서 말리도록 하라. 여러 비구들이여. 그대들은 난타의 옷을 펼쳐서 말리도록 하라. 다시 이와 같은 자가 있다면 승가에서 역시 같은 마음으로 펼쳐서 말려야 하느니라."

여러 비구들에게 말씀하셨다.

"열 가지의 이익을 까닭으로 여러 비구들에게 계를 제정하여 주겠노라. 지금부터 이러한 계는 이와 같이 설할지니라. '만약 비구가 세존의 옷과 같은 양으로 옷을 짓거나, 넘겨서 짓는다면 바일제이니라. 세존의 옷의 양은 길이가 세존의 손으로 아홉 뼘이고 너비가 여섯 뼘이니라. 이것이 세존 옷의 양이니라.'

'바일제'는 소자와 복장이고, 만약 허물을 참회하지 않는다면 능히 도를 장애한다.

이 가운데에서 범하는 것은, 만약 비구가 세존의 옷과 같은 양으로 옷을 짓는다면 바일제이고, 만약 세존 옷의 양을 넘겨서 지었어도 바일제이며, 짓는 것을 따라서 그와 같은 바일제를 얻는다. 만약 비구가 세존의 옷과 같은 양으로 옷을 지었다면 그 옷은 마땅히 잘라내야 하고, 대중 승가의 가운데에 들어가서 아뢰어 말하라.

'내가 세존의 양과 같은 옷을 지어서 바일제죄를 얻었습니다. 지금 드러내고서 참회하고 덮어서 감추지 않겠습니다.'

승가는 마땅히 묻도록 하라.

'그대는 잘라냈는가?'

만약 '이미 잘라냈다.'고 말한다면 승가는 마땅히 묻도록 하라.

'그대는 죄를 인정하는가?'

만약 '죄를 인정한다.'고 말한다면 마땅히 가르쳐서 말하도록 하라. '그대가 지금 드러내고서 참회하므로 뒤에 다시는 짓지 말라.'

만약 아직 잘라내지 않았다면 승가는 마땅히 잘라내도록 가르쳐라. 만약 승가가 간략하게 충고하지 않는다면 일체의 승가는 돌길라를 얻는다. 만약 승가가 간략하게 충고하였으나 받아들이지 않는다면, 이 비구는 돌길라죄를 얻는다." [아흔 번째 일을 마친다.]

십송율 제19권

후진 북인도 삼장 **불야다라** 한역

석보운 번역

3. 삼송 ⑥

5) 4바라제제사니법(波羅提提舍尼法)

세존께서는 사위국에 머무르셨다.

이때 세상에 기근이었으나 화색(華色) 비구니는 덕이 있고 지식도 많아서 능히 많은 의복·음식·와구·탕약 등 필요한 물건을 얻을 수 있었다. 이 비구니가 이른 아침에 일찍 일어나서 옷을 입고 발우를 지니고 사위성에 들어가서 걸식하였다. 이때 여러 비구들이 사위성에서 음식을 걸식하여도 얻지 못하고 번민하며 즐겁지 않은 것을 보았다. 이 비구니는 여러 비구들의 발우 속을 쳐다보고서 조금 모자라면 조금을 주었고, 반이 모자라면 그 반을 주었으며, 전혀 없으면 모두 주었다. 이렇게 이 비구니는 하루에 걸식하여 얻은 것을 모두 여러 비구들에게 주었다. 이와 같이 2·3일이 지나고 음식을 먹지 못한 까닭으로 거리의 가운데에서 정신을 잃고는 땅에 쓰러졌다. 한 상인이 이것을 보고 그 아내에게 말하였다.

"화색 비구니께서 거리의 가운데에 쓰러져 있으므로 그대가 부축하여 모시고 오시오."

아내가 곧 가서 부축하여 집으로 데리고 들어왔다. 빠르게 된죽을 끓여서 먹였고 깨어났으므로 물어 말하였다.

"그대는 무슨 병이 있었고 얼마나 심하여 병의 고통으로 거리의 가운데에서 쓰러졌습니까?"

비구니가 말하였다.

"나는 병도 없고, 통증도 없으며, 심한 것도 없습니다. 나는 음식을 얻지 못한 까닭으로 정신을 잃고 거리의 가운데에 쓰러졌습니다."

또한 물었다.

"그대는 걸식하여 능히 얻지 못하였습니까?"

대답하여 말하였다.

"나는 걸식하여 음식을 얻었습니다. 여러 대중으로서 사위성에서 걸식하며 얻지 못하였고 번민하고 즐거워하지 않았으므로, 내가 비구들의 발우 속을 쳐다보고서 조금 모자라면 조금 덜어 주었고, 반이 모자라면 반을 덜어 주었으며, 전혀 없으면 모두 주었습니다. 이와 같이 2·3일을 하였고 나는 음식을 먹지 못하였으며 이러한 까닭으로 정신을 잃고 거리의 가운데에 쓰러졌습니다."

여러 거사들이 이러한 일을 듣고 마음이 기쁘지 않아서 꾸짖어 말하였다.

"이 사문 석자들은 때를 알지 못하고 양도 알지 못한다. 만약 주는 자가 양을 알지 못한다면 받는 자라도 양을 알아야 한다. 이 화색 비구니는 음식을 먹지 못한 까닭으로 거의 죽음에 이르렀다."

이 가운데에 비구가 있어 욕망이 적고 만족함을 알며 두타를 행하였는데, 이러한 일을 듣고 마음이 즐겁지 않아서 세존을 향하여 자세히 말하였다. 세존께서 이 일로써 비구 승가를 모으셨으며, 여러 종류의 인연으로 꾸짖으셨다.

"어찌 비구라고 이름하면서 비구가 때도 알지 못하고 양도 알지 못하는가? 만약 주는 자가 양을 알지 못한다면 받는 자라도 양을 알아야 한다. 이 화색 비구니는 음식을 먹지 못한 까닭으로 거의 죽음에 이르렀느니라."

세존께서는 여러 종류의 인연으로 꾸짖으셨으며, 여러 비구들에게 말씀하셨다.

"열 가지의 이익을 까닭으로 여러 비구들에게 계를 제정하여 주겠노라.

지금부터 이러한 계는 이와 같이 설할지니라. '만약 비구가 병이 없으면서 취락에 들어가서 친족이 아닌 비구니에게 스스로가 음식을 받았다면 이 비구는 다른 비구를 향하여 이렇게 그 죄를 말하라.

'장로여. 나는 꾸짖을 수 있는 법의 옳지 못한 것에 떨어졌습니다. 이 법은 참회할 것이므로 나는 지금 드러내고서 허물을 참회합니다.'

이것을 바라제제사니법(波羅提提舍尼法)이라고 이름한다.

'병'은 풍기가 치성하거나, 열기가 치성하거나, 냉기가 치성하여 이러한 음식을 먹는다면 차도가 있는 것으로 이것을 이를 병이라고 이름한다. 이러한 인연을 제외하고는 병이 아니라고 이름한다.

'친족이 아니다.'에서 친족은 만약 어머니이거나, 만약 딸이거나, 만약 자매이거나, 나아가 7세에 인연 있는 자이다. 이것을 친족이라 이름하고, 이것을 제외하면 친족이 아니라고 이름한다.

'음식'은 다섯 종류의 가다니식(佉陀尼食)과 다섯 종류의 포사니식(蒱闍尼食)과 다섯 종류의 사식(似食)이다.

'다섯 종류의 가다니식'은 뿌리(根)·줄기(莖)·잎사귀(葉)·마(磨)·열매(果) 등이다.

'다섯 종류의 포사니식'은 밥(飯)·미숫가루(麨)·말린 밥(糒)·생선(魚)·고기(肉) 등이다.

'다섯 종류의 사식'은 싸라기(糜)·조(粟)·광맥(穬麥)·유자(莠子)·가사(迦師) 등이다.

이 가운데에서 범하는 것은 만약 비구가 병이 없으면서 취락에 들어가서 친족이 아닌 비구니에게 스스로가 손으로 뿌리 음식을 받으면 바라제제사니죄를 얻고, 줄기·잎·마·열매 등의 음식이거나, 밥·미숫가루·말린 밥·생선·고기 등의 음식이거나, 죽·조·광맥·유자·가사 음식 등을 스스로가 손으로 받았다면 모두 바라제제사니의 죄이다. 범함이 없는 것은 만약 병이 있거나, 만약 친족인 비구니이거나, 천사(天祠)의 가운데에서 여러 사람이 모여서 주었거나, 만약 사문의 주처에서 주었거나, 만약 취락 밖의 비구니 방사의 가운데에서 주었다면 범한 것은 아니다." [첫 번째의

법이다.]

세존께서는 왕사성에 머무르셨다.

이때 한 거사가 있었고 세존과 2부(部)의 승가에게 내일의 음식을 청하였고 세존께서는 묵연히 받아들이셨다. 거사는 세존께서 묵연히 받아들이신 것을 알고서 머리숙여 발에 예경하고서 오른쪽으로 돌면서 떠나갔다. 자기 집에 돌아와서 여러 종류의 맛있는 음식을 많이 준비하였고, 이른 아침에 자리를 펼쳐놓고 사자를 보내 세존께 아뢰었다.

"음식이 이미 준비되었습니다. 세존께서는 스스로가 때인 것을 아십시오."

세존께서는 곧 2부승가와 함께 거사의 집으로 들어가서 앉으셨다. 거사는 세존과 승가가 앉으신 것을 보고 스스로가 손으로 물을 돌렸고 음식을 주고자 하는 때이었다. 이 가운데 조달(調達)을 돕는 비구니가 있었는데 육군비구를 위하였던 까닭으로 단월에게 가르쳐서 말하였다.

"이분이 첫째의 상좌이고, 이분이 둘째의 상좌이며, 이분은 지율(持律)이고, 이분은 법사(法師)입니다. 이 비구에게는 밥을 주고, 이 비구에게는 국을 주십시오."

여러 거사들이 말하였다.

"우리들은 누가 첫째의 상좌이고, 누가 둘째의 상좌이며, 누가 지율사이고, 누가 법사인가를 알지 못합니다. 이곳에 음식이 많으며, 스스로가 마땅히 두루 주겠으니, 산란(散亂)스러운 말을 하지 마십시오. 만약 산란하게 말하겠다면 그대가 스스로 일어나서 음식을 주십시오. 우리들은 마땅히 머물겠습니다."

세존께서는 이 비구니가 산란하게 일을 짓는 것을 멀리서 보셨고, 여러 거사들이 꾸짖는 것도 들으셨다. 식후에 이 인연으로서 비구 승가를 모으셨으며, 여러 종류의 인연으로 육군비구를 꾸짖으셨다.

"어찌 비구라고 이름하면서 비구니가 가르쳐서 주었던 음식을 먹었는가?"

여러 종류의 인연으로 꾸짖으셨으며, 여러 비구들에게 말씀하셨다.

"열 가지의 이익을 까닭으로 여러 비구들에게 계를 제정하여 주겠노라. 지금부터 이러한 계는 이와 같이 설할지니라. '만약 비구가 백의의 집에서 음식을 청하였는데, 이 가운데에 비구니가 있어 '이 비구에게는 밥을 주시고, 이 비구에게는 국을 주십시오.'라고 지시(指示)하여 말하였다면, 여러 비구들은 이 비구니에게 '여러 비구들이 식사를 마칠 때까지 잠시 기다리십시오.'라고 말하도록 하라. 만약 여러 비구의 가운데에서 '여러 비구들이 음식을 먹을 때까지 잠시 기다리십시오.'라고 말하는 비구가 한 사람도 없었고, 여러 비구들이 음식을 먹었다면 이 일체의 비구는 마땅히 다른 비구를 향하여 말하도록 하라.

'장로여. 우리는 꾸짖을 수 있는 법의 옳지 못한 것에 떨어졌습니다. 이 법은 참회할 것이므로 우리들은 지금 드러내고서 허물을 참회합니다.'

이것을 바라제제사니법이라고 이름한다.

이 가운데에서 범하는 것은 만약 비구가 비구니의 지시로 주었던 음식을 받았다면 바라제제사니죄를 얻는다. 받는 것을 따라서 그와 같은 바라제제사니죄를 얻는다. 만약 2부의 승가가 함께 앉았는데, 1부의 승가의 가운데에서 만약 한 사람이 말로 이 비구니를 꾸짖었다면 제2부에서도 역시 말하였다고 이름한다. 만약 별도로 들어갔고, 별도로 앉았으며, 별도로 음식을 먹었고, 별도로 나왔다면 이 가운데에서 단월의 문으로 들어가는 비구는 마땅히 문을 나오는 비구에게 '누구 비구니가 이 가운데에서 단월을 가르쳐서 비구에게 음식을 주었는가?'라고 묻도록 하라. '누구입니다.'라고 대답하였다면, '간략하게 충고하였는가?'라고 마땅히 물어야 하고, '이미 충고하였습니다.'라고 답하였다면 이 들어오는 비구도 역시 충고하였다고 이름한다.

여러 비구들이 성문을 나오는 때에 들어오는 비구가 있다면 마땅히 나오는 자들에게 물어야 하고, 만약 나오는 자들이 충고하지 않았다면 들어가는 자들이 충고하도록 하라. 만약 나오는 자들이 이미 충고하였다면 들어가는 자도 역시 충고하였다고 이름한다." [두 번째의 법이다.]

세존께서는 유야리에 머무르셨다.

이때 코끼리 조련사(象師)가 있어 수라(首羅)라고 이름하였는데, 부귀하고 위덕이 있었으며, 재물과 보물이 풍족하고 많았으며, 백성과 밭과 집 등 여러 종류를 성취한 자였다. 이 사람은 세존께 귀의하였고 법에 귀의하였으며 승가께 귀의하였고, 4제(諦)를 보았고 초도(初道)를 얻었으며, 단월(檀越)로서의 보시를 좋아하였는데, 그 양을 헤아리지 못하였다. 이 사람은 일천의 금전(金錢)을 녹봉(官稟)으로 얻었으나, 가지고 보시에 사용하였고, 더불어 다른 재물까지 가지고 보시하였으므로, 능히 부인과 자식들에게 충분히 공급하지 못하여 굶주렸다. 여러 거사들이 성내면서 꾸짖어 말하였다.

"이 사문 석자들은 때를 알지 못하고 양도 알지 못한다. 만약 주는 자가 양을 알지 못한다면 받는 자라도 양을 알아야 한다. 이 수라 코끼리 조련사는 본래 부유하여 재물이 풍족하였는데, 보시하면서 양도 알지 못하여 능히 부인과 자식들에게 공급하지 못해 굶주리고 있으므로 매우 연민스럽구나."

이 가운데에 비구가 있어 욕망이 적고 만족함을 알며 두타를 행하였는데, 이러한 일을 듣고 마음이 즐겁지 않아서 세존을 향하여 자세히 말하였다. 세존께서는 이 일로써 비구 승가를 모으셨으며, 여러 종류의 인연으로 꾸짖으셨다.

"어찌 비구라고 이름하면서 비구가 때도 알지 못하고 양도 알지 못하는가? 만약 주는 자가 양을 알지 못한다면 받는 자라도 양을 알아야 한다. 이 수라 코끼리 조련사는 단월로서 보시를 좋아하여 양을 알지 못하고 주었던 까닭으로 능히 부인과 자식들에게 공급할 수 없어서 굶주리고 있지 않은가?"

세존께서는 여러 종류의 인연으로 꾸짖으셨으며, 여러 비구들에게 말씀하셨다.

"그대들은 수라 코끼리 조련사에게 학가갈마(學家羯磨)를 지어서 주도록 하라. 여러 비구·비구니·식차마니·사미·사미니는 이 집에 들어가서 스스로가 손으로 음식을 받을 수 없느니라. 만약 다시 이와 같은 사람이 있다면 승가는 역시 마땅히 학가갈마를 지어서 주도록 하라. 학가갈마는 승가가 한마음으로 화합하였다면 한 비구가 승가의 가운데에서 창언하라.

'대덕 승가께서는 허락하십시오. 수라는 코끼리 조련사이고 학가(學家)입니다. 여러 비구·비구니·식차마니·사미·사미니는 이 집에 들어가서 스스로가 손으로 음식을 받을 수 없습니다. 만약 승가께서 때에 이르렀다면 승가께서는 허락하십시오. 승가시여. 수라 거사에게 학가갈마를 짓겠습니다. 여러 비구·비구니·식차마니·사미·사미니는 이 집에 들어가서 스스로 손으로 음식을 받을 수 없습니다. 이와 같이 아룁니다.'

아뢰고서 백이갈마를 짓는다.

'승가시여. 수라의 코끼리 조련사에게 학가갈마를 지어서 주었습니다. 승가께서 허락하신 것은 묵연하였던 까닭입니다. 이 일은 이와 같이 지니겠습니다.'"

이 수라 코끼리 조련사에게 승가가 학가갈마를 지어서 주었고, 여러 비구·비구니·식차마니·사미·사미니는 자기의 집에 들어와서 스스로 손으로 음식을 받을 수 없다는 것을 들었다. 듣고서 곧 세존의 처소로 나아가서 세존의 발에 머리숙여 예경하고 한쪽에 앉아서 세존께 아뢰었다.

"원하옵건대 세존이시여. 저에게 주셨던 이 학가갈마를 없애 주십시오."

세존께서는 여러 비구들에게 말씀하셨다.

"수라 거사를 위한 학가갈마를 버리도록 하라. 만약 다시 이러한 수라 거사와 애원하는 자가 있다면 역시 마땅히 버리도록 하라.'

버리는 법은 일심으로 승가가 화합하였다면 수라 거사는 자리에서 일어나서 오른쪽 어깨를 드러내고 가죽신을 벗고서 합장하고 아뢰어 말하라.

'대덕 승가께서는 허락하십시오. 나 수라 거사는 보시하며 양을 알지 못하고 주었으므로 능히 아내와 자식들에게 공급하지 못하여 굶주리게 하였습니다. 이러한 인연을 까닭으로 승가께서 나를 위하여 학가갈마를 지어서 주었고, 여러 비구·비구니·식차마니·사미·사미니께서는 나의 집에 들어와서 스스로가 손으로 음식을 받을 수 없었습니다. 나는 지금 승가를 쫓아서 학가갈마를 버리기를 애원합니다. 본래와 같이 여러 비구·비구니·식차마니·사미·사미니께서는 우리 집에 들어와서 스스로가 손으로 음식을 받아주십시오.'

이와 같이 두·세 번을 애원하라. 승가는 마땅히 버릴 것인가? 버리지 않을 것인가를 주량해야 한다. 만약 수라 코끼리 조련사의 재산이 줄어들고 늘어나지 않았다면 이때에 간청하거나, 간청하지 않더라도 버려서는 아니된다. 만약 수라 거사의 재산이 늘어났다면 간청하거나 간청하지 않더라도 모두 버려야 한다. 만약 수라 코끼리 조련사의 재산이 늘어나지도 줄지도 않았다면 이때에 간청한다면 버리고 간청하지 않는다면 버리지 말라. 이 가운데에서 한 비구가 마땅히 창언하라.

'대덕 승가께서는 허락하십시오. 이 수라 코끼리 조련사는 이전에 단월이 되어 보시하면서 양을 알지 못하고 주었으므로 능히 아내와 자식들에게 공급하지 못하여 굶주리게 하였습니다. 승가는 이러한 인연을 까닭으로써 학가갈마를 지어서 주었고, 여러 비구·비구니·식차마니·사미·사미니께서는 이 집에 들어가서 스스로가 손으로 음식을 받을 수 없었습니다. 지금 이 수라 코끼리 조련사는 승가를 쫓아서 학가갈마를 버리고서, 본래와 같이 여러 비구·비구니·식차마니·사미·사미니께서는 자기의 집에서 스스로가 손으로 음식을 받는 것을 애원하고 있습니다. 만약 승가께서 때에 이르렀다면 승가께서는 허락하십시오. 승가시여. 수라 코끼리 조련사에게 학가갈마를 버려 주시고, 본래와 같이 여러 비구·비구니·식차마니·사미·사미니께서는 수라의 집에서 스스로가 손으로 음식을 받아주십시오. 이와 같이 아룁니다.'

아뢰고서 백이갈마를 짓는다.

'승가시여. 수라의 코끼리 조련사에게 학가갈마를 버리는 것을 마쳤습니다. 승가께서 인정하신 것은 묵연하였던 까닭입니다. 이 일은 이와 같이 지니겠습니다."

세존께서는 여러 비구들에게 말씀하셨다.

"열 가지의 이익을 까닭으로 여러 비구들에게 계를 제정하여 주겠노라. 지금부터 이러한 계는 이와 같이 설할지니라. '만약 여러 학가가 있었고 승가가 학가갈마를 지어서 마쳤는데, 만약 비구가 이와 같은 학가에게 먼저 청을 받지 않았으나, 뒤에 와서 스스로가 손으로 음식을 받았다면 이 비구는 마땅히 다른 비구를 향하여 죄를 말해야 하나니, 이렇게 말을 짓도록 하라.

'장로여. 우리는 꾸짖을 수 있는 법의 옳지 못한 것에 떨어졌습니다. 이 법은 참회할 것이므로 나는 지금 드러내고서 허물을 참회합니다.'

이것을 바라제제사니법이라고 이름한다.

'학가'는 초도(初道)를 얻은 집이다.

'학가갈마를 짓는다.'는 승가가 이 집에 학가갈마를 지은 것이다.

'먼저 청하지 않았다.'는 이 학가에서 먼저 청하지 않았으나, 뒤에 와서 스스로가 손으로 받은 것이다.

'음식'은 다섯 종류의 가다니식과 다섯 종류의 포사니식과 다섯 종류의 사식이다. 이 가운데에서 범하는 것은 만약 비구가 학가에서 먼저 청하지 않았으나, 뒤에 와서 스스로가 손으로 뿌리 음식을 받으면 바라제제사니죄를 얻고, 줄기·잎·마·열매·밥·미숫가루·말린 밥·생선·고기·죽·조·광맥·유자·가사 음식 등이더라도 모두 바라제제사니의 죄이다. 스스로가 손으로 받는 것을 따라서 그와 같은 바라제제사니의 죄를 얻는다." [세 번째의 법이다.]

세존께서는 가위라위국(迦維羅衛國)에 머무르셨다.

이때 여러 석자(釋子)는 저녁의 음식 때로 향하였고, 음식이 좋고 향기롭고 맛있는 것을 보고서 이렇게 생각을 지었다.

'우리들은 마땅히 이와 같은 좋은 음식을 혼자서 먹어서는 아니된다. 어찌 마땅히 세존과 승가의 몫을 남겨두지 않겠는가!'

이렇게 생각을 짓고 세존과 승가를 위한 까닭으로 저녁 음식의 몫을 남겨두었다. 날이 밝아서 땅이 명료하였으므로 여러 석씨의 부녀들은 좋은 보배로 스스로 몸을 장엄하고서 맛있는 음식을 가지고 크게 말하였고 크게 웃으며 승방으로 향하면서 이렇게 말을 지었다.

"세존께서는 지금 나의 음식을 먼저 드실 것이다."

그녀도 역시 다시 말하였다.

"세존께서 먼저 나의 음식을 드시고서 나에게 장야(長夜)에 이익과 안락을 얻게 할 것이다."

이때 니구타림(尼俱陀林)의 가운데에 도둑이 있었는데, 이전에 일을 범하고 쫓겨나서 이 숲에 들어왔으며, 무기를 가지고 가운데에 모아두고서 둘러싸고 누워있었는데, 다만 두목은 눕지 않았다. 사람의 소리를 듣고 도둑들에게 말하였다.

"모두들 일어나서 칼·방패·활·화살을 잡고서 재물을 한곳으로 모아라. 왕의 힘이거나, 취락의 힘에 포위되어 크게 우뇌하지 않도록 하라."

이 여러 사람들은 모두 일어나서 그가 간략하게 칙명하는 것과 같이 칼·방패·활·화살을 잡고서 재물을 한곳으로 모았다. 두목이 말하였다.

"잠깐 기다리게. 내가 마땅히 가서 살펴보겠네."

곧 나무 사이에 서서 도로 위의 사람들의 소리를 듣고서 사문의 소리를 지어서 물어 말하였다.

"그대들은 누구인가?"

대답하여 말하였다.

"우리들은 석씨의 부녀자들입니다. 좋은 보배로 몸을 장엄하고 좋은 음식을 가지고 승방으로 향하고자 니구타림으로 들어왔습니다. 세존께서 지금 저의 음식을 먼저 드신다면 우리들은 장야에 마땅히 이익과 안락을 얻을 것입니다."

두목이 곧 돌아와서 도둑들에게 말하였다.

"지금 일을 성립할 수 있다. 다만 마땅히 일어나서 취하도록 하라."

물어 말하였다.

"무엇입니까?"

대답하여 말하였다.

"여러 석씨 부녀자들이 묘한 보배로 몸을 장엄하고 좋은 음식을 가지고 니구다림의 가운데에 들어왔네."

곧 때에 도둑들은 모두 일어났고 옷을 모두 벗기고서 나형으로 풀어주었다.

'악한 도둑들이 있었고 여러 석씨 부녀자들을 모두 벗기고서 나형으로 풀어주었다.'

이와 같은 소식이 성읍과 취락으로 유포되었고, 곧 관가의 힘과 취락의 힘으로서 니구다림을 둘러싸고 도둑들을 붙잡게 되었다. 이때 여러 여인들이 나형으로 머물렀는데 육군비구가 가서 말하였다.

"이 음식은 향기롭고 맛있겠습니다. 나에게 가져오십시오. 이 음식은 다시 수승하므로, 역시 나에게 가져오십시오."

그때 부녀자들이 성내면서 꾸짖어 말하였다.

"이렇게 모두가 나형인 것은 걱정하지도 않고 다만 이러한 음식을 얻고자 하십니까?"

여러 비구들이 이 일로써 세존을 향하여 자세히 말하였다. 세존께서는 아난에게 말씀하셨다.

"버렸던 옷의 가운데에서 취하여 각각을 취하여 여러 여인에게 한 벌씩을 주도록 하게."

아난이 말하였다.

"알겠습니다."

곧 버렸던 옷의 가운데에서 취하여 여러 여인들에게 각각 한 벌씩을 주었다. 여러 여인들은 옷을 입고서 음식을 가지고 승방에 들어갔다. 건치를 두드려 승가에게 음식을 나누어 주었고 세존의 앞에 앉아서 설법을 들었다. 세존께서는 여러 여인들이 앉은 것을 보시고 여러 종류의 인연으로 보여주셨고 가르치셨으며 이익되고 기쁘게 하셨고, 보여주셨고 가르치셨으며 이익되고 기쁘게 하시고서 묵연하셨다. 여러 여인들은 세존께서 여러 종류의 인연으로서 보여주셨고 가르치셨으며 이익되고 기쁘게 하신 것을 알고서 세존의 발에 머리숙여 예경하고서 오른쪽으로 돌면서 떠나갔다. 여러 여인들이 떠나고 오래지 않아서 세존께서는 이 일로써 비구승가를 모으셨으며, 여러 종류의 인연으로서 육군비구를 꾸짖으셨다.

"어찌 비구라고 이름하면서 승가가 간략하게 칙명을 짓지 않았더라도 승방 밖에서 스스로가 음식을 받지 않았으며, 승방 안에서 받았는가?"

여러 종류의 인연으로 꾸짖으셨으며, 여러 비구들에게 말씀하셨다.

"열 가지의 이익을 까닭으로 여러 비구들에게 계를 제정하여 주겠노라. 지금부터 이러한 계는 이와 같이 설할지니라. '만약 비구 승가가 머무는 아련아(阿練兒) 처소에는 의심과 두려움이 있느니라. 만약 비구가 이러한 아련아의 주처에 의심과 두려움의 재난이 있는 것을 알면서도, 승가가 소임자로 뽑지 않았으므로 승방 밖에서는 스스로가 손으로 음식을 받지 않았으나, 승방 안에서 받았다면 이 비구는 나머지의 비구를 향하여 죄를 말하도록 하라.

'장로여. 내가 꾸짖을 수 있는 법의 옳지 못한 것에 떨어졌습니다. 이 법은 참회할 것이므로 나는 지금 드러내고서 허물을 참회합니다.'

이것을 바라제제사니법이라고 이름한다.

'아련아의 처소'는 취락에서 500궁(弓) 떨어진 곳이니, 마가다국(摩伽陀國)에서는 1구로사(拘盧舍)이고, 북방국(北方國)에서는 반 구로사이다.

'의심'은 나아가 물그릇 하나라도 잃는 것을 의심하는 것이다.

'두려움'은 이 가운데에서 나아가 악한 비구를 두려워하는 것이다.

'승가가 소임자로 뽑지 않았다.'는 승가가 일심으로 그 사람을 뽑지 않은 것이다.

'승방 밖'은 이 승방의 담장 바깥이거나, 울타리 바깥이거나, 도랑 바깥 등이다.

'승방의 안'은 승방의 담장 안이거나, 울타리 안이거나, 도랑 안 등이다.

'음식'은 다섯 종류의 가다니식과 다섯 종류의 포사니식과 다섯 종류의 사식이다.

이 가운데에서 범하는 것은, 만약 비구가 승가가 그 사람을 소임자로 뽑지 않았더라도 승방 밖에서는 스스로가 손으로 뿌리 음식을 받지 않았으나, 승방 안에서 받았다면 바라제제사니이다. 줄기·잎·마·열매·밥·미숫가루·말린 밥·생선·고기·죽·조·광맥·유자·가사 등을 받았더라도 모두 바라제제사니의 죄이다. 스스로가 손으로 받는 것을 따라서 그것의 바라제제사니의 죄를 얻는다.

지금부터 마땅히 갈마로 지식인(知食人)을 뽑도록 하라.

일심으로 화합한 승가에서 누구 한 비구가 '누가 능히 승가를 위하여 참지식인이 되겠습니까?'라고 묻도록 하고, 만약 '내가 능히 할 수 있다.'고 말하는 자가 있더라도, 만약 애욕을 따르고, 성냄을 따르며, 두려움을 따르고, 어리석음에 따르며, 유무(有無)를 알지 못하는 5법이 있다면 마땅히 지식인으로 뽑아서 지어서는 아니된다. 만약 애욕을 따르지 않고, 성냄을 따르지 않으며, 두려움을 따르지 않고, 어리석음에 따르지 않으며, 유무를 아는 5법을 성취하였다면 마땅히 그를 지식인으로 뽑아서 짓도록 하라. 이 가운데 한 비구가 승가의 가운데서 창언하라.

'대덕 승가께서는 허락하십시오. 누구 비구를 지식인으로 뽑아 지을 수 있습니다. 만약 승가께서 때에 이르렀다면 승가께서는 허락하십시오. 승가시여. 누구 비구를 지식인으로 뽑아서 짓겠습니다. 이와 같이 아룁니다.'

아뢰고 백이갈마를 짓는다.

'승가시여. 누구 비구를 지식인으로 뽑아서 지었습니다. 승가께서 허락하신 것은 묵연하였던 까닭입니다. 이 일은 이와 같이 지니겠습니다."

만약 비구가 승가가 갈마를 주었는데, 이 비구가 이 가운데에 도둑이 들어왔다는 것을 알았다면 마땅히 정인(淨人)을 데리고 그 가운데 세워두도록 하라. 만약 이 가운데서 도둑과 비슷한 사람이 있는 것을 보았다면 마땅히 이 음식을 취하고, 음식을 가지고 왔던 사람들에게 말하라. '그대들은 들어오지 마십시오. 이 가운데 도둑과 비슷한 사람이 있습니다.' 만약 음식을 가지고 왔던 사람이 강제로 왔다면 범한 것은 아니다." [네 번째의 법을 마친다.]

6) 107중학법(衆學法)을 밝히다 ①

세존께서는 왕사성에 머무르셨다.

그때 여러 비구들이 니원승(泥洹僧)을 너무 높게 입었고, 너무 낮게 입었으며, 삐뚤어지게 입었고, 가지런하게 둘러서 입지도 않았다. 세존께서는 보시고 이렇게 생각을 지으셨다.

'나는 마땅히 과거의 제불께서 어떻게 니원승을 입으셨는가를 관찰해야겠다.'

공중에서 정거천(淨居天)이 말하였다.

"세존이시여. 과거의 제불께서는 니원승을 가지런하게 둘러서 입으셨습니다."

세존께서도 역시 과거의 제불께서 니원승을 가지런하게 둘러서 입으신 것을 기억하여 아셨다. 세존께서는 다시 생각하셨다.

'나는 마땅히 미래의 제불께서 어떻게 니원승을 입으시겠는가를 관찰해야겠다.'

공중에서 정거천이 말하였다.

"세존이시여. 미래의 제불께서도 니원승을 가지런하게 둘러서 입으실 것입니다."

세존께서도 역시 미래의 제불께서 니원승을 가지런하게 둘러서 입으실 것을 기억하여 아셨다. 세존께서는 다시 생각하셨다.

'나는 마땅히 정거천은 어떻게 니원승을 입는가를 살펴보아야겠다.'

공중에서 정거천이 말하였다.

"정거천도 니원승을 가지런하게 둘러서 입었습니다."

세존께서도 역시 정거천이 니원승을 가지런하게 둘러서 입으시는 것을 기억하여 아셨다.

세존께서는 이 일로써 비구 승가를 모으셨으며, 여러 종류의 인연으로 꾸짖으셨다.

"어찌 비구라고 이름하면서 너무 높게 니원승을 입고, 너무 낮게 니원승을 입으며, 삐뚤어지게 니원승을 입고, 니원승을 가지런하게 둘러서 입지 않는가?"

여러 종류의 인연으로 꾸짖으셨으며, 여러 비구들에게 말씀하셨다.

"열 가지의 이익을 까닭으로 여러 비구들에게 계를 제정하여 주겠노라. 지금부터 너무 높게 니원승을 입지 않는 법을 마땅히 배우도록 하라. 만약 비구가 너무 높게 입는다면 돌길라이다. 만약 너무 높지 않게 입는다면 범한 것은 아니다.' [첫 번째의 법]

'너무 낮게 니원승을 입지 않는 법을 마땅히 배우도록 하라. 만약 너무 낮게 니원승을 입는다면 돌길라이다. 너무 낮지 않게 입는다면 범한 것은 아니다.' [두 번째의 법]

'삐뚤어지게 니원승을 입지 않는 법을 마땅히 배우도록 하라. 만약 삐뚤어지게 니원승을 입는다면 돌길라이다. 삐뚤어지지 않게 니원승을 입는다면 범한 것은 아니다.' [세 번째의 법]

'대패 머리처럼 니원승을 입지 않는 법을 마땅히 배우도록 하라. 대패 머리 모양으로 니원승을 입는다면 돌길라이다. 대패 머리처럼 입지 않는다면 범한 것은 아니다.' [네 번째의 법]

코끼리의 코처럼 니원승을 입지 않는 법도를 배워야만 한다. 코끼리 코의 모양으로 니원승을 입는다면 돌길라이다. 코끼리 코처럼 입지 않는다면 범한 것은 아니다. [다섯 번째의 법]

'다라수(多羅樹)의 잎처럼 니원승을 입지 않는 법을 마땅히 배우도록 하라. 다라수 잎의 모양으로 니원승을 입는다면 돌길라이다. 다라수의 잎처럼 입지 않는다면 범한 것은 아니다.' [여섯 번째의 법]

'보릿가루 덩어리처럼 니원승을 입지 않는 법도를 배우도록 하라. 보릿가루 덩어리의 모양으로 니원승을 입는다면 돌길라이다. 보릿가루 덩어리처럼 입지 않는다면 범한 것은 아니다.' [일곱 번째의 법]

'앞 주름을 곱게 접어서 니원승을 입지 않는 법을 마땅히 배우도록 하라. 앞 주름을 곱게 접어서 니원승을 입으면 돌길라이다. 앞 주름을 곱게 잡아 입지 않는다면 범한 것은 아니다.' [여덟 번째의 법]

'모피 니원승을 입지 않는 법을 마땅히 배우도록 하라. 만약 모피 니원승을 입는다면 돌길라이다. 모피 옷을 입지 않는다면 범한 것은 아니다.' [아홉 번째의 법]

'양쪽을 나란히 접어서 니원승을 입지 않는 법을 마땅히 배우도록 하라. 만약 양쪽을 나란히 접어 니원승을 입는다면 돌길라이다. 양쪽을 나란히 접어서 입지 않는다면 범한 것은 아니다.' [열 번째의 법]

'가는 실로 만든 니원승을 입지 않는 법을 마땅히 배우도록 하라. 만약 가는 실로 만든 니원승을 입는다면 돌길라이다. 가는 실로 만든 것을 입지 않는다면 범한 것은 아니다.' [열한 번째의 법]

'가지런하게 둘러서 니원승을 입는 법을 마땅히 배우도록 하라. 가지런하게 둘러서 니원승을 입지 않으면 돌길라이다. 가지런하게 둘러 입는다면 범한 것은 아니다." [열두 번째의 법]

세존께서는 왕사성에 머무르셨다.

그때 여러 비구들이 옷을 너무 높게 입었고, 너무 낮게 입었으며, 삐뚤어지게 입었고, 가지런하게 둘러서 입지도 않았다. 세존께서는 보시고 이렇게 생각을 지으셨다.

'나는 마땅히 과거의 제불께서 어떻게 니원승을 입으셨는가를 관찰해야겠다.'

공중에서 정거천(淨居天)이 말하였다.

"세존이시여. 과거의 제불께서는 옷을 가지런하게 둘러서 입으셨습니다."

세존께서도 역시 과거의 제불께서 옷을 가지런하게 둘러서 입으신 것을 기억하여 아셨다. 세존께서는 다시 생각하셨다.

'나는 마땅히 미래의 제불께서 어떻게 옷을 입으시겠는가를 관찰해야겠다.'

공중에서 정거천이 말하였다.

"세존이시여. 미래의 제불께서도 옷을 가지런하게 둘러서 입으실 것입니다."

세존께서도 역시 미래의 제불께서 옷을 가지런하게 둘러서 입으실 것을 기억하여 아셨다. 세존께서는 다시 생각하셨다.

'나는 마땅히 정거천은 어떻게 옷을 입는가를 관찰해야겠다.'

공중에서 정거천이 말하였다.

"정거천도 옷을 가지런하게 둘러서 입습니다."

세존께서도 정거천이 옷을 가지런하게 둘러서 입은 것을 스스로가 보셨다. 세존께서 이 일로써 비구 승가를 모으셨으며, 여러 종류의 인연으로 꾸짖으셨다.

"어찌 비구라고 이름하면서 너무 높게 니원승을 입고, 너무 낮게 니원승을 입으며, 삐뚤어지게 니원승을 입고, 니원승을 가지런하게 둘러서 입지 않는가?"

여러 종류의 인연으로 꾸짖으셨으며, 여러 비구들에게 말씀하셨다.

"열 가지의 이익을 까닭으로 여러 비구들에게 계를 제정하여 주겠노라. 지금부터 이러한 계는 이와 같이 말하라. '너무 높게 옷을 입지 않는 법을 마땅히 배우도록 하라. 너무 높게 입는다면 돌길라이다. 만약 너무 높지 않게 입는다면 범한 것은 아니다." [열세 번째의 법]

"너무 낮게 옷을 입지 않는 법을 마땅히 배우도록 하라. 너무 낮게 옷을 입는다면 돌길라이다. 너무 낮지 않게 입는다면 범한 것은 아니다." [열네 번째의 법]

"삐뚤어지게 옷을 입지 않는 법을 마땅히 배우도록 하라. 삐뚤어지게 옷을 입는다면 돌길라이다. 삐뚤어지지 않게 옷을 입는다면 범한 것은 아니다." [열다섯 번째의 법]

"가지런하게 둘러서 옷을 입는 법을 마땅히 배우도록 하라. 가지런하게 둘러 옷을 입지 않는다면 돌길라이다. 가지런하게 둘러 입는다면 범한 것은 아니다." [열여섯 번째의 법]

세존께서는 왕사성에 머무르셨다.

이때 한 거사가 있어 세존과 승가를 다음날 공양에 청하였고 세존께서는 묵연히 받아들이셨다. 거사는 세존께서 묵연히 받아들이신 것을 알고서 자리에서 일어나서 세존의 발에 머리숙여 예경하고서 오른쪽으로 돌면서 떠나갔다. 자기 집으로 돌아와서 밤새워 여러 종류의 맛있는 음식들을 많이 준비하였고, 이른 아침 자리를 펼치고 사자를 보내어 세존께 아뢰었다.

"시간에 이르렀고, 음식이 이미 준비되었습니다. 세존께서는 스스로가 때인 것을 아십시오."

세존께서는 오전에 가사를 입고 거사의 집으로 들어가셨다. 이때 육군비구는 몸을 잘 가리지 않고서 이 집안으로 들어왔고, 스스로가 어깨와 가슴을 드러냈으므로 여러 거사들이 꾸짖어 말하였다.

"사문 석자들은 선량하고 공덕이 있다고 스스로가 말하면서, 몸을 잘 가리지도 않고서 집안으로 들어가는구나. 스스로가 어깨와 가슴을 드러내므로 왕과 같고 대신과 같구나."

세존께서는 육군비구가 그 몸을 잘 가리지 않고 백의의 집안에 들어가는 것을 보셨고, 여러 거사들이 왕과 같고 대신과 같다고 꾸짖는 소리도 들으셨다. 세존께서는 식후에 이 일로써 비구 승가를 모으셨으며, 여러 종류의 인연으로 꾸짖으셨다.

"어찌 비구라고 이름하면서 몸을 제대로 가리지도 않고 집안에 들어가고 스스로가 어깨와 가슴을 드러냈는가?"

여러 종류의 인연으로 꾸짖으셨으며, 여러 비구들에게 말씀하셨다.

"열 가지의 이익을 까닭으로 여러 비구들에게 계를 제정하여 주겠노라. 지금부터 몸을 잘 가리고 집안으로 들어가는 법을 마땅히 배우도록 하라. 몸을 잘 가리지 않고 집안으로 들어간다면 돌길라이다. 몸을 잘 가리고 집 안으로 들어간다면 범한 것은 아니다." [열일곱 번째의 법]

어느 때에 육군비구가 몸을 제대로 가리고서 집 안으로 들어갔으나 몸을 잘 가리지 않고 앉아서 스스로 어깨와 팔이 드러냈고 가슴이 드러났다. 여러 거사들이 꾸짖어 말하였다.

"사문 석자들은 선량하고 공덕이 있다고 스스로가 말하면서, 몸을 잘 가리지도 않고서 집안에 앉아서 스스로가 어깨와 가슴을 드러내므로 왕과 같고 대신들과 같구나."

세존께서는 이 비구들이 몸을 잘 가리지도 않고 집 안에 앉아서 어깨와 가슴이 드러낸 것을 보셨다. 세존께서는 보시고서 공양 뒤에 이 일로써 비구 승가를 모으셨으며, 여러 종류의 인연으로 꾸짖으셨다.

"어찌 비구라고 이름하면서 몸을 제대로 가리지도 않고 재가인의 집안에 앉아서 스스로가 어깨와 가슴을 드러냈는가?"

여러 종류의 인연으로 꾸짖으셨으며, 여러 비구들에게 말씀하셨다.

"열 가지의 이익을 까닭으로 여러 비구들에게 계를 제정하여 주겠노라. 지금부터 몸을 잘 가리고 집안에 앉는 법을 마땅히 배우도록 하라. 몸을 잘 가리지 않고 집안에 앉는다면 돌길라이다. 몸을 잘 가리고 앉는다면 범한 것은 아니다." [열여덟 번째의 법]

어느 때에 육군비구가 몸을 잘 섭수하지 않고 집 안으로 들어가면서 큰 수레·작은 수레·소의 수레·가마·수레바퀴·나무·기둥·벽 등을 발로 찼으므로 병과 항아리가 땅에 떨어지게 되었다. 여러 거사들이 꾸짖어 말하였다.

"사문 석자들은 선량하고 공덕이 있다고 스스로가 말하면서, 몸을 잘 수습하지 않고 다른 사람의 집에 들어가면서 발로 물건을 차서 넘어뜨리므로 맹인과 같구나."

세존께서는 여러 비구들에게 말씀하셨다.

"몸을 잘 섭수하고 집 안으로 들어가는 법을 마땅히 배우도록 하라. 몸을 잘 섭수하지 않고 집 안에 들어간다면 돌길라이다. 몸을 잘 섭수하고 집 안으로 들어간다면 범한 것은 아니다." [열아홉 번째의 법]

또한 육군비구가 그 몸을 잘 수습하고 집안으로 들어갔으나, 몸을 잘 섭수하고 앉지 않아서 큰 수레·작은 수레·소의 수레·가마·수레바퀴·나무·기둥·벽 등을 발로 찼고 병과 항아리가 땅에 넘어졌으므로 맹인들과 같았다. 세존께서는 이 일을 아시고 여러 비구들에게 말씀하셨다.

"몸을 잘 섭수하고 집 안에서 앉는 마땅히 배우도록 하라. 몸을 잘 섭수하지 않고 집 안에 앉는다면 돌길라이다. 만약 몸을 잘 섭수하고 앉는다면 범한 것은 아니다." [스무 번째의 법]

세존께서는 사위국에 머무르셨다.

이때 세존께서 오전에 옷을 입고 여러 비구들과 함께 사위성에 들어가셨다. 제불의 상법은 만약 신통력으로서 성읍과 취락에 들어가는 때에 이와 같은 희유한 일이 나타나는 것이다. 이를테면 코끼리들이 길게 울고, 말이 슬프게 울며, 여러 소가 울고, 고니·기러기·공작·앵무새·사리조(舍利鳥)·구균라(俱均羅)·성성(猩猩) 등 여러 새들이 아름다운 노래를 부르며, 큰 북(大鼓)·작은 북(小鼓)·공후(箜篌)·쟁(箏)·피리(笛)·비파(琵琶)·퉁소(簫)·거문고(瑟)·필률(篳篥)·요발(鐃鈸) 등이 두드리지 않아도 스스로가 울고, 여러 귀인의 집에 있는 금기(金器)나 안팎의 장엄구(莊嚴具)가 만약 상자 속에 있더라도 자연히 소리가 나며, 맹인이 앞을 보고, 귀머거리는 듣게 되며, 벙어리는 말하고, 꼽추가 등을 펴며, 절름발이가 손발을 얻고, 사팔뜨기가 바르게 보며, 병들어 수척한 자는 낫고, 고통스러운 자들이 즐거움을 얻으며, 독한 자는 곧 없어지고, 미친 사람은 바르게 돌아오며, 살인하려는 자는 그 살인을 버리게 되고, 도둑질하는 자는 도둑질을 버리며, 삿되게 음행하던 자는 사음하지 않고, 망어자는 망어하지 않으며, 양설(兩舌)하고 악구(惡口)로 뜻이 없게 말하던 자는 뜻없이 말하지 않고, 탐욕스러운 자는 탐하지 않으며, 성내던 자는 성내지 않고, 사견에 빠진 자가 사견을 벗어나며, 뇌옥(牢獄)에 갇혀 가쇄(枷鎖)[1]와 뉴계(杻械)[2]에 묶였던 자들이 모두 풀려나고, 소란스럽던 곳이 모두 한산해지고, 선근을 심지 않았던 자들이 선근을 심으며, 이미 선근을 심은 자들은 더욱 증장되고, 이미 증장된 자는 해탈을 얻으며, 여러 감추어진 보물들이 자연히 드러나는 것이다. 이와 같은 희유한 일이 나타나서 여러 중생들이 이익을 얻는 것이다.

이때 세존께서 점차 걸어서 성에 이르셨고 오른발로 문지방을 밟았는데, 이와 같은 여러 종류의 희유한 일들이 모두 나타났다. 이때 사람들은 집 위에서, 담벼락과 누각 위에서 세존과 승가를 바라보았다. 이 가운데에는 세존을 보지 않은 자들이 있었으므로 세존을 보았던 자들이 가리키며 말하였다.

"이분이 세존이시다. 이분이 사리불이고, 목련이며, 아나율이고, 난제(難提)이며, 금비라(金毘羅)이시다. 이들이 육군비구이다."

육군비구는 듣고서 쳐다보면서 이렇게 말하였다.

"누구 여인은 장님이고, 누구는 사팔뜨기이며, 누구는 빨간 눈이고, 누구는 납작코이며, 누구는 혹부리이고, 아무개는 곱사등이며, 누구는 절름발이이고, 누구는 희며, 누구는 검고, 누구는 위덕이 없구나."

---

1) 죄인의 목에 씌우는 칼과 목·발에 채우는 쇠사슬을 가리킨다.
2) 고대의 형구로 수갑을 가리킨다.

여러 여인들이 듣고서 육군비구에게 말하였다.

"우리는 그대들의 아내도 아니고, 그대들과 사통하는 것도 아닌데, 우리들의 좋고 추한 것이 그대들의 일과 무슨 관련이 있다고 우리의 별명을 말합니까?"

육군비구가 말하였다.

"우리가 세존과 승가를 따라서 성에 들어가는 것이 그대들의 일과 무슨 관련이 있다고 우리를 가리키면서 '이들이 육군비구이다.'라고 말하면서 죄인과 같이 말하는 것이오?"

세존께서는 이러한 일을 들으시고 여러 비구들에게 말씀하셨다.

"지금부터 위를 쳐다보지 않고 집 안에 들어가는 것을 마땅히 배우도록 하라. 위를 쳐다보면서 집 안에 들어간다면 돌길라이다. 위를 쳐다보지 않고 집 안에 들어가면 범한 것은 아니다." [스물한 번째의 법]

이때 세존과 승가는 노지(露地)에 앉아서 음식을 먹었고 여러 사람들이 사람들은 집 위에서, 담벼락과 누각 위에서 세존과 승가를 바라보았다. 이 가운데에는 세존을 보지 않은 자들이 있었으므로 세존을 보았던 자들이 가리키며 말하였다.

"이분이 세존이시다. 이분이 사리불이고, 목련이며, 아나율이고, 난제이고, 금비라이시다. 이들이 육군비구이다."

육군비구가 이것을 듣고 곧 쳐다보고서 이렇게 말을 지었다.

"누구 여인은 장님이고, 누구는 사팔뜨기이며, 누구는 빨간 눈이고, 누구는 납작코이며, 누구는 혹부리이고, 누구는 곱사등이며, 누구는 절름발이이고, 누구는 희며, 누구는 검고, 누구는 위덕이 없구나."

여러 여인들이 듣고서 육군비구에게 말하였다.

"우리는 그대들의 아내도 아니고, 그대들과 사통하는 것도 아닌데, 우리들의 좋고 추한 것이 그대들의 일과 무슨 관련이 있다고 우리의 별명을 말합니까?"

육군비구가 말하였다.

"우리가 세존과 승가를 쫓아서 청을 받고 음식을 먹는 것이 그대들의 일과 무슨 관련이 있다고 우리를 가리키면서 '이들이 육군비구이다.'라고 하면서 죄인과 같이 말하는 것이오?"

세존께서는 이러한 일을 들으시고 여러 비구들에게 말씀하셨다.

"지금부터 위를 쳐다보지 않고 집 안에 앉는 것을 마땅히 배우도록 하라. 위를 쳐다보면서 집 안에 앉는다면 돌길라이다. 위를 쳐다보지 않고 집 안에 앉는다면 범한 것은 아니다." [스물두 번째의 법]

또한 육군비구가 공양을 싫어하고 꾸짖으며 집 안으로 들어와서 이렇게 말을 지었다.

"어제는 음식도 향기롭고 맛있고 잘 익었으며, 차례로 골고루 나눠주었고, 자리도 잘 펼쳐서 놓았었다. 오늘은 혹은 어제와 같이 음식이 향기롭고 맛있으며 잘 익지도 않았거나, 혹은 차례로 주지 않을 것이다."

여러 거사들이 꾸짖어 말하였다.

"여러 사문 석자들은 선하지 않구나. 뿌리지도 않고 거두지도 않는다. 다만 능히 음식을 먹으면서 다른 사람의 허물을 들추어내는구나."

세존께서는 이러한 일을 들으시고 여러 비구들에게 말씀하셨다.

"지금부터 공양에 투정하지 않으면서 집 안에 들어가는 것을 배우도록 하라. 공양에 투정하면서 집 안으로 들어간다면 돌길라이다. 공양에 투정하지 않고 들어가면 범한 것은 아니다." [스물세 번째의 법]

또한 육군비구가 공양에 들어갈 때는 투정하지 않았으나, 앉고서 곧 투정하며 이렇게 말을 지었다.

"어제는 음식도 향기롭고 맛있고 잘 익었으며, 차례로 나누어주었고, 자리도 잘 펼쳐서 놓았었다. 오늘은 혹은 어제와 같이 음식이 향기롭고 맛있으며 잘 익지도 않았고, 혹은 차례로 주지 않을 것이다."

여러 거사들이 꾸짖어 말하였다.

"여러 사문 석자들은 선하지 않구나. 뿌리지도 않고 거두지도 않는다.

다만 능히 음식을 먹으면서 다른 사람의 허물을 들추어내는구나."

세존께서는 이러한 일을 들으시고 여러 비구들에게 말씀하셨다.

"지금부터 공양에 투정하지 않으면서 집 안에 앉는 것을 마땅히 배우도록 하라. 공양에 투정하면서 집 안에 앉는다면 돌길라이다. 공양에 투정하지 않고 앉는다면 범한 것은 아니다." [스물네 번째의 법]

또한 육군비구가 큰 소리로 떠들면서 집 안으로 들어갔으므로 여러 거사들이 꾸짖어 말하였다.

"사문 석자들은 선량하고 덕이 있다고 스스로가 말하면서, 큰 소리로 떠들면서 집 안으로 들어가므로 바라문과 같구나."

세존께서는 여러 비구들에게 말씀하셨다.

"지금부터 조용하게 집 안으로 들어가는 것을 마땅히 배우도록 하라. 만약 조용하고 묵연하지 않고서 집 안으로 들어간다면 돌길라이다. 조용하고 묵연히 들어갔다면 범한 것은 아니다." [스물다섯 번째의 법]

또한 육군비구가 비록 큰 소리로 떠들면서 집 안으로 들어가지는 않았으나, 곧 큰 소리로 떠들면서 앉았으므로 바라문과 같았다. 여러 거사들이 꾸짖어 말하였다.

"사문 석자들은 선량하고 덕이 있다고 스스로가 말하면서, 큰 소리로 떠들면서 집 안에 앉으므로 바라문과 같구나."

세존께서는 들으시고 여러 비구들에게 말씀하셨다.

"지금부터 조용하게 집 안에 앉는 것을 마땅히 배우도록 하라. 만약 조용하고 묵연하지 않고서 집 안에 앉는다면 돌길라이다. 조용하고 묵연히 앉았다면 범한 것은 아니다." [스물여섯 번째의 법]

또한 육군비구가 절룩거리면서 집 안으로 들어갔으므로 여러 거사들이 꾸짖어 말하였다.

"사문 석자들은 선량하고 덕이 있다고 스스로가 말하는데, 절룩거리면서 집 안으로 들어가므로 다리가 잘린 사람과 같구나."

세존께서는 들으시고 여러 비구들에게 말씀하셨다.

"지금부터 절룩거리지 않으며 집 안에 들어가는 것을 마땅히 배우도록 하라. 절룩거리면서 집 안으로 들어간다면 돌길라이다. 절룩거리지 않고 들어간다면 범한 것은 아니다." [스물일곱 번째의 법]

또한 육군비구가 비록 절룩거리지 않고 집 안으로 들어갔으나, 곧 쭈그리고 집 안에 앉았다. 여러 거사들이 꾸짖어 말하였다.

"사문 석자가 집 안에서 쭈그리고 앉으므로 외도와 같구나."

세존께서는 여러 비구들에게 말씀하셨다.

"지금부터 집 안에서 쭈그리고 앉지 않는 것을 마땅히 배우도록 하라. 만약 집 안에서 쭈그리고 앉는다면 돌길라이다. 쭈그리고 앉지 않는다면 범한 것은 아니다." [스물여덟 번째의 법]

또한 육군비구가 옷으로써 머리에 뒤집어쓰고 집 안으로 들어갔으므로 여러 거사들이 꾸짖어 말하였다.

"사문 석자들은 선량하고 덕이 있다고 스스로가 말하면서, 옷을 머리에 뒤집어쓰고 집 안으로 들어가므로 염탐꾼(伺捕人)과 같구나."

세존께서는 말씀하셨다.

"지금부터 머리를 덮지 않고 집 안으로 들어가는 것을 마땅히 배우도록 하라. 만약 머리를 덮고 집 안으로 들어간다면 돌길라이다. 머리를 덮지 않고 집 안으로 들어간다면 범한 것은 아니다." [스물아홉 번째의 법]

또한 육군비구가 머리를 덮지 않고 집 안으로 들어갔으나, 머리를 덮고 집 안에 앉았다. 여러 거사들이 꾸짖어 말하였다.

"사문 석자들은 스스로 선량하고 덕이 있다고 말하는데, 옷을 머리에 뒤집어쓰고 집 안에 앉으므로 염탐꾼과 같구나."

세존께서는 말씀하셨다.

"지금부터 머리를 덮지 않고 집 안에 앉는 것을 마땅히 배우도록 하라. 만약 머리를 덮고 앉는다면 돌길라이다. 머리를 덮지 않고 앉는다면 범한 것은 아니다." [서른 번째의 법]

또한 육군비구가 두건을 쓰고 집 안으로 들어갔으므로, 여러 거사들이 꾸짖어 말하였다.

"사문 석자들은 선량하고 덕이 있다고 스스로가 말하면서, 두건을 쓰고 집 안으로 들어가므로 왕과 같고 대신과 같구나."

세존께서는 이러한 일을 듣고서 여러 비구들에게 말씀하셨다.

"지금부터 두건을 쓰지 않고 집 안으로 들어가는 것을 마땅히 배우도록 하라. 만약 두건을 쓰고 들어간다면 돌길라이다. 두건을 쓰지 않고 들어간다면 범한 것은 아니다." [서른한 번째의 법]

또한 육군비구가 두건을 쓰지 않고 집 안으로 들어갔으나, 두건을 쓰고 집 안에 앉았다. 여러 거사들이 꾸짖어 말하였다.

"사문 석자들은 선량하고 덕이 있다고 스스로가 말하는데, 두건을 쓰고 집 안에 앉으므로 왕과 같고 대신과 같구나."

세존께서는 이러한 일을 듣고서 여러 비구들에게 말씀하셨다.

"지금부터 두건을 쓰지 않고 집 안에 앉는 것을 마땅히 배우도록 하라. 만약 두건을 쓰고 앉는다면 돌길라이다. 두건을 쓰지 않고 앉으면 범한 것은 아니다." [서른두 번째의 법]

또한 육군비구가 팔꿈치로 다른 사람의 어깨를 짚으면서 집 안으로 들어갔다. 여러 거사들이 꾸짖어 말하였다.

"사문 석자들은 선량하고 덕이 있다고 스스로가 말하면서, 팔꿈치로 다른 사람의 어깨를 짚고 집 안으로 들어가므로 왕과 같고 대신과 같구나."

세존께서는 이러한 일을 듣고서 여러 비구들에게 말씀하셨다.

"지금부터 팔꿈치로 다른 사람의 어깨를 짚지 않고 집 안으로 들어가는 것을 마땅히 배우도록 하라. 팔꿈치로 남의 어깨를 짚고 집 안으로 들어간다면 돌길라이다. 팔꿈치로 남의 어깨를 짚지 않고 들어간다면 범한 것은 아니다.” [서른세 번째의 법]

또한 육군비구가 팔꿈치로 다른 사람의 어깨를 짚고 집 안으로 들어가지는 않았으나, 집 안에서 곧 팔꿈치로 다른 사람의 어깨를 짚고 앉았다. 여러 거사들이 성내면서 꾸짖어 말하였다.

“사문 석자들은 선량하고 덕이 있다고 스스로가 말하면서, 팔꿈치로 다른 사람의 어깨를 짚으며 집 안에 앉으므로 왕과 같고 대신과 같구나.”

세존께서는 이러한 일을 듣고서 여러 비구들에게 말씀하셨다.

“지금부터 팔꿈치로 다른 사람의 어깨를 짚지 않고 집 안에 앉는 것을 마땅히 배우도록 하라. 팔꿈치로 남의 어깨를 짚고 앉는다면 돌길라이다. 팔꿈치로 남의 어깨를 짚지 않고 앉으면 범한 것은 아니다.” [서른네 번째의 법]

또 육군비구가 허리를 짚고서 집 안으로 들어갔으므로, 여러 거사들이 꾸짖어 말하였다.

“사문 석자들은 선량하고 덕이 있다고 스스로가 말하면서, 허리를 짚고서 집 안으로 들어가므로 왕과 같고 대신과 같구나.”

세존께서는 이러한 일을 듣고서 여러 비구들에게 말씀하셨다.

“지금부터 허리를 짚지 않고서 집 안으로 들어가는 것을 마땅히 배우도록 하라. 허리를 짚고서 들어간다면 돌길라이다. 허리를 짚지 않고 들어간다면 범한 것은 아니다.” [서른다섯 번째의 법]

또한 육군비구가 허리를 짚지 않고서 집 안으로 들어갔으나, 곧 허리를 짚고서 집 안에 앉았다. 여러 거사들이 꾸짖어 말하였다.

“사문 석자들은 선량하고 덕이 있다고 스스로가 말하면서, 허리를 짚고서 집 안에 앉으므로 왕과 같고 대신과 같구나.”

세존께서는 이러한 일을 듣고서 여러 비구들에게 말씀하셨다.

"허리를 짚지 않고서 집 안에 앉는 것을 마땅히 배우도록 하라. 허리를 짚고 앉는다면 돌길라이다. 허리를 짚지 않고서 앉는다면 범한 것은 아니다." [서른여섯 번째의 법]

또 육군비구가 옷의 왼쪽과 오른쪽을 거꾸로 걷어붙이고 집 안으로 들어갔다. 여러 거사들이 꾸짖어 말하였다.

"사문 석자들은 선량하고 덕이 있다고 스스로가 말하면서, 왼쪽과 오른쪽을 거꾸로 걷어붙이고 집 안으로 들어가므로 왕과 같고 대신과 같구나."

세존께서는 이러한 일을 듣고서 여러 비구들에게 말씀하셨다.

"지금부터 옷의 왼쪽과 오른쪽을 거꾸로 걷어붙이지 않고 집 안으로 들어가는 것을 마땅히 배우도록 하라. 옷의 왼쪽과 오른쪽을 거꾸로 걷어붙이고 집 안으로 들어간다면 돌길라이다. 옷의 왼쪽과 오른쪽을 거꾸로 걷어붙이지 않고 집 안으로 들어간다면 범한 것은 아니다." [서른일곱 번째의 법]

이때 육군비구가 옷의 왼쪽과 오른쪽을 거꾸로 걷어붙이지 않고 집 안으로 들어갔으나, 곧 옷의 왼쪽과 오른쪽을 거꾸로 걷어붙이고 집 안에 앉았다. 여러 거사들이 꾸짖어 말하였다.

"어찌 비구라고 이름하면서 옷의 왼쪽과 오른쪽을 거꾸로 걷어붙이고 집 안에 앉는단 말인가. 왕과 같고 대신과 같구나."

세존께서는 이러한 일을 듣고서 여러 비구들에게 말씀하셨다.

"옷의 왼쪽과 오른쪽을 거꾸로 걷어붙이지 않고 집 안에 앉는 것을 마땅히 배우도록 하라. 옷의 왼쪽과 오른쪽을 거꾸로 걷어붙이고 앉는다면 돌길라이다. 옷의 왼쪽과 오른쪽을 거꾸로 걷어붙이지 않고 집 안에 앉는다면 범한 것은 아니다." [서른여덟 번째의 법]

또 육군비구가 옷의 한쪽을 걷어붙이고 집 안으로 들어갔으므로, 여러 거사들이 꾸짖어 말하였다.

"사문 석자들은 선량하고 덕이 있다고 스스로가 말하면서, 옷의 한쪽을 걷어붙이고 집 안으로 들어가므로 왕과 같고 대신과 같구나."

세존께서는 이러한 일을 듣고서 여러 비구들에게 말씀하셨다.

"지금부터 옷의 한쪽을 걷어붙이지 않고 집 안으로 들어가는 것을 마땅히 배우도록 하라. 만약 옷의 한쪽을 걷어붙이고 집 안으로 들어간다면 돌길라이다. 옷의 한쪽을 걷어붙이지 않고 집으로 들어간다면 범한 것은 아니다." [서른아홉 번째의 법]

또 육군비구가 옷의 한쪽을 걷어붙이고 집 안으로 들어가지는 않았으나, 곧 옷의 한쪽을 걷어붙이고 집 안에 앉았다. 여러 거사들이 꾸짖어 말하였다.

"사문 석자들은 선량하고 덕이 있다고 스스로가 말하면서, 옷의 한쪽을 걷어붙이고 집 안에 앉으므로 왕과 같고 대신과 같구나."

세존께서는 이러한 일을 듣고서 여러 비구들에게 말씀하셨다.

"옷의 한쪽을 걷어붙이지 않고 집 안에 앉는 것을 마땅히 배우도록 하라. 만약 옷의 한쪽을 걷어붙이고 집 안에 앉는다면 돌길라이다. 옷의 한쪽을 걷어붙이지 않고 앉는다면 범한 것은 아니다." [마흔 번째의 법]

이때 육군비구가 오른쪽의 어깨를 덮었던 옷을 모두 왼쪽의 어깨에 올려놓고 집 안으로 들어갔으므로, 여러 거사들이 꾸짖어 말하였다.

"사문 석자들은 선량하고 덕이 있다고 스스로가 말하면서, 오른쪽 어깨를 덮었던 옷을 전부 왼쪽 어깨에 올려놓고 집 안으로 들어가므로 왕과 같고 대신과 같구나."

세존께서는 이러한 일을 듣고서 여러 비구들에게 말씀하셨다.

"지금부터 오른쪽의 어깨를 덮었던 옷을 모두 왼쪽의 어깨에 올려놓지 않고 집 안으로 들어가는 것을 마땅히 배우도록 하라. 만약에 오른쪽의 어깨를 덮었던 옷을 모두 왼쪽의 어깨에 올려놓고서 집 안으로 들어간다면 돌길라이다. 오른쪽의 어깨를 덮었던 옷을 모두 왼쪽의 어깨에 올려놓지 않고 들어가면 범한 것은 아니다." [마흔한 번째의 법]

또 육군비구가 오른쪽의 어깨를 덮었던 옷을 모두 왼쪽의 어깨에 올려놓지 않고 집 안으로 들어갔으나, 곧 오른쪽의 어깨를 덮었던 옷을 모두 왼쪽의 어깨에 올려놓고 집 안에 앉았다. 여러 거사들이 꾸짖어 말하였다.

"사문 석자들은 선량하고 덕이 있다고 스스로가 말하면서, 오른쪽 어깨를 덮었던 옷을 전부 왼쪽 어깨에 올려놓고 집 안에 앉으므로 왕과 같고 대신과 같구나."

세존께서는 이러한 일을 듣고서 여러 비구들에게 말씀하셨다.

"지금부터 오른쪽의 어깨를 덮었던 옷을 모두 왼쪽의 어깨에 올려놓지 않고 집 안에 앉는 것을 마땅히 배우도록 하라. 만약 오른쪽의 어깨를 덮었던 옷을 모두 왼쪽의 어깨에 올려놓고 앉는다면 돌길라이다. 오른쪽의 어깨를 덮었던 옷을 모두 왼쪽의 어깨에 올려놓지 않고 앉는다면 범한 것은 아니다." [마흔두 번째의 법]

이때 육군비구가 팔을 흔들면서 집 안으로 들어갔으므로, 여러 거사들이 꾸짖어 말하였다.

"사문 석자들은 선량하고 덕이 있다고 스스로가 말하면서, 팔을 흔들며 집 안으로 들어가므로 씨를 뿌리는 사람과 같구나."

세존께서는 이러한 일을 듣고서 여러 비구들에게 말씀하셨다.

"지금부터 팔을 흔들지 않고 집 안으로 들어가는 것을 마땅히 배우도록 하라. 만약 팔을 흔들며 들어간다면 돌길라이다. 만약 팔을 흔들지 않고 들어간다면 범한 것은 아니다." [마흔세 번째의 법]

이때 여러 비구들이 팔을 흔들지 않고 집 안으로 들어갔으나, 곧 팔을 흔들면서 앉았다. 여러 거사들이 꾸짖어 말하였다.

"사문 석자들은 선량하고 덕이 있다고 스스로가 말하면서, 팔을 흔들며 집 안에 앉으므로 씨를 뿌리는 사람과 같구나."

세존께서는 이러한 일을 듣고서 여러 비구들에게 말씀하셨다.

"지금부터 팔을 흔들지 않고 집 안에 앉는 것을 마땅히 배우도록 하라. 만약 팔을 흔들며 앉는다면 돌길라이다. 만약 팔을 흔들지 않고 앉는다면 범한 것은 아니다." [마흔네 번째의 법]

이때 육군비구가 어깨를 흔들면서 집 안으로 들어갔으므로, 여러 거사들이 꾸짖어 말하였다.

"사문 석자들은 선량하고 덕이 있다고 스스로가 말하면서, 어깨를 흔들며 집 안으로 들어가므로 왕과 같고 대신과 같구나."

세존께서는 이러한 일을 듣고서 여러 비구들에게 말씀하셨다.

"지금부터 어깨를 흔들지 않고 집 안으로 들어가는 것을 마땅히 배우도록 하라. 만약 어깨를 흔들며 집 안으로 들어간다면 돌길라이다. 어깨를 흔들지 않고 들어간다면 범한 것은 없다." [마흔다섯 번째의 법]

이때 육군비구가 어깨를 흔들면서 집 안으로 들어가지는 않았으나, 곧 어깨를 흔들면서 앉았다. 여러 거사들이 꾸짖어 말하였다.

"사문 석자들은 선량하고 덕이 있다고 스스로가 말하면서, 어깨를 흔들며 집 안으로 앉으므로 왕과 같고 대신과 같구나."

세존께서는 이러한 일을 듣고서 여러 비구들에게 말씀하셨다.

"지금부터 어깨를 흔들지 않고 집 안에 앉는 것을 마땅히 배우도록 하라. 만약 어깨를 흔들면서 앉는다면 돌길라이다. 어깨를 흔들지 않고 앉는다면 범한 것은 아니다." [마흔여섯 번째의 법]

또한 육군비구가 머리를 흔들면서 집 안으로 들어갔으므로, 여러 거사들이 꾸짖어 말하였다.

"사문 석자들은 선량하고 덕이 있다고 스스로가 말하면서, 머리를 흔들며 집 안으로 들어가므로 귀신에 붙잡힌 사람과 같구나."

세존께서는 이러한 일을 듣고서 여러 비구들에게 말씀하셨다.

"지금부터 머리를 흔들지 않으면서 집 안으로 들어가는 것을 마땅히 배우도록 하라. 만약 머리를 흔들면서 집 안에 들어간다면 돌길라이다. 머리를 흔들지 않고 집 안으로 들어간다면 범한 것은 아니다." [마흔일곱 번째의 법]

또 육군비구가 머리를 흔들지 않고 집 안으로 들어갔으나, 곧 머리를 흔들면서 앉았다. 여러 거사들이 꾸짖어 말하였다.

"사문 석자들은 선량하고 덕이 있다고 스스로가 말하면서, 머리를 흔들며 집 안으로 들어가므로 귀신에 잡힌 사람과 같구나."

세존께서는 이러한 일을 듣고서 여러 비구들에게 말씀하셨다.

"지금부터 머리를 흔들지 않고 집 안에 앉는 것을 마땅히 배우도록 하라. 만약 머리를 흔들면서 앉는다면 돌길라이다. 머리를 흔들지 않고 앉는다면 범한 것은 아니다." [마흔여덟 번째의 법]

이때 육군비구가 몸을 흔들면서 집 안으로 들어갔다. 여러 거사들이 꾸짖어 말하였다.

"사문 석자들은 선량하고 덕이 있다고 스스로가 말하면서, 몸을 흔들며 집 안으로 들어가므로 춤추는 사람과 같구나."

세존께서는 이러한 일을 듣고서 여러 비구들에게 말씀하셨다.

"지금부터 몸을 흔들지 않고 집 안으로 들어가는 것을 마땅히 배우도록 하라. 만약 몸을 흔들면서 들어간다면 돌길라이다. 몸을 흔들지 않고 들어간다면 범한 것은 아니다." [마흔아홉 번째의 법]

이때 육군비구가 몸을 흔들지 않고 집 안으로 들어갔으나, 곧 몸을 흔들면서 앉았다. 여러 거사들이 꾸짖어 말하였다.

"사문 석자가 몸을 흔들면서 집 안에 앉으므로 춤추는 사람과 같구나."

세존께서는 이러한 일을 듣고서 여러 비구들에게 말씀하셨다.

"지금부터 몸을 흔들지 않고 집 안에 앉는 것을 마땅히 배우도록 하라. 만약 몸을 흔들며 집 안에 앉는다면 돌길라이다. 몸을 흔들지 않고 집 안에 앉는다면 범한 것은 아니다." [쉰 번째의 법]

이때 육군비구가 손을 잡고 집 안으로 들어가면서 평상을 찼으므로, 병·항아리·그릇 등이 땅에 넘어졌다. 여러 거사들이 꾸짖어 말하였다.

"사문 석자들은 선량하고 덕이 있다고 스스로가 말하면서, 손을 잡고 집 안으로 들어가므로 왕과 같고 대신과 같구나."

세존께서는 이러한 일을 듣고서 여러 비구들에게 말씀하셨다.

"지금부터 손을 잡지 않고 집에 들어가는 것을 마땅히 배우도록 하라. 만약 손을 잡고 집에 들어간다면 돌길라이다. 손을 잡지 않고 집에 들어간다면 범한 것은 없다." [쉰한 번째의 법]

또한 육군비구가 손을 잡지 않고 집 안으로 들어갔으나, 곧 손을 잡고 집 안에 앉았다. 여러 거사들이 말하였다.

"여러 장로여. 서로 가까이 앉으십시오. 이곳에 청한 비구들이 많습니다."

육군비구가 말하였다.

"그대들은 다시 무슨 일이 있어서 어찌 자리를 넓게 펼치지 않았으며, 우리에게 가까이 앉으라는 것이오?"

세존께서는 이러한 일을 듣고서 여러 비구들에게 말씀하셨다.

"지금부터 손을 잡지 않고 집 안에 앉는 것을 마땅히 배우도록 하라. 만약 손을 잡고 집 안에 앉는다면 돌길라이다. 손을 잡지 않고 앉는다면 범한 것은 아니다." [쉰두 번째의 법]

또한 육군비구가 한쪽 다리를 휘저으며 집 안으로 들어갔다. 여러 거사들이 꾸짖어 말하였다.

"사문 석자들은 스스로 선량하고 덕이 있다고 말하면서, 한쪽 다리를 휘저으며 집 안으로 들어가므로 왕과 같고 대신과 같구나."

세존께서는 이러한 일을 듣고서 여러 비구들에게 말씀하셨다.

"지금부터 한쪽 다리를 휘젓지 않고 집 안으로 들어가는 것을 배우도록 하라. 만약 한쪽 다리를 휘저으며 집 안으로 들어간다면 돌길라이다. 한쪽 다리를 휘젓지 않고 들어간다면 범한 것은 아니다." [쉰세 번째의 법]

이때 육군비구가 한쪽 다리를 휘젓지 않고 집 안으로 들어갔으나, 곧 한쪽 다리를 휘저으며 집 안에 앉았다. 여러 거사들이 말하였다.

"여러 장로여. 서로 가까이 앉으십시오. 이곳에 청한 비구들이 많습니다."

육군비구가 말하였다.

"그대들은 다시 무슨 일이 있어서 어찌 자리를 넓게 펼치지 않았으며, 우리에게 가까이 앉으라는 것이오?"

세존께서는 이러한 일을 듣고서 여러 비구들에게 말씀하셨다.

"지금부터 한쪽 다리를 휘젓지 않고 집 안에 앉는 것을 마땅히 배우도록 하라. 한쪽 다리를 휘젓지 않고 앉는다면 범한 것은 아니다." [쉰네 번째의 법]

이때 육군비구가 넓적다리를 포개고 집 안에 앉았으므로 하체가 드러났다. 여러 거사들이 꾸짖어 말하였다.

"사문 석자들은 선량하고 덕이 있다고 스스로가 말하면서, 넓적다리를 포개고 집 안에 앉아서 하체를 드러내는가?"

세존께서는 이러한 일을 듣고서 여러 비구들에게 말씀하셨다.

"지금부터 넓적다리를 붙이지 않고 집 안에 앉는 것을 마땅히 배우도록 하라. 만약 넓적다리를 붙이고 집 안에 앉는다면 돌길라이다. 넓적다리를 붙이지 않고 앉는다면 범한 것은 아니다." [쉰다섯 번째의 법]

이때 육군비구가 종아리를 포개고 앉았다. 여러 거사들이 꾸짖어 말하였다.

"사문 석자들은 스스로 선량하고 덕이 있다고 말하면서, 종아리를 포개고 앉으므로 왕과 같고 대신과 같구나."

세존께서는 이러한 일을 듣고서 여러 비구들에게 말씀하셨다.

"지금부터 종아리를 포개지 않고 앉는 것을 마땅히 배우도록 하라. 만약 종아리를 붙이고 앉는다면 돌길라이다. 종아리를 붙이지 않고 앉는다면 범한 것은 아니다." [쉰여섯 번째의 법]

세존께서는 사위국에 머무르셨다.

그때 육군비구가 일찍 일어나서 옷을 입고 발우를 지니고 사위성에 들어가서 걸식하였다. 한 거사가 있어 중문(中門) 앞의 독좌상(獨坐床)에서 손으로 빰을 받히고 앉아 있었는데 근심으로 즐겁지 않았다. 이때 육군비구가 함께 서로에게 의논하여 말하였다.

"이 사람이 근심스러우니 우리가 능히 말로 웃겨주세."

육군비구가 곧 이 거사 앞에 이르러 손으로 빰을 받히고 근심스럽게 서 있었다. 거사가 웃으며 물었다.

"그대들은 무엇이 걱정되어 함께 서로가 근심스럽게 손으로 빰을 받히고 서 있습니까?"

육군비구가 돌아보면서 다른 비구에게 말하였다.

"내가 곧 말로 웃기고자 하였소."

여러 거사들이 꾸짖어 말하였다.

"사문 석자들은 선량하고 덕이 있다고 스스로가 말하면서, 손으로 빰을 받히는 것으로서 백의를 웃겼으므로 광대와 같구나."

세존께서는 이러한 일을 듣고서 여러 비구들에게 말씀하셨다.

"지금부터 재가인을 웃기고자 손으로 빰을 받히고 집 안에 앉지 않는 것을 마땅히 배우도록 하라. 만약 손으로 빰을 받히고 앉는다면 돌길라이다. 손으로 빰을 받히지 않고 앉는다면 범한 것은 아니다." [쉰일곱 번째의

법]

세존께서는 왕사성에 머무르셨다.

이때 한 거사가 있어 세존과 승가께 다음날 음식을 청하였다. 세존께서는 묵연히 받아들이셨고, 거사는 세존께서 이미 받아들이신 것을 알고서 자리에서 일어나서 세존의 발에 머리숙여 예경하고서 오른쪽으로 돌면서 떠나갔다. 자기 집으로 돌아와서 밤새워 여러 종류의 맛있는 음식을 많이 준비하였고, 이른 아침 자리를 펼쳐놓고 사자를 보내 세존께 아뢰었다.

"때에 이르렀고, 음식이 이미 준비되었습니다. 세존께서는 스스로가 때인 것을 아십시오."

세존과 승가는 거사의 집에 들어가서 앉았다. 이 거사가 세존과 승가가 이미 앉은 것을 알고서 스스로가 손으로 물을 돌렸고 음식을 담고자 하였다. 이때 육군비구가 발우를 가지고 앞에 놓고서 사방을 돌아보고 있었고, 거사는 밥을 발우에 담아주고서 이미 지나갔다. 육군비구가 말하였다.

"이곳에는 어찌 밥을 주지 않는 것이오?"

거사가 말하였다.

"이미 드렸습니다."

육군비구가 말하였다.

"주지 않았소."

거사가 말하였다.

"발우 안을 보십시오."

육군비구가 보고서 거사를 부르며 말하였다.

"내 발우에도 와서 주었구려."

여러 거사들이 말하였다.

"그대들은 마음을 어디에 두고 있었고, 지금 비로소 발우에 받았다고 소리치십니까?"

세존께서는 이러한 일을 듣고서 여러 비구들에게 말씀하셨다.

"지금부터 일심으로 밥을 받는 것을 마땅히 배우도록 하라. 만약 한마음으로 밥을 받지 않는다면 돌길라이다. 만약 한마음으로 받는다면 범한 것은 아니다." [쉰여덟 번째의 법]

또한 육군비구가 밥으로서 발우에 가득하였으므로 다른 곳을 바라보았다. 여러 거사들이 국을 발우에 담고서 지나가자 육군비구가 말하였다.

"이 가운데에는 어찌 국을 주지 않는 것이오?"

대답하여 말하였다.

"이미 주었습니다."

육군비구가 말하였다.

"주지 않았소."

거사가 말하였다.

"어찌 발우 안을 보지 않으십니까?"

육군비구가 보고서 말하였다.

"내 발우에도 와서 주었구려."

여러 거사들이 말하였다.

"그대들은 마음을 어디에 두고 있었고, 지금 비로소 발우에 받았다고 소리치십니까?"

세존께서는 이러한 일을 듣고서 여러 비구들에게 말씀하셨다.

"지금부터 일심으로 국을 받는 것을 마땅히 배우도록 하라. 만약 한마음으로 국을 받지 않는다면 돌길라이다. 만약 한마음으로 국을 받는다면 범한 것은 아니다." [쉰아홉 번째의 법]

또한 육군비구가 발우가 넘치도록 음식을 받았고, 이 가운데에서 밥과 국이 넘쳐서 흘렀다. 여러 거사들이 말하였다.

"밥도 마땅히 다시 줄 것이고, 국도 마땅히 다시 줄 것입니다. 어찌하여 발우에 넘치게 취하여 버립니까?"

세존께서는 이러한 일을 듣고서 여러 비구들에게 말씀하셨다.

"지금부터 발우가 넘치지 않도록 음식을 받는 것을 마땅히 배우도록 하라. 만약 발우가 넘치도록 음식을 받는다면 돌길라이다. 발우가 넘치지 않도록 음식을 받는다면 범한 것은 아니다." [예순 번째의 법]

또한 육군비구가 국과 나물을 밥에 뿌렸고, 다만 국과 나물이 있는 밥을 취하여 먹었다. 여러 거사들이 꾸짖어 말하였다.

"어찌 어린아이와 같이 겉에 뿌려서 먹는가?"

세존께서는 이러한 일을 듣고서 여러 비구들에게 말씀하셨다.

"지금부터 국과 밥을 골고루 섞어서 먹는 것을 마땅히 배우도록 하라. 만약 국과 밥을 골고루 먹지 않는다면 돌길라이다. 만약 국과 밥을 골고루 먹으면 범한 것은 아니다." [예순한 번째의 법]

또한 육군비구가 밥의 위에 만약 소(酥)와 낙(酪)이나 국이 있으면 그 가운데를 우물과 같이 먹었다. 여러 거사들이 꾸짖어 말하였다.

"여러 비구들이 음식을 먹는 것이 바라문과 같구나."

세존께서는 이러한 일을 듣고서 여러 비구들에게 말씀하셨다.

"지금부터 가운데를 우물처럼 파먹지 않는 것을 마땅히 배우도록 하라. 가운데를 파먹는다면 돌길라이다. 가운데를 파먹지 않는다면 범한 것은 아니다." [예순두 번째의 법]

또한 육군비구가 음식을 뭉쳐서 먹었으므로, 여러 거사들이 꾸짖어 말하였다.

"여러 비구들이 음식을 뭉치는 것이 어린아이와 같구나."

세존께서는 이러한 일을 듣고서 여러 비구들에게 말씀하셨다.

"지금부터 밥을 뭉쳐서 먹지 않는 것을 마땅히 배우도록 하라. 만약 밥을 뭉쳐서 먹는다면 돌길라이다. 밥을 뭉쳐서 먹지 않는다면 범한 것은 아니다." [예순세 번째의 법]

또한 육군비구가 밥을 크게 뭉쳐서 먹었으므로, 여러 거사들이 꾸짖어 말하였다.

"여러 비구들이 음식을 크게 뭉쳐서 먹는 것이 사람이 있어 빼앗고자 하였으므로 도망가는 것과 같구나."

세존께서는 이러한 일을 듣고서 여러 비구들에게 말씀하셨다.

"지금부터 음식을 크게 뭉쳐서 먹지 않는 것을 마땅히 배우도록 하라. 만약 음식을 크게 뭉쳐서 먹는다면 돌길라이다. 음식을 크게 뭉쳐 먹지 않는다면 범한 것은 아니다." [예순네 번째의 법]

또한 육군비구가 손에 음식을 움켜쥐고 먹었으므로, 여러 거사들이 꾸짖어 말하였다.

"비구들이 손에 음식을 움켜쥐고 먹는 것이 밭에 씨를 뿌리는 사람과 같구나."

세존께서는 이러한 일을 듣고서 여러 비구들에게 말씀하셨다.

"지금부터 손에 음식을 움켜쥐고 먹지 않는 것을 마땅히 배우도록 하라. 손에 음식을 움켜쥐고 먹는다면 돌길라이다. 손에 음식을 움켜쥐고 먹지 않는다면 범한 것은 아니다." [예순다섯 번째의 법]

또한 한때에 여러 비구들이 차례로 앉아서 음식을 먹었다.

한 비구가 있어 음식이 이르지 않았는데 곧 입을 크게 벌렸다. 육군비구는 이 비구와 함께 앉아 있었고, 장난하였던 까닭으로 흙덩어리를 입에 집어넣었다. 그때 대중 가운데서 이와 같은 청정하지 않은 일이 있었으므로 세존께서는 말씀하셨다.

"지금부터 미리 입을 벌리지 않고 음식을 기다리는 것을 마땅히 배우도록 하라. 만약 음식이 아직 이르지 않았는데 미리 입을 벌리고 음식을 기다린다면 돌길라이다. 미리 입을 벌리지 않고 기다린다면 범한 것은 아니다." [예순여섯 번째의 법]

어느 때에 육군비구가 음식을 입에 머금고서 말하였으므로 국과 밥이 입에서 흘러나왔다. 이들과 앉았던 비구가 이것을 보고서 곧 구역질하였다. 세존께서는 말씀하셨다.

"지금부터 음식을 입에 넣고서 말하지 않는 것을 마땅히 배우도록 하라. 만약 음식을 입에 넣고서 말한다면 돌길라이다. 음식을 입에 넣고서 말하지 않는다면 범한 것은 아니다." [예순일곱 번째의 법]

또 육군비구가 음식을 절반을 씹어서 먹었으므로, 그 절반은 입속에 있었고, 그 절반은 손에 있었다. 세존께서는 말씀하셨다.

"지금부터 절반씩 씹어서 먹지 않는 것을 마땅히 배우도록 하라. 만약 절반씩 씹어서 먹는다면 돌길라이다. 절반씩 씹어서 먹지 않는다면 범한 것은 아니다." [예순여덟 번째의 법]

세존께서는 가유라위국(伽維羅衛國)에 머무르셨다.

그때 마하남(摩訶男) 석자가 세존과 승가께 내일의 음식을 청하였고 세존께서는 묵연히 받아들이셨다. 세존께서 묵연히 받아들이신 것을 알고서 곧 자리에서 일어나서 세존의 발에 머리숙여 예경하고서 오른쪽으로 돌면서 떠나갔다. 자기 집에 돌아와서 밤새워 여러 종류의 맛있는 음식을 많이 준비하였고, 일찍 일어나서 자리를 펼쳐놓고 사자를 보내어 세존께 아뢰었다.

"때에 이르렀고, 음식이 이미 준비되었습니다. 세존께서는 스스로가 때인 것을 아십시오."

세존께서는 옷을 입고 발우를 지니고 승가와 마하남 석자의 집에 들어가 앉으셨다. 마하남 석자는 세존께서 이미 앉으신 것을 보고는 스스로가 손으로 물을 돌렸고, 이 음식으로 우유를 미리 준비하였으므로 스스로가 손으로 밥과 우유를 주었다. 여러 비구들이 빨아먹으면서 소리를 지었다. 이때 한 비구가 있었는데 그는 이전에 광대였다. 이러한 소리를 듣고 곧 일어나서 춤을 추었고 여러 비구들이 크게 웃었다. 웃을 때 입속에서 밥알이 튀어나왔고 콧구멍에서 튀어나오는 자도 있었다. 여러 거사들이 꾸짖어 말하였다.

"사문 석자들은 선량하고 덕이 있다고 스스로가 말하면서, 어찌하여 광대와 같이 다른 사람을 웃기는가?"

세존께서는 여러 비구의 이러한 행동을 보셨고, 또 여러 거사들의 꾸짖는 것을 들으셨던 때에도 세존께서는 묵연하셨다. 식후에 이 일로써 비구 승가를 모으셨으며, 세존께서는 아시면서도 일부러 춤을 추었던 비구에게 물으셨다.

"그대는 무슨 마음으로 춤을 추었는가?"

대답하여 말하였다.

"세존이시여. 여러 비구들의 음식을 빨아먹는 허물과 죄를 드러내고 아울러 희롱하려던 까닭이었습니다."

세존께서는 말씀하셨다.

"지금부터는 음식을 빨아먹지 않는 것을 마땅히 배우도록 하라. 음식을 빨아먹으며 소리를 짓는다면 돌길라이다. 소리를 내며 빨아먹지 않는다면 범한 것은 없다." [예순아홉 번째의 법]

또한 육군비구가 음식을 씹으면서 쩝쩝거리는 소리를 지었으므로, 여러 거사들이 꾸짖어 말하였다.

"사문 석자들은 선량하고 덕이 있다고 스스로가 말하면서, 씹으면서 쩝쩝거리는 소리를 짓는 것이 돼지가 쩝쩝거리며 먹는 것과 같구나."

세존께서는 말씀하셨다.

"지금부터 소리를 지어서 음식을 씹어 먹지 않는 것을 마땅히 배우도록 하라. 음식을 씹으면서 소리를 짓는다면 돌길라이다. 음식을 씹지 않고 소리를 짓는다면 범한 것은 아니다." [일흔 번째의 법]

또한 육군비구가 입에 가득 음식을 넣고서 조금씩 삼켰으므로, 여러 거사들이 꾸짖어 말하였다.

"원숭이와 같이 먹는구나."

세존께서는 말씀하셨다.

"지금부터 그 음식을 아직 삼키지 않았으면 다시 먹지 않는 것을 마땅히 배우도록 하라. 그 음식을 아직 삼키지 않았는데 다시 먹는다면 돌길라이다. 삼키고서 먹는다면 범한 것은 아니다." [일흔한 번째의 법]

또한 육군비구가 혀를 내밀고 먹으면서 이렇게 말을 지었다.

"누가 능히 한입에 삼키면서 덩어리를 흐트러지지 않게 할 수 있는가?"

여러 거사들이 꾸짖어 말하였다.

"여러 비구들이 혀를 내밀고 먹는 것이 어린아이와 같구나."

세존께서는 말씀하셨다.

"지금부터 혀를 내밀고 먹지 않는 것을 마땅히 배우도록 하라. 혀를 내밀고 먹는다면 돌길라이다. 혀를 내밀지 않는다면 범한 것은 아니다." [일흔두 번째의 법]

또한 육군비구가 코를 훌쩍거리며 먹었으므로, 여러 거사들이 꾸짖어 말하였다.

"마땅히 콧물을 잘 닦으십시오. 추워서 그렇습니까? 마늘을 먹어서 그렇습니까?"

세존께서는 말씀하셨다.

"지금부터 코를 훌쩍거리면서 먹지 않는 것을 마땅히 배우도록 하라. 코를 훌쩍거리면서 먹는다면 돌길라이다. 코를 훌쩍거리면서 먹지 않는다면 범한 것은 아니다." [일흔세 번째의 법]

또한 육군비구가 손을 핥으면서 먹었으므로, 여러 거사들이 꾸짖어 말하였다.

"국과 밥이 없으면 마땅히 다시 주겠는데, 어찌하여 손을 핥는가?"

세존께서는 말씀하셨다.

"지금부터 손을 핥으며 먹지 않는 것을 마땅히 배우도록 하라. 만약 손을 핥으며 먹는다면 돌길라이다. 손을 핥으며 먹지 않는다면 범한 것은 아니다." [일흔네 번째의 법]

또한 육군비구가 손가락으로 발우를 문지르면서 먹었으므로, 여러 거사들이 꾸짖어 말하였다.

"국과 밥이 없으면 마땅히 다시 주겠는데, 어찌하여 손가락으로 발우를 문지르는가?"

세존께서는 말씀하셨다.

"지금부터 손가락으로 발우를 문지르며 먹지 않는 것을 마땅히 배우도록 하라. 만약 발우를 손가락으로 문지르면서 먹는다면 돌길라이다. 손가락으로 발우를 문지르며 먹지 않는다면 범한 것은 아니다." [일흔다섯 번째의 법]

또 육군비구가 음식이 손에 묻자 떨어버렸으므로, 여러 거사들이 꾸짖어 말하였다.

"여러 비구들이 음식을 먹으면서 손을 털면서 음식을 버리므로, 왕과 같고 대신과 같구나."

세존께서는 말씀하셨다.

"지금부터 손을 털면서 먹지 않는 것을 마땅히 배우도록 하라. 손을 털면서 먹는다면 돌길라이다. 손을 털면서 먹지 않는다면 범한 것은 아니다." [일흔여섯 번째의 법]

또한 육군비구가 손에 붙은 밥을 버렸으므로, 여러 거사들이 꾸짖어 말하였다.

"이 사문들은 선하지 않다. 씨를 뿌리지도 않고 거두지도 않는다. 다만 먹으면서 다시 버리는구나."

세존께서는 말씀하셨다.

"지금부터 손에 붙은 밥을 버리지 않는 것을 마땅히 배우도록 하라. 손에 붙은 밥을 버린다면 돌길라이다. 버리지 않는다면 범한 것은 아니다." [일흔일곱 번째의 법]

이때 육군비구가 음식이 묻은 손으로 곧 음식 그릇을 집었는데, 같이 앉았던 비구가 보고서 곧 구역질하였다. 세존께서는 말씀하셨다.

"지금부터 음식이 묻은 손으로 음식 그릇을 집지 않는 것을 마땅히 배우도록 하라. 음식이 묻은 손으로 음식 그릇을 집는다면 돌길라이다. 음식이 묻은 손으로 집지 않는다면 범한 것은 아니다." [일흔여덟 번째의 법]

또한 육군비구가 병이 없었으나 스스로를 위하여 국과 밥을 찾았다. 세존께서는 말씀하셨다.

"지금부터 병이 없다면 스스로를 위하여 국과 밥을 찾지 않는 것을 마땅히 배우도록 하라. 스스로를 위하여 국과 밥을 찾는다면 돌길라이다. 만약 병이 있어 찾았다면 범한 것은 아니다." [일흔아홉 번째의 법]

또한 육군비구가 밥으로서 국을 덮고서 다시 얻는 것을 바랐던 까닭으로 거사들에게 말하였다.

"이곳에 국을 부어주시오."

대답하여 말하였다.

"먼저 발우 속에 밥으로 덮은 것부터 드십시오."

세존께서는 말씀하셨다.

"지금부터 다시 얻는 것을 바라면서 밥으로 국을 덮지 않는 것을 마땅히 배우도록 하라. 만약 밥으로 국을 덮고서 다시 얻고자 바란다면 돌길라이다. 얻고자 바라지 않고 덮었다면 범한 것은 아니다." [여든 번째의 법]

또한 육군비구가 불평하며 옆 비구의 발우와 비교하면서 이렇게 말을 지었다.

"나는 적고 그대는 많구나. 나는 많고 그대는 적구나."

세존께서는 말씀하셨다.

"불평하며 옆 비구의 발우와 비교하지 않는 것을 마땅히 배우도록 하라. 불평하며 옆 사람의 발우와 비교한다면 돌길라이다. 불평하며 비교하지 않는다면 범한 것은 아니다." [여든한 번째의 법]

또한 한 비구가 승가가 음식을 먹는 때에 다른 곳을 바라보았다. 육군비구가 옆에 앉았는데 희롱하려는 까닭으로 뼛조각을 가지고 그 발우 속에 집어넣었다. 이 비구가 손을 가지고 발우 속에 넣어 먹고자 하였으나, 뼛조각이 닿았으므로 깜짝 놀랐다. 이러한 일을 까닭으로 세존께서는 말씀하셨다.

"발우를 응시하고 먹는 것을 마땅히 배우도록 하라. 만약 발우를 응시하고 먹지 않는다면 돌길라이다. 발우만을 응시하고 먹는다면 범한 것은 아니다." [여든두 번째의 법]

또한 육군비구가 음식을 많이 받았는데 차례로 먹지 않아서 발우에 남았다. 곧 물을 발우에 부어서 씻었으므로 조반(澡盤)에 가득하였다. 남은 음식을 거두는 그릇에 모두 가득하였으므로 여러 거사들이 꾸짖어 말하였다.

"이 사문들은 선하지 않다. 씨를 뿌리지도 않고 거두지도 않는다. 다만 먹으면서 다시 버리는구나."

세존께서는 말씀하셨다.

"음식을 차례로 모두 먹는 것을 마땅히 배우도록 하라. 차례로 씹어 음식을 모두 먹지 않는다면 돌길라이다. 차례로 모두 먹으면 범한 것은 아니다." [여든세 번째의 법]

세존께서는 가비라국(迦毘羅國)에 머무르셨다.

이때 한 거사가 있어 세존과 승가께 다음날 음식을 청하였다. 세존께서는 묵연히 받아들이셨고, 거사는 세존께서 이미 받아들이신 것을 알고서 자리에서 일어나서 세존의 발에 머리숙여 예경하고 오른쪽으로 돌면서 떠나갔다. 자기 집으로 돌아와서 밤새워 여러 종류의 맛있는 음식을 많이 준비하였고, 이른 아침 자리를 펼쳐놓고 사자를 보내어 세존께 아뢰었다.

"때에 이르렀고, 음식이 이미 준비되었습니다. 세존께서는 스스로가 때인 것을 아십시오."

세존과 승가는 거사의 집에 이르렀다. 새로운 집이었고 위에 물을 뿌려서 땅을 다져놓았다. 여러 비구들이 발우를 씻은 물의 가운데에 남은 밥이 있었으나, 이것을 집(堂)에 버렸으므로 토한 것과 같았다. 여러 거사들이 꾸짖어 말하였다.

"이 비구들은 선하지 않다. 다시 가려진 곳이었다면 이러한 물을 버릴 수도 있겠으나, 어찌하여 이러한 집 위에 버리는가?"

세존께서는 말씀하셨다.

"발우를 씻은 물에 밥이 남았다면 주인에게 먼저 묻지 않고서 방사 안에 버리지 않는 것을 마땅히 배우도록 하라. 만약 주인에게 묻지 않고 방사 안에 버린다면 돌길라이다. 주인에게 묻고서 버렸다면 범한 것은 아니다." [여든네 번째의 법]

십송율 제20권

후진 북인도 삼장 불야다라 한역

석보운 번역

3. 삼송 ⑦

6) 107중학법을 밝히다 ②

세존께서는 사위국에 머무르셨다.

이때 파사닉왕이 이와 같은 법을 세웠다.

"만약 세존께서 기원정사에 계신다면 내가 마땅히 날마다 가겠노라."

이때 왕이 세존께서 기원정사에 머무시는 것을 듣고 곧 마부에게 수레를 준비하라고 칙명하였다. 마부는 명을 받아 수레를 엄숙하게 준비하고서 아뢰어 말하였다.

"대왕이시여. 수레를 엄숙히 준비하였습니다. 대왕께서는 스스로가 때인 것을 아십시오."

왕은 곧 수레를 타고 성을 나와서 기원정사로 향하였다. 왕이 수레에 탔는데, 육군비구가 왕을 위해 설법하였다.

"대왕이여. 색(色)은 무상하며 수(受)·상(想)·행(行)·식(識)도 무상합니다."

이 가운데에 비구가 있어 욕망이 적고 만족함을 알며 두타를 행하였는데, 이러한 일을 듣고 마음이 기쁘지 않아서 꾸짖어 말하였다.

"어찌 비구라고 이름하면서 사람이 수레 위에 있는데, 걸으면서 설법하는가?"

여러 비구들이 이 일로써 세존께 자세히 말하였으며, 세존께서는 여러 비구들에게 말씀하셨다.

"병이 없는 사람이 수레에 타고 있다면 마땅히 설법하지 않는 것을 마땅히 비구가 있어 만약 병들지 않고 수레를 타고 있는데 설법한다면 돌길라이다. 병자를 위하여 설법하였다면 범한 것은 아니다." [여든다섯 번째의 법]

또한 때에 왕이 앞에서 행차하였는데, 육군비구가 그 뒤를 따라가면서 설법하였다.

"대왕이여. 색은 무상하며 수·상·행·식도 무상합니다."

세존께서는 여러 비구들에게 말씀하셨다.

"병들지 않은 사람이 앞에서 가는데, 그 뒤를 따라가며 설법하지 않는 것을 마땅히 배우도록 하라. 만약 병들지 않았는데도 앞에서 가는 사람에게 설법한다면 돌길라이다. 병자를 위하여 설법하였다면 범한 것은 아니다." [여든여섯 번째의 법]

또한 때에 왕이 도로의 가운데에 행차하였는데, 육군비구가 길의 바깥에서 왕을 위하여 설법하였다.

"대왕이여. 색은 무상하며 수·상·행·식도 무상합니다."

세존께서는 여러 비구들에게 말씀하셨다.

"만약 병들지 않은 사람이 길의 가운데를 가고 있고, 비구는 길의 바깥에서 가고 있다면, 그를 위하여 설법하지 않는 것을 마땅히 배우도록 하라. 만약 자신은 길의 바깥에 있으면서 길의 가운데를 가는 병자가 아닌 사람을 위하여 설법한다면 돌길라이다. 병자를 위하여 설법하였다면 범한 것은 아니다." [여든일곱 번째의 법]

여러 왕의 행법에는 상탑(床榻)을 가지고 스스로가 뒤따르는 것이다.

왕이 높은 평상에 앉아 있는데 육군비구가 서서 설법하였다.

"대왕이여. 색은 무상하며 수·상·행·식도 무상합니다."

세존께서는 여러 비구들에게 말씀하셨다.

"지금부터 병자가 아닌 사람이 앉아 있고 비구는 서 있는데, 그를 위하여 설법하지 않는 것을 마땅히 배우도록 하라. 만약 서 있고 앉아 있는 병자 아닌 사람에게 설법한다면 돌길라이다. 병자를 위하여 설법하였다면 범한 것은 아니다." [여든여덟 번째의 법]

왕은 육군비구에게 큰 공경심이 없었다.

육군비구가 혹은 낮은 자리에 앉았고 왕은 스스로가 높은 자리에 앉았다. 육군비구가 낮은 자리에 앉아서 왕을 위해 설법하였다.

"대왕이여. 색은 무상하며 수·상·행·식도 무상합니다."

세존께서는 여러 비구들에게 말씀하셨다.

"병이 없는 사람이 높은 자리에 앉아 있고 자신은 낮은 자리에 앉았다면, 그를 위해 설법하지 않는 것을 마땅히 배우도록 하라. 만약 자신은 낮은 자리에 있으면서 높은 자리에 있는 병자가 아닌 사람에게 설법한다면 돌길라이다. 병자를 위하여 설법하였다면 범한 것은 아니다." [여든아홉 번째의 법]

어느 때에 왕은 큰 몸으로 오래 앉았다가 곧 드러누웠는데 육군비구가 앉아서 설법하였다.

"대왕이여. 색은 무상하며 수·상·행·식도 무상합니다."

세존께서는 여러 비구들에게 말씀하셨다.

"병이 없는 사람이 누워있고 비구는 앉았다면, 그를 위하여 설법하지 않는 것을 마땅히 배우도록 하라. 만약 자신은 앉아서 누워있는 병자가 아닌 사람을 위하여 설법한다면 돌길라이다. 병자를 위하여 설법하였다면 범한 것은 아니다." [아흔 번째의 법]

어느 때에 왕이 머리를 덮고 있는데 육군비구가 왕을 위해 설법하였다.
"대왕이여. 색은 무상하며 수·상·행·식도 무상합니다."
세존께서는 여러 비구들에게 말씀하셨다.
"병을 제외하고는 머리를 덮고 있는 사람을 위하여 설법하지 않는 것을 마땅히 배우도록 하라. 만약 병이 없이 머리를 덮고 있는 사람을 위하여 설법한다면 돌길라이다. 병자를 위하여 설법하였다면 범한 것은 아니다." [아흔한 번째의 법]

어느 때에 왕이 머리를 싸매고 있는데 육군비구가 설법하였다.
"대왕이여. 색은 무상하며 수·상·행·식도 무상합니다."
세존께서는 여러 비구들에게 말씀하셨다.
"병을 제외하고는 머리를 싸맨 사람을 위하여 설법하지 않는 것을 마땅히 배우도록 하라. 만약 병이 없이 머리를 싸매고 있는 사람에게 설법한다면 돌길라이다. 병자를 위하여 설법하였다면 범한 것은 아니다." [아흔두 번째의 법]

어느 때에 왕이 팔꿈치를 다른 사람의 어깨에 기대고 있는데 육군비구가 설법하였다.
"대왕이여. 색은 무상하며 수·상·행·식도 무상합니다."
세존께서는 여러 비구들에게 말씀하셨다.
"병을 제외하고는 팔꿈치를 다른 사람의 어깨에 기대고 있는 사람을 위하여 설법하지 않는 것을 마땅히 배우도록 하라. 만약 팔꿈치를 다른 사람의 어깨에 기대고 있는 병자가 아닌 사람에게 설법한다면 돌길라이다. 병자를 위하여 설법하였다면 범한 것은 아니다." [아흔세 번째의 법]

어느 때에 왕이 허리에 양손을 짚고 있는데 육군비구가 설법하였다.
"대왕이여. 색은 무상하며 수·상·행·식도 무상합니다."
세존께서는 여러 비구들에게 말씀하셨다.

"병을 제외하고는 허리에 양손을 짚고 있는 사람을 위하여 설법하지 않는 것을 마땅히 배우도록 하라. 만약 병이 없이 허리에 양손을 짚고 있는 사람을 위하여 설법한다면 돌길라이다. 병자를 위하여 설법하였다면 범한 것은 아니다." [아흔네 번째 법]

어느 때에 왕이 옷의 왼쪽과 오른쪽을 걷어붙이고 있었는데 육군비구가 설법하였다.

"대왕이여. 색은 무상하며 수·상·행·식도 무상합니다."

세존께서는 여러 비구들에게 말씀하셨다.

"병을 제외하고는 옷의 왼쪽과 오른쪽을 걷어붙인 사람을 위하여 설법하지 않는 것을 마땅히 배우도록 하라. 만약 옷의 왼쪽과 오른쪽을 걷어붙인 병자 아닌 사람을 위하여 설법한다면 돌길라이다. 병자를 위하여 설법하였다면 범한 것은 아니다." [아흔다섯 번째의 법]

어느 때에 왕이 옷의 한쪽을 걷어붙이고 있었는데 육군비구가 설법하였다.

"대왕이여. 색은 무상하며 수·상·행·식도 무상합니다."

세존께서는 여러 비구들에게 말씀하셨다.

"병자가 아닌 옷의 한쪽을 걷어붙인 사람을 위하여 설법하지 않는 것을 마땅히 배우도록 하라. 만약 병자가 아닌 옷의 한쪽을 걷어붙인 사람을 위하여 설법한다면 돌길라이다. 병자를 위하여 설법하였다면 범한 것은 아니다." [아흔여섯 번째의 법]

어느 때에 왕이 오른쪽의 어깨를 덮었던 옷을 모두 왼쪽의 어깨에 올려놓고 있었는데 육군비구가 설법하였다.

"대왕이여. 색은 무상하며 수·상·행·식도 무상합니다."

세존께서는 여러 비구들에게 말씀하셨다.

"병을 제외하고는 오른쪽의 어깨를 덮었던 옷을 모두 왼쪽의 어깨에 올려놓은 사람을 위하여 설법하지 않는 것을 마땅히 배우도록 하라. 만약 오른쪽의 어깨를 덮었던 옷을 전부 왼쪽의 어깨에 올려놓은 병자가 아닌 사람을 위하여 설법한다면 돌길라이다. 병자를 위하여 설법하였다면 범한 것은 아니다." [아흔일곱 번째의 법]

어느 때에 왕이 가죽신을 신고 있었는데 육군비구가 설법하였다.

"대왕이여. 색은 무상하며 수·상·행·식도 무상합니다."

세존께서는 여러 비구들에게 말씀하셨다.

"병을 제외하고는 가죽신을 신고 있는 사람을 위하여 설법하지 않는 것을 마땅히 배우도록 하라. 만약 가죽신을 신고 있는 병자가 아닌 사람을 위하여 설법한다면 돌길라이다. 병자를 위하여 설법하였다면 범한 것은 아니다." [아흔여덟 번째의 법]

어느 때에 왕이 나막신을 신고 있었는데 육군비구가 설법하였다.

"대왕이여. 색은 무상하며 수·상·행·식도 무상합니다."

세존께서는 여러 비구들에게 말씀하셨다.

"병을 제외하고는 나막신을 신고 있는 사람을 위하여 설법하지 않는 것을 마땅히 배우도록 하라. 만약 나막신을 신은 병자 아닌 사람을 위하여 설법한다면 돌길라이다. 병자를 위하여 설법하였다면 범한 것은 아니다." [아흔아홉 번째의 법]

어느 때에 세존께서는 무량한 백천만억의 대중에게 공경스럽게 위요되어 설법하셨다.

파사닉왕의 권속에는 몽둥이를 잡은 자도 있었고, 일산을 잡은 자도 있었으며, 칼을 잡은 자도 있었고, 방패를 잡은 자도 있었으며, 활과 화살을 잡은 자도 있었는데 육군비구가 별도로 설법하였다. 이 대중의 가운데에는 도를 얻을 자도 있었으나, 대중이 두 부류를 지었던 까닭으로 마음이 산란하여 도를 얻지 못하였다. 일심이 아닌 중생(衆生)을 위하여 설법하지 않는 것이 여러 세존의 상법이었다.

세존께서는 곧 왕을 위하여 여러 종류를 설법하시어 보여주셨고 가르치셨으며 이익되고 기쁘게 하시고서 묵연하셨다. 왕은 세존께서 설법하시어 보여주셨고 가르치셨으며 이익되고 기쁘게 하신 것을 듣고서 발에 머리숙여 예경하고 세존을 오른쪽으로 돌면서 떠나갔다. 왕이 떠나고 오래되지 않아서 세존께서는 이 일로써 비구 승가를 모으셨으며, 여러 종류의 인연으로서 육군비구를 꾸짖으셨다.

"어찌 비구라고 이름하면서 몽둥이를 잡은 병자가 아닌 사람을 위하여 설법하고, 일산을 잡고 큰 칼·작은 칼·방패·활·화살 등 갖가지 무기를 잡은 사람을 위하여 설법하였는가?"

여러 종류의 인연으로서 꾸짖으셨으며, 여러 비구들에게 말씀하셨다.

"병을 제외하고는 몽둥이를 잡은 사람을 위하여 설법하지 않는 것을 마땅히 배우도록 하라. 만약 몽둥이를 잡은 병자가 아닌 사람을 위하여 설법한다면 돌길라이다. 병자를 위하여 설법하였다면 범한 것은 아니다." [백 번째의 법]

"병을 제외하고는 일산을 든 사람을 위하여 설법하지 않는 것을 마땅히 배우도록 하라. 만약 일산을 잡은 병자가 아닌 사람을 위하여 설법한다면 돌길라이다. 병자를 위하여 설법하였다면 범한 것은 아니다." [백한 번째의 법]

"병이 든 경우를 제외하고는 칼을 든 사람을 위하여 설법하지 않는 것을 마땅히 배우도록 하라. 만약 칼을 든 사람을 위하여 설법한다면 돌길라이다. 칼을 든 사람을 위하여 설법하지 않는다면 범한 것은 아니다." [백두 번째의 법]

"병을 제외하고는 방패를 들고 활과 화살을 잡은 사람을 위하여 설법하지 않는 것을 마땅히 배우도록 하라. 만약 방패·활·화살을 잡은 사람을 위하여 설법한다면 돌길라이다. 방패·활·화살을 잡은 사람을 위하여 설법하지 않는다면 범한 것은 아니다." [백세 번째의 법]

세존께서는 왕사성에 머무르셨다.
이때 육군비구가 채소밭을 지키는 사람에게 가서 말하였다.
"그대는 우리에게 채소를 주시오."
물어 말하였다.
"값을 주시겠습니까?"
대답하여 말하였다.
"나는 구걸하는 것이고 금전은 없소."
채소밭을 지키는 사람이 말하였다.
"채소를 요구하였고 그냥 준다면 우리들은 어떻게 살아가겠습니까?"
육군비구가 말하였다.
"우리에게 주지 않겠다는 것이오?"
대답하여 말하였다.
"줄 수 없습니다."
육군비구가 다른 때에 채소밭에 대·소변을 보았고 코를 풀었으며 침을 뱉어 냄새가 났고 문드러졌으며 썩었다. 채소밭을 지키는 사람이 말하였다.
"누가 지은 것인가?"
육군비구가 채소밭을 지키는 사람에게 가서 말하였다.
"그대는 누가 그대의 채소를 망쳤는가를 아시오?"
대답하여 말하였다.
"알지 못합니다."
"우리들이 지은 것이오. 그대를 따라서 채소를 구하였고 주지 않았으므로 우리들이 고의로 이와 같은 일을 지었소."
육군비구는 용감하고 힘이 세며 죄를 크게 두려워하지 않았으므로, 채소밭을 지키는 사람도 어찌할 수 없었다. 여러 거사들이 꾸짖어 말하였다.

“사문 석자들은 선하고 덕이 있다고 스스로가 말하면서, 채소 위에 대·소변을 보고 코를 풀며 침을 뱉는 것이 왕과 같고 대신과 같구나.”

세존께서는 이러한 일을 듣고서 여러 비구들에게 말씀하셨다.

“병을 제외하고는 채소에 대·소변을 보고 코를 풀며 침을 뱉지 않는 것을 마땅히 배우도록 하라. 만약 병이 없으면서 채소 위에 대·소변을 보고 코를 풀며 침을 뱉었다면 돌길라이다. 만약 병이 있었다면 범한 것은 아니다.” [백네 번째의 법]

세존께서는 왕사성에 머무르셨다.

그때 육군비구가 세탁하는 사람에게 가서 말하였다.

“우리 옷을 세탁하여 주시오.”

물어 말하였다.

“값을 주시겠습니까?”

대답하여 말하였다.

“금전은 없소.”

세탁하는 사람이 말하였다.

“옷을 세탁하고도 값을 주지 않는다면 우리는 헛되게 옷을 세탁하는 것인데, 어떻게 살아가겠습니까?”

육군비구가 말하였다.

“우리 옷을 세탁하여 주지 않겠다는 것이오?”

세탁하는 사람이 말하였다.

“그대들의 옷을 세탁하여 줄 수 없습니다.”

육군비구는 깨끗한 물(淨水)의 가운데에 이르렀고 세탁하는 곳에서 대·소변을 보고 코를 풀며 침을 뱉었다. 여러 세탁하는 사람이 이전의 마음으로서 물이 깨끗하다고 말하면서 옷을 가운데에 담갔는데, 냄새가 났고 옷의 색깔이 변하였다. 세탁하는 사람이 생각하였다.

‘누가 이러한 일을 지었는가?’

육군비구가 다른 때에 가서 물었다.

"그대는 누가 물을 더럽혔는가를 아는가?"

대답하여 말하였다.

"알지 못합니다."

"우리들이 지은 것이오. 그대들이 우리 옷을 세탁하여 주지 않았으므로, 우리들이 고의로 이와 같은 일을 지었소."

육군비구는 용감하고 힘이 세며 죄를 크게 두려워하지 않았으므로, 여러 세탁하는 사람도 어찌할 수 없었다. 여러 거사들이 꾸짖어 말하였다.

"사문 석자들은 선하고 덕이 있다고 스스로가 말하면서, 깨끗하게 사용하는 물에 대·소변을 보고 코를 풀며 침을 뱉는가?"

이 가운데에 비구가 있어 욕망이 적고 만족함을 알며 두타를 행하였는데, 이러한 일을 듣고 마음이 기쁘지 않아서 세존께 자세히 말하였다. 세존께서는 이 일로써 비구 승가를 모으셨으며, 여러 종류의 인연으로 육군비구를 꾸짖으셨다.

"어찌 비구라고 이름하면서 깨끗하게 사용하는 물에 대·소변을 보고 코를 풀며 침을 뱉었는가?"

세존께서는 다만 꾸짖으셨고 계를 제정하시지는 않으셨다.

또 세존께서는 사위국에 머무르셨다.

이때 사위성의 가운데에 연못이 있어 수마나(須摩那)라고 이름하였고, 많은 사람이 이용하는 곳이었다. 육군비구가 함께 서로에게 의논하여 말했다.

"가서 수마나 연못의 위를 구경하세."

모두가 말하였다.

"뜻을 따르겠네."

곧 함께 가서 연못을 구경하고서 곧 연못의 가운데에 대·소변을 보았고 코를 풀었으며 침을 뱉었다. 여러 거사들이 꾸짖어 말하였다.

"이 사문 석자들은 선하지 않구나. 다시 대·소변을 볼 곳이 없었고,

나아가 이렇게 깨끗하게 사용하는 물의 가운데에 대·소변을 보고 코를 풀며 침을 뱉는가?"

이 가운데에 비구가 있어 욕망이 적고 만족함을 알며 두타를 행하였는데, 이러한 일을 듣고 마음이 기쁘지 않아서 세존께 자세히 말하였다. 세존께서는 이 일로써 비구 승가를 모으셨으며, 여러 종류의 인연으로 육군비구를 꾸짖으셨다.

"어찌 비구라고 이름하면서 깨끗하게 사용하는 물에 대·소변을 보고 코를 풀며 침을 뱉었는가?"

세존께서는 여러 종류의 인연으로서 꾸짖으셨으며, 여러 비구들에게 말씀하셨다.

"병을 제외하고 깨끗하게 사용하는 물에 대·소변을 보거나, 코를 풀거나, 침을 뱉지 않는 것을 마땅히 배우도록 하라. 만약 병이 없으면서 깨끗하게 사용하는 물에 대·소변을 보고 코를 풀며 침을 뱉는다면 돌길라이다. 병자라면 범한 것은 아니다." [백다섯 번째의 법]

세존께서는 사위국에 머무르셨다.

이때 육군비구가 서서 대·소변을 보았다. 세존께서는 이러한 일을 들으시고 여러 비구들에게 말씀하셨다.

"병을 제외하고는 서서 대·소변을 보지 않는 것을 마땅히 배우도록 하라. 만약 병이 없으면서 서서 대소변을 본다면 돌길라이다. 병이 있다면 범한 것은 아니다." [백여섯 번째의 법]

세존께서는 사위국에 머무르셨다.

이때 한 거사가 있어 세존과 승가께 다음날 음식을 청하였다. 세존께서는 묵연히 받아들이셨고, 거사는 세존께서 이미 받아들이신 것을 알고서 자리에서 일어나서 세존의 발에 머리숙여 예경하고서 오른쪽으로 돌면서 떠나갔다. 자기 집으로 돌아와서 밤새워 여러 종류의 맛있는 음식을 많이 준비하였고, 이른 아침 자리를 펼쳐놓고 사자를 보내 세존께 아뢰었다.

"때에 이르렀고, 음식이 이미 준비되었습니다. 세존께서는 스스로가 때인 것을 아십시오."

육군비구는 십칠군비구와 항상 함께 서로가 어긋나서 투쟁하였다. 이때 십칠군비구가 승방을 지키는 차례였고, 육군비구가 영식(迎食)[1]의 차례였다. 육군비구가 모두 서로에게 말하였다.

"우리들이 오늘에 고의로 십칠군비구를 굶게 하세."

누가 말하였다.

"어떻게 굶길 것인가?"

대답하여 말하였다.

"다만 오게. 마땅히 알 것이네."

육군비구는 십칠군비구의 처소로 이르러 발우를 찾으며 말하였다.

"그대들의 영식을 가져다가 주겠네."

곧 세존과 승가를 따라서 공양을 청한 집에 이르렀다. 육군비구는 먼저 음식을 먹고서 십칠군비구 음식의 영식을 나누어서 곧 나왔다. 나오고서 곧 다른 일을 지었다. 다른 곳의 여러 지식의 집들을 다녔고 보고서 성을 나왔으나, 혹은 나무 아래에 앉았으며, 언덕·우물가·연못가 등의 사람들이 많은 곳에 머물렀다. 이때 십칠군비구는 나이가 어렸고 허기가 심하여서 모두가 서로에게 의논하여 말하였다.

"음식이 무슨 까닭으로 늦는가?"

또한 서로에게 의논하여 말하였다.

"기원정사의 문밖에 있는 큰 나무 위에 올라가서 멀리 내다보세."

이때 한 비구가 있어 나무 위에 올라가서 살펴보고 말하였다.

"어느 나무 아래에, 우물가에, 언덕 등의 사람들이 많은 곳에 있네."

거의 정오에 이르러 이마에 땀을 흐르는데 비로소 와서 큰 소리로 말하였다.

1) 공양청에 사정이 있어 참석하지 못하고 승원에 남았을 경우 승원에서 공양청을 한 단월이 보내는 음식이나 그러한 음식을 받는 행위를 말한다.

"그대들 몫의 음식을 취하게."

물어 말하였다.

"무슨 까닭으로 늦었습니까?"

대답하여 말하였다.

"우리는 음식을 얻고 곧 나왔네."

물어 말하였다.

"그대들은 어느 나무 아래에, 우물가에, 언덕 등의 사람들이 많은 곳에 있지 않았습니까? 그러나 음식을 얻고 곧 나왔다고 말합니까?"

육군비구가 말하였다.

"누가 말하던가?"

십칠군비구가 말하였다.

"우리들이 나무 위에서 보았습니다."

이 가운데에 비구가 있어 욕망이 적고 만족함을 알며 두타를 행하였는데, 이러한 일을 듣고 마음이 기쁘지 않아서 꾸짖어 말하였다.

"어찌 비구라고 이름하면서 세존께서 나무에 올라가는 것을 허락하지 않으셨는데 올라갔는가?"

여러 종류의 인연으로 꾸짖고서 세존을 향하여 자세히 말하였다. 세존께서는 아시면서도 일부러 십칠군비구에게 물으셨다.

"그대들이 진실로 이러한 일을 지었는가?"

대답하여 말하였다.

"진실로 지었습니다. 세존이시여."

세존께서는 여러 종류의 인연으로서 십칠군비구를 꾸짖으셨다.

"어찌 비구라고 이름하면서 내가 나무에 올라가는 것을 허락하지 않았는데 올라갔는가?"

여러 종류의 인연으로 꾸짖고서 여러 비구들에게 말씀하셨다.

"급한 인연을 제외하고 사람의 키보다 높은 나무에 올라가지 않는 것을 마땅히 배우도록 하라. 만약 비구가 급한 인연도 없는데 사람의 키보다 높은 나무에 올라간다면 돌길라이다. 만약 급한 인연이 있었다면

범한 것은 아니다." [107중학법을 마친다.]

7) 7멸쟁법(滅諍法)을 밝히다 ①

세존께서는 왕사성에 머무르셨다.

이때 육군비구가 단월에게 목욕하도록 권유하였다. 목욕할 준비가 끝났는데 객비구가 있어 늦은 시간에 와서 여러 옷들 위에 옷을 벗어놓고 욕실에 들어가 목욕하였으며, 인연이 있었던 까닭으로 의복이 섞여서 바뀌었다. 객비구가 목욕을 마치고 나와서 본래의 자리에서 옷을 취하였고, 밖에 나와서 보았는데 다른 사람 옷이었으므로 이렇게 생각을 지었다.

'이 옷을 본래의 자리에 돌려주고 다시 내 옷을 다시 찾아야겠다.'

다시 옷이 있는 곳으로 돌아왔다. 육군비구는 항상 선량(善好)한 비구들과 서로가 어긋났으므로, 이 객비구가 들어온 것을 보고서 객비구에게 말하였다.

"그대는 이미 나갔는데 무슨 까닭으로 돌아왔는가?"

대답하여 말하였다.

"내가 뒤에 와서 여러 옷 위에 옷을 벗어놓고 욕실에 들어가서 목욕하였는데, 인연이 있었던 까닭으로 의복이 서로 뒤섞여서 바뀌었습니다. 먼저 목욕을 마치고 옷을 취하였으며 밖에 나와 보았는데 나의 옷이 아니었으므로 이렇게 생각을 지었습니다. '이 옷을 본래의 자리에 돌려놓고 다시 내 옷을 다시 찾아야겠다.' 이러한 까닭으로 돌아온 것입니다."

육군비구가 말하였다.

"그대가 말과 같지 않네. 그대는 훔칠 마음으로 취하였으나, 취하였으나 마음에 후회하여 본래의 자리에 놓고자 하였던 것이네. 그대는 죄를 인정하는가?"

대답하여 말하였다.

"인정하지 않습니다."

육군비구가 모두 서로에게 의논하여 말하였다.

"이 자는 어찌하여 올바르게 죄를 스스로 말하지 않는가? 마땅히 불견빈(不見擯)를 지어서 주어야 하겠네."

육군비구는 불견빈을 지었고 이 비구를 쫓아냈다. 객비구는 이렇게 생각을 지었다.

'육군비구가 나에게 불견빈을 지은 것은 인연도 본말(本末)도 없는 것이다. 나는 죄를 스스로 말하지 않았다. 나는 지금 어찌 사위국의 세존 처소에 나아가지 않겠는가?'

이 비구는 왕사성에 뜻을 따라서 머물렀고 옷과 발우를 지니고 사위국으로 향하여 세존의 처소로 나아갔다. 제불의 상법은 객비구가 있으면 이와 같은 말로 위로하고 묻는 것이다.

"견딜 수 있었는가? 만족스러웠는가? 걸식은 부족하지 않았는가? 도로에 매우 피로하지는 않았는가?"

이때 세존께서는 객비구에게 물으셨다.

"견딜 수 있었는가? 만족스러웠는가? 걸식은 부족하지 않았는가? 도로에 매우 피로하지는 않았는가?"

객비구가 말하였다.

"견딜 수 있었고, 만족스러웠으며, 걸식도 어렵지 않았고, 도로에 피곤하지도 않았습니다."

곧 앞의 일을 세존께 자세히 말하였다. 세존께서는 아시면서도 일부러 그 비구에게 물으셨다.

"육군비구가 무슨 까닭으로 그대에게 불견빈을 지어서 주었는가?"

비구가 세존께 아뢰어 말하였다.

"세존이시여. 인연과 본말도 없었고, 저는 죄를 스스로 말하지도 않았습니다. 강제로 저에게 불견빈을 지었습니다."

세존께서는 말씀하셨다.

"만약 육군비구가 인연과 본말도 없었고, 그대가 죄를 스스로 말하지도 않았으나, 억지로 그대에게 불견빈을 지었다면 그대는 걱정하지 말게.

내가 마땅히 그대의 법의 반려(伴佐)가 되어 그대를 돕겠노라.”

세존께서는 말씀하셨다.

“지금부터 자언멸쟁법(自言滅諍法)을 허락하겠노라. 이 자언멸쟁법을 이용하면 대중 승가의 가운데에서 여러 종류의 일이 일어나더라도 마땅히 소멸될 것이다. 자언멸쟁법에는 열 종류의 비법(非法)과 열 종류의 여법(如法)이 있느니라.

열 종류의 비법은 만약 비구가 바라이죄를 범하였으나, 스스로가 ‘범하지 않았다.’고 말하거나, 대중 승가가 ‘그대가 범했는가를 스스로가 말하라.’라고 물어 말하였는데, 스스로가 ‘범하지 않았다.’고 말한다면 이것을 비법이라고 이름한다. 또한 비구가 승가바시사·바일제·바라제제사니·돌길라를 범하였으나, 스스로 ‘범하지 않았다.’고 말하거나, 대중 승가가 ‘그대가 범했는가를 스스로가 말하라.’라고 물어 말하였는데, 스스로가 ‘범하지 않았다.’고 말한다면 이것을 비법이라고 이름한다. 또한 비구가 바라이죄를 범하지 않았으나, 스스로가 ‘나는 범하였다.’고 말하거나, 대중 승가가 ‘그대가 범했는가를 스스로가 말하라.’라고 물어 말하였는데, 스스로가 ‘범하였다.’고 말한다면 이것을 비법이라고 이름한다. 또한 비구가 승가바시사·바일제·바라제제사니·돌길라를 범하지 않았으나, 스스로가 ‘범하였다.’고 말하거나, 대중 승가가 ‘그대가 범했는가를 스스로가 말하라.’라고 물어 말하였는데, 스스로가 ‘범하였다.’고 말한다면 이것을 비법이라고 이름한다. 이것을 열 종류의 비법이라고 이름한다.

열 종류의 여법은, 만약 비구가 바라이죄를 범하였고, 스스로가 ‘범하였다.’고 말하거나, 대중 승가가 ‘그대가 범했는가를 스스로가 말하라.’라고 물어 말하였는데, 스스로가 ‘범하였다.’고 말한다면 이것을 여법이라고 이름한다. 또한 비구가 승가바시사·바일제·바라제제사니·돌길라를 범하였고, 스스로가 ‘범하였다.’고 말하거나, 대중 승가가 ‘그대가 범했는가를 스스로가 말하라.’라고 물어 말하였는데, 스스로가 ‘범하였다.’고 말한다면 이것을 여법이라고 이름한다. 또한 비구가 바라이죄를 범하지 않았고, 스스로가 ‘나는 범하지 않았다.’고 말하거나, 대중 승가가 ‘그대가 범했는가를 스스로가 말하라.'라고 물어 말하였는데, 스스로가 '범하지 않았다.' 고 말한다면 이것을 여법이라고 이름한다. 또한 비구가 승가바시사·바일제·바라제제사니·돌길라를 범하지 않았고, 스스로 '범하지 않았다.'고 말하거나, 대중 승가가 '그대가 범했는가를 스스로가 말하라.'라고 물어 말하였는데, 스스로가 '범하지 않았다.'고 말한다면 이것을 여법이라고 이름한다. 이것을 열 종류의 여법이라고 이름한다." [첫 번째의 법]

이때 육군비구가 이러한 일을 듣고 말하였다.

"우리들이 왕사성의 가운데에서 비구에 불견빈을 지었는데 사위국에 이르러 여러 비구들과 함께 일하고 함께 머문다고 하네. 우리들은 마땅히 사위국으로 떠나가야 하네."

육군비구는 뜻을 따라서 왕사성에서 머물렀고, 옷과 발우를 지니고 사위국으로 갔으며 세존의 처소에 나아갔다. 이때 많은 비구들이 기원정사의 문간의 공터에서 경행하고 있었다. 육군비구가 보고 물어 말하였다.

"우리들은 왕사성에서 비구에게 불견빈을 주었는데, 사위국으로 와서 이르렀소. 그대들 여러 비구들도 함께 일하고 함께 머무시오?"

여러 비구들이 대답하여 말하였다.

"세존께서는 자언멸쟁(自言滅諍)으로서 이러한 일을 없애셨습니다. 그 분쟁은 소멸되었습니다."

육군비구가 말하였다.

"이러한 일은 소멸되지 않았고, 악하게 소멸되었소. 우리들이 없었던 까닭이오."

이때 육군비구는 세존께서 허락하신 자언멸쟁법을 거역하고 받아들이지 않았으며, 세존의 지견(知見)이신 일을 비방하였다. 이 가운데에 비구가 있어 욕망이 적고 만족함을 알며 두타를 행하였는데, 이러한 일을 듣고 마음이 기쁘지 않아서 이렇게 말을 지었다.

"어찌 비구라고 이름하면서 세존께서 허락하신 자언멸쟁법을 거역하고 받아들이지 않으며, 세존의 지견이신 일을 비방하는가?"

여러 종류의 인연으로 꾸짖고서 세존을 향하여 자세히 말하였다. 세존께서는 이 일로써 비구 승가를 모으셨으며, 여러 종류의 인연으로 육군비구를 꾸짖으셨다.

"어찌 비구라고 이름하면서 내가 허락한 자언멸쟁법을 거역하고 받아들이지 않으며, 세존의 지견인 일을 비방하였는가?"

여러 종류의 인연으로 꾸짖고서 여러 비구들에게 말씀하셨다.

"지금부터 현전멸쟁법(現前滅諍法)을 허락하겠노라. 이 현전멸쟁법을 이용하면 대중 승가의 가운데에서 여러 종류의 일이 일어나더라도 마땅히 소멸될 것이다. 현전멸쟁법에는 두 종류의 비법과 두 종류의 여법한 것이 있느니라. 두 종류의 비법은 비법의 승가가 있는데 비법으로 승가를 간략하게 충고하여 조복시키고자 현전멸쟁을 주는 것이다. 또한 비법의 승가가 비법의 사람을 간략하게 충고하여 조복시키고자 현전멸쟁을 주는 것이다. 또한 여법하지 않은 승가가 여법하지 않은 두 사람·한 사람을 충고하여 조복시키고자 현전멸쟁을 주는 것이다. 또한 여법하지 않은 세 사람이 여법하지 않은 세 사람을 간략하게 충고하여 조복시키고자 현전비니(現前比尼)를 주는 것이다. 또한 여법하지 않은 세 사람이 여법하지 않은 두 사람·한 사람·승가의 세 사람을 간략하게 충고하여 조복시키고자 현전비니를 주는 것이다. 또한 여법하지 않은 두 사람이 여법하지 않은 두 사람·한 사람·승가·세 사람을 간략하게 충고하여 조복시키고자 현전비니를 주는 것이다. 또한 여법하지 않은 한 사람이 여법하지 않은 한 사람·승가·세 사람·두 사람을 간략하게 충고하여 조복시키고자 현전비니를 주는 것이다. 이것을 첫째의 여법하지 않은 현전비니법(現前比尼法)이라고 이름한다.

또한 여법하지 않은 승가가 여법한 승가를 간략하게 충고하여 조복시키고자 현전비니를 주는 것이다. 또한 여법하지 않은 승가가 여법한 세 사람·두 사람·한 사람을 충고하여 조복시키고자 현전비니를 주는 것이다. 또한 여법하지 않은 세 사람이 여법한 세 사람·두 사람·한 사람·승가를 간략하게 충고하여 조복시키고자 현전비니를 주는 것이다. 또한 여법하지 않은 두 사람이 여법한 두 사람·한 사람·승가·세 사람을 간략하게 충고하여 조복시키고자 현전비니를 주는 것이다. 또한 여법하지 않은 한 사람이 여법한 한 사람·승가·세 사람·두 사람을 간략하게 충고하여 조복시키고자 현전비니를 주는 것이다. 이것을 둘째의 여법하지 않은 현전비니법이라 한다.

두 종류의 여법한 현전비니법은 여법한 승가가 여법한 승가를 간략하게 충고하여 조복시키고자 현전비니를 주는 것이다. 또한 여법한 승가가 여법한 세 사람·두 사람·한 사람을 간략하게 충고하여 조복시키고자 현전비니를 주는 것이다. 또한 여법한 세 사람이 여법한 세 사람·두 사람·한 사람·승가를 간략하게 충고하여 조복시키고자 현전비니를 주는 것이다. 또한 여법한 두 사람이 여법한 두 사람·한 사람·승가·세 사람을 간략하게 충고하여 조복시키고자 현전비니를 주는 것이다. 또한 여법한 한 사람이 여법한 한 사람·승가·세 사람·두 사람을 간략하게 충고하여 조복시키고자 현전비니를 주는 것이다. 이것을 첫째의 여법한 현전비니법이라고 이름한다.

또한 여법한 승가가 여법하지 않은 승가를 충고하여 조복시키고자 현전비니를 주는 것이다. 또한 여법한 승가가 여법하지 않은 세 사람·두 사람·한 사람을 간략하게 충고하여 조복시키고자 현전비니를 주는 것이다. 또한 여법한 세 사람이 여법하지 않은 세 사람·두 사람·한 사람·승가를 간략하게 충고하여 조복시키고자 현전비니를 주는 것이다. 또한 여법한 두 사람이 여법하지 않은 두 사람·한 사람·승가·세 사람을 간략하게 충고하여 조복시키고자 현전비니를 주는 것이다. 또한 여법한 한 사람이 여법하지 않은 한 사람·승가·세 사람·두 사람을 간략하게 충고하여 조복시키고자 현전비니를 주는 것이다. 이것을 둘째의 여법한 현전비니법이라고 이름한다." [두 번째의 법]

세존께서는 왕사성에 머무르셨다.

그때 역사의 아들인 장로 타표(陀驃)가 미다라(彌多羅) 비구니에게 근거도 없는 바라이죄로 비방을 받았던 까닭으로 만약 승가이거나, 만약 세 사람이거나, 두 사람이거나, 한 사람이 항상 이러한 일을 말하였다. 이때 역사의 아들인 타표가 이 일로써 여러 비구들에게 말하였다.

"미다라 비구니가 근거도 없는 바라이죄로 나를 비방하는 까닭으로 만약 승가이거나, 세 사람이거나, 두 사람이거나, 한 사람이 항상 이러한 일을 말합니다. 내가 마땅히 어떻게 해야 합니까?"

여러 비구들이 이 일로써 세존께 아뢰었고, 세존께서는 이 일로써 비구 승가를 모으셨다. 세존께서 아시면서도 일부러 역사의 아들 타표에게 물으셨다.

"그대는 진실로 미다라 비구니가 근거도 없는 바라이죄로서 비방한 까닭으로 만약 승가이거나, 만약 세 사람이거나, 두 사람이거나, 한 사람이 항상 이러한 일을 말하였고, 그대는 여러 비구들을 향하여 '내가 마땅히 어떻게 해야 합니까?'라고 하였는가? 그대가 진실로 그렇게 하였는가?"

"진실입니다. 세존이시여."

세존께서 말씀하셨다.

"지금부터 억념비니법(憶念比尼法)을 허락하겠노라. 이 억념비니법을 이용하면 대중 승가의 가운데에서 여러 종류의 일이 일어나더라도 마땅히 소멸시킬 것이다. 세 종류의 비법의 억념비니가 있고, 세 종류의 여법한 억념비니가 있느니라. 세 종류의 비법은 비구가 있어 무잔죄(無殘罪)[2]를 범하였으나, 스스로가 '유잔죄(有殘罪)[3]를 범하였다.'고 말하면서 이 비구가 승가를 좇아서 억념비니를 애원하였고, 만약 승가가 이 비구에게 억념비니를 주었다면 이것을 비법이라고 이름한다. 왜 그러한가? 이 사람에게는 마땅히 멸빈을 주어야 하는 까닭이다.

또한 시월(施越) 비구와 같다. 미치고 어리석은 마음으로 전도되었던 까닭으로 청정하지 못한 비법·수순하지 않는 도·사문의 법이 아닌 것을 많이 지었었느니라. 그 사람은 본심을 얻었고 이전에 지은 죄를 승가이거

---

2) 승단에서 추방되는 바라이죄(波羅夷罪)를 말한다.

3) 중죄이나 승가에 잔류되는 것이 허락하는 죄를 말한다.

나, 세 사람이거나, 두 사람이거나, 한 사람에게 항상 말하였으며, 이 사람은 승가에게 억념비니를 애원하였느니라. 만약 승가가 이 사람에게 억념비니를 주었다면 이것을 비법이라고 이름한다. 왜 그러한가? 이 사람에게는 마땅히 사람에게는 마땅히 불치비니(不痴比尼)를 주어야 하는 까닭이다.

또한 하다(訶多) 비구와 같다. 스스로에게 부끄럽지 않았고 다른 사람에게도 부끄럽지 않았으나 파계하였느니라. 죄를 보았고 들었으며 의심한 것이 있어 이 사람은 스스로가 '나에게 이러한 죄가 있다.'고 말하였고, 뒤에 '나는 이러한 죄가 없다.'고 말하면서 이 사람은 승가에게 억념비니를 애원하였느니라. 만약 승가가 이 사람에게 억념비니를 주었다면 이것을 비법이라고 이름한다. 왜 그러한가? 이러한 사람에게는 마땅히 실멱비니(實覓比尼)를 주어야 하는 까닭이다. 이것을 세 종류의 비법인 억념비니법이라고 이름한다.

세 종류의 여법은 또한 비구가 타표 비구와 같이 미다라 비구니에게 근거가 없는 바라이죄로서 비방받은 까닭으로 만약 승가이거나, 세 사람이거나, 두 사람이거나, 한 사람이 항상 이러한 일을 말하였고, 이 비구가 대중에게 억념비니를 애원하였으며, 만약 승가가 이 사람에게 억념비니를 주었다면 이것을 여법이라고 이름한다. 왜 그러한가? 이 사람에게는 마땅히 사람에게는 마땅히 억념비니를 주어야 하는 까닭이다.

또한 비구가 있어 죄를 범하였으나, 이 죄를 이미 드러내고서 여법하게 참회하여 소멸시켰는데, 만약 승가이거나, 세 사람이거나, 두 사람이거나, 한 사람이 항상 이러한 일을 말하였고, 이 비구가 대중에게 억념비니를 애원하였으며, 만약 승가가 이 사람에게 억념비니를 주었다면 이것을 여법이라고 이름한다. 왜 그러한가? 이 사람에게는 마땅히 사람에게는 마땅히 억념비니를 주어야 하는 까닭이다.

또한 비구가 아직 이러한 죄를 범하지 않은 것과 같고, 장래에는 반드시 범할 것이며, 이러한 일을 까닭으로 만약 승가이거나, 세 사람이거나, 두 사람이거나, 한 사람이 이러한 죄를 범하였다고 말하면서 이 비구가 대중에게 억념비니를 애원하였으며, 만약 승가가 이 사람에게 억념비니를 주었다면 이것을 여법이라고 이름한다. 왜 그러한가? 이 사람에게는 마땅히 억념비니를 주어야 하는 까닭이다. 이것을 세 종류의 여법한 억념비니라고 이름한다."

세존께서는 이와 같이 말씀하시고서 여러 비구들에게 말씀하셨다.

"그대들은 타표 비구에게 억념비니를 주도록 하라. 만약 다시 이와 같은 사람이 있다면 역시 억념비니를 주도록 하라. 억념비니법은 이 타표 비구에게 마땅히 자리에서 일어나서 오른쪽 어깨를 드러내고 가죽신을 벗고서 꿇어앉아서 호궤 합장하고서 말하라.

'대덕 승가께서는 허락하십시오. 나 타표 비구는 미다라 비구니에게 근거가 없는 바라이법으로서 비방받은 까닭으로 만약 승가이거나, 세 사람이거나, 두 사람이거나, 한 사람이 항상 이러한 일을 말합니다. 내가 지금 승가를 좇아서 억념비니를 애원하오니, 만약 승가이거나, 세 사람이거나, 두 사람이거나, 한 사람이 모이더라도 다시 거듭하여 이러한 일을 말하지 못하게 하십시오. 승가께서는 애민하게 생각하시어 나에게 억념비니를 주십시오.'

이와 같이 두 번째·세 번째도 애원하라. 이때 한 비구가 승가의 가운데에서 창언하라.

'대덕 승가께서는 허락하십시오. 이 타표 비구는 미다라 비구니에게 근거가 없는 바라이법으로서 비방받은 까닭으로 만약 승가이거나, 세 사람이거나, 두 사람이거나, 한 사람이이 항상 이러한 일을 말하고 있습니다. 지금 타표 비구가 승가를 좇아서 억념비니를 애원하오니, 만약 승가이거나, 세 사람이거나, 두 사람이거나, 한 사람이 모이더라도 거듭하여 다시 이러한 일을 말하지 못하게 하십시오. 만약 승가께서 때에 이르렀다면 승가께서는 허락하십시오. 승가시여. 타표 비구에게 억념비니를 주시어 만약 승가이거나, 세 사람이거나, 두 사람이거나, 한 사람이 다시 거듭하여 이러한 일을 말하지 못하게 하십시오.'

이것을 '아뢰었다.(白)'고 이름한다. 이와 같이 백사갈마를 짓는다.

'승가시여. 타표 비구에게 억념비니를 지어서 주었습니다. 승가께서 허락하신 것은 묵연하였던 까닭입니다. 이 일은 이와 같이 지니겠습니다.'

억념비니의 비구행법(比丘行法)을 얻었다면 다른 비구는 마땅히 그의 허물과 죄를 드러내서는 아니되고, 마땅히 억념하게 하여서도 아니되며, 마땅히 들어달라고 애원하여도 아니되고, 역시 다른 비구가 들어달라고 애원하는 것을 받아들여서도 아니된다. 만약 그를 쫓아서 들어달라고 애원한다면 돌길라를 얻는다. 다른 사람의 청을 받아들여도 역시 돌길라를 얻는다. 만약 그가 들어주지 않는다고 만약 허물과 죄를 드러내거나, 만약 억념하게 한다면 바일제를 얻는다." [세 번째의 법]

세존께서는 사위국에 머무르셨다.

이때 한 비구가 있었고 시월(施越)이라고 이름하였다. 미쳤던 마음으로 전도(顚倒)되었던 까닭으로 청정하지 못한 비법·수순하지 않는 도·사문의 법이 아닌 것을 많이 지었다. 그 사람은 돌아와 본심을 얻었고 이전에 지은 죄를 만약 승가이거나, 세 사람이거나, 두 사람이거나, 한 사람에게 항상 말하였다. 시월이 여러 비구들에게 말했다.

"내가 본래 미쳤던 마음에 전도되었던 까닭으로 청정하지 못한 비법·수순하지 않는 도·사문의 법이 아닌 것을 많이 지었습니다. 나는 지금 돌아와 본심을 얻었으나, 만약 승가이거나, 세 사람이거나, 두 사람이거나, 한 사람이 항상 내가 본래 지은 죄를 말합니다. 나는 지금 마땅히 어떻게 해야 합니까?"

여러 비구들이 이 일을 세존께 자세히 말하였고, 세존께서는 아시면서도 일부러 시월에게 물으셨다.

"그대는 진실로 미쳤던 마음에 전도되었던 까닭으로 청정하지 못한 비법·수순하지 않는 도·사문의 법이 아닌 것을 많이 지었고, 그대가 돌아와 본래의 마음을 얻었으나, 만약 승가이거나, 세 사람이거나, 두 사람이거나, 한 사람이 항상 본래 지었던 일을 말하였고, 그대는 여러 비구들을 향하여 '내가 마땅히 어떻게 해야 합니까?'라고 말하였는가? 그대가 진실로 그렇게 하였는가?"

"진실입니다. 세존이시여."

세존께서는 말씀하셨다.

"지금부터 불치비니(不癡比尼)를 허락하겠노라. 이 불치비니를 이용하면 대중 승가의 가운데에서 여러 종류의 일이 일어나더라도 마땅히 소멸되리라. 불치비니에는 네 종류의 비법과 네 종류의 여법한 것이 있느니라. 네 종류의 비법은 비구가 있어 어리석고 미치지 않았고 전도되지 않았으면서 어리석고 미친 모습을 나타내는 것이 있다. 여러 비구 승가 가운데에서 '그대는 미쳤던 때에 지었던 일을 지금 억념하는가?'라고 물었고, '장로여. 내가 어리석었던 까닭으로 지었고, 다른 사람이 나를 가르쳐서 지었던 일을 기억하며, 꿈속에서 지었던 일을 기억하고, 벌거벗고서 동서로 뛰어다니고 서서 대·소변을 보았던 일을 기억합니다.'라고 대답하여 말하였는데, 이러한 사람이 승가를 쫓아서 불치비니를 애원하였고, 만약 승가가 이 사람에게 불치비니를 주었다면 이것을 네 종류의 비법이라고 이름한다.

네 종류의 여법은 비구가 있어 실제로 미치고 어리석은 마음으로 전도되어 미치고 어리석은 모습이 나타날 수 있다. 여러 비구들이 '그대는 미쳤던 때에 지은 일을 기억하는가?'라고 물었고, '기억하지 못하고, 다른 사람이 나를 가르쳐서 지은 일도 기억하지 못하며, 꿈속에서 지었던 일도 기억하지 못하고, 벌거벗고서 동서로 뛰어다니고 서서 대·소변을 보았던 일도 기억하지 못합니다.'라고 대답하여 말하였는데, 이러한 사람이 승가를 쫓아서 불치비니를 애원하였고, 만약 승가가 이 사람에게 불치비니를 주었다면 이것을 네 종류의 여법이라고 이름한다."

세존께서는 말씀하셨다.

"지금부터 불치비니를 허락하겠노라. 이 불치비니를 이용하면 대중 승가의 가운데에서 여러 종류의 일이 일어나더라도 마땅히 소멸될 것이다."

이때 세존께서는 여러 비구들에게 말씀하셨다.

"그대들은 시월 비구에게 불치비니를 주도록 하라. 만약 다시 이러한 사람이 있다면 승가는 역시 마땅히 불치비니를 주도록 하라.

주는 법은 시월 비구는 마땅히 자리에서 일어나서 오른쪽 어깨를 드러내고, 가죽신을 벗고서 호궤 합장하고서 말하라.

'대덕 승가께서는 허락하십시오. 나 시월 비구는 본래 미쳤던 마음에 전도되었던 까닭으로 청정하지 못한 비법·수순하지 않는 도·사문의 법이 아닌 것을 많이 지었고, 돌아와서 본래의 마음을 얻었으나, 만약 승가이거나, 세 사람이거나, 두 사람이거나, 한 사람이 항상 본래 지었던 일을 말합니다. 내가 지금 승가를 좇아서 불치비니를 애원하오니, 만약 승가이거나, 세 사람이거나, 두 사람이거나, 한 사람이 모이더라도 다시 거듭하여 이러한 일을 말하지 못하게 하십시오. 승가께서는 애민하게 생각하시어 나에게 억념비니를 주십시오.'

이와 같이 두 번째·세 번째도 애원하라. 이때 한 비구가 승가 가운데에서 창언하라.

'대덕 승가께서는 허락하십시오. 이 시월 비구는 본래 미쳤던 마음에 전도되었던 까닭으로 청정하지 못한 비법·수순하지 않는 도·사문의 법이 아닌 것을 많이 지었습니다. 지금 시월 비구는 승가를 좇아서 불치비니를 애원하오니, 만약 승가이거나, 세 사람이거나, 두 사람이거나, 한 사람이 모이더라도 거듭하여 다시 이러한 일을 말하지 마십시오. 만약 승가께서 때에 이르렀다면 승가께서는 허락하십시오. 승가시여. 시월 비구에게 불치비니를 주시어 만약 승가이거나, 세 사람이거나, 두 사람이거나, 한 사람이 다시 거듭하여 이러한 일을 말하지 마십시오. 이와 같이 아룁니다.'

이와 같이 백사갈마를 짓도록 하라.

'승가시여. 시월 비구에게 불치비니를 지어서 주었습니다. 승가께서 허락하신 것은 묵연하였던 까닭입니다. 이 일은 이와 같이 지니겠습니다.'

불치비니의 행법을 얻었다면 다른 비구는 마땅히 그의 허물과 죄를 드러내서는 아니되고, 마땅히 억념하게 하여서도 아니되며, 마땅히 들어달라고 애원하여도 아니되고, 역시 다른 비구가 들어달라고 애원하는 것을 받아들여서도 아니된다. 만약 그를 좇아서 들어달라고 애원한다면 돌길라를 얻는다. 다른 사람의 청을 받아들여도 역시 돌길라를 얻는다. 만약 그가 들어주지 않는다고 만약 허물과 죄를 드러내거나, 만약 억념하게 한다면 바일제를 얻는다." [네 번째의 법]

세존께서는 가유라위국(迦維羅衛國)에 머무르셨다.

이때 한 비구가 있었고 하다(訶多)라고 이름하였다. 스스로에게 부끄럽지 않았고 다른 사람에게도 부끄럽지 않았으나, 파계하였는데, 죄를 보았고 들었으며 의심한 것이 있어 이 비구는 먼저 '내가 스스로 지었다.'고 말하였으나, 뒤에는 '짓지 않았다.'고 말하였고, 여러 비구들은 이 일로써 세존을 향하여 자세히 말하였다. 세존께서는 이 일로써 비구 승가를 모으셨으며, 여러 비구들에게 말씀하셨다.

"지금부터 실멱멸쟁(實覓滅諍)을 허락하겠노라. 이 실멱비니(實覓比尼)를 이용하면 대중 승가의 가운데에서 여러 종류의 일이 일어나더라도 마땅히 소멸시킬 것이다. 실멱비니에는 다섯 종류의 비법과 다섯 종류의 여법한 것이 있느니라. 다섯 종류의 비법은 비구가 있어 바라이죄를 범하였고 처음에는 '범하지 않았다.'고 말하였으나, 뒤에 '범하였다.'고 말하였는데, 만약 승가가 이 사람에게 실멱비니를 주었다면, 이것을 비법이라고 이름한다. 왜 그러한가? 이러한 사람은 마땅히 멸빈을 주어야 하는 까닭이다. 또한 비구가 있어 승가바시사·바일제·바라제제사니·돌길라를 범하였고 처음에는 '범하지 않았다.'고 말하였으나, 뒤에 '범하였다.' 고 말하였는데, 만약 승가가 이 사람에게 실멱비니를 주었다면 이것을 비법이라고 이름한다. 왜 그러한가? 이러한 사람은 범한 것을 따라서 다스려야 하는 까닭이다.

다섯 종류의 여법은 비구가 있어 바라이죄를 범하였고 처음에는 '범하였다.'고 말하였으나, 뒤에 '범하지 않았다.'고 말하였는데, 만약 승가가 이 사람에게 실멱비니를 주었다면, 이것을 여법이라고 이름한다. 왜 그러한가? 이러한 사람은 마땅히 실멱비니를 주어야 하는 까닭이다. 만약 비구가 있어 승가바시사·바일제·바라제제사니·돌길라를 범하였고 처음에는 '범하였다.'고 말하였으나, 뒤에 '범하지 않았다.'고 말하였는데, 만약 승가가 이 사람에게 실멱비니를 주었다면 이것을 여법이라고 이름한다. 왜 그러한가? 이러한 사람은 마땅히 실멱비니를 주어야 하는 까닭이다."

세존께서는 여러 비구들에게 말씀하셨다.

"그대들은 하다 비구에게 실멱비니를 주도록 하라. 만약 다시 이와 같은 비구가 있다면 승가는 역시 마땅히 실멱비니를 주도록 하라. 주는 법은 일심으로 화합한 승가에서 한 비구가 승가의 가운데에서 창언하라.

'대덕 승가께서는 허락하십시오. 이 하다 비구는 스스로에게 부끄럽지 않았고 다른 사람에게도 부끄럽지 않았으나 파계하였고, 죄를 보았고 들었으며 의심한 것이 있어 이 비구는 먼저 '먼저 스스로 지었다.'고 말하였으나, 뒤에는 '짓지 않았다.'고 말하고 있습니다. 이러한 까닭으로 승가께서는 실멱비니를 주십시오. 만약 승가께서 때에 이르렀다면 승가께서는 허락하십시오. 하다 비구에게 실멱비니를 주도록 하겠습니다. 이와 같이 아룁니다.'

이와 같이 백사갈마를 짓는다.

'승가시여. 하다 비구에게 실멱비니를 지어서 주었습니다. 승가께서 허락하신 것은 묵연하였던 까닭입니다. 이 일은 이와 같이 지니겠습니다.'

실멱비니의 행법을 얻었다면 이 비구는 마땅히 다른 사람에게 대계(大戒)를 줄 수 없고, 마땅히 다른 사람의 의지를 받을 수 없으며, 마땅히 구적을 양육할 수 없고, 마땅히 비구니법을 교계할 수 없으며, 만약 승가가 갈마하여 비구니를 교계하도록 하였어도 마땅히 가르쳐서는 아니된다. 만약 승가가 실멱비니죄를 지어서 주었다면 다시 마땅히 지어서는 아니되며, 만약 이것과 비슷하거나, 나아가 넘어가는 죄도 역시 지어서는 아니된다.

마땅히 승가의 갈마를 꾸짖을 수 없고, 역시 마땅히 갈마를 지은 자들을 꾸짖을 수 없으며, 마땅히 청정한 비구를 거론하여도 아니되고, 마땅히 다른 사람을 억념시켜도 아니되며, 마땅히 서로가 말하여도 아니되고, 마땅히 다른 사람을 쫓아서 들어달라고 애원하여 다른 사람의 죄를 드러내어서도 아니되며, 또한 마땅히 다른 사람의 들어달라고 애원하는 것을 받아들여서도 아니되고, 마땅히 설계를 막아서도 아니되며, 마땅히 수계를 막아서도 아니되고, 마땅히 자자를 막아서도 아니되며, 마땅히 청정한 비구의 허물과 죄를 드러내서도 아니되고, 항상 스스로를 낮추고 마땅히 마음과 행동을 조복하여 비구 승가의 뜻을 수순해야 한다. 만약 이와 같은 행법이 아니라면 목숨이 마치도록 이 갈마에서 벗어나지 못한다."
[다섯 번째의 법]

세존께서는 구사미국(俱舍彌國)에 머무르셨다.

이때 구사미의 여러 비구들은 투쟁하는 것을 즐겼고 서로를 비난하여 크고 작은 일들이 일어났으므로 이렇게 생각을 지었다.

"만약 장로 사리불께서 단사주(斷事主)[4]가 되어 주신다면 우리들은 마땅히 명료하게 결정할 수 있을 것이다."

여러 비구들이 이 일로써 세존께 자세히 말하였고, 세존께서는 아시면서도 일부러 아난에게 물으셨다.

"달뢰타(闥賴陀) 비구가 있다면 단사주를 지었어도 능히 받을 수 있겠는가?"

아난이 세존께 아뢰어 말하였다.

"세존이시여. 능히 단사주를 지어서 준다면 능히 받을 수 있습니다."

세존께서는 곧 이 일로써 비구 승가를 모으셨으며, 여러 비구들에게 말씀하였다.

"지금부터 달뢰타 비구가 단사주로 지어서 이러한 단사법(斷事法)을 받아들이는 것을 허락하겠노라. 여법하고 비니와 같으며 세존의 가르침과 같게 현전(現前)에서 없애서 소멸시키도록 하라. 달뢰타에 세 종류가 있나

---

4) 일의 시비를 정확하게 판결하여 주는 자를 가리킨다.

니, 행동(身)은 좋으나 말(口)이 좋지 않거나, 말은 좋으나 행동이 좋지 않거나, 행동도 좋고 말도 좋은 것이다. 행동은 좋은데 말은 좋지 않은 것은, 이 달뢰타가 스스로가 거사자(擧事者)[5]와 유사자(有事者)[6]가 있는 곳에 가지 않고서, 스스로가 '이 일에 따른다면 만약 좋거나, 만약 좋지 못하거나, 그렇게 일으키는 것이 마땅하고 그렇게 일으키는 것이 마땅하지 않거나, 만약 그대가 이겼고 그가 졌다거나, 그가 이겼고 그대가 졌다.'라고 이렇게 말을 짓지 않는 것이다. 이 사람이 비록 스스로가 떠나가서 말하지는 않았고, 곧 사자를 보내어 '그대가 이러한 일에 따른다면 만약 좋거나, 만약 좋지 못하다거나, 그렇게 일으키는 것이 마땅하고 그렇게 일으키는 것이 마땅하지 않거나, 만약 그대가 이겼고 그가 졌다거나, 그가 이겼고 그대가 졌다.'라고 이렇게 말을 지었다면, 이것을 행동은 좋았으나, 말은 좋지 않다고 이름한다.

말은 좋았으나 행동은 좋지 않은 것은, 스스로의 몸으로 거사자와 유사자가 있는 곳에 가서 스스로가 '이 일에 따른다면 만약 좋거나, 만약 좋지 못하거나, 그렇게 일으키는 것이 마땅하고 그렇게 일으키는 것이 마땅하지 않거나, 만약 그대가 이겼고 그가 졌다거나, 그가 이겼고 그대가 졌다.'고 이렇게 말을 짓지 않는 것이다. 거사자나 유사자가 있는 곳에 사자를 보내어 '이 일에 따른다면 만약 좋거나, 만약 좋지 못하거나, 그렇게 일으키는 것이 마땅하고 그렇게 일으키는 것이 마땅하지 않거나, 만약 그대가 이겼고 그가 졌다거나, 그가 이겼고 그대가 졌다.'라고 이렇게 말을 짓지 않는 것이다. 이것을 말은 좋았으나, 행동은 좋지 못한 것이라고 이름한다.

말도 좋고 행동도 좋은 것은, 스스로가 거사자와 유사자가 있는 곳에 가지 않고 '이 일에 따른다면 만약 좋거나, 만약 좋지 못하거나, 그렇게 일으키는 것이 마땅하고 그렇게 일으키는 것이 마땅하지 않거나, 만약 그대가 이겼고 그가 졌다거나, 그가 이겼고 그대가 졌다.'고 이렇게 말을

5) 승가에서 발생시킨 일을 말하고 드러내는 사람이다.
6) 승가에서 일을 발생시킨 사람을 가리킨다.

짓지 않는 것이다. 또한 거사자나 유사자가 있는 곳에 사자를 보내어 '이 일에 따른다면 만약 좋거나, 만약 좋지 못하거나, 그렇게 일으키는 것이 마땅하고 그렇게 일으키는 것이 마땅하지 않거나, 만약 그대가 이겼고 그가 졌다거나, 그가 이겼고 그대가 졌다.'고 이렇게 말을 짓지 않는 것이다. 이것을 말은 좋고 행동은 좋은 것이라고 이름한다.

지금부터 달뢰타 비구로 짓는 자는 마땅히 이와 같이 배워야 하느니라. 거사자나 유사자와 함께 같은 길을 걸어서도 아니되고, 역시 별도로 한 사람과 같은 길을 걸어서도 안 되며, 마땅히 함께 약속해서도 아니된다. 만약 이전에 작고 많은 인연으로 약속하였다면 마땅히 약속을 소멸시켜야 한다.

'약속'은 만약 오전이거나, 만약 오후이거나, 만약 낮이거나, 만약 밤이거나, 만약 아련아의 처소이거나, 만약 취락에서 가까운 승방 등이다.

이 달뢰타는 마땅히 이러한 단사를 받는다면 여법하고 비니와 같으며 세존의 가르침과 같게 현전에서 없애고 소멸시키도록 하고, 하나의 비니를 사용하나니 이를테면, 현전비니(現前比尼)이니라. 무엇이 현전비니인가? 현전비니에는 두 종류가 있으니, 인현전(人現前)과 비니현전(比尼現前)이다.

'인현전'은 거사자와 유사자에게 따라서 돕는 자들과 함께 한곳에 모이는 것이다.

'비니현전'은 여법하고 비니와 같으며 세존의 가르침과 같게 이러한 일을 판단하는 것이다. 이것을 비니현전이라고 이름한다.

만약 이 달뢰타가 여법하고 비니와 같으며 세존의 가르침과 같게 이러한 일을 능히 판결할 수 없다면 마땅히 버리고서 승가에게 부촉하며, 승가는 이러한 일을 받아들여 여법하고 비니와 같으며 세존의 가르침과 같게 판결해야만 한다. 만약 승가가 능히 여법하고 비니와 같으며 세존의 가르침과 같게 이러한 일을 능히 판결한다면, 이것을 하나의 비니를 사용하여 판결하였다고 이름하는데 이를테면, 현전비니이다.

'현전비니'는 승현전(僧現前)·인현전·비니현전이다.

'승현전'은 이 가운데에서 도중을 소유하고 함께 갈마를 지을 비구들이 같은 마음으로 한곳에서 화합하고, 욕(欲)을 받을 자들이 있다면 욕을 가지고 오며, 현재에 있는 비구가 능히 막을 수 있는 자도 막지 않는 것이다. 이것을 승현전이라고 이름한다.

'인현전'은 거사인(擧事人)과 유사인(有事人)을 따라서 돕는 자들과 함께 한곳에 모이는 것이다. 이것을 인현전이라고 이름한다.

'비니현전'은 여법하고 비니와 같으며 세존의 가르침과 같게 이러한 일을 판결하는 것이다. 이것을 비니현전이라고 이름한다.

만약 승가가 능히 여법하고 비니와 같으며 세존의 가르침과 같게 이러한 일을 능히 판결할 수 없다면, 그때에 마땅히 승가의 가운데에서 오회구라(烏迴鳩羅)를 뽑고, 마땅히 오회구라에게 갈마하여 이러한 일을 판결하게 하라. 갈마를 짓는 법은 일심으로 화합한 승가에서 한 비구가 승가의 가운데에서 물어 말하라.

'누가 능히 오회구라가 되어 여법하고 비니와 같으며 세존의 가르침과 같게 이러한 일을 판결할 수 있겠습니까?'

승가의 가운데에서 만약 '내가 할 수 있습니다.'라고 말하였더라도 만약 5법이 있다면 마땅히 오회구라로 지어서 세워서는 아니된다. 무엇이 다섯 가지인가? 애욕을 따라서 행하고, 성냄을 따라서 행하며, 두려움을 따라서 행하고, 어리석음을 따라서 행하며, 판결할 것과 판결하지 않을 것을 알지 못하는 것이다. 5법을 성취하였다면 마땅히 오회구라로 지어서 세워야 하나니, 애욕을 따라서 행하지 않고, 성냄을 따라서 행하지 않으며, 두려움을 따라서 행하지 않고, 어리석음을 따라서 행하지 않으며, 판결할 것과 판결하지 않을 것을 아는 것이다. 곧 때에 한 비구가 승가의 가운데에서 창언하라.

'대덕 승가께서는 허락하십시오. 누구 비구와 누구 비구는 오회구라가 되어 여법하고 비니와 같으며 세존의 가르침과 같게 승가 일의 가운데를 따라서 판결할 수 있습니다. 만약 승가께서 때에 이르렀다면 승가께서는 허락하십시오. 누구 비구와 누구 비구는 오회구라로 능히 여법하게 승가의

일의 가운데를 따라서 판결할 수 있습니다.'

이것을 '아뢰었다.'고 이름한다. 아뢰고 백이갈마를 짓는다.

'승가시여. 누구 비구와 누구 비구는 승가의 일을 따라서 오회구라가 되는 것을 지어서 마쳤습니다. 승가께서 허락하신 것은 묵연하였던 까닭입니다. 이 일은 이와 같이 지니겠습니다.'

그 오회구라가 만약 상좌라면 여러 하좌 비구들은 마땅히 이 사람에게 욕(欲)을 주고서 멀리 떨어져 있어야 한다. 만약 이 오회구라가 하좌라면 마땅히 여러 상좌들을 쫓아서 욕을 받고서 잠깐 멀리 떨어져서, 마땅히 여법하고 비니와 같으며 세존의 가르침과 같게 이러한 일을 판결해야 한다. 만약 오회구라가 여법하고 비니와 같으며 세존의 가르침과 같게 이러한 일을 판결한다면, 이것을 하나의 비니를 사용하여 판결하였다고 이름하는데 이를테면, 현전비니이다.

'현전비니'는 승현전·비니현전·인현전이다. 승현전은 앞에서의 설명과 같고, 인현전과 비니현전도 역시 앞에서의 설명과 같다.

만약 오회구라가 여법하고 비니와 같으며 세존의 가르침과 같게 이러한 일을 판결하지 못한다면, 마땅히 다시 오회구라를 세워야 한다. 세우는 법은 일심으로 화합한 승가에서 한 비구가 승가의 가운데에서 물어 말하라.

'누가 능히 오회구라가 되어 여법하고 비니와 같으며 세존의 가르침과 같게 이러한 일을 판결할 수 있겠습니까?'

승가의 가운데에서 만약 '내가 할 수 있습니다.'라고 말한다면 한 비구가 승가의 가운데에서 창언하라.

'대덕 승가께서는 허락하십시오. 누구 비구와 누구 비구는 오회구라가 되어 여법하게 승가 일의 가운데를 따라서 판결할 수 있습니다. 만약 승가께서 때에 이르렀다면 승가께서는 허락하십시오. 누구 비구와 누구 비구는 오회구라로 능히 여법하게 승가 일의 가운데를 따라서 판결할 수 있습니다.'

이것을 '아뢰었다.'고 이름한다. 아뢰고 백이갈마를 짓는다.

'승가시여. 누구 비구와 누구 비구는 오회구라가 되어 승가 일의 가운데를 따라서 판결하게 지어서 마쳤습니다. 승가께서 허락하신 것은 묵연하였던 까닭입니다. 이 일은 이와 같이 지니겠습니다.'

그 오회구라가 만약 상좌라면 여러 하좌 비구들은 마땅히 이 사람에게 욕을 주고서 멀리 떨어져 있어야 한다. 만약 이 오회구라가 하좌라면 마땅히 여러 상좌들을 쫓아서 욕을 받고서 잠깐 멀리 떨어져서, 마땅히 여법하고 비니와 같으며 세존의 가르침과 같게 이러한 일을 판결해야 한다. 만약 오회구라가 여법하고 비니와 같으며 세존의 가르침과 같게 이러한 일을 판결한다면, 이것을 하나의 비니를 사용하여 판결하였다고 이름하는데 이를테면, 현전비니이다.

'현전비니'는 승현전·비니현전·인현전이다. 승현전은 앞에서의 설명과 같고, 인현전과 비니현전도 역시 앞에서의 설명과 같다.

만약 이 오회구라가 능히 여법하게 판결하지 못한다면 다시 이전의 오회구라에게 되돌려서 부촉해야 하고, 이전의 오회구라는 마땅히 여법하고 비니와 같으며 세존의 가르침과 같게 판결해야 한다. 만약 능히 여법하게 이러한 일을 판결한다면, 이것을 하나의 비니를 사용하여 판결하였다고 이름하는데 이를테면, 현전비니이다.

'현전비니'는 승현전·비니현전·인현전이다. 승현전은 앞에서의 설명과 같고, 인현전과 비니현전도 역시 앞에서의 설명과 같다.

만약 이러한 이전의 오회구라가 다시 여법하고 비니와 같으며 세존의 가르침과 같게 이러한 일을 판결하지 못하면 마땅히 버리고서 승가에게 부촉해야 하며, 승가는 마땅히 이러한 일을 여법하고 비니와 같으며 세존의 가르침과 같게 판결해야 한다. 만약 승가가 이러한 일을 취하여 여법하고 비니와 같으며 세존의 가르침과 같게 판결한다면, 이것을 하나의 비니를 사용하여 판결하였다고 이름하는데 이를테면, 현전비니이다.

'현전비니'는 승현전·비니현전·인현전이다. 승현전은 앞에서의 설명과 같고, 인현전과 비니현전도 역시 앞에서의 설명과 같다.

만약 승가가 능히 여법하고 비니와 같으며 세존의 가르침과 같게 이러한 일을 판결하지 승가는 마땅히 가까운 주처의 승가에 사자(使者)를 보내어 이렇게 말을 짓도록 하라.

'이러한 일은 이와 같고, 이와 같은 인연으로 일어났는데, 달뢰타가 능히 판결할 수 없었고, 대중 승가가 판결할 수 없었으며, 이전의 오회구라가 판결할 수 없었고, 뒤의 오회구라도 역시 능히 판결할 수 없었습니다. 되돌려서 이전의 오회구라에게 부촉하였으나, 이전의 오회구라가 능히 판결할 수 없어 다시 대중 승가께 되돌려 부촉하였습니다. 그대들 대덕 승가께서는 화합하고 오십시오. 이러한 일을 판결하기 위한 까닭입니다.'

곧 때에 그 대중들은 마땅히 화합해야 한다. 만약 승가가 이미 안거하였어도 마땅히 7일의 기간을 받고 떠날 것이고, 만약 7일이 지났다면 마땅히 안거를 깨뜨리고서 떠날 것이니, 화합을 위한 까닭이다. 이 가까운 주처의 승가는 마땅히 이러한 일을 받아들여서 여법하고 비니와 같으며 세존의 가르침과 같게 판결해야 한다. 만약 가까운 주처의 승가가 능히 여법하고 비니와 같으며 세존의 가르침과 같게 이러한 일을 판결한다면, 이것을 하나의 비니를 사용하여 판결하였다고 이름하는데 이를테면, 현전비니이다.

'현전비니'는 승현전·비니현전·인현전이다. 승현전은 앞에서의 설명과 같고, 인현전과 비니현전도 역시 앞에서의 설명과 같다.

만약 가까운 주처의 승가가 능히 여법하고 비니와 같으며 세존의 가르침과 같게 이러한 일을 판결하지 못한다면, 그때 마땅히 승가의 가운데에서 오회구라의 갈마를 지어서 판결하게 해야 한다. 갈마를 짓는 법은 일심으로 화합한 승가에서 한 비구가 승가의 가운데에서 물어 말하라.

'누가 능히 오회구라가 되어 여법하고 비니와 같으며 세존의 가르침과 같게 이러한 일을 판결할 수 있겠습니까?'

승가의 가운데에서 만약 '내가 할 수 있습니다.'라고 말하였더라도 만약 5법이 있다면 마땅히 오회구라로 지어서 세워서는 아니된다. 무엇이 다섯 가지인가? 애욕을 따라서 행하고, 성냄을 따라서 행하며, 두려움을 따라서 행하고, 어리석음을 따라서 행하며, 판결할 것과 판결하지 않을 것을 알지 못하는 것이다. 5법을 성취하였다면 마땅히 오회구라로 지어서 세워야 하나니, 애욕을 따라서 행하지 않고, 성냄을 따라서 행하지 않으며, 두려움을 따라서 행하지 않고, 어리석음을 따라서 행하지 않으며, 판결할 것과 판결하지 않을 것을 아는 것이다. 곧 때에 한 비구가 승가의 가운데에서 창언하라.

'대덕 승가께서는 허락하십시오. 누구 비구와 누구 비구는 오회구라가 되어 여법하게 승가의 일 가운데를 따라서 판결할 수 있습니다. 만약 승가께서 때에 이르렀다면 승가께서는 허락하십시오. 누구 비구와 누구 비구는 오회구라로 능히 여법하게 승가 일의 가운데를 따라서 판결할 수 있습니다.'

이것을 '아뢰었다.'고 이름한다. 아뢰고서 백이갈마를 짓는다.

'승가시여. 누구 비구와 누구 비구는 오회구라가 되어 승가 일의 가운데를 따라서 판결하여 마쳤습니다. 승가께서 허락하신 것은 묵연하였던 까닭입니다. 이 일은 이와 같이 지니겠습니다.'

그 오회구라가 만약 상좌라면 여러 하좌 비구들은 마땅히 이 사람에게 욕을 주고서 멀리 떨어져 있어야 한다. 만약 이 오회구라가 하좌라면 마땅히 여러 상좌들을 쫓아서 욕을 받고서 잠깐 멀리 떨어져서, 마땅히 여법하고 비니와 같으며 세존의 가르침과 같게 이러한 일을 판결해야 한다. 만약 오회구라가 여법하고 비니와 같으며 세존의 가르침과 같게 이러한 일을 판결한다면, 이것을 하나의 비니를 사용하여 판결하였다고 이름하는데 이를테면, 현전비니이다.

'현전비니'는 승현전·비니현전·인현전이다. 승현전은 앞에서의 설명과 같고, 인현전과 비니현전도 역시 앞에서의 설명과 같다.

만약 이 오회구라가 능히 여법하게 판결하지 못한다면 다시 이전의 오회구라에게 되돌려서 부촉해야 하고, 이전의 오회구라는 마땅히 여법하고 비니와 같으며 세존의 가르침과 같게 판결해야 한다. 만약 능히 여법하게 이러한 일을 판결한다면, 이것을 하나의 비니를 사용하여 판결하였다고 이름하는데 이를테면, 현전비니이다.

'현전비니'는 승현전·비니현전·인현전이다. 승현전은 앞에서의 설명과 같고, 인현전과 비니현전도 역시 앞에서의 설명과 같다.

만약 이러한 이전의 오회구라가 다시 여법하고 비니와 같으며 세존의 가르침과 같게 이러한 일을 판결하지 못한다면 마땅히 버리고서 승가에게 부촉해야 하며, 승가는 마땅히 이러한 일을 여법하고 비니와 같으며 세존의 가르침과 같게 판결해야 한다. 만약 승가가 이러한 일을 취하여 여법하고 비니와 같으며 세존의 가르침과 같게 판결한다면, 이것을 하나의 비니를 사용하여 판결하였다고 이름하는데 이를테면, 현전비니이다.

'현전비니'는 승현전·비니현전·인현전이다. 승현전은 앞에서의 설명과 같고, 인현전과 비니현전도 역시 앞에서의 설명과 같다.

만약 이 가까운 주처의 승가도 능히 여법하고 비니와 같으며 세존의 가르침과 같게 이러한 일을 판결하지 못하였고, '어느 주처의 승가에 만약 대중과 좋은 상좌가 있어 바라제목차를 알고 있으며, 이 승가의 가운데에는 많은 비구가 있어 수다라를 수지하였고 비니를 수지하였으며 마다라가를 수지하였다.'라고 들었다면 이 가까운 주처의 승가는 마땅히 이러한 일로써 어느 주처에 사람을 보내야 한다.

승가 가운데에서 마땅히 전사인(傳事人)을 세워야 하는데, 만약 경계의 바깥이라면 승가의 숫자를 채워야 한다. 세우는 법은 일심으로 화합한 승가는 마땅히 묻도록 하라.

'누가 능히 전사인이 되어서 이러한 처소를 따라서 이러한 일을 지니고 어느 주처에 이르겠습니까? 만약 그 도중(道中)에 능히 판결할 수 있다면 좋을 것입니다.'

이 가운데에서 만약 '내가 할 수 있습니다.'라고 말하였더라도 만약 5법이 있다면 마땅히 전사인으로 지어서 세워서는 아니된다. 무엇이 다섯 가지인가? 애욕을 따라서 행하고, 성냄을 따라서 행하며, 두려움을 따라서 행하고, 어리석음을 따라서 행하며, 판결할 것과 판결하지 않을 것을 알지 못하는 것이다. 5법을 성취하였다면 마땅히 전사인으로 지어서 세워야 하나니, 애욕을 따라서 행하지 않고, 성냄을 따라서 행하지 않으며, 두려움을 따라서 행하지 않고, 어리석음을 따라서 행하지 않으며, 판결할 것과 판결하지 않을 것을 아는 것이다.

이때 이 전사인은 마땅히 이러한 일을 지니고 떠나야 한다. 만약 도중에서 여법하고 비니와 같으며 세존의 가르침과 같게 판결한다면, 이것을 하나의 비니를 사용하여 판결하였다고 이름하는데 이를테면, 현전비니이다.

'현전비니'는 승현전·비니현전·인현전이다. 승현전은 앞에서의 설명과 같고, 인현전과 비니현전도 역시 앞에서의 설명과 같다.

만약 전사인이 도중에 능히 여법하고 비니와 같으며 세존의 가르침과 같게 판결하지 못하였다면 마땅히 지니고 그 승가의 가운데에 이르러야 한다. 이 승가의 가운데에서 만약 상좌로서 아는 것이 많고 식견이 많은 장로 비구가 있다면 마땅히 이 사람에게 마땅히 말하라.

'이러한 일은 이와 같고, 이와 같은 인연으로 일어났는데, 달뢰타가 능히 판결할 수 없었고, 대중 승가가 능히 판결할 수 없었으며, 이전의 오회구라가 능히 판결할 수 없었고, 뒤의 오회구라도 역시 능히 판결할 수 없었습니다. 되돌려 이전의 오회구라에게 부촉하였으나, 오회구라는 다시 능히 판결할 수 없었고, 되돌려 승가에게 부촉하였으나, 승가도 다시 능히 판결할 수 없었습니다. 가까운 주처의 승가도 역시 능히 판결할 수 없었고, 가까운 주처의 오회구라도 능히 판결할 수 없었으며, 뒤의 오회구라도 역시 능히 판결할 수 없었고, 되돌려서 이전의 오회구라에게 부촉하였으나, 다시 능히 판결할 수 없었고, 가까운 주처의 승가에게 되돌렸으나, 다시 능히 판결할 수 없었습니다. 전사인이 도중에 이러한 일을 능히 판결할 수 없었으므로 와서 이것을 묻습니다. 그대 장로께서는 이 일을 받아들여 판결할 수 있겠습니까?'

만약 능히 판결할 수 있다고 말한다면 마땅히 기한을 지어서 주어야 한다. 만약 기한을 지어서 주지 않는다면 '그대께 맡길 수 없습니다.'라고 말하라.

'기한'은 나아가 9개월이니라.

일에는 다섯 종류의 판결하기 어려운 것이 있나니, 첫째는 견고한 것(堅)이고, 둘째는 강한 것(强)이며, 셋째는 감정이 얽혀있는 것(佷戾)이고, 넷째는 서로 오고 가는 것(往來)이고, 다섯째는 의심하고 두려운 것(疑畏)이다.

'견고한 것'은 그 일을 굳게 집착하는 것이다.

'강한 것'은 거사인과 유사인이 용감하고 강력한 것이다.

'감정이 얽혀있는 것'은 거사인과 유사인이 악한 성품으로 성내면서 한탄하는 것이다.

'오고 가는 것'은 이러한 일이 한 주처에서 다른 주처에 이르는 것이다.

'의심되고 두려운 것'은 여러 비구들이 일을 판단할 때에 일심으로 화합하는 승가가 깨져서 둘로 나누어지는 것을 두려워하는 것이다.

먼저 마땅히 행주인(行籌人)을 세워야 하며, 마땅히 이와 같이 세워야 한다. 일심으로 화합한 승가는 물어 말하라.

'누가 능히 행주인이 되겠습니까?'

이 가운데에서 만약 '내가 할 수 있습니다.'라고 말하더라도 만약 5법이 있다면 마땅히 전사인으로 지어서 세워서는 아니된다. 무엇이 다섯 가지인가? 애욕을 따라서 행하고, 성냄을 따라서 행하며, 두려움을 따라서 행하고, 어리석음을 따라서 행하며, 산가지(籌)를 행할 것과 산가지를 행하지 않을 것을 알지 못하는 것이다. 5법을 성취하였다면 마땅히 전사인으로 지어서 세워야 하나니, 애욕을 따라서 행하지 않고, 성냄을 따라서 행하지 않으며, 두려움을 따라서 행하지 않고, 어리석음을 따라서 행하지 않으며, 산가지를 행할 것과 산가지를 행하지 않을 것을 아는 것이다.

이 가운데에서 한 비구가 창언하라.

'대덕 승가께서는 허락하십시오. 누구 비구는 승가를 위하여 능히 행주인으로 지을 수 있습니다. 만약 승가께서 때에 이르렀다면 승가께서는 허락하십시오. 누구 비구를 승가를 위하여 능히 행주인으로 짓겠습니다.'

이것을 '아뢰었다.'고 이름한다. 아뢰고 백이갈마를 짓는다.

'승가시여. 누구 비구를 행주인으로 지어서 마쳤습니다. 승가께서 허락하신 것은 묵연하였던 까닭입니다. 이 일은 이와 같이 지니겠습니다.'

만약 행주인을 지었다면 대중의 많고 적음에 따라 마땅히 두 종류의 산가지(籌)를 짓도록 하라. 한쪽은 길고 한쪽은 짧은 것이고, 한쪽은 하얗고 한쪽은 검게 지어서 '여법하다.'고 말하는 자에게는 길은 산가지를 지어서 만들고, '비법이다.'고 말하는 자에게는 짧은 산가지를 지어서 만들며, '여법하다.'고 말하는 자에게는 흰 산가지를 지어서 만들고, '비법이다.'고 말하는 자에게는 검은 산가지를 지어서 만들도록 하라. '여법하다.'고 말한다면 산가지를 오른손으로서 잡게 하고, '비법이다.'고 말한다면 산가지를 왼손으로 잡게 하며, '여법하다.'고 말한다면 산가지는 천천히 거두고, '비법이다.'고 말한다면 산가지는 빠르게 거두어야 한다. 먼저 '여법하다.'고 말하는 산가지를 행하고, 뒤에 '비법이다.'고 말하는 산가지를 행하며, 행주인은 마땅히 이렇게 말을 짓도록 하라.

'이것은 '여법하다.'고 말하는 산가지이고, 이것은 '비법이다.'고 말하는 산가지입니다.'

만약 산가지를 행하여 마치고서 '여법하다.'고 말하는 산가지가 나아가 하나라도 많다면, 이러한 일을 두 가지의 비니로서 판결한 것이라고 이름하는데 이를테면, 현전비니와 다멱비니이다.

'현전비니'는 이 가운데에서 만약 거사인과 유사인을 따라서 돕는 사람이 있고, 서로가 화합하며 한 처소에 현전하였는데, 여법하고 비니와 같으며 세존의 가르침과 같게 현전에서 없애고 판결하였다는 것이다. 이것을 현전비니라고 이름한다.

'다멱비니'는 이 가운데에서 가서 구하고 찾으면서 반대로 묻고 여법하게 없애고 판결하였다는 것이다.

만약 '비법이다.'고 말하는 산가지가 나아가 하나라도 많더라도, 이러한 일을 역시 두 가지의 비니로서 판결한 것이라고 이름하는데, 현전비니와 다멱비니이다.

'현전비니'는 이 가운데에서 만약 거사인과 유사인을 따라서 돕는 사람이 있고, 서로가 화합하며 한 처소에 현전하였는데, 비법이고 비니와 같지 않으며 세존의 가르침과 같지 않게 현전에서 없애고 판결하였다는 것이다. 이것을 현전비니라고 이름한다.

['다멱비니'는 이 가운데에서 가서 구하고 찾으면서 반대로 묻고 비법으로 없앴다는 것이다.][7]

행주인에는 네 종류가 있다. 첫째는 장행주(藏行籌)이고, 둘째는 전도행주(顚倒行籌)이며, 셋째는 기행주(期行籌)이고, 넷째는 일체행주(一切行籌)이다. '장행주'는 만약 사람이 있어 어두운 곳에서 주를 행하는 것이고, 만약 벽으로 가려진 곳에서 주를 행하면 이것을 복장행주(覆藏行籌)라고 이름한다.

'전도행주'는 만약 비구가 산가지를 행하는 것을 전도(顚倒)하여 '여법하다.'고 말하는 사람의 산가지로서 '비법이다.'고 말하는 사람에게 주었고, '비법이다.'고 말하는 사람의 산가지로서 '여법하다.'고 말하는 사람에게 주었다면 전도행주라고 이름한다.

'기행주'는 만약 여러 비구들이 자신의 화상과 아사리를 따라서 짓는 것을 약속하는 것이다. 같은 화상을 따르거나, 같은 아사리를 따르거나, 서로 지식을 따르거나, 함께 말하는 사람을 따르거나, 선지식을 따르거나, 마음이 맞는 사람을 따르거나, 나라를 따르거나, 취락을 따르거나, 집 등을 따르면서 '우리는 이와 같은 산가지를 취할 것이네. 그대들은 내 곁에서 멀리 떨어지지 말고, 별도로 하지도 말며, 다르게 하지 말고, 함께 말을 아니하지도 말라. 모두가 함께 해야 하네.'라고 함께 약속하는 것이다. 이것을 기행주라고 이름한다.

'일체승행주'는 이때 일체의 승가는 마땅히 한 처소에서 화합해야 하고, 욕을 취할 수 없다. 왜 그러한가? 혹은 많은 비구들이 비법이라고 말하는 까닭이다. 이것을 일체승취주라고 이름한다.

만약 이 대중 승가의 대상좌가 바라제목차를 알고서 능히 이러한 일을 판결하였다면, 곧 한 가지의 비니를 이용하여 판결한 것이라고 이름하는데 이를테면, 현전비니이다.

---

7) 원문에는 없으나 앞의 문장을 참고하여 삽입하였다.

'현전비니'는 승현전·인현전·비니현전이고, 승현전은 앞에서 설명한 것과 같으며, 인현전과 비니현전도 역시 앞에서 설명한 것과 같다.

만약 이 대중 승가의 대상좌가 비구 승가의 바라제목차를 알았으나, 능히 이러한 일을 판결하지 못하였다면, 마땅히 전사인에게 되돌려서 부촉해야 한다. 전사인은 이러한 일을 취하여 도중에서 능히 여법하고 비니와 같으며 세존의 가르침과 같게 판결해야 한다. 만약 이 전사인이 도중에 능히 여법하고 비니와 같으며 세존의 가르침과 같게 이러한 일을 판결하였다면, 한 가지의 비니를 이용하여 판결한 것이라고 이름하는데 이를테면, 현전비니이다.

만약 이 전사인이 능히 여법하고 비니와 같으며 세존의 가르침과 같게 이러한 일을 판결하지 못하였으나, 이 비구가 도중에 만약 그 주처의 승방 가운데에 '만약 세 비구이거나, 두 비구이거나, 한 비구 등이 있는데 능히 수다라를 지녔고 비니를 지녔으며 마다라가를 지녀서 사부대중에게 공경받고 존경받는다.'라고 들었다면, 이 전사인은 마땅히 [세 사람이거나, 두 사람의 처소로 찾아가 말해야 하고, 그러나 해결되지 않았다면 한 사람이 있는][8] 그 주처에 이르러 그 한 비구에게 말하라.

'대덕이여. 이 가운데에 일은 이러한 일은 이와 같고, 이와 같은 인연으로 일어났는데 달뢰타가 능히 판결하지 못하였고, 승가도 능히 판결하지 못하였으며, 이전의 오회구라도 능히 판결하지 못하였고, 뒤의 오회구라도 능히 판결하지 못하였으며, 되돌려서 이전의 오회구라에게 부촉하였으나 오회구라도 다시 능히 판결하지 못하였고, 이것을 되돌렸으나 승가도 다시 능히 판결하지 못하였으며, 가까운 주처의 승가도 역시 능히 판결하지 못하였고, 이전의 오회구라도 능히 판결하지 못하였으며, 뒤의 오회구라도 역시 능히 판결하지 못하였고, 되돌렸으나 이전의 오회구라도 다시 능히 판결하지 못하였으며, 가까운 주처의 승가에게 되돌렸으나 다시 능히 판결하지 못하였고, 전사인이 도중에 이러한 일을 능히 판결하지

8) 원문에는 없으나 앞의 문장을 참고하여 삽입하였다.

못하였으며, [찾아간 주처의] 대상좌와 지율비구 승가도 판결하지 못하였고, 전사인이 도중에 판결하지 못하였으며, [수다라를 지녔고 비니를 지녔으며 마다라가를 지녀서 사부대중에게 공경받는] 세 사람의 비구도 두 사람의 비구도 능히 판결하지 못하였습니다. 대덕께서 이러한 일을 취하여 여법하고 비니와 같으며 세존의 가르침과 같게 이러한 일을 판결하여 주십시오.'

사부대중에게 공경받고 존중받으며 찬탄받는 이 한 비구는 마땅히 이와 같이 말을 짓도록 하라.

'두 사람이 서로 말하더라도 함께 이길 수는 없습니다. 이 가운데에서 분명히 한쪽은 이겼던 것이고 한쪽은 졌던 것입니다.'

만약 이와 같은 말을 지었다면 이것을 여법하게 말하였다고 이름하고, 만약 이와 같은 말을 짓지 않았다면 이것을 비법을 말하였다고 이름한다. 이러한 여러 모습을 비구에게 말하였고, 만약 여법하게 이러한 일을 판결하였는데, 도리어 다시 일으킨다면 바일제를 범한다. 만약 다만 이러한 판결이 '여법하지 않다.'고 꾸짖는다면 돌길라를 범한다." [여섯 번째의 법]

세존께서는 구사미국에 머무르셨다.

이때 구사미의 여러 비구들은 투쟁하고 비난하는 것을 즐겼다. 여러 비구들이 이 일로써 세존을 향하여 자세히 말하였고, 세존께서는 말씀하셨다.

"지금부터 포초비니(布草比尼)를 허락하겠노라. 이 포초비니를 이용하면 대중 승가의 가운데에서 여러 종류의 일이 일어나더라도 마땅히 소멸시킬 것이다. 무엇이 포초비니인가? 이 포초비니법으로서 승가의 가운데에서 일어난 여러 종류의 일을 소멸시키는 것이다. 혹은 한 주처에 있으면서 여러 비구들이 투쟁하고 비난하는 것을 즐긴다면 이 여러 비구는 마땅히 한자리에서 화합하며 마땅히 이렇게 생각을 짓도록 하라.

'여러 장로여. 우리는 크게 잃었고 얻은 것이 없으며, 크게 쇠퇴하였고 이익되지 않았으며, 크게 악하고 선하지 않습니다. 우리는 믿음을 까닭으로써 세존 법의 가운데에 출가하여 도를 구하였으나, 지금 투쟁하고 비난하는 것을 즐기고 있습니다. 만약 우리들이 이러한 일에 근본을 구한다면 승가의 가운데에서 혹은 아직 일어나지 않은 일도 곧 일어날 수도 있고, 이미 일어난 일은 없앨 수 없습니다.'

이와 같은 생각을 지었던 까닭으로 대중 승가에게 아뢰어라.

'만약 승가께서 때에 이르렀다면 승가께서는 허락하십시오. 이러한 일은 포초비니법으로서 소멸시키겠습니다.'

이것을 아뢰었다고 이름한다. 곧 때에 여러 비구들은 마땅히 두 부류로 나뉘어 각각 한곳에 있어야 하고, 이 가운데 만약 일의 비구가 있었다면 상좌인 대장로를 향하여 마땅히 이렇게 말을 짓도록 하라.

'우리들은 크게 잃었고 얻은 것이 없으며, 크게 쇠퇴하였고 이익되지 않았으며, 크게 악하고 선하지 않습니다. 우리는 믿음을 까닭으로 세존 법의 가운데에 출가하여 도를 구하였으나, 지금 다투고 서로 논쟁하며 말하는 것을 즐기고 있습니다. 만약 우리들이 이러한 일에 근본을 구한다면 승가의 가운데에서 혹은 아직 일어나지 않은 일도 곧 일어날 수도 있고, 이미 일어난 일은 소멸시킬 수 없습니다. 지금 우리들은 마땅히 스스로가 뜻을 굽히겠으니, 우리들이 지은 죄에서 투란차죄(偸蘭遮罪)를 없애주시고, 백의에 상응하는 죄를 없애주십시오. 이러한 일을 우리들이 장로를 향하여 드러내고서 허물을 참회하며 덮고서 감추지 않습니다.'

이 가운데에서 만약 한 비구라도 막지 않는다면 마땅히 두 번째의 부중(部衆)의 처소로 이르러야 하고, 이 가운데에 만약 장로 상좌가 있다면 마땅히 말하라.

'우리들은 크게 잃었고 얻은 것이 없으며, 크게 쇠퇴하였고 이익되지 않았으며, 크게 악하고 선하지 않습니다. 우리는 믿음을 까닭으로 세존 법의 가운데에 출가하여 도를 구하였으나, 지금 다투고 서로 논쟁하며 말하는 것을 즐기고 있습니다. 만약 우리들이 이러한 일에 근본을 구한다면 승가의 가운데에서 혹은 아직 일어나지 않은 일도 곧 일어날 수도 있고,

이미 일어난 일은 소멸시킬 수 없습니다. 지금 우리들은 마땅히 스스로가 뜻을 굽히겠으니, 우리들이 지은 죄에서 투란차죄를 없애주시고, 백의에 상응하는 죄를 없애 주십시오. 지금 스스로를 위하고 다른 사람들을 위하는 까닭으로 마땅히 드러내고서 허물을 참회하며 덮고서 감추지 않습니다.'

여러 비구들은 말하라.

'그대는 스스로 죄를 인정하는가?'

대답하여 말한다.

'죄를 인정합니다.'

'여법하게 참회하였으므로 다시는 일으키지 말라.'

두 번째의 부중(部衆)도 역시 이와 같이 말하라. 이것을 여초비니법이라고 이름한다." [일곱 번째의 법, 제3송을 마친다.]

십송율 제21권

후진 북인도 삼장 불야다라 한역

석보운 번역

4. 사송(四誦) ①

8) 칠법(七法) ①

(1) 구족계(具足戒)를 받는 법

불·바가바(婆伽婆)[1]께서는 왕사성의 밖에 머무르셨다.

그때는 비구들에게 화상(和尙)과 아사리(阿闍梨)의 지어서 주는 것을 허락하시지 않았으므로, 백사갈마(白四羯磨)로 구족계를 받는 것이 없었다. 이때 여러 비구들은 처음부터 화상과 아사리가 없었던 까닭으로 가사인 옷을 짓는 것이 여법하지 않았고, 옷을 입는 것도 역시 여법하지 않았으며, 또한 몸의 위의(威儀)도 모두 여법하지 않았다.

또한 여러 비구들이 취락에서 취락으로, 성에서 성으로, 나라에서 나라로, 유행(遊行)하는 때이거나, 걸식할 때에도 밥을 구하였고, 국을 구하였으며, 가다니(佉陀尼)를 구하였다. 사람들이 음식을 청하는 때에도 밥을 찾았고, 국을 찾았으며 가다니를 찾았고, 다른 사람이 발우에 남겨놓은 음식인 밥·국·가다니·장(漿) 등을 취하여 큰 소리로 떠들면서 시끄럽게

---

1) 산스크리트어 bhagavat의 음사로서 박가범(薄伽梵)으로도 음역되며, 유덕(有德)·중우(衆祐)·세존(世尊)이라 번역된다.

먹는 것이 비유하면 바라문들의 식사와 같았다.

또한 마하로(摩訶盧[2])의 한 비구가 있어 병으로 고통을 받았으나, 반려인 사람도 없었고 간병하는 자도 없었다. 다른 사문인 외도(外道)들이 이와 같은 일들을 보고서 비난하고 싫어하며 꾸짖었다.

"사문 석자는 좋은 가르침이 없고, 가르침을 받지 못하여 조순(調順[3])도 없으며 조어법(調御法)도 없구나. 가사인 옷을 지어도 여법하지 못하고, 법의를 입는 것도 여법하지 못하며, 몸의 위의도 모두 여법하지 못하다. 취락에서 취락으로, 성에서 성으로, 나라에서 나라로, 유행하는 때이거나, 걸식할 때에도, 밥을 구하고 국을 구하며 가다니를 구한다. 사람들이 음식을 청하는 때에도 밥을 찾고 국을 찾으며 가다니를 찾고, 다른 사람이 발우에 남겨놓은 음식인 밥·국·가다니·장 등을 취하여 큰 소리로 떠들며 시끄럽게 먹는 것이 여러 바라문의 식사와 같구나."

여러 비구들이 있어 욕망이 적고 만족함을 알며 두타를 행하였는데, 이러한 일을 듣고 마음이 즐겁지 않아서 이 일로써 세존께 갖추어 아뢰었다. 세존께서는 이 인연으로서 대중 승가를 모으셨고, 승가는 모였다. 모든 제불의 상법은 알면서도 묻고 알면서도 묻지 않으며, 때를 알아서 묻고 때를 알아서 묻지 않으며, 유익(有益)하면 묻고 무익(無益)하면 묻지 않으며, 인연이 있으면 물으시는 것이다. 지금 세존께서는 아시면서도 일부러 물으셨다. 세존께서는 여러 비구들에게 물으셨다.

"그대들이 진실로 그러하였는가?"

대답하여 말하였다.

"진실입니다. 세존이시여."

세존께서는 여러 종류의 인연으로 꾸짖으셨다.

"어찌 비구라고 이름하면서 화상과 아사리가 없어 가사인 옷을 짓는데 여법하지 못하고, 옷을 입는 것도 여법하지 못하며, 아울러 몸의 위의도

---

2) 산스크리트어 mahallaka의 음사로서 노(老)·구(舊)·무지(無知)라고 번역된다. 늙은이나 어리석은 자를 가리킨다.

3) '순조롭다.' 또는 '고르다.'는 뜻이다.

여법하지 않는가? 취락에서 취락으로, 성에서 성으로, 나라에서 나라로, 유행하는 때이거나, 걸식하는 때에 밥을 구하고, 국을 구하며, 가다니를 구하고, 사람들이 음식을 청하는 때에도 밥을 찾고, 국을 찾으며 가다니를 찾고, 다른 사람이 발우에 남겨놓은 음식인 밥·국·가다니·장 등을 취하여 큰 소리로 떠들며 시끄럽게 먹는 것이 비유하면 바라문들의 식사와 같았는가? 여러 외도들이 질투하며 비난하고 싫어하며 꾸짖어 말하였느니라.

'사문 석자는 좋은 가르침이 없고 가르침을 받지 못하여 조순도 없고 조어법도 없구나. 가사인 옷을 지어도 여법하지 못하고, 법의를 입는 것도 여법하지 못하며, 몸의 위의도 모두 여법하지 못하다. 취락에서 취락으로, 성에서 성으로, 나라에서 나라로, 유행하는 때이거나, 걸식할 때에도, 밥을 구하고 국을 구하며 가다니를 구한다. 사람들이 음식을 청하는 때에도 밥을 찾고 국을 찾으며 가다니를 찾고, 다른 사람이 발우에 남겨놓은 음식인 밥·국·가다니·장 등을 취하여 큰 소리로 떠들며 시끄럽게 먹는 것이 여러 바라문의 식사와 같구나.'"

세존께서는 여러 종류의 인연으로 꾸짖으셨으며, 여러 비구들에게 말씀하셨다.

"지금부터 화상과 아사리를 짓는 것을 허락하겠고, 10명의 승가가 현전하면 백사갈마로 구족계를 받는 것을 허락하겠노라. 무엇을 백사갈마를 지어서 구족계를 받는 것이라고 말하는가? 대승 승가가 일심으로 화합하였다면 한 비구가 승가의 가운데에서 창언하라.

'대덕 승가께서는 허락하십시오. 이 누구는 누구를 쫓아서 구족계를 받습니다. 이 누구는 승가를 쫓아서 구족계를 받는 것을 애원하고 있고, 화상은 누구입니다. 만약 승가께서 때에 이르렀다면 승가께서는 허락하십시오. 승가시여. 마땅히 누구에게 구족계를 주십시오. 화상은 누구입니다. 이와 같이 아룁니다.'

아뢰고 백이갈마를 짓는다.

'지금부터 화상이 공행제자(共行弟子)를 허락하겠노라. 만약 병들었다면 마땅히 보살피고, 죽고자 한다면 마땅히 구해야 한다. 만약 병이 들면

병에 따른 음식을 주어야 하고, 병에 따른 약을 구해 주어야 하며, 그 병을 따라서 필요한 물품들을 공급해야 한다. 만약 제자가 재물이 없다면 화상은 마땅히 주어야 하고, 만약 화상에게도 없다면 다른 사람을 쫓아서 구하여서라도 주도록 하라. 만약 지식이 적어서 구하여도 능히 얻을 수 없다면, 구걸하여서라도 마땅히 좋은 음식을 주도록 하라. 만약 그 화상이 병들면 그 제자도 역시 이와 같으니라. 아사리는 근주제자(近住弟子)[4]를 보살펴야 하고 근주제자가 아사리를 보살피는 것도 역시 이와 같으니라. 지금부터 여러 화상과 아사리가 있다면 공주제자(共住弟子)[5]와 근주제자를 보살피는 것을 아들을 양육하는 것과 같이 생각하고, 공주제자와 근주제자는 화상과 아사리를 부모처럼 생각하고 보살펴라. 그대들이 이와 같이 전전(展轉)하며 서로를 의지하면서 머문다면 세존의 법의 가운데서 선법(善法)이 증장(增長)할 것이다.'"

세존께서는 왕사성에 머무르셨다.

이때 여러 비구들은 마음에서 생각하였다.

'세존께서는 우리들이 화상과 아사리가 되는 것을 이미 허락하셨고, 10명이 현전하면 백사갈마로 구족계를 주는 것을 이미 허락하셨다.'

그들은 젊은 비구였으나 화상이 되었는데, 만약 1년·2년·3년·4년·5년의 젊은 장로 비구들까지 스승이 되었다. 이 가운데에 비구가 있어 욕망이 적고 만족함을 알며 두타를 행하였는데, 여러 비구들을 꾸짖었다.

"어찌 비구라고 이름하면서 세존께서 우리들에게 화상과 아사리를 짓는 것을 허락하셨고, 10명이 현전하여 백사갈마로 구족계를 주는 것을 허락하셨다고 젊은 비구들까지 화상이 되는가? 만약 1년·2년·3년·4년·5년의 젊은 장로 비구들까지 스승이 되는가?"

그 여러 비구를 여러 종류의 인연으로 꾸짖고서 이 일로써 세존께 갖추어 아뢰었다. 세존께서는 이 인연으로서 대중 승가를 모으셨고, 승가는

---

4) 근처에 머무르는 제자를 가리킨다.

5) 함께 머무는 제자를 가리킨다.

모였다. 지금 세존께서는 아시면서도 일부러 여러 비구들에게 물으셨다.

"그대들이 진실로 그러하였는가?"

대답하여 말하였다.

"진실입니다. 세존이시여."

세존께서는 여러 종류의 인연으로 꾸짖으셨다.

"어찌 비구라고 이름하면서 내가 그대들에게 화상과 아사리를 짓는 것을 허락하고, 10명이 현전하여 백사갈마로 구족계를 주도록 허락하였다고 젊은 비구들까지 화상이 되었는가? 만약 1년·2년·3년·4년·5년의 젊은 장로 비구들까지 스승이 되었는가?"

세존께서는 비록 꾸짖으셨으나 계율을 제정하지는 않으셨다.

세존께서는 사위국에 머무르셨다.

그때 장로 우파사나바단제자(優波斯那婆檀提子)가 법랍이 1년이었으나, 공주제자에게 구족계를 주었으므로, 화상은 법랍 1년이었고, 그 제자는 법랍도 없었다. 그들은 함께 교살라국(憍薩羅國)으로 가서 한 처소에서 하안거를 하였다. 제불의 상법에는 두 번의 대회(大會)가 있었으니, 봄의 마지막 달과 여름의 마지막 달이었다. 봄의 마지막 달은 안거하려는 때였으므로 여러 나라에서 비구들이 왔고 세존의 설법을 들으면서 마음으로 생각하는 것이다.

'이러한 법은 하안거에 즐거운 것이다.'

이것이 첫째의 대회이다. 여름의 마지막 달에 자자를 마치고 옷을 지어서 마쳤으며 옷과 발우를 지니고서 세존의 처소에 나아가서 이와 같이 사유하는 것이다.

'내가 오랫동안 바가바(婆伽婆)를 보지 못하였다. 오랫동안 수가타(修伽陀)[6]를 보지 못하였다.'

이것이 둘째의 대회이다.

6) 산스크리트어 sugata의 음사로서 선서(善逝)라고 번역된다.

이때 장로 우파사나도 이 가운데의 주처에서 하안거를 하였고, 자자를 마치고 옷을 짓고서 옷과 발우를 지녔는데, 자신은 법랍 2년이었고 그 제자는 법랍 1년이었다. 함께 유행하여 사위국으로 갔고 세존의 처소에 이르러 발에 머리숙여 예경하고서 한쪽으로 물러나서 앉았다. 제불의 상법은 객비구를 문신하는 것이다.

"하안거에 견딜 수 있었는가? 만족하였는가? 안락하게 머물렀는가? 걸식은 부족하지 않았는가? 도로에 매우 피로하지는 않았는가?"

지금 세존께서도 이와 같이 물으셨다.

"우파사나여. 하안거에 견딜 수 있었는가? 만족하였는가? 안락하게 머물렀는가? 걸식은 부족하지 않았는가? 도로에 매우 피로하지는 않았는가?"

우파사나가 대답하여 말하였다.

"진실로 견딜 수 있었고 만족스러웠으며 편안하고 안락하게 머물렀으며 걸식도 부족하지 않았고 도로에 피곤하지 않았습니다."

세존께서는 아시면서도 일부러 물으셨다.

"우파사나여. 이 선남자는 누구인가?"

대답하여 말하였다.

"이 사람을 (제자로) 제가 허락하였습니다."

세존께서는 말씀하셨다.

"이 사람을 무엇으로 지었는가?"

대답하여 말하였다.

"이 사람은 저의 공주제자입니다."

세존께서는 말씀하셨다.

"그대는 지금 (법랍이) 몇 살인가?"

대답하여 말하였다.

"두 살입니다."

"이 선남자는 몇 살인가?"

대답하여 말하였다.

"한 살입니다."

세존께서는 이 일로써 승가를 모으셨고, 승가는 모였다. 세존께서 여러 종류의 인연으로 우파사나를 꾸짖으셨다.

"그대 어리석은 사람이여. 무슨 까닭으로 사유한다는 것이 다만 대중을 양육하는 것이어서 법랍 2년인 비구가 법랍 1년인 공주제자를 양육하는가? 어찌 비구라고 이름하면서 내가 그대들에게 화상과 아사리가 되는 것을 허락하였고, 10명의 승가가 현전하면 백사갈마로 구족계 주는 것을 허락하였다고 이렇게 젊은 비구들까지 공주제자에게 구족계를 주었는가? 1년·2년·3년·4년·5년의 젊은 장로 비구들까지 스승이 되었구나."

세존께서는 여러 종류의 인연으로 꾸짖으셨으며, 여러 비구들에게 말씀하셨다.

"지금부터 법랍이 10년이 되지 않았다면 공주제자에게 구족계를 줄 수 없느니라. 만약 구족계를 주었다면 돌길라를 범하느니라."

이때 여러 비구는 마음으로 생각하였다.

'세존께서는 우리들에게 화상을 허락하셨고, 아사리를 허락하셨으며, 10명의 승가가 현전하면 백사갈마로 구족계를 주는 것을 허락하셨으나, 법랍이 10년이 되지 않았다면 공주제자에게 구족계를 줄 수 없다.'

이 여러 비구는 10년이 되면 모두가 공주제자에게 구족계를 주었다. 법을 알아도 주었고 법을 알지 못하여도 역시 주었으며, 선한 자도 양육하였고 선하지 못한 자도 양육하였으며, 계율에 머물러도 제도하였고 계율에 머물지 않아도 역시 제도하였다. 이 가운데에서 보면 화상도 법을 몰랐고 제자 역시 법을 몰랐으며, 화상도 선하지 않았고 제자도 역시 선하지 않았으며, 화상도 계율에 머물지 못하였고 제자 역시 계율에 머물지 못하였다.

이때 여러 비구들은 스스로가 법을 알지 못하였고 선하지도 않았으며 계율에 머물지도 못하면서 다른 사람을 출가시켜 구족계를 주었고, 그 의지사(依止師)가 되어 사미를 양육하였다. 한 비구가 있어 마하로이었는데, 법을 알지 못하였고 선하지도 않았으며 계율에 머물지도 못하면서 10년이 지나자 공주제자에게 구족계를 주었다. 작은 일로써 제자와 다투었으므로 제자는 구족계를 버리고 환속하였다. 여러 비구들은 욕망이 적고 만족함을 알며 두타를 행하였는데, 꾸짖어 말하였다.

"어찌 비구라고 이름하면서 세존께서 그대들에게 화상과 아사리를 짓는 것을 허락하고, 10명이 현전하여 백사갈마로 구족계를 주도록 허락하셨으며, 법랍이 10년이 되지 못하면 공주제자에게 구족계를 주지 못하게 하셨는데, 이 여러 비구들은 10년이 지나면 모두가 공주제자에게 구족계를 주는가? 법을 아는 자가 구족계를 준다고 법을 알지 못하는 자들도 역시 주었고, 선한 자가 양육한다고 선하지 못한 자도 역시 양육하며, 계율에 머무는 자가 제도한다고 계율에 머물지 못하는 자도 역시 제도시키는구나. 이러한 가운데에서 화상은 법을 알지 못하고 선하지도 않으며 계율에 머물지도 못하고 제자도 역시 그와 같은데, 다른 사람을 출가시켜 구족계를 주고서, 그 의지사가 되어 사미를 양육하는가?"

그 여러 비구는 여러 종류의 인연으로 꾸짖고서 이 일로 세존께 갖추어 아뢰었다. 세존께서는 이 인연으로서 대중 승가를 모으셨고, 승가는 모였다. 세존께서는 아시면서도 일부러 여러 비구들에게 물으셨다.

"그대들이 진실로 그러하였는가?"

대답하여 말하였다.

"진실입니다. 세존이시여."

세존께서는 여러 종류의 인연으로 꾸짖으셨다.

"어찌 비구라고 이름하면서 세존께서 그대들에게 화상과 아사리를 짓는 것을 허락하고, 10명이 현전하여 백사갈마로 구족계를 주도록 허락하셨으며, 법랍이 10년이 되지 못하면 공주제자에게 구족계를 주지 못하게 하였는데, 이 여러 비구들은 10년이 지나면 모두가 공주제자에게 구족계를 주었는가? 법을 아는 자가 구족계를 준다고 법을 알지 못하는 자들도 역시 주었고, 선한 자가 양육한다고 선하지 못한 자도 역시 양육하며, 계율에 머무는 자가 제도한다고 계율에 머물지 못하는 자도 역시 제도시키는구나. 이러한 가운데에서 화상은 법을 알지 못하고 선하지도 않으며 계율에 머물지도 못하고 제자도 역시 그와 같은데, 다른 사람을 출가시켜 구족계를 주고서, 그 의지사가 되어 사미를 양육하였는가?"

세존께서는 여러 종류의 인연으로 꾸짖으셨으며, 여러 비구들에게 말씀하셨다.

"지금부터 5법을 성취하고 법랍이 10년이거나, 만약 지났다면 마땅히 공주제자에게 구족계를 주는 것을 허락하겠노라. 무엇이 다섯 가지인가? 첫째는 만 10년이거나 만약 지나간 것이고, 둘째는 계율을 지키고 파계하지 않은 것이며, 셋째는 다문(多聞)이고, 넷째는 능력이 있어 여법하게 제자의 번뇌를 없애주는 것이며, 다섯째는 제자의 악하고 삿된 것을 없애주는 것이다. 다시 5법이 있으니, 이것을 성취하고 법랍이 10년이거나, 만약 지났다면 마땅히 공주제자에게 구족계를 줄 수 있느니라. 무엇이 다섯 가지 법인가? 첫째는 신심의 성취이고, 둘째는 지계의 성취이고, 셋째는 다문의 성취이고, 넷째는 평등(捨)의 성취이고, 다섯째는 지혜의 성취인데, 능히 제자를 칭찬하고 가르쳐서 신(信)·계(戒)·문(聞)·사(捨)·혜(慧)에 잘 들어가서 머물게 하라.

다시 5법이 있는 것을 성취하고 법랍이 10년이거나, 만약 지났다면 마땅히 공주제자에게 구족계를 줄 수 있느니라. 무엇이 다섯 가지인가? 첫째는 무학계중(無學戒衆)[7]이고, 둘째는 무학정중(無學定衆)이며, 셋째는 무학혜중(無學慧衆)이고, 넷째는 무학해탈중(無學解脫衆)이며, 다섯째는 무학해탈지견중(無學解脫知見衆)인데, 능히 제자를 칭찬하고 가르쳐서 계·정·혜·해탈·해탈지견중에 잘 들어가서 머물게 하느니라. 다시 5법이 있는 것을 성취하고 법랍이 10년이거나, 만약 지났다면 마땅히 공주제자에게 구족계를 줄 수 있느니라. 무엇이 다섯 가지인가? 첫째는 지범(知犯)이고, 둘째는 지비범(知非犯)이며, 셋째는 지죄경(知罪輕)이고, 넷째는 지죄중(知罪重)이며, 다섯째는 바라제목차의 암송인데, 예리하게 배우고 자세하게

7) 무학(無學)은 더 배울 것이 없다는 뜻이고, 중(衆)은 많은 것이란 뜻으로 온(蘊)이라고 한다. 아래의 정(定)·혜(慧)·해탈(解脫)·해탈지견(解脫知見)도 이와 같다.

설명하라.

다시 5법이 있는 것을 성취하고 법랍이 10년이거나, 만약 지났다면 마땅히 공주제자에게 구족계를 줄 수 있느니라. 무엇이 다섯 가지인가? 첫째는 출가법(出家法)을 아는 것이고, 둘째는 능히 교수사(教授師)를 짓는 것이며, 셋째는 능히 수계사(受戒師)를 짓는 것이고, 넷째는 의지사(依止師)의 법을 아는 것이며, 다섯째는 차도법(遮道法)[8]과 불차도법(不遮道法)을 잘 아는 것이다. 다시 5법이 있는 것을 성취하고 법랍이 10년이거나, 만약 지났다면 마땅히 공주제자에게 구족계를 줄 수 있느니라. 무엇이 다섯 가지인가? 첫째는 제자에게 능히 청정한 계율을 가르치는 것이고, 둘째는 능히 아비담(阿毘曇)을 가르치는 것이며, 셋째는 능히 비니를 가르치는 것이고, 넷째는 제자가 다른 지방에서 근심하고 고통스러워서 즐겁지 않다면 능히 사람을 보내고 데려오거나, 만약 능히 스스로가 못한다면 다른 사람의 힘을 인연하여 데려오는 것이며, 다섯째는 제자가 만약 병이 있으면 능히 물품들을 공급하거나, 만약 스스로가 할 수 없다면 다른 사람을 시켜서라도 공급하는 것이다.

이러한 5법을 성취하고 법랍이 10년이거나, 만약 지났다면 마땅히 공주제자에게 구족계를 줄 수 있느니라. 만약 앞에서 말한 모든 5법을 성취하지 못하면서 법랍이 10년이거나, 만약 지났다고 공주제자에게 구족계를 준다면 죄를 얻느니라. 만약 비구가 앞에서 말한 모든 5법을 성취하고 법랍이 10년이 되었다면 마땅히 다른 사람의 의지처가 되는 것을 허락해야 한다. 어떻게 허락하는가? 의지(依止)를 구하고자 하는 비구는 자리에서 일어나서 입었던 옷의 오른쪽 어깨를 드러내고 가죽신을 벗고서 호궤하고 두 손으로 장로의 두 발을 잡고서 이와 같이 말하도록 하라.

'나 누구 비구는 장로를 쫓아서 의지를 애원합니다. 장로께서 나에게 의지를 주신다면 나는 장로를 의지하여 머물겠습니다.'

---

8) 도를 닦는데 장애가 되는 법을 말한다.

두 번째·세 번째도 역시 이와 같이 애원하면 장로는 마땅히 말하라.

'그대의 말과 같이 만약 여러 5법을 성취하였고 법랍이 10년이 되었다면 마땅히 다른 사람이 의지를 받아들여야 합니다. 만약 여러 5법을 성취하지 못하였으면서 법랍이 10년이 되었다고 다른 사람의 의지를 받아들인다면 죄를 얻습니다.'

만약 비구가 5법을 성취하고 법랍이 10년이 되었다면 마땅히 사미를 양육해야 한다. 무엇을 양육한다고 말하는가? 만약 삭발하지 않고서 왔으면 이때에 마땅히 삭발시켜 주는 것이고, 만약 스스로가 가사가 있다면 마땅히 입혀주는 것이며, 만약 없다면 화상의 옷을 주어서 입게 하는 것이다. 가르쳐서 장궤(長跪) 합장하고 계사(戒師)로 마땅히 가르쳐라.

'저 누구는 세존께 귀의하고 법에 귀의하며 승가께 귀의합니다.'라고 말하게 하고, 두 번째에도 '저 누구는 세존께 귀의하고 법에 귀의하며 승가께 귀의합니다.'라고 말하게 하며, 세 번째에도 '저 누구는 세존께 귀의하고 법에 귀의하며 승가께 귀의합니다.'라고 말하게 하라.

'저 누구는 세존께 귀의하였고 법에 귀의하였으며 승가께 귀의하였습니다. 지금부터 목숨이 마치도록 저는 세존의 우바새인 것을 기억하고 지니겠습니다.'라고 말하게 하고, 두 번째에도 '저 누구는 세존께 귀의하였고 법에 귀의하였으며 승가께 귀의하였습니다. 지금부터 목숨이 마치도록 저는 세존의 우바새인 것을 기억하고 지니겠습니다.'라고 말하게 하며, 세 번째에도 '저 누구는 세존께 귀의하였고 법에 귀의하였으며 승가께 귀의하였습니다. 지금부터 목숨이 마치도록 저는 세존의 우바새인 것을 기억하고 지니겠습니다.'라고 말하게 하라.

'그대 누구는 들을지니라. 이것은 불·바가바의 지견(知見)이니라. 석가모니다타아가도아라하삼먁삼불타(釋迦牟尼多陀阿伽度阿羅訶三藐三佛陀)[9]께서 우바새의 5계(戒)를 말씀하셨으므로, 일반적으로 이러한 우바새는 목숨을 마치도록 지니고서 지켜야 하느니라. 무엇이 5계인가? 목숨을

9) 여래 십호를 다르게 부르는 말로서 다타아가도(多陀阿伽度)는 여래(如來), 아라하(阿羅訶)는 응공(應供), 삼먁삼불타(三藐三佛陀)는 정변지(正徧智)로 의역한다.

마치도록 살생을 벗어나는 것이 우바새의 계율이니라. 이 가운데에서 목숨을 마치도록 살생을 벗어나는 것이니, 만약 능히 지킬 수 있다면 마땅히 <능히 지킬 수 있다.>고 말하라. 목숨을 마치도록 주지 않으면 취함을 벗어나는 것이 우바새의 계율이니라. 이 가운데에서 목숨을 마치도록 주지 않으면 취함을 벗어나는 것이니, 만약 능히 지킬 수 있다면 마땅히 <능히 지킬 수 있다.>고 말하라. 목숨을 마치도록 삿된 음행을 벗어나는 것이 우바새의 계율이니라. 이 가운데에서 목숨을 마치도록 삿된 음행을 벗어나는 것이니, 만약 능히 지킬 수 있다면 마땅히 <능히 지킬 수 있다.>고 말하라. 목숨을 마치도록 거짓말을 벗어나는 것이 우바새의 계율이니라. 이 가운데에서 목숨을 마치도록 거짓말을 벗어나는 것이니, 만약 능히 지킬 수 있다면 마땅히 <능히 지킬 수 있다.>고 말하라. 목숨을 마치도록 음주(飮酒)를 벗어나는 것이 우바새의 계율이니라. 이 가운데에서 목숨을 마치도록 음주인 곡주(穀酒)·포도주(葡萄酒)·감자주(甘蔗酒) 등의 방일에서 벗어나서 만약 능히 지킬 수 있다면 마땅히 <능히 지킬 수 있다.>고 말하라.'

'저 누구는 이미 세존께 귀의하였고 법에 귀의하였으며 승가께 귀의하여 출가하였습니다. 불·바가바이신 석가모니다타아가도아라하삼먁삼불타께서도 출가하셨으니, 저도 역시 세존을 따라서 출가합니다. 화상은 누구입니다.'라고 말하게 하고, 두 번째에도 '저 누구는 이미 세존께 귀의하였고 법에 귀의하였으며 승가께 귀의하여 출가하였습니다. 불·바가바이신 석가모니다타아가도아라하삼먁삼불타께서도 출가하셨으니, 저도 역시 세존을 따라서 출가합니다. 화상은 누구입니다.'라고 말하게 하며, 세 번째에도 '저 누구는 이미 세존께 귀의하였고 법에 귀의하였으며 승가께 귀의하여 출가하였습니다. 불·바가바이신 석가모니다타아가도아라하삼먁삼불타께서도 출가하셨으니, 저도 역시 세존을 따라서 출가하겠습니다. 화상은 누구입니다.'라고 말하게 하라.

이때 마땅히 묻도록 하라.

'그대는 몇 살인가?'

나이를 따라서 대답하도록 하라.

'어느 때에 출가하였는가?'

겨울인가? 봄인가? 여름인가? 윤달이 있었는가? 윤달이 없었는가를 묻고 마땅히 대답하게 하라. 이러한 일들을 목숨이 마칠 때까지 기억하여 간직하게 하라. 계사는 마땅히 말하도록 하라.

'그대 누구는 들을지니라. 이것은 불·바가바의 지견이니라. 석가모니다타아가도아라하삼먁삼불타께서 사미를 위하여 출가의 10계를 말씀하셨으므로, 일반적으로 사미라면 마땅히 목숨을 마치도록 지니고서 지켜야 하느니라. 무엇이 10계인가? 목숨을 마치도록 살생을 벗어나는 것이 사미의 계율이니라. 이 가운데에서 목숨을 마치도록 살생을 벗어나는 것이니, 만약 능히 지킬 수 있다면 마땅히 <능히 지킬 수 있다.>고 말하라. 목숨을 마치도록 주지 않으면 취함을 벗어나는 것이 사미의 계율이니라. 이 가운데에서 목숨을 마치도록 주지 않으면 취함을 벗어나는 것이니, 만약 능히 지킬 수 있다면 마땅히 <능히 지킬 수 있다.>고 말하라. 목숨을 마치도록 비범행(非梵行)을 벗어나는 것이 사미의 계율이니라. 이 가운데에서 목숨을 마치도록 비범행을 벗어나는 것이니, 만약 능히 지킬 수 있다면 마땅히 <능히 지킬 수 있다.>고 말하라. 목숨을 마치도록 거짓말을 벗어나는 것이 사미의 계율이니라. 이 가운데에서 목숨을 마치도록 거짓말을 벗어나는 것이니, 만약 능히 지킬 수 있다면 마땅히 <능히 지킬 수 있다.>고 말하라. 목숨을 마치도록 음주를 벗어나는 것이 사미의 계율이니라. 이 가운데에서 목숨을 마치도록 음주인 곡주·포도주·감자주 등의 방일에서 벗어나서 만약 능히 지킬 수 있다면 마땅히 <능히 지킬 수 있다.>고 말하라.

목숨을 마치도록 높은 평상(高床)·큰 평상(大床)을 벗어나는 것이 사미의 계율이니라. 이 가운데에서 목숨을 마치도록 높은 상·큰 상을 벗어나는 것이니, 만약 능히 지킬 수 있다면 마땅히 <능히 지킬 수 있다.>고 말하라. 목숨을 마치도록 꽃·영락·향·몸에 바르는 향·향수를 뿌린 옷을 벗어나는 것이 사미의 계율이니라. 이 가운데에서 목숨을 마치도록 꽃·영락·향·몸에 바르는 향·향수를 뿌린 옷을 벗어나는 것이니, 만약 능히 지킬 수 있다면 마땅히 <능히 지킬 수 있다.>고 말하라. 목숨을 마치도록 음악을 짓고 춤추는 것을 벗어나고 가서 여러 종류의 음악을 듣지 않는 것이 사미의 계율이니라. 이 가운데에서 목숨을 마치도록 음악을 짓고 춤추는 것을 벗어나고 가서 여러 종류의 음악을 듣지 않는 것이니, 만약 능히 지킬 수 있다면 마땅히 <능히 지킬 수 있다.>고 말하라. 목숨을 마치도록 금·은·돈·보배를 벗어나는 것이 사미의 계율이니라. 이 가운데에서 목숨을 마치도록 금·은·돈·보배를 벗어나는 것이니, 만약 능히 지킬 수 있다면 마땅히 <능히 지킬 수 있다.>고 말하라. 목숨을 마치도록 때가 아닌 음식을 벗어나는 것이 사미의 계율이니라. 이 가운데에서 목숨을 마치도록 때가 아닌 음식을 벗어나는 것이니, 만약 능히 지킬 수 있다면 마땅히 <능히 지킬 수 있다.>고 말하라.'

이와 같이 5법을 성취하고, 법랍이 10년이 되었다면 마땅히 사미를 양육해야 한다. 만약 5법을 성취하지 못하였는데 법랍이 10년이 되었다고 사미를 양육한다면 죄를 얻느니라."

세존께서는 왕사성에 머무르셨다.

장로 대목건련(大目犍蓮)은 왕사성 안의 화리(和利) 등의 17명의 여러 나이 어린 낙인(樂人)[10]들에게 구족계를 주었다. 이 여러 사람들은 포시(晡時)에 배고픔이 심해져서 승방 안에서 큰소리로 어린아이의 소리로 울었다. 세존께서는 아시면서도 일부러 아난에게 물으셨다.

"무슨 까닭으로 승방 안에서 어린아이의 울음소리가 있는가?"

아난이 대답하여 말하였다.

"세존이시여. 장로 대목건련이 왕사성의 화리 등의 17명의 나이가 어린 사람들에게 구족계를 주었습니다. 이 여러 사람들은 포시가 되면 배고픔이 심해져서 승방 안에서 큰소리로 어린아이의 소리로 울고 있습니

---

10) '다른 사람을 즐겁게 한다.'는 뜻으로 어린아이를 말한다.

다."

세존께서는 이 인연으로서 승가를 모으셨고, 승가는 모였다. 세존께서는 아시면서도 일부러 목련에게 물으셨다.

"그대가 진실로 그러하였는가?"

대답하여 말하였다.

"진실입니다. 세존이시여."

세존께서는 여러 종류의 인연으로 목건련을 꾸짖으셨다.

"그대는 때도 알지 못하고 양도 알지 못하며 한계(限齋)도 알지 못하면서 그대는 그렇게 사람을 제도하고자 하였는가? 20살 미만의 사람은 능히 더위·추위·굶주림·목마름·모기·이·뱀·도마뱀·전갈의 독을 견디지 못하고, 다른 사람들의 욕설과 몸 안의 고통을 모두 견딜 수 없으나, 20살 이상의 사람이라면 능히 더위·추위·굶주림·목마름·모기·이·뱀·도마뱀·전갈의 독을 견디고, 다른 사람들의 욕설과 몸 안의 고통을 모두 견딜 수 있느니라."

세존께서는 여러 종류의 인연으로 꾸짖고서 여러 비구들에게 말씀하셨다.

"지금부터 20살이 되지 않은 사람에게 마땅히 구족계를 줄 수 없느니라. 만약 주었다면 바일제죄(波逸提罪)를 얻느니라."

세존께서는 사위국에 머무르셨다.

세존께서는 여러 비구들에게 말씀하셨다.

"만약 외도가 선법(善法)을 믿고 출가하고자 한다면 이러한 사람에게는 마땅히 4개월의 파리바사(波利婆沙)[11]를 주도록 하라. 만약 4개월이 지나고 여러 비구의 뜻을 얻었다면 마땅히 출가시키고, 이와 같이 파리바사를 주어야 하느니라. 일심으로 승가가 모였다면 본래 외도였던 자는 자리에서

---

11) 산스크리트어 parivāsa의 음사로서 별주(別住)라고 번역된다. 승잔(僧殘)을 저지른 비구가 곧 승가에 고백하지 않았다면, 그 죄를 숨긴 기간만큼 다른 비구들과 분리시켜 혼자 따로 살게 하는 벌칙이다.

일어나서 오른쪽 어깨를 드러내고, 가죽신을 벗고서 승가의 가운데에 들어가서 승가의 발에 예배하고 호궤 합장하고서 이와 같이 말을 짓도록 하라.

'여러 장로께서는 억념(憶念)하십시오. 나 누구는 본래 외도였으나 지금 선법을 믿고 출가하고자 합니다. 나 누구는 본래 외도였으나 지금 승가의 가운데에서 4개월의 파리바사를 애원합니다. 승가시여. 본래 외도였던 나 누구에게 4개월의 파리바사를 주실 것이고 마치고서 여러 비구의 뜻을 얻는다면, 승가께서는 마땅히 나를 출가시키고 구족계를 주십시오.'

두 번째·세 번째 역시 이와 같이 애원하라. 이때 한 비구가 마땅히 승가의 가운데에서 창언하라.

'대덕 승가께서는 허락하십시오. 이 누구는 본래 외도였으나 지금 선법을 믿고 출가하고자 합니다. 이 누구는 본래 외도였으나 승가를 좇아서 4개월의 파리바사를 애원하면서 이와 같이 말하였습니다. <승가시여. 본래 외도였던 나 누구에게 4개월의 파리바사를 주실 것이고, 마치고서 여러 비구들의 뜻을 얻는다면, 승가께서는 마땅히 나를 출가시키고 구족계를 주십시오.> 만약 승가께서 때에 이르렀다면 승가께서는 허락하십시오. 승가시여. 본래 외도였던 누구에게 승가께서는 4개월의 파리바사를 주십시오. 이와 같이 아뢥니다.'

아뢰고 백이갈마를 짓는다.

'승가시여. 승가시여. 본래 외도였던 누구에게 승가께서는 4개월의 파리바사를 주었습니다. 승가께서 허락하신 것은 묵연하였던 까닭입니다. 이 일은 이와 같이 지니겠습니다.'

이 가운데에서 '뜻을 얻었다.(得意)'는 것은 무엇이고, '뜻을 얻지 못하였다.(不得意)'는 무엇인가? 이것은 본래 외도였다면 현전하여 마땅히 불·법·승·계를 찬탄하고 여러 외도를 꾸짖어야 한다. 진실로 만약 불·법·승·계를 찬탄하는 때에 본래 외도였던 마음에서 기쁨과 즐거움이 생겨나지 않았거나, 나아가 잠깐이라도 여러 외도를 꾸짖는 때에 근심하고 성내면서 논쟁한다면, 이것을 뜻을 얻지 못한 것이라고 이름한다. 만약 불·법·승·계를 찬탄하는 때에 본래 외도였던 마음에서 기쁨과 즐거움이 생겨났거나, 나아가 잠깐이라도 여러 외도를 꾸짖는 때에 근심하지 않고 성내지 않고 논쟁하지 않는다면, 이것을 뜻을 얻은 것이라고 이름한다. 이와 같다면 출가시키고 구족계를 주도록 하라. 주는 법은 일심으로 승가가 모였다면 본래 외도였던 자는 자리에서 일어나서 오른쪽 어깨를 드러내고, 가죽신을 벗고서 승가의 가운데에 들어가서 승가의 발에 예배하고 호궤 합장하고서 이와 같이 말을 짓도록 하라.

'여러 장로께서는 억념하십시오. 나 누구는 본래 외도였으나 지금 선법을 믿고 출가하고자 합니다. 나는 이전에 이미 승가의 가운데에서 4개월간의 파리바사를 애원하였고, 승가께서는 이미 나에게 4개월간의 파리바사를 주었습니다. 본래 외도였던 나 누구는 이미 승가의 가운데에서 4개월간의 파리바사를 마쳤습니다. 나는 지금 승가를 쫓아서 출가하고 구족계를 받는 것을 애원합니다.'

두 번째·세 번째 역시 이와 같이 애원하라. 이때 한 비구가 마땅히 승가의 가운데에서 창언하라.

'대덕 승가께서는 허락하십시오. 이 누구는 본래 외도였으나 지금 선법을 믿고 출가하였습니다. 그는 승가를 쫓아 4개월의 파리바사를 애원하였고, 승가께서는 이미 4개월간의 파리바사를 주었습니다. 그가 이미 승가의 가운데에서 4개월의 파리바사를 행하였고, 파리바사를 행하여 마치고서 지금 승가를 쫓아서 출가하여 구족계를 구하고 있습니다. 만약 승가께서 때에 이르렀다면 승가께서는 허락하십시오. 승가시여. 본래 외도였던 누구는 이미 승가 가운데에서 4개월의 파리바사를 행하여 마쳤고, 여러 비구의 뜻도 얻었으므로, 마땅히 출가시키고 구족계를 주십시오. 이와 같이 아룁니다.'

아뢰고 백이갈마를 짓는다.

'승가시여. 본래 외도였던 누구를 출가시키고 구족계를 주겠습니다. 승가께서 허락하신 것은 묵연하였던 까닭입니다. 이 일은 이와 같이 지니겠습니다.'

세존께서는 왕사성에 머무르셨다.

자자를 마치시고 2개월에 남산국토(南山國土)를 유행하고자 하셨다. 이때 세존께서는 아난에게 말씀하셨다.

"그대가 여러 비구들에게 말하게. '세존께서 왕사성에서 자자를 마치시고 2개월을 남산국토에 유행하고자 하시므로, 누가 세존을 따르고자 하거나, 만약 떠나고자 하는 자는 모여서 세존을 기다리십시오.'"

아난은 가르침을 받들었고 곧 나와서 여러 비구들에게 말하였다.

"세존께서는 왕사성에서 자자를 마치시고 2개월을 남산국토를 유행하시고자 합니다. 누가 세존을 따르고자 하거나, 만약 떠나고자 하는 자는 모여서 세존을 기다리십시오."

이때 왕사성에는 젊은 비구가 많았으니, 1년·2년·3년·4년·5년의 적은 비구들이었다. 이 여러 비구들은 이와 같이 사유하였다.

'만약 세존을 따라간다면 가는 곳마다 오래 머무르지 않고 여러 종류 공양에 이익일 것이나, 자주자주 가르침을 받는 의지사께 돌아오는 것도 다시 빨라야 한다. 우리들의 화상과 아사리께서 떠나가지 않으시는데 우리가 어찌 떠나겠는가?'

여러 젊은 비구들은 모두 세존을 따르지 않았다. 그때 세존과 젊은 비구들은 함께 유행하였고 왕사성으로 돌아왔다. 세존께서는 아시면서도 일부러 아난에게 물으셨다.

"어찌 젊은 비구들은 세존을 따라서 유행하지 않았는가?"

아난이 대답하여 말하였다.

"세존이시여. 이 왕사성에는 젊은 비구는 많고, 대비구는 적습니다. 이 여러 비구들은 이와 같이 사유하였습니다.

'만약 세존을 따라간다면 가는 곳마다 오래 머무르지 않고 여러 종류 공양에 이익일 것이나, 자주자주 가르침을 받는 의지사께 돌아오는 것도 다시 빨라야 한다. 우리들의 화상과 아사리께서 떠나가지 않으시는데 우리가 어찌 떠나겠는가?'

이러한 일을 까닭으로 많은 자가 세존을 따르지 않았습니다."

세존께서는 이 인연으로서 승가를 모으셨고, 승가는 모였다. 세존께서는 여러 종류의 인연으로 계율을 찬탄하시고 지계를 찬탄하셨다. 계율을 찬탄하시고 지계를 찬탄하시고서 여러 비구들에게 말씀하셨다.

"지금부터 비구가 5법을 성취하고 법랍이 5년을 채웠다면 의지하지 않아도 되는 것을 허락하겠노라. 무엇이 다섯 가지의 법인가? 첫째는 범함을 아는 것이고, 둘째는 범하지 않음을 아는 것이며, 셋째는 가벼움을 아는 것이고, 넷째는 무거움을 아는 것이며, 다섯째는 바라제목차를 암송하여 이익되게 널리 설하는 것이다. 비록 구족계를 받고 법랍이 오래되었더라도 5법을 알지 못한다면 마땅히 목숨을 마치도록 다른 사람을 의지하여 머물러야 하느니라."

장로 우바리가 세존께 물었다.

"대비구도 젊은 비구를 의지하여 머무는 것을 받아들여야 합니까?"

세존께서는 말씀하셨다.

"마땅히 받아들여야 하느니라."

우바리가 다시 물었다.

"대비구도 젊은 비구를 마땅히 받들어 모시고 공양해야 합니까?"

세존께서는 말씀하셨다.

"발에 예배하는 것을 제외하고 나머지는 마땅히 지어야 하느니라."

세존께서는 사위국에 머무르셨다.

이때 사위성에 한 거사가 있었는데, 무상(無常)을 마주하는데 이르렀고, 재물·처자·권속·노비 등 일체가 죽거나 없어졌는데, 오직 아버지와 아들 세 사람이 남게 되었다. 거사는 스스로 생각하였다.

'여러 도(道) 가운데에서 오직 사문 석자는 공양의 즐거움을 얻고, 여러 근심과 고통이 없다. 이 가운데에 출가하면 여러 어긋난 것이 없다.'

사유하고서 두 아들을 데리고 기원정사에 이르러 출가를 구하였다. 여러 비구는 그의 뜻을 알지 못하고서 곧 출가시켰다. 며칠이 지나고 걸식 때에 이르자 옷과 발우를 지니고 두 아들을 데리고 사위성에 들어가서 걸식하면서 음식점·전병 가게·과자 가게·튀김 가게·안주 가게·사탕 가게에 나아갔다. 이 두 어린아이는 배가 고팠으므로 여러 전병과 음식을 보고 아버지인 마하로를 따르면서 음식을 요구하면서 말하였다.

"아버지. 우리에게 음식을 주세요. 우리에게 전병을 주세요."

아버지는 아이들에게 말하였다.

"다만 얻는 것이고 돈이 없구나. 누가 마땅히 너희들에게 주겠는가?"

두 아이가 울면서 아버지를 쫓아갔으므로 여러 거사들이 꾸짖고 비난하며 말하였다.

"사문 석자가 음욕을 끊지 못하고 승방 안에서 비구니와 아이를 낳았구나."

한 사람이 두 사람에게 말하고, 두 사람이 세 사람에게 말하여 악한 소문이 사위성에 두루 유포(流布)되었다. 여러 비구들이 있어 욕망이 적고 만족함을 알며 두타를 행하였는데, 이러한 일을 듣고 마음이 즐겁지 않아서 이 일로써 세존께 갖추어 아뢰었다. 세존께서는 이 인연으로서 대중 승가를 모으셨고, 승가는 모였다. 세존께서는 아시면서도 일부러 마하로 비구에게 물으셨다.

"그대들이 진실로 이러한 일을 지었는가?"

대답하여 말하였다.

"진실로 지었습니다. 세존이시여."

세존께서는 여러 종류의 인연으로서 꾸짖으셨다.

"어찌 비구라고 이름하면서 15살이 되지 않은 사람을 사미로 지었는가?"

세존께서는 여러 종류의 인연으로 꾸짖으셨으며, 여러 비구들에게 말씀하셨다.

"지금부터 15살이 되지 않은 사람을 사미로 양육할 수 없느니라. 만약 짓는다면 돌길라죄를 얻느니라."

세존께서는 가유라위국(迦維羅衛國)에 머무르셨다.

그때 비유리(毘琉璃)[12]라는 어리석은 자가 가유라위의 석가족을 살해하였다. 이때 장로 아난의 친족인 두 소년이 도주하여 아난에게 나아갔고, 아난은 남은 음식으로 양육하였다. 세존께서는 아시면서도 일부러 아난에게 물으셨다.

"이들은 누구의 아이인가?"

대답하여 말하였다.

"이들은 저의 친족입니다."

세존께서는 말씀하셨다.

"무슨 까닭으로 출가시키지 않았는가?"

아난이 알려 말하였다.

"세존께서 계율을 제정하시어 15살 미만인 사람은 마땅히 사미를 짓지 못하게 하셨습니다. 이 두 아이는 15살이 되지 않았습니다."

세존께서는 아난에게 물으셨다.

"이 두 아이는 승가가 공양할 때 까마귀를 쫓을 수 있겠는가?"

대답하여 말하였다.

"할 수 있습니다."

세존께서는 말씀하셨다.

"지금부터 까마귀를 쫓을 수 있다면 사미로 지을 수 있도록 허락하겠나니, 최하로 7살이니라."

세존께서는 사위국에 머무르셨다.

이때 발난타(跋難陀) 석자에게 두 사미가 있었다. 첫째는 비타(卑陀)라고 이름하였고, 둘째는 마가(摩伽)라고 이름하였는데, 승방 안에서 함께 음욕을 지었다. 여러 거사들이 와서 보고 말하였다.

"사문 석자에게는 청정한 행이 없어서 함께 음욕을 짓는구나."

---

12) Viḍūḍabha의 음사로 비유리(毘琉璃)로 음역된다. 코살라국(Kosala, 憍薩羅國)의 왕인 파사닉왕의 아들로서 부왕을 살해하고 왕위에 올랐으며, 외가(外家)인 카필라바스투(Kapilavastu)의 석가족을 멸망시켰다.

한 사람이 두 사람에게 말하고, 두 사람이 세 사람에게 말하여 악한 소문이 사위성에 두루 유포되었다. 여러 비구들이 있어 욕망이 적고 만족함을 알며 두타를 행하였는데, 이러한 일을 듣고 마음이 즐겁지 않아서 이 일로 세존께 갖추어 아뢰었다. 세존께서는 이 인연으로서 대중 승가를 모으셨고, 승가는 모였다. 세존께서는 아시면서도 일부러 발난타에게 물으셨다.

"그대가 진실로 그러하였는가?"

대답하여 말하였다.

"진실로 그러하였습니다. 세존이시여."

세존께서는 여러 종류의 인연으로서 꾸짖으셨다.

"어찌 비구라고 이름하면서 두 명의 사미를 양육하였는가?"

세존께서는 여러 종류의 인연으로 꾸짖으셨으며, 여러 비구들에게 말씀하셨다.

"지금부터 두 명의 사미를 양육하는 것을 허락하지 않겠노라. 만약 양육한다면 돌길라죄를 얻느니라. 만약 두 명의 사미를 양육하였으나 한 명이 오래지 않아서 구족계를 받는다면 무죄(無罪)이니라."

세존께서는 왕사성에 머무르셨다.

발난타 석자가 노비를 대가(大家)[13]가 허락하지 않았어도 출가시켰다. 출가하고서 오래지 않아서 걸식할 때에 이르러 옷과 발우를 지니고 왕사성에 들어가서 걸식하였다. 본래 주인이 그를 보고 붙잡았는데 이 비구가 큰 소리로 고함쳤으므로 사람들이 모여들었고 물었다.

"무슨 까닭으로 그렇습니까?"

대가가 말하였다.

"이 사람은 나의 노비입니다. 풀어주지도 않았는데 스스로가 출가하였습니다."

---

13) 큰 집의 주인을 가리키는 말이다.

여러 사람들이 말하였다.

"무슨 도(道) 가운데에 출가하였습니까?"

알려 말하였다.

"사문입니다."

"무슨 사문입니까?"

대답하여 말하였다.

"석자 사문입니다."

여러 사람들이 말하였다.

"그러지 마십시오. 병사왕(洴沙王)의 칙명이 있었습니다. '만약 주인이 풀어주지 않은 노비라도 사문 석자 가운데에 출가하면 막을 수 없다. 왜 그러한가? 사문 석자는 짓기 어려운 고행을 행하고, 세상의 일을 버리고서 열반으로 향하는 까닭입니다.'"

여러 거사들이 성내면서 꾸짖어 말하였다.

"사문 석자는 두려운 것이 없구나. 주인이 풀어주지 않은 노비라도 석자에게 출가하면 말도 할 수 없구나."

한 사람이 두 사람에게 말하고, 두 사람이 세 사람에게 말하여 악한 소문이 사위성에 두루 유포되었다. 여러 비구들이 있어 욕망이 적고 만족함을 알며 두타를 행하였는데, 이러한 일을 듣고 마음이 즐겁지 않아서 이 일로써 세존께 갖추어 아뢰었다. 세존께서는 이 인연으로서 대중 승가를 모으셨고, 승가는 모였다. 세존께서는 아시면서도 일부러 발난타에게 물으셨다.

"그대가 진실로 그러하였는가?"

대답하여 말하였다.

"진실로 그렇습니다. 세존이시여."

세존께서는 여러 종류의 인연으로서 꾸짖으셨다.

"어찌 비구라고 이름하면서 대가가 풀어주지도 않은 노비를 출가시켰는가?"

세존께서는 여러 종류의 인연으로 꾸짖으셨으며, 여러 비구들에게 말씀하셨다.

"지금부터 대가가 노비를 풀어주지 않았다면 마땅히 출가시킬 수 없다. 만약 출가시킨다면 돌길라죄를 얻느니라."

세존께서는 왕사성에 머무르셨다.

발난타 석자가 부채가 있는 사람을 채권자가 풀어주지 않았는데 출가시켰다. 출가하고서 몇 일이 지나서 걸식할 때에 이르러 옷과 발우를 지니고 왕사성에 들어가서 걸식하였다. 이 채권자가 그를 보고 붙잡았는데, 큰 소리로 고함쳤으므로 사람들이 모여들었고 물었다.

"무슨 까닭으로 그렇습니까?"

대답하여 말하였다.

"이 사람은 나의 채무자입니다. 갚지 않고서 출가하였습니다."

사람들이 말하였다.

"무슨 도 가운데에 출가하였습니까?"

알려 말하였다.

"사문입니다."

"무슨 사문입니까?"

대답하여 말하였다.

"석자 사문입니다."

사람들이 말하였다.

"그러지 마십시오. 병사왕의 칙명이 있었습니다. '채권자가 풀어주지 않았어도 사문 석자 가운데에 출가하면 막을 수 없다. 왜 그러한가? 사문 석자는 짓기 어려운 고행을 행하고, 세상의 일을 버리고서 열반으로 향하는 까닭입니다.'"

여러 거사들이 성내면서 꾸짖어 말하였다.

"사문 석자는 빚을 갚지 않는구나. 채권자가 풀어주지 않은 채무자라도 석자에게 출가하면 말도 할 수 없구나."

한 사람이 두 사람에게 말하고, 두 사람이 세 사람에게 말하여 악한 소문이 사위성에 두루 유포되었다. 여러 비구들이 있어 욕망이 적고 만족함을 알며 두타를 행하였는데, 이러한 일을 듣고 마음이 즐겁지 않아서 이 일로써 세존께 갖추어 아뢰었다. 세존께서는 이 인연으로서 대중 승가를 모으셨고, 승가는 모였다. 세존께서는 아시면서도 일부러 발난타에게 물으셨다.

"그대가 진실로 그러하였는가?"

대답하여 말하였다.

"진실로 그러하였습니다. 세존이시여."

세존께서는 여러 종류의 인연으로서 꾸짖으셨다.

"어찌 비구라고 이름하면서 채권자가 풀어주지도 않았는데 출가시켰는가?"

세존께서는 여러 종류의 인연으로 꾸짖으셨으며, 여러 비구들에게 말씀하셨다.

"지금부터 채권자가 풀어주지도 않았다면 출가시킬 수 없느니라. 만약 출가시킨다면 돌길라죄를 얻느니라."

세존께서는 왕사성에 머무르셨다.

한 대장장이의 어린아이가 있어 죽원(竹園)의 승방에 들어왔고 여러 비구들의 처소에서 말하였다.

"대덕이시여. 내가 출가하고자 하오니 나를 출가시켜 주십시오."

여러 비구들은 사유하지도 않고서 출가시켰다. 그 아이의 부모와 종친들은 두루 찾아다녔고 죽원에 이르렀으며, 여러 비구들의 처소에 나아가서 물었다.

"대덕이시여. 이와 같고 이와 같은 어린아이를 들었거나 보았습니까?"

이 가운데에 비구가 있어 보지 못한 자는 보지 못하였다고 말하였고, 듣지 못한 자는 듣지 못하였다고 말하였다. 이 여러 친족들은 오랫동안 찾았으나 찾지 못하고 곧 되돌아갔다. 이 아이는 비구가 되고 오래지 않아서 걸식 때에 이르자 옷과 발우를 지니고 왕사성에 들어가서 걸식하였다. 종친이 보고 물었다.

"그대는 출가하였는가?"

대답하여 말하였다.

"출가하였습니다."

"무슨 도에 출가하였는가?"

대답하여 말하였다.

"사문입니다."

"무슨 사문인가?"

대답하여 말하였다.

"석자 사문입니다."

가깝고 먼 곳을 물었고 대답하여 말하였다.

"죽원의 가운데입니다."

종친들이 성내면서 비난하였다.

"사문 석자가 고의로 거짓말을 하였다. 보았으나 보지 못하였다고 말하였고, 들었으나 듣지 못했다고 말하였구나."

한 사람이 두 사람에게 말하고, 두 사람이 세 사람에게 말하여 악한 소문이 사위성에 두루 유포되었다. 여러 비구들이 있어 욕망이 적고 만족함을 알며 두타를 행하였는데, 이러한 일을 듣고 마음이 즐겁지 않아서 이 일로써 세존께 갖추어 아뢰었다. 세존께서는 이 인연으로서 대중 승가를 모으셨고, 승가는 모였다. 세존께서는 여러 비구들에게 말씀하셨다.

"지금부터 출가를 구하는 사람은 두 가지의 일을 승가에게 아뢰어라. 첫째는 출가이고, 둘째는 체발(剃髮)이다. 승가가 만약 모였거나, 만약 모이지 않았더라도 두 가지의 일을 마땅히 아뢰어야 하고 이렇게 말을 짓도록 하라.

'대덕 승가께서는 허락하십시오. 이 누구는 출가와 삭발을 구합니다.'

이러한 일로써 승가에게 아뢰어라. 만약 이미 삭발하고 왔다면 승가가 만약 모였거나, 만약 모이지 않았더라도 한 가지의 일을 마땅히 아뢰어라.

'대덕 승가께서는 허락하십시오. 이 누구는 출가하고자 합니다. 승가께서는 억념(憶念)하여 호지(護持)하십시오.'

만약 승가가 모이지 않는다면 별도로 방에서 마땅히 말로서 아뢰어라.

'장로여. 이 아무개가 출가하고자 합니다. 이 누구는 출가하고자 합니다. 억념하여 호지하십시오.'"

세존께서는 왕사성에 머무르셨다.

이때 기바(耆婆) 약사(藥師)는 두 종류의 사람을 치료하였는데, 첫째는 병사왕이었고, 둘째는 세존과 비구 승가이었다. 무엇을 까닭으로 병사왕을 치료하였는가? 옷과 음식의 까닭이었고, 무엇을 까닭으로 세존과 비구 승가를 치료하였는가? 스스로가 믿었고, 스스로가 바랐으며, 스스로가 사랑하였고, 스스로가 청정한 까닭이었다. 이때 거사들이 악하고 심한 병인 나병·종기·괴저병·간질병·폐병 등이 있다면 기바의 처소에 이르러 100금전을 주면서 병의 치료를 구하였으나 즐거워하지 않았고, 이와 같이 500금전에 이르더라도 즐거워하지 않았다. 그 거사들은 크게 근심하였고 생각하며 말하였다.

'기바는 오직 두 종류의 사람을 치료하는구나. 첫째는 병사왕을 치료하는데 옷과 음식의 까닭이고, 둘째는 세존과 승가를 치료하는 것인데, 스스로가 믿었고, 스스로가 바랐으며, 스스로가 사랑하였고, 스스로가 청정한 까닭이다. 지금 우리들이 100금전에서 나아가 500금전을 주더라도 즐거워하지 않으니, 이러한 여러 사문 석자는 복덕을 이루고 갖춘 사람들이구나. 만약 이 가운데에 출가한다면 우리들을 기바가 마땅히 치료할 것이다.'

이러한 여러 병자가 여러 비구의 처소에 이르러 출가를 구하였는데, 여러 비구들은 곧 출가시키고 구족계를 주었다. 여러 비구들은 여러 병자를 위하여 밥을 짓고, 국을 끓이며, 죽을 끓이고, 물을 끓이며, 고기를 삶고, 탕약을 만들어 치료하였고, 대·소변을 담은 그릇과 가래침을 뱉은 그릇을 치웠다. 그 출입에 일이 많고 연(緣)이 많아서 독경과 좌선에 방해되어 그만두고 다만 일을 짓는 것을 생각하였다. 이러한 환자가 많아서 기바가 치료하여도 능히 두루 살필 수 없었으므로 병사왕의 급한 일도 그만두었으나, 이 병자들은 나아서 얼굴빛이 평소처럼 돌아오고 기력이 회복되면 계를 버리고 집으로 돌아갔다. 여러 비구들은 욕망이 적고 만족함을 알며 두타를 행하였는데, 여러 비구들을 꾸짖었다.

"어찌 비구라고 이름하면서 나병·종기·괴저병·간질병·폐병 등의 여러 악하고 무거운 병이 있는 병자들을 출가시켜서 구족계를 받게 하는가? 그들을 위하여 밥을 짓고, 국을 끓이며, 죽을 끓이고, 물을 끓이며, 고기를 삶고, 탕약을 만들어 치료하였고, 대·소변을 담은 그릇과 가래침을 뱉은 그릇을 치우면서, 출입에 일이 많고 연이 많아서 독경과 좌선에 방해되어 그만두고 다만 일을 짓는 것을 생각하는가? 이러한 환자가 많아서 기바가 치료하여도 능히 두루 살필 수 없었으므로 병사왕의 급한 일도 그만두었는데, 이 병자들은 나아서 얼굴빛이 평소처럼 돌아오고 기력이 회복되면 계를 버리고 집으로 돌아가게 하는가?"

여러 종류로 꾸짖었고, 이 일로써 세존께 갖추어 아뢰었다. 세존께서는 이 인연으로서 대중 승가를 모으셨고, 승가는 모였다. 세존께서는 여러 비구들에게 말씀하셨다.

"그대들이 진실로 그러하였는가?"

대답하여 말하였다.

"진실로 그러하였습니다. 세존이시여."

세존께서는 여러 종류의 인연으로서 꾸짖으셨다.

"어찌 비구라고 이름하면서 나병·종기·괴저병·간질병·폐병 등의 여러 악하고 무거운 병이 있는 병자들을 출가시켜서 구족계를 받게 하는가? 그들을 위하여 밥을 짓고, 국을 끓이며, 죽을 끓이고, 물을 끓이며, 고기를 삶고, 탕약을 만들어 치료하였고, 대·소변을 담은 그릇과 가래침을 뱉은 그릇을 치우면서, 출입에 일이 많고 연이 많아서 독경과 좌선에 방해되어 그만두고 다만 일을 짓는 것을 생각하였는가? 이러한 환자가 많아서 기바가 치료하여도 능히 두루 살필 수 없었으므로 병사왕의 급한 일도 그만두었는데, 이 병자들은 나아서 얼굴빛이 평소처럼 돌아오고 기력이 회복되면 계를 버리고 집으로 돌아가게 하였는가?"

세존께서는 여러 종류의 인연으로 꾸짖으셨으며, 여러 비구들에게 말씀하셨다.

"지금부터 이와 같은 나병·종기·괴저병·간질병·폐병 등의 여러 악하고 무거운 병이 있는 병자들을 마땅히 출가시켜서 구족계를 줄 수 없느니라. 만약 출가시켜 구족계를 주었다면 돌길라죄를 얻느니라."

세존께서는 가비라바성(迦毘羅婆城)에 머무르셨다.

이때 정반왕(淨飯王)이 세존의 처소를 나아가서 세존의 발에 머리숙여 예경하고 한쪽에 앉아서 합장하고 세존께 아뢰었다.

"대덕이시여. 나의 발원(願)을 들어주십시오."

세존께서는 말씀하셨다.

"교담(憍曇)이여. 세존이라도 지나친 발원이라면 들어줄 수 없습니다."

왕이 말하였다.

"나의 발원은 들어줄 수 있습니다."

세존께서는 말씀하셨다.

"얻을 수 있는 발원이라면 마땅히 들어드리겠습니다. 지금 무슨 발원을 구하십니까?"

왕이 말하였다.

"세존께서 출가하셨을 때에 나의 마음은 근심으로 견딜 수 없어서 즐겁지 않았습니다. 난다(難陀)와 라후라(羅睺羅) 등의 뒤의 자손들이 출가하였을 때에도 나의 마음은 근심으로 견딜 수 없어서 즐겁지 않았습니다. 지금 세존께서 나의 소원을 들어주십시오. 부모가 허락하지 않는다면 출가하지 못하게 하십시오. 왜 그러한가? 부모는 자식을 믿는 것이 영예입니다."

세존께서는 말씀하셨다.

"교담이여. 나도 본래의 마음으로 생각하였고, 역시 여러 비구들에게 계율로 제정하고자 하였습니다. 부모가 허락하지 않으면 출가하지 못하게 하겠습니다."

그때 세존께서는 정반왕을 위하여 여러 종류로 설법하시어 보여주셨고 가르치셨으며 이익되고 기쁘게 하시고서 묵연하셨다. 정반왕은 법을 듣고서 자리에서 일어나서 머리숙여 발에 예경하고서 세존을 돌면서 떠나갔다. 왕이 떠나고 오래지 않아서 세존께서는 이 인연으로서 대중 승가를 모으셨고, 승가는 모였다. 세존께서는 여러 비구들에게 말씀하셨다.

"지금부터 그 부모가 풀어주지 않았다면 출가할 수 없느니라. 만약 출가시킨다면 돌길라죄를 얻느니라."

세존께서는 사위국에 머무르셨다.

이때 여러 비구니들이 교살라에서 유행하여 사위국으로 향하였다. 살라림(薩羅林)의 가운데에 법을 어긴 도둑들이 있었는데, 비구니들을 겁탈하여 훼손하고 욕보이는 일을 지었다. 여러 성·나라·읍에 악한 소문이 유포되었고 왕의 힘으로서, 취락의 힘으로서 포위하여 여러 도둑들을 모두 붙잡았다. 오직 한 도둑이 도주하였고, 바기타국(婆岐陀國)에 이르러 비구의 처소로 이르렀으며 여러 비구들에게 말하였다.

"대덕이시여. 저를 출가시켜 주십시오."

여러 비구는 사유하지 않고서 출가시켰다. 제불의 상법에는 두 번의 대회가 있었으니, 봄의 마지막 달과 여름의 마지막 달이었다. 봄의 마지막 달은 안거하려는 때였으므로 여러 지방과 나라에서 비구들이 왔고 세존의 설법을 들으면서 마음속으로 생각하는 것이다.

'이러한 법은 하안거에 즐거운 것이다.'

이것이 첫째의 대회이다. 여름의 마지막 달에 자자를 마치고 옷을 지어서 마쳤으며 옷과 발우를 지니고서 세존의 처소에 나아가서 이와 같이 사유하는 것이다.

'내가 오랫동안 바가바를 보지 못하였다. 오랫동안 수가타를 보지 못하

였다.'

이것이 둘째의 대회이다. 여러 비구들은 바기국(婆祇國)에서 자자를 마치고 옷을 짓고서 옷과 발우를 지니고 유행하여 사위국에 이르고자 하였는데 젊은 비구가 말하였다.

"나도 함께 가고자 합니다."

여러 비구들이 대답하였다.

"그대의 뜻을 따르게."

곧바로 함께 떠났다. 여러 비구들이 도중에 살라림을 보고서 억념하며 말하였다.

"이 살라림에는 본래 법을 어긴 악한 도둑들이 있었고, 비구니를 겁탈하여 훼손하고 욕보이는 일을 지었다."

젊은 비구가 말하였다.

"여러 장로여. 악한 도둑들이 나와 동업의 친우(親友)들입니다. 나도 역시 악한 일을 지었습니다."

여러 비구들은 어떻게 해야 하는가를 알지 못하였다. 점차 유행하여 사위국에 이르렀고, 세존의 처소에 나아가서 세존의 발에 머리숙여 예경하고 물러나서 한쪽에 앉았다. 제불의 상법은 객비구를 문신하는 것이다.

"견딜 수 있었는가? 만족스러웠는가? 안락하게 머물렀는가? 걸식은 부족하지 않았는가? 도로에 매우 피로하지는 않았는가?"

지금 세존께서도 이와 같이 객비구에게 문신하여 말씀하셨다.

"견딜 수 있었는가? 만족스러웠는가? 안락하게 머물렀는가? 걸식은 부족하지 않았는가? 도로에 매우 피로하지는 않았는가?"

여러 비구들이 말하였다.

"진실로 견딜 수 있었고 만족스러웠으며 편안하고 안락하게 머물렀으며 걸식도 부족하지 않았고 도로에 피곤하지 않았습니다."

여러 비구는 이 일로써 갖추어 세존께 아뢰었다. 세존께서는 이 인연으로서 대중 승가를 모으셨고, 승가는 모였다. 세존께서는 여러 비구들에게 말씀하셨다.

"이 자는 살라림의 악한 도둑으로서 중죄를 얻었다. 비구니를 겁탈하고 부정한 일을 지었으니, 이 도둑은 큰 죄를 얻은 것이다. 왜 그러한가? 그 여러 비구니는 많은 경우 아라한이었다. 이 자는 비구니를 욕보였으므로 마땅히 출가시키고 구족계를 줄 수 없느니라. 만약 출가시켜 구족계를 주었다면 마땅히 멸빈(滅擯)시켜라. 왜 그러한가? 비구니를 욕보인 자는 여래의 선법(善法)인 비니가 생겨나지 않는 까닭이니라."

세존께서는 사위국에 머무르셨다.

이때 사위성에 한 거사가 있었는데, 무상(無常)을 마주하는데 이르렀고 재물·처자·권속·노비 등 일체가 죽었거나, 없어졌으므로 이 거사는 스스로 생각하였다.

'사문 석자는 복락(福樂)이 갖추어져 있는 사람들이다. 내가 마땅히 사문 석자를 흉내내어 승가리(僧伽梨)·울다라승(鬱多羅僧)·안타위(安陀衛)·발우·녹수낭(漉水囊)·석장(錫杖)·소(酥)의 주머니·가죽신·침통 등을 지어야겠다. 이와 같다면 어찌 고생하겠는가? 곧 도둑처럼 머물러야겠다.'

곧 승가리·울다라승·안타위·발우·녹수낭·석장·소의 주머니·가죽신·침통 등을 흉내를 지었다. 이와 같이 짓고서 몰래 승가 가운데에 들어가서 머물렀다. 여러 비구들은 만약 모였거나, 만약 모이지 않았거나, 천천히 물어서 힐난하였다.

"장로여. 그대는 몇 살인가? 그대는 어느 때의 시절이었으며 윤달이 있었는가? 없었는가?

이 도둑은 시절을 알지 못하였고, 다시 부드러운 말로 다급하게 물었다. 그가 말하였다.

"제가 도둑이 되어 적주(賊住)와 같이 머물렀습니다."

여러 비구들이 욕망이 적고 만족함을 알며 두타를 행하였는데, 꾸짖었다.

"무슨 까닭으로 비구라고 이름하면서 화상과 함께 만족하고 아사리를 함께 만족하며 교수사를 함께 만족해야 미묘한 선법인 비니를 얻는 것이다.

무슨 까닭으로 도둑이 되어 적주와 같이 머무는가?"

여러 비구들은 여러 종류의 인연으로 꾸짖고서 이 일로써 세존께 갖추어 아뢰었다.

세존께서는 이 인연으로서 대중 승가를 모으셨고, 승가는 모였다. 세존께서는 아시면서도 일부러 물으셨다.

"그대들이 진실로 그러하였는가?"

대답하여 말하였다.

"진실로 지었습니다. 세존이시여."

세존께서는 여러 종류의 인연으로서 꾸짖으셨다.

"화상과 함께 만족하고 아사리를 함께 만족하며 교수사를 함께 만족해야 미묘한 선법인 비니를 얻는 것이다. 무슨 까닭으로 도둑이 되어 적주와 같이 머물렀는가?"

세존께서는 이 인연으로 승가를 모으셨고, 승가는 모였다. 세존께서는 아시면서 일부러 물으셨다.

"그대들이 진실로 그러하였는가?"

대답하여 말하였다.

"진실로 그러하였습니다. 세존이시여."

세존께서는 여러 종류의 인연으로 꾸짖으셨으며, 여러 비구들에게 말씀하셨다.

"이것을 적주(賊住)라고 이름한다. 이러한 사람은 마땅히 출가시켜 구족계를 줄 수 없느니라. 만약 출가시켜 구족계를 주었다면 곧 마땅히 멸빈시켜라. 왜 그러한가? 적주인 사람은 나의 선법인 비니가 생겨나지 않는 까닭이다."

세존께서는 왕사성에 머무르셨다.

발난타 석자가 불능남(不能男)을 출가시켰다. 이 사람이 밤에 여러 비구를 더듬었으므로 여러 비구들이 쫓아내었다. 비구니 옆이거나, 식차마니 옆이거나 사미·사미니 옆에서도 모두 더듬었으므로 여러 비구니와 학계니(學戒尼), 여러 사미와 사미니가 모두 쫓아냈다. 여러 거사가 승방 안에 들어와서 머무는데 역시 여러 거사를 더듬었으므로 여러 거사들이 말하였다.

"사문 석자 가운데에는 불능남도 있고, 출가하여 구족계를 받았구나."

한 사람이 두 사람에게 말하고, 두 사람이 세 사람에게 말하여 악한 소문이 사위성에 두루 유포되었다. 여러 비구들이 있어 욕망이 적고 만족함을 알며 두타를 행하였는데, 이러한 일을 듣고 마음이 즐겁지 않아서 이 일로써 세존께 갖추어 아뢰었다. 세존께서는 이 인연으로서 대중 승가를 모으셨고, 승가는 모였다. 세존께서는 아시면서도 일부러 발난타에게 물으셨다.

"그대들이 진실로 그러하였는가?"

대답하여 말하였다.

"진실로 그러하였습니다. 세존이시여."

세존께서는 여러 종류의 인연으로서 꾸짖으셨다.

"어찌 비구라고 이름하면서 불능남을 출가시켰는가?"

세존께서는 여러 종류의 인연으로 꾸짖으셨으며, 여러 비구들에게 말씀하셨다.

"지금부터 불능남을 마땅히 출가시켜서 구족계를 줄 수 없느니라. 만약 출가시켜 구족계를 주었다면 돌길라죄를 얻는다."

세존께서는 말씀하셨다.

"다섯 가지의 불능남이 있느니라. 무엇이 그 다섯 가지인가? 첫째는 생불능남(生不能男)이고, 둘째는 반월불능남(半月不能男)이며, 셋째는 투불능남(妬不能男)이고, 넷째는 정불능남(精不能男)이며, 다섯째는 병불능남(病不能男)이다. 무엇이 생불능남인가? 태어나면서 음사(婬事)를 할 수 없는 사람이 생불능남이다. 무엇이 반월불능남인가? 보름 동안은 음사를 행할 수 있고 보름 동안은 음사를 행할 수 없는 사람이 반월불능남이다. 무엇이 투불능남인가? 남의 음사를 보고서 몸의 일부를 사용하는 사람이 투불능남이다. 무엇이 정불능남인가? 다른 사람의 음란한 몸을 인연하여 몸의 일부를 사용하는 사람이 정불능남이다. 무엇이 병불능남인가? 만약 썩어 문드러졌거나, 만약 잘렸거나, 만약 벌레이거나 뱀에게 씹힌 사람이 병불능남이다. 이것이 다섯 가지의 불능남이다.

생불능남·반월불능남·투불능남·정불능남 이 네 종류의 불능남을 마땅히 출가시켜서 구족계를 줄 수 없느니라. 만약 출가시켜 구족계를 주었다면 곧 마땅히 멸빈시켜라. 왜 그러한가? 불능남은 나의 선법인 비니가 생겨나지 않는 까닭이다. 이러한 병불능남이 이전에 출가하여 구족계를 받았는데 만약 떨어졌거나, 만약 썩어 문드러졌거나, 만약 벌레나 뱀에 물렸거나, 만약 움직일 수 없어도 머무는 것을 허락받았거나, 비록 움직일 수 없어 만약 계를 버리고서, 다시 출가하여 구족계를 받고자 하더라도 마땅히 출가시켜 구족계를 줄 수 없느니라. 만약 출가시켜 구족계를 주었다면 곧 마땅히 멸빈시켜라. 왜 그러한가? 병불능남은 나의 선법인 비니가 생겨나지 않는 까닭이다."

세존께서는 왕사성에 머무르셨다.

한 비구가 있어 외도를 출가시켰으나 작은 인연이 있어 스승과 함께 투쟁하였고, 구족계를 버리지 않았으나, 본래의 이도(異道)로 되돌아갔다. 여러 비구들이 이 일로써 세존께 갖추어 아뢰었다. 세존께서는 이 인연으로서 대중 승가를 모으셨고, 승가는 모였다. 세존께서는 여러 비구들에게 말씀하셨다.

"비유한다면 굶주리고 야윈 개와 같이 맛있는 음식을 주어도 기꺼이 먹지 않고 반대로 부정(不淨)을 먹는 것과 같이, 이 어리석은 자도 역시 이와 같이 선법을 버리고 본래의 외도로 돌아갔느니라."

세존께서는 여러 종류의 인연으로 꾸짖으셨으며, 여러 비구들에게 말씀하셨다.

"이러한 월제인(越濟人)[14]을 마땅히 출가시켜 구족계를 줄 수 없느니라.

---

14) 본래 외도였으나 불법에 귀의하였고, 다시 외도로 되돌아간 자를 말한다.

만약 출가시켜 구족계를 주었다면 곧 마땅히 멸빈시켜라. 왜 그러한가? 이러한 월제인은 나의 선법인 비니가 생겨나지 않는 까닭이다."

세존께서는 사위국에 머무르셨다.

한 바라문이 있어 어머니의 목숨을 빼앗고서 곧 스스로가 사유하였다.

'내가 어머니의 목숨을 빼앗는 큰 죄를 지었다. 어느 곳에서 능히 이 악한 죄를 없앨 수 있을까? 나는 사문 석자가 능히 없앨 수 있다고 들었다.'

곧 여러 비구의 처소에 이르러 말하였다.

"대덕이시여. 저를 출가시켜 주십시오."

여러 비구들이 말하였다.

"그대들 바라문들은 믿지 않고 경박하며 교만하고, 장야에 악하고 삿되어서 불법의 원수이오. 무슨 까닭으로써 신심을 얻어서 출가하고자 하는가?"

바라문이 말하였다.

"대덕이시여. 나는 본래 어머니의 목숨을 빼앗았고 스스로가 사유하였습니다.

'극악한 큰 죄를 지었는데 어느 처소에서 능히 없앨 수 있을까?'

사문 석자는 큰 죄도 없앨 수 있다고 들었고, 이러한 까닭으로 나는 출가하고자 합니다."

여러 비구는 어떻게 해야 하는가를 알지 못하였으므로, 이 일로써 세존께 갖추어 아뢰었다. 세존께서는 말씀하셨다.

"이 사람에게는 어머니를 죽인 죄가 있으므로 마땅히 출가시켜서 구족계를 줄 수 없느니라. 만약 출가시켜서 구족계를 주었다면 곧 마땅히 멸빈시켜라. 왜 그러한가? 어머니를 죽인 죄가 있다면 나의 선법인 비니가 생겨나지 않는 까닭이다. 아버지를 죽인 것도 이와 같다."

세존께서는 사위국에 머무르셨다.

여러 비구들이 교살라국에서 사위국으로 유행하면서 살라림에 이르렀다. 그 숲에는 법을 어긴 도둑들이 있었는데, 여러 비구들을 겁탈하였고 목숨을 끊었다. 여러 성·나라·읍에 악한 소문이 유포되었으므로 왕의 힘으로서, 취락의 힘으로서 포위하여 여러 도둑들을 모두 붙잡았다. 오직 한 도둑이 도주하였고, 기원림(祇洹林)으로 나아가서 여러 비구들에게 말하였다.

"대덕이시여. 저를 출가시켜 주십시오."

여러 비구는 사유하지 않고 출가시켰다. 이 도둑들을 왕이 처형하라고 칙명하였으므로, 여러 비구들이 서로에게 말하였다.

"세간 죄의 과보를 보도록 합시다."

젊은 비구도 말하였다.

"나도 역시 가고 싶습니다."

대답하여 말하였다

"뜻을 따르시오."

곧바로 함께 떠났고 한쪽에 서서 바라보았다. 이때 여러 도둑들이 머리가 잘려서 피가 흘러나왔고, 이 젊은 비구는 스스로가 사유하였다.

'내가 출가하지 않았다면 역시 마땅히 이와 같았을 것이다.'

곧 두려워서 땅에 쓰러졌다. 여러 비구들이 얼굴에 물을 뿌렸고 비로소 깨어나서 평소처럼 회복하였다. 물어 말하였다.

"그대에게 무슨 병의 고통이 있는가? 그대가 역시 이 가운데에서 악업을 지었던 것도 아닌데, 역시 이러한 악업을 사유하지 말게."

여러 비구들은 부드러운 말로 다급하게 물었고 대답하여 말하였다.

"살라림의 가운데에서 비구를 겁탈하고 비구를 살해한 자들은 바로 나와 동업의 친우들입니다. 나도 역시 이러한 악업을 지어서 이와 같이 사유하였습니다.

'여러 도둑들이 머리가 잘려서 피가 흘러나왔는데, 나도 역시 출가하지 않았다면 역시 마땅히 이와 같았을 것이다.'

이러한 까닭으로 나는 무서워서 땅에 쓰러졌습니다."

여러 비구는 어떻게 해야 하는가를 알지 못하였으므로, 이 일로써 세존께 갖추어 아뢰었다. 세존께서는 말씀하셨다.

"살라림 가운데의 도둑들은 방일하고 전도되어 여러 비구들의 생명을 빼앗았고 많은 악업을 지었는데, 그 여러 비구들은 아라한이 많았느니라. 이렇게 아라한을 살해한 사람을 출가시켜서 구족계를 줄 수 없느니라. 만약 출가시켜서 구족계를 주었다면 곧 마땅히 멸빈시켜라. 왜 그러한가? 아라한을 죽인 사람은 나의 선법인 비니가 생겨나지 않는 까닭이다."

세존께서는 사위국에 머무르셨다.

이때 한 용이 있었는데 신심이 청정하였고, 용의 몸을 부끄럽게 생각하였다. 용궁의 가운데에서 나와서 인간의 몸으로 변화하여 여러 비구의 처소로 나아가서 말하였다.

"대덕이시여. 나를 출가시켜 주십시오."

여러 비구는 사유하지 않고서 곧 출가시켰다. 이 용은 젊은 한 비구와 차례에 따라서 한 작은 방에서 함께 묵었다. 다음날 걸식하였는데 이 용은 복이 있어 걸식이 빨랐다. 이때 다시 스스로가 용궁으로 돌아가서 음식을 먹었고, 음식을 먹고서 먼저 방으로 돌아와서 문을 닫고서 좌선하였다. 날이 더우면 용의 법은 잠을 즐기는 것이므로 홀연히 쓰러져 눕게 되었다.

다섯 가지 인연이 있으면 용의 몸이 변신하지 못하는 것이다. 첫째는 태어날 때이고, 둘째는 죽는 때이며, 셋째는 음행할 때이고, 넷째는 성내는 때이며, 다섯째는 잠잘 때이다. 이때에 용은 잠들었고 커다란 용의 몸이 방 안에 가득하였다. 같은 방의 비구가 뒤에 와서 마음이 두려웠고 소리를 질렀다. 용은 이러한 소리를 듣고 빠르게 놀랐고 깨어나서 가부좌하였다. 여러 비구들이 모두 모여서 물어 말하였다.

"무슨 까닭으로 크게 소리를 질렀는가?"

대답하여 말하였다.

"이 사람은 뱀입니다."

여러 비구는 어떻게 해야 하는가를 알지 못하였으므로, 이 일로써 세존께 갖추어 아뢰었다. 세존께서는 말씀하셨다.

"이 자는 뱀이 아니고 용이니라."

세존께서는 말씀하셨다.

"불러오게."

용은 세존의 처소에 이르러 세존의 발에 머리숙여 예경하고 한쪽에 앉았다. 세존께서는 설법하시어 보여주고 가르쳤으며 이익되고 기쁘게 하고서 돌려보냈다. 세존께서는 용에게 말씀하셨다.

"그대는 본래의 용궁으로 돌아가게."

이 용은 설법을 듣고서 울면서 손으로 눈물을 닦고 자리에서 일어났으며, 세존의 발에 머리숙여 예경하고 오른쪽으로 돌면서 떠나갔다. 용이 떠나간 뒤에 세존께서는 이 인연으로서 대중 승가를 모으셨고, 승가는 모였다. 세존께서는 여러 비구들에게 말씀하셨다.

"지금부터 마땅히 용을 출가시켜서 구족계를 줄 수 없느니라. 만약 출가시킨다면 돌길라죄를 얻느니라. 일체의 비인(非人)들도 역시 같으니라."

세존께서는 사위국의 첨복원(瞻蔔園)에 머무르셨다.

한 장자가 있어 그 아들이 출가하였는데 지병이 있었다. 이때 그 종친이 사자를 보내어 그를 불렀다.

"대덕이시여. 이곳에서 병을 치료하십시오."

병든 비구는 곧 따라갔다. 이 사람은 여러 친족이 많았는데 그 친족들이 각자 청하여 말하였다.

"오늘은 내가, 내일은 네가, 모레는 내가 등으로 청하였다. 여러 사람이 이 병든 비구를 위하였던 까닭으로 재물을 많이 주었으나 이 병은 치료되지 못하였고 마침내 목숨을 마치는 것에 이르렀다. 이 병든 비구에게는 바라타(波羅陀)라는 한 사미가 있었는데 이 중간에 구족계를 받게 되었다. 그 대중 가운데에 육군비구들이 있었고 육군비구들이 말하였다.

"새롭게 계를 받은 비구에게 마땅히 대비구의 몫을 주어서는 아니되고,

마땅히 사미의 몫을 주어야 하오."

스승이 말하였다.

"왜 그러한가?"

대답하여 말하였다.

"수계갈마(受戒羯磨)가 만족되지 못한 까닭이오."

여러 비구는 어떻게 해야 하는가를 알지 못하였으므로, 이 일로써 세존께 갖추어 아뢰었다. 세존께서는 말씀하셨다.

"마땅히 갈마의 가운데에 있었던 비구들에게 그 갈마가 만족스러웠는가? 만족스럽지 못했는가를 묻도록 하라."

곧 여러 비구들에게 물었는데, 여러 비구들이 말하였다.

"내가 비록 갈마의 가운데에 있었으나, 기억나지 않아서 알지 못합니다."

이 일로써 세존께 아뢰었고, 세존께서는 말씀하셨다.

"지금부터 여러 비구들은 갈마를 허락하는 때에 마땅히 일심으로 허락해야 한다. 다른 것을 인식하지 말고 다른 것을 사유하지도 말라. 마땅히 전심(專心)이고, 마땅히 노력하며, 마땅히 공경하고 신중해야 한다. 마땅히 사유하면서 그 마음과 마음이 같도록 억념해야 하며, 이와 같이 갈마를 허락해야 한다. 갈마를 짓는 자는 마땅히 분별하여 말하라.

'이것은 제1갈마이고, 이것은 제2갈마이며, 이것은 제3갈마이다.' 만약 분별하지 않고 말한다면 돌길라죄를 얻는다."

세존께서는 사위국에 머무르셨다.

세존께서는 여러 비구들에게 말씀하셨다.

"만약 사람이 있어 악한 마음으로 세존의 몸에 피가 흘리게 하였다면 마땅히 출가시킬 수 없느니라. 만약 출가시켜서 구족계를 주었다면 곧 마땅히 멸빈시켜라. 왜 그러한가? 악한 마음으로 세존의 몸에 피가 흘리게 하였다면 나의 선법인 비니가 생겨나지 않는 까닭이다.

사람이 비법(非法)을 비법이라고 생각하고서 승가를 파괴하였으며, 비법을 보였다면, 이것은 뒤에라도 죄를 얻는다. 비법을 법이라고 생각하고서 승가를 파괴하였으며, 비법을 보였다면, 이것은 뒤에라도 죄를 얻는다. 비법을 비법이라고 생각하고서 승가를 파괴하였으며, 비법을 의심하였다면, 이것은 뒤에라도 죄를 얻는다. 이러한 사람은 마땅히 출가시켜 구족계를 줄 수 없느니라. 만약 출가시켜서 구족계를 주었다면 곧 마땅히 멸빈시켜라. 왜 그러한가? 승가를 파괴한 사람은 나의 선법인 비니가 생겨나지 않는 까닭이다.

사람이 있어 본래 출가할 때에 음행을 범하면서 나아가 축생과 함께 지었다면, 이러한 사람은 마땅히 출가시켜서 구족계를 줄 수 없느니라. 만약 출가시켜 구족계를 주었다면 곧 마땅히 멸빈시켜라. 왜 그러한가? 본래 계를 범한 사람은 나의 선법인 비니가 생겨나지 않는 까닭이다.

사람이 있어 본래 출가할 때에 도둑질을 범하면서 나아가 5전(錢)이었거나, 만약 5전 값의 물건을 훔쳤다면, 이러한 사람은 마땅히 출가시켜서 구족계를 줄 수 없느니라. 만약 출가시켜서 구족계를 주었다면 곧 마땅히 멸빈시켜라. 왜 그러한가? 본래 계를 범한 사람은 나의 선법인 비니가 생겨나지 않는 까닭이다.

사람이 있어 본래 출가할 때에 고의로 스스로가 손으로 사람의 목숨을 빼앗았다면, 다시 다르게 생각할 수 없고 다른 방편도 없느니라. 이러한 사람은 마땅히 출가시켜 구족계를 줄 수 없느니라. 만약 출가시켜 구족계를 주었다면 곧 마땅히 멸빈시켜라. 왜 그러한가? 본래 계를 범한 사람은 나의 선법인 비니가 생겨나지 않는 까닭이다.

사람이 있어 본래 출가할 때에 헛되게 과인법(過人法)[15]이 없으면서 스스로가 찬탄하며 '나에게 과인법이 있다.'라고 말하였다면, 이러한 사람은 마땅히 출가시켜서 구족계를 줄 수 없느니라. 만약 출가시켜 구족계를 주었다면 곧 마땅히 멸빈시켜라. 왜 그러한가? 본래 계를 범한 사람은 나의 선법인 비니가 생겨나지 않는 까닭이다."

---

15) '인간을 뛰어넘는 법'이라는 뜻으로 깨달음의 계위를 가리킨다.

쫓겨나지 않은 사람이 있었는데 계를 버렸으나, 다시 여러 비구들의 처소에 이르러 출가하고자 하였다.

"대덕이시여. 나를 출가시켜 주십시오. 출가한다면 결국 내가 마땅히 죄를 밝히겠습니다."

여러 비구들이 세존께 물었다.

"이 사람을 마땅히 출가시켜야 합니까?"

세존께서는 말씀하셨다.

"마땅히 출가시켜라."

출가하고서 말하였다.

"나는 이러한 죄를 밝히지 못하겠습니다. 대덕이시여. 나에게 구족계를 주십시오. 구족계를 받고서 내가 죄를 밝히겠습니다."

(여러 비구들이 세존께 물었다.)[16]

"마땅히 주어야 합니까?"

세존께서는 말씀하셨다.

"마땅히 주어라."

이 사람은 구족계를 받았다. 구족계를 받고서 다시 말하였다.

"이러한 죄를 밝히지 못하겠습니다."

"다시 마땅히 쫓아내야 합니까?"

세존께서는 말씀하셨다.

"만약 일심으로 승가가 화합하였다면 다시 쫓아내라. 만약 승가가 화합하지 못하였다면 쫓아내지 못하느니라."

세존께서는 왕사성에 머무르셨다.

이때 여러 투장(鬪將)의 부인들이 남편의 원정(征行)이 오래되었으므로 비인(非人)들과 사통하였다. 이 여러 비인은 형체(形體)가 불구(不具)였는데, 코끼리의 머리·말의 머리·소의 머리·원숭이의 머리·사슴의 머리·자

---

16) 원문에는 없으나 원활한 번역을 위하여 삽입하였다.

라의 머리·납작한 머리와 머리뼈 일곱 조각이 드러난 자도 있었으며, 아이들도 역시 이와 같았다. 여러 어머니들은 사랑하였던 까닭으로 양육하였으나, 장대하여 능히 직업을 가질 수 없었으므로, 여러 아들을 쫓아냈고 버렸다. 이 여러 아들들은 천사(天祠)·논의당(論議堂)·출가사(出家舍)로 나아갔고 이러한 곳에서 음식을 찾아서 먹었으며 유행하였다. 다음으로 죽원에 이르렀는데 이 가운데에서 육군비구들은 죄를 짓는 일을 즐겼다. 좋은 사람들은 주변에 기꺼이 머물지 않았고, 만약 머무는 자가 있다면 다른 비구들이 업신여기며 비웃었다.

"이 사람들이 이와 같이 악한데 무슨 까닭으로 가까운 것인가?"

이들의 제자도 역시 그들의 스승이 악을 짓는 것을 눈으로 보고서 방편을 행하여 버리고서 떠나갔다. 육군비구들은 이 사람들을 보고 마음에서 스스로가 사유하였다.

'우리들이 만약 좋은 제자를 양육한다면 나머지의 비구들이 업신여기고 비웃을 것이며, 우리를 버리고 떠나가라고 가르칠 것이다. 우리가 이자들을 양육한다면 우리를 버리고 떠나라고 가르치는 자는 없을 것이다. 설령 가르치고자 하더라도 이렇게 추루(醜陋)한데 누가 좋아하겠는가?'

이와 같이 사유하고서 말하였다.

"그대들은 무슨 까닭으로 출가하지 않는가?"

대답하여 말하였다.

"저희들은 이와 같이 추루한데, 누가 마땅히 제도하여 출가시키겠습니까?

육군비구들이 말하였다.

"그대들이 능히 우리를 대신하여 차례로 승방을 지키고, 만약 우리를 위하여 승방을 지키는 사람에게 음식을 전해주며, 능히 우리를 대신하여 옷과 발우를 메고서 다닌다면 그대들을 출가시키겠네."

대답하여 말하였다.

"그렇게 하겠습니다."

그때 육군비구들은 곧 출가시켜 주었다. 이때 사람이 있어 세존과 승가를 청하였다. 육군비구들은 두 가지의 인연을 까닭으로써 먼저 제자를 보내어 옷과 발우를 메고서 가게 하였는데, 첫째는 그 걸음이 느린 것이고, 둘째는 함께 다니는 것이 부끄러웠던 까닭이었다. 이때 여러 거사들은 청정한 불심(佛心)을 믿었으나, 여러 외도의 제자들이 업신여기고 비웃으며 말하였다.

"이자들이 그대들이 공양하는 복전인가? 앞에 갔던 자들과 먼저 먹었던 자들이 오는구려."

여러 거사들이 이러한 일을 듣고 즐겁지 않아서 이 일로써 갖추어 세존께 아뢰었다.

세존께서는 이 인연으로서 대중 승가를 모으셨고, 승가는 모였다. 세존께서는 아시면서도 일부러 육군비구에게 물으셨다.

"그대들이 진실로 그러하였는가?"

대답하여 말하였다.

"진실로 그러하였습니다. 세존이시여."

세존께서는 여러 종류의 인연으로서 꾸짖으셨다.

"어찌 비구라고 이름하면서 코끼리의 머리·말의 머리·소의 머리·원숭이의 머리·사슴의 머리·자라의 머리·납작한 머리와 머리뼈 일곱 조각이 드러난 자를 출가시켰는가?"

세존께서는 여러 종류의 인연으로 꾸짖고서 여러 비구들에게 말씀하셨다.

"지금부터 코끼리의 머리인 사람과, 나아가 납작한 머리를 가진 사람을 마땅히 출가시켜서 구족계를 줄 수 없느니라. 만약 출가시킨다면 돌길라죄를 얻느니라."

세존께서는 여러 비구들에게 말씀하셨다.

"황색 털의 사람·녹색 털의 사람·적색 털의 사람·백색 털의 사람·붉은 색과 비슷한 털의 사람·돼지 털·말 털을 가진 사람·털이 없는 사람 등은 일체를 마땅히 출가시켜서 구족계를 줄 수 없느니라. 만약 출가시킨다면 돌길라죄를 얻느니라. 붉은 눈·깊은 눈·튀어나온 눈·수정안(水精眼)·작은 눈·포안(泡眼)·눈이 하나인 사람·눈이 없는 사람 등도 역시 마땅히 출가시켜서 구족계를 줄 수 없느니라. 만약 출가시킨다면 돌길라죄를 얻느니라.

코끼리의 귀·말의 귀·소의 귀·양의 귀·귀가 말린 사람·귀가 하나인 사람·귀가 없는 사람, 비뚤어진 코·앵무새 부리 같은 코·소의 코·원숭이의 코·긴 코·코끼리의 코·납작한 코·코가 없는 사람, 큰 입술·말의 입술·늘어진 입술·입술이 없는 사람, 돼지의 수염·소의 수염·당나귀의 수염·수염이 없는 사람, 코끼리의 이빨·말의 이빨·소의 이빨·물고기의 이빨·개의 이빨을 가진 사람·이빨이 없는 사람, 긴 목·짧은 목·굽은 목을 가진 사람·목이 붙은 사람, 키가 너무 큰 사람·키가 너무 작은 사람, 너무 검은 사람·너무 흰 사람·완전히 푸르거나·완전히 노랗거나·완전히 붉거나·완전히 검거나·완전히 흰 사람, 다리가 굽은 사람, 발가락이 잘린 사람, 고환이 하나인 사람, 불능남, 팔·허벅지·손·종아리·손가락이 잘린 사람, 다섯 손가락이 굽혀지지 않는 사람, 입술·귀·코가 잘린 사람, 나병에 걸린 사람, 음각(陰脚)이 거친 사람, 절름발이, 손이 굽은 사람, 다리를 끄는 사람, 귀신같은 사람, 맹인, 애꾸눈, 소경, 닭의 피부를 가진 사람, 온몸이 뻣뻣한 사람, 앉은뱅이, 혹부리, 왼손잡이, 염소 똥을 보는 사람, 팔꿈치가 짧은 사람, 말더듬이, 농아(聾瘂), 나이가 너무 어린 사람, 나이가 너무 많은 사람, 중풍에 걸린 사람, 가고 서고 앉고 눕지 못하는 사람, 이와 같은 일체는 승가를 오염시키는 사람들이다. 모두 마땅히 출가시켜서 구족계를 줄 수 없느니라. 만약 출가시킨다면 돌길라죄를 얻느니라."

세존께서는 여러 비구들에게 말씀하셨다.

"구족계를 받는 법에 세 가지의 일이 현전해야 구족계를 받을 수 있느니라. 무엇이 그 세 가지인가? 첫째는 승가가 있는 것이고, 둘째는 구족계를 받고자 하는 사람이 있는 것이며, 셋째는 갈마법이 있어야 하는데, 이것이 세 가지이다. 구족계를 받고자 하는 사람이 처음 찾아왔다면 마땅히 상좌들에게 차례로 머리숙여 하나하나의 발을 잡고 승가에 예배하도록 가르쳐라. 예배를 마치면 옷을 수지하는 것을 가르치면서 묻도록 하라.

'이 옷은 그대의 것인가?'

대답하여 말하라.

'이것은 저의 옷입니다.'

마땅히 가르쳐라.

'그대는 나를 따라서 말하라. 나 누구는 이러한 옷인 승가리를 만약 간조(干條)[17]를 받았으므로, 만약 할절(割截)[18]하였거나, 만약 할절하지 않았더라도 이 옷을 수지하겠습니다. 두 번째에도 이러한 옷인 승가리를 만약 간조를 받았으므로, 만약 할절하였거나, 만약 할절하지 않았더라도 이 옷을 수지하겠습니다. 세 번째에도 이러한 옷인 승가리를 만약 간조를 받았으므로, 만약 할절하였거나, 만약 할절하지 않았더라도 이 옷을 수지하겠습니다.'

다음으로 묻는다.

'이 옷은 그대의 것인가?'

대답하여 말하라.

'이것은 저의 옷입니다.'

(마땅히 가르쳐라.)[19]

'나 누구는 이러한 옷인 울다라승인 7조(條)를 받았으므로, 만약 할절하였거나, 만약 할절하지 않았더라도 이 옷을 수지하겠습니다. 두 번째에도 울다라승인 7조를 받았으므로, 만약 할절하였거나, 만약 할절하지 않았더라도 이 옷을 수지하겠습니다. 세 번째에도 울다라승인 7조를 받았으므로, 만약 할절하였거나, 만약 할절하지 않았더라도 이 옷을 수지하겠습니다.'

다음으로 물어라.

'이 옷은 그대의 것인가?'

대답하여 말하라.

'이것은 저의 옷입니다.'

(마땅히 가르쳐야 한다.)

---

17) 승가리에는 9조·11조·13조·15조·17조·19조·21조·23조·25조가 있다.

18) '천을 규정에 따라 잘라서 만들었거나'의 뜻이다.

19) 원문에 없으나, 이해를 돕기 위하여 삽입하여 번역하였다.

'나 누구는 이러한 옷인 안타회(安陀會)인 5조(條)를 받았으므로, 만약 할절하였거나, 만약 할절하지 않았더라도 이 옷을 수지하겠습니다. 두 번째에도 안타회인 5조를 받았으므로, 만약 할절하였거나, 만약 할절하지 않았더라도 이 옷을 수지하겠습니다. 세 번째에도 안타회인 5조를 받았으므로, 만약 할절하였거나, 만약 할절하지 않았더라도 이 옷을 수지하겠습니다.'

다음으로 물어라.

'이 발다라(鉢多羅)[20]는 그대의 것인가?'

대답하여 말하라.

'이것은 저의 발다라입니다.'

(마땅히 가르쳐라.)

'저 누구는 이러한 응량기(應量器)인 발다라를 수지하는 것은 오래 사용하려는 까닭입니다. 두 번째에도 저 누구는 이러한 응량기인 발다라를 수지하는 것은 오래 사용하려는 까닭입니다. 세 번째에도 저 누구는 이러한 응량기인 발다라를 수지하는 것은 오래 사용하려는 까닭입니다.'

옷과 발우를 수지하였다면 마땅히 화상을 구하면서 마땅히 말하라.

'저 누구는 장로이신 화상을 구합니다. 장로시여. 저의 화상이 되어 주십시오. 장로이신 화상을 의지하는 까닭으로 저 누구는 구족계를 받을 수 있습니다. 두 번째에도 저 누구는 장로이신 화상을 구합니다. 장로시여. 저의 화상이 되어 주십시오. 장로이신 화상을 의지하는 까닭으로 저 누구는 구족계를 받을 수 있습니다. 세 번째에도 저 누구는 장로이신 화상을 구합니다. 장로시여. 저의 화상이 되어 주십시오. 장로이신 화상을 의지하는 까닭으로 저 누구는 구족계를 받을 수 있습니다.'

스승은 마땅히 묻도록 하라.

'그대 누구는 능히 누구를 화상으로 짓겠는가?'

만약 '능히 짓겠습니다.'라고 말한다면, 곧 때에 결계한 장소 안에

20) 산스크리트어 pātra의 음사이고 응기(應器)·응량기(應量器)라고 번역된다. 수행승들의 발우(鉢盂)를 가리킨다.

들리지는 않으나 보이는 곳에 서 있게 하고 계사는 마땅히 창언하라.

'대중 승가께서 화합하였으니 누가 능히 누구를 위하여 교수사를 짓겠습니까?'

만약 승가 가운데에서 '내가 능히 할 수 있습니다.'라고 말하여도 만약 5법이 있다면 교수사로 지어서 세워서는 아니되나니, 애욕으로 가르치고, 성내면서 가르치며, 두려움으로 가르치고, 어리석음으로 가르치며, 무엇을 가르치고 무엇을 가르치지 않는가를 알지 못하는 것이다. 5법을 성취하였다면 마땅히 교수사로 지어서 세워야 하나니, 애욕으로 가르치지 않고, 성내면서 가르치지 않으며, 두려움으로 가르치지 않고, 어리석음으로 가르치지 않으며, 무엇을 가르치고 무엇을 가르치지 않는가를 아는 것이다. 다음으로 마땅히 이와 같이 창언하라.

'대덕 승가께서는 허락하십시오. 이 누구는 화상 누구를 쫓아 구족계를 받는 것을 구하였고, 누구 비구가 교수사를 지을 수 있습니다. 만약 승가께서 때에 이르렀다면 승가께서는 허락하십시오. 승가시여. 누구를 마땅히 교수사로 짓겠습니다. 이와 같이 아룁니다.'

'대덕 승가께서는 허락하십시오. 이 누구는 화상 누구를 쫓아서 구족계를 받는 것을 구하였고, 이 누구는 능히 누구를 가르칠 수 있습니다. 승가께서 누구를 가르치는 교수사로 지으려는 까닭으로, 누구 여러 장로께서 누구를 누구의 교수사로 짓는 것을 허락하신다면 묵연하시고, 누구라도 허락하시지 않는다면 곧 말씀하십시오. 승가시여. 누구를 누구의 가르치는 교수사로 지어서 마쳤습니다. 승가께서 허락하신 것은 묵연하였던 까닭입니다. 이 일은 이와 같이 지니겠습니다.'

곧 때에 교수사는 제자가 있는 곳으로 가서 옷을 한쪽으로 드러내어 입고 호궤 합장하게 가르치고서 마땅히 이와 같이 묻도록 하라.

'그대 누구는 들어라. 지금은 지극히 진실할 때이고, 진실을 말할 때이니라. 뒤에 승가의 가운데에서도 역시 이와 같이 물을 것이니, 그대는 진실이면 진실이라 말하고 진실이 아니면 진실이 아니라고 말하라. 내가 지금 그대에게 묻겠노라. 그대는 장부(丈夫)인가? 나이가 20살이 되었는가?

노예는 아닌가? 사람에게 객작(客作)[21]을 되지 않았는가? 매득(買得)[22]을 얻지 않았는가? 파득(破得)[23]을 얻지 않았는가? 관인(官人)은 아닌가? 관청의 일을 범하지 않았는가? 왕실을 모함하여 음해하지는 않았는가? 다른 사람에게 빚지지 않았는가? 그대가 장부이더라도 이와 같은 병인 만약 나병·종기병·누병(漏病)·괴저병·폐병·간질병과 같은 병들이 있었는가? 부모는 있는가? 부모가 허락하였는가? 이전에 비구를 지었는가?'

만약 비구였다고 말하였다면 묻도록 하라.

'청정한 계율을 받아 지녔었는가? 계를 버리는 때에 일심으로 여법하게 계를 반납하였는가? 세 가지의 옷과 발우를 구족하였는가? 그대의 법명은 무엇이고 화상의 법명은 무엇인가?'

마땅히 대답하여 말하라.

'저의 법명은 누구이고 화상은 누구십니다.'

교수사는 묻는 것을 마치면 마땅히 돌아와서 승가에게 아뢴다.

'누구에게 물어 마쳤습니다.'

계사는 말하라.

'만약 청정하다면 데리고 오십시오.'

데리고 왔다면 승가에게 예배하게 가르치고, 승가에게 예배하였다면 승가를 좇아서 구족계를 애원하게 하라.

'저 누구는 화상 누구를 좇아서 구족계를 받고자 합니다. 저는 지금 승가의 가운데에서 구족계를 애원하오며, 누구는 저의 화상이십니다. 승가께서는 저를 제도(濟度)하시고, 승가께서는 애민한 까닭으로 저에게 구족계를 주십시오.'

두 번째에도 애원하게 하라.

'저 누구는 화상 누구를 좇아서 구족계를 받고자 합니다. 저는 지금 승가의 가운데에서 구족계를 애원하오며, 누구는 저의 화상이십니다.

21) 피고용인 머슴을 가리킨다.
22) 빚에 팔려가는 것을 말한다.
23) 전쟁에 패하여 노예가 된 것을 말한다.

승가께서는 저를 제도하시고, 승가께서는 애민한 까닭으로 저에게 구족계를 주십시오.'

세 번째에도 애원하게 하라.

'저 누구는 화상 누구를 쫓아서 구족계를 받고자 합니다. 저는 지금 승가의 가운데에서 구족계를 애원하오며, 누구는 저의 화상이십니다. 승가께서는 저를 제도하시고, 승가께서는 애민한 까닭으로 저에게 구족계를 주십시오.'

곧 때에 계사는 마땅히 승가의 가운데에서 창언하라.

'대덕 승가께서는 허락하십시오. 이 누구는 화상 누구를 쫓아 구족계를 받고자 합니다. 이 누구는 승가의 가운데에서 구족계를 받고자 애원하고 있으며, 화상은 누구입니다. 만약 승가께서 때에 이르렀다면 승가께서는 허락하십시오. 제가 지금 승가의 가운데에서 누구에게 차도법(遮道法)을 묻겠습니다. 이와 같이 아룁니다.'

'그대 누구는 들어라. 지금은 지극히 진실할 때이고, 진실을 말할 때이니라. 뒤에 승가의 가운데에서도 역시 이와 같이 물을 것이니, 그대는 진실이면 진실이라 말하고 진실이 아니면 진실이 아니라고 말하라. 내가 지금 그대에게 묻겠노라. 그대는 장부인가? 나이가 20살이 되었는가? 노예는 아닌가? 사람에게 객작(客作)은 되지 않았는가? 매득을 얻지 않았는가? 파득을 얻지 않았는가? 관인은 아닌가? 관청의 일을 범하지 않았는가? 왕실을 모함하여 음해하지는 않았는가? 다른 사람에게 빚지지 않았는가? 그대가 장부라도 이와 같은 병인 만약 나병·종기병·누병·괴저병·폐병·간질병과 같은 병들이 있었는가? 부모는 있는가? 부모가 허락하였는가? 이전에 비구를 지었는가?'

만약 비구였다고 말하였다면 묻도록 하라.

'청정한 계율을 받아 지녔었는가? 계를 버리는 때에 일심으로 여법하게 계를 반납하였는가? 세 가지의 옷과 발우를 구족하였는가? 그대의 법명은 무엇이고 화상의 법명은 무엇인가?'

마땅히 말하도록 하라.

'저의 법명은 누구이고 화상은 누구십니다.'

승가에게 모든 것에 묻지 않은 것이 있는가를 아뢰고, 만약 묻지 않은 것이 있다면 다시 묻고, 만약 이미 물었다면 묵연하라.

계사는 마땅히 창언하라.

'대덕 승가께서는 허락하십시오. 이 누구는 화상 누구를 좇아 구족계를 받고자 합니다. 이 누구는 승가의 가운데에서 구족계를 받고자 애원하고 있으며, 화상은 누구입니다. 이 누구는 청정하여 차도법이 없다고 스스로가 말하였고, 세 가지의 옷과 발우를 구족하였으며, 누구의 화상은 누구라고 스스로가 말하였습니다. 만약 승가께서 때에 이르렀다면 승가께서는 허락하십시오. 승가시여. 마땅히 누구에게 구족계를 주십시오. 이와 같이 아룁니다.'

'대덕 승가께서는 허락하십시오. 이 누구는 화상 누구를 좇아 구족계를 받고자 합니다. 이 누구는 승가의 가운데에서 구족계를 받고자 애원하고 있으며, 화상은 누구입니다. 이 누구는 청정하여 차도법이 없다고 스스로가 말하였고, 세 가지의 옷과 발우를 구족하였으며, 누구의 화상은 누구라고 스스로가 말하였습니다. 승가시여. 지금 누구에게 구족계를 주겠으며 화상은 누구입니다. 여러 장로께서 승가가 누구에게 구족계를 주겠으며 화상은 누구인 것을 허락하신다면 묵연하시고, 만약 허락하시지 않는다면 곧 말씀하십시오.'

이것은 첫 번째의 갈마를 설하여 마친 것이다. 두 번째에도 이러한 일을 다시 말하라.

'대덕 승가께서는 허락하십시오. 이 누구는 화상 누구를 좇아 구족계를 받고자 합니다. 이 누구는 승가의 가운데에서 구족계를 받고자 애원하고 있으며, 화상은 누구입니다. 이 누구는 청정하여 차도법이 없다고 스스로가 말하였고, 세 가지의 옷과 발우를 구족하였으며, 누구의 화상은 누구라고 스스로가 말하였습니다. 승가시여. 지금 누구에게 구족계를 주겠으며 화상은 누구입니다. 여러 장로께서 승가가 누구에게 구족계를 주겠으며 화상은 누구인 것을 허락하신다면 묵연하시고, 만약 허락하시지 않는다면

곧 말씀하십시오.'

이것은 두 번째의 갈마를 설하여 마친 것이다. 세 번째에도 이러한 일을 다시 말하라.

'대덕 승가께서는 허락하십시오. 이 누구는 화상 누구를 쫓아 구족계를 받고자 합니다. 이 누구는 승가의 가운데에서 구족계를 받고자 애원하고 있으며, 화상은 누구입니다. 이 누구는 청정하여 차도법이 없다고 스스로가 말하였고, 세 가지의 옷과 발우를 구족하였으며, 누구의 화상은 누구라고 스스로가 말하였습니다. 승가시여. 지금 누구에게 구족계를 주겠으며 화상은 누구입니다. 여러 장로께서 승가가 누구에게 구족계를 주겠으며 화상은 누구인 것을 허락하신다면 묵연하시고, 만약 허락하시지 않는다면 곧 말씀하십시오.'

이것은 세 번째의 갈마를 설하여 마친 것이다.

'승가시여. 누구에게 구족계를 주는 것을 지어서 마쳤으며, 누구의 화상은 누구입니다. 승가께서 허락하신 것은 묵연하였던 까닭입니다. 이 일은 이와 같이 지니겠습니다.'

[또한 이와 같이 가르쳐라.][24)]

'만약 그대에게 법랍이 몇 년인가를 묻는다면, 마땅히 말하라. <아직 법랍이 없습니다.> 어느 때인가? 만약 겨울이거나, 만약 봄이거나, 만약 여름이거나, 윤달이 있었거나, 윤달이 없었는가의 이러한 시절을 그대는 목숨을 마치도록 반드시 억념해야 한다.'

곧 때에 4의(依)를 설하도록 하라.

'그대 누구는 들어라. 이것은 불·바가바의 지견이니라. 석가모니다타아가도아라하삼먁삼불타께서 구족계를 받는 사람을 위하여 4의를 말씀하셨느니라. 이러한 법에 의지하여 비구는 출가하고 구족계를 받아야 비구의 법을 성취하느니라. 무엇이 4의인가? 분소의(糞掃衣)에 의지하여 비구가 출가하고 구족계를 받으면 비구의 법을 성취한다. 만약 다시 흰 삼베옷(白

24) 원문에 없으나, 이해를 돕기 위하여 삽입하여 번역하였다.

麻衣)·붉은 삼베옷(赤麻衣)·거친 베옷(褐衣)·교시야의(憍施耶衣)[25]·시이라의(翅夷羅衣)[26]·흠발라의(欽跋羅衣)[27]·겁패의(劫貝衣)[28]와 이와 같은 다른 청정한 옷을 얻는데, 이러한 일체를 넘치고 많게 얻을지라도 이 가운데에서 분소의를 의지하라. 능히 목숨이 마치도록 수용하겠는가?'

만약 할 수 있다면 마땅히 말하라.

'능히 할 수 있습니다.'

'걸식(乞食)에 의지하고 비구는 출가하고 구족계를 받아야 비구의 법을 성취하느니라. 만약 다시 위작식(爲作食)[29]을 얻었거나, 월의 생식(生食)인 매월 8일·23일·14일·29일·15일·30일, 매월 초하루와 16일의 중승식(衆僧食), 별방식(別房食), 만약 승가이거나, 만약 자신에게 주어지는 청식(請食) 등의 이와 같은 다른 청정한 음식을 얻고, 이러한 일체가 넘치고 많게 얻을지라도 이 가운데에서 걸식을 의지하라. 능히 목숨이 마치도록 수용하겠는가?'

만약 할 수 있으면 마땅히 말하라.

'능히 할 수 있습니다.'

'나무 아래에 머무는 것을 의지하여 비구는 출가하고 구족계를 받아야 비구의 법을 성취하느니라. 만약 다시 온실(溫室)·강당(講堂)·전루(殿樓)[30]·일중사(一重舍)·각옥(閣屋)·평부옥(平覆屋)·땅굴·산굴(山窟)·연두륵가(涎頭勒迦)의 와구·만두륵가(漫頭勒迦)의 와구·선두륵가(禪頭勒迦)의 와구에서 아래로는 풀을 깔고 나뭇잎을 깔았던 것까지 이와 같은 다른 청정한 방사와 와구를 얻고, 이러한 일체가 넘치고 많게 얻을지라도 이 가운데에서 나무 아래에 머무는 것을 의지하라. 능히 목숨이 마치도록 수용하겠는가?'

25) 명주로 짠 옷이다.

26) 새의 깃털로 짠 옷이다.

27) 털과 생사(生絲)를 섞어 짠 옷, 양털로 짠 옷, 사람의 머리털로 짠 옷, 물소의 꼬리털로 짠 옷이라는 등의 설이 있는데, 대체로 모직물을 의미한다.

28) 겁패라는 나무의 꽃에서 생산되는 솜으로 짠 하얀색의 면직물을 의미한다.

29) 자기를 위해 일부러 만든 음식이다.

30) 넓은 형식의 누각을 가리킨다.

만약 할 수 있으면 마땅히 말하라.

'능히 할 수 있습니다.'

'진기약(陳棄藥)을 의지하여 비구는 출가하고 구족계를 받아야 비구의 법을 성취하느니라. 만약 다시 네 종류의 함소약(含消藥)을 얻었는데, 소(酥)·기름·꿀·석밀(石蜜)과, 네 가지의 정지(淨脂)인 웅지(熊脂)·여지(驢脂)·저지(猪脂)·전지(鱣脂)와, 다섯 종류의 근약(根藥)인 사리강(舍利薑)·적부자(赤附子)·파제비사(波提鞞沙)·창포근(菖蒲根)과, 하리륵(訶梨勒)·비혜륵(鞞醯勒)·아마륵(阿摩勒)·호초(胡椒)·필발라(蓽茇羅)와, 다섯 종류의 소금인 흑염(黑鹽)·백염(白鹽)·자염(紫鹽)·적염(赤鹽)·노토염(鹵土鹽)과, 다섯 종류의 탕약인 근탕(根湯)·경탕(莖湯)·엽탕(葉湯)·화탕(花湯)·과탕(果湯)과, 다섯 종류의 수교약(樹膠藥)인 흥거살사(興渠薩闍)·나살체(羅薩諦)·액체(掖諦)·액제체(掖提諦)·액바나(掖婆那) 등의 이와 같은 다른 청정한 약을 얻고, 이러한 일체가 넘치고 많게 얻을지라도 이 가운데에서 진기약에 머무는 것을 의지하라. 능히 목숨이 마치도록 수용하겠는가?'

만약 할 수 있으면 마땅히 말하라.

'능히 할 수 있습니다.'

'그대 누구는 들어라. 이것은 불·바가바의 지견이니라. 석가모니다타아가도아라하삼먁삼불타께서 구족계를 받는 사람을 위하여 4타법(墮法)[31]을 말씀하셨느니라. 만약 비구가 이 사타법에서, 만약 하나·하나의 법이라도 짓는다면 이 자는 비구도 아니고 사문도 아니며 석자도 아니고, 비구의 법을 잃느니라. 다라수(多羅樹)가 머리가 잘리는 것과 같아서 다시 생겨나지도 않고 푸르지도 않으며 자라지도 않고 넓게 퍼지지도 않는 것과 같으니라. 비구도 역시 이와 같아서 만약 하나·하나의 법을 짓는다면 이 자는 비구도 아니고 사문도 아니며 석자도 아니고, 비구의 법을 잃느니라.

세존께서는 여러 종류의 인연으로 욕망(欲)·욕망의 생각(欲想)·욕망의

31) 4바라이(波羅夷)를 가리킨다.

욕망의 욕망(欲欲)·욕망의 느낌(欲覺)·욕망의 열기(欲熱)를 꾸짖으셨고, 욕망을 끊고 욕망의 생각을 없애며 욕망의 열기를 없애는 것을 찬탄하셨느니라. 만약 비구가 여러 비구와 함께 계법(戒法) 가운데에 들어가서, 구족계를 버리지 않았고 구족계가 약해졌으나 쫓겨나지 않았는데 음법(婬法)을 지었고 나아가 축생과도 지었다면, 이 자는 비구도 아니고 사문도 아니며 석자도 아니고, 비구의 법을 잃느니라. 그대는 이 가운데에서 목숨을 마치도록 마땅히 짓지 않겠는가?'

만약 할 수 있으면 마땅히 말하라.

'능히 할 수 있습니다.'

'세존께서는 여러 종류의 인연으로 주지 않는 것을 취하는 것을 꾸짖으셨고, 훔치지 않는 것을 찬탄하셨느니라. 나아가 실오라기 하나·바늘 하나·기름 한 방울까지이며, 5전(錢)이었거나, 만약 5전의 값이니라. 비구가 만약 주지 않는데 취하였고 이러한 일을 까닭으로 만약 왕이거나, 만약 왕의 권속들에게 사로잡혀서 만약 살해당하거나, 만약 가두어졌거나, 만약 쫓겨나면서 <그대는 못난이다. 그대는 어리석다. 그대는 도둑이다. 그대는 소매치기다.>라고 이와 같이 말하거나, 이와 같이 비구가 주지 않는 것을 취하였다면, 이 자는 비구도 아니고 사문도 아니고 석자도 아니니 비구의 법을 잃느니라. 그대는 이 가운데에서 목숨을 마치도록 마땅히 짓지 않겠는가?'

만약 할 수 있으면 마땅히 말하라.

'능히 할 수 있습니다.'

'세존께서는 여러 종류의 인연으로 다른 사람의 목숨을 빼앗는 것을 꾸짖으셨고 목숨을 빼앗지 않는 것을 찬탄하셨느니라. 나아가 개미까지도 마땅히 고의로 목숨을 빼앗으면 아니되는데, 하물며 사람이겠는가? 만약 비구가 스스로가 손으로 고의로 사람의 생명을 해치거나, 만약 다른 사람을 보내면서 칼을 주어 해치게 하거나, 만약 가르쳐서 죽이거나, 만약 죽음을 찬탄하면서 <돌(咄)! 장부여. 악하게 살아서 무엇하겠는가?>, <죽는 것이 사는 것보다 수승하다. 마음을 따르고 생각을 따르라.>라고 이렇게 말하거나, 여러 종류의 인연으로 죽음을 가르쳤거나, 죽음을 찬양하였거나, 만약 구덩이에 파서 죽였거나, 만약 덧(弶)으로 죽였거나, 만약 기관을 발사하여 죽였거나, 만약 밟아서 죽였거나, 만약 비다라(比陀羅)[32]로 죽였거나, 반비다라(半比陀羅)[33]로 죽였거나, 만약 단명(斷命)[34]으로 죽였거나, 만약 낙태시키거나, 만약 배를 눌러서 낙태시켰거나, 만약 불속으로 떠밀었거나, 만약 물속으로 떠밀었거나, 만약 높은 곳에서 아래로 떠밀어서 죽였거나, 만약 도로로 보내고서 시켜서 죽였거나, 나아가 모태의 가운데에서 2근(根)인 신근(身根)과 명근(命根)이 생겨나서 처음 태중에 있는데 성내면서 죽이고자 하였으며, 이러한 인연을 쫓아서 죽였다면, 이 자는 비구도 아니고 사문도 아니며 석자도 아니고, 비구의 법을 잃느니라. 그대는 이 가운데에서 목숨을 마치도록 마땅히 짓지 않겠는가?'

만약 할 수 있으면 마땅히 말하라.

'능히 할 수 있습니다.'

'세존께서는 여러 종류의 인연으로 망어를 꾸짖으셨고 망어하지 않는 것을 찬탄하셨느니라. 나아가 장난으로도 망어를 하여서는 아니되는데, 하물며 고의로 망어를 하겠는가? 만약 비구가 과인법(過人法)이 전혀 없다는 것을 스스로 알면서도 <나는 아라한과를 증득하였다.>고 말하거나, <나는 향아라한이다.>라고 말하거나, <나는 아나함과를 증득하였다.>라고 말하거나, <나는 향아나함이다.>라고 말하거나, <나는 사다함과를 증득하였다.>라고 말하거나, <나는 향사다함이다.>라고 말하거나, <나는 수다원과를 증득하였다.>라고 말하거나, <나는 향수다원이다.>라고 말하거나, <나는 초선(初禪)·2선·3선·4선을 얻었다.>고 말하거나, <나는 자(慈)·비(悲)·희(喜)·사(捨)·공처정(空處定)·식처정(識處定)·무소

---

32) 음력 29일에 신체가 온전한 시체를 구해 귀신을 부르고 주문을 외워 시체를 조종하는 것을 말한다.

33) 음력 29일에 철(鐵) 등으로 사람의 형상을 만들고는 귀신을 부르고 주문을 외워 조종하는 것을 말한다.

34) 음력 29일에 쇠똥을 발라 땅을 고르고 술과 음식을 차려 놓고는 불·물·바늘 등을 이용해 주술을 부리며 생명이 끊어지라고 저주하는 것을 말한다.

유처정(無所有處定)·비유상비무상처정(非有想非無想處定)·멸진정(滅盡定)·부정관(不淨觀)·안나반나념(安那般那念)을 얻었다.>라고 말하거나, <여러 천신(天神)이 나의 처소에 왔고, 여러 용·열차(閱叉)·부다라귀(浮陀羅鬼)·비사사귀(比舍闍鬼)·구반다귀(拘盤茶鬼)·나찰귀 등의 이와 같은 귀신 무리들이 나에게 묻고 나도 역시 그들에게 물으며, 그들도 역시 나에게 대답하고 나도 역시 그들에게 대답한다.>고 말하였는데, 이러한 일들이 전혀 없으면서 망어를 하였다면 이 자는 비구도 아니고 사문도 아니며 석자도 아니고, 비구의 법을 잃느니라. 그대는 이 가운데에서 목숨을 마치도록 마땅히 짓지 않겠는가?'

만약 할 수 있으면 마땅히 말하라.

'능히 할 수 있습니다.'

'그대 누구는 들어라. 처음의 죄는 대중이 드러내지 않을 것이다. 두 번째의 죄를 대중이 비록 드러냈다면 그것을 숨길 때마다 때에 따라서 마땅히 파리바사를 행해야 한다. 파리바사를 마치면 6일 밤을 마나타(摩那埵)를 행해야만 한다. 20명의 비구 대중의 가운데에서 드러낼 것이므로, 이 일로써 대중의 가운데에서 부끄럽고 사람들이 업신여길 것이다. 이 가운데에서 그대는 고의로 정액을 출정(出精)하여서는 아니된다. 이러한 일을 능히 짓지 않겠는가?'

만약 할 수 있으면 마땅히 말하라.

'능히 할 수 있습니다.'

'고의로 여인의 몸과 접촉하여서는 아니된다. 이러한 일을 능히 짓지 않겠는가?'

만약 할 수 있으면 마땅히 말하라.

'능히 할 수 있습니다.'

'여인을 향하여 악구(惡口)의 말을 하여서는 아니된다. 이러한 일을 능히 짓지 않겠는가?'

만약 할 수 있으면 마땅히 말하라.

'능히 할 수 있습니다.'

'여인 앞에서 몸으로 공양하는 것을 스스로가 찬탄하여서는 아니된다. 이러한 일을 능히 짓지 않겠는가?'

만약 할 수 있으면 마땅히 말하라.

'능히 할 수 있습니다.'

'여인을 중매하여 시집보내서는 아니된다. 이러한 일을 능히 짓지 않겠는가?'

만약 할 수 있으면 마땅히 말하라.

'능히 할 수 있습니다.'

'스스로가 집을 지어서는 아니된다. 세존께서 허락하시면 짓고, 허락하지 않으시면 짓지 않아야 한다. 이러한 일을 능히 짓지 않겠는가?'

만약 할 수 있으면 마땅히 말하라.

'능히 할 수 있습니다.'

'큰 방사를 지어서는 안 된다. 세존께서 허락하시면 짓고, 허락하지 않으시면 짓지 않아야 한다. 이러한 일을 능히 짓지 않겠는가?'

만약 할 수 있으면 마땅히 말하라.

'능히 할 수 있습니다.'

'근거 없는 죄로 다른 사람을 비방하여서는 아니된다. 이러한 일을 능히 짓지 않겠는가?'

만약 할 수 있으면 마땅히 말하라.

'능히 할 수 있습니다.'

'작은 죄가 인연이 허락되었다고 큰 죄로 비방하여서는 아니된다. 이러한 일을 능히 짓지 않겠는가?'

만약 할 수 있으면 마땅히 말하라.

'능히 할 수 있습니다.'

'화합한 승가를 파괴하여서는 아니된다. 이러한 일을 능히 짓지 않겠는가?'

만약 할 수 있으면 마땅히 말하라.

'능히 할 수 있습니다.'

'화합한 승가를 파괴하려는 사람을 도와서는 아니된다. 이러한 일을 능히 짓지 않겠는가?'

만약 할 수 있으면 마땅히 말하라.

'능히 할 수 있습니다.'

'마땅히 다른 집을 훼손하고 욕보여서는 아니된다. 이러한 일을 능히 짓지 않겠는가?'

만약 할 수 있으면 마땅히 말하라.

'능히 할 수 있습니다.'

'어렵게 가르친다고 마음으로 거슬려서는 아니된다. 이러한 일을 능히 짓지 않겠는가?'

만약 할 수 있으면 마땅히 말하라.

'능히 할 수 있습니다.'

'마땅히 선하고 겸손하게 하심(下心)하며 즐겁게 그 가르치는 것에 순종해야 한다. 그대는 수계를 마쳤으니, 화상을 두루 구족하였고, 아사리를 두루 구족하였으며, 비구 승가를 두루 구족하였고, 좋은 국토와 좋은 수행 도량을 얻었느니라. 전륜왕의 소원과 같이 그대는 지금 이미 두루 구족하였으니, 마땅히 삼보인 불보(佛寶)·법보(法寶)·비구승보(比丘僧寶)를 더욱 공경해야 한다. 마땅히 삼학(三學)인 정계학(正戒學)·정심학(正心學)·정혜학(定慧學)을 배우고, 삼해탈문(三解脫門)인 공문(空門)·무상문(無相門)·무작문(無作門)을 구하며, 삼업(三業)인 좌선(坐禪)·송경(誦經)·권화중사(勸化衆事)를 마땅히 부지런히 짓도록 하라. 이와 같은 법을 행하여 감로문(甘露門)을 열고서 수다원과·사다함과·아나함과·아라한과·벽지불(辟支佛)·불도(佛道)를 얻을지니라. 비유하면 청련화·백련화·홍련화·적련화가 물속에서 날마다 자라나는 것과 같이, 그대도 역시 이와 같아서 비구법의 가운데에서 날마다 자라나리라. 다른 계율은 화상과 아사리께서 함께 그대에게 자세히 가르칠 것이다. 그대는 이미 구족계를 받았느니라.'"

석가 사자(師子) 법의 가운데에서

일체의 묘한 선법이 모이는데
깊이 들어가도 끝이 없나니
공덕의 보배인 바다이라네.

전륜왕도 이러한 소원이었고
천왕(天王)과 선법왕(善法王)도
항상 사문이 되는 것을 구하면서
이루지 못하였으나 그대는 이미 얻었구나.

삼업(三業)을 부지런히 행하고
불법을 무량하게 씨를 뿌리며
그대가 항상 법을 억념한다면
여러 무애지(無碍知)에 이르리라.

연꽃이 물속에 있는 것과 같아서
날마다 점차 증장(增長)하듯이
그대도 역시 이와 같이 믿는다면
계율·지식·선정·지혜가 늘어나리라.

세존께서 제정하신 나머지 계율은
화상과 아사리께서 마땅히 가르치리니
승가께 예배하고 주위를 돌고서
각자 즐거움을 기쁘게 찾아갈지라.

[7법의 가운데에서 첫째인 '구족계 받는 법'을 마친다.]

십송율 제22권

후진 북인도 삼장 불야다라 한역

석보운 번역

4. 사송 ②

8) 칠법 ②

(2) 포살법(布薩法)

세존께서는 왕사성에 머무르셨다.

이때는 세존께서는 여러 비구들에게 포살(布薩)을 허락하지 않으셨고, 포살갈마를 허락하지 않으셨으며, 바라제목차를 설하는 것을 허락하지 않으셨고, 그 회좌(會坐)도 허락하지 않으셨다. 이때 외도인 범지(梵志)가 여러 비구들에게 물어 말하였다.

"그대들도 포살·포살갈마·바라제목차를 설하는 것·회좌가 있습니까?"

대답하여 말하였다.

"짓지 않습니다."

외도인 범지가 질투하고 비난하면서 꾸짖으면서 자주 말하였다.

"다른 사문과 바라문들도 포살·포살갈마·바라제목차를 설하는 것·회좌가 있는데, 여러 사문 석자는 스스로가 선하고 덕이 있다고 말하면서 포살·포살갈마·바라제목차를 설하는 것·회좌도 짓지 않는가?"

여러 비구들이 있어 욕망이 적고 만족함을 알며 두타를 행하였는데, 이러한 일을 듣고 마음이 즐겁지 않아서 이 일로써 세존께 갖추어 아뢰었다. 세존께서는 이 인연으로서 대중 승가를 모으셨고, 승가는 모였다. 세존께서는 말씀하셨다.

"지금부터 포살·포살갈마·바라제목차를 설하는 것·회좌를 허락하겠노라. 내가 계를 제정한 것과 같이 보름·보름에 마땅히 바라제목차를 설할지니라."

세존께서는 왕사성에 머무르셨다.

이때 장로 대겁빈나(大劫賓那)는 왕사성의 아련야굴(阿練若窟)의 가운데에 머물면서 보름날 포살의 때에 혼자서 처소에서 좌선하면서 이렇게 생각을 지었다.

'내가 마땅히 포살에 참석해야 하는가? 마땅히 포살갈마에 참석해야 하는가? 마땅히 바라제목차를 설하는 곳에 참석해야 하는가? 마땅히 회좌에 참석해야 하는가? 청정을 성취한다면 제일의 청정이다.'

세존께서는 대겁빈나의 생각을 아셨고, 곧 그 모습과 같이 삼매(三昧)에 들어가셨다. 삼매의 마음으로 홀연히 모습을 감추시어 대겁빈나의 아란야굴 앞에 머무셨으며 선정에서 일어나서 대겁빈나에게 말씀하셨다.

"그대는 이렇게 생각을 지었구려. '내가 마땅히 포살에 참석해야 하는가? 마땅히 포살갈마에 참석해야 하는가? 마땅히 바라제목차를 설하는 곳에 참석해야 하는가? 마땅히 회좌에 참석해야 하는가? 청정을 성취한다면 제일의 청정이다.' 그대 바라문인 대겁빈나여. 그대는 포살·포살갈마·바라제목차를 설하는 것·회좌로 떠나게. 왜 그러한가? 그대는 대상좌(大上座)이네. 그대가 만약 공경하지 않고 귀중히 여기지 않으며 포살을 공양하지 않는다면 누가 마땅히 공경하고 공양하며 포살을 존중하겠는가? 그대는 포살에 다녀오게."

이때 세존께서는 스스로가 대겁빈나의 팔을 잡으셨으며 포살하는 대중의 가운데에 데리고 들어오셨다. 세존께서는 승가의 가운데에 이르러 항상 앉는 자리에 앉으셨다. 세존께서는 여러 비구들에게 말씀하셨다.

"지금부터 두 종류의 포살을 허락하겠노라. 14일과 25일이고, 첫째는 식전(食前)이고 둘째는 식후(食後)이며, 첫째는 낮이고 둘째는 밤이니라. 만약 아란야의 처소이거나, 만약 취락의 주변이라면, 지금부터 나는 하나로 포살하면서 함께 머무르고 화합하는 결계(結戒)로 허락하겠노라.

이와 같이 마땅히 갈마를 지을지니라. 화합하는 승가가 얼마인가를 따라서 하나로 포살하면서 함께 머무는 처소로 갈마하여 결계하는 것을 허락하겠나니, 만약 1구로사(拘盧舍)이거나, 만약 2구로사이거나, 나아가 10구로사이니라. 이 가운데에서 마땅히 한 비구가 사방 경계의 형태가 만약 담장이거나, 만약 숲이거나, 만약 나무이거나, 만약 산이거나, 만약 바위이거나, 만약 길이거나, 만약 강이거나, 만약 연못인가를 창언하라. 이때에는 한 비구가 승가의 마땅히 가운데에서 창언하라.

'대덕 승가께서는 허락하십시오. 누구 비구가 사방 경계의 형태를 창언하였으므로, 이러한 형태의 안쪽이 바로 그 경계 안쪽입니다. 만약 승가께서 때에 이르렀다면 승가께서는 허락하십시오. 승가시여. 이 가운데에서 하나로 포살하면서 함께 머무는 결계입니다. 이와 같이 아룁니다.'

'대덕 승가께서는 허락하십시오. 누구 비구가 사방 경계의 형태를 창언하였으므로, 이러한 형태의 안쪽이 바로 그 경계 안쪽입니다. 이 가운데에서 하나로 포살하면서 결계를 짓겠습니다. 여러 장로께서 이 가운데에서 하나로 포살하면서 함께 머무는 결계로 짓는 것을 허락하신다면, 묵연하시고, 누구라도 허락하시지 않는다면 곧 말씀하십시오. 승가시여. 이 가운데에서 하나로 포살하면서 함께 머무는 결계로 짓는 것을 지어서 마쳤습니다. 승가께서 허락하신 것은 묵연하였던 까닭입니다. 이 일은 이와 같이 지니겠습니다.'

세존께서는 왕사성에 머무르셨다.

이때 장로 대가섭(大迦葉)은 승가리를 기사굴산(耆闍崛山)에 남겨두고 상의와 하의를 입고서 작은 인연을 까닭으로 죽원에 나아갔는데, 하늘의 큰 비를 만났으므로 산으로 돌아가지 못하였고 승가리와 떨어져서 묵게 되었다. 가섭은 여러 비구들에게 말하였다.

"장로여. 나는 승가리를 기사굴산의 가운데에 남겨두고서 작은 인연을 까닭으로 죽원에 나아갔는데, 하늘의 큰 비를 만나서 산으로 돌아가지 못하고 승가리와 떨어져 묵게 되었습니다. 나는 마땅히 어떻게 하여야 합니까?"

여러 비구들은 이러한 일로써 세존께 갖추어 아뢰었다. 세존께서는 이 인연으로서 대중 승가를 모으셨고, 승가는 모였다. 세존께서는 대가섭에게 물으셨다.

"그대가 진실로 그러하였는가?"

대답하여 말하였다.

"진실로 그렇습니다. 세존이시여."

세존께서는 여러 종류의 인연으로 계율을 찬탄하고 지계를 찬탄하셨다. 계율을 찬탄하고 지계를 찬탄하시고서 여러 비구들에게 말씀하셨다.

"지금부터 이 가운데에서 하나로 포살하면서 함께 머무는 결계 안에서 불리의숙(不離衣宿) 갈마를 짓는 것을 허락하겠노라. 마땅히 이와 같이 짓도록 하라. 일심으로 승가를 모으고, 승가가 모였다면 승가의 가운데에서 한 비구가 마땅히 창언하라.

'대덕 승가께서는 허락하십시오. 승가는 하나로 포살하면서 함께 머물렀고, 머무는 것을 따라서 그것을 경계의 안쪽으로 허락하였습니다. 이 가운데에서 취락과 취락의 경계는 제외하고, 공터와 함께 주처를 경계의 안쪽으로 취하겠습니다. 만약 승가께서 때에 이르렀다면 승가께서는 허락하십시오. 승가시여. 이 가운데에서 승가께서 하나로 포살하면서 함께 머무는 곳을 결계의 안쪽으로 불리의숙 갈마를 짓겠습니다. 이와 같이 아룁니다.'

'대덕 승가께서는 허락하십시오. 승가는 하나로 포살하면서 함께 머물렀고, 어디까지를 따라서 경계의 안쪽으로 허락하였습니다. 이 가운데에서 취락과 취락의 경계는 제외하고, 공터와 함께 머무는 곳을 경계의 안쪽으로 취하겠습니다. 이 가운데에서 승가께서 하나로 포살하면서 함께 머무는 곳을 결계의 안쪽으로 불리의숙 갈마를 짓겠습니다. 누구 여러 장로께서 승가가 이 가운데에서 하나로 포살하면서 함께 머무는 곳을 결계의 안쪽으로 불리의숙 갈마로 짓는 것을 허락하신다면, 묵연하시고, 누구 여러 장로께서 허락하시지 않는다면 곧 말씀하십시오. 승가시여. 이 가운데에서 승가께서 하나로 포살하면서 함께 머무는 곳을 결계의 안쪽으로 불리의숙 갈마로 짓는 것을 지어서 마쳤습니다. 승가께서 허락하신 것은 묵연하였던 까닭입니다. 이 일은 이와 같이 지니겠습니다.'

세존께서는 사위국에 머무르셨다.

이때 장로 사리불(舍利弗)이 병이 있어 1개월을 유행하고자 하였으나, 승가리가 너무 무거워서 지니고 다닐 수가 없었으므로, 여러 비구들에게 말하였다.

"여러 장로여. 내가 병이 있으며 1개월을 유행하고자 하였으나, 승가리가 너무 무거워서 지니고 능히 다닐 수가 없습니다. 나는 마땅히 어떻게 하여야 합니까?"

여러 비구는 이러한 일로써 세존께 갖추어 아뢰었다. 세존께서는 이 인연으로서 대중 승가를 모으셨고, 승가는 모였다. 세존께서는 사리불에게 물으셨다.

"그대가 진실로 그러하였는가?"

대답하여 말하였다.

"진실로 그렇습니다. 세존이시여."

세존께서는 여러 종류의 인연으로 계율을 찬탄하고 지계를 찬탄하셨다. 계율을 찬탄하고 지계를 찬탄하시고서 여러 비구들에게 말씀하셨다.

"지금부터 늙거나 병든 비구가 1개월을 유행하고자 한다면 불리승가리숙갈마(不離僧伽梨宿羯磨)를 짓는 것을 허락하겠노라. 마땅히 이와 같이 짓도록 하라. 일심으로 승가가 모였다면 늙거나 병든 비구는 자리에서 일어나서 옷을 한쪽으로 드러내고 가죽신을 벗고서 승가의 가운데에 들어가서 승가의 발에 예배하고 호궤 합장하고서 이와 같이 말하라.

'여러 장로여. 나 누구는 만약 병이 있거나, 만약 늙어서 1개월을 유행하고자 하여도 승가리가 너무 무거워서 능히 지니고 유행할 수 없습니다. 나 누구는 만약 병이 있거나, 만약 늙었습니다. 나는 승가를 쫓아서 1개월의 불리승가리숙갈마를 주는 것을 애원합니다. 승가시여. 나 누구가 만약 병들었거나, 만약 늙었다면 애민한 까닭으로 마땅히 1개월의 불리승가리숙갈마를 주십시오.'

두 번째·세 번째에도 역시 이와 같이 애원하라.

이때 승가는 마땅히 진실을 숨기는 것을 가려서 주거나, 주지 않아야 한다. 만약 이 사람이 '나는 병들었다.'고 말하였어도 실제로는 병들지 않았고, '나는 늙었다.'고 말하였어도 실제로는 늙지 않았으며, '승가리가 너무 무겁다.'고 말하였어도 실제로는 무겁지 않다면 마땅히 이 사람에게 주어서는 아니된다. 만약 병들거나 늙어서 승가리가 너무 무겁다고 스스로가 말하였고, 실제로 병들거나 늙어서 승가리가 너무 무겁다면 주도록 하라. 이 가운데에서 한 비구가 마땅히 창언하라.

'이 누구는 만약 병이 있거나, 만약 늙어서 1개월을 유행하고자 하여도 승가리가 너무 무거워서 능히 지니고 유행할 수 없습니다. 이 누구는 만약 병이 있거나, 만약 늙어서 1개월을 유행하고자 불리승가리숙갈마를 승가께 애원합니다. 만약 승가께서 때에 이르렀다면 승가께서는 허락하십시오. 이 누구는 만약 병이 있거나, 만약 늙었으므로 1개월의 불리승가리숙갈마를 주겠습니다. 이와 같이 아룁니다.'

아뢰고 백이갈마를 짓는다.

승가시여. 이 누구는 만약 병이 있거나, 만약 늙었으므로 1개월의 불리승가리숙갈마를 주어서 마쳤습니다. 승가께서 허락하신 것은 묵연하였던 까닭입니다. 이 일은 이와 같이 지니겠습니다.'

울다라승과 안타회도 역시 이와 같고, 만약 1개월도 이와 같으며, 나아가 9개월도 역시 이와 같으니라."

세존께서는 사위국에 머무르셨다.

세존께서는 여러 비구들에게 말씀하셨다.

"만약 승가가 결계를 줄이거나 넓히고자 한다면 먼저 본래의 결계를 버려야 하나니, 뒤의 결계가 만약 크거나, 만약 작더라도 마땅히 이와 같이 버려야 하느니라. 일심으로 승가가 모였다면 승가의 가운데에서 한 비구가 창언하라.

'대덕 승가께서는 허락하십시오. 이 가운데에서 승가는 하나로 포살하면서 함께 머무르고 화합하며 결계하였습니다. 만약 승가께서 때에 이르렀다면 승가께서는 허락하십시오. 승가께서 하나로 포살하면서 함께 머무르고 화합하는 결계를 풀고서 결계를 버리겠습니다. 이와 같이 아룁니다.'

'대덕 승가께서는 허락하십시오. 이 가운데에서 승가는 하나로 포살하면서 함께 머무르고 이 가운데에서 승가는 결계하였습니다. 지금 승가께서 하나로 포살하면서 함께 머무르는 처소에서 결계를 풀고서 결계를 버리겠습니다. 누구 여러 장로께서 이 가운데에서 승가께서 하나로 포살하면서 함께 머무르는 처소에서 결계를 풀고서 결계를 버리는 것을 허락하신다면 묵연하시고, 누구라도 허락하시지 않는다면 곧 말씀하십시오. 승가시여. 하나로 포살하면서 함께 머무르는 처소에서 결계를 풀고 결계를 버리는 것을 지어서 마쳤습니다. 승가께서 허락하신 것은 묵연하였던 까닭입니다. 이 일은 이와 같이 지니겠습니다.'"

여러 비구들이 승방이 없는 취락의 가운데에서 처음으로 승방을 짓고 결계하지 못하였다. 그때 결계가 마땅히 어느 정도인가를 세존께서는 말씀하셨다.

"취락의 경계를 따라서 이 승방의 경계이니라."

여러 비구들이 취락이 없는 공터에 처음으로 승방을 짓고 결계하지 못하였다. 이때 결계가 마땅히 어느 정도인가를 세존께서는 말씀하셨다.

"사방의 1구로사이다. 이 가운데의 여러 비구는 마땅히 별도의 포살과 승의 갈마를 지어서는 아니된다. 만약 별도의 포살과 승가의 갈마를 짓는다면 여러 비구는 죄를 범하느니라."

세존께서는 여러 비구들에게 말씀하셨다.

"바라제목차를 설하는 것에 네 종류가 있나니, 무엇이 네 종류인가? 첫째는 비법의 별중이 바라제목차를 설하는 것이고, 둘째는 비법의 화합중이 바라제목차를 설하는 것이며, 셋째는 여법한 별중이 바라제목차를 설하는 것이고, 넷째는 여법한 화합중이 바라제목차를 설하는 것이다. 비법인 별중이 설하는 바라제목차는 설한 것이 성립하지 못하고, 비법인 화합중이 설하는 바라제목차도 설한 것이 성립하지 못하며, 여법한 별중이 설하는 바라제목차도 설한 것이 성립하지 못하고, 여법한 화합중이 설하는 바라제목차를 설한 것이 바라제목차가 성립하느니라.

다시 다섯 종류의 바라제목차를 설하는 것이 있나니, 무엇이 다섯 가지인가? 승가가 일심으로 포살하며 바라제목차의 서문을 설하면 다른 나머지의 승가는 이미 설해진 바라제목차를 먼저 듣고서, 승가가 화합하여 포살을 마치는 것이다. 승가가 일심으로 포살하며 바라제목차의 서문과 4바라이를 설하면 다른 나머지의 승가는 이미 설해진 바라제목차를 먼저 듣고서, 승가가 화합하여 포살을 마치는 것이다. 승가가 일심으로 포살하며 바라제목차의 서문과 4바라이와 13승가바시사를 설하면 다른 나머지의 승가는 이미 설해진 바라제목차를 먼저 듣고서, 승가가 화합하여 포살을 마치는 것이다. 승가가 일심으로 포살하며 바라제목차의 서문과 4바라이와 13승가바시사와 2부정법과 30사타법을 설하면 다른 나머지의 승가는 이미 설해진 바라제목차를 먼저 듣고서, 승가가 화합하여 포살을 마치는 것이다. 다섯 번째는 자세히 설명하는 것이다.

한 주처에서는 포살하는 때에 여러 비구들이 어리고 무지하며 선하지 못한 것이 누양(羺羊)[1]과도 같다. 무엇을 어리고 무지하며 선하지 못한 것이 누양과 같다고 말하는가? 이 여러 비구들은 포살도 알지 못하고, 포살갈마도 알지 못하며, 바라제목차를 설하는 것도 알지 못하고, 회좌도

---

1) 우둔한 양 떼를 가리키는 말이다.

알지 못하는 것이다. 이러한 여러 비구들의 이러한 주처의 가운데에서 포살하는 때에 마땅히 머물러서는 아니된다. 만약 여러 비구들이 이러한 주처에서 포살하는 때 머문다면, 일체의 비구는 포살을 얻지 못하고 죄를 얻느니라.

이와 같이 젊은 비구가 화상과 아사리에게 말하고 유행하고자 한다면, 화상과 아사리는 마땅히 묻도록 하라.

"그대는 누구와 반려가 되어 떠나는가? 누구 비구 등과 함께 유행하는가?"

여러 비구들은 반려자의 법명을 말하고, 만약 이 반려인 비구가 포살도 알지 못하고 포살갈마도 알지 못하며 바라제목차를 설하는 것도 알지 못하고 회좌도 알지 못한다면 여러 화상과 아사리는 마땅히 보류해야 한다. 만약 화상과 아사리가 보류하지 않는다면 돌길라를 범하고, 보류하였으나, 고의로 떠난다면 돌길라를 범하느니라.

"만약 화상과 아사리가 보류하였으나, 이 그 비구가 고의로 떠나간다면 어느 때부터 죄를 얻습니까?"

세존께서는 말씀하셨다.

"그 경계 바깥으로 나가서 하늘이 밝은 때라면 돌길라를 범하느니라."

여러 비구들이 한 주처에서 안거하는 때에는 먼저 누구의 여러 비구들이 바라제목차를 암송하는가를 생각하여야 한다. 이 여러 비구들이 처음으로 포살하는 때에 바라제목차를 능히 암송하는 비구가 한 사람도 없다면, 비구들은 마땅히 구주 비구(舊住比丘)를 가까운 주처로 보내어 바라제목차를 설하는 것을 배우게 해야 한다. 만약 간략하거나, 만약 자세하게 받아서 올 수 있다면 좋으나, 만약 얻지 못한다면 이 여러 비구들은 마땅히 이 가운데에서 하안거를 하여서는 아니된다. 만약 이 비구들이 이 처소에서 하안거를 하였다면 일체의 비구는 하나·하나의 포살의 때에 포살할 수 없고, 죄를 얻느니라. 이때 여러 비구들에게 만약 객비구가 왔는데, 청정하게 함께 머물고자 하였고 같은 견해를 지녔으며, 포살을 알고, 포살갈마를 알며, 바라제목차를 설하는 것을 알고, 회좌를 알았다면, 구주 비구들은 마땅히 맞이하여 부드러운 말로 문신하고 옷과 발우를 대신하여 받아들고 방사와 와구를 보여주어야 한다.

'장로여. 이것이 그대의 방사이고 와구이며 고운 노끈 평상이고 거친 노끈 평상이며 요이니, 상좌부터 차례로 편안히 머무십시오.'

이 가운데에서 구주비구는 마땅히 목욕도구를 준비하고 비누·더운물·몸에 바르는 소유(酥油) 등을 여법하게 공급해야 한다. 마땅히 다음 날에 전식과 후식의 공양을 공급하면서 좇아야 한다. 만약 공양을 공급하지 않는다면 구주비구 일체가 죄를 얻는다. 왜 그러한가? 세존께서 없는 때에는 이러한 사람이 세존의 처소를 보좌하는 것이고, 이 객비구가 2부(部)의 바라제목차를 능히 폭넓게 분별하는 것이다. 이러한 까닭으로써 마땅히 공양을 공급해야 하느니라.

한 주처에 네 비구가 있다면, 포살하는 때에 이러한 비구는 마땅히 한 처소에서 화합하고 널리 포살을 지으며 바라제목차를 설해야 한다. 한 주처에 세 비구가 있다면, 포살하는 때에 마땅히 바라제목차를 설하여서는 아니된다. 이러한 비구는 마땅히 한 처소로 모여서 삼어포살(三語布薩)을 이와 같이 짓도록 하라. 만약 상좌 비구가 포살을 짓고자 한다면 자리에서 일어나서 오른쪽 어깨를 드러내고 가죽신을 벗고 호궤 합장하고서 마땅히 이와 같이 말하도록 하라.

'장로께서는 억념하십시오. 오늘은 승가가 포살하는 날이니, 만약 14일이거나, 만약 15일입니다. 장로시여. 나의 청정함을 알고, 차도법이 없어 청정했다고 기억하고 지니셨다면 포살계(布薩戒)를 지으십시오. 대중이 원만한 까닭입니다.'

두 번째에도 말하라.

'장로께서는 억념하십시오. 오늘은 승가가 포살하는 날이니, 만약 14일이거나, 만약 15일입니다. 장로시여. 나의 청정함을 알고, 차도법이 없어 청정했다고 기억하고 지니셨다면 포살계를 지으십시오. 대중이 원만한 까닭입니다.'

세 번째에도 말하라.

'장로께서는 억념하십시오. 오늘은 승가가 포살하는 날이니, 만약 14일이거나, 만약 15일입니다. 장로시여. 나의 청정함을 알고, 차도법이 없어 청정했다고 기억하고 지니셨다면 포살계를 지으십시오. 대중이 원만한 까닭입니다.'

만약 하좌 비구가 포살을 짓고자 한다면 자리에서 일어나서 오른쪽 어깨를 드러내고 가죽신을 벗고 호궤하고 두 손으로 상좌의 발을 잡고서 마땅히 이와 같이 말하라.

'장로께서는 억념하십시오. 오늘은 승가가 포살하는 날이니, 만약 14일이거나, 만약 15일입니다. 장로시여. 나의 청정함을 알고, 차도법이 없어 청정했다고 기억하고 지니셨다면 포살계를 지으십시오. 대중이 원만한 까닭입니다.'

두 번째에도 말하라.

'장로께서는 억념하십시오. 오늘은 승가가 포살하는 날이니, 만약 14일이거나, 만약 15일입니다. 장로시여. 나의 청정함을 알고, 차도법이 없어 청정했다고 기억하고 지니셨다면 포살계를 지으십시오. 대중이 원만한 까닭입니다.'

세 번째에도 말하라.

'장로께서는 억념하십시오. 오늘은 승가가 포살하는 날이니, 만약 14일이거나, 만약 15일입니다. 장로시여. 나의 청정함을 알고, 차도법이 없어 청정했다고 기억하고 지니셨다면 포살계를 지으십시오. 대중이 원만한 까닭입니다.'

한 주처에 두 비구가 있다면, 포살하는 때에 마땅히 바라제목차를 설하여서는 아니된다. 이러한 비구는 마땅히 한 처소로 모여 삼어포살을 이와 같이 지어야 하며, 앞의 세 비구의 주처와 같다. 한 주처에 한 비구가 있다면, 포살하는 때에 이 비구는 마땅히 탑을 쓸고 포살하는 곳을 쓸며 땅을 쓸고서 차례로 평상을 펼쳐놓아야 한다. 마땅히 등롱(燈籠)·등주(燈炷)·등저(燈筯)를 준비하고 산가지(籌)를 준비하며, 이와 같이 사유하라.

'만약 여러 비구들이 왔는데 포살을 짓지 않았다면 그 비구들과 함께

포살하고 바라제목차를 설해야겠다.'

만약 오지 않는다면, 이 가운데에 높은 곳이 있으면서 서 있으며 둘러보면서 만약 비구가 있는 것을 보았다면 부르면서 말하라.

'어서 오십시오, 여러 장로시여. 오늘은 포살의 날입니다.'

만약 보이지 않는다면 마땅히 저녁때까지 기다렸다가 본래 자리로 돌아와서 앉고서 이와 같이 마음으로 생각하고 입으로 말하라.

'오늘은 승가가 포살하는 날이니, 만약 14일이거나, 만약 15일입니다. 나도 오늘 역시 포살하겠습니다.'

이와 같이 한 비구는 포살을 지어서 마친다."

세존께서는 사위국에 머무르셨다.

세존께서는 여러 비구들에게 말씀하셨다.

"이 밤도 많이 지났으니, 마땅히 바라제목차를 설할지니라."

이때 한 비구가 자리에서 일어나서 오른쪽 어깨를 드러내고 합장하고서 세존께 아뢰어 말하였다.

"여러 병든 비구가 있으며 오지 않았습니다."

세존께서는 말씀하셨다.

"마땅히 청정(淸淨)을 취하여 오면서 이와 같이 마땅히 취하도록 하라. 마땅히 그 비구에게 말하라. '청정을 주라고 왔습니다.' 대답하여 말하라. '청정을 주겠습니다.' 이것을 청정을 얻었다고 이름한다. 만약 '나를 위하여 승가의 가운데에서 청정을 말하여 주십시오.'라고 말하였다면, 이것을 청정을 얻었다고 이름한다. 몸을 움직여서 주었다면 이것을 청정을 얻었다고 이름한다. 만약 입으로 주었다고 말한다면 이것을 청정을 얻었다고 이름한다. 만약 몸으로 주지 않고 입으로 주지 않는다면 이것을 청정을 얻지 못하였다고 이름한다. 이때는 일체 비구가 마땅히 병든 비구에게 나아가거나, 만약 데리고 와야 한다. 그 비구를 제외하고 포살을 짓거나, 바라제목차를 설하지 말라. 만약 그 비구를 제외하고 포살을 짓거나, 바라제목차를 설한다면 일체의 비구가 죄를 얻느니라.

한 주처에 두 비구가 머물고 있다면, 포살하는 때에 마땅히 청정을 취할 수 없고 마땅히 청정을 줄 수 없느니라. 이 두 비구는 마땅히 한 처소에 모여 삼어포살을 지어야 하나니, 앞의 세 비구가 짓는 포살과 같으니라. 한 주처에 세 비구가 머물고 있다면, 포살하는 때에 마땅히 청정을 취할 수 없고 마땅히 청정을 줄 수 없느니라. 이 세 비구는 한 처소에 모여 삼어포살을 지어야 하나니, 앞의 세 비구가 짓는 포살과 같으니라. 한 주처에 네 비구가 머물고 있다면, 포살하는 때에 마땅히 청정을 취할 수 없고 마땅히 청정을 줄 수 없느니라. 이 여러 비구들은 한 처소에서 널리 포살을 짓고 바라제목차를 설하여야 하느니라.

만약 네 비구를 넘었다면 포살하는 때에 마땅히 화합하고 모여야 하며, 이 가운데에 병든 비구가 있다면 뜻을 따라서 청정을 취해야 한다. 마땅히 이와 같이 취해야 한다. 만약 한 사람이 한 사람의 청정을 취하였다면 이것을 청정을 취하였다고 이름한다. 한 사람이 두 사람·세 사람·네 사람의 청정을 취하였어도 이것을 청정을 취하였다고 이름한다. 몇 사람을 따랐더라도 다만 법명을 기억한다면 이것을 청정을 취하였다고 이름한다. 만약 청정을 취하는 사람이 고의로 취하지 않는다면 마땅히 다시 다른 사람에게 청정을 주어야 한다. 만약 그 청정을 취하는 사람이 '나는 백의입니다.', '나는 사미입니다.', '나는 비구가 아닙니다.', '나는 외도입니다.'라고 말하거나, 불견빈(不見擯)·부작빈(不作擯)·악사부제빈(惡邪不除擯)을 받았다고 말하거나, 함께 머물지 않는다고 말하거나, 자주 함께 머물지 않는다고 말하거나, 백의이면서 중죄를 범하였다고 말하거나, 불능남이라고 말하거나, 비구니를 욕보였다고 말하거나, 월제인(越濟人)이라고 말하거나, 부모를 죽였다고 말하거나, 아라한을 죽였다고 말하거나, 화합승을 파괴하였다고 말하거나, 만약 '나는 악한 마음으로 세존의 몸에 피를 내었다.'고 말한다면, 마땅히 다시 다른 사람에게 청정을 주도록 하라.

만약 다른 사람의 청정을 취하고서 결국 떠나지 않았다면, 이것을 청정이 이르지 못한 것이라고 이름한다. 만약 다른 사람의 청정을 취하고서 만약 그 청정을 취하는 사람이 '나는 백의입니다.', '나는 사미입니다.',

'나는 비구가 아닙니다.', '나는 외도입니다.'라고 말하거나, 불견빈·부작빈·악사부제빈을 받았다고 말하거나, 함께 머물지 않는다고 말하거나, 자주 함께 머물지 않는다고 말하거나, 백의이면서 중죄를 범하였다고 말하거나, 불능남이라고 말하거나, 비구니를 욕보였다고 말하거나, 월제인이라고 말하거나, 부모를 죽였다고 말하거나, 아라한을 죽였다고 말하거나, 화합승을 파괴하였다고 말하거나, 만약 '나는 악한 마음으로 세존의 몸에 피를 내었다.'고 말한다면, 이것을 청정에 이르지 못한 것이라고 이름한다.

만약 다른 사람의 청정을 취하고서 팔난(八難)의 가운데에서 하나·하나의 난리가 일어나서 결국 떠나가지 않았다면, 이것을 청정이 이르지 못한 것이라고 이름한다. 다시 다른 사람의 청정을 취하고서 결국 고의로 떠나가지 않았거나, 만약 방일하여 떠나가지 않았거나, 만약 게을러서 떠나가지 않았거나, 만약 잠들어 떠나가지 않았거나, 만약 선정(禪定)에 들어가서 떠나가지 않았다면, 이것을 청정이 이르지 못한 것이라고 이름한다. 이렇게 청정을 취하는 사람에게 세 가지의 인연이 있으면 죄를 얻는데, 만약 고의로 가지 않았거나, 만약 방일하여 가지 않았거나, 만약 게을러서 떠나가지 않는 것이다. 두 가지의 인연이라면 무죄인데, 만약 잠들어 떠나가지 않았거나, 선정에 들어가서 떠나가지 못한 것이다.

다시 다음으로 다른 사람의 청정을 취하고서 승가의 가운데에 이르렀다면, 말하지 않더라도 이것을 청정이 이른 것이라고 이름한다. 다른 사람의 청정을 취하고서 만약 '나는 백의입니다.', '나는 사미입니다.', '나는 비구가 아닙니다.', '나는 외도입니다.'라고 말하거나, 불견빈·부작빈·악사부제빈을 받았다고 말하거나, 함께 머물지 않는다고 말하거나, 자주 함께 머물지 않는다고 말하거나, 백의이면서 중죄를 범하였다고 말하거나, 불능남이라고 말하거나, 비구니를 욕보였다고 말하거나, 월제인이라고 말하거나, 부모를 죽였다고 말하거나, 아라한을 죽였다고 말하거나, 화합승을 파괴하였다고 말하거나나, 만약 '나는 악한 마음으로 세존의 몸에 피를 내었다.'고 말하였어도, 이것을 청정에 이른 것이라고 이름한다.

다시 다음으로 다른 사람의 청정을 취하고서 승가의 가운데에 이르렀는데, 팔난의 하나·하나의 난리가 일어나서 말하지 않았더라도, 이것을 청정이 이른 것이라고 이름한다. 다른 사람의 청정을 취하고서 승가의 가운데에 이르렀는데, 만약 고의로 말하지 않았거나, 만약 방일하여 말하지 않았거나, 만약 게을러서 말하지 않았거나, 만약 잠들어 말하지 않았거나, 만약 선정에 들어가서 말하지 않았더라도, 이것을 청정에 이른 것이라고 이름한다. 승가의 가운데에서 이렇게 청정을 취하는 사람 중에 세 가지의 인연이 있으면 죄를 얻는데, 만약 고의로 말하지 않았거나, 만약 방일하여 말하지 않았거나, 만약 게을러서 말하지 않는 것이다. 두 가지의 인연이라면 무죄인데, 만약 잠들어 말하지 않았거나, 선정에 들어가서 말하지 못한 것이다.

한 주처에서 포살하는 때에 비구가 만약 왕에게 잡혔거나, 만약 도둑에게 잡혔거나, 만약 원수나 원수의 무리에게 잡혔거나, 만약 원수의 무리의 동료들에게 잡혔다면, 승가는 마땅히 사자를 보내고 그들의 처소에 나아가서 말하도록 하라.

'오늘은 승가의 포살입니다. 그대는 만약 마땅히 오거나, 만약 청정을 주거나, 만약 경계를 벗어나십시오. 우리는 마땅히 별도로 포살할 수 없습니다.'

이 비구가 만약 왔거나, 만약 청정을 주었거나, 만약 경계를 벗어난다면 이것은 좋은 것이다. 모두 얻을 수 없다면 여러 비구는 별도로 포살할 수 없다. 만약 별도로 포살하였다면 일체의 비구가 죄를 얻느니라."

세존께서는 여러 비구들에게 말씀하셨다.

"승가는 마땅히 어느 승사(僧事)라도 일으키지 말라. 이때 마땅히 장로 시월(施越)에게 파리바사(波利婆沙)를 주도록 하라."

한 비구가 자리에서 일어나서 오른쪽 어깨를 드러내고 가죽신을 벗고 합장하고서 세존께 아뢰었다.

"대덕이시여. 여러 병든 비구가 있어서 오지 않았고 청정을 주었습니다."

세존께서는 말씀하셨다.

"이 비구들은 스스로가 몸이 청정한 까닭으로 청정을 준 것이니라. 지금 이러한 비구는 욕(欲)을 취하여 와야 하는데, 마땅히 이와 같이 취하도록 하라. 이러한 비구에게 말하라. '욕을 받고자 왔습니다.' 만약 '욕을 주겠습니다.'라고 말한다면, 이것을 욕을 얻은 것이라고 이름한다. 만약 '나를 위하여 승가를 향하여 욕을 말하여 주십시오.'라고 말한다면 이것을 욕을 얻은 것이라고 이름한다. 몸을 움직여서 주었다면 이것을 욕을 얻은 것이라고 이름한다. 입으로 '주겠다.'고 말한다면 이것을 욕을 얻은 것이라고 이름한다. 만약 몸을 움직여서 주지도 않고 입으로 주지도 않는다면 이것을 욕을 얻지 못한 것이라고 이름한다. 이때는 일체 비구가 마땅히 병든 비구에게 나아가거나, 만약 데리고 와야 한다. 그 비구를 제외하고 별도로 갈마를 지어서는 아니된다. 만약 그 비구를 제외하고 별도로 갈마를 짓는다면 일체의 비구가 죄를 얻느니라.

한 사람이 한 사람의 욕을 취하여도 이것을 욕을 얻은 것이라고 이름한다. 한 사람이 두 사람·세 사람·네 사람의 욕을 취하더라도 이것을 욕을 얻은 것이라고 이름한다. 몇 사람이라도 이름을 기억하였다면 이것을 욕을 얻은 것이라고 이름한다. 만약 욕을 취하는 사람이 욕을 취하려고 하지 않는다면, 마땅히 다시 다른 비구에게 그 욕을 주어야 한다. 만약 '나는 백의입니다.', '나는 사미입니다.', '나는 비구가 아닙니다.', '나는 외도입니다.'라고 말하거나, 불견빈·부작빈·악사부제빈을 받았다고 말하거나, 함께 머물지 않는다고 말하거나, 자주 함께 머물지 않는다고 말하거나, 백의이면서 중죄를 범하였다고 말하거나, 불능남이라고 말하거나, 비구니를 욕보였다고 말하거나, 월제인이라고 말하거나, 부모를 죽였다고 말하거나, 아라한을 죽였다고 말하거나, 화합승을 파괴했다고 말하거나, 만약 '나는 악한 마음으로 세존의 몸에 피를 내었다.'고 말한다면, 마땅히 다시 다른 비구에게 욕을 주도록 하라.

만약 다른 비구의 욕을 취하고서 결국 떠나가지 않았다면, 이것을 욕이 이르지 못한 것이라고 이름한다. 다른 사람의 욕을 취한 사람이 만약 '나는 백의입니다.', '나는 사미입니다.', '나는 비구가 아닙니다.',

'나는 외도입니다.'라고 말하거나, 불견빈·부작빈·악사부제빈을 받았다고 말하거나, 함께 머물지 않는다고 말하거나, 자주 함께 머물지 않는다고 말하거나, 백의이면서 중죄를 범하였다고 말하거나, 불능남이라고 말하거나, 비구니를 욕보였다고 말하거나, 월제인이라고 말하거나, 부모를 죽였다고 말하거나, 아라한을 죽였다고 말하거나, 화합승을 파괴했다고 말하거나, 만약 '나는 악한 마음으로 세존의 몸에 피를 내었다.'고 말한다면, 이것을 욕이 이르지 못한 것이라고 이름한다.

만약 다른 비구의 욕을 취하고서 팔난의 하나·하나가 일어나서 말하지 않았다면, 이것을 욕이 이르지 못한 것이라고 이름한다. 다른 사람의 청정을 취하고서 만약 고의로 떠나가지 않았거나, 만약 방일하여 떠나가지 않았거나, 만약 게을러서 떠나가지 않았거나, 만약 잠들어서 떠나가지 않았거나, 만약 선정에 들어가서 떠나가지 않았다면, 이것을 욕에 이르지 못한 것이라고 이름한다. 다른 사람의 욕을 취하는 사람이 세 가지의 인연이 있으면 죄를 얻는데, 만약 고의로 떠나가지 않았거나, 만약 방일하여 떠나가지 않았거나, 만약 게을러서 떠나가지 않는 것이다. 두 가지의 인연이라면 무죄인데, 만약 잠들어 떠나가지 않았거나, 선정에 들어가서 떠나가지 못한 것이다.

다시 다음으로 욕을 취하고서 결국 승가의 가운데에 이르렀는데, 말하지 않았더라도 이것을 욕이 이르렀다고 이름한다. 욕을 취하고서 결국 승가의 가운데에 이르렀는데, 만약 '나는 백의입니다.', '나는 사미입니다.', '나는 비구가 아닙니다.', '나는 외도입니다.'라고 말하거나, 불견빈·부작빈·악사부제빈을 받았다고 말하거나, 함께 머물지 않는다고 말하거나, 자주 함께 머물지 않는다고 말하거나, 백의이면서 중죄를 범하였다고 말하거나, 불능남이라고 말하거나, 비구니를 욕보였다고 말하거나, 월제인이라고 말하거나, 부모를 죽였다고 말하거나, 아라한을 죽였다고 말하거나, 화합승을 파괴했다고 말하거나, 만약 '나는 악한 마음으로 세존의 몸에 피를 내었다.'고 말하더라도, 이것을 욕이 이른 것이라고 이름한다.

다시 다음으로 욕을 취하고서 결국 승가의 가운데에 이르렀는데, 팔난의 하나·하나가 일어나서 말하지 않았더라도, 이것을 욕이 이른 것이라고 이름한다. 다시 다음으로 욕을 취하고서 결국 승가의 가운데에 이르렀는데, 만약 고의로 말하지 않았거나, 만약 방일하여 말하지 않았거나, 만약 게을러서 말하지 않았거나, 만약 잠들어서 말하지 않았거나, 만약 선정에 들어가 떠나가지 않았더라도, 이것을 욕에 이른 것이라고 이름한다. 이 가운데에서 욕을 받은 사람이 세 가지의 인연이 있으면 죄를 얻는데, 만약 고의로 말하지 않거나, 만약 방일하여 말하지 않았거나, 만약 게을러서 말하지 않는 것이다. 두 가지의 인연이라면 무죄인데, 만약 잠들어 말하지 않았거나, 선정에 들어가서 말하지 못한 것이다.

한 주처에서 갈마하는 때에 비구가 만약 왕에게 잡혔거나, 만약 도둑에게 잡혔거나, 만약 원수나 원수의 무리에게 잡혔거나, 만약 원수의 무리의 동료들에게 잡혔다면, 승가는 마땅히 사자를 보내고 그들의 처소에 나아가서 말하도록 하라.

'오늘은 승가의 갈마하는 날입니다. 그대는 만약 마땅히 오거나, 만약 청정을 주거나, 만약 경계를 벗어나십시오. 우리는 마땅히 별도로 갈마할 수 없습니다.'

이 비구가 만약 왔거나, 만약 청정을 주었거나, 만약 경계를 벗어난다면 이것은 좋은 것이다. 모두 얻을 수 없다면 여러 비구는 별도로 갈마할 수 없다. 만약 별도로 갈마를 지었다면 일체의 비구가 죄를 얻느니라."

세존께서는 왕사성에 머무르셨다.

이때 장로 시월이 미친 마음으로 전도(顚倒)되었다. 이 장로는 어느 때에는 포살에 왔고 어느 때에는 오지 않았으며, 어느 때에는 승가의 갈마에 왔고 어느 때에는 오지 않았다. 여러 비구들은 마음에 의혹이 있었으므로, 여러 비구들이 이 일로써 세존께 갖추어 아뢰었다. 세존께서는 이 인연으로서 대중 승가를 모으셨고, 승가는 모였다. 세존께서는 아시면서도 일부러 시월에게 물으셨다.

"그대가 진실로 그러하였는가?"

대답하여 말하였다.

"진실로 그렇습니다. 세존이시여."

세존께서는 여러 비구들에게 말씀하셨다.

"그대들은 모여서 시월에게 광갈마(狂羯磨)를 지어서 주도록 하라. 만약 다시 이와 같이 미친 비구가 있다면 승가는 역시 이러한 갈마를 주도록 하고, 이와 같이 짓도록 하라. 일심으로 승가가 모였다면 한 비구가 창언하라.

'대덕 승가께서는 허락하십시오. 이 시월은 미친 마음으로 전도되어 어느 때에는 포살에 왔고 어느 때에는 오지 않았으며, 어느 때에는 승가의 갈마에 왔고 어느 때에는 오지 않았으므로 여러 비구들은 마음에 의혹이 있었습니다. 만약 승가께서 때에 이르렀다면 승가께서는 허락하십시오. 승가시여. 시월에게 광갈마를 주십시오. 만약 시월이 있거나, 만약 시월이 없더라도 승가는 뜻을 따라서 포살과 여러 갈마를 짓겠습니다. 이와 같이 아뢰니다.'

아뢰고 백이갈마를 짓는다.

'승가시여. 시월에게 광갈마를 지어서 마쳤습니다. 승가께서 허락하신 것은 묵연하였던 까닭입니다. 이 일은 이와 같이 지니겠습니다.'"

만약 광갈마를 짓지 않았다면 마땅히 별도로 포살과 승가의 갈마를 지을 수 없다. 만약 이미 광갈마를 지었다면 만약 별도이거나, 만약 함께라도 승가의 뜻에 따라서 포살과 승가의 갈마를 짓도록 하라.

한 주처에 있어서 포살하는 때에 일체의 비구들이 죄가 있으나, 이 죄를 없애는 것을 알지 못하는 것이 있다. 한 객비구가 있어 청정하게 함께 머물고자 하며 같은 견해를 지녔다면, 구주 비구의 가운데에서 선하고 덕이 있는 자는 이 객비구에게 마땅히 묻도록 하라.

'장로여. 만약 비구가 이와 같고 이와 같은 일을 지었다면 마땅히 무슨 죄를 얻습니까?'

대답하여 말하였다.

'비구가 이와 같고 이와 같은 일을 지었다면 이와 같고 이와 같은 죄를 얻습니다.'

그는 말하라.

'장로여. 그대는 이와 같고 이와 같은 일을 지은 것을 스스로가 기억하시겠습니까?'

대답하여 말하라.

'나는 기억합니다. 저 한 사람이 이러한 죄를 얻는 것이 아니고 일체의 승가도 역시 이와 같은 죄를 얻었습니다.'

객비구는 말하라.

'장로여. 일체의 승가에게 말씀하십시오. 그대에게 무슨 이익이 있다고 그대들은 이러한 죄를 여법하게 참회하지 않습니까?'

만약 구주 비구가 객비구의 말을 받아들여서 이러한 죄를 여법하게 참회하면, 다른 여러 비구들도 이 비구가 참회하는 것을 보고서 역시 마땅히 여법하게 참회해야 한다. 만약 이와 같이 짓는다면 좋으나, 만약 짓지 않으면서 유익하다고 알았다면, 무익함을 거론할 것이나, 강제로 거론하지 말라.

한 주처에 있어서 포살하는 때에 비구가 죄가 있는 것을 기억한다면, 이 비구는 마땅히 다른 비구들 주변에서 이러한 죄를 여법하게 참회해야 한다. 이와 같이 짓고서 마땅히 포살하고 바라제목차를 설해야 하나니, 마땅히 포살하고 바라제목차를 설하는 것을 멈추어서는 아니된다. 한 주처에 있어서 포살하는 때에 비구가 한 가지의 죄라도 의심이 있다면 이 비구는 마땅히 다른 비구들에게 '장로여. 내가 한 가지 일이 의심스럽습니다. 뒤에 마땅히 이 일을 묻겠습니다.'라고 말하여야 한다. 이와 같이 짓고서 마땅히 포살하고 바라제목차를 설해야 하나니, 마땅히 포살하고 바라제목차를 설하는 것을 깨뜨려서는 아니된다.

한 주처에 있어서 마땅히 포살하며 바라제목차를 설하는 때에 비구가 죄를 억념하고서 벗어나고자 하였다면, 이 비구는 마땅히 스스로가 '나는 뒤에 이러한 죄를 여법하게 참회하겠다.'라고 일심으로 생각해야 한다. 이와 같이 짓고서 마땅히 포살하고 바라제목차를 설해야 하나니, 마땅히 포살하고 바라제목차를 설하는 것을 깨뜨려서는 아니된다. 한 주처에 있어서 만약 바라제목차를 설하는 때에 비구가 한 가지의 죄라도 의심이 있다면, 이 비구는 마땅히 스스로가 '뒤에 이러한 죄를 마땅히 묻겠다.'라고 일심으로 생각해야 한다. 이와 같이 짓고서 마땅히 포살하고 바라제목차를 설해야 하나니, 마땅히 포살하고 바라제목차를 설하는 것을 멈추어서는 아니된다.

한 주처에 있어서 포살하는 때에 일체의 비구 승가에게 죄가 있고, 이러한 죄를 알았으며, 객비구가 청정하게 함께 머물고자 하며 같은 견해를 지녔어도 능히 이러한 죄를 여법하게 참회시킬 수 없다면, 이 여러 비구들은 마땅히 한 비구를 가까운 주처로 보내어서 '빠르게 그곳에 이르러 이러한 죄를 여법하게 참회하고 결국 돌아온다면 우리들은 그대의 곁에서 이러한 죄를 여법하게 참회하겠다.'라고 말하여야 한다. 이 비구가 이러한 일을 준비할 수 있다면 좋으나, 만약 능히 준비하지 못한다면 승가는 마땅히 한 비구를 시켜서 창언하라.

'대덕 승가께서는 허락하십시오. 우리들의 이 주처의 일체 승가가 죄를 얻었고 죄를 알고 있습니다. 객비구가 청정하게 함께 머물고자 하며 같은 견해를 지녔어도 능히 이러한 죄를 여법하게 참회시킬 수 없었습니다. 역시 가까운 주처에 구주 비구를 보내어 빠르게 그곳에 이르러 이러한 죄를 여법하게 참회하고 결국 돌아온다면 우리들은 그대의 곁에서 이러한 죄를 여법하게 참회하고자 하였으나, 능히 준비할 수 없었습니다. 만약 승가께서 때에 이르렀다면 승가께서는 허락하십시오. 승가시여. 만약 뒤에라도 이러한 죄를 여법하게 참회하셔야 합니다. 이와 같이 아룁니다.'

이와 같이 지어서 마치고 마땅히 포살하고 바라제목차를 설해야 하나니, 마땅히 포살하고 바라제목차를 설하는 것을 깨뜨려서는 아니된다.

한 주처에 있어서 포살하는 때에 일체의 비구에게 하나의 일 가운데에 의심이 있다면, 이 가운데에서 마땅히 한 비구가 이와 같이 창언하라.

'대덕 승가께서는 허락하십시오. 이 주처 안의 일체의 비구에게 하나의 일 가운데에서 의심이 있습니다. 만약 승가께서 때에 이르렀다면 승가께서는 허락하십시오. 승가시여. 뒤에라도 마땅히 이러한 일을 묻겠습니다. 이와 같이 아룁니다.'

이와 같이 지어서 마치고 마땅히 포살하고 바라제목차를 설해야 하나니, 마땅히 포살하고 바라제목차를 설하는 것을 깨뜨려서는 아니된다.

한 주처에 있어서 포살하는 때에 구주 비구가 만약 네 명이거나, 만약 네 명을 넘었으므로 포살하는 처소에 모여서 포살을 짓고 바라제목차를 설하였는데, 다른 주처에 비구들이 있어서 왔고, 청정하게 함께 머물고자 하며 같은 견해를 지녔고 숫자가 많았다면, 이 여러 비구들은 마땅히 다시 바라제목차를 설하여야 한다. 이와 같이 지어서 마쳤다면 구주 비구는 무죄이다.

만약 여러 비구들이 포살하고 바라제목차를 설하여 마쳤으나, 일체의 앉은 자리에서 일어나지도 않았고 떠나지도 않았는데, 다시 다른 주처의 여러 비구들이 왔고 청정하게 함께 머물고자 하며 같은 견해를 지녔고 숫자가 많았다면, 이 여러 비구들은 마땅히 다시 바라제목차를 설하여야 한다. 이와 같이 지어서 마쳤다면 이전의 비구는 무죄이다. 만약 여러 비구들이 포살하고 바라제목차를 설하여 마쳤으며 일어나서 떠난 자도 있었고 일어나서 떠나지 않은 자도 있었는데, 다시 다른 주처의 비구가 왔고 청정하게 함께 머물고자 하며 같은 견해를 지녔고 숫자가 많았다면, 이 여러 비구들은 마땅히 다시 설하여야 한다. 이와 같이 지어서 마쳤다면 이전의 비구는 무죄이다.

만약 여러 비구들이 포살하고 바라제목차를 설하여 마쳤으며 일체가 앉은 자리에서 일어나서 떠나지 않았는데, 다시 다른 주처의 비구가 왔고 청정하게 함께 머물고자 하며 같은 견해를 지녔고 숫자가 많았다면, 이 여러 비구들은 마땅히 다시 설하여야 한다. 이와 같이 지어서 마쳤다면 이전의 비구는 무죄 등도 역시 이와 같다.

한 주처에 있어서 포살하는 때에 구주 비구가 만약 네 명이거나, 만약 네 명을 넘었고 포살하는 처소에 모여서 포살을 짓고 바라제목차를 설하였는데, 다시 다른 주처의 비구들이 있어서 왔고, 청정하게 함께 머물고자 하며 같은 견해를 지녔고 숫자가 적었다면, 이 여러 비구들은 마땅히 차례대로 들어야 한다. 만약 여러 비구들이 포살하고 바라제목차를 설하여 마쳤으나, 일체의 앉은 자리에서 일어나지도 않았고 떠나지도 않았는데, 다시 다른 주처의 여러 비구들이 왔고 청정하게 함께 머물고자 하며 같은 견해를 지녔고 숫자가 적었다면, 이 여러 비구들은 구주 비구의 옆에서 마땅히 삼어포살을 짓도록 하라.

만약 여러 비구들이 포살하고 바라제목차를 설하여 마쳤으며 일어나서 떠난 자도 있었고 일어나서 떠나지 않은 자도 있었는데, 다시 다른 주처의 비구가 왔고 청정하게 함께 머물고자 하며 같은 견해를 지녔고 숫자가 적었다면, 이 일어나서 떠나가지 않은 비구의 옆에서 마땅히 삼어포살을 짓도록 하라.

만약 여러 비구들이 포살하고 바라제목차를 설하여 마쳤으며 일체가 앉은 자리에서 일어나서 떠나지 않았는데, 다시 다른 주처의 비구가 왔고 청정하게 함께 머물고자 하며 같은 견해를 지녔고 숫자가 적었다면, 이 여러 비구들이 만약 능히 같은 마음을 얻어서 마땅히 다시 자세히 포살하며 바라제목차를 설하면 좋으나, 만약 같은 마음을 얻지 못한다면 마땅히 경계의 밖으로 나가서 삼어포살을 짓도록 하라.

만약 구주 비구들이 포살하고 바라제목차를 설하는 때에 다시 구주 비구들이 돌아왔는데, 만약 많거나, 만약 같거나, 만약 적을 것이다. 만약 많거나, 만약 같다면 마땅히 다시 설하여야 하고, 만약 적다면 마땅히 차례대로 들어야 한다. 만약 구주 비구들이 포살하고 바라제목차를 설하는 때에 객비구들이 왔는데, 만약 많거나, 만약 같거나, 만약 적을 것이다. 만약 많다면 마땅히 다시 설하여야 하고, 만약 같거나, 만약 적다면 마땅히 차례대로 듣도록 하라.

만약 구주 비구들이 포살하고 바라제목차를 설하는 때에 다시 구주 비구와 객비구들이 왔는데, 만약 많거나, 만약 같거나, 만약 적을 것이다.

만약 많거나, 만약 같다면 마땅히 다시 설하여야 하고, 만약 적다면 마땅히 차례대로 들어야 한다. 만약 객비구들이 포살하고 바라제목차를 설하는 때에 다시 누구 객비구가 왔는데, 만약 많거나, 만약 같거나, 만약 적을 것이다. 만약 많다면 마땅히 다시 설하여야 하고, 만약 같거나, 만약 적다면 마땅히 차례대로 듣도록 하라.

만약 객비구들이 포살하고 바라제목차를 설하는 때에 구주 비구가 왔는데, 만약 많거나, 만약 같거나, 만약 적을 것이다. 만약 많거나, 만약 같다면 마땅히 다시 설하여야 하고, 만약 적다면 마땅히 차례대로 들어야 한다. 만약 객비구들이 포살하고 바라제목차를 설하는 때에 구주 비구와 객비구가 함께 왔는데, 만약 많거나, 만약 같거나, 만약 적을 것이다. 만약 많거나, 만약 같다면 마땅히 다시 설하여야 하고, 만약 적다면 마땅히 차례대로 듣도록 하라.

만약 구주 비구와 객비구들이 포살하고 바라제목차를 설하는 때에 구주 비구와 객비구가 함께 왔는데, 만약 많거나, 만약 같거나, 만약 적을 것이다. 만약 많거나, 만약 같다면 마땅히 다시 설하여야 하고, 만약 적다면 마땅히 차례대로 들어야 한다. 만약 구주 비구와 객비구들이 포살하고 바라제목차를 설하는 때에 구주 비구가 왔는데, 만약 많거나, 만약 같거나, 만약 적을 것이다. 만약 많거나, 만약 같다면 마땅히 다시 설하여야 하고, 만약 적다면 마땅히 차례대로 듣도록 하라. 만약 구주 비구와 객비구들이 포살하고 바라제목차를 설하는 때에 객비구가 왔는데, 만약 많거나, 만약 같거나, 만약 적을 것이다. 만약 많다면 마땅히 다시 설하여야 하고, 만약 같거나, 만약 적다면 마땅히 차례대로 듣도록 하라.

한 주처에 있어서 포살하는 때에 구주 비구가 만약 네 명이거나, 만약 네 명을 넘었고 포살하는 처소에 모여서 포살을 짓고 바라제목차를 설하였는데, 다시 어느 다른 주처에 여러 비구들이 왔고, 청정하게 함께 머물고자 하며 같은 견해를 지녔고 숫자가 많았으므로, 그들은 이와 같이 생각하였다.

'이 가운데에서 구주 비구가 만약 네 명이거나, 만약 네 명을 넘었으므로,

포살하는 처소에 모여서 포살을 짓고 바라제목차를 설하고자 할 것이다. 우리들도 마땅히 포살하며 바라제목차를 설하도록 하라.'

청정하다는 생각(淨想)·계율이라는 생각(比尼想)·별도이고 같다고 분별하는 생각(別同別想)으로 포살을 짓고 바라제목차를 설하였는데, 다시 다른 주처의 비구가 왔고 청정하게 함께 머물고자 하며 같은 견해를 지녔고 숫자가 많았으므로, 그들이 마땅히 다시 설한다면 이전의 비구는 죄를 얻는다.

그 비구들이 청정하다는 생각·계율이라는 생각·별도이고 같다고 분별하는 생각으로 포살을 짓고 바라제목차를 설하여 마쳤으나, 만약 일체가 앉은 자리에서 일어나지도 않았고 떠나지도 않았거나, 만약 일부는 떠나갔고 일부는 떠나가지 않았거나, 만약 일체가 일어났으나 아직 떠나지 않았는데, 다시 다른 주처의 비구가 왔고 청정하게 함께 머물고자 하며 같은 견해를 지녔고 숫자가 많았으므로, 그들이 마땅히 다시 설한다면 이전 비구는 죄를 얻는다.

한 주처에 있어서 포살하는 때에 구주 비구가 만약 네 명이거나, 만약 네 명을 넘었고 포살하는 처소에 모여서 포살을 짓고 바라제목차를 설하였는데, 다시 어느 다른 주처에 여러 비구들이 왔고, 청정하게 함께 머물고자 하며 같은 견해를 지녔고 숫자가 많았으므로, 그들은 이렇게 생각을 지었다.

'이 가운데에서 구주 비구가 만약 네 명이거나, 만약 네 명을 넘었으므로, 포살하는 처소에 모여서 포살을 짓고 바라제목차를 설하고자 할 것이다. 우리들은 마땅히 이 가운데에서 포살하며 바라제목차를 설하여서는 아니 된다.'

이 여러 비구들은 마음에 의혹하며 별도이고 같다고 분별하는 생각으로 이 가운데에서 포살하고 바라제목차를 설하였는데, 다시 다른 주처의 비구가 왔고 청정하게 함께 머물고자 하며 같은 견해를 지녔고 숫자가 많았으므로, 그들이 마땅히 다시 설한다면 이전 비구는 죄를 얻는다.

여러 비구들은 마음에 의혹하며 별도이고 같다고 분별하는 생각으로 이 가운데에서 포살하며 바라제목차를 설하여 마쳤고, 일체가 앉은 자리에서 일어나지도 않았고 떠나지도 않았거나, 일부는 떠나갔고 일부는 떠나가지 않았거나, 만약 일체가 일어났으나 아직 떠나지 않았는데, 다시 다른 주처의 비구가 왔고 청정하게 함께 머물고자 하며 같은 견해를 지녔고 숫자가 많았으므로, 그 여러 비구들이 마땅히 다시 설한다면 이전 비구는 죄를 얻는다.

한 주처에 있어서 포살하는 때에 구주 비구가 만약 네 명이거나, 만약 네 명을 넘었고 포살하는 처소에 모여서 포살을 짓고 바라제목차를 설하였는데, 다시 다른 주처의 비구가 있어서 왔고, 청정하게 함께 머물고자 하며 같은 견해를 지녔고 숫자가 많았으므로, 이 여러 비구들은 이렇게 생각을 지었다.

'우리들은 이 가운데에서 포살을 짓고 바라제목차를 설하는 것이 만약 마땅한가? 만약 마땅하지 않는가?'

청정한가? 부정한가를 의혹하고 별도이고 같다고 분별하는 생각으로 이 가운데에서 포살하며 바라제목차를 설하였는데, 다시 다른 주처의 비구가 왔고 청정하게 함께 머물고자 하며 같은 견해를 지녔고 숫자가 많았으므로, 그 여러 비구들이 마땅히 다시 설한다면 이전 비구는 죄를 얻는다.

여러 비구들이 청정한가? 부정한가를 의혹하고 별도이고 같다고 분별하는 생각으로 이 가운데에서 포살하며 바라제목차를 설하여 마쳤고, 일체가 앉은 자리에서 일어나지도 않았고 떠나지도 않았거나, 일부는 떠나갔고 일부는 떠나가지 않았거나, 일체가 일어났으나 아직 떠나지 않았는데, 다시 다른 주처의 비구가 왔고 청정하게 함께 머물고자 하며 같은 견해를 지녔고 숫자가 많았으므로, 여러 비구들이 마땅히 다시 설한다면 이전 비구는 죄를 얻는다.

한 주처에 있어서 포살하는 때에 구주 비구가 만약 네 명이거나, 만약 네 명을 넘었고 포살하는 처소에 모여서 포살을 짓고 바라제목차를 설하였는데, 다시 어느 다른 주처에서 여러 비구들이 왔고, 청정하게 함께 머물고자 하며 같은 견해를 지녔고 숫자가 많았으므로, 듣고서 이렇게 생각을 지었다.

'다시 어느 다른 주처에서 여러 비구들이 왔고, 청정하게 함께 머물고자 하며 같은 견해를 지녔고 숫자가 많다. 이들은 없어져야 하고, 버려져야 하며, 별도로 다르다. 우리는 이러한 비구들이 필요하지 않다.'

기꺼이 승가를 깨뜨리고자 하였고 별도이고 같다고 분별하는 생각으로 포살하며 바라제목차를 설하였는데, 다시 다른 주처의 비구가 왔고 청정하게 함께 머물고자 하며 같은 견해를 지녔고 숫자가 많았으므로, 그들이 마땅히 다시 설하였다면 이전의 비구는 투란차죄를 얻는데, 파승가에 가까운 까닭이다.

이 여러 비구들이 기꺼이 승가를 깨뜨리고자 하였고 별도이고 같다고 분별하는 생각으로 포살하며 바라제목차를 설하여 마쳤고, 일체가 앉은 자리에서 일어나지도 않았고 떠나지도 않았거나, 일부는 떠나갔고 일부는 떠나가지 않았거나, 일체가 일어났으나 아직 떠나지 않았는데, 다시 다른 주처의 비구가 왔고 청정하게 함께 머물고자 하며 같은 견해를 지녔고 숫자가 많았으므로, 그 여러 비구들이 마땅히 다시 설한다면 이전의 비구는 투란차죄를 얻는데 파승가에 가까운 까닭이다.

만약 구주 비구가 바라제목차를 설하는 때에 구주 비구들이 왔는데, 만약 많거나, 만약 같거나, 만약 적을 것이다. 만약 많거나, 만약 같다면 마땅히 다시 설하도록 하라.

만약 구주 비구가 바라제목차를 설하는 때에 객비구들이 왔는데, 만약 많거나, 만약 같거나, 만약 적을 것이다. 만약 많거나, 만약 같다면 마땅히 다시 설하여야 한다. 만약 구주 비구가 바라제목차를 설하는 때에 구주 비구와 객비구가 함께 왔는데, 만약 많거나, 만약 같거나, 만약 적을 것이다. 만약 많거나, 만약 같다면 마땅히 다시 설하여야 한다. 만약 객비구가 바라제목차를 설하는 때에 객비구가 왔는데, 만약 많거나, 만약 같거나, 만약 적을 것이다. 만약 많거나, 만약 같다면 마땅히 다시 설하도록 하라.

만약 객비구가 바라제목차를 설하는 때에 구주 비구가 왔는데, 만약 많거나, 만약 같거나, 만약 적을 것이다. 만약 많거나, 만약 같다면 마땅히 다시 설하여야 한다. 만약 객비구가 바라제목차를 설하는 때에 구주 비구와 객비구가 함께 왔는데, 만약 많거나, 만약 같거나, 만약 적을 것이다. 만약 많거나, 만약 같다면 마땅히 다시 설하여야 한다. 만약 구주 비구와 객비구가 함께 바라제목차를 설하는 때에 구주 비구와 객비구가 함께 왔는데, 만약 많거나, 만약 같거나, 만약 적을 것이다. 만약 많거나, 만약 같다면 마땅히 다시 설하도록 하라.

만약 구주 비구와 객비구가 함께 바라제목차를 설하는 때에 구주 비구가 왔는데, 만약 많거나, 만약 같거나, 만약 적을 것이다. 만약 많거나, 만약 같다면 마땅히 다시 설하여야 한다. 만약 구주 비구와 객비구가 함께 바라제목차를 설하는 때에 객비구가 왔는데, 만약 많거나, 만약 같거나, 만약 적을 것이다. 만약 많거나, 만약 같다면 마땅히 다시 설하여야 한다.

14일에 포살하는 구주 비구들이 많고 15일에 포살하는 객비구들이 적다면, 객비구는 마땅히 구주 비구를 따라서 이날에 포살하도록 하라. 14일에 포살하는 구주 비구들이 적고 15일에 포살하는 객비구들이 많다면, 구주 비구는 마땅히 객비구를 따라서 이날에 포살하여서는 아니된다.

15일에 포살하는 구주 비구들이 많고 초하루에 포살하는 객비구들이 적다면, 객비구는 마땅히 구주 비구를 따라서 이날에 다시 포살하도록 하라. 15일에 포살하는 구주 비구들이 적고 초하루에 포살하는 객비구들이 많다면, 구주 비구는 마땅히 객비구를 따라서 그 주처의 경계 바깥으로 나가서 포살하도록 하라.

14일에 포살하는 객비구들이 많고 15일에 포살하는 구주 비구들이 적다면, 구주 비구는 마땅히 객비구를 따라서 이날에 포살하도록 하라. 14일에 포살하는 객비구들이 적고 15일에 포살하는 구주 비구들이 많다면, 객비구는 마땅히 구주 비구를 따라서 이날에 포살하여서는 아니된다.

15일에 포살하는 객비구들이 많고 초하루에 포살하는 구주 비구들이 적다면, 구주 비구는 마땅히 객비구를 따라서 이날에 다시 포살하도록 하라. 15일에 포살하는 객비구들이 적고 초하루에 포살하는 구주 비구들이 많다면, 객비구는 마땅히 구주 비구를 따라서 그 주처의 경계 바깥으로 나가서 포살하도록 하라.

한 주처에 있어서 포살하는 때에 여러 구주 비구는 객비구의 모습이거나, 객비구를 인연하는 만약 발소리이거나, 만약 석장 소리이거나, 만약 가죽신 소리이거나, 만약 다른 사람의 소리 등을 들었는데, 여러 비구들이 구하지 않고 찾지도 않으면서 곧 포살하고 바라제목차를 설하였다면, 구주 비구는 죄를 얻는다. 만약 찾았으나, 부르지는 않고서 포살하며 바라제목차를 설하였다면, 구주 비구는 죄를 얻는다. 만약 찾았으나 찾을 수 없었으므로 의심하면서 포살하고 바라제목차를 설하였다면, 구주 비구는 죄를 얻는다. 만약 찾았으나 찾을 수 없었고 의심이 없었으므로 포살하고 바라제목차를 설하였다면, 이와 같은 구주 비구는 무죄이다. 만약 찾았는데, 객비구를 찾았다면 일심으로 환희하고 마땅히 함께 포살하고 바라제목차를 설하도록 하라. 이와 같다면 구주 비구는 무죄이다.

한 주처에 있어서 포살하는 때에 여러 객비구가 구주 비구의 모습이거나, 구주 비구를 인연한 만약 열쇠 소리이거나, 만약 대패 소리이거나, 만약 도끼 소리이거나, 독경 소리 등을 들었는데, 이 여러 객비구들이 구하지도 않고 찾아보지도 않고서 곧 포살하고 바라제목차를 설하였다면, 객비구는 죄를 얻는다. 만약 찾았으나 부르지는 않고서 포살하고 바라제목차를 설하였다면, 객비구는 죄를 얻는다. 만약 찾았으나 찾을 수 없었고, 의심하면서 포살하며 바라제목차를 설하였다면, 객비구는 죄를 얻는다. 만약 찾았으나 찾을 수 없었고 의심이 없었으므로 포살하고 바라제목차를 설하였다면, 객비구는 무죄이다. 만약 찾았는데, 구주 비구를 찾았다면 일심으로 환희하고 마땅히 함께 포살하고 바라제목차를 설하도록 하라. 이와 같다면 객비구는 무죄이다.

한 주처에 있어서 포살하는 때에 구주 비구가 객비구의 모습이거나, 객비구를 인연하였던 만약 알지 못하는 옷과 발우이거나, 만약 알지 못하는 석장이거나, 만약 기름을 담는 주머니이거나, 만약 가죽 신발이거나, 만약 침통 등을 보았는데, 구하지도 않고서 곧 포살하고 바라제목차를 설하였다면, 구주 비구는 죄를 얻는다. 만약 찾았으나 부르지는 않고서 포살하고 바라제목차를 설하였다면, 구주 비구는 죄를 얻는다. 만약 찾았으나 찾을 수 없었고, 의심하면서 포살하고 바라제목차를 설하였다면, 구주 비구는 죄를 얻는다. 만약 찾았으나 찾을 수 없었고, 의심이 없었으므로 포살하고 바라제목차를 설하였다면, 구주 비구는 무죄이다. 만약 찾았는데, 객비구를 찾았다면 일심으로 환희하고 마땅히 함께 포살하고 바라제목차를 설하도록 하라. 이와 같다면 구주 비구는 무죄이다.

한 주처에 있어서 포살하는 때에 여러 객비구가 구주 비구의 모습이거나, 구주 비구를 인연하였던 만약 새롭게 물을 뿌려서 쓸었거나, 차례로 평상이 펼쳐져 있었는데, 이 여러 객비구들이 구하지도 않고 찾아보지도 않고서 곧 포살하고 바라제목차를 설하였다면, 객비구는 죄를 얻는다. 만약 찾았으나 부르지는 않고서 포살하고 바라제목차를 설하였다면, 객비구는 죄를 얻는다. 만약 찾았으나 찾을 수 없었고, 의심하면서 포살하고 바라제목차를 설하였다면, 객비구는 죄를 얻는다. 만약 찾았으나 찾을 수 없었고, 의심이 없었으므로 포살하고 바라제목차를 설하였다면, 객비구는 무죄이다. 만약 찾았는데, 구주 비구를 찾았다면 일심으로 환희하고 마땅히 함께 포살하고 바라제목차를 설하도록 하라. 이와 같다면 객비구는 무죄이다.

포살하는 때에는 이곳의 유비구유주처(有比丘有住處)에서 저곳의 유비구유주처, 저곳의 유비구무주처(有比丘無住處), 저곳의 유비구유주처무주처(有比丘有住處無住處)로 마땅히 가서는 아니된다. 그곳은 이곳의 비구가 함께 머무는 처소가 아니니라. 포살하는 때에는 이곳의 유비구유주처에서 저곳의 비비구유주처(非比丘有住處), 저곳의 비비구무주처(非比丘無住處), 저곳의 비비구유주처무주처(非比丘有住處無住處)로 마땅히 가서는 아니된다. 그곳은 이곳의 비구가 함께 머무는 처소가 아니다.

포살하는 때에는 이곳의 유비구무주처에서 저곳의 비구무주처, 저곳의 비구유주처무주처, 저곳의 비비구유주처, 저곳의 비비구무주처, 저곳의 비비구유주처무주처, 저곳의 비구유주처로 마땅히 가서는 아니된다. 그곳은 이곳의 비구가 함께 머무는 처소가 아니다. 포살하는 때에는 이곳의 유비구유주처무주처에서 저곳의 유비구유주처무주처, 저곳의 비비구유주처, 저곳의 비비구무주처, 저곳의 비비구유주처무주처, 저곳의 비구유주처, 저곳의 비구무주처로 마땅히 가서는 아니된다. 그곳은 이곳의 비구가 함께 머무는 처소가 아니다.

포살하는 때에는 이곳의 유비구비비구유주처에서 저곳의 비비구유주처, 저곳의 비비구무주처, 저곳의 비비구유주처무주처, 저곳의 비구유주처, 저곳의 비구무주처, 저곳의 비구유주처무주처로 가서는 아니된다. 그곳은 이곳의 비구가 함께 머무는 처소가 아니다. 포살하는 때에는 이곳의 유비구비비구무주처에서 저곳의 비비구무주처, 저곳의 비비구유주처무주처, 저곳의 비구유주처, 저곳의 비구무주처, 저곳의 비구유주처무주처, 저곳의 비비구유주처로 마땅히 가서는 아니된다. 그곳은 이곳의 비구가 함께 머무는 처소가 아니다.

포살하는 때에는 유비구비비구유주처무주처(有比丘非比丘有住處無住處)에서 저곳의 비비구유주처무주처, 저곳의 비구유주처, 저곳의 비구무주처, 저곳의 비구유주처무주처, 저곳의 비비구유주처, 저곳의 비비구무주처로 마땅히 가서는 아니된다. 그곳은 이곳의 비구가 함께 머무는 처소가 아니다. 포살하는 때에는 이곳의 유비구유주처에서 저곳의 비구유주처, 저곳의 비구무주처, 저곳의 비구유주처무주처, 저곳의 비비구유주처, 저곳의 비비구무주처, 저곳의 비비구유주처무주처로 마땅히 가서는 아니된다. 그곳은 이곳의 비구가 함께 머무는 처소가 아니다. 승사(僧事)의 급한 일(急事)은 제외한다.

포살하는 때에는 이곳의 유비구무주처에서 저곳의 비구무주처, 저곳의 유비구유주처무주처, 저곳의 비비구유주처, 저곳의 비비구무주처, 저곳의 비비구유주처무주처, 저곳의 비구유주처로 마땅히 가서는 아니된다. 그곳은 이곳의 비구가 함께 머무는 처소가 아니다. 승사의 급한 일은 제외한다. 포살하는 때에는 이곳의 유비구유주처무주처에서 저곳의 비구유주처무주처, 저곳의 비비구유주처, 저곳의 비비구무주처, 저곳의 비비구유주처무주처, 저곳의 비구유주처, 저곳의 비구무주처로 마땅히 가서는 아니된다. 그곳은 이곳의 비구가 함께 머무는 처소가 아니다. 승사의 급한 일은 제외한다.

포살하는 때에는 이곳의 유비구비비구유주처에서 저곳의 비비구유주처, 저곳의 비비구무주처, 저곳의 비비구유주처무주처, 저곳의 비구유주처, 저곳의 비구무주처, 저곳의 비구유주처무주처로 마땅히 가서는 아니된다. 그곳은 이곳의 비구가 함께 머무는 처소가 아니다. 승사의 급한 일은 제외한다. 포살하는 때에는 이곳의 유비구비비구무주처에서 저곳의 비비구무주처, 저곳의 비비구유주처무주처, 저곳의 비구유주처, 저곳의 비구무주처, 저곳의 비구유주처무주처, 저곳의 비비구유주처로 마땅히 가서는 아니된다. 그곳은 이곳의 비구가 함께 머무는 처소가 아니다. 승사의 급한 일은 제외한다.

포살하는 때에는 이곳의 유비구비비구유주처무주처에서 저곳의 비비구유주처무주처, 저곳의 비구유주처, 저곳의 비구무주처, 저곳의 비구유주처무주처, 저곳의 비비구유주처, 저곳의 비비구무주처로 마땅히 가서는 아니된다. 그곳은 이곳의 비구가 함께 머무는 처소가 아니다. 승사의 급한 일은 제외한다. 포살하는 때에는 이곳의 유비구유주처에서 저곳의 유비구유주처, 저곳의 비구무주처, 저곳의 비구유주처무주처로 마땅히 떠나가도록 하라. 그곳은 비구가 청정하게 함께 머무는 곳이다.

포살하는 때에는 이곳의 유비구유주처에서 저곳의 비비구유주처, 저곳의 비비구무주처, 저곳의 비비구유주처무주처로 마땅히 떠나가도록 하라. 그곳은 비구가 청정하게 함께 머무는 곳이다. 포살하는 때에는 이곳의 유비구무주처에서 저곳의 비구무주처, 저곳의 비구유주처무주처, 저곳의 비비구유주처, 저곳의 비비구무주처, 저곳의 비비구유주처무주처, 저곳의 비구유주처로 마땅히 떠나가도록 하라. 그곳은 비구가 청정하게 함께 머무는 곳이다.

포살하는 때에는 이곳의 유비구유주처무주처에서 저곳의 비구유주처무주처, 저곳의 비비구유주처, 저곳의 비비구무주처, 저곳의 비비구유주처무주처, 저곳의 비구유주처, 저곳의 비구무주처로 마땅히 떠나가도록 하라. 그곳은 비구가 청정하게 함께 머무는 곳이다. 포살할 때에는 이곳의 유비구비비구유주처에서 저곳의 비비구유주처, 저곳의 비비구무주처, 저곳의 비비구유주처무주처, 저곳의 비구유주처, 저곳의 비구무주처, 저곳의 비구유주처무주처로 마땅히 떠나가도록 하라. 그곳은 비구가 청정하게 함께 머무는 곳이다.

포살할 때에는 이곳의 유비구비비구무주처에서 저곳의 비비구무주처, 저곳의 비비구유주처무주처, 저곳의 비구유주처, 저곳의 비구무주처, 저곳의 비구유주처무주처, 저곳의 비비구유주처로 마땅히 떠나가도록 하라. 그곳은 비구가 청정하게 함께 머무는 곳이다. 포살할 때에는 이곳의 유비구비비구유주처무주처에서 저곳의 비비구유주처무주처, 저곳의 비구유주처, 저곳의 비구무주처, 저곳의 비구유주처무주처, 저곳의 비비구유주처, 저곳의 비비구무주처로 마땅히 떠나가도록 하라. 그곳은 비구가 청정하게 함께 머무는 곳이니라. 정사법(精舍法)을 마친다."

세존께서는 말씀하셨다.

"백의(白衣)의 앞에서 포살하고 바라제목차를 설하지 않을 것이고, 사미 앞에서 설하지도 말라. 비구가 아닌 자, 외도, 불견빈·부작빈·악사부제빈을 받은 자, 함께 머물지 않는 자, 자주 머물지 않는 자, 백의이었을 때 중죄(邊罪)를 범한 자, 불능남, 비구니를 욕보인 자, 월제인, 부모를 죽인 자, 아라한을 죽인 자, 화합승가를 파괴한 자, 악한 마음으로 세존의 몸에 피를 낸 자, 이와 같은 일체의 사람들 앞에서는 마땅히 포살하고 바라제목차를 설하지 말라.

일체의 먼저 일을 짓고서 승가는 포살하고 바라제목차를 설하도록 하라. 만약 현전비니(現前比尼)를 주어야 한다면 주어서 마치고, 만약 억념비니(憶念比尼)를 주어야 한다면 주어서 마치며, 만약 불치비니(不癡比尼)를 주어야 한다면 주어서 마치고, 만약 자언비니(自言比尼)를 주어야 한다면 주어서 마치며, 만약 멱죄상비니(覓罪相比尼)를 주어야 한다면 주어서 마치고, 만약 다멱비니(多覓比尼)를 주어야 한다면 주어서 마치며, 만약 고절갈마(苦切羯磨)[2]를 주어야 한다면 주어서 마치고, 만약 의지갈마(依止羯磨)를 주어야 한다면 주어서 마치며, 만약 구출갈마(驅出羯磨)를 주어야 한다면 주어서 마치고, 만약 하의갈마(下意羯磨)를 주어야 한다면 주어서 마치며, 만약 불견빈갈마(不見擯羯磨)를 주어야 한다면 주어서 마치고, 만약 부작빈갈마(不作擯羯磨)나 악사부제빈갈마(惡邪不除擯羯磨)를 주어야 한다면 주어서 마치며, 만약 별주갈마(別住羯磨)를 주어야 한다면 주어서 마치고, 만약 마나타갈마(摩那埵羯磨)이거나, 본일치갈마(本日治羯磨)이거나, 출죄갈마(出罪羯磨) 등을 주어야 한다면 주어서 마치고서 승가는 포살하고 바라제목차를 설하여야 하느니라.

만약 비구가 묵으면서 청정(淸淨)을 받았다면, 마땅히 함께 포살하고 바라제목차를 설하여서는 아니된다. 대중 승가가 말하지 않더라도 이와 같이 하여야만 하며, 포살하는 날짜에 이르지 않았다면 포살하고 바라제목차를 설하여서는 아니된다. 분쟁하던 승가가 다시 일심으로 화합한다면 포살하고 바라제목차를 설하는 것을 허락하느니라." [7법의 가운데에서 두 번째인 '포살법'을 마친다.]

---

2) 가책갈마라고도 한다. 분쟁을 일삼는 비구의 승사(僧事) 참여권을 일시적으로 정지시키는 갈마법이다.

십송율 제23권

후진 북인도 삼장 불야다라 한역

석보운 번역

4. 사송 ③

8) 칠법 ③

(3) 자자법(自恣法)

세존께서는 사위국에 머무르셨다.

여러 비구들은 하안거의 때에 먼저 이와 같이 제한(制限)을 지었다.

"장로들이여. 우리는 함께 말하지도 말고 서로가 문신하지도 않겠습니다."

이 여러 비구들은 이렇게 제한하고서 한 곳에서 하안거를 하였다. 먼저 이와 같은 법을 지었으므로 만약 처음으로 걸식에서 돌아왔다면 독좌상을 펼쳐놓고 발 씻을 물·발판·발수건·깨끗한 물병·항상 사용하는 물병 등을 놓아두었으며, 만약 남는 음식이 있다면 깨끗한 그릇에다 덜어놓고 뚜껑을 덮어서 한 곳에 놓아두어서 음식이 부족한 자들이 남은 음식을 먹을 수 있게 하였다.

만약 다시 걸식에서 뒤에 돌아온 사람이 부족하다면 취하여 그것을 먹었고, 만약 다시 남았다면 풀이 없는 땅이나, 만약 벌레가 없는 물이라면 버렸다. 이 여러 장로들은 음식을 담았던 그릇들을 깨끗이 씻어서 닦았으며 한 곳에 놓아두고, 독좌상을 펼쳐놓고 발 씻을 물·발판·발수건·깨끗한 물병·항상 사용하는 물병 등을 보이지 않는 곳에 놓아두고서 식당을 물을 뿌려서 쓸었고, 청소를 마치면 방에 들어가서 좌선(坐禪)하였다.

이 여러 장로들은 포시(晡時)[1]에 먼저 일어나서 깨끗한 물병·항상 사용하는 물병·발 씻는 그릇이 만약 비어서 물이 없다면 가지고 물을 뜨러갔다. 만약 혼자서 능히 가지고 왔다면 한쪽에 놓아두었고, 만약 능히 가지고 올 수 없었다면 손으로 다른 비구를 불러서 함께 들고서 본래의 자리에 놓아두었으나, 함께 말하지 않았고 서로가 문신하지 않았다. 제불의 상법에는 두 번의 대회가 있었으니, 봄의 마지막 달과 여름의 마지막 달이었다. 봄의 마지막 달은 안거하려는 때였으므로 여러 나라에서 비구들이 왔고 세존의 설법을 들으면서 마음속으로 생각하는 것이다.

'이러한 법은 하안거에 즐거운 것이다.'

이것이 첫째의 대회이다. 여름의 마지막 달에 자자를 마치고 옷을 짓고서 옷과 발우를 지니고서 세존의 처소에 나아가서 이와 같이 사유하는 것이다.

'내가 오랫동안 세존을 보지 못하였다. 오랫동안 수가타(修伽陀)를 보지 못하였다.'

이것이 둘째의 대회이다.

이 여러 비구들은 이 주처의 가운데에서 하안거를 마치고 자자를 지었으며 옷을 지어서 마쳤으며 옷과 발우를 지니고 세존의 처소로 가서 이르렀으며 머리숙여 예경하고서 한쪽에 앉았다.

제불의 상법은 객비구에게 이와 같이 문신하는 것이다.

"하안거에 견딜 수 있었는가? 만족하였는가? 안락하게 머물렀는가? 걸식은 부족하지 않았는가? 도로에 매우 피로하지는 않았는가?"

지금 세존께서도 여러 비구들에게 이와 같이 문신하셨다.

"하안거에 견딜 수 있었는가? 만족하였는가? 안락하게 머물렀는가? 걸식은 부족하지 않았는가? 도로에 매우 피로하지는 않았는가?"

---

1) 오후 3시부터 5시까지를 가리킨다.

여러 비구들이 대답하여 말하였다.

"견딜 수 있었고 만족스러웠으며 편안하고 안락하게 머물렀으며 걸식도 부족하지 않았고 도로에 피곤하지 않았습니다."

여러 비구들은 이러한 일로써 세존께 갖추어 말하였다. 세존께서는 이 인연으로서 대중 승가를 모으셨고, 승가는 모였다. 세존께서는 여러 종류의 인연으로 여러 비구를 꾸짖으셨다.

"그대들 어리석은 사람들이여. 원수들과 같이 함께 머물렀으면서 어찌하여 스스로가 안락하게 머물렀다고 말하는가? 어찌 비구라고 이름하면서 나의 대중은 법으로 서로를 교화하는 것인데 벙어리의 법을 받아 지녔는가?"

세존께서는 여러 종류의 인연으로 꾸짖으셨으며, 여러 비구들에게 말씀하셨다.

"지금부터 마땅히 벙어리의 법을 받아서 지녀서는 아니된다. 만약 받아 지닌다면 투란차죄를 얻는다. 왜 그러한가? 서로가 말하지 않는 것은 외도의 법인 까닭이다. 지금부터 하안거를 마치면 여러 비구들은 한곳에 모여 마땅히 삼사(三事)를 구하고 다른 사람에게 자자를 말하는 것을 허락하겠노라. 무엇이 그 세 가지인가? 만약 보았던 죄이거나, 만약 들었던 죄이거나, 만약 의심되는 죄이다. 이와 같이 마땅히 자자하라. 일심으로 승가가 모으고서 승가가 모였다면 마땅히 자자를 지을 사람을 뽑아야 한다. 마땅히 이와 같이 창언하라.

'누가 능히 승가를 위하여 자자인(自恣人)으로 짓겠습니까?'

이 가운데에서 만약 '내가 할 수 있다.'고 말하더라도 만약 비구가 5악법(惡法)을 성취하였다면 마땅히 자자인으로 지어서는 아니된다. 무엇이 그 다섯 가지인가? 첫째는 애욕으로 자자하는 것이고, 둘째는 성냄으로 자자하는 것이며, 셋째는 두려움으로 자자하는 것이고, 넷째는 어리석음으로 자자하는 것이며, 다섯째는 자자인가? 자자가 아닌가를 알지 못하는 것이다. 만약 비구가 5선법(善法)을 성취하였다면 마땅히 자자인으로 뽑아야 한다. 무엇이 다섯 가지인가? 애욕이 없이 자자하는 것이고, 성내지 않고 자자하는 것이며, 두려워하지 않고 자자하는 것이고, 어리석지 않고 자자하는 것이며, 자자인가? 자자가 아닌가를 아는 것이다. 이때 한 비구가 승가의 가운데에서 창언하라.

'대덕 승가께서는 허락하십시오. 이 누구와 누구의 비구는 능히 승가를 위하여 자자인으로 지을 수 있습니다. 승가께서 때에 이르렀다면 승가께서는 허락하십시오. 승가시여. 누구와 누구의 비구를 마땅히 승가의 자자인으로 짓겠습니다. 이와 같이 아룁니다.'

'대덕 승가께서는 허락하십시오. 이 누구와 누구의 비구는 능히 승가를 위하여 자자인으로 지을 수 있습니다. 승가께서는 누구와 누구의 비구를 능히 승가를 위한 자자인을 지으십시오. 누구 여러 장로들께서 이 누구와 누구의 비구는 능히 승가를 위하여 자자인으로 짓는 것을 허락하신다면 묵연하시고, 누구라도 허락하시지 않는다면 곧 말씀하십시오. 누구와 누구의 비구를 승가를 위하여 자자인으로 지어서 마쳤습니다. 승가께서 허락하신 것은 묵연하였던 까닭입니다. 이 일은 이와 같이 지니겠습니다.'"

마땅히 이와 같이 자자갈마(自恣羯磨)를 짓도록 하라.

'대덕 승가께서는 허락하십시오. 오늘은 승가의 자자입니다. 만약 승가께서 때에 이르렀다면 승가께서는 허락하십시오. 승가께서는 일심으로 자자를 받으십시오. 이와 같이 아룁니다.'

이때 여러 비구는 일체가 자리에서 일어나서 땅에 무릎을 꿇는다. 만약 상좌(上座)가 자자인이라면 마땅히 자리에서 일어나서 옷을 한쪽으로 드러내고 몸을 굽혀서 마땅히 두 번째의 상좌에게 말하여야 한다.

'장로여. 오늘에 자자가 돌아왔습니다.'

이때 두 번째의 상좌는 마땅히 자리에서 일어나서 옷을 한쪽으로 드러내고 무릎을 꿇고서 두 손으로 상좌의 발을 잡고 이와 같이 말하라.

'장로께서는 억념하십시오. 오늘은 승가가 자자하는 날입니다. 나 누구 비구가 장로와 승가께 자자합니다. 만약 보았거나, 들었거나, 의심되는 죄가 있다면 애민한 까닭으로 말씀하십시오. 내가 만약 죄가 있다면 마땅히 여법하게 없애겠습니다.'

두 번째에도 말하라.

장로께서는 억념하십시오. 오늘은 승가가 자자하는 날입니다. 나 누구 비구가 장로와 승가께 자자합니다. 만약 보았거나, 들었거나, 의심되는 죄가 있다면 애민한 까닭으로 말씀하십시오. 내가 만약 죄가 있다면 마땅히 여법하게 없애겠습니다.'

세 번째에도 말하라.

장로께서는 억념하십시오. 오늘은 승가의 자자하는 날입니다. 나 누구 비구가 장로와 승가께 자자합니다. 만약 보았거나, 들었거나, 의심되는 죄가 있다면 애민한 까닭으로 말씀하십시오. 내가 만약 죄가 있다면 마땅히 여법하게 없애겠습니다.'

만약 하좌가 자자인이라면 마땅히 자리에서 일어나서 옷을 한쪽으로 드러내고 호궤 합장하고서 마땅히 이와 같이 말하여야 한다.

'장로여. 오늘은 자자가 돌아왔습니다.'

이때 상좌는 역시 마땅히 자리에서 일어나서 옷을 한쪽으로 드러내고 무릎을 꿇고서 호궤 합장하고서 마땅히 이와 같이 말하라.

'장로께서는 억념하십시오. 오늘은 승가의 자자하는 날입니다. 나 누구 비구가 장로와 승가께 자자합니다. 만약 보았거나, 들었거나, 의심되는 죄가 있다면 애민한 까닭으로 말씀하십시오. 내가 만약 죄가 있다면 마땅히 여법하게 없애겠습니다.'

두 번째에도 말하라.

장로께서는 억념하십시오. 오늘은 승가가 자자하는 날입니다. 나 누구 비구가 장로와 승가께 자자합니다. 만약 보았거나, 들었거나, 의심되는 죄가 있다면 애민한 까닭으로 말씀하십시오. 내가 만약 죄가 있다면 마땅히 여법하게 없애겠습니다.'

세 번째에도 말하라.

장로께서는 억념하십시오. 오늘은 승가가 자자하는 날입니다. 나 누구 비구가 장로와 승가께 자자합니다. 만약 보았거나, 들었거나, 의심되는 죄가 있다면 애민한 까닭으로 말씀하십시오. 내가 만약 죄가 있다면

마땅히 여법하게 없애겠습니다.'

이와 같이 일체의 승가가 자자한다. 만약 일체의 승가가 자자를 마쳤다면 승가를 위하였던 자자인도 함께 자자를 짓는다. 자자를 마치고서 마땅히 상좌의 앞에서 창언하라.

'승가는 일심으로 자자를 마쳤습니다.'"

세존께서는 여러 비구들에게 말씀하셨다.

"자자에는 네 종류가 있느니라. 무엇이 네 종류인가? 첫째는 비법으로 별도로 자자하는 것이고, 둘째는 비법으로 화합하여 자자하는 것이며, 셋째는 여법하게 별도로 자자하는 것이고, 넷째는 여법하게 화합하여 자자하는 것이다. 이 가운데에서 비법으로 별도로 자자하는 것을 세존께서는 허락하지 않았고, 비법으로 화합하여 자자하는 것도 세존께서는 허락하지 않느니라. 이 가운데에서 여법하게 화합하여 자자하는 것을 이와 같이 세존께서는 허락하느니라.

한 주처에 있어서 자자하는 때에 다섯의 비구가 머무르고 있다면, 이 여러 비구들은 한곳에 모여서 승가를 위한 자자인을 뽑아서 자자를 자세하게 설하도록 하라. 한 주처에 있어서 자자하는 때에 네 비구가 머무르고 있다면, 이 여러 비구들은 마땅히 승가를 위한 자자인을 뽑아서는 아니된다. 이 여러 비구들은 한곳에 모여서 삼어자자(三語自恣)를 하여야 한다. 마땅히 이와 같이 자자하여야 한다. 상좌는 마땅히 자리에서 일어나서 옷을 한쪽으로 드러내고 호궤 합장하고서 이와 같이 말하라.

'장로께서는 억념하십시오. 오늘은 승가가 자자하는 날입니다. 나 누구 비구가 장로께 자자하여 말합니다. 만약 보았거나, 들었거나, 의심되는 죄가 있다면 애민한 까닭으로 말씀하십시오. 내가 만약 죄가 있다면 마땅히 여법하게 없애겠습니다.'

두 번째에도 말하라.

'장로께서는 억념하십시오. 오늘은 승가가 자자하는 날입니다. 나 누구 비구가 장로께 자자하여 말합니다. 만약 보았거나, 들었거나, 의심되는

죄가 있다면 애민한 까닭으로 말씀하십시오. 내가 만약 죄가 있다면 마땅히 여법하게 없애겠습니다.'

세 번째에도 말하라.

'장로께서는 억념하십시오. 오늘은 승가가 자자하는 날입니다. 나 누구 비구가 장로께 자자하여 말합니다. 만약 보았거나, 들었거나, 의심되는 죄가 있다면 애민한 까닭으로 말씀하십시오. 내가 만약 죄가 있다면 마땅히 여법하게 없애겠습니다.'

만약 하좌라면 마땅히 자리에서 일어나서 옷을 한쪽으로 드러내고 호궤 합장하며 상좌의 발을 잡고서서 마땅히 이와 같이 말하라.

'장로께서는 억념하십시오. 오늘은 승가의 자자하는 날입니다. 나 누구 비구가 장로와 승가께 자자합니다. 만약 보았거나, 들었거나, 의심되는 죄가 있다면 애민한 까닭으로 말씀하십시오. 내가 만약 죄가 있다면 마땅히 여법하게 없애겠습니다.'

두 번째에도 말하라.

'장로께서는 억념하십시오. 오늘은 승가의 자자하는 날입니다. 나 누구 비구가 장로와 승가께 자자합니다. 만약 보았거나, 들었거나, 의심되는 죄가 있다면 애민한 까닭으로 말씀하십시오. 내가 만약 죄가 있다면 마땅히 여법하게 없애겠습니다.'

세 번째에도 말하라.

'장로께서는 억념하십시오. 오늘은 승가의 자자하는 날입니다. 나 누구 비구가 장로와 승가께 자자합니다. 만약 보았거나, 들었거나, 의심되는 죄가 있다면 애민한 까닭으로 말씀하십시오. 내가 만약 죄가 있다면 마땅히 여법하게 없애겠습니다.'

세 비구이거나, 두 비구라면 역시 이와 같이 자자하라.

한 주처에 있어서 자자하는 때에 한 비구가 머물고 있다면, 자자하는 때에 마땅히 탑을 쓸고 자자하는 곳을 쓸며 땅을 쓸고서 차례로 평상을 펼쳐놓아야 한다. 마땅히 등롱(燈籠)·등주(燈炷)·등저(燈筯)를 준비하고 산가지(籌)를 준비하며, 이와 같이 사유하라.

'만약 여러 비구들이 왔는데 아직 자자를 짓지 않았다면 이 비구들과 마땅히 함께 자자를 해야겠다.'

만약 오지 않는다면, 이 가운데에 높은 곳이 있으면서 서 있으며 둘러보면서 만약 비구가 있는 것을 보았다면 부르면서 말하라.

'어서 오십시오, 여러 장로시여. 오늘은 자자하는 날입니다.'

만약 보이지 않는다면 마땅히 저녁때까지 기다렸다가 본래 자리로 돌아와서 앉고서 이와 같이 마음으로 생각하고 입으로 말하라.

'오늘은 승가의 자자하는 날입니다. 나도 오늘 역시 자자하겠습니다.'

이와 같이 한 비구가 자자하라."

세존께서는 사위국에 머무르셨다.

이 가운데에서 세존께서는 여러 비구들에게 말씀하셨다.

"이 밤이 매우 깊었느니라. 자자의 때에 이르렀느니라."

이때 한 비구가 자리에서 일어나서 한쪽으로 옷을 드러내고 장궤(長跪) 합장하고서 세존께 아뢰었다.

"세존이시여. 여러 비구들은 병으로 오지 못하였습니다."

세존께서는 말씀하셨다.

"마땅히 자자를 취하면서 이와 같이 취하도록 하라. 마땅히 병든 비구에게 '자자를 주십시오.'라고 말하고, '주겠습니다.'라고 대답하여 말한다면 이것을 자자를 얻었다고 이름하느니라. 만약 '나를 위하여 승가의 가운데에서 자자를 말하여 주십시오.'라고 말하였다면, 이것을 자자를 얻었다고 이름한다. 몸을 움직여 주었다면 이것을 자자를 얻었다고 이름한다. 만약 입으로 주었다고 말한다면 이것을 자자를 얻었다고 이름한다. 만약 몸으로 주지 않고 입으로 주지 않는다면 이것을 자자를 얻지 못하였다고 이름한다. 이때는 일체 비구가 마땅히 병든 비구에게 나아가거나, 만약 데리고 와야 한다. 그 비구를 제외하고 마땅히 별도로 자자를 짓지 말라. 만약 그 비구를 제외하고 자자를 짓는다면 일체의 비구가 죄를 얻느니라.

한 주처에 두 비구가 머물고 있다면, 자자를 짓는 때에 이 두 비구는 자자를 취할 수 없고 마땅히 자자를 줄 수 없느니라. 이 두 비구는 마땅히 한 처소에 모여 삼어자자를 지어야 하나니, 앞의 세 비구와 네 비구도 역시 이와 같으니라. 한 주처에 다섯 비구가 머물고 있다면, 자자를 짓는 때에 이 두 비구는 자자를 취할 수 없고 마땅히 자자를 줄 수 없느니라. 이 여러 비구들은 마땅히 한곳에 모여서 승가를 위한 자자인을 뽑고 자자를 자세히 설명하라.

만약 비구가 다섯 사람을 넘었다면, 자자하는 때에 한곳으로 모이도록 하고, 늙거나 병든 비구가 있다면 뜻을 따라서 자자를 취하거나 줄 수 있느니라. 만약 한 사람이 두 사람·세 사람·네 사람의 자자를 취하였어도 이것을 자자를 취하였다고 이름한다. 몇 사람을 따랐더라도 다만 법명을 기억한다면 이것을 자자를 취하였다고 이름한다. 만약 청정을 취하는 사람이 고의로 취하지 않는다면 마땅히 다시 다른 사람에게 자자를 주도록 하라. 만약 그 자자를 취하는 사람이 '나는 백의입니다.', '나는 사미입니다.', '나는 비구가 아닙니다.', '나는 외도입니다.'라고 말하거나, 불견빈·부작빈·악사부제빈을 받았다고 말하거나, 함께 머물지 않는다고 말하거나, 자주 함께 머물지 않는다고 말하거나, 백의이면서 중죄를 범하였다고 말하거나, 불능남이라고 말하거나, 비구니를 욕보였다고 말하거나, 월제인이라고 말하거나, 부모를 죽였다고 말하거나, 아라한을 죽였다고 말하거나, 화합승을 파괴하였다고 말하거나, 만약 '나는 악한 마음으로 세존의 몸에 피를 내었다.'고 말한다면, 마땅히 다시 다른 사람에게 자자를 주도록 하라.

만약 다른 사람의 자자를 취하고서 결국 떠나지 않았다면, 이것을 자자가 이르지 못한 것이라고 이름한다. 만약 다른 사람의 자자를 취하고서 만약 그 자자를 취하는 사람이 '나는 백의입니다.', '나는 사미입니다.', '나는 비구가 아닙니다.', '나는 외도입니다.'라고 말하거나, 불견빈·부작빈·악사부제빈을 받았다고 말하거나, 함께 머물지 않는다고 말하거나, 자주 함께 머물지 않는다고 말하거나, 백의이면서 중죄를 범하였다고 말하거나, 불능남이라고 말하거나, 비구니를 욕보였다고 말하거나, 월제인이라고 말하거나, 부모를 죽였다고 말하거나, 아라한을 죽였다고 말하거나, 화합승을 파괴하였다고 말하거나, 만약 '나는 악한 마음으로 세존의 몸에 피를 내었다.'고 말한다면, 이것을 자자에 이르지 못한 것이라고 이름한다.

만약 다른 사람의 자자를 취하고서 팔난의 가운데에서 하나하나의 난리가 일어나서 결국 떠나가지 않았다면, 이것을 자자가 이르지 못한 것이라고 이름한다. 다시 다른 사람의 자자를 취하고서 결국 고의로 떠나가지 않았거나, 만약 방일하여 떠나가지 않았거나, 만약 게을러서 떠나가지 않았거나, 만약 잠들어 떠나가지 않았거나, 만약 선정에 들어가서 떠나가지 않았다면, 이것을 자자가 이르지 못한 것이라고 이름한다. 이렇게 청정을 취하는 사람에게 세 가지의 인연이 있으면 죄를 얻는데, 만약 고의로 가지 않았거나, 만약 방일하여 가지 않았거나, 만약 게을러서 가지 않는 것이다. 두 가지의 인연이라면 무죄인데, 만약 잠들어서 가지 않았거나, 선정에 들어가서 가지 못한 것이다.

다시 다음으로 다른 사람의 자자를 취하고서 승가의 가운데에 이르렀다면, 말하지 않더라도 이것을 자자가 이른 것이라고 이름한다. 다른 사람의 자자를 취하고서 만약 '나는 백의입니다.', '나는 사미입니다.', '나는 비구가 아닙니다.', '나는 외도입니다.'라고 말하거나, 불견빈·부작빈·악사부제빈을 받았다고 말하거나, 함께 머물지 않는다고 말하거나, 자주 함께 머물지 않는다고 말하거나, 백의이면서 중죄를 범하였다고 말하거나, 불능남이라고 말하거나, 비구니를 욕보였다고 말하거나, 월제인이라고 말하거나, 부모를 죽였다고 말하거나, 아라한을 죽였다고 말하거나, 화합승을 파괴하였다고 말하거나, 만약 '나는 악한 마음으로 세존의 몸에 피를 내었다.'고 말한다면, 이것을 자자에 이른 것이라고 이름한다.

다시 다음으로 다른 사람의 자자를 취하고서 승가의 가운데에 이르렀는데, 팔난의 하나·하나가 일어나서 말하지 않았더라도, 이것을 자자가 이른 것이라고 이름한다. 다른 사람의 자자를 취하고서 승가의 가운데에 이르렀는데, 만약 고의로 말하지 않았거나, 만약 방일하여 말하지 않았거나, 만약 게을러서 말하지 않았거나, 만약 잠들어서 말하지 않았거나, 만약 선정에 들어가서 말하지 않았더라도, 이것을 자자에 이른 것이라고 이름한다. 승가의 가운데에서 이렇게 청정을 취하는 사람 중에 세 가지의 인연이 있으면 죄를 얻는데, 만약 고의로 말하지 않았거나, 만약 방일하여 말하지 않았거나, 만약 게을러서 말하지 않는 것이다. 두 가지의 인연이라면 무죄인데, 만약 잠들어 말하지 않았거나, 선정에 들어가서 말하지 못한 것이다.

한 주처에서 포살하는 때에 비구가 만약 왕에게 잡혔거나, 만약 도둑에게 잡혔거나, 만약 원수나 원수의 무리에게 잡혔거나, 만약 원수의 무리의 동료들에게 잡혔다면, 승가는 마땅히 사자를 보내고 그들의 처소에 나아가서 말하도록 하라.

'오늘은 승가의 자자의 날입니다. 그대는 만약 마땅히 오거나, 만약 청정을 주거나, 만약 경계를 벗어나십시오. 우리는 마땅히 별도로 자자할 수 없습니다.'

이 비구가 만약 왔거나, 만약 청정을 주었거나, 만약 경계를 벗어난다면 이것은 좋은 것이다. 모두 얻을 수 없다면 여러 비구는 별도로 자자할 수 없다. 만약 별도로 자자한다면 일체의 비구가 죄를 얻느니라."

한 주처에 있어서 포살하는 때에 일체의 비구들이 죄가 있으나, 이 죄를 없애는 방법을 알지 못하는 것이 있다. 한 객비구가 있어 청정하게 함께 머물고자 하며 같은 견해를 지녔다면, 이 객비구는 구주 비구의 가운데에서 선하고 덕이 있는 자를 알고서 이 객비구는 마땅히 묻도록 하라.

'장로여. 만약 비구가 이와 같고 이와 같은 일을 지었다면 마땅히 무슨 죄를 얻습니까?'

대답하여 말하라.

'비구가 이와 같고 이와 같은 일을 지었다면 이와 같고 이와 같은 죄를 얻습니다.'

객비구는 말하라.

'장로여. 그대는 이와 같고 이와 같은 일을 지은 것을 스스로가 기억하시겠습니까?'

대답하여 말하라.

'나는 기억합니다. 저 한 사람이 이러한 죄를 얻는 것이 아니고 일체의 승가도 역시 이와 같은 죄를 얻었습니다.'

객비구는 말하라.

'장로여. 일체의 승가에게 말씀하십시오. 그대에게 무슨 이익이 있다고 그대들은 이러한 죄를 여법하게 참회하지 않습니까?'

만약 구주 비구가 객비구의 말을 받아들여서 이러한 죄를 여법하게 참회하면, 다른 여러 비구들도 이 비구가 참회하는 것을 보고서 역시 마땅히 여법하게 참회해야 한다. 만약 이와 같이 짓는다면 좋으나, 만약 짓지 않으면서 이익이라고 알았다면, 무익함을 거론할 것이나, 강제로는 거론하지 말라.

한 주처에 있어서 자자하는 때에 비구가 죄를 기억하여 벗어나고자 한다면, 이 비구는 마땅히 다른 비구들 곁에서 이러한 죄를 여법하게 참회해야 한다. 이와 같이 짓고서 마땅히 자자를 지어야 하나니, 마땅히 자자에 의심을 지어서 주어서는 아니된다. 한 주처에 있어서 자자하는 때에 비구가 한 죄를 의심한다면, 이 비구는 마땅히 다른 비구에게 '장로여. 내가 하나의 죄가 의심스럽습니다. 뒤에 이 일을 마땅히 묻겠습니다.'라고 말하여야 한다. 이와 같이 짓고서 마땅히 자자해야 하나니, 마땅히 자자에 의심을 지어서 주어서는 아니된다.

한 주처에 있어서 자자하는 때에 죄를 억념하여 벗어나고자 한다면, 이 비구는 마땅히 빠르게 '나는 뒤에 이러한 죄를 여법하게 참회하겠다.'라고 일심으로 생각해야 한다. 이와 같이 짓고서 마땅히 자자를 지어야 하나니, 마땅히 자자에 의심을 지어서 주어서는 아니된다. 한 주처에 있어서 만약 자자를 설하는 때에 비구가 한 가지의 죄라도 의심이 있다면, 이 비구는 마땅히 빠르게 '뒤에 이러한 죄를 마땅히 묻겠다.'라고 일심으로 생각해야 한다. 이와 같이 짓고서 마땅히 자자를 지어야 하나니, 마땅히 자자에 의심을 지어서 주어서는 아니된다.

한 주처에 있어서 자자하는 때에 일체의 비구 승가에게 죄가 있고 이러한 죄를 알았으며, 객비구가 청정하게 함께 머물고자 하며 같은 견해를 지녔어도 능히 이러한 죄를 여법하게 참회시킬 수 없다면, 이 여러 비구들은 마땅히 한 비구를 가까운 주처로 보내어서 '빠르게 그곳에 이르러 이러한 죄를 여법하게 참회하고 결국 돌아온다면 우리들은 그대의 곁에서 이러한 죄를 여법하게 참회하겠다.'라고 말하여야 한다. 이 비구가 이러한 일을 준비할 수 있다면 좋으나, 만약 능히 준비하지 못한다면 승가는 마땅히 한 비구를 시켜서 창언하라.

'대덕 승가께서는 허락하십시오. 우리들의 이 주처의 일체 승가가 죄를 얻었고 죄를 알고 있습니다. 객비구가 청정하게 함께 머물고자 하며 같은 견해를 지녔어도 능히 이러한 죄를 여법하게 참회시킬 수 없었습니다. 역시 가까운 주처에 구주 비구를 보내어 빠르게 그곳에 이르러 이러한 죄를 여법하게 참회하고 결국 돌아온다면 우리들은 그대의 곁에서 이러한 죄를 여법하게 참회하고자 하였으나, 능히 준비할 수 없었습니다. 만약 승가께서 때에 이르렀다면 승가께서는 허락하십시오. 승가시여. 만약 뒤에라도 이러한 죄를 여법하게 참회하십시오. 이와 같이 아룁니다.'

이와 같이 짓고서 마땅히 자자를 지어야 하나니, 마땅히 자자에 의심을 지어서 주어서는 아니된다.

한 주처에 있어서 자자하는 때에 일체의 비구에게 하나의 일 가운데에 의심이 있다면, 이 가운데에서 마땅히 한 비구가 이와 같이 창언하라.

'대덕 승가께서는 허락하십시오. 이 주처 안의 일체의 비구에게 하나의 일 가운데에서 의심이 있습니다. 만약 승가께서 때에 이르렀다면 승가께서는 허락하십시오. 승가시여. 뒤에라도 마땅히 이러한 일을 물으십시오. 이와 같이 아룁니다.'

이와 같이 짓고서 마땅히 자자를 지어야 하나니, 마땅히 자자에 의심을 지어서 주어서는 아니된다.

한 주처에 있어서 자자하는 때에 구주 비구가 만약 네 명이거나, 만약 네 명을 넘었고 자자하는 처소에 모여서 자자하였는데, 다른 주처에서 여러 비구들이 있어서 왔고, 청정하게 함께 머물고자 하며 같은 견해를 지녔고 숫자가 많았다면, 이 여러 비구들은 마땅히 다시 자자하도록 하라. 이와 같이 지어서 마쳤다면 구주 비구는 무죄이다. 만약 여러 비구들이 자자를 마쳤으나, 일체의 앉은 자리에서 일어나지도 않았고 떠나지도 않았는데, 다시 다른 주처의 여러 비구들이 왔고 청정하게 함께 머물고자 하며 같은 견해를 지녔고 숫자가 많았다면, 이 여러 비구들은 마땅히 다시 자자하도록 하라. 이와 같이 지어서 마쳤다면 이전의 비구는 무죄이다.

만약 여러 비구들이 자자를 마쳤고 일어나서 떠난 자도 있었고 일어나서 떠나지 않은 자도 있었는데, 다시 다른 주처의 비구가 왔고 청정하게 함께 머물고자 하며 같은 견해를 지녔고 숫자가 많았다면, 이 여러 비구들은 마땅히 다시 자자하도록 하라. 이와 같이 지어서 마쳤다면 이전의 비구는 무죄이다. 만약 여러 비구들이 자자를 마쳤고 일체가 앉은 자리에서 일어나서 떠나지 않았는데, 다시 다른 주처의 비구가 왔고 청정하게 함께 머물고자 하며 같은 견해를 지녔고 숫자가 많았다면, 이 여러 비구들은 마땅히 다시 자자하도록 하라. 이와 같이 지어서 마쳤다면 이전의 비구는 무죄 등도 역시 이와 같다.

한 주처에 있어서 자자하는 때에 구주 비구가 만약 네 명이거나, 만약 네 명을 넘었고 자자하는 처소에 모여서 자자하였는데, 다시 어느 다른 주처에 여러 비구들이 왔고, 청정하게 함께 머물고자 하며 같은 견해를 지녔고 숫자가 적었다면, 이 여러 비구들은 마땅히 차례대로 자자하도록 하라. 만약 여러 비구들이 자자를 마쳤으나, 일체의 앉은 자리에서 일어나지도 않았고 떠나지도 않았는데, 다시 다른 주처의 여러 비구들이 왔고 청정하게 함께 머물고자 하며 같은 견해를 지녔고 숫자가 적었다면, 이 여러 비구들은 구주 비구의 옆에서 마땅히 삼어자자를 짓도록 하라.

만약 여러 비구들이 자자를 마쳤고 일어나서 떠난 자도 있었고 일어나서 떠나지 않은 자도 있었는데, 다시 다른 주처의 비구가 왔고 청정하게 함께 머물고자 하며 같은 견해를 지녔고 숫자가 적었다면, 이 일어나서 떠나가지 않은 비구의 옆에서 마땅히 삼어자자를 짓도록 하라. 만약 여러 비구들이 자자를 마쳤고 일체가 앉은 자리에서 일어나서 떠나지 않았는데, 다시 다른 주처의 비구가 왔고 청정하게 함께 머물고자 하며 같은 견해를 지녔고 숫자가 적었다면, 이 여러 비구들이 만약 능히 같은 마음을 얻어서 마땅히 다시 자자를 자세히 짓는다면 좋으나, 만약 같은 마음을 얻지 못한다면 마땅히 경계의 밖으로 나가서 삼어자자를 짓도록 하라.

만약 구주 비구들이 자자하는 때에 다시 구주 비구들이 돌아왔는데, 만약 많거나, 만약 같거나, 만약 적을 것이다. 만약 많거나, 만약 같다면 마땅히 다시 설하여야 하고, 만약 적다면 마땅히 차례대로 자자를 짓도록 하라. 만약 구주 비구들이 자자하는 때에 객비구들이 왔는데, 만약 많거나, 만약 같거나, 만약 적을 것이다. 만약 많다면 마땅히 다시 자자하여야 하고, 만약 같거나, 만약 적다면 마땅히 차례대로 자자를 짓도록 하라.

만약 구주 비구들이 자자하는 때에 다시 구주 비구와 객비구들이 왔는데, 만약 많거나, 만약 같거나, 만약 적을 것이다. 만약 많거나, 만약 같다면 마땅히 다시 자자하여야 하고, 만약 적다면 마땅히 차례대로 자자를 짓도록 하라. 만약 객비구들이 자자하는 때에 다시 어느 객비구가 왔는데, 만약 많거나, 만약 같거나, 만약 적을 것이다. 만약 많다면 마땅히 다시 자자하여야 하고, 만약 같거나, 만약 적다면 마땅히 차례대로 자자를 짓도록 하라.

만약 객비구들이 자자하는 때에 구주 비구가 왔는데, 만약 많거나, 만약 같거나, 만약 적을 것이다. 만약 많거나, 만약 같다면 마땅히 다시 자자하여야 하고, 만약 적다면 마땅히 차례대로 자자를 짓도록 하라. 만약 객비구들이 자자하는 때에 구주 비구와 객비구가 함께 왔는데, 만약 많거나, 만약 같거나, 만약 적을 것이다. 만약 많거나, 만약 같다면 마땅히 다시 자자하여야 하고, 만약 적다면 마땅히 차례대로 자자를 짓도록 하라.

만약 구주 비구와 객비구들이 자자하는 때에 구주 비구가 왔는데, 만약 많거나, 만약 같거나, 만약 적을 것이다. 만약 많거나, 만약 같다면 마땅히 다시 설하여야 하고, 만약 적다면 마땅히 차례대로 자자를 짓도록 하라. 만약 구주 비구와 객비구들이 자자하는 때에 객비구가 왔는데, 만약 많거나, 만약 같거나, 만약 적을 것이다. 만약 많다면 마땅히 다시 설하여야 하고, 만약 같거나, 만약 적다면 마땅히 차례대로 자자를 짓도록 하라.

만약 구주 비구와 객비구들이 자자하는 때에 구주 비구와 객비구가 함께 왔는데, 만약 많거나, 만약 같거나, 만약 적을 것이다. 만약 많거나, 만약 같다면 마땅히 다시 자자하여야 하고, 만약 적다면 마땅히 차례대로 자자를 짓도록 하라. 한 주처에 있어서 자자하는 때에 구주 비구가 만약 다섯이거나, 만약 다섯을 넘었고 자자하는 처소에 모여서 자자하였는데, 다시 어느 다른 주처에서 여러 비구들이 왔고, 청정하게 함께 머물고자 하며 같은 견해를 지녔고 숫자가 많았으므로, 그들은 이와 같이 생각하였다.

'이 가운데에서 구주 비구가 만약 네 명이거나, 만약 네 명을 넘었으므로, 자자하는 처소에 모여서 자자하고자 할 것이다. 우리들도 마땅히 자자하여야 한다.'

청정하다는 생각(淨想)·계율이라는 생각(比尼想)·별도이고 같다고 분별하는 생각(別同別想)으로 자자하였는데, 다시 다른 주처의 비구가 왔고 청정하게 함께 머물고자 하며 같은 견해를 지녔고 숫자가 많았으므로, 그들이 마땅히 다시 자자한다면 이전의 비구는 죄를 얻는다.

그 비구들이 청정하다는 생각·계율이라는 생각·별도이고 같다고 분별하는 생각으로 자자를 마쳤으나, 만약 일체가 앉은 자리에서 일어나지도 않았고 떠나지도 않았거나, 만약 일부는 떠나갔고 일부는 떠나가지 않았거나, 만약 일체가 일어났으나 아직 떠나지 않았는데, 다시 다른 주처의 비구가 왔고 청정하게 함께 머물고자 하며 같은 견해를 지녔고 숫자가 많았으므로, 그들이 마땅히 다시 자자한다면 이전 비구는 죄를 얻는다.

한 주처에 있어서 포살하는 때에 구주 비구가 만약 다섯이거나, 만약 다섯을 넘었고 자자하는 처소에 모여서 자자하였는데, 다시 어느 다른 주처에서 여러 비구들이 왔고, 청정하게 함께 머물고자 하며 같은 견해를 지녔고 숫자가 많았으므로, 그들은 이렇게 생각을 지었다.

'이 가운데에서 구주 비구가 만약 다섯이거나, 만약 다섯을 넘었으므로, 포살하는 처소에 모여서 자자할 것이다. 우리들은 마땅히 이 가운데에서 자자하여서는 아니된다.'

이 여러 비구들은 마음에 의혹하며 별도이고 같다고 분별하는 생각으로 이 가운데에서 자자하였는데, 다시 다른 주처의 비구가 왔고 청정하게 함께 머물고자 하며 같은 견해를 지녔고 숫자가 많았으므로, 그들이 마땅히 다시 자자한다면 이전의 비구는 죄를 얻는다.

여러 비구들은 마음에 의혹하며 별도이고 같다고 분별하는 생각으로 이 가운데에서 자자하여 마쳤고, 일체가 앉은 자리에서 일어나지도 않았고 떠나지도 않았거나, 일부는 떠나갔고 일부는 떠나가지 않았거나, 만약 일체가 일어났으나 아직 떠나지 않았는데, 다시 다른 주처의 비구가 왔고 청정하게 함께 머물고자 하며 같은 견해를 지녔고 숫자가 많았으므로, 그 여러 비구들이 마땅히 다시 자자한다면 이전 비구는 죄를 얻는다.

한 주처에 있어서 포살하는 때에 구주 비구가 만약 다섯이거나, 만약 다섯을 넘었고 자자하는 처소에 모여서 자자하였는데, 다시 어느 다른 주처에서 여러 비구들이 왔고, 청정하게 함께 머물고자 하며 같은 견해를 지녔고 숫자가 많았으므로, 이 여러 비구들은 이렇게 생각을 지었다.

'우리들은 이 가운데에서 자자하는 것이 만약 마땅한가? 만약 마땅하지 않는가?'

청정한가? 부정한가를 의혹하고 별도이고 같다고 분별하는 생각으로 이 가운데에서 자자하였는데, 다시 다른 주처의 비구가 왔고 청정하게 함께 머물고자 하며 같은 견해를 지녔고 숫자가 많았으므로, 그 여러 비구들이 마땅히 다시 자자한다면 이전 비구는 죄를 얻는다.

만약 청정한가? 부정한가를 의혹하고 별도이고 같다고 분별하는 생각으로 이 가운데에서 자자하여 마쳤고, 일체가 앉은 자리에서 일어나지도 않았고 떠나지도 않았거나, 일부는 떠나갔고 일부는 떠나가지 않았거나, 일체가 일어났으나 아직 떠나지 않았는데, 다시 다른 주처의 비구가 왔고 청정하게 함께 머물고자 하며 같은 견해를 지녔고 숫자가 많았으므로, 여러 비구들이 마땅히 다시 자자한다면 이전 비구는 죄를 얻는다.

한 주처에 있어서 자자하는 때에 구주 비구가 만약 다섯이거나, 만약 다섯을 넘었고 자자하는 처소에 모여서 자자하였는데, 다시 어느 다른 주처에서 여러 비구들이 왔고, 청정하게 함께 머물고자 하며 같은 견해를 지녔고 숫자가 많았으므로, 듣고서 이렇게 생각을 지었다.

'다시 어느 다른 주처에 여러 비구들이 왔고, 청정하게 함께 머물고자 하며 같은 견해를 지녔고 숫자가 많다. 이들은 없어져야 하고, 버려져야 하며, 별도로 다르다. 우리는 이러한 비구들이 필요하지 않다.'

기꺼이 승가를 깨뜨리고자 하였고 별도이고 같다고 분별하는 생각으로 자자하였는데, 다시 다른 주처의 비구가 왔고 청정하게 함께 머물고자 하며 같은 견해를 지녔고 숫자가 많았으므로, 그들이 마땅히 다시 자자한다면 이전의 비구는 투란차죄를 얻는데 파승가에 가까운 까닭이다.

이 여러 비구들이 기꺼이 승가를 깨뜨리고자 하였고 별도이고 같다고 분별하는 생각으로 자자를 마쳤고, 일체가 앉은 자리에서 일어나지도 않았고 떠나지도 않았거나, 일부는 떠나갔고 일부는 떠나가지 않았거나, 일체가 일어났으나 아직 떠나지 않았는데, 다시 다른 주처의 비구가 왔고 청정하게 함께 머물고자 하며 같은 견해를 지녔고 숫자가 많았으므로, 그 여러 비구들이 마땅히 다시 자자한다면 이전의 비구는 투란차죄를 얻는데 파승가에 가까운 까닭이다.

만약 구주 비구들이 자자하는 때에 다시 구주 비구들이 왔는데, 만약 많거나 같다면 마땅히 다시 자자하여야 한다. 만약 구주 비구들이 자자하는 때에 객비구들이 왔는데, 만약 많거나 같다면 마땅히 다시 자자하여야 한다. 만약 구주 비구들이 자자하는 때에 구주 비구들과 객비구들이 함께 왔는데, 만약 많거나 같다면 마땅히 다시 자자하도록 하라.

만약 객비구들이 자자하는 때에 객비구들이 왔는데, 만약 많거나 같다면 마땅히 다시 자자하도록 하라. 만약 객비구들이 자자하는 때에 구주 비구들이 왔는데, 만약 많거나 같다면 마땅히 다시 자자하여야 한다. 만약 객비구들이 자자하는 때에 구주 비구들과 객비구들이 함께 왔는데, 만약 많거나 같다면 마땅히 다시 자자하도록 하라.

만약 구주 비구들과 객비구들이 함께 자자하는 때에 구주 비구들이 왔는데, 만약 많거나 같다면 마땅히 다시 자자하도록 하라. 만약 구주 비구들과 객비구들이 함께 자자하는 때에 객비구들이 왔는데, 만약 많거나 같다면 마땅히 다시 자자하도록 하라. 만약 구주 비구와 객비구들이 함께 자자하는 때에 구주 비구와 객비구들이 함께 왔는데, 만약 많거나 같다면 마땅히 다시 자자하도록 하라.

14일에 자자하는 구주 비구들이 많고 15일에 자자하는 객비구들이 적다면, 객비구는 마땅히 구주 비구를 따라서 이날에 마땅히 자자하도록 하라. 14일에 자자하는 구주 비구들이 적고 15일에 자자하는 객비구들이 많다면, 구주 비구들은 마땅히 객비구들을 따라서 이날에 자자하여서는 아니된다.

15일에 자자하는 구주 비구들이 많고 초하루에 자자하는 객비구들이 적다면, 객비구들은 마땅히 구주 비구들을 따라서 이날에 다시 자자하도록 하라. 15일에 자자하는 구주 비구들이 적고 초하루에 자자하는 객비구들이 많다면, 구주 비구들은 마땅히 객비구들을 따라서 그 주처의 경계 바깥으로 나가서 자자하도록 하라.

14일에 자자하는 객비구들이 많고 15일에 자자하는 구주 비구들이 적다면, 구주 비구들은 마땅히 객비구들을 따라서 이날에 자자하도록 하라. 14일에 자자하는 객비구들이 적고 15일에 자자하는 구주 비구들이 많다면, 객비구들은 마땅히 구주 비구들을 따라서 이날에 자자하여서는 아니된다.

15일에 자자하는 객비구들이 많고 초하루에 자자하는 구주 비구들이 적다면, 구주 비구들은 마땅히 객비구들을 따라서 이날에 다시 자자하도록 하라. 15일에 자자하는 객비구들이 적고 초하루에 자자하는 구주 비구들이 많다면, 객비구들은 마땅히 구주 비구들을 따라서 그 주처의 경계 바깥으로 나가서 자자하라.

한 주처에 있어서 자자하는 때에 여러 구주 비구는 객비구의 모습이거나, 객비구를 인연하는 만약 발소리이거나, 만약 석장 소리이거나, 만약 가죽신 소리이거나, 만약 다른 사람의 소리 등을 들었는데, 여러 비구들이 구하지 않고 찾지도 않으면서 곧 자자하였다면, 구주 비구는 죄를 얻는다. 만약 찾았으나, 부르지는 않고서 자자하였다면, 구주 비구는 죄를 얻는다. 만약 찾았으나 찾을 수 없었으므로 의심하면서 자자하였다면, 구주 비구는 죄를 얻는다. 만약 찾았으나 찾을 수 없었고 의심이 없었으므로 저자하였다면, 이와 같은 구주 비구는 무죄이다. 만약 찾았는데, 객비구를 찾았다면 일심으로 환희하고 마땅히 함께 자자하도록 하라. 이와 같다면 구주 비구는 무죄이다.

한 주처에 있어서 자자하는 때에 여러 객비구가 구주 비구의 모습이거나, 구주 비구를 인연한 만약 열쇠 소리이거나, 만약 대패 소리이거나, 만약 도끼 소리이거나, 독경 소리 등을 들었는데, 이 여러 객비구들이 구하지도 않고 찾아보지도 않고서 곧 자자하였다면, 객비구는 죄를 얻는다. 만약 찾았으나 부르지는 않고서 자자하였다면, 객비구는 죄를 얻는다. 만약 찾았으나 찾을 수 없었고, 의심하면서 자자하였다면, 객비구는 죄를 얻는다. 만약 찾았으나 찾을 수 없었고 의심이 없었으므로 자자하였다면, 객비구는 무죄이다. 만약 찾았는데, 구주 비구를 찾았다면 일심으로 환희하고 마땅히 함께 자자하도록 하라. 이와 같다면 객비구는 무죄이다.

한 주처에 있어서 자자하는 때에 구주 비구가 객비구의 모습이거나, 객비구를 인연하는 만약 알지 못하는 옷과 발우이거나, 만약 알지 못하는 석장이거나, 만약 기름을 담는 주머니이거나, 만약 가죽 신발이거나,

만약 침통 등을 보았는데, 구하지도 않고서 곧 자자하였다면, 구주 비구는 죄를 얻는다. 만약 찾았으나 부르지는 않고서 자자하였다면, 구주 비구는 죄를 얻는다. 만약 찾았으나 찾을 수 없었고, 의심하면서 자자하였다면, 구주 비구는 죄를 얻는다. 만약 찾았으나 찾을 수 없었고, 의심이 없었으므로 자자하였다면, 구주 비구는 무죄이다. 만약 찾았는데, 객비구를 찾았다면 일심으로 환희하고 마땅히 함께 포살하고 바라제목차를 설하도록 하라. 이와 같다면 구주 비구는 무죄이다.

한 주처에 있어서 자자하는 때에 여러 객비구가 구주 비구의 모습이거나, 구주 비구를 인연하여 만약 새롭게 물을 뿌려서 쓸었거나, 차례로 평상이 펼쳐져 있었는데, 이 여러 객비구들이 구하지도 않고 찾아보지도 않고서 곧 자자하였다면, 객비구는 죄를 얻는다. 만약 찾았으나 부르지는 않고서 자자하였다면, 객비구는 죄를 얻는다. 만약 찾았으나 찾을 수 없었고, 의심하면서 자자하였다면, 객비구는 죄를 얻는다. 만약 찾았으나 찾을 수 없었고, 의심이 없었으므로 자자하였다면, 객비구는 무죄이다. 만약 찾았는데, 구주 비구를 찾았다면 일심으로 환희하고 마땅히 함께 포살하고 바라제목차를 설하도록 하라. 이와 같다면 객비구는 무죄이다.

한 주처에 있어서 자자하는 때에 비구가 만약 다른 사람을 들추었거나, 만약 들추지 않았거나, 만약 억념시켰거나, 만약 억념시키지 않았더라도 스스로가 '나는 승가바시사죄가 있습니다.'라고 말하였다면, 이 비구에게 마땅히 별주를 주어야 하더라도 주어서는 아니된다. 이 가운데에서 한 비구가 창언하라.

'대덕 승가께서는 허락하십시오. 이 주처의 가운데에 비구가 있어 만약 다른 사람이 들추었거나, 만약 들추지 않았거나, 만약 억념시켰거나, 만약 억념시키지 않았더라도 스스로가 <나는 승가바시사죄가 있습니다.>라고 말하였습니다. 이 비구에게 마땅히 별주를 주어야 하더라도 주어서는 아니됩니다. 만약 승가께서 때에 이르렀다면 승가께서는 허락하십시오. 승가시여. 이 비구에게 뒤에 마땅히 별주를 주십시오. 이와 같이

아룁니다.'

이와 같이 짓고서 마땅히 자자해야 하고, 마땅히 자자에 의심을 지어서 주어서는 아니된다.

한 주처에 있어서 자자하는 때에 비구가 만약 다른 사람을 들추었거나, 만약 들추지 않았거나, 만약 억념시켰거나, 만약 억념시키지 않았더라도 스스로가 '나는 승가바시사죄가 있습니다.'라고 말하였다면, 이 비구에게 마땅히 마나타(摩那陀)를 주어야 하거나, 만약 마땅히 본일치(本日治)를 주어야 하거나, 만약 마땅히 출죄(出罪)를 주어야 하더라도 주어서는 아니 된다. 이 가운데에서 한 비구가 창언하라.

'대덕 승가께서는 허락하십시오. 이 주처의 가운데에 비구가 있어 만약 다른 사람을 들추었거나, 만약 들추지 않았거나, 만약 억념시켰거나, 만약 억념시키지 않았더라도 스스로가 <나는 승가바시사죄가 있습니다.>라고 말하였습니다. 이 비구에게 마땅히 마나타·본일치·출죄를 주어야 하더라도 주어서는 아니됩니다. 만약 승가께서 때에 이르렀다면 승가께서는 허락하십시오. 승가시여. 이 비구에게 뒤에 마땅히 별주를 주십시오. 이와 같이 아룁니다.'

이와 같이 짓고서 마땅히 자자해야 하고, 마땅히 자자에 의심을 지어서 주어서는 아니된다.

한 주처에 있어서 자자하는 때에 비구가 만약 다른 사람을 들추었거나, 만약 들추지 않았거나, 만약 억념시켰거나, 만약 억념시키지 않았더라도 스스로가 '나는 제사가라니죄(提舍迦羅尼罪)가 있습니다.'라고 말하였고, 이러한 일로 함께 논쟁하였고, 누구 비구는 '이 가운데에서 마땅히 참회시켜야 합니다.'라고 말하였으며, 누구 비구는 '이러한 일은 마땅히 마음에서 참회가 생겨나야 합니다.'라고 말하였다면, 이 가운데에서 한 비구가 창언하라.

'대덕 승가께서는 허락하십시오. 이 주처의 가운데에 비구가 있어 만약 다른 사람을 들추었거나, 만약 들추지 않았거나, 만약 억념시켰거나, 만약 억념시키지 않았더라도 스스로가 <나는 제사가라니죄가 있습니

다.>라고 말하였습니다. 이러한 일로 함께 논쟁하였고, 누구 비구는 '이 가운데에서 마땅히 참회시켜야 합니다.'라고 말하였고, 누구 비구는 '이러한 일은 마땅히 마음에서 참회가 생겨나야 합니다.'라고 말하였습니다. 만약 승가께서 때에 이르렀다면 승가께서는 허락하십시오. 이 비구가 만약 다른 비구에게 청정하게 함께 머물고자 하고 같은 견해가 있다면, 이 비구의 곁에서 이러한 죄를 여법하게 참회시키겠습니다. 이와 같이 아뢥니다.'

이와 같이 짓고서 마땅히 자자해야 하고, 마땅히 자자에 의심을 지어서 주어서는 아니된다.

한 주처에 있어서 자자하는 때에 비구가 만약 다른 사람을 들추었거나, 만약 들추지 않았거나, 만약 억념시켰거나, 만약 억념시키지 않았더라도 스스로가 '나는 제사가라니죄가 있습니다.'라고 말하였고, 이러한 일로 함께 논쟁하였으며, 누구 비구는 '이것은 바일죄입니다.'라고 말하였고, 누구 비구는 '이것은 바라제제사니입니다.'라고 말하였다면, 이 가운데에서 한 비구가 창언하라.

'대덕 승가께서는 허락하십시오. 이 주처의 가운데에 비구가 있어 만약 다른 사람을 들추었거나, 만약 들추지 않았거나, 만약 억념시켰거나, 만약 억념시키지 않았더라도 스스로가 <나는 제사가라니죄가 있습니다.>라고 말하였습니다. 이러한 일로 함께 논쟁하였고, 누구 비구는 '이것은 바일제죄입니다.'라고 말하였고, 누구 비구는 '이것은 바라제제사니입니다.'라고 말하였습니다. 만약 승가께서 때에 이르렀다면 승가께서는 허락하십시오. 이 비구가 만약 다른 비구에게 청정하게 함께 머물고자 하고 같은 견해가 있다면, 이 비구의 곁에서 이러한 죄를 여법하게 참회시키겠습니다. 이와 같이 아뢥니다.'

이와 같이 짓고서 마땅히 자자해야 하고, 마땅히 자자에 의심을 지어서 주어서는 아니된다.

한 주처에 있어서 자자하는 때에 비구가 만약 다른 사람을 들추었거나, 만약 들추지 않았거나, 만약 억념시켰거나, 만약 억념시키지 않았더라도 스스로가 '나는 제사가라니죄가 있습니다.'라고 말하였고, 이러한 일로 함께 논쟁하였으며, 누구 비구는 '이것은 유잔죄(有殘罪)이므로 다스릴 수 있습니다.' 말하였고, 누구 비구는 '이것은 무잔죄(無殘罪)이므로 다스릴 수 없습니다.' 말하였으며, 이 가운데에서 유잔죄이므로 다스릴 수 있다고 말한다면, 이 자는 함께 자자해야 하고, 이 가운데에서 무잔죄이므로 다스릴 수 없다고 말한다면, 이 자는 마땅히 함께 자자할 수 없으므로 그는 마땅히 멈추고 떠나가야 한다. 마땅히 싸우거나 서로가 말로 논쟁하면 아니된다.

한 주처에 있어서 자자하는 때에 비구가 만약 다른 비구의 죄를 만약 보았거나, 만약 들었거나, 만약 의심하였는데, 여러 비구들이 이러한 사람의 죄를 말하는 장로의 신업(身業)이 부정(不淨)하여 능히 음행하였거나, 능히 투도하였거나, 능히 사람의 목숨을 빼앗았거나, 능히 스스로가 과인법을 말하였거나, 능히 출정(出精)하였거나, 능히 몸으로 몸을 접촉하였거나, 능히 살아있는 초목을 죽였거나, 능히 때가 아닌 때에 먹었거나, 능히 술을 마시는 것 등을 알았다면 마땅히 이러한 비구의 말을 믿고서 죄를 다스려서는 아니된다. 승가는 마땅히 '그대 장로께서는 성내지 말고, 싸우지 않으며, 논쟁하지 말고 서로를 비방하지 마십시오.'라고 말해야 하고, 이와 같이 부끄러움이 없는 사람은 승가에서 숫자를 제외하고 승가는 마땅히 자자하여야 하고, 마땅히 자자에 장애를 지어서 주어서는 아니된다.

한 주처에 있어서 자자하는 때에 비구가 만약 다른 비구의 죄를 만약 보았거나, 만약 들었거나, 만약 의심하였는데, 여러 비구들이 이러한 사람의 죄를 말하는 장로의 구업(口業)이 부정하여 이것은 능히 망어였으므로 알지 못하였으나 알았다고 말하였거나, 알았으나 알지 못하였다고 말하였거나, 보지 못하였으나 보았다고 말하였거나, 보았으나 보지 못하였다고 말하였거나, 의심되지 않았으나 의심된다고 말하였거나, 의심되었으나 의심되지 않는다고 말하는 것 등을 알았다면 마땅히 이러한 비구의 말을 믿고서 죄를 다스려서는 아니된다. 승가는 '그대 장로께서는 성내지 말고, 싸우지 않으며, 논쟁하지 말고 서로를 비방하지 마십시오.'라고 마땅히 말해야 하고, 이와 같이 부끄러움이 없는 사람은 승가에서 숫자를 제외하고 승가는 마땅히 자자하여야 하고, 마땅히 자자에 장애를 지어서 주어서는 아니된다.

한 주처에 있어서 자자하는 때에 비구가 만약 다른 비구의 죄를 만약 보았거나, 만약 들었거나, 만약 의심하였는데, 여러 비구들이 이러한 사람의 죄를 말하는 장로의 신업과 구업이 부정하여 능히 음행하였거나, 능히 투도하였거나, 능히 사람의 목숨을 빼앗았거나, 능히 스스로가 과인법을 말하였거나, 능히 출정하였거나, 능히 몸으로 몸을 접촉하였거나, 능히 살아있는 초목을 죽이거나, 능히 때가 아닌 때에 먹었거나, 능히 술을 마시는 것 등과 역시 이것은 능히 망어였으므로 알지 못하였으나 알았다고 말하거나, 알았으나 알지 못한다고 말하거나, 보지 못하였으나 보았다고 말하거나, 보고서 보지 못하였다고 말하거나, 의심되지 않으나 의심된다고 말하거나, 의심되나 의심되지 않는다고 말하는 것 등을 알았다면 마땅히 이러한 비구의 말을 믿고서 죄를 다스려서는 아니된다. 승가는 마땅히 '그대 장로께서는 성내지 말고, 싸우지 않으며, 논쟁하지 말고 서로를 비방하지 마십시오.'라고 말해야 하고, 이와 같이 부끄러움이 없는 사람은 승가에서 숫자를 제외하고 승가는 마땅히 자자하여야 하고, 마땅히 자자에 장애를 지어서 주어서는 아니된다.

한 주처에 있어서 자자하는 때에 비구가 만약 다른 비구의 죄를 만약 보았거나, 만약 들었거나, 만약 의심하였는데, 여러 비구들이 이러한 사람의 죄를 말하는 장로의 신업이 청정(淸淨)하여 능히 음행하지 않았고, 능히 투도하지 않았으며, 능히 사람의 목숨을 빼앗지 않았고, 능히 스스로가 과인법을 말하지 않았으며, 능히 출정하지 않았고, 능히 몸으로 몸을 접촉하지 않았으며, 능히 살아있는 초목을 죽이지 않았고, 능히 때가 아닌 때에 먹지 않았으며, 능히 술을 마시는 것 등이 없으나, 이 장로가 지혜가 적어서 잘 결정하지 못하였고 잘 알지 못하여 이 사람도 역시 비법(非法)을 법(法)이라 말하였거나, 법을 비법이라 말하였거나, 불선(不善)을 선(善)이라 말하였거나, 선을 불선이라 말하는 것 등을 알았다면 마땅히 이러한 비구의 말을 믿고서 죄를 다스려서는 아니된다. 승가는 마땅히 '그대 장로께서는 성내지 말고, 싸우지 않으며, 논쟁하지 말고 서로를 비방하지 마십시오.'라고 말해야 하고, 이와 같이 부끄러움이 없는 사람은 승가에서 숫자를 제외하고 승가는 마땅히 자자하여야 하고, 마땅히 자자에 장애를 지어서 주어서는 아니된다.

한 주처에 있어서 자자하는 때에 비구가 만약 다른 비구의 죄를 만약 보았거나, 만약 들었거나, 만약 의심하였는데, 여러 비구들이 이러한 사람의 죄를 말하는 장로의 구업이 청정하였으나, 이 장로가 능히 알지 못하는 것을 알았다고 말하거나, 알았으나 알지 못한다고 말하거나, 보지 못하였으나 보았다고 말하거나, 보았으나 보지 못하였다고 말하거나, 의심되지 않았으나 의심된다고 말하거나, 의심되었으나 의심되지 않는다고 말하지는 않았어도, 이 장로가 지혜가 적어서 잘 결정하지 못하였고 잘 알지 못하여 이 사람도 역시 비법을 법이라 말하거나, 법을 비법이라 말하거나, 불선을 선이라 말하거나, 선을 불선이라 말하는 것 등을 알았다면 마땅히 이러한 비구의 말을 믿고서 죄를 다스려서는 아니된다. 승가는 마땅히 '그대 장로께서는 성내지 말고, 싸우지 않으며, 논쟁하지 말고 서로를 비방하지 마십시오.' 말해야 하고, 이와 같이 부끄러움이 없는 사람은 승가에서 숫자를 제외하고 승가는 마땅히 자자하여야 하고, 마땅히 자자에 장애를 지어서 주어서는 아니된다.

한 주처에 있어서 자자하는 때에 비구가 만약 다른 비구의 죄를 만약 보았거나, 만약 들었거나, 만약 의심하였는데, 여러 비구들이 이러한 사람의 죄를 말하는 장로의 신업과 구업이 청정하여 능히 음행하지 않았고, 능히 투도하지 않았으며, 능히 사람의 목숨을 빼앗지 않았고, 능히 스스로가 과인법을 말하지 않았으며, 능히 출정하지 않았고, 능히 몸으로 몸을 접촉하지 않았으며, 능히 살아있는 초목을 죽이지 않았고, 능히 때가 아닌 때에 먹지 않았으며, 능히 술을 마시는 것 등이 없었고, 역시 이 장로가 능히 알지 못하는 것을 알았다고 말하거나, 알았으나 알지 못한다고 말하거나, 보지 못하였으나 보았다고 말하거나, 보았으나 보지 못하였다고 말하거나, 의심되지 않았으나 의심된다고 말하거나, 의심되었으나 의심되지 않는다고 말하지는 않았어도, 이 장로가 지혜가 적어서 잘 결정하지 못하고 잘 알지 못하여 이 사람도 역시 비법을 법이라 말하거나, 법을 비법이라 말하거나, 불선을 선이라 말하거나, 선을 불선이라 말하는 것 등을 알았다면 마땅히 이러한 비구의 말을 믿고서 죄를 다스려서는 아니된다. 승가는 마땅히 '그대 장로께서는 성내지 말고, 싸우지 않으며, 논쟁하지 말고 서로를 비방하지 마십시오.'라고 말해야 하고, 이와 같이 부끄러움이 없는 사람은 승가에서 숫자를 제외하고 승가는 마땅히 자자하여야 하고, 마땅히 자자에 장애를 지어서 주어서는 아니된다.

한 비구가 만약 다른 비구의 죄를 만약 보았거나, 만약 들었거나, 만약 의심하였는데, 여러 비구들이 이러한 사람의 죄를 말하는 장로의 신업과 구업이 청정하여 능히 음행하지 않았고, 능히 투도하지 않았으며, 능히 사람의 목숨을 빼앗지 않았고, 능히 스스로가 과인법을 말하지 않았으며, 능히 출정하지 않았고, 능히 몸으로 몸을 접촉하지 않았으며, 능히 살아있는 초목을 죽이지 않았고, 능히 때가 아닌 때에 먹지 않았으며, 능히 술을 마시는 것 등이 없었고, 역시 이 장로가 능히 알지 못하는 것을 알았다고 말하거나, 알았으나 알지 못한다고 말하거나, 보지 못하였으나 보았다고 말하거나, 보았으나 보지 못하였다고 말하거나, 의심되지 않았으나 의심된다고 말하거나, 의심되었으나 의심되지 않는다고 말하지 않았으며, 이 장로가 지혜가 많아서 잘 결정하고 잘 알아서 이 사람은 비법을 법이라 말하거나, 법을 비법이라 말하거나, 불선을 선이라 말하거나, 선을 불선이라 말하는 것 등이 없었다면 이 장로에게 이때에 마땅히 자세하게 조심스럽게 묻고 조심스럽게 가르침을 받아야 한다.

'그대 장로께서 다른 사람의 죄를 말하였는데 눈으로 보셨습니까? 귀로 들으셨습니까? 마음으로 의심하셨습니까?'

이 장로가 만약 '눈으로 보았습니다.'라고 대답한다면, 여러 비구는 마땅히 묻도록 하라.

'만약 눈으로 보았다면 마땅히 귀로 들었다거나, 마음으로 의심하였다고 말하지 마십시오. 무엇 등을 보았고, 어느 곳에서 보았습니까? 어찌하여 보았고, 무슨 일을 짓는 것을 보았으며, 무슨 인연으로 그곳에 이르렀습니까?'

이 장로가 만약 '귀로 들었습니다.'라고 대답한다면, 여러 비구는 마땅히 묻도록 하라.

'눈으로 보았다거나, 마음으로 의심하였다고 말하지 마십시오. 무엇 등을 들었고, 어느 곳에서 들었습니까? 어찌하여 들었고, 무슨 일을 지었다고 들으셨습니까? 남자의 주변입니까? 여인의 주변입니까? 불능남의 주변입니까? 이근인(二根人)의 주변입니까?'

만약 '마음으로 의심하였습니다.'라고 대답한다면, 여러 비구는 마땅히 묻도록 하라.

'눈으로 보았다거나, 귀로 들었다고 말하지 마십시오. 무엇 등을 의심하였고, 어느 곳에서 의심하였습니까? 어찌하여 의심하였고, 무슨 일을 의심하십니까? 만약 신업인 죄의 가운데에서 의심하십니까? 구업인 죄의 가운데에서 의심하십니까? 유잔죄·무잔죄·유잔무잔죄(有殘無殘罪)의 가운데에서 의심하십니까? 취락의 처소나 공터의 어느 곳이라고 의심하십니까?'

이와 같이 자세하게 조심스럽게 묻고 조심스럽게 가르침을 받아서 이 장로의 말이 사실이라면 여러 비구는 마땅히 일심으로 죄를 지은 그 비구를 다스리도록 하라.

만약 죄를 지은 비구가 '나는 백의이다.'라고 말한다면, 승가는 마땅히 '그대는 떠나가시오.'라고 말하여야 하고, 승가는 마땅히 자자하여야 하며, 마땅히 자자에 장애를 지어서 주어서는 아니된다.

일체의 일을 먼저 지어서 마쳤다면, 승가는 자자하여야 한다. 만약 현전비니(現前毘尼)를 주어야 한다면 주어서 마땅히 지어서 마칠 것이고,

억념비니(憶念毘尼)를 주어야 한다면 주어서 마땅히 지어서 마칠 것이며, 불치비니(不癡毘尼)를 주어야 한다면 주어서 마땅히 지어서 마칠 것이고, 자언비니(自言毘尼)를 주어야 한다면 주어서 마땅히 지어서 마칠 것이며, 실멱비니(實覓毘尼)를 주어야 한다면 주어서 마땅히 지어서 마칠 것이고, 다멱비니(多覓毘尼)를 주어야 한다면 주어서 마땅히 지어서 마쳐야 한다.

이 비구에게 만약 고절갈마(苦切羯磨)를 주어야 한다면 주어서 마땅히 지어서 마칠 것이고, 의지갈마(依止羯磨)를 주어야 한다면 주어서 마땅히 지어서 마칠 것이며, 구출갈마(驅出羯磨)를 주어야 한다면 주어서 마땅히 지어서 마칠 것이고, 만약 하의갈마(下意羯磨)를 주어야 한다면 주어서 마땅히 지어서 마칠 것이며, 불견빈갈마(不見擯羯磨)를 주어야 한다면 주어서 마땅히 지어서 마칠 것이고, 별주갈마(別住羯磨)를 주어야 한다면 주어서 마땅히 지어서 마칠 것이며, 마나타갈마(摩那埵羯磨)를 주어야 한다면 주어서 마땅히 지어서 마칠 것이고, 본일치갈마(本日治羯磨)를 주어야 한다면 주어서 마땅히 지어서 마칠 것이며, 출죄갈마(出罪羯磨)를 주어야 한다면 주어서 마땅히 지어서 마치고서, 승가는 마땅히 자자하여야 하느니라.

만약 안거하는 비구가 '그 주처에 비구가 있어 성내면서 투쟁하고 서로를 비방하는데 와서 이곳의 비구들이 자자하는 것을 막고자 한다.'는 것을 들었다면, 여러 비구는 마땅히 두 사람이거나, 세 사람이거나, 네 사람이라도 빠르게 포살을 짓고, 승가를 위한 자자인을 뽑아서 자세하게 자자하여야 한다. 이곳의 여러 비구들은 두 사람이거나, 세 사람이거나, 네 사람이라도 빠르게 포살을 짓고, 승가를 위한 자자인을 뽑아서 자세하게 자자하여야 한다. 이와 같다면 좋으나, 만약 이루어지지 못하였고 여러 비구들이 '그 비구는 성내면서 투쟁하고 서로를 비방하였는데 그곳을 떠나서 자자하는 것을 막고자 오고 있다.'는 것을 들었다면, 이때 바르게 모여서 자자인을 뽑아서 자세하게 자자하여야 한다. 이와 같다면 좋으나, 만약 이루어지지 못하였고 '그 비구는 성내면서 투쟁하고 서로를 비방하였는데 그곳을 떠나서 왔으며 경계 안으로 들어왔다.'는 것을 들었다면, 이때 구주 비구들은 마땅히 일심으로 부드러운 말로 맞이하여 문신하고 환희해야 한다.

옷과 발우를 받아주고 방사를 공개하여 와구를 보여주면서 '장로여. 이것은 그대들의 좌상이고, 거친 노끈의 평상이며, 고운 노끈의 평상이고, 이불과 요입니다. 그대들은 상좌부터 차례로 이 가운데에 편안히 머무십시오.'라고 말해야 한다. 마땅히 목욕 도구인 장작·조두(澡豆)·뜨거운 물·몸에 바르는 소유(蘇油) 등을 준비해야 한다. 객비구들이 욕실에 들어갔다면, 구주 비구들은 그 주처의 마땅히 경계를 벗어나서 승가를 위한 자자인을 선출하고 자자인을 뽑아서 자세하게 자자하여야 한다. 이와 같다면 좋으나, 만약 이루어지지 못하였다면, 구주 비구는 객비구에게 이렇게 말하라.

'장로여. 우리들은 포살을 하고 자자는 하지 않겠습니다. 뒤에 포살하는 때에 우리들이 마땅히 자자하겠습니다.'

객비구가 구주 비구에게 '장로여. 뒤에 포살하는 때에 자자하여서는 아니됩니다. 만약 말할 일이 있다면 지금 말하십시오. 무슨 일의 까닭인가? 우리들에게 세존께서 자자를 허락하셨어도 이러한 일은 얻을 수 없습니다.'라고 말한다면, 구주 비구는 마땅히 객비구에게 말하라.

'그대들은 구주 비구를 놓아두고 스스로가 자자의 때를 아십시오.'

만약 객비구가 이때에 다른 곳으로 떠난다면 좋으나, 만약 떠나지 않는다면 구주 비구는 객비구에게 마땅히 말하라.

'우리는 뒤에 포살하는 때에도 자자하지 않겠습니다. 우리는 8월의 4개월째에 자자하겠습니다. 우리들이 여름철 마지막 달에 자자한다면 보시를 많이 얻을 것입니다.'

객비구가 구주 비구에게 '장로여. 그대들이 뒤의 8월의 4개월째에 자자하여서는 아니됩니다. 만약 말할 일이 있다면 지금 말하십시오. 무슨 일의 까닭인가? 우리들에게 세존께서 자자를 허락하셨어도 이러한 일은 얻을 수 없습니다.'라고 말한다면, 구주 비구는 마땅히 객비구에게 말하라.

'그대들은 구주 비구를 놓아두고 스스로가 자자의 때를 아십시오.'

만약 객비구가 이때에 다른 곳으로 떠난다면 좋으나, 만약 떠나지 않는다면 구주 비구는 이 가운데에서 자자하지 말고 떠나라. 우리들이 마땅히 싸우거나, 서로가 말로 논쟁하면 아니된다.

만약 병이 있는 비구가 병이 없는 비구의 자자를 막는다면 승가는 마땅히 병이 있는 비구에게 말하도록 하라.

'그대 장로께서는 병이 있으시므로 병이 없는 비구들의 자자를 막지 마십시오. 왜 그러한가? 병자는 안은함이 적은 까닭입니다.'

만약 병이 없는 비구가 병든 비구들의 자자를 막는다면 승가는 마땅히 병이 없는 비구에게 말하도록 하라.

'장로여. 그대는 병든 비구의 자자를 막지 마십시오. 왜 그러한가? 병자는 안은함이 적은 까닭입니다.'

병이 있는 비구가 사자를 보내어 병이 없는 비구의 자자를 막는다면 승가는 마땅히 이 사자에게 말하도록 하라.

'장로여. 병자의 말을 받아들여서 병이 없는 비구들의 자자를 막지 마십시오. 왜 그러한가? 병자는 안은함이 적은 까닭입니다.'

이 사자가 병자의 주변에 가서 말하였다.

'장로여. 승가가 그대에게 충고하여 말하였습니다. <병자는 병이 없는 비구의 자자를 막지 마십시오. 왜 그러한가? 병자는 안은함이 적은 까닭입니다.>' 병자가 '막아야 한다.'고 말한다면, 이 병든 비구는 돌길라죄(突吉羅罪)를 얻는다. 사자가 병자의 말을 받아들여서 병이 없는 비구들의 자자를 막았다면 이 사자도 돌길라죄를 얻는다. 병이 없는 비구가 사자를 보내어 병든 비구들의 자자를 막더라도 역시 이와 같다.

네 종류의 비법(非法)으로 자자를 막는 것이 있고, 네 종류의 여법(如法)으로 자자를 막는 것이 있다. 무엇이 비법으로 자자를 막는 것인가? 첫째는 근거도 없이 계를 깨뜨렸다고 막는 것이고, 둘째는 근거도 없이 정견(正見)을 깨뜨렸다고 막는 것이며, 셋째는 근거도 없이 정명(正命)을 깨뜨렸다고 막는 것이고, 넷째는 근거도 없이 위의(威儀)를 깨뜨렸다고 막는 것이다.

이것을 네 종류의 비법으로 막는 것이다. 무엇이 여법하게 자자를 막는 것인가? 첫째는 근거가 있어 계를 깨뜨렸다고 막는 것이고, 둘째는 근거가 있어 정견을 깨뜨렸다고 막는 것이며, 셋째는 근거가 있어 정명을 깨뜨렸다고 막는 것이고, 넷째는 근거가 있어 위의를 깨뜨렸다고 막는 것이다. 이것을 네 종류의 여법으로 막는 것이다.

세존께서는 사위국에 머무르셨다.

세존께서는 여러 비구들에게 말씀하셨다.

"지금부터 일설자자(一說自恣)와 이설자자(二說自恣)를 허락하겠나니, 삼설자자(三說自恣)는 내가 이미 허락한 것이니라. 만약 일설자자를 짓는 때에 첫 번째의 말이 아직 끝나지 않았는데 만약 막았다면 이것은 비법으로 자자를 막은 것이다. 만약 한 번의 말이 끝나고서 이것을 막았다면 여법하게 자자를 막은 것이다.

만약 이설자자를 짓는 때에 첫 번째의 말이 아직 끝나지 않았는데 이것을 막았다면 이것은 비법으로 자자를 막은 것이고, 첫 번째의 말이 끝나고서 이것을 막았더라도 이것은 비법으로 자자를 막은 것이며, 두 번째의 말이 아직 끝나지 않았는데 이것을 막았더라도 이것은 비법으로 자자를 막은 것이다. 두 번째의 말을 마치고서 이것을 막았다면 여법하게 자자를 막은 것이다.

만약 삼설자자를 짓는 때에 첫 번째의 말이 아직 끝나지 않았는데 이것을 막았다면 이것은 비법으로 자자를 막은 것이고, 첫 번째의 말이 끝나고서 이것을 막았더라도 이것은 비법으로 자자를 막은 것이며, 두 번째의 말이 아직 끝나지 않았는데 이것을 막았더라도 이것은 비법으로 자자를 막은 것이고, 두 번째의 말을 마치고서 이것을 막았더라도 이것은 비법으로 자자를 막은 것이며, 세 번째의 말이 아직 끝나지 않았는데 이것을 막았더라도 이것은 비법으로 자자를 막은 것이고, 세 번째의 말을 마치고서 이것을 막았다면 여법하게 자자를 막은 것이다.

무슨 처소를 세존께서 마땅히 일설자자를 허락하는가? 한 주처에서 자자하는 때와 같았는데, 회중(會衆)이 큰 것이다. 승가 가운데의 여러 비구들이 '이 주처의 승가는 회중이 크구나. 만약 우리들이 삼설자자를 짓는다면 밤이 많이 지나가도 자자할 수 없을 것이다.' 이와 같이 사유하였다면, '만약 승가께서 때에 이르렀다면 승가께서는 허락하십시오. 승가시여. 마땅히 일설갈마를 짓겠습니다. 이와 같이 아룁니다.'

이와 같이 마땅히 갈마를 짓고 자자하여야 하고, 마땅히 자자에 장애를 지어서 주어서는 아니되며, 이와 같은 주처에서는 일설갈마를 짓도록 하라.

한 주처에서 자자하는 때와 같았는데, 왕이거나, 왕과 같은 자들이 여러 비구의 곁에 앉아서 법을 듣고자 하였고, 이 가운데에서 여러 비구들이 설법하면서 밤이 매우 깊었다면, 여러 비구는 '이 주처에서 왕이거나, 왕과 같은 자들이 여러 비구의 곁에 앉아서 법을 듣고자 하였고, 이 가운데에서 여러 비구들이 설법하면서 밤이 매우 깊었다. 만약 우리들이 삼설자자를 짓는다면 밤이 많이 지나가도 자자할 수 없을 것이다.' 이와 같이 사유하였다면, '만약 승가께서 때에 이르렀다면 승가께서는 허락하십시오. 승가시여. 마땅히 일설갈마를 짓겠습니다. 이와 같이 아룁니다.'

이와 같이 마땅히 갈마를 짓고 자자하여야 하고, 마땅히 자자에 장애를 지어서 주어서는 아니되며, 이와 같은 주처에서는 일설갈마를 짓도록 하라.

한 주처에서 자자하는 때와 같았는데, 큰 보시를 얻었고, 이 가운데에서 여러 비구들이 몫을 나누면서 밤이 매우 깊었다. 여러 비구들은 '이 주처에서 큰 보시를 얻었고, 이 가운데에서 여러 비구들이 몫을 나누면서 밤이 매우 깊었다. 만약 우리들이 삼설자자를 짓는다면 밤이 많이 지나가도 자자할 수 없을 것이다.' 이와 같이 사유하였다면, '만약 승가께서 때에 이르렀다면 승가께서는 허락하십시오. 승가시여. 마땅히 일설갈마를 짓겠습니다. 이와 같이 아룁니다.'

이와 같이 마땅히 갈마를 짓고 자자하여야 하고, 마땅히 자자에 장애를 지어서 주어서는 아니되며, 이와 같은 주처에서는 일설갈마를 짓도록 하라.

한 주처에서 자자하는 때와 같았는데, 두 법사가 뜻에 걸림이 없었고(義辯), 명호에 걸림이 없었으며(名辯), 표현에 걸림에 없었고(辭辯), 응용에 걸림이 없어서(應辯) 이 두 비구의 설법으로 밤이 매우 깊었다. 여러 비구들은 '이 주처에서 두 법사가 뜻에 걸림이 없었고, 명호에 걸림이 없었으며, 표현에 걸림에 없었고, 응용에 걸림이 없어서 이 두 비구의 설법으로 밤이 매우 깊었다. 만약 우리들이 삼설자자를 짓는다면 밤이 많이 지나가도 자자할 수 없을 것이다.' 이와 같이 사유하였다면, '만약 승가께서 때에 이르렀다면 승가께서는 허락하십시오. 승가시여. 마땅히 일설갈마를 짓겠습니다. 이와 같이 아룁니다.'

이와 같이 마땅히 갈마를 짓고 자자하여야 하고, 마땅히 자자에 장애를 지어서 주어서는 아니되며, 이와 같은 주처에서는 일설갈마를 짓도록 하라.

한 주처에서 자자하는 때와 같았는데, 여러 비구들에게 네 가지의 일이 만약 하나·하나의 일이 일어났고, 이것의 까닭으로써 밤이 매우 깊었다. 여러 비구들은 '이 주처에서 네 가지의 일이 만약 하나하나의 일로 일어났고 이것을 까닭으로써 밤이 매우 깊었다. 만약 우리들이 삼설자자를 짓는다면 밤이 많이 지나가도 자자할 수 없을 것이다.' 이와 같이 사유하였다면, '만약 승가께서 때에 이르렀다면 승가께서는 허락하십시오. 승가시여. 마땅히 일설갈마를 짓겠습니다. 이와 같이 아룁니다.'

이와 같이 마땅히 갈마를 짓고 자자하여야 하고, 마땅히 자자에 장애를 지어서 주어서는 아니되며, 이와 같은 주처에서는 일설갈마를 짓도록 하라.

한 주처에서 자자하는 때와 같았는데, 많은 비구들이 병이 있었다. 이 가운데에서 여러 비구들은 '이 주처에서 많은 비구들이 병이 있었다. 만약 우리들이 삼설자자를 짓는다면 병든 비구들이 무릎을 꿇는 것을 감당하지 못할 것이다.' 이와 같이 생각하였다면, '만약 승가께서 때에

이르렀다면 승가께서는 허락하십시오. 승가시여. 마땅히 일설갈마를 짓겠습니다. 이와 같이 아룁니다.'

이와 같이 마땅히 갈마를 짓고 자자하여야 하고, 마땅히 자자에 장애를 지어서 주어서는 아니되며, 이와 같은 주처에서는 일설갈마를 짓도록 하라.

한 주처에서 자자하는 때와 같았는데, 큰 비가 내리고 덮은 지붕이 허술하였다. 이 가운데에서 여러 비구들은 '이 주처에서 큰 비가 내리고 덮은 지붕이 허술하였다. 만약 우리들이 삼설자자를 짓는다면 지붕이 새서 승가의 와구를 더럽히고 여러 비구의 옷도 젖게 될 것이다.' 이와 같이 생각하였다면, '만약 승가께서 때에 이르렀다면 승가께서는 허락하십시오. 승가시여. 마땅히 일설갈마를 짓겠습니다. 이와 같이 아룁니다.'

이와 같이 마땅히 갈마를 짓고 자자하여야 하고, 마땅히 자자에 장애를 지어서 주어서는 아니되며, 이와 같은 주처에서는 일설갈마를 짓도록 하라.

한 주처에서 자자하는 때와 같았는데, 팔난(八難)에서 만약 하나하나의 난리가 일어났는데, 만약 왕의 난리이거나, 도둑의 난리이거나, 불의 난리이거나, 물의 난리이거나, 맹수의 난리이거나, 배로 기어가는 벌레의 난리이거나, 사람의 난리이거나, 비인의 난리 등이다.

무엇을 왕법의 난리라고 말하는가? 만약 왕이 성내면서 칙명하여 여러 사문 석자(釋子)를 잡아들여 타살하거나, 포박하거나, 쫓아내거나, 가사를 빼앗고 백의의 옷을 주어 상병(象兵)·마병(馬兵)·거병(車兵)·보병(步兵)·사병(射兵)으로 명령하거나, 코끼리의 갈고리를 잡게 하거나, 고삐를 끌게 하거나, 가마를 메고 군진(軍陣)을 출입하게 하는 등의 만약 하나하나의 관청에서 잡스럽게 부리는 것이다. 이 가운데에서 여러 비구들이 '이 주처에서는 왕이 성내면서 칙명하여 여러 사문 석자를 잡아들여 타살하거나, 포박하거나, 쫓아내거나, 가사를 빼앗고 백의의 옷을 주어 상병·마병·거병·보병·사병으로 충당하거나, 코끼리의 갈고리를 잡게 하거나, 고삐를 끌게 하거나, 가마를 메고 군진을 출입하게 하는 등 하나하나의 관청에서 잡스럽게 부리고 있다. 우리들이 삼설자자를 짓는다면 혹은 목숨을 빼앗기거나, 혹은 파계할 것이다.'라고 사유하였다면, '만약 승가께서 때에 이르렀다면 승가께서는 허락하십시오. 승가시여. 마땅히 일설갈마를 짓겠습니다. 이와 같이 아룁니다.'

이와 같이 마땅히 갈마를 짓고 자자하여야 하고, 마땅히 자자에 장애를 지어서 주어서는 아니되며, 이와 같은 주처에서는 일설갈마를 짓도록 하라.

무엇을 도둑의 난리라고 말하는가? 만약 여러 도둑들이 성내면서 약속하고 명령하여 여러 사문 석자를 잡아들여 살해하거나, 포박하거나, 쫓아내거나, 머리를 취하여 피로 문고리와 창문에 바르거나, 글씨를 쓰거나, 표시하거나, 대문·빗장·쇠뿔·상아의 벽걸이·용마루·대들보·옷의 시렁·승방(僧房)·별방(別房)·담장·벽·식당·문간(門間)·선굴(禪窟)·대소변을 보는 곳(大小便處)·중각당·경행하는 길의 나무 아래 등의 모두에 피로 글씨를 쓰거나, 표시하는 것이다. 여러 비구들이 '이 주처에서는 여러 도둑들이 성내면서 약속하고 명령하여 여러 사문 석자를 잡아들여 살해하거나, 포박하거나, 쫓아내거나, 머리를 취하여 피로 문고리와 창문에 바르거나, 글씨를 쓰거나, 표시하거나, 대문·빗장·쇠뿔·상아의 벽걸이·용마루·대들보·옷의 시렁·승방·별방·담장·벽·식당·문간·선굴·대소변을 보는 곳·중각당·경행하는 길의 나무 아래 등의 모두에 피로 글씨를 쓰거나, 표시하였다. 우리들이 삼설자자를 짓는다면 혹은 목숨을 빼앗기거나, 혹은 파계할 것이다.'라고 사유하였다면, '만약 승가께서 때에 이르렀다면 승가께서는 허락하십시오. 승가시여. 마땅히 일설갈마를 짓겠습니다. 이와 같이 아룁니다.'

이와 같이 마땅히 갈마를 짓고 자자하여야 하고, 마땅히 자자에 장애를 지어서 주어서는 아니되며, 이와 같은 주처에서는 일설갈마를 짓도록 하라.

무엇을 불의 난리라고 말하는가? 여러 비구들이 숲속에 승방을 지었는데, 이 가운데에 하늘의 불이거나, 큰 불이 일어났고 이 불이 여러 숲과 나무·경행하는 길·중각당·승방·별방·담장·식당·문간·대소변을 보는 곳 등을 태웠고, 나아가 거사들의 소·양·나귀·말·낙타·곡식 창고·하인들까지 모두 태웠다. 여러 비구들은 '이곳은 숲속에 지은 정사(精舍)이다. 하늘의 불이거나, 큰 불이 일어났고 이 불이 여러 숲과 나무·경행하는 길, 나아가 거사들의 사탕수수밭·논·보리밭·깨밭·포도밭·소·양·나귀·말·낙타·곡식 창고 및 하인들까지도 모두 태우고 있다. 우리들이 삼설자자를 짓는다면 혹은 목숨을 빼앗기거나, 혹은 파계할 것이다.'라고 사유하였다면, '만약 승가께서 때에 이르렀다면 승가께서는 허락하십시오. 승가시여. 마땅히 일설갈마를 짓겠습니다. 이와 같이 아룁니다.'

이와 같이 마땅히 갈마를 짓고 자자하여야 하고, 마땅히 자자에 장애를 지어서 주어서는 아니되며, 이와 같은 주처에서는 일설갈마를 짓도록 하라.

무엇을 물의 난리라고 말하는가? 만약 여러 비구들이 강가에 승방을 지었는데, 이 가운데에 여러 용들이 설산(雪山)에 그 몸을 의지하여 머물렀으나, 몸이 증장되고 힘을 얻어 강으로 들어갔고 바다로 돌아가면서 강물을 크게 범람시켰으므로, 여러 숲과 경행하는 길과 중각당·승방·별방·식당·문간·대소변을 보는 곳이 떠내려갔으며, 역시 여러 거사의 사탕수수밭과 논, 나아가 여러 곡식 창고와 그 하인들까지도 물에 떠내려갔다. 이 가운데에서 여러 비구는 '이곳은 강가에 지은 승방이다. 여러 설산에 몸을 의지하여 머무르던 여러 용이 그 몸이 증장하고 힘을 얻어 강으로 들어갔고 바다로 돌아가면서 강물을 크게 범람시켰으므로, 여러 숲과 경행하는 길과 중각당·승방·별방·식당·문간·대소변을 보는 곳이 떠내려갔으며, 역시 여러 거사의 사탕수수밭과 논, 나아가 여러 곡식 창고와 그 하인들까지도 물에 떠내려갔다. 우리들이 삼설자자를 짓는다면 혹은 목숨을 빼앗기거나, 혹은 파계할 것이다.'라고 사유하였다면, '만약 승가께서 때에 이르렀다면 승가께서는 허락하십시오. 승가시여. 마땅히 일설갈마를 짓겠습니다. 이와 같이 아룁니다.'

이와 같이 마땅히 갈마를 짓고 자자하여야 하고, 마땅히 자자에 장애를 지어서 주어서는 아니되며, 이와 같은 주처에서는 일설갈마를 짓도록 하라.

무엇을 맹수의 난리라고 말하는가? 만약 여러 비구들은 맹수가 있는 곳에 승방을 지었는데, 이 가운데에서 젊은 여러 비구들은 마땅한 법을 알지 못하여 아닌 곳에 대소변을 보았고 더러운 옷을 세탁하여 말렸다. 여러 맹수가 성을 내었는데 맹수는 이를테면, 사자·호랑이·표범·승냥이·늑대·곰·말곰(羆) 등이고, 맹수들이 승방과 별방의 가운데에, 담장·식당·선굴·문간·대소변을 보는 곳·욕실·중각당·경행하는 길의 나무 밑에 있었다. 여러 비구들은 '이곳은 맹수가 있는 곳에 지은 승방이다. 이 가운데에서 젊은 여러 비구들이 마땅한 법을 알지 못하여 아닌 곳에 대소변을 보았고 더러운 옷을 세탁하여 말렸으므로 여러 맹수가 성을 내었다. 맹수는 이를테면, 사자·호랑이·표범·승냥이·늑대·곰·말곰 등이고, 맹수들이 승방과 별방의 가운데에, 담장·식당·선굴·문간·대소변을 보는 곳·욕실·중각당·경행하는 길의 나무 밑에 있었다. 우리들이 삼설자자를 짓는다면 혹은 목숨을 빼앗기거나, 혹은 파계할 것이다.'라고 사유하였다면, '만약 승가께서 때에 이르렀다면 승가께서는 허락하십시오. 승가시여. 마땅히 일설갈마를 짓겠습니다. 이와 같이 아룁니다.'

이와 같이 마땅히 갈마를 짓고 자자하여야 하고, 마땅히 자자에 장애를 지어서 주어서는 아니되며, 이와 같은 주처에서는 일설갈마를 짓도록 하라.

무엇을 배로 기어가는 벌레의 난리라고 말하는가? 만약 여러 비구들이 용이 있는 곳에 승방을 지었는데, 이 가운데에서 젊은 여러 비구들은 마땅한 법을 알지 못하여 아닌 곳에 대소변을 보았고 더러운 옷을 세탁하여 말렸다. 이 가운데에서 여러 용이 성내면서 독사나 지네를 풀어놓았고, 여러 비구의 평상 아래·평상 위·의자 아래·의자 위·독좌상 아래·문고리·창문·대문·빗장·쇠뿔이나 상아의 벽걸이·대들보·서까래·옷걸이·승방·별방·담장·식당·문간·선굴·욕실·중각당·대소변을 보는 곳·경행하는 길의 나무 밑으로 기어다녔다. 여러 비구는 '이곳은 용이 사는 곳에다 지은 승방이다. 이 가운데에서 젊은 여러 비구들은 마땅한 법을 알지 못하였고, 나아가 [이하의 문장은 생략한다.] 경행하는 길의 나무 밑으로 기어다니고 있다. 우리들이 삼설자자를 짓는다면 혹은 목숨을 빼앗기거나, 혹은 파계할 것이다.'라고 사유하였다면, '만약 승가께서 때에 이르렀다면 승가께서는 허락하십시오. 승가시여. 마땅히 일설갈마를 짓겠습니다. 이와 같이 아룁니다.'

이와 같이 마땅히 갈마를 짓고 자자하여야 하고, 마땅히 자자에 장애를 지어서 주어서는 아니되며, 이와 같은 주처에서는 일설갈마를 짓도록 하라.

무엇을 사람의 난리라고 말하는가? 여러 비구들이 혹은 취락을 의지하여 머물렀는데, 여러 비구들은 마땅한 법을 알지 못하여 귀인(貴人)인 부녀자를 만약 부드러운 말로 말하였거나, 만약 꾸짖어 복종시키고자 하였다. 이 가운데에서 여러 사람들이 성내면서 약속하고 명하여서 여러 사문 석자를 잡아들여 살해하거나, 포박하거나, 쫓아내거나, 성과 취락으로 들어오지 못하게 하거나, 거리를 지나지 못하게 하거나, 집으로 들어오지 못하게 하거나, 집안에 앉지 못하게 하거나, 걸식하지 못하게 하거나, 공양을 주지 못하게 하였다. 이것을 여러 비구들은 '이러한 여러 마땅한 법을 알지 못하여 귀인인 부녀자를 만약 부드러운 말로 말하였거나, 만약 꾸짖어 복종시키고자 하였으므로, 이 가운데에서 여러 사람들이 성내면서 약속하고 명하여서 여러 사문 석자를 잡아들여 살해하거나, 나아가 [이하의 문장은 생략한다.] 공양을 주지 못하게 한다. 우리들이 삼설자자를 짓는다면 혹은 목숨을 빼앗기거나, 혹은 파계할 것이다.'라고 사유하였다면, '만약 승가께서 때에 이르렀다면 승가께서는 허락하십시오. 승가시여. 마땅히 일설갈마를 짓겠습니다. 이와 같이 아룁니다.'

이와 같이 마땅히 갈마를 짓고 자자하여야 하고, 마땅히 자자에 장애를 지어서 주어서는 아니되며, 이와 같은 주처에서는 일설갈마를 짓도록 하라.

무엇을 비인의 난리라고 말하는가? 여러 비구들이 있어 비인들의 주처에 승방을 지었는데, 이 가운데에서 젊은 여러 비구들이 마땅한 법을 알지 못하여 아닌 곳에 대소변을 보았고 더러운 옷을 세탁하여 말렸다. 이 가운데에서 비인이 다시 성내면서 여러 비구들에게 두렵게 하고자 비구를 잡아서 평상 아래·평상 위·의자 아래·의자 위·독좌상 아래·문고리·창문·대문·빗장·쇠뿔이나 상아의 벽걸이·대들보·서까래·옷걸이·승방·별방·담장·식당·문간·선굴·욕실·중각당·대소변을 보는 곳·경행하는 길의 나무 밑에 던지거나, 혹은 붙잡아서 거꾸로 묶어놓았다. 이 가운데에서 여러 비구들은 '이 여러 비구들이 마땅한 법을 알지 못하여 나아가 [이하의 문장은 생략한다.] 비구를 붙잡아서 거꾸로 묶어놓았구나. 우리들이 삼설자자를 짓는다면 혹은 목숨을 빼앗기거나, 혹은 파계할 것이다.'라고 사유하였다면, '만약 승가께서 때에 이르렀다면 승가께서는 허락하십시오. 승가시여. 마땅히 일설갈마를 짓겠습니다. 이와 같이 아룁니다.'

이와 같이 마땅히 갈마를 짓고 자자하여야 하고, 마땅히 자자에 장애를 지어서 주어서는 아니되며, 이와 같은 주처에서는 일설갈마를 짓도록 하라.

한 주처에 있어 자자하는 때에 누구 비구가 말하였다.

'죄의 일은 제외하고 모든 사람이 자자해야 합니다.'

승가는 마땅히 이 비구에게 말하도록 하라.

'장로여. 죄의 일을 제외하고 모든 사람이 자자해서는 아니됩니다. 만약 말할 일이 있다면 오늘 말하십시오. 무슨 일의 까닭인가? 우리들에게 세존께서 허락하신 자자에 이러한 일은 없습니다.'

누구 비구가 말하였다.

'죄지은 사람과 죄를 제외하고서 나머지의 사람들이 함께 자자하십시오.'

승가는 마땅히 이 비구에게 말하도록 하라.

'장로여. 죄지은 사람과 죄를 제외하고서 나머지의 사람이 함께 자자해서는 아니됩니다. 만약 말할 일이 있다면 오늘 말하십시오. 무슨 일의

까닭인가? 우리들에게 세존께서 허락하신 자자에 이러한 일은 없습니다.'

누구 비구가 말하였다.

'지은 죄와 죄지은 사람과 죄지은 반당(伴黨)[2]을 제외하고서 나머지의 사람들이 함께 자자하십시오.'

승가는 마땅히 이 비구에게 말하도록 하라.

'장로여. 지은 죄와 죄지은 사람과 죄지은 반당을 제외하고서 나머지의 사람들이 함께 자자해서는 아니됩니다. 만약 말할 일이 있다면 오늘 말하십시오. 무슨 일의 까닭인가? 우리들에게 세존께서 허락하신 자자에 이러한 일은 없습니다.'

한 주처에 있어 자자하는 때에 죄는 알고 있으나 사람을 알지 못한다면 승가는 마땅히 자자가 지나간 때에 말하도록 하라. 마땅히 자자하는 때에는 말을 요구해서는 아니된다. 만약 자자하는 때에 말을 구한다면 승가는 죄를 얻는다. 한 주처에 있어 자자하는 때에 사람은 알고 있으나 죄를 알지 못한다면 승가는 마땅히 자자가 지나간 때에 말하도록 하라. 마땅히 자자하는 때에는 말을 요구해서는 아니된다. 만약 자자하는 때에 말을 구한다면 승가는 죄를 얻는다. 한 주처에 있어 자자하는 때에 사람은 알고 있고 죄를 알았다면 승가는 마땅히 자자하는 때에 말하도록 하라. 마땅히 자자가 지나고서 말을 요구해서는 아니된다. 만약 자자가 지나고서 말을 구한다면 승가는 죄를 얻는다.

한 주처에 있어 자자하는 때에 죄도 알지 못하고, 죄를 알지 못한다면 승가는 마땅히 자자가 지나간 때에 말하도록 하라. 마땅히 자자하는 때에는 말을 요구해서는 아니된다. 만약 자자하는 때에 말을 구한다면 승가는 죄를 얻는다. 한 주처에 있어 자자하는 때에 여러 비구들이 이와 같은 제한(制限)을 지었다.

'여러 장로여. 우리들은 하안거 3개월에 자자하지 않고 4개월인 8월의 가운데에서 자자합시다. 만약 우리들이 여름의 마지막 달이라면 많은

---

2) 두 가지의 뜻이 있는데, 첫째는 같이 어울려 다니는 무리이고 둘째는 죄인(罪人)의 일당(一黨)이라는 것이다.

보시를 얻을 것입니다. 이러한 자자를 이용하여 보시를 섭수하려는 까닭입니다.'

이때 한 비구가 있어 본래는 약속하지 않았으나, 만약 부모가 사자를 보냈거나, 만약 형이거나, 만약 아우이거나, 만약 자매이거나, 만약 자식이거나, 만약 출가 전의 아내(本第二)가 사람을 보냈으므로, 이 가운데에서 얻지 못하고 강제로 떠나게 되었다. 이 비구가 여러 비구들에게 말하였다.

'여러 장로여. 내가 본래 약속하지 않았으나, 만약 부모가 사자를 보냈거나, 만약 형이거나, 만약 아우이거나, 만약 자매이거나, 만약 자식이거나, 만약 출가 전의 아내가 사람을 보냈으므로, 이 가운데에서 얻지 못하고 강제로 떠나게 되었습니다. 그대들은 모이십시오, 나는 지금 자자하고자 하고 자자하는 것을 막고자 하며, 한 비구가 자자하는 것도 막고자 합니다.'

승가는 마땅히 이 비구에게 말하라.

'장로여. 우리는 오늘은 자자할 수 없고, 역시 다른 비구의 자자를 막을 수 없습니다. 만약 말할 일이 있다면 지금 말하십시오. 자신이 청정한 까닭으로 세존께서 자자를 허락하셨습니다.'

이 비구가 말하였다.

'그대들 여러 장로께서는 모이십시오. 오늘 나는 자자하겠습니다. 뒤에 돌아온다면 이 한 비구의 자자는 막아야 합니다.'

승가는 말하라.

'장로여. 오늘 자자하고 뒤에 왔다고 한 비구의 자자를 막을 수 없습니다. 만약 말할 일이 있다면 지금 말하십시오. 자신이 청정한 까닭으로 세존께서 자자를 허락하셨습니다.'

이 비구가 말하였다.

'그대들 여러 장로께서는 모이십시오. 오늘 나는 자자하겠습니다. 뒤에 돌아온다면 다시 한 비구의 자자를 막지 않겠습니다.'"

세존께서는 말씀하셨다.

"승가는 마땅히 화합하여 이 비구의 자자를 허락해야만 한다. 왜 그러한가? 자자에 관한 제한이 들어온 까닭이니라.

자자하는 때에는 이곳의 유비구유주처(有比丘有住處)에서 저곳의 유비구유주처로, 저곳의 유비구무주처(有比丘無住處)로, 저곳의 유비구유주처무주처(有比丘有住處無住處)로 가서는 아니된다. 그곳은 이곳의 비구가 함께 머무는 처소가 아니니다. 자자하는 때에는 이곳의 유비구유주처에서 저곳의 비비구유주처(非比丘有住處)로, 비비구무주처(非比五無住處)로, 저곳의 비비구유주처무주처(非比丘有住處無住處)로 가서는 아니된다. 그곳은 이곳의 비구가 함께 머무는 처소가 아니니라."

나머지는 포살법 가운데에서 자세히 설명하신 것과 같다.

세존께서는 여러 비구들에게 말씀하셨다.

"백의(白衣)의 앞에서 자자하지 않을 것이고, 사미 앞에서 자자하지도 말라. 비구가 아닌 자, 외도, 불견빈·부작빈·악사부제빈을 받은 자, 함께 머물지 않는 자, 자주 머물지 않는 자, 백의이었을 때 중죄(邊罪)를 범한 자, 불능남, 비구니를 욕보인 자, 월제인, 부모를 죽인 자, 아라한을 죽인 자, 화합승가를 파괴한 자, 악한 마음으로 세존의 몸에 피를 낸 자, 이와 같은 일체의 사람들 앞에서는 마땅히 자자하지 말라.

일체의 먼저 일을 짓고서 자자하도록 하라. 만약 현전비니(現前比尼)를 주어야 한다면 주어서 마치고, 만약 억념비니(憶念比尼)를 주어야 한다면 주어서 마치며, 만약 불치비니(不癡比尼)를 주어야 한다면 주어서 마치고, 만약 자언비니(自言比尼)를 주어야 한다면 주어서 마치며, 만약 멱죄상비니(覓罪相比尼)를 주어야 한다면 주어서 마치고, 만약 다멱비니(多覓比尼)를 주어야 한다면 주어서 마치며, 만약 고절갈마(苦切羯磨[3])를 주어야 한다면 주어서 마치고, 만약 의지갈마(依止羯磨)를 주어야 한다면 주어서 마치며, 만약 구출갈마(驅出羯磨)를 주어야 한다면 주어서 마치고, 만약 하의갈마(下意羯磨)를 주어야 한다면 주어서 마치며, 만약 불견빈갈마(不見擯羯磨)를 주어야 한다면 주어서 마치고, 만약 부작빈갈마(不作擯羯磨)나 악사부제빈

3) 가책갈마라고도 이름하는데, 분쟁을 일삼는 비구의 승사(僧事) 참여권을 일시적으로 정지시키는 갈마법이다.

갈마(惡邪不除擯羯磨)를 주어야 한다면 주어서 마치며, 만약 별주갈마(別住羯磨)를 주어야 한다면 주어서 마치고, 만약 마나타갈마(摩那埵羯磨)이거나, 본일치갈마(本日治羯磨)이거나, 출죄갈마(出罪羯磨) 등을 주어야 한다면 주어서 마치고서 승가는 자자하여야 하느니라.

만약 비구가 묵으면서 청정(淸淨)을 받았다면, 마땅히 함께 자자하여서는 아니된다. 대중 승가가 말하지 않더라도 이와 같이 해야 하고, 자자하는 날짜에 이르지 않았다면 자자하여서는 아니된다. 분쟁하던 승가가 다시 일심으로 화합한다면 자자하는 것을 허락하느니라." [7법의 가운데에서 세 번째인 '자자법'을 마친다.]